Michail Gorbatschow und die deutsche Frage

Quellen und Darstellungen zur Zeitgeschichte
Herausgegeben vom Institut für Zeitgeschichte

Band 83

Oldenbourg Verlag München 2011

Aleksandr Galkin und
Anatolij Tschernjajew (Hrsg.)

Michail Gorbatschow und die deutsche Frage

Sowjetische Dokumente 1986–1991

Deutsche Ausgabe herausgegeben
von Helmut Altrichter, Horst Möller und Jürgen Zarusky,
kommentiert von Andreas Hilger

Aus dem Russischen übertragen von Joachim Glaubitz

Oldenbourg Verlag München 2011

Veröffentlicht mit Unterstützung der Gemeinsamen Kommission für die Erforschung der jüngeren Geschichte der deutsch-russischen Beziehungen sowie des Bundesministeriums des Innern.

Bibliografische Information der Deutschen Nationalbibliothek
Die Deutsche Nationalbibliothek verzeichnet diese Publikation in der Deutschen Nationalbibliografie; detaillierte bibliografische Daten sind im Internet über <http://dnb.d-nb.de> abrufbar.

Die Originalausgabe erschien unter dem Titel
Michail Gorbačev i germanskij vopros. Sbornik dokumentov 1986–1991

Rosenheimer Straße 145, D-81671 München
Internet: oldenbourg-verlag.de

Umschlagentwurf: hauser lacour www.hauserlacour.de

Gedruckt auf säurefreiem, alterungsbeständigem Papier (chlorfrei gebleicht).
Satz: Schmucker-digital, Feldkirchen b. München
Druck: Grafik+Druck, München
Bindung: Thomas Buchbinderei, Augsburg

ISBN 978-3-486-58654-1

Inhalt

Vorwort zur deutschen Ausgabe

I.

Michail S. Gorbačev flog Anfang Oktober 1989 höchst ungern zu den Feierlichkeiten anlässlich des 40. Jahrestages der Gründung der DDR. Doch konnte er kaum anders, da Erich Honecker ihn „nachdrücklich“ eingeladen hatte. Gleichwohl kehrte Gorbačev, so lesen wir, „befriedigt“ aus der DDR zurück. Mitarbeiter und er selbst erzählten, wie er mit Honecker durch ein Spalier von „Tausenden und Hunderttausenden“ gegangen sei und die Menschen „Gorbi, Gorbi“ riefen. Demonstranten hätten Plakate mit „Gorbačev, Du bist unsere Hoffnung“ hoch gehalten, während Erich Honecker von kaum jemandem beachtet worden sei. Mieczysław Rakowski, der Erste Sekretär der Polnischen Vereinigten Arbeiterpartei, der neben Gorbačev auf der Tribüne gestanden hatte, habe ihm ins Ohr geraunt: „Michail, Du kennst die deutsche Sprache nicht, ich aber sehe und höre, was sie rufen und was auf ihren Plakaten steht. Das ist das Ende, Michail Sergeevič!“. Für Gorbačev war Honecker, wie er anschließend im engsten Kreis bemerkte, ein „Sack“, der seinen Leuten hätte sagen sollen: „Ich habe vier chirurgische Operationen überstanden, bin 78 Jahre alt, und solch eine stürmische Periode erfordert sehr viel Kraft – entlasst mich, ich habe meine Aufgabe erfüllt.“ Dann hätte Honecker, so Gorbačev, seinen Platz in der Geschichte behalten. Gorbačevs Mitarbeiter widersprachen: Vielleicht wäre dies noch vor zwei, drei Jahren möglich gewesen; heute sei er beim Volk unten durch.

Anatolij S. Černjaev, einer der engsten außenpolitischen Berater Gorbačevs in seiner Funktion als Generalsekretär der KPdSU, dann als Staatspräsident der Sowjetunion, hat diese Episode in seinem Tagebuch zu Papier gebracht.[1] Sie ist im vorliegenden Band[2] – in Auszügen – wieder abgedruckt; zusammen mit über 130 weiteren Dokumenten zur „deutschen Frage“ aus den Jahren 1986 bis 1991, die heute im Gorbačev-Archiv liegen und von den beiden Mitarbeitern der Gorbačev-Stiftung, Aleksandr Galkin und Anatolij Černjaev, herausgegeben wurden. Es handelt sich vor allem um Protokolle und Aufzeichnungen zu Treffen und Telefonaten Gorbačevs mit ausländischen Staatsmännern (G. Bush, F. Mitterrand, M. Thatcher, G. Andreotti, J. Baker, R. Dumas, D. Hurd, G. de Michelis); zu Zusammenkünften mit west- und ostdeutschen Politikern (R. von Weizsäcker, H. Kohl, H.-D. Genscher, W. Brandt, H.-J. Vogel, L. Späth, F. J. Strauß, M. Bangemann sowie E. Honecker, E. Krenz, H. Modrow, G. Gysi, L. de Maizière) sowie um Notizen zu Sitzungen des Politbüros der KPdSU oder zu Besprechungen im en-

[1] Anatolij Tschernjaew: Mein deutsches Tagebuch. Die deutsche Frage im ZK der KPdSU (1972–1991), Klitzschen 2005, S. 239f.

[2] Dokumente Nr. 45 und 49.

gen Beraterkreis (wie sie vor allem von A. Černjaev festgehalten wurden, darunter auch die eingangs zitierte Episode). Diese Dokumente werden vollständig abgedruckt oder doch in jenen Passagen, die sich auf das leidige „deutsche Problem" bezogen. Hinzu kommen Auszüge aus Pressekonferenzen, Pressemitteilungen und amtlichen Dokumenten, soweit sie zum Gesamtverständnis notwendig bzw. hilfreich erscheinen.

II.

Insgesamt illustrieren die vorgelegten Dokumente jene letzte, hochdramatische Phase der sowjetisch-deutschen Beziehungen, die im März 1985 mit der Wahl Gorbačevs zum Generalsekretär der KPdSU begann. Der neue Parteiführer setzte Reformen in Gang, die die Stagnation überwinden, verkrustete Strukturen aufbrechen und das Wirtschaftswachstum beschleunigen sollten. Voraussetzung dafür war, dass sehr viel offener über die Missstände in Staat, Wirtschaft und Gesellschaft gesprochen werden konnte, auch über die dunkle, stalinistische Vergangenheit. Im gleichen Maße, wie in der Wirtschaft Bürokratie, Schlendrian und Gleichmacherei bekämpft wurden, sollte Leistungsbereitschaft gefördert und honoriert, die zentrale Planwirtschaft durch Marktmechanismen ergänzt werden. Nur durch mehr Beteiligung war die allgemeine Lethargie zu überwinden.[3]

Das galt auch für den politischen Bereich und machte einen entsprechenden „Umbau" (perestrojka) nötig. Im Sommer 1988 beschloss die 19. Parteikonferenz den Rückzug der kommunistischen Partei aus dem administrativ-operativen Bereich und die Wiederaufwertung der Räte als demokratisch gewählte Selbstverwaltungsorgane. Wahlen sollten tatsächlich Wahlen werden, in denen mehrere Kandidaten zur Wahl standen, auch gegenteilige Meinungen zu Wort kommen konnten und die Entscheidung dem Wähler überlassen blieb. Nach diesen Prinzipien wurde im Frühjahr 1989 ein großer „Volksdeputiertenkongress" gewählt, der künftig „die wichtigsten konstitutionellen, politischen und sozialökonomischen Fragen" des Landes entscheiden, einen Staatspräsidenten bestellen und aus seiner Mitte einen wesentlich kleineren „Obersten Sowjet" bilden sollte, dessen zwei Kammern dann „Gesetzgebung und Kontrolle" übernehmen sollten.

Wer sich von den Reformen eine rasche Beseitigung der Versorgungsengpässe, gar einen Wirtschaftsaufschwung versprochen hatte, wurde enttäuscht; die wirtschaftliche Talfahrt setzte sich fort und führte von der Stagnation in die offene Krise. Die Diskussion der Missstände in den Medien lieferte der Öffentlichkeit ein schonungsloses Bild von der tatsächlichen Lage im Lande, nachdrücklicher als es Dissidentenzirkel, „Andersdenkende", je vermocht hatten; das galt insbesondere für die hitzigen Debatten im Volksdeputiertenkongress, die von Funk und Fernsehen direkt übertragen wurden. Sie zehrten auch an der Reputation der kommunistischen Partei, die zwar für die Misere offenkundig die Verantwortung trug, nun jedoch kein rechtes Konzept erkennen ließ, wie die Krise zu überwin-

[3] Hierzu wie zum Folgenden Helmut Altrichter: Rußland 1989. Der Untergang des sowjetischen Imperiums, München 2009 (mit Hinweisen auf weitere Literatur).

den sei, und immer stärker in Gruppen und Fraktionen zerfiel, die sich wechselseitig bekämpften.

Dass die Reformen gesellschaftliche Kräfte geweckt hatten, die nicht mehr bereit waren, sich dem Marxismus-Leninismus als Staatsideologie unterzuordnen und den in der Verfassung verbrieften Führungsanspruch der kommunistischen Partei anzuerkennen, zeigte sich an den „Informellen Gruppen". Sie lehnten es ab, sich bei den staatlichen Stellen registrieren zu lassen (daher der Name); Anfang des Jahres 1988 wurde ihre Zahl auf 30 000, ein Jahr später auf 60 000 geschätzt. Zu diesen Gruppen zählten in gewisser Weise auch die „Volksfronten", die sich unter unterschiedlichen Bezeichnungen in den Randgebieten (in Estland, Lettland und Litauen, in Moldawien und der Ukraine, in Armenien, Georgien und Aserbaidschan) gebildet hatten und statt der gesamtstaatlich-sowjetischen nun „nationale" Ziele propagierten.

Seit Anfang des Jahres 1990 war der Führungsanspruch der kommunistischen Partei aus der sowjetischen Verfassung gestrichen, und die sowjetische Führung sah sich gezwungen, mit den Einzelrepubliken in Verhandlungen über einen neuen Unionsvertrag einzutreten, der es den Republiken überließ, ihre politische und wirtschaftliche Ordnung selbst zu bestimmen, schließlich auch über ihre Ressourcen und Bodenschätze auf dem Territorium ihrer Republik zu entscheiden: So lautete deren Forderung, soweit sie nicht bereits noch mehr wollten: nämlich die vollständige Unabhängigkeit von der Sowjetunion.

Die zentrifugalen Tendenzen setzten sich jenseits der Grenzen, in Ostmittel- und Südosteuropa, fort. Die sowjetische Politik stand hier unter mehrfachem Druck. Sie konnte den sozialistischen „Bruderländern" kaum verweigern, womit sie selbst im eigenen Land experimentierte: Reformen, die dem Einzelnen mehr Rechte und mehr Wohlstand, der Wirtschaft mehr Markt und Freizügigkeit, der Gesellschaft mehr Mitbestimmung, ja Demokratie und dem Gesamtstaat Unabhängigkeit von der Gängelung durch die eine, alles entscheidende Partei, ein Mehrparteiensystem versprachen. Zum andern hatte die sowjetische Führung für ein „neues Denken" in der Außenpolitik geworben, das den Atomkrieg für nicht führbar erklärte, dem sinnlosen, nuklearen Wettrüsten ein Ende setzen wollte und für eine „Entideologisierung" der Außenpolitik eintrat. Grundlage des Zusammenlebens sollte die Anerkennung der bestehenden Grenzen und der Souveränität jedes Staates sein (wozu auch das uneingeschränkte Recht, seine innere Ordnung selbst zu bestimmen, gehörte), ferner die Nichteinmischung in die inneren Angelegenheiten und die Beachtung der Menschenrechte – insgesamt also jene Grundprinzipien, auf die man sich im Sommer 1975 in der KSZE-Schlussakte von Helsinki geeinigt hatte.

Beim Wort genommen war dies eine Abkehr von den Ideen der „Weltrevolution", eines „Exports der Revolution" und der „Breznev-Doktrin". Auf ihrer Basis war nachträglich mit dem Hinweis auf die begrenzte Souveränität sozialistischer Staaten – wenn es um die Verteidigung des Sozialismus als solchem ging – der Einmarsch der Warschauer Pakt-Staaten in die Tschechoslowakei (1968) gerechtfertigt worden. An die Stelle solcher Prinzipien sollte die Vorstellung eines „gemeinsamen europäischen Hauses" treten, die die geschichtliche Zusammengehörigkeit Europas als Lebenswelt, Sicherheits- und Wertegemeinschaft betonte:

Am Erhalt des „gemeinsamen Hauses“ musste allen in Europa gelegen sein. Selbst wenn Gorbačev das Schlagwort vom „gemeinsamen gesamteuropäischen Haus“ nicht „erfunden“, sondern nur erneut und nachdrücklich in die Diskussion gebracht hatte, wurde es zunehmend mit ihm identifiziert und zum Synonym seiner Leitidee für ein „neues Europa“: eines Europa, das sich seiner gemeinsamen Wurzeln bewusst wurde, sich zu gemeinsamen Werten bekannte, eines Europa auch, in dem sich der „eiserne Vorhang“ hob, Denkbarrieren fielen, Grenzen durchlässig wurden, die „Blöcke“ sich aufzulösen begannen.

Mit diesem „neuen Denken“ und einseitigen Vorleistungen war es Gorbačev gelungen, Vertrauen bei den westlichen Verhandlungspartnern aufzubauen und mit den USA, nach mehreren Gipfeltreffen mit Präsident Reagan, im Dezember 1987 den INF-Vertrag zur Beseitigung aller landgestützten Mittelstreckenraketen zu unterzeichnen. Im Rahmen der KSZE begann im Frühjahr 1989 ein weiteres Folgetreffen über Vertrauens- und sicherheitsbildende Maßnahmen in Europa, zeitgleich mit Verhandlungen über die Reduzierung der konventionellen Rüstung in Wien, die zum Abschluss eines Vertrages über konventionelle Abrüstung in Europa (KSE) führten, den die Staats- und Regierungschefs im November 1990 auf einem KSZE-Sondergipfel in Paris unterzeichneten. Mittlerweile waren auch die Verhandlungen über die Reduzierung der nuklearen („strategischen“) Trägersysteme großer Reichweite (START) zwischen den USA und der Sowjetunion weit vorangekommen, sie führten im Sommer 1991 zur Unterzeichnung einer entsprechenden vertraglichen Regelung. Dass die Abrüstungsbeschlüsse auch eine spürbare Entlastung für die stagnierende, dann in immer schwerere Turbulenzen geratene sowjetische Wirtschaft bringen sollten, liegt auf der Hand.

Die Probe aufs Exempel, wie ernst es der Sowjetführung mit ihrem „neuen außenpolitischen Denken“ wirklich war, lieferte das Jahr 1989. Gorbačev forderte eine „Entideologisierung der Außenpolitik“, in der die Idee des „gemeinsamen europäischen Hauses“ das Blockdenken überwinden sollte. Er wolle eine „Respektierung der Prinzipien von Helsinki“, zu denen auch das souveräne Recht der Völker gehörte, „ihren inneren und äußeren politischen Status ohne äußere Einmischung zu bestimmen und ihre politische, wirtschaftliche, soziale und kulturelle Entwicklung nach eigenen Wünschen zu verfolgen“: Wie stand es tatsächlich mit diesem Abschied von der Brežnev-Doktrin? 1989 setzte sich in Polen die Staatsführung mit der Opposition an einen „runden Tisch“; die kommunistische Partei erlebte bei den Wahlen im Juni eine vernichtende Niederlage und im August wurde Tadeusz Mazowiecki neuer Ministerpräsident – der erste „bürgerliche“ Regierungschef Polens seit mehr als 40 Jahren. 1989 beschloss in Ungarn das Parlament den Übergang zu einem Mehrparteiensystem und rehabilitierte Imre Nagy, den von den Sowjets ermordeten Ministerpräsidenten des ungarischen Volksaufstandes 1956. Er wurde in einem Ehrengrab beigesetzt. Schließlich öffnete Ungarn seine Grenzen zu Österreich.

Im gleichen Herbst wurde in Bulgarien Todor Živkov (seit 1951 Mitglied des Politbüros und seit 1954 Erster Sekretär des Zentralkomitees der Kommunistischen Partei Bulgariens) von seinen Ämtern als Parteichef, Mitglied des Politbüros und Vorsitzender des Staatsrats entbunden. Im November/Dezember dieses Jahres 1989 spülte eine Demonstrationswelle in Prag erst die Parteiführung, dann die Regierung hinweg; bei der Neubildung des Kabinetts besetzten Oppositionelle Schlüsselressorts und der Dissident Václav Havel wurde (nach dem Rücktritt Gustáv Husáks) neuer Staatspräsident. Noch im Dezember wurde, nach blutigen Kämpfen, Nicolae Ceauşescu als Partei- und Staatschef Rumäniens gestürzt, auf der Flucht verhaftet und zusammen mit seiner Frau vor ein Militärtribunal gestellt, das beide am 25. Dezember 1989 zum Tode verurteilte, unmittelbar danach wurden sie hingerichtet. Und in diesem Herbst 1989, nur sechs Wochen nach den eingangs geschilderten Staatsgründungsfeierlichkeiten, wurde auch Erich Honecker zum Rücktritt aus allen Staats- und Parteiämtern gezwungen. Der SED-Herrschaft überdrüssig, waren seit dem Sommer 1989 Zehntausende von DDR-Bürgern über die österreichisch-ungarische Grenze sowie über die bundesrepublikanischen Botschaften in Prag und Warschau in den Westen geflohen, demonstrierten bis in den Herbst hinein Hunderttausende in Leipzig und anderswo allwöchentlich gegen das Regime und erzwangen nach dem Sturz des Parteichefs schließlich Anfang November 1989 auch die Öffnung der Berliner Mauer.

Gorbačev griff – anders als viele immer noch befürchtet hatten – nicht ein. Jede Intervention hätte, was die Sowjetunion in der Abrüstungspolitik erreicht hatte, aufs Spiel gesetzt, alles mühsam aufgebaute Vertrauen wieder zerstört, Gorbačev selbst unglaubwürdig gemacht. Es ist nicht erkennbar, dass Gorbačev ein Eingreifen ernsthaft in Erwägung gezogen hätte: wohl nicht nur aus außenpolitischen Überlegungen, sondern erst recht mit Blick auf die Lage im Innern, wo eskalierende Probleme und Konflikte den Bestand des Gesamtstaates in Frage stellten und ihn zunehmend seiner Handlungsfähigkeit beraubten.

III.

Die beiden deutschen Staaten waren für die Sowjetunion, wie die vorliegenden Dokumente noch einmal unterstreichen, von besonderer Bedeutung: Nach eigener Einschätzung pflegte die Sowjetunion unter den sozialistischen Staaten „die größten und umfassendsten Kontakte“ zur DDR, unter den westeuropäischen Staaten besaß sie „die umfangreichsten Verbindungen“ mit der Bundesrepublik. Die intensiven Beziehungen berührten „alle Bereiche, darunter auch die Wirtschaft“.[4] Der Warenaustausch zwischen DDR und Sowjetunion belief sich auf 380 Mrd. Mark, die DDR wickelte mit der Sowjetunion 38% ihres Außenhandels ab, lieferte ihr Werkzeugmaschinen und Hochtechnologie, zum größten Teil auf „höchstem Weltniveau“, und war umgekehrt auf die sowjetischen Rohöllieferungen angewiesen, wie Erich Honecker im Gespräch mit M. Gorbačev Ende Mai 1987 in Erinnerung rief, wobei er einmal mehr – vergeblich – um eine Steigerung der sowjetischen Öllieferungen nachsuchte.[5] Was die Beziehungen zur Bundesrepublik betraf, hatte man Bundeskanzler Helmut Kohl, der in einem Newsweek-Interview 1986 Gorbačevs Öffentlichkeitsarbeit mit Goebbels’ öffentlichkeitswirksamen agitatorischen Fähigkeiten verglichen hatte, zwar „eine Lektion er-

[4] S. 356.
[5] S. 31 ff.

teilt“ und die Kontakte zu ihm auf Eis gelegt. Doch die Strafaktion sollte auch nicht überzogen werden, schließlich sei die Bundesrepublik, so Gorbačev vor dem Politbüro, eine „gewaltige Macht“, mit der man auf „europäischer wie weltpolitischer Ebene rechnen“ müsse; deshalb erhielt Außenminister Ėduard Ševardnadze im Frühjahr 1987 Anweisung, in die Bundesrepublik zu reisen und sich um eine Aktivierung der Beziehungen zu bemühen, schon damit Maggie Thatcher „nicht vor Freude platz[e]“.[6]

Nachdem Gorbačev, wie hier dokumentiert, seit 1986 schon Außenminister Genscher, Bundespräsident von Weizsäcker, die Ministerpräsidenten von Nordrhein-Westfalen, Bayern und Baden-Württemberg (Johannes Rau, Franz Josef Strauß und Lothar Späth), Hans-Jochen Vogel als Vorsitzenden der SPD, den FDP-Vorsitzenden Martin Bangemann und Willy Brandt als Vorsitzenden der Sozialistischen Internationalen im Kreml empfangen hatte[7], kam es im Oktober 1988 zum ersten persönlichen Treffen mit Bundeskanzler Kohl und im Juni 1989 zum Gegenbesuch Gorbačevs in Bonn.[8] Beide Seiten sahen dabei ihre Politik als Fortsetzung des mit den Ostverträgen und der KSZE-Schlussakte eingeschlagenen Kurses. Er hatte durch Gorbačevs Perestrojka, das „neue“, blocküberwindende Denken, die „Entideologisierung der Außenpolitik“, die propagierte Priorität „allgemeinmenschlicher Werte“ und die Vorstellung vom „gemeinsamen europäischen Haus“ neue Impulse erhalten. Das wichtigste neu gewonnene politische Kapital war das gewonnene wechselseitige Vertrauen, das mittlerweile auch die persönlichen Beziehungen zwischen dem deutschen Bundeskanzler und dem Generalsekretär der KPdSU bestimmte.

Dabei sprach Helmut Kohl (wie vordem schon Richard von Weizsäcker) durchaus auch kontroverse Themen an: dass durch Berlin eine Mauer verlief, die Deutschen an der Einheit der Nation festhielten, die Teilung nicht als „das letzte Wort der Geschichte“ ansähen und die deutsche Frage als „offen“ betrachteten.[9] Kohl räumte ein, man habe dabei „eine Chance im Blick, die sich vielleicht [erst] in einigen Generationen eröffnen“ könne, Strauß hatte bei seinem Gespräch mit Gorbačev von „zehn, fünfzig oder hundert Jahre[n]“ gesprochen: man „forciere“ die Frage der Vereinigung nicht. Auf dieser Basis schien Gorbačevs Formel ein nicht allzu fernliegender, für beide Seiten tragbarer Modus Vivendi: Man müsse die Lösung der Nachkriegsfragen „der Geschichte überlassen“, die „deutsche Frage“ sei zur Zeit „nicht aktuell“, man müsse von den Realitäten ausgehen, nämlich der Existenz zweier deutscher Staaten.[10] Das schloss eine Veränderung der „Realitäten“ für die Zukunft nicht aus, sie konnte nur durch die Deutschen selbst erfolgen, zumal Gorbačev sich nicht nur allgemein zu „Helsinki“ bekannte, sondern explizit auch zum „souveränen Recht eines jeden Volkes“, eines jeden Landes, seinen „Weg […], seine Staatsform, seine Religion, seine Ideologie, seinen Lebensentwurf“ selbst zu wählen. Er versicherte Kohl beim Besuch in Bonn 1989,

[6] S. 1f., 2, 4, 27.
[7] Dokumente Nr. 4–6, 16, 19–23.
[8] Dokumente Nr. 29, 30, 33–44. Helmut Kohl: Erinnerungen 1982–1990, München 2005, S. 753–772, 885–895.
[9] Altrichter, Russland 1989, S. 52ff., 142ff.
[10] S. 68, 123, 72, 221.

auch für die Bündnispartner gelte als „ein festes Konzept: jeder ist für sich selbst verantwortlich". Konsequent wurde das „Recht aller Völker und Staaten, ihr Schicksal frei zu bestimmen", bei gleichem Anlass in einer „Gemeinsamen Erklärung" festgehalten.[11]

Entsprechend vorsichtig antwortete Gorbačev denn auch, als er bei der abschließenden Pressekonferenz gefragt wurde, ob er sich vorstellen könne, dass die beiden Staaten „irgendwann" ihre „europäische Identität und Gemeinsamkeit" festschreiben könnten: „Ich halte alles für möglich". Und gefragt, ob die Berliner Mauer nicht der Annäherung, dem „gesamteuropäischen Haus", das er anstrebe, im Wege stehe, meinte er, die Mauer sei sicherlich nicht das einzige Hindernis, aber „nichts unter dem Mond ist ewig". Die Mauer sei in einer konkreten Situation entstanden, wobei die DDR ihre souveränen Rechte genutzt habe. Sie könne wieder verschwinden, wenn die Voraussetzungen ihrer Entstehung entfielen. Er sehe darin „kein großes Problem".[12]

Im engen Beraterkreis Gorbačevs war man sich der Anfälligkeit der sozialistischen Bruderländer und der Gefahr, alle – auch die DDR – zu verlieren, seit längerem bewusst.[13] Doch dass sich das Problem so rasch und mit solcher Vehemenz stellen, binnen eines halben Jahres das gesamte sowjetische Imperium kollabieren könnte, ahnte damals niemand. Der Fall der DDR, der Fall der Mauer gingen der sowjetischen Führung dabei besonders nahe. So schrieb Černjaev einen Tag danach, am 10. November 1989, in sein Tagebuch: „Die Berliner Mauer ist gefallen. Eine ganze Epoche in der Geschichte des ‚sozialistischen Systems' ist zu Ende gegangen." Nach dem Sturz der kommunistischen Parteien in Polen und Ungarn und Honeckers, nach dem Rücktritt Deng Xiaopings und Živkovs, seien nur noch diejenigen übrig geblieben, „die uns leidenschaftlich hassen": Castro, Ceauşescu und Kim Il Sung. Der Fall der DDR, der Mauer – das sei die Hauptsache, hier handle es sich „um die Veränderung des Kräfteverhältnisses in der Welt", um „das Ende von Jalta, das Finale für das Stalinsche Erbe und für die Zerschlagung von Hitler-Deutschland".[14]

Mit Vehemenz versuchte sich die sowjetische Führung dieser Entwicklung entgegenzustellen, sie zu stoppen, zumindest zu verlangsamen. Der Zorn richtete sich zunächst gegen die Bonner Regierung, namentlich gegen Bundeskanzler Kohl, der in einem Telefonat am 11. Oktober 1989 Gorbačev versichert hatte, das seinerzeit in Bonn Vereinbarte bleibe in Kraft, man wolle nicht, dass die Entwicklung in der DDR „außer Kontrolle" gerate und sei an einer „Destabilisierung der DDR", an der Fortdauer des Exodus nicht interessiert. Kohl bestätigte diese Haltung in einem weiteren Telefonat am 11. November.[15] Mit dem 10-Punkte-Programm, das Helmut Kohl am 28. November 1989 dem Deutschen Bundestag vortrug, sah die sowjetische Führung diese Linie verlassen. Mit diesem Plan mische sich Kohl massiv in die inneren Angelegenheiten der DDR ein, stelle an deren

[11] S. 57, 148, 166.
[12] S. 184 f.
[13] S. 24.
[14] S. 228.
[15] S. 201 ff., 228 ff.

Führung ultimative Forderungen[16] und versuche die Entwicklung zu forcieren. Eine „Einmischung" in die inneren Angelegenheiten eines anderen Staates waren für die Moskauer Führung auch die zunehmenden Auftritte westdeutscher Politiker in der DDR (die rasch zum politischen Alltag werden sollten).

Selbst wenn man das Recht der Völker, ihren Entwicklungsweg selbst zu bestimmen, anerkannte, so lautete ein weiterer Argumentationsstrang, könne dies nicht ohne Berücksichtigung der fortbestehenden Rechte der Siegermächte und der Sicherheitsbelange der Nachbarn geschehen. Die sowjetische Führung setzte dabei auf die reservierte bis ablehnende Haltung, die auch die französische, italienische, britische Regierung gegenüber einer sich anbahnenden Vereinigung der beiden deutschen Staaten zeigten, aber als Verbündete Bonns nicht so deutlich artikulieren wollten, und dabei ihrerseits auf das Veto aus Moskau hofften. In Konsultationsgesprächen mit Andreotti, Mitterrand, Thatcher, Bush und Baker suchte Gorbačev nach einer – womöglich – gemeinsamen Linie.[17] Für die Wahrnehmung der Belange der Siegermächte fand man schließlich die Form der Zwei-plus-Vier-Verhandlungen, die Interessen der übrigen Nachbarn sollten im Rahmen der KSZE Berücksichtigung finden können.

Bei den Konsultationen zeigte es sich rasch, dass von den Siegermächten vor allem die USA, in erster Linie der amerikanische Präsident George Bush sen., entschieden für das Recht der Deutschen auf Wiedervereinigung eintrat und dies mit einer weiteren Forderung verband, wofür auch die Bonner Regierung eintrat: den Verbleib des vereinigten Deutschland in der NATO. Obwohl auch die Führung der Sowjetunion (wie eine Strategiedebatte am 26. Januar 1990 dokumentierte) zur Erkenntnis gekommen war, dass die Tage der SED „gezählt" seien (so KGB-Chef Krjučkov) und die DDR nicht mehr zu „erhalten" war (Ministerpräsident Ryžkov), könne man sie am „Weglaufen" nicht hindern (Gorbačev).[18] Beim Treffen mit Kohl am 10. Februar beschied man dem deutschen Bundeskanzler, die Frage der Vereinigung müssten „die Deutschen selbst" entscheiden.[19] Trotzdem blieb die Frage des militärischen Status eines vereinigten Deutschland weiterhin strittig, ja rückte zur „zentralen Frage" (Gorbačev) auf. Doch auch bei diesem Problem hatte die sowjetische Führung keinen leichten Stand, setzte sich doch die britische Premierministerin, wenn schon die Vereinigung Deutschlands nicht zu verhindern war, entschieden für dessen Verbleib in der NATO und die weitere Stationierung amerikanischer Truppen in Deutschland ein. Auch war das amerikanische Argument kaum von der Hand zu weisen, dass die Anerkennung des Selbstbestimmungsrechtes jedes Staates dessen Außen- und Sicherheitspolitik einschließe. So widersprach Gorbačev beim Treffen mit George Bush in Washington (Ende Mai 1990) bei der anschließenden Pressekonferenz dessen Forderung nicht, dem vereinigten Deutschland die Entscheidung der Bündniszugehörigkeit selbst zu überlassen[20], und akzeptierte in den Verhandlungen mit Bundeskanzler Helmut Kohl und seiner Delegation beim Treffen in Moskau und im Kaukasus Mitte

[16] S. 257ff. Vgl. auch Horst Teltschik: 329 Tage. Innenansichten der Einigung, Berlin 1991.
[17] Dokumente Nr. 57, 59, 62, 63, 71, 75, 79, 84, 86, 91, 94, 95, 96, 98, 99.
[18] S. 289.
[19] S. 326.
[20] Dokument Nr. 97.

Juli 1990, auch die Option der NATO-Mitgliedschaft.[21] Man kam überein, alle grundsätzlichen Fragen in einem Dokument festzuhalten: die Schaffung eines neuen Deutschland in den Grenzen der DDR, der Bundesrepublik Deutschland und Berlins (bei gleichzeitiger Anerkennung der Oder-Neiße-Grenze als endgültig); den Verzicht Deutschlands auf nukleare, chemische und biologische Waffen und den Verbleib sowjetischer Truppen auf dem Territorium der DDR für eine Übergangszeit (in der dann dort auch keine NATO-Truppen und Atomwaffen stationiert wurden) sowie die Begrenzung der Truppenstärke des vereinigten Deutschland.[22]

Damit entfielen auch die sowjetischen Einwände gegen das Vereinigungsverfahren – Einwände, die sich gegen den „Anschluss" der DDR nach Art. 23 Grundgesetz gerichtet und dessen Offenheit für weitere „Annexionen" kritisiert hatten.[23] Der Beitritt der DDR zum Geltungsbereich des Grundgesetzes, der gleichsam automatisch die NATO-Mitgliedschaft der erweiterten Bundesrepublik bewirkte, wurde nun als Wahrnehmung des Selbstbestimmungsrechts akzeptiert, und durch die Definition des Staatsgebietes die „Gefahr" gebannt, dass Art. 23 GG zur Grundlage weiterer „revisionistischer" Forderungen hätte werden können (dieser Artikel wurde aus dem Grundgesetz gestrichen).

IV.

„Gorbačev und die deutsche Frage" – schon der Titel macht deutlich, worum es in dieser Quellenauswahl geht. Der Band verdeutlicht – an sowjetischen Quellen – wie die Staats- und Parteiführung der Sowjetunion, mit dem Machtverfall in der DDR konfrontiert, die weitere Entwicklung, die schließlich zur Vereinigung der beiden Staaten führte, mitzubestimmen suchte. Die innere Entwicklung in der DDR wie die innere Entwicklung in der Sowjetunion, die im Herbst 1991 schließlich zu deren Auflösung und Rücktritt Gorbačevs als Staatspräsident führten, bildeten gleichsam den Hintergrund aller Entscheidungen und sind, obwohl sie nicht das Thema der Dokumentation sind, bei den beschriebenen Aktionen und Reaktionen stets mitzudenken.

Eine russische Ausgabe der Dokumente erschien 2006 in Moskau. Der hier vorgelegte deutsche Band ist mehr als nur eine Übersetzung. Die Texte wurden eingehend kommentiert, ihr Wortlaut, wo es möglich war, mit Parallelüberlieferungen der wiedergegebenen Verhandlungen, Gespräche, Telefonate verglichen und in Fußnoten auf Differenzen und Auslassungen hingewiesen. So kann sich der Leser, spannend genug, die grundstürzenden Ereignisse der Jahre 1989 bis 1991, das Ende der Nachkriegsordnung und des Kalten Kriegs, das Machtspiel um die deutsche Wiedervereinigung, nicht nur aus sowjetischer Perspektive erzählen lassen, er wird zugleich auf andere Quellen, Erinnerungen und Darstellungen zu diesen Ereignissen hingewiesen, die in den letzten Jahren in großer Zahl erschienen sind.

[21] S. 458 ff.
[22] Ebd.
[23] S. 375 ff., 388.

V.

Die Dokumente dieses Bandes vermitteln grundlegende Einsichten in die sowjetische Perspektive und die Diskussionen innerhalb ihrer Führung. Sie sind deshalb für die künftige Interpretation unverzichtbar. Sie sind es aber auch deshalb, weil sie die bisher vorliegenden bzw. zugänglich gemachten Dokumente wesentlich ergänzen. Dies gilt insbesondere für solche Verhandlungen und Vorgänge, die bereits in anderen Quellenpublikationen dokumentiert sind. Hier ist in erster Linie an den Sonderband der „Dokumente zur Deutschlandpolitik" unter dem Titel „Deutsche Einheit. Sonderedition der Akten aus dem Bundeskanzleramt 1989/90"[24] zu denken, in dem sich zahlreiche Gesprächsaufzeichnungen über Verhandlungen mit der sowjetischen Führung finden, darunter Gespräche Helmut Kohls oder auch des außenpolitischen Beraters des Bundeskanzlers, Horst Teltschik, mit Gorbačev. Die korrespondierenden Dokumente aus sowjetischen bzw. deutschen Archiven erlauben zusätzliche Einblicke. Über diese bis heute grundlegende und von Hanns Jürgen Küsters vorzüglich eingeleitete Dokumentation gehen selbstverständlich diejenigen Informationen hinaus, die Gespräche der sowjetischen Führung mit anderen ausländischen Verhandlungspartnern bzw. die innersowjetischen Entscheidungsprozesse betreffen. Anders als die Sonderedition der Dokumente aus dem Kanzleramt, die den Zeitraum vom Frühjahr 1989 bis zum 29. September 1990 abdecken, reicht die hier vorlegte Dokumentation „Michail Gorbačev und die deutsche Frage" von 1986 bis 1991. Sie bezieht also stärker die Vorgeschichte der Schlüsseljahre 1989/90 ein, während die Dokumente aus dem Kanzleramt selbstverständlich die innerdeutschen Verhandlungen und innenpolitischen Aspekte berücksichtigen. Da inzwischen auch ein Band mit britischen Quellen vorliegt – „Documents on British Policy Overseas Series III vol. VII: German Unification, 1989 to 1990"[25] – können auch die britisch-sowjetischen Verhandlungen auf der Spitzenebene korrespondierend betrachtet werden. Eine Dokumentation der französischen Akten zur Wiedervereinigung liegt noch nicht vor, wenngleich sich aus den veröffentlichten Akten des Bundeskanzleramts viele Zielsetzungen der französischen Politik in dieser Phase beispielsweise aus den Gesprächen zwischen Helmut Kohl und François Mitterrand erschließen lassen. Allerdings hat das französische Außenministerium seine Akten zur Wiedervereinigung freigegeben. Eine einschlägige Quellenpublikation ist ebenfalls in Vorbereitung.

Neben den hier genannten, unverzichtbaren Quellenpublikationen hat seit langem eine intensive Erforschung des Wiedervereinigungsprozesses 1989/90 eingesetzt, so dass für zentrale Fragen schon heute ein sehr fundierter Kenntnisstand erreicht ist. Diese Forschungen begannen mit der großen vierbändigen „Geschichte der deutschen Einheit" von Wolfgang Jäger, Dieter Grosser, Karl-Rudolf Korte und Werner Weidenfeld[26] sowie der umfassenden Analyse des diplomati-

[24] Bearb. von Hanns Jürgen Küsters und Daniel Hofmann, München 1998.

[25] London und New York 2010.

[26] Bd. 1: Karl-Rudolf Korte: Deutschlandpolitik in Helmut Kohls Kanzlerschaft: Regierungsstil und Entscheidungen 1982–1989, Stuttgart 1998. Bd. 2: Dieter Grosser: Das Wagnis der Währungs-, Wirtschafts- und Sozialunion: Politische Zwänge im Konflikt mit ökonomischen Regeln, Stuttgart

schen Prozesses durch Hanns Jürgen Küsters in der erwähnten Aktenedition, die inzwischen aktualisiert und separat erschienen ist.[27] Weitere wesentliche Darstellungen sind inzwischen zur inneren Auflösung der DDR und zur Friedlichen Revolution sowie zum Gesamtvorgang der Wiedervereinigung veröffentlicht worden, zuletzt die von Ehrhart Neubert[28] und Ilko-Sascha Kowalczuk[29] sowie von Gerhard A. Ritter der Band „Der Preis der deutschen Einheit"[30] und von Andreas Rödder die Gesamtdarstellung „Deutschland einig Vaterland. Die Geschichte der Wiedervereinigung"[31], um nur einige zu nennen.

Diese unterschiedlichen, sich ergänzenden Quellenpublikationen und Forschungen lassen es zu, die höchst komplexe Entwicklung der Jahre 1989 und 1990 nicht allein aus deutscher oder einer anderen nationalen Perspektive zu betrachten, sondern multilateral. Außerdem zeigen sie die komplizierte Dialektik zwischen verschiedenen Entwicklungen auf der Ebene der internationalen Politik und ihrer Diplomatie einerseits sowie der inneren Entwicklung der Staaten andererseits. Hinzu treten die transnationalen Wirkungen, beispielsweise die wesentliche Rolle der seit der Gründung der Solidarność von 1980 bis 1989 andauernden polnischen Emanzipation von der kommunistischen Diktatur im Inneren und der Abhängigkeit von der Sowjetunion im Äußeren, für die Nachbarstaaten – Ungarn, die Tschechoslowakei und eben auch die DDR.

Man wird dem weltgeschichtlichen Vorgang, der zur Lösung der „deutschen Frage" 1989/90 führte, nicht gerecht, wenn man ihn ausschließlich aus der Perspektive der Wiedervereinigung betrachtet, so zentral die deutsche Entwicklung gewesen ist, weil mit ihr die Zweiteilung nicht nur Deutschlands, sondern Europas und der Welt beendet wurde. Wie auch die hier vorgelegten Dokumente zeigen, gingen bis Ende der 1980er Jahre nahezu alle Staatsmänner – und die öffentliche Meinung – in den beteiligten Staaten mehr oder weniger davon aus, dass die „deutsche Frage" nicht auf der Tagesordnung der internationalen Politik stehe. Aus diesem Grund liefen die Politiker auch kein „Risiko", wenn sie grundsätzlich die Teilung Deutschlands und Europas als „unnatürlich" bezeichneten und es der künftigen Geschichte überließen, diese Teilung zu beenden. So bemerkte Helmut Schmidt einmal: „Als ich 1974 als neu gewählter Bundeskanzler vor meiner ersten Moskau-Reise stand, gab es kaum eine Regierung in Europa, welche die Teilung Deutschlands ehrlich bedauerte. Eher war das noch in Washington oder im fernen

1998. Bd. 3: Wolfgang Jäger in Zusammenarbeit mit Michael Walter: Die Überwindung der Teilung: Der innerdeutsche Prozess der Vereinigung 1989/90, Stuttgart 1998. Bd. 4. Werner Weidenfeld mit Peter M. Wagner und Elke Bruck: Außenpolitik für die deutsche Einheit: Die Entscheidungsjahre 1989/90, Stuttgart 1998.

[27] Hanns Jürgen Küsters: Das Ringen um die deutsche Einheit. Die Regierung Helmut Kohl im Brennpunkt der Entscheidungen 1989/90, hg. von der Konrad-Adenauer-Stiftung e.V., Freiburg 2009.

[28] Ehrhart Neubert: Unsere Revolution – Die Geschichte der Jahre 1989/90, München 2008.

[29] Ilko-Sascha Kowalczuk: Endspiel. Die Revolution von 1989 in der DDR, München 2009.

[30] Gerhard A. Ritter: Der Preis der deutschen Einheit. Die Wiedervereinigung und die Krise des Sozialstaats. München 2006.

[31] München 2009. Vgl. auch: Mitteilungen der Gemeinsamen Kommission für die Erforschung der jüngeren Geschichte der deutsch-russischen Beziehungen, hg. im Auftrag der Gemeinsamen Kommission von Horst Möller und Aleksandr Cubar'jan, München 2008, S. 2–148: Die Sowjetunion und Deutschlands Vereinigung, sowie Werner Zink: Die deutsch-sowjetischen Beziehungen zwischen Moskauer Vertrag (1970) und Wiedervereinigung, ebd. S. 298–342.

Beijing der Fall. Aber ein gewisses Verständnis für die deutsche Lage konnte Washington dennoch nicht zu einer Politik bringen, die konkret auf eine Wiedervereinigung der deutschen Teilstaaten gerichtet gewesen wäre [...] Die Welt schien also mit der Spaltung Deutschlands weitgehend zufrieden zu sein; unlogischerweise war sie weit weniger zufrieden mit der Spaltung Europas."[32]

Für Schmidts Nachfolger Helmut Kohl hatte sich diese Situation kaum verändert, er sah sich seit 1982 mit der gleichen Erfahrung konfrontiert. Schon deshalb ist die oft gehörte Annahme unsinnig, 1989/90 habe die historische Entwicklung gleichsam wie von selbst zur Wiedervereinigung geführt. Davon kann keine Rede sein – wie alle bisher zugänglich gewordenen Dokumente zeigen, bedurfte es schwieriger und äußerst geschickt geführter politischer und diplomatischer Verhandlungen, um nicht allein die Einheit Deutschlands zu erreichen, sondern auch um die in diesen Dokumenten ebenfalls heftig diskutierte Frage zu beantworten, ob ein wiedervereinigtes Deutschland Mitglied der NATO bleiben dürfe. Tatsächlich handelte es sich hier nicht allein um ein sicherheitspolitisches Problem für die Sowjetunion oder die Deutschen, sondern auch um ein wesentliches Element der Einbettung der Wiedervereinigungspolitik und die Weiterführung der westlichen Integration – weltpolitisch in die NATO und europapolitisch in die europäischen Institutionen. Ein so europäisch und sicherheitspolitisch integriertes vereinigtes Deutschland schien allen Beteiligten die Gewähr zu bieten, künftig auf nationalistische Alleingänge zu verzichten. Nicht allein, aber auch aus diesem Grund hat Bundeskanzler Helmut Kohl Wiedervereinigungspolitik auch als europäische Integrationspolitik betrieben und schließlich mit dem Ziel verbunden, die sowjetischen Truppen zum Abzug aus dem wiedereinigten Deutschland zu bringen. Und das hieß zugleich, die Voraussetzung für den Abzug sowjetischer Truppen aus den ehemaligen Warschauer Pakt-Staaten zu schaffen. Auf diese Weise wurde auch die sicherheitspolitische Selbstbestimmung der Deutschen zum Vehikel für die sicherheitspolitische Autonomie der ostmitteleuropäischen Staaten. Schließlich bestand der Gewinn nach dem Ende des Warschauer Paktes nicht allein darin, dass keine gegnerischen und potentiell feindlichen Blöcke mehr Deutschland und Europa teilten, sondern dass die kleineren mittelost- bzw. osteuropäischen Staaten sicherheitspolitisch ihre Souveränität zurückgewannen.

Von großer Spannung sind aber nicht allein die Veränderung der internationalen Beziehungen, sondern die erwähnte Dialektik der jeweiligen Volksbewegungen und Bürgerrechtsbewegungen im Inneren der kommunistischen Staaten und der Druck, den diese im Laufe des Jahres 1989 immer dynamischere Entwicklung auf die Regierungen ausübte. Sie war, wie die Gespräche der Staatsmänner zeigen, ursächlich für die ungemeine Beschleunigung und Intensivierung der Verhandlungen über die „deutsche Frage". Insofern sind die friedlichen Revolutionen, die in unterschiedlicher Form in mehreren osteuropäischen bzw. ostmitteleuropäischen Ländern sowie der DDR stattfanden, eine entscheidende Bedingung für den Erfolg der bi- bzw. multinationalen Verhandlungen. Auf der anderen Seite sollte dies nicht zu dem Kurzschluss verleiten, dass die friedlichen Revolutionen ohne die politischen Verhandlungen und Entscheidungen zum Erfolg geführt hätten. Eine

[32] Helmut Schmidt: Menschen und Mächte. Berlin 1987, S. 41.

zwangsläufige Entwicklung ist nirgendwo erkennbar, dafür aber die große historische Leistung der Beteiligten, zu tragfähigen Lösungen zu kommen, wobei eine Fülle innen- und außenpolitischer Probleme gelöst werden mussten.

Standen in der Geschichte der Bundesrepublik Deutschland während der Ära Konrad Adenauers die Westintegration im Vordergrund und in der Ära Willy Brandts die Ostpolitik, so musste in der Ära Helmut Kohl beides miteinander verbunden werden,[33] und das hieß: Einigungen nicht nur mit den europäischen Nachbarn, sondern auch mit den USA und der Sowjetunion zu erzielen.

Erlangen/München, im September 2010 Helmut Altrichter – Horst Möller

[33] Horst Möller: Die Überwindung der Teilung Deutschlands: Zukunftschancen in historischer Perspektive, in: Angela Merkel (Hg.), Europa und die deutsche Einheit, Freiburg 2000, S. 61–83. Dort auch eine umfangreiche Bibliographie: S. 106–127.

Danksagung

Als das Institut für Zeitgeschichte einen Übersetzer für die seit längerem geplante deutsche Ausgabe der Edition „Michail Gorbačev und die deutsche Frage" suchte, gab es einen glücklichen Zufall: Prof. Dr. Joachim Glaubitz, seines Zeichens emeritierter Sinologe und Politologe mit breit gespannten Interessen und Sprachkenntnissen, unter anderem auch des Russischen, hatte, kurz nach deren Erscheinen, ein Exemplar der russischen Ausgabe von dem Moskauer Historiker Alexander Vatlin als Gastgeschenk erhalten und sich daran gemacht, diese zu übersetzen. Er wollte mit seiner Frau, Prof. Dr. Beate Neuss, die an der Universität Chemnitz Internationale Politik lehrt, die Dokumente zugänglich machen. Von diesem Vorhaben kann nun auch die an der Geschichte der deutschen Einheit interessierte deutschsprachige Leserschaft profitieren, bot doch Glaubitz seine Übersetzung dem Institut für Zeitgeschichte im richtigen Moment zur Publikation an. Gedankt sei auch Prof. Dr. Aleksandr Galkin, mit dem Horst Möller die ersten Verhandlungen über eine deutsche Ausgabe führte.

Dabei konnte es aber nicht nur um eine bloße deutschsprachige Wiedergabe der russischen Edition gehen. Den Herausgebern schien es daher zwingend, die hier vorgelegten Dokumente in den Überlieferungskontext zu stellen. Für diese Aufgabe, die sich in einer detaillierten Kommentierung niederschlägt (siehe dazu auch die Editorische Notiz), konnte als ausgewiesener Kenner der deutsch-sowjetischen Beziehungen Dr. Andreas Hilger von der Universität der Bundeswehr in Hamburg gewonnen werden, der dabei von Jonas Gerwing unterstützt wurde. Die Redaktion der Übersetzung übernahm Verena Brunel, die ihre souveräne Sprachkenntnis und Akribie einmal mehr engagiert in den Dienst der deutsch-russischen Verständigung gestellt hat.

Der Gemeinsamen Kommission zur Erforschung der jüngeren Geschichte der deutsch-russischen Beziehungen sowie dem Bundesministerium des Innern und dem zuständigen Referatsleiter, Eberhard Kuhrt, ist für die Unterstützung der deutschen Ausgabe zu danken.

Editorische Notiz

Die vorliegende Edition ist eine vollständige Übersetzung der russischsprachigen Dokumentensammlung „Michail Gorbačev i Germanskij vopros. Sbornik dokumentov 1986–1991, hg. von Aleksandr Galkin und Anatolij Černjaev, Moskau 2006“.[1] Die Dokumente sind, bis auf wenige Ausnahmen, in der Gorbačev-Stiftung, Moskau, archiviert. Der Forschung sind diese zentralen Überlieferungen bislang nur ausschnittsweise bekannt. Die Auszüge wurden für verschiedene internationale und bilaterale Forschungsprojekte resp. Einzeldarstellungen zur Geschichte der deutschen Wiedervereinigung 1989/90 genutzt.[2] Daneben existieren parallele Quellensammlungen zur Geschichte der UdSSR unter Gorbačev, die ihrerseits auf den Beständen der Gorbačev-Stiftung basieren. Allen Primär- und Sekundärpublikationen ist gemeinsam, dass sie die entsprechenden russischen Archivalien nicht vollständig wiedergeben oder auf unterschiedliche Bearbeitungsvarianten der entsprechenden Dokumente zurückgreifen. Es ist ein Ziel dieser deutschen Ausgabe, auf der Basis der genutzten Vorlage diese Abweichungen und Variationen in der russischen Überlieferungslandschaft zusammenzuführen. Da die verschiedenen Quelleneditionen in Auswahl und Präsentation der Dokumente zugleich auf zeitgenössische Standpunkte und nachträgliche Interpretationen der beteiligten Personen verweisen, erschien es sinnvoll, hierbei zusätzlich die entsprechenden Memoiren und Beiträge der zeitgenössischen sowjetischen Akteure anzugeben.

Die Dokumentation führt noch einmal eindringlich vor Augen, dass die deutsche Wiedervereinigung ein multinationaler Prozess war, in dem Moskau – Gorbačev, Ševardnadze und ihre engsten Mitarbeiter – auf verschiedenen internationalen, multilateralen Foren agierten und reagierten. Die vorliegende Ausgabe stellt aufgrund ihres weit gesteckten zeitlichen Rahmens und wegen ihrer – unter Beachtung der bereits skizzierten Ergänzungs- und Korrekturmöglichkeiten – inhaltlichen Komplexität eine notwendige und äußerst wichtige Ergänzung zu deutschen und westlichen Perspektiven auf den Einigungsprozess dar. Vor diesem Hintergrund erschien es den Herausgebern der deutschen Ausgabe notwendig, die Dokumente auch in den relevanten Überlieferungskontext westlicher und besonders deutscher Provenienz einzubetten. Angesichts der international gängigen Zugangsbeschränkungen für Archivalien der jüngsten Vergangenheit wurden dafür nicht nur grundlegende Akteneditionen, sondern auch Memoiren und Darstellungen der westlichen Beteiligten herangezogen.

[1] Die Dokumentation ist in russischer Sprache mittlerweile vollständig im Internet abrufbar, unter http://www.rodon.org/other/mgigv/index.htm (Zugriff am 31. 1. 2010).
[2] Vgl. hierzu das Literaturverzeichnis sowie die Einzelanmerkungen im Dokumententeil.

Diese grundlegenden Editionsprinzipien schlagen sich in der formalen Ausgestaltung wie folgt nieder:

Die deutsche Übersetzung richtet sich nach der oben zitierten Originalsausgabe. Um den Quellencharakter der Dokumentation zu verdeutlichen, wurden alle Dokumente mit einer neuen deutschsprachigen Überschrift versehen; die Nummerierung der Dokumente ist ebenfalls für die deutsche Ausgabe neu eingefügt. Danach folgt die Übersetzung der Überschrift und der Zusätze (Datum, Teilnehmerkreis) der Originalausgabe. Die Signatur am Ende eines jeden Dokuments folgt ebenfalls der Originalausgabe, wurde in der Übersetzung aber hinsichtlich der Bestandszählung vereinheitlicht.

In der russischen Originalausgabe werden Auslassungen in der Regel ohne weitere Erläuterungen entweder durch „..." oder durch „[...]" kenntlich gemacht; die erste Schreibweise – „..." verweist manches Mal auch nur auf reine Gesprächspausen. Daneben weisen die Protokolle mitunter kursiv gesetzte resp. eingeklammerte Anmerkungen oder Zusammenfassungen ausgelassener Passagen auf. Diese Zeichensetzung und derartige Anmerkungen werden in der Übersetzung durchgängig ohne jede weitere Kommentierung übernommen.

Der Abgleich mit russischen Parallelüberlieferungen und partiellen Übersetzungen hat ergeben, dass die Originalausgabe Kürzungen nicht durchgängig ausweist sowie mitunter in der Wortwahl, im Satzbau, oder in ganzen Passagen von anderen Ausgaben abweicht. Daher werden zunächst für alle Dokumente pauschal die russischen Parallelausgaben, (Teil-)Übersetzungen und auszugsweise Wiedergaben bzw. relevante Zusammenfassungen dieser Quellen in der Forschungsliteratur angeführt. Dabei konnten nur die Ausgaben beachtet werden, die bis zum 31. Dezember 2009 vorlagen; die gesammelten Werke Gorbačevs etwa, die seit 2008 erscheinen, deckten bei Redaktionsschluss nur die Zeit bis März 1989 ab.[3]

Im Text der Dokumente werden Lücken der Originalausgabe aus anderen Editionen bzw. Zusammenfassungen dieser russischen Quellen aufgefüllt: Zusätze werden in „[ ]" wörtlich eingefügt, soweit dies vom deutschlandpolitischen Bezug her notwendig und vom Umfang her möglich war; ansonsten werden die fehlenden Passagen knapp in den Anmerkungen referiert. Wenn diese Auslassungen in der Originalausgabe nicht kenntlich gemacht worden waren, wird darauf hingewiesen. Geht der Text der hier genutzten Originalausgabe über den der genutzten Parallelüberlieferungen hinaus, ohne dass diese Nebenüberlieferungen die Kürzungen resp. Abweichungen ausweisen, wird dies vermerkt.

[3] Gorbačev, Sobranie. Band 14 und 15 für den Zeitraum bis September 1989 sind 2010 erschienen. Ebenfalls nicht berücksichtigt werden konnten die jüngsten Dokumentensammlungen: M. S. Gorbačev (Hrsg.), Otvečaja na vyzov vremeni. Vnešnjaja politika perestrojki: dokumental'nye svidetel'stva. Po zapisjam besed M. S. Gorbačeva s zarubežnymi dejateljami i drugim materialam, Moskau 2010 sowie Masterpieces of history: the peaceful end of the cold war in Europe, hg. von Svetlana Savranskaja u. a., Budapest 2010; vgl. hierzu die Online-Sammlung des NSA unter http://www.gwu.edu/~nsarchiv/rus/Masterpices.html. Die englische Übersetzung des Černjaev-Tagebuchs, die das NSA publiziert, konnte ebenfalls nur bis einschließlich 1989 berücksichtigt werden; Einträge für 1990 wurden im Sommer 2010 online gestellt (http://www.gwu.edu/~nsarchiv/NSAEBB/NSAEBB317/index.htm). Zu fortlaufenden Veröffentlichungen relevanter Einzeldokumente durch das NSA (die Electronic Briefing Books) 2010 vgl. http://www.gwu.edu/~nsarchiv/NSAEBB/NSAEBB320/index.htm.

Ferner werden für Gesprächsprotokolle und -vermerke relevante, publizierte westliche, insbesondere deutsche Parallelüberlieferungen angeführt; auf wichtige Abweichungen oder spezifische Akzentsetzungen dieser Gegenüberlieferungen wird im Kommentar ebenfalls verwiesen. Schließlich werden die Memoiren und Darstellungen der Akteure genannt, um dem Leser den weiterführenden Zugriff auf die verschiedenen Sichtweisen der Beteiligten zu erleichtern. Hierbei wurden, wenn vorhanden, die deutschen Ausgaben der Memoiren genutzt; relevante Abweichungen von den entsprechenden fremdsprachigen Originalausgaben bzw. Übersetzungen wurden, soweit möglich, angegeben.

In der Originalausgabe werden die Dokumente äußerst knapp und selektiv kommentiert. Diese ursprünglichen Kommentare werden in der Übersetzung jeweils am Ende eines Dokuments unter „*", „**" usw. übernommen. Der neue, arabisch bezifferte Anmerkungsapparat der Übersetzung enthält neben den Angaben zur Überlieferung notwendige inhaltliche Erläuterungen: Darunter fallen erwähnte Sachverhalte, die sich nicht aus dem Gesamtdokument erschließen, sowie Hinweise auf Fundstellen von Bezugsdokumenten, die in der Dokumentation thematisiert werden (Gesprächsprotokolle, Abkommen u. Ä.).

Kurze biographische Angaben zu allen erwähnten Personen finden sich im annotierten Personenregister, nicht im Anmerkungsapparat. Die Anmerkungen beschränken sich auf den Zeitraum, in dem diese Personen in den entsprechenden Dokumenten erscheinen. Für die deutsche Ausgabe wurde neben diesem Personenregister zusätzlich ein kombiniertes Orts- und Schlagwortregister erstellt. In den Registern werden Dokumentennummern aufgeführt, keine Seitenzahlen. Die Einträge verweisen sowohl auf das Dokument als auch auf den Kommentar. Das Vorwort wurde nicht verschlagwortet.

Die Schreibweise russischer Orts- und Personennamen folgt der wissenschaftlichen Transliteration. Nur die sowjetischen Termini, die auch im Deutschen gebräuchlich sind (wie ZK, Sowjet, Kreml), werden in der üblichen deutschen Schreibweise wiedergegeben.

Die Dokumente verwenden im Übrigen sowohl die Begriffe Sowjetunion/sowjetisch als auch Russland/russisch, ohne dass der Kommentar diese Besonderheit jeweils eigens hervorhebt. Ähnlich inkonsequent wird in den vorliegenden Dokumenten die Anrede mit „du" oder „Sie" gehandhabt. In diesen Fällen folgt die Übersetzung ebenfalls der wechselnden Vorlage; eine Unterscheidung zwischen „Ihnen" und „euch" ist aus den Kontexten nicht zwingend zu erschließen und wird daher in der Übersetzung nicht vorgenommen.

Andreas Hilger

Vorwort zur russischen Ausgabe

Über die Wiedervereinigung Deutschlands sind Hunderte von Büchern, Tausende von Artikeln geschrieben, eine Vielzahl von Dokumentar- und Spielfilmen gedreht und eine große Zahl von Interviews gegeben worden. Es scheint, als seien alle Wechselfälle dieses Ereignisses von Weltbedeutung gewissenhaft verfolgt worden. Von Teilnehmern und Augenzeugen der Ereignisse, von Wissenschaftlern und Journalisten sind zahlreiche Dokumente und andere Zeugnisse, die sich den inneren und äußeren Aspekten der Sache widmen, in Umlauf gebracht worden. Man sollte meinen, es gäbe es keine Geheimnisse mehr, die dem Verständnis von Ursachen und Ablauf der Wiedervereinigung im Wege stünden. Nichtsdestoweniger dauern die Auseinandersetzungen an, und allem Anschein nach sind wir noch weit davon entfernt, mit Recht behaupten zu können, unsere Kenntnisse über den Prozess der Vereinigung seien vollständig und erschöpfend.

Dafür gibt es objektive Gründe. Einer davon ist die geringe historische Distanz. Das Ereignis ist noch frisch im Gedächtnis und nicht frei von emotionalen Empfindungen: Die von ihm ausgelösten Wogen des Streites haben sich noch nicht geglättet, politische Vorlieben beherrschen das Feld, und die an den Ereignissen Beteiligten haben sich in der verdienten oder für sie erstrebenswerten historischen Rolle nicht etabliert. Ein anderer Grund ist die Einseitigkeit der Informations- und Quellenbasis. Am zugänglichsten für die Forscher – und umso mehr für das Publikum – haben sich die Materialien erwiesen, die eine Vorstellung lediglich der äußeren Aspekte der Sache vermitteln. Die tieferliegenden Aspekte, darunter jene, die man gemeinhin als Hintergründe bezeichnet, sind in Vielem bisher der Öffentlichkeit noch nicht zugänglich. Die Folge – zahlreiche oberflächliche Urteile, Substitution von Analyse durch Mutmaßung sowie Unverständnis für die Motive der wichtigsten handelnden Personen.

Daher das Fazit: Bei der Erforschung der Ereignisse, die zur Wiedervereinigung Deutschlands geführt haben, der treibenden Kräfte dieses Prozesses und der Beweggründe, die ihn ermöglichten, ist es noch zu früh, einen Schlusspunkt zu setzen.

Eine wirkliche Kenntnis davon, was sich ereignet hat, und wie es sich ereignet hat, ist ohne eine allseitige Betrachtung der Rolle Michail Gorbačevs nicht möglich. Die Bedeutung seines Beitrags zur Wiedervereinigung Deutschlands wird wohl niemand bestreiten. Allerdings wird dieser recht verschieden interpretiert. Und die Rede ist hier nicht unbedingt von den politischen Gegnern Gorbačevs, von denjenigen, für die alles, was er getan hat, nur ein Zeichen trägt: ein Minus. Das Unverständnis für die wahren Motive Gorbačevs und die falsche Interpretation konkreter Episoden des Verhandlungsprozesses sind manchmal so tiefgreifend, dass sie die Bedeutung nicht nur der Rolle Gorbačevs völlig entstellen, sondern auch die Bedeutung all dessen, was sich ereignet hat.

Die Politik Gorbačevs in der deutschen Frage kann nur dann richtig verstanden und bewertet werden, wenn sie in einen globaleren Kontext eingebettet wird: seine Einschätzung der Weltlage, seine entschlossene Festlegung auf die Beendigung des „Kalten Krieges“, der die Menschheit an den Rand der Selbstvernichtung geführt hat und die Entwicklung der Ereignisse in der Sowjetunion selbst. Die Lösung der deutschen Frage sollte zu einem Faktor bei der Demontage der Konfrontation der Systeme werden.

Mitte der 80er Jahre trat das deutsche Problem für die sowjetische Führung in zwei Erscheinungsformen auf. Es gab zwei deutsche Staaten und zwei sowjetisch-deutsche Politiken. Gemeinsam war ihnen, dass die eine wie die andere zumindest einer Korrektur und einer Erneuerung bedurfte. Die Beziehungen sowohl zur DDR als auch zur BRD hatten sich historisch herausgebildet, wobei sich viel Irrationales und ideologisch Realitätsfernes angesammelt hatte. Die Frage einer Wiedervereinigung Deutschlands stellte sich anfänglich praktisch nicht, obgleich es für viele Experten in der Sowjetunion offenkundig war, dass sie früher oder später erfolgen würde.

Als Gorbačev an der Spitze der UdSSR stand, verfügte er über genügend Unterlagen darüber, dass sich die Lage in der DDR bei weitem nicht zum Besten gestaltete. Die wirtschaftlichen und sozialen Probleme wurden nicht gelöst, sondern verdrängt. Die Unzufriedenheit mit der Politik der Führung erfasste sämtliche sozialen Gruppen.

In der DDR, ebenso wie in der Sowjetunion selbst, reiften Veränderungen heran. Unter diesen Bedingungen boten sich zwei mögliche, einander jedoch ausschließende Vorgehensweisen an. Die erste – der DDR eine Perestrojka nach dem Muster der Sowjetunion aufzuzwingen, d.h. Reformen von außen zu „initiieren“. Die zweite – unter Beachtung der Unabhängigkeit und Souveränität der DDR einen Kurs der Nichteinmischung in ihre Angelegenheiten zu verfolgen und lediglich auf vom Beispiel der eigenen „Perestrojka“ beeinflusste Veränderungen zu zählen. Aufgrund des historisch gewachsenen Charakters der Beziehungen mit den sozialistischen Verbündeten neigte die sowjetische Führung dazu, den ersten Ansatz zu verfolgen. Für Gorbačev selbst jedoch, der einen Kurs in Richtung einer tiefgreifenden Umgestaltung in allen Bereichen eingeschlagen hatte, war diese Vorgehensweise absolut unannehmbar, denn sie hätte den Beziehungen zwischen der Sowjetunion und den Ländern Osteuropas jegliche Perspektive genommen. Bereits beim Zusammentreffen mit den Führern der Mitgliedsstaaten des Warschauer Paktes anlässlich der Beisetzung seines Vorgängers Konstantin Černenko erklärte ihnen Gorbačev, die sowjetische Führung werde das Prinzip der Nichteinmischung in die Angelegenheiten der Verbündeten strikt befolgen. Wie die Führung der DDR mit dieser neuen Situation umging und warum die Befreiung von der Vormundschaft die Haltlosigkeit des Regimes bloßlegte – dies ist eine andere Geschichte.

Die Schwierigkeit eines Umdenkens in den Beziehungen zur Bundesrepublik Deutschland erklärte sich nicht nur aus der Komplexität des Problems. Eine nicht geringe Rolle spielten auch psychologische Momente. Für Gorbačev selbst, der als Kind alle Beschwernisse des Krieges und der deutschen Besetzung miterlebt hatte, war es wie für viele andere in der UdSSR nicht leicht, das „antideutsche Syndrom“

zu überwinden. Das betraf erst recht die Millionen einfacher Menschen. Als ein Mensch mit ausgeprägtem politischem Gespür war sich Gorbačev völlig darüber im Klaren, dass ein schroffes Überschreiten bestimmter fest etablierter Grenzen in den Beziehungen mit Deutschland kein Verständnis bei den Menschen in der UdSSR finden würde. Es war nötig, sie schrittweise darauf vorzubereiten.

Eine positive Rolle bei der Überwindung des genannten „Syndroms" spielten die jahrelangen bilateralen Beziehungen zur DDR. Einen wesentlichen Einfluss übte in dieser Hinsicht der Impuls der „Ostpolitik" Willy Brandts aus, der Bewegung in die „deutsche Frage" brachte.

Atmosphärische Veränderungen in den Beziehungen zwischen UdSSR und BRD wurden schon im Juli 1987 während der Moskaureise des deutschen Bundespräsidenten Richard von Weizsäcker erkennbar. Sein Gespräch mit Michail Gorbačev schien nichts Sensationelles zu beinhalten. So lenkte Gorbačev die Aufmerksamkeit seines Gesprächspartners auf die Bedeutung des Beitrags beider deutscher Staaten zur Sache des Friedens und der Sicherheit in Europa. Er vertrat erneut und hinreichend entschieden die sowjetische Position: zwei deutsche Staaten – dies sei die Realität. Jeglicher Versuch, sie zu revidieren, würde höchst unerwünschte Folgen haben.

Nichtsdestoweniger klangen im Gespräch einige neue Töne an. Es stellte sich heraus, dass beide Seiten bereit waren – mehr noch, danach strebten – den Stillstand in den Beziehungen der beiden Länder zu beenden, der Ende der 70er, Anfang der 80er Jahre vor dem Hintergrund der aktiven Beziehungen der UdSSR zu anderen Staaten besonders augenfällig geworden war. Nicht weniger wichtig war aber auch, dass Gorbačev im Prinzip eine Vereinigung Deutschlands nicht ausschloss – wenn nicht jetzt, so später: Man solle der Geschichte die Möglichkeit der Entwicklung lassen. Zu jener Zeit und unter jenen Umständen war dies ein bedeutsames Moment.

Die Begegnungen die auf das Gespräch mit Weizsäcker folgten, darunter mit Franz Josef Strauß, Lothar Späth, Martin Bangemann, Hans-Jochen Vogel und besonders mit Hans-Dietrich Genscher trugen zur Klärung vieler Aspekte der „deutschen Frage" bei. Gorbačev sprach immer öfter darüber auch in seinem Kreis und auf den Sitzungen des Politbüros.

Auf einen weiteren Versuchsballon seitens Helmut Kohls antwortete Gorbačev mit einem Brief, in dem erstmals von einem „neuen Kapitel" in den Beziehungen zwischen den beiden Ländern gesprochen wurde. Im Oktober 1988 kam der Bundeskanzler nach Moskau. Um die Bedeutung dieses Besuchs insbesondere im Hinblick auf das künftige Herangehen an die deutsche Frage zu verstehen, ist es wichtig, die Atmosphäre der Begegnung und das bei beiden Politikern entstandene wechselseitige Vertrauen zu berücksichtigen.

Am 28. Oktober 1988 fand im Katharinensaal des Kreml ein entscheidendes, vertrauensvolles Gespräch statt, das frei war von Feindseligkeit, ideologischem Geplänkel, Zweideutigkeit und Arglist. Beide Gesprächsteilnehmer stellten später fest, dass dies eine ehrliche, offene Unterhaltung war, die sich durch einen realistischen Ansatz, Verantwortungsbewusstsein und Optimismus und das Gefühl, eine Perspektive zu haben, auszeichnete.

Im Politbüro zog Gorbačev die folgende Bilanz des Kohl-Besuchs: „Bislang ist zwar ein Umschwung nicht erfolgt, aber es hat einen starken Impuls in diese wichtige Richtung gegeben."

Die Beziehungen zwischen Gorbačev und Kohl nahmen bald einen freundschaftlichen Charakter an, was letzten Endes dazu beitrug, den Umgestaltungsprozess in der DDR ohne übermäßige Erschütterungen durchzuführen, als dort wie auch in den anderen Ländern Zentral- und Osteuropas stürmische Monate der politischen Erschütterungen anbrachen.

Es war symbolisch, dass der „Kontakt", der die beiden staatlichen Akteure vereint hatte, mit dem Auftritt Gorbačevs vor den Vereinten Nationen Anfang Dezember 1988 zusammenfiel. Vor der gesamten Welt wurde die wichtigste Grenze kenntlich gemacht: die Unumkehrbarkeit des Übergangs der UdSSR zu einer prinzipiell neuen Politik, der Verzicht auf ideologische Vorgaben in den Beziehungen zu welchen Ländern auch immer.

Anfang Juni 1989 erfolgte ein Besuch Gorbačevs in der Bundesrepublik Deutschland. Die umfassende Analyse des deutschen Problems in den zwischen den beiden Besuchen vergangenen Monaten hatte ihn davon überzeugt, dass die harte Position in der Frage der deutschen Einheit, die bei ihm schon früher Zweifel hervorgerufen hatte, ohne Perspektive war.

Selbstverständlich vermochte niemand, auch nicht Gorbačev, sich vorzustellen, wie und in welcher Geschwindigkeit die Ereignisse sich entwickeln würden. Weder in der UdSSR noch in der Bundesrepublik selbst konnten die ernsthaften Meinungsverschiedenheiten in der Frage der Einheit Deutschlands im Handumdrehen verschwinden. Nichtsdestoweniger klangen in der Gemeinsamen Erklärung, die während des Besuchs Gorbačevs in der BRD unterzeichnet worden war, neue Töne an, die in ihrer Gesamtheit ein ganz offensichtliches – wenn auch unausgesprochenes – Leitmotiv bildeten. Im Vieraugengespräch mit Gorbačev charakterisierte Kohl dieses Dokument als einen Schlussstrich, der unter die Vergangenheit gezogen worden sei und als eine Lichtquelle, die Wege in die Zukunft beleuchte. Analog war die Bewertung Gorbačevs, der das gemeinsame Dokument ein Zeugnis für den Durchbruch in den Beziehungen nannte.

Wenn man heute im Rückblick die Ergebnisse dieses Besuchs und die Bedeutung der damals unterzeichneten Dokumente betrachtet, kann man mit voller Berechtigung die Schlussfolgerung ziehen: Damals wurde faktisch der Anfang für den Prozess der Vereinigung Deutschlands gemacht.

Die Bündnispartner der BRD in der NATO erfassten sofort den untergründigen Sinn dessen, was sich in diesen Sommertagen in Westdeutschland ereignet hatte – sowohl die Amerikaner, als auch die Franzosen, die Engländer und alle übrigen. Dies war unter anderem an der Haltung der Presse klar erkennbar. Auch in der DDR begriff man die Bedeutung des empfangenen Signals, sowohl „oben" als auch „unten". Aber während die Mehrheit der Bevölkerung der DDR, die auf die Vereinigung eingestellt war, zur Kenntnis nahm, dass die UdSSR nicht beabsichtigte, die Willensäußerung des deutschen Volkes zu behindern und dass sich nichts mit den Vorgängen von 1968 in der Tschechoslowakei Vergleichbares ereignen würde, offenbarten die Führung der SED und die obersten Machthaber im Staate ihre Unfähigkeit, eine adäquate Schlussfolgerung aus den Ereignissen zu ziehen.

Unterdessen existierte die objektive Möglichkeit, die deutsche Einheit ruhig und etappenweise zu erlangen. Bei einer schrittweisen Vereinigung hätte man einige negative Folgen und soziale Kosten, die später auftraten, vermeiden oder zumindest verringern können.

Im Herbst 1989 wurde die Lage in Ostdeutschland ohne Übertreibung explosiv. Der Fall der „Berliner Mauer" rief im deutschen Volk einen gewaltigen emotionalen Aufbruch hervor. Die Ereignisse konnten in der Tat jederzeit außer Kontrolle geraten und Anzeichen einer solchen Entwicklung gab es bereits.

Dabei musste man ständig bedenken, dass auf dem Territorium der DDR sehr starke Verbände der sowjetischen Streitkräfte stationiert waren. Eine jegliche, selbst geringfügige Provokation gegenüber den sowjetischen Soldaten konnte Blutvergießen zur Folge haben. Man musste auch in Betracht ziehen, dass in der UdSSR wie auch in der DDR einflussreiche Kräfte existierten, die immer lauter den Einsatz der Streitkräfte „zur Herstellung der Ordnung" forderten.

Unter diesen Bedingungen sah Gorbačev seine wichtigste Aufgabe darin, den unausweichlichen Prozess der Wiedervereinigung Deutschlands in geordnete Bahnen zu lenken, die Gewaltvariante auszuschließen und dabei die staatlichen Interessen der Sowjetunion, insbesondere die der Armee, maximal zu berücksichtigen. Unter den veränderten Bedingungen konnte sie in nicht in unveränderter Eigenschaft in Deutschland bleiben – und zwar nicht nur aus politischen (den internationalen Aspekt eingeschlossen), sondern auch aus wirtschaftlichen Erwägungen heraus: Für den (an sich sinnlosen) Unterhalt unserer Streitkräfte in einem vereinigten Deutschland hätten ausländische Devisen bezahlt werden müssen.

Zwischen Gorbačev und den Führern der westlichen Länder wurde ein intensiver Dialog geführt. Nach dem Rücktritt Honeckers hatte Gorbačev am 1. November 1989 in Moskau ein langes Gespräch mit dessen Nachfolger Egon Krenz. Bei dieser Unterredung ging er noch von der Annahme aus, dass die Führung der SED in ihrer neuen Zusammensetzung imstande sein werde, die Situation unter Kontrolle zu halten und schließlich eine Umgestaltung vorzunehmen, die eine stufenweise Annäherung und schließlich auch eine Fusion der DDR mit der BRD ermöglichen würde. Bei seinen Kontakten mit Genscher und Kohl versuchte er beharrlich, sie zu überzeugen, den Elementarkräften nicht nachzugeben und Zurückhaltung zu zeigen.

Die verschärfte politische Lage sowohl in der DDR als auch in der BRD veranlasste sie jedoch, den Prozess zu forcieren. Noch am 11. November 1989 erklärte Kohl im Gespräch mit Gorbačev, als er über die Haltung der BRD in Bezug auf die Ereignisse in der DDR sprach: Den Deutschen ist bewusst, was Augenmaß bedeutet. Es bedeutet sowohl ein Gefühl für das rechte Maß als auch die Fähigkeit, bei der Planung von Handlungen ihre möglichen Folgen in Betracht zu ziehen, sowie das Gefühl der persönlichen Verantwortung. Jedoch bereits am 28. November, als die staatlichen Strukturen der DDR zu zerfallen begannen, verkündete der Kanzler im Bundestag ein „Zehn-Punkte-Programm zur Überwindung der Teilung Deutschlands und Europas".

Die Reaktion der sowjetischen Führung auf das Programm Kohls war äußerst scharf. Ungeachtet dessen erwies sich die Verstimmung über Kohl wegen der

„Zehn Punkte“ als vorübergehend. Und außerdem gingen die Ereignisse bald über den Rahmen dieses Programms hinaus.

Ende Januar 1990 fand im Arbeitszimmer Gorbačevs eine Beratung im engsten Kreis über die deutsche Frage statt. Als Ergebnis der Diskussion wurde eine Position festgelegt, die Gorbačev wie folgt formulierte:

- Einbringung einer Initiative zur Bildung einer „Sechsergruppe“ (die vier Siegermächte UdSSR, USA, England, Frankreich – und die beiden Deutschland BRD und DDR) zur Beratung über alle äußeren Probleme der deutschen Frage;
- in der Politik gegenüber der BRD Orientierung auf Kohl, wobei die Sozialdemokratische Partei Deutschlands nicht ignoriert werden sollte;
- Einladung des neuen Ministerpräsidenten der DDR, Modrow, und des neuen Vorsitzenden der SED, Gysi, zu Gesprächen nach Moskau;
- Aufrechterhaltung regelmäßiger Kontakte bezüglich des deutschen Problems mit London und Paris;
- Vorbereitung des Abzugs der sowjetischen Streitkräfte aus der DDR durch Marschall Achromeev.

Vieles musste sich in der Welt, in Europa und vor allem in der UdSSR in den Beziehungen zwischen Russen und Deutschen ereignen, damit eine derartige Lösung der deutschen Frage möglich wurde.

Im Februar wurde auf der Konferenz von Ottawa eine Vereinbarung bezüglich der Gespräche über eine „abschließende Regelung“ im Rahmen der „Sechsergruppe“ erzielt. Danach fanden in Bonn, Berlin und Moskau drei Gesprächsrunden statt, die als „Zwei-plus-Vier“-Gespräche in die Geschichte der Wiedervereinigung Deutschlands eingingen.

In der Folge wurde künstlich diplomatischer Nebel um diese Bezeichnung erzeugt. Die Gegner der Politik Gorbačevs behaupteten in Verfolgung politischer und bei einigen auch rein persönlicher Ziele, dass die Konzeption der Gespräche im Rahmen der „Sechs“ anfangs auf der Formel „4+2“ beruht habe, die eine Vorherrschaft der Siegermächte über beide deutsche Staaten vorausgesetzt habe. Dementsprechend wurde die dokumentarische und publizistische Umbenennung der Formel „4+2“ in „2+4“ als ein ungerechtfertigt großes Zugeständnis, wenn nicht gar als Kapitulation, ausgelegt.

In der Wirklichkeit verlor eine solche bürokratisch-diplomatische Scholastik angesichts der sich abspielenden epochalen Veränderungen jegliche Bedeutung. Zumindest für die Sowjetunion und die anderen Siegermächte. Verständlich war das Interesse an der „Umkehrung der Ziffern“ auf deutscher Seite, die vom amerikanischen Außenminister Baker unterstützt wurde. Die Deutschen wollten einmal mehr demonstrieren, dass die Zeiten der Vergangenheit angehörten, als Deutschland als zweitrangiger Verhandlungspartner betrachtet worden war. Die Formel „2+4“ klang wie die Anerkennung dessen, dass die Deutschen selbst ihre deutschen Angelegenheiten entscheiden und sich die ehemaligen Sieger mit den internationalen Aspekten der Wiedervereinigung beschäftigen würden. Mit anderen Worten, die Ziffernfolge in dieser Formel wurde als Frage des nationalen Prestiges aufgefasst.

Das Festhalten an einer Ziffernfolge, wenn es sich um das Schicksal Europas und der Welt handelte, entsprach nicht den Prinzipien Gorbačevs. Er dachte auch an die Perspektiven der Beziehungen zwischen der Sowjetunion und einem künftigen vereinigten Deutschland. Er brauchte kein Feilschen um Kleinigkeiten. Für ihn war offenkundig, dass die Deutschen nicht nur das Recht hatten, ihre Angelegenheiten selbst zu entscheiden, sondern dies auch unweigerlich tun würden. Am 10. Februar 1990 erklärte Gorbačev bei einem Treffen mit Kohl, der ein weiteres Mal nach Moskau gekommen war, klar und unzweideutig: „Die Deutschen müssen selbst ihre Wahl treffen." Und als Kohl nachfragte: „Sie wollen sagen, dass in der Frage der Einheit die Deutschen selbst die Wahl haben?" erhielt er die klare Bekräftigung: „Ja ... im Kontext der Realitäten."

Anfang 1990 ging der Prozess der Wiedervereinigung Deutschlands, dessen entscheidende treibende Kraft – vor allem in der DDR – eine mächtige Volksbewegung geworden war, endgültig und auch formal in die Hände der Deutschen über. Das grundlegende Problem, das die Siegermächte zu lösen hatten, war die Gewährleistung der europäischen Sicherheit unter sich prinzipiell verändernden Bedingungen. In den Vordergrund trat die Frage der künftigen Beziehungen eines vereinigten Deutschland zur NATO. Die Haltung der USA und der BRD in dieser Frage war eindeutig: Das vereinigte Deutschland muss vollberechtigtes Mitglied der NATO sein.

Im Grunde genommen hatte der Beitritt des künftigen Deutschland zur NATO und infolgedessen die Verschiebung ihrer Kompetenzsphären um einige hundert Kilometer nach Osten für die UdSSR nicht so sehr geopolitische als vielmehr psychologische Bedeutung. Im Nuklearzeitalter generell und insbesondere unter den Bedingungen einer beginnenden Abrüstung (noch dazu, wo die Länder Osteuropas, die dem Warschauer Pakt angehörten, faktische Wahlfreiheit erhielten) veränderte der Eintritt des vereinigten Deutschland in die NATO im Wesentlichen nichts am Sicherheitsproblem der UdSSR. Ungeachtet dessen musste Gorbačev die Ansichten in der Gesellschaft, in der politischen Führung und speziell innerhalb des Militärs berücksichtigen. Deshalb suchte er nach Varianten, die einen direkten Beitritt des vereinigten Deutschland zur NATO ausschließen würden. Derartige Varianten wurden sowohl im engsten Kreis der Mitarbeiter Gorbačevs als auch im Politbüro des ZK der KPdSU während des gesamten Frühjahrs 1990 erörtert. So fand am Vorabend der Reise Ėduard Ševardnadzes Anfang Mai nach Bonn zur ersten Runde der „Zwei-plus-Vier"-Gespräche ein äußerst hartes Gespräch zu diesem Thema statt: Wir lassen Deutschland nicht in die NATO!

Aber die weiteren Überlegungen führten zu der Erkenntnis, dass die alternativen Ideen einer Neutralisierung des vereinigten Deutschland oder sein gleichzeitiger Beitritt zu NATO und Warschauer Pakt nicht aufrecht zu erhalten waren. Wenn nämlich Einvernehmen in Bezug auf die Vereinigung bestand – also hinsichtlich der Aufhebung aller mit den Kriegsfolgen verbundenen Beschränkungen – dann erhielt Deutschland damit das souveräne Recht zu wählen, in welchem Block es sein oder ob es generell außerhalb eines Blockes bleiben wollte. Die in einer Direktive festgehaltene Position, mit der Ševardnadze zu den „Zwei-plus-Vier"-Gesprächen gereist war, „kam nicht durch", was vorherzusehen war.

Ende Mai 1990 reiste Gorbačev mit eben dieser Position nach Washington. In Bezug auf sein Verhalten bei den Gesprächen mit George Bush kamen nicht wenige Spekulationen auf, die die wirklichen Motive Gorbačevs entstellten. Der

Kern der Sache bestand darin, dass es – wenn man sich auf den Boden der Tatsachen und der elementaren Logik stellte – unmöglich war, die frühere sowjetische Position zu behaupten. Gorbačev stand vor der Wahl: Entweder sich zu „widersetzen", dann würde der Prozess der Vereinigung Deutschlands so oder so erfolgen, jedoch unter Umgehung der UdSSR und sogar gegen ihre Lebensinteressen, oder, geleitet von gesundem Menschenverstand, in der gesamten Angelegenheit seine Rolle zu erhalten und im Ergebnis ein freundschaftliches und dankbares Deutschland als Partner zu gewinnen – eine bedeutende Größe in der Weltwirtschaft und jetzt auch in der Politik. Am 31. Mai wurde eine Kompromissformel gefunden.

Nun zu den letzten Akkorden des „Marsches" in die Wiedervereinigung. Im Juli 1990 kam Kohl nach Moskau, um endgültige Klarheit über den Ablauf der Vereinigung Deutschlands zu schaffen. Er traf mit Gorbačev in der Villa des Außenministeriums in der Spiridonovka-Straße zusammen. Kohl war präzise und energisch. Er spielte ein ehrliches, aber hartes Spiel. Er machte große Zugeständnisse, aber er erhielt die Hauptsache – ein vereinigtes Deutschland in der NATO.

Einen Monat danach charakterisierte Gorbačev seine Haltung in der deutschen Frage in Helsinki in einem vertraulichen Gespräch mit Bush in folgender Weise: „Sie werden mir wahrscheinlich zustimmen, dass die Ereignisse in Osteuropa und die deutschen Angelegenheiten für uns schwieriger waren als für die USA. Ich sage Ihnen offen, dass es kolossaler Anstrengungen, einer gewaltigen Anspannung und großen politischen Willens bedurfte, um sich buchstäblich selbst zu überwinden, die alten Vorgehensweisen, die unerschütterlich schienen, abzulegen und so zu handeln, wie es die veränderten Realitäten erforderten. Ich muss bis heute bei uns im Lande diese Haltung erläutern, die Notwendigkeit des neuen Denkens und des neuen Herangehens an das, was in der Welt geschieht, beweisen und von der Richtigkeit dieser Schritte überzeugen. Dies ist nicht immer einfach, umso mehr, als es im Westen Leute gibt, die eine Analyse unterstellen, die auf der alten Denkweise beruht, und dies erschwert meine Lage."

In der Spiridonovka übergab Kohl Gorbačev den Entwurf eines „Großen Vertrags" (der sich im Großen und Ganzen als akzeptabel erweisen sollte), und der nach seinen Worten das Vergangene abschließen und eine prinzipiell neue Etappe in den Beziehungen zwischen den beiden großen Nationen einleiten sollte – mit der Perspektive auf eine gegenseitige gedeihliche Zusammenarbeit und sogar auf eine Freundschaft.

Zur Fixierung des Erreichten nahm Gorbačev Kohl mit zu sich in seine Heimat in Stavropol'. Die abschließenden Gespräche fanden in Archyz, einem kleinen malerischen nordkaukasischen Kurort, statt. Dort übernachteten sie, oder genauer gesagt, verbrachten sie fast die ganze Nacht am Verhandlungstisch. Man ging in allen Details den Inhalt der Dokumente durch – den künftigen Vertrag über gute Nachbarschaft, Partnerschaft und Zusammenarbeit, den Vertrag über die abschließende Regelung in Bezug auf Deutschland, den Vertrag über den befristeten Aufenthalt sowjetischer Streitkräfte, das Abkommen über überleitende Maßnahmen und anderes.

In der Folge hat Kohl ehrlich und loyal mit der Unterstützung der überwältigenden Mehrheit der Deutschen all das erfüllt, was er mit seinem Wort und seiner

Unterschrift besiegelt hatte. Er hat sein Vorgehen gegenüber der UdSSR auf Russland übertragen, wobei er übrigens seine Fairness gegenüber Gorbačev beibehielt und sich nicht durch einen diplomatischen „Gedächtnisverlust“ erniedrigte, dem einige frühere Partner Gorbačevs später unterlagen.

Die Geschichte schritt voran. Am [31].[1] August 1990 wurde in Berlin der Vertrag über die Vereinigung der BRD und der DDR unterzeichnet, am 12. September in Moskau der Vertrag über die abschließende Regelung in Bezug auf Deutschland.

Am 9./10. November 1990 besuchte Gorbačev das bereits vereinigte Deutschland. Es fanden Feierlichkeiten und die Unterzeichnung von Dokumenten statt, die die völkerrechtlichen und moralisch-politischen Grundlagen für normale, wirklich freundschaftliche Beziehungen zwischen dem deutschen Volk und den Völkern der UdSSR legten.

Wenn man heute auf die Ereignisse jener Zeit zurückschaut, hat man allen Grund festzustellen: Im Zuge einer staatlichen Logik, die die Beseitigung der Gefahr eines Atomkriegs und eine grundlegende Änderung der Weltpolitik sowie die Befreiung von der unheilvollen und bereits nicht mehr erträglichen Überrüstung zum Ziel hatte und auf der herausragenden Bedeutung dauerhafter, gutnachbarlicher Beziehungen mit Deutschland beruhte, war es Gorbačev, der recht behielt. Er hat unter diesen Bedingungen das äußerst Mögliche getan, um sein Ziel zu erreichen.

* * *

Die Edition enthält vier Gruppen von Materialien. Erstens: Aufzeichnungen von Gesprächen Michail Gorbačevs mit ausländischen politischen Akteuren. Ein Teil dieser Aufzeichnungen ist vollständig wiedergegeben, ein Teil in Auszügen. Im letzteren Fall haben die ausgeklammerten Themenbereiche entweder keinen direkten Bezug zum deutschen Problem oder sind Wiederholungen von bereits in früheren Gesprächen Dargelegtem. Zweitens: Transkription von Notizen über den Verlauf von Sitzungen oder Begegnungen, die der deutschen Frage gewidmet waren und an denen Gorbačev teilgenommen hat. Sie stammen von Anatolij Černjaev, dem Berater Gorbačevs. Die Notizblöcke selbst mit den entsprechenden stenografischen Aufzeichnungen befinden sich im Archiv der „Gorbačev-Stiftung“. Drittens: dienstliche Aufzeichnungen und andere Materialien zur deutschen Frage, die von den engsten Mitarbeitern Gorbačevs angefertigt wurden, als die wesentlichen Entscheidungen hinsichtlich der Wiedervereinigung Deutschlands getroffen wurden. Viertens: einzelne, für das Verständnis der Ereignisse wichtige Presse-Veröffentlichungen.

2. März 2006

A. A. Galkin, Doktor der Geschichtswissenschaft, Professor
A. S. Černjaev, ehemaliger Berater des Präsidenten der UdSSR für internationale Angelegenheiten

[1] In der Vorlage irrtümlich auf den 30. 8. datiert.

Dokumente

1986

Nr. 1
Protokoll der Sitzung des Politbüros vom 27. März 1986 [Auszug][1]

Auf der Sitzung des Politbüros des ZK der KPdSU

27. März 1986

[…].[2] **Gorbačev:**[3] Die Frage der BRD ist ernst.*[4] Der Kurs, den politischen Dialog mit Kohl zu begrenzen und die Sachzusammenarbeit in anderen Bereichen fortzusetzen, war richtig und soll weiter verfolgt werden. Er übt Wirkung auf den Kanzler[5] aus und gibt ihm[6] und seiner Umgebung zu verstehen, was die UdSSR für Deutschland ist.

Der Austausch mit anderen westlichen Führern hat ergeben, dass sie unsere Abreibung für Kohl gutheißen. Die Italiener erklärten uns, sie möchten, dass der erste Besuch des Generalsekretärs nicht in der BRD, sondern in Italien erfolgt.[7] Aber wir müssen davon ausgehen, dass die BRD eine gewaltige Macht ist, und wir müssen mit diesem Faktor auf der europäischen und weltpolitischen Ebene rechnen. Nicht übermäßig auf Abkühlung drücken, damit wir am Ende mit unserem Vorgehen nicht das zerstören, was bereits vor uns erreicht wurde.

Unsere Linie gegenüber der BRD hält auch die DDR im Zaum. Unter dem Druck der wirtschaftlichen Faktoren könnte man sich in Berlin in die Umarmung durch Westdeutschland werfen.

[8]Mühsam läuft es mit den USA. Diese Beziehungen können wir über Europa beleben, darunter über die BRD und sogar über Japan und China. In den USA wird man sofort nervös, sobald wir Kontakt mit Westeuropa herstellen. Und hier spielt die BRD eine sehr wichtige Rolle. Wir müssen über ernsthafte Schritte

[1] Auch in V Politbjuro, S. 31–33 und Gorbačev, Sobranie 3, S. 487–489; Teilüberlieferungen in Tschernjaew, Mein deutsches Tagebuch, S. 210f.; Černjaev, Sovmestnyj ischod, S. 679. An Erinnerungen: Kwizinskij, Vor dem Sturm, S. 396–397.

[2] Erste Tagesordnungspunkte waren der „Entwurf eines Beschlusses über nicht erarbeitete Einkommen“ sowie „Ökologie“, vgl. Anm. 1.

[3] Zum Tagesordungspunkt „Über die Beziehungen mit der BRD“ äußerten sich außerdem Gromyko, Čebrikov, Kvicinskij und Falin, vgl. Anm. 1.

[4] Unmittelbarer Anlass der Diskussionen war offenbar der Dienstantritt des neuen sowjetischen Botschafters in Bonn, Kvicinskij, Ende April 1986. Vgl. Kwizinski, Vor dem Sturm, S. 398.

[5] Gorbačev, Sobranie, Band 3, S. 488: „Kohl“.

[6] Gorbačev, Sobranie, Band 3, S. 488: „dem Kanzler“.

[7] Als Generalsekretär hatte Gorbačev im Oktober 1985 zuerst Frankreich besucht.

[8] Die Aufzeichnung von Černjaev, Sovmestnyj ischod, S. 679 setzt erst an dieser Stelle ein.

nachdenken. Aber im Augenblick ist mit der BRD noch nicht in Kontakt auf höchster Ebene zu treten. Man muss dem Kanzler noch eine Lektion erteilen. [9]Und die Positionen von Brandt und Schmidt berücksichtigen. Aber der prinzipielle Unterschied zwischen ihnen und der CDU in der deutschen Frage ist gering.[10] Wenn wir uns abrupt der CDU zuwenden, dann beschädigen wir unsere Beziehungen zur SPD.

Große Aufmerksamkeit bei den Kontakten muss den wirtschaftlichen Fragen zuteil werden, darunter auch mit den Sozialdemokraten. Auch die kulturellen und gesellschaftlichen Beziehungen sind zu aktivieren. Die Deutschen sind ein ernsthaftes Volk. Signale nehmen sie geschäftsmäßig auf.[11] [...].

* 1985–1986, d. h. im Verlaufe des ersten Jahres unter der Führung Gorbačevs waren die Beziehungen zwischen der Sowjetunion und der BRD sehr kühl.[12] Diese Situation entsprach nicht den Interessen der UdSSR. Darüber wurde auch in der Sitzung gesprochen.

Aufzeichnung A. S. Černjaev, Archiv der Gorbačev-Stiftung. Bestand 2, Verzeichnis 2.

Nr. 2
Diskussion Gorbačevs mit Beratern über die sowjetischen Beziehungen mit der Bundesrepublik Deutschland [Auszug][1]

Besprechung im engsten Kreis bei M. S. Gorbačev

26. Mai 1986

(Anwesend: Ševardnadze, Dobrynin, Achromeev, Černjaev)

[...].[2] **Gorbačev:** Das Gespräch Kvicinskijs mit Kohl zeugt davon, dass wir an eine Grenze gelangt sind, ab der wir etwas ändern müssen.[3] Wir haben Kohl in die Ecke getrieben.[4] Jetzt muss man überlegen und nicht zurückweichen. Zumal es

[9] In V Politbjuro, S. 33 sowie Gorbačev, Sobranie 3, S. 489 neuer Absatz. In letztgenannter Überlieferung steht anstelle „Und": „Man muss".

[10] Falsche Übersetzung in Tschernjaew, Mein deutsches Tagebuch, S. 211.

[11] Der letzte Absatz in der russischen Vorlage durch einen Fehldruck vom vorangegangenen Text abgetrennt. Die Passage nur auszugsweise in Tschernjaew, Mein deutsches Tagebuch, S. 211.

[12] Hintergrund war die Umsetzung des NATO-Doppelbeschlusses ab 1983 unter der neuen Regierung Kohl–Genscher. Das Newsweek-Interview Kohls vom 16. 10. 1986, in dem dieser Gorbačev mit Goebbels verglichen hatte, erschien am 27. 10. 1986, nicht, wie V Politbjuro, S. 33 und Tschernjaew, Mein deutsches Tagebuch, in ihrer Kommentierung annehmen, Ende 1985.

[1] Auch in V Politbjuro, S. 40 f.; Gorbačev, Sobranie 4, S. 135 f.; Tschernjaew, Mein deutsches Tagebuch, S. 211 f.

[2] Diskutiert wurden die Beziehungen mit den USA, Arbeitssitzungen des MID, das anstehende Treffen des Politischen Beratenden Ausschusses des Warschauer Pakts in Budapest (10.–11. 6. 1986) sowie Abrüstungsvorschläge, vgl. Anm. 1.

[3] Vgl. zu ersten Kontakten des neuen sowjetischen Botschafters zur Kohl-Regierung Kwizinski, Vor dem Sturm, S. 407 f.

[4] Dieser Satz fehlt in V Politbjuro, S. 40 f. und Gorbačev, Sobranie 4, S. 136.

nicht nötig ist, ihm vor den Wahlen zu helfen.[5] Wir müssen im Bereich der Wirtschaft etwas unternehmen. Hier sind wir sehr interessiert, aber auch auf dem Gebiet der Kernenergie.[6]

[7]Wir haben ja einen geheimen Kanal zu den Deutschen, wir nutzen ihn nicht.[8] Wir müssen philosophisch über unsere Beziehungen nachdenken und etwas mithilfe dieses Kanals auf den Weg bringen. Ich denke, um einen Anfang zu machen, ist es nötig, Kvicinskij bei mir zu empfangen und ihm dies zu erläutern. Dann soll er ruhig Kohl über unser Gespräch berichten.[9] Er könnte sagen, wir seien bereit, beliebige Vorstellungen zu durchdenken, wenn auf Ihrer Seite Verständnis vorhanden ist. Auch konkrete aktuelle Schritte skizzieren ... Und diese dem Kanzler über Kvicinskij zur Kenntnis bringen.

Die Sozialdemokraten betreiben ein sehr subtiles Spiel – natürlich mit Blick auf eine Vereinigung Deutschlands.[10] Wir sehen das ...

Mein Besuch in der BRD soll erst 1987 stattfinden, nicht früher. Aber Genscher kann man im Herbst empfangen.[11] [12] Unsere Minister sollen sich ruhig treffen.[13] Aber ob er kommen wird, wenn wir nicht sagen, dass er auch von mir empfangen wird? [...].

Aufzeichnung A. S. Černjaev, Archiv der Gorbačev-Stiftung. Bestand 2,[14] *Verzeichnis 2.*

5 Gemeint sind die Bundestagswahlen am 25. 1. 1987. Der Satz lautet in V Politbjuro, S. 41, sowie Gorbačev, Sobranie 4, S. 136: „Zumal in der BRD Wahlen bevorstehen." Tschernjaew, Mein deutsches Tagebuch, S. 211 mit Fehlübersetzung.

6 Die beiden vorangegangenen Sätze zur Wirtschaft fehlen in V Politbjuro, S. 41 und Gorbačev, Sobranie 4, S. 136.

7 Der ganze folgende Absatz fehlt sowohl in V Politbjuro, S. 41 als auch in Tschernjaew, Mein deutsches Tagebuch, S. 211 f.; nur teilweise abgedr. in Gorbačev, Sobranie 4, S. 136, vgl. Anm. 9.

8 Lt. Bahr, Zu meiner Zeit, S. 333 f. wurde der direkte Kanal zwischen Moskau und dem Bundeskanzleramt (Teltschik) mittels KGB-Gesandten nach 1982 fortgeführt.

9 Die beiden vorangegangenen Sätze in anderem Wortlaut, aber analogem Sinn auch in Gorbačev, Sobranie 4, S. 136, nicht in V Politbjuro, S. 40 f.

10 Auf Initiative Brandts wurden ab Ende 1982/Anfang 1983 offizielle Parteibeziehungen zwischen SPD und SED gepflegt, ab 1984 tagte die Gemeinsame Arbeitsgruppe von SPD und SED. Die Akademie für Gesellschaftswissenschaften und die SPD-Grundwertekommission diskutierten vom 27. 2.–1. 3. 1986 in Freudenstadt über „Friedliche Koexistenz und Sicherheitspartnerschaft", das SPD-SED-Papier „Der Streit der Ideologien und die gemeinsame Sicherheit" wurde bis Sommer 1987 erarbeitet und am 27. 8. 1987 der Öffentlichkeit vorgestellt, vgl. Reißig, Dialog, S. 52 f., das Papier abgedr. ebd. S. 393–398.

11 Dokumente Nr. 5 und 6.

12 An dieser Stelle bricht die Aufzeichnung in V Politbjuro, S. 41 ab.

13 An dieser Stelle bricht die Aufzeichnung in Tschernjaew, Mein deutsches Tagebuch, S. 212 ab.

14 Gem. Gorbačev, Sobranie 4, S. 136: Bestand 10.

Nr. 3
Protokoll der Sitzung des Politbüros vom 13. Juni 1986 [Auszug][1]

Auf der Sitzung des Politbüros des ZK der KPdSU (bei der Bewertung der Ergebnisse des PKK* in Budapest)[2]

13. Juni 1986

(Anwesend: Ševardnadze, Dobrynin, Achromeev, Černjaev)

Gorbačev über die BRD:[3] Bei allen Treffen mit den Freunden** stimmt man allgemein darin überein, dass es notwendig sei, mit der BRD zusammenzuarbeiten. Alle sind mit ihr vor allem wirtschaftlich sehr verbunden. Husák steht unserer Position besonders nahe.[4] Als wir sagten, wir hätten Kohl eine Lektion erteilt, stimmten alle zu. Aber man dürfe nicht bis zum Äußersten gehen. Kohl werde bereits nervös. Und das sei gut. So äußerten sich sowohl Honecker als auch Kádár. Auf keinen Fall dürfe man die Beziehungen zerstören.

Indessen stürzten sich alle mit dem Wunsch einer Annäherung an die BRD auf den Spalt, den wir mit dem Hinweis, es sei „notwendig, zu arbeiten" geschaffen hatten …

[5]Die europäische Perspektive bietet uns große Reserven. So sehen es alle. Die Arbeit hier hat auch Einfluss auf die Vereinigten Staaten und alle weltweiten Prozesse. […].[6]

* Politisches Konsultativkomitee (PKK), höchstes Organ der Organisation des Warschauer Paktes (OVP)
** So bezeichnete man gewöhnlich die führenden Funktionäre der Länder der sozialistischen Gemeinschaft, aber auch Vertreter ausländischer kommunistischer Parteien.

Aufzeichnung A. S. Černjaev, Archiv der Gorbačev-Stiftung. Bestand 2,[7] Verzeichnis 2.

[1] Auch in V Politbjuro, S. 43–45; Gorbačev, Sobranie 4, S. 159–165; Tschernjaew, Mein deutsches Tagebuch, S. 212 f.
[2] XX. Treffen am 10.–11. 6. 1986. Vgl. die Niederschrift über die Beratung der Generalsekretäre und Ersten Sekretäre der Bruderparteien der Mitgliedstaaten des Warschauer Vertrags am 11. 6. 1986 in Budapest, http://www.php.isn.ethz.ch/collections/colltopic.cfm?lng=en&id=18902&navinfo=14465.
[3] Vorangingen allg. Ausführungen über die Tätigkeit des PKK mit kritischen Anmerkungen zur DDR und Rumänien, vgl. Anm. 1.
[4] Hier bricht die Überlieferung in V Politbjuro, S. 44 zunächst ab. Inhaltlich gleiche, aber in der Übersetzung z.T. abweichende Wiedergabe bei Tschernjaew, Mein deutsches Tagebuch, S. 213.
[5] Der folgende Abschnitt auch wieder in V Politbjuro, S. 44.
[6] Es folgen Ausführungen über China, Černobyl', den RGW, innenpolitische Angelegenheiten, zur internationalen kommunistischen Bewegung, dem 70. Jahrestag der Oktoberrevolution und zu Honeckers Plänen über eine Beratung der Kommunistischen Parteien, vgl. Anm. 1.
[7] Gem. Gorbačev, Sobranie 4, S. 159–165: Bestand 10.

Nr. 4
Protokoll des Gesprächs Gorbačevs mit dem Ministerpräsidenten von Nordrhein-Westfalen, Rau [Auszug][1]

Aus dem Gespräch M. S. Gorbačevs mit J. Rau[2]

25. Juni 1986

[...].[3] **M. S. Gorbačev:** Ich habe einen guten Eindruck von unserem Gespräch im September vergangenen Jahres behalten.[4] Neun Monate sind seither vergangen. In dieser Zeit hat sich viel ereignet. Die Begegnung mit Ihnen sehe ich als Bestätigung für die weiterhin aktiven Beziehungen zwischen der KPdSU und der SPD. Wir schätzen das. Ich freue mich über die Grüße der führenden SPD-Politiker. Wir kennen sie als Menschen, die viel dafür getan haben, dass unsere Beziehungen das jetzige Niveau erreicht haben und die sie weiterhin vertiefen und voranbringen. Die sowjetische Führung weiß diese Tatsache gebührend zu schätzen. Überbringen Sie unsererseits von der sowjetischen Führung und von mir kameradschaftliche Grüße dem Vorsitzenden Brandt sowie Bahr, mit dem wir kürzlich ein, wie ich meine, nützliches Gespräch hatten.[5] Übrigens, das, was ich ihm versprochen hatte, habe ich getan. Aber er, Bahr, noch nicht alles. Aber das ist seine Sache.

J. Rau: [...]. Ich möchte drei grundlegende Themenkreise skizzieren, die mir wichtig erscheinen und zu denen ich gerne Ihre Bewertung hören möchte. Erstens, Probleme der wirtschaftlichen Entwicklung der UdSSR. [...]. Der zweite Themenbereich ist verbunden mit der derzeitigen Lage bei den Gesprächen (oder Nicht-Gesprächen) zwischen den Supermächten. Was passierte und passiert, nachdem die sowjetische Seite ihre Vorschläge und Ideen vom Januar, April und Juni (in Budapest)[6] eingebracht hat und nach Ihrer Rede auf dem jüngstem Plenum des ZK der KPdSU?[7] Findet die von Reagan vorgeschlagene Begegnung der Außenminister der UdSSR und der USA statt und wird sie die Vorbereitung für ein neues Treffen auf höchster Eben werden? Bei meiner Reise in die USA im Februar bewertete Präsident Reagan den begonnenen politischen Dialog sehr optimistisch. Danach folgten einige Monate mit einem sehr schlechten politischen Klima. Jetzt gibt es so etwas wie neue Bewegung ...

[1] Auch – ohne Ausführungen Raus – in: Gorbačev, Sobranie 4, S. 239–247.

[2] Von deutscher Seite nahmen Leister, Clement und Stehr teil. Vgl. Gorbačev, Sobranie 4, S. 551, Anm. 81.

[3] Gem. Gorbačev, Sobranie 4, S. 551, Anm. 81 Begrüßung und Überbringung von Grüßen Brandts und Bahrs durch Rau.

[4] In seinen Memoiren ordnet Gorbačev das Gespräch vom 10. 9. 1985 in Gespräche mit Politikern der Sozialistischen Internationale, SI, ein, vgl. Gorbačev, Erinnerungen, S. 1000f. Die SI war ein weltweiter Zusammenschluss von sozialdemokratischen, sozialistischen und Arbeiterparteien mit Sitz in London, neu konstituiert 1951. Seit Ende der 1970er stand die KPdSU v.a. in Verbindung mit Abrüstungsgremien der SI.

[5] Das Gespräch Brandts mit Gorbačev am 27. 5. 1985 in Moskau in Brandt, Berliner Ausgabe, Band 10, S. 219–230 sowie in Gorbačev, Sobranie 2, S. 282–291.

[6] Die Abrüstungsvorschläge vom 15. 1. 1986 in Gorbačev, Sobranie 3, S. 205–217. Zum Treffen des PBA im Juni vgl. Dokument Nr. 3, Anm. 2, zum Besuch der DDR im April die Reden in: Gorbačev, Sobranie 4, S. 58–81.

[7] 16. 6. 1986. Rede Gorbačevs in ders., Sobranie 4, S. 181–225.

Und schließlich möchte ich Fragen der Kernenergie ansprechen, über deren Zukunft in der BRD große Diskussionen laufen. [...].[8]

M. S. Gorbačev: Aus dem Ausland, darunter auch aus der BRD, erhalten wir viele Ratschläge, wie und wohin wir uns weiter bewegen sollen. Die „Deutsche Welle"[9] gibt mit deutscher Direktheit Hinweise, die – obgleich ein wenig modifiziert – an Instruktionen der CIA[10] erinnern. Man sendet provokante Hinweise, wie man gegen die sowjetische Führung kämpft, verbreitet Beurteilungen des Generalsekretärs des ZK der KPdSU und versucht, einen Keil zwischen Partei und Volk zu treiben. Mit einem Wort, die „Deutsche Welle" verhält sich nicht wie eine staatliche Rundfunkstation, sondern schlimmer als „Radio Freies Europa".[11] Und in der Bonner Politik sehen und hören wir in leicht revidierter Form genau das, was in Washington gesagt wird. Man kann sich nur noch wundern: Was ist mit den Deutschen los, wo bleibt ihr eigenes Gesicht?

[...].[12] Die Amerikaner fürchten jetzt nicht unsere Kernwaffen, sondern unsere Dynamik. Ihre Hauptsorge ist: Wie erschweren wir der UdSSR den Übergang zu einem intensiven Wirtschaftswachstum auf hohem Niveau.

Übrigens, Sie zeigen ja ebenfalls besonderes Interesse an unseren wirtschaftlichen Perspektiven.[13]

J. Rau: Ich muss dieses Interesse zeigen. Das Land Nordrhein-Westfalen ist der größte Abnehmer von Öl und Gas aus der UdSSR. Rund 50% des gesamten Warenverkehrs zwischen der UdSSR und der BRD laufen über uns.

M. S. Gorbačev: Ich glaube, dass eine Beteiligung der BRD an der Umsetzung unserer Pläne ihr großen wirtschaftlichen und politischen Nutzen bringen wird.

[...].[14] **J. Rau:** Was die „Deutsche Welle" betrifft, so ist es sehr unerfreulich, dass man sie mit „Radio Freies Europa" verwechseln kann. Der Leiter der Rundfunkstation arbeitet dort bereits seit den Zeiten der sozial-liberalen Koalition.[15] Er ist kein Parteigänger des „Kalten Krieges". Vielleicht macht es Sinn, ein Treffen zwischen ihm und sowjetischen Vertretern zu organisieren, um die entstandene Situation zu erörtern?

[...]. **M. S. Gorbačev:** Während der 70 Jahre der Existenz der Sowjetunion hat man über uns eine Menge Erfindungen und Unwahrheiten erzählt. Wir haben es überlebt. Wir werden es auch jetzt überleben. Was man mit den Verantwortlichen der „Deutschen Welle" machen soll, das ist Ihre Sorge. Für uns gilt: Die Hunde

[8] Gem. Gorbačev, Sobranie 4, S. 239f. hier Ausführungen Gorbačevs über die Perestrojka, an die sich das Folgende anschließt.

[9] Gegründet 1953, deutscher Auslandsrundfunk mit Sitz (bis 2003) in Köln, Anstalt des öffentlichen Rechts; seit 1962 Sendungen in russischer Sprache.

[10] Im Text gem. der russ. Vollform als CRU abgekürzt.

[11] Radio Free Europe/Radio Liberty, gegründet vom Nationalkomitee für ein freies Europa, ab 1950 Sendungen aus München in mittel- und osteuropäische Länder außerhalb der UdSSR; Gründung Radio Liberation 1953 durch das Amerikanische Komitee für die Befreiung der Völker Russlands in München, 1973 Zusammenlegung.

[12] Gem. Gorbačev, Sobranie 4, S. 240f. Ausführungen zu Wirtschaftsreformen.

[13] Der letzte Satz und der folgende Austausch über Wirtschaftsbeziehungen fehlen in Gorbačev, Sobranie 4, S. 241.

[14] Gem. Gorbačev, Sobranie 4, S. 241 Ausführungen Gorbačevs über eine „zynische Philosophie" der USA.

[15] Klaus Schütz, Intendant 1981–1987.

bellen, die Karawane zieht weiter ... Übrigens, wir können zwischen Politik und Propaganda unterscheiden.

[...].[16] Uns scheint, dass die rechte Gruppierung in der Führung der USA Reagan davon überzeugen konnte – unter Ausnutzung seiner konservativen Ansichten – das Wettrüsten fortzusetzen, nicht nur um eine militärische Überlegenheit zu erzielen, sondern im Grunde, um die UdSSR ökonomisch zu zermürben. Es stellt sich heraus, dass die derzeitige Administration die Geschäfte ohne Wettrüsten nicht führen kann. Aber können wir es uns erlauben, zu Geiseln des militärisch-industriellen Komplexes zu werden und das Schicksal der Welt und unserer Länder der Willkür der amerikanischen Administration zu überlassen, noch dazu ihrer rechten Gruppierung? Es bedarf gewaltiger gemeinsamer Anstrengungen, um ihre Pläne zu vereiteln. Ich glaube, dass unsere Zusammenarbeit mit der SPD in diesen Kardinalfragen eine große Bedeutung für die Fortsetzung des politischen Dialogs, für die Beendigung des Wettrüstens und für einen Ausgleich in den internationalen Beziehungen hat.

Bei den Gesprächen ergab sich folgende Situation: Ohne einen wirklichen Fortschritt zu wünschen, sind die Amerikaner dennoch darauf bedacht, sich nicht zu entlarven und zu zeigen, dass sie gegen eine Abrüstung sind. Doch die Kritik, auch in den USA selbst, wächst. Wir haben breit angelegte, realistische Vorschläge hinsichtlich strategischer Waffen und zum Weltraum vorgelegt, sind einen wichtigen Kompromiss bei den Mittelstreckenraketen[17] eingegangen und haben eine Initiative zu den konventionellen Waffen eingebracht.[18]

Eine Antwort haben wir von den Amerikanern nicht erhalten. In Washington und in Genf[19] erwecken sie den Anschein einer gewissen Reaktion, stellen Fragen, betreiben Haarspalterei. Und wieder stellt sich heraus: keine Verhandlungen, sondern eine Spanische Wand.

Die Lage ist ernst. Ich habe Reagan einen Brief geschrieben, den ihm unser neuer Botschafter[20] bei der Überreichung des Beglaubigungsschreibens zusammen mit einigen Kommentaren übergeben hat. Ich habe ihm alle diese kardinalen Fragen gestellt und ihm gesagt, dass man ihre Lösung in die Hand nehmen müsse und wir auf eine konstruktive Antwort hofften. In letzter Zeit haben die Amerikaner ihre Rhetorik und Kritik an unsere Adresse ein wenig abgeschwächt und den Anschein erweckt, als ob sich wieder Kontakte und ein Dialog anbahnten und ein neues Gipfeltreffen abzeichne. Im Großen und Ganzen spielt man ein Spiel, und es ist bisher schwierig, mit etwas Ernsthaftem zu rechnen.

In der Führung der USA gibt es mit allen Wassern gewaschene Politiker, aber wir werden ihnen kein ruhiges Leben gönnen. Entweder werden wir mit gemeinsamen Anstrengungen (auch seitens der realistisch denkenden Kräfte des Westens) eine ernsthafte Einstellung zu Gesprächen erreichen, oder wir werden diese Administration demaskieren.

[16] Gem. Gorbačev, Sobranie 4, S. 241 f. Ausführungen zum Sozialismus und zu den Beziehungen mit den USA, an die sich die folgenden Bemerkungen anschließen.

[17] Im Text russ. als RSD abgekürzt.

[18] Zu sowjetischen Abrüstungsvorschlägen beim Genfer Gipfel vgl. Reden Gorbačevs, in: ders., Sobranie 3, S. 117–173, zum 15. 1. 1986 vgl. Anm. 6.

[19] Genfer Rüstungskontrollverhandlungen ab 12. 3. 1985.

[20] Jurij V. Dubinin.

Seien Sie überzeugt, dass wir es hinsichtlich der Abrüstung ernst meinen. Gerade deshalb beharren wir darauf, dass für den Anfang wenigstens ein, zwei konkrete Schritte unternommen werden, die einen Impuls für weitere Bewegung in den Gesprächen geben können. Wenn ein neues Gipfeltreffen stattfindet, dann müssen dabei diese ein, zwei Schritte in Richtung Entspannung, Abrüstung und Verbesserung der internationalen Beziehungen gemacht werden. Ohne dieses ist eine neue Begegnung eine sinnlose Angelegenheit; sie würde nur den Interessen derer entgegenkommen, die den Dialog zwischen Ost und West vereiteln und das Wettrüsten weiter vorantreiben wollen.

Wir sehen also: Reagan würde nur das Treffen an sich behagen und weiter nichts – für den internen Gebrauch. Und den Bündnispartnern könnte er dann sagen: Was er, Reagan, auch tue und was er sich auch herausnehme, Gorbačev würde ohnehin in die USA kommen. So geht das nicht. Zu einem nutzlosen Treffen werden wir nicht reisen. Ein Treffen nur zum Händeschütteln wäre für die Weltöffentlichkeit eine große Enttäuschung. Sollten sich aber reale Schritte zur Verbesserung der Lage abzeichnen, werden wir an dem Treffen teilnehmen und unsererseits einen positiven Beitrag zu seiner Vorbereitung und Durchführung leisten. Ich denke, dass Sie für diese Haltung Verständnis aufbringen werden. In dem vertraulichen Brief an Reagan haben wir unseren Standpunkt dargelegt und Vorschläge mit Blick auf ein positives Ergebnis unterbreitet. Wir haben auch Anregungen hinsichtlich eines Mechanismus für die Vorbereitung eines solchen Treffens gegeben.

J. Rau: Sieht dieser Mechanismus eine Begegnung der Außenminister vor?

M. S. Gorbačev: Ja, und nicht nur das. Wir haben jetzt schon eine gewisse Erfahrung im Umgang mit Reagan. Diese Beschäftigung ist, offen gesagt, recht „interessant". Im Gedächtnis Reagans sind gewissermaßen mehrere Blöcke vorhanden – Themenkomplexe, deren er sich von Fall zu Fall bedient. Als ich mich mit dem Inhalt seines Gesprächs mit unserem neuen Botschafter bekannt machte, entdeckte ich von ihm bevorzugte Wiederholungen dessen, was er mir in Genf gesagt hatte: Ausführungen zum Kernwaffenmonopol der Vereinigten Staaten nach dem Zweiten Weltkrieg, das sie „hochherzigerweise" nicht genutzt hätten und dazu, dass die Sowjetunion nach marxistischer Theorie die Ausdehnung ihrer Herrschaft auf die die ganze Welt anstrebe. Allerdings fügte Reagan diesmal hinzu, dass Gorbačev in letzter Zeit die These von der Weltrevolution nicht verwende.

Es ist schwierig, mit dieser Administration einen Fortschritt zu erreichen. Sie leidet unter zahlreichen Komplexen und es ist ungewiss, ob es gelingt, sie von ihrer jetzigen Position wegzubringen. Wenn nicht, dann warten wir. *(Und weiter – scherzhaft)* Aber vielleicht sollten wir darüber nachdenken, wenn Sie an die Macht kommen, direkte Gespräche mit der BRD über den Abzug der amerikanischen Raketen vom Territorium Ihres Landes und über eine entsprechende Reduzierung unseres Potentials zu beginnen? [...].[21] Vergleichbar mit dem, was wir es bereits Frankreich und England vorgeschlagen haben.

J. Rau: Aber denken Sie daran, dass ich, bevor wir mit Ihnen ein solches Abkommen schließen, unseren NATO-Partner, die USA, anrufen muss.

[21] Zeichensetzung gem. Vorlage, gem. Gorbačev, Sobranie 4, S. 245 keine weiteren Ausführungen.

M. S. Gorbačev: Ich sage dies sehr unter Vorbehalt. Was die Wahlen in der BRD betrifft, so wünschen wir Ihnen viel Erfolg.[22] Es wäre gut, wenn im Westen die konservative Welle verschwinden würde, die „Deutsche Welle" kann ruhig bleiben. *(eine mit Lachen quittierte Anspielung auf das Gespräch über die Radiostation und die Notwendigkeit von Selbständigkeit in der Politik)*

J. Rau: In dem Resolutionsentwurf zur Sicherheitspolitik für den SPD-Parteitag[23] haben wir die bekannten Leitsätze über die Zugehörigkeit zum Atlantischen Bündnis wiederholt, aber auch – was sehr wichtig ist – gleichzeitig unterstrichen, dass wir uns mit einer Ergebnislosigkeit der Gespräche nicht zufrieden geben werden. Im Falle ihres Misserfolgs werden wir eigene Wege hin zur Abrüstung suchen. Wie diese konkret aussehen werden, hängt von der Entwicklung der innenpolitischen und der internationalen Lage ab.

M. S. Gorbačev: Ich hoffe, dass wir auch in dieser Phase mit Ihnen Kontakt halten werden.

J. Rau: Natürlich.

Gorbačev: Dauerhafte Kontakte zwischen der KPdSU und der SPD bringen von unserem Standpunkt aus sowohl für die bilateralen Beziehungen als auch für die europäischen und die internationalen Angelegenheiten als Ganzes großen Nutzen. Hinter unseren Parteien stehen die Massen der Werktätigen. Darin besteht die reale Grundlage unserer Zusammenarbeit, unseres Zusammenwirkens, die Gewähr dafür, dass diese Kontakte eine Perspektive haben und ausgebaut werden. Unsere Parteien stellen zwei Stränge der Arbeiterbewegung dar. Doch die ideologischen und politischen Unterschiede zwischen ihnen schließen gemeinsame Anstrengungen zur Erhaltung des Friedens, zur Zügelung des Wettrüstens und zur Verbesserung der Beziehungen zwischen Ost und West nicht aus und dürfen diese ebenso wenig beeinträchtigen wie die Zusammenarbeit bei Wirtschaft , Kultur und in anderen Bereichen.

(J. Rau schlägt vor, zum dritten Themenkreis – friedliche Nutzung der Kernenergie – überzugehen.)

M. S. Gorbačev: Ja, Černobyl' hat völlig neuartige Probleme gebracht.* Wir waren zum ersten Mal mit einer derartig ernsten Situation konfrontiert. Selbst für ein so riesiges Land wie das unsere hat sie große Schwierigkeiten verursacht. Stellen Sie sich vor, was passiert, wenn sich einige ähnliche Unfallherde in einem Land mit einem kleineren Territorium bilden.

J. Rau: Wann haben Sie eine Information über das Geschehen in dem AKW[24] erhalten? Man schreibt bei uns, dass man am Ort der Katastrophe ihr Ausmaß nicht sofort eingeschätzt hat und das Zentrum nicht rechtzeitig habe informieren können.

22 Rau war am 15. 12. 1985 als SPD-Spitzenkandidat für die Bundestagswahl am 25. 1. 1987 nominiert worden.

23 25.–29. 8. 1986 in Nürnberg. Vgl. das „Regierungsprogramm der SPD 1987–1991", angenommen auf dem Wahlparteitag am 25. 10. 1986, in: Wahlparteitag der Sozialdemokratischen Partei Deutschlands. 25. Oktober 1986, Offenburg, Oberrheinhalle. Protokoll der Verhandlungen, S. 107–154, hier S. 145–153 mit Punkt 8, Den Frieden sichern, sowie den auf dem Parteitag angenommen Initiativantrag zur Abrüstung, ebd., S. 156–157.

24 Im Text nach der russ. Vollform als AES abgekürzt.

M. S. Gorbačev: Das stimmt nicht ganz.[25] Die erste Information über die Zerstörung des Reaktors kam rechtzeitig. Bevor man darüber berichtete (es handelte sich um eine äußerst akute Frage), mussten Messungen durchgeführt und die tatsächliche Lage erfasst werden. Wir mussten eine Panik ausschließen und haben eben deshalb nicht den „westlichen Weg“ eingeschlagen. Nach der Nachricht über die Zerstörung des Blocks bildete man sofort eine Regierungskommission, setzte die erforderlichen Mittel fest und entsandte Spezialisten, um ein vollständiges und objektives Bild des Geschehens zu gewinnen. Am Abend wurde die Nachricht über Radio und Fernsehen verbreitet und die anderen Länder informiert. Es gab keine bewusste Absicht, die Geschehnisse zu verheimlichen. Deshalb rief die Haltung der Regierungen einiger Länder bei uns Erstaunen und Empörung hervor.

In erster Linie mussten wir den Rahmen und die Folgen dieses schwerwiegenden Ereignisses begrenzen. Im Bewusstsein der Verantwortung sowohl vor dem eigenen Volk als auch vor den Völkern anderer Länder wurde Tag und Nacht gearbeitet. Die Regierungskommission schließt nun ihre Arbeit ab und es gilt, daraus alle erforderlichen Schlüsse zu ziehen.

Černobyl' war für uns eine schreckliche, schwierige und gravierende Lehre. Die wesentliche Lektion ist schon jetzt klar: Auch dem friedlichen Atom muss man mit größter Vorsicht und höchster Verantwortung begegnen. Innerhalb eines jeden Landes und im internationalen Maßstab erfordert die Kernenergie konzentrierte Aufmerksamkeit, wenn man bedenkt, dass sie in einigen Ländern bereits ein riesiges Ausmaß angenommen hat.

Wir halten die Annäherung der Positionen vieler Staaten hinsichtlich der Notwendigkeit einer effektiveren Zusammenarbeit auf diesem Gebiet für sehr wichtig. Unter der Ägide der IAEO[26] unternimmt man die ersten koordinierenden Schritte, und es zeichnet sich eine Perspektive für ein internationales Treffen ab, auf dem es möglich wäre, gemeinsame Maßnahmen zur Erhöhung der Sicherheit der Atomenergie zu erörtern und den Charakters der künftigen Zusammenarbeit festzulegen. Wir haben unsere Spezialisten beauftragt, konkrete Fragen auszuarbeiten, die für alle Länder von Interesse sein könnten, die sich mit Atomenergie befassen: hinsichtlich der Funktionsweise von Atomkraftwerken, der Mechanismen zur Aufrechterhaltung von Sicherheits- und Ordnungssystemen auf dem erforderlichen Niveau, der Erfassung des Gewöhnungseffekts an Atomkraftwerke als eine Art „ewigem Motor“ und der Verminderung der Wachsamkeit. Bekanntlich gibt es auch Vorschläge der BRD**.

Es stellt sich auch das Problem des internationalen atomaren Terrorismus. Aktionen verantwortungsloser Gruppen können eine sehr ernste Gefahr schaffen.

J. Rau: Ich stimme Ihren Vorschlägen zu diesem Thema zu. In der BRD werden intensive Forschungen auf dem Gebiet der Kernenergie unternommen und praktische Erfahrungen gesammelt. Neben den Wiener Initiativen im Rahmen der IAEO,[27] die wir selbstverständlich voll und ganz unterstützen, würden wir es für

[25] Dieser Satz fehlt in Gorbačev, Sobranie 4, S. 245.
[26] Im Text nach der russ. Vollform als MAGATĖ abgekürzt.
[27] Nach Expertengesprächen ab Juli 1986 verabschiedete die Generalkonferenz der IAEO am 26. 9. 1986 die Convention on early notificaion of a nuclear accident sowie die Convention on assistance

zweckmäßig halten, auch eine bilaterale Zusammenarbeit mit der sowjetischen Seite zu etablieren. Wir sind bereit, unsere Vorschläge Botschafter Kvicinskij zu übergeben.

M. S. Gorbačev: Ich denke, man sollte die Möglichkeit auch dieser Kontakte nicht ausschließen.[28] Unsere Gesellschaft hat auf den Unfall in Černobyl' scharf reagiert. Wir müssen dem Volk eine Antwort geben und erklären, wie das passieren konnte. Und wir werden dies tun. Schon jetzt, ohne die Ergebnisse der Arbeit der Kommission abzuwarten, haben wir begonnen, alle in Betrieb befindlichen Atomkraftwerke auf ihre Sicherheit zu überprüfen. Ich möchte diese Gelegenheit nutzen, um der Bevölkerung der BRD für das Mitgefühl im Zusammenhang mit dem Ereignis und für die aus Ihrem Lande kommenden Hilfsangebote zu danken.

J. Rau: Černobyl' hat gezeigt, dass Strahlung keine Grenzen kennt. In dieser Situation haben wir nochmals eindeutig auf die Notwendigkeit der Beendigung der Atomversuche verwiesen und sind der Sowjetunion dankbar dafür, dass sie das sowjetische Moratorium[29] wiederholt verlängert hat. Wir werden fortfahren, auf die USA Druck auszuüben, eine ebensolche Haltung einzunehmen. Vor kurzem, auf dem Kongress „Ärzte gegen Atomkrieg" in Köln, der durch gemeinsame Anstrengungen vorbereitet worden war, sind Willy Brandt und ich noch einmal für eine Einstellung der Atomversuche nach dem Beispiel der UdSSR eingetreten ...

Können Sie sagen, wann Sie in die BRD kommen?

M. S. Gorbačev: In diesem Jahr werde ich nicht kommen. Soviel kann ich sagen.

J. Rau *(im Scherz)*: Wenn Sie im nächsten Jahr kommen, könnte sich meine Adresse ändern. Ich werde sie Ihnen rechtzeitig mitteilen, damit wir einander nicht verfehlen***.

M. S. Gorbačev: Wir würden eine solche Entwicklung begrüßen. Und über die Änderung der Adresse verabreden wir uns in einer Form, die keinen unnötigen Verdacht aufkommen lässt. Übrigens, Bahr hat geraten, die SPD irgendwie zu kritisieren.

J. Rau: Meines Erachtens kein schlechter Rat.

M. S. Gorbačev: Ich habe ihm geantwortet, dass wir uns keinen Zwang auferlegen werden.[30] Ich glaube jedoch, dass infolge der langen Kontakte zwischen unseren Parteien niemand irgendjemandem den Vorwurf machen kann, einer der Teilnehmer an diesem Dialog hätte sein Gesicht verloren oder sich unter dem Joch des Partners befunden. Eher im Gegenteil. Es ist erfreulich festzustellen, dass auch

in the case of a nuclear accident or radiological emergency. Vgl. Gorbačev, Sobranie 4, S. 577, Anm. 219.
Texte in http://www.iaea.org/Publications/Documents/Infcircs/Others/infcirc335.shtml sowie http://www.iaea.org/Publications/Documents/Infcircs/Others/infcirc336.shtml.

28 Dieser Satz fehlt in Gorbačev, Sobranie 4, S. 246.

29 Die Verkündung des ersten einseitigen Moratoriums über Nukleartests vom 30. 7. 1985 in: Gorbačev, Sobranie 2, S. 403f. Es wurde für 1986 verlängert, im April 1986 zunächst (ohne Wiederaufnahme der Versuche) ausgesetzt, als die USA neue Tests durchführten. Am 18. 8. 1986 verlängerte die UdSSR das einseitige Moratorium bis zum 1. 1. 1987, vgl. Fernsehansprache Gorbačevs am 18. 8. 1986, in: Gorbačev, Sobranie 4, S. 420–428.

30 Dieser Satz wie der vorangegangene Austausch über einen möglichen Besuch fehlen in Gorbačev, Sobranie 4, S. 246f.

eine gute Zusammenarbeit mit der Sozialistischen Internationale[31] in Gang kommt, besonders wenn man bedenkt, in welch spannungsreicher Welt wir leben und wie wichtig es ist, alle vernünftigen Kräfte zur Verbesserung der internationalen Beziehungen zu vereinen.

J. Rau: Im Juli wird Genscher nach Moskau kommen.[32] Er ist mein politischer Gegner, es ist jedoch zu bemerken, dass er nach Maßgabe seiner Möglichkeiten versucht, Elemente der Kontinuität aus den Zeiten der sozial-liberalen Koalition im gegenwärtigen Bonner Kurs beizubehalten. Insbesondere hat er sich anlässlich der Weigerung der USA, die sich aus SALT II[33] ergebenden Verpflichtungen zu beachten, eindeutig geäußert****.

M. S. Gorbačev: Wir sehen diesen Unterschied.[34] Die Reise Genschers zu uns demonstriert, dass wir einen normalen Verkehr und normale Kontakte mit der BRD als Staat unterhalten und zeigt, dass wir hier keine Schieflage und keine „Zahnschmerzen" haben. Ich denke, das entspricht Ihren Interessen.

J. Rau: Das ist auch unsere Meinung.

M. S. Gorbačev: Ich wünsche Ihnen Erfolg für Ihre Ausstellung***** und versichere nochmals, dass die Entwicklung der wirtschaftlichen Beziehungen mit der BRD zu den Absichten der sowjetischen Führung gehört. Hier müssen wir über den Rahmen des einfachen Warenaustauschs hinausgehen und neue Formen suchen. Die auftretenden Schwankungen der wirtschaftlichen Lage und einige negative Erscheinungen ändern unsere Ansicht über diese Beziehungen nicht. Auch wir werden Ihrem Land die gebührende Aufmerksamkeit schenken.

* Dies bezieht sich auf die Katastrophe, die sich am 26. April 1986 in dem Kernkraftwerk in Černobyl' (Ukraine) ereignete und zu einer radioaktiven Verseuchung weiter Gebiete führte.
** Es handelt sich um Vorschläge, die darauf gerichtet sind, die Wirksamkeit eines Abkommens über die Nichtverbreitung von Kernwaffen zu erhöhen.
*** Anspielung darauf, dass die SPD als Ergebnis der bevorstehenden Bundestagswahlen an die Macht kommen könnte.
**** Vertrag mit den USA über eine Begrenzung der strategischen Rüstung (SALT).
***** Wirtschaftsausstellung, organisiert von der BRD, zu deren Eröffnung Johannes Rau gekommen war.

Archiv der Gorbačev-Stiftung. Bestand 1, Verzeichnis 1.

31 Vgl. Anm. 4.
32 Dokumente Nr. 5 und 6.
33 Im Text nach der russ. Vollform als OSV-2 abgekürzt. Die Abkommen zur Reduzierung nuklearstrategischer Waffensysteme wurden am 18. 6. 1979 unterzeichnet, von Seiten der USA nicht ratifiziert, aber beachtet; Reagan kündigte die Beachtung im Mai 1986 unter Verweis auf sowjetische Verletzungen auf.
34 Dieser Satz fehlt in Gorbačev, Sobranie 4, S. 247.

Nr. 5
Meldung der Pravda vom 22. Juli 1986 über das Treffen Gorbačevs mit Bundesaußenminister Genscher am 21. Juli 1986[1]

Über das Gespräch von M. S. Gorbačev mit H.-D. Genscher[2]

21. Juli 1986

Am 21. Juli empfing M. S. Gorbačev im Kreml den Vizekanzler und Bundesaußenminister der BRD H.-D. Genscher, der eine Botschaft von Bundeskanzler Kohl an den Generalsekretär des ZK der KPdSU übergab. Es wurden ein umfangreicher Komplex von Fragen der internationalen, vor allem der europäischen Situation und die bilateralen Beziehungen erörtert. Die Gesprächspartner bekräftigten die Treue ihrer Staaten zum Moskauer Vertrag aus dem Jahre 1970[3] und zur Schlussakte von Helsinki,[4] die den sowjetisch-westdeutschen Beziehungen zugrunde liegen sowie ihre Beteiligung am gesamteuropäischen Prozess.

M. S. Gorbačev merkte an, dass in der Lage, in der sich die Welt, Europa und die bilateralen Beziehungen zwischen BRD und UdSSR derzeit befänden, dieses Treffen und der Besuch H.-D. Genschers über den üblichen Rahmen hinausgehen würden. Die Welt stehe jetzt an einem Scheideweg und wohin sie gehe, hänge in vielerlei Hinsicht von der politischen Haltung Europas ab.

M. S. Gorbačev unterstrich die wechselseitige Verantwortung von Staaten wie der UdSSR und der BRD beim Bau des „europäischen Hauses" unter Berücksichtigung der Lehren der Geschichte, ihrer Situation und ihres realen Gewichtes in Europa und in der Welt sowie der selbstverständlichen Beibehaltung der Treue zu ihren militärisch-politischen Bündnissen. Wenn wir die Frage der Zusammenarbeit der Europäer in den Vordergrund stellten, gingen wir davon aus, dass eine Zerstörung der entstandenen politischen und territorialen Struktur in Europa nur zu Chaos und zu einer Verschlechterung der Lage führen würde.

M. S. Gorbačev wies auf Anzeichen von Inkonsequenz in der Politik der BRD hin.

Pravda, 22. 7. 1986.

[1] Genscher hielt sich vom 20.–22. 7. 1986 in der UdSSR auf. An Erinnerungen: Genscher, Erinnerungen, S. 490–508, bes. S. 493–505; Kwizinski, Vor dem Sturm, S. 408–412; Schewardnadse, Als der Eiserne Vorhang, S. 134–136, 142 f. Kein Abdruck in Gorbačev, Sobranie 4.

[2] Von deutscher Seite nahmen ferner Kastl und von Braunmühl, von sowjetischer Černjaev, Kvicinskij und Ševardnadze teil.

[3] Moskauer Vertrag vom 12. 8. 1970, abgedr. in: BGBl. 1972 II, S. 354–356.

[4] Schlussakte der KSZE vom 1. 8. 1975, u. a. abgedr. in: Schweisfuhrt (Hg.), Dokumente der KSZE, S. 4–70.

Nr. 6
Protokoll der Sitzung des Politbüros vom 24. Juli 1986 [Auszug][1]

Auf der Sitzung des Politbüros des ZK der KPdSU

24. Juli 1986

Über die Ergebnisse der Genscher-Reise

[...].[2] **Gorbačev:** Den Besuch haben wir gut überlegt. Wir haben den Deutschen eine Lektion erteilt. Nun gilt es, nicht übermäßig zu drücken und die Bedeutung der BRD nicht außer Acht zu lassen. Es ist gelaufen, wie erforderlich. Wir haben ihnen einiges klargemacht ... [...]. Wir haben kein Blatt vor den Mund genommen.

Kvicinskij:[3] Es ist gut, dass wir den linken Flügel in der Koalition CDU/Genscher unterstützt haben.[4] Wir haben damit den Sozialdemokraten und den Grünen ein Signal gegeben, damit sie aktiver arbeiten und daran denken, dass sie kein Monopol auf die Beziehungen mit der UdSSR besitzen. Die Atmosphäre in der BRD ändert sich: Man wünscht dort eine Verbesserung der Beziehungen zu uns.

Gorbačev: Lassen wir das, was über unsere Bereitschaft zu militärischen Kontakten „durchgesickert" ist, ruhig einige Zeit wirken. Das Wichtigste: Arbeit im wirtschaftlichen Bereich. Die Deutschen sind bereit, über CoCom* hinauszugehen. Genscher hat danach gegriffen. Konkretes erarbeiten. Wollen wir uns auf Gemeinschafsunternehmen einlassen? – darüber ist noch nachzudenken. Aber Kooperation, Kredite, Kompensationsgeschäfte – nicht hinausschieben, daran arbeiten. Darauf können sie eingehen. [...].[5]

* Koordinierungskomitee zur Exportkontrolle. Organisation der Westmächte zur Kontrolle von Lieferungen modernster elektronischer Technik und von Waren mit „dual use", d.h. auch von militärischer Bedeutung, in die UdSSR und in andere sozialistische Länder.

Aufzeichnung A. S. Černjaev, Archiv der Gorbačev-Stiftung. Bestand 2,[6] Verzeichnis 2.

[1] Auch in V Politbjuro, S. 64f.; Gorbačev, Sobranie 4, S. 340; Tschernjaew, Mein deutsches Tagebuch, S. 214 mit z.T. ungenauer Übersetzung. Zu weiteren Überlieferungen s. Dokument Nr. 5, Anm. 1.
[2] Das Politbüro befasste sich zunächst mit der Zeitschrift „Kommunist", der Arbeit des Ministeriums für Radioindustrie und dem Islam.
[3] Kvicinskijs Äußerungen fehlen in Gorbačev, Sobranie 4, S. 340.
[4] Dieser Satz fehlt in V Politbjuro, S. 65.
[5] Ausführungen zum Fernen Osten und zu Afghanistan.
[6] Gem. Gorbačev, Sobranie 4, S. 341: Bestand 10.

Nr. 7
Protokoll der Sitzung des Politbüros vom 25. September 1986 [Auszug][1]

Auf der Sitzung des Politbüros des ZK der KPdSU

25. September 1986

Internationale Fragen

[...].[2] **Gorbačev** (in Zusammenhang *mit dem Brief Honeckers vom 28. August)*[3].

Da für uns die deutsche Frage sowohl in Europa als auch in der sozialistischen Gemeinschaft eine Hauptfrage ist, müssen wir uns sehr ernsthaft dem Gedanken zuwenden, zunächst mit Honecker und danach mit allen anderen die sozialistische Integration eingehend zu analysieren. [...]

Aufzeichnung A. S. Černjaev, Archiv der Gorbačev-Stiftung. Bestand 2,[4] *Verzeichnis 2.*

Nr. 8
Diskussion Gorbačevs mit Beratern am 29. September 1986 über außenpolitische Aufgaben [Auszug][1]

Aus einem Gespräch M. S. Gorbačevs mit Mitarbeitern vor der Sitzung des RGW*

29. September 1986

[Wir haben uns auf die Vorbereitung auf Reykjavik zu konzentrieren.][2] Es stellt sich heraus, dass sich alle uns zuwenden – sowohl in der UNO als auch in Stockholm.** In der Tat kommen sie nicht umhin, sich mit unseren Initiativen auseinandersetzen, können sich nicht drücken.[3] Wir brauchen Konkretheit der Initiativen. Sie ist bei unserem Vorstoß zwingend.[4]

Es gibt Fragen, bei denen man uns nicht entgegenkommt, auf alles und jedes pfeift. Aber wir müssen verstehen: Wenn wir Vorschläge machen, müssen wir auch ihre Interessen einkalkulieren und außerdem, dass wir nirgends etwas hundertprozentig bekommen werden.[5]

1 Auch in Gorbačev, Sobranie 4, S. 495–498; Tschernjaew, Mein deutsches Tagebuch, S. 214 (dort unter dem 22. 9. 1986).
2 Auf der Sitzung ging es zunächst um Wirtschaftsfragen, vgl. Anm. 1.
3 Vgl. Dokument Nr. 8, Anm. 10.
4 Gem. Gorbačev, Sobranie 4, S. 495–498: Bestand 10.

1 Auch in V Politbjuro, S. 70–72; Gorbačev, Sobranie 4, S. 501–503; auszugsweise, mit mitunter abweichender Übersetzung, in Tschernjaew, Mein deutsches Tagebuch, S. 215 f. Knapper Auszug in Černjaev, Sovmestnyj ischod, S. 695.
2 Satz gem. Gorbačev, Sobranie 4, S. 501. In Reykjavik fand vom 11.–12. 10. 1986 das Gipfeltreffen mit US-Präsident Reagan statt.
3 Dieser Satz fehlt in allen anderen russischen Ausgaben.
4 Dieser Satz fehlt in V Politbjuro, S. 70.
5 An dieser Stelle endet die Überlieferung in Černjaev, Sovmestnyj ischod, S. 695; Tschernjaew, Mein deutsches Tagebuch, S. 215, setzt hier erst ein.

Honecker hat uns seine Vorschläge zur wirtschaftlichen Zusammenarbeit geschickt. Hier dürfen wir nicht unsere wechselseitigen Interessen vernachlässigen. Sie wollen sich nicht auf Gemeinschaftsunternehmen in größerem Umfang einlassen – nun gut, zeigen wir Behutsamkeit. Versuchen wir das, womit sie einverstanden sind. Obgleich das Verhältnis zwischen wissenschaftlicher Entwicklung und Einführung bei uns und in der DDR umgekehrt proportional ist. Sie handeln nach Ostap Bender:[6] unsere Ideen – ihr Benzin.[7] Wir müssen ihnen zu verstehen geben, dass wir alles sehen und alles wissen. Aber uns nicht abwenden. Gut, sagen wir, lasst es uns absprechen ...[8]

Honecker beginnt mit China anzubändeln. Geben wir ihm nicht die Funktion eines „NATO-RGW-Generalsekretärs" in Bezug auf die [Volksrepublik China][9]? Vielleicht sollen wir ihn nicht mit diesen Funktionen ausstatten? Jaruzelski und den anderen Mitgliedern des RGW ist doch nichts derartiges aufgetragen worden. Aber Honecker hat sich selbst bevollmächtigt ...[10] [...].[11]

Aber was wollt ihr? Je mehr die KPdSU den Prozess der Perestrojka vertieft, umso mehr Probleme wird es geben. Das ist normal.

Über die BRD werde ich den Freunden *(auf der RGW-Sitzung)* Folgendes sagen: Kohl haben wir mit äußerster Mühe „ausgehalten". Die BRD ist an Beziehungen zu Osteuropa interessiert. Wir sind dafür. Doch wir sehen die Absichten.[12]

Honecker krümmt sich, wenn wir ihm „die Mauer" ins Gedächtnis rufen. Deshalb müssen wir mit mehr Takt darüber sprechen – über die Prozesse, die unausweichlich sind. Man könnte sagen: „Ich möchte mich aussprechen ..." und damit meinen: Lassen wir die deutschen Freunde zunächst einmal selbst sprechen, die Karten auf den Tisch legen. Dann wird es keinen „Komintern-ähnlichen Anfang" in unseren Beziehungen geben *(im RGW)*.[13]

[14]Vielleicht sagen wir: Wie blickt ihr in die Zukunft, auf die „deutsche Frage"? Lassen wir sie sich äußern. Das wird für sie ein ungemütliches Gespräch. Generell müssen wir dort weniger sprechen. Lassen wir sie umso mehr reden

Vielleicht die Idee einwerfen: Alle „drei Deutschen" *(d. h. die Führer der SED, der KP in der BRD und Westberlins)*[15] sollen sich zusammensetzen und über die „Weltpolitik" reden. Wir informieren sie vertraulich über unsere Pläne für Reyk-

[6] Held in den Romanen von Il'ja Il'f und Evgenij Petrov, „12 Stühle" (1928) und „Das Goldene Kalb" (1931).
[7] V Politbjuro, S. 71, nur: „die Ideen sind von uns ...".
[8] Der letzte Satz fehlt in V Politbjuro, S. 71. Zeichensetzung gem. Vorlage. Gem. Gorbačev, Sobranie 4, S. 501 f. und V Politbjuro, S. 71, folgen hier Ausführungen zur Reform des RGW.
[9] Im Text russ. abgekürzt als KNR.
[10] Die Kritik an Honecker liest sich in V Politbjuro, S. 71 bzw. Gorbačev, Sobranie 4, S. 502, kürzer: „Andere haben ihm nichts dergleichen aufgetragen", resp. „Wir haben nichts dergleichen aufgetragen." Unklare Übersetzung in Tschernjaew, Mein deutsches Tagebuch, S. 215.
[11] Gem. der anderen Überlieferungen folgen hier Ausführungen über China, über innenpolitische Kritiker und über Westeuropa.
[12] Dieser Absatz fehlt in Tschernjaew, Mein deutsches Tagebuch, S. 215.
[13] Der letzte Satz fehlt in den anderen russischen Publikationen (Anm. 1).
[14] Dieser und der nächste Absatz folgen in V Politbjuro, S. 71 sowie in Gorbačev, Sobranie 4, S. 503 den Ausführungen zur SPD.
[15] Vgl. Dokument Nr. 9.

javik.[16] Auf diese Weise ziehen wir die DDR und die BRD zusammen zur europäischen Politik hin.[17]

[18]Selbst werfen wir die Frage des Besuchs Honeckers in der BRD nicht auf ...[19] Alle sozialistischen Länder sind verwundbar – wir können sie alle verlieren. Die DDR ist stärker als die anderen, aber einer Vereinigung mit der BRD kann sie nicht widerstehen, d. h. auch auf Kosten des Sozialismus.

Zur SPD. Zu den Problemen des Friedens haben wir mit ihnen (mit den westdeutschen Sozialdemokraten) viel Gemeinsames. Die Ostpolitik ist auch für uns nützlich. Aber ihr endgültiges Ziel – nur raffinierter – ist dasselbe, das auch Kohl-Genscher haben: das Thema Revanchismus ist gedämpft.[20] [...].[21]

* Rat für Gegenseitige Wirtschaftshilfe (RGW), Organisation für wirtschaftliche Zusammenarbeit der sozialistischen Länder
** „Stockholm 1“ – Abkürzung für die Bezeichnung der Verhandlungen über eine Reduzierung der Anzahl von Raketen mittlerer und kurzer Reichweite in Europa[22]

Aufzeichnung A.S.Černjaev, Archiv der Gorbačev-Stiftung. Bestand 2,[23] *Verzeichnis 2.*

16 Vgl. Anm. 2.
17 Dieser Satz fehlt in V Politbjuro, S. 71.
18 Der folgende Absatz fehlt in V Politbjuro, S. 71.
19 An dieser Stelle bricht die Deutschland-bezogene Überlieferung in Gorbačev, Sobranie 4, S. 503 ab (die folgende Passage zur SPD dort vorgezogen, vgl. Anm. 14). Die folgenden Ausführungen aber auch in Tschernjaew, Mein deutsches Tagebuch, S. 215 f.
20 Der letzte Teilsatz zum „Revanchismus“ fehlt in V Politbjuro, S. 71 und Gorbačev, Sobranie 4, S. 503.
21 Nach Maßgabe der anderen russischen Überlieferungen folgten Ausführungen über einen Theaterbesuch („Der Menschenfeind“) u. ä., nach Tschernjaew, Mein deutsches Tagebuch, S. 216 Anmerkungen zu Černobyl'.
22 Vielmehr tagte in Stockholm 1984–1986 die Konferenz über Vertrauensbildung und Abrüstung in Europa, KVAE. Das Abschlussdokument vom 19. 9. 1986 abgedr. u. a. in Schweisfurth (Hg.), Dokumente, S. 127–146.
23 Gem. Gorbačev, Sobranie 4, S. 501–503: Bestand 10.

Nr. 9
Gespräch Gorbačevs mit dem Staatsratsvorsitzenden Honecker, dem DKP-Vorsitzenden Mies und dem SEW-Vorsitzenden Schmitt am 3. Oktober 1986 [Auszug][1]

Aus dem Gespräch M. S. Gorbačevs mit E. Honecker, H. Mies und H. Schmitt[2]

3. Oktober 1986[3]

[...].[4] **M. S. Gorbačev:** In letzter Zeit hatten wir zahlreiche Gespräche mit Vertretern Westdeutschlands. Hier in Moskau insbesondere mit Genscher[5] und dann direkt in der Bundesrepublik, worüber uns Kvicinskij informiert. Bei diesen Unterredungen verfolgen unsere Gesprächspartner beharrlich den Gedanken, dass die Entwicklung der Lage in Europa insgesamt in hohem Maße davon abhängt, wie sich die Beziehungen zwischen den Deutschen und Russland entwickeln. Natürlich muss man sich darüber klar werden, was sie im Sinne haben, wenn sie über uns und über die Deutschen sprechen, was sie darunter verstehen, welche Ziele sie verfolgen, wenn sie für eine Ausweitung der Kontakte mit uns eintreten. Aber eines ist klar: Die Zusammenarbeit zwischen der UdSSR und der DDR hat eine gewaltige Bedeutung für die sozialistische Gemeinschaft, ja, auch für ganz Europa. Die Bedeutung unserer Beziehungen mit der BRD sowohl bilateral wie auch im Rahmen unserer gesamten koordinierten Linie erklärt sich vor allem aus dem Gewicht des Dreiecks UdSSR, DDR, BRD. Diese Beziehungen entwickeln wir auf der Grundlage von Werten wie Erhaltung des Friedens, Festigung der Abrüstung, Anerkennung der bestehenden Realitäten und in Übereinstimmung mit den Prinzipien, die in der Schlussakte von Helsinki und in bilateralen Verträgen niedergelegt sind.[6]

Daraus ergibt sich auch der besondere Charakter der Zusammenarbeit zwischen unseren Parteien, das hohe Maß an Verantwortung gegenüber unseren Völkern und den Völkern Europas und der gesamten Welt. Wir haben zu viel dafür gegeben, um ein Europa, ja eine Welt als Ganzes zu schaffen, wie sie heute vor uns stehen. Ich spreche nicht einmal über jene Opfer, die wir auf diesem Weg gebracht haben.

Ich denke über den einzigartigen Charakter dieses Treffens nach. Er ergibt sich aus dem realen Gewicht unserer Länder in der europäischen Politik. In diesem Sinne möchte ich euch alle noch einmal als alte Kampfgefährten begrüßen.

[1] Auch in Gorbačev, Sobranie 4, S. 520–530 (ohne Ausführungen der deutschen Gesprächspartner); dt. Protokoll in Küchenmeister (Hg.), Honecker Gorbačev, S. 113–135; Dokumentation weiterer Gesprächsrunden ebd., S. 136ff. Vgl. ferner die Bilanz Gorbačevs auf der Politbürositzung vom 16. 10. 1986, Gorbačev, Sobranie 5, S. 87.

[2] Von sowjetischer Seite nahmen Dobrynin und Medvedev am Gespräch teil.

[3] Am 3. 10. 1986 wurde in Moskau in Anwesenheit der genannten Politiker ein Denkmal aus Anlass des 100jährigen Geburtstags von Ernst Thälmann enthüllt, vgl. Meeting in: Gorbačev, Sobranie 4, S. 516–519.

[4] Begrüßung und Ausführungen zur Verbundenheit von UdSSR und DDR und ihren Parteien, vgl. Anm. 1.

[5] Dokumente Nr. 5 und 6.

[6] Abweichender Satzbau ohne inhaltliche Veränderung in Gorbačev, Sobranie 4, S. 520f. Zu den Vertragswerken vgl. Dokument 5, Anm. 3–4.

E. Honecker: Ich möchte deine Worte über den einzigartigen Charakter unterstützen, über die Bedeutung der Entwicklung der Beziehungen zwischen unseren Regierungen und Parteien im Interesse der europäischen Sicherheit, der Erhaltung des Friedens in der Welt. Hier möchte ich noch einmal auf den Gedanken zurückkommen, den du auf dem Meeting[7] kurz berührt hast. Ich meine deine Initiative einer Begegnung mit Reagan in Reykjavik. Nicht zufällig hat die Nachricht darüber ein großes Echo in der Welt ausgelöst. Wir kennen die Bemühungen, die unternommen wurden, um eine solche Begegnung zustande zu bringen. Das Politbüro unserer Partei hat mit Genugtuung deinen Brief aufgenommen. Auch wenn die Begegnung in Reykjavik nur die Vorbereitung zu einem Gipfeltreffen ist, so ändert dies nichts an der Tatsache, dass die Welt in diesem Augenblick am allerwenigsten an ein Treffen in den USA denkt.

Herbert und Horst sind mit mir darin einig, dass diese Nachricht überall mit Genugtuung und Freude begrüßt wurde. Jedenfalls wurde sie in der DDR unter unseren Werktätigen mit allgemeinem Beifall aufgenommen – als Erfolg der friedliebenden Politik der UdSSR und unserer gemeinsamen in Budapest beschlossenen Linie.

Ich stimme überein mit deiner Einschätzung unseres heutigen vierseitigen Treffens, der Bedeutung der Vertiefung der Kontakte zwischen unseren Regierungen und Parteien. Die westdeutsche Bourgeoisie unterstreicht bei jeder Gelegenheit: Wenn sich die Beziehungen zwischen BRD und UdSSR gut entwickeln, dann wird auch in Europa alles gut verlaufen. Nach seiner Moskau-Reise hat uns Genscher gebeten, für ihn ein vertrauliches Treffen mit einem unserer ZK-Mitglieder zu organisieren. Wir haben dies dem Genossen O. Reinhold, dem Rektor der Akademie für Gesellschaftswissenschaften beim ZK der SED, übertragen. Im Gespräch mit ihm hob Genscher mehrfach hervor, sein Besuch in Moskau habe ein neues Kapitel in den Beziehungen zwischen der BRD und der UdSSR eröffnet; dabei brachte er zum Ausdruck, dass auch seine, Genschers, Verdienste in dieser Sache außerordentlich groß seien. Doch wir wissen, dass viele Veränderungen zum Besseren in der BRD nicht zuletzt möglich wurden dank unserem abgestimmten Handeln, dank dem Gewicht unserer Freundschaft mit der UdSSR, der die Führung Westdeutschlands Rechnung tragen muss. Es ist bemerkenswert, dass Genscher mit großer Achtung an die Gespräche in Moskau zurückdenkt.

M. S. Gorbačev: Ševardnadze traf Genscher in New York.[8] In Erinnerung an unser Gespräch mit ihm sagte Genscher: Bestellen Sie Gorbačev, dass ich die Verpflichtung erfüllt habe, die ich in Bezug auf Stockholm übernommen habe. Damals in Moskau haben wir Genscher offen gesagt: Wir sind Realisten und wissen, was die BRD ökonomisch, politisch, technologisch, und das heißt auch in militärischer Hinsicht, darstellt. Wir kennen das deutsche Volk. Aber wir möchten bei unseren Kontakten mit den Repräsentanten der gegenwärtigen Führung des Landes nicht eine schlechte deutsche Übersetzung dessen erhalten, was man in Washington sagt. Wir sind dafür, die Distanz zu verringern, um direkt vom Deutschen ins Russische zu übersetzen. Und wenn die BRD in internationalen Angelegen-

[7] Gemeint ist die Festveranstaltung zur Denkmaleinweihung, vgl. Anm. 3.
[8] Am Rande der Sondersitzung der UN-Vollversammlung vom 17.–20. 9. 1986.

heiten ihr eigenes Gesicht hat, dann wird das nur zum Nutzen der Bundesrepublik selbst sein.[9]

E. Honecker: Genscher hat über diese „Attacken" nicht geschwiegen. Er sagte zu Reinhold: Ich habe Gorbačev versprochen, auf die amerikanische Administration Einfluss auszuüben und werde dies auch tun. Es ist interessant, dass er uns über seine Initiative informieren wollte und vorschlug, künftig die Praxis vertraulicher Treffen fortzusetzen.

Natürlich sehen wir die Motive, die einem derartigen Vorgehen zugrunde liegen. Das sind vor allem die am 25. Januar kommenden Jahres stattfindenden Bundestagswahlen, in die die heutige Führung der BRD mit der Autorität von Friedensengeln hineingehen möchte. Nichtsdestoweniger begrüßen wir diese Entwicklung, unter anderem auch in Zusammenhang mit dem Treffen in Reykjavik.* Dies entspricht der zwischen uns vereinbarten politischen Linie und befördert in entscheidendem Umfange die Gewährleistung internationaler Sicherheit.

M. S. Gorbačev: Und wie nimmt sich das, was wir gemeinsam tun, aus Bonner Sicht aus?[10]

H. Mies: Ich messe dieser Arbeit unter dem Blickwinkel sowohl der Interessen unserer Partei als auch der gesamten internationalen kommunistischen Bewegung große Bedeutung bei ... Ich werde jetzt nicht die bekannten Wahrheiten darüber ausbreiten, welche außerordentliche Bedeutung für die innenpolitische Entwicklung der BRD die Politik der UdSSR und der DDR gegenüber der Bundesrepublik hat. Ich danke euch für die sehr aktiven, allseitigen Bemühungen in dieser Hinsicht. Diesen Bemühungen ist es in großem Umfange zu verdanken, dass wir heute die historische Chance haben, einen Teil der westdeutschen Bourgeoisie vom Kurs der Konfrontation mit den sozialistischen Ländern abzubringen und sie für die Seite der friedlichen Koexistenz zu gewinnen.

M. S. Gorbačev: Du hast eine interessante Frage aufgeworfen.[11] In der Tat,[12] nach der umfassenden Information, die wir von Kvicinskij erhalten, entsteht der Eindruck, dass die Westdeutschen einfach an alle Türen klopfen. Irgendetwas geht dort vor sich, „gärt". Ich werde noch sagen, was wir diesbezüglich denken. Jetzt, in Gegenwart von Herbert und Horst möchte ich Folgendes bemerken: Nach dem 27. Parteitag der KPdSU[13] und dem 11. Parteitag der SED[14] ist unsere Zusammenarbeit dynamischer geworden, hat sich die Bewegung aufeinander zu verstärkt – in den Bereichen Wirtschaft, Politik und Kultur und in den Beziehungen zwischen den Parteien. Darin besteht auch unser und Erichs Verdienst. Wenn wir an diesem Kurs festhalten, dann stehen uns in Zukunft noch größere Errungenschaften bevor. Sie zu erreichen, wird jedoch nicht leicht sein. Vieles müssen wir aufs Neue finden; auf diesem Weg sind Fehler nicht ausgeschlossen. Aber wenn wir diese neue Etappe bewältigen – und wir haben schon andere Aufgaben gemeistert – dann werden wir in den Interessen sowohl der UdSSR als auch der

[9] Vgl. Anm. 5.
[10] Der Einwurf Gorbačevs nicht in ders., Sobranie 4, S. 521.
[11] Dieser Satz fehlt in Gorbačev, Sobranie 4, S. 521.
[12] Die Einleitungswendung fehlt ebd.
[13] 25. 2.–6. 3. 1986.
[14] 17.–21. 4. 1986.

DDR und der gesamten sozialistischen Gemeinschaft einen großen Ruck nach vorn machen.[15] [Hier gibt es viele detaillierte Fragen, aber ich denke, dass wir darüber noch mit Erich alleine reden.] [...].[16]

E. Honecker: Ich bin völlig einverstanden mit dem, was Michail Sergeevič über die neue Etappe unserer Zusammenarbeit gesagt hat. Dies ist auch die Meinung unseres gesamten Politbüros. Und wir sind überzeugt, dass wir die vor uns liegenden Aufgaben lösen werden. SED und KPdSU kennen ihre Verantwortung für die Entwicklung der Lage in der BRD und in Westberlin.

[...].[17] In letzter Zeit führen wir einen aktiven Dialog mit den Sozialdemokraten. So haben wir auf die Bitte Brandts hin sämtliche Kandidaten der SPD für die Landtagswahlen empfangen.[18] Somit spielen unsere Parteien eine Vorreiterrolle beim Zusammenführen aller progressiven Kräfte in Deutschland. In der Programmkommission der SPD arbeiten unsere Genossen aktiv zusammen.[19] In der Geschichte der kommunistischen Bewegung hat es dergleichen noch nicht gegeben. Dafür hat schon Ernst Thälmann zu seiner Zeit gekämpft. Du hast heute auf dem Treffen über die Bedingungen gesprochen, unter denen es möglich wäre, einem Krieg vorzubeugen. Damals fürchtete die SPD die Kommunisten wie der Teufel das Weihwasser. Bislang ist es Horst Schmitt noch nicht gelungen, ebensolche geschäftsmäßigen Beziehungen mit den Westberliner Sozialdemokraten anzubahnen, aber zu uns kommen ihre Vertreter ziemlich oft – ungeachtet aller unserer ideologischen Gegensätze. Die Sozialdemokraten sind gezwungen uns anzuerkennen, weil sie innenpolitische Gründe dazu zwingen. Die DDR ist heute ein Teil der sozialistischen Gemeinschaft, eine Kraft, die sie nicht ignorieren können.

[...].[20] **M. S. Gorbačev:** Die gegenseitige Information hat sich bedeutend erweitert.

[...].[21] **E. Honecker:** Die derzeitigen Veränderungen in der Position der Regierung der BRD sind nicht nur in den bevorstehenden Wahlen begründet, sondern auch im Stimmungswandel jener Kreise, die die westdeutsche Politik bestimmen – den Industriellen. Heute treten sie immer aktiver für die Entwicklung eines Dialogs zwischen West und Ost ein und wollen nicht den Anweisungen aus den USA folgen. Kürzlich hatte ich Gespräche mit Beitz und Amerongen.[22] Sie sind den USA gegenüber geradezu feindselig eingestellt und sprechen sich für eine Erweiterung der Wirtschaftsbeziehungen mit der UdSSR aus. Sie sagten, dass die Mehrheit der Industriellen der BRD diese Auffassung verträte.

[15] In Gorbačev, Sobranie 4, S. 521 abweichender Satzbau ohne inhaltliche Änderung.

[16] Passage gem. Gorbačev, Sobranie 4, S. 521 f. Dort folgen Ausführungen zu amerikanischen Stimmen zum bevorstehenden Gipfeltreffen in Reykjavik und zum Klassencharakter internationaler Beziehungen. Diese Auslassung in der Vorlage nicht kenntlich gemacht.

[17] Es folgen Ausführungen zum Verhältnis DKP und SED, vgl. Anm. 1.

[18] Zusammengestellt in Küchenmeister (Hg.), Honecker Gorbačev, S. 117 mit Anm. 179. Gesprächsprotokolle z.T. in Potthoff, Die Koalition, S. 384 ff.

[19] Vgl. Dokument Nr. 2, Anm. 10.

[20] Gem. Küchenmeister (Hg.), Honecker Gorbačev, S. 118 hebt Honecker hier noch einmal auf die positive Entwicklung der Zusammenarbeit ab.

[21] Gem. Küchenmeister (Hg.), Honecker Gorbačev, S. 118 Ausführungen Honeckers zu internationalen Kontakten und zur „Defensive" der USA.

[22] Gespräche am 18. 9. 1985 (Wolff von Amerongen), 23. 9. 1985 und 19. 8. 1986 (Beitz), vgl. Küchenmeister (Hg.), Honecker Gorbačev, S. 119 mit Anm. 184.

Eine große Rolle bei der Veränderung der Stimmung spielte das Moratorium.** Unter seinem Einfluss haben sich sogar die Diskussionen im Lager der CDU/ CSU verstärkt.

Der Vorschlag eines Moratoriums hat bei der Mehrheit der Bevölkerung große Unterstützung erhalten.

Somit kann man sagen, dass sich vor Reykjavik die Administration der USA und ihre engen Verbündeten in einer defensiven Lage befinden. Jetzt ist in den USA sogar schon Reagan Angriffen von rechts ausgesetzt, weil er sich bereit erklärt hat, nach Island zu reisen ...

Jüngst gab es in der BRD einen Skandal wegen Aussagen Wörners und Dreggers – der Rechtsaußen in der CDU/CSU – gegen das Treffen. Das heißt, äußerst rechte Kräfte in den USA und in der NATO möchten jedweden Schritt in Sachen Abrüstung stören und befürchten weitreichende Konsequenzen einer internationalen Entspannung.

M. S. Gorbačev: Du hast recht, sie fürchten wirklich die Folgen.

E. Honecker: Nicht zufällig sprechen sich 70–80% der Bevölkerung in Westeuropa und den USA zugunsten des Moratoriums aus, und die Regierungen dieser Länder können diese Stimmung nicht ignorieren. Darum können wir mit Optimismus in die Zukunft schauen. Kürzlich waren wir Zeugen eines so einmaligen Ereignisses wie der Unterstützung der Friedensinitiativen der Sowjetunion durch die Sozialistische Internationale. Wenn man davon ausgeht, dass die Mehrheit der Parteien, die der Sozialistischen Internationale angehören, Arbeiterparteien sind, dann haben wir ein Beispiel für die Aktionseinheit der Arbeiterklasse im Kampf für den Frieden. Im Gespräch mit mir sagte Papandreou: Ohne die kristallklare Politik der Länder des Warschauer Paktes, ohne die konstruktive Politik Michail Gorbačevs hätte „die Sechsergruppe" keine so eindeutige Stellung beziehen können, wie dies in Mexiko geschehen ist.***

Von unserer Seite aus bemühen wir uns, Initiativen voranzutreiben, die auch zu einer Festigung der internationalen Sicherheit auf dem europäischen Kontinent beitragen. Am 1. Oktober billigte das Präsidium der SPD den von Vertretern unserer Partei mit den Sozialdemokraten ausgearbeiteten Entwurf eines Dokuments zur Schaffung einer Zone in Zentraleuropa, die frei ist von nuklearen Gefechtsfeldwaffen.

Vom 11. bis 12. Oktober finden in Bonn die abschließenden Gespräche statt. Brandt hat mitgeteilt, dass der abgestimmte Entwurf am 17. Oktober auf einer internationalen Pressekonferenz in Bonn der Öffentlichkeit vorgestellt werde.[23] Unsere abgestimmte Politik trägt ihre Früchte.

M. S. Gorbačev: Wir sind in unserem Gespräch auf die Friedenspolitik zu sprechen gekommen. Das ist natürlich. Ist doch für uns alle die Erhaltung des Friedens oberste Aufgabe.[24] Für ihre Lösung sind gemeinsame Anstrengungen aller[25] sozialistischen Länder, der internationalen kommunistischen Bewegung und der Befreiungsbewegungen unerlässlich. Die Klasseninteressen der imperialistischen

[23] Grundsätze für einen atomwaffenfreien Korridor in Mitteleuropa vom 21. 10. 1986, u. a. in: Neues Deutschland vom 22. 10. 1986, S. 4.

[24] In Gorbačev, Sobranie 4, S. 522 der Folgesatz nur mit Komma abgetrennt.

[25] Gem. Gorbačev, Sobranie 4, S. 522: „von uns allen, der sozialistischen Länder".

Kreise treiben diese dazu, die Atmosphäre der Konfrontation aufrecht zu erhalten und den Kräften des Fortschritts entgegenzuwirken. Deshalb muss die Initiative von uns ausgehen. Heute erleben wir einen historischen Wendepunkt.

E. Honecker: Ja, dies ist eine historische Wende, die zu den bedeutendsten Ereignissen der gesamten Nachkriegsperiode gehört. [...].[26]

* Die Rede ist von dem bevorstehenden Treffen M. S. Gorbačevs mit dem Präsidenten der USA, Ronald Reagan, in Reykajvik, bei dem beabsichtigt war, über die Probleme einer Reduzierung der Kernwaffen und einer Beendigung des Wettrüstens zu sprechen.
** Bezieht sich auf das Moratorium für unterirdische Kernwaffenversuche.[27]
*** Treffen der Führer von sechs einflussreichen „nichtpaktgebundenen" Ländern, die eine Antikriegshaltung einnahmen.[28]

Archiv der Gorbačev-Stiftung. Bestand 1, Verzeichnis 1.

26 Der Schwerpunkt des restlichen Gesprächs lag auf sowjetisch-amerikanischen Beziehungen, sozioökonomischen Fragen und Problemen der kommunistischen Weltbewegung, vgl. Gorbačev, Sobranie 4, S. 523–530 sowie Küchenmeister (Hg.), Honecker Gorbačev, S. 121–135.

27 Vgl. Dokument Nr. 4, Anm. 29.

28 Gemeint sind gemeinsame Initiativen für nukleare Abrüstung von Argentinien, Griechenland, Indien, Mexiko, Schweden und Tansania (Six Nations Five Continents Peace Initiative) ab Mai 1984, deren Vertreter sich vom 6.–7. 8. 1986 zum zweiten Gipfel in Ixtapa getroffen hatten.

1987

Nr. 10
Protokoll der Sitzung des Politbüros vom 29. Januar 1987 [Auszug][1]

Sitzung des Politbüros des ZK der KPdSU

29. Januar 1987

Über Ergebnisse der Warschauer Beratung der ZK-Sekretäre der Länder des RGW[2]

Jakovlev: Politische Schwierigkeiten bei den Freunden seit unserem 27. Parteitag und jetzt seit unserem Plenum:[3] Was bei sich selbst tun und wie sich uns gegenüber verhalten.

Dobrynin: Man sollte die Nuancen im Verhalten Honeckers und der SED nicht dramatisieren. Mit Ausnahme der deutsch-deutschen Beziehungen ist unsere Position hinsichtlich der internationalen Fragen identisch. Als Gegengewicht dazu ist eine Ausweitung unserer Beziehungen mit der DDR erforderlich. Die Freunde kennen unsere Positionen zur Entwicklung der Perestrojka schlecht.

Gorbačev: [4]Wir haben Meinungsverschiedenheiten mit ihnen[5] im Bereich des Überbaus. Honecker setzt unsere Selbstverwaltung mit der jugoslawischen gleich: So schlecht kennen wir einander! Er bewertet das Stück von Šatrov über Lenin als Abweichung von der Tradition des Oktober.* Er ist unzufrieden darüber, wie wir mit Sacharov verfahren sind.**

Medvedev: In der SED hat man sich von der Losung „Von der Sowjetunion lernen, heißt siegen lernen!" losgesagt. Die Erklärung von Delhi[6] ist in der DDR nicht veröffentlicht worden. Die Kritik an die Adresse der USA wurde abgeschwächt. Man kann nicht von einer Sonderlinie der SED reden. Jedenfalls gibt es darüber keine Beschlüsse des ZK der SED. Es handelt sich um Abweichungen und Rückzüge.

Gorbačev: Bislang[7] geschieht nichts Unerwartetes. All dies war abzusehen. Die Wurzeln reichen da noch bis vor unser April-Plenum zurück.***

Abweichung von uns gibt es sowohl bei Honecker als auch bei Kadar und bei Živkov. Ihre Wirtschaftsbeziehungen mit dem Westen sind weit gediehen. Das ist das Ergebnis dessen, dass die Wirtschaft bei uns nicht erfolgreich ist. Technik und

[1] Auch in Gorbačev, Sobranie 5, S. 461–466, hier S. 464f., Auszüge in V Politbjuro, S. 122f., beides ohne die Beiträge anderer Redner; Tschernjaew, Mein deutsches Tagebuch, S. 217–219, Eintrag zum 30. 1. 1987.

[2] Treffen der ZK-Sekretäre für Ideologische und Internationale Fragen vom 22.–23. 1. 1987 (neben den RGW-Vollmitgliedern auch Laos).

[3] 27.–28. 1. 1987, zu Perestrojka und Kaderpolitik. Vgl. Reden Gorbačevs in ders., Sobranie 5, S. 391–458.

[4] Gem. V Politbjuro beginnt Gorbačev mit dem Abschnitt über die Politik Honeckers u.a., der in der Vorlage erst als zweiter Redebeitrag Gorbačevs aufgeführt ist.

[5] In V Politbjuro, S. 122: „mit Honecker"; in Gorbačev, Sobranie 5, S. 464: „mit ihm".

[6] Gemeinsame Deklaration von Gorbačev und Rajiv Gandhi vom 27. 11. 1986 über die Prinzipien einer nuklearwaffenfreien und gewaltlosen Welt, vgl. Gorbačev, Sobranie 5, S. 235–244, S. 558, Anm. 103.

[7] Dieses Wort fehlt in V Politbjuro, S. 122.

Technologie auf modernem Niveau können wir ihnen nicht geben, und so sind sie beim Westen in Schulden geraten.

[8]Die politische Seite: die Beziehungen zwischen uns[9] auf höchster Ebene haben sich gelockert. Aber zwischen ihnen selbst haben sich die Beziehungen ausgeweitet. Wie sollen wir vorgehen?

a) das Interesse an den Prozessen in der Sowjetunion ausnutzen, die Dynamik unserer Entwicklung und die Dynamik [auch][10] in der Außenpolitik präsentieren. [11]Wir können uns als Antwort auf ihr Verhalten nicht darauf einlassen, dass wir ihnen die Hähne *(Gas, Rohöl)* zudrehen.

Eine Verrechnung in Valuta – sollten sie das fordern – wäre für sie eine Katastrophe. Es ist dumm zu schreien: Wir geben es ihnen umsonst *(Treibstoff zu Schleuderpreisen[12])*. Wir müssen zu einem Austausch übergehen, der beiden Seiten nützt. Und stärker am Prinzip festhalten: Jede kommunistische Partei ist dafür verantwortlich, was in ihrem Land geschieht. Das gilt auch für uns. Wir sind daran interessiert, dass man auf uns nicht das abwälzt, was bei ihnen abläuft und ablaufen kann.

b)[13] [Aber][14] wir dürfen auch die andere Seite der Sache nicht ignorieren. [15]Auch dort sind Veränderungen herangereift. Sie sind an einem Punkt angekommen, an dem ein Führungswechsel bevorsteht. Die Führer sitzen dort jeweils 35, 25 und 17 Jahre. Es hat sich eine Unmenge von Problemen angesammelt. Es fällt diesen Leuten in dem Alter schon allein physisch schwer, ihre Aufgaben zu bewältigen. Auf höchster Ebene ist bei ihnen im Grunde ein Kampf entbrannt. Es findet ein Erneuerungsprozess statt. Bei den einen so, bei den anderen anders. Wir können uns nicht auf eine Position begeben, wo wir eine politische Bewertung abgeben oder irgendjemanden geringschätzig behandeln. [16]Wir haben nur eine Möglichkeit der Einwirkung: mittels dessen, was wir bei uns selbst tun. Und wie wir sehen, reagiert die Gesellschaft in diesen Ländern auf uns richtig. Es gibt Nuancen in den Bewertungen. Sie sind spürbar. Kadar und Honecker glauben nicht, dass der Prozess bei uns unumkehrbar ist. Husák macht viele Komplimente, ist aber gegen alles Neue bei sich. In Prag ist in den Straßen eine Karikatur aufgetaucht: Auf dem Plakat stand: „Mischa sollte über sie alle kommen!“ Gemeint sind Husák, Štrougal und Biljak. Živkov spricht von einer „Hauruck-Aktion“: Euer Chruščev hat mit seinen Reformen Ungarn 1956 heraufbeschworen. Und jetzt destabilisiert dieser Gorbačev die sozialistische Gemeinschaft. In Bulgarien ist die Lage angespannt.

[17]Aber man sollte nichts dramatisieren. Man soll nicht glauben, dass das schon keine Freunde mehr sind. Wir müssen Freunde bleiben. Und ruhig reagieren, was

8 Der folgende Absatz und Teile von Punkt a) fehlen in V Politbjuro, S. 122.
9 In Gorbačev, Sobranie 5, S. 464 anstelle „zwischen uns“: „mit den soz[ialistischen] Ländern“.
10 Zusatz gem. Gorbačev, Sobranie 5, S. 464.
11 An dieser Stelle setzt die Überlieferung in V Politbjuro, S. 122 wieder ein.
12 Dieser Zusatz erscheint in Gorbačev, Sobranie 5, S. 464 sowie in V Politbjuro, S. 122 als integraler Teil der Rede.
13 In V Politbjuro, S. 122 keine Zählung.
14 Zusatz gem. Gorbačev, Sobranie 5, S. 465.
15 Die folgenden Ausführungen fehlen in V Politbjuro, S. 122.
16 Hier setzt die Überlieferung in V Politbjuro, S. 122 wieder ein.
17 Die nächsten beiden Sätze fehlen in V Politbjuro, S. 122 f.

Honecker auch immer über uns reden mag. Und wir müssen alles sehen. Dürfen nicht vereinfachen. In freundschaftlicher Weise arbeiten und[18] nicht scharfmachen.[19] Mehr Kontakte, mehr Informationen.[20]

* Das Theaterstück von M. F. Šatrov „So werden wir siegen!" [Tak pobedim] fand ein großes Echo; der Autor erhielt einen Staatspreis (1983).[21]
** Im Dezember 1986 wurde A. D. Sacharov auf Anordnung Gorbačevs aus der Verbannung nach Moskau zurückgeholt.
*** Die Rede ist vom Plenum des ZK der KPdSU, das im April 1985 stattfand. Auf ihm hat M. S. Gorbačev erstmals sein Programm tiefgreifender Umgestaltungen im Lande dargelegt.[22]

Aufzeichnung A. S. Černjaev, Archiv der Gorbačev-Stiftung. Bestand 2,[23] *Verzeichnis 2.*

Nr. 11
Direktiven Gorbačevs vom 2. Februar 1987 zur sowjetischen Deutschland- und Europapolitik [Auszug][1]

Anordnungen M. S. Gorbačevs zur deutschen Frage[2]

2. Februar 1987

(Anwesend: Ligačev, Jakovlev, Dobrynin, Boldin, Černjaev)

Weisungen an Kvicinskij, Dobrynin, Ševardnadze und das Außenministerium im Hinblick auf die BRD und die Europa-Politik

[...].[3] 1. An Kvicinskij – Besuch Weizsäckers in Moskau sicherstellen[4]. Wirtschaftsbeziehungen entwickeln. Keine Eile, mit den Deutschen auf Regierungsebene überzugehen.

2. An Außenministerium und Dobrynin – analytischen Bericht und Vorschläge zur BRD vorbereiten. „BRD nicht Honecker überlassen!" Ševardnadze – in die BRD reisen[5]. Material für mein Interview mit dem „Spiegel" aktualisieren ... Es

[18] In Gorbačev, Sobranie 5, S. 465 anstelle „und" ein Kommazeichen.
[19] In V Politbjuro, S. 123 anstelle des letzten Satzes nur der Ausdruck: „Nicht scharfmachen."
[20] Danach Beiträge zu anderen Themen, vgl. Gorbačev, Sobranie 5, S. 465f.
[21] In diesem Stück wurde erstmals das sogenannte „Testament Lenins" auf die Bühne gebracht, in dem dieser sich sehr kritisch über Stalin äußerte. Honecker hat aber evtl. Šatrovs Stück „Diktatur des Gewissens" [Diktatura sovesti] von 1986 im Blick, in dem eine theatralische Gerichtsverhandlung gegen Lenin inszeniert wird.
[22] Vgl. die Rede Gorbačevs auf dem ZK-Plenum am 23. 4. 1985 in: Gorbačev, Sobranie 2, S. 189–212.
[23] Gem. Gorbačev, Sobranie 5, S. 461–466 Bestand 10.

[1] Auch in Gorbačev, Sobranie 5, S. 467f.; Tschernjaew, Mein deutsches Tagebuch, S. 219 mit z.T. abweichender Übersetzung.
[2] Die Sitzung fand eine Woche nach der Bundestagswahl statt, auf der die Regierungskoalition von CDU-CSU und FDP mit gut 53% bestätigt worden war.
[3] Gem. Tschernjaew, Mein deutsches Tagebuch, S. 219 einleitende Wendungen.
[4] Dokumente Nr. 16 und 17.
[5] Mit der Reiseplanung Ševardnadzes beginnt in Gorbačev, Sobranie 5, S. 467 ein neuer Punkt „3.".

ist Zeit, die BRD aktiver anzugehen, damit Margo *(M. Thatcher)*[6] nicht vor Vergnügen platzt.

[4.][7] Außenministerium – die europäische Richtung mehr und mehr beschleunigen, da es mit Amerika ein Saustall ist. [...].[8]

Aufzeichnung A. S. Černjaev, Archiv der Gorbačev-Stiftung. Bestand 2,[9] Verzeichnis 2.

Nr. 12
Protokoll der Sitzung des Politbüros vom 12. Februar 1987 [Auszug][1]

Auf der Sitzung des Politbüros des ZK der KPdSU

12. Februar 1987

Über Ergebnisse der Reise Ševardnadzes in die DDR und die Tschechoslowakei

[...].[2] **Ševardnadze:** Spekulanten verkaufen auf dem Schwarzmarkt zu guten Preisen die Rede Gorbačevs auf dem Januar-Plenum des ZK *(die DDR-Presse hatte sie nicht veröffentlicht)*.*

In der DDR trafen wir auf ein Element wachsamer Zurückhaltung uns gegenüber. In der obersten Führung spricht man ohne Begeisterung über unser Plenum und selbst über den 27. Parteitag.

Gorbačev: Es wird jetzt deutlicher, was für ein Plenum wir abgehalten haben ...[3]

Ševardnadze: Die Idee einer geeinten deutschen Nation lebt in der Psychologie und im Denken sogar der Kommunisten. Sie beginnen mit den Westdeutschen anzubändeln. Sie kritisieren die BRD nicht. Und es geht hier nicht nur um wirtschaftliche Interessiertheit.

Die Idee eines geeinten Deutschland erfordert eine ernsthafte, wissenschaftliche Untersuchung.

Übrigens, in dieser Hinsicht sind auch die Polen beunruhigt.[4]

... Honeckers Kollegen fürchten ihn. Alles, was er sagt, ist die Wahrheit in letzter Instanz. Er entfaltet einen autoritären Führungsstil. Das gefällt nicht allen. Honecker weiß, dass ihm auf der bevorstehenden Parteikonferenz ein Kampf be-

6 Kurzform und Auflösung gem. Vorlage.
7 Gem. Gorbačev, Sobranie 5, S. 467.
8 Es folgen allg. Überlegungen zu Ideologie und Innenpolitik, vgl. Gorbačev, Sobranie 5, S. 467f.
9 Gem. Gorbačev, Sobranie 5, S. 468: Bestand 10.

1 Auch in Gorbačev, Sobranie 5, S. 520–527, hier S. 526 mit S. 590f. (Anm. 335) zu Ausführungen Ševardnadzes.
2 Diskutiert wurden Fragen der Wirtschaftspolitik, Kaderfragen, die Tätigkeit des Obersten Sowjets 1986 sowie Beziehungen zu Südjemen, vgl. Gorbačev, Sobranie 5, S. 520ff.
3 Gorbačevs Einwurf fehlt in Gorbačev, Sobranie 5, S. 590f.
4 Hier endet die Überlieferung in Gorbačev, Sobranie 5, S. 591.

vorsteht.[5] Er hat verstanden, dass er persönlich bedroht ist, wenn er die Prinzipien anwendet, von denen sich die KPdSU derzeit leiten lässt.[6]

* Das Plenum, auf dem erstmals die Frage der Verantwortung des ZK der KPdSU und der Partei selbst für die [sowjetische] Vergangenheit aufgeworfen wurde.[7]

Aufzeichnung A. S. Černjaev, Archiv der Gorbačev-Stiftung. Bestand 2,[8] *Verzeichnis 2.*

Nr. 13

Vermerk über die Gespräche Falins mit Egon Bahr vom 13. bis 16. Februar 1987 [Auszug]

Aus der Aufzeichnung V. M. Falins über die Gespräche mit E. Bahr

13.–16. Februar 1987

[...]. Schlussfolgerung aus E. Bahrs Äußerungen: Die UdSSR braucht für den Erfolg ihrer außenpolitischen Vorhaben Verbündete und zuverlässige Partner. Zweite Schlussfolgerung – das wurde nicht nur einmal wiederholt – die Zusammenarbeit muss langfristig und ehrlich sein; es ist schlecht, wenn die Handlungen des einen den anderen zwingen, sich in Mutmaßungen zu verlieren; das allgemeine höchste Ziel (der Friede) erfordert nicht, dass die Unterschiede verwischt werden oder dass man sich von eigenen Initiativen auf verschiedenen Bereichen lossagt. Dritte Schlussfolgerung: Die BRD war die zentrale Achse des europäischen Entspannungsprozesses und gerade sie ist bis heute mehr als alle anderen Nutznießer der Früchte der „neuen Ostpolitik", die seinerzeit von W. Brandt begonnen wurde. Dementsprechend besteht weiterhin eine rechtliche und moralisch-psychologische Grundlage für zunächst ein Wiederaufleben des wohlwollenden Klimas in den sowjetisch-westdeutschen bilateralen Beziehungen und danach für parallele und gemeinsame Handlungen mit dem Ziel, eine „militärische Entspannung" in Europa zu erreichen.

Wenn die sowjetische Führung glaubt, dass sie die Aufgabe der Stabilisierung und Verbesserung der Lage besser ohne die BRD oder in Zusammenarbeit mit der Regierung H. Kohl löst, nehmen die Sozialdemokraten dies als Tatsache zur Kenntnis. Da sie jedoch über der Lage im Detail Bescheid wissen, sind W. Brandt und seine Kollegen nicht geneigt, das Potential an gutem Willen bei der CDU/CSU oder die Möglichkeiten von H.-D. Genscher hoch einzuschätzen.

In den nächsten zwei Jahren wird Bonn gehorsam Washington folgen, obwohl man in Worten, die vor allem in internen Gesprächen und vertraulichen Schreiben

[5] Gemeint ist vermutlich der für 1990 geplante 12. Parteitag der SED.
[6] Es folgen allg. Ausführungen Gorbačevs zur Perestrojka, danach zu anderen außenpolitischen Fragen, vgl. Gorbačev, Sobranie 5, S. 526 f.
[7] Vgl. Vortrag und Schlussworte Gorbačevs vom 27. und 28. 1. 1987, in: Gorbačev, Sobranie 5, S. 391–458.
[8] Gem. Gorbačev, Sobranie 5, S. 527: Bestand 10.

gebraucht werden, mit Versprechungen möglicherweise nicht geizen wird. Das unkonstruktive Verhalten H. Kohls wird sich in dem genannten Zeitraum nur unter zwei Bedingungen ändern: wenn R. Reagan „Vernunft annimmt“ und wenn auf die CDU/CSU innerhalb der BRD genügend starker Druck organisiert werden kann.

Mit anderen Worten, wenn man sich auf den westdeutschen Aspekt des Problems konzentriert, dann muss die Sowjetunion für sich festlegen:

a) Welcher der möglichen Kontrahenten von ihr langfristig zu bevorzugen ist – die CDU/CSU oder die SPD.

b) Wenn die Wahl auf die derzeitige Koalition fällt, welchen Charakter die Kontakte mit den Sozialdemokraten künftig annehmen könnten.

c) Wenn man der SPD mehr vertraut, wie könnten dann Strategie und Taktik aussehen, die auf eine Rückkehr der Sozialdemokraten an die Macht Anfang der 90er Jahre ausgelegt sind oder dieser Rückkehr zumindest nicht entgegenwirken?

Das bedeutet nicht, dass die SPD, selbst im Falle einer Abkühlung ihrer Beziehungen mit der KPdSU, einer Beseitigung der Hindernisse zwischen der BRD und der UdSSR im Weg stehen wird. Im Gegenteil, die Pflicht gegenüber ihrem Volk hat die Sozialdemokraten veranlasst und wird sie auch in Zukunft veranlassen, eine abgewogene und konstruktive Linie zu verfolgen. Aber die SPD will keine Spielkarte sein und muss einfach – mitunter empfindlich – auf Erscheinungen reagieren, die sie als Verletzung ihrer Interessen wahrnimmt.

Auf die Bitte, seinen Gedanken zu präzisieren, nahm E. Bahr Bezug auf die von A. K. Antonov in seinem acht Tage vor den Bundestagswahlen im Januar 1987 geführten Gespräch mit Wolff von Amerongen ausgesprochene Bereitschaft, der BRD in nächster Zeit einen Besuch abzustatten. Aus dieser Mücke haben die Gegner der SPD einen Elefanten gemacht, der der Partei nicht wenig Ärger bereitet hat. Bis heute unerklärlich erscheint der von der Sowjetunion vorgenommene Wechsel nicht nur von Akzenten sondern von Positionen bei einigen der wichtigsten Abrüstungsfragen eigentlich sofort nach dem Koalitionswechsel in Bonn. Hätte H. Schmidt seinerzeit dieselben Konzessionen erhalten, hätten die Ereignisse eine völlig andere Wendung nehmen können.

So wie R. Reagan ein Produkt der Dynamik ist, die in gewisser Weise nicht ohne „Beitrag“ der UdSSR zustande gekommen ist, so ist auch die Regierung Kohl/Genscher – freilich nur zum Teil – der Entstehung der Europa-Politik Moskaus verpflichtet. Ob gut oder schlecht – die Sowjetunion ist ein unerlässlicher Teilnehmer an allen in der BRD geführten Diskussionen zu Fragen der Sicherheit sowie der Beziehungen mit der DDR und den anderen sozialistischen Ländern. Mit gewissen Einschränkungen und Vorbehalten ist sie vielleicht nicht weniger einflussreich als die USA. Die SPD bewegt, wie die UdSSR heute ihren Einfluss zu nutzen beabsichtigt, in einem Augenblick gewaltiger und faszinierender Umwälzungen, die sich sowohl in der sowjetischen Gesellschaft als auch in der sowjetischen Außenpolitik vollziehen.

Bei der Schilderung der Entwicklung in der SPD berichtete E. Bahr, die Entscheidung sei gefallen, O. Lafontaine in die Führung der sozialdemokratischen Bewegung der BRD zu befördern. Dies solle in zwei Etappen erfolgen. In Kürze werde Lafontaine als Kanzlerkandidat aufgestellt,[1] und irgendwann in der zweiten

1 Die offizielle Nominierung erfolgte im Januar 1990.

Hälfte 1988 werde er W. Brandt auf dem Posten des Parteivorsitzenden ablösen.[2] Die prinzipielle Absprache darüber habe bereits im engsten Kreis stattgefunden.

E. Bahr zeigte sich über die Kontakte J. A. Kvicinskijs mit H.-D. Genscher gut informiert. Nach seinen Worten sympathisierten W. Brandt, H.-J. Vogel und andere sozialdemokratische Führer mit der Idee eines Besuchs von Präsident Weizsäcker in der UdSSR.[3] Für Weizsäcker persönlich sei ein solcher Besuch ein Zeichen des Respekts gegenüber der Sowjetunion und zugleich Ausdruck seiner Bemühungen, eine aktivere Rolle in der CDU, im Land und im Kampf um die öffentliche Meinung gegen die äußerste Rechte zu spielen. Ein erfolgreicher Besuch sei eine Gewähr für seine Wiederwahl in das Amt des Präsidenten auf weitere fünf Jahre.

Aber trotzdem sollte, so bemerkte E. Bahr, dem Besuch ein offizieller Brief H. Kohls mit einer Entschuldigung für den bekannten Zwischenfall vorausgehen oder ihn begleiten.*

Nach Ansicht Bahrs wäre es falsch, gegenüber einem Menschen Großzügigkeit zu zeigen, der nicht in der Lage sei, Gorbačev gebührend zu würdigen und aus der Nachsicht der Sowjetunion sogar falsche Schlüsse ziehen könnte.

E. Bahr nimmt an, dass er der westdeutschen Gruppe vorstehen werde, die vom 27. bis 28. März im Rahmen des „Bergedorfer Gesprächskreises" in Moskau weile.**[4] Zu der Gruppe werde voraussichtlich auch der frühere Kanzler H. Schmidt gehören. E. Bahr gab zu verstehen, dass es von gewissem Nutzen wäre, in Anbetracht der Autorität des ehemaligen Kanzlers, die er in der BRD und in bestimmten Kreisen auch außerhalb der deutschen Grenzen nach wie vor besitze, die Reise Schmidts für Gespräche mit ihm auf entsprechender Ebene zu nutzen.

* Im Oktober 1986 gab Helmut Kohl dem Journal „Newsweek" ein Interview, in dem er M. S. Gorbačev in der propagandistischen Meisterschaft mit Goebbels verglich.[5]
** „Bergedorfer Gesprächskreis" Gruppe von Intellektuellen, die seit 1961 regelmäßige Treffen zur Bewertung aktueller internationaler Fragen, darunter auch zu den sowjetisch-westdeutschen Beziehungen, abhält.

Archiv der Gorbačev-Stiftung. Bestand 2, Verzeichnis 1.

[2] Nach dem Rücktritt Brandts im März 1987 wurde Hans-Jochen Vogel SPD-Vorsitzender.
[3] Dokumente Nr. 16 und 17.
[4] 81. Bergedorfer Gesprächskreis in Moskau. Protokoll unter http://www.koerber-stiftung.de/internationale-politik/bergedorfer-gespraechskreis/protokolle/protokoll-detail/BG/die-beziehungen-zwischen-der-sowjetunion-und-der-bundesrepublik-deutschland.html (Zugriff am 3. 7. 2009).
[5] Vgl. Dokument Nr. 1, Anm 12. Zur Bonner Reaktion im November 1986 vgl. Genscher, Erinnerungen, S. 518f.

Nr. 14

Gespräch Gorbačevs mit dem Staatsratsvorsitzenden Honecker am 28. Mai 1987 [Auszug][1]

Aus dem Gespräch M. S. Gorbačevs mit E. Honecker*

Berlin, 28. Mai 1987

M. S. Gorbačev: Ich möchte mit Ihnen zwei prinzipielle Fragen besprechen. Vor allem geht es um unsere und Ihre Beziehungen zur BRD. Bekanntlich haben diese für Sie und für uns eine nicht geringe Bedeutung bei der Gestaltung sowohl der Europa- als auch der Weltpolitik. Man muss sagen, dass die Lage in Europa in Bewegung geraten ist. Es hat sich eine Vielzahl neuer Probleme ergeben, und es ist eine neue Verteilung der politischen Kräfte entstanden.

Im Politbüro diskutieren wir häufig diese Frage und sind der Meinung, dass es für uns nützlich wäre, gemeinsam über die Beziehungen zur BRD nachzudenken und gemeinsam die wechselseitige Verknüpfung der verschiedenen Interessen auf diesem Feld zu bewerten. Übrigens, heute auf der Zusammenkunft der PKK traten solch unterschiedliche Interessen ebenfalls zutage.[2] Mit einem Wort, es besteht die Notwendigkeit, gemeinsam über diese Frage nachzudenken. Man könnte die internationalen Abteilungen der Zentralkomitees unserer Parteien und die Außenministerien beauftragen, die Lage zu analysieren und ihre Überlegungen dazu einzubringen, und dann könnten wir mit Ihnen, Genosse Honecker, zusammentreffen und alles eingehend erörtern. Wir haben unsere Überlegungen zur Entwicklung der gegenseitigen Beziehungen mit der BRD. Aber wir wollen uns auf diesem Gebiet nicht ohne Sie bewegen. Ich glaube, dass auch bei Ihnen ein solches Bedürfnis besteht.

E. Honecker: Ich bin mit Ihren Überlegungen einverstanden. Die Beziehungen mit der BRD bilden wirklich eine der Hauptfragen unserer Europa-Politik.

Sie haben völlig richtig bemerkt, dass hier gewisse Unterschiede existieren, die im Verlauf der heutigen PKK-Versammlung zutage getreten sind.

In der BRD vollzieht sich eine Umgruppierung der politischen Kräfte. Die neue Führung der Sozialdemokratischen Partei versucht ihre Aktivitäten dynamischer zu gestalten und die Stellung der Partei zu festigen. Wichtig ist, dass sie jetzt Unterstützung von Seiten der Gewerkschaften erhält, die aktiv zu Fragen von Krieg und Frieden, zu den Atomraketen in Europa Position beziehen. Derzeit treten innerhalb der CDU gewisse Widersprüche auf. H. Kohl war kürzlich in Westberlin und bat darum, mir zu übermitteln, dass er für die „Doppelte Null-Lösung" eintrete.** Dabei schlägt er vor, die Angelegenheit direkt mit ihm zu verhandeln und nicht mit den Führern der Länder, die, wie er sagt, nichts entscheiden.

Man muss sagen, dass die CDU bei den letzten Landtagswahlen nicht wenige Stimmen verloren hat. Gleichzeitig haben die Freien Demokraten ihre Position

[1] Auch in Gorbačev, Sobranie 7, S. 52–55 (ohne die Ausführungen Honeckers).
[2] Reden vom 28. 5. 1987 sowie Protokoll der Sitzung vom 29. 5. 1987 in http://www.php.isn.ethz.ch/collections/colltopic.cfm?lng=en&id=17112&navinfo=14465 (Zugriff am 3. 7. 2009); Gespräche der Teilnehmer auszugsweise in Gorbačev, Sobranie 7, S. 56–60.

gestärkt.[3] Genscher schlägt über Vertrauenspersonen vor, aktuelle Fragen zu erörtern. Er unterstreicht, dass er für ein Abkommen über Mittelstreckenraketen kämpft und weiter dafür kämpfen wird.***

M. S. Gorbačev: Ich finde, wir sind zu einer gemeinsamen Auffassung gelangt – man muss die Genossen beauftragen, ihre Überlegungen auszuarbeiten und uns vorzulegen.[4]

E. Honecker: Wer sollte besser damit beauftragt werden, der Apparat der ZKs oder die Außenministerien?

M. S. Gorbačev: Ich denke, dass es besser ist, die internationalen Abteilungen der Zentralkomitees zu beauftragen; und sie können dann die Genossen aus anderen Ressorts hinzuziehen.[5]

Jetzt die zweite Frage. Es geht darum, was wir begonnen haben, auf dem Weg vom Flughafen zu besprechen – unsere Wirtschaftsbeziehungen. Aus dem Blickpunkt des gestrigen und heutigen Tages läuft hier alles gut. Aber dafür, damit es weitergeht, ist das zu wenig. Wir dürfen nicht auf der Stelle treten. Ich denke, es ist nötig, eine ernste Unterhaltung darüber zu führen, wie wir die wirtschaftlichen Potentiale unserer Länder besser vereinen.

E. Honecker: Ich habe Ihnen eigens eine Zusammenstellung der Themen unserer Zusammenarbeit übergeben, um zu zeigen, wie sie sich entwickelt. Wir messen dieser Zusammenarbeit große Bedeutung bei und ziehen hierfür unsere besten Kräfte heran.

Wenn man über die direkten Verbindungen[6] zwischen den Unternehmen, den Vereinigungen spricht, dann sind zunächst – wie man mir berichtet hat – nicht selten verschiedene Schwierigkeiten aufgetreten. Schon jetzt sind in diese Verbindungen etwa eine Million Arbeiter und Angestellte und ein Drittel unserer wissenschaftlichen Kader einbezogen. Ich habe Ihnen mein Material geschickt, damit Sie sehen, welche Bedeutung wir dieser Frage beimessen.

Da wir kameradschaftlich miteinander sprechen, möchte ich offen sagen, dass es bei der Einführung neuer Formen der wirtschaftlichen Verbindungen immer noch nicht wenige Fehlschläge gibt. Dennoch sind wir der Meinung, dass die Einführung direkter Verbindungen unter den derzeitigen Bedingungen der effektivste Weg ist. Die Sache ist die, dass bei der Schaffung von Gemeinschaftsunternehmen viele schwierige Fragen auftreten, etwa Fragen der Währung, der Preise, der Kader u. a. Vielleicht ist es angebracht, sich zunächst auf die Bildung von sechs Gemeinschaftsunternehmen zu beschränken. Sollen sie Erfahrungen sammeln. Die Erfahrung, die wir bislang auf diesem Gebiet haben, ist nicht sehr günstig. Wir haben Gemeinschaftsunternehmen mit den Polen, aber sie arbeiten ineffizient. Ich spreche nicht über die „Wismut",**** da dieses Unternehmen nicht darauf ausgelegt ist, Profit zu erbringen. Wir müssen dieses Unternehmen subventionieren. Der Form nach ist es eine Aktiengesellschaft.

[3] Mai 1985 in NRW, März 1985 im Saarland, Juni 1986 in Niedersachsen, Mai 1987 in Hamburg, gegenläufiger Trend in Hessen im April 1987.
[4] Dieser Satz fehlt in Gorbačev, Sobranie 7, S. 52.
[5] Dto.
[6] Gemeint ist die wirtschaftliche Kooperation zwischen Unternehmen der DDR und der UdSSR.

Wir haben im Politbüro über die wirtschaftliche Zusammenarbeit gesprochen und bemühen uns, die Vereinbarungen über den gemeinsamen Kampf um den wissenschaftlich-technischen Fortschritt zu erfüllen. In diesem Zusammenhang will ich drei Gedanken vortragen:

Erstens: Durch unsere gemeinsamen Anstrengungen ist ein großer Fortschritt bei der Entwicklung der Laser-Technik erzielt worden.

Zweitens: Wir betrachten die direkten Verbindungen als Hauptrichtung bei der Entwicklung unserer wirtschaftlichen Zusammenarbeit.

Drittens: Wenn wir direkte Verbindungen einrichten, dann erscheint es uns unerlässlich, dass sie auf langfristigen Abmachungen beruhen, die in den Fünfjahrplan einbezogen werden.

M. S. Gorbačev: In der wirtschaftlichen Zusammenarbeit erreichen wir jetzt einen neuen Abschnitt. Diese Sache ist in der Tat kompliziert und neu. Es ist nicht verwunderlich, dass nicht alles so läuft, wie wir es gerne hätten. Aber dies entmutigt uns nicht.

Ich stimme Ihnen zu, dass wir uns mit der Schaffung von Gemeinschaftsunternehmen nicht beeilen müssen; es ist nötig, die unerlässliche Erfahrung zu sammeln.

Läuft es gut, dann werden wir diese Formen der Zusammenarbeit erweitern.

Wo kommen wir unserer Meinung nach nicht voran? Nehmen wir die Struktur des Warenaustausches. Die UdSSR wird auf die Rolle des Rohstofflieferanten fixiert. Natürlich haben wir unsere Verpflichtungen in dieser Hinsicht erfüllt und werden sie weiter erfüllen. Aber man darf nicht übersehen, dass unsere Möglichkeiten wesentlich umfangreicher sind. Man muss nach vorn blicken. Wir modernisieren die Wirtschaft, bringen die Wissenschaft voran – das muss berücksichtigt werden. Aber jetzt läuft es so, dass Sie sich an den Westen wenden, wenn in der DDR neue Produktionskapazitäten geschaffen werden. Vielleicht erhalten Sie derzeit auch von dort bessere Ausrüstungen als von uns. Nichtsdestoweniger müssen wir nach vorn schauen und mehr aneinander denken.

Nicht sehr gut läuft es im Bereich der Produktionskooperation. Die DDR hat ihre Bereitschaft bekundet, das Endprodukt zu liefern. Aber so werden wir wahrscheinlich nicht sehr weit vorankommen. Wenn sich die Lage nicht ändert, wird die UdSSR der DDR Ende 1990 vier Milliarden Rubel schulden. Und dann erhebt sich natürlich die Frage, wie dieses Defizit ausgeglichen werden kann: durch Verringerung unserer Importe aus der DDR oder durch Erhöhung unserer Lieferungen.

Ich denke, die richtige Beantwortung dieser Frage ist für Sie wie für uns gleichermaßen notwendig. Wir müssen gemeinsam eine Lösung suchen.

Die DDR beteiligt sich nicht sehr aktiv an der Erschließung von Rohstoffen auf unserem Territorium. Andere Länder des RGW haben dies mitbekommen. Vielleicht lässt sich die DDR hier nur von der Vorstellung sofortigen Nutzens leiten? Wir sind dafür, dass man mehr an die Zukunft denkt.

E. Honecker: Ich weiß, dass die UdSSR wegen des Sinkens des Ölpreises vor der Frage steht, ob es notwendig ist, ihre Lieferungen in andere sozialistische Länder zu erhöhen. Wir brauchen wirklich Ihre Rohstoffe, zumal wir einfach keine haben. Der Warenumschlag zwischen unseren Ländern ereichte den gewaltigen

Umfang von 82 Mrd. Rubel oder 380 Mrd. Mark. In unserem Außenhandel hat die Sowjetunion einen Anteil von 38%. Ihr Handel mit uns beläuft sich etwa auf 10%.

Die DDR liefert Ihnen viele Werkzeugmaschinen. Davon entsprechen zwischen 70 und 80% höchstem Weltniveau. Wir betrachten diese Lieferungen als eine Erfüllung unserer Pflicht. Nehmen Sie das Kombinat „Zeiss". Es liefert Produkte von höchster Qualität; ein großer Teil davon geht in die UdSSR.

Wir wollen überhaupt nicht, dass die folgende Situation entsteht: Wir erhalten von Ihnen Rohstoffe, und die Sowjetunion wird zum Schuldner der DDR. Wir sind für etwas anderes – dafür, dass sowohl Sie wie auch wir uns dauerhaft entwickeln. Doch hier gibt es ein Problem.

Ihre Genossen nutzen die Möglichkeiten der Zusammenarbeit mit uns schlecht. Wir haben Ihnen ein sehr wirtschaftliches Spinnverfahren auf neuer technologischer Grundlage übergeben. Aber eine moderne Produktion hat man bei Ihnen nicht entwickelt. Wir haben Ihnen bei der Aneignung der Technologie für die Herstellung von Hochdruck-Polyäthylen geholfen. Aber bei Ihnen wurde eine Anlage mit einer Jahreskapazität von 15000 Tonnen errichtet. Wir haben bei uns in Leuna eine solche Anlage für 60000 Tonnen.

Natürlich gibt es Bereiche, wo wir ausgezeichnet zusammenarbeiten. Morgen werden Sie auf der Ausstellung einige Neuheiten unserer Industrie sehen. 80% davon entsprechen den Anforderungen des höchsten Weltniveaus – und dabei steht eine Tafel mit der Aufschrift „Hergestellt in Kooperation mit der UdSSR". Dort sind gute EDV-Anlagen ausgestellt. Nur die USA und Japan machen bessere.

Wir wollen die Kooperation mit Ihnen ausbauen, aber Ihre Leute, die daran beteiligt sind, müssen gut arbeiten.

M. S. Gorbačev: Wenn wir kein politisches und wirtschaftliches Interesse an einer weiteren Entwicklung unserer Zusammenarbeit mit Ihnen hätten, dann wäre das jetzige Gespräch nicht nötig. Wir sind daran interessiert, auf allen Gebieten besser zu kooperieren. Wenn wir davon sprechen, wie sich die wirtschaftliche Zusammenarbeit in der Praxis gestaltet, dann fällt uns auf, dass die DDR auf einigen Gebieten eine aktive Position einnimmt, aber auf anderen, wo sie derzeit keinen Gewinn erkennt, läuft es schleppend.

Natürlich können wir die vor uns stehenden Fragen des wissenschaftlich-technischen Fortschritts am Ende auch selbst lösen. Ja, und auch Sie können offensichtlich vieles selbständig lösen. Aber es scheint uns, dass es hier vorteilhafter ist, wenn wir aufs engste zusammenarbeiten, weil wir gemeinsam schneller Erfolge erzielen.

Derzeit ist es so, dass die DDR in einigen Fällen sich unseren Vorschlägen verweigert, ihr z.B. bei der Sanierung einzelner Unternehmen zu helfen. Sie zieht sich auch aus der Beteiligung an der Sanierung unserer Unternehmen zurück.

Ich sage offen, dass bei einigen sowjetischen Genossen skeptische Beurteilungen hinsichtlich unserer wirtschaftlichen Zusammenarbeit aufgekommen sind. Wir möchten nicht – das liegt nicht in unserem Interesse – dass es Grund für diese Beurteilungen gibt.

Die sowjetische Führung geht davon aus, dass wir ernsthaft über die Fragen der wirtschaftlichen Zusammenarbeit sprechen müssen. Man könnte den entsprechenden Ministerien und Behörden bei uns den Auftrag erteilen, innerhalb von 10 bis 15 Tagen diese Fragen zu bearbeiten, und danach könnten sich die Genossen N. I. Ryžkov, L. N. Zajkov, N. N. Sljun'kov und Ju. D. Masljukov mit den Genossen Stoph, Mittag und anderen treffen.

E. Honecker: Ich begrüße ein so offenes Gespräch. Ich muss jedoch sagen, dass es bei uns nur eine Politik gibt: engste Zusammenarbeit mit der Sowjetunion. Wir leiden keineswegs an nationalem Hochmut. Das ist für uns einfach gefährlich; denn der Feind schläft nicht.

Wir machen uns keine Sorgen darüber, ob die Handelsbilanz mit einem „Plus" oder „Minus" versehen ist.

[7]Hauptsache ist für uns Effizienz in der wirtschaftlichen Zusammenarbeit. Zum Beispiel die Fähre Klaipeda-Mukran[8] hat ihre Leistungsfähigkeit bewiesen. Viele Entscheidungen wurden hier auf höchster internationaler Ebene erzielt. Unsere Genossen haben sich positiv über die Zusammenarbeit mit Gen. Kolesnikov im Bereich der Elektronik geäußert.

Aber ich muss viel Kritisches darüber hören, wie man bei Ihnen an ökonomische Dinge herangehrt. In Krivoj Rog[9] laufen die Dinge mit großer Verspätung. Ihre Genossen erfüllen ihre Verpflichtungen nicht, und uns fällt es schwer, dies unseren Arbeitern klar zu machen.

Wir hatten uns entschlossen, eine Konverterproduktion mit einer Kapazität von 1,2 Millionen Tonnen zu errichten und wandten uns damit an Magnitogorsk.[10] Aber die Sache zog sich mehrere Jahre hin. Wir waren gezwungen, uns an die österreichische Firma „VOEST-Alpine" zu wenden.

Wir brauchten dringend eine Ausrüstung für Warmwalzgut. Wir haben sie in der BRD bestellt; denn wenn wir schon ein neues Werk bauen und Milliarden von Mark investieren, dann müssen wir eine Ausrüstung nehmen, die mit moderner Elektronik ausgestattet ist. Bei Ihnen gibt es bislang diese Elektronik nicht.

M. S. Gorbačev: Sie haben einige negative Beispiele angeführt. Ich bin der Meinung, dass solche Fakten sich nicht anhäufen dürfen; die Fragen müssen umgehend gelöst werden. Sonst sind in dem einen Fall wir unzufrieden, in dem anderen Sie. Du schaust und es kommt der Gedanke auf: Gibt es auf beiden Seiten überhaupt den Wunsch zusammenzuarbeiten, wird es weitergehen?

Deshalb schlagen wir vor, jetzt darin übereinzukommen, alle ungelösten dringenden Fragen an die Regierungsebene weiterzugeben.

E. Honecker: Einverstanden. Wir müssen Wege für eine fruchtbare Zusammenarbeit eröffnen.

M. S. Gorbačev: Ich bin dafür.[11]

E. Honecker: Ich kann Punkt für Punkt zeigen, wo wir gut zusammenarbeiten. Selbst in der BRD würde man sich die Finger nach so einer Zusammenarbeit lecken.

[7] Ab hier dieser Gesprächsbeitrag Honeckers auch in Gorbačev, Sobranie 7, S. 569, Anm. 19.
[8] Ab 2. 10. 1986 Fährverbindung zwischen der Insel Rügen und Litauen für Gütertransport.
[9] Ukraine: Krivij Rig.
[10] Eisen- und Stahlwerke Magnitogorsk.
[11] Dieser Einschub Gorbačevs fehlt in Gorbačev, Sobranie 7, S. 54.

M. S. Gorbačev: Wenn mir Gen. Ceauşescu sagt, dass er irgendwo mit uns zusammenarbeiten möchte und irgendwo auch nicht, dann regt uns das nicht besonders auf. Aber mit der DDR sind wir eng verbunden, verbunden durch das historische Schicksal, und deshalb ist es uns nicht gleichgültig, wie die Zusammenarbeit läuft und welche Zukunft sie hat.

E. Honecker: Ich bin in der Sowjetunion aufgewachsen und betrachte sie als meine zweite Heimat;[12] darüber hinaus liebe ich natürlich die DDR.

Ich stimme dem zu, dass es erforderlich ist, beide von Ihnen aufgeworfenen Fragen gründlich zu erörtern.

Ich möchte meinerseits noch auf eine Frage eingehen. Kann man nicht durch Einsparung von Öl in der Sowjetunion die Liefermenge in die DDR um zwei Millionen Tonnen jährlich erhöhen und damit genau das Niveau erreichen, das wir vereinbart hatten, bevor Sie ihre Liefermenge reduziert haben. Wir haben große Kapazitäten speziell für Ihr Öl aufgebaut. Außerdem befinden sich auf unserem Territorium Ihre Streitkräfte, die wir mit Ölprodukten versorgen.

M. S. Gorbačev: Wir verstehen Ihre Sorgen. Wenn es eine irgendeine Möglichkeit gibt, die Öllieferungen an Sie zu erhöhen, dann werden wir das bestimmt tun.[13]

E. Honecker: Vielleicht sollten wir auch diese Frage zur Erörterung unseren Regierungen übergeben?

M. S. Gorbačev. Ich habe nichts dagegen. Auch diese Frage kann man erörtern.[14]

E. Honecker: Ich möchte zur Erörterung der wirtschaftlichen Probleme Gen. Mittag zu Ihnen schicken.

M. S. Gorbačev: Wir wollten die Führung dieser Gespräche Gen. Ryžkov übergeben. Deshalb rechnen wir auch auf eine entsprechende Ebene Ihrerseits. Aber wenn Sie noch jemanden einbeziehen wollen, dann bitte.

Wir haben bei der Frage der Beziehungen mit der BRD begonnen. Dies ist natürlich eine wichtige Frage. Aber das Wichtigste für uns beide ist die Wirtschaft. Denn von ihr hängt unsere Gegenwart und – noch mehr – unsere Zukunft ab.

Wir legen jetzt jene Grundlagen, die zu einem wesentlichen Umschwung in der Wirtschaft führen werden. Wir brauchen Klarheit darüber, was unsere Partner wollen. Wenn die UdSSR und die DDR kein Beispiel für eine effiziente Zusammenarbeit in der Wirtschaft bieten, wer soll es dann tun? Wenn wir die Zusammenarbeit gut in Gang bringen, dann wird sich die DDR in ihren Beziehungen mit dem Westen, mit der BRD stärker fühlen.[15]

E. Honecker: So ist es.

M. S. Gorbačev: Also, können wir davon ausgehen, dass wir in beiden Fragen einig geworden sind.

E. Honecker: Wir sind uns einig geworden.

* Das Gespräch fand während der [XXI.] PKK-Sitzung in Berlin statt.

[12] Honecker meint seine Zeit an der Internationalen Lenin-Schule in Moskau 1930/31.
[13] Dieser Einschub Gorbačevs fehlt in Gorbačev, Sobranie 7, S. 54.
[14] Dto.
[15] Hier bricht die Überlieferung in Gorbačev, Sobranie 7, S. 55 ab.

** Übereinkunft über die beiderseitige Beseitigung oder den Abzug aus dem Gefechtsfeld der Raketen mittlerer (bis 2000 km) und kürzerer (bis 500–600 km) Reichweite.[16]
*** Vereinbarung über die Begrenzung der Zahl der Raketen mittlerer und kürzerer Reichweite.
**** Die Wismut AG [SDAG] war ein sowjetisch-deutsches Gemeinschaftsunternehmen zur Ausbeutung von Uranerz.[17]

Archiv der Gorbačev-Stiftung. Bestand 1, Verzeichnis 1.

Nr. 15
Protokoll der Sitzung des Politbüros vom 4. Juni 1987 [Auszug][1]

Auf der Sitzung des Politbüros des ZK der KPdSU

[4].[2] Juni 1987

Gorbačev: Im Zusammenhang mit der PKK-Konferenz, die Ende Mai 1987 in Berlin stattgefunden hat,[3] erteilen wir den Auftrag, Material für eine Erörterung unserer Linie gegenüber der BRD[4] im Politbüro vorzubereiten.[5] Es ist nötig, sich in den Beziehungen mit der BRD auf ungewöhnliche Dinge einzulassen. Man muss dieses Land zu uns heranziehen.[6]

Von dort geht eine Anziehungskraft aus. Und in diesem Zusammenhang hat man in der Presse die Problematik einer Vereinigung Deutschlands aktiviert. Die Kontrolle unserer Reaktion läuft über die Massenmedien. Man möchte, dass wir Position beziehen. Zugleich ist klar, dass im Westen außerhalb Deutschlands eine Vereinigung gefürchtet wird.

In der DDR hat das Volk zu uns ein sehr freundschaftliches Verhältnis. Und wenn es die Sprachbarriere nicht gäbe, würde man sich dort wie bei sich zu Hause[7] fühlen.

16 Es geht hier v. a. um sowjetische SS-20 (RSD-10) und die Stationierung von Pershing-2-Raketen und landgestützten Marschflugkörpern (INF).
17 SDAG Wismut mit Sitz in Karl-Marx-Stadt (1953–1991), Nachfolger der SAG Wismut (1947–1953).
1 Auszüge auch in Gorbačev, Sobranie 7, S. 79f.; V Politbjuro, S. 168f.; Tschernjaew, Mein deutsches Tagebuch, S. 220f. (unter dem 6. 6. 1987) mit z.T. abweichender Übersetzung, aber ohne inhaltliche Diskrepanzen. Die Datierung folgt hier den genannten russischen Parallelüberlieferungen, während die Vorlage den 11. 6. 1987 angibt. Am 11. 6. wurden gem. Gorbačev, Sobranie 7, S. 93–101 sowie V Politbjuro, S. 79f. die Rechnungsführung sowjetischer Unternehmen, die kazachische KP, eine Amnestie zum 70. Jahrestag der Oktoberrevolution, der Nahe Osten, Afghanistan sowie die Gesellschaft „Pamjat'" diskutiert; grundsätzlich beriet das Politbüro Auslandsreisen, Gespräche mit ausländischen Gästen u. ä. möglichst zeitnah.
2 Wie Anm. 1.
3 Vgl. Dokument Nr. 14.
4 „gegenüber der BRD" in den anderen russischen Überlieferungen (Anm. 1) durch Fettdruck hervorgehoben.
5 Diese Einleitung in V Politbjuro S. 169 im Kontext des Abschnitts „Über das Arbeitstreffen der Generalsekretäre in Berlin" abweichend: „Honecker erörterte den europäischen Prozess, seine neue Etappe. Ich hörte ihm zu und dachte: wer, wenn nicht wir, UdSSR und DDR, sollten abgestimmt agieren. Lasst uns den Auftrag erteilen, Material über unsere Linie hinsichtlich der Beziehungen mit der BRD zur Erörterung im Politbüro vorzubereiten."
6 Dieser Satz fehlt in den übrigen russischen Überlieferungen (Anm. 1).
7 In den anderen russischen Überlieferungen anstelle „wie bei sich zu Hause" steht: „wie zu Hause".

Honecker habe ich gesagt: Sucht eine gemeinsame Sprache mit der BRD. Sie braucht das.

Aufzeichnung A. S. Černjaev, Archiv der Gorbačev-Stiftung. Bestand 2, Verzeichnis 2.

Nr. 16
Gespräch Gorbačevs mit Bundespräsident von Weizsäcker am 7. Juli 1987 [Auszug][1]

Aus dem Gespräch M. S. Gorbačevs mit Richard von Weizsäcker

Moskau, 7. Juli 1987[2]

(An der Begegnung nahmen der Außenminister der BRD, H.-D. Genscher und der Berater M. S. Gorbačevs, A. S. Černjaev teil.)[3]

M. S. Gorbačev: [...].[4] Als der hier anwesende[5] Herr Genscher im vergangenen Jahr Moskau besuchte,[6] sind wir eigentlich übereingekommen, in den Beziehungen zwischen unseren beiden Ländern „eine neue Seite aufzuschlagen". Doch sie wurde nicht vollgeschrieben. Mehr noch, es bestand die Bedrohung, dass man sie mit allerhand für uns beide unangenehmen Dingen füllen müsste.[7] Es drohte sogar die Gefahr, dass diese Seite geschlossen würde. Glücklicherweise ist es dazu nicht gekommen. In eben diesem Licht sehen wir den jetzigen Besuch des Präsidenten der BRD in unserem Land.

Wenn ich offen spreche, dann ist es für uns nicht völlig verständlich, dass ein Land, mit dem sich unsere Beziehungen entwickeln müssten, sich – unserer Ansicht nach – nicht sehr darum bemüht. Vor allem das Fehlen dieses Bestrebens sehen wir bei der derzeitigen Führung der BRD.

Wenn wir über den Wunsch und über den Willen sprechen, gutnachbarschaftliche Beziehungen aufzubauen, dann haben wir vor allem die Stimmung der Völker, der einfachen Menschen im Auge. Diese kennen wir. Stimmung in der Öffent-

1 Auch in Gorbačev, Sobranie 7, S. 251–257, 589–591 (Ausführungen von Weizsäckers nur auszugsweise in den Anmerkungen). Knappe Auszüge in Tschernjaew, Die letzten Jahre, S. 144 f. mit geringfügigen Abweichungen von Černjaev, Šest' let, S. 153–155; Tschernjaew, Mein deutsches Tagebuch, S. 223; Černjaev, Sovmestnyj ischod, S. 717 (je unter dem 12. 7. 87); Gorbačev, Wie es war, S. 64; Gorbačev, Perestrojka, S. 259–262 sowie ders., Umgestaltung, S. 256–259. Vgl. von Weizsäcker, Vier Zeiten, S. 341–346, v. a. S. 346; ders., Der Weg, S. 11; Genscher, Erinnerungen, S. 543 f.; Kwizinski, Vor dem Sturm, S. 417–423; Gorbačev, Erinnerungen, S. 701; Kuhn, Gorbačev, S. 16–18. Zum Besuch insges. Černjaev, Sovmestnyj ischod, S. 717 f.; Tschernjaew, Mein deutsches Tagebuch, S. 223–225; Tschernjaew, Die letzten Jahre, S. 145 f.; Chernyaev, Diary (Einträge jeweils unter dem 12. 7. 87). Vgl. ferner das Protokoll des Gesprächs Jakovlevs mit Genscher am 7. 7. 1987, in: Jakovlev (Hg.), Aleksandr Jakovlev, S. 126–132.

2 Der Besuch fand vom 6.–11. 7. 1987 statt.

3 Dazu Ševardnadze sowie die Botschafter Kvicinskij und Meyer-Landrut.

4 Zunächst Begrüßungsworte Gorbačevs; die Auslassung in der Vorlage nicht kenntlich gemacht.

5 In Gorbačev, Sobranie 7, S. 251 anstelle „der hier anwesende Herr Genscher" steht: „der Außenminister der BRD, H.-D. Genscher".

6 Dokumente Nr. 5 und Nr. 6.

7 Vgl. zum Newsweek-Interview Kohls Dokument Nr. 1, Anm. 12.

lichkeit bildet sich auch zugunsten der Entwicklung wechselseitiger Beziehungen ...[8]

Die Sowjetunion trägt dem Potential und den Möglichkeiten Ihres Landes, seinem Platz in Europa und in der Welt Rechnung. Die BRD weiß, welche Rolle die Sowjetunion spielt, welche Bedeutung unser Land für die Politik der BRD hat. Diese wechselseitige Abhängigkeit muss bei der Bestimmung des politischen Kurses in Betracht gezogen werden.

Schließlich verpflichtet uns die Geschichte in gebührender Weise dazu. Die Beziehungen zwischen Russland und Deutschland haben eine große Tradition, deren Wurzeln in die Tiefe der Jahrhunderte reichen. In unseren Beziehungen hat es sowohl viel Schweres als auch viel Positives gegeben. Es gab auch bittere Seiten. Dies war vor allem der Zweite Weltkrieg. Die tragischen Lektionen der Vergangenheit verpflichten unsere Länder, danach zu streben, nicht zuzulassen, dass sie sich wiederholen, danach zu streben, dass die gegenseitigen Beziehungen sich vervollkommnen und ihre Entwicklung unumkehrbar positiv verläuft.

Selbst in den schwersten Zeiten des vergangenen Krieges hat uns das Gefühl für die Realität nicht verlassen. In kritischsten Augenblick, im Herbst 1941, als die Deutschen vor Moskau standen, wurden hier im Kreml Worte gesprochen, die dies bekräftigen: „Die Hitler kommen und gehen, aber das deutsche Volk bleibt bestehen."[9] Wir haben das deutsche Volk nicht mit dem nazistischen Regime verwechselt. Und wir geben nicht ihm die Schuld an dem Unglück, das die Aggression Hitlers uns zugefügt hat. Wir haben nie unser Verhältnis zum deutschen Volk als einer bedeutenden, historischen, europäischen Nation geändert.

Die Lektionen der Geschichte animieren dazu, entsprechende Schlussfolgerungen zu ziehen, bei Ihnen und bei uns. Darin liegt der Sinn unserer Verantwortung gegenüber den Völkern. Wir verstehen die Rolle und die Bedeutung der BRD, und wir bauen unsere derzeitige Politik auf einer realistischen Einschätzung der Möglichkeiten der BRD auf, sich an den Veränderungen zum Besseren der Gesamtlage in der Welt und in Europa zu beteiligen. Zweifeln Sie nicht daran, dass wir in vollem Umfange das Gewicht und Potential der BRD in Betracht ziehen. Unsererseits zählen wir mit Recht darauf, dass die Führung[10] der BRD die Rolle und die Möglichkeiten der Sowjetunion realistisch einschätzt. [...].[11]

Unsere Perestrojka zieht die Aufmerksamkeit der anderen Völker auf sich. Wir sehen, dass in vielen Schichten der westdeutschen Öffentlichkeit ein entgegenkommendes Bestreben existiert, mit uns Beziehungen auf den verschiedensten Gebieten aufzubauen. Wir werden uns nicht verändern und umgestalten, um ir-

[8] Gem. Gorbačev, Sobranie 7, S. 251 f. konstatiert Gorbačev eine beunruhigende Diskrepanz zwischen konstruktiven Reden und praktischen Taten auf deutscher Seite. Die UdSSR sei sich nicht über die Absichten der BRD im Klaren, und „das politische Kapital, das durch gemeinsame Anstrengungen in den 1970er Jahren angehäuft wurde", sei bedroht.

[9] Befehl des NKO Nr. 55 vom 23. 2. 1942, in: Stalin, Über den Großen Vaterländischen Krieg, S. 43–52, Zitat S. 50. Vollständig heißt es: „Die Erfahrungen der Geschichte besagen, dass die Hitler kommen und gehen, aber das deutsche Volk, der deutsche Staat bleibt."

[10] Wörtlich in der Vorlage: „durch die Führung", in Gorbačev, Sobranie 7, S. 252: „in der Führung".

[11] Auslassung in der Vorlage nicht kenntlich gemacht. Gem. Gorbačev, Sobranie 7, S. 252 f. konstatiert Gorbačev, dass es beiderseitige Kritikpunkte gibt, die der Verbesserung der Beziehungen aber nicht im Wege stehen dürfen. Die sowjetische Perestrojka könne zu qualitativ neuen Beziehungen mit der BRD u. a. Ländern führen. Es folgt scharfe Kritik an der „Deutschen Welle".

gendjemandem zu gefallen, sondern deshalb, weil es für uns selbst lebensnotwendig ist. Diese Umwälzungen verändern unsere Sichtweise, unseren Charakter, unsere Lebensweise und das Herangehen an die verschiedensten Fragen zum Positiven. Davon haben sich bereits viele überzeugt und werden sich noch davon überzeugen können. [Wir hoffen, dass in dieser Hinsicht auch Ihr Besuch in der Sowjetunion äußerst aufschlussreich sein wird.][12]

Ich möchte voll verantwortlich hervorheben, dass die Sowjetunion für einen ernsthaften, dauerhaften und fundierten politischen Dialog mit der BRD eintritt. Wir sind bereit, alle Fragen von beiderseitigem Interesse zu prüfen und werden vor nichts ausweichen ...[13]

Natürlich können besondere Fälle auftreten. Niemand ist davor sicher. Aber wenn wir uns fest an das Wichtigste, an die prinzipielle Linie halten, lassen sich sämtliche Fragen regeln.

Ich ziehe eine direkte, offene Sprache vor. Nehmen Sie es mir nicht übel, Herr Präsident, wenn ich anmerke, dass Ihre Äußerungen bisweilen sehr hintergründig sind, sodass ich, wenn ich sie lese, nicht sofort den Grundgedanken erfasse. Doch das ist eine Sache der Gewohnheit, und Gewohnheiten sind – ebenso wie Menschen – verschieden.

R. von Weizsäcker: Je offener das Gespräch, umso besser. Ich bemühe mich ebenfalls, direkt und ohne Umschweife zu sprechen.

Zunächst einige Bemerkungen persönlicher Natur. Unter den Teilnehmern des Gesprächs an diesem Tisch bin ich sicher der älteste. Ich war gezwungen, den Krieg mit all seinem Unheil und seinem Leiden vom ersten bis zum letzten Tag zu erleben. Als ich gestern einen Kranz am Grabmal des Unbekannten Soldaten niederlegte und an den Obelisken vorüberging, auf denen alle Etappen des blutigen Zweiten Weltkrieges auf dem Boden der Sowjetunion verzeichnet sind, dachte ich an die Leiden, die Deutsche über Russen gebracht haben. Der Gedanke an Schuld und Verantwortung in diesem Zusammenhang wird mich nie verlassen.

Als ich mit einer Delegation des Bundestages in meiner Zeit als Abgeordneter im Herbst 1973 in Leningrad war, war ich nach dem Besuch des Piskarevskij-Friedhofs[14] gezwungen, den sowjetischen Vertretern mit Bedauern zu sagen, dass ich in den Reihen der Wehrmacht vor Leningrad stand. Damals war ich jung, aber ich möchte auf keinen Fall, dass die heutige Jugend das durchmacht, was die Vertreter meiner Generation durchmachen mussten.

Während des damaligen Besuchs in der Sowjetunion hatte ich in diesem Zusammenhang genau dieselben Empfindungen, die ich heute habe. Ich bin der sowjetischen Seite sehr dankbar, dass mich eine Motorrad-Eskorte heute zu dem bei Moskau gelegenen Friedhof begleitet hat, auf dem deutsche Soldaten bestattet sind, die in der Gefangenschaft gestorben sind.[15]

12 Passage gem. Gorbačev, Sobranie 7, S. 253. Auslassung in der Vorlage nicht kenntlich gemacht.

13 Gem. Gorbačev, Sobranie 7, S. 253 verweist Gorbačev auf den Wunsch beider Seiten, in den Feldern Wirtschaft, Kultur, Wissenschaft, Sport, Tourismus und Jugendaustausch zu mehr Kooperation zu kommen.

14 Gedenkfriedhof für die Opfer der Leningrader Blockade.

15 Friedhof Lublino.

In der Sowjetunion gibt es genauso liebenswerte, lebensfrohe, aber keineswegs sorglose junge Leute wie bei uns in der BRD. Heute hatte ich im Fernsehen eine Diskussion mit einer großen Gruppe sowjetischer junger Menschen. Es waren Arbeiter, Studenten, Vertreter aus Wissenschaft und Kultur. Das Gespräch mit ihnen hat mich einfach begeistert. Ich bin gleichsam selbst wieder jünger geworden. Gleichzeitig war das Gespräch, wie Sie verstehen werden, nicht einfach, da wir ja aus verschiedenen ideologischen Welten kommen. Doch für eine ehrliche, offene und für beide Seiten bereichernde Verständigung ist dies durchaus kein Hindernis. Davon habe ich mich heute erneut überzeugen können.

Ich würde mir sehr wünschen, Herr Generalsekretär, dass, wenn Sie in die BRD kommen, eine ebensolche Diskussion mit Vertretern unserer Jugend stattfindet. Ich darf Ihnen versichern, dass die Atmosphäre völlig offen sein wird, und an Fragen wird es nicht mangeln.

[...]. Wir haben eine Verantwortung gegenüber der Geschichte, vor der wir nicht die Augen verschließen dürfen. Als Nachbarn auf dem Kontinent teilen wir diese Verantwortung miteinander, insbesondere unter den heutigen Bedingungen, da Länder und Völker sich kraft der Intensität der sich entwickelnden Verbindungen immer enger miteinander verflechten.

Bei der Jugend in allen Staaten wächst das Gefühl der Gemeinsamkeit, der Mitbeteiligung und der Übereinstimmung der Interessen. Dies alles verstärkt sich jetzt, verwandelt sich in einen verbindenden Faktor. Doch das, was trennt, ruft Entfremdung hervor, wird zu einer Schablone, zu einem ein Stereotyp, das mit Hilfe des Neuen Denkens überwunden werden muss.

Es ist bemerkenswert, dass die Jugend beginnt, in langfristigen Kategorien zu denken. Das verpflichtet uns Politiker umso mehr, uns bei unserem Vorgehen und Handeln von einer langfristigen Perspektive leiten zu lassen. Gerade mit einer Orientierung auf die Zukunft müssen wir an die Frage herangehen, welcher Art die wechselseitigen Beziehungen zwischen Ost und West an der Schwelle zum nächsten Jahrtausend sein werden. Mit dem Gedanken an die Zukunft müssen wir uns auch unser gemeinsames europäisches Haus vorstellen. Ich möchte übrigens diese Gelegenheit benutzen, um Ihnen, Herr Generalsekretär, dafür zu danken, dass Sie diesen so frischen Begriff in den politischen Wortschatz eingeführt haben.

M. S. Gorbačev: Wie wird er in der BRD aufgenommen?

R. von Weizsäcker: Es ist ein Orientierungspunkt, der uns bei der Vorstellung hilft, wie die Ordnung in diesem gemeinsamen europäischen Haus aussehen soll. Insbesondere, inwieweit es darin Wohnungen geben wird, die für gegenseitige Besuche zugänglich sind.

M. S. Gorbačev: Das ist alles richtig, es könnte nur nicht allen gefallen, wenn nachts Gäste kommen und Mann und Frau liegen im Bett.

R. von Weizsäcker: Auch uns gefällt es nicht besonders, wenn sich durch das gemeinsame Wohnzimmer ein tiefer Graben zieht.

M. S. Gorbačev: Ich verstehe Ihre Anspielung.[16]

[16] Der kurze Wortwechsel fehlt in Gorbačev, Sobranie 7, S. 253 f., da der Anteil von Weizsäckers insgesamt herausgekürzt ist (vgl. Anm. 1). Dafür dort ein Einschub Gorbačevs, in dem er seine Bereitschaft zur Diskussion betont.

R. von Weizsäcker: Vertrauen ist unerlässlich. Nach meiner Meinung kann und muss es wachsen, während wir die Konzeption einer für beide Seiten nützlichen und sich verstärkenden Zusammenarbeit auf einer langfristigen Grundlage verwirklichen.

Die Ausgangsbasis dafür können alle drei „Körbe" der Schlussakte von Helsinki sein.* Eine entscheidende Bedeutung hat natürlich „Korb Eins", der den Komplex der Sicherheitsfragen in sich einschließt. Ernste Fragen enthält „Korb Drei". Insbesondere möchte ich die Aufmerksamkeit auf „Korb Zwei" lenken. Namentlich dieser „Korb" eröffnet Möglichkeiten für den Aufbau einer intensiven Zusammenarbeit. Zur Entwicklung dieser Zusammenarbeit mit der Sowjetunion sind wir auch als eines der führenden Mitglieder der Europäischen Gemeinschaft bereit. Der Wille zur Zusammenarbeit ist eines der charakteristischsten Merkmale der EG. Dies möchte ich Ihnen gegenüber in unserem heutigen Gespräch noch einmal bekräftigen.

Die sich in der Sowjetunion vollziehende Perestrojka ist voll und ganz im Einklang mit dem Bestreben der BRD und der Europäischen Gemeinschaft zur Zusammenarbeit mit Ihrem Land. Das Wort „Perestrojka" ist ein Neologismus in unserer Sprache geworden; alle verstehen gut seinen auf Erneuerung gerichteten Sinn.

M. S. Gorbačev: Aber dieses Wort wird doch in die deutsche Sprache übersetzt.

R. von Weizsäcker: Es gibt eine Übersetzung, aber auf Russisch klingt es eigenständiger. Unserer Ansicht nach ist es sehr wichtig, beim Beginn einer großen Sache diese mit einem breiten, allgemein zugänglichen Begriff zu charakterisieren, der die Phantasie der Menschen beflügelt. Und genau so einer ist der Begriff Perestrojka ...[17]

M. S. Gorbačev: Wenn dies Ihre Schlussfolgerung ist, die auf analytischen Überlegungen beruht, die auf eine Zusammenarbeit mit dauerhafter Perspektive und auf langfristiger Grundlage ausgerichtet sind, dann wird Ihre Schlussfolgerung den Beziehungen zwischen unseren Ländern jetzt und in Zukunft Nachhaltigkeit verleihen und auf eine adäquate Antwort seitens der sowjetischen Führung treffen.

Doch diese Antwort[18] bedarf einer Politik, die nicht anfällig ist für Schwankungen, für konjunkturabhängige Reaktionen auf vorübergehende Ereignisse und die die eigenen und nicht die Interessen von irgendjemand widerspiegelt.

Wir möchten überzeugt davon sein, dass die Bundesregierung nicht aufs Neue irgendwelche Ereignisse und momentane Erscheinungen nutzt, um die Annäherung zwischen unseren Ländern und Völkern zu bremsen. Das Einzelne darf nicht das Hauptsächliche überlagern. Das nämlich muss eines der Kriterien für eine ernsthafte und besonnene Politik sein.

[17] Gem. Gorbačev, Sobranie 7, S. 590, Anm. 174 verweist von Weizsäcker hier auf die deutsche Delegation, in der sich Experten für Wirtschaft, wissenschaftlich-technische, kulturelle und humanitäre Fragen befanden. „Ich zweifle nicht, dass die Ergebnisse ihrer Kontakte helfen, die neue Seite der Beziehungen zwischen unseren Ländern, von der die Rede ist, mit neuem, gutem Inhalt zu füllen."

[18] In der Vorlage das Pronomen, „on". In Gorbačev, Sobranie 7, S. 254 an dieser Stelle: „sie [ona] (die Perspektive)".

[...].[19] Es scheint uns, dass man in der BRD die Tatsache schätzen sollte, dass die Sowjetunion gute, ernsthafte Beziehungen mit Ihrem Land wünscht. Wir sind bereit, sie zu entwickeln und zu vertiefen. Dies ist der Standpunkt der gesamten sowjetischen Führung.

R. von Weizsäcker: Sie können davon ausgehen, dass unsere Politik keine Kette von Reaktionen auf zufällige Ereignisse sein wird. Wir sind bereit, sie auf eine seriöse Grundlage zu bauen und momentane Erscheinungen beiseite zu lassen.

Natürlich können einzelne Dinge vorkommen, die die Beziehungen belasten. Das geschieht, weil wir jahrzehntelang Misstrauen gegeneinander kultiviert haben. Die Folgen zeigen sich bis heute. Sie sind unangenehm; wir müssen sie durch gemeinsame Anstrengungen überwinden.

[20]Bundeskanzler Adenauer hat in den letzten Jahren seines Lebens die CDU unermüdlich mahnend darauf hingewiesen, dass es im Interesse der BRD sei, die Beziehungen zur Sowjetunion auf eine solide, langfristige Grundlage zu stellen.

Der Umschwung erfolgte mit dem Moskauer Vertrag.** Er bildet das Fundament für die Tätigkeit jeder Bundesregierung. Dank dieses Vertrags öffnete sich die Möglichkeit für den Abschluss von Verträgen der BRD mit Polen und der Tschechoslowakei, aber auch das Viermächteabkommen über Westberlin. Ohne den Moskauer Vertrag – das ist allgemein anerkannt – gäbe es den KSZE-Prozess*** nicht, und es gäbe auch keine Schlussakte von Helsinki.[21]

Der Vertrag bildet auch die Grundlage für offene und vertrauensvolle Erörterungen, bei denen zufällige Ereignisse oder Schwierigkeiten in den gegenseitigen Beziehungen vorgebracht werden. Es gibt größere und kleinere Vorkommnisse, die Resonanz darauf ist auch unterschiedlich, aber man sollte differenziert an sie herangehen.

M. S. Gorbačev: Wir begrüßen Ihre Äußerungen zum Moskauer Vertrag und den anderen Verträgen der BRD mit den sozialistischen Ländern als Grundlage der Politik der BRD in Bezug auf den Osten Europas. Ich möchte diese Gedanken unterstützen, diese Worte wiederholen und bin bereit, sie zu unterschreiben. Wenn wir sie hören, dann sagen wir, dass es ein Verständnis für die Realität gibt, einen Wunsch, solide Beziehungen zu schaffen und das gegenseitige Vertrauen zu festigen.

Zur gleichen Zeit müssen wir einfach aufhorchen, wenn wir parallel dazu beständig hören, dass die „deutsche" Frage offen sei, dass mit den „Gebieten im

[19] Gem. Gorbačev, Sobranie 7, S. 254 erinnert Gorbačev an seine Ausführungen gegenüber Genscher 1986, wonach man in der Sowjetunion aus Bonn nur deutsche Übersetzungen amerikanischer Positionen höre. „Leichter ist es, wie Sie wahrscheinlich selbst fühlen, nicht geworden."

[20] Die Replik von Weizsäckers ab hier auch im Anmerkungsapparat von Gorbačev, Sobranie 7, S. 590, Anm. 175.

[21] Zu Moskauer Vertrag und Helsinki vgl. Dokument Nr. 5, Anm. 3 und 4. Der Vertrag zwischen der Bundesrepublik Deutschland und der Volksrepublik Polen über die Grundlagen der Normalisierung ihrer gegenseitigen Beziehungen vom 7. 12. 1970 (Warschauer Vertrag), abgedr. in: BGBl. 1972 II, S. 362–363. Vertrag über die gegenseitigen Beziehungen zwischen der Bundesrepublik Deutschland und der Tschechoslowakischen Sozialistischen Republik vom 11. 12. 1973 (Prager Vertrag), abgedr. in: BGBl. 1974 II, S. 990–993. Das Abkommen vom 3. 9. 1971 (Berlinabkommen), abgedr. u. a. in: Bundesministerium für innerdeutsche Beziehungen (Hg.), Zehn Jahre Deutschlandpolitik, S. 158–162, dazu das Viermächte-Schlussprotokoll vom 3. 6. 1972, ebd., S. 188 f.

Osten“ nicht alles klar wäre und dass Jalta und Potsdam[22] „unrechtmäßig“ seien. Ich meine nicht Sie persönlich, Herr Präsident, aber derartige Äußerungen aus der BRD dringen bis zu uns. Es ist natürlich, dass wir uns zu fragen beginnen, ob wir danach an die Aufrichtigkeit der Beteuerungen glauben, man habe den Wunsch, alle Bestimmungen des Moskauer Vertrags einzuhalten. Bei uns erheben sich Zweifel daran, ob die Führung der BRD gesonnen ist, sich konsequent an diesen Vertrag zu halten, oder ob sie die Linie verfolgt, ihn mit ihrer praktischen Politik auszuhöhlen.

R. von Weizsäcker: Wenn bei Ihnen Fragen oder Zweifel auftauchen, dann bringen Sie sie uns sogleich zur Kenntnis, behalten Sie sie nicht für sich. Unsere Beziehungen erfordern Transparenz und nicht Misstrauen.

Ich möchte noch einmal unterstreichen, dass die Beachtung von Geist und Buchstaben des Moskauer Vertrags ein Postulat für die Gestaltung der Politik einer jeden Bundesregierung darstellt. Die Erklärung über die Treue zum Moskauer Vertrag ist ständiger Bestandteil aller Regierungserklärungen, die ein Kanzler der BRD im Bundestag abgibt. Dies ist unwandelbare Tradition seit dem Datum der Unterzeichnung des Moskauer Vertrags.

[...]. Kanzler Kohl teilt ohne jegliche Vorbehalte oder Einschränkungen die Überzeugungen der gesamten Führung der BRD, dass es unerlässlich sei, den Moskauer Vertrag strikt einzuhalten und auf seiner Grundlage allseitige, wechselseitig nützliche Verbindungen mit der Sowjetunion zu entwickeln.

Für mich war es sehr aufschlussreich, von Ihnen, Herr Generalsekretär, zu hören, dass das sowjetische Volk selbst in den schwersten Phasen des Krieges unterschieden hat zwischen dem deutschen Volk und dem damals in Deutschland herrschenden Regime. Die Deutschen leben, wie alle Völker, mit dem Bewusstsein ihrer Geschichte, mit der Treue zu ihrer eigenen Vergangenheit – natürlich ihren positiven Kapiteln.

In diesem Sinne war für mich das, was Sie gesagt haben, [23]als sich kürzlich die Premierministerin Englands, M. Thatcher, in der UdSSR aufhielt, sehr interessant.[24] Sie haben erklärt, dass eine Nation, die ihre Vergangenheit nicht achtet, ihre Zukunft in Frage stellt. Dies könnte nicht besser auf die Deutschen zutreffen. Wir leben in zwei geteilten Staaten, gehören zwei Verteidigungsgemeinschaften, zwei gegensätzlichen Gesellschaftssystemen an und bekennen uns zu zwei verschiedenen Ideologien. Aber da wir eine Nation darstellen, sind wir in der Lage, der Sache des Friedens und der Zusammenarbeit in Europa zu dienen. Die Zugehörigkeit der Deutschen zu einer Nation bildet unserer Auffassung nach den Motor auf dem Weg des Fortschritts in Europa und ist nicht die Quelle von Störungen oder Hindernissen.

M. S. Gorbačev: Ich möchte in diesem Zusammenhang jetzt nicht über den Begriff der Nation theoretisieren. Jetzt ist der politische Aspekt wichtig. Es gibt zwei

[22] Konferenz von Jalta, 4.–11. 2. 1945 und Konferenz von Potsdam, 17. 7.–1. 8. 1945. Kommuniqué und Protokoll der Konferenzen u. a. in Fischer (Hg.), Teheran, S. 183–194 und 391–410.

[23] Die folgende Passage (mit leicht verändertem Satzbau am Anfang) auch wiedergegeben in Gorbačev, Sobranie 7, S. 591, Anm. 177.

[24] Zum Besuch Thatchers in Moskau vom 28. 3.–1. 4. 1987 vgl. Gesprächsprotokolle, Reden und Bewertungen in Gorbačev, Sobranie 6, S. 189–219, 223–226.

deutsche Staaten mit unterschiedlicher gesellschaftspolitischer Ordnung. Sie haben ihre Werte. Beide haben Lehren aus der Geschichte gezogen, und jeder kann seinen Beitrag zur Sache Europas und des Friedens leisten. Aber man darf nicht übersehen, dass das, was sich jenseits dieser Elemente befindet, in Polen, in der Tschechoslowakei, der Sowjetunion, aber auch in der DDR, einfach Besorgnis hervorrufen muss. Ich meine damit das, womit man in der BRD diese Elemente umgibt.

R. von Weizsäcker: Dann ist es auch nötig, über Besorgnis in Frankreich, Dänemark und bei unseren anderen Nachbarn zu sprechen.

M. S. Gorbačev: Diese Besorgnis kann es zum Beispiel in Brasilien und Argentinien nicht geben, obwohl auch dort nicht wenige Deutsche leben.[25]

R. von Weizsäcker: Wir haben sehr viele Nachbarn. Die Geschichte hat niemals allein den Deutschen gehört. Die Deutschen sind sich dessen bewusst, dass sie in Frieden und Eintracht mit ihren Nachbarn leben müssen und bei ihnen keine Besorgnis und Beunruhigung hervorrufen dürfen.

Sie wissen, dass zum Beispiel die Beziehungen zwischen der BRD und Frankreich in der Nachkriegszeit einen umfangreichen Entwicklungsprozess erfuhren und heute, nach unserer Ansicht, einen einwandfreien Stand erreicht haben. Immerhin haben Deutschland und Frankreich über Jahrhunderte hinweg ständig blutige Kriege gegeneinander geführt. Jetzt hat sich alles zur allgemeinen Zufriedenheit und zum Wohlergehen gestaltet. Dies hat allerdings einen der führenden französischen Politiker nicht daran gehindert, zu sagen, er liebe die Deutschen so sehr, dass er froh sei, dass es zwei deutsche Staaten gäbe und nicht einen.[26]

Wie dem auch sei, das Gefühl der Zugehörigkeit zu einer Nation hindert uns nicht daran, die guten Beziehungen mit unseren Nachbarn auszubauen. Wir sind uns der Größenordnung eines künftigen politischen Aufbaus in Europa bewusst. Damit die Beziehungen gut werden, muss die Möglichkeit für eine offene, vertrauensvolle Erörterung aller Probleme vorhanden sein.

Wir wollen die europäischen Grenzen nicht verletzen oder verändern. Aber wir wünschen uns sehr, dass die zwischenstaatlichen Grenzen ihren die Menschen trennenden Charakter verlieren. Die Tatsache, dass bis heute eine solche Trennung existiert, bringt uns dazu, einen Kurs zu verfolgen, der auf eine intensive Entwicklung gutnachbarlicher Beziehungen der BRD mit allen Staaten gerichtet ist. Wir hoffen, dass in diesem Streben nichts Verwerfliches liegt. Bei Gegenseitigkeit, bei entgegenkommenden Schritten seitens unserer Partner, beginnen die Grenzen ihre Rolle als Schranken zwischen den Völkern zu verlieren. Unsere Beziehungen mit Frankreich sind dafür ein Beispiel.

M. S. Gorbačev: Im Jahre 1975, zum 30. Jahrestag des Sieges über den Faschismus war ich in der BRD.[27] An einer Tankstelle bei Frankfurt ergab sich ein Gespräch mit deren Eigentümer. Er erinnerte mich daran, dass Stalin gesagt habe, „die Hitler kommen und gehen, aber das deutsche Volk bleibt bestehen". In Wirklichkeit aber habe die Sowjetunion am Ende des Krieges das deutsche Volk geteilt. Durch ihre Schuld, so sagte er, seien zwei deutsche Staaten entstanden.

[25] Diese Replik nicht in Gorbačev, Sobranie 7, S. 255.
[26] Ursprünglich dem französischen Romancier Francois Mauriac in einem Gespräch Anfang der 1950er mit dem deutschen Schriftsteller und Publizisten Wilhelm Hausenstein zugeschrieben.
[27] Auf Einladung der DKP vom 6.–13. 5. 1975. Vgl. Gorbačev, Erinnerungen, S. 167f.

Es entspann sich eine Diskussion. Ich erinnerte meinen Gesprächspartner an die Pläne Churchills und der Amerikaner bei Kriegsende und daran, dass nicht die Sowjetunion an der Spaltung Deutschlands schuld sei. Wir waren Gegner dieser Pläne Churchills. Wir wollten die Schaffung eines einzigen und souveränen deutschen Staates. Denken Sie zurück: Was entstand früher – die BRD oder die DDR, was hat damals die Sowjetunion vorgeschlagen?

Die Beschlüsse von Potsdam und Jalta über die Entnazifizierung, die Demokratisierung und Demilitarisierung Deutschlands sahen die Schaffung eines einzigen und souveränen und vor allem friedlichen deutschen Staates vor. Jedoch im Westen fanden sich Kräfte, denen das nicht gefiel. Das Resultat ist bekannt. Also suchen Sie die Schuldigen an der Spaltung Deutschlands bei sich in der BRD und nicht in der Sowjetunion.

R. von Weizsäcker: Ich bin Ihnen sehr dankbar für diesen historischen Exkurs. Als ich zum 40. Jahrestag der Beendigung des Zweiten Weltkrieges im Bundestag sprach, nannte ich den 8. Mai 1945 einen Tag der Befreiung.[28] So ist es, obgleich für viele Deutsche die Leiden genau an diesem Tag begannen und bis heute andauern. In meinen Ausführungen in diesem Zusammenhang habe ich stets zu historischem Bewusstsein und Verantwortung aufgerufen und davor gewarnt, schädliche politische Leidenschaften zu entfachen.

M. S. Gorbačev: Die Völker sind unschuldig an dem, was sich ereignet hat. Anklagen muss man die Faschisten, jene, die Deutschland in die Spaltung geführt haben.

R. von Weizsäcker: Ich appelliere an alle bei uns im Lande, sich auf den Boden der Realität und der Verträge zu stellen. Die BRD existiert; sie ist keine Großmacht, aber sie kann ein nützlicher Partner und wichtiger Faktor für eine friedliche Zukunft Europas sein.

Unsere Aufgabe besteht darin, langfristig Sicherheit zu gewährleisten. Jetzt sind dafür gute Voraussetzungen entstanden und man muss sie nutzen.

[...]. Deshalb sind wir an Ihrer Perestrojka interessiert. Dafür sind natürlich Ausdauer und Geduld erforderlich ...

M. S. Gorbačev: [Ich bitte Sie, Bundeskanzler Helmut Kohl herzlich von mir zu grüßen.][29] Bei uns in der sowjetischen Führung ist das Gefühl herangereift, es sei unerlässlich, die Beziehungen zwischen der UdSSR und der BRD zu überdenken und sie durch gemeinsame Anstrengungen auf ein neues Niveau zu heben.

Wir sind dazu bereit, aber dafür ist es nötig, sich von Komplexen, politischen Mythen und von einem Feindbild in Gestalt der Sowjetunion zu befreien.

Nachhaltigkeit in den Beziehungen zwischen der BRD und der UdSSR hätte fürwahr historische Bedeutung. Wenn sie innerhalb ihrer Systeme und ihrer Bündnisse sie selbst bleiben, können beide Staaten eine sehr große Rolle bei der friedlichen Entwicklung spielen. Stabilität der Beziehungen zwischen ihnen bedeutet Stabilität in Europa, entspricht ihren eigenen Interessen, den Interessen Europas und der Weltgemeinschaft der Staaten.

[28] Veröffentlicht als: Zum 40. Jahrestag der Beendigung des Krieges in Europa und der nationalsozialistischen Gewaltherrschaft: Ansprache am 8. Mai 1985 in der Gedenkstunde im Plenarsaal des Deutschen Bundestages, Bonn 1985.

[29] Einschub gem. Gorbačev, Sobranie 7, S. 255. Auslassung in der Vorlage nicht kenntlich gemacht.

Ich lade Sie ein, die von uns diesbezüglich gemachten Vorschläge konstruktiv zu durchdenken. Wir sind bereit, den entsprechenden Meinungsaustausch fortzusetzen, wenn ich zu einem Besuch in der BRD bin oder Kanzler Kohl zu uns in die Sowjetunion kommt.

Vor einem Jahr sprachen wir mit Herrn Genscher über die wechselseitigen historischen Verbindungen zwischen Russland und Deutschland, über die Verpflichtungen, die sich aus ihnen für die sowjetisch-westdeutschen Beziehungen in der Gegenwart ergeben. Auf Ihrer Seite sehen wir bislang einen Mangel an Realpolitik. Wenn Sie unsere Vorschläge durchdenken, wenn Sie sie annehmen, dann verläuft unser Dialog dynamisch, in aufsteigender Linie und im Interesse sowohl unserer Völker wie der gesamten Welt.

Wir sind für eine allseitige Entwicklung des Helsinki-Prozesses. Ohne aktive Beteiligung der UdSSR und der BRD ist ein europäischer Aufbau undenkbar. Die Sowjetunion ist daran interessiert, dass die Sicherheit der BRD zuverlässig ist. Sie ist bereit, gemeinsam „Korb Zwei" zu erfüllen, d.h. unter Ausweitung und Vervollkommnung der wirtschaftlichen Verbindungen die materielle Basis der gesamteuropäischen Entwicklung zu festigen. Wir sind bereit zu einem breiten Austausch zu „Korb Drei". Und dies ist auch durchaus möglich, wenn er künftig nicht für eine Einmischung in innere Angelegenheiten benutzt wird.

Ich möchte einen Punkt ansprechen, der es wert wäre, berücksichtigt zu werden, wenn man darüber nachdenkt, wie man weiter verfährt. Europa ist unser gemeinsames Haus, doch in ihm laufen – im Osten und im Westen – Integrationsprozesse ab. Unserer Ansicht nach wäre es nötig, über einen gesamteuropäischen Prozess nachzudenken, der Europa als Ganzem dienen könnte …[30]

R. von Weizsäcker: Ich bin Ihnen dankbar für Ihre Überlegungen zu allen drei „Körben" des Helsinki-Prozesses; sie stimmen mit dem Gang unserer Gedanken überein. Es ist unumgänglich, einander das Recht auf ausreichende Sicherheit zu gewährleisten. Dies ist ein unabdingbarer Bestandteil eines jeglichen Abrüstungsprozesses.

Ich habe mich bereits zugunsten der Entwicklung von Wirtschaftsbeziehungen ausgesprochen. Ich möchte nur sagen, dass meiner Ansicht nach das Gebiet der Telekommunikation eine große Bedeutung haben könnte.

Was „Korb Drei" betrifft, so sind wir kategorisch gegen eine Einmischung in die inneren Angelegenheiten bei wem auch immer. Das kann sehr weit führen. Aber wir möchten der Bevölkerung unseres Landes Beispiele dafür demonstrieren, dass der Prozess der Entspannung und Zusammenarbeit real und spürbar ist. Vor meiner Abreise hierher habe ich zum Beispiel einen sowjetischen Bürger deutscher Nationalität gesehen, dem – wie man mir sagte – Sie persönlich erlaubt haben, nach vierzigjähriger Trennung seine bei uns in Düsseldorf wohnende Mutter zu besuchen. Diese Tatsache hat einen sehr großen und positiven Eindruck in unserer Öffentlichkeit hervorgerufen.

[30] Gem. Gorbačev, Sobranie 7, S. 256f. warnt Gorbačev vor den schädlichen Folgen neuer Rüstungsrunden und bekräftigt die Bereitschaft der UdSSR zu einem „ernsthaften und inhaltsreichen Dialog". Im Weiteren führt Gorbačev aus, dass die Abrüstung in Europa nicht auf Kosten einer Seite gehen dürfe, „wie das im Westen jemandem gefallen würde". „Wir haben die feste Überzeugung, dass nicht Militaristen die Schicksale der Völker und Staaten bestimmen sollen, sondern Politiker. Wir brauchen jetzt keinen Clausewitz und seine Theorie".

Ihre Äußerungen über Prozesse der Integration, die in Europa ablaufen, erscheinen mir außerordentlich wichtig. Sie werden stets in meinem Blickfeld bleiben ...

M. S. Gorbačev: In unserer Zeit stehen vor der Menschheit gewaltige Probleme: des Überlebens, der Ökologie, der wissenschaftlich-technischen Revolution und ihrer sozialen Folgen, der gegenseitigen Information, der Energie, der Bevölkerung. Nach unserer Ansicht sind alle diese Probleme lösbar, wenn man sich vom Neuen Denken leiten lässt und von der Psychologie der Dinosaurier befreit. Doch wir dürfen keine Zeit verlieren. In zehn bis zwanzig Jahren wird es schwieriger sein, diese Probleme zu lösen.

R. von Weizsäcker: Es gibt „Dinosaurier", die auch die Innenpolitik behindern. Niemand verfügt über die absolute Wahrheit, aber das Streben, sich ihr zu nähern, muss anerkannt werden. Mir scheint, in der Sowjetunion denkt man nicht anders.

Die Integrationsprozesse müssen ebenfalls so gesteuert werden, dass sie nicht außer Kontrolle geraten und ihre Schöpfer nicht in willenlose Instrumente verwandeln.

M. S. Gorbačev: Mir gefällt unser inhaltsreiches, offenes Gespräch, und mir gefällt unser Gesprächspartner. Sie sprechen sehr interessante Überlegungen aus, Herr Präsident.[31]

Ich möchte Sie und die Führung der BRD bitten, über das, was wir Ihnen vorgeschlagen haben gründlich nachzudenken. Wir sind für eine neue Seite in unseren Beziehungen; dafür, sie konsequent und mit interessantem Inhalt zu füllen. Wir sind zu weiterer Arbeit bereit. Wenn Sie jedoch etwas Zeit zum Nachdenken brauchen, werden wir es nicht eilig haben. Wir können warten.

H.-D. Genscher: Die Seite ist aufgeschlagen; wir wollen sie nicht leer lassen. Wir werden sie mit klarer, kalligraphischer Schrift füllen. [...].

* Die „drei Körbe" der Schlussakte der Konferenz für Sicherheit und Zusammenarbeit in Europa (KSZE), die 1975 auf dem Gipfeltreffen in Helsinki angenommen wurde. So haben in Analogie mit den drei untereinander zusammenhängenden Teilen der buddhistischen kanonischen Texte (in Sanskrit „Tripitaka" – „drei Körbe") die Diplomaten der Teilnehmerländer auf der Konferenz die drei Pflichtenbereiche bezeichnet, die von den KSZE-Teilnehmern übernommen wurden: „Korb eins" – Fragen der Sicherheit, „Korb zwei" – wirtschaftliche und sonstige Zusammenarbeit, „Korb drei" – humanitäre Probleme, Menschenrechte.
** Der Moskauer Vertrag wurde 1970 zwischen der UdSSR und der BRD abgeschlossen. Er sieht die Anerkennung der von beiden Seiten vereinbarten Grenzen vor, die als Ergebnis des Zweiten Weltkrieges entstanden sind. Er wurde aktiv von den politischen Parteien unterstützt, die die damals regierende Koalition (SPD und FDP) bildeten, und er stieß auf scharfen Widerstand der rechtszentristischen Parteien (CDU und CSU), die sich in der Opposition befanden.
*** KSZE – Konferenz über Sicherheit und Zusammenarbeit in Europa, ein Gesprächsforum, das die Mehrheit der europäischen Staaten, die USA und Kanada zusammenführte und das in der Folge die Organisation für Sicherheit und Zusammenarbeit in Europa (OSZE) bildete.[32]

Archiv der Gorbačev-Stiftung. Bestand 1, Verzeichnis 1.

[31] Dieser Absatz fehlt in Gorbačev, Sobranie 7, S. 257.
[32] KSZE-Folgekonferenzen in Belgrad (4. 11. 1977–9. 3. 1978), Madrid (11. 11. 1980–9. 9. 1983), Wien (4. 11. 1986–19. 1. 1989), danach weitere in Paris, Helsinki, Rom und Budapest.

Nr. 17
Protokoll der Sitzung des Politbüros vom 16. Juli 1987 [Auszug][1]

Auf der Sitzung des Politbüros des ZK der KPdSU
16. Juli 1987

Über die Ergebnisse des Moskau-Besuchs des Präsidenten der BRD Weizsäcker[2]

Gorbačev: Meiner Meinung nach haben wir die Ergebnisse bereits auf Arbeitsebene besprochen.

Gromyko: Ich teile völlig Ihre Bewertung. Ich habe mitbekommen, dass Weizsäcker eine gemäßigtere Position eingenommen hat als Kohl und andere ... Er hat es vermieden, sich zu den akutesten Fragen zu äußern und zum Problem der Nuklearrüstung war er nicht berechtigt, zu sprechen – es ist nicht seine Kompetenz. Aber er hat angedeutet, dass die BRD bereit sei, eine *(uns die Verhandlungen mit den USA)* erleichternde Position einzunehmen.

Zu den Wirtschaftsbeziehungen: Er ist voll und ganz für ihren Ausbau. Aber den Gedanken an Gemeinschaftsunternehmen und Kooperation können die Deutschen nicht ausstehen. Bislang haben sie in der BRD bei dieser Idee nicht angebissen.

Managertum. Hier – ja. Die Deutschen können das. Hier gibt es was zu lernen. Weizsäcker hat Vorschläge gemacht und wir müssen das ausnutzen.

Gorbačev: In dieser Phase ist Weizsäcker die am besten geeignete Persönlichkeit, sowohl wegen seiner Autorität im Land und in Europa als auch wegen seiner politischen und menschlichen Qualitäten. Aber was die Kontakte betrifft, muss Genscher vor ihm rangieren

Ševardnadze: Wir haben die Akzente richtig gesetzt. Insgesamt ist das Ergebnis seines Besuchs positiv, sowohl für die BRD wie auch für uns und für die Welt.

Gorbačev: Er hat sich Sorgen gemacht. Er hat sich bei Kvicinskij erkundigt, welchen Eindruck er hier hinterlassen hat. Die schlimmste Frage für ihn war die zu den „Pershings" ...*[3]

Die nächsten Etappen sind Begegnungen mit Strauß und Späth.[4] Ohne sie können wir die neue Seite, die wir mit der BRD aufschlagen, nicht füllen. Danach folgen andere. Wir werden sehen, wer folgt.

Dobrynin: Der Hauptgedanke von Michail Sergeevič ist, den gesamten Komplex der Beziehungen BRD–UdSSR neu zu interpretieren. Wir verwirklichen das und begeben uns in einen umfangreichen Dialog mit einem der bedeutendsten Länder.

[5]**Gorbačev:** Eigentlich, Genossen, betrifft dieser Besuch eine der wichtigsten Ausrichtungen unserer Politik. Die BRD ist das bedeutendste Land Westeuropas.

1 Auch in V Politbjuro, S. 178 f. und Gorbačev, Sobranie 7, S. 294–303, hier S. 297–299; mit z.T. fehlerhafter Übersetzung Tschernjaew, Mein deutsches Tagebuch, S. 225–227 (jeweils ohne Äußerungen der anderen Teilnehmer). Vgl. Kwizinski, Vor dem Sturm, S. 424 f. Überlieferungen zum Besuch selbst unter Dokument Nr. 16, Anm. 1.

2 Dokument Nr. 16.

3 Dieser Teilabsatz fehlt in Tschernjaew, Mein deutsches Tagebuch, S. 225.

4 Dokumente Nr. 19 und 20.

5 Hier setzt die Überlieferung in V Politbjuro, S. 178, erst ein.

Wir haben den richtigen Kurs eingeschlagen: sich an den Realitäten orientieren und sie ernsthaft analysieren. In Europa könnten wir vieles zustande bringen, wenn wir die gebotene Herangehensweise in den Beziehungen zur BRD finden – unter Einschluss auch des historischen Aspekts: sowohl Gegenwart als auch Zukunft.

Ich denke, wir sind in unserer Opposition[6] zu den Deutschen bereits bis an die Grenze gegangen. Und dies beunruhigt sie. Besonders jetzt, wo wir einen Dialog mit anderen bedeutenden Staaten begonnen haben. Und nicht umsonst sind Strauß und andere besorgt darüber, welche Rolle wir – die UdSSR – der BRD in unserer neuen Politik zuweisen. Wir finden dieses Land jetzt in einem Zustand vor, wo es ihm nicht leicht fällt, sich mit konkreten Schritten uns gegenüber festzulegen. In der Gesellschaft verstärkt sich dort die Stimmung, sich von den Vereinigten Staaten zu distanzieren. Besonders seitdem Reagan begonnen hat „zu humpeln".[7] Sie beginnen dort nachzudenken: mit wem lassen sie sich da ein, vor welchen Karren sind sie gespannt?

Rapallo jährt sich zum 65. Mal.** Die Deutschen erinnern sich daran. Die Erinnerung an Rapallo quält die Westmächte, es rumort in den Köpfen: Ist ein neuerlicher Umschwung dieser Art möglich?[8] Durch unser Zugehen auf Weizsäcker haben wir auch die französische Führung gezwungen, sich zu bewegen. Und wenn die Realität so ist, wenn eine Zusammenarbeit mit der BRD möglich ist, können wir „die Deutschen halten".[9] Und dies hat auch in militärischer Hinsicht eine große Bedeutung, insbesondere für unseren Kurs der Erhaltung beider (deutscher) Staaten und generell der Ergebnisse des Krieges. Mit Hilfe dieser Begegnung mussten wir klären, ob die Deutschen zu einem Schwenk auf unsere Seite bereit sind.

[10]Wir haben ihnen zu verstehen gegeben, dass wir mit einer Revision der Ergebnisse des Krieges nicht einverstanden sind, aber dass wir bereit sind, ihnen weit entgegen zu kommen, und ihr, haben wir gesagt, denkt über eure Position nach. Auf diese Weise haben wir den ersten Schritt getan. Wie die Beziehungen sich weiter gestalten werden, hängt von ihnen ab. Auch in den Vereinigten Staaten ist man unruhig geworden: Über die BRD, sagen sie, werden die „die Sowjets" Zugang zu ganz Europa haben. Die BRD[11] wird natürlich fürchten, sowohl Amerika als auch Frankreich durch ein neues Rapallo zu erschrecken. Deshalb dürfen wir sie auch nicht unter Druck setzen. Obwohl in Wirklichkeit von keinem Rapallo die Rede ist: Wir haben eine andere historische Zeit, andere Bedingungen.

Auf politischem Feld fühlt man sich in Westdeutschland unbehaglich, seitdem dort die Wahrnehmung entsteht, dass wir es in gewisser Weise vernachlässigen. Das muss man nutzen. Aber umsichtig vorgehen. Auch unsere Freunde sind beunruhigt. Jaruzelski hat sich dafür interessiert, wie es mit Weizsäcker gelaufen

[6] In V Politbjuro, S. 178: „Abkühlung". Der Satzbau dort geändert, ohne inhaltliche Abweichung.
[7] Evtl. Anspielung auf das 1988 anstehende Ende der Präsidentschaft Reagans, vgl. Gorbačev, Sobranie 7, S. 597, Anm. 216.
[8] Der Text ab hier bis Absatzende fehlt in V Politbjuro, S. 178.
[9] Dieser Satz lautet gem. Gorbačev, Sobranie 7, S. 298: „Das ist die Realität: die Zusammenarbeit mit der BRD ist möglich."
[10] In V Politbjuro, S. 178 ist die Reihenfolge der beiden folgenden Absätze vertauscht.
[11] In V Politbjuro, S. 178: „In der BRD".

ist. Ich habe ihm von den zwei deutschen Staaten, von Jalta und von Potsdam erzählt. Und von neuen Waffen in Europa anstelle der nuklearen. Unterstützt hat unsere Initiative auch Husák Aber sie alle sind beunruhigt, ob wir sie in unseren Beziehungen zur BRD nicht vergessen. Deshalb ist es notwendig, sie offen und detailliert zu informieren. Den Freunden die Sorgen nehmen.

Bei der Veröffentlichung der Reden von mir und Weizsäcker gab es bei ihnen wie auch bei uns Kürzungen: Zur „nationalen Frage" ist nichts an die Presse gelangt.[12]

Und noch etwas möchte ich sagen: Kohl darf in dieser Situation nicht zum Sündenbock gemacht werden. Sonst ist das nicht Politik, sondern Journalismus. Der Besuch von Ševardnadze in der BRD,[13] die Besuche von Strauß und Späth bei uns – das soll die Vorbereitung für eine Begegnung mit Kohl sein.

[14]Man muss die Frage so stellen: „Pershing-1"[15] auf dem Territorium der BRD – das bedeutet ihren Zugang zu Nuklearwaffen und[16] widerspricht dem Vertrag über die Nichtverbreitung.[17] Dies muss man schon jetzt an die Presse geben.

[18]Ich möchte etwas zu einem Denkfehler sagen. Späth hat uns zwei Themen geschickt, zwei Wirtschaftsprojekte. Er legt das vor als Modell für beiderseitige Wirtschaftsbeziehungen. Warum antworten wir nicht? Das ist doch ein interessanter Ansatz. Und der Mann ist interessant.

Strauß schlägt wirtschaftliche Verbindungen mit Bayern vor. Denkt darüber nach! Denkt darüber nach!

Es geht nicht darum, durch die Gegend zu reisen, [19]sondern darum, warum wir solchen Vorschlägen nicht entgegenkommen. Wir sind doch stärker daran interessiert als sie. Konkrete, sachliche[20] Pläne für wirtschaftliche Verbindungen werden auch andere Aspekte unserer Beziehungen mit der BRD beeinflussen.

[21]*(Wendet sich an Kamencev.)*[22] Es gibt eine Philosophie der Beziehungen, und es gibt konkrete Dinge, die dieser Philosophie eine reale Perspektive für 15–20 Jahre verleihen.[23] Wir schrecken mit unseren Plänen die BRD und ganz Westeuropa auf. Aber dies ist unter anderem auch für die sozialistischen Länder von Nutzen. Živkov träumt doch davon, dass die BRD Bulgarien verschlingt.[24]

12 Der Hintergrund ausführlich diskutiert in Černjaev, Sovmestnyj ischod, S. 717f.; Tschernjaew, Mein deutsches Tagebuch, S. 223–225; Chernyaev, Diary. Die „Pravda" hatte zunächst Passagen der Tischrede von Weizsäckers vom 6. 7. 1987 zur Nation zensiert, der vollständige Text wurde auf deutsche Proteste hin am 10.7. in Nedelja, der Beilage zur Izvestija, bzw. in Moscow News publiziert.

13 Der Besuch fand schließlich im Januar 1988 statt.

14 Der folgende Absatz fehlt in Tschernjaew, Mein deutsches Tagebuch, S. 227.

15 Gem. V Politbjuro, S. 179 und Gorbačev, Sobranie 7, S. 299 Singular.

16 In V Politbjuro, S. 179 anstelle „und widerspricht" Anschluss mit Komma und: „es widerspricht".

17 Vertrag über die Nichtverbreitung von Kernwaffen vom 1. 7. 1968, u.a. unter http://www.iaea.org/Publications/Documents/Infcircs/Others/infcirc140.pdf.

18 Die folgenden drei Absätze in Tschernjaew, Mein deutsches Tagebuch, S. 227 nur zusammengefasst.

19 In V Politbjuro, S. 179 und Gorbačev, Sobranie 7, S. 299 beginnt hier ein neuer Satz mit identischem Wortlaut.

20 In V Politbjuro, S. 179 und Gorbačev, Sobranie 7, S. 299: „sachliche konkrete".

21 Hier bricht die Überlieferung von Tschernjaew, Mein deutsches Tagebuch, S. 227 ab.

22 In Gorbačev, Sobranie 7, S. 299 heißt es: „(An Kamencev)".

23 Der restliche Absatz fehlt in V Politbjuro, S. 179.

24 Dieser Satz fehlt auch in Gorbačev, Sobranie 7, S. 299.

Ich denke, dass es sich lohnt, sich den Deutschen anzunähern, auch wenn es ein Risiko ist.

Und, versteht sich, wir dürfen Frankreich und England nicht vergessen. Hier muss alles in der Norm bleiben. Weiter, weiter arbeiten.

Ja, und es gibt Österreich und Finnland, mit denen wir eng verbunden sind. Sie können ohne unseren Markt nicht leben. Es gibt aber auch die BRD – das ist eine andere Sache. Über sie werden wir auch Zugang zu Schweden haben ... [...].[25]

Die BRD – das ist Realität, und nicht nur im europäischen Maßstab. Ein Umbau der Beziehungen mit der BRD könnte vieles in Europa verändern. Die Deutschen haben ihren Platz noch nicht gefunden. Sie sind unruhig geworden, nachdem wir radikale Vorschläge für eine europäische Abrüstung gemacht haben. Es erhob sich die Frage: Was wird mit der BRD? Es passt ihnen nicht, dass sie vor den Reagan'schen Karren gespannt wurden. Nach Weizsäckers Worten beunruhigt der Geist von Rapallo den Westen stark. Zu einem großen Schwenk sind sie nicht bereit. Sollen sie in sich gehen. Das hat der Besuch gezeigt.

In der öffentlichen Meinung reift die Erkenntnis darüber, dass die BRD ohne eine Anerkennung ihrer Rolle unsererseits nicht aufsteigen kann. Die Fortsetzung unserer Beziehungen mit der BRD wird der Besuch Ševardnadzes sein, aber auch die Reisen von Späth und Strauß zu uns; und Kohl wird schon reif werden. Öffentlich äußern muss man sich zu den „Pershings", indem man ihre Anwesenheit in der BRD als ihren Zugang zu Nuklearwaffen interpretiert. Der Vorschlag Späths über Verbindungen mit Leningrad ist zu prüfen. Strauß hat einen analogen Vorschlag von Bayern. Sie werden uns nicht vom Weg abbringen, aber wir werden über die Kontakte mit ihnen Einfluss auf den Westen nehmen und die sozialistischen Länder halten.

* Gemeint sind amerikanische ballistische Raketen mittlerer Reichweite vom Typ „Pershing-2", mit denen 1983 die US-Armee ausgestattet worden ist. Damals wurden Pläne ausführlich erörtert, sie in Ländern Westeuropas und vor allem in Westdeutschland aufzustellen als Antwort auf die Aufstellung sowjetischer Raketen mittlerer Reichweite vom Typ RSD-10 „Pionier" (in NATO-Terminologie „SS-20").[26]

** Der Vertrag von Rapallo wurde [am 16. 4.] 1922 zwischen Deutschland und der RSFSR in dem Vorort von Genua, Rapallo, zur Zeit der Konferenz von Genua geschlossen.[27] Der Vertrag sah vor, die diplomatischen Beziehungen wiederaufzunehmen, auf gegenseitige Ansprüche zu verzichten und die Handels- und Wirtschaftsbeziehungen zwischen beiden Länder zu entwickeln. Der Vertrag rief seinerzeit eine scharfe negative Reaktion der Siegermächte des Ersten Weltkrieges, insbesondere Großbritanniens und Frankreichs hervor.

Aufzeichnung A. S. Černjaev, Archiv der Gorbačev-Stiftung. Bestand 2, Verzeichnis 2.

[25] Gem. V Politbjuro, S. 179 und Gorbačev, Sobranie 7, S. 299 folgt hier ein Arbeitsauftrag an Solov'ev hinsichtlich der Verbindungen nach Skandinavien. Dann brechen diese Parallelüberlieferungen hinsichtlich der Deutschlandpolitik ab.

[26] Entgegen dem Kontext des NATO-Doppelbeschlusses verweist Gorbačev, Sobranie 7, S. 597, Anm. 215 und S. 610, S. 301 auf Debatten über die „Pershing-1-A". Diese hatte die Bundeswehr seit den 1970er Jahren im Arsenal, während die entsprechenden Nuklearsprengköpfe im Besitz der USA blieben. Die UdSSR forderte in den Genfer Verhandlungen die Zerstörung der Sprengköpfe. Diese Frage war während des Besuchs zwischen Genscher und Ševardnadze diskutiert worden.

[27] Text u. a. in RGBl. 1922 II, S. 677 f.

Nr. 18
Gespräch Gorbačevs mit dem DKP-Vorsitzenden Mies am 4. November 1987 [Auszug][1]

Aus dem Gespräch M. S. Gorbačevs mit H. Mies*
4. November 1987

M. S. Gorbačev: Ich bin wirklich froh, dich zu sehen, Herbert. Wir haben in der Tat wenig Zeit, aber ich wollte dich unbedingt sehen.

H. Mies: Wir kennen einander schon so gut, dass wir uns beim ersten Wort verstehen. Ich möchte dir für deine vorzügliche Rede danken.[2] Man spürt, dass dahinter umfangreiche, intensive Arbeit und eine ernsthafte Analyse stehen. Die Hauptsache dabei ist – wie wir das verstehen – die philosophische, politische und historische Begründung der Perestrojka. Die Rede gibt Antworten auf viele Fragen, regt den Geist an, zwingt uns alle, über die Zukunft nachzudenken.

M. S. Gorbačev: Darin besteht auch unsere Absicht: Nicht darüber zu reden, wie die Perestrojka läuft; darüber haben wir in letzter Zeit oft gesprochen, sondern gleichsam ihre Philosophie aufzuzeigen.

H. Mies: Wir alle haben deine Rede mit großer Ungeduld erwartet. Besonders möchte ich für die dialektische Analyse der historischen Entwicklung danken, die die Sowjetunion durchlaufen hat.

M. S. Gorbačev: Hier galt es nicht nur, vieles aufs Neue zu analysieren, sondern sich auch in vieles hineinzuversetzen.

H. Mies: In der Rede werden viele Fragen aufgeworfen, die die internationale kommunistische Bewegung unmittelbar betreffen. Wichtig sind dabei nicht nur die Bewertungen ihrer historischen Entwicklung, sondern auch der in der Rede enthaltene Aufruf, vorwärts zu gehen, neue Formen des Zusammenwirkens zu suchen.

Es ist zu früh, eine abschließende Bewertung vorzunehmen; die Eindrücke müssen sich noch setzen. Aber schon jetzt kann man sagen: Wir waren möglicherweise anwesend beim Beginn einer neuen Etappe in der Entwicklung der internationalen kommunistischen Bewegung. Ein erfolgreicher Anfang ist gemacht. Dabei ist es wichtig anzumerken, dass dieser Beginn in Anwesenheit von Vertretern anderer politischer Parteien, vor allem Sozialisten und Sozialdemokraten, erfolgt.

M. S. Gorbačev: Hier stimmen unsere Eindrücke voll überein.

H. Mies: Dass die KPdSU bilaterale Kontakte mit den sozialdemokratischen Parteien unterhält, ist bereits normal, aber dass heute in Moskau Kommunisten und Sozialisten auf multilateraler Basis an einem Tisch zusammenkommen, das hat es bisher noch nicht gegeben. Vielleicht ist es aus taktischen Überlegungen nicht angebracht, allzu laut darüber zu reden, aber die Bedeutung dieser Tatsache kann nicht hoch genug eingeschätzt werden.

Noch nie hat es eine so einmütige Sympathie gegenüber der Führung der KPdSU seitens praktisch aller Versammelter gegeben. Auch wenn es dabei häufig

[1] Nicht in Gorbačev, Sobranie 8 enthalten.

[2] Die Reden Gorbačevs auf verschiedenen Veranstaltungen zum 70. Jahrestag der Oktoberrevolution finden sich u. a. in Gorbačev, Sobranie 8, S. 406 ff. Die Ansprache auf dem Treffen der Vertreter kommunistischer, sozialistischer usw. Parteien vom 4. 11. 1987 ebd., S. 465–470.

um persönliche Sympathien für einen bestimmten Menschen gehen mag. Aber es bleibt auch eine Tatsache, dass alle – sowohl die „pro-Moskau"-Parteien, als auch Eurokommunisten, Sozialisten und Halbsozialisten – in diesem Augenblick einmütig die führende, Ideen gebende Rolle der KPdSU in den beiden wichtigsten Fragen anerkennen – im Kampf für den Frieden und bei der Perestrojka; dabei tun sie dies freiwillig und nicht auf Kommando von oben.

Auch wenn diese Tatsache nicht ihre organisatorische Ausgestaltung gefunden haben mag.

M. S. Gorbačev: Es ist auch keinerlei organisatorische Struktur nötig. Die Hauptsache ist, dass wir unseren Einfluss über die Erarbeitung neuer theoretischer Ansätze ausüben. Und zweitens, über die Erschließung des Potentials des Sozialismus innerhalb des Landes im Verlaufe unserer Perestrojka.

H. Mies: Kann man denn in der jüngsten Vergangenheit ein anderes Dokument finden, das ohne irgendeinen Druck von oben, ohne organisatorische Vorbereitung unter Beteiligung ganzer Legionen von Propagandisten, mit solch einem Interesse in der internationalen kommunistischen Bewegung studiert worden wäre wie das soeben herausgekommene Buch Gorbačevs?[3] Mit anderen Worten, wir haben heute die einzigartige Chance, die Sache der Zusammenarbeit der Bruderparteien, ihre Einheit, auf der Grundlage der freiwilligen Anerkennung der führenden ideologischen Rolle der KPdSU voranzubringen.

Die Perestrojka hat auch unsere Partei berührt. Und wie es bei einem tüchtigen Sturm ist, steigt von unten verschiedener Krempel an die Oberfläche. Aber ich denke, davor braucht man sich nicht zu fürchten.[4]

M. S. Gorbačev: Ich bin über deine Gespräche informiert. Ich muss sagen, dass wir stets deine Meinung anhören. Aber nicht nur, um dir gefällig zu sein, sondern vor allem deshalb, weil wir deine Ideen, deine Überlegungen schätzen.

H. Mies: Die Perestrojka hat bereits auf die eine oder andere Weise von allen Besitz ergriffen: Die einen haben sich ihr schon angeschlossen, andere denken erst nach, werden sich aber ebenfalls bestimmt anschließen. Wir hatten gewisse Differenzen mit den Genossen aus Berlin. Aber die Lage verbessert sich jetzt. Sodass man also hier bei euch nicht beunruhigt sein muss. Die Sache bessert sich. Selbst die Genossen aus der SED beginnen zu begreifen, dass eine kritischere Betrachtung ihrer selbst unumgänglich ist; aber bis jetzt spricht man darüber nicht offen. Am 20. Dezember treffe ich mich mit Axen und Zagladin in Berlin, um unsere Arbeit im Hinblick auf die BRD zu besprechen. [...].

*Das Treffen fand einen Tag nach dem Festakt anlässlich des 70. Jahrestags der Oktoberrevolution in Moskau statt. An dem Festakt nahmen neben kommunistischen Parteien und Vertretern einer Reihe sozialdemokratischer, sozialistischer und nationaldemokratischer Parteien zu den Feiern geladene Gäste teil. Gorbačev hielt bei dem Festakt die Eröffnungsansprache.[5]

Archiv der Gorbačev-Stiftung. Bestand 1, Verzeichnis 1.

[3] Michail Gorbačev, Perestrojka i novoe myšlenie dlja našej strany i dlja vsego mira, Moskau 1987.
[4] Zum Niedergang der DKP seit Černobyl' und dem 8. Parteitag (2.–4. 5. 1986) der DKP vgl. Fülberth, KPD, S. 169ff. Erst im April 1989 entschuldigte sich Mies bei westdeutschen Opfern stalinistischer Repressionspolitik der 1950er, ebd., S. 175.
[5] Vgl. Anm. 2.

Nr. 19
Gespräch Gorbačevs mit dem bayerischen Ministerpräsidenten Strauß am 29. Dezember 1987[1]

Gespräch M. S. Gorbačevs mit F. J. Strauß[2]

29. Dezember 1987

M. S. Gorbačev: Ich begrüße Sie in Moskau, Herr Strauß.

F. J. Strauß: Ich war bereits in der Sowjetunion, allerdings in anderer Eigenschaft – als Offizier der Wehrmacht. Ich begann den Krieg in der Ukraine, war in L'vov, Uman', Char'kov, Rostov.

M. S. Gorbačev: Das ist in der Nähe meiner Heimat, an der Grenze zu der Region, wo ich geboren bin und gelebt habe. Ich war fünf Monate im besetzten Gebiet. Diese Zeit hat sich mir eingeprägt, Herr Strauß.

Erinnerungen sind interessant, aber man muss Lehren für die Zukunft daraus ziehen.

F. J. Strauß: Ich denke an die Lehren der Geschichte.

[3]**M. S. Gorbačev:** Ich weiß, dass Sie von Ihrer Ausbildung her Lehrer für alte Sprachen und Geschichte waren. Ihnen ist dann sicher der bemerkenswerte Ausspruch Heraklits bekannt: „Alles fließt, alles verändert sich". Dies könnte man auch auf Sie anwenden, und auf uns.

F. J. Strauß: Von ihm gibt es auch einen anderen Ausspruch: „Der Krieg ist der Lehrer aller Dinge". So war es, aber heute ist das inakzeptabel. Wir haben viel gelernt, damit wir dergleichen künftig nicht mehr zulassen.

M. S. Gorbačev: Bei Clausewitz gibt es diesen Ausspruch: Der Krieg ist die Fortsetzung der Politik mit anderen Mitteln. Wenn wir uns von ihm leiten lassen, dann ist schwer vorauszusagen, was geschehen könnte.

Warum sind mir die Griechen und Ihr Beruf in den Sinn gekommen? Nach dem Krieg ist viel Wasser den Rhein und die Wolga hinabgeflossen. Vieles hat sich in unseren Ländern verändert, in Europa und in der Welt. Diese qualitativen Veränderungen kann man nicht ignorieren.

Die Welt ist eine andere geworden. Die Weltgemeinschaft besteht aus verschiedenen Staaten – sozialistischen, entwickelten kapitalistischen und aus der riesigen „dritten" Welt, in der komplizierte, stürmische Prozesse ablaufen.

Dem muss man hinzufügen, dass wir uns in einer neuen Phase der wissenschaftlich-technischen Revolution mit ihren gewaltigen sozialen und anderen Folgen befinden. Es gibt sehr viele Probleme, die uns miteinander verbinden und die wir um der Zukunft willen durch gemeinsame Anstrengungen lösen müssen.

Wenn ich nur die Ökologie nehme. Bei Ihnen ist im Zusammenhang mit diesem Problem sogar eine Partei entstanden.[4] Sie sind ein wenig „grüner" geworden. *(Heiterkeit)* Bei uns gibt es keine Partei, aber ökologische Probleme haben wir.

[1] Auch in Gorbačev, Sobranie 9, S. 175–185, ohne die Ausführungen von Strauß. Vgl. Strauß, Erinnerungen, S. 552–565, zum Umfeld Meyer-Landrut, Mit Gott, S. 214f.
[2] Von sowjetischer Seite nahm Dobrynin, von deutscher Waigel, Tandler, Stoiber teil.
[3] Hier setzt die Überlieferung von Gorbačev, Sobranie 9, S. 175 ein.
[4] Gründung der Bundespartei „Die Grünen" 1980, 1983 Einzug in den Bundestag.

F. J. Strauß: Sie brauchen uns nicht zu beneiden. Mit den „Grünen" gibt es viele Scherereien. Wir würden Ihnen nicht empfehlen, sie bei sich einzuführen. *(Heiterkeit)*

M. S. Gorbačev: Wir haben bei uns die Ökologie derart in Angriff genommen, dass wir nicht dazu kommen, Entscheidungen zu treffen. Wir haben uns entschlossen daran gemacht, die Denkmäler der Geschichte und der Kultur zu erhalten. Das ist eine Angelegenheit des gesamten Volkes. Die Menschen sind bereit, das Letzte zu geben, um Altes zu erhalten.

In Bayern gibt es, soweit ich weiß, nicht wenige historische Denkmäler. Und als selbständige Einheit existiert es wohl mehr als tausend Jahre.[5]

F. J. Strauß: Tausendzweihundert Jahre. Das ist etwa so lange wie auch Russland.

M. S. Gorbačev: Im kommenden Jahr werden wir den 1000. Jahrestag der Taufe der Rus' begehen. Aber bereits vor der Taufe gab es die Kiever Rus'. Noch vor der Taufe gab es einen russischen Staat, der sich dynamisch entwickelte und weitreichende Verbindungen mit Europa unterhielt. So haben wir in etwa eine gemeinsame Geschichte.

F. J. Strauß: Die russische Geschichte ist sehr facettenreich. Stets nehme ich mir mit Vergnügen dafür Zeit. Es gab sogar ein polnisch-jagellonisches Reich, dessen Grenzen sich bis Moskau erstreckten.

M. S. Gorbačev: Es gab nicht wenige Imperien, angefangen mit dem römischen. Allerdings haben sich an sie nur Erinnerungen erhalten.[6]

F. J. Strauß: Irgendwann gab es auch ein großes Britisches Imperium, aber heute ist davon fast nichts übrig geblieben. Wir, die Deutschen, haben dabei geholfen, dass es diesen Zustand erlangt hat. Das sage ich natürlich im Scherz.

M. S. Gorbačev: Ich setze den Gedanken über die qualitativen Veränderungen in der Welt während der letzten vierzig Jahre fort. Sie sind gewaltig. Aber wenn Sie unseren politischen, diplomatischen Wortschatz nehmen, so ist er mit alten Herangehensweisen und Präzedenzfällen verunreinigt.

Ich habe zu Frau Thatcher gesagt:[7] Nach der Rede Churchills in Fulton[8] hat sich in der Welt alles verändert. Britannien ist nicht mehr dasselbe und die Welt schon nicht mehr die gleiche. Aber ihr Engländer, ihr führt euch so auf, als ob sich in der Welt nichts ereignet hätte.

Das politische Denken bleibt hinter den Prozessen zurück, die die Menschheit zu einer neuen Etappe ihrer Entwicklung geführt haben. Neue Realitäten erfordern eine neue Herangehensweise. Selbst, dass Herr Strauß in Moskau weilt, ist keine alltägliche Neuigkeit.

Das Neue Denken bahnt sich mit Mühe seinen Weg. Und trotzdem beginnt man in der Welt, auf neue Weise zu denken. Das ist sehr wichtig – wo immer wir uns auch befinden – in Europa, Amerika, Asien. Man muss die Prozesse verste-

[5] Dieser letzte Absatz fehlt in Gorbačev, Sobranie 9, S. 176.

[6] Die Replik fehlt in Gorbačev, Sobranie 9, S. 176.

[7] Zu den Gesprächen mit Thatcher in Moskau am 30. 3. 1987 und in Brize Norton am 7. 12. 1987 vgl. Gorbačev, Sobranie 8, S. 189–226, Gorbačev, Sobranie 9, S. 76–81.

[8] Gemeint ist Churchills Rede vom „Eisernen Vorhang", ‚The sinews of peace', Fulton, 5. März 1946, u. a. in: Robert Rhodes James (Hg.), Winston S. Churchill: His complete speeches 1897–1963, Vol. VII: 1943–1949, New York 1974, S. 7285–7293.

hen, die ablaufen. Man muss innehalten, sich umsehen, nachdenken, was weiter zu tun ist. Aber damit die Sache leichter und rascher geht, ist ein ständiger Dialog nötig. Immer stärker ist zu spüren, dass wir ihn brauchen.

F. J. Strauß: Ja, mit jedem Tag wächst das Erfordernis, einander gegenseitig kennenzulernen und Informationen auszutauschen.

Das ist ein Gebot der Zeit, und keine Kraft in der Welt ist imstande, das zu verhindern.

M. S. Gorbačev: Der Wunsch, die Welt, in der wir leben, neu zu interpretieren, zu verstehen, erfasst heute die Politiker. Früher war alles einfach: Einige Mächte befehligten die Welt, zwangen anderen ihren Willen auf. Heute ist das unmöglich. Es ist eine Entideologisierung der internationalen Beziehungen erforderlich. Jedes Land soll seinen Weg wählen, seine Staatsform, seine[9] Religion, seine[10] Ideologie, seinen Lebensentwurf.

Es ist ja das souveräne Recht eines jeden Volkes, seine Wahl ohne Weisungen oder Zwang zu treffen.

Da wir einen Konflikt nicht zulassen können, da Krieg inakzeptabel ist, die Welt jedoch in wirtschaftlicher, wissenschaftlich-technischer und kultureller Hinsicht miteinander verbunden ist, muss man darüber nachdenken, wie man neue internationale Beziehungen aufbauen kann.

Es macht nichts aus, dass wir verschieden sind. Ich weiß nicht, was wir fühlen würden, wenn wir die deutsche Kultur nicht kennen würden. Es wäre ein Verlust für uns. Aber obwohl wir die deutsche Literatur und Musik kennen und lieben, die Kultur anderer Völker kennen, sind wir Russen geblieben, die sich zu ihren Werten bekennen. Und gleichzeitig sind wir andere geworden, weil wir Kenntnis von den Kulturen anderer Völker haben.

Ė. A. Ševardnadze hat mir berichtet, dass Sie gestern mit ihm ein gutes, realistisches Gespräch hatten. Zwar hat Herr Strauß den Marxismus-Leninismus kritisiert. Nun, dies ist nichts Neues. Ausgerechnet von Lenin stammen die Worte,[11] man könne nur dann Kommunist werden, wenn man sein Gedächtnis mit der Kenntnis all jener Schätze bereichert, die die Menschheit geschaffen hat. Wie Sie sehen, Herr Strauß, stellen sich die Kommunisten nicht nur der eigenen Geschichte, sondern auch der Geschichte der Menschheit nicht entgegen. Wir empfinden uns als Teil der Menschheitsgeschichte. Es ist nicht ganz leicht, ein echter Kommunist zu werden. Nicht jedem ist das gegeben.[12]

Generell, Herr Strauß, muss man die Art der Darstellung ändern. Es ist noch nicht lange her, da hat man uns in Deutschland mit Hörnern auf dem Kopf porträtiert. Aber gerade Deutschland hat die Suppe mit dem Kommunismus eingebrockt. Marx und Engels waren Deutsche. Ihre Theorie hat einen langen Entstehungsprozess durchlaufen und den Prüfungen der Zeiten standgehalten. Wie nie zuvor ist es heute nötig, fest auf dem Boden der Realitäten zu stehen. Das Ignorieren der Realitäten hat in der Vergangenheit schwerwiegende Folgen nach sich ge-

[9] Pronomen fehlt in Gorbačev, Sobranie 9, S. 176.
[10] Dto.
[11] Im Russischen in der Vorlage Plural, in Gorbačev, Sobranie 9, S. 177 Singular.
[12] Gem. Gorbačev, Sobranie 9, S. 177 folgt hier der Einwurf von Strauß, dass er kein Kommunist sei, aber Gorbačevs Initiativen schätze.

zogen. Wenn wir uns als unfähig erweisen, Lehren aus der Vergangenheit zu ziehen, dann wird etwas geschehen, was nicht mehr wieder gutzumachen ist.

Seinerzeit hat man Dulles gefragt, welche Waffen im dritten Weltkrieg eingesetzt würden. Er sagte, er wisse es nicht, aber er könne mit Überzeugung sagen, dass der vierte Weltkrieg mit Hilfe von Pfeil und Bogen geführt werde.

Ich spreche oft davon, dass die Weltgemeinschaft keine Zeit verlieren darf. Wir haben noch viel zu tun. Aber dafür ist Realismus erforderlich.

F. J. Strauß: Ich stimme mit Ihnen überein. Wir dürfen keine Zeit verlieren. In der griechischen Philosophie gibt es den Begriff „kairos“. Er bedeutet eine Gelegenheit, die man unbedingt nutzen muss, weil es keine andere geben wird.

M. S. Gorbačev: Das ist wahrscheinlich das, was man üblicherweise Chance nennt.[13]

F. J. Strauß: Es ist sogar etwas mehr als Chance. In der Geschichte Europas hat es wiederholt Augenblicke gegeben, in denen „kairos“ verpasst wurde. Die Folgen waren entsetzlich.

Am 30. Januar 1933 kam Hitler in Deutschland an die Macht. Am 31. Januar sagte mein Vater zu mir: „Hitler ist Reichskanzler geworden. Das bedeutet Krieg und die Vernichtung Deutschlands“. Mein Vater hatte recht. Obwohl er ein einfacher Handwerker war.[14]

Doch die Vergangenheit bleibt vergangen, und die Aufmerksamkeit muss auf die Zukunft gerichtet sein. Heute befinden wir uns im Zustand eines „kairos“. Die Menschheit befindet sich an der Schwelle einer neuen Ära, sie lebt mit der Hoffnung auf die Zukunft. Diese Hoffnung wurde in entscheidendem Maße gerade durch Sie, Herr Generalsekretär, geweckt. Alle Erwartungen der Deutschen in der BRD werden von Impulsen genährt, die von Moskau ausgehen. Das ist ein Faktum und keine Ideologie. Ich bin kein Kommunist, aber im gegebenen Fall muss ich feststellen, dass Ihre Initiativen, Ihre Vorschläge die verborgensten Winkel der menschlichen Seele berühren. Sie sind der Führer, über den man am meisten spricht. Das ist eine Tatsache und kein Kompliment.

M. S. Gorbačev: Ich glaube, das Thema der sowjetisch-westdeutschen Beziehungen wird einen entsprechenden Platz in unserem Gespräch einnehmen.[15]

F. J. Strauß: Der Krieg ist nicht die Fortsetzung der Politik mit anderen Mitteln, er bedeutet das Ende von allem, was existiert.

Von 1956 bis 1962 war ich Verteidigungsminister. Vor 25 Jahren, im Sommer 1962, war ich im Pentagon und sprach offen mit den ranghöchsten Vertretern der amerikanischen Armee. Auf meine Bitte hin haben mich die Amerikaner mit einem Modell bekannt gemacht, mit dem Szenario eines bevorstehenden Krieges, wie er nach ihren Vorstellungen ablaufen und womit er enden wird. Mein Resümee nach dieser Information war eindeutig: Nach einem solchen Krieg wird es unmöglich sein, auf dem Planeten Erde zu leben.

M. S. Gorbačev: Verteidigungsminister war damals, glaube ich, McNamara. In letzter Zeit konnte man von ihm viel Vernünftiges hören.[16]

[13] Diese Replik fehlt in Gorbačev, Sobranie 9, S. 177.

[14] Dieser Absatz von Strauß auch in Gorbačev, Sobranie 9, S. 565, Anm. 134.

[15] Diese Replik fehlt in Gorbačev, Sobranie 9, S. 177.

[16] Dto.

F. J. Strauß: Ich war bei ihm zu Hause in Washington; das Gespräch dauerte sehr lange. Er hatte den Vorsitzenden des Komitees der Stabschefs eingeladen; ich war allein und habe alles genau aufgezeichnet. Nach meiner Rückkehr habe ich Adenauer über das Gespräch Bericht erstattet und außerdem den Generalinspekteur der Bundeswehr angewiesen, eine entsprechende Ausarbeitung über einen künftigen Krieg mit Bezug auf die BRD vorzubereiten. Das Ergebnis war mehr als eindeutig: Mit dem Erscheinen der Kernwaffe als Instrument der Kriegsführung bleibt keinerlei Hoffnung auf ein Überleben.

Ich habe gestern im Gespräch mit Herrn Ševardnadze seine Aufmerksamkeit darauf gelenkt, dass Begriffe wie Weltrevolution, Weltherrschaft, „letztes entscheidendes Gefecht" sich überlebt haben und nicht mehr den Imperativen unserer Zeit entsprechen. Das ist Rhetorik und nichts anderes. Und genau so muss man sie behandeln.

Vielleicht war ich gestern ein wenig kritisch. Aber ich habe das deshalb getan, um besser verstanden zu werden. Die wissenschaftlich-technische Revolution hat alles auf den Kopf gestellt. Die Menschen sind völlig anders geworden. Und das darf man nicht übersehen.

M. S. Gorbačev: Ich weiß nicht, warum dem Marxismus-Leninismus eine aggressive Doktrin zugeschrieben wird.

F. J. Strauß: Ich spreche nicht über Aggressivität. Ich spreche über die Weltrevolution. Ich nehme diese Theorie wahr als den bekannten Aufruf zum letzten entscheidenden Gefecht. Wenn das nicht so ist, dann umso besser.

M. S. Gorbačev: Dies alles[17] ist grundsätzlich nicht so. Eine Revolution kann nur auf einem realen, nationalen Boden reifen. Das ist die Hauptsache im Marxismus. Wenn es diesen Boden nicht gibt, dann führt das Anstoßen einer Revolution zum Abenteurertum. Der Export von Revolution ist generell inakzeptabel.

F. J. Strauß: Es freut mich, das von Ihnen zu hören.

M. S. Gorbačev: Aber so war es stets.[18] Offenbar nützt es irgendjemandem, den Marxismus anders zu interpretieren. Die Menschheit durchläuft in ihrer Entwicklung bestimmte Phasen: Sklavenhaltergesellschaft, Feudalismus, Kapitalismus, Sozialismus. Der Marxismus zog den Schluss, dass alle Nationen zum Sozialismus kommen werden. Aber das ist Theorie. Sie gründet sich darauf, dass eine Gesellschaft sich in ihrer Entwicklung vorwärts bewegt. Aber wann das geschehen wird – in diesem Jahrhundert oder im nächsten? …

Der Kapitalismus verfügt über Reserven, er passt sich der sich verändernden Lage an, lernt.

Warum sind die Theoretiker der Bourgeoisie der Auffassung, dass die bürgerliche Gesellschaft die höchste Errungenschaft ist, dass sie das Paradies auf Erden sei? Die Zukunft wird zeigen, wer recht hat und wer irrt. Lassen sie uns leben, miteinander wetteifern, zusammenarbeiten.

F. J. Strauß: Absolut richtig. Die Geschichte wird alles an seinen Platz stellen.

Sie wissen natürlich, dass ich in der DDR war, in Ungarn, Bulgarien und auch in Rumänien, obwohl dieses Land ein besonderer Fall ist. Im Verlaufe meiner dorti-

[17] „alles" fehlt in Gorbačev, Sobranie 9, S. 177.
[18] Dieser Satz fehlt in Gorbačev, Sobranie 9, S. 177.

gen Gespräche – wobei diese überaus offen waren – stellte sich heraus, dass dem Kapitalismus einzelne Elemente des Sozialismus eigen sind, dabei bisweilen in weit entwickelterer Form als in den sozialistischen Ländern. Der grundlegende Unterschied besteht beim Kapitalismus im privaten Eigentum an Produktionsinstrumenten und -mitteln. Aber auch hier wird die Geschichte ihre Entscheidung treffen.

M. S. Gorbačev: Es ist schwierig, den Sozialismus schon in vollem Umfange zu bewerten. Der Sozialismus ist eine junge Gesellschaftsform. Er hat seine potentiellen Möglichkeiten noch nicht entfaltet.

Nehmen Sie unsere Geschichte. Der sowjetische Staat besteht erst 70 Jahre. Am Vorabend der Revolution war Russland in jeder Hinsicht in einem katastrophalen Zustand. Entweder Zusammenbruch oder ein anderer Weg. Die Bedingungen für eine Revolution waren reif. Es war notwendig, etwas zu tun. Andernfalls – eine nationale Katastrophe.[19]

F. J. Strauß: Ich stimme zu, dass Russland keinen anderen Weg hatte.

M. S. Gorbačev: Und was begann nach der Revolution? Schauen wir kurz auf unsere Geschichte zurück. Sofort begann die Intervention von 14 Staaten. Dies hat das Land in jeder Hinsicht zurückgeworfen. Zunächst Verfall, dann Wiederherstellung der Wirtschaft und der Prozess der sozialistischen Umgestaltung.

Aber es kam der Januar 1933, an den Sie erinnert haben. Wir wissen, was für Ziele damals verkündet wurden, insbesondere im Hinblick auf das russische Volk, den Sowjetstaat. Man begann die Verteidigung des Landes gegen einen Krieg vorzubereiten. Damals stand der Sinn nicht nach Demokratie. Das ganze Land war angespannt. Hätte man nicht die Industrialisierung durchgeführt und keine inländische Industrie geschaffen, hätte uns Ihre gepanzerte Maschinerie, zu deren Besatzung auch Sie gehörten, erbarmungslos niedergewalzt.

Und was hat uns der Krieg hinterlassen? Bis zur Wolga war alles zerstört. Wir mussten den Aufbau von Neuem beginnen. Aber man hat uns den „kalten" Krieg und das Wettrüsten aufgezwungen. Man kann von den Rednerpulten über alles Mögliche schwatzen. Aber das ist das Leben, das sind die Realitäten. Ich sage Ihnen das, weil ich weiß, dass Sie Realist sind.

Dies alles drückte der politischen Organisation der Gesellschaft, den Formen der Demokratie den Stempel auf. Wir alle befanden uns im Zustand der Kriegsbereitschaft. Unter diesen Bedingungen hat der Sozialismus nur sein erstes Wort im Sinne der Entwicklung der Demokratie gesprochen. Wir glauben an unsere Gesellschaftsform. Sie hat das Land und das Volk aufgerichtet. Das ist eine Lektion der Geschichte. Das Bessere ist des Guten Feind, wie man bei uns sagt.

Aber wir ziehen die Wahl anderer Völker nicht in Zweifel. Ich will den Hauptgedanken aussprechen: Wir hängen unserer Gesellschaftsform an, unserem System, aber respektieren die Wahl anderer, darunter die der BRD. Lassen Sie uns leben und zusammenarbeiten. Je rascher wir zu diesem Schluss kommen, umso besser. Wir müssen die militärische Konfrontation verringern, das Vertrauen stärken.

[19] Die beiden letzten Sätze in Gorbačev, Sobranie 9, S. 178 mit „oder" anstelle „Andernfalls" verbunden.

Wir legen nicht nur unsere Philosophie dar, sondern wir schlagen eine reale Politik vor. Wir tun dies sowohl innerhalb unserer Gesellschaft als auch auf der internationalen Bühne. Aber im Westen ist das Bild vom „russischen Bären" verbreitet, der versucht, seine Krallentatze aufzulegen.

Als ich in Washington war,[20] brachte man auch dort dieses Thema in der Presse: „Die Russen kommen". Dieses Mal hat sich allerdings niemand aus dem Fenster gestürzt, wie das seinerzeit Forrestal getan hat.

F. J. Strauß: Soweit mir bekannt ist, empfinden die Amerikaner für Sie große Sympathie. Das Journal „Time" hat Sie zum „Mann des Jahres" gewählt.[21] Ich möchte die Gelegenheit benutzen und Ihnen zu dieser verdienten Anerkennung gratulieren.

M. S. Gorbačev: Wir haben einen historischen und einen philosophischen Exkurs vorgenommen. Das war sozusagen zum Aufwärmen, zum Kennenlernen. Aber was tun wir weiter? Welche Schritte wollen wir unternehmen im Interesse der Sicherheit Europas?

F. J. Strauß: In Ihrer Darstellung der Welt gibt es eine ganze Reihe von Punkten, mit denen man übereinstimmen kann. Es gibt jedoch auch Punkte, zu denen ich eine andere Meinung habe, unterschiedlich zu der Ihren. Das betrifft unter anderem die Vorgeschichte des Zweiten Weltkrieges. Aber eine Diskussion über dieses Thema würde uns wegführen von der Hauptlinie unseres Gesprächs. Obgleich ich nur erinnern möchte an jenen Pakt, der im August 1939 hier im Kreml unterzeichnet worden ist.[22]

Historische Wahrheit ist auch, dass die Politik Stalins letzten Endes die Amerikaner nach Europa geholt hat. Es gab immerhin eine Phase, als sie 90% ihrer Truppen aus Europa abgezogen hatten.

Wichtig ist etwas anderes. Sie sprachen von der Auswirkung der wissenschaftlich-technischen Revolution auf die menschliche Gemeinschaft. Ich denke, dass sich in den letzten 70 Jahren der von der Menschheit angesammelte Umfang des Wissens auf dem Gebiet der Naturwissenschaften verdoppelt hat. Bis 1917 oder 1920 gab es ein bestimmtes Niveau, doch heute ist es um das Zweifache überschritten. Wir durchlaufen eine Phase der Beschleunigung des menschlichen Wissens. Die Geschichte bewegt sich fürwahr mit Siebenmeilenstiefeln voran. Für den Krieg darf es keinen Platz mehr geben, unser gesamtes Dasein sträubt sich aktiv gegen ihn.

Ich habe die Geschichte nicht als Auflistung irgendwelcher Ereignisse studiert, sondern als Etappen auf dem Wege der Entwicklung der menschlichen Zivilisation. Ich bin zutiefst davon überzeugt, dass die Zeit der Kriege und Revolutionen in den industriell entwickelten Staaten für immer vorüber ist.

[20] 7.–10. 12. 1987, vgl. Gorbačev, Sobranie 9, S. 84–147. Der INF-Vertrag wurde am 8. 12. unterzeichnet, Text u. a. unter http://www.state.gov/www/global/arms/treaties/inf2.html.

[21] TIME, amerikanisches Wochenmagazin seit 1923. Gorbačev wurde 1987 und 1989 zur „Person des Jahres" gekürt.

[22] „Hitler-Stalin-Pakt" (deutsch-sowjetischer Nichtangriffspakt) vom 23. 8. 1939, mit Geheimem Zusatzprotokoll. Dokument als Faksimilé aus dem PA AA u. a. publiziert in 100(0) Schlüsseldokumente zur deutschen Geschichte im 20. Jahrhundert, http://www.1000dokumente.de/index.html?c=dokument_de&dokument=0025_pak&object=translation&st=&l=de.

Heute ist die Situation die, dass wir nach Osten blicken. Als Politiker, der in seiner langen Lebenszeit vieles gesehen hat, muss ich sagen, dass wir uns in den letzten Jahren unter dem Einfluss der Impulse befinden, die von Moskau ausgehen und die Generalsekretär Gorbačev gibt.

Die BRD möchte ebenso wie die Sowjetunion ein endgültiges Kreuz über die chemischen Waffen machen. Kompliziert ist die Frage der Kontrolle. Aber wir, unsere Chemiker, können hier effektive Arbeit leisten.

Den in Washington unterzeichneten Vertrag über die Mittel- und Kurzstreckenraketen,* der die Vernichtung von 3% des Kernwaffenarsenals vorsieht, sollte als Startzeichen, als Beginn eines Prozesses der Reduzierung und Beseitigung der Waffenarsenale betrachtet werden. Andernfalls hätte dieser Vertrag keinerlei Sinn.

Ich persönlich würde es begrüßen, wenn die Abrüstung gleichzeitig für alle Rüstungskategorien beginnen würde. Ich bin kein Anhänger von Teillösungen, obwohl sie natürlich auch etwas für sich haben.

Jetzt stehen die strategischen Offensivwaffen auf der Tagesordnung. Das ist im Grunde eine Angelegenheit der beiden Großmächte. Uns in der BRD interessiert am meisten die Problematik der chemischen Waffen, die Verringerung der konventionellen Rüstung auf ein möglichst niedriges Niveau, aber auch der Kernwaffen kurzer Reichweiten. Ich bin kein leidenschaftlicher Befürworter der „doppelten Null",[23] aber nach Abschluss des Vertrags über die Mittelstreckenraketen bilden die „kurzen" Raketen für die BRD und die DDR die Hauptbedrohung.

M. S. Gorbačev: Ich glaube nicht, dass ein Politiker Ihres Zuschnitts gegenüber den strategischen Offensivwaffen gleichgültig ist. Das betrifft alle.[24]

F. J. Strauß: Sie haben mich falsch verstanden. Natürlich bin ich interessiert an einer Reduzierung der strategischen Offensivwaffen. Aber das Wichtigste wäre für mich eine prozentuale Reduzierung aller Waffengattungen.

M. S. Gorbačev: Ich nehme das zur Kenntnis.[25]

F. J. Strauß: Wenn wir die europäische Geschichte nehmen, dann wurden im Verlaufe von 2500 Jahren auf unserem Kontinent fast ununterbrochen Kriege geführt. Dann brach nach dem 8. Mai 1945 eine Periode an, in der es keine Kriege mehr gab. Das Erscheinen der Atomwaffe, die Einsicht in die Folgen, zu denen ihre Anwendung führen kann, machen den Krieg unmöglich.

Bei den Militärs aber auch bei einigen Politikern gibt es eine fatale Theorie, die in Folgendem besteht. Wenn im Laufe von 2500 Jahren sich Hunderte von Kriegen ereigneten, dann ist auch ein neuer Krieg sehr wahrscheinlich. Wenn das so ist, dann muss man sich bemühen, ihn nach Möglichkeit auf ein kleines Territorium und auf eine geringe Menge verwendeter Waffen zu begrenzen.

Für uns ist ein solcher Ansatz absolut inakzeptabel, weil unter diesem begrenzten Territorium nur die BRD oder die DDR verstanden werden kann. Wir treten nicht für eine Reduzierung der geographischen Grenzen eines wahrscheinlichen Krieges ein, sondern dafür, ihn aus unserem Bewusstsein auszuschließen, ihn un-

[23] „Doppelte Nulllösung" meint die Einbeziehung der Short Range Intermediate Nuclear Missiles in die Abrüstungsvereinbarungen. Vgl. Oberdorfer, The turn, S. 222f.

[24] Dieser Einwurf Gorbačevs fehlt in Gorbačev, Sobranie 9, S. 179.

[25] Dto.

möglich zu machen. Für uns ist jeder Krieg inakzeptabel – ob totaler oder begrenzter, atomarer, halbatomarer oder konventioneller Krieg. Ihn nicht zuzulassen – das ist es, was wir von der Politik erwarten. Diese Aufgabe liegt jedoch nur in der Kraft von politischen Handlungsträgern, nicht von Militärs. Wir haben ein gemeinsames Interesse – einen Krieg zu vermeiden.

Sie, Herr Generalsekretär, haben viel von der Furcht vor dem „russischen Bären" beseitigt. Das ist ein gewaltiger psychologischer Durchbruch. Wir werden stets jeden Schritt in diese Richtung begrüßen. Ich habe diesen Standpunkt in meinen zuweilen äußerst scharfen Diskussionen mit den Generälen der NATO immer verteidigt.

M. S. Gorbačev: [Lenin sagte, dass es in Diskussionen wichtig ist, nicht nur den Standpunkt seiner Anhänger, sondern auch die Meinung des Klassenfeindes zu beachten. Der sieht Schwächen und Mängel besser, als wir selbst. Natürlich möchte ich Sie nicht als Gegner betrachten. Daher sind Ihre Aussagen für mich von Interesse.][26] Ich stelle Ihnen die zentrale Frage unseres Gesprächs. Sie haben gesagt, dass für die UdSSR, die BRD und die DDR Krieg in jeglicher Form inakzeptabel sei und dass im Falle eines Krieges diesen Ländern ein nicht wieder gutzumachender Schaden zugefügt würde. Es gibt allerdings Leute, die sich das von außen anschauen wollen. Aber sie sollen nicht denken, dass wir nicht imstande sind, ihre Absichten zu erraten.

F. J. Strauß: Ein Krieg ist absolut unvorstellbar und unkalkulierbar und darf nicht geführt werden.

M. S. Gorbačev: Daraus muss man den Schluss ziehen, dass andere Beziehungen zwischen der UdSSR und der BRD nötig sind.[27] Wir schenken der Entwicklung unserer Beziehungen mit der BRD ständige Beachtung und hören aufmerksam auf die Meinung, die man uns gegenüber in Bonn äußert. Aber manchmal entsteht der Eindruck, dass die Bundesregierung amerikanischer sein möchte als die Amerikaner selbst.

F. J. Strauß: Es ist nicht schwer, sich so zu verhalten.

M. S. Gorbačev: Als Deutschland und Russland zusammenarbeiteten, herrschte in Europa Ordnung. Das ist eine Lektion der Geschichte. Wir sagen der Bundesregierung und wir haben kürzlich dem Bundespräsidenten gesagt, dass wir eine neue Seite in den Beziehungen zwischen der UdSSR und der BRD aufschlagen möchten.[28] Wir haben die Führer der BRD dazu eingeladen, darüber nachzudenken. Ist die Regierung der BRD reif für neue Beziehungen? Bisher hören wir keine klare Antwort.

F. J. Strauß: Ich bitte Sie, mich richtig zu verstehen, ohne irgendwelche Kränkung. Wenn ich nicht davon überzeugt wäre, dass dies Ihre eigenen Gedanken sind, dann hätte ich sofort gesagt, dass Sie eine Anleihe bei mir gemacht haben. Ich habe immer gesagt, dass, wenn zwischen Russen und Deutschen gute Beziehungen bestanden, ihre Völker glücklich waren. Aber wenn sie aufeinander losgegangen sind, dann hat das sowohl ihnen selbst als auch anderen Völkern Unglück gebracht.

[26] Zusatz gem. Gorbačev, Sobranie 9, S. 179. Die Auslassung in der Vorlage nicht kenntlich gemacht.
[27] In Gorbačev, Sobranie 9, S. 179 Satz gekürzt: „Es sind andere Beziehungen zwischen der UdSSR und der BRD notwendig."
[28] Dokument Nr. 16.

Ich habe bereits gesagt, dass die wichtigste Schlussfolgerung der Gegenwart darin besteht, dass sich in den letzten Jahren der Umfang der wissenschaftlichen Erkenntnisse verdoppelt hat. Wir befinden uns an der Schwelle zur dritten industriellen Revolution. Dies ändert die Lage qualitativ. Alle ideologischen Streitigkeiten und Meinungsverschiedenheiten führen zu nichts.

Vor einiger Zeit habe ich in einem offenen Gespräch den polnischen Außenminister[29] gefragt, wie es mit dem seinerzeit von Chruščev gesteckten Ziel stehe, 1980 den Westen einzuholen und ihn 1990 zu überholen.[30] Er antwortete mir, man solle über reale Dinge sprechen und nicht über Ideologie.

Ich möchte Ihnen eine kühne Frage stellen: Wie wird die Sowjetunion in 10 oder 20 Jahren als Resultat der Politik der Perestrojka aussehen? Wie stellen Sie sich Ihren künftigen Staat vor?

M. S. Gorbačev: Ich wollte Sie in unsere Pläne einweihen und habe auf Ihre Frage gewartet.[31] Ich hole weit aus und beginne mit der Problematik der Abrüstung. Bei der Aufstellung unseres Programms, die Welt bis zum Jahre 2000 von Kernwaffen zu befreien, haben wir uns von realen Dingen leiten lassen.[32] Wir laden nicht nur zum Dialog ein, sondern übersetzen unsere Vorschläge in reale Politik. Dies betrifft die nukleare, chemische und konventionelle Rüstung.

Wir sind nicht naiv und haben nicht angenommen, dass man sofort auf unsere Vorschläge reagiert. Natürlich nicht! Die ersten Schritte sind besonders schwer. Aber man muss sie tun und den Weg der realen Rüstungsreduzierung in der Weise beschreiten, dass gleiche Sicherheit für alle – für die UdSSR, die USA, die BRD, für ganz Europa – erhalten bleibt.

Wir glauben, dass der Abrüstungsprozess ins Stocken gerät und nicht vorangeht, wenn die Amerikaner oder Westeuropäer besorgt sind. Es ist inakzeptabel, dass einer den anderen betrügt, überlistet, ausspielt. Das wird immer ans Licht kommen. Wir wissen alles übereinander oder fast alles.

Ein Zweites: Gleichzeitig mit dem Aktionsprogramm unternehmen wir auch praktische Schritte, zeigen Flexibilität und Kompromissbereitschaft.

Davon zeugen die Resultate von Stockholm-1.[33] Wir haben uns auf die Vernichtung der Mittel- und Kurzstreckenraketen[34] verständigt, sind zu Kompromissen bei den Fragen der Kontrolle gelangt und haben in dieser Phase die Kernwaffenpotentiale Frankreichs und Englands unberücksichtigt gelassen. Eben deshalb ist der Vertrag möglich geworden und wir haben ihn mit Präsident Reagan unterzeichnet.

Auf der Tagesordnung stehen nicht nur die strategischen Offensivwaffen, sondern auch das Problem der chemischen Waffen und der konventionellen Rüstung. Wir sind bereit, uns auch mit diesen Problemen auf realistische Weise zu befassen, indem wir aufeinander zugehen. Wir hoffen, dass andere nicht teilnahmslos zusehen, sondern diesen Prozess aktiv unterstützen werden.

[29] Marian Orzechowski.
[30] Parteiprogramm der KPdSU vom 31. 10. 1961 (22. Parteitag).
[31] Der 2. Teilsatz fehlt in Gorbačev, Sobranie 9, S. 179.
[32] Erklärung Gorbačevs vom 15. 1. 1986, Gorbačev, Sobranie 3, S. 205–217.
[33] Vgl. Dokument Nr. 8, Anm. 22.
[34] In der Vorlage abgekürzt RSD und RMD.

F. J. Strauß: Die BRD ist keine große Macht. Deshalb wird ihr Einfluss vielleicht nicht so bedeutend sein, wie wir das gerne hätten.

M. S. Gorbačev: Der Einigungsprozess in Bezug auf die chemischen Waffen ist derzeit wegen der USA ins Stocken geraten; darüber hinaus haben sie England unter Druck gesetzt. Wir haben in Washington direkt darüber gesprochen. Wir haben erreicht, dass die Frage der chemischen Waffen in unsere gemeinsame Erklärung aufgenommen wurde. Darum haben wir so scharf auf die in den USA angenommene Entschließung über die Produktion von binären chemischen Waffen reagiert.[35] Wir können mit Ihnen auf diesem Gebiet viel tun. Unsere Interessen sind hier deckungsgleich. Wir können zu einer Konvention über das völlige Verbot der chemischen Waffen gelangen.

Wir sind bereit, mit Ihnen auch auf dem Gebiet der Reduzierung konventioneller Waffen zusammenzuarbeiten. Ich wiederhole, was wir Präsident Reagan gesagt haben: Diese Waffen beunruhigen die Europäer. Wenn sie die Europäer beunruhigen, dann ist dies für die UdSSR eine ernste Angelegenheit.

In der Politik handeln wir so, dass kein einziger Schritt der Sicherheit Westeuropas schadet. Wir sind selbst Europäer; wir werden alles tun, um das Ausmaß der Konfrontation zu verringern.

Man sagt derzeit, dass die UdSSR einseitige Abrüstungsschritte in Europa unternehmen müsse. Das ist die falsche Fragestellung. Setzen wir uns an den Verhandlungstisch und legen wir die Karten auf den Tisch. Und es wird alles offenbar werden – wo, wie und bei wem ein Übergewicht besteht. Das ist die einzige richtige Vorgehensweise.

Ich nenne Ihnen einige Zahlen. Der Warschauer Pakt besitzt etwa 20000 Panzer mehr, die NATO hat etwa 1400[36] Kampfflugzeuge mehr. Die NATO hat mehr Hubschrauber. Es heißt, der Warschauer Pakt habe ein Übergewicht in Zentraleuropa. Das stimmt. Aber die NATO hat ein Übergewicht an der Südflanke, und zwar in allen Kategorien. Und der Balkan stößt an unsere Grenze.

F. J. Strauß: Sie haben wahrscheinlich die Balkanregion, die Türkei und Griechenland im Auge?

M. S. Gorbačev: Die NATO übertrifft dort den Warschauer Pakt[37] bei Frontflugzeugen im Verhältnis 1:2,6; bei Kampfhubschraubern im Verhältnis 1:5,8; bei der Artillerie im Verhältnis 1:1,9. Wozu sage ich das? Ja, es gibt Ungleichgewichte, Asymmetrien. Aber im Ganzen herrscht ungefähr Parität.

Wir schlagen vor, die gesamte Problematik mit Hilfe eines „Reduzierungspaketes“ zu lösen. Lassen Sie uns die Ungleichgewichte beseitigen, Asymmetrien abbauen. Wir sind bereit, diese Probleme konkret zu erörtern.

Wir sind bereit, auch über die Schaffung eines breiten Korridors auf der Berührungslinie der beiden Blöcke nachzudenken und von dieser Linie die Streitkräfte beider Seiten abzuziehen. Hier sind wir ebenfalls bereit, auf einer realistischen

[35] Bei der binären Technik entsteht der Kampfstoff durch Vermischung verschiedener Substanzen erst nach dem Abschuss von Raketen u.a., was u.a. die Kontrolle von Abrüstungsvereinbarungen erschwert.

[36] Gem. Strauß, Erinnerungen, S. 558: 14000.

[37] In der Vorlage abgekürzt OVD.

Grundlage vorzugehen und in gebotenem Maße die Sicherheitsinteressen aller Seiten zu berücksichtigen.

Sie haben über die taktischen Nuklearwaffen gesprochen. Wir erklären unsere Bereitschaft zu ihrer vollständigen Abschaffung. Das heißt, wir gehen hier völlig auf Null. In Anbetracht dessen, dass diese Waffen eine „Doppelfunktion" haben, schlagen wir vor, dies alles gemeinsam mit den konventionellen Waffen zu diskutieren.

Wir sind bereit, auch andere Varianten zur Lösung dieser Frage zu erwägen. Ich glaube, die BRD ist in diesen Fragen näher bei uns. Sie haben gesagt, dass die Kurzstreckenraketen auf Ihr Territorium fallen würden. Wenn die BRD auf ihre wichtigsten Verbündeten einwirken würde, dann wäre es möglich, eine konstruktive Lösung zu finden. Aber generell ist es nötig, dass beide Blöcke so handeln, dass sie über Kräfte verfügen, die nur zur Verteidigung, aber nicht für Angriffsaktionen ausreichen.

Gestern im Gespräch bei Ševardnadze haben Sie die Frage gestellt, was geschieht, wenn sich die Amerikaner aus Westeuropa zurückziehen. Wie werden wir handeln?

F. J. Strauß: Mich interessiert, wie reagiert die Sowjetunion, wenn die Amerikaner in Übereinstimmung mit den Westeuropäern einen Teil ihrer Streitkräfte aus Westeuropa abziehen. Wird das ein Beitrag zur Verringerung der Konfrontation sein?

Ich betrachte die These, dass die Sicherheit Europas ohne die Anwesenheit amerikanischer Streitkräfte auf dem Kontinent nicht möglich sei, als ein Dogma, das sich überlebt hat. Bei uns gerät manch einer in Panik, wenn er hört, dass die Amerikaner daran denken, aus Europa, sagen wir, eine Brigade abzuziehen. Ich vertrete eine völlig entgegengesetzte Meinung. Meiner Ansicht nach ist es absolut widernatürlich, dass der oberste Kommandierende der NATO-Streitkräfte in Europa ein amerikanischer General ist.

M. S. Gorbačev: Zu diesem Thema habe ich mich in Warschau in meiner Rede auf dem Kongress der PORP geäußert.[38] Wir bleiben Anhänger dieser Position. Dies ist auch ein Teil des Prozesses, die Konfrontation abzubauen. Wir haben nicht vor, zu überfallen und Krieg zu führen. Wir haben selber genug Sorgen. Generell ist Krieg für uns aus Sicht unserer Prinzipien inakzeptabel.

F. J. Strauß: Ich sehe eine Aufgabe darin, die militärischen Elemente aus der politischen Landschaft zu verdrängen. Dann wird es zweifellos leichter sein, auch Abrüstungsfragen zu lösen.

M. S. Gorbačev: Der Umstand, dass unsere Meinungen bei einigen Fragen übereinstimmen, bedeutet keineswegs, dass ich sie – wie Sie gesagt haben – von Ihnen abgeschaut habe. *(Heiterkeit)*

F. J. Strauß: Ich wollte auf diese Weise nur die Übereinstimmung unserer Ansichten unterstreichen. Das ist an sich schon ein großes Plus.

M. S. Gorbačev: Wenn[39] sich dies so verhält, dann möchte ich eine direkte Frage stellen. Für uns, und nicht nur für uns, sind viele Erklärungen der Bundesregierung Gegenstand ernsthaften Nachdenkens.

[38] Rede auf dem 10. Parteitag der PORP am 30. 6. 1986, in: Gorbačev, Sobranie 4, S. 254–264.
[39] Russisch „esli", in Gorbačev, Sobranie 9, S. 180 „koli", mit selber Bedeutung.

Einerseits hören wir Beteuerungen, man wünsche, die Beziehungen zur Sowjetunion und mit den anderen sozialistischen Ländern auszubauen. Aber wir hören auch Überlegungen über die „Grenzen von 1937“, [über] die „Ostgebiete“, [über] die Ungelöstheit der deutschen Frage, [über][40] die Wiederherstellung der Rolle Berlins als Reichshauptstadt.

Was bedeutet das? Wir hören das alles, darunter auch von Herrn Strauß. Wenn dies Politik ist, dann führt sie in eine politische und logische Sackgasse.

Das Reden über die offene deutsche Frage ist schon lange gegenstandslos geworden. Je öfter und hartnäckiger davon geredet wird, umso strengere und wirksamere Sicherheitsgarantien werden gefordert werden, um eine normale Lage in Europa aufrecht zu erhalten. Dieses ganze Gerede erregt Verdacht. Denn wenn es irgendjemandem in den Kopf kommt, dies zu realisieren, wie wird dann alles ausgehen?[41]

Wir laden Sie ein, den Weg der Zusammenarbeit zu beschreiten. Die Nachkriegsfragen sind gelöst. Die Lösungen tragen den Stempel der konkreten Lage. Überlassen wir dies der Geschichte.

Wenn die BRD davon ausgeht, dann eröffnen sich Möglichkeiten für eine politische und wirtschaftliche Zusammenarbeit. Die Reserven für die Politik der BRD liegen im Osten, aber nicht im Westen und in der „Dritten Welt“. Ich zerre Sie nicht zur Zusammenarbeit, aber ich lade Sie ein, dass wir uns aufeinander zubewegen. Das ist die Kernfrage!

F. J. Strauß: Ich möchte noch einmal mit meiner ganzen Überzeugung als Christ hervorheben, dass wir uns niemals erlauben werden, politische Fragen mit Hilfe von Gewalt zu lösen. Wir werden niemals zum Schwert greifen, um politische Fragen zu lösen. Hitler hat am eigenen Leib erfahren, wozu das führt.

In aller Verantwortlichkeit versichere ich Ihnen, dass in der BRD niemals eine politische Führung auftreten wird, die meint, Probleme mit Hilfe von Krieg oder anderen gewaltsamen Methoden entscheiden zu müssen.

Als Verteidigungsminister habe ich mich stets an die Soldaten der Bundeswehr mit den Worten gewandt, ihre Aufgabe bestehe nicht in der Mitwirkung bei der Lösung politischer Probleme, sondern in der Verteidigung des Staates gegen Gewalt. Der Beruf des Soldaten, so sagte ich, trage einen grundlegenden Widerspruch in sich. Ein Mensch ergreife einen herkömmlichen Beruf, um ihn wirklich auszuüben. Soldaten aber müssten daran denken, ihren Beruf niemals zur Anwendung gelangen zu lassen.

Was die deutsche Einheit angeht, so muss man den großen Unterschied sehen zwischen den historisch entstandenen Fakten und den juristischen, den rechtlichen Positionen.

Ich war niemals ein Befürworter eines Friedensvertrags. Vor 30 Jahren haben wir eine Erklärung abgegeben, dass Deutschland an einer Friedenskonferenz nur gleichberechtigt teilnimmt.[42]

[40] Ergänzungen gem. Gorbačev, Sobranie 9, S. 181.
[41] Anstelle des „?“ in Gorbačev, Sobranie 9, S. 182 ein Punkt.
[42] Zu entsprechenden Debatten der späten 1950er Jahre vgl. die „Berliner Erklärung“ vom 29. 7. 1957 sowie die Bundestagsdebatte vom 20.–25. 3. 1958 (Erklärung in: DzD III, 3/2, S. 1304–1308).

M. S. Gorbačev: Hier klagen Sie Stalin an, aber er war für ein geeintes, demokratisches Deutschland. Er hat sogar die Wahl zwischen der NATO und einem geeinten Deutschland vorgeschlagen. Sie haben die NATO gewählt.[43]

F. J. Strauß: Ich weiß davon. Wir forcieren die Frage der Wiedervereinigung Deutschlands nicht. Es können zehn, fünfzig oder hundert Jahre vergehen. Aber wir wissen, dass sich der Schlüssel zur Lösung dieses Problems in Moskau und nicht in Washington befindet.

M. S. Gorbačev: Für die Geschichte ist es gleichgültig, was in der 1949 verabschiedeten Verfassung der BRD steht.

F. J. Strauß: Die Idee eines Friedensvertrags hat mir auch deshalb nicht gefallen, weil wir im Falle seines Zustandekommens Reparationen zahlen müssten.

M. S. Gorbačev: Man merkt den wahrhaft deutschen Sinn fürs Praktische. *(Heiterkeit)*

F. J. Strauß: Als ich das erste Mal in Albanien war und mit dessen Führern sprach, sagten sie mir, dass die BRD verpflichtet sei, Albanien 10 Mrd. Dollar zu zahlen, wenn sie mit Tirana diplomatische Beziehungen aufzunehmen wünsche. Ich habe ihnen daraufhin gesagt, ihr könnt bei ihrer Forderung bleiben und wir blieben bei unseren Dollars.

Wir werden auch künftig an der Möglichkeit der Einheit der deutschen Nation in den beiden deutschen Staaten festhalten und dies als Aufgabe betrachten, die uns von der Geschichte auferlegt worden ist. In eben diesem Rahmen wird sich unsere „deutsche Politik" verwirklichen.

In der Politik hatte ich es nicht leicht. Bis zum Tod Adenauers war ich der zweite, nach seinem Tode der erste politische Amtsträger, der zur Zielscheibe für alle möglichen verleumderischen Angriffe und Beleidigungen wurde.

M. S. Gorbačev: Wahrscheinlich war dabei etwas Objektives. Denn so einfach gibt es das ja nicht.

F. J. Strauß: Ich habe in diesem Zusammenhang niemals nur eine Seite für schuldig gehalten. Dies ist selbstkritisch; ich bin immer so mit mir umgegangen.

M. S. Gorbačev: Ich begrüße eine solche Einstellung. Die Hauptsache ist, wir gehen vorwärts und nicht zurück.

F. J. Strauß: Im Juli 1983 erhielt ich eine Einladung Honeckers in die DDR, um mit ihm einige Wirtschaftsfragen zu besprechen.[44] Wie durch einen Wink mit dem Zauberstab verwandelte ich mich von einem „Ungeheuer" in einen rechtschaffenen Realpolitiker, darunter auch in den Massenmedien der DDR.

Ich werde Ihnen eine Anekdote erzählen. Ich habe in Halle einen mir bekannten Professor. Er erzählte mir, er habe seinerzeit in einer Rede bei sich an der Universität mitgeteilt, Strauß werde auf Einladung Honeckers in die DDR kommen, mit ihm zusammentreffen, ein Gespräch führen und zu seinen Ehren werde ein Essen gegeben. Einer der „orthodoxen" Mitarbeiter in der Universität erklärte ge-

[43] Die folgende Diskussion zur Deutschlandpolitik fehlt in Gorbačev, Sobranie 9, S. 182–184; dort lange Ausführungen Gorbačevs über Perestrojka und Wirtschaftspolitik. Stalin-Note vom 10. 3. 1952 u. a. in: Jürgen Zarusky (Hg.), Die Stalin-Note vom 10. März 1952. Neue Quellen und Analysen, München 2002, S. 197–200.

[44] Vgl. das Gespräch Honecker und Strauß in Hubertusstock am 24. 7. 1983, in: Potthoff, Koalition, S. 145–157.

genüber diesem Professor, dass Strauß nicht einmal von Honeckers Hausmeister einer Einladung für würdig befunden werde, geschweige denn von diesem selbst. Buchstäblich einen Monat später war ich Gast bei Honecker und der mit mir befreundete Professor fragte seinen Opponenten: „Was ist jetzt Honecker? Hausmeister oder Vorsitzender des Staatsrats der DDR?"

Kürzlich hat Honecker mich in München besucht.[45] Die Zeiten ändern sich. Ich weiß nicht, vielleicht habe auch ich selbst mich geändert. Von außen sieht man das besser ...

[46]**M. S. Gorbačev:** In Bezug auf die Ratgeber aus dem Westen handeln wir nach dem Prinzip: Der Schriftsteller schreibt ein wenig, der Leser liest ein wenig, und das Leben geht selbst seinen Gang.[47] In der Politik darf man sich nicht mit Abenteurertum beschäftigen. Wir werden den Konservativismus, die Methoden der Kommandoverwaltung überwinden und gegen den Bürokratismus kämpfen. Aber wir werden keine Etappen überspringen. Wir gehen getrennte Wege sowohl von den Konservativen als auch von den Abenteurern ... [...].[48]

Wir werden auch weiterhin den Prozess der Perestrojka vertiefen. Das braucht unsere Gesellschaft. Die Perestrojka ist in keiner Weise eine Bedrohung für unsere Nachbarn.

F. J. Strauß: Wir wünschen Ihnen Erfolg auf diesem Weg, wobei wir uns von egoistischen Motiven im positiven Sinn des Wortes leiten lassen. Ihre Perestrojka trägt objektiv und subjektiv dazu bei, dass das Gefühl der Angst voreinander verschwindet. Ich bin nicht der Meinung, dass die inneren Reformen der Sowjetunion zum Schaden anderer Länder sind und – wie das die Amerikaner zu vermitteln suchen – die Einmischung der Sowjetunion in die Angelegenheiten anderer Regionen fördern ...

Die Amerikaner bilden sich ein, wenn sie in irgendein Entwicklungsland ein Bändchen ihrer Verfassung und die Bibel bringen und dort etwas bauen, was dem Kapitolshügel ähnlich sieht, dass dieses Land blitzschnell seine Probleme lösen und auf dem Weg des Aufbaus des „American way of life" voranschreiten wird.

Ich hatte Gelegenheit, mich nicht nur einmal mit Amerikanern über die Probleme der „Dritten Welt" zu unterhalten und gelangte zu dem Schluss, dass bei ihnen insbesondere über Afrika derartig naive Vorstellungen herrschen wie bei Kindern im Vorschulalter.

M. S. Gorbačev: [Ich habe Reagan offen gesagt: Wenn Sie denken, dass Amerika der glänzende Tempel auf dem Hügel ist, dass alle auf die Knie fallen und beten sollen, dann irren Sie sich. Jedes Volk hat das Recht auf seine Wahl. Und Amerika muss sich von seiner missionarischen Rolle verabschieden. Als der Präsident versuchte, die Sowjetunion anzuklagen, sagte ich: Sie, Herr Präsident, sind kein Staatsanwalt, und ich bin kein Angeklagter. Lassen Sie uns kein Anklageregister zusammenstellen, sondern nachdenken, wie wir auf dieser Welt leben. Und

[45] Vgl. das Gespräch Strauß und Honecker in München am 11. 9. 1987, ebd., S. 657–661.
[46] Ab hier Entsprechung mit der Überlieferung in Gorbačev, Sobranie 9, S. 184 f.
[47] Letzter Teilsatz gem. Gorbačev, Sobranie 9, S. 184 eigener Satz.
[48] Gem. Gorbačev, Sobranie 9, S. 184 weitere Ausführungen Gorbačevs über die für 1988 geplante Parteikonferenz sowie die Funktion der Räte in der UdSSR.

das Gespräch setzte sich konstruktiv fort.][49] Mit dem Präsidenten der USA hatten wir einen Meinungsaustausch über regionale Konflikte und gelangten zu der Schlussfolgerung, dass wir unterschiedliche Standpunkte einnehmen. Unser Kurs besteht darin, sowohl in Kambodscha als auch im Nahen Osten, in Afghanistan und in Zentralamerika danach zu streben, eine politische Regulierung zu erreichen.

Wir haben vorgeschlagen, die gegenwärtige Lage zu bewerten. Und sie sieht so aus: Überall wächst das Bestreben, Konflikte mit politischen Mitteln beizulegen. Lasst uns die Autorität und den Einfluss von UdSSR und USA nutzen, diese politische Tendenz zu unterstützen. Und wir verkünden diese Losung nicht nur, sondern bringen auch konkrete Vorschläge ein. Die Reaktion der Amerikaner war, zurückhaltend ausgedrückt, unrealistisch. Doch am Ende des Besuchs sprachen sie sich für eine Fortsetzung des Meinungsaustausches aus.

Ich muss sagen, wir haben Amerika in Bewegung gesehen. In der Gesellschaft dort kursieren interessante Ideen.

F. J. Strauß: Unser Gespräch hat einen ausnehmend inhaltsreichen und umfassenden Charakter. Wir treten für eine allseitige Entwicklung der Beziehungen der BRD zur Sowjetunion ein. Wir sehen darin das wichtigste Element der politischen Landschaft in Europa. Die Regierung von Bayern ist außerordentlich daran interessiert, die wirtschaftliche und wissenschaftlich-technische Zusammenarbeit mit der Sowjetunion auszubauen. Ihre Spezialisten sind bei uns stets willkommene Gäste; ich erinnere mich mit Vergnügen an die interessanten Gespräche mit ihnen.[50]

M. S. Gorbačev: Eine solche Zusammenarbeit könnte man erfolgreich auf der Grundlage gegenseitigen Nutzens aufbauen. Generell ist die Entwicklung wirtschaftlicher, wissenschaftlich-technischer und kultureller Verbindungen eine gute Grundlage für die Festigung des Vertrauens.

F. J. Strauß: Wir gehen davon aus, dass Ihr offizieller Besuch in der BRD in überschaubarer Zeit stattfinden wird. Ich würde mich sehr freuen, Sie für einen Tag oder wenigstens für einen halben Tag als meinen Gast in München zu begrüßen. Wir können bei der Aufstellung des Programms auf Kanzler Kohl „mit bayerischem Charme und Druck" einwirken.[51]

M. S. Gorbačev: Ich hatte bereits die Gelegenheit die BRD zu besuchen, namentlich Nürnberg, Frankfurt am Main, Stuttgart und Saarbrücken.[52] In München und übrigens auch in Bonn war ich bisher noch nicht.

F. J. Strauß: Bayern – das ist so etwas Ähnliches wie Georgien oder die Region Stavropol'. Es wird Ihnen dort bestimmt gefallen.

M. S. Gorbačev: Ich hoffe, dass das bevorstehende Jahr 1988 von der Ausweitung des konstruktiven politischen Dialogs zwischen der UdSSR und der Bundesrepublik sowie dem Ausbau der Kontakte und Begegnungen zwischen beiden Ländern gekennzeichnet sein wird.

[49] Gorbačev, Sobranie 9, S. 185. Auslassung in der Vorlage nicht kenntlich gemacht.
[50] Diese Passage mit leichten Abänderungen auch in Gorbačev, Sobranie 9, S. 566, Anm. 141.
[51] Diese Aussage auch in Gorbačev, Sobranie 9, 566, Anm. 142.
[52] Vgl. Dokument Nr. 16, Anm. 27.

F. J. Strauß: Herr Generalsekretär, mir hat dieser sachliche und zwanglose Meinungsaustausch mit Ihnen so gut gefallen, dass ich mir erlaube, Ihnen vorzuschlagen, ihn in schriftlicher Form fortzusetzen. Ich hoffe, dass Sie nichts dagegen haben werden, wenn ich Ihnen manchmal, sollte ein starkes Bedürfnis zu einem Gedankenaustausch entstehen, einen Brief sende.

M. S. Gorbačev: Ich nehme Ihren Vorschlag an. Ich wünsche Ihnen interessante und inhaltsreiche Begegnungen in Moskau.[53]

* Der Washingtoner [INF-]Vertrag über Mittel- und Kurzstreckenraketen ([8. 12.] 1987) sah die Beseitigung der Raketen mittlerer und kürzerer Reichweiten vor.

Archiv der Gorbačev-Stiftung. Bestand 1, Verzeichnis 1.

[53] Der Schlusssatz fehlt in Gorbačev, Sobranie 9, S. 185.

1988

Nr. 20
Gespräch Gorbačevs mit dem Ministerpräsidenten von Baden-Württemberg, Späth, am 9. Februar 1988 [Auszug][1]

Aus dem Gespräch M. S. Gorbačevs mit L. Späth

9. Februar 1988

(An der Begegnung nahm der Berater M. S. Gorbačevs, A. S. Černjaev, teil.)[2]

[...].[3] **L. Späth:** Es gibt ein kompliziertes Problem, das uns sehr beunruhigt und wo die Sowjetunion uns helfen kann. Bei uns zeigt sich eine schwache Stelle, sobald wir in der Politik aktiver werden.

Es geht um Westberlin, um seinen Viermächtestatus. Ich spreche rein theoretisch. Wir brauchen nur anzufangen, ein wenig aktiver in der einen oder anderen Richtung zu agieren, dann fangen die USA, Frankreich und England – wenn ihnen diese Linie nicht gefällt – sofort damit an, auf das besondere Risiko hinzuweisen, das mit Westberlin verbunden ist. Wir hätten gerne, dass die Sowjetunion zur Vermeidung von Missverständnissen beginnt, sich Westberlin von den gleichen realen Positionen zu nähern, von denen aus sie an andere Fragen herangeht.

Ich schaue auf die Berliner Lage ebenso real wie auf andere Situationen. Wir müssen pragmatisch an solche Situationen herantreten. Für uns ist es sehr wichtig, dass unsere westlichen Partner uns nicht mit ihren Aktivitäten in Bezug auf den Status Westberlins behindern.

M. S. Gorbačev: Sie haben auf der theoretischen Ebene gesprochen und ich werde mich auf der praktischen äußern.[4] Ich habe bereits sowohl Präsident Weizsäcker als auch Genscher gesagt:[5] Das, was wir heute vorfinden, das sind die Nachkriegsrealitäten.

Es ist eine ganze Reihe von Verträgen geschlossen worden, die nur dann einen Sinn haben, wenn man sie respektiert. Wir wissen, dass viele von ihnen nicht begeistert sind. Aber man muss sie als Realitäten behandeln. Ich habe dem Bundespräsidenten gesagt, dass man die Lösung dieser Fragen der Geschichte überlassen müsse.

Zu diesen Realitäten zähle ich auch Westberlin. Wir werden die Politik verantwortlich betreiben. Man sollte nicht versuchen, einander zu betrügen oder ir-

[1] Auch in Gorbačev, Sobranie 9, S. 296–304 (ohne Ausführungen Späths). Knappe Auszüge in Gorbačev, Erinnerungen, S. 702 f. Vgl. ferner die Diskussion im Politbüro am 11. 2. 1988, in: Gorbačev, Sobranie 9, S. 312. Vgl. Mengele, Wer zu Späth, S. 104–111; Meyer-Landrut, Mit Gott, S. 217.

[2] An dem Gespräch nahm von russischer Seite auch Kamencev teil, von deutscher Seite Meyer-Landrut und ggf. Mengele, vgl. Mengele, Wer zu Späth, S. 106. Späth hielt sich vom 8.–11. 2. 1988 in der UdSSR auf.

[3] Gem. Gorbačev, Sobranie 9, S. 296–301 Ausführungen Gorbačevs über deutsch-sowjetische Beziehungen, deren Stellenwert und über den sowjetischen Wunsch nach Verbesserung der Beziehungen, dazu Bilanz des Besuchs von Strauß im Dezember 1987, über die Rolle Späths und zur Europa- und Abrüstungspolitik.

[4] Dieser Satz fehlt in Gorbačev, Sobranie 9, S. 301.

[5] Dokumente Nr. 5 und Nr. 16.

gendwo zu überlisten. Früher oder später kommt die List an den Tag, aber sie erzeugt Misstrauen, das über Jahre und sogar Jahrzehnte weiterlebt.

Unsere Position ist klar. Wir haben gute Beziehungen mit der DDR. Wir wünschen gute Beziehungen mit der BRD und Ruhe in Bezug auf Westberlin. Was wollen Sie noch von uns?

L. Späth: Auch wir wollen gute Beziehungen mit der DDR.

M. S. Gorbačev: Man braucht gute, wohlwollende Beziehungen. Ein anderes Herangehen bringt ernste Komplikationen. Wir sind der Meinung, dass die Entwicklung Europas auf einem Weg des Friedens die Möglichkeit auch für eine weitere Verbesserung der Beziehungen zwischen der DDR und der BRD eröffnet. Beschränkungen, Hindernisse treten dann auf, wenn die Spannung zunimmt.

L. Späth: Derzeit bestehen zwischen den beiden deutschen Staaten pragmatische Beziehungen. Es wäre gut, wenn die Sowjetunion, wie ich schon gesagt habe, beginnen würde, sich pragmatisch auch zu Westberlin zu verhalten. Ohne dies ist es für uns nicht einfach, eine konstruktive, offensive Politik zu betreiben.

Wenn es Divergenzen über irgendwelche andere bedeutende Fragen gibt, dann ruft das bei uns keine psychologische Belastung hervor, da es sich um die wechselseitigen Beziehungen zwischen zwei entgegengesetzten Gesellschaftssystemen handelt. Nervosität beginnt sich nur dann einzustellen, wenn es darum geht, ob dieser oder jener Schritt ein Risiko für Westberlin nach sich zieht. Dies hat einen historischen, emotionalen Hintergrund.

M. S. Gorbačev: Ich habe bereits gesagt,[6] dass man von einer realistischen Position auf die Dinge schauen muss. Wenn gute Beziehungen zwischen der UdSSR und der BRD, zwischen der BRD und der DDR und zwischen der DDR und der Sowjetunion bestehen, dann wird auch die Lage in Bezug auf Westberlin ruhig sein. [...].[7]

Archiv der Gorbačev-Stiftung. Bestand 1, Verzeichnis 1.

[6] Die einleitende Wendung fehlt in Gorbačev, Sobranie 9, S. 302.

[7] Gem Gorbačev, Sobranie 9, S. 302–304 folgen Ausführungen über die Möglichkeiten deutscher Beziehungen mit dem „Osten“, über einen Besuch Gorbačevs in der BRD 1989 und über ein entsprechendes Abschlussdokument, danach Informationen über Perestrojka und Wirtschaftspolitik.

Nr. 21
Protokoll der Sitzung des Politbüros vom 14. April 1988 [Auszug][1]
Auf der Sitzung des Politbüros des ZK der KPdSU
14. April 1988

Über [das Treffen mit dem Präsidenten der Sozialistischen Internationale,][2] Brandt[3]

Gorbačev: Mein Treffen mit ihm* hat sich in zwei wichtigen Richtungen als sehr umfassend erwiesen: in Bezug auf die BRD und in Bezug auf die internationale Sozialdemokratie – die Sozialistische Internationale.

1. Die sowjetisch-westdeutschen Beziehungen wurden im Gespräch fast nicht angesprochen. Brandt wahrte das Dekorum: Er war als Vertreter der internationalen Sozialdemokratie hierher gekommen und nicht als westdeutscher Führer (um sich nicht in die offiziellen Kompetenzen der Führung seines Landes [und seiner Partei][4] einzumischen).

Jedoch ermöglichte uns allein die Tatsache eines Treffens mit ihm (in der Zeitgeschichte der BRD ist Brandt eine sehr bedeutende Persönlichkeit), ein wenig jene[5] im Übrigen sehr nützliche Schräglage zu korrigieren, die wir in letzter Zeit in Bezug auf die CDU-CSU und die Liberalen eingenommen haben.

2. Es ergab sich eine große Aktion hinsichtlich der Sozialistischen Internationale. Hier ist Brandt bis auf Weiteres eine konkurrenzlose Persönlichkeit mit sehr hoher Autorität.

Er musste sich davon überzeugen – und er hat dies weder im Gespräch noch danach bei den Kontakten mit der Presse und mit seinen Kollegen verheimlicht – dass die Perestrojka dauerhaft ist und wir keine Anstalten machen, davon abzugehen und stehen zu bleiben, ebenso wie in der Außenpolitik.

Eben deshalb musste ich einen großen Teil der Zeit unseren innenpolitischen Angelegenheiten widmen. Als Ergebnis wurde Brandt, laut den Informationen, die chiffriert eingegangen sind,[6] tatsächlich in der Meinung bestärkt, dass der Kurs der Perestrojka verlässlich ist. Und das hat ihn, wie ich sagen muss, beunruhigt. Das Gespräch begann er mit der Erwähnung des Artikels in „Sovetskaja Rossija".**

[1] Auch in V Politbjuro, S. 286–290, hier S. 289f.; Gorbačev, Sobranie 10, S. 267–269 folgt weitgehend der Version von V Politbjuro. Vgl. Gorbačev, Erinnerungen, S. 1000; Bahr, Zu meiner Zeit, S. 557f.; Brandt, Erinnerungen, S. 414f., 418–422.

[2] Zusatz gem. V Politbjuro, S. 289.

[3] Vgl. Anm. 1. Brandt war auf Einladung des ZK der KPdSU in Moskau. Am Gespräch nahmen Bahr, Pronk und Lindenberg, von sowjetischer Seite Dobrynin, Zagladin und Černjaev teil. Gesprächsprotokoll vom 5. 4. 1988 in: Gorbačev, Sobranie 10, S. 178–192 (ohne Ausführungen Brandts). Die deutsche Übersetzung des russischen Gesprächsprotokolls in Brandt, Berliner Ausgabe, Band 10, S. 324–341.

[4] Zusatz gem. Gorbačev, Sobranie 10, S. 268.

[5] In V Politbjuro, S. 289 und Gorbačev, Sobranie 10, S. 268: „die".

[6] Das bezieht sich auf Mitteilungen des KGB.

Den [Antwort]artikel[7] in der „Pravda" hatten die Deutschen noch nicht geschafft, zu lesen [(das Gespräch fand am Tag der Publikation des Artikels statt).][8] [9]

3. Bei den internationalen Fragen war von vornherein[10] bekannt, dass wir keine prinzipiellen Divergenzen haben: weder im Hinblick auf SDI noch im Hinblick auf SNV*** noch in Bezug auf chemische und konventionelle Waffen. Hier nehmen die westdeutschen Sozialdemokraten eine positive Haltung ein. Das Treffen hat dazu beigetragen, die Nähe der Auffassungen zu bekräftigen.

Übrigens, ich habe gesagt, dass es nicht schlecht wäre, wenn man beim nächsten Rat der Sozialistischen Internationale[11] oder auf dem Kongress (1989)[12] damit aufhören würde, die UdSSR und die USA mit gleichem Maß zu messen. Es scheint, dass Brandt dies ernst genommen hat. Generell beabsichtigt er, laut den Informationen, die von ihm und seiner Umgebung aus der BRD eintreffen, die Ergebnisse unserer Begegnung bei der Vorbereitung der Ratssitzung der Internationalen im Mai in Madrid gründlich zu berücksichtigen und – wie er in seinem Kreis gesagt hat – eine „Perestrojka" beim Herangehen der Sozialistischen Internationale an die UdSSR zu erreichen.

Außerdem wird derzeit ein neues Programm der Sozialistischen Internationale vorbereitet, das sich, wie Brandt erklärt, von Grund auf vom bisherigen unterscheiden wird, das 1951 angenommen wurde. Dieses war eng verwoben mit dem „Kalten Krieg", mit dem Antikommunismus und Antisowjetismus. Auch in diesem Sinne fand unsere Begegnung gerade zur rechten Zeit statt.

4. Position zum „Runden Tisch".**** Im Prinzip treten sie für ein gesamteuropäisches Forum unter Beteiligung der unterschiedlichsten Kräfte ein. Aber anscheinend haben sie sich mit den Italienern (mit Natta) abgesprochen und wollen nicht, dass die kleinen kommunistischen Parteien daran teilnehmen, zumindest nicht aus den Ländern, wo [die Sozialdemokraten][13] in der überwältigenden Mehrheit sind.

Es ist gelungen, sie ein wenig von dieser Position abzubringen. Wir haben vereinbart, das Problem „Runder Tisch" auf bilateraler Basis zu analysieren. Die Sache lohnt sich. Das ist ein gewaltiges Segment der öffentlichen Meinung Europas.

5. Mit einem Wort, eine solche Begegnung war nötig. Immerhin handelt es sich um den sehr großen Block der Arbeiterbewegung und generell der werktätigen Massen, insbesondere Westeuropas. Die Parteien der Sozialistischen Internationale (es gibt 70) zählen mehr als 20 Millionen Menschen und haben die Unterstützung von über 120 Millionen Wählern. Man muss fortfahren, sie an das Neue Denken, an die Unterstützung unserer Perestrojka, an die Zerstörung des „Feindbildes" heranzuführen. Fortfahren auf kluge Weise, mit Feingefühl und nach den Prinzipien der Gleichberechtigung.

[7] Zusatz gem. Gorbačev, Sobranie 10, S. 268 und V Politbjuro, S. 289.
[8] Zusatz gem. Gorbačev, Sobranie 10, S. 268 und V Politbjuro, S. 289.
[9] S. Anm. **.
[10] Russ. „zaranee"; in V Politbjuro, S. 289 und Gorbačev, Sobranie 10, S. 268: „napered" mit gleicher Bedeutung.
[11] 11.–12. 5. 1988 in Madrid. Vgl. Gorbačev, Sobranie 10, S. 594 f., Anm. 200.
[12] Stockholm, 20.–22. 6. 1989. Ebd.
[13] Zusatz gem. V Politbjuro, S. 290 und Gorbačev, Sobranie 10, S. 269.

6. Ideologische Unterschiede. Sie bleiben bestehen, hier sind in verschiedenen Ausgestaltungen sachliche, prinzipielle Diskussionen möglich und von Zeit zu Zeit zweckmäßig. Aber natürlich nicht in den früheren Formen, die die Feindschaft zwischen Kommunisten und Sozialdemokraten geschürt haben.

Übrigens hat Brandt, als er das Vorhandensein von Meinungsverschiedenheiten anmerkte, hinzugefügt, dass – seiner Meinung nach – in letzter Zeit der Abstand zwischen Kommunisten und Sozialdemokraten[14] zu schrumpfen beginne.

* Im Verlaufe der Begegnung zwischen M. S. Gorbačev und Willy Brandt [am 5. April 1988] wurde das Problem der Beziehungen zwischen der UdSSR und der BRD praktisch nicht berührt. Brandt als Vorsitzenden der Sozialistischen Internationale und unbestrittenen Führer der größten Sozialdemokratischen Partei in Europa interessierten in erster Linie die internationale Lage und die Perestrojka in der UdSSR.
** Gemeint ist der am 13. März 1988 in der Zeitung „Sovetskaja Rossija" veröffentlichte Artikel von Nina Andreeva „Ich kann nicht meine Prinzipien aufgeben", der aus einer Position des Stalinismus eine Kritik an der Perestrojka enthält. Der Artikel rief im Lande erbitterte Diskussionen hervor. Eine scharfe Antwort auf den Artikel Andreevas erfolgte im Auftrag des Politbüros in einem Leitartikel der „Pravda" vom 5. April.
*** Strategische Verteidigungsinitiative (SDI) – ein [am 23. 3. 1983 offiziell lanciertes] langfristiges Programm zur Erlangung der militärischen Herrschaft im Kosmos und zur Verhütung eines Raketenangriffs auf die USA. 1983 von R. Reagan angekündigt. SNV: Strategische (atomare) Offensivrüstung.
**** Es handelt sich um die damals erörterte Idee, ein gesamteuropäisches Treffen der linken Parteien durchzuführen.

Aufzeichnung A. S. Černjaev, Archiv der Gorbačev-Stiftung. Bestand 2, Verzeichnis 2.

Nr. 22
Gespräch Gorbačevs mit dem SPD-Vorsitzenden Vogel am 11. Mai 1988 [Auszug][1]

Aus dem Gespräch M. S. Gorbačevs mit H.-J. Vogel*[2]

Moskau 11. Mai 1988

M. S. Gorbačev: Aufrichtig begrüße ich Sie und Ihre Genossen im Zentralkomitee der Partei. Ich möchte gleich sagen: Wir wissen sehr zu schätzen, wie sich die Beziehungen mit der SPD gestalten. Es scheint mir, dass die Beziehungen zwischen der KPdSU und der SPD bereits ein selbständiges, großes Thema[3] bilden. Das Wichtigste ist: Weder wir noch Sie haben durch die Entwicklung solcher Beziehungen irgendetwas verloren, sondern vieles gewonnen. Wir sind nicht zur Fi-

[14] In Gorbačev, Sobranie 10, S. 269 und V Politbjuro, S. 290: „zwischen ihnen".

[1] Auch in Gorbačev, Sobranie 10, S. 381–391 (ohne die Ausführungen Vogels). Vgl. Vogel, Nachsichten, S. 261–263; Meyer-Landrut, Mit Gott, S. 219.

[2] Am Gespräch nahmen von deutscher Seite Koschnick und Voigt sowie Meyer-Landrut, von sowjetischer Seite Dobrynin, Zagladin, Rykin und Černjaev teil. Vogel war vom 10.–13. 5. 1988 in der UdSSR.

[3] Gem. Gorbačev, Sobranie 10, S. 381 anstelle „Thema": Wert, Größe.

liale der SPD geworden und Sie nicht zur Filiale der KPdSU. Indem unsere beiden Parteien selbständige Positionen einnehmen, drücken sie ihre eigene Meinung aus und der Austausch bringt beiden Seiten nur Nutzen.

Wir haben viele Freunde in der BRD und in der SPD. Wir schätzen ihre Meinung. In unserer schnelllebigen Zeit der Umbrüche mit vielen Gefahren stellt die Möglichkeit eines Dialogs auf hoher Ebene einen großen Wert dar. Im Geiste der entstandenen Traditionen sind wir bereit, diesen Dialog auszubauen und zu vertiefen. Er hilft uns festzulegen, wo wir stehen und worüber wir verfügen. Auf der Grundlage des Erreichten möchten wir auch unser jetziges Gespräch führen und dabei weiter voranschreiten.

Ich begrüße Sie nochmals und erteile Ihnen als Gast das Wort.[4]

H.-J. Vogel: Ich danke Ihnen für die Bewertung der Beziehungen zwischen unseren Parteien und stimme ihr zu. Vor fünf Jahren hätten selbst Optimisten nicht gedacht, dass der jetzige Zustand dieser Beziehungen möglich wird.

Wir kennen unsere Grenzen und übertreiben nicht unsere eigene Bedeutung. Doch die Normalisierung der Beziehungen zwischen der UdSSR und der BRD ist vor allem eine Leistung der Sozialdemokraten, meines Vorgängers im Amt des Vorsitzenden, Brandt, mit dem Sie kürzlich ein umfassendes Gespräch hatten.[5] Er hat mich genau darüber informiert und mich gebeten, Ihnen seine Grüße zu übermitteln.

M. S. Gorbačev: Danke.[6]

H.-J. Vogel: Menschen meiner Generation sind besondere Gefühle und Erinnerungen eigen, wenn man an der Kremlmauer steht, vor dem Grabmal des Unbekannten Soldaten. Vor wenigen Minuten, als wir diesen Ort besuchten, erinnerten wir uns der Ereignisse der Jahre 1941–1945. Sie haben uns liebenswürdigerweise Zeit zur Verfügung gestellt. Und wir möchten sie auf richtige Weise nutzen. Wir würden gern folgende Themen erörtern.

Erstens – die innere Entwicklung der Sowjetunion. Sie wissen, mit welcher Aufmerksamkeit und Sympathie wir die Perestrojka verfolgen. Wir würden gern von Ihnen detaillierter eine Bewertung des Verlaufs, der Schwierigkeiten und Perspektiven der Perestrojka hören, welchem Widerstand sie begegnet und womit wir helfen können. Diese Politik ist auch in unserem Interesse. Nicht nur aus Nächstenliebe wünschen wir ihr Erfolg.

Zweitens – Fragen zur Gewährleistung des Friedens und der Sicherheit. Was ist weiter zu tun? Was könnten die SPD, die Bundesregierung tun? Wir möchten auch Fragen des „Gesamteuropäischen Hauses" berühren, die die Köpfe der Menschen stark beschäftigen und wir möchten unsere Meinungen austauschen über die bilateralen Beziehungen zwischen der UdSSR und der BRD. Wenn Sie nichts dagegen haben, könnten wir auch die Beziehungen zwischen den beiden deutschen Staaten ansprechen. Von unserer Seite sind wir bereit, eine Analyse der innenpolitischen Lage der BRD und ihrer Perspektiven abzugeben.

Ich möchte auch bei den Beziehungen zwischen SPD und KPdSU verweilen. Wir haben eine Reihe konkreter Vorschläge zu unseren Kontakten, darunter auch

4 Dieser Satz fehlt in Gorbačev, Sobranie 10, S. 381.
5 Dokument Nr. 21.
6 Der Einwurf fehlt in Gorbačev, Sobranie 10, S. 381.

solche, die über den Rahmen unserer gemeinsamen Arbeitsgruppe hinausgehen. Wenn Zeit bleibt, könnte man einige Worte über die Krisenregionen sagen. Vor eineinhalb Monaten war ich in den USA; hier gibt es einige Eindrücke. Mit einem Wort: der Themenkatalog ist ziemlich umfangreich. Aber die Möglichkeit, mit Ihnen zu sprechen, ergibt sich nicht jeden Tag.

Ich wiederhole: Die Politik der Perestrojka verfolgen wir Sozialdemokraten mit großer Aufmerksamkeit und unbedingter Sympathie. Im Laufe von drei Jahren haben sich große Veränderungen vollzogen. Offen gesagt, ich habe nicht geglaubt, dass sich die „Pravda“ bei uns gut verkaufen würde. Wir wollen uns nicht in Ihre Angelegenheiten einmischen und übertreiben auch nicht unsere Bedeutung. Aber wir würden gern hören, wo wir helfen können; denn als Partei liegt uns der Erfolg der Perestrojka am Herzen ...

Als ich vor einigen Wochen mit Živkov sprach, hörte ich von ihm, dass ein Scheitern der Perestrojka eine Katastrophe wäre, nicht nur für die Sowjetunion, sondern für ganz Europa, für uns alle. Ich kann ihm nur zustimmen. So steckt in den Erfolgswünschen für Sie auch unser eigener Egoismus. ... [...].[7]

M. S. Gorbačev: Sie haben von der Sympathie Ihrer Partei gegenüber der Perestrojka gesprochen. Wie sehen wir die tatsächliche Haltung zur Perestrojka im Westen? Anfangs reagierte man dort sehr positiv. Aber, wie es sich jetzt herausstellt, hat der Westen einfach nicht daran geglaubt, dass die Perestrojka ernst gemeint und langfristig sei. Und wie da gewisse Zentralen in Unruhe geraten sind! Der Sozialismus, den man sich anschickte „auf den Müllhaufen der Geschichte zu befördern“, zeigt eine neue Dynamik. Es stellt sich heraus, dass sich im „Reich des Bösen“ eine Demokratisierung entwickelt und von dort Abrüstungsinitiativen ausgehen. Und wo bleibt das „Feindbild“? Die gesamte Konzeption, auf der Politik und Propaganda aufbauen, bricht zusammen.

Nach Reykjavik kam aus Washington Panik.[8] In Brüssel[9] sprach man nicht darüber, wie man den Prozess der Abrüstung vorantreiben könne, sondern kanzelte Reagan ab, der sich angeblich am Gängelband des Neuen Denkens der Russen befinde und sich als Narr erwiesen habe. Man sagte dort, man könne nicht länger hinnehmen, dass die Initiative in den Händen der Sowjets bliebe. Thatcher übte Selbstkritik wegen ihres „Beitrags“ zur Popularisierung Gorbačevs. Und hören Sie sich die Rede Reagans am Vorabend des Besuchs an! Man musste ihn etwas abkühlen.[10] Es ist also so, dass Perestrojka und Neues Denken durchaus nicht allen gefallen. Hier müssen wir Realisten sein. Aber in Kreisen der Öffentlichkeit, unter Intellektuellen und im Volk finden Perestrojka und Neues Denken großen Widerhall. Schauen Sie, dieses Phänomen mit meinem Buch „Perestrojka“.[11] Die Auflage erreicht bereits 4–5 Millionen.

[7] Gem. Gorbačev, Sobranie 10, S. 381–385 ausführliche Darlegungen Gorbačevs über Sinn, Ziele, Entwicklung und Stand der Perestrojka.

[8] Gem. Gorbačev, Sobranie 10, S. 386: „Nach [den Gipfeln in] Reykjavik, Washington, kam die Panik“.

[9] Sitz des NATO-Hauptquartiers.

[10] Das bezieht sich gem. Gorbačev, Sobranie 10, S. 386 mit Anm. 281 auf das Gespräch Gorbačevs mit Shultz am 22. 4. 1988 (ebd., S. 295–309). Gipfeltreffen Gorbačevs mit Reagan in Moskau vom 29. 5.–1. 6. 1988.

[11] Gorbačev, Perestrojka i novoe myšlenie: dlja našej strany i dlja vsego mira, Moskau 1987.

H.-J. Vogel: In der BRD nimmt Ihr Buch auf der Bestsellerliste schon seit langem den ersten Platz ein.

M. S. Gorbačev: Für mich ist wichtig, warum dieses Buch ein solches Echo gefunden hat. Offenkundig ist die Welt müde geworden und wartet auf eine Wende zum Besseren. Hier liegt der Grund für die Popularität des Buches. Wir werden voller Zuversicht und konsequent handeln, [12]obgleich es jetzt sehr schwer ist, Gespräche zu allen Aspekten zu führen.

Den Amerikanern fällt eine neue Herangehensweise schwer. Sie versuchen immer noch, aus einer Position der Stärke heraus zu agieren. Irgendwer hat ihnen in den Kopf gesetzt (aber vielleicht haben sie das selbst beschlossen), dass „Gorbačev und seine Mannschaft" jetzt in einer schwierigen Lage seien und man aus ihnen mehr herauspressen kann. Nachdem wir eine Reduzierung der Interkontinentalraketen, der gefährlichsten Waffe, erreicht haben, gibt es Versuche, uns über den Weltraum und über eine Vermehrung der seegestützten Marschflugkörper den Rang abzulaufen – mit einem Wort,[13] dort, wo sie glauben, über einen Vorteil zu verfügen.

Es ist wahrscheinlich, dass die Welt und Amerika sich ändern werden. Wir haben genügend Verstand und Ausdauer. Aber wir werden weder Amerika noch dem Westen Ruhe gönnen. Dort müssen sie entweder auf eine nukleare und allgemeine Abrüstung eingehen oder sich selbst entlarven und offen eingestehen, dass sie die Befürworter des Militarismus sind.

H.-J. Vogel: Das ist wahrscheinlich die wichtigste Frage. Ihre Antwort klingt nüchtern und sachlich und hat uns, die wir Erfahrung in der Politik haben, sehr stark beeindruckt.

Das Verlassen des unbeweglichen, verknöcherten Zustands setzt die Kräfte des Volkes frei, verleiht Dynamik und wirkt letztlich zum Nutzen all Ihrer Menschen. Mit der Zeit wird Ihr Land eine weltpolitische Rolle spielen nicht nur auf Grund seiner militärischen Stärke, sondern auch gestützt auf die Effizienz der Wirtschaft, die Offenheit und Attraktivität der Gesellschaft.

Die Sowjetunion wird ihren Beitrag zur gemeinsamen Lösung der die gesamte Menschheit betreffenden Probleme ausbauen, die die Systemgrenzen überschreiten und sich von Jahr zu Jahr verschärfen. Ich verstehe darunter die Beseitigung der Massenvernichtungswaffen, die das Leben der Menschen als solches bedrohen, den Erhalt der Natur und die Bekämpfung der ökologischen Gefahren, insbesondere des Problems der Ozonschicht und des Klimawandels. Zu den für alle Menschen relevanten zähle ich auch die sozialen Fragen, die nicht nur innerhalb jedes einzelnen Volkes existieren, sondern die gesamte Menschheit angehen – die gegenseitigen Beziehungen zwischen Nord und Süd. Die Welt ist wirklich klein geworden, und für die Lösung all dieser Probleme sind entsprechende internationale Institutionen erforderlich.

In der Bundesrepublik und den USA gibt es eine nicht zu übersehende Minderheit, die einer offenen, attraktiven Sowjetunion das unbewegliche, verknöcherte

[12] Gem. Gorbačev, Sobranie 10, S. 386 hier bei gleichem Wortlaut neuer Satz.

[13] Diese Wendung fehlt in Gorbačev, Sobranie 10, S. 386. Der Satz ist dort geringfügig – ohne inhaltliche Änderungen – umgestellt.

Erscheinungsbild des realen Sozialismus vorziehen würde. Sie haben richtig gesagt, dass viel vom Verständnis der Menschen abhängt. Und wir nehmen im Westen Aufmerksamkeit und Hoffnungen wahr, die mit dem Führer der KPdSU verbunden sind. Die größten Erfolge haben Sie in der Abrüstungspolitik erzielt, indem Sie unerwartete Vorschläge vorgelegt oder einfach die Vorschläge des Westens angenommen haben. Ich muss selbstkritisch anmerken, dass man hier einfach nicht wusste, was man tun sollte und sich wie aufgeschreckte Hühner benahm.

Einen noch größeren Effekt auf noch breiterer Front können Sie erzielen durch den Prozess der Demokratisierung, durch Pluralismus, die Möglichkeit zu Kritik und Entfaltung von Eigeninitiative.

Hier am Tisch sitzen drei ehemalige Oberbürgermeister großer Städte. Die Selbstverwaltung unserer Städte und Gemeinden, die Wettbewerbsgeist und Vielfalt fördert, ist sogar für Europa, zum Beispiel für Frankreich, ungewöhnlich. Unsere örtliche Selbstverwaltung legt das ganze Ausmaß der Verantwortung für die gefassten Beschlüsse der Öffentlichkeit selbst auf.

Hinsichtlich der Wirtschaftsreform erinnerten Sie an die Absicht, dem Preis seine ökonomische Funktion zurückzugeben, was bei Ihnen lange nicht in hohem Ansehen stand. Dafür braucht man interessierte Menschen, die bereit sind, das Preisinstrument zu nutzen und ohne Blick „auf die Oberen" das Risiko auf sich nehmen, zu gewinnen oder zu verlieren. Eine solche Situation ist uns bekannt von der Währungsreform 1948 und von der Reform in China.

Thatcher sagte mir in sehr ausführlicher Form, dass ihr außerhalb Großbritanniens zwei Männer gefielen – Gorbačev und Schmidt. Freilich hat sie später ebenso ausführlich erläutert, dass man mit den Kommunisten dennoch etwas vorsichtiger sein müsse.

M. S. Gorbačev: Und wie steht es mit der Vorsicht gegenüber Sozialdemokraten?[14]

H.-J. Vogel: Zu dieser Frage hat sie auch eine sehr strikte Meinung, wenngleich aus anderen Gründen. … Thatcher hat sich gestern im Unterhaus sehr energisch für die Ratifizierung des Vertrags über die Mittel- und Kurzstreckenraketen ausgesprochen.

M. S. Gorbačev: Zurzeit klopft sie bei uns erneut wegen der Organisation eines Gegenbesuchs an.

H.-J. Vogel: Sie ist dafür aufgeschlossen, zwischen London und Moskau besondere Beziehungen in Gang zu bringen. Mit ihr muss man arbeiten wie mit Strauß.

M. S. Gorbačev: Strauß – ein sehr interessanter Gesprächspartner.[15]

H.-J. Vogel: Mir ist das aus 30jähriger Erfahrung im Umgang mit ihm bekannt. Ich habe mich schon vor langer Zeit dafür ausgesprochen, Strauß in der UdSSR zu empfangen und habe auf seine Reaktion auf die Gespräche in Moskau gewartet. Wie die Amerikaner sagen, Sie haben „so viel für so wenig" erhalten; mit Hilfe minimaler Mittel haben Sie große Werbung bekommen.

[14] Der Satz fehlt in Gorbačev, Sobranie 10, S. 386.
[15] Dokument Nr. 19.

M. S. Gorbačev: [Indem er die Pläne einer Reise in die UdSSR verwirklichte, wollte Strauß auch für seine Autorität arbeiten. Wir verstehen das.][16] In den wichtigsten Fragen war er deutlich. Er versteht die Bedeutung der Beziehungen zwischen der BRD und der UdSSR und hat seine Lektion schon damals gelernt, als man ihn mit erfrorenen Füßen aus Stalingrad evakuierte. Er hat uns mehrfach entschieden gesagt, dass man einen militärischen Konflikt in Europa nicht zulassen dürfe, dass dies Selbstmord wäre. Ich bin nicht geneigt, Strauß zu den verantwortungslosen Politikern zu zählen. Er hat seine konservativen Überzeugungen, aber er ist ein Realist. Man kann mit ihm Geschäfte machen.

H.-J. Vogel: Ich stimme Ihrem Urteil zu. Er will keinen Krieg, und das ist ernst gemeint. Gleichzeitig ist er oft unberechenbar. Man vergleicht ihn bei uns mit einem Hochleistungskraftwerk, in dem zuweilen die Kessel überkochen. Sie hätten ihn früher empfangen sollen, zum Beispiel 1975. Ich bin überzeugt, dass man dann in unseren gegenseitigen Beziehungen vieles hätte vermeiden können.

M. S. Gorbačev: Als die SPD an der Macht war, schlug sie eine neue „Ostpolitik“ vor, die in den bekannten Verträgen verwirklicht worden ist. Aus den Reihen der CDU und umso mehr von Seiten Strauß’ waren Rufe über Verrat zu hören. Wir erinnern uns daran. In Moskau hat sich Strauß nüchtern und realistisch zu den großen internationalen Problemen geäußert. Das bedeutet, die Welt ändert sich.

H.-J. Vogel: Einverstanden. In der Bibel heißt es, ein reuiger Sünder sei wertvoller als 99 Gerechte.

M. S. Gorbačev: Strauß zitierte im Gespräch seinen Vater, der zu ihm gesagt hat, nachdem Hitler an die Macht gekommen war: „Josef, dieser Mensch wird Deutschland zugrunde richten.“

H.-J. Vogel: Einige Worte zu den Fragen der Gewährleistung der Sicherheit. Wir messen dem Vertrag über die Mittel- und Kurzstreckenraketen große Bedeutung bei. Erstmals ist es gelungen, das Wettrüsten aufzuhalten. Wir sind überzeugt, dass der Vertrag in den USA ratifiziert werden wird. Wir glauben, dass die derzeitigen Schwierigkeiten nicht prinzipieller Natur sind. Wir sehen auch den Einfluss des Wahlkampfes und die Spannungen zwischen Senat und Weißem Haus. Jedoch würde ein Scheitern des Vertrags einen unvernünftig hohen Preis für die Autorität der Amerikaner bedeuten.

Auf dem Gebiet der SNV hoffen wir, dass die Ausarbeitung eines Abkommens bald abgeschlossen wird. Wir glauben, dass das Problem der Kontrolle der seegestützten Marschflugkörper gelöst werden kann. Wir sind von Anfang an entschieden gegen jede Art von Weltraumwaffen aufgetreten, wer immer sie auch besitzt. Wir brauchen Milliarden nicht im Weltraum, sondern auf unserer sündigen Erde zur Lösung der akuten Probleme.

Wir treten auch für ein vollständiges und allumfassendes Verbot der Chemiewaffen ein. Bei uns entsteht der Eindruck, dass die Schwierigkeiten bei den Kontrollfragen von der amerikanischen Seite ausgehen. Ihre Vorschläge auf diesem Gebiet sind weiter gegangen als die amerikanischen. Wir nennen dies den „Gorbačev-Effekt“. Zusammen mit der Regierung der DDR und der Regierung der

[16] Einschub gem. Gorbačev, Sobranie 10, S. 387.

ČSSR, die sich uns angeschlossen hat, hat die SPD den Vorschlag gemacht, in Zentraleuropa eine chemiewaffenfreie Zone zu schaffen.[17] Wenn es nicht gelingt, das vollständige Verbot dieser Waffen sofort zu erreichen, schlagen wir vor, die Möglichkeiten der Realisierung einer solchen Zone, einschließlich Kontrollfragen, im Laufe von drei, vier Jahren in der Praxis zu erproben

Unserer Meinung nach ist eines der wichtigsten Probleme derzeit die Abrüstung im konventionellen Bereich. Die Streitkräfte beider Bündnisse müssen nach unserer Überzeugung strukturell außerstande sein, offensive Aktionen durchzuführen. Es freut uns, dass derartige Konzeptionen von Seiten des Warschauer Paktes Unterstützung finden und dass diese von Genscher frei gehandhabt werden. Die bestehenden Asymmetrien unterliegen der Beseitigung. Sie haben in der DDR zu viele Panzer. Ich stimme zu, dass auch im Westen eine Überlegenheit vorhanden ist, zum Beispiel bei Flugzeugen. Diese Probleme müssen gelöst werden. Wir unterstützen Ihren Vorschlag über einen Datenaustausch bezüglich der konventionellen Waffen und der Streitkräfte. Aber warum laden Sie zu diesem Austausch nur die USA und nicht andere, europäische Staaten ein?

Unser zweites Projekt – ein atomwaffenfreier Korridor in Zentraleuropa mit einer Tiefe von 150 km auf jeder Seite.[18] Hier ist über die Artillerie auch die konventionelle Rüstung betroffen. Die Sowjetunion könnte einen neuen Impuls geben, indem sie ihre Bereitschaft erklärt, demonstrativ die Pionier-Ponton-Technik, die ausschließlich für offensive Aktionen bestimmt ist, in eine Tiefe von 300 bis 500 km zurückzuziehen.

Wir respektieren die Verknüpfung der Abrüstung im konventionellen Bereich mit den atomaren Systemen geringer Reichweite. Ich denke dabei an taktische Nuklearraketen mit einer Reichweite unter 500 km und atomare Gefechtsfeldwaffen. Im Bewusstsein der Komplexität dieses Problems bekennen wir uns zu neuen Null-Lösungen und zur völligen Zerstörung dieser Waffen. In der BRD zeichnet sich ein über die SPD hinausgehender Konsens in dieser Frage ab. Dies betrifft auch die Position Genschers und jüngste Äußerungen führender Vertreter der CDU in Washington. Wir begrüßen dieses neue Phänomen. Das Gewicht der BRD zugunsten einer vernünftigen Politik auf dem Gebiet der Abrüstung könnte sich erhöhen.

Entscheidende Bedeutung messen wir der Überwindung des „Feindbildes" bei. Wenn sich das Bewusstsein der Menschen nicht ändert, können wir nur auf vorübergehende Erfolge zählen. Wir müssen die Generäle mit ihren militärstrategischen Berechnungen aufmerksam beobachten. Beim Erstellen ihrer Analysen neigen sie manchmal dazu, auf die Kommissionen für militärische Geldzuweisungen zu schauen.

Einige Worte zu den militärischen Bündnissen. Für die überschaubare Zukunft werden sie ihre Funktionen behalten. Eine sozialdemokratische Regierung der BRD würde die Mitgliedschaft des Landes in der NATO nicht in Frage stellen.

[17] Das Konzept von Juni 1985 u.a. in: Für chemiewaffenfreie Zone in Europa: gemeinsame politische Initiative der Sozialistischen Einheitspartei Deutschland und der Sozialdemokratischen Partei Deutschlands, Dresden 1985; vgl. Sturm, Uneinig, S. 88f.

[18] Grundsätze für einen atomwaffenfreien Korridor in Mitteleuropa vom 21. 10. 1986, u.a. in: Neues Deutschland vom 22. 10. 1986, S. 4; vgl. Sturm, Uneinig, S. 88–92.

Wir treten für einen Strategiewechsel unseres Bündnisses ein, aber Tempo und Umfang dieser Veränderungen müssen unter Berücksichtigung ähnlicher Veränderungen in der Strategie des Warschauer Paktes festgelegt werden. Wir lehnen jeglichen deutschen Sonderweg ab. Auf der Grundlage absoluter Loyalität zu ihren Bündnissen und im geographischen Zentrum Europas liegend, trugen und tragen die Sozialdemokraten gemeinsam mit der Führung der DDR ihren Teil zur Erhaltung des Friedens bei.

M. S. Gorbačev: Ich danke Ihnen.[19] Ihre Ausführungen haben uns in unserer Meinung bestärkt, dass die SPD in der letzten Zeit einen konstruktiven Beitrag dazu geleistet hat, Wege zur Festigung des Friedens und der Abrüstung zu suchen. Wir schätzen das. Unser Dialog war stetig und regelmäßig. Wir wissen die klare Haltung der SPD in der Frage der Pershing-1-A zu schätzen.[20]

Es besteht jetzt die Möglichkeit, von realen Positionen aus jene Probleme voran zu bringen, bei denen SPD und KPdSU übereinstimmen ...

(Danach gingen die Gesprächspartner zur Erörterung des europäischen Prozesses und der bilateralen Beziehungen über.)[21]

H.-J. Vogel: Man muss das Bewusstsein der Menschen, die Psychologie ändern. Krieg ist kein Mittel der Politik, auch nicht ein Krieg mit konventionellen Waffen. Es ist bereits gelungen, nicht wenige Veränderungen zu erreichen. Daher unser realistischer Optimismus. Natürlich, die Menschen, die Sie erwähnt haben, existieren. Wir haben soeben Herrn Strauß in die konstruktive Kategorie eingeordnet. Aber wer bleibt denn dann noch übrig, zumindest in der BRD?

M. S. Gorbačev: Was Europa anbelangt, so kann es in dieser Umbruchszeit eine unentbehrliche Rolle spielen. Hier hat sich die meiste historische und intellektuelle Erfahrung angesammelt. Deshalb messen wir der europäischen Dimension unserer Politik eine so große Bedeutung bei. In Europa möchten wir bessere Beziehungen als bisher mit der BRD unterhalten. Seit dem Machtantritt der derzeitigen Koalition sind die Beziehungen zwischen unseren Ländern nicht nur stehen geblieben, sondern wir haben sogar etwas eingebüßt. Momentan verändern sich die Beziehungen zum Besseren. Dies ist im Interesse des sowjetischen Volkes und der Deutschen in der BRD, im Interesse Europas und der Welt.

H.-J. Vogel: Einige Worte zu Europa und den bilateralen Beziehungen. Sie haben als Erster die Worte „gemeinsames europäisches Haus" ausgesprochen. Diese finden unsere volle Zustimmung. Aber ich halte es für unnormal, dass die Vertreter des Kontinents, über den in Genf nicht zuletzt gesprochen wird,[22] nicht am Verhandlungstisch sitzen.

Wir treten für die Erweiterung des politischen Vereinigungsprozesses Europas ein. Wir glauben, dass die Schaffung des Binnenmarktes der Europäischen Gemeinschaft, der fast 350 Millionen Menschen umfasst, der friedlichen wirtschaftlichen Entwicklung einen Impuls verleihen wird. Die EG muss sich mehr um die

[19] Der Satz fehlt in Gorbačev, Sobranie 10, S. 387.
[20] Vgl. Dokument Nr. 17, Anm. 26.
[21] Gem. Gorbačev, Sobranie 10, S. 387–389 Ausführungen Gorbačevs v. a. zu Rüstungsfragen einschließlich SDI.
[22] Rüstungskontrollverhandlungen ab 12. 3. 1985 zwischen der UdSSR und den USA.

Sicherheit kümmern und hier mit einer Stimme sprechen. Die 2000-jährige blutige Erfahrung der Europäer – mit vielen furchtbaren Fehlern – ist sehr lehrreich.

Wir würden die Aufnahme offizieller Beziehungen zwischen dem RGW und der EWG begrüßen. Nach unserer Information besteht noch ein unbedeutendes Problem. Wir würden uns freuen, wenn es gelänge, dies noch während der Präsidentschaft der BRD in der EG zu lösen. Dies würde auch der Entwicklung der Beziehungen zwischen unseren beiden Ländern helfen. Wir haben unsere eigene Arbeitsgruppe zu europäischen Fragen gebildet.

Was unsere bilateralen Beziehungen angeht, so hat es Störungen gegeben. Wir haben kritisiert, was wir für nötig hielten. Ich möchte mich nicht wiederholen. Wir begrüßen den bevorstehenden Besuch Kohls in der UdSSR.[23] Natürlich wäre es gut gewesen, wenn die Umstände es erlaubt hätten, ihn vor ein, zwei Jahren stattfinden zu lassen. Wir erwarten Ihren Besuch in der BRD. Es wäre nützlich, wenn das Besuchsprogramm außer Bonn auch andere Städte, insbesondere Düsseldorf, einschließen würde.

Die wirtschaftliche Zusammenarbeit nimmt im gesamten Komplex unserer Beziehungen nach wie vor einen der führenden Plätze ein. Dies ist in Verbindung mit den Veränderungen in Ihrem Land umso aktueller. Wir begrüßen die soeben erzielte Vereinbarung zwischen der sowjetischen Seite und der „Deutschen Bank“, obwohl wir mit ihr nicht immer übereinstimmen.[24]

Man könnte viel auf dem Gebiet der Ökologie tun. Nicht wenige Möglichkeiten bestehen im Bereich der kulturellen Zusammenarbeit. Viele westdeutsche Städte bekunden den Wunsch, partnerschaftliche Verbindungen mit der UdSSR herzustellen. Die Leitung von Wolfsburg hat sich an mich mit der Bitte gewandt, ihre Vorschläge zur Herstellung von Kontakten mit Tol'jatti weiterzuleiten.[25] Derartige Beziehungen würde man auch auf Schulen, auf den Betriebsrat des „Volkswagen“-Werks und den Austausch von Personen ausdehnen. Ich übergebe Ihnen dieses Material.

Im Bereich der Wirtschaft haben wir bisher nur einen kleinen Teil der Möglichkeiten wahrgenommen. Seitens mittlerer und kleiner Firmen in der BRD besteht die Bereitschaft, Beziehungen direkt mit Ihren Unternehmen anzuknüpfen unter Umgehung des langen bürokratischen Weges von Koordinationsmaßnahmen, die zu viel Zeit kosten. Erforderlich sind konkrete Entscheidungen, und dann kann Quantität in Qualität übergehen.

Zwei konkrete Fragen möchte ich stellen. Die uns nahestehende [Friedrich-]Ebert-Stiftung hat die Möglichkeit, 20 bis 30 Plätze für junge sowjetische Manager der mittleren Ebene zur Verfügung zu stellen mit dem Ziel der theoretischen Ausbildung und Produktionspraxis in unserem Land sowie der Aneignung von

[23] Dokument Nr. 29.

[24] Anfang Mai gab die Deutsche Bank eine Absichtserklärung über die Gewährung eines Rahmenkredits ab, im Oktober kam es zum Abschluss über den Kredit über 3 Milliarden DM. Bereits im Mai 1987 hatte die Deutsche Bank mit der Außenhandelsbank und der Staatsbank der UdSSR ein Kooperationsabkommen über die Betreuung deutsch-sowjetischer Wirtschaftsprojekte geschlossen, vgl. Ju. P. Golicyn, Deutsche Bank: 125 let v Rossii, Moskau 2008, S. 162 f.; Stephan G. Bierling, Wirtschaftshilfe für Moskau. Motive und Strategien der Bundesrepublik Deutschland und der USA 1990–1996, Paderborn 1998, S. 34 f., 59–61.

[25] Gebiet Samara, Sitz der Lada-Werke.

Fertigkeiten im Umgang mit westlichen Unternehmen. In einigen Wirtschaftszweigen, insbesondere in der Schwerindustrie, wird das Rentenalter auf 57–58 Jahre heruntergesetzt. Die in Rente gehenden Ingenieure und Meister möchten ihre Erfahrung und ihre Kenntnisse anwenden. Sie könnten sie für 6 bis 8 Monate zu sich einladen. Ihnen geht es nicht um Geld, sondern um die Möglichkeit, Nutzen zu bringen.

Zwei Worte zu Berlin, Westberlin. Wir möchten, dass es in die wirtschaftliche Zusammenarbeit einbezogen wird. Mit Befriedigung stellen wir fest, dass im Bereich des Luftverkehrs Kontakte hergestellt worden sind. Es wäre bedauerlich, wenn diese Stadt keinerlei Vorteile von der allgemeinen Verbesserung der Beziehungen hätte.

M. S. Gorbačev: Ihre und unsere Gedanken gehen in die richtige Richtung – aufeinander zu. Wir sind für einen politischen Dialog auf Regierungsebene, für die Entwicklung wirtschaftlicher Verbindungen. Derzeit läuft bei uns der Umbau des Außenwirtschaftsbereichs. Man muss die Angelegenheit auf die Ebene konkreter Entscheidungen bringen. Noch gibt es Schwierigkeiten, aber ich denke, die Sache wird in Gang kommen. Wahrscheinlich werden wir im Zusammenhang mit der Vorbereitung des Kohl-Besuchs etwas fixieren können. Hinsichtlich Ihrer Vorschläge sehe ich keine Hindernisse, zu schauen, wie man die Möglichkeiten der Ebert-Stiftung nutzen kann. Was die Verbindungen zwischen den Städten angeht, so werden wir Ihre Vorschläge der Regierung übergeben.

Zu Westberlin. Das Beste, was wir haben, ist das Viermächteabkommen. Und es wäre gut, diese Balance nicht zu verletzen. Westberlin muss keine tote Stadt sein. Wir haben keine derartigen Ideen.

Ich möchte noch einen Gedanken über Europa äußern. Es ist notwendig, dass wir ein einheitliches Verständnis hinsichtlich eines bestimmten Problems herstellen. Wir hören: „Wir müssen die Spaltung Europas überwinden." Darunter wird etwas verstanden, das sich von dem unterscheidet, was wir im Sinn haben. Wir sagen: Lasst uns ein gemeinsames europäisches Haus bauen unter Respektierung der Souveränität, der Wahl der Gesellschaftsform und der territorialen Realitäten. Aber einige Forderungen nach der Überwindung der Spaltung Europas zielen darauf, dass einige Staaten verschwinden. Das ist unannehmbar und unrealistisch. Man muss auch in dieser Frage Realist sein.

H.-J. Vogel: Wir verstehen unter der Vereinigung Europas die Einheit dieses Kontinents im Rahmen der europäischen Gemeinschaft. Wir wollen in einem gemeinsamen europäischen Haus leben, wenngleich auf verschiedenen Etagen. Wir sind nicht für eine Revision der Grenzen. Wir sind dafür, dass die Grenzen ihre derzeitige Bedeutung verlieren, „durchlässiger" werden, die Menschen vereinen und nicht trennen. Gemeinsam mit der SED haben wir das Dokument „Der Streit der Ideologien und die gemeinsame Sicherheit" erarbeitet,[26] in dem wir nicht versuchen, die Unterschiede zwischen den Systemen zu verwischen. Das bringt nichts.

Wir möchten einen friedlichen Wettbewerb organisieren als ein belebendes Element sowohl für die Menschen als auch für die gemeinsame Lösung der die ge-

[26] Vgl. Dokument Nr. 2, Anm. 10.

samte Menschheit betreffenden Aufgaben. Ein solches gemeinsames Dokument ist ein historisches Ereignis. Seit 1917 haben Sozialdemokraten und Kommunisten in Deutschland nichts Vergleichbares unternommen. Ich übergebe Ihnen den Text dieses Dokuments.

M. S. Gorbačev: Ich habe ihn bereits gelesen, noch bevor Sie ihn unterzeichnet hatten.[27]

H.-J. Vogel: Das habe ich geahnt.

Was die Beziehungen zwischen den beiden deutschen Staaten betrifft, so verfolgen wir aufmerksam Ihre Äußerungen. Ihre Formulierung bei der Begegnung mit Weizsäcker,[28] dass die Geschichte die Antwort geben werde, findet unsere Anerkennung. Wir glauben auch, dass diese Formulierung nicht dem Vorhandensein der historischen, kulturellen, sprachlichen und geistigen Gemeinsamkeit der Deutschen widerspricht.

M. S. Gorbačev: Auch zu dieser Frage ist ein Austausch nützlich. Hier muss Klarheit herrschen. Meinerseits kann ich nur das bekräftigen, was ich früher gesagt habe. Wie Sie es bestimmt tun, so hören auch wir auf die Äußerungen unserer Partner und schauen anschließend, vergleichen sie mit den praktischen Dingen und ziehen unsere Schlüsse daraus. So werden wir auch in der gegebenen Frage verfahren.

Und noch eines.[29] In der Vergangenheit war es so:[30] Ob wir das wollen oder nicht, die Unterschiede zwischen den Völkern und den Ländern waren die Quelle für Konfrontation und Auseinandersetzung. Dies betrifft auch ideologische Unterschiede. Im Mittelalter führten die Orden gegeneinander Kriege und zogen die Völker mit hinein.

Wichtigstes Prinzip ist für uns, dass die Unterschiede nicht zum Hindernis werden für Zusammenarbeit, für den Austausch der Errungenschaften in Wissenschaft, Kultur und Technik. Große Unterschiede gibt es auch innerhalb der einzelnen Länder – zwischen Bevölkerungsgruppen und zwischen den verschiedenen Schichten. Man muss man selbst bleiben, die Wahl des anderen respektieren und einen Ausgleich der Interessen finden. Eine andere Herangehensweise führt zu negativen Konsequenzen, um nicht zu sagen zu einer Katastrophe. Die gesamte Nachkriegserfahrung ist voll von Lektionen, die uns dazu zwingen, den Frieden besser zu schätzen. Bei allen Gegensätzen – wir sind eine Zivilisation, und wir müssen lernen, auf neue Weise zu leben.

H.-J. Vogel: Sie haben recht, Herr Generalsekretär. Eine solche Sichtweise steht mir sehr nahe.

Um die gegenseitige Information unserer Parteien zu verbessern, möchte ich zwei Vorschläge machen. Die Ebert-Stiftung führt Gespräche bezüglich der Eröffnung einer eigenen ständigen Vertretung in Moskau. Soweit ich weiß, haben diese Gespräche schon zu gewissen Ergebnissen geführt, was wir sehr unterstützen.

[27] Der Satz fehlt in Gorbačev, Sobranie 10, S. 390.
[28] Dokument Nr. 16.
[29] In Gorbačev, Sobranie 10, S. 390 heißt es: „Und noch ein Gedanke."
[30] In Gorbačev, Sobranie 10, S. 390 anstelle des Doppelpunktes Anschluss mit „dass,".

Wir haben heute bereits über die wichtige Rolle der Presse gesprochen. Unsere Partei gibt die Wochenzeitung „Vorwärts“ heraus. Sie wurde fast gleichzeitig mit der SPD gegründet und erscheint bereits seit über hundert Jahren mit einer zwölfjährigen Unterbrechung, als sie während der Gültigkeit des „Sozialistengesetzes“ und in den Jahren des Hitler-Regimes verboten war. Wir möchten bei Ihnen zehntausend Exemplare dieser Wochenzeitung in Umlauf bringen.

M. S. Gorbačev: Die Frage einer Vertretung der Ebert-Stiftung ist bereits gelöst. Was den „Vorwärts“ angeht, so gehen wir positiv an diese Bitte heran und werden Sie informieren ...[31] [Ich bin mit den Ergebnissen des Treffens zufrieden, mit der Breite und Vielfalt der angesprochenen Themen.][32] Wir sind zufrieden, wie sich die Verbindungen zwischen unseren Parteien entwickeln. Und dieses Treffen wird entschieden zu diesem Prozess beitragen. Wir sind offen für den Dialog. [Ich bin froh, Sie persönlich kennen gelernt zu haben.][33]

H.-J. Vogel: Ich möchte glauben, dass die persönliche Bekanntschaft sowohl die kritischen wie auch – so hoffe ich – positiven Bewertungen bekräftigt hat, die mir von Ihren Mitarbeitern in Abwesenheit gegeben wurden. Zum Abschluss möchte ich Ihnen ein Porträt von Ferdinand Lassalle überreichen, dessen Namen wir mit Genugtuung auf einem Denkmal im Alexandergarten an der Kremlmauer entdeckt haben. Mit dem Namen Lassalle ist die Gründung unserer Partei verbunden. Ich überreiche Ihnen auch eine seiner seltenen Publikationen, in der er Betrachtungen über Demokratie und Wahlrecht anstellt.

* Der neue Vorsitzende der SPD war an der Spitze einer Delegation nach Moskau gekommen.

Archiv der Gorbačev-Stiftung. Bestand 1, Verzeichnis 1.

Nr. 23
Gespräch Gorbačevs mit Bundeswirtschaftsminister Bangemann am 16. Mai 1988 [Auszug][1]

Aus dem Gespräch M. S. Gorbačevs mit M. Bangemann[2]
16. Mai 1988

M. S. Gorbačev: [Ich bin froh, Sie kennen zu lernen, Herr Bangemann. Treffen mit Menschen, die eine eigene Meinung haben, sind immer interessant und nützlich. [...].[3] Wir wissen, dass es in der Vergangenheit in unseren Beziehungen so manche Probleme gab, schwierige Fragen, umstrittene Momente. Daran, dass sie

31 Die Sätze zur Ebert-Stiftung und zum Vorwärts fehlen in Gorbačev, Sobranie 10, S. 391.
32 So gem. Gorbačev, Sobranie 10, S. 391.
33 Zusatz gem. Gorbačev, Sobranie 10, S. 391.

1 Auch in Gorbačev, Sobranie 10, S. 409–413 (ohne Ausführungen Bangemanns).
2 Bangemann befand sich aus Anlass der 16. Sitzung der Gemeinsamen Kommission von UdSSR und BRD über wirtschaftliche und wissenschaftlich-technische Zusammenarbeit in der UdSSR.
3 Es ist unklar, ob die Auslassung gem. Gorbačev, Sobranie 10, S. 409–413 nur einen Beitrag Bangemanns oder auch Ausführungen Gorbačevs betrifft.

auftauchten, haben beide Seiten „gearbeitet". Aber Sie wollen alles auf uns abwälzen. So gibt es jetzt etwas zu ändern, umzugestalten. (Unruhe)][4]

In der sowjetischen Führung misst man der Aufrechterhaltung der Kontakte mit der Freien Demokratischen Partei große Bedeutung bei. Wir kennen Herrn Genscher und freuen uns jetzt über die Bekanntschaft mit Ihnen.

Wir führen einen aktiven Dialog mit den wesentlichen politischen Parteien und Kräften der BRD. Seine Dynamik wächst und der Umfang der Kontakte und Verbindungen erweitert sich. Es bilden sich neue Formen der Zusammenarbeit heraus. Insgesamt wird dies in gebührender Weise anerkannt. Wir müssen das wettmachen, was man versäumt und verloren hat.

In diesem Zusammenhang möchte ich den Beitrag von Hans-Dietrich[5] Genscher hervorheben, mit dem ich gute Beziehungen und eine gute gegenseitige Verständigung hergestellt habe. Ich sage dies nicht aus Gefälligkeit. Ich möchte feststellen, dass Ihre Partei eine konstruktive Haltung in der europäischen Politik, der Weltpolitik und auf dem Gebiet der sowjetisch-westdeutschen Beziehungen einnimmt.

Sie werden sicher aufmerksam verfolgen, was bei uns vor sich geht. Und wir verfolgen bei Ihnen, wer was sagt und was er der Welt vorschlägt.

Bei dem Treffen mit Herrn Genscher im Sommer 1986[6] – dies war das erste Gespräch mit einem Vertreter der derzeitigen Koalition – gelangten wir zu der übereinstimmenden Ansicht, dass die Beziehungen zwischen der Sowjetunion und der BRD der Schlüssel zum Verständnis der europäischen Politik und der Weltpolitik seien. Dies ist heute wichtig und besonders morgen, wenn wir wirklich ein Europa ohne Komplexe auf der Grundlage der Realitäten bauen wollen, unter Berücksichtigung der historischen Errungenschaften und Werte, die von den Völkern Europas im Laufe ihrer viele Jahrhunderte langen, außerordentlich reichen Geschichte geschaffen worden sind.

Was die BRD betrifft, so habe ich schon einmal gesagt: Wir sind dafür, ihre eigene Stimme zu vernehmen und nicht eine Übersetzung aus dem Englischen ins Deutsche und danach ins Russische aus Bonn zu hören. *(Unruhe)*[7] Dies ist ein langwieriger Prozess, in dessen Verlauf das Spezifische verloren geht.

Wir sehen in der Bundesrepublik Deutschland eine bedeutende Größe in der Welt- und Europapolitik in Hinblick auf die ökonomischen, politischen und philosophischen Vorstellungen über die heutige Welt. Wir können vieles leichter verstehen, weil Russen und Deutsche einander seit langem kennen und ihre Geschichte eng verwoben ist. Und sie können miteinander mit jener Offenheit sprechen, die ihren nationalen Charakteren generell eigen ist.

Worüber ich eben gesprochen habe, betrifft mehr den Bereich der Reminiszenzen. Die Lage hat sich jetzt geändert. Ich kann feststellen: Wir haben in unseren Beziehungen eine Seite umgeschlagen und begonnen, eine neue zu schreiben. Wir sind für eine breite Zusammenarbeit mit jeder Regierung der BRD, die von ihrem Volk gewählt worden ist. Wir hoffen, dass die Deutschen niemals irgendetwas

[4] Einleitung gem. Gorbačev, Sobranie 10, S. 409.
[5] Ohne Nennung des Vornamens gem. Gorbačev, Sobranie 10, S. 409.
[6] Dokumente Nr. 5 und Nr. 6.
[7] Dieser Vermerk gem. Gorbačev, Sobranie 10, S. 410 erst nach dem nächsten Satz.

zulassen werden, das dem Nationalsozialismus ähnlich ist und dass eine revanchistische Regierung nicht ihre Zustimmung finden würde.

M. Bangemann: Für die BRD ist die Gefahr des Auftauchens eines nationalen Revanchismus sehr gering und die Chancen, dass diese Kräfte eine Regierung bilden, sind generell miserabel. Wenn man unsere Nachbarstaaten nimmt, insbesondere Frankreich und Dänemark, so haben bei den dort kürzlich abgehaltenen Wahlen die ultrarechten Kräfte einen bemerkenswerten Stimmenzuwachs erhalten.[8] Bei uns in der BRD hingegen können sie selbst unter den für sie günstigsten Bedingungen mit 1–1,5% der Wählerstimmen rechnen.

Wir haben Ihnen bereits gesagt, und ich möchte es mit aller Verantwortlichkeit bekräftigen, dass die Deutschen für sich aus der Geschichte eine harte Lehre gezogen haben. Und sie werden alles dafür tun, keine Wiederholung zuzulassen. Unsere Nachbarn und wir selbst haben gewaltige Opfer gebracht; sie zu vergessen, haben wir kein Recht. Es wäre unmoralisch.

Mit Nationalisten oder Faschisten kann die Menschheit sich nicht in Stabilität und Zuversicht in ihre Zukunft entwickeln. Die Gefahr des Faschismus kann man beseitigen; bei uns achtet man darauf, dass er nicht wiedererstehen kann.

M. S. Gorbačev: Wir denken auch so und gehen im Prinzip davon aus. Aber wir lassen auch nicht den geringsten Versuch revanchistischer Äußerungen unbeachtet. Wir haben in dieser Hinsicht eine besondere Sensibilität.[9]

Grundsätzlich gesprochen könnten die UdSSR und die BRD in bedeutendem Maße die Rolle der Architekten des gemeinsamen europäischen Hauses spielen; sie könnten als Koautoren guter Initiativen auftreten, Modelle der Zusammenarbeit zweier unterschiedlicher Systeme entwerfen, sie in der Praxis überprüfen und ihre Lebensfähigkeit und ihren Nutzen für alle Völker Europas demonstrieren. Von einer solchen Zusammenarbeit auf politischem und wirtschaftlichem Gebiet sowie in anderen Bereichen würden die Völker unserer Länder und die Völker ganz Europas nur profitieren. Die Erfahrung der Geschichte bezeugt dies eindringlich.

Wir sind verschieden, aber wir müssen in demselben europäischen Haus leben. Warum können die Völker verschiedener Länder nicht zusammen leben? Immerhin haben die Europäer über Jahrhunderte nebeneinander gelebt und enorme Koexistenz-Erfahrung gesammelt. Sowohl aus welt- als auch aus europapolitischer Sicht ist dies unabdingbar. [In der Welt gelingt nichts Ordentliches ohne Europa. Hier geschahen die größten Ereignisse des 20. Jahrhunderts. Es hat sich ein enormes intellektuelles Potential angesammelt. Die Völker Europas verfügen über eine einzigartige Erfahrung. All das schafft eine verlässliche Grundlage für ihre Entwicklung, für die Anbahnung einer Zusammenarbeit auf lange Sicht. Europa ist in der Weltpolitik unersetzlich.][10] Man sagt uns manchmal: „Ihr lasst euch von euren Beziehungen mit den Vereinigten Staaten in den Bann ziehen." Das ist Unsinn!

[8] Die französische Front National zog erstmals 1986 in die Nationalversammlung ein. Im ersten Durchgang der Präsidentenwahlen am 24. 4. 1988 erreichte Le Pen mit gut 14% den vierthöchsten Anteil. In Dänemark verzeichnete die Fortschrittspartei (Fremskridtspartiet) bei Wahlen am 8. 9. 1987 und 10. 5. 1988 deutliche Zuwächse.

[9] Anstelle „Sensibilität" in Gorbačev, Sobranie 10, S. 410: Beziehung.

[10] Ergänzung gem. Gorbačev, Sobranie 10, S. 411. Auslassung in der Vorlage durch „..." kenntlich gemacht.

Europa war in unserer Politik niemals von untergeordnetem Rang. Niemals. Es war und bleibt die Hauptrichtung unserer Politik. Und wir versuchen, dies mit realen Schritten und nicht nur mit Erläuterungen unserer Haltung zu beweisen. Ohne Europa ist es unmöglich, eine reale und vorhersagbare politische Linie herauszuarbeiten.

Dies möchte ich Ihnen, einem Mitglied der Regierung der BRD, noch einmal in Erinnerung rufen. Ich habe bereits Vertretern der BRD gesagt, dass die Reserven der Außenpolitik Bonns im Westen erschöpft sind. Die Reserven der Außenpolitik Bonns liegen im Osten.

M. Bangemann: So denke auch ich.

M. S. Gorbačev: Was ich gesagt habe, ist so etwas wie ein Rat, den ich – im Unterschied zu Kissinger – umsonst erteile ...[11]

M. Bangemann: Ich möchte mit aller Verantwortlichkeit sagen, dass die Partei der Freien Demokraten als eines ihrer grundlegenden politischen Ziele die Festigung der BRD auf dem Weg des Ausbaus von Beziehungen des gegenseitigen Vertrauens und der Zusammenarbeit mit der Sowjetunion sieht. Meine Partei hat bereits Mitte der 50er Jahre eine Konzeption zur Entwicklung von Beziehungen mit den Nachbarn der BRD im Osten, in erster Linie mit der UdSSR, erarbeitet.

Unsere Konzeption erhielt damals keine Zustimmung. Insbesondere so mächtige Parteien wie die CDU/CSU begegneten dieser Konzeption feindlich. Die Gegensätze erreichten eine solche Schärfe, dass die FDP am Rande des Zusammenbruchs stand. Dies war einer der Gründe, warum wir eine Koalition mit der SPD eingegangen sind und über 13 Jahre lang mit den Sozialdemokraten die Regierungssitze geteilt haben. Während dieser Zeit hat sich unsere Konzeption in der praktischen Politik durchgesetzt und ist von ihren früheren Gegnern akzeptiert worden.

Die derzeitige Koalition aus CDU/CSU und FDP betreibt eine klare „Ostpolitik". Wir sind in die Koalition mit den Christdemokraten unter der Bedingung eingetreten, dass diese Linie strikt beachtet wird. Jetzt treten alle Koalitionsparteien für eine Außenpolitik ein, die auf unseren Prinzipien beruht.

Ich denke, Herr Generalsekretär, dass Sie während Ihrer Gespräche mit Strauß und Späth die Möglichkeit hatten,[12] sich von der Richtigkeit dieser Feststellung zu überzeugen.

M. S. Gorbačev: In der Sowjetunion kennt man die FDP als eine Partei, die einen wesentlichen Beitrag zur Entspannungspolitik geleistet hat und auf der Kontinuität des bewährten Kurses beharrt, die konstruktive Zusammenarbeit mit der Sowjetunion und mit den anderen sozialistischen Ländern auszubauen.

Diese Politik wurde von Herrn Genscher während der Bundestagswahlen 1986 befürwortet. Sie erhielt damals die breite Unterstützung der Wähler. Am Ende hat auch die gesamte Regierungskoalition diese Politik unterstützt, [13]obgleich die Wähler Unterschiede in den Positionen der Parteien erkannten und den Freien Demokraten die Möglichkeit gaben, ihre Autorität zu festigen.

[11] Der Satz fehlt in Gorbačev, Sobranie 10, S. 411. Zeichensetzung gem. Vorlage.
[12] Dokumente Nr. 19 und Nr. 20.
[13] Bei identischem Wortlaut hier neuer Satz in Gorbačev, Sobranie 10, S. 411.

M. Bangemann: Ich glaube, dass unsere außenpolitische Konzeption unumstritten anerkannt ist. Wir haben von Anfang an gesagt, dass wir uns nicht an einer Regierung beteiligen werden, die diese Politik nicht unterstützen wird. Die CDU/CSU hat dies gut verstanden und sich rechtzeitig umgestellt.

Unsere wirtschaftliche Zusammenarbeit und die wissenschaftlich-technischen Verbindungen mit der Sowjetunion entwickeln sich in aufsteigender Linie. Die vor kurzem in Moskau beendete 16. Sitzung der Kommission UdSSR–BRD für wirtschaftliche und wissenschaftlich-technische Zusammenarbeit verlief sachlich und konstruktiv.[14] Diese Sitzung erwies sich meiner Ansicht nach als die bisher ergebnisreichste.

Die Geschäftswelt der BRD und das Großkapital des Landes sprechen sich für die Politik aus, die wir betreiben, auch im Bereich der Außenwirtschaft. Wir führen aktiv neue Formen des wirtschaftlichen Zusammenwirkens ein. Wir haben neun Gemeinschaftsunternehmen geschaffen. Die Sowjetunion hat mit keinem einzigen westlichen Land eine solche Anzahl gemeinsamer Unternehmen.

Auf den Sitzungen der Kommission haben wir über die gemeinsame Erschließung der Halbinsel Kola gesprochen, über die Ausbeutung der Rohstoffvorkommen Westsibiriens und die Modernisierung von Unternehmen der Leicht- und Nahrungsmittelindustrie in der UdSSR. All dies verspricht gemeinsamen Nutzen und dient der Vertiefung der gegenseitigen Verständigung zwischen unseren Ländern und Völkern.

M. S. Gorbačev: Wenn ich daran denke, dass es nötig ist, unseren Beziehungen einen zweiten Impuls zu geben, dann stelle ich sie mir nicht ohne den Ausbau der wirtschaftlichen Verbindungen vor. Der politische Wille allein sorgt nicht für eine verlässliche Zusammenarbeit, verleiht ihr nicht die gebührende Dynamik, wenn wir uns nicht in stärkerem Maße „abhängig" voneinander machen. Ich meine damit nicht das Bestreben, einander in Umarmungen zu ersticken, sondern jene umfassende Entwicklung der Verbindungen, bei der wir einander sehr brauchen und jeder seine Unabhängigkeit behält. Eine derartige „Abhängigkeit" wird auch ein gutes Fundament für eine dauerhafte, verlässliche Entwicklung der Zusammenarbeit schaffen. Sie wird beiden Völkern, aber auch der europäischen Zusammenarbeit und der Weltwirtschaft, realen Nutzen bringen.

Dann werden unsere Beziehungen auch eine starke menschliche Dimension erhalten. Dann kann man über ihre Verlässlichkeit sprechen. Wenn ich das sage, dann verfalle ich nicht in eine Utopie und gebe mich keiner Illusion hin. Ich will fest auf dem Boden der Realität bleiben.

Schauen Sie, wie schwierig die Interessen im RGW und in der Europäischen Gemeinschaft zu vereinbaren sind. Aber das ist das Leben. Und dennoch denke ich, dass wir ein Recht haben, die früheren Gespräche auf die Ebene einer wirklichen Suche zu übertragen.

Derzeit sind sowohl wir als auch Sie nicht mit allem zufrieden. Die Geschäftsleute aus der BRD sagen, dass nicht alles gemacht wird, wie man es gerne hätte. Das ist verständlich, wenn man in Betracht zieht, in welche Umgestaltungen wir uns hineinbegeben haben. Unsere Kader haben noch viel im Bereich der Außen-

[14] Vgl. Anm. 2.

wirtschaft zu lernen. Es läuft eine Übergangsphase, ein neuer ökonomischer Mechanismus spielt sich ein.

Die Deutschen zeichnen sich durch philosophische Gründlichkeit aus. Wenn es darum geht, eine hübsche Summe Geld zu machen, dann ist das eine Sache. Aber wenn man Beziehungen auf einer dauerhaften Grundlage errichten will, dann muss man darüber nachdenken. Und hier hat der Beitrag Ihrer Partei eine große Bedeutung, Ihr Beitrag als Wirtschaftsminister und Mitvorsitzender der Kommission für wirtschaftliche Zusammenarbeit. Lassen Sie uns nicht das Leben fürchten und die Tatsache, dass vorerst nicht alles gelingt. Lassen Sie uns auf dem gewählten Weg fest voranschreiten.

Wenn Kanzler Kohl kommt, werden wir darüber sprechen und alles, was in diesen Jahren getan worden ist, vergleichen. Offenbar wird auch Herr Genscher kommen.[15]

Wir gehen davon aus, dass dieser Besuch für unsere Länder ein herausragendes Ereignis wird. Wir erwarten von dem Besuch viel, vor allem eine Festigung des Umschwungs zum Besseren in unseren gegenseitigen Beziehungen.

Wir wollen die BRD nicht von den USA, von Westeuropa losreißen und den bei Ihnen gewachsenen Verbindungen einen Schlag versetzen. Derartige Absichten haben wir nicht. Alle sollen wissen, dass man im Kreml keine heimtückischen Pläne bezüglich der BRD und irgendwelcher anderer westlicher Staaten ausheckt.

M. Bangemann: Ich stimme mit Ihnen überein.

Auf der zu Ende gegangenen Sitzung der Kommission haben wir den bevorstehenden Besuch von Bundeskanzler Kohl in der UdSSR erörtert. Sie wissen, dass sich die Wirtschaft der BRD im Laufe vieler Jahrzehnte auf die Entwicklung langfristiger Verbindungen mit der Sowjetunion eingestellt hat. Unseren Unternehmern waren sofortige Profite und der Wunsch, sich einmal zu bereichern und vom Markt zu verschwinden, stets fremd. Sie brauchen nicht daran zu zweifeln, dass wir Ihre zuverlässigsten Partner sein wollen – und das möglichst langfristig.

Einige Worte zu den Beziehungen zwischen RGW und EWG. Seinerzeit bei Ihrem Gespräch mit Craxi, als dieser Premierminister Italiens war und die Präsidentschaft in der EG innehatte, wurde eine Reihe von Vereinbarungen erzielt, die einen Umschwung in den Beziehungen zwischen den beiden wirtschaftlichen Vereinigungen markierten. Ich selbst war lange Zeit Vorsitzender der liberalen Fraktion im Europa-Parlament.

Seinerzeit habe ich nicht verstehen können, warum die Sowjetunion die EWG als Luft, als Leerstelle betrachtet. Derjenige, der ein „gemeinsames europäisches Haus" bauen will, muss in erster Linie das sehr beträchtliche Potential der EWG nutzen. Deshalb begrüßen wir jetzt den Fortschritt, der in der Haltung zur EWG erreicht wurde, also den Umstand, dass im Osten die Gemeinschaft jetzt als Realität angesehen wird.[16]

[15] Dokumente Nr. 24 und Nr. 29.

[16] Gemeinsame Erklärung von RGW und EWG zur Aufnahme offizieller Beziehungen vom 25. 6. 1988 als Anhang zur Entscheidung des Ministerrats vom 22. 6. 1988, Archive of European Integration (AEI), http://aei.pitt.edu/1691/01/joint_declaration_east_bloc.pdf (= Official Journal of the European Communities, L (Legislation), Luxemburg, Nr. L 157 vom 24. 6. 1988, S. 34f.). Der Erklärung folgte u.a. die zügige Aufnahme diplomatischer Beziehungen zwischen der EG und

Für uns wäre es sehr wichtig, wenn eine Vereinbarung über die Zusammenarbeit zwischen RGW und EWG in der Zeit der Präsidentschaft der BRD in dieser Organisation unterzeichnet würde, d.h. bis Ende Juni 1988. Dies wäre sowohl für die Sowjetunion als auch für die BRD ein wichtiger politischer Meilenstein.

M. S. Gorbačev: Ich werde kurz auf Ihre Äußerungen reagieren.[17]

Warum haben wir früher die EWG nicht anerkannt, und warum wollen wir jetzt mit ihr zusammenarbeiten? Unter dem Einfluss der Realitäten ändert sich alles. Darunter auch unsere Ansichten.[18] Die EWG ist eine Realität, und sie muss bei der Entwicklung einer langfristigen, vorhersagbaren Politik in Betracht gezogen werden.

Was den zweiten Teil Ihrer Frage betrifft, so hoffen wir, ein entsprechendes Dokument zwischen dem RGW und der EWG vor Beendigung der Präsidentschaft der BRD zu unterzeichnen. An unserer Einstellung hat sich nichts geändert. Wir sind auch der Meinung, dass ohne die Lösung dieser Frage das „europäische Haus" nicht gebaut werden kann, [19]obwohl der Prozess der Koppelung der Wirtschaften der beiden Vereinigungen nicht einfach ist und Zeit erfordert.

Praktisch entwickeln sich bereits Beziehungen zwischen beiden Organisationen. Nach Unterzeichnung eines Dokuments wird nicht alles glatt laufen. Wir wissen, dass es auch innerhalb der EWG Diskussionen gibt. Insbesondere über die Schaffung eines gemeinsamen Marktes in Westeuropa zum Jahre 1992. Wir wissen, dass die Geschäftsleute in der BRD dazu keine eindeutige Haltung einnehmen. Es gibt Aussagen, dass Markt, Markt sei und dass nationale Interessen trotzdem bestehen bleiben.

M. Bangemann: Sie sind über die Stimmung der Geschäftsleute in der BRD, und nicht nur in der BRD, korrekt informiert.

Die Schaffung eines gemeinsamen westeuropäischen Marktes wird ein sehr wichtiges Ereignis sein, fernab einer Utopie. Es ist uns jetzt gelungen, gemeinsame europäische Normativakte auszuarbeiten. Wesentlich ist auch, dass es nun möglich ist, sich beim Abstimmungsverfahren auf eine qualifizierte Mehrheit zu stützen und nicht auf einen einstimmigen Beschluss. So oder so, der gemeinsame westeuropäische Markt wird 320 Millionen Konsumenten vereinen. Und dies ist ein gewaltiges Käuferpotential.

M. S. Gorbačev: Unser Weg zur Erweiterung der wirtschaftlichen Verbindungen in Europa und in der Welt führt über eine große Integration. Maßgebliche Bedeutung dafür wird die Wirtschaftsreform in der UdSSR haben, aber auch die Konvertierbarkeit des Rubels. Heute können wir den Rubel noch nicht konvertierbar machen; wir müssen noch warten. Alles braucht seine Zeit.

M. Bangemann: Wir werden Ihre Anstrengungen in dieser Richtung unterstützen.

RGW-Mitgliedstaaten. Vgl. Klaus-Peter Schmidt, Die Europäische Gemeinschaft aus der Sicht der DDR (1957–1989), Hamburg 1991, S. 81, 364f.

[17] Dieser Satz fehlt in Gorbačev, Sobranie 10, S. 412.

[18] Diese beiden letzten Sätze lauten in Gorbačev, Sobranie 10, S. 412: „Wie die alten Griechen sagten, alles fließt, alles ändert sich. Darunter auch unsere Ansichten unter dem Einfluss der Realitäten."

[19] Bei identischem Wortlaut hier neuer Satz in Gorbačev, Sobranie 10, S. 412.

Im Laufe unseres heutigen Gesprächs habe ich mit Herrn Ryžkov die Durchführung eines Seminars unter Beteiligung von Spezialisten aus beiden Ländern auf Regierungsebene vereinbart. Thema des Seminars wird der Einfluss des westeuropäischen Binnenmarktes auf die Sphäre der bilateralen Wirtschaftsbeziehungen sein.

M. S. Gorbačev: Zum Abschluss unseres Gesprächs möchte ich sagen, dass wir jene politischen Kräfte in der BRD schätzen, die einen Kurs in Richtung Abrüstung und Erreichung von Vereinbarungen zu den Atomwaffen, sowie den konventionellen und chemischen Waffen vertreten. Uns imponiert die aktive Haltung der BRD in diesen Fragen; wir hoffen, dass sie sich verstärken und nicht nachlassen wird.

Wir sprechen so nicht zum ersten Mal. Soll man uns ruhig eines Komplotts bezichtigen. Was soll's! Bekennen wir, dass unser Komplott darin besteht, dass wir für die Abrüstung sind. *(Heiterkeit)*

Abrüstung – das ist das grundlegende Problem der Gegenwart. Und sie wird einen zentralen Platz in den bevorstehenden Gesprächen mit dem Bundeskanzler einnehmen.

M. Bangemann: Ein Fortschritt auf dem Gebiet der Abrüstung ist wichtig für alle Bereiche zwischenstaatlicher Tätigkeit, darunter auch für die wirtschaftlichen Verbindungen. In der BRD versteht man gut, dass die Welt dem auf diesem Wege in den letzten Jahren – vor allem dank Ihrer Energie und Weitsicht – Erreichten verpflichtet ist.

Wir sind an einer ausgewogenen Abrüstung interessiert, die nicht nur Raketen-Kernwaffen umfasst, sondern auch konventionelle Waffen. Bekanntlich ist die BRD mit einer Reihe von Initiativen zum Abschluss einer Konvention zur Vernichtung der chemischen Waffen in Erscheinung getreten. Sie können davon überzeugt sein, dass die Regierung der BRD von diesem Kurs nicht abweichen wird.

Erlauben Sie mir, Ihnen herzlich für den sehr inhaltsreichen und interessanten Meinungsaustausch zu danken. Noch einmal sage ich Ihnen herzliche Grüße von Bundeskanzler Kohl und den Mitgliedern der Regierung der BRD. Der Bundeskanzler bereitet sich aktiv auf den bevorstehenden Besuch in der Sowjetunion vor; er ist darauf bedacht, dass er ergebnisreich verläuft, einen guten Nutzeffekt hat und neue Impulse für die Entwicklung der Beziehungen zwischen unseren Ländern gibt.

M. S. Gorbačev: Es hat mich gefreut, Sie kennenzulernen. Wir schätzen Ihren Beitrag zur Entwicklung der sowjetisch-westdeutschen Beziehungen. Ich hoffe, dass er weiter wächst.

Archiv der Gorbačev-Stiftung. Bestand 1, Verzeichnis 1.

Nr. 24
Gespräch Gorbačevs mit Bundesaußenminister Genscher am 30. Juli 1988[1]

Gespräch M. S. Gorbačevs mit H.-D. Genscher*

30. Juli 1988

(Bei der Begegnung war der Berater M. S. Gorbačevs A. S. Černjaev anwesend.)[2]

M. S. Gorbačev: Es freut mich, Sie willkommen zu heißen, Herr Minister. Wir begrüßen in Ihrer Person einen alten, gedankenreichen Gesprächsteilnehmer und interessanten Partner.

Die Sache, die wir mit Ihnen viele Jahre betreiben, zeigt, dass Vertreter verschiedener Systeme erfolgreich arbeiten können. Ich finde, dies eine gute Schlussfolgerung. Macht es etwas aus, dass wir verschieden sind? Im Gegenteil, es ist interessant und man muss applaudieren, dass die Welt vielfältig ist und in ihr unterschiedliche Prozesse ablaufen. Es ist sehr gut, dass wir uns mit Ihnen in diesem Punkt verstehen. Ich denke, dass unser heutiges Gespräch, wie immer, ergebnisreich verlaufen und nicht nur erlauben wird, ein wenig Bilanz zu ziehen, sondern auch eine Perspektive zu entwickeln.

Aus Sicht der inneren Entwicklung unseres Landes sind Sie zu einer sehr interessanten Zeit hierher gekommen. Gestern fand das Plenum des ZK der KPdSU statt, auf dem einige praktische Maßnahmen zur Umsetzung der Beschlüsse der 19. Allunionsparteikonferenz erörtert wurden.[3] Es wurde eine positive Bilanz gezogen und [auch][4] einige negative Faktoren und Tendenzen dargelegt. Sowohl die Konferenz als auch das Plenum haben die Entschlossenheit der sowjetischen Gesellschaft gezeigt, vorwärts zu gehen, indem Konservativismus und Bremsertum überwunden werden. Gleichzeitig wurde allen möglichen pseudorevolutionären, weltfremden Losungen, maximalistischen Forderungen und utopischen Aufrufen, alles auf einen Schlag umzugestalten, eine Abfuhr erteilt.

Ich möchte die Lage nicht dramatisieren, aber der Konservativismus ist noch stark, sein Widerstand ist spürbar. Doch wir haben nicht die Absicht, zurückzuweichen. Das ganze Volk ist für die Perestrojka. Und mit jedem Tag unterstützt es überzeugter und entschlossener die Partei in ihren Vorhaben auf dem Weg der revolutionären Erneuerung der sowjetischen Gesellschaft.

H.-D. Genscher: Im Westen, insbesondere in der BRD, verfolgt man mit gespannter Aufmerksamkeit die in der Sowjetunion ablaufenden Prozesse.[5] Ich habe bereits gesagt, dass ich große Sympathie für die Reformen, die in Ihrem Land verwirklicht werden und für die Perestrojka insgesamt hege. Wir wünschen Ihnen auf diesem Weg Erfolg, weil wir darin günstige Chancen auch für uns selbst sehen.

[1] Auch in Gorbačev, Sobranie 11, S. 468–475 (ohne Ausführungen Genschers). Vgl. Meyer-Landrut, Mit Gott, S. 228, 230.

[2] Dazu Ševardnadze, Kvicinskij, Dolmetscher Kurpakov, von deutscher Seite Meyer-Landrut und v. Richthofen, vgl. Meyer-Landrut, Mit Gott, S. 229.

[3] 19. Parteikonferenz der KPdSU vom 28. 6.–1. 7. 1988, ZK-Plenum am 29. 7. 1988. Reden und Diskussionsbeiträge u. a. in Gorbačev, Sobranie 11, S. 124–258, 434–467.

[4] Zusatz gem. Gorbačev, Sobranie 11, S. 468.

[5] Dieser Satz auch in Gorbačev, Sobranie 11, S. 566, Anm. 303.

Wie Sie wiederholt richtig gesagt haben, sind wir alle auf dieser Welt untereinander verbunden. Deshalb: Je besser die Dinge bei Ihnen laufen, desto stabiler werden die Beziehungen zwischen West und Ost insgesamt sein und desto vielfältiger wird sich die gegenseitig vorteilhafte Zusammenarbeit gestalten.[6]

M. S. Gorbačev: Sie haben recht: [7]Die Perestrojka kommt beiden Seiten zugute. Man kann sagen, dass wir alle klüger werden. Natürlich ist es notwendig, [8]darüber nachzudenken, wie wir in der Welt leben, untereinander zusammenarbeiten und gemeinsam die alle Menschen betreffenden Aufgaben lösen. Aufeinander schießen ist nicht schwer; dies soll der Vergangenheit angehören.

Vor den Menschen liegen noch viele unerschlossene Bereiche des Zusammenwirkens. Dies betrifft sowohl die Politik als auch Wirtschaft, Kultur und andere Gebiete. Jeder hat seine eigenen Werte. Sie sind dazu bestimmt und imstande, der gegenseitigen Bereicherung zu dienen und nicht der Konfrontation. Derzeit kommen immer mehr Menschen auf der einen und auf der anderen Seite zu dieser Schlussfolgerung. Und genau dies spricht auch dafür, dass wir klüger werden.

Aber es ist unerlässlich, auch den Faktor Zeit in Betracht zu ziehen und danach zu streben, ihn produktiv zu nutzen. Dies betrifft sowohl unsere Beziehungen insgesamt als auch Ihren jetzigen Besuch in der Sowjetunion, Herr Minister. Deshalb schlage ich vor, dass Sie aus Ihrem Gepäck diejenigen Fragen aussuchen, die Sie mit mir besprechen möchten und die restlichen für die bevorstehenden Gespräche mit Ė. A. Ševardnadze übrig lassen.

H.-D. Genscher: Ich begrüße dieses Vorgehen in jeder Hinsicht. Bei der Vorbereitung auf das Treffen mit Ihnen, Herr Generalsekretär, habe ich die Unterlagen über das Gespräch durchgelesen, das ich mit Ihnen vor zwei Jahren, 1986, in Moskau geführt habe.[9]

Ich muss offen sagen, dass ich mit einem Gefühl höchster Genugtuung den Schluss zog: Seit jener Zeit sind wir ein gutes Stück des Weges vorangekommen, waren in der Lage, eine ganze Reihe von Problemen zu lösen und die Standpunkte und Positionen zu einer Reihe bedeutender Fragen anzunähern. Dies alles wurde möglich dank der Tatsache, dass wir einander beigebracht haben, auf neue Weise zu denken, bestrebt waren, uns über das Alltägliche zu erheben und uns bemüht haben, noch weiter in die Zukunft zu blicken.

Das aufgenommene Tempo ist gut, der Dynamik der Entwicklung soll aufrechterhalten werden. Dies betrifft in erster Linie natürlich die Fragen der Sicherheit und die Problematik der Abrüstung. Man muss darüber nachdenken, wie man die diesbezügliche Arbeit für das bevorstehende Jahrzehnt vernünftiger organisieren kann, um dem insgesamt günstigen Verlauf der Dinge einen unumkehrbaren Charakter verleihen zu können.

Unbestreitbar freut uns, dass man begonnen hat, den Vertrag über die Mittel- und Kurzstreckenraketen[10] in die Tat umzusetzen. Die BRD denkt mit einem Gefühl der Genugtuung an den Beitrag, den sie zu seinem Zustandekommen geleistet

[6] Der letzte Satz auch ebd.
[7] Gem. Gorbačev, Sobranie 11, S. 469 Anschluss mit „dass".
[8] Gem. Gorbačev, Sobranie 11, S. 469 Anschluss mit „dass [wir]".
[9] Dokumente Nr. 5 und Nr. 6.
[10] Vgl. Dokument Nr. 19, Anm. 23.

hat. Jetzt rücken die Fragen der konventionellen Waffen in den Vordergrund. Hier hat die BRD, wie Sie wissen, ein besonderes Interesse, und, wie wir meinen, eine besondere Verantwortung. In gleichem Maße liegt sie auch bei der Sowjetunion. All dies stellt uns vor die Notwendigkeit, auch weiterhin nach einer gemeinsamen Sprache und gegenseitigen Verständigung bei der Lösung der in diesem Zusammenhang auftretenden Aufgaben zu suchen.

Sie wissen, Herr Generalsekretär, dass man in Bonn der Meinung ist, dass die Beziehungen mit der Sowjetunion für die BRD von zentraler Bedeutung sind. Wenn wir das sagen, so haben wir nicht nur unseren bilateralen Komplex im Auge, sondern auch seinen Einfluss auf ganz Europa, auf den Komplex der Beziehungen zwischen West und Ost insgesamt. In den letzten Jahren – und man kann sagen im letzten Jahrzehnt – war dieser Einfluss im Ganzen positiv. Wir sind dafür, dass seine gedeihliche Kraft zunimmt. Dazu werden wir keine Anstrengungen scheuen.

Wir begrüßen insbesondere die Tatsache, dass während der Präsidentschaft der BRD in der EG eine Erklärung über die Aufnahme von Kontakten zwischen der EWG und dem RGW unterzeichnet worden ist.[11] Unserer Ansicht nach eröffnen sich prinzipiell neue Möglichkeiten für die Aufnahme einer Zusammenarbeit zwischen den beiden Gruppen von Ländern, vor allem unter dem Gesichtspunkt der Schaffung eines gemeinsamen westeuropäischen Marktes zum Jahr 1992.[12] Ich möchte hervorheben, dass er kein geschlossenes Gebilde sein wird, das sich von der übrigen Welt abgrenzt, sondern eine offene Einrichtung, die alle Interessierten zur Zusammenarbeit einlädt. Natürlich richten wir diese Einladung vor allem an die Sowjetunion und die sozialistischen Länder.

M. S. Gorbačev: Kommt dieser Markt bei Ihnen zustande? Wird es wirklich etwas Reales, Lebensfähiges sein?

H.-D. Genscher: Natürlich gibt es Probleme, aber sie sind lösbar. Wie ich bereits sagte, der gemeinsame Markt ist gedacht als eine für Zusammenarbeit offene Organisation, die dazu berufen sein wird, zur Herstellung nicht nur wirtschaftlicher, sondern auch politischer Stabilität in Europa beizutragen.[13] Auf diese Weise fügt er sich in das Konzept des gemeinsamen europäischen Hauses ein.

M. S. Gorbačev: Es ist wichtig zu wissen, dass das wirklich ein offener, gemeinsamer Markt sein wird und dass er die Möglichkeiten der Zusammenarbeit der Länder und Völker des europäischen Kontinents erweitern wird. Am meisten beschäftigt mich, ob die militärische Integration nicht den Abrüstungsprozess, die Befreiung Europas von den gigantischen Waffenarsenalen, behindern wird. Und dass das Jahr 1992 nicht zur Abschottung führt. Andernfalls wird das Fundament des gemeinsamen europäischen Hauses natürlich von Grund auf untergraben ...[14]

Ich begrüße es, dass Sie weiterhin über die Konzeption eines gesamteuropäischen Hauses nachdenken. In letzter Zeit sind wir auf dem Weg vorangekommen,

[11] Vgl. Dokument Nr. 23, Anm. 16.

[12] Die Einheitliche Europäische Akte vom 17. 2. 1986 sah u. a. die Verwirklichung des Gemeinsamen Marktes bis zum 1. 1. 1993 vor. Abgedr. in Amtsblatt der Europäischen Gemeinschaften Nr. L 169 vom 29. 6. 1987, Bl. 1–29.

[13] Dieser Satz auch in Gorbačev, Sobranie 11, S. 566, Anm. 304.

[14] Keine weiteren Ausführungen gem. Gorbačev, Sobranie 11, S. 469.

dieses Konzept mit konkretem, materiellem Inhalt zu füllen. Aber die Hauptsache besteht darin, eine gegenseitige Verständigung im militärpolitischen und wirtschaftlichen Bereich zu erreichen ...[15]

Schaut man auf Europa, auf die dortige Kräfteverteilung, gelangt man unwillkürlich zu dem Schluss, dass es neben der Übereinstimmung einer ganzen Reihe von Positionen der Staaten und dem Vorhandensein gesamteuropäischer Töne auch Unterschiede – eine Art Dissonanz – gibt. Einzelne Staaten versuchen bewusst, sich abzusondern, dabei, wie uns scheint, in einer nicht konstruktiven Richtung. Ich habe da zum Beispiel Frankreich und England im Auge, die an ihre Atomwaffen gebunden und dadurch in ihrem Denken auf den heutigen und morgigen Tag begrenzt sind.

Es versteht sich, dass wir mit ihnen einen Dialog führen und auch weiterhin führen werden. Produktiver und aussichtsreicher verspricht jedoch ein solcher Dialog mit Staaten zu sein, die über eine größere Handlungs- und Manövrierfreiheit für eine aktive Politik verfügen. Zu solchen westeuropäischen Staaten zählen wir vor allem die BRD. Ich hoffe, dass dieser Standpunkt auch bei Ihnen keinen Widerspruch hervorruft.

Wir schätzen Ihren Beitrag zur Erlangung einer Vereinbarung über die Mittel- und Kurzstreckenraketen. Wir halten es für möglich, bei den konventionellen Waffen und anderen Punkten der Abrüstungsagenda aktiver mit Ihnen zusammenzuarbeiten.

Wir kennen die Einstellung der Unternehmerkreise in der BRD zu einem weiteren Ausbau der wirtschaftlichen Zusammenarbeit mit der Sowjetunion und der Einführung neuer, im Rahmen unserer Perestrojka verwirklichter Formen.

Wie immer werde ich mit Ihnen bis zum Schluss offen sein: Bei der Analyse dessen, was in den Beziehungen zwischen unseren Ländern gesprochen und getan wird, zeichnet sich ein Bild ab, bei dem dem Komplex der sowjetisch-westdeutschen Beziehungen eine Schlüsselrolle für Europa – unserer- und Ihrerseits – zukommt.

In Fortsetzung unserer Offenheit möchte ich Ihre Meinung zu einem Eindruck hören, der sich bei uns gebildet hat. In den politischen Kreisen der BRD, in der Regierungskoalition, mangelt es bisher an Entschlossenheit, den großen Schritt in Richtung des Neuen und Vielversprechenden zu tun, das sowohl für die BRD wie auch für Europa insgesamt einen beträchtlichen Nutzeffekt verspricht. Es sieht so aus, als stünde die Führung der BRD vor einer Tür, trete von einem Fuß auf den anderen, wage aber nicht, sich von der Stelle zu rühren und vorwärts zu schreiten. Noch überwiegt die Zurückhaltung, eine, wie wir meinen, übermäßige Vorsicht.

Wahrscheinlich fürchten Sie, dass man Sie irgendwo nicht versteht und sich missbilligend gegenüber den breit angelegten und aktiven Maßnahmen der BRD in Richtung einer konstruktiven europäischen und globalen Entwicklung verhalten wird. Vielleicht haben Sie Bedenken, was die Franzosen, die Engländer oder die Amerikaner sagen? Nehmen Sie sich in Acht, dass nicht irgendjemand plötz-

[15] Gem. Gorbačev, Sobranie 11, S. 469f. nachdrückliche Werbung Gorbačevs für das „Gemeinsame Europäische Haus“ und Versicherung, dass Europa für die UdSSR ein zentraler Punkt der Politik sei; Europa sei zudem ein wesentlicher Aspekt der amerikanisch-sowjetischen Beziehungen. Auslassung in der Vorlage nicht weiter kenntlich gemacht.

lich probiert, Sie böswilliger Versuche zu überführen, die NATO zu sprengen oder irgendetwas in dieser Art zu organisieren?

Wir könnten uns ebenfalls mit Verweisen auf die Amerikaner oder auf Osteuropa herausreden, aber wir tun das nicht. Unser Ziel ist einfach und klar: im Zuge eines sachlichen und wohlwollenden Dialogs Möglichkeiten zu erwägen, wie man mittels einer Dynamisierung der zwischenstaatlichen Beziehungen auf allen Ebenen einen wesentlich Beitrag dazu leisten kann, Stabilität und Sicherheit auf dem europäischen Kontinent zu gewährleisten.

Mich interessiert, Herr Minister, wie Sie zu all dem Dargelegten stehen und ob es darin nicht irgendwelche Übertreibungen gibt.

H.-D. Genscher: Vor zwei Jahren habe ich mit Ihnen, Herr Generalsekretär, völlig offen gesprochen. Ich bin auch jetzt für die Fortsetzung dieser Tradition. Es gibt in Europa in der Tat Leute, die behaupten, dass die beiden Großmächte in unserem Rücken sitzen und sich auf unsere Kosten absprechen. Wir sehen das anders. Ich stimme mit Ihnen überein, dass von guten sowjetisch-amerikanischen Beziehungen positive Impulse auch auf Europa ausgehen. Der Komplex der Beziehungen zwischen UdSSR und USA ist die Voraussetzung für das Überleben der Menschheit. Die Erlangung dieses edlen Zieles darf man keinesfalls als Komplott bezeichnen. Dies alles entspricht unseren Interessen; wir treten für die Unterstützung dieser Entwicklung ein.

Gleichzeitig hat die BRD nicht abseits gestanden und beabsichtigt auch nicht, dies zu tun. Wir sehen eine eigene Rolle Europas im Interesse von Europa selbst. Aber wir sind uns als Deutsche auch unserer eigenen Verantwortung in diesem Zusammenhang tief bewusst. In der Vergangenheit war es häufig so, dass wir unseren, den deutschen Interessen, die Interessen unserer europäischen Nachbarn gegenübergestellt haben. Jetzt haben wir eine andere Einstellung: Unsere Interessen müssen den Interessen der Nachbarstaaten der BRD entsprechen und der Verbesserung des Klimas auf dem Kontinent insgesamt dienen.

Wir haben wie bisher die Absicht, eine aktive Rolle in den Beziehungen zwischen West und Ost zu spielen. Das was wir tun, ist ganz und gar keine Übertreibung, sondern entspricht unserem Gewicht ...[16]

Die deutsch-russischen Beziehungen, die Beziehungen zwischen der BRD und der UdSSR dienten und können weiterhin als Vorbild für gute Nachbarschaft und für beide Seiten gedeihliche Zusammenarbeit dienen. Ihre Wurzeln reichen hinein sowohl in die wirtschaftliche als auch in die kulturelle Sphäre sowie in den Bereich der persönlichen Verbindungen. Wir haben eine außerordentlich reiche Erfahrung angesammelt und müssen sie um jeden Preis nutzen. Es gab natürlich auch Verirrungen, gelegentlich haben wir uns auf dem falschen Weg befunden; doch jetzt sind die Perspektiven gut, man muss sie sehen und mit vereinten Kräften daran arbeiten.

Ich stimme mit Ihnen darin überein, dass es dabei in vollem Umfange nötig ist, auch das europäische Selbstverständnis, die europäische Eigenständigkeit, in Betracht zu ziehen. Wir alle haben etwas, worauf wir stolz sind, das man bei uns ler-

[16] Ungeachtet der Zeichensetzung auch gem. Gorbačev, Sobranie 11, S. 469f., keine weiteren Ausführungen an dieser Stelle.

nen kann. Wir haben nicht die Absicht, die Türen vor irgendjemandem zu verschließen, irgendjemandem den Rücken zuzukehren. Die BRD wird konsequent dafür eintreten, dass Europa auf dem Wege zur Erreichung dieser Ziele seine Kräfte eint.

Ich überbringe Ihnen, Herr Generalsekretär, die Grüße von Bundeskanzler H. Kohl. Er sieht seinem Besuch in Moskau mit großem Interesse und großen Hoffnungen entgegen. Ich sage direkt: Wir bereiten uns gründlich auf diesen Besuch vor und sind bereit, große Entscheidungen zu treffen, die es erlauben werden, unsere Beziehungen auf eine qualitativ neue Stufe zu heben. Dafür entsteht jetzt eine günstige Atmosphäre, nicht zuletzt dank Ihrer Perestrojka. Bei uns in der BRD wird das, was in der Sowjetunion vor sich geht, sehr lebhaft und im Detail erörtert. Ihre Reformen, Ihre Diskussionen und die von Ihnen ergriffenen Maßnahmen, darunter auch zu schwierigen Fragen, entsprechen unseren Vorstellungen von Demokratie. Die Beziehung zur Sowjetunion verändert sich in unserem Land grundlegend, und zwar nicht in Tagen sondern in Stunden.

Im Frühjahr 1987 hieß es in der Erklärung der neu gebildeten Bundesregierung, wie ich bereits sagte, dass die Beziehungen zur Sowjetunion für die BRD zentrale Bedeutung haben.[17] Darüber hinaus wird diese Zielsetzung nicht nur von den Kräften der Koalition, sondern von allen im Bundestag vertretenen politischen Parteien unterstützt. Eine solche Erklärung sagt übrigens auch aus, dass wir nicht nur nicht in Unentschlossenheit dastehen, sondern bereits durch die von Ihnen erwähnte neue Tür getreten sind.

M. S. Gorbačev: Ich denke, ich irre mich nicht, wenn ich Sie als einen der außergewöhnlichen Politiker bezeichne, die über Jahrzehnte hinweg Anschluss an die Zeiten halten.

Maßgebliche Bedeutung für den europäischen Prozess hat die Art und Weise, wie man in der BRD die Politik gegenüber der UdSSR formuliert hat. Dies erlaubt auch der BRD, auf die europäische Politik und die Weltpolitik Einfluss zu nehmen.

Dazu hat die tiefgreifende Erfahrung geführt, die mit der sogenannten „Ostpolitik" der BRD verbunden ist, deren Grundstein die vorangegangene Regierungskoalition gelegt hat und an der man bis heute festhält. Es hat sich ein gewisser Bestand an Vertrauen gebildet, der in der Tat entscheidende Bedeutung besitzt. Im Verlaufe der Umsetzung der „Ostpolitik" wurde der Moskauer Vertrag unterzeichnet; man gab einen Impuls für den gesamteuropäischen Prozess, der von der Annahme der Schlussakte von Helsinki gekrönt wurde.[18] Mit ihr zog man einen Schlussstrich unter den Zweiten Weltkrieg. Die BRD wurde zu einem geachteten Mitglied der Weltgemeinschaft; das Verhältnis zur ihr änderte sich grundlegend, auch in der UdSSR. Dies ist ein großes politisches Kapital, das unbedingt geschätzt werden muss. Die BRD ist in eine neue Phase ihrer Geschichte eingetreten.

Sowohl Sie, die Westeuropäer, als auch wir müssen nach vorn blicken und nicht zurück. Auf die Vergangenheit zu schauen, ist nur von Nutzen, um Lehren aus

[17] Regierungserklärungen vom 18. 3. und 7. 5. 1987, Deutscher Bundestag 11. Wahlperiode, 4. Sitzung, S. 51 ff., 10. Sitzung, S. 524 ff.

[18] Vgl. Dokument Nr. 5, Anm. 3 und 4.

der Geschichte zu ziehen. Nachdenken muss man doch über die Zukunft – darüber, was uns erwartet. Dieser Weg ist nicht leicht; aber das entstehende Vertrauen wird uns Kraft geben.

H.-D. Genscher: Vertrauen ist leicht zerstört, aber schwer zu schaffen. Dies lehrt die Geschichte beider Völker und die Geschichte Europas. Darum ist es so wichtig, das Vertrauen zu schätzen, es zu entwickeln und mit konkretem Inhalt zu füllen.

M. S. Gorbačev: Gewaltige Aufgaben liegen vor uns. Jetzt ist es erforderlich, eine ganze Reihe bedeutender Prozesse zu beschleunigen. Der Moskauer Vertrag hat seinerzeit den Grundstein für eine neue Entwicklung gelegt und die Hindernisse auf dem Weg zur Schlussakte von Helsinki weggeräumt. Jetzt ist die Überwindung der Schwierigkeiten in Wien an der Reihe.**

H.-D. Genscher: Wir Deutschen leben im Zentrum Europas und darum sind wir in höchstem Maße daran interessiert, dass das Wiener Treffen ergebnisreich endet. Insgesamt habe ich in zunehmendem Maße das Gefühl, dass man beginnt, Europa immer mehr anzuerkennen und dass seine Autorität wächst. Nicht zuletzt trägt dazu auch die neue sowjetische Außenpolitik bei.

Natürlich ist die BRD unter diesem guten Vorzeichen zur engsten Zusammenarbeit mit der Sowjetunion bereit. Die Situation gestaltet sich so, dass andere Staaten schon nicht mehr einfach zuschauen, sondern beginnen, sich nach uns zu orientieren. Diese Position muss man nicht nur beibehalten, sondern ausbauen.

[19]Wendet man sich der europäischen Geschichte zu, dann kann man sehen, dass wir seinerzeit Leid in andere Staaten exportiert haben. Jetzt liegt eine andere Aufgabe vor uns: Europa darf keine Konflikte exportieren, sondern muss auf entscheidende Weise zu ihrer Verhinderung oder Beseitigung beitragen …

M. S. Gorbačev: […].[20] Es ist an der Zeit, die Außenpolitik auf eine Ebene zu führen, wo sie nicht nur Reaktion auf aktuelle Ereignisse ist, sondern Projektionsfläche für neue internationale Beziehungen im Geiste des Neuen Denkens. Dieser Ansatz zur Gestaltung der Außenpolitik hat bereits erste wichtige praktische Ergebnisse gebracht, obwohl er anfangs Skepsis und Zweifel hervorrief.

Nehmen wir nur unsere Erklärung vom 15. Januar 1986.*** Die erste Reaktion im Westen darauf sah so aus – Illusion, Utopie. Aha, hieß es, da ist ein neuer Jesus Christus erschienen und denkt, er werde den Menschen den Frieden bringen. Doch es vergingen etwa zweieinhalb Jahre, und ein erster Vertrag über die Beseitigung einer ganzen Kategorie von Nuklearraketen war da. Ich sage offen: Wenn die USA nicht auf einigen Punkten beharren, indem sie, wie wir wissen, den Sympathien des derzeitigen Präsidenten Tribut zollen, kann auch eine Entscheidung über eine 50-prozentige Reduzierung der strategischen Offensivwaffen gefunden werden … [Ein anderes Beispiel: Afghanistan. Als wir zusammen mit unseren afghanischen Freunden eine Politik der nationalen Versöhnung vorschlugen, wurden Stimmen laut, dass die Sowjetunion in eine Sackgasse geraten sei und versu-

[19] Der folgende Absatz auch in Gorbačev, Sobranie 11, S. 566 f., Anm. 308.

[20] Gem. Gorbačev, Sobranie 11, S. 472 f. greift Gorbačev zunächst zustimmend die letzten Äußerungen Genschers auf und unterstreicht dann, dass es kein „Monopol auf die historische oder soziale Wahl" geben könne. Außenpolitik, fährt Gorbačev fort, müsse mehr sein als eine bloße Reaktion auf aktuelle Ereignisse.

che, mit Hilfe humanitärer Erklärungen herauszufinden. Aber die Zeit verging und die Regulierung auf der Basis politischer Entscheidungen gewinnt in so äußerst schwierigen Konfliktpunkten wie Kambodscha, Naher Osten, Zentralamerika, Südafrika an Kraft. Jetzt sprechen sogar Iran und Irak davon, obwohl es gestern unmöglich schien.][21]

So lassen Sie uns nach vorn schauen, keine komplizierten Fragen fürchten und daran glauben, dass es keine unüberwindbaren Schwierigkeiten gibt.

Die atomare Bedrohung klopft an alle Fenster und Türen, davor darf man nicht die Augen verschließen. Die Schaffung einer atomwaffenfreien Welt ist eine Aufgabe der gesamten Menschheit; sie entspricht den Interessen aller Menschen, aller Staaten. Wenn wir sie unterschätzen und als lästige Propaganda abtun, dann kann sie eines schönen Tages auf eine Weise explodieren, dass man gar nicht mehr feststellen muss, wo welches System existiert hat.

Rücksicht auf die gegenseitigen Positionen, Konstruktivität, Respekt, Vertrauen – all dies sind Prinzipien, von denen man sich in den zwischenstaatlichen Beziehungen leiten lassen muss. Keinerlei Monopol auf die Wahrheit, keinerlei Aufzwingen der eigenen Ansichten, keinerlei Export der eigenen Werte. Produktiver Meinungsaustausch, Verbindungen zum gegenseitigen Nutzen, Zusammenarbeit – dazu gibt es und kann es in unserer Zeit keine Alternative geben.

H.-D. Genscher: Wir blicken mit großer Sympathie darauf, welche Ziele Sie sich im Zuge der Verwirklichung Ihrer Reformen sowohl im politischen Leben wie auch in der Wirtschaft vorgenommen haben. Wir sind für diese Ziele, weil sie nach unserer tiefen Überzeugung nicht nur der Sowjetunion, sondern ganz Europa Nutzen bringen.

Die BRD ist ebenso wie andere Staaten bestrebt, ihre Wirtschaft zu stärken, ohne dabei von Egoismus geleitet zu sein, sondern von dem Wunsch, mit anderen Ländern und Völkern zusammenzuarbeiten. Dies ist nicht nur ein ökonomischer, sondern gleichzeitig auch ein politischer Faktor von tiefer Bedeutung, der in entscheidender Weise die Schaffung von Vertrauen begünstigt.

Die BRD öffnet ihre Türen weit für eine verstärkte Zusammenarbeit mit allen Staaten, auch mit der Sowjetunion, die uns näher rückt, zugänglicher und verständlicher wird. Wir sind für Abrüstung, wobei dies – wie ich bereits sagte – auch die konventionellen Waffen betrifft. Streitkräfte und konventionelle Waffen erfordern für ihre Erhaltung gigantische Mittel. Diese könnte man auf friedliche Ziele umlenken, auf die Erhöhung des Lebensstandards der Völker.

Ich möchte auch über die Notwendigkeit einer Stärkung der Rolle der UNO sprechen. Die Reserven dieser äußerst autoritativen Organisation sind noch nicht ausgeschöpft. Derzeit beginnt sie eine immer spürbarere Rolle bei der Gewährleistung der weltweiten Stabilität zu spielen, dabei nicht nur der politischen, sondern auch der wirtschaftliche Stabilität.

Ich möchte Ihnen versichern, Herr Generalsekretär, dass Sie in Gestalt der BRD stets einen offenen und zuverlässigen Partner haben werden. Unsere Beziehungen stehen auf einem soliden Fundament. Mit ihnen wurde eine gute Vorleistung geschaffen und es gibt keine besonderen Hindernisse, sie in eine qualitativ

[21] Ergänzung gem. Gorbačev, Sobranie 11, S. 473.

neue Bahn zu lenken. Ich wiederhole noch einmal meinen Gedanken: Eine neue Qualität in den Beziehungen zwischen UdSSR und BRD kann und muss auch den Beziehungen zwischen Ost und West eine neue Qualität verleihen. Darin sehe ich die gemeinsame Verantwortung unserer beiden Staaten, die nicht irgendeinen deutsch-sowjetischen Egoismus nähren darf, sondern die Verantwortung für ganz Europa.

M. S. Gorbačev: Einverstanden.[22] Wenn wir von konkreten Schritten sprechen, dann lassen Sie uns in Wien daran arbeiten. Hier sind wir bereit, weit zu gehen. Dies ist nicht irgendeine Propaganda, die man uns zuschreibt. Wir geben entsprechende Stellungnahmen und Erklärungen ab, damit sich die Politiker in den westlichen Hauptstädten bewegen. Wir reden nicht in den Wind. Und davon konnte man sich überzeugen, wenn man Einsicht in die Beschlüsse genommen hat, die auf der PKK angenommen wurden.[23]

Die Sowjetunion und alle Staaten des Warschauer Paktes sind an einem Abschluss des Wiener Treffens ohne Verschleppungsmanöver interessiert. Wir sind bereit, bei der Lösung der dort entstandenen Probleme weit zu gehen. Aber niemand sollte mit unserer einseitigen Abrüstung rechnen.

Nun zum Besuchsaustausch auf höchster Ebene. Ich denke, das ist ein großes Ereignis. Umso mehr, als es einen solchen Austausch seit langem nicht gegeben hat. Wenn schon ein Austausch von Besuchen stattfinden soll, dann bin ich dafür, diese gründlich vorzubereiten. Beide Besuche sollten all das umfassen, was wir angesammelt haben. Alle Probleme müssen gut durchgearbeitet werden: die politischen, die wirtschaftlichen, diejenigen im Bereich der Ökologie, der Kultur und der menschlichen Kontakte ... [...].[24]

Den Wunsch zusammenzuarbeiten, müssen wir auf eine konkrete Ebene übertragen. Wir hoffen, dass die BRD für uns ein noch zuverlässigerer, noch attraktiverer Partner wird.

H.-D. Genscher: Wir sind gerade im Begriff, uns im Zuge der Vorbereitung des Besuchs von Kanzler H. Kohl in Moskau mit dieser Frage zu beschäftigen. Wir haben mit Ševardnadze vereinbart, dieses Thema bei unserem bevorstehenden Treffen in New York im September gründlich zu besprechen ...[25]

Ich stimme mit Ihnen überein, dass der Besuch des Kanzlers in der Sowjetunion und der Ihre in der BRD bedeutende, denkwürdige Ereignisse werden müssen. Es ist erfreulich festzustellen, dass sich unsere Einstellungen in dieser Frage decken und dass wir beabsichtigen, im Gleichklang zu handeln.

Am Montag, dem 1. August, werde ich den Bundeskanzler in Österreich treffen, wo er auf Urlaub ist und ihn im Einzelnen über meinen Aufenthalt in Moskau informieren, vor allem natürlich über das Gespräch mit Ihnen, Herr Generalsekretär.

22 Dieses Wort fehlt in Gorbačev, Sobranie 11, S. 474.

23 Materialien und Beschlüsse des XXII. PBA-Treffen vom 15.–16. 7. 1988 in Warschau in http://www.php.isn.ethz.ch/collections/colltopic.cfm?lng=en&id=17113&navinfo=14465 (Zugriff 4. 7. 2009).

24 Gem. Gorbačev, Sobranie 11, S. 474 f. folgen Ausführungen Gorbačevs zur Perestrojka und kritische Bemerkungen zur Reaktion einzelner westlicher Staaten. Gorbačev schließt: „Trotzdem gibt es mehr Wohlwollende, darunter auch die BRD."

25 Treffen anlässlich der 43. Sitzung der UN-Generalversammlung.

Ich möchte noch einmal sagen, dass die Perestrojka in der Sowjetunion eine Angelegenheit aller Staaten und Völker Europas ist. Sie lässt niemanden außerhalb ihrer Einflusssphäre, ihre Impulse sind in allen gesellschaftlichen Schichten spürbar. Wir sind bereit, uns mit Ihnen vorwärts zu bewegen, die Stagnation in einzelnen Bereichen der Beziehungen zu überwinden und neue Kräfte aus der wechselseitigen Zusammenarbeit zu schöpfen. Je stärker die Sowjetunion, je höher der Lebensstandard ihrer Bevölkerung, desto stabiler wird die Lage auf dem europäischen Kontinent sein und desto erfolgreicher werden sich die Beziehungen zwischen seinen Ländern und Völkern entwickeln.

M. S. Gorbačev: Ich danke Ihnen, Herr Bundesminister, für die wie immer interessanten Ausführungen, nützlichen Gedanken und Ideen.

Ich bitte Sie, Kanzler Kohl[26] Grüße zu überbringen. Ich sehe dem Treffen mit ihm in naher Zukunft entgegen.

* Während des Besuchs des Außenministers der BRD Hans-Dietrich Genscher in Moskau (29.–31. Juli 1988) fand ein Meinungsaustausch mit dem Außenminister der UdSSR statt. Am 30. Juli wurde Genscher von M. S. Gorbačev empfangen.

** Damals liefen in Wien die Gespräche über eine Reduzierung der konventionellen Waffen und Streitkräfte in Europa.[27]

*** Die Erklärung M. S. Gorbačevs vom 15. Januar 1986 enthielt ein detailliertes Programm für eine allumfassende Reduzierung und Beseitigung von Atomwaffen.[28]

Archiv der Gorbačev-Stiftung. Bestand 1, Verzeichnis 1.

Nr. 25
Gespräch Gorbačevs mit dem Staatsratsvorsitzenden Honecker am 28. September 1988 [Auszug][1]

Aus dem Gespräch M. S. Gorbačevs mit E. Honecker

28. September 1988

(An dem Gespräch nahmen auf sowjetischer Seite A. K. Antonov und N. N. Sljun'kov, auf deutscher Seite G. Mittag teil.)

M. S. Gorbačev: Obgleich euer Besuch dieses Mal kurz und arbeitsmäßig ist, steht er von seinem Inhalt her nicht hinter einem offiziellen Besuch zurück. Man kann sagen, dass dies dem Geist der Perestrojka und dem Neuen Denken entspricht – weniger Fanfaren, mehr Geschäft … [Unsere Kontakte, Treffen und Gespräche werden dynamischer, und das ist sehr wichtig. Der Sozialismus befindet sich in einer Umbruchphase, es tauchen viele neue Probleme auf, und in dieser Zeit sind

26 Gem. Gorbačev, Sobranie 11, S. 475: „dem Kanzler der BRD, Helmut Kohl".

27 MBFR-Verhandlungen bis Februar 1989, ersetzt durch die KSE-Verhandlungen.

28 Abgedr. u. a. in: Gorbačev, Für eine kernwaffenfreie Welt, S. 5–20.

1 Auch in Gorbačev, Sobranie 12, S. 114–118 (ohne Äußerungen Honeckers). Das deutsche Protokoll in Küchenmeister (Hg.), Honecker Gorbačev, S. 186–207. Der Besuch fand vom 27.–29. 9. 1988 statt.

der Erfahrungsaustausch und auch einfach die Beratung mit guten Freunden besonders wertvoll. Die Beziehungen mit den sozialistischen Ländern genießen bei uns Priorität, und die Zusammenarbeit mit der DDR hat besondere Bedeutung sowohl für uns, als auch für die Europa- und Weltpolitik. Ich möchte mit Genugtuung feststellen, dass sie sich in letzter Zeit verstärkt, durch neue Facetten sowohl in der Wirtschaft als auch in der Politik und in internationalen Angelegenheiten bereichert wird. Die sowjetische Führung sieht in Genossen Erich Honecker einen alten Freund unseres Landes, eine bedeutende Persönlichkeit der internationalen kommunistischen Bewegung, den Führer des Staates, der einen würdigen Platz in der sozialistischen Gemeinschaft einnimmt.][2]

E. Honecker: Unsere Beziehungen befinden sich auf einem solchen Niveau von Nähe und Vertraulichkeit, dass ich offen darüber sprechen kann, was uns beunruhigt. In eurer Presse erscheinen manchmal Veröffentlichungen, die nicht mit deinen Reden übereinstimmen. Sie rufen bei uns Diskussionen hervor. Bisher haben wir einen klaren Kurs verfolgt und Unterstützung und Verständnis in unserem Volk und bei den Bruderparteien erhalten. Man muss im Auge behalten, dass für Millionen unserer Menschen die Sowjetunion stets ein Orientierungspunkt war; deshalb ruft es Befremden hervor, wenn die Errungenschaften der Oktoberrevolution in Zweifel gezogen werden.

Honecker drückte die Überzeugung aus, dass im Ergebnis des Treffens die Übereinstimmung der Haltungen von KPdSU und SED zu allen grundlegenden Fragen des sozialistischen Aufbaus und der internationalen Politik bekräftigt werde. M. S. Gorbačev wiederum informierte seinen Gesprächspartner über den Verlauf der Perestrojka in der UdSSR und schloss seine Analyse mit den Worten:[3]

Wenn wir die Perestrojka zu einem erfolgreichen Ende führen, wird dies historische Bedeutung haben. Fehlschläge gibt es natürlich, irgendetwas machen wir nicht ganz so, lassen Übertreibungen zu; aber die Hauptrichtung ist korrekt festgelegt. Wir werden diesen Prozess voller Zuversicht voranbringen, und dann wird die leere Hülle von selbst abfallen.

Ich hielt es für unumgänglich, Erich, über all dies zu sprechen und dir dabei in die Augen zu sehen.

E. Honecker: Für mich und die Mehrheit unserer Genossen gibt es keinerlei Zweifel daran, dass die Perestrojka in der UdSSR eine historische Notwendigkeit ist und wir sind überzeugt, dass sie sich ihren Weg bahnen wird. Obwohl hier die Rede von den Problemen der Sowjetunion ist, betrachten wir sie als unsere eigenen. Die Ideale des Marxismus–Leninismus sind ja schließlich unteilbar; immer noch gilt die Losung des „Manifests der Kommunistischen Partei“: „Proletarier aller Länder vereinigt euch!“ Deshalb haben wir in der DDR ein enormes Interesse an der Entwicklung der Sowjetunion. Natürlich gibt es dabei richtige Bewertungen und unrichtige.

M. S. Gorbačev: Das ist auch bei uns so.[4]

2 Passage gem. Gorbačev, Sobranie 12, S. 108.

3 Ausführliche Wiedergabe in Küchenmeister (Hg.), Honecker Gorbačev, S. 186–198 sowie Gorbačev, Sobranie 12, S. 108–113. Die Überlieferung dann wieder identisch mit Gorbačev, Sobranie 12, S. 113.

4 Dieser und der nächste Einschub Gorbačevs nicht in Gorbačev, Sobranie 12, S. 113 f., da dort auch die Ausführungen Honeckers fehlen.

E. Honecker: Missverständnisse ergeben sich gewöhnlich aus einzelnen Veröffentlichungen. Ich erinnere mich, wie du 1985 auf meine Bemerkung sagtest, für die Beschleunigung des wissenschaftlich-technischen Fortschritts brauchten wir eine kämpferische Atmosphäre in der Gesellschaft.[5]

Damals habe ich den Sinn dieser Äußerung nicht völlig verstanden. Ehrlich gesagt, für mich war damals die ganze Tiefe der Stagnation nicht so ersichtlich wie heute.

M. S. Gorbačev: Auch uns war das nicht bis zum Ende klar.

E. Honecker: Ich gehe fest von der Notwendigkeit der Perestrojka aus, wie du sie dargelegt hast. Es ist nötig, die Funktion der Partei zu regeln und ihre Verbindung zu den Massen zu festigen, der Lenin'schen Konzeption des sozialistischen Aufbaus zu folgen. Dies ist es, was uns eint. Ich sage offen, es gab eine Zeit, in der wir die Lenin'schen Werke „Was tun?" und „Die nächsten Aufgaben der Sowjetmacht"[6] als Grundlage der gesamten ideologischen Arbeit der SED nahmen.

Ich will nicht behaupten, dass wir bei uns alles richtig gemacht haben; aber du hast ja völlig zutreffend gesagt, dass der Prozess des sozialistischen Aufbaus in jedem Land auf seine Weise vor sich geht. Wir haben uns nach dem Sieg der Roten Armee im Zweiten Weltkrieg auf den Weg des Sozialismus begeben. Obwohl ihm viele Kommunisten zum Opfer fielen, schuf der Sieg der Sowjetunion eine neue Chance, und wir in Deutschland haben sie genutzt. Die deutschen Kommunisten haben sich auch zur Zeit der Weimarer Republik und insbesondere in den Nachkriegsjahren stets die Sowjetunion zum Vorbild genommen. 1947 war ich in Stalingrad; es lag damals in Ruinen; die Menschen lebten in Notunterkünften. Und es war für uns ergreifend, wie sie mit großer Gewissheit sagten: Wir werden unser Land und unser Stalingrad wiederaufbauen. Ich war dort noch mehrmals, sah, wie sie die Stadt aufbauten, besuchte das Traktorenwerk. Aber einen besonderen Eindruck hat immer die Verwendung des Wortes „wir" hinterlassen. Wir – als Werk, als Stadt, als Land. In der DDR stand es noch bevor, zu erreichen, dass die Menschen sagten: „wir" und „unser". Diese Arbeit haben wir unter dem Einfluss der Sowjetunion durchgeführt. Obwohl unsere Partei bereits in der Erklärung vom 11. Juni 1945[7] sagte, dass sie nicht beabsichtige, die sowjetische Praxis mechanisch auf unser Territorium zu übertragen. Wir hatten ein Minimal- und ein Maximalprogramm; ersteres sah die Demokratisierung vor, und das zweite – den Übergang zum Aufbau des Sozialismus. Aber wir haben von euch sehr vieles als Orientierungspunkt genommen. Ich selbst habe am Aufbau von Magnitogorsk, von „Uralmaš"[8] teilgenommen, arbeitete in einem Elektrowerk in Moskau, wo unter schwierigen Bedingungen das geschaffen wurde, was zur Grundlage der moder-

[5] Vgl. Vermerk über ein Gespräch Honecker mit Gorbačev am 5. 5. 1985, in: Küchenmeister (Hg.), Honecker Gorbačev, S. 26–48.

[6] Lenin, Vladimir I., Was tun? Brennende Fragen unserer Bewegung, Moskau 1934 (Erstveröffentlichung 1902); ders., Die nächsten Aufgaben der Sowjetmacht, Bern 1918.

[7] Aufruf des ZK der KPD vom 11. 6. 1945, abgedr. in: „Nach Hitler kommen wir!" Dokumente zur Programmatik der Moskauer KPD-Führung 1944/45 für Nachkriegsdeutschland, hg. von Peter Erler u. a., Berlin 1994, S. 390–397.

[8] Unter der Bezeichnung Uralmaš operierte ab Anfang der 1930er Jahre die Fabrik für Schwermaschinenbau in Ekaterinburg (ehem. Sverdlovsk), Magnitogorsk ist ein Zentrum der Eisen- und Stahlerzeugung.

nen sowjetischen Industrie geworden ist. Aber wir hielten es nicht für nötig, in unserer ideologischen Arbeit diese Schwierigkeiten hervorzuheben. Deshalb wird bei uns manchmal von irgendjemandem gesagt, wir würden die Sowjetunion idealisieren.

Ich möchte noch einmal hervorheben: Die Frage der Beziehung zur Perestrojka existiert bei uns nicht. In der Partei versteht man, dass sie unausweichlich ist und den Interessen aller Bruderländer entspricht.

Man muss zugeben, dass auch wir nicht wenige eigene Probleme haben. Über sie wurde auf dem 11. Parteitag der SED gesprochen.[9] Derzeit laufen Wahlen in den Parteiorganisationen; an den Versammlungen nehmen 94,8% der Kommunisten teil. Das ist ein sehr hoher Prozentsatz. Im Zentrum der Aufmerksamkeit stehen erstens der Aufbau einer entwickelten sozialistischen Gesellschaft, was wir uns wie bisher zum Hauptziel gesetzt haben und zweitens die ideologisch-politische Zurückweisung der feindlichen Angriffe aus dem Westen. Die bourgeoise Propaganda stützt sich jetzt darauf, dass das Beispiel Polens, der UdSSR und anderer Länder angeblich vom Fehlschlag des sozialistischen Experiments zeuge. Sie beziehen sich natürlich nicht auf deine Reden, sie zitieren einige Äußerungen, die unter der Losung eines sozialistischen Pluralismus in der „Literaturnaja Gazeta", in „Ogonek" und in „Novoe Vremja" erscheinen.[10]

M. S. Gorbačev: Was die bourgeoise Propaganda sagt, ist uns nicht neu. Dort erklärt man manchmal, Gorbačev bleibe ein Monat zu arbeiten, die Perestrojka werde vom Volk abgelehnt, die Bürokratie werde alles begraben usw. Dem Volk werden Ratschläge untergeschoben, Druck auf die Führung auszuüben oder – umgekehrt – der Führung, prinzipielle Positionen aufzugeben. Man sagt, dass in der UdSSR die Perestrojka laufe, aber in der DDR nicht, und dass angeblich zwischen den Führungen der beiden Staaten gespannte Beziehungen herrschten. Mit einem Wort, man ist bemüht, uns zu entzweien. Wir werden uns den Provokationen natürlich nicht beugen. Ich bin davon überzeugt, dass es die beste Verteidigung der Perestrojka ist, sie voller Zuversicht weiterzuführen und die Befriedigung der Bedürfnisse der Menschen zu gewährleisten.

[11]**E. Honecker:** In dieser Hinsicht haben wir keine Schwierigkeiten. Die wirtschaftliche Entwicklung der DDR läuft nicht schlecht. Und was die soziale Entwicklung betrifft, so müssen wir bekennen, dass sie sogar unsere Möglichkeiten übersteigt. Das Problem besteht jedoch darin, dass vom Westen aus rund um die Uhr eine auf das Territorium der DDR gerichtete Propaganda betrieben wird …

Bei uns kommt auch eine gewisse Besorgnis auf über die Ereignisse in Aserbeidschan, Armenien und im Baltikum,[12] aber auch über die Gründung der Partei „Demokratische Union".[13]

[9] 17.–21. 4. 1986.

[10] Im deutschen Protokoll (wie Anm. 1, S. 200f.) wird hier auch die Zeitschrift „Sputnik" angeführt, die im November 1988 von der Vertriebsliste gestrichen wurde.

[11] Der folgende Austausch nicht in Gorbačev, Sobranie 12, S. 114.

[12] Zur Entwicklung im Baltikum mit sprachlichen und politischen Unabhängigkeitsbestrebungen v.a. ab Herbst 1988 vgl. Altrichter, Russland, S. 66ff. Die Auseinandersetzungen um Berg-Karabach im Kaukasus hatten sich seit Februar 1988 in blutigen Ausschreitungen entladen (ebd., S. 73ff.). Ab Sommer 1989 kristallisierten sich Volksfrontbewegungen mit weiter gehenden nationalen Forderungen in diesen Republiken heraus (ebd., S. 226ff.). Im Sommer 1989 setzte der

M. S. Gorbačev: Ist sie nach euren Angaben bereits gegründet?

E. Honecker: Nein. Aber im Westen läuft die Propaganda …

M. S. Gorbačev: [Man muss die Fehler, die Deformation des Sozialismus sehen. Aber wir weisen in unseren Reden Versuche, das Erreichte herunterzusetzen, zu sagen, dass alle die ganzen 70 Jahre nach dem Oktober nicht richtig gelebt haben, entschieden zurück. Es gibt bei uns natürlich welche, die die ganze sowjetische Geschichte diskreditieren wollen, aber wir achten darauf. Ich bitte dich, bei Gelegenheit zu sagen: In der DDR sollen sie wissen, dass wir die Sache des Oktobers im Interesse des Volkes fortführen. Übrigens, die bourgeoisen Propagandisten haben das schon lange verstanden, sie sagen, dass Gorbačev ein „überzeugter" Kommunist sei. Sie versuchen natürlich auf unsere Schwierigkeiten zu spekulieren.][14] Wenn bei dir Schwierigkeiten mit der Erklärung auftreten, rufe mich an, ich komme, wir gehen gemeinsam zu den Massen und machen begreiflich, was bei uns vor sich geht – Entwicklung des Sozialismus oder nicht. Aber ich bin überzeugt, dass die Führung der SED besser vorbereitet ist, um auf die Fragen ihrer Bürger zu antworten … [Man hat ja 40 Jahre lang über euch jede Frechheit verkündet, sodass eine oder zwei unserer Publikationen euch wahrscheinlich nicht unterminieren. Ihr werdet doch damit fertig? […].][15]

E. Honecker: Du und das Politbüro könnt versichert sein, dass wir voll und ganz eure Politik unterstützen und wissen: Die KPdSU ist in diesem Prozess die führende Kraft.

Was unsere Partei angeht, so hat sie so viele Prüfungen durchgemacht, dass sie durch nichts erschüttert werden kann. Bei uns in der Partei hat es immer Demokratie gegeben, wir haben uns mit dem Volk beraten. Die SED arbeitet bei uns mit anderen Parteien und gesellschaftlichen Organisationen zusammen und kümmert sich darum, dass sie ihre Vertreter in den Machtorganen haben. Ich habe im Staatsrat fünf Stellvertreter. Das ist unsere Erfahrung, aber wir wollen sie nicht anderen aufdrängen.

M. S. Gorbačev: Bei euch herrscht in der Wirtschaft mehr Demokratie; der genossenschaftliche Sektor, die Handwerker, die kleinen Händler, sie arbeiten nutzbringend.

E. Honecker: Das ist eine alte deutsche Tradition.

M. S. Gorbačev: Unter Lenin gab es das auch bei uns, aber danach hat man alles zerstört. Ist etwa bei euch wegen der Handwerker und der Genossenschaftler der Sozialismus zu Grunde gegangen?

Volksdeputiertenkongress eine Untersuchungskommission zum „Hitler-Stalin-Pakt" ein, zum 50. Jahrestag des Pakts bildeten am 23. 8. 1989 über 2 Millionen Menschen eine 600 km lange Menschenkette durch das Baltikum. Am 11. 8. 1989 veröffentlichte erstmals auch die sowjetische Hauptstadtpresse den Text des Geheimen Zusatzprotokolls, der Volksdeputiertenkongress erklärte das Protokoll auf seiner 2. Sitzung (12.–24. 12. 1989) für unwirksam „vom Moment seiner Unterzeichnung" an, vgl. Altrichter, Russland, S. 272–290, Zitat S. 289.

13 Die Partei wurde bereits am 9. 5. 1988 gegründet, vom 27.–29. 1. 1989 fand der zweite Parteitag statt. Abriss und Gründungsdeklaration in Steffi Engert/Uwe Gartenschläger, Der Aufbruch: Alternative Bewegungen in der Sowjetunion. Perestrojka von unten, Reinbek 1989, S. 94–97.

14 Passage gem. Gorbačev, Sobranie 12, S. 114.

15 Passage gem. Gorbačev, Sobranie 12, S. 114. Es folgen noch Ausführungen Gorbačevs über die richtige Anwendung leninistischer Demokratie in der UdSSR.

E. Honecker: Gestern habe ich einer Redakteurin der spanischen Zeitung „El Pais" ein Interview gegeben.[16] Sie fragte mich: „Sie kennen Herrn Gorbačev. Wie denken Sie, wird ihm die Perestrojka gelingen?" Ich antwortete, dass dies unbedingt so sei. Der Vorsitzende der Evangelischen Kirche in der DDR fordert,[17] wir sollten dieselben Reformen durchführen, wie in der Sowjetunion. Dabei bezog er sich auf die westliche Propaganda. Ich habe ihm gesagt, er solle sich selbst umgestalten. Die Sozialdemokraten der BRD sagen auch, dass es an der Zeit sei, unsere Perestrojka zu beginnen, aber wir raten ihnen, bei sich selbst anzufangen.

Aber trotzdem möchten wir bitten, jene missglückten Veröffentlichungen, die in euren Verlagen auf Deutsch erscheinen, unter Kontrolle zu nehmen. Wir möchten nicht, dass es zu viele davon gibt.

[...].[18] **M. S. Gorbačev:** Ich bin froh, dass zwischen uns völliges Einvernehmen herrscht; ich empfinde das wenigstens so. Nun, dass Fragen entstehen, das ist natürlich.

Was die Veröffentlichungen angeht, so werden wir dieses Problem im Auge behalten. Wir möchten nur nicht zu früheren Methoden Zuflucht nehmen: zum Anschnauzen und Kommandieren.

Man muss mit politischen Mitteln operieren – diese Prozesse durch Erläutern und Überzeugen beeinflussen. Nun, es gibt natürlich so ein Mittel wie die Kaderpolitik. Beim jüngsten Treffen mit der Presse habe ich gesagt, dass [bei uns alles unter Kontrolle ist],[19] dass es keine Zonen gibt, die frei sind von Kritik. Wir sind der Presse behilflich; wenn wir jedoch sehen, dass wir auf kein Echo stoßen und dass dem, was der Generalsekretär sagt, nicht die gebührende Aufmerksamkeit geschenkt wird, dann werden wir uns von diesen Redakteuren trennen. Sie haben dies mit Verständnis aufgenommen. Aber ich wiederhole, wir dürfen nicht zu den alten Methoden zurückkehren. Die Menschen fürchten die ganze Zeit, dass wir einen Schlussstrich unter die Glasnost' machen und meinen, dass dies das Ende der Perestrojka selbst bedeuten würde. [...].[20]

Archiv der Gorbačev-Stiftung. Bestand 1, Verzeichnis 1.

16 Interview in Neues Deutschland vom 3. 10. 1988.
17 Bischof Leich.
18 Gem. dem deutschen Protokoll (wie Anm. 1, S. 205 f.) sowie Gorbačev, Sobranie 12, S. 114 f. hier Rückblick auf Lenins Politik und die NĖP.
19 Einschub gem. Gorbačev, Sobranie 12, S. 115.
20 Gem. deutschem Protokoll (wie Anm. 1, S. 206 f.) kurzer Austausch über wirtschaftliche Zusammenarbeit. Vgl. auch Gorbačev, Sobranie 12, S. 512, Anm. 77.

Nr. 26
Zweiter Teil des Gesprächs Gorbačevs mit dem Staatsratsvorsitzenden Honecker am 28. September 1988[1]

Fortsetzung des Gesprächs M. S. Gorbačevs mit E. Honecker in erweiterter Zusammensetzung

28. September 1988

(An dem Gespräch nahmen von sowjetischer Seite A. K. Antonov und N. N. Sljun'kov, von deutscher Seite G. Mittag teil.)

(Im politischen Teil des Gesprächs wiederholt sich in vielem das im vorangegangenen Gespräch Gesagte. Im Folgenden ist das Thema der wirtschaftlichen Zusammenarbeit zwischen UdSSR und DDR festgehalten, das am interessantesten ist.)[2]

M. S. Gorbačev: Das erreichte Niveau der Zusammenarbeit und des Vertrauens zwischen unseren Parteien und Ländern ist eine große Errungenschaft und dieses Kapital gilt es zu erhalten.

Genosse Honecker und ich haben auch bekräftigt, dass keine Notwendigkeit besteht, irgendwelche Veränderungen an der strategischen Linie unserer Zusammenarbeit vorzunehmen. [Wir sind auch übereingekommen, die politische Arbeit unserer Parteien auf hohem Niveau aufrecht zu erhalten, die Zusammenarbeit auf der Ebene der ideologischen Institutionen und Organisationen auszubauen, damit auf diesem wichtigen Gebiet keine Rückstände zugelassen werden].[3]

Ich habe den Genossen Honecker über den Gang der Perestrojka informiert, über unsere Vorhaben, unsere Strategie und Taktik. Ich bin hier mit ihm zu vollem Einvernehmen gelangt.

Es gab auch Probleme, die eine Erörterung erforderten, doch ändert dies nicht den hauptsächlichen Inhalt unseres Gesprächs. [...].[4]

Zu den Fragen der Wirtschaft erklärte Genosse Honecker, dass es zwecklos sei, sie ohne die Genossen Mittag und Sljun'kov zu erörtern. Das ist richtig. Und ich fügte hinzu, dass man zu diesem Gespräch auch die Genossen Medvedev, Antonov und Katušev hinzuziehen müsse.

Wir verstehen die Probleme der wirtschaftlichen Entwicklung der DDR. Sie liegen auch uns nahe, da wir in Gestalt der DDR einen stabilen Staat sehen wollen. Was die Frage des Treibstoffs betrifft, so haben wir sie bei uns in der Führung diskutiert und denken, dass wir für 1991–1995 denselben Lieferumfang an die DDR aufrechterhalten werden wie im vorigen Fünfjahrplan. Genosse Honecker hatte den Wunsch, dass wir unsere Lieferungen erhöhen. Doch einstweilen haben wir

[1] Auch in Gorbačev, Sobranie 12, S. 116–120 (ohne Ausführungen Honeckers und anderer Gesprächsteilnehmer). In Gorbačev, Sobranie 12, S. 121–125 noch zusätzlich die Ansprache Gorbačevs auf dem Empfang zu Ehren Honeckers, 28. 9. 1988.

[2] Gem. Gorbačev, Sobranie 12, S. 116 einleitende Information über das Vieraugengespräch (Dokument Nr. 25) mit der Bestätigung, dass DDR und UdSSR an der Stärkung der Positionen des Sozialismus arbeiten.

[3] Ergänzung gem. Gorbačev, Sobranie 12, S. 116.

[4] Gem. Gorbačev, Sobranie 12, S. 116 f. erwähnt Gorbačev hier Honeckers Ausführungen zum Manifest und gibt knapp die Informationen über die weiteren Pläne in der UdSSR wieder. Die Auslassung in der Vorlage nicht kenntlich gemacht.

diese Möglichkeit nicht; aber wenn sie sich [in Zukunft][5] ergibt, werden wir uns bemühen, entgegenzukommen.

Erörtert wurde auch die Frage, wie wir unsere weitere Zusammenarbeit unter Berücksichtigung der Veränderungen gestalten wollen, die im wirtschaftlichen Mechanismus sowohl der UdSSR als auch der DDR vor sich gehen.

Habe ich das richtig dargelegt, Erich?[6]

E. Honecker: Alles richtig. Danke für den guten Vortrag über die Diskussion ... Ich schlage vor, dass Genosse Mittag uns über konkrete Fragen informiert und Genosse Antonov sagt, in welchem Maße unsere Vorschläge angenommen werden können.

G. Mittag: In unserem Gespräch mit dem Genossen Sljun'kov wurden alle grundlegenden Fragen offen und kritisch erörtert und klargestellt, was wir in Zukunft nicht nur tun können, sondern auch tun müssen.

M. S. Gorbačev: Für die Fortsetzung all dieser Arbeit und ihren Abschluss in praktischer Weise und in festgelegten Fristen wäre es zweckmäßig, spezielle Arbeitsgruppen zu schaffen.

Habt ihr mit Genossen Sljun'kov darüber nicht gesprochen?[7]

G. Mittag: Diesen Weg halten wir für den schnellsten, um die besten Ergebnisse zu erzielen. Nämlich für die wichtigsten Aufgaben die Zusammenarbeit von Spezialisten der UdSSR und der DDR zu organisieren. Auf dem Gebiet der Mikroelektronik haben wir Erfahrung mit einer solchen Zusammenarbeit – ohne neue Einrichtungen zu schaffen, haben wir in zwei Jahren die Aufgabe gelöst, eine integrierte Schaltung mit der Kapazität von 1 Megabyte [sic!] herzustellen. [...].[8]

M. S. Gorbačev: Ich möchte eine konkrete Frage stellen. Zu uns gelangt die Information, dass es in Fragen der Kooperation mit euch nicht sehr gut läuft. Direkte Verbindungen bestehen, Entwicklungen werden gemacht, aber wenn die Zeit kommt, sich mit dem Endprodukt zu befassen, will die Sache nicht klappen.[9]

Das ist freilich eine generelle Krankheit des RGW. Aber lassen wir das jetzt einmal beiseite. Wir werden darüber nachdenken, wie wir unseren bilateralen Beziehungen einen dynamischen Charakter verleihen.

Manchmal kommt der Gedanke auf: Versuchen nicht unsere und eure Wirtschaftsfunktionäre einander zu beschwindeln und liegt nicht darin der Grund dafür, dass am Ende keine hinreichend effiziente Zusammenarbeit zustande kommt?

Die ganze Welt betreibt Kooperation, aber wir alle gehen um dieses Problem herum wie um einen Topf mit heißem Brei.

E. Honecker: Uns ist nicht ein einziges negatives Beispiel auf diesem Gebiet bekannt.

Was eine positive Erfahrung betrifft, so war erst vor anderthalb Monaten der Generaldirektor des Kombinats „Carl Zeiss", Genosse Biermann, bei euch und

5 Einschub gem. Gorbačev, Sobranie 12, S. 117.
6 Diese Frage fehlt in Gorbačev, Sobranie 12, S. 117.
7 Dto.
8 Der Megabit-Chip, ein Produkt des VEB Carl Zeiss Jena, wurde Honecker offiziell am 12. 9. 1988 übergeben, erreichte aber keine Serienreife mehr. Vgl. Otto B. Kirchner, Wafer-Stepper und Megabit-Chip. Die Rolle des Kombinats Carl-Zeiss-Jena in der Mikroelektronik der DDR, Diss. Stuttgart 2000, S. 103–109.
9 In Gorbačev, Sobranie 12, S. 117 anderes Tempus ohne Änderung des Sinns.

hat sich mit dem Minister für Elektronikindustrie der UdSSR, Kolesnikov, getroffen. Ihre Meinungen zu Fragen der Zusammenarbeit auf dem Gebiet der Mikroelektronik stimmten voll und ganz überein. Sie haben die Richtung für die weitere gemeinsame Arbeit festgelegt. Leider hat Genosse Kolesnikov mitgeteilt, dass er der DDR die von uns gewünschte Menge an Elementen nicht liefern kann.

Zweites Beispiel – Glasfaserkabel. In die in der DDR durchgeführten Arbeiten zu dieser Thematik war euer entsprechendes Ministerium von Anfang an eingebunden. mit ihm ist eine hervorragende Zusammenarbeit in Gang gekommen. Ich selbst habe bei uns ein Jugendobjekt besucht, in dem an Glasfaserkabeln gearbeitet wird und hatte die Möglichkeit, mich davon zu überzeugen.

Eine Zusammenarbeit mit euren Ingenieuren besteht auch in Fragen der Keramik, obwohl uns hier die Bestimmungen des westlichen Embargos gegen die sozialistischen Länder etwas einschränken.

M. S. Gorbačev: Wir haben mit euch 140 Kooperationsabkommen geschlossen, aber eine tatsächliche Produktionszusammenarbeit erfolgt nur bei sieben von ihnen. Darin besteht die schwache Seite unserer Zusammenarbeit.

A. K. Antonov: Die wissenschaftlich-technische Zusammenarbeit zwischen unseren Ländern steht insgesamt nicht schlecht da. Auf die DDR entfallen 30% des Umfangs unserer Zusammenarbeit auf diesem Gebiet mit den Ländern des RGW. Nach dem Treffen der Genossen Gorbačev und Honecker 1986 wurde ein Plan über die weitere Arbeit in dieser Richtung angenommen.[10] Es ergibt sich allerdings, dass im Rahmen dieser Zusammenarbeit die DDR die Ergebnisse unserer Grundlagenforschung geschickt nutzt, während es der sowjetischen Seite nicht gelingt, die in der DDR erzielten Resultate in den Anwendungsbereichen ebenso effizient zu nutzen.

E. Honecker: Ich weiß nicht, was der Grund hierfür ist.

M. S. Gorbačev: Ja, damit muss man sich auseinandersetzen.[11]

E. Honecker: Bei der Entwicklung direkter Kontakte entstehen manchmal Störungen dadurch, dass die entsprechenden sowjetischen Unternehmen Entscheidungen treffen, die damit nicht abgestimmt sind, was früher auf höherer Ebene abgesprochen worden ist. Ich habe bereits das Beispiel der Weigerung einer Betriebsvereinigung in Leningrad angeführt, Ausrüstungen für unsere AKW's zu liefern. Dies gefährdet das gesamte Programm zum Ausbau der Atomenergie in der DDR. Die BRD schlägt uns vor, AKW's auf dem Territorium der DDR zu errichten. Doch das brauchen wir nicht; was wir brauchen ist, dass Leningrad sich nicht weigert, seine Verpflichtungen zu erfüllen.

M. S. Gorbačev: Nach Auskunft von Genossen Antonov hat bei uns niemand von diesem Schritt der Leningrader etwas gewusst.[12]

E. Honecker: Ein anderes Beispiel – die Fährverbindung Mukran–Klaipeda.[13] Dies ist faktisch ein Gemeinschaftsunternehmen von uns beiden. Seinerzeit hat man gemeinsam beschlossen, auf dieser Linie sechs Schiffe einzusetzen. Danach

[10] Vgl. Niederschrift über das Gespräch Honeckers mit Gorbačev am 3. 10. 1986, in: Küchenmeister (Hg.), Honecker Gorbačev, S. 140–165.
[11] Dieser Satz nicht in Gorbačev, Sobranie 12, S. 118.
[12] Dto.
[13] Vgl. Dokument Nr. 14, Anm. 8.

teilte uns die sowjetische Seite im Sommer plötzlich mit, dass das sechste Schiff nicht nötig sei. Wir haben widersprochen und dann drei Monate lang verhandelt, bis von sowjetischer Seite das Einverständnis zum Stapellauf dieses Schiffes gegeben wurde.

Gleichzeitig gibt es Beispiele guter Zusammenarbeit – bei den Werken in Novovoronež und Klin.

M. S. Gorbačev: Auch wir haben unsere Beispiele, aber ich möchte mich damit nicht befassen.[14]

Es scheint notwendig, das gegenseitige Missverstehen zu überwinden ebenso wie den bei einigen sowjetischen Genossen erneut entstandenen Eindruck, die DDR wolle nur dort zusammenarbeiten, wo es für sie nutzbringend sei, auf anderen Gebieten aber nicht. Vielleicht stützt sich diese Erscheinung auf die Leitungsmechanismen: Für den Abschluss einer Produktionskooperation wenden sich unsere Unternehmen an die Kombinate der DDR, denen aber aus Berlin nicht gestattet ist, selbstständig zu handeln?

Möglicherweise äußert sich darin auch die Unbeweglichkeit unserer Ministerien.

E. Honecker: Wir haben keinerlei Geheimnisse vor den sowjetischen Genossen. Wenn ihr in die DDR kommt, lade ich euch ein, ein beliebiges Unternehmen nach eurer Wahl zu besuchen. Es gibt viele Fakten hinsichtlich einer großartigen, gut eingespielten wissenschaftlich-technischen Zusammenarbeit zwischen unseren Ländern, wo man rasch konkrete Vereinbarungen sowohl über Lieferungen, als auch über Preise und in Bezug auf die Kooperation trifft. Zum Beispiel liefert das Werk für Pressausrüstungen in Erfurt 80% seiner Produktion an die sowjetische Automobilindustrie.

M. S. Gorbačev: Konkret gesagt ist von 48 Betriebspaaren, die ein Abkommen über direkte Verbindungen geschlossen haben nur bei 25 Paaren eine Kooperationszusammenarbeit vorgesehen und faktische Lieferungen von Komplettierungsteilen erfolgen nur zwischen sieben Paaren. Die Gesamtsumme dieser Lieferungen beläuft sich auf 80 Mio. Rubel, das ist 1% des Warenaustauschvolumens.

Gleichzeitig wachsen die Lieferungen von Komplettierungsteilen aus kapitalistischen Ländern in die DDR in schnellerem Tempo.

Wir müssen uns mit dieser Frage auseinandersetzen. Warum besteht bei euren Wirtschaftsfunktionären kein Interesse an dieser Art von Zusammenarbeit mit unseren Unternehmen? Kann es sein, dass der technische Stand der sowjetischen Erzeugnisse niedrig ist?[15]

N. N. Sljun'kov: Man kann das folgende konkrete Beispiel anführen, bei dem die DDR an den wissenschaftlich-technischen Entwicklungen interessiert ist, nicht aber an den Lieferungen der damit verbundenen Erzeugnisse in die UdSSR. Weder bei uns noch bei euch gab es Polyäthylen; wir kauften es gegen Devisen. Es wurde eine gemeinsame wissenschaftliche Organisation geschaffen, in der die DDR die führende Rolle spielte und die Anlage „Polymer-50" entwickelte. Die entsprechenden Kapazitäten waren auf einer Kooperation sowohl in der UdSSR

[14] Dieser Satz nicht in Gorbačev, Sobranie 12, S. 118.
[15] Die letzten beiden Sätze in Gorbačev, Sobranie 12, S. 118 nur durch Komma getrennt.

als auch in der DDR aufgebaut. Aber sobald die DDR ihren Bedarf an diesem Produkt sichergestellt hatte, begannen sich eure Maschinenbauer zu weigern, Ausrüstungen zu liefern, und wir mussten eine selbständige Lösung des Problems suchen.

Es stellt sich heraus, dass bei der Zusammenarbeit laut dem Komplexprogramm für den wissenschaftlich-technischen Fortschritt im RGW[16] bei uns alles mit der wissenschaftlichen Entwicklung endet. Aber ein Zugang zu einer Kooperation und Organisation der Produktion auf der Grundlage der Spezialisierung existiert nicht. Deshalb haben wir mit Genossen Mittag vereinbart, diesen Prozess zu analysieren und die notwendigen Entscheidungen zu treffen …

E. Honecker: Die Fragen, die Michail Sergeevič aufgeworfen hat, kann man, so scheint mir, am schnellsten lösen, wenn unsere Minister gemeinsam schauen, wo es noch Hindernisse gibt. Für die DDR ist das außerordentlich wichtig, weil der Anteil der UdSSR an unserem Außenhandel fast 40% und aller sozialistischen Länder 70% beträgt. Nur 30% entfallen auf die kapitalistische Welt, davon 15% auf Entwicklungsländer.

Schon daraus, dass wir füreinander die größten Partner sind, folgt, dass es in unserem Export eine Aufteilung der Waren nach Qualität – die einen für den Westen und die anderen für den Osten – nicht gibt und nicht geben kann.

Wichtig ist auch, die Arbeit an der bilateralen Konzeption der wirtschaftlichen und wissenschaftlich-technischen Zusammenarbeit bis zum Jahre 2000 abzuschließen. Wir haben ihren Entwurf im Politbüro des ZK der SED schon am 28. Juni dieses Jahres bestätigt, aber ein gemeinsamer Beschluss fehlt bis jetzt. Woran liegt das? Die Staatlichen Plankomitees unserer Länder sind doch mit ihr einverstanden.

Ich schlage vor, die Genossen Mittag und Sljun'kov damit zu beauftragen, sich mit diesen Fragen auseinanderzusetzen und konkrete Fristen sowie die Verantwortlichen und Ausführenden zu bestimmen.

M. S. Gorbačev: All das in diesem Zusammenhang Gesagte wurde mit einem einzigen Ziel ausgesprochen – die vorhandene Beunruhigung zu beseitigen. Bei uns gab es und gibt es kein doppelgleisiges Herangehen an die Zusammenarbeit mit der DDR, sondern es ist das Prinzip der Gegenseitigkeit zu befolgen.

Unsere Genossen berichten, dass zum Beispiel die Maschinenbaukombinate der DDR bestrebt sind, vorrangig im Stadium der wissenschaftlich-technischen Entwicklung zusammenzuarbeiten, aber ihre Umsetzung übernehmen sie selbst. Und dann ergibt sich, dass sie nicht daran interessiert sind, diese oder jene Erzeugnisse herauszubringen. Jedenfalls besteht auf unserer Seite ein solcher Eindruck. Das ist auch unser Problem, aber auch ihr müsst das ebenfalls berücksichtigen. Wir sind dafür, unsere Zusammenarbeit voranzubringen.

E. Honecker: Was du sagst, ist für uns völlig unerwartet. Ich verstehe das nicht ganz. Zum Beispiel arbeitet die Technische Universität in Karl-Marx-Stadt eng

[16] „Komplexprogramm des wissenschaftlich-technischen Fortschritts der Mitgliedsländer des RGW bis zum Jahr 2000“, verabschiedet auf der 41. Tagung des RGW 1985, Grundsätze abgedr. u.a. in: dass., Moskau 1985.

mit dem Maschinenbaukombinat „Fritz Heckert" zusammen. Auch dort arbeiten sowjetische Spezialisten, die genau wissen, wieviel und was produziert wird.

Überhaupt gibt es in der DDR nicht einen einzigen großen Betrieb, in dem keine sowjetischen Spezialisten anwesend wären. Man muss anscheinend die entsprechenden Minister kommen lassen. Sie sollen konkrete Beweise dafür vorlegen, dass die Seite der DDR Entwicklungen erhält, aber die Endresultate nicht teilt.

Meinerseits möchte ich auf die folgende Tatsache aufmerksam machen. Gemäß unserem gemeinsamen Vertrag hat man in einem der Betriebe des Kombinats „Carl Zeiss" Raketen des Typs „Luft-Luft" hergestellt. Der Vertrag ist jetzt ausgelaufen. Auf Lager befinden sich noch immer 600 Raketen. Wir wissen jetzt nicht, was wir mit ihnen machen sollen, weil sie niemand nimmt. Und das Werk muss wahrscheinlich geschlossen werden.

M. S. Gorbačev: Uns ist das auch neu. Eine derartige Situation ist nicht akzeptabel.

Man sagt allerdings, dass unsere Zusammenarbeit mit „Zeiss" seit der Ankunft des neuen Generaldirektors etwas schwieriger geworden sei.[17]

E. Honecker: Man hat mir berichtet, dass der Generaldirektor, Genosse Biermann, kürzlich bei seinen Partnern in der UdSSR gewesen sei. Man hat ihm alles gezeigt, mit Ausnahme eines Laboratoriums. Es scheint, als sei zwischen uns eine gegenseitige Verständigung in Gang gekommen. Zudem sind bei „Zeiss" ebenfalls eure Spezialisten.

M. S. Gorbačev: Trotzdem muss man dieses Problem aus der Welt schaffen, damit bei den an der Zusammenarbeit Beteiligten keine negative Stimmung dem anderen gegenüber entsteht. Ich meine, dass für die UdSSR die wirtschaftliche Zusammenarbeit mit der DDR unerlässlich und nützlich ist, selbst wenn man die strategischen Fragen beiseite lässt.

E. Honecker: Ich bin gleichfalls dafür, die entstandenen Missverständnisse zu beseitigen. Seitens der DDR gibt es keinerlei ideologische oder politische Hindernisse für den Ausbau der Produktionskooperation. Ich möchte dies noch einmal bekräftigen. Selbstverständlich muss der langfristige und stabile Charakter einer solchen Zusammenarbeit sichergestellt werden; sehr wichtig ist es, auf der Basis unserer Kooperation einen Durchbruch auf dem Gebiet der Schlüsseltechnologien, insbesondere der Mikroelektronik, zu gewährleisten.

M. S. Gorbačev: Stimmt, dann können wir die technologische Unabhängigkeit vom Westen erlangen.[18]

E. Honecker: Was die Mikroelektronik betrifft, so haben wir die Unabhängigkeit bereits erreicht. Wir gewinnen in der DDR das Silizium selbst und produzieren Galliumarsenid. Man muss nur die gemeinsame Computerproduktion verstärken. Wir haben bereits begonnen, 16-Bit-Computer in die BRD zu liefern.

M. S. Gorbačev: Wir erleben derzeit einen Computer-Boom. Die Fragen der Branchen sind gewaltig. Wir müssen anscheinend das Ministerium für Elektronikindustrie von den Kleinigkeiten entlasten und ihm nur die Schaltkreisbasis lassen.

[17] Diese Äußerungen fehlen in Gorbačev, Sobranie 12, S. 118.
[18] Dto.

Sagen wir, dass wir uns bei der Wirtschaft verständigt haben; zwischen uns gibt es keinerlei Krise.

Ich schlage jetzt einen Meinungsaustausch über den bevorstehenden Besuch des Kanzlers der BRD Kohl in der UdSSR vor.[19]

E. Honecker: Einverstanden.

M. S. Gorbačev: Wie uns scheint, sind sich die Westdeutschen darüber im Klaren, dass ihre Beziehungen mit uns und mit euch eine Art Dreieck bilden. Das ist wahrscheinlich gut. Die politische Linie hinsichtlich der BRD ist zwischen uns beiden abgestimmt. Es mag sein, dass wir nicht die Details wissen, aber im Prinzip ist alles klar.

Bei den Kontakten mit ihnen verteidigen wir stets nicht nur unsere eigenen, sondern auch eure Interessen. Die Interessen der UdSSR und der DDR sind für uns gleichbedeutend. Dabei stellen wir mitunter gerade eure Interessen voran. Vielleicht manchmal auch schroff, aber wir werden es ihnen genau so sagen.[20]

Bei der Einschätzung der derzeitigen Situation in der BRD gehen wir davon aus, dass sich in der westdeutschen Gesellschaft bestimmte Veränderungen vollzogen haben und sich die Stimmung zugunsten der Entwicklung normaler, gegenseitig gedeihlicher Beziehungen zu den sozialistischen Ländern verstärkt hat. Ich glaube, die Voraussetzungen sind reif dafür, dass wir einen neuen Schritt in den Beziehungen zur BRD tun können. Dies würde der zwischen uns abgestimmten Politik gegenüber der BRD wie auch gegenüber Europa insgesamt entsprechen. Auf der anderen Seite kann dies einen mäßigenden Einfluss auf die BRD in Fragen ihrer Beteiligung an der westeuropäischen militärischen Integration und insbesondere der militärischen Kooperation mit Frankreich ausüben.

In jedem Fall wird es ein wichtiger Besuch sein; über seine Ergebnisse werden wir euch eingehend informieren ... [...].[21] [Insgesamt glauben wir, dass wir seinerzeit Kohl eine ordentliche Lehre erteilt haben, und er hat sie gelernt. Aber Politik ist Politik, und man muss weiter gehen.][22]

E. Honecker: Wir teilen voll und ganz eure Einstellung zu den Beziehungen mit der BRD. Ich habe bereits darüber informiert, dass im Laufe meines Besuchs in Bonn weder ich gegenüber Kohl Konzessionen gemacht habe, noch er mir gegenüber.[23] Jedoch, wenn wir ernsthaft über ein „gemeinsames europäisches Haus" sprechen wollen, dann wird ein solches Gespräch ohne breite Zusammenarbeit mit der BRD nicht zustande kommen. Heute ist dies die größte und stärkste kapitalistische Macht in Europa, sowohl in wirtschaftlicher wie in militärischer Hinsicht. Schon auf der Sitzung der PKK in Warschau habe ich gesagt,[24] dass man auf keine der politischen Kräfte in Bonn setzen dürfe, sondern Beziehungen mit

[19] Dokument Nr. 29.

[20] Abgeschwächt in Gorbačev, Sobranie 12, S. 119: „aber wir werden es ihnen sagen."

[21] Gem. Gorbačev, Sobranie 12, S. 119 folgt der Vorschlag kurzfristiger Konsultationen der Außenminister über den Besuch.

[22] Einschub gem. Gorbačev, Sobranie 12, S. 119.

[23] Honeckers Besuch fand vom 7.–11. 9. 1987 statt; Gesprächsprotokolle u. a. in Potthoff, Koalition, S. 564–661.

[24] XXII. Treffen vom 15.–16. 7. 1988, Dokumentation u. a. der Honecker-Rede in Parallel History Project, http://www.php.isn.ethz.ch/collections/colltopic.cfm?lng=en&id=17113&navinfo=14465.

derjenigen Regierung aufbauen müsse, die zum betreffenden Zeitpunkt am Ruder sei.

Aus Kohl sehr nahestehenden Kreisen haben wir eine vertrauliche Information erhalten, der zufolge der Kanzler im Laufe seines Besuchs in der UdSSR beabsichtigt, im Wesentlichen Wirtschaftsprobleme zu lösen, aber bereits während deines Gegenbesuchs in Bonn die politischen Fragen aufzuwerfen. Es geht darum, dass er derzeit gezwungen ist, unter ständiger Rücksicht auf die Ergebnisse der Präsidentenwahlen in den USA zu agieren.[25] Andererseits ist auch in der BRD selbst die Lage ziemlich widersprüchlich. Ungeachtet der hohen Arbeitslosigkeit erlebt das Land einen Wirtschaftsaufschwung. In letzter Zeit neigt sich die Waagschale ständig einmal in Richtung der SPD, dann wieder in Richtung der CDU/CSU. Und obwohl in fast sämtlichen Landtagswahlen der letzen Zeit die CDU Verluste erlitten und die SPD hinzugewonnen hat, stehen ihre Chancen etwa gleich; die Wählerreservoirs beider Seiten betragen etwa 40%.[26] Nach Aussagen der Sozialdemokraten Lafontaine, Engholm und Schröder, mit denen wir in letzter Zeit gesprochen haben,[27] kann die SPD – wenn es in nächster Zukunft zu einem Konjunkturrückgang kommt – mit einem Sieg bei den Bundestagswahlen 1991 in einer Koalition entweder mit den „Grünen“ oder mit der FDP rechnen

In der CDU herrscht Unklarheit darüber, wer der nächste Kanzlerkandidat der Partei sein wird: Kohl oder Späth. Die SPD versucht zu punkten, indem sie die Losung ausgibt: „Regierung Kohl – Regierung der Reichen“. Eine sorgfältige Analyse der Ergebnisse der letzten Parlamentswahlen zeigt, dass Fragen der Sicherheit und der Abrüstung an zweite Stelle gerückt sind. Die Menschen bewegen im Wesentlichen die Probleme der wirtschaftlichen Sicherheit. Das kürzlich von Finanzminister Stoltenberg vorgeschlagene Projekt einer Steuerreform stieß auf einmütige Kritik nicht nur seitens der SPD und der Grünen, sondern auch von Strauß, sodass das Dokument umgehend geändert werden musste.

Ernsthafte Fragen erheben sich in Zusammenhang mit den Plänen zur Schaffung eines einheitlichen westeuropäischen Marktes, die sogar in den USA Besorgnis hervorrufen. Anfang dieses Jahres sagte mir Mitterrand im Laufe unseres Gesprächs in Paris,[28] dass die Westdeutschen sich anmaßend aufführten, obwohl dafür keine besonderen Gründe vorhanden seien, zumal, so meinte er, Frankreich nicht schwächer sei als die BRD. Etwa im gleichen Sinne äußert sich auch Margaret Thatcher.

M. S. Gorbačev: Und de Mita erklärt überhaupt, Italien sei das sich am dynamischsten entwickelnde Land des Westens.[29]

E. Honecker: Das spricht dafür, dass die Meinungsverschiedenheiten zwischen den Westeuropäern bestehen bleiben. Gerade deshalb wird Kohl unserer Ansicht nach bestrebt sein, in Moskau möglichst viele Wirtschaftsergebnisse zu erzielen.

[25] Am 8. 11. 1988.

[26] Vgl. Dokument Nr. 14, Anm. 3.

[27] Gespräche 1987 und 1988 abgedr. in Potthoff, Koalition, S. 618ff., 649ff., 662ff. Zuletzt am 18. 8. 1988 mit Lafontaine, ebd., S. 802–810.

[28] Staatsbesuch Honeckers in Frankreich vom 7.–9. 1. 1988.

[29] Dieser Satz fehlt in Gorbačev, Sobranie 12, S. 119.

Und dennoch sind wir der Ansicht, dass sich die Länder der EWG am Ende untereinander einigen werden. Sie haben bereits eine universelle Verrechnungseinheit, den ECU, eingeführt, der neben den nationalen Währungen im Umlauf sein wird. Um keine leeren Behauptungen aufzustellen, möchte ich dir als Souvenir eine Münze im Wert von 50 ECU überreichen.

M. S. Gorbačev: Danke. Übrigens, warum sollten wir eigentlich keine einheitliche Währung im RGW einführen?[30]

E. Honecker: Wir sind nicht dagegen, glauben aber, dass das einstweilen nicht real ist. Im Rahmen des RGW stellen wir ein Kollektiv dar, innerhalb dessen der Warenaustausch vor sich geht. Jedoch hat jedes Land seine Besonderheit, unter anderem die Preisbildung. Anders wäre es, wenn bei uns ein gemeinsamer Warenmarkt geschaffen wird.

M. S. Gorbačev: Vielleicht sollten sich unsere Genossen zur Erörterung dieser Frage treffen?[31]

E. Honecker: Gut, wir sind für vorbereitende Konsultationen. Aber einstweilen, wie wir meinen, sollten wir eine Organisation der vereinigten sozialistischen Staaten Europas schaffen. Wir müssen uns schon jetzt die weiteren Etappen unserer Entwicklung überlegen, unabhängig davon, ob alle unsere Länder dieser Idee zustimmen oder nicht.

Die Vorherrschaft transnationaler Monopole in Westeuropa vereinfacht die Schaffung solcher Formen der politischen Integration wie zum Beispiel des Europaparlaments beträchtlich. Dem muss hinzugefügt werden, dass bis zum Jahr 1992 die Länder der EG untereinander keine Grenzen mehr haben werden.

Mit dem Einverständnis der Mitgliedsländer des RGW hat die DDR diplomatische Beziehungen zur EG aufgenommen und auf diese Weise erstmals erreicht, dass die BRD als Mitglied der Gemeinschaft gezwungen war, die DDR als „Ausland“ anzuerkennen.[32]

M. S. Gorbačev: Wir spüren von westdeutscher Seite ein ständiges Sondieren: Wird es gelingen, uns im Laufe des bevorstehenden Besuches zu irgendwelchen neuen Einstellungen hinsichtlich der Westberlin-Problematik zu bewegen. Sie bedrängen uns wegen des Viermächteabkommens, das sich in der Praxis bewährt hat.[33] So haben wir also unsere Haltung bekräftigt und wenn etwas Neues auftauchen sollte, werden wir dennoch keinerlei Versprechungen machen.

E. Honecker: Die BRD möchte die Anerkennung Westberlins als Bundesland erreichen. Allerdings, nach eurer Antwort auf das Memorandum der drei Westmächte zum Luftverkehr, mit der wir voll und ganz einverstanden sind, kam in Bonn anscheinend Ernüchterung auf.[34]

Als ich die BRD besuchte, hat Kohl ebenfalls diese Frage aufgeworfen. Ich verwies auf das Viermächteabkommen zu Westberlin. Er versuchte mich zu berichti-

[30] Dto.

[31] Dto.

[32] Vgl. Dokument Nr. 23, Anm. 16.

[33] In Gorbačev, Sobranie 12, S. 119 heißt es hier: „Sie drängen sich durch die Tür und durch das Fenster und durch den Schornstein. Aber wir haben die Formel des Viermächteabkommens, die sich in der Praxis bewährt hat.“ Vgl. Dokument Nr. 16, Anm. 21.

[34] Hier ging es um gemeinsame Regelungen zum Luftraum über West- und Ostberlin, vgl. Joachim Nawrocki, Gegenwind im Korridor, in: Die Zeit Nr. 45 vom 4. 11. 1988.

gen, indem er erklärte, das Abkommen betreffe ganz Berlin. Sie irren sich, sagte ich ihm; wenn Sie den Text dieses Dokuments sorgfältig durchlesen, werden Sie nirgends das Wort „Berlin" finden. Dafür kommen die Westsektoren Berlins häufig vor. Und ich hob noch hervor, dass die BRD nur froh darüber sein müsste, dass dank des Abkommens im Zentrum Europas endlich Ruhe herrscht.

M. S. Gorbačev: Ja,[35] die BRD verletzt beständig das Viermächteabkommen. Und auch jetzt bemühen sich die Westdeutschen darum, Abgeordnete aus Westberlin in eine Delegation des Bundestages der BRD hineinzunehmen.

E. Honecker: Das stimmt. Aber wenn ihr dem entschieden entgegentretet, dann werdet ihr die Unterstützung der drei sogenannten westlichen Schutzmächte finden. In letzter Zeit reagieren sie sehr empfindlich auf die geringste Beeinträchtigung ihrer Rechte in Westberlin. Zum Beispiel haben sie vor kurzem sogar die Bitte des Regierenden Bürgermeisters Westberlins[36] abgewiesen, die inzwischen sinnlos gewordene Verordnung der alliierten Kommandantur vom Ende der 40er Jahre über die Einführung der Todesstrafe für das Tragen einer blanken Waffe aufzuheben.[37] So sind sich die USA, England und Frankreich bei allen Differenzen in einer Hinsicht einig: im Bestreben, ihre Position in Westberlin zu erhalten.

Wenn ich das Gesagte zusammenfasse, so möchte ich anmerken, dass Kohl meiner Ansicht nach ein durchaus annehmbarer Gesprächspartner ist. Allerdings mangelt es ihm manchmal an politischer Unabhängigkeit und gründlicher Kenntnis der Probleme.

M. S. Gorbačev: Genscher gewinnt vor dem Hintergrund derart unklarer Positionen des Kanzlers.[38]

E. Honecker: Ja, er tritt selbständiger für die Entwicklung der Beziehungen zwischen Ost und West ein.

M. S. Gorbačev: Wenn wir vor dem Besuch Kohls noch etwas haben sollten, werden wir dich informieren. Wenn nicht, werden wir die Ergebnisse des Besuchs gemeinsam erörtern. Ich denke, dass wir sowohl im Kontext Ost–West wie auch im Kontext der beiden deutschen Staaten richtig handeln.

E. Honecker: Ich bin damit völlig einverstanden.

Archiv der Gorbačev-Stiftung. Bestand 1, Verzeichnis 1.

[35] Dieses Wort fehlt in Gorbačev, Sobranie 12, S. 120.
[36] Diepgen.
[37] Gem. KRG Nr. 43 vom 20. 12. 1946, in: Amtsblatt des Kontrollrats, Berlin 1945 ff., S. 234 f.
[38] Dieser Satz fehlt in Gorbačev, Sobranie 12, S. 120.

Nr. 27
Gespräch Gorbačevs mit dem Herausgeber des „Spiegel“, Augstein, am 20. Oktober 1988 [Auszug][1]

Aus dem Gespräch M. S. Gorbačevs mit Vertretern der Zeitschrift „Spiegel“[2]

20. Oktober 1988[3]

R. Augstein: […].[4] Wir hoffen, dass Sie im Frühjahr kommenden Jahres der Bundesrepublik Deutschland einen Besuch abstatten werden und dort sehen können, dass das Vertrauen in die Zusammenarbeit zwischen den Völkern, in ihren Wert, sehr stark gewachsen ist. Wir glauben, dass dies an sich schon eine große Errungenschaft ist. Der Herr Generalsekretär kennt unser Land nicht nur durch Staatsbesuche. Uns ist bekannt, dass Sie sich als Sekretär des Gebietskomitees von Stavropol' unter die Bundesdeutschen gemischt haben und man hat Sie nicht erkannt …

M. S. Gorbačev: Die Reise war interessant, wenn auch nicht einfach. Warum? Der ehemalige Botschafter hier [wendet sich V. M. Falin zu, der neben ihm sitzt][5] erinnert sich an mein Eintreffen an der Spitze einer Delegation. Dies fiel mit dem 30. Jahrestag der Zerschlagung des Faschismus zusammen. Mir ist insbesondere eine Diskussion an einer Tankstelle bei Frankfurt am Main in Erinnerung *(in der Folge gab M. S. Gorbačev die Episode wieder, die er früher dem Präsidenten der BRD von Weizsäcker erzählt hatte.).*[6]

R. Augstein: (als Antwort auf die Erinnerung daran, wie es mit der Teilung Deutschlands 1945 war.)[7]

Wir können jetzt natürlich nicht die ganze Geschichte wiederholen und sämtliche historische Fakten erörtern. Ich stimme mit Ihnen in Bezug auf die Pläne der USA und Englands, die nichts mit den Plänen der UdSSR gemein hatten, voll und ganz überein. […].[8]

Archiv der Gorbačev-Stiftung. Bestand 1, Verzeichnis 1.

[1] Unter der Überschrift „Interview mit dem „Spiegel“ (BRD) am 19. 10. 1988 auch in: Gorbačev, Izbrannye 7, S. 48–55 sowie in Gorbačev, Sobranie 12, S. 237–245. Vgl. Černjaev, Sovmestnyj ischod, S. 768; Tschernjaew, Mein deutsches Tagebuch, S. 234; Chernyaev, Diary; Černjaev, Na staroj ploščadi, S. 98 f. (alle unter dem 23. 10. 1988). Deutsch im „Spiegel“ Nr. 43 vom 24. 10. 1988, S. 20–24.

[2] Gem. Vizit v Sovetskij Sojuz die Redakteure W. Funk, D. Wild, F. Maier und J. Metke; von sowjetischer Seite nahm Falin teil.

[3] Gem. russischen Parallelausgaben am 19. 10. 1988 (vgl. Anm. 1).

[4] Vorangegangen waren Erörterungen über die sowjetische Innen- und Außenpolitik und zu den deutsch-sowjetischen Beziehungen (vgl. Anm. 1).

[5] Einschub gem. Gorbačev, Izbrannye 7, S. 53.

[6] Ausführlich in Gorbačev, Izbrannye 7, S. 53. Zum Gespräch mit von Weizsäcker s. Dokument Nr. 16.

[7] Bezieht sich auf das Ende der Ausführungen Gorbačevs, s. Anm. 5.

[8] Das weitere Gespräch drehte sich um den Zweiten Weltkrieg, den Aufbau sowjetisch-westdeutscher Beziehungen, um Stalin, Sport und Kultur (vgl. Anm. 1).

Nr. 28
Interview Gorbačevs mit dem „Spiegel" am 20. Oktober 1988 [Auszug][1]

Aus dem Interview M. S. Gorbačevs für die Zeitschrift „Spiegel"
20. Oktober 1988

Frage: Die deutsche Frage – ist sie noch offen?

Antwort: Darüber habe ich bereits in der Öffentlichkeit und auch bei Begegnungen mit staatlichen Repräsentanten der BRD sprechen müssen. Und ich kann nur noch einmal das bereits früher zu dieser Frage Gesagte bestätigen.

Zugleich möchte ich mit aller Entschiedenheit bekräftigen: Es kann keine unterschiedlichen Meinungen darüber geben, dass das Schicksal der Deutschen untrennbar mit dem Schicksal ganz Europas verbunden ist, mit seinem Fortschritt unter den Bedingungen vollständiger Sicherheit aller und jedes einzelnen, das heißt, mit den Perspektiven der Errichtung eines „europäischen Hauses".

Jegliche Versuche, die Grenzen zwischen den souveränen deutschen Staaten auszuhöhlen – umso mehr mit Nachdruck unternommene Experimente auf diesem Gebiet – sind inakzeptabel oder aber auch katastrophal. In solchen Fragen muss völlige Klarheit herrschen.

M. S. Gorbačev, Izbrannye reči i stat'i, Moskau 1990, Band 7, S. 63.

[1] Vollständiger russischer Text des Interviews in Gorbačev, Izbrannye 7, S. 55–65 sowie Gorbačev, Sobranie 12, S. 245–256; deutsch im „Spiegel" Nr. 43 vom 24. 10. 1988, S. 24–31. Zur Datierung s. Dokument Nr. 27.

Nr. 29
Gespräch Gorbačevs mit Bundeskanzler Kohl am 24. Oktober 1988 [Auszug][1]

Gespräch M. S. Gorbačevs mit H. Kohl*

24. Oktober 1988

[...].[2] **M. S. Gorbačev:** Aufgrund des Einflusses von Europa in der Welt muss das, was wir miteinander tun, sowohl für die USA als auch für Kanada verständlich sein. Verständlich für unsere Verbündeten und alle anderen ... [Ich denke, die Zeit für eine Wende in unseren Beziehungen ist gekommen. In diesen Tagen schichten wir die ersten Ziegel für dieses Gebäude auf. Wir sind bereit, auch weiter zu arbeiten, damit wir bei meinem Besuch in Bonn zu einer Konzeption unserer Beziehungen gelangen.][3]

H. Kohl: [Ich habe Sie sehr gut verstanden].[4] Zwischen uns existieren schwierige Realitäten, aber mit ihnen muss man leben. Ich meine nicht die ideologischen, sondern die psychologischen Momente. Der Zweite Weltkrieg war eine Tragödie für unsere Völker. Es ist furchtbar, was die Deutschen den Völkern der Sowjetunion zugefügt haben. Furchtbar ist auch das, was die Deutschen am Ende des Krieges durchmachen mussten. Dies darf man nicht vergessen; aus diesen Realitäten muss man lernen.

Zu den Realitäten gehört auch, dass nach dem Krieg die Staatsgrenzen verschoben wurden. Realität ist auch, dass wir ein Drittel Deutschlands verloren haben, dass unser Land geteilt ist.

Aber der Moskauer Vertrag ist eine Realität, ebenso wie auch die in Warschau und Prag unterzeichneten Verträge. Der Moskauer Vertrag ist ihr Vorläufer. Ich habe immer gesagt, dass Verträge eingehalten werden müssen.[5]

[1] Auch in Gorbačev, Sobranie 12, S. 266–272 (ohne Äußerungen Kohls). Ebd., S. 273 f. zusätzlich Ansprache Gorbačevs auf dem Empfang für deutsche Unternehmer am 24. 10. 1988, S. 275–279, Rede Gorbačevs auf dem Empfang für Kohl am 24. 10. 1988 sowie Auszüge aus den Delegationsgesprächen am 25. 10. 1988 (S. 280–283). Daneben Zusatzmaterialien (Verlautbarungen, Ansprachen, Pressekonferenz und Interview Kohls mit dem sowjetischen Fernsehen) in Vizit v Sovetskij Sojuz, S. 29 ff. Auszüge des Gesprächs auch in Gorbatschow, Wie es war, S. 66–75, mit z.T. abweichenden Wortlaut ohne, soweit hier nicht anders aufgeführt, inhaltliche Abweichungen. Vgl. Tschernjaew, Mein deutsches Tagebuch, S. 233–235; Černjaev, Sovmestnyj ischod, S. 768 f. (hiervon abweichend ders., 1991 god, S. 11 f.); Černjaev, Na staroj ploščadi, S. 98 f.; Chernyaev, Diary (allesamt unter dem 23. und 28. 10. 1988); Tschernjaew, Die letzten Jahre, S. 228–230; Cherniaev, Gorbachev, S. 162 f.; Gorbatschow, Erinnerungen, S. 703–705; Kohl, Erinnerungen 1982–1990, S. 755–759, 767–772. Vgl. ferner die Gespräche Jakovlevs mit Genscher und Dregger am 25. 10. 1988, in: Jakovlev (Hg.), Aleksandr Jakovlev, S. 238–245. Zur Vorbereitung durch den Besuch Vorotnikovs in der Bundesrepublik Ende September 1988 vgl. Vorotnikov, A bylo, S. 260 f. Der Besuch fand vom 24.–27. 10. 1988 statt.

[2] Zunächst Austausch über bilaterale Beziehungen, Abrüstungsfragen und über Europapolitik. Gorbačev erinnert an die zähen Beziehungen der letzten Jahre, spricht sich für ein neues Kapitel im Buch deutsch-sowjetischer Beziehungen aus und verweist auf die notwendige Berücksichtigung internationaler Interessen, vgl. Gorbačev, Sobranie 12, S. 266–268.

[3] Passage nach Gorbačev, Sobranie 12, S. 268.

[4] Satz gem. Gorbatschow, Wie es war, S. 71. Die Ausführungen Kohls ebd., S. 71 ff. ansonsten verkürzt. Zudem fehlt der Austausch über Černobyl', und die folgenden Überlegungen Gorbačevs sind dort ebenfalls stark reduziert.

[5] Vgl. Dokumente Nr. 5, Anm. 3 und Nr. 16, Anm. 21.

Es gibt Probleme, bei denen wir nicht übereinstimmen. Und wir müssen diese Tatsache zur Kenntnis nehmen. Wir Deutschen sagen, dass die Teilung nicht das letzte Wort der Geschichte ist. Wir Realisten sind der Meinung, dass Krieg kein Mittel der Politik ist. Die Veränderungen, über die wir sprechen, sind nur mit friedlichen Mitteln und gemeinsam mit unseren Nachbarn möglich. Vielleicht muss man sehr lange warten. Es ist jedoch wichtig zu sehen, dass dies kein Rückfall in den Revanchismus ist. Wenn wir sagen, dass die Nation eine Einheit ist, dann haben wir eine Chance im Blick, die sich vielleicht in einigen Generationen eröffnen kann.

Wir wissen, dass Sie eine andere Meinung haben. Aber wenn man sieht, dass wir geteilt sind und dass die Anerkennung dieses Zustandes zusammen mit den Hoffnungen auf seine Veränderung nicht Revanchismus ist, dann ist dies an und für sich bereits ein Schritt nach vorn. Natürlich ist hier nicht von einer Aufgabe für unsere Generation die Rede. Aber wir müssen in Europa eine Annäherung anstreben. Und vielleicht wird unseren Enkeln jene Chance geboten werden, von der ich gesprochen habe.

Eine Realität ist auch Berlin, das, wie mir scheint, voll und ganz in den Prozess der Entwicklung unserer Beziehungen einbezogen werden muss. Das Viermächteabkommen hat gezeigt, dass es eine dauerhafte Grundlage sein kann.[6] Bei seiner strikten Einhaltung und vollen Verwirklichung müssen praktische und vernünftige Regelungen auch für noch ungelöste Fragen gefunden werden.

Vielleicht werden wir uns heute noch nicht über alles verständigen können. Aber es wird eine gewisse Zeit vergehen, das Vertrauen wird wachsen und das Unmögliche kann Wirklichkeit werden.

Wir haben ein Abkommen über die Zusammenarbeit auf dem Gebiet des Umweltschutzes vorbereitet.[7] Man hat uns gebeten, die Nummern der Briefkästen möglicher Westberliner Partner dieses Abkommens zu schicken. Es ist peinlich, den Namen eines bekannten Wissenschaftlers durch die Nummer eines Briefkastens zu ersetzen. Aber wir haben uns entschieden, darauf einzugehen, um die Unterzeichnung des Abkommens nicht platzen zu lassen. Mit der Zeit wird sich eine solche Lösungsvariante sicherlich überlebt haben. Und wir werden etwas Akzeptableres finden, das den Interessen beider Seiten entspricht.

Sie haben vom Überleben Europas aus Sicht der Ökologie gesprochen. Ich stimme mit Ihnen darin überein, dass die UdSSR und die BRD schon jetzt effektive Maßnahmen zur Lösung der wachsenden akuten Probleme verwirklichen könnten. Als Beispiel kann Černobyl' dienen. Uns hat es 600 Millionen Mark gekostet.

M. S. Gorbačev: Und uns fünf Milliarden Rubel, und das ist wahrscheinlich noch nicht alles.[8]

H. Kohl: Es ist notwendig, auf dem Gebiet der Vervollkommnung der Atomenergie, der Erhöhung der Sicherheit von AKW's zusammenzuarbeiten. Dies

6 Vgl. Dokument Nr. 16, Anm. 21.
7 Deutsch-sowjetisches Abkommen vom 25. 10. 1988 über die Zusammenarbeit auf dem Gebiet des Umweltschutzes, in BGBl. 1990 II, S. 462–467.
8 Der Satz fehlt in Gorbačev, Sobranie 12, S. 268.

würde den Interessen sowohl unserer Staaten als auch ganz Europas entsprechen.[9] Wenn auf dem Weg der Entwicklung unserer Zusammenarbeit eine derartige Realität auftaucht wie die CoCom-Listen, dann können wir uns darüber verständigen, wie man es handhaben kann, dass diese uns nicht behindern. Eine entsprechende Lösung wird sich finden lassen.

M. S. Gorbačev: Sie haben einen wichtigen Teil unseres Dialogs angesprochen, ohne dessen Klärung es uns nicht gelingen wird, ein neues Kapitel in unseren wechselseitigen Beziehungen zu eröffnen. Ich bin bereit zu persönlichen Kontakten, zu einer offenen Erörterung sämtlicher Fragen.[10]

H. Kohl: Genau so gehe ich an unseren Dialog heran.

M. S. Gorbačev: Ich versuche natürlich nicht erst heute,[11] die Lage in Europa zu verstehen, mich in jenen Realitäten zurechtzufinden, die uns als Erbschaft hinterlassen wurden. Zunächst zu den schmerzhaftesten Realitäten, die nach dem Krieg entstanden sind. Es kann nicht zwei Meinungen geben: Wir sind für gute Beziehungen mit den zwei deutschen Staaten auf einer gesunden, langfristigen Grundlage. Wir unterhalten Bündnisbeziehungen mit der DDR. Und wir verfolgen eine Linie dahingehend, ein gutes Verhältnis mit der BRD zu haben. Was die sowjetisch-westdeutschen Beziehungen betrifft, so liegt, wie ich bereits gesagt habe, der schwierigste Abschnitt bereits hinter uns. Dies schafft die Voraussetzungen dafür, dass wir ein neues Niveau in den Beziehungen erreichen können. Auch in der BRD gehen in der breiten Masse positive Veränderungen in Bezug auf die UdSSR vor sich.

H. Kohl: Ja, Sie haben recht.

M. S. Gorbačev: Dies ist sehr wichtig. Nun zu den anderen Realitäten, die der Krieg hinterlassen hat. Ich muss sagen, dass uns die Gemütsbewegungen des deutschen Volkes verständlich sind. Aber was will man tun – die Geschichte kann man nicht umschreiben. Im Interview für den „Spiegel" habe ich nicht umsonst an das Gespräch mit dem Tankstellenbesitzer bei Frankfurt am Main erinnert.[12] Es lässt mich nicht los.

Aber die Geschichte hat so entschieden, dass diese Realitäten entstanden sind. Und dass, wie Sie angemerkt haben, der Moskauer Vertrag und die anderen Verträge Realität sind. Auch das ist eine Realität.[13]

Im Geiste eben dieser Offenheit spreche ich aus: Wenn man sagt, dass die Frage der Vereinigung offen sei, wenn man sie auf dem Niveau des politischen Denkens der 40er und 50er Jahre lösen möchte, dann ruft dies nicht nur bei uns, sondern auch bei Ihren Nachbarn im Westen eine Reaktion hervor. Einerseits werden die Realitäten anerkannt, andererseits wird andauernd die Vergangenheit wiederbe-

[9] Ein deutsches Konsortium wollte sich an der Pilotanlage eines Hochtemperatur-Reaktors beteiligen, vgl. Joint-Ventures. Andrang in Moskau, in: Spiegel Nr. 42/1988 vom 17. 10. 1988, S. 136–138. Vgl. das Abkommen über die frühzeitige Benachrichtigung bei einem nuklearen Unfall und den Informationsaustausch über Kernanlagen, in: BGBl. 1990 II, S. 166–169; vgl. Dokument Nr. 4, Anm. 27.

[10] Diese Ausführungen fehlen in Gorbačev, Sobranie 12, S. 268.

[11] Dieser Teilsatz mit anderem Satzbau, aber ohne inhaltliche Änderung, in Gorbačev, Sobranie 12, S. 268.

[12] Dokument Nr. 27.

[13] Letzter Satz in Gorbačev, Sobranie 12, S. 269 mit Komma angeschlossen.

lebt. Und das nicht nur in der Gesellschaft. Auch bei den Politikern gibt es eine Nostalgie.[14] Und nicht nur wir sehen dies.[15]

An diesem Tisch hat man uns ausgiebig geprüft – Vertreter aus Ost und West – wie ist die Haltung der Sowjetunion. Und es stellte sich die Frage nach dem Vertrauen. Kann man einer Regierung trauen, wenn sie Ansprüche an ihre Nachbarn aufrechterhält und nicht nur mit den Ergebnissen des Krieges unzufrieden ist?

H. Kohl: Das ist nicht ein und dasselbe.

M. S. Gorbačev: Herr Kanzler, alle haben Verständnis für das Problem der getrennten Familien und für vieles andere. Aber es gibt Realitäten.

Es existiert das Problem Westberlin. Niemand setzt sich zum Ziel, es in eine tote Stadt zu verwandeln.

Aber was bedeuten die Versuche, das Thema „Berlin als Bundesland der BRD“ unterzuschieben? Sobald dies am politischen Horizont erscheint, entsteht sofort eine Reaktion sowohl unsererseits als auch von anderen. Ihr Hauptgedanke ist richtig – das ist eine Realität. Und man muss auf jeden Fall darauf Rücksicht nehmen, dass dies Realität ist. Sowohl Sie wie auch wir müssen darauf Rücksicht nehmen. Sonst wird uns dies zurückwerfen.

Es ist aber nötig, dass wir zusammenarbeiten, uns näher kommen. Wir sind auch zur Freundschaft mit der BRD bereit. Möge die Geschichte wieder entscheiden. Aber wir werden ihr keine Modelle aufzwingen. Dies ist nicht nur ein nutzloses Unterfangen, sondern erschwert auch die Beziehungen. [...].[16]

In vielen Ländern bringt man diese Nostalgie, diese Ansprüche, auch mit den Nuancen des Verhältnisses der BRD zu den Problemen der Abrüstung, einschließlich der konventionellen Waffen und der taktischen Kernwaffen, in Verbindung. In der BRD sagt man öfters, die UdSSR, die Länder des Warschauer Paktes müssten abrüsten. Aber seitens der BRD sollten die Abrüstungsmaßnahmen, so heißt es, symbolischen Charakter tragen. Und dies wird zu einem Zeitpunkt gesagt, da ein Verhandlungsprozess im Bereich der Abrüstung entsteht. Dies ruft Besorgnis hervor. [...].[17]

[14] Letzter Satz in Gorbačev, Sobranie 12, S. 269 mit Komma angeschlossen.

[15] Dieser Satz lautet in Gorbačev, Sobranie 12, S. 269: „Und das ist nicht nur unsere Wahrnehmung.“

[16] Gem. Gorbatschow, Wie es war, S. 72 f. hier eine Replik Kohls: „Was wird mit den Deutschen? Auf diese Frage muss die Geschichte antworten, man muss ihr die Möglichkeit dazu bieten.“ Dann folgen kurze Ausführungen Kohls zu den deutsch-deutschen Beziehungen. Die Abrüstungsdiskussion folgt danach. Auslassung in der Vorlage nicht kenntlich gemacht.

[17] Gem. Gorbačev, Sobranie 12, S. 270–272 folgt eine allgemeine Diskussion über die bilateralen Beziehungen. Gorbačev lädt Kohl ein, „sich noch weiter von der Politik der 1940er–1950er Jahre loszureißen“. Dann Stellungnahme Gorbačevs zur Abrüstung, zu Plänen einer europäischen Armee und zu gegenseitigem Vertrauen. Danach geht es um Wirtschaftsbeziehungen (einschließlich CoCom). Unter Bezug auf verschiedene Abkommen, die während des Besuchs Kohls abgeschlossen wurden, führt Gorbačev aus: „Es vergehen einige Monate, und dann findet mein Besuch in Bonn statt. Zu diesem Zeitpunkt müssen, wie vereinbart, ein politisches Dokument sowie ein Abkommen über Garantie von Kapitaleinlagen, über den Investitionsschutz vorbereitet sein.“ (vgl. Dokumente 33–44). Gorbačev betont hier die Notwendigkeit, dass die wirtschaftliche Zusammenarbeit intensiviert wird. Er sichert dann zu, dass „die Probleme, die sowjetische Bürger deutscher Herkunft betreffen, gelöst werden. Wichtig ist nur die Beachtung des Prinzips: nicht in unsere Angelegenheiten einmischen. [...]. Ich denke, dass wir uns selbst um unsere Deutschen kümmern können. Es werden schon Schritte eingeleitet. Übrigens, unsere Deutschen – und es sind unsere, nicht Ihre Deutschen – leben keineswegs schlecht.“ Danach beklagt Gorbačev, dass es den Übersiedlern in der Bundesrepublik schlecht gehe. Zur Problematik der Russlanddeutschen vgl. Dokument

H. Kohl: Darf ich einen Vorschlag machen? Vielleicht können Genscher und Ševardnadze einige vollständigere Formen besprechen, wie man Westberlin in den Bereich unserer bilateralen Zusammenarbeit einbeziehen kann. Ich meine in erster Linie rein praktische Dinge, die es erlauben würden, bürokratischer Verschleppung oder der Anwendung jeglicher „absurder" Lösungen aus dem Wege zu gehen.

M. S. Gorbačev: Sollen sie sich auf der Grundlage der striktem Einhaltung des Viermächteabkommens besprechen. […][18]

* Das Gespräch fand im Rahmen des ersten offiziellen Besuchs des Kanzlers der BRD Helmut Kohl in Moskau statt.

Archiv der Gorbačev-Stiftung. Bestand 1, Aufzeichnung 1.

Nr. 30
Memorandum des außenpolitischen Beraters Gorbačevs, Černjaev, vom 28. Oktober 1988 über westeuropäische Reaktionen auf den Besuch von Bundeskanzler Kohl in Moskau[1]

Memorandum A.S. Černjaevs über die Reaktion Westeuropas auf den Besuch H. Kohls in Moskau

28. Oktober 1988

Michail Sergeevič!

Ju. A. Kvicinskij hatte während der ganzen Tage Kontakt mit den Deutschen und berichtet Folgendes.

Kohl und Frau Kohl sind vorbehaltlos mit den Ergebnissen des Besuchs zufrieden. Einen besonders tiefen „persönlichen" Eindruck hat der Abend im kleinen Kreis auf sie gemacht. Frau Kohl sagte allerdings, sie sei davor sehr aufgeregt gewesen. Aber als sie auf eine derartige Freundlichkeit und Offenheit, auf ein solches Verständnis für „ihre Lage" getroffen sei, habe sie sofort Mut gefasst und sich anscheinend „wie erforderlich" verhalten. Es habe ihr „irgendwie gefallen".

Kohl hat zu diesem Thema (und sogar gegenüber einem Interviewer beim Besuch des Danilov-Klosters) folgende Nuance hinzugefügt: Er habe sich sehr gewünscht, aber nicht damit gerechnet, dass Gorbačev mit ihm nicht nur als „Staatsmann", sondern auch „als Mensch" sprechen würde. Und dies sei eingetroffen,

Nr. 72, Anm. 31. Gem. Gorbatschow, Wie es war, S. 73 in diesem Gesprächsteil noch eine ausführliche Stellungnahme Kohls zur Abrüstungsproblematik mit dem Hinweis auf den Wehrdienst seiner Söhne und auf deutsche Weltkriegsverluste.

18 Dieser Satz nicht in Gorbačev, Sobranie 12, S. 272. Gem. Gorbatschow, Wie es war, S. 74 sowie Gorbačev, Sobranie 12, S. 272 hier allg. Abschlussbemerkungen und Einigung über die öffentliche Gesamtbewertung des Gesprächs. Der Austausch über die Außenminister offenbar in diesem Kontext.

1 Vgl. Dokument Nr. 29, Anm. 1, dazu die Mitteilung über die Sitzung des Politbüros vom 3. 11. 1988 mit einer Gesamteinschätzung des Besuchs, in: Vizit v Sovetskij Sojuz, S. 108.

was ihn besonders „bezaubert“ habe. Gorbačev habe mit ihm als ein Mensch gesprochen, der auch ein gutes Gespür für die psychologische Atmosphäre und persönliche Situation besitze; er habe gezeigt, dass er Vertrauen nicht nur auf der Grundlage objektiver Imperative und staatlicher Interessen schaffen könne, sondern auch auf rein menschlicher Basis.

Die Umgebung Kohls hat sehr aufmerksam die Reaktion der Bündnispartner in der NATO verfolgt und ihm im Detail darüber berichtet. Kohl befürchtete, er „könne etwas abkriegen“, wenn er nach Hause kommt. Sein Auftreten hat zwei französische Zeitungen („[Le] Quotidien de Paris“ und „[Le] Figaro“) stutzig gemacht, die nicht andeutungsweise, sondern mit klaren Worten schrieben, der Charakter des Besuchs ziehe die Loyalität Kohls zu seinen Bündnisverpflichtungen in Zweifel. Diese Verdächtigungen fanden ihren Widerhall in den giftigen Fragen, die französische Korrespondenten bei der Pressekonferenz auf dem Zubovskij-Platz an Kohl richteten: Schön! Sie haben den Russen so viel gegeben und was haben Sie dafür erhalten? Einige politische Gefangene, die die Russen zu entlassen versprochen haben? Oder: Und wie steht es jetzt mit der französisch-deutschen Allianz, mit der gemeinsamen Armee und mit den anderen Versprechungen gegenüber den Franzosen? Hat Kohl jetzt nicht seine Tendenz geändert – vom französischen Westen hin zum sowjetischen Osten? Kohl ist auch auf ähnliche Anspielungen in der amerikanischen Presse und seitens amerikanischer Diplomaten aufmerksam geworden. Es hat ihn übrigens beruhigt, dass die Engländer ziemlich gelassen reagierten, obwohl er gerade von ihnen Schroffheiten erwartet hatte.

Kvicinskij hat den Gesprächen entnommen, dass Kohl nicht zufällig den Mai für den Gegenbesuch genannt hat. Da steckt eine Taktik dahinter. Kohl ist nämlich ganz froh darüber, dass im Zeitraum zwischen seinen beiden Begegnungen mit Gorbačev die Franzosen in die UdSSR reisen werden und dass es Kontakte mit den Amerikanern geben wird, vielleicht „auch mit anderen“. Für ihn wird es damit einfacher, die Dinge mit uns zu betreiben und sich der Verdächtigungen zu erwehren.

Was den wirtschaftlichen Teil betrifft, so herrschen sowohl bei Kohl als auch bei den Ministern und den Industriellen große Zufriedenheit und große Hoffnungen. Sie rechnen mit der Ernsthaftigkeit seitens der sowjetischen Partner. Nach allem zu urteilen, bereiten sie zusätzliche große Projekte im Vorfeld Ihres Besuchs vor.[2]

Kvicinskij hat herausgehört, dass die Deutschen keinesfalls gewillt sind, sich hinsichtlich Westsibiriens festzulegen. An der Kola-Halbinsel ist das Interesse groß. Man schlägt vor, zur Lösung aller mit diesem Projekt zusammenhängenden Fragen eine gemeinsame, umfassende sowjetisch-deutsche Kommission zu schaffen.[3]

Frau Kohl ist verwundert und ein wenig verärgert darüber, dass ihr Geschenk für das Kinderkrankenhaus nicht den geringsten Widerhall in den sowjetischen Massenmedien gefunden hat, und sie habe sich doch „so darauf vorbereitet“. Niemand von offiziellen Personen sei anwesend gewesen. Die Mitarbeiter des Kran-

[2] Vgl. Dokumente Nr. 33–44.
[3] Zu wirtschaftlichen Hintergründen vgl. Christians, Wege, S. 167–180.

kenhauses, der Direktor und die Kranken hätten sie allerdings sehr gut aufgenommen. Wahrscheinlich muss man Lichanov *(Leiter der Kinder-Stiftung)* bitten, ihr einen Brief zu schreiben und einen Weg finden, in unserer Presse sowohl über den Besuch als auch über das Geschenk zu berichten.

Michail Sergeevič!

Von Šachnazarov erfuhr ich, dass er angeregt hat, Honecker die Notizen Ihrer Gespräche mit Kohl zu übergeben (übrigens, ohne bereits ihren Inhalt zu kennen!).

Meine Meinung: Wir sollten das nicht tun. Erstens, Präzedenzfall. Zweitens, es geht noch nicht einmal um den Inhalt, obgleich er auch darüber nicht alles wissen muss – insbesondere was die Atmosphäre der Gespräche betrifft. Honecker kann „ideologische" Schlüsse ziehen, die wir überhaupt nicht brauchen können (hinsichtlich Argwohn im Sinne von „Orthodoxie") und pragmatische Schlüsse (in der Art: „Auch ich kann jetzt um einiges mutiger vorangehen").

Eine Übermittlung in verkürzter Form ist gefährlich, weil es in der BRD eine undichte Stelle geben kann (wobei wir für den Inhalt natürlich nicht verantwortlich sind).

Und überhaupt, wir haben trotzdem unsere eigene Politik, die durchaus nicht mit der von Honecker identisch ist. Sie ist gut daran erkennbar, was und wie Sie mit Kohl gesprochen haben. Und warum sollen wir uns festlegen?

Heute fliegt Bondarenko zu Honecker. Ich habe zugestimmt, dass er ihm einen Gruß von Ihnen überbringt.

Archiv der Gorbačev-Stiftung. Bestand 2, Verzeichnis 2.

1989

Nr. 31
Gespräch Gorbačevs mit dem SPD-Vorsitzenden Vogel am 11. April 1989 [Auszug][1]

Gespräch M. S. Gorbačevs mit H.-J. Vogel*

11. April 1989

(An dem Gespräch nahmen auf deutscher Seite E. Bahr und A. Meyer-Landrut, auf sowjetischer Seite V. Falin, teil.)

M. S. Gorbačev: Herzlich begrüße ich die Mitglieder der Führung der Sozialdemokratischen Partei Deutschlands in Moskau. Gestern fand ein symbolisches Ereignis statt, das von der neuen Qualität der Beziehungen zwischen unseren Parteien zeugt. Ich meine die Eröffnung der ständigen Vertretung der Friedrich-Ebert-Stiftung in Moskau.

Diese Beziehungen haben einen weiten Weg zurückgelegt. Am Anfang, im Zuge der ersten Kontakte, haben wir die Probleme der Nachkriegsregelung erörtert. Danach wurde die allgemeine Sorge um die Festigung des Friedens zum Thema unserer Gespräche. Jetzt stellen wir unsere Erfahrungen einander gegenüber, vergleichen Ideen und tauschen Meinungen aus. Ich sage unumwunden, wir vertrauen der derzeitigen Führung der SPD und schätzen unsere Zusammenarbeit. Nach dieser Erklärung kann ich schon nichts mehr Weiteres sagen. Alles Übrige sind Details.

H.-J. Vogel: Vielen Dank. Ich nehme Ihre Worte mit Vergnügen entgegen. Meinerseits möchte ich sagen, dass auch wir volles Vertrauen zu Ihnen empfinden. Vielleicht klingt dies etwas hochtrabend, aber wir meinen, dass wir gerade dank Ihnen und den Mitgliedern Ihrer Parteiführung, die in letzter Zeit gewählt wurden,[2] Zeugen von Prozessen sind, die die Welt verändern. […].

M. S. Gorbačev: Wir könnten nichts im Alleingang tun, wenn sich an diesen Prozessen nicht andere, darunter auch Ihre Partei, beteiligen würden. Nun, wir führen einen Dialog mit den USA und wir sagen, dass sich der Erfassungsprozess der derzeitigen außenpolitischen Realitäten durch die amerikanische Administration in die Länge gezogen hat. Aber welche Schwierigkeiten sich hier auch immer ergeben, wir sehen ein, dass ohne die USA, ohne ihren Beitrag zur Sanierung und zum Umbau der internationalen Beziehungen, es nicht gelingen wird, die Weltlage zu normalisieren. Die Rede ist somit von unserer gemeinsamen Aufgabe.

H.-J. Vogel: In Bezug auf die SPD könnte man diesen Gedanken in folgender Weise konkretisieren: Unsere heutige Politik wäre nicht möglich ohne den Moskauer Vertrag,[3] ohne die „Ostpolitik". Letztlich ohne solche Menschen wie Willy

[1] Vgl. Vogel, Nachsichten, S. 264.
[2] Zum personellen Umbau der Führung auf dem ZK-Plenum am 30. 9. 1988 vgl. u. a. Altrichter, Russland, S. 79–81. Gorbačev übernahm hier auch den Vorsitz des Präsidiums des Obersten Sowjets.
[3] Vgl. Dokument Nr. 5, Anm. 3.

Brandt, der mich gebeten hat, Ihnen seine herzlichen Grüße zu übermitteln, wie Valentin Falin und Egon Bahr, die hier mit am Tisch sitzen.

M. S. Gorbačev: Die Hauptsache ist, dass diese Menschen erfolgreich jene Zeit durchlebt haben und aktiv weiter arbeiten.

H.-J. Vogel: Die haben noch mindestens zwanzig Jahre vor sich.

M. S. Gorbačev: Mit einem Wort: verlässliche Leute. Die Sache, an der sie beteiligt waren, bedeutete wahrlich eine Wende.

H.-J. Vogel: Dafür musste man kämpfen, und beharrlich kämpfen. Heute stellen wir mit Zufriedenheit fest: Jene Leute bei uns in der BRD, die sich damals diesen Prozessen entgegengestellt haben, nehmen heute eine völlig andere Haltung ein.

M. S. Gorbačev: Ich erinnere mich, wie spannungsgeladen die Abstimmung im Bundestag über diese Fragen verlief.

H.-J. Vogel: Sie haben über die Perestrojka, über die Schwierigkeiten bei ihrer Verwirklichung gesprochen. Wir verfolgen mit großer Sympathie die Prozesse, die in Ihrem Land vor sich gehen und wünschen Ihnen jeden erdenklichen Erfolg, weil dieser Erfolg nicht nur in Ihrem, sondern auch in unserem Interesse ist. Ich möchte Ihnen eine Publikation überreichen, die von unserer Partei gerade erstellt worden ist. Es ist eine Sammlung von Auszügen aus Ihren Reden. *(Er überreicht Gorbačev die Broschüre.)* Dies ist auch ein Beitrag der SPD zur Perestrojka.

M. S. Gorbačev: Ich konnte einmal Deutsch lesen, mit der Umgangssprache ist es schwieriger. Es scheint mir, dass ich den Menschen Spaß bereitet habe, wenn ich in der BRD oder in der DDR versucht habe, deutsch zu sprechen.

H.-J. Vogel:. Wir sind soeben aus den Vereinigten Staaten zurückgekehrt. Bei mir ist der Eindruck entstanden, dass auch dort die verantwortlichen politischen Kreise heute positiver gegenüber der Perestrojka eingestellt sind. Dies zeigten unsere Gespräche mit Bush, Baker und mit Kongressabgeordneten. Unlängst hat sich einer der besten Kenner der sowjetisch-amerikanischen Beziehungen, [George][4] Kennan, in diesem Sinne vor den Mitgliedern der Kommission für Auswärtige Angelegenheiten des US-Senats geäußert. Seine Rede wurde von den Mitgliedern der Kommission mit stürmischem Beifall aufgenommen. Ich möchte Ihnen den Text dieser Rede überreichen, sowie eine Ausgabe des Magazins „Time“ mit einem Artikel unter der bemerkenswerten Überschrift „Der Kalte Krieg ist beendet“. *(Er überreicht Gorbačev das Material.)* [...].

M. S. Gorbačev: Ich möchte anmerken, dass an den Veränderungen, deren Zeugen wir sind, die westdeutsche Sozialdemokratie ein großes Verdienst hat. Vor allem daran, dass nach einem so furchtbaren Krieg, der sowohl uns wie Ihnen teuer zu stehen gekommen ist, dank der Anstrengungen der sowjetischen Führer und Willy Brandts die Beziehungen zwischen unseren Völkern normalisiert wurden. Ohne dieses gäbe es weder Helsinki[5] noch die gegenwärtige Entwicklung insgesamt.

Man verdächtigt mich, dass ich den Helsinki-Prozess beerdigen möchte, indem ich die Idee eines „gesamteuropäischen Hauses“ vorgebracht habe. Über diese Be-

[4] Im Text John.
[5] Vgl. Dokument 5, Anm. 4.

fürchtungen im Westen hat mir neulich Egon Bahr berichtet. Wir wollen auch nicht die Vereinigten Staaten von Amerika aus Europa hinausdrängen, wie das manchmal gesagt wird. Dies wäre eine Illusion. Wir stehen fest auf dem Boden der Realpolitik. Denn nur von diesen Positionen aus ist es möglich, sich vorwärts zu bewegen. Der Helsinki-Prozess entwickelt sich, er hat ein neues Niveau erreicht; es werden neue Mechanismen bei der Kommunikation und beim Austausch nicht nur von Waren, sondern auch von Ideen geschaffen.

H.-J. Vogel: 1983 sagte mir Jurij Andropov im Gespräch, zwischen unseren Völkern bestünden „Blutsbande".[6] Ich habe nicht sofort verstanden, was er meinte, doch dann dachte ich an die 20 Millionen sowjetischer Menschen, an die Millionen Deutschen, die im letzten Krieg umgekommen sind. Es ist eine große Errungenschaft – in höherem Maße Ihre als unsere – dass es uns nach 40 Jahren gelungen ist, die Vergangenheit zu überwinden.

M. S. Gorbačev: Das Wichtigste ist, dass der Baum der sowjetisch-westdeutschen Beziehungen beginnt, neue Triebe zu bringen. Also hat dieser Baum starke Wurzeln. Darüber habe ich sowohl mit Weizsäcker als auch mit Kohl gesprochen.[7] Ich habe den Eindruck, dass sich alle Politiker – bei uns wie bei Ihnen – der Bedeutung unserer Beziehungen für Europa, für die ganze Welt, wohl bewusst sind.

H.-J. Vogel: Ich stimme Ihnen zu.

M. S. Gorbačev: Ich weiß, dass es in der BRD Leute gibt, die in dieser Frage schwanken; dieser oder jener befürchtet, die Entwicklung der sowjetisch-deutschen Beziehungen könnte bei den Bündnispartnern, bei Frankreich Argwohn hervorrufen. Das macht nichts, die Zeit und die Tatsachen werden zeigen, dass es zu diesem Kurs keine Alternative gibt. Wir sprechen davon, dass wir uns anschicken, eine neue Seite in unseren Beziehungen aufzuschlagen, doch dieser Prozess verläuft bisweilen schwierig, das Ausfüllen der Seite hat sich als nicht so leicht erwiesen. Ich habe über dieses Thema mit unserem Botschafter Kvicinskij gesprochen. Sie kennen diesen Mann als einen aktiven Verfechter der Entwicklung allseitiger Kontakte zwischen der UdSSR und der BRD. Übrigens, dies gilt auch für den hier anwesenden Botschafter Meyer-Landrut.

Nicht alles läuft hier bei uns bislang glatt. Sobald irgendetwas nicht gelingt, sucht man nach einem Sündenbock. Und wenn schon – dann sollen es eben jetzt einmal unsere Botschafter sein. *(Heiterkeit)*

H.-J. Vogel: Ich möchte das Thema der Bewältigung der Vergangenheit fortsetzen. Warum sprechen wir so wenig über die Aussöhnung zwischen unseren Völkern? Die Deutschen konnten doch auch mit den Franzosen, mit den Polen und mit den Israelis einen Schlussstrich unter die Vergangenheit ziehen. Zwanzig Millionen im Zweiten Weltkrieg umgekommene sowjetische Bürger lasten auf dem Gewissen der deutschen Regierung, auf unserem Gewissen. 1991 werden 50 Jahre seit dem 22. Juni 1941 vergangen sein. Warum sollten wir nicht in diesem Zusammenhang darüber nachdenken, bei uns ein Denkmal für die in Deutschland umgekommenen sowjetischen Soldaten zu errichten und an irgendeinem geeigneten

[6] Vgl. Vogel, Nachsichten, S. 173.
[7] Dokumente Nr. 16, 17 und 29.

Ort in der Sowjetunion ein Denkmal für jene jungen deutschen Soldaten, die bei Ihnen ums Leben gekommen sind, wenn auch in einem ungerechten Krieg und in Ausführung eines verbrecherischen Befehls. Ein Denkmal für jene jungen Menschen, die – subjektiv gesprochen – mit reinem Gewissen in ihren letzten Kampf gezogen sind. Ein solcher Akt würde die Gefühle der Menschen unserer Länder berühren und die Bereitschaft der neuen, nach dem Krieg aufgewachsenen Generationen zeigen, einmal und für immer einen Schlussstrich unter die tragische Vergangenheit zu ziehen. Ich bin überzeugt, dass die Menschen solche Symbole brauchen.

M. S. Gorbačev: Diese Frage muss man ernsthaft überdenken. Hier gibt es Zweifel nicht so sehr politischer, als vielmehr emotionaler Natur.

Zum Beispiel, wo könnte man ein solches Denkmal aufstellen? Bei Vjaz'ma, wo alles zusammengeschlagen wurde?[8] Wie werden sich die Menschen dazu verhalten? Werden sie nicht zu uns sagen: Hier wurde alles zerstört, und ihr errichtet ein Denkmal?

Lassen Sie uns nichts überstürzen und diesen Vorschlag sehr sorgfältig überdenken. Ich bin jetzt nicht darauf vorbereitet, eine Antwort zu geben. Ich wiederhole noch einmal: In politischer Hinsicht verdient dieser Vorschlag Beachtung, aber hier gibt es einen sehr starken emotionalen Aspekt.

Natürlich, Soldat bleibt Soldat. Aber was für Opfer! Ich denke, dass es zum Beispiel in Weißrussland unmöglich wäre, diesen Vorschlag zu verwirklichen. Ich sehe den politischen Sinn des Vorschlags darin, die Überzeugung unserer Generationen auszudrücken, nie wieder eine Wiederholung der Vergangenheit zuzulassen. Aber dabei soll man das, was war, nicht beschönigen, die Vergangenheit nicht in rosa Farben darstellen und sich an die Tragödie erinnern.

H.-J. Vogel: Wir haben noch Zeit, darüber nachzudenken.

Ich bitte Sie, einige Worte über den Abrüstungsprozess zu sagen ...

M. S. Gorbačev: Was wollen in diesem Zusammenhang die Deutschen? Wenn es eine „dritte Null" ist,[9] dann sind wir dazu bereit. Man muss den Gesprächsprozess über die konventionellen Waffen durch Gespräche über die taktischen Kernwaffen ergänzen. Sonst werden wir einander nur verdächtigen.

Unserer Ansicht nach haben unsere Ideen und Vorstellungen, die mit kern- und chemiewaffenfreien Zonen verbunden sind, ihre Aktualität nicht verloren, sind nicht in den Hintergrund getreten. Dies alles fügt sich in den Rahmen des Abrüstungsprozesses ein, all diese sind seine wichtigen Elemente, insbesondere dort, wo es nicht sofort gelingt, zu dauerhaften Lösungen zu gelangen. Lassen Sie uns von daher zusammenarbeiten. Dass sich unsere gemeinsame Arbeitsgruppe[10] mit diesen Problemen befasst hat, war gut und hat uns geholfen. Aber sie muss auch weiter arbeiten. Vielleicht sollte man eine neue Gruppe für das Problem „gemeinsames europäisches Haus" schaffen. Das ist ebenfalls eine interessante Frage. In diesem Zusammenhang heißt es, die Vorschläge Gorbačevs zum „gemeinsamen

[8] Kesselschlacht von Vjaz'ma und Brjansk im Oktober 1941.

[9] Das bezieht sich auf Kurzstreckenraketen im Kontext der NATO-Debatten um die Modernisierung resp. Nachfolgemodelle der Lance-Raketen. Vgl. u.a. Genscher, Erinnerungen, S. 581–622 sowie hier im Dokument Anm. ** und ***.

[10] Von SPD und KPdSU.

europäischen Haus" trügen einen diffusen Charakter. Doch dahinter steckt eine List: Sollen sich auch andere zu diesem Thema äußern. Wir meinen, dass die Baubrigade dieses Hauses gesamteuropäisch sein muss. Hier existieren eigene Realitäten, das sind NATO und Warschauer Pakt.

H.-J. Vogel: Jedes Haus braucht tragende Wände. Diese Organisationen stellen solche dar.

M. S. Gorbačev: Warum sollten wir sie nicht mit Politik erfüllen? Sollen die Militärs einander treffen und diskutieren. Es scheint mir, dass der Prozess in Wien[11] als solcher zu einer Verringerung der Konfrontation beiträgt. Übrigens, das könnte noch ein Thema für unsere Arbeitsgruppe sein.

Eine andere Frage – die Entwicklungsperspektiven von EWG und RGW. Es ist wichtig, dass die Integrationsprozesse, die in beiden Teilen Europas vor sich gehen, nicht auseinanderlaufen. West- und Osteuropa verfügen über alle erforderlichen Ressourcen. Man braucht sie nicht am Ende der Welt zu suchen. Es ist wichtig, keine Zeit zu verlieren, vom Realen auszugehen und natürlich jegliche Handlungen zu vermeiden, die die Lage destabilisieren könnten. Man muss sich von einer Psychologie lossagen, die auf den Prinzipien des „Kalten Krieges" basiert – je schlechter es dem Nachbarn geht, desto besser für mich. Heute muss zum Prinzip werden: Wenn es irgendjemandem schlecht geht, dann geht es auch mir schlecht. Das ist eines der Postulate des Neuen Denkens.

H.-J. Vogel: Was die Abrüstung betrifft, so hat dieser Prozess heute in erster Linie dank Ihrer Ideen seine Dynamik gewonnen. Obgleich ich anmerken muss, dass eine sozialdemokratische Regierung Ihnen nicht so einfach die Initiative in diesen Fragen überlassen würde.

M. S. Gorbačev: Dann nehmen Sie die Macht in Ihre Hände.

H.-J. Vogel: Wir bemühen uns.

M. S. Gorbačev: Selbstverständlich ist das Ihre innere Angelegenheit. Was uns angeht, wir werden mit der Bundesrepublik unter jeder Regierung zusammenarbeiten.

H.-J. Vogel: Bemerkenswert ist die kürzliche Äußerung von Goodpaster, dem Oberkommandierenden der NATO in den 60er–70er Jahren, über die Notwendigkeit einer Reduzierung der Streitkräfte von NATO und Warschauer Pakt bis auf 50% des heutigen NATO-Niveaus. In letzter Zeit hört man also in den USA immer mehr gute Nachrichten.

M. S. Gorbačev: Leider haben solche Äußerungen nicht immer praktische Konsequenzen. Übrigens die gleiche Erfahrung haben wir bei der Verwirklichung unserer Politik der Perestrojka und Glasnost' gemacht. Einige Vorschläge, die im Laufe unseres Wahlkampfes gemacht worden sind, haben häufig keine praktische Bedeutung. Manchmal scheint es sogar, dass gewisse Leute den Sinn der Demokratie darin sehen, heiße Luft zu produzieren ...[12]

Unser Konzept ist das Konzept einer sozialistischen Demokratie. Die Demokratisierungsprozesse laufen nicht nur im politischen, sondern auch im ökonomi-

[11] Vgl. Dokument Nr. 24, Anm. 27.

[12] Wahlkampf ab 26. 12. 1988 für die Wahlen zum Kongress der Volksdeputierten am 25. 3. 1989, vgl. Altrichter, Russland, S. 138–157.

schen Bereich ab. Letzteres ist unter den Bedingungen des Privateigentums anscheinend besonders schwer zu verwirklichen. Wir möchten ja in Anwendung neuer Formen in Politik und Wirtschaft den arbeitenden Menschen zur wichtigsten handelnden Person machen, ihm die Möglichkeit geben, nicht nur gefasste Beschlüsse auszuführen, sondern sich auch unmittelbar an ihrer Erarbeitung zu beteiligen.

H.-J. Vogel: Dies ist genau all das, worüber wir im Entwurf unseres neuen Parteiprogramms sprechen. *(Er übergibt M. S. Gorbačev den Entwurf des neuen Programms der SPD.)*[13] Einer seiner wichtigen Abschnitte ist dem Problem gewidmet, die Werktätigen an der Lenkung von Produktion und Gesellschaft zu beteiligen.

M. S. Gorbačev: Durch die Verstaatlichung des Privateigentums haben wir die Möglichkeit geschaffen, die Entfremdung des Menschen zu überwinden. Jedoch hat das administrative Kommandosystem es nicht erlaubt, diese Entfremdung in der Praxis zu beseitigen – weder in der Wirtschaft noch in der Politik.

H.-J. Vogel: Der Mensch hängt mehr vom Funktionär als vom Eigentum ab.

M. S. Gorbačev: *(blättert im Entwurf des Programms.)* Mir gefällt die Ungezwungenheit der Sprache des Entwurfs. Viele seiner Formulierungen sind genau wie bei uns.

H.-J. Vogel: Aber vergessen Sie bitte nicht, dass wir bereits 126 Jahre alt sind; wir sind älter als Sie.

M. S. Gorbačev: Seinerzeit sagte ich zu Willy Brandt, den ich sehr verehre und mit dem ich im Briefwechsel stehe: Wann werden wir beginnen, uns von der Spaltung von 1914 abzuwenden.[14] Wie viel haben wir deshalb verloren.

Ich denke, dass auch der Faschismus in den 30er Jahren in Deutschland nicht hätte an die Macht kommen können, wenn die Arbeiterbewegung geeint gewesen wäre. Die Zeit ist jetzt so, dass es nötig ist, mit allen Mitteln unsere Zusammenarbeit zu entwickeln. Selbstverständlich ohne dabei das Gewünschte als das Reale auszugeben.

E. Bahr: Wir werden nicht über Ideologien streiten; lassen Sie uns die praktischen Fragen dort lösen, wo dies möglich ist.

M. S. Gorbačev: Wir studieren Ihre Erfahrungen, die Erfahrungen anderer Länder mit sozialdemokratischer Tradition.

H.-J. Vogel: Ich möchte meinerseits einige Bemerkungen zu Fragen der Abrüstung machen. Insgesamt besteht zwischen uns und der Regierung hier mehr Übereinstimmung als zu irgendeinem Zeitpunkt in der Vergangenheit.

Unterschiede bestehen bei drei Fragen. Erstens, wir schlagen vor, dass parallel zu Wien Gespräche über die taktischen Kernwaffen stattfinden. Die Regierung ist irgendwie dafür, aber gezwungen, auf die Bündnispartner zu schauen und diese sagen: keine Hast. Wir vertreten die Auffassung, dass eine „dritte Null“ die beste

[13] Text: Grundsatzprogramm der SPD, beschlossen auf dem Parteitag am 20. 12. 1989 in Berlin, Bonn 1990.

[14] Das Jahr verweist auf den Zerfall der Zweiten Sozialistischen Internationale am Beginn des Ersten Weltkrieges; die eigentliche Spaltung von Kommunisten und Sozialdemokraten erfolgte 1917/1918. S. Dokument Nr. 21. Die Briefe Brandts an Gorbačev in Brandt, Berliner Ausgabe, Band 10, u. a. S. 306 f., 342 f.

Lösung wäre.** Aber man könnte sich auch auf einen solchen Schritt einigen, wie hier allgemeine Obergrenzen festzulegen, die niedriger wären als die Zahl der derzeit vorhandenen Raketen vom Typ „Lance".*** Wir sind gegen eine Modernisierung, weil wir meinen, dass in Gestalt einer Modernisierung der Ersatz bestehender Waffen durch qualitativ neue und außerdem weiterreichende Waffen erfolgen würde. Die Regierung sieht, dass in der öffentlichen Meinung des Landes die Stimmung gegen eine Modernisierung weit verbreitet ist und bemüht sich, Zeit zu gewinnen.

M. S. Gorbačev: Eine Modernisierung würde einen gewaltigen Skandal hervorrufen. Was ergibt sich denn daraus: Wir haben die Raketen mit einem Wirkungsradius von 500 km und darüber beseitigt, und jetzt will man Raketen mit einer Reichweite von 495 km in Dienst stellen. Das wäre reiner Betrug.

V. M. Falin: Übrigens, laut Vertrag über die Raketen kurzer und mittlere Reichweite haben wir sogar Raketen mit einer Reichweite unter 500 km beseitigt.

M. S. Gorbačev: In den USA will man keine Gespräche, weil der amerikanische militärisch-industrielle Komplex bereits ein Programm für neue Waffen entwickelt hat. Wir haben Informationen – aber nicht von den Amerikanern – dass man im Weißen Haus die Frage erörtert hat, wie man mit den Perspektiven des Abrüstungsprozesses umgehen kann und wie man sich zu unserer Perestrojka verhalten soll. Der größte Gegner einer künftigen Erweiterung der Beziehungen mit uns ist der militärisch-industrielle Komplex. Seine führenden Vertreter befürchten, dass die Arbeitslosigkeit wächst, wenn der Abrüstungsprozess weiter voranschreitet. Sie wissen auch nicht, was sie mit ihrer Wissenschaft tun sollen. Zwischen der Administration und der für den militärisch-industriellen Komplex tätigen Wissenschaft ist ein richtiger Konflikt entstanden. Die Amerikaner rechneten damit, dass die Sowjetunion ihren Binnenmarkt für die massenhafte Lieferung von Konsumgütern aus den USA öffnen werde. Die Sowjetunion plagt sich, lässt sich aber nicht darauf ein. Der westliche Markt ist doch vollgestopft mit Waren. Deshalb ist die Perestrojka für sie inakzeptabel. Es steht ein Kampf bevor.

Welche Ideen bringen die Amerikaner in diesem Zusammenhang vor? Insbesondere Brzeziński stellt folgende Überlegungen an: Sozialismus kann entweder als stalinistische Diktatur existieren oder als Anarchie, die die Sowjetunion seiner Meinung nach in der gegenwärtigen Phase der Perestrojka erlebt. Auch folgender Gedanke wird vorgebracht: Lohnt es sich, sich mit der Sowjetunion einzulassen, wenn die Ergebnisse der Perestrojka bislang nicht vorhergesagt werden können? Leider gehen auch deutsche Geschäftskreise dem auf den Leim, dabei sogar in höherem Maße als Franzosen und Engländer. Man sagt, besser weniger Kapital investieren, aber an einem verlässlicheren Ort. Für derartige Stimmungen haben wir ein gutes Gespür. So haben wir für eine Reihe von Objekten der Leicht- und Nahrungsmittelindustrie vorteilhaftere Vorschläge von französischen und italienischen Firmen erhalten. Der Dreimilliardenkredit, der von westdeutschen Banken zur Verfügung gestellt wurde, kommt schwer zustande.[15] Von daher ist dies keine einfache Frage.

[15] Vgl. Dokument Nr. 22, Anm. 24.

Die Perestrojka ist ein komplizierter Prozess. Aber wir haben gewusst, worauf wir uns eingelassen haben und wollten uns nicht mit einer Verschönerung der Fassade begnügen.

H.-J. Vogel: Oder mit einer Neutapezierung der Wände.**** [...].

Wir beobachten diesen Prozess, vielleicht aus geringerer Entfernung als viele andere. Und wir sehen, dass es keine Alternative dazu gibt.

M. S. Gorbačev: In den vergangenen vier Jahren konnte niemand irgendetwas anderes vorschlagen.

H.-J. Vogel: Mir scheint, dass Sie die Stimmung unter den Geschäftsleuten der BRD unnötig pessimistisch bewerten. Ich könnte viele Beispiele anführen, die besagen, dass die Geschäftswelt der BRD bereit ist, aktiv mit Ihrem Land zusammenzuarbeiten. Wie Sie wissen, ist mit mir zusammen eine Reihe bedeutender Geschäftsleute nach Moskau geflogen. Der Chef der „Lufthansa", Ruhnau, hat in diesen Tagen einen Vertrag über die Erweiterung des Flughafens „Šeremetevo-2" paraphiert und untersucht die Frage einer Nutzung der Maschinen vom Typ „IL-76" für Frachttransporte. Der Chef des Konzerns „Hoesch", Rohwedder, kooperiert bei der Modernisierung eines Werkes, in dem in Zukunft hydraulische Bagger hergestellt werden sollen. Neuber, der Chef der Westdeutschen Landesbank, arbeitet aktiv mit sowjetischen Partnern auf dem Gebiet von Kreditoperationen zusammen. Mit mir sind drei Vorsitzende von Betriebsräten großer Werke nach Moskau geflogen. Das sind sehr interessante Leute, echte Arbeiterführer. Wir sind bereit, Ihre Pläne zur Ausbildung von Führungspersonal der mittleren Ebene aktiv zu unterstützen. Die von Sozialdemokraten geführten Länder der BRD sind bereit, über die Friedrich-Ebert-Stiftung 100 Personen zu diesem Zweck aufzunehmen. Die sowjetischen Fachleute können 3–4 Monate zu uns kommen, um ihre Qualifikation zu erhöhen und zwar nicht nur in Industriebetrieben, sondern auch zum Beispiel in den Organen der kommunalen Verwaltung.

Sie sprechen über den militärisch-industriellen Komplex – er hat überall Einfluss, nicht nur in den USA. In den Unternehmen des militärisch-industriellen Komplexes werden Trillionen von Mark unnütz ausgegeben.

Und dies in einer Zeit, wo der Menschheit solche Gefahren drohen wie der Klimawandel, die Zerstörung der Ozonschicht, die Probleme in den Beziehungen zwischen Nord und Süd, die demographische Explosion. Für die Lösung dieser Probleme ist jede Mark erforderlich. Mit Interesse habe ich Ihre Rede in der UNO gelesen.[16] Ich hoffe, dass wir noch die Zeit erleben, da die Menschen auf der gesamten Erde sich nicht voreinander in ihren nationalen Wohnungen abgrenzen, sondern gemeinsam auftreten und sich als Gemeinschaft begreifen.

Ich möchte eine Frage anschneiden. Eines der größten Länder der BRD ist Nordrhein-Westfalen mit einem entwickelten Kohlebergbau, mit Stahl- und Chemieindustrie, mit hohem technologischem Standard.

M. S. Gorbačev: Ich war gerade im Begriff, mich dort als Gast aufzudrängen.

H.-J. Vogel: Der Ministerpräsident dieses Landes, einer meiner Stellvertreter in der Partei, Johannes Rau, wäre glücklich, wenn Sie im Verlaufe Ihres Aufenthalts

[16] Rede Gorbačevs vor der UN-Vollversammlung am 7. 12. 1988, u.a. in: Gorbatschow, Glasnost, S. 258–284.

in der BRD bei ihm zu Gast sein könnten. In diesem Zusammenhang noch ein Wunsch: Sowjetische Organisationen suchen derzeit nach einem Ort für die Errichtung eines Hauses der sowjetischen Wirtschaft in der BRD. Warum könnte dieser Ort nicht Düsseldorf, die Hauptstadt Nordrhein-Westfalens, sein?

Und noch ein Wunsch: Nicht weit von Düsseldorf befindet sich das große Industriezentrum Dortmund. Wenn der Generalsekretär dorthin reisen und vor sechstausend Metallarbeitern sprechen könnte.[17] Sowohl die Leitung des Konzerns Hoesch als auch die Arbeiterkollektive haben mich ermächtigt, diese Einladung auszusprechen. Ich hoffe, dass ein Meinungsaustausch mit deutschen Arbeitern für Sie nicht weniger interessant sein wird als Begegnungen „auf den höheren Ebenen".

M. S. Gorbačev: In Großbritannien bin ich mit Mühe zu den Arbeitern durchgedrungen.

H.-J. Vogel: Haben Sie in England Neil Kinnock getroffen?

M. S. Gorbačev: Wir hatten ein ausführliches Gespräch. Ich habe ihm den Vorschlag gemacht, darüber nachzudenken, gemeinsam den 100. Jahrestag der Zweiten Internationale zu begehen. Dies ist ja ein gemeinsames Jubiläum der Arbeiterbewegung. Ich möchte auch Ihnen vorschlagen, an den Veranstaltungen teilzunehmen, die wir im Zusammenhang mit diesem Datum bei uns durchführen werden. Wir wären unsererseits bereit, an Ihren entsprechenden Veranstaltungen teilzunehmen.

H.-J. Vogel: Darüber müsste man mit Brandt sprechen. In diesem Jahr wird es allerdings einen weiteren gemeinsamen Festtag geben – den 125. Jahrestag der Ersten Internationale.

Sie haben über die gemeinsame Arbeitsgruppe KPdSU–SPD gesprochen. Wir hätten gerne, dass sie sich mit dem Problem des „gemeinsamen europäischen Hauses" beschäftigt.

M. S. Gorbačev: Ich möchte zu diesem auch das Thema Ökologie hinzufügen, das nachgerade an alle Türen klopft. Man könnte auch das Problem der Verschuldung erörtern.

H.-J. Vogel: Im „europäischen Haus" gibt es ein Zimmer, das in zwei Räume aufgeteilt ist. An der Tür steht „Berlin". Ich bin damit einverstanden, dass im Eingangsbereich und auf den Treppen des Hauses auf Ordnung geachtet werden muss. Aber es ist schlecht, wenn im Haus eine Schießerei beginnt. Die Menschen müssen das Recht haben, den Ort frei zu wechseln. Natürlich muss dieser Ortswechsel auf die eine oder andere Weise organisiert werden, unter anderem mit Hilfe der Polizei. Aber sie darf nicht schießen. Wir hätten gerne, dass die Kollegen in der DDR sich selbst mehr vertrauen, als sie das derzeit tun und mehr Flexibilität an den Tag legen.

M. S. Gorbačev: Das, was sie Ihnen gegenüber schuldig geblieben sind, sind wir bereit zu kompensieren.

H.-J. Vogel: Das ist ein guter Vorschlag.

M. S. Gorbačev: Einige Worte zu den sowjetischen Bürgern deutscher Nationalität, auch in einem größeren Zusammenhang. Im Rahmen des Harmonisie-

[17] Dokumente 33–44.

rungsprozesses der zwischenstaatlichen Beziehungen suchen wir nach einer Formel, die es den Vertretern der verschiedenen, in unserem Lande lebenden Nationalitäten erlauben würde, ihr Bedürfnis nach kultureller Entwicklung u. ä. besser zu befriedigen. Dabei betrachten wir die Harmonisierung nicht als eine Umgestaltung der bestehenden Grenzen zwischen den Republiken und Nationalitäten. Wir denken daran, den Begriff der Souveränität der Republiken, den Begriff der Autonomie, mit neuem Inhalt zu erfüllen und die Möglichkeiten der kulturellen Entwicklung der nationalen Minderheiten zu erweitern. Hier bestehen viele Probleme, darunter auch wirtschaftliche, die mit der Entwicklung und Verteilung der Produktivkräfte im Lande verknüpft sind. Aber diese Probleme werden wir lösen …

H.-J. Vogel: Einige Worte zu unseren zwischenparteilichen Kontakten. Hier muss ich gestehen, dass wir in einem Punkt einen Bock geschossen haben. Bei unserer letzten Begegnung habe ich den Wunsch geäußert, zehntausend Exemplare der Wochenzeitung „Vorwärts" in der Sowjetunion zu verteilen.[18] Sie wissen offenkundig von den Schwierigkeiten, die wir mit dieser Publikation durchmachen.[19] Nicht nur bei Ihnen, sondern auch bei uns läuft nicht immer alles so, wie wir möchten. Aber was eine andere wichtige Angelegenheit angeht, die Eröffnung einer ständigen Vertretung der Friedrich-Ebert-Stiftung in Moskau, so haben wir diese Aufgabe gelöst. Wir warten auf die Eröffnung der Vertretung des beim ZK der KPdSU angesiedelten IML in Bonn.

M. S. Gorbačev: Dies ist wirklich ein sehr wichtiges Ereignis. Vielleicht können wir seine ganze Bedeutung heute noch nicht in vollem Umfang abschätzen. […].

* Der Vorsitzende der SPD, Hans-Jochen Vogel, war an der Spitze einer Delegation im Zusammenhang mit der Eröffnung einer ständigen Vertretung der SPD-nahen Friedrich-Ebert-Stiftung nach Moskau gekommen.

** Es geht um das Schicksal der Raketen kurzer Reichweite (sogenannter Gefechtsfeldraketen).

*** Bezieht sich auf die amerikanischen Raketen kurzer Reichweite „Lance" (bis [5]00[20] km).

**** Erinnerung an eine Äußerung des Mitglieds des Politbüros des ZK der SED Kurt Hager, die breite Bekanntheit erlangte. In Beantwortung der Frage eines Korrespondenten über das Verhältnis der SED-Führung zur Perestrojka in der Sowjetunion sagte er: „Wenn der Nachbar seine Wände neu tapeziert, bedeutet das nicht, dass wir dasselbe tun müssen".[21]

Archiv der Gorbačev-Stiftung. Bestand 1, Verzeichnis 1.

18 Dokument Nr. 22.

19 Der hoch-defizitäre „Vorwärts" stellte auf Beschluss des SPD-Parteivorstands vom 14. 4. 1989 sein Erscheinen als Wochenzeitung ein, vgl. Thomas Schürmann, Das Ende des Vorwärts. Eine Monographie über den Liquidationsprozess der sozialdemokratischen Wochenzeitschrift zwischen 1975 und 1989, Frankfurt/Main 1997, S. 225 f.

20 In der Vorlage: 600 km.

21 Interview im „Stern" am 9. 4. 1987, „Jedes Land wählt seine Lösung".

Nr. 32
Protokoll der Sitzung des Politbüros vom 13. April 1989 [Auszug][1]

Auf der Sitzung des Politbüros des ZK der KPdSU

13. April 1989

Über das Gespräch Gorbačevs mit Vogel[2]

Gorbačev: Ein sehr interessantes Gespräch. Doch das Interessanteste hat er zu Jakovlev gesagt: Es gibt faktisch keine internationale kommunistische Bewegung mehr; der sozialistische Gedanke lebt in der Sozialdemokratie weiter. Das bedeutet, wir und ihr müssen Seite an Seite gehen.

Bei der Verteidigung der Demokratie war er besonders aktiv. Es kann sein, sagte er, dass wir wegen der Ereignisse in Tbilissi[3] einigen Lärm machen werden. Wir verstehen jedoch eure Lage. Verhaltet euch aber trotzdem so, dass die Perestrojka nicht zugrunde geht.

Vogel ist zufrieden mit der Begegnung mit Nikolaj Ivanovič (*Ryžkov*). „Diese Firmen – er führte sie an – werden mit euch zu tun haben, wenn wir, die SPD, an die Macht kommen“, sagte er zu unserem Ministerpräsidenten.[4]

Aufzeichnung A. S. Černjaev, Archiv der Gorbačev-Stiftung. Bestand 2, Verzeichnis 2.

Nr. 33
Gespräch Gorbačevs mit Bundespräsident von Weizsäcker am 12. Juni 1989 [Auszug][1]

Das erste Gespräch M. S. Gorbačevs mit R. von Weizsäcker*

Bonn, 12. Juni 1989

(Am ersten Teil des Gesprächs nahmen von deutscher Seite teil: H. Kohl, H.-D. Genscher, K. Blech, A. Meyer-Landrut, von sowjetischer Seite: È. A. Ševardnadze, A. N. Jakovlev, I. S. Silaev, Ju. A. Kvicinskij)

[...]. **R. von Weizsäcker:** In politischer Hinsicht ist jetzt ein sehr günstiger Augenblick, den entscheidenden Schritt in den bilateralen Beziehungen zu tun und positiv auf die Lage in Europa und in der Welt einzuwirken.

[1] Mit z.T. abweichender Übersetzung auch in Tschernjaew, Mein deutsches Tagebuch, S. 238. Vgl. Černjaev, Sovmestnyj ischod, S. 789: „Gestern M. S. mit Vogel (Vorsitzender der SPD) – noch ein Schritt zur Liquidierung der MKD.“ (= Chernyaev, Diary, jeweils unter dem 16. 4. 1989). In V Politbjuro, S. 402–404 unter dem Datum nur Ausführungen zum Komsomol’ bzw. zu Besuchen Gorbačevs auf Kuba und in Großbritannien.

[2] Dokument Nr. 31.

[3] Am 9. 4. 1989 gingen Armee- und Polizeikräfte in Tbilissi gewaltsam gegen eine Demonstration für die georgische Unabhängigkeit vor.

[4] Gem. Tschernjaew, Mein deutsches Tagebuch, S. 238 folgt ein Schlusssatz über die Auswirkungen eines Scheiterns der Perestrojka auf die Sozialdemokratie.

[1] Auszüge in von Plato, Die Vereinigung, S. 42, 48f. sowie in CWIHP Document readers, The End of the Cold war, http://www.wilsoncenter.org/cwihp/documentreaders/eotcw/890612a.pdf.

Der derzeitige Staatsbesuch ist gleichsam die andere Hälfte jener Entwicklung, deren Auftakt während des Besuchs von Kohl in der UdSSR im Oktober 1988 erfolgt ist.[2] Es wurden gemeinsame grundlegende politische Dokumente und Verträge vorbereitet, die das beiderseitige Streben, ein neues Kapitel in den wechselseitigen Beziehungen aufzuschlagen, gut illustrieren.

Zwischen Deutschen und Russen gab es in der Geschichte nicht nur Kriege, sondern auch gute Beispiele des Zusammenwirkens und der Zusammenarbeit, humaner gutnachbarlicher Beziehungen. Unsere Zusammenarbeit ist gegen niemanden gerichtet, hat aber entscheidende Bedeutung für die Geschicke Europas. Die gesamte Bevölkerung der BRD begrüßt Ihren Besuch und drückt ihre Hoffnung aus, dass die verantwortungsbewusste Arbeit, mit der der Besuch zweifellos ausgefüllt sein wird, einen gewichtigen Beitrag zur weiteren Festigung des Friedens und der gutnachbarlichen Beziehungen auf dem europäischen Kontinent leisten wird. Dabei ist es wichtig zu betonen, dass die Zusammenarbeit zwischen unseren Ländern mit Rücksicht auf die Bündnisse erfolgt, denen wir bzw. Sie angehören. Dabei beabsichtigt die BRD, im Rahmen ihres Bündnisses die Tendenzen der gegenseitigen Verständigung nach Kräften zu unterstützen.

Vor wenigen Tagen bin ich mit Präsident Bush zusammengetroffen, der mich gebeten hat, Ihnen seine Grüße und guten Wünsche zu übermitteln. Er sagte, dass seine Gespräche mit Ihnen durch Offenheit und eine gute Atmosphäre gekennzeichnet gewesen seien. Wenn Sie die jüngsten Reden des amerikanischen Präsidenten während seines letzten Aufenthalts in der BRD,[3] bei der Jubiläumssitzung der NATO in Brüssel[4] und in den wichtigsten amerikanischen Zeitungen verfolgt haben, wird Ihnen ganz offensichtlich nicht entgangen sein, dass die amerikanische Administration – nach einer gewissen Verzögerung – auf eine konstruktive Phase in den Ost-West-Beziehungen setzt. Ich möchte bemerken, dass die westdeutsche Seite – sowohl die Regierung wie auch die Öffentlichkeit – zu dieser nicht unwichtigen Veränderung einen sehr substantiellen Beitrag geleistet hat.

M. S. Gorbačev: *(dankt für die Gastfreundlichkeit und die guten Wünsche).* [...].

In den letzten zwei, drei Jahren ist in den sowjetisch-westdeutschen Beziehungen sehr viel getan worden, um eine grundlegende Wende vollziehen zu können – um eine neue, qualitativ hochstehendere Phase in diesen Beziehungen einzuleiten.

Wenn man von der Wechselbeziehung der Besuche spricht, die bisher stattgefunden haben, dann möchte ich auch Ihren Besuch in Moskau im Sommer vergangenen Jahres [sic!] erwähnen.[5] Auch er hat in vielerlei Hinsicht zur Entwicklung neuer Herangehensweisen und zur Entstehung neuer Ideen in unseren Beziehungen beigetragen. Wir schätzen sehr, was seit jener Zeit getan wurde und möchten gleich zu Beginn des Besuchs bekräftigen, dass wir mit dem aufrichtigen Wunsch an die Ufer des Rheins gekommen sind, auch weiterhin alles Positive weiterzuent-

[2] Dokument Nr. 29.

[3] 30.–31. 5. 1989. Die Mainzer Rede Bushs vom 31. 5. 1989 u.a. in Bulletin der Bundesregierung Nr. 54 vom 2. 6. 1989, S. 484–488.

[4] 29.–30. 5. 1989. Erklärung der Staats- und Regierungschefs sowie das Gesamtkonzept für Rüstungskontrolle und Abrüstung in: Bulletin der Bundesregierung Nr. 53 vom 31. 5. 1989, S. 465–476.

[5] Dokumente Nr. 16 und Nr. 17.

wickeln, damit die Wende in den Beziehungen einen wirklich grundlegenden Charakter bekommt. Es versteht sich, dass auch wir davon ausgehen, dass dieser Kurs nur zum Nutzen sowohl unserer beider Völker als auch der anderen Länder Europas und unserer Verbündeten und Partner sein wird. Wir sind ja nicht im Begriff, das, was auf dem europäischen Kontinent geschaffen worden ist, zu torpedieren, sondern beabsichtigen nur, das Positive zu mehren, das sich bereits klar abgezeichnet hat.

R. von Weizsäcker: Selbst Herr Honecker hat sich kürzlich in seinem ausführlichen Interview für die „Washington Post“ in positivem Sinne über die Ergebnisse der jüngsten NATO-Sitzung in Brüssel geäußert.[6]

M. S. Gorbačev: Warum denken Sie gerade in diesem Zusammenhang an Honecker?

R. von Weizsäcker: Es ist so, dass ich früher nie gehört habe, dass er sich positiv über die NATO geäußert hätte. Eben deswegen habe ich auf das erwähnte Interview aufmerksam gemacht.

M. S. Gorbačev: Meinerseits möchte ich anmerken, dass Honecker stets dafür eingetreten ist und dafür eintritt, dass die beiden deutschen Staaten in Europa fest das Ziel verfolgen, nicht zuzulassen, dass von deutschem Boden irgendwann wieder ein Krieg ausgeht. Er ist ein konsequenter Anhänger der Friedenspolitik, und seine Überlegungen zeichnen sich durch großen Realismus aus.

(Anschließend wird das Gespräch im kleinen Kreis während eines Frühstücks beim Präsidenten fortgesetzt.)

R. von Weizsäcker: Die Periode des „Kalten Krieges“ ist zu Ende, die Beziehungen zwischen EWG und RGW haben sich normalisiert und entwickeln sich;[7] es vollziehen sich grundlegende Wandlungen in den bilateralen Beziehungen zwischen den europäischen Staaten. Mit einem Wort, vieles ist in Bewegung geraten. Und in dieser Situation hat allein die geopolitische Lage der BRD ihr Gewicht und ihre Bedeutung vergrößert. […].[8]

Die BRD ist keine Großmacht, aber sie hat ihr Gewicht und ihre Bedeutung in Europa und im System der westlichen Bündnisse. Wir verstehen die Bedeutung konstruktiver Gespräche zwischen den USA und der UdSSR gut. Wir erachten es als sehr wichtig, dass Präsident Bush zu einem vertrauensvollen Dialog mit Gorbačev über die langfristige Perspektive einer dauerhaften und stabilen Friedensordnung bereit ist.

M. S. Gorbačev: Wenn schon die Rede auf den Kurs von Präsident Bush gekommen ist, so möchte ich anmerken, dass in meinen persönlichen Gesprächen mit ihm eine vertrauensvolle, wohlwollende Atmosphäre herrschte.[9] In dem Bemühen diese Stimmung zu erhalten, haben wir uns – ungeachtet dessen, dass die Administration die Klärung ihrer Linie bezüglich der weiteren Entwicklung der

[6] Honecker lauds U.S. arms initiative. East German leader rejects Bush's plea to remove Berlin wall, in: Washington Post vom 11. 6. 1989.

[7] Vgl. Dokument Nr. 23, Anm. 16.

[8] Lt. Von Plato, Vereinigung, S. 48 thematisierte von Weizsäcker hier amerikanische Reaktionen und Positionen, lt. CWIHP (wie Anm. 1) hat Gorbačev von Weizsäcker ausführlicher über den sowjetischen-amerikanischen vertraulichen Kanal (Kissinger–Dobrynin) informiert.

[9] Vgl. u. a. die Gespräche Gorbačevs mit Bush während der USA-Reise im Dezember 1988 und anlässlich des Amtsantritts Bushs im Januar 1989, in: Gorbačev, Sobranie 13, S. 18ff., 189f.

sowjetisch-amerikanischen Beziehungen lange hinausgezögert hat – in Geduld gefasst und haben keine Kritik an Bush und seiner Regierung geübt. Wir haben uns auch dann nicht in eine Polemik hineinziehen lassen, als sogar in der Öffentlichkeit der USA und Westeuropas in wachsendem Maße Kritik im Zusammenhang mit dieser Verzögerung laut zu werden begann. Jetzt ist erkennbar, dass wir richtig gehandelt haben.

Da wir über die amerikanische außenpolitische Linie sprechen, ist anzumerken, dass für sie eine Reihe permanenter Schwächen charakteristisch ist. Erstens, wenn Präsident Bush Gespräche unter vier Augen führt, dann zeichnen ihn Pragmatismus und das Bestreben aus, sich nicht auf ideologische Leitlinien zu stützen. Wenn er jedoch in die Öffentlichkeit geht, dann klingen in seinen Worten öfters jene Töne an, die wir einst als „Reagans Kreuzzug gegen den Kommunismus" bezeichnet haben.

Und ein Zweites: Für die Administration unter George Bush ebenso wie für seine Vorgänger ist eine Haltung des Abwartens und Verschleppens im Herangehen an die Entwicklung der Beziehungen mit der UdSSR charakteristisch. Immer aufs Neue werden Versuche unternommen, zu schauen, ob die Sowjetunion aufgrund der verschiedenen Schwierigkeiten, mit denen sie konfrontiert ist, nicht zu nachgiebigeren Positionen übergehen wird, die den Vereinigten Staaten ein „Plus" verschaffen würden. Wir haben ihnen wiederholt erklärt, dass ein derartiger Ansatz illusorisch ist und dass man Politik nicht auf Irrtümern aufbauen kann. Doch bislang haben sie nicht aufgehört, sich an diese Vorgangsweise zu klammern. [...].

R. von Weizsäcker: Präsident Bush darf man anscheinend nicht mit dem früheren Präsidenten Reagan vergleichen. Mit George Bush kann man die Dinge pragmatisch lösen, ohne dass er die ideologische Seite einer Sache aufbauscht. Natürlich befindet er sich immer noch unter einem sehr starken Druck von rechts; wobei es sich nicht einmal um den rechten Flügel der Republikanischen Partei handelt und vielleicht nicht einmal um die Haltung des Kongresses, sondern um mächtige „pressure groups", von denen es in den USA viele gibt. Aber was rede ich von den USA! Ähnliche Gruppen gibt es auch bei uns in der BRD. [...].

(Abschließend dankte R. von Weizsäcker M. S. Gorbačev für das Gespräch und betonte, dass die Geschäftswelt, die Öffentlichkeit und die gesamte Bevölkerung der BRD dem Besuch des sowjetischen Führers mit großem Interesse und großen Erwartungen entgegensehen würden.)

* Von 12. bis 15. Juni 1989 fand der erste Staatsbesuch von M. S. Gorbačev in Begleitung von Ė. A. Ševardnadze, A. N. Jakovlev, I. S. Silaev, A. S. Černjaev u. a. in der BRD statt. Im Verlaufe des Besuchs traf M. S. Gorbačev mit zahlreichen politischen Funktionsträgern und mit der Öffentlichkeit zusammen.

Archiv der Gorbačev-Stiftung. Bestand 1, Verzeichnis 1.

Nr. 34
Gespräch Gorbačevs mit Bundeskanzler Kohl am 12. Juni 1989 [Auszug][1]

Vieraugengespräch M. S. Gorbačevs mit H. Kohl[2]
Bonn, 12. Juni 1989

[...].[3] **H. Kohl:** Ich möchte Sie sogleich zu Ihrer Wahl in das hohe Amt des Vorsitzenden des Obersten Sowjets der UdSSR beglückwünschen.[4] Wir in der BRD haben aufmerksam den Kongress der Volksdeputierten verfolgt,[5] Sie mit Interesse in der Rolle des Vorsitzenden beobachtet und sind zu der einhelligen Meinung gelangt, dass sie Ihnen aufs Beste steht.

Es ist jetzt die Zeit großer Taten, der Bilanzierung und der Festlegung der Perspektiven für die Zukunft. Am 1. September werden 50 Jahre seit dem Beginn des Zweiten Weltkrieges vergangen sein. Vor wenigen Tagen haben wir den 40. Jahrestag der Gründung der BRD begangen. Hier ist etwas, worüber man nachdenken muss, und wir haben nicht die Absicht, uns dem zu entziehen.

Deshalb möchte ich vor allem unser gemeinsames politisches Dokument begrüßen, das wir morgen unterzeichnen werden.[6] Es zieht einen Schlussstrich unter die Vergangenheit und erhellt den Weg in die Zukunft.

Für mich ganz persönlich möchte ich mit aller Entschiedenheit Folgendes hervorheben. Sowohl ich wie auch die von mir geführte Bundesregierung beabsichtigen, zusammen mit Ihnen, Herr Gorbačev, und mit Ihren Mitstreitern einen Weg zu gehen, der durch die Bestimmungen unseres gemeinsamen Dokuments festgelegt ist. Ich hoffe, dass unsere gemeinsamen Pläne und Bestrebungen zum Nutzen nicht nur für unsere Staaten und ihre Bevölkerung, sondern auch für ganz Europa und die ganze Welt sein werden. Ich glaube, dass wir dafür genügend Kraft und Energie haben. Die Hauptsache ist, dass die Menschen uns folgen.

Wir wissen, dass es für Sie jetzt nicht einfach ist. Wir können uns die Schwierigkeiten gut vorstellen, mit denen Sie konfrontiert sind; wir wünschen Ihnen zu ihrer Überwindung Erfolg und sind bereit, Ihnen dabei nach Kräften Hilfe zu leisten.

Die Welt ist jetzt in starkem Maße in Bewegung geraten. Nicht zuletzt dank der Perestrojka in der Sowjetunion. Vieles wird uminterpretiert, dabei mitunter dermaßen schnell und qualitativ neu, dass man sich nur wundern kann.

1 Das deutsche Protokoll in: Deutsche Einheit, Sonderedition, S. 276–287. Auszüge des russischen Protokolls bei von Plato, Vereinigung, S. 41–45, 49f. sowie in CWIHP, Document readers, The End of the Cold war, http://www.wilsoncenter.org/cwihp/documentreaders/eotcw/890612b.pdf. Vgl. Kohl, Erinnerungen 1982–1990, S. 885–888; Diekmann/Reuth, Helmut Kohl, S. 40–42; Gorbatschow, Erinnerungen, S. 708–711; Kuhn, Gorbatschow, S. 32–37; Grachev, Gorbachev's gamble, S. 136 referiert Erinnerungen Zagladins, die sich auf den berühmten Abendspaziergang beziehen.

2 Neben den Dolmetschern Weiß und Kurpakov nahmen Teltschik und Černjaev teil.

3 Gem. Deutsche Einheit, Sonderedition, S. 279 einleitende Äußerungen und Übergabe von Geschenken an Gorbačev.

4 Am 25. 5. 1989.

5 Protokolle des Ersten Kongresses vom 25. 5.–9. 6. 1989 in: Pervyj s"ezd narodnych deputatov SSSR, 25 maja–9 ijunja 1989 g. Stenografičeskij otčet, 6 Bände, Moskau 1989.

6 Dokument Nr. 38 a. Das deutsche Protokoll (wie Anm. 1, hier S. 279) hebt auf die Erklärung plus bilaterale Abkommen ab.

Ich habe kürzlich mit dem amerikanischen Präsidenten Bush gesprochen, den ich gut und seit langem kenne.[7] Ich habe ihm klar gesagt, dass die Interessen der BRD europäische Interessen seien, d.h. die Interessen aller Europäer, die untereinander verbunden seien. Natürlich befinden sich auf der Liste der europäischen Prioritäten an erster Stelle Fragen der Sicherheit, der Gewährleistung und der Erhaltung des Friedens. Wir glauben, dass es jetzt eine außerordentlich günstige Atmosphäre dafür gibt, die Chancen für eine Abrüstung zu nutzen.

Ich denke, dass Bush dies alles gleichfalls gut sieht und versteht. Unsere Interessen sind ihm gut bekannt, und er kann sie nicht außer Acht lassen.

Selbstverständlich bin ich weit davon entfernt, die Bedeutung unserer Position zu überschätzen, aber bei der NATO-Tagung in Brüssel hat die BRD eine sehr spürbare und, wie uns scheint, konstruktive Rolle gespielt.[8]

M. S. Gorbačev: Auch wir haben das bemerkt; unserer Aufmerksamkeit ist nichts entgangen.

H. Kohl: Ich freue mich, das zu hören. Es ist angenehm, wenn unsere Ansichten bei der einen oder anderen Sache übereinstimmen. In der Politik spielen Zufälle oft eine große Rolle. Friedrich der Große sagte einmal für einen General sei es wichtig, Fortune zu haben ...[9]

M. S. Gorbačev: Ihre Überlegungen stimmen mit meinen Betrachtungen überein. [...].[10]

Ich denke, wir können ohne falsche Bescheidenheit sagen, dass unser gemeinsames politisches Dokument[11] eindrucksvoll und umfangreich ausgefallen ist. Es zeugt von einem Durchbruch in den Beziehungen und davon, dass man den Zustand der Stagnation verlassen hat und das Neue Denken festigt.

Ich stimme mit Ihnen überein, dass der Eintritt unserer Beziehungen in eine qualitativ neue Phase sich nicht nur auf den bilateralen, sondern auch auf den multilateralen Komplex auswirkt. Die Welt ist tatsächlich in Bewegung geraten, und mit jedem Tag stellt sich verschärft die Frage: Wohin geht die Politik, wohin bewegen sich die internationalen Beziehungen? Grundlegend ist hier, wer die Oberhand gewinnen wird. Werden dies die Kräfte der Trägheit sein, die einen Rückfall in den „Kalten Krieg" bewirken, oder wird der Sieg mit den Kräften des Fortschritts und der konstruktiven Zusammenarbeit sein, und die Menschheit sich voller Zuversicht auf einem neuen Weg bewegen, der in die Zukunft führt. Mit einem Wort, man kann man sagen, dass sich jetzt die Chance auch für eine Perestrojka der internationalen Beziehungen ergeben hat. Unter Perestrojka verstehen wir eine Erneuerung im Namen der Ideale der Zukunft, der gemeinsamen Ideale, die niemandem Schaden zufügen und niemandes Sicherheit beeinträchtigen.

[7] Vgl. das Gespräch am 30. 5. 1989, in: Deutsche Einheit, Sonderedition, S. 271–276.

[8] Vgl. Dokument Nr. 33, Anm. 4.

[9] Gem. Deutsche Einheit, Sonderedition, S. 279, Hinweis Kohls auf das Erdbeben in Armenien (7. 12. 1988). Vgl. das Protokoll zwischen der Regierung der Bundesrepublik und der UdSSR über die Hilfe für Armenien vom 13. 5. 1989 und Durchführungsvereinbarung vom 23. 10. 1989, in: BGBl. 1990 II, S. 23–26.

[10] Gem. Deutsche Einheit, Sonderedition, S. 279 f., Dankesworte.

[11] Das deutsche Protokoll erwähnt auch die Abkommen, die unterzeichnet werden sollen (wie Anm. 1, S. 279).

Wir sind Realisten und wissen natürlich, dass die sowjetisch-amerikanischen Beziehungen einen entscheidenden Einfluss auf die Lage in der Welt ausüben und darauf, ob sie gesundet oder sich verfinstert.

Doch der Komplex der sowjetisch-amerikanischen Beziehungen ist nicht in sich selbst isoliert und in der bilateralen Sphäre abgeschottet. Auch eine Einwirkung von außen findet statt, vor allem aus Europa. Auf dem europäischen Kontinent spielen offenkundig die Beziehungen zwischen der UdSSR und der BRD eine Schlüsselrolle. Ohne Übertreibung kann man sagen, dass von ihnen die Zukunft Europas abhängt. Deshalb gibt es keine größere Verantwortung, als diesen Schlüssel zu besitzen. Ich möchte hervorheben, dass wir in der sowjetischen Führung – wie ich Ihnen schon im Oktober vergangenen Jahres gesagt habe – bei der Formulierung unserer Politik, unveränderlich und allseitig der globalen Rolle der BRD Rechnung tragen.

Gestatten Sie mir, Ihnen eine klare und absolut offene Frage zu stellen: Haben Sie nicht den Eindruck, dass die amerikanische Administration und der Präsident selbst eine Art zweigleisigen Kurs verfolgen und sich bemühen, innerhalb des Landes einen Eindruck zu erwecken und außerhalb einen anderen?

Mit dem Präsidenten der USA führe ich einen sehr aktiven Dialog, dessen Mechanismus gut eingespielt ist. Persönlich vermittelt er den Eindruck eines realistisch denkenden Politikers, der die Dinge nüchtern sieht. Die von ihm dargelegten Absichten tragen einen konstruktiven Charakter und eröffnen, kurz gesagt, die Möglichkeit, in Zukunft positive Entscheidungen zu treffen. Dies ist mein persönlicher Eindruck.[12]

Geht es jedoch um seine öffentlichen Äußerungen, um seine Reden vor verschiedenen Schichten der Öffentlichkeit, dann vollzieht sich mitunter eine auffallende Verschiebung der Akzente, es treten Widersprüche auf, die einen irritieren müssen. Vielleicht will der Präsident den rechten Kreisen in der Republikanischen Partei oder dem militärisch-industriellen Komplex demonstrieren, dass er in der Lage ist, auch ihre Interessen zu vertreten, dass er ihr Wortführer sein kann. Oder Bush will sich als willensstarker, entschlossener Mann zeigen und sich von irgendwelchen Beurteilungen frei machen, die ihm nicht gefallen. Aber dies kann man ja auch mit Hilfe konstruktiver Instrumente tun. Vieles in seinen letzten Reden riecht nach den Zeiten des „Kalten Krieges", von denen wir jetzt abkommen.

Ich mag es, offen zu sprechen, mit vollem Vertrauen zu meinem Gesprächspartner. Ich hoffe, dass eine solche Einstellung auch Ihnen zusagt, Herr Kohl.

H. Kohl: Ich bin voll und ganz dafür. Ich werde Ihnen eine ebenso offene und, soweit dies gelingt, erschöpfende Antwort geben.

[13]Ich kenne George Bush seit langem; wir haben gute, freundschaftliche Beziehungen. Wenn man ihn als Präsidenten beurteilt, der insgesamt erst einige Monate in seinem Amt ist, muss man unbedingt seine frühere Position in Betracht ziehen.

Acht Jahre war er Vizepräsident unter Reagan. Er war Reagan gegenüber stets loyal. In dieser Hinsicht haben wir wahrscheinlich einen gemeinsamen Standpunkt: Solche Eigenschaften nehmen wir mit Genugtuung wahr. Jedoch für Bush

[12] Vgl. Dokument Nr. 33, Anm. 9.
[13] Hier setzt der Ausschnitt in CWIHP (wie Anm. 1) ein.

selbst hatte diese Bewertung einen negativen Aspekt und hat ihm insofern geschadet, als alle sich ständig die Frage stellten: Kann er irgendwann aus dem Schatten Reagans heraustreten und seine eigene originale politische Persönlichkeit finden oder wird er seinen loyalen Standpunkt beibehalten?

In Bezug auf seine Publikumswirksamkeit kann Bush es nicht mit Reagan aufnehmen: Er verfügt weder über die Faszination des Schauspielers noch über das Geschick, mit dem Volk fernsehgerecht umzugehen, noch über andere ähnliche Eigenschaften. Er ist ein Intellektueller. In Amerika unterscheidet man zwischen denjenigen, die von der Pazifik- und denjenigen, die von der Atlantikküste kommen. Die Menschen aus Kalifornien sind denen völlig unähnlich, die aus dem [Osten][14] der USA kommen.

In diesem Sinne ist Bush sehr wichtig für Europa; er hat eine weitaus europäischere Sicht der Dinge als Reagan. Übrigens, Reagan ist als Politiker buchstäblich vor meinen Augen groß geworden. Ich kenne ihn seit 1979, als ich noch Oppositionsführer war. Er ist irgendwie nach Bonn gekommen. Ich habe ihn empfangen und wir sprachen drei Stunden miteinander. Der damalige Kanzler Helmut Schmidt wollte ihn nicht empfangen und erklärte, er habe keine Zeit. Das Gespräch mit Reagan machte auf mich damals einen deprimierenden Eindruck. Es stellte sich heraus, dass er absolut nichts von europäischen Dingen verstand. Mein Berater Teltschik war bei dem Gespräch dabei und kann Ihnen sofort bestätigen, wie entmutigt wir damals waren. Doch Reagan wurde Präsident, und Sie, Herr Gorbačev, haben auch mit ihm eine gemeinsame Sprache gefunden.

Bush ist ein völlig anderer Mensch. Man darf nicht vergessen, dass er ein schweres innenpolitisches Erbe angetreten hat, vor allem in wirtschaftlicher Hinsicht. Jetzt klopft an die Tür der USA das Gespenst des einheitlichen, gesamteuropäischen Marktes, der 1992 geschaffen wird. In den USA selbst arbeiten mit aller Kraft japanische Unternehmer, die immer mehr neue Positionen erobern. Der Lebensstandard der Bevölkerung der USA, vor allem der sozial nicht abgesicherten Schichten, stagniert weiter. [...].[15]

Bei der NATO-Tagung in Brüssel lagen wir, die Vertreter der BRD, in Hinblick auf die anderen Teilnehmer unterschiedlich weit auseinander. Uns am nächsten waren – übrigens nach einer gewissen Arbeit – die Amerikaner. Aber die Distanz gegenüber London erwies sich als beträchtlich. Bush und auch Baker haben in Brüssel ihr ganzes politisches Format gezeigt. Sie sind stark, sowohl der Präsident wie auch sein Außenminister. Das darf man nicht unterschätzen, das muss man nutzen.

Es spielt auch der Umstand eine Rolle, dass die Ehefrau von Bush eine ruhige, ausgeglichene Frau ist. Sie hat auf ihre Umgebung eine beschwichtigende Wirkung. Früher hat es das nicht gegeben. Ich kenne Barbara Bush seit langem, sie ist eine bezaubernde Frau, Mutter und Großmutter. Die Atmosphäre entspannt sich sogleich, wo sie erscheint. Das ist ein sehr spürbarer Faktor für die Tätigkeit des Weißen Hauses. Sie werden sich davon überzeugen, wenn Sie es besuchen.

[14] Im Text: „Westen".

[15] Gem. der Publikation des CWIHP und dem deutschen Protokoll, S. 281 (wie Anm. 1) folgen Eindrücke Kohls von einem Privatbesuch in den USA, seine Einschätzung der politischen Konstellation und weltwirtschaftlicher Herausforderungen für die USA.

Ich kann Ihnen mit Gewissheit sagen, dass Bush persönlich mit Ihnen die Dinge betreiben kann und will. Seine Umgebung ist ebenfalls sachlich eingestellt. Als Beispiel kann der arabisch-israelische Konflikt dienen, die Veränderung des Handlungsstils des Weißen Hauses gegenüber den Staaten, die in diesen Konflikt involviert sind.

Insgesamt können Sie sich hinsichtlich Ihrer Orientierung darauf einstellen, dass sich die Dinge mit den USA entfalten werden. An zweiter Stelle sollte man den Élysée-Palast und uns im Auge haben. Ich habe mich nicht versprochen, als ich den Élysée-Palast erwähnte. Zwischen Mitterand und mir gibt es keinerlei Divergenzen in Bezug darauf, was wir gemeinsam tun wollen. Ich bin Realist. Der Generalsekretär des ZK der KPdSU muss auch Realist sein. Andernfalls könnte er diesen Posten nicht bekleiden und würde es nicht schaffen, sich auf ihm zu halten. Dasselbe trifft auch auf mich als Vorsitzender der CDU zu. Ich würde mich keinen Tag auf diesem Posten halten können, wenn ich kein Realist wäre. Über meine Arbeit sagt man, sie erinnere an den Ritt auf einem Tiger. Ich sitze bereits 16 Jahre auf dem Tiger. Alle drei Monate im Jahr sagt man mir regelmäßig den politischen Tod voraus, aber bis jetzt lebe ich noch und habe auch nicht vor, zu sterben.

Ich bin optimistisch gestimmt und zur Vertiefung des vertrauensvollen Dialogs mit Ihnen bereit, ohne dabei auch nur eine einzige Frage oder ein einziges Problem zu umgehen. Wenn man die Angelegenheit geduldig und konsequent betreibt, dann wird nicht ein einziger weißer Fleck bleiben, nicht eine einzige ungeregelte Frage. Ich bin und bleibe Optimist.

M. S. Gorbačev: Ich hatte einige Treffen mit Bush, darunter auch persönlicher Natur. Das letzte Mal sprach ich mit ihm im Dezember vergangenen Jahres, als er bereits zum Präsidenten gewählt war.[16] Vertraulich vereinbarten wir, die sowjetisch-amerikanischen Beziehungen nach der Formel zu entwickeln: Kontinuität plus ihre notwendigen Ergänzungen.

In unseren Beziehungen gibt es nicht wenige delikate Fragen, deshalb ist es notwendig, das Vertrauen zwischen Moskau und Washington zu stärken. Einstweilen habe ich von Seiten Bushs keine besonderen Abweichungen vom Vereinbarten bemerkt. Jedoch, wie ich bereits gesagt habe, haben seine jüngsten Reden bei uns Besorgnis hervorgerufen. [...].[17]

H. Kohl: Wenn es uns gelingt, binnen 12 bis 15 Monaten einen entscheidenden Fortschritt in Wien zu erzielen,[18] dann wird sich die Lage in allen Bereichen der Abrüstungsaktivitäten grundlegend verändern. Generell gibt es derzeit keinerlei tabuisierte Themen und keine unlösbaren Probleme. Ich nenne ein Beispiel: In Brüssel sprachen wir über das CoCom und darüber, dass man es verändern müsse, da es schon seit langem zu einem Anachronismus geworden sei. Bush stimmte dem zu und zwar in vollem Ernst und nicht aus irgendwelchen taktischen Über-

16 Vgl. Dokument Nr. 33, Anm. 9.

17 Gem. der Publikation des CWIPH (wie Anm. 1) konkretisiert Gorbačevs auf Nachfrage Kohls seine Angaben und verweist auf Reden Bushs in der University of Texas (12. 5.), Coast Guard Academy (24. 5.) und auf einer Konferenz „Veterans of Foreign Wars" (6. 3. 1989); zum 12. 5. vgl. auch Deutsche Einheit, Sonderedition, S. 282, Anm. 11.

18 Gem. Deutsche Einheit, Sonderedition, S. 282 hielt Kohl „Fortschritte" in dieser Frist „für möglich".

legungen heraus. Und noch ein Beispiel. Wir verfolgen mit Interesse die Entwicklung in Ungarn. Diese wird von den USA beobachtet und natürlich von Ihnen, Herr Generalsekretär. Ich habe zu Bush gesagt, dass wir in Bezug auf Ungarn nach dem alten deutschen Sprichwort vorgehen: Lasst die Kirche im Dorf. Das bedeutet, die Ungarn sollen selbst entscheiden, was sie brauchen und niemand darf sich in ihre Angelegenheiten einmischen.

M. S. Gorbačev: Wir haben ein ähnliches Sprichwort: In ein fremdes Kloster geht man nicht mit den eigenen Regeln …[19]

H. Kohl: Es gibt die Meinung der einen Seite und es gibt die Meinung der anderen Seite, aber es gibt auch eine dritte – die gemeinsame Meinung. Dies ist die Meinung sowohl der Sowjetunion als auch der USA, der BRD und anderer Staaten. Mit einem Wort, man darf niemandes Entwicklung behindern.

M. S. Gorbačev: Die Anspannung in einer ganzen Reihe von Ländern ist jetzt gewaltig. Wenn irgendjemand versucht, die Lage zu destabilisieren, dann würde dies den Prozess der Festigung des Vertrauens zwischen West und Ost torpedieren und alles das zerstören, was bisher geschaffen wurde. Wir wollen doch eine Annäherung und nicht einen Rückfall in eine Haltung der Auseinandersetzung.

H. Kohl. Ich stimme voll und ganz mit Ihnen überein. Gestatten Sie mir noch einige direkte und offene Worte. Die Probleme in den Beziehungen mit der DDR nehmen nicht ab. Es ist jedoch für niemanden ein Geheimnis, dass Herr Honecker keinerlei Neigung zu irgendwelchen Veränderungen oder Reformen zeigt und eben damit selbst die Lage destabilisiert.

Ich habe deshalb in der BRD Probleme. Ich erkläre die ganze Zeit, dass ich nicht an einer Destabilisierung der Lage in der DDR interessiert bin. Doch die Menschen fragen mich andauernd, warum die DDR starre Positionen einnimmt. Man sagt mir, dass man etwas unternehmen müsse, damit man dort die gleiche Freiheit spürt, die derzeit Ungarn, Polen und natürlich die Sowjetunion kennzeichnet.

Sie können sich nicht vorstellen, was hier bei uns los war, als bekannt wurde, dass die DDR die Verbreitung der sowjetischen Zeitschrift „Sputnik" verboten hat.[20] Alle haben gelacht. Aber mir war nicht zum Lachen. Denn von mir, dem Kanzler, verlangt man neue Schritte zur Verbesserung der Beziehungen mit der DDR, ich kann aber nichts tun.

M. S. Gorbačev: In Bezug auf unsere Bündnispartner gilt bei uns ein festes Konzept: Jeder ist für sich selbst verantwortlich. Wir haben nicht die Absicht, irgendjemanden zu belehren, und bitten auch nicht darum, dass man uns belehrt. Meines Erachtens sagt das, was ich geäußert habe, etwas darüber aus, ob es eine „Breżnev-Doktrin" gibt oder nicht. Wir sind für positive Veränderungen in allen Beziehungen, für eine politische Sanierung, für die Stärkung der Wirtschaft, aber auch für die Erhaltung der Eigenart und Tradition der sozialistischen Staaten.

[19] Gem. CWIHP (wie Anm. 1) hier kurze Zustimmung Kohls und Überleitung Gorbačevs zur Lage in den sozialistischen Ländern. Kohl nimmt hier gem. dem deutschen Protokoll, S. 282f. mit Anm. 13, eine Anspielung Gorbačevs auf Reagans „Kreuzzug"-Rede vom 8. 6. 1982 auf.

[20] Deutschsprachige Monatszeitschrift der sowjetischen Nachrichtenagentur Novosti. Ab dem 19. 11. 1988 war die Auslieferung innerhalb der DDR gestoppt.

H. Kohl: Ich unterstütze Ihre Überlegungen. Überhaupt, ich sage offen, dass wir Moskau heute bei Weitem besser verstehen, und es ist uns viel näher als Berlin. Fünfzig[21] Prozent der Bevölkerung der DDR sehen unser Fernsehen. Dort ist man über alles im Bilde, fürchtet sich aber momentan noch, öffentlich darüber zu sprechen. Die Leute tun einem einfach leid. Aber ich, und ich wiederhole das, unternehme nichts, um die Lage zu destabilisieren. Dies betrifft auch Ungarn und Polen. Auf die innenpolitische Entwicklung von irgendjemandem einzuwirken, würde bedeuten, einen destruktiven Kurs zu verfolgen, der Europa in die Zeiten der ängstlichen Wachsamkeit und des Misstrauens zurückwerfen würde.

M. S. Gorbačev: Das ist eine sehr wichtige Feststellung. Sie entspricht dem Geist der Zeit.

H. Kohl: Gerade deshalb ist es jetzt angebracht, daran zu erinnern, dass vor 50 Jahren der Zweite Weltkrieg begonnen hat. Es gibt Prozesse, die man nicht aufhalten oder zurückdrehen kann. Derzeit ist alles in Bewegung, alles erneuert sich. Unter diesen Bedingungen ist es unerlässlich, staatsmännische Weisheit und Verständnis für die gegenseitigen Haltungen zu zeigen.

Ich bin Vorsitzender der größten Christlich-Demokratischen Partei in Westeuropa. Unsere ideologischen Einstellungen unterscheiden sich von den Ihren, aber das bedeutet nicht, dass wir nicht miteinander kommunizieren und zusammenarbeiten können. Mehr noch, ich wünsche der von Ihnen, den Kommunisten, durchgeführten Perestrojka Erfolg, weil sie eine Chance auch für den Westen und sein Wohlergehen bedeutet.

Während meines jüngsten Aufenthalts in den USA sprach ich in New York auf einem geschlossenen außenpolitischen Seminar.[22] Anwesend waren etliche bedeutende Politiker, Vertreter der Geschäftswelt und Journalisten. Ich habe dort unter anderem gesagt, dass ich mit Gorbačev in der Frage der Einheit Deutschlands nicht übereinstimme. Ich habe dann bemerkt, dass ich für mich keinerlei Sinn darin sehe, über diese Sache von morgens bis abends zu streiten. Soll jeder auf seiner Position verharren – er auf seiner, ich auf meiner. Der Kanzler der BRD ist verpflichtet, auch über Berlin, über die Mauer usw. zu sprechen. Die Frage ist jedoch die, wie man es sagt: die bestehende Situation zu konstatieren oder zu ihrer Veränderung aufzurufen.

Ich habe den Amerikanern ferner gesagt, dass Gorbačev genug eigene Probleme habe, insbesondere nationaler Natur, aber auch bei der Versorgung der Bevölkerung mit Nahrungsmitteln. Hier müsse man darüber nachdenken, wie man die notwendige Unterstützung leisten könne, vor allem natürlich im Bereich der Wirtschaft. Ich sei kategorisch gegen eine Politik, wo man in der Theaterloge sitze, auf die Bühne schaue und am Ende des Akts sage, man hätte alles schon vorher gewusst, alles vorhergesehen und sich in seinen Vermutungen nicht geirrt.

Außerdem habe ich in meiner Rede hervorgehoben, dass niemand an einer Destabilisierung der Sowjetunion interessiert sein dürfe. Wenn Gorbačev erfolgreich sei, wenn die Perestrojka sich in immer größerem Maße durchsetze, würde dies

[21] Gem. CWIHP (wie Anm. 1): 90%.
[22] Rede vor dem Council on Foreign Relations am 6. 6. 1989, vgl. Deutsche Einheit, Sonderedition, S. 284, Anm. 15.

dem Weltfrieden und dem Wohlstand zugutekommen. Das verstünden die Menschen unserer Generation sehr gut. Ich sei in die USA zu meinen Söhnen gereist; sie studierten dort und hätten zuvor ihren Dienst bei der Bundeswehr abgeleistet. Sie seien Reserveoffiziere, aber ich würde nicht wollen, dass sie irgendwo kämpfen müssten. Es scheint, dass meine Ausführungen nach dem Sinn der amerikanischen Zuhörer waren – jedenfalls haben sie mir kräftig applaudiert.

Ich habe keinerlei Illusionen, wenn ich als Vorsitzender der CDU mit dem Generalsekretär des ZK der KPdSU spreche. Aber wir haben ein gemeinsames Ziel: keinen Dritten Weltkrieg zuzulassen. Das verbindet. Und was die Widersprüche angeht, so gibt es diese auch unter den Bündnispartnern innerhalb ihrer Blöcke.

Die Lage entwickelt sich in eine positive Richtung. Hier und jetzt sprechen wir beide bereits offener und vertrauensvoller als im Oktober vergangenen Jahres in Moskau.[23] In Brüssel auf der Sitzung der NATO habe ich auch bereits anders gesprochen. Eine Stunde vor Ihrer Ankunft rief mich Gonzalez aus Madrid an. Er ist Vizepräsident der Sozialistischen Internationale, aber ein guter Freund von mir. Du, sagte er, wirst jetzt mit Michail zusammentreffen. Ich beneide Dich, aber streng' Dich an … Es ist nicht leicht mit ihm. Er bat mich, Ihnen seine Grüße zu übermitteln, wünschte Ihrem Besuch Erfolg und riet mir, mich auch darum zu bemühen.

Wie Sie sehen, sprechen wir heute mit den Sozialisten bereits anders, und zwar nicht nur auf der Führungsebene, sondern auch auf der schlichten menschlichen Ebene. Am Sonntag finden Wahlen zum Europäischen Parlament statt.[24] Die französischen Sozialisten betreiben eine Kampagne, bei der sie insgesamt nur ein Plakat einsetzen, auf dem Mitterand und ich bei unserem Besuch in Verdun abgebildet sind. Mich, einen Deutschen und noch dazu einen Christdemokraten, benutzen die Sozialisten in ihrem Wahlkampf …

M. S. Gorbačev: Auch wir verfolgen mit Interesse den Wahlkampf für das Europa-Parlament. Wir würden uns wünschen, dass sowohl die Wahlen wie auch die Tätigkeit des Parlamentes selbst der Errichtung des gemeinsamen europäischen Hauses zum Vorteil gereichen.

H. Kohl: Es ist unerlässlich, das Vertrauen zu stärken, weil das die Gewähr dafür ist, dass es – wenn nicht heute, so morgen – gelingen wird, die Fragen zu lösen, die bisher unlösbar schienen.

M. S. Gorbačev: Ich stimme Ihnen zu, dass die Festigung des Vertrauens eine entscheidende Bedeutung dafür hat, eine gegenseitige Verständigung in allen Fragen zu erreichen. Dieser Prozess muss parallel laufen mit den Veränderungen in den Ansichten, mit der Einführung des Neuen Denkens. Das Wichtigste bei all diesen Prozessen ist jedoch die Abschwächung der militärischen Konfrontation. In diesem Sinne haben natürlich die multilateralen Gespräche in Wien erstrangige Bedeutung. Auch wir sind dafür, dass sie rascher Früchte bringen.

Ich habe Einblick in die Übersetzung der Erklärung des NATO-Rats in Brüssel genommen.[25] Sie besteht, wie es scheint, aus mehr als 50 Punkten. Offen gesagt,

[23] Dokumente Nr. 29 und Nr. 30.
[24] Am 18. 6. 1989.
[25] Vgl. Dokument Nr. 33, Anm. 4.

dieses Dokument hat bei mir gemischte Gefühle ausgelöst. Auf der einen Seite wird darin die Treue zu den in Europa ablaufenden positiven Prozessen, zu den in Helsinki und Wien angenommenen Dokumenten und zum konstruktiven Dialog konstatiert. Aber gleichzeitig ist das Element der Abschreckung mittels Atomwaffen dort nicht zu übersehen, die Anwendung von Atomwaffen ist sogar gestattet.

In Genf haben Reagan und ich seinerzeit proklamiert, dass es keinen Nuklearkrieg geben dürfe.[26] Dieses Postulat ist der Grundpfeiler für das Überleben der Menschheit, die Basis für eine Politik, die auf die Zukunft ausgerichtet ist. Es ist unverständlich, wie ein Bundeskanzler der BRD seine Unterschrift unter ein „Dokument“ setzen kann, das derart destruktive Elemente enthält. Vielleicht ist es Frau Thatcher gelungen, Ihnen ihre Überzeugungen aufzuzwingen?

Wir haben doch die Absicht, einen Kurs der Annäherung, der verstärkten Zusammenarbeit, der Festigung der gegenseitigen Verständigung zu verfolgen. Aber in der Brüsseler Erklärung setzt man auf Stärke. Wie sonst könnte man vor der ganzen Welt eine derart einige Haltung demonstrieren? Wahrscheinlich hat die NATO dies alles gebraucht, um ihre in letzter Zeit da und dort geschwächten Positionen zu korrigieren und die zentrifugalen Kräfte, von denen in letzter Zeit ab und zu die Rede war, zu dämpfen. Wenn das nicht der Grund ist, dann heißt das, dass wir es mit einer alten Politik zu tun haben, die sich auf Stärke, auf nukleare Abschreckung stützt und die Anwendung von Nuklearwaffen zulässt. Um offen zu sein, dies ist eine Höhlenpolitik, der Feuchte, Modergeruch und Kälte entströmt.

H. Kohl: Die NATO hat ihre eigene Philosophie, die sich auf die bekannten Aussagen von Harmel stützt.* Ihr Wesen besteht darin, stark zu sein und gleichzeitig zur Festigung des Friedens Gespräche zu führen. Die NATO ist derzeit einig und stark. Aber das ist kein Selbstzweck. Wir möchten nicht auf Waffenbergen sitzen und diese erst recht nicht noch höher auftürmen. Das Potential unserer konstruktiven Aktivitäten zeigt sich am Beispiel des Vertrags über die Mittel- und Kurzstreckenraketen. Die Friedfertigkeit der NATO und damit der BRD wurde insbesondere durch den Verzicht auf die „Pershing-1-A“ deutlich. Nach allseitiger Abwägung, habe ich die Entscheidung über den Verzicht auf diese Raketen gutgeheißen.

Wir sind dafür, dass sich die Dinge jetzt dynamisch in Richtung einer Einigung über START (SNV) entfalten. Im Brüsseler Dokument haben wir uns auch klar für ein Verbot von chemischen Waffen ausgesprochen. Die BRD spielt seit langem die Rolle eines Schrittmachers in dieser Frage. Diese Funktion versuchen wir auch in Zukunft zu erfüllen.

Was die konventionellen Waffen angeht, so liegt der Schlüssel für diese Problematik in Ihren Händen. Es besteht eine reale Möglichkeit, sich bei den konventionellen Waffen sogar grundsätzlich zu einigen, wenn nicht in zwölf, so wenigstens in 14–15 Monaten. Eine Einigung über die konventionellen Waffen wird die ge-

[26] Gemeinsame Erklärung über das Gipfeltreffen vom 19.–21. 11. 1985 in Genf, in: Public Papers of the Presidents of the United States. Ronald Reagan, 1985, 2, Washington 1988, S. 1407–1410. Ausführliche Dokumentation des Gipfels und der Nachbereitung im Politbüro in Gorbačev, Sobranie 3, S. 117–173.

samte Abrüstungsproblematik in qualitativ neue Bahnen lenken. Ich werde einer von denjenigen sein, die das klar und deutlich aussprechen.

Ich möchte Ihnen, Herr Generalsekretär, vorschlagen, im Laufe der nächsten Monate den Kontakt zur Thematik der Wiener Gespräche direkt und nicht über die Ressorts aufrechtzuerhalten. Ich glaube aber auch insgesamt, dass es notwendig ist, intensiver zu kommunizieren, einander öfter anzurufen, sogar dann, wenn nichts Konkretes vorliegt.[27] Wenn man sich regelmäßig unterhält, die Stimme des anderen hört, dann lassen sich auch die Probleme leichter lösen. Hinsichtlich eines speziellen Repräsentanten habe ich Ihnen bereits gesagt, dass ich Ihnen meinen engsten Berater Teltschik, der hier anwesend ist, schicken werde. Sie können mir Černjaev schicken.

M. S. Gorbačev: Einverstanden.

H. Kohl: Wir überschätzen unsere Rolle nicht, aber wir unterschätzen sie auch nicht. Man wird mehr und mehr mit uns rechnen. Das spüre ich schon.

M. S. Gorbačev: Es ist nötig, enger zu kooperieren, da unsere Zusammenarbeit sehr wirksame Impulse geben und positive Entwicklungen bei noch ungelösten Fragen anstoßen kann.

H. Kohl: Ich bin damit zufrieden, wie die Zeitspanne zwischen meinem Aufenthalt in Moskau und Ihrer Reise hierher verlaufen ist. Wir haben bedeutende Fortschritte erzielt, eine ganze Reihe von Dokumenten unterzeichnet und neue zur Unterzeichnung vorbereitet. Es gibt jedoch eine Frage, die uns schon seit langem stört. Das ist die ungeregelte Situation bei der Einbeziehung Westberlins in unsere Zusammenarbeit. Deshalb konnten wir uns auch nicht über ein Schifffahrts-Abkommen einigen.[28] Vielleicht sollten unsere Experten versuchen, während Ihres Aufenthalts in der BRD etwas zu unternehmen. Die Westberlin-Frage – so wie sie in unseren Beziehungen dasteht – umweht auch die Feuchte der Höhle. Die Zeit verlangt von uns, die Vorgehensweisen zu überprüfen und die Westberlin-Problematik von ihrer destruktiven Rolle zu befreien.

M. S. Gorbačev: Ich werde Ihr Ersuchen an Ėduard Amvrosievič Ševardnadze weiterleiten.

* Bezieht sich auf den sog. „Harmel-Bericht" (1967), der die Grundlagen für die Politik der NATO gegenüber der UdSSR und den Ländern Osteuropas gelegt hat. Urheber des Berichts war der Außenminister Belgiens, Pierre Harmel.[29]

Archiv der Gorbačev-Stiftung. Bestand 1, Verzeichnis 1.

[27] Vgl. Abkommen über die Einrichtung einer direkten Nachrichtenverbindung vom 13. 6. 1989, in: BGBl. 1989 II, S. 687f.

[28] Vgl. schließlich das Abkommen über die Seeschifffahrt vom 7. 1. 1991, in: BGBl. 1992 II, S. 978–983. Vorher das Abkommen über die Verhütung von Zwischenfällen auf See außerhalb der Hoheitsgewässer vom 25. 10. 1988, in: BGBl. 1989 II, S. 194f.

[29] Am 13. 12. 1967 vom NATO-Ministerrat gebilligter Bericht „Die künftigen Aufgaben der Allianz", abgedr. in: Das Atlantische Bündnis, S. 432–434.

Nr. 35
Ansprachen von Bundeskanzler Kohl und Gorbačev am 12. Juni 1989[1]

Austausch der Reden während des festlichen Mittagessens

12. Juni 1989

H. Kohl

[...]. Wir Deutschen sind uns dessen bewusst, wie viel Tod und Verwüstung, wie viel Kummer und Leiden, verursacht durch die Hände von Deutschen und im Namen von Deutschen, dieser Krieg den Völkern der Sowjetunion zugefügt hat.

Auch eine Vielzahl von Deutschen ist unschuldig ums Leben gekommen, und viele mussten furchtbare Leiden erdulden. Mehr als 10 Millionen Vertriebene und Flüchtlinge verloren ihre Heimat. Unser Vaterland und unsere alte Hauptstadt Berlin wurden geteilt.

Aber das Gefühl der Zusammengehörigkeit der Deutschen von West und Ost ist unverändert geblieben. Die fortgesetzte Teilung empfinden wir als eine offene Wunde.

Das Abschlussdokument des Wiener Treffens zu den Ergebnissen der Konferenz von Helsinki hat neue Wege skizziert, insbesondere dafür, dass Fortschritte bei der Beachtung der Menschenrechte, der Freizügigkeit, der Religionsfreiheit und dem Schutz von Minderheiten erreicht werden konnten.[2]

Wir fördern diesen gesamteuropäischen Prozess auch mittels unserer gutnachbarlichen Beziehungen mit unseren östlichen und südöstlichen Nachbarn. Dabei spielen unsere Beziehungen zu Ihrem Land, Herr Generalsekretär, eine Hauptrolle. Gute Beziehungen zwischen BRD und UdSSR sind von zentraler Bedeutung für die Beziehungen zwischen West und Ost insgesamt.

Die Wiederaufnahme diplomatischer Beziehungen in den Jahren 1955–1956 und der Moskauer Vertrag von 1970, den wir nach Geist und Buchstaben einhalten, haben ein festes Fundament gelegt. Auf dieser Grundlage beabsichtigen wir durch den Austausch unserer Besuche und dank dem Impuls, den er unseren Beziehungen in allen Bereichen verleiht, zielstrebig die Entwicklung unserer Beziehungen fortzusetzen.

Wir haben die Absicht, den vertrauensvollen Dialog auf höchster Ebene regelmäßig fortzusetzen. Wir ermutigen Konsultationen, Kontakte und Begegnungen auf allen Ebenen: der Regierungen, der Parlamente, der Kirchen und gesellschaftlichen Organisationen, der Städte und Gemeinden, der Bürger und besonders der Jugend.

Das Abkommen über den Austausch wird dies morgen festmachen.[3] Berlin (West) wird darin einbezogen – so wie in alle unsere Verträge – in voller Übereinstimmung mit dem Viermächteabkommen. Sie wissen, welche Bedeutung die Einbeziehung Berlins in die Entwicklung unserer Beziehungen auf allen Ebenen hat.

[1] Beide Reden in deutscher Sprache auch in: Bulletin der Bundesregierung Nr. 61 vom 15. 6. 1989, S. 537–541; Besuch Michail Gorbatschows, S. 5–9.

[2] Abschließendes Dokument des Wiener KSZE-Folgetreffens vom 15. 1. 1989, in: Schweisfurth (Hg.), Dokumente, S. 147–209.

[3] Abkommen über Jugendaustausch vom 13. 6. 1989, in: BGBl. 1991 II, S. 414f.

Unsere Wirtschaftsbeziehungen haben sich bereits in schwierigen Zeiten als ein stabiles Element der Beziehungen insgesamt erwiesen. Unter Berücksichtigung der tiefgreifenden wirtschaftlichen und gesellschaftlichen Umgestaltungen in der Sowjetunion ist sich die Bundesrepublik ihrer Rolle als bedeutendster westlicher Wirtschaftspartner Ihres Landes bewusst. Wir sind bereit, auf der Grundlage gegenseitigen Nutzens unsere Zusammenarbeit zu erweitern, darunter auch bei neuen Formen der Kooperation und auf neuen Gebieten, zum Beispiel im Bereich von umweltschonenden Technologien.

Die Abkommen über die Aus- und Weiterbildung von Fach- und Führungskräften, aber auch über den Schutz von Kapitalanlagen und deren Förderung, die wir ebenfalls morgen unterzeichnen werden, haben dabei eine außerordentliche Bedeutung. Die Zentren für Handel und Industrie in beiden Ländern werden die Zusammenarbeit zwischen den Unternehmen weiter erleichtern.[4]

Bedeutende Vorgänger haben uns den Weg für einen engen, fruchtbaren Austausch auf den Gebieten von Kultur und Wissenschaft bereitet ...

Sie alle haben Türen für kulturelle und menschliche Kontakte und für die gegenseitige Würdigung der Bedeutung unserer Völker geöffnet. Wir wollen ihren Weg fortsetzen:

- So werden wir morgen die schon lange notwendige Schaffung von Kulturinstituten vereinbaren;[5]
- wir werden ein Abkommen über den Austausch von Wissenschaftlern, Lehrern und Studierenden unterzeichnen.[6]

Damit knüpfen wir an die guten Traditionen in unserer Jahrhunderte währenden Geschichte an.

Einen Teil des historischen Erbes, das uns verbindet, bilden auch unsere deutschen Landsleute, die vor etwa 250 Jahren begonnen haben, nach Russland auszuwandern und mit ihrem Fleiß und ihrer Zuverlässigkeit zum Aufbau ihrer neuen Heimat beigetragen haben. Nach Jahrzehnten des Unglücks, an dem diese Menschen keine Schuld trifft, könnten sie erneut zu Vermittlern zwischen beiden Völkern werden.

Vielen von ihnen haben Sie, Herr Generalsekretär, die Möglichkeit gegeben, zu ihren Familien und Freunden in unserem Land auszureisen, und dafür danken wir Ihnen! Denjenigen, die in der Sowjetunion bleiben wollten, wünschen wir, dass sie ihre Eigenart bewahren dürfen. Wir würden ihnen gerne helfen, ihre Religion, Sprache und Kultur zu bewahren.

[4] Abkommen über eine vertiefte Zusammenarbeit in der Aus- und Weiterbildung von Fach- und Führungskräften der Wirtschaft vom 13. 6. 1989, in: BGBl. 1990 II, S. 842–850; Vertrag über die Förderung und den gegenseitigen Schutz von Kapitalanlagen vom 13. 6. 1989, in: ebd., S. 343–349; Protokoll des Vorsitzenden des Büros des Ministerrats für Maschinenbau und des Vorstandssprechers der Deutschen Bank über die jeweilige Einrichtung von Häusern der Wirtschaft vom 13. 6. 1989, vgl. Deutsche Einheit, Sonderedition, S. 295 mit Anm. 2.

[5] Abkommen über die Tätigkeit von Kulturzentren der Bundesrepublik Deutschland und der UdSSR vom 13. 6. 1989, in: BGBl. 1992 II, S. 229–231.

[6] Abkommen vom 13. 6. 1989 über die Erweiterung der Zusammenarbeit in den Bereichen von Wissenschaft und Hochschulen, in: BGBl. 1990 II, S. 694–696; Abkommen vom 13. 6. 1989 über einen Schüler- und Lehreraustausch im Rahmen von Schulpartnerschaften, ebd., S. 834–836.

Herr Generalsekretär,
- die Politik bleibt ein abstraktes Ideenkonstrukt, wenn sie nicht von den Herzen der Menschen Besitz ergreift;
- sämtliche Anstrengungen der Regierungen, die Beziehungen zu verbessern, werden an ihre Grenzen stoßen, wenn die Völker diese Anstrengungen nicht unterstützen.

In den Beziehungen zwischen unseren Ländern und Völkern war stets in rechtem Maße auch eine menschliche Teilnahme vorhanden. Davon zeugen nicht nur die große Aufmerksamkeit, mit der meine Mitbürger die Entwicklung der Ereignisse in der Sowjetunion verfolgen, sondern auch die rein menschliche Solidarität, die sie in beeindruckender Weise nach dem Erdbeben in Armenien im vergangenen Jahr[7] und nach der furchtbaren Eisenbahnkatastrophe vor wenigen Tagen gezeigt haben.[8]

Herr Generalsekretär, wir möchten diese politischen und allgemeinmenschlichen Grundlagen im Rahmen unserer Politik mit der Perspektive bis zum Jahr 2000 entwickeln. Morgen werden wir als ein solch wegweisendes Dokument unsere Gemeinsame Erklärung[9] unterzeichnen. Mit eben dieser Politik erfüllen wir den dringlichsten Wunsch der Völker – durch gegenseitige Verständigung und Aussöhnung, die Wunden der Vergangenheit zu heilen und eine bessere Zukunft zu bauen. [...]

M. Gorbačev

[...].[10] Wir wollen auf jede erdenkliche Weise den Austausch von Ideen, Menschen und Erfahrungen ausweiten und sind bereit zu Kontakten auf allen Ebenen und in allen Bereichen mit sämtlichen Staaten – ob fern oder nah, groß oder klein. Dies bezieht sich in vollem Umfange auf die Bundesrepublik Deutschland, mit der wir unsere Beziehungen aufrichtig entwickeln und vertiefen und mit neuen Ideen und konkretem Handeln bereichern wollen. In diesem Geiste haben wir beide, Herr Kohl, schon früher in Moskau gesprochen.[11] Und jetzt bekräftige ich aufs Neue eben diese Herangehensweise.

[...].[12] Ich denke, wir alle wissen, welch großen Einfluss der Zustand der sowjetisch-westdeutschen Beziehungen auf die Lage der Dinge in Europa und – über seine Grenzen hinaus – auf die internationale Lage insgesamt ausübt. Dies ist eine offenkundige Tatsache, die durch die Geschichte und durch die Ereignisse der letzten Jahre bestätigt wurde.

Die Tragödie, die unsere Völker und die ganze Welt infolge des von den Nazis entfachten Krieges durchlebt haben, veranlasst uns, Lehren zu ziehen, wobei wir

7 Vgl. Dokument Nr. 34, Anm. 9.

8 Zugunglück bei Ufa am 4. 6. 1989 mit mehreren Hunderten Toten nach Explosion einer Gas-Pipeline. Vgl. Bill Keller, 500 on 2 trains reported killed by Soviet gas pipeline explosion, in: New York Times, 5. 6. 1989, S. A 1.

9 Dokument Nr. 38 a.

10 Gorbačev spricht zunächst allgemein über Resultate der 19. Parteikonferenz der KPdSU (wie Anm. 1).

11 Dokument Nr. 29.

12 Bewertungen der Erklärung des Brüsseler NATO-Gipfels (vgl. Dokument Nr. 33, Anm. 4) und Ausführungen zur Abrüstung (wie Anm. 1).

uns vor seinen Opfern verneigen. Die Hauptsache besteht darin, dass in den zwischenstaatlichen Beziehungen die Ideen des gegenseitigen Respekts, der Gleichberechtigung und der unbedingten Anerkennung der Wahlfreiheit den Vorrang haben. Die Übereinstimmung in dieser Hauptsache hat es uns erlaubt, die Frage nach einer neuen Seite in den sowjetisch-westdeutschen Beziehungen zu stellen. In Moskau haben wir beide, Herr Kanzler, den gegenseitigen Wunsch ausgedrückt, den Beziehungen einen qualitativ anderen Charakter zu verleihen. Heute können wir bereits feststellen, dass wir begonnen haben, die ersten Seiten in dem „neuen Kapitel" unserer Beziehungen durchzublättern. Wir ziehen einen Schlussstrich unter die Nachkriegszeit. Und dies wird, nach unserer Ansicht, jedem unserer beiden Länder erlauben, einen weiteren entscheidenden Schritt aufeinander zu zu machen.

In genau diesem Kontext sehe ich auch das gemeinsame politische Dokument, das Sie und ich, Herr Kanzler, morgen unterzeichnen werden.[13]

Ich sehe seinen Wert vor allem darin, dass wir in diesem Dokument die Ideen und Konzeptionen des Moskauer Vertrags wesentlich entwickeln. Dies ist wohl das erste Dokument dieser Art und dieser Größenordnung, in dem zwei bedeutende europäische Staaten, die unterschiedlichen Systemen und Bündnissen angehören, versucht haben, das Wesen des Augenblicks, den die Weltgemeinschaft heute erlebt, philosophisch zu durchdringen und gemeinsam die Ziele ihrer Politik zu umreißen.

Das Dokument verlangt weder von Ihnen noch von uns eine Absage an unsere Eigenständigkeit oder eine Lockerung unserer Bündnisbeziehungen. Im Gegenteil, ich bin überzeugt: Seine Befolgung in unserer Politik wird der Festigung des Beitrags jedes unserer Staaten zur Errichtung einer europäischen Friedensordnung, aber auch der Herausbildung eines gesamteuropäischen Bewusstseins dienen.

Nach Ihrem Besuch in Moskau haben Vertreter beider Seiten in bemerkenswerter Weise die Kontakte aktiviert und sich über wesentliche Projekte der Zusammenarbeit, vor allem auf dem Gebiet der Wirtschaft, verständigt. In diesen Tagen wird diese Arbeit, von der wir praktische Ergebnisse erwarten, fortgesetzt.

Wir haben Kurs genommen auf ein besseres und vollständigeres gegenseitiges Kennenlernen unserer Völker. Dem wird eine immer lebhaftere und vielfältigere Kommunikation unserer Menschen dienen. Sollen sie einander kennenlernen, voneinander lernen und alles Wertvolle und Beste, über das jeder verfügt, übernehmen – unsere Schüler und Studenten, unsere Arbeiter, Bauern und Ingenieure, unsere Geschäftsleute und Kulturschaffenden, Gelehrten und Persönlichkeiten des öffentlichen Lebens. Sie sind das Volk im weitesten und wahrsten Sinne des Wortes.

Das ist das, womit wir das „neue Kapitel" ebenfalls ausfüllen wollen, das ist das, worauf wir zählen, wenn wir uns einer neuen, wirklich friedlichen Phase unserer Beziehungen nähern.

Und noch eines: Für die gesamte Welt, aber insbesondere für Europa haben die Probleme der Ökologie eine lebenswichtige Bedeutung erlangt. Sie sind bekannt

[13] Dokument Nr. 38 a.

und man berät und realisiert auch schon große Projekte von internationalem Maßstab. Präsident Mitterand, die deutschen Sozialdemokraten, die „Grünen" sowie andere Parteien und Bewegungen mit haben interessante Vorschläge in dieser Hinsicht vorgelegt. Ich glaube, es wäre von außerordentlicher Bedeutung, die wissenschaftlich-technischen und wirtschaftlichen Möglichkeiten der UdSSR und der BRD in den allgemeinen Rahmen der Zusammenarbeit auf diesem Gebiet einzubeziehen. Ich würde vorschlagen, zum Beispiel die folgenden Ideen zu prüfen:

- Gemeinschaftsunternehmen zur Herstellung von Reinigungsausrüstungen und Anlagen zur Abfallaufbereitung;
- ein System zum Erfahrungsaustausch in der Umweltpolitik zwischen Gebieten und Städten der UdSSR und der BRD;
- gemeinsame Forschungsprojekte zur Erarbeitung ökologisch sauberer Technologien in den für die Umwelt gefährlichsten Industriezweigen und in der Landwirtschaft;
- die Organisation gegenseitiger ökologischer Soforthilfe im Falle von Naturkatastrophen oder großen Betriebsunfällen;
- die Schaffung einer bilateralen Arbeitsgruppe zwischen der UdSSR und der BRD (die langfristig auch multilateral werden könnte) zur Gestaltung einer gesamteuropäischen Umweltpolitik.

Meine Damen und Herren! In den Beziehungen zwischen der UdSSR und der BRD bestehen spezifische Schwierigkeiten, die es in den Beziehungen zwischen anderen westeuropäischen Staaten nicht gibt. Aber man kann offenbar davon ausgehen, dass wir einen recht hohen Grad an Übereinstimmung erreicht haben und begreifen, dass wir die vorhandenen Schwierigkeiten im beiderseitigen Interesse und im Interesse Europas insgesamt nicht vergrößern und die Lösung dieser oder jener gemeinsamen Aufgaben nicht in eine Sackgasse geraten lassen dürfen.

So nehmen wir Kurs darauf, dass unseren Beziehungen von nun an und für immer Stabilität und Dynamik, sowie ein moderner Inhalt und beständiges Vertrauen innewohnen sollen.

[Ich wünsche Ihnen, Herr Bundeskanzler, und Ihnen, Frau Kohl, Gesundheit und Erfolg und dem Volk der Bundesrepublik Wohlergehen und Gedeihen! Auf ein erstarkendes gegenseitiges Verständnis und eine weitere Entwicklung der fruchtbringenden Zusammenarbeit zwischen der UdSSR und der BRD im Interesse des Friedens in Europa und in der Welt!][14]

Vizit General'nogo sekretarja CK KPSS, Predsedatelja Verchovnogo Soveta SSSR M. S. Gorbačeva v FRG, 12–15 ijunja 1989 g. Dokumenty i materialy, Moskau: Politizdat 1989, S. 11–20.

[14] Schluss gem. Besuch Michail Gorbatschows, S. 9. Auslassung in der Vorlage nicht gekennzeichnet.

Nr. 36
Gespräch Gorbačevs mit Bundesaußenminister Genscher am 13. Juni 1989 [Auszug][1]

Gespräch M. S. Gorbačevs mit H.-D. Genscher[2]

Bonn, 13. Juni 1989

M. S. Gorbačev: Ich freue mich über unsere Begegnung und messe ihr große Bedeutung bei. Gestern beim Präsidenten habe ich über den großen Beitrag gesprochen, den die Außenminister für die Entwicklung unserer Beziehungen leisten. Und dies ist nicht nur Höflichkeit. Es ist nicht wenig erreicht worden und es zu erreichen, war nicht leicht. Aber wir haben ein gutes Barometer – das ist die Beziehung der Menschen unserer Länder zueinander. Hier haben sich große Veränderungen vollzogen, aber für Weiteres bedarf es noch vieler Anstrengungen.

Ich muss auch unsere Botschafter erwähnen, die eine große Arbeit leisten. Sie genießen unser volles Vertrauen. Kvicinskij schätzen wir sehr und haben ihn befördert, indem wir ihn zum ZK-Mitglied gemacht haben. Ich weiß nicht, welche Pläne Sie mit Meyer-Landrut haben ... *(Heiterkeit)*

H.-D. Genscher: In Bezug auf Meyer-Landrut haben wir auch etwas im Sinn ...

Ich möchte Ihnen sehr für Ihre Worte danken. Ich denke oft an unser erstes Gespräch im Sommer 1986 zurück.[3] Damals sprachen Sie über die Notwendigkeit, ein neues Kapitel in unseren Beziehungen aufzuschlagen. Seit jener Zeit haben wir einen großen Weg zurückgelegt. Das, was heute unterzeichnet werden wird, ist die Krönung der geleisteten Arbeit, aber es ist noch nicht die Endstation.

In dieser Zeit haben die Menschen in der BRD begonnen, besser zu verstehen, was sich bei Ihnen ereignet und was gemeinsam zum Wohl beider Länder getan wird. Großes Vertrauen ist aufgebaut worden, auch in persönlicher Hinsicht. Dies möchte ich auch an die Adresse meines Kollegen, Herrn Ševardnadze, sagen.

Ich möchte zwei Ereignisse anführen, die mir eine besondere Zuversicht einflößen und mir das Gefühl der Zufriedenheit geben. Das erste ist, dass ich heute beim Akt der Unterzeichnung der Gemeinsamen Politischen Erklärung anwesend sein werde. Und das zweite – dass es uns in Brüssel gelungen ist, uns mit unseren Bündnispartner auf einen Kurs zu einigen, den die BRD seit langem befürwortet und vorschlägt.[4] Dies ist sehr wichtig, weil im Gesamtkontext der Beziehungen zwischen Ost und West die Beziehungen zwischen der UdSSR und der BRD eine große Rolle spielen. Aber sie allein können nicht die Qualität der gesamten internationalen Atmosphäre bestimmen. Deshalb begrüßen wir das, was zwischen der Sowjetunion und den USA erreicht worden ist. Diese Erfolge entsprechen unseren Wünschen. Sie gehen nicht zu Lasten der eigenen Rolle der BRD in Europa, die sie gerne auf sich nimmt.

[1] Vgl. Genscher, Erinnerungen, S. 629f.
[2] Von deutscher Seite waren Meyer-Landrut und Kastrup, von sowjetischer Ševardnadze und Kvicinskij dabei.
[3] Dokumente Nr. 5 und Nr. 6.
[4] Vgl. Dokument Nr. 33, Anm. 4.

M. S. Gorbačev: Bei der Lektüre des Brüsseler Dokuments kam bei mir ein widersprüchliches Gefühl auf. Als ein Mensch mit realen Ansichten verstehe ich, dass es nicht leicht ist, neue große Schritte zu tun. Aber dort wird sehr schwungvoll die „Theorie" der atomaren Abschreckung dargelegt, als ob in den letzten Jahren überhaupt nichts geschehen wäre. Ich habe dies gestern dem Kanzler gesagt. Dort gibt es ein Gemisch aus Neuem und Altem, gleichsam eine Übergangsperiode vom „Kalten Krieg" zu einer neuen Lage.

H.-D. Genscher: *(scherzhaft)* Dort gab es viele Verfasser. Bei unserer sowjetisch-westdeutschen Erklärung gibt es nicht so viele Autoren.

M. S. Gorbačev: Deshalb interessiert mich sehr, ob man unsere Vorhaben in den europäischen Hauptstädten versteht – und noch in einer anderen Hauptstadt. Das Dokument selbst ist noch kein Durchbruch. Doch es öffnet den Weg zum Durchbruch. Das ist wichtig, zumal jetzt ein Augenblick ist, wo man sich auf eine Politik für die Zukunft festlegen muss. Ich sehe unsere Perestrojka von innen. Ihr Botschafter berichtet Ihnen über ihren Verlauf gleichsam von außen. Wahrscheinlich berichtet er Ihnen am Morgen, dass wir zusammenbrechen und am Abend, dass es noch nicht so weit ist. *(Heiterkeit)* Es vollziehen sich sehr tiefe Veränderungen, und sie werden auf eine sehr eigene Weise in den Köpfen der Menschen gebrochen. Diese Umwälzung bei den Ansichten und Herangehensweisen – das ist die schwierigste Sache.

Das kann man auch auf unser gemeinsames Dokument beziehen. Das, was wir tun, versteht man auch nicht sofort. Aber man muss dazu bereit sein, zu zeigen, dass dies nicht nur für uns, sondern für ganz Europa von Nutzen ist. Wir haben hier keinerlei Geheimnisse oder „Geheimprotokolle".

[...]. Unsere Gemeinsame Erklärung ist ein Symbol der Offenheit – der Quintessenz des Neuen Denkens.

H.-D Genscher: Viele im Westen haben sich daran gewöhnt, dass es in der UdSSR nur eine einzige Meinung geben kann.

M. S. Gorbačev: Das ist schon lange nicht mehr so.

H.-D. Genscher: Seinerzeit kam eine andere Meinung einfach nicht zum Ausdruck. Aber jetzt, da es Meinungsvielfalt gibt, deuten manche dies als Zeichen der Schwäche. Doch hinsichtlich unserer westlichen Gesellschaft glauben wir, dass diese durch das Vorhandensein verschiedener Standpunkte nur stärker werden kann. Warum sollte das bei Ihnen anders sein?

M. S. Gorbačev: Der Kongress der Volksdeputierten hat gezeigt, dass dies möglich ist.[5] Obwohl wir psychologisch auf eine solche Situation nicht besonders vorbereitet waren. Das ist unser Drama. Aber man muss vorwärts gehen. Wenn mir jemand im April 1985 gesagt hätte,[6] dass wir so weit kommen würden, so hätte ich das nicht geglaubt. Jetzt sehe ich, dass man weitergehen muss.

H.-D. Genscher: Auf mich hat einen großen Eindruck gemacht, wie Sie im Verlaufe unserer ersten Begegnung die bestehenden Probleme skizzierten und dabei

[5] Vgl. Dokument Nr. 34, Anm. 5.
[6] Wahl Gorbačevs zum Generalsekretär am 11. 3. 1985, Rede auf dem ZK-Plenum am 23. 4. 1985, in: Gorbačev, Sobranie 2, S. 189–212.

sagten, Sie wüssten nicht auf alle Fragen Antworten. Ich bin sehr auf der Hut gegenüber Menschen, die immer alles wissen, besonders im Voraus.

M. S. Gorbačev: Es gibt Menschen, die denken, es existieren nur zwei Meinungen: ihre eigene und eine falsche. *(Gelächter)*

H.-D. Genscher: Als Sie gestern nach dem Abendessen in der „Redoute" aus dem Auto stiegen und mit den Menschen auf der Straße in Kontakt kamen, konnten Sie sehen, wie sie sich Ihnen und Ihrer Politik gegenüber verhalten. Hier gibt es sehr viel Vertrauen und eine große Achtung vor der Kühnheit und Aufrichtigkeit Ihrer Politik. Die Menschen sind nämlich viel klüger, als einige Politiker denken. Sie haben ein angeborenes Gefühl dafür, was echt ist und was nicht. Und nun haben sie das richtige Gespür dafür, was jetzt in unseren Händen liegt – ob Europa eine bessere Zukunft haben wird. Dies war im Verlaufe der Diskussion in der BRD über die Probleme der taktischen Nuklearraketen sehr erkennbar. Die Menschen wollten keine Entscheidung zu ihrer Modernisierung.

An meinem letzten freien Tag war ich in meiner Heimatstadt Halle, unterhielt mich mit Bekannten und traf [Schulfreunde][7]. Alle sagten: Du hast dich mit diesen Raketen richtig verhalten, aber wenn du dich anders verhalten hättest, wärest du besser nicht hierher gekommen. Im ganzen Land denken die Menschen ebenso.

Jetzt müssen wir unsere Anstrengungen darauf richten, in Europa neue Sicherheitsstrukturen zu schaffen, die uns erlauben, mit weit weniger auszukommen, als wir heute haben müssen.

Sie haben richtig gesagt, dass unsere Gemeinsame Erklärung noch nicht der eigentliche Durchbruch ist, aber sie öffnet die Tür zum Durchbruch, dabei auch in der besagten Richtung. Wir müssen die Erklärung genau so auffassen wie die Schlussakte von Helsinki.[8] Sie schließt nicht, sondern öffnet nur ein neues Kapitel in der Entwicklung.

M. S. Gorbačev: Ich möchte Folgendes sagen. Wir alle sind jetzt in tiefgreifende Veränderungen hineingezogen – sowohl in den einzelnen Ländern als auch in Europa und in der Welt insgesamt. Man muss sehr vorsichtig sein, um sich vor der Versuchung zu hüten, diese Lage nur für die eigenen Interessen auszunutzen. Ich möchte diesen Gedanken noch weiter erläutern; ich habe viel darüber nachgedacht. Wenn man in der derzeitigen sehr wichtigen Phase Realitäten ignoriert wie die Bündnisse, die Interessen der USA, ihre Verbindung mit Europa, die Interessen der Sowjetunion und die für sie existierenden Verbindungen, dann könnte dies alles torpedieren. Und umgekehrt. Wenn wir verantwortlich, pragmatisch, weitsichtig handeln, dann verläuft der Prozess harmonischer. Man wird die richtigen Lösungen für alle Fragen finden – sowohl hinsichtlich des Schicksals der Bündnisse als auch in Bezug auf die Interessen der einzelnen Länder und ihre gegenseitigen Beziehungen. Ich stelle mir unseren Kontinent lebendig und dynamisch vor. Als Ergebnis einer solchen Entwicklung sollte sich vieles normalisieren.

H.-D. Genscher: In der jetzigen Phase muss man wissen, wohin man gehen will. Ich denke, in Bezug auf Europa ist die Antwort auf diese Frage klar. Wir wol-

[7] Im Text: Schüler.
[8] Vgl. Dokument Nr. 5, Anm. 4.

len durch gemeinsame Anstrengungen Europa aufs Neue vereinen. Seinen jetzigen Zustand kann man nicht als fehlerlos bezeichnen. Er entspricht nicht dem Bewusstsein der Europäer. Und dieses Bewusstsein gewinnt an Stärke, indem es mehr und mehr die Gemeinsamkeit der Geschichte und der Verantwortung vor der Zukunft begreift. Wir wissen, dass für Europa keine bessere Zukunft anbricht, wenn jemand sie als einen Triumph über andere sieht.

M. S. Gorbačev: Ein sehr treffender Gedanke.

H.-D. Genscher: Die eigene Freiheit ist stets die Freiheit der anderen. Dasselbe gilt auch für die Sicherheit. Wirkliche Sicherheit kann man nicht auf Kosten der Sicherheit anderer erlangen.

M. S. Gorbačev: Sehen Sie, und hier geraten Sie in Konflikt mit der Brüsseler Erklärung. Dort gibt es die Idee der Sicherheit nur für die NATO.

H.-D. Genscher: Ich glaube, Sie sollten sich den Text der Erklärung noch einmal aufmerksam ansehen. Er ist ein Beispiel dafür, dass in der NATO die Zahl der „Genscheristen" wächst. Es ist wichtig, die Elemente der Zusammenarbeit zu stärken, auch in Fragen der Sicherheit. Die entsprechenden Realitäten werden in der sowjetisch-westdeutschen Erklärung reflektiert.

Selbstverständlich gehen wir dabei von der Existenz zweier Bündnisse und von der Mitbeteiligung der USA an europäischen Angelegenheiten aus. In der nächsten Woche reise ich zu einem Kurzbesuch in die USA. Ich werde Gespräche mit der amerikanischen Administration führen. Ich werde betonen, dass wir die Schritte begrüßen, die die USA und die Sowjetunion gemeinsam unternehmen. Wir sind überzeugt, dass sie sich auch auf die Entwicklung in Europa wohltuend auswirken.

M. S. Gorbačev: Sie werden zweifellos auch über den Inhalt der Gespräche mit uns berichten. Sie können dabei sagen, dass bei unseren Gesprächen stets auch ein dritter Gesprächspartner mit am Tisch saß. *(Heiterkeit)* Es handelt sich nicht darum, dass wir vor irgendjemandem auf den Hinterpfoten oder wie das Kaninchen vor der Schlange sitzen. Es handelt sich um eine existierende Realität, die darin besteht, dass ein Fortschritt in internationalen Angelegenheiten ohne Beteiligung der USA undenkbar ist. Wenn Sie sich mit Bush treffen, überbringen Sie ihm meine Grüße. Ich glaube, es wird schon alles in Ordnung kommen.

H.-D. Genscher: Aus allen meinen Gesprächen mit Vertretern der US-Administration weiß ich, dass man sich dort sehr darum bemüht, mit Ihnen Einvernehmen und gegenseitige Verständigung zu erreichen.

M. S. Gorbačev: Wir gehen davon aus, dass wir von dem, was in letzter Zeit in den Beziehungen mit den USA bereits erreicht wurde, nicht nur nichts einbüßen, sondern noch mehr zusammentragen können. Man sollte nur niemanden irgendeiner Sache verdächtigen – weder uns noch Sie, aber es gibt da und dort Leute, die Zweifel nähren.

H.-D. Genscher: Das ist vor allem die Presse.

M. S. Gorbačev: Nicht nur. Es ist auch Ihr Freund Kissinger, dann noch Brzeziński, die Heritage Foundation.[9]

[9] 1973 gegründete, konservative, einflussreiche Denkfabrik mit Sitz in Washington; Präsident war seit 1977 Feulner.

H.-D. Genscher: Aber ein neuer Präsident kann nicht auf einmal alle zu Außenministern machen und diejenigen, die heute die Politik bestimmen, schauen anders auf die Dinge.

Archiv der Gorbačev-Stiftung. Bestand 1, Verzeichnis 1.

Nr. 37
Gespräch Gorbačevs mit Bundeskanzler Kohl am 13. Juni 1989[1]
Zweites Vieraugengespräch zwischen M. S. Gorbačev und H. Kohl[2]
Bonn, 13. Juni 1989

H. Kohl: Beginnen wir den zweiten Tag unserer Arbeit und setzen wir unseren Meinungsaustausch fort. Ich möchte Ihnen vorschlagen, einige Fragen zu erörtern, die für unser Land und für unsere Menschen von Bedeutung sind.

Zunächst möchte ich Sie bitten, die Frage der Besuchsmöglichkeit von Bürgern der BRD in Kaliningrad, dem früheren Königsberg, zu prüfen. Wir haben Kreuzfahrtschiffe, die in der Ostsee bereits sowjetische Häfen anlaufen. Es wäre sicher nicht schlecht, wenn sie auch Kaliningrad anlaufen würden, die Touristen könnten an Land gehen und sich einige Zeit in der Stadt aufhalten. Das könnte natürlich auch eine Quelle von Deviseneinnahmen für die Sowjetunion werden.

Des Weiteren möchte ich Ihnen dafür danken, dass Sie begonnen haben, uns Listen von deutschen Kriegsgefangenen zu übergeben und neue Friedhöfe für Besuche dort zu öffnen, wo sie beigesetzt sind. Dieser Aspekt hat für uns große psychologische Bedeutung. Hier sind fruchtbringende Kontakte über das Rote Kreuz zustande gekommen. Ihre weitere Entwicklung bringt beiderseitigen Nutzen und dient der Sache der gegenseitigen Verständigung zwischen den Völkern der UdSSR und der BRD.

Es gibt noch eine schwierige Frage aus der Vergangenheit. Am Vorabend Ihres Besuches habe ich zahlreiche Briefe von unseren Bürgern erhalten. Es schreiben diejenigen, die selbst bzw. deren Angehörige seinerzeit in der Sowjetunion während des Krieges und danach pauschal (als Gruppe, *die Red.*) verurteilt worden sind. Konkret geht es um die Fakten der Verurteilung ganzer Verbände und Einheiten von in Kriegsgefangenschaft geratenen Deutschen ohne irgendwelche individuelle Verfahren. Berichtet haben darüber jene, die aus der Sowjetunion nach ihrer Freilassung, die K. Adenauer im Verlaufe seines Besuchs in Moskau 1955 vereinbart hatte, zurückgekehrt sind.[3] Lassen Sie uns unsere Vertreter beauftragen,

[1] Deutsches Protokoll in Deutsche Einheit, Sonderedition, S. 287–294. Auszüge des russischen Protokolls auch in CWIHP, Document Readers, The End of the Cold War, http://www.wilsoncenter.org/cwihp/documentreaders/eotcw/890613b.pdf. Vgl. Diekmann/Reuth, Helmut Kohl, S. 42f.; Gorbatschow, Erinnerungen, S. 709f.; Tschernjaew, Die letzten Jahre, S. 258; vgl. allg. Anmerkung 1 zu Dokument Nr. 34.

[2] Neben den Übersetzern Weiß und Kurpakov nahmen Teltschik und Černjaev teil.

[3] Dies bezieht sich auf Verurteilungen deutscher Kriegsgefangener und Zivilisten durch sowjetische Gerichte ab 1941/1945. Ausführlich hierzu Sowjetische Militärtribunale, hg. von Andreas Hilger u. a., 2 Bände, Köln 2001–2003.

diese Problematik in vertraulicher Atmosphäre zu besprechen. Dies wird uns helfen, einen weiteren weißen Fleck in unseren Beziehungen zu beseitigen.

Noch eine Frage. Wir wissen, dass die sowjetische Führung beabsichtigt, im Geiste der Perestrojka notwendige Lösungen in der Nationalitätenfrage vorzunehmen. In diesem Sinne haben Sie jetzt eine schwierige Zeit. Aber wir sind überzeugt, dass es Ihnen gelingen wird, die Lage zu entspannen. Und wenn schon einmal Entscheidungen in der Nationalitätenfrage anstehen, erlaube ich mir, an die sowjetischen Bürger deutscher Nationalität zu erinnern.

Es scheint uns, dass es in Ihrem Land dazu kommen wird, der einen oder anderen nationalen Minderheit dort, wo sie konzentriert zusammenlebt, Autonomie zu gewähren oder sie dorthin zurückkehren zu lassen, von wo sie seinerzeit ausgesiedelt wurde. In diesem Zusammenhang macht es vielleicht Sinn, die Frage der Ausgliederung einer autonomen Verwaltungseinheit, zum Beispiel eines Gebietes, auch für die Sowjetdeutschen, zu erwägen.[4] Sie treffen die politische Entscheidung und wir werden natürlich nicht abseits stehen und die wirtschaftliche Hilfe leisten, die für möglich erachtet wird und wünschenswert ist. Man müsste sich irgendein Modell überlegen. Und wir könnten, wenn das nötig ist, in den erlaubten Grenzen unseren Kräften angemessen dabei mitwirken.

Wir beabsichtigen nicht, von dieser Frage irgendein Aufheben zu machen und eine öffentliche Diskussion zu entfachen. Die Sowjetunion hat ohnedies in dieser Hinsicht genügend Sorgen. Ich möchte Sie nur bitten, im Blickfeld zu behalten, womit ich mich jetzt an Sie gewandt habe, meine Überlegungen zu überdenken und uns zu informieren, wenn bei Ihnen eine Antwort herangereift ist.

M. S. Gorbačev: Ich habe in meiner Delegation drei sowjetische Bürger deutscher Herkunft. Das sind die Schauspielerin Frejndlich, das Akademiemitglied Raušenbach und Nataša Gellert – eine [Landwirtschaftsarbeiterin][5].

Die Nationalitätenfragen werden wir lösen; sie wurden bei uns nach innen verdrängt, aber jetzt machen sie immer drängender auf sich aufmerksam.

Das, was Sie jetzt gesagt haben, auch in Bezug auf den Besuch von Kaliningrad, werden wir uns durch den Kopf gehen lassen.

Nach unserem Gespräch im Oktober über das Schicksal vermisster Kriegsgefangener habe ich Aufträge erteilt. Als Ergebnis sind in unseren Archiven 30000 Akten von Kriegsgefangenen, die in der Sowjetunion verstorben sind, aufgefunden worden. Es ist nicht möglich, alle Vermissten zu eruieren, aber über die Verstorbenen sind Akten erhalten. Derzeit werden diese Akten bearbeitet und die Listen nach Maßgabe ihrer Fertigstellung der westdeutschen Seite übergeben. Meines Wissens wurde eine Liste über 1500 Personen bereits überreicht. Die Arbeit wird hier über das Rote Kreuz fortgesetzt.

Es wächst auch die Zahl der für Besuche geöffneten Friedhöfe. Neben Elabuga und Kazan' in der RSFSR[6] öffnen wir zwei Friedhöfe in Uzbekistan – in Kokand und Kagan.

[4] Laut dem deutschen Gesprächsprotokoll in Deutsche Einheit, Sonderedition, S. 288 erkundigte sich der Bundeskanzler nach entsprechenden, in der sowjetischen Führung diskutierten Überlegungen. Zur Frage der Russlanddeutschen vgl. Dokument Nr. 72, Anm. 31.

[5] Im Text: Mechanisator.

[6] So im Text: beide Städte lagen innerhalb der RSFSR in der Autonomen Sozialistischen Republik Tatarstan.

Ich möchte die Gelegenheit benutzen, um über Sie dem Volksbund Kriegsgräberfürsorge in der BRD zu danken, der uns Listen unserer Landsleute übergeben hat, deren sterbliche Reste in westdeutscher Erde ruhen. Es wurde das Schicksal von fast 340000 Menschen aufgeklärt. Dieser Akt ist bei uns mit tiefer Dankbarkeit aufgenommen worden.

Die pauschale Verurteilung ganzer Verbände und Einheiten der Wehrmacht bei uns ist für mich neu. Wir werden uns damit befassen und dann unser Gespräch fortsetzen.

Über die Sowjetdeutschen sprechen wir nicht zum ersten Mal. Dies sind unsere guten Bürger, man schätzt sie und verhält sich zu ihnen wie auch zu allen anderen sowjetischen Menschen. Ein grundlegender Beschluss des Volksdeputiertenkongresses ist bei uns noch nicht veröffentlicht. In dem Entwurf, den man erörtert hat, wird im Einzelnen vorgeschlagen, dem Obersten Sowjet der UdSSR den Auftrag zu erteilen, die Frage der Wiederherstellung der Rechte einer ganzen Reihe von sowjetischen nationalen Minderheiten zu prüfen. Es handelt sich dabei sowohl um die Krimtartaren als auch um die meschetischen Türken,[7] wie auch um die Deutschen und andere Nationalitäten.[8]

Die Frage der Gewährung von Autonomie für nationale Minderheiten klopft an die Tür, und wir können davor nicht die Augen verschließen. Man hätte sie natürlich früher lösen sollen, weil die Territorien, wo sie früher gelebt haben, jetzt wieder besiedelt und bewohnt sind. Auch hier ist eine Perestrojka nötig. Es ist sehr schmerzhaft, an diese Frage zu rühren. Doch sie muss gelöst werden; das Leben fordert das.

H. Kohl: Was tun wir mit Westberlin?

M. S. Gorbačev: Ich habe mich für den Gang der Dinge beim Abkommen über die Schifffahrt interessiert. Faktisch fahren die Schiffe bereits, sogar seit langem. Ein Abkommen würde lediglich die juristische Grundlage für diese Aktivität bilden.

Ich denke, dass sich die Frage auf dem Weg zu einer Lösung befindet. Deshalb möchte ich vorschlagen, unsere Experten zu beauftragen, die Arbeit daran fortzusetzen und zu Ende zu führen.

H. Kohl: Natürlich, wenn man schon einmal so viel Mühe aufgewandt hat, dann muss man die Frage zu Ende führen. Wir messen diesem Abkommen große Bedeutung bei.

(Während des Gesprächs fand ein Meinungsaustausch über Probleme der Rüstungsbeschränkung und über den Gang der sowjetisch-amerikanischen Verhandlungen zu diesem Thema statt.)[9]

[7] 1944 aus Südgeorgien deportiert.

[8] Deklaration des Obersten Sowjets der UdSSR vom 14. 11. 1989 „Über die Einstufung der repressiven Maßnahmen gegen Völker, die Zwangsumsiedlungen unterworfen waren, als unrechtmäßig und verbrecherisch, und über die Gewährleistung ihrer Rechte" abgedr. in: General'naja Prokuratura RF (Hg.), Sbornik zakonodatel'nych i normativnych aktov o repressijach i reabilitacii žertv političeskich repressij, Teil 1, Kursk 1999, S. 13.

[9] Ausführlich hierzu Deutsche Einheit, Sonderedition, S. 289–292, auszugsweise in CWIHP (wie Anm. 1). Schwerpunkt auf den Wiener Verhandlungen, auf nuklearen Kurzstreckensystemen und chemischen Waffen.

H. Kohl: Wir haben nicht nur ein gemeinsames Schicksal, sondern auch eine gemeinsame Geschichte. Momentan, während wir miteinander sprechen, besuchen unsere Frauen die Gedenkstätte in Stukenbrock – ein Ort, an dem im Krieg umgekommene sowjetische Bürger beerdigt sind.[10] Weder in der BRD noch in der UdSSR gibt es auch nur eine Familie, die nicht durch den Krieg betroffen worden ist. Ich habe zwei Söhne – Offiziere der Bundeswehr – und mein Bruder ist im Krieg gefallen.

M. S. Gorbačev: Eine Politik, der die Moral fehlt, kann nicht als ernsthafte Politik gelten. Politiker ohne Moral sind unglaubwürdig.

H. Kohl: Bei der jüngsten Zusammenkunft beim NATO-Gipfel habe ich meinen Kollegen direkt gesagt, dass ich der einzige unter ihnen sei, dessen zwei Söhne in einer Armee gedient hätten, die in die NATO integriert ist. Dabei habe ich hervorgehoben, dass ich natürlich kein Feigling sei, aber gebeten, zu bedenken, dass ich Deutscher bin und die Geschichte und Geographie gut kenne.

M. S. Gorbačev: Ich bin Ihnen für diese ehrlichen und offenen Ansichten sehr dankbar. Ich schätze dieses Vertrauen, das von Begegnung zu Begegnung zwischen uns wächst.

H. Kohl: Lassen Sie uns öfter miteinander kommunizieren, einander anrufen. Mir scheint, dass wir imstande sind, vieles selbst zu tun, ohne die Dinge den Behörden zu überlassen, die die Erörterung in die Länge ziehen könnten.

Archiv der Gorbačev-Stiftung. Bestand 1, Verzeichnis 1.

Nr. 38 a–b
Gemeinsame Erklärung sowie Gemeinsame Mitteilung von Gorbačev und Bundeskanzler Kohl vom 13. Juni 1989[1]

Unterzeichnung der sowjetisch-westdeutschen Dokumente*

Nr. 38 a
Gemeinsame Erklärung

I

Die Union der Sozialistischen Sowjetrepubliken und die Bundesrepublik Deutschland[2] stimmen darin überein, dass die Menschheit an der Schwelle zum dritten Jahrtausend vor historischen Herausforderungen steht. Probleme, die von lebenswichtiger Bedeutung für alle sind, können nur gemeinsam von allen Staaten und Völkern bewältigt werden. All das erfordert ein neues politisches Denken.

[10] Gedenk- und Dokumentationsstätte Stukenbrock-Senne, ehem. deutsches Kriegsgefangenenlager Stalag 326 VI K.

[1] Abdr. der Gemeinsamen Erklärung u.a. auch in Bulletin der Bundesregierung Nr. 61 vom 15. 6. 1989, S. 542–544; Besuch Michail Gorbatschows, S. 57–61. Die abgestimmte Presseerklärung abgedr. in Bulletin der Bundesregierung Nr. 61 vom 15. 6. 1989, S. 544f.; Besuch Michail Gorbatschows, S. 62–64. Abweichungen sind nur kommentiert, wenn sie inhaltlich relevant sind.

[2] Zum russischen Sprachgebrauch vgl. Adomeit, Imperial overstretch, S. 399f.

– Im Mittelpunkt der Aufmerksamkeit der Politik müssen der Mensch mit seiner Würde und seinen Rechten und die Sorge für das Überleben der Menschheit stehen.

– Das gewaltige Potential an schöpferischen Kräften und Fähigkeiten des Menschen und der modernen Gesellschaft muss für die Sicherung des Friedens und des Wohlstands aller Länder und Völker nutzbar gemacht werden.

– Jeder Krieg, ob nuklear oder konventionell, muss verhindert, Konflikte in verschiedenen Regionen des Planeten beigelegt und der weltweite Friede erhalten und zuverlässig gesichert[3] werden.

– Das Recht aller Völker und Staaten, ihr Schicksal frei zu bestimmen und ihre Beziehungen zueinander auf der Grundlage des Völkerrechts souverän zu gestalten, muss garantiert werden. Das Primat des Völkerrechts in der inneren und internationalen Politik muss gewährleistet werden.

– Die Erkenntnisse der modernen Wirtschaft, Wissenschaft und Technik eröffnen ungeahnte Möglichkeiten, die allen Menschen zugutekommen sollen. Sowohl die Risiken als auch die Chancen, die sich hieraus ergeben, verlangen gemeinsame Antworten. Es ist daher wichtig, die Zusammenarbeit auf allen diesen Gebieten auszuweiten, jede Art von Hindernissen auf dem Weg zur Entwicklung des Handels weiter abzubauen, neue Formen des Zusammenwirkens zu suchen und zum beiderseitigen Vorteil dynamisch zu nutzen.

– Zur Bewahrung der natürlichen Umwelt sind im Interesse dieser und künftiger Generationen entschlossene Handlungen notwendig, Hunger und Armut in der Welt müssen beseitigt werden.

– Neue Bedrohungen, einschließlich Seuchen und internationaler Terrorismus, müssen energisch bekämpft werden.

Beide Seiten sind entschlossen, der sich aus dieser Einsicht ergebenden Verantwortung gerecht zu werden. Vorhandene Unterschiede bei den Wertvorstellungen in den politischen und gesellschaftlichen Ordnungen[4] bilden kein Hindernis für eine gemeinsame, zukunftsgestaltende Politik über Systemgrenzen hinweg.

II

Bei der Gestaltung einer friedlichen Zukunft kommt Europa eine herausragende Rolle zu. Trotz jahrzehntelanger Trennung des Kontinents ist das Bewusstsein der europäischen Identität und Gemeinsamkeit lebendig geblieben und wird zunehmend stärker. Dieser Prozess muss gefördert werden.

Die Sowjetunion und die Bundesrepublik Deutschland sehen die vorrangige Aufgabe ihrer Politik darin, in Anknüpfung an die geschichtlich gewachsenen europäischen Traditionen zur Überwindung der Trennung Europas beizutragen. Sie sind entschlossen, gemeinsam an der Suche nach Wegen zu arbeiten, die zur Schaffung eines Europas des Friedens und der Zusammenarbeit führen – einer europäischen Friedensordnung und[5] des gemeinsamen Europäischen Hauses, in dem

[3] In der deutschen offiziellen Ausgabe (wie Anm. 1): „erhalten und gestaltet".
[4] In der deutschen offiziellen Ausgabe (wie Anm. 1): „Fortbestehende Unterschiede in den Wertvorstellungen und in den politischen und gesellschaftlichen Ordnungen".
[5] In der deutschen offiziellen Ausgabe (wie Anm. 1): „oder".

Platz für die USA und Kanada ist. Die Schlussakte von Helsinki in allen ihren Abschnitten und die Abschlussdokumente der Treffen von Madrid und Wien bestimmen den Kurs zur Verwirklichung dieses Zieles.

Europa, das am meisten unter zwei Weltkriegen gelitten hat, ist verpflichtet, der Welt ein Beispiel für die Aufrechterhaltung eines stabilen Friedens, für gute Nachbarschaft und konstruktive Zusammenarbeit zu geben, welche die Potentiale aller Staaten, ungeachtet der Unterschiede in ihren Gesellschaftssystemen, zum gemeinsamen Wohl zusammenführt. Die europäischen Staaten können und sollen ohne Furcht voreinander und in friedlichem Wettbewerb miteinander leben.

Bauelemente des Europas des Friedens und der Zusammenarbeit müssen sein:

- Die vorbehaltlose[6] Achtung der Integrität und der Sicherheit jedes Staates. Das Recht jedes einzelnen, sein politisches und soziales System frei zu wählen.[7] Die vorbehaltlose Einhaltung der Grundsätze und Normen des Völkerrechts, insbesondere Achtung des Selbstbestimmungsrechts der Völker;
- die energische Fortsetzung des Prozesses der Abrüstung und Rüstungskontrolle. Im Atomzeitalter müssen die Anstrengungen nicht nur darauf gerichtet sein, einen Krieg zu verhindern, sondern auch den Frieden zu gestalten und ihn sicherer zu machen;
- ein inhaltsreicher, alle sowohl traditionellen als auch neuen Themen der bilateralen und multilateralen Beziehungen umfassender Dialog, einschließlich regelmäßiger Begegnungen auf höchster politischer Ebene;
- die Verwirklichung der Menschenrechte und die Förderung des Austausches von Menschen und Ideen. Dazu gehören der Ausbau der partnerschaftlichen Verbindungen zwischen den Städten, der Verkehrs- und Nachrichtenverbindungen, der kulturellen Kontakte, des Reise- und Sportverkehrs, die Förderung des Sprachunterrichts sowie eine wohlwollende Behandlung humanitärer Fragen einschließlich der Familienzusammenführung und Reisen in das Ausland;
- der Ausbau von direkten Kontakten zwischen der Jugend und eine der Idee des Aufbaus einer friedlichen Zukunft verbundene Erziehung der nachwachsenden Generationen;[8]
- die umfassende wirtschaftliche Zusammenarbeit zum gegenseitigen Vorteil, die auch neue Formen der Kooperation einschließen würde.[9] Die Gemeinsame Erklärung des Rats für Gegenseitige Wirtschaftshilfe und der Europäischen Gemeinschaft vom 25. Juni 1988 und die Normalisierung der Beziehungen zwischen den europäischen Mitgliedstaaten des Rats für Gegenseitige Wirtschaftshilfe und der Europäischen Gemeinschaft sowie der begonnene politische Dialog zwischen der Sowjetunion und den zwölf Mitgliedstaaten der Europäischen Gemeinschaft eröffnen neue Perspektiven für eine gesamteuropäische Entwicklung in diese Richtung;
- die stufenweise Schaffung von Strukturen für eine gesamteuropäische Zusam-

[6] In der deutschen offiziellen Ausgabe (wie Anm. 1): „uneingeschränkt".

[7] In der deutschen offiziellen Ausgabe (wie Anm. 1): „Jeder hat das Recht, das eigene politische und soziale System frei zu wählen."

[8] In der deutschen offiziellen Ausgabe (wie Anm. 1): „Der Ausbau von direkten Kontakten zwischen der Jugend und die Verpflichtung der nachwachsenden Generationen auf eine friedliche Zukunft."

[9] In der deutschen offiziellen Ausgabe (wie Anm. 1): „einschließt".

menarbeit auf verschiedenen Gebieten, insbesondere im Verkehrswesen, in der Energiewirtschaft, im Gesundheitswesen und im Bereich Information und Kommunikation;
- die intensive ökologische Zusammenarbeit und die Nutzung neuer Technologien, die im Interesse der Menschen insbesondere die Entstehung von grenzüberschreitenden Gefahren verhindern würden;[10]
- die Achtung und schonende Einstellung gegenüber der geschichtlich gewachsenen Kultur der Völker Europas. Ihre Vielfalt ist einer der großen Schätze des Kontinents. Nationale Minderheiten in Europa mit ihrer Kultur sind Teil dieses Reichtums und verdienen den Schutz ihrer legitimen Interessen.

Die Sowjetunion und die Bundesrepublik Deutschland rufen alle Teilnehmerstaaten der KSZE dazu auf, sich der gemeinsamen Arbeit an der künftigen Architektur Europas anzuschließen.

III

Die Sowjetunion und die Bundesrepublik Deutschland erklären, dass niemand seine eigene Sicherheit auf Kosten der Sicherheit anderer aufbauen darf. Sie werden daher bestrebt sein, durch konstruktive, zukunftsorientierte Politik die Ursachen für Spannung und Misstrauen zu beseitigen, sodass das heute noch bestehende Gefühl der Bedrohung Schritt für Schritt von einer Atmosphäre gegenseitigen Vertrauens abgelöst werden kann.

Beide Seiten erkennen an, dass jeder Staat, unabhängig von seiner Größe und seiner weltanschaulichen Orientierung, seine legitimen Sicherheitsinteressen hat. Sie verurteilen das Streben nach militärischer Überlegenheit. Krieg darf kein Mittel der Politik mehr sein. Politik in Fragen der Sicherheit und des Aufbaus von Streitkräften darf lediglich der Verminderung und Beseitigung der Kriegsgefahr und der Sicherung des Friedens mit einer geringeren Anzahl von Waffen dienen. Das schließt ein Wettrüsten aus.

Beide Seiten streben an, durch verbindliche Vereinbarungen unter wirksamer internationaler Kontrolle bestehende Asymmetrien zu beseitigen und die militärischen Potentiale auf ein stabiles Gleichgewicht auf niedrigerem Niveau zu vermindern, das zur Verteidigung, aber nicht zum Angriff ausreicht. Beide Seiten halten es insbesondere für erforderlich, die Fähigkeit der Streitkräfte zur Ausführung eines Überraschungsangriffs und zu raumgreifenden Offensivaktionen auszuschließen.

Die Sowjetunion und die Bundesrepublik Deutschland treten ein für:
- eine 50-prozentige Reduzierung der strategischen nuklearen Offensivwaffen der USA und der Sowjetunion;
- koordinierte sowjetisch-amerikanische Lösungen bei den Verhandlungen über Nuklear- und Weltraumwaffen; dies betrifft auch die Einhaltung des ABM-Vertrags;
- die Herstellung eines stabilen und sicheren Gleichgewichts der konventionellen Streitkräfte auf niedrigerem Niveau sowie die Vereinbarung weiterer vertrauens- und sicherheitsbildender Maßnahmen in ganz Europa;

[10] In der deutschen offiziellen Ausgabe (wie Anm. 1): „verhindert" [sic!].

– ein weltweites, umfassendes und wirksam nachprüfbares Verbot chemischer Waffen zum frühestmöglichen Zeitpunkt;
– die Vereinbarung eines zuverlässig kontrollierbaren nuklearen Teststopps im Rahmen der Genfer Abrüstungskonferenz zum frühestmöglichen Zeitpunkt. [Beide] Seiten begrüßen die schrittweise Annäherung an dieses Ziel im Zuge der laufenden Kontakte zwischen den USA und der Sowjetunion;[11]
– die Einleitung weiterer vertrauensbildender Maßnahmen, größere Transparenz der militärischen Potentiale und der Militärhaushalte sowie wirksame internationale Mechanismen der Krisenbekämpfung, einschließlich Krisen außerhalb Europas.

IV

Die Sowjetunion und die Bundesrepublik Deutschland sind sich angesichts der europäischen Geschichte und der Lage Europas in der Welt sowie angesichts des Gewichts, das jede Seite in ihrem Bündnis hat, bewusst, dass eine positive Entwicklung ihrer gegenseitigen Beziehungen für die Lage in Europa und für das West-Ost-Verhältnis insgesamt zentrale Bedeutung hat. In dem Wunsch, dauerhafte, gutnachbarliche Beziehungen verlässlich zu gewährleisten, werden sie an die positiven Traditionen ihrer jahrhundertelangen Geschichte anknüpfen.[12] Ihr gemeinsames Ziel besteht darin, die fruchtbare Zusammenarbeit fortzusetzen, weiterzuentwickeln und zu vertiefen und ihr eine neue Qualität zu verleihen.

Der Moskauer Vertrag vom 12. August 1970 bleibt die Grundlage für die gegenseitigen Beziehungen beider Staaten. Beide Seiten werden die in diesem Vertrag und anderen Abkommen angelegten Möglichkeiten voll nutzen.

Sie haben beschlossen, die vertragliche Grundlage[13] ihrer Beziehungen konsequent auszubauen und eine partnerschaftliche Zusammenarbeit in allen Bereichen auf der Grundlage des Vertrauens, der Gleichberechtigung und des beiderseitigen Vorteils anzustreben.[14]

Berlin (West) nimmt an der Entwicklung der Zusammenarbeit unter strikter Einhaltung und voller Anwendung der Bestimmungen des Viermächteabkommens vom 3. September 1971 teil.

V

Die Sowjetunion und die Bundesrepublik Deutschland sind entschlossen, ihre Beziehungen im Vertrauen in die langfristige Berechenbarkeit der beiderseitigen Politik auf allen Gebieten weiterzuentwickeln. Sie werden der Fortentwicklung ihrer gegenseitigen Beziehungen Stabilität und Dauer verleihen.

[11] In der Übersetzung „Beide Seiten“ anstelle des missverständlichen „Sie“. In der deutschen offiziellen Ausgabe (wie Anm. 1): „Bei den laufenden Gesprächen zwischen den USA und der Sowjetunion ist ein schrittweises Herangehen an dieses Ziel wünschenswert“.

[12] In der deutschen offiziellen Ausgabe (wie Anm. 1): „In dem Wunsch, ein Verhältnis guter und verläßlicher Nachbarschaft dauerhaft zu begründen, wollen sie an die guten Traditionen ihrer jahrhundertelangen Geschichte anknüpfen.“

[13] In der deutschen offiziellen Ausgabe (wie Anm. 1) Plural.

[14] In der deutschen offiziellen Ausgabe (wie Anm. 1) fehlt das Verb „anzustreben“.

Diese Politik berücksichtigt die Vertrags- und Bündnisverpflichtungen beider Seiten, sie richtet sich gegen niemanden. Sie entspricht dem tiefen und langgehegten Wunsch der Völker, mit Verständigung und Aussöhnung die Wunden der Vergangenheit zu heilen und gemeinsam eine bessere Zukunft zu bauen.

Bonn, 13. Juni 1989

M. GORBAČEV H. KOHL

* Am 13. [Juni],[15] während des Aufenthalts von M. S. Gorbačevs in der BRD, wurde von ihm und H. Kohl eine Gemeinsame Erklärung unterzeichnet und eine Gemeinsame Mitteilung veröffentlicht.

Vizit General'nogo sekretarja CK KPSS, Predsedatelja Verchovnogo Soveta SSSR M. S. Gorbačeva v FRG, 12–15 ijunja 1989 g. Dokumenty i materialy, Moskau: Politizdat 1989, S. 31–40.

Nr. 38 b
Gemeinsame Mitteilung

1. Der Generalsekretär des ZK der KPdSU und Vorsitzende des Obersten Sowjets der Union der Sozialistischen Sowjetrepubliken M. S. Gorbačev und Bundeskanzler H. Kohl haben gemäß einer während des Besuchs des Bundeskanzlers in Moskau im Oktober letzten Jahres erzielten Übereinkunft am 13. Juli 1989 eine Gemeinsame Mitteilung unterzeichnet (veröffentlicht in der Presse).
2. Beide Seiten haben folgende Abkommen geschlossen:
   - Vertrag der Union der sozialistischen Sowjetrepubliken und der Bundesrepublik Deutschland über die Förderung und den gegenseitigen Schutz von Kapitalanlagen.[1]
   - Abkommen zwischen der Regierung der Union der sozialistischen Sowjetrepubliken und der Regierung der Bundesrepublik Deutschland über die Einrichtung einer direkten Nachrichtenverbindung zwischen dem Kreml in Moskau und dem Bundeskanzleramt in Bonn.[2]
   - Abkommen zwischen der Regierung der Union der sozialistischen Sowjetrepubliken und der Regierung der Bundesrepublik Deutschland über eine vertiefte Zusammenarbeit in der Aus- und Weiterbildung von Fach- und Führungskräften der Wirtschaft.[3]
   - Abkommen zwischen der Regierung der Union der sozialistischen Sowjetrepubliken und der Regierung der Bundesrepublik Deutschland über die Erweiterung der Zusammenarbeit in den Bereichen von Wissenschaft und Hochschulen.[4]

[15] In der Vorlage: „Juli".

[1] Vgl. Dokument Nr. 35, Anm. 4.
[2] Vgl. Dokument Nr. 34, Anm. 27.
[3] Vgl. Dokument Nr. 35, Anm. 4.
[4] Vgl. Dokument Nr. 35, Anm. 6.

- Abkommen zwischen der Regierung der Union der sozialistischen Sowjetrepubliken und der Regierung der Bundesrepublik Deutschland über die Errichtung und Tätigkeit von Kulturzentren der Union der sozialistischen Sowjetrepubliken und der Bundesrepublik Deutschland.[5]
- Abkommen zwischen der Regierung der Union der sozialistischen Sowjetrepubliken und der Regierung der Bundesrepublik Deutschland über einen Schüler- und Lehreraustausch.[6]
- Abkommen zwischen der Regierung der Union der sozialistischen Sowjetrepubliken und der Regierung der Bundesrepublik Deutschland über Jugendaustausch.[7]
- Abkommen zwischen der Regierung der Union der sozialistischen Sowjetrepubliken und der Regierung der Bundesrepublik Deutschland über die Förderung der Fortbildung von Fachkräften auf dem Gebiet[8] des Arbeitsschutzes und der beruflichen Rehabilitation Behinderter.[9]
- Abkommen zwischen der Regierung der Union der sozialistischen Sowjetrepubliken und der Regierung der Bundesrepublik Deutschland über die Zusammenarbeit beim Kampf gegen den Missbrauch von Suchtstoffen und psychotropen Stoffen und deren unerlaubten Verkehr.[10]
- Ergänzender Notenwechsel gemäß Abkommen zwischen der Regierung der Union der sozialistischen Sowjetrepubliken und der Regierung der Bundesrepublik Deutschland über die frühzeitige Benachrichtigung bei einem nuklearen Unfall und den Informationsaustausch über Kernanlagen vom 25. Oktober 1988.[11]

3. Die Verhandlungen über die Übergabe des Stadtarchivs von Reval/Tallinn und der Archive der Hansestädte Bremen, Hamburg und Lübeck an die jeweiligen Ursprungsorte wurden erfolgreich abgeschlossen.[12]
4. Beide Seiten haben die erfolgreiche erste Veranstaltung des im Oktober des Gesprächsforums in Bonn, über dessen Schaffung im Oktober 1988 eine Übereinkunft erzielt wurde, entsprechend gewürdigt und stimmten darin überein, dass dieses wichtige Instrument zum Ausbau der Beziehungen auch weiterhin von beiden Seiten gefördert werden solle.
5. Die Bundesregierung wie auch die Unternehmer der Bundesrepublik Deutschland sind bereit, auch weiterhin im Rahmen ihrer Möglichkeiten zum Erfolg der Wirtschaftsreformen in der Sowjetunion beizutragen.

[5] Vgl. Dokument Nr. 35, Anm. 5.
[6] Vgl. Dokument Nr. 35, Anm. 6.
[7] Vgl. Dokument Nr. 35, Anm. 3.
[8] In der deutschen Fassung (wie Anm. 1) Plural.
[9] Vgl. Dokument Nr. 124, Anm. 8.
[10] Abkommen vom 13. 6. 1989, in: BGBl. 1989 II, S. 684 f., dazu das Arbeitsprogramm zur Anwendung des Abkommens vom 13. 6. 1989, ebd., S. 685.
[11] Vgl. Dokument Nr. 29, Anm. 9, dazu die Verbalnote des Auswärtigen Amtes vom 13. 6. 1989, in: BGBl. 1990 II, S. 167–169.
[12] Es handelt sich um Materialien, die beim Rückzug der deutschen Wehrmacht abtransportiert worden waren bzw. um Bestände, die die Rote Armee in Auslagerungsorten in Salzbergwerken in Sachsen und Sachsen-Anhalt beschlagnahmt hatte. Vgl. für das Lübecker Beispiel etwa Jörg Fligge, Beutegut auf dem Runden Tisch, in: AKMB-news, 10 (2004), Nr. 3, S. 17–20.

Dies bezieht sich insbesondere auf die Beteiligung von Unternehmen aus der Bundesrepublik Deutschland an der Modernisierung der sowjetischen Leicht- und Nahrungsmittelindustrie durch Lieferungen und die Organisation von Gemeinschaftsunternehmen. Der im Oktober 1988 von einem Bankenkonsortium der Bundesrepublik Deutschland bereitgestellte Rahmenkredit in Höhe von 3 Mrd. Mark ist inzwischen zu mehr als der Hälfte mit entsprechenden Projekten ausgefüllt.[13]

6. Beide Seiten sprachen sich für einen weiteren Ausbau der Zusammenarbeit zwischen beiden Ländern im Bereich der Erforschung und Nutzung des Weltraums zu friedlichen Zwecken und für ein schnellstmögliches Inkrafttreten des entsprechenden Abkommens der Akademie der Wissenschaften der Union der sozialistischen Sowjetrepubliken und dem Bundesministerium für Forschung und Technologie der Bundesrepublik Deutschland vom 25. Oktober 1988 und des ersten Programms für Zusammenarbeit aus, einschließlich der Beteiligung eines Wissenschafts-Astronauten an einem Flug in einem sowjetischen Raumschiff und auf der sowjetischen Weltraumstation. Die verantwortlichen Organisationen beider Seiten sind beauftragt, in nächster Zukunft eine Vereinbarung über die Durchführung dieses Fluges zu schließen.[14]
7. Das Büro des Ministerrats der Union der sozialistischen Sowjetrepubliken für Maschinenbau und die „Deutsche Bank AG" haben ein Protokoll über die Einrichtung eines Hauses der Wirtschaft und Industrie der Union der sozialistischen Sowjetrepubliken in der Bundesrepublik Deutschland und eines Hauses der Wirtschaft der Bundesrepublik Deutschland in der Union der Sozialistischen Sowjetrepubliken unterzeichnet.[15]
8. Beide Seiten kamen überein, die Zusammenarbeit auf dem rechtlichen Gebiet zu vertiefen. Zu diesem Zweck wurde eine Arbeitsgruppe unter dem Vorsitz der Leiter der Rechtsabteilungen der Außenministerien beider Länder gebildet. Diese Arbeitsgruppe wird sich insbesondere mit rechtlichen Fragen der Zusammenarbeit auf den Gebieten der Bekämpfung des internationalen Terrorismus und der Drogensucht, mit Fragen des Seerechts, der Arktis und Antarktis sowie des allgemeinen Völkerrechts befassen und hierzu Untergruppen bilden.
9. Beide Seiten haben vereinbart, die Frage des Abschlusses eines Abkommens über gegenseitige Hilfeleistung bei Katastrophen zu prüfen.[16]
10. Beide Seiten sind übereingekommen, die Verhandlungen über den Abschluss eines Abkommens über den internationalen[17] Straßenverkehr fortzusetzen.[18]
11. Die sowjetische Seite wird die Möglichkeiten des weiteren Ausbaus der [Telefonverbindungen][19] zwischen der Union der sozialistischen Sowjetrepubliken und der Bundesrepublik Deutschland prüfen.

[13] Vgl. Dokument Nr. 22, Anm. 24.
[14] Vgl. Dokument Nr. 73, Anm. 6.
[15] Vgl. Dokument Nr. 35, Anm. 4.
[16] Vgl. schließlich das deutsch-russische Abkommen über die gegenseitige Hilfeleistung bei Katastrophen und schweren Unglücksfällen vom 16. 12. 1992, in: BGBl. 1994 II, S. 3543–3547.
[17] In der deutschen Fassung (wie Anm. 1): „grenzüberschreitenden".
[18] Vgl. schließlich das deutsch-russische Abkommen über den internationalen Straßenverkehr vom 14. 7. 1993, in: BGBl. 1994 II, S. 115–117, dazu das Protokoll vom 14. 7. 1993, ebd., S. 118.
[19] In der Vorlage Singular.

12. Beide Seiten begrüßen die positiven Ergebnisse der letzten Sitzung der Arbeitsgruppe für die Zusammenarbeit in humanitären Fragen. Von beiden Seiten wurden Vorschläge hinsichtlich der Zusammenarbeit im Bereich Sprache und Kultur unterbreitet, deren Prüfung fortgesetzt wird.
13. Beide Seiten haben sich für Zusammenarbeit und Kontakte im Bereich der Literatur zwischen den entsprechenden Literaturarchiven und -organisationen sowie Fachleuten auf diesem Gebiet ausgesprochen.

Vizit General'nogo sekretarja CK KPSS, Predsedatelja Verchovnogo Soveta SSSR M. S. Gorbačeva v FRG, 12–15 ijunja 1989 g. Dokumenty i materialy, Moskau: Politizdat 1989, S. 31–40.

Nr. 39
Ansprache Gorbačevs vor deutschen Unternehmern am 13. Juni 1989 [Auszug][1]

Treffen M. S. Gorbačevs mit Unternehmensvertretern[2]

Köln, 13. Juni 1989

Ansprache M. S. Gorbačevs

[...].[3] Gestern und heute fanden wichtige Gespräche mit dem Präsidenten der BRD, mit dem Kanzler, Herrn Kohl, und mit seinen Kabinettskollegen statt. Ich möchte meine tiefe Zufriedenheit über das Niveau und die Ergebnisse dieser Gespräche zum Ausdruck bringen.[4]

Ich glaube, wir können heute in der Tat über ein neues Kapitel in unseren Beziehungen und über die ersten Seiten in diesem neuen Kapitel sprechen.

Ich erlaube mir, mit Ihnen eine ganz einfache menschliche Beobachtung zu teilen. Ich bin sehr berührt von der Reaktion der einfachen Menschen auf meinen Besuch in Ihrem Lande: Ich habe gespürt, dass sie ebenso wie unser Volk aufeinander zugehen wollen. Deshalb denke ich, dies ist eine Art Imperativ, der von beiden Völkern ausgeht. Und auf ihn müssen sowohl die Politiker als auch – so hoffe ich – die Unternehmer hören. Denn ich kann mir keine Erweiterung und Vertiefung der Zusammenarbeit denken, ohne dass unter Bedingungen, bei denen der Dialog wächst und sich Austausch und Kontakte sowie der Umfang der wirtschaftlichen und unternehmerischen Zusammenarbeit erweitern, nicht auch wir uns verändern und nicht auf der Stelle treten. Darüber hinaus denke ich, dass namentlich die wirtschaftliche Zusammenarbeit jene zuverlässige Grundlage darstellt, damit wir vorwärtsgehen können – und erfolgreich vorwärtsgehen – damit

[1] Deutscher Text u. a. in: Besuch Michail Gorbatschows, S. 12–24. Vgl. Wolff von Amerongen, Weg, S. 180f.
[2] Veranstaltung der IHK Köln.
[3] Gem. Besuch Michail Gorbatschows, S. 12 allg. Bemerkungen zu den deutsch-sowjetischen Beziehungen.
[4] Dokumente Nr. 33–36.

wir uns entwickeln und alle anderen Formen der Zusammenarbeit einen stabilen Charakter annehmen können.

Die wirtschaftlichen Kontakte mit der BRD haben sich bei uns im allgemeinen nicht schlecht entwickelt – selbst zu Zeiten, da es in anderen Bereichen schlecht oder, um es weniger hart auszudrücken, nicht ganz so gut lief.

Mir scheint, dass sich hier auch jahrhundertealte Traditionen zeigen, die große Erfahrung der Deutschen im Handel mit uns und schließlich ein nicht unwichtiges Detail – der komplementäre Charakter unserer Wirtschaften.

[...].[5] Die BRD nimmt unter unseren westlichen Partnern eine Vorrangstellung ein.

Aber wenn man in Betracht zieht, dass Sie Exportweltmeister sind und in dieser Hinsicht die Vereinigten Staaten und Japan überholt haben, dass die BRD, wenn ich mich nicht irre, mehr als ein Viertel ihres Bruttosozialproduktes exportiert – in Höhe der gigantischen Summe von 323 Milliarden Dollar, dann sind die Kennziffern unserer Wirtschaftskontakte lächerlich gering.

Wird bei uns alles getan, um die Möglichkeiten der Perestrojka für eine Steigerung des Tempos und des Umfangs der unternehmerischen Kontakte zu nutzen? Offenbar bei Weitem nicht. Wir selbst müssen noch vieles tun, damit das Milieu, in dem die Unternehmen sich entwickeln und tätig sein können, anders, günstiger wird. Wir sehen unsere Verpflichtung darin, namentlich in dieser Richtung zu wirken, und diesem Ziel dient insbesondere eines der Dokumente, das heute unterzeichnet wurde – zum Schutze ausländischer Investitionen, die auf unsere Wirtschaft gerichtet sind.[6]

Natürlich, vieles hängt damit zusammen, dass in unserer Wirtschaft derzeit große Veränderungen vor sich gehen.

[...].[7] Es gibt eine gewisse Vorsicht[8] seitens der Unternehmerkreise der BRD. Im gegebenen Fall spreche ich von Ihnen, den hier Anwesenden. Mir wurden zum Beispiel folgende Ansichten von Unternehmensvertretern Ihres Landes zugetragen – warum sollen wir uns eigentlich beeilen, die Kontakte zur Sowjetunion zu entwickeln? Sollen sie dort in der UdSSR doch zuerst ihre Sachen in Ordnung bringen, wir warten, wir „haben es nicht eilig", wie man sagt; die Ergebnisse der Wirtschaft der BRD sind nicht schlecht, der positive Saldo ist groß, einstweilen kann man auch so weiterleben. Und wenn sich alles geklärt haben wird, wenn man sich ohne Risiko auf den sowjetischen Markt und die Ausweitung der Kontakte einlassen kann, dann kann man sich mit all dem richtig beschäftigen. Ich weiß nicht, letzten Endes müssen Sie beurteilen, wie Sie vorgehen. Aber ich bin anderer Meinung.

Wir öffnen uns jetzt der Weltwirtschaft, anderen Ländern, suchen neue, zuverlässige Verbindungen[, bestimmen die Perspektive, knüpfen unsere Pläne an diese Perspektive, und ich glaube, Sie als Geschäftsleute begreifen sehr wohl, dass wir

[5] Gem. Besuch Michail Gorbatschows, S. 13 knappe Ausführungen zur insgesamt positiven Entwicklung des westdeutsch-sowjetischen Handels.
[6] Vgl. Dokument Nr. 35, Anm. 4.
[7] Gem. Besuch Michail Gorbatschows, S. 14 weist Gorbačev hier ganz allgemein auf die große Beanspruchung der Wirtschaft in der UdSSR hin.
[8] Gem. Besuch Michail Gorbatschows, S. 14: „Vorbehalte".

dabei genau hinschauen, wer sich in dieser Zeit unserem Land gegenüber wie verhält, bei wem es für uns lohnt, Verbindungen zu knüpfen und zu erweitern und bei wem man sich damit auch Zeit nehmen kann.][9]

Nun gut, lassen Sie uns einander studieren. Jedenfalls kann ich nur sagen, dass die Unternehmer der BRD sogar in der Vergangenheit – ungeachtet der nicht sehr günstigen politischen Atmosphäre in unseren Beziehungen – ernsthafte Schritte unternommen haben, um Geschäftsbeziehungen mit uns zu entwickeln. Mir scheint, diese Erfahrung zeigt, dass Sie nichts verloren haben.

[...].[10] Vieles beruhte bis jetzt darauf, dass einige Probleme juristisch nicht gelöst wurden, was westliche Unternehmen, darunter auch westdeutsche, ebenfalls daran gehindert hat, mit Zuversicht auf unserem Markt tätig zu sein.

[...].[11] Ganz allgemein laufen meine Überlegungen darauf hinaus, dass wir alle uns von den alten bestehenden Stereotypen lösen müssen und unser derzeitiges Herangehen jenen Tendenzen gegenüberstellen müssen, die sich den Weg bahnen. Und diese Tendenzen sind so, dass es in der Welt eine immer stärkere gegenseitige Abhängigkeit gibt. Besonders gut merken wir das hier in Europa, wo die Völker durch ein gemeinsames Schicksal verbunden sind. Ja, und vieles wird auf der ganzen Welt davon abhängen, wie die Prozesse auf dem europäischen Kontinent ablaufen. Ich meine, dass wir alle darüber nachdenken müssen, insbesondere Sie, die Kapitäne der westdeutschen Wirtschaft, weil Sie, wie alle Deutschen, die Folgen der Teilung Europas besonders schmerzlich an sich selbst spüren. [...].[12]

Vizit General'nogo sekretarja CK KPSS, Predsedatelja Verchovnogo Soveta SSSR M. S. Gorbačeva v FRG, 12–15 ijunja 1989 g. Dokumenty i materialy, Moskau: Politizdat 1989, S. 47–60.

9 Passage gem. Besuch Michail Gorbatschows, S. 14.

10 Gem. Besuch Michail Gorbatschows, S. 15 folgt ein Appell zur „gemeinsamen Arbeit zwecks Erschließung des sowjetischen Marktes" und Kritik an mangelnder deutscher Bereitschaft zur Investition in die sowjetische Produktion von wettbewerbsfähigen Erzeugnissen.

11 Gem. Besuch Michail Gorbatschows, S. 15–23 folgen Ausführungen zur sowjetischen Wirtschaftspolitik, zum RGW, zum Handel, zur Konvertierbarkeit des Rubels, zur Weltwirtschaft, zur Raumfahrttechnik und anderen Feldern möglicher Zusammenarbeit.

12 Gem. Besuch Michail Gorbatschows, S. 24 Schlussworte.

Nr. 40
Rede Gorbačevs anlässlich eines Empfangs bei Bundespräsident von Weizsäcker am 13. Juni 1989 [Auszug][1]

Aus der Rede M. S. Gorbačevs anlässlich eines Essens bei R. von Weizsäcker

13. Juni 1989

[...].[2] Wir begreifen, dass man sich von der Vergangenheit nicht so einfach löst und dass ein oberflächliches, hastiges Herangehen an die Vergangenheit nur hemmen oder aber die Vorwärtsbewegung zum Scheitern bringen kann. Diese Einsicht wird durch die die allmähliche Befreiung des öffentlichen Bewusstseins vom Schock des Weltkrieges begünstigt. Unsere Perestrojka mit ihrer Offenheit und Klarheit der Ziele eröffnet neue Möglichkeiten für ein Aufeinanderzugehen, und Ihre wohlwollende Resonanz darauf ermutigt. Es wächst die vielversprechende Tendenz, all das Positive zu verwirklichen, das ein jahrhundertlanger Umgang miteinander und die Traditionen eines starken wechselseitigen Einflusses unseren beiden Völkern hinterlassen haben.

All dies erlaubt es uns, kühner nach vorn zu schauen und unsere Politik zu gestalten, ohne dabei die Erfahrung der Nachkriegszeit auszustreichen, sondern sie ernsthaft und gründlich unter Berücksichtigung der heutigen Erfordernisse des Lebens gedanklich zu verarbeiten. Und aufmerksam darüber zu wachen, dass nicht erneut Situationen entstehen, die geeignet sind, zur Quelle eines Krieges zu werden.

Wir wollen in Richtung Zukunft gehen, in Richtung neuer Beziehungen. Aber darauf können wir kaum rechnen, wenn wir die Realitäten ignorieren, die in Verträgen und Abkommen verankert sind. Es scheint mir, dass wir für eine solche Fragestellung politisch reif geworden sind. Ich sage dies mit umso größerer Gewissheit, als hinter uns eine neunzehnjährige Erfahrung mit der Einhaltung des Vertrags von 1970 liegt.[3]

Wie Friedrich Schiller sagte: „Es wächst der Mensch mit seinen größern Zwecken." Und ich hoffe, dass wir über genügend Weisheit und Weitblick verfügen werden, um ein Ziel zu erstreben, dass dem 21. Jahrhundert angemessen ist. Wir müssen suchen. Das ist unsere Pflicht, besonders die der Politiker, die mit dem Vertrauen ihrer Völker und heutzutage auch mit der Verantwortung für die Bewahrung des Lebens auf der Erde ausgestattet sind.

Das hohe Niveau der sowjetisch-westdeutschen Beziehungen, ihre Entwicklung und Erfüllung mit immer neuem Inhalt widerspricht niemandes Interessen und stellt erst recht keine Bedrohung für irgendjemanden dar – natürlich bei richtigem Verständnis für den Platz eines jeden von uns in Europa und in der Weltgemeinschaft. Im Gegenteil, unsere Zusammenarbeit kann ein Katalysator für neue Beziehungen zwischen Ost und West insgesamt sein.

[1] Deutscher Text auch in Besuch Michail Gorbatschows, S. 25–27.
[2] Gem. Besuch Michail Gorbatschows, S. 25, Erinnerung an den Besuch von Weizsäckers in Moskau und an den Zweiten Weltkrieg.
[3] Vgl. Dokument Nr. 5, Anm. 3.

Ich denke, dass das bereits erreichte Niveau der gegenseitigen Beziehungen erlaubt, es in gewichtige, konkrete Taten umzusetzen, indem wir nicht nur die militärische Konfrontation überwinden, sondern auch neue Strukturen und neue Normen des Zusammenwirkens zwischen unseren Völker schaffen.

Die offensichtliche Realität, dass ihre Entwicklung unterschiedliche Wege geht und gehen wird, darf dafür kein Hindernis sein. Jeder bewahrt seine Verbundenheit gegenüber den grundlegenden und historisch bedingten Werten. Jeder bleibt seinen Bündnisverpflichtungen treu, solange sie der Stabilität in Europa dienen. Aber ich behalte mir vor: Ausgehend von den eigenen nationalen Interessen können und müssen wir diese Verpflichtungen zur Bildung eines auf der Verteidigungsdoktrin beruhenden Sicherheitssystems und zur realen Förderung einer gegenseitigen und substantiellen Verringerung der Waffenarsenale nutzen. [...].[4]

Vizit General'nogo sekretarja CK KPSS, Predsedatelja Verchovnogo Soveta SSSR M. S. Gorbačeva v FRG, 12–15 ijunja 1989 g. Dokumenty i materialy, Moskau: Politizdat 1989, S. 71–72.

Nr. 41
Gespräch Gorbačevs mit dem Ministerpräsidenten von Baden-Württemberg, Späth, am 14. Juni 1989 [Auszug]

Gespräch M. S. Gorbačevs mit L. Späth

Stuttgart, 14. [Juni][1] 1989

(An der Begegnung nahm der Berater M. S. Gorbačevs, A. S. Černjaev, teil.)

L. Späth begrüßte M. S. Gorbačev und drückte seine große Befriedigung darüber aus, dass der sowjetische Führer im Rahmen seines offiziellen Besuchs in der BRD das Land Baden-Württemberg besucht. [...].

L. Späth: In erheblichem Maße dank des völlig neuen Kurses der sowjetischen Führung ergibt sich gegenwärtig eine günstige Lage, um bei der Erweiterung der Beziehungen zur Zusammenarbeit und Kooperation zwischen Ost und West in entscheidender Weise voranzukommen. Die parallele Entwicklung der Integrationsprozesse in Westeuropa und die Öffnung der Sowjetunion als der führenden Kraft des RGW in Richtung der Europäischen Gemeinschaft bieten die historische Chance, mit der praktischen Umsetzung der Idee des gemeinsamen europäischen Hauses zu beginnen. Die Zahl der Verträge und Abkommen sowohl mit prinzipiell neuem politischem Charakter, wie die gestern unterzeichnete Gemeinsame Erklärung zwischen der UdSSR und der BRD,[2] als auch die Zusammenarbeit auf konkreten Gebieten betreffend, erhöht sich ständig. Dies schafft selbst-

[4] Gem. Besuch Michail Gorbatschows, S. 26 f., knappe Ausführungen zum Gemeinsamen Europäischen Haus, zum 19. Parteikongress der KPdSU, dann eine Aufzählung globaler Probleme und ein Bekenntnis zur deutsch-sowjetischen Zusammenarbeit.

[1] In der Vorlage: Juli.

[2] Dokument Nr. 38 a.

verständlich gute politische Rahmenbedingungen, um eine echte Zusammenarbeit zwischen unseren Völkern in Gang zu setzen. Das Wichtigste besteht jetzt darin, auf dieser Grundlage auf jede erdenkliche Weise und ohne Zeit zu verlieren die Zusammenarbeit in den Bereichen Wirtschaft, Wissenschaft und Technik sowie bei der Einführung neuester technologischer Errungenschaften zu vertiefen und zu erweitern. Namentlich darauf gilt es jetzt sich besonders zu konzentrieren.

M. S. Gorbačev dankte Späth für die Gastfreundschaft und den warmen Empfang, der ihm und der sowjetischen Delegation in Stuttgart bereitet worden sei. Er sagte, bereits der erste Kontakt mit der Bevölkerung auf den Straßen der Stadt bestätige eindeutig, dass sich in der Stimmung der Menschen ganz allgemein und in Bezug auf die UdSSR im Besonderen ein wesentlicher Wandel auf breiter und positiver politischer Ebene vollzogen habe. [„]Wir begrüßen dies und meinen, dass die Aufgabe der Politiker darin bestehen muss, diese Veränderungen zu reflektieren und ihren Geist auf alle Bereiche der Zusammenarbeit zwischen der UdSSR und der BRD zu übertragen.[“][3]

M. S. Gorbačev: Wir sind mit den Überlegungen von Herrn Späth in Bezug auf die vorrangige Vertiefung der Zusammenarbeit in Wirtschaft und Technologie sowie bei der Einführung neuester wissenschaftlicher Entwicklungen in die Produktion voll und ganz einverstanden. Hier werden Sie bei uns zuverlässige Partner finden. Wichtig ist, die praktischen Dinge schneller in Angriff zu nehmen.

L. Späth: Ich habe viel darüber nachgedacht, wie man an die praktische Realisierung der Idee des Zusammenwirkens und der Zusammenarbeit herangeht. Es wäre außerordentlich zweckmäßig, auf der Grundlage einer kompakten Gruppe kleiner und mittelgroßer Unternehmen, zum Beispiel aus Baden-Württemberg, in einer der Städte der Sowjetunion eine Art Musterzentrum zu errichten, das mit einer ebensolchen Gruppe mittlerer sowjetischer Unternehmen kooperieren würde. Im Zuge einer derartigen Zusammenarbeit könnte man nicht nur die Infrastruktur und die Produktion nach dem Prinzip der Präsenz eines Leitunternehmens und einer Gruppe von Sublieferanten einrichten, sondern auch eine effiziente praktische Ausbildung sowohl von Managern als auch von technischen Spezialisten durchführen. Ein derartiges Modell könnte man zum Beispiel in den Bereichen Maschinenbau und Produktion von Konsumgütern erproben. In der Folge könnte man diese Erfahrung auch auf andere Branchen ausdehnen. Auf jeden Fall würde dies die Sache in entscheidender Weise voranbringen, zumal kleine und mittlere Firmen und Betriebe sehr mobil sind und nicht an den strukturellen Mängeln großer Unternehmen und Vereinigungen leiden.

M. S. Gorbačev interessierte sich dafür, welche grundlegenden Schwierigkeiten nach Meinung Späths bei der Anbahnung einer Zusammenarbeit dieser Art bestehen.

L. Späth: Ich sehe hier eine ganze Reihe von Problemen. Erstens, die sowjetischen Unternehmen erhalten jetzt eine immer größere Selbständigkeit. Aber ihre Leiter sind bisher noch weit davon entfernt, genau zu verstehen, welche Fragen und in welchem Umfang sie wirklich selbst entscheiden können. Dadurch wird die praktische Zusammenarbeit überaus erschwert. Weiterhin meinen Ihre Spezia-

[3] Der Wechsel von indirekter zu direkter Rede in der Vorlage ohne Anführungszeichen.

listen, das Wichtigste bei der Etablierung der Zusammenarbeit sei, dass es jetzt Garantien für die Investoren gibt, Garantien dafür, dass die investierten Gelder nicht verloren gehen. Doch dies ist nur ein Teil der Sache. Für den, der sich auf eine Zusammenarbeit einstellt, ist es wichtig, eine langfristige Perspektive zu sehen.

Jeder muss überzeugt davon sein, dass die in die sowjetische Wirtschaft eingeführte Reformkonzeption für lange Zeit stabil bestehen bleibt und sich entwickelt und dass es hier keine unerwarteten Wendungen und Veränderungen gibt. Darüber hinaus geben in der Sowjetunion viele Wirtschaftsexperten jegliche Art globaler Ratschläge. Sie sind gut als theoretische Ausarbeitung verschiedener Modelle, jedoch kann jede globale Umwälzung zu unerwarteten und unvorhergesehenen negativen Auswirkungen führen. In diesem Zusammenhang ist jetzt eine Vielzahl globaler Ratschläge in der Art einer grundlegenden Reform der Preise u. dgl. aufgetaucht.

Es erscheint bei Weitem mehr gerechtfertigt, einen parallelen Kurs einzuschlagen, das heißt die Struktur großer Unternehmen zu optimieren und gleichzeitig das Funktionieren der erwähnten Kooperationsmodelle auf der Grundlage der Zusammenarbeit von Gruppen mittlerer und kleiner Firmen in die Wege zu leiten. Wir sagen geradeheraus, dass die Landesregierung von Baden-Württemberg bereit ist, ein derartiges Kooperationsmodell mit einer Gruppe kleiner und mittlerer Firmen in einer beliebigen, von der sowjetischen Seite benannten Stadt mit entwickelter Infrastruktur und Industrie zu schaffen. Sie stellen das Gebäude, die Versorgungsleitungen u. ä., und wir bestimmen eine Gruppe unserer Firmen, die die notwendigen Ausrüstungen liefern, das Know-how zur Verfügung stellen und die Ausbildung der Spezialisten in die Wege leiten. Dies alles muss man ohne Verzögerungen tun, um ein positives Beispiel konkreter Zusammenarbeit zu schaffen.

„Häuser der Wirtschaft", über deren Einrichtung gestern ein Abkommen unterzeichnet wurde,[4] sind natürlich eine sehr nützliche und gute Sache, aber ihre Schaffung und noch mehr ihr Funktionieren können sich über eine ziemlich lange Zeit hinziehen. Wir aber schlagen einen schnelleren Weg vor, der in der allernächsten Zeit einen Nutzeffekt bringen könnte.

M. S. Gorbačev: Wir unterstützen ein derartiges Modell. Jetzt ist es wichtig, es möglichst rasch zu verwirklichen und nicht auf die lange Bank zu schieben.

Gleichzeitig denken wir auch darüber nach, welche strukturellen Veränderungen wir bei unseren großen Unternehmen vornehmen müssen, damit diese sich möglichst rasch an die reale Aneignung jener fortschrittlichen, technologischen Praxis anpassen können, die sich zum Beispiel im Rahmen des modernen, forschungsintensiven industriellen Komplexes im Lande Baden-Württemberg bewährt hat.

Zweifellos haben Sie darin recht, dass die entscheidende Frage jetzt in der Geschwindigkeit der Einführung neuester technologischer Lösungen besteht. Hier ist Ihre Erfahrung in vielem der japanischen ähnlich, und sie hat sich recht gut bewährt.

[4] Vgl. Dokument Nr. 35, Anm. 4.

L. Späth. Ja, das ist tatsächlich so. Wir haben uns bereits davon überzeugt, dass dieses Modell zu einer Beschleunigung der internationalen Arbeitsteilung führt. Die Firmen Baden-Württembergs liefern zum Beispiel ihre Erzeugnisse in fast hundert Länder der Welt und erhalten aus mehr als 50 Ländern Zulieferteile. Dies alles führt zu einer wachsenden gegenseitigen Abhängigkeit und hat einen sehr wichtigen politischen Aspekt: Eine derartige Zusammenarbeit vertieft das Verständnis dafür, dass der Prozess der Festigung des Friedens auf der Erde unumkehrbar gemacht werden muss.

M. S. Gorbačev: Ich bin generell überzeugt, je größer unsere gegenseitige Abhängigkeit wird, desto fester und zuverlässiger werden unsere Beziehungen sein und desto effizienter können wir bei der Etablierung der Arbeitsteilung zusammenwirken.

L. Späth: Im Zusammenhang mit den Plänen zur Schaffung eines „Gemeinsamen Europäischen Marktes" im Jahr 1992 richten wir maximale Anstrengungen darauf, ihn nicht gegenüber den Partnern im Westen wie im Osten abzugrenzen. Die BRD ist daran zutiefst interessiert, ebenso wie am Zustandekommen einer regionalen Zusammenarbeit zwischen den verschiedenen Gebieten des Gemeinsamen Marktes, um Schwierigkeiten und Konflikte auf Grund diverser nationaler Ansprüche zu vermeiden. Und eine derartige Gefahr existiert. Denn mit der Schaffung eines solchen Marktes wird ein natürlicher Fluss von Kapital und Produktion entstehen. In den südlichen Ländern, wo der Arbeitslohn, wie zum Beispiel in Portugal, fast sechsmal niedriger ist als in der BRD, werden sich Produktionen ansammeln, die den Einsatz von Arbeitskräften in großem Maßstab erfordern. Und umgekehrt, in Regionen wie zum Beispiel in Baden-Württemberg, wird man beginnen, sich auf forschungsintensive Produktionen zu konzentrieren.

Dies führt entsprechend zu einer Intensivierung der Arbeitsteilung. Und hier sehen wir eine Chance, die Kooperation mit der Sowjetunion zu erweitern, da es bei Weitem vernünftiger ist, die Anwendung von Technologie in den in der unmittelbaren Nähe der BRD gelegenen sozialistischen Ländern in die Wege zu leiten, als sie in entfernten Gebieten, sagen wir, des Nahen oder Fernen Ostens zu investieren. Einstweilen lässt die Lage in dieser Hinsicht zu wünschen übrig. Von mehr als 100 Milliarden Mark des Exports baden-württembergischer Firmen entfallen nämlich bislang nur 1,5 Milliarden Mark auf die Sowjetunion. Daraus folgt, dass der sowjetische wissenschaftlich-industrielle Komplex noch sehr wenig mit Baden-Württemberg zusammenarbeitet. Aber unser Land hat sehr gute Kennziffern im Rahmen der BRD: Bei 15% der Gesamtbevölkerung des Landes stellen wir 18% des Bruttonationaleinkommens her, erbringen 20% des Exports der BRD und verfügen über 30% der wissenschaftlichen Forschungskapazitäten des Staates. Wir sind bereit, dieses Potenzial bei der Kooperation mit der sowjetischen Industrie einzusetzen.

M. S. Gorbačev: Das sind gute Absichten, und wir unterstützen sie voll und ganz. Wir sind unsererseits bereit, die konkrete Verwirklichung der entsprechenden Pläne auf jede Weise zu fördern. Ich möchte Sie bitten, ohne Verzögerung konkrete Vorstellungen in dieser Hinsicht vorzulegen, und wir verpflichten uns, sie nicht nur mit großer Aufmerksamkeit rasch zu prüfen, sondern auch in möglichst kurzer Zeit an die konkrete Realisierung der vorgeschlagenen Modelle und Projekte heranzugehen.

Archiv der Gorbačev-Stiftung. Bestand 1, Verzeichnis 1.

Nr. 42
Gespräch Gorbačevs mit Bundeskanzler Kohl am 14. Juni 1989 [Auszug][1]

Aus dem dritten Vieraugengespräch M. S. Gorbačevs mit H. Kohl

Bonn, 14. Juni 1989

[...].[2] **H. Kohl:** Nun ein paar Worte über unsere gemeinsamen Freunde.

Ich sage geradeheraus, dass mir Honecker keine Ruhe lässt. Soeben hat seine Frau eine Erklärung herausgebracht, in der sie die Jugend der DDR aufruft, die Errungenschaften des Sozialismus notfalls mit der Waffe in der Hand gegen äußere Feinde zu verteidigen.[3] Es ist völlig offenkundig, dass sie unter äußeren Feinden die sozialistischen Länder versteht, die Reformen verwirklichen, demokratische Prozesse anregen und ihren eigenen, originären Weg gehen. In erster Linie sind damit wohl Polen und Ungarn gemeint. Das ist natürlich eine seltsame Erklärung.

M. S. Gorbačev: Wie laufen bei Ihnen die Dinge mit Polen?

H. Kohl: Das Land befindet sich in keiner leichten Lage. Wir wollen ihm aber helfen, die Krise zu überwinden. Wie auch in Bezug auf die DDR, wollen wir keinerlei Destabilisierung.

[...].[4] Ich habe bereits gesagt, dass wir hinsichtlich der sozialistischen Länder, hinsichtlich der Sowjetunion einen klaren Kurs der Nichteinmischung in die inneren Angelegenheiten verfolgen. Aber die Politik der Nichteinmischung kann aus zwei Arten bestehen. Es ist eine Sache, in der Theaterloge zu sitzen und zu beobachten, was auf der Bühne vor sich geht und wenn die Handlung dann fast zu Ende ist, zu sagen, man habe ohnehin alles vorhergesehen und vorhergesagt, es hätte gar nicht anders sein können. Wie schlau wir doch sind.

Und es ist eine andere Sache, sich ebenfalls nicht einzumischen, aber den Geschehnissen auf der Bühne Sympathie entgegenzubringen. Nicht in der Loge zu

[1] Auszüge des russischen Protokolls auch in CWIHP, Document readers, The End of the Cold War, http://www.wilsoncenter.org/cwihp/documentreaders/eotcw/890614.pdf. Nicht in Deutsche Einheit, Sonderedition, dokumentiert.

[2] Gem. CWIHP (wie Anm. 1) Gesamtbewertung des Besuchs sowie Austausch über die amerikanische Politik gegenüber der Perestrojka.

[3] Eröffnungsansprache auf dem 9. Pädagogischen Kongress (13.–15. 6. 1989), in: Margot Honecker, Unser sozialistisches Bildungssystem – Wandlungen, Erfolge, neue Horizonte, Berlin 1989, S. 29f.: „Noch ist nicht Zeit, die Hände in den Schoß zu legen, unsere Zeit ist eine kämpferische Zeit, sie braucht eine Jugend, die kämpfen kann, die den Sozialismus stärken hilft„ die für ihn eintritt, die ihn verteidigt mit Wort und Tat und, wenn nötig, mit der Waffe in der Hand."

[4] Gem. CWIHP (wie Anm. 1) Ausführungen Kohls über französisch-polnische Beziehungen, deutsch-polnische Beziehungen sowie über bundesdeutsche Beziehungen zu anderen Staaten des RGW.

sitzen, aber auch nicht unmittelbar am Geschehen teilzunehmen. Man kann andere Funktionen übernehmen. Zum Beispiel helfen, die Beleuchtung zu verbessern, die auf die Bühne fällt. Sie spielt nämlich auch eine bei Weitem nicht unwichtige Rolle. [...].

Archiv der Gorbačev-Stiftung. Bestand 1, Verzeichnis 1.

Nr. 43
Gespräch Gorbačevs mit Bundespräsident von Weizsäcker am 15. Juni 1989

Abschließendes Gespräch M. S. Gorbačevs mit R. von Weizsäcker

Bonn, 15. Juni 1989

(An der Begegnung nahm Bundeskanzler H. Kohl teil. Auf sowjetischer Seite war der Berater M. S. Gorbačevs, A. S. Černjaev, anwesend.)

R. von Weizsäcker: Von ganzem Herzen möchte ich Sie, Herr Vorsitzender, zu dem glänzend verlaufenen Besuch beglückwünschen. Es gab sehr inhaltsreiche und gehaltvolle politische Gespräche und Unterhaltungen, Reden vor der Öffentlichkeit und vor Kreisen der Wirtschaft sowie Kontakte auf anderen Ebenen. Das Wichtigste aber besteht darin, wie die Bevölkerung, die einfachen Menschen, Sie aufgenommen haben. Selbst wenn wir gewollt hätten, wir wären nicht imstande gewesen, eine so massenhafte Teilnahme der Menschen auf Straßen und Plätzen zu organisieren, um Sie zu begrüßen. Dies war eine Willensäußerung der Herzen, eine Bewegung der Seele, eine Demonstration der Sympathie und des Wunsches, gemeinsam in Frieden zu leben und zusammenzuarbeiten. Ich habe bereits gesagt, worin der Grund für einen so warmen Empfang liegt. Ihnen, Herr Gorbačev, ist es gelungen, die deutschen Bürger von der Angst vor den Russen, von der Angst vor einem Krieg zu befreien. Sie haben in ihnen das Eis des Misstrauens zum Schmelzen gebracht und das in Jahrzehnten geschaffene „Feindbild" ausgelöscht. Ihr Besuch, so scheint es uns, hat der Feindschaft zwischen Russen und Deutschen unwiderruflich ein Ende gesetzt. Alles Dunkle liegt hinter uns, und wir können mit Optimismus in die Zukunft blicken.

M. S. Gorbačev: Eine große Arbeit ist getan; ich und meine Kollegen sind mit dem Verlauf des Besuchs sehr zufrieden.

Ich glaube, ich gehe nicht fehl, wenn ich sage, dass der Besuch ein neues Niveau und eine neue Qualität der sowjetisch-westdeutschen Beziehungen markiert. Wir haben viel und interessant mit Kanzler Kohl gesprochen; zwischen uns ist ein enger persönlicher Kontakt entstanden, den wir auch künftig weiterentwickeln werden. Besonders hervorheben möchte ich die freundschaftliche und herzliche Atmosphäre, die für diese Tage charakteristisch war, das Bestreben beider Völker, aufeinander zuzugehen, zusammenzuarbeiten, gemeinsam eine friedliche Zukunft für uns zu schaffen und eine Verbesserung der Beziehungen zwischen Ost und West insgesamt zu bewirken.

Ich möchte Ihnen, Herr Präsident, aber auch Helmut Kohl und Hans-Dietrich Genscher und ihren Kollegen für die Zusammenarbeit danken, das gegenseitige Verständnis und Vertrauen, das in vielerlei Hinsicht den Erfolg des Besuches mitbestimmt hat. Das Wohlwollen und Streben nach einer Annäherung an das sowjetische Volk, wie es von den Bürgern der BRD zum Ausdruck gebracht wurde, hat gezeigt, dass der von unseren beiden Regierungen gewählte Kurs – hin zu einem engen Zusammenwirken, das reich ist an konkreten und nutzbringenden Taten, hin zu ständigen Kontakten auf allen Ebenen, darunter auf höchster Ebene – dass dieser Kurs richtig ist, den Interessen beider Staaten, den Interessen Europas und der allgemeinen Sicherheit entspricht. Er trägt zur Gestaltung einer friedlichen Epoche in der Entwicklung der Welt bei.

Auch den Außenministern gebührt Dank für ihre Arbeit. Sehr wichtig waren die im Rahmen des Besuches zustande gekommenen Kontakte Jakovlevs mit den Führungen der politischen Parteien und gesellschaftlichen Bewegungen zur Vertiefung der gesellschaftspolitischen Verbindungen und der gegenseitigen Verständigung zwischen beiden Völkern.[1] Gute Arbeit haben Silaev und seine westdeutschen Kollegen geleistet.

Ich möchte Sie, Herr Bundespräsident, und Sie, Herr Bundeskanzler einladen, der Sowjetunion einen Staatsbesuch abzustatten. Offizielle Besuche tauschen auch die beiden Außenminister Ševardnadze und Genscher aus, die gleichfalls regelmäßige Arbeitskontakte miteinander unterhalten werden. Noch einmal ein herzliches Dankeschön für alles, was für mich getan worden ist.

Archiv der Gorbačev-Stiftung. Bestand 1, Verzeichnis 1.

Nr. 44
Pressekonferenz Gorbačevs in Bonn am 15. Juni 1989 [Auszug][1]

Auf der Pressekonferenz M. S. Gorbačevs in Bonn
15. Juni 1989

M. S. Gorbačev: Unser Besuch nähert sich dem Ende, obwohl uns noch eine interessante Fahrt, Begegnungen und Gespräche in Dortmund und Düsseldorf bevorstehen. Nichtsdestoweniger kann man bereits jetzt über die Ergebnisse des Besuchs sprechen und versuchen, erste Bewertungen dieses Ereignisses zu geben, das wir für ein bedeutendes Ereignis halten – nicht nur in unseren bilateralen Beziehungen, sondern auch im Rahmen der europäischen Politik und der Weltpolitik insgesamt.

Wir bewerten die Ergebnisse des Besuches als bedeutsam. Er hat die großen Möglichkeiten eines sowjetisch-westdeutschen Zusammenwirkens im Interesse der beiden Völker, im Interesse Europas und der anderen Länder gezeigt.

[1] Vgl. zu Treffen im zeitlichen Umfeld des Besuchs die Aufzeichnungen über Gespräche Jakovlevs mit Herrhausen und Meyer-Landrut am 2. 6. und 20. 6. 1989, in: Jakovlev (Hg.), Aleksandr Jakovlev, S. 319–321, 331–334.

[1] Deutscher Text in Besuch Michail Gorbatschows, S. 32–51.

[...].[2] Zweifellos standen im Zentrum des Besuchs die Gespräche mit der Führung der BRD. Der offene, tiefgreifende Meinungsaustausch mit dem Präsidenten, Herrn von Weizsäcker, mit dem Bundeskanzler, Herrn Kohl, mit dem wir drei Gespräche unter vier Augen geführt haben, mit anderen politischen und gesellschaftlichen Akteuren, Vertretern der Geschäftswelt – alle diese Begegnungen und Gespräche haben uns viel Neues für das Verständnis der Bundesrepublik Deutschland, ihrer Politik und ihrer Bestrebungen gebracht. Die anderen Mitglieder der Delegation hatten in diesen Tagen viele wichtige und nützliche Begegnungen.[3] Dies hat den Rahmen des Besuches erweitert und ihm einen wahrhaft einzigartigen Charakter verliehen. Wir wussten die Kontakte und Diskussionen sehr zu schätzen, die vor dem Besuch und während seines Verlaufs zwischen den Vertretern unserer Öffentlichkeit und ihren Kollegen aus der BRD stattgefunden haben. Ich denke dabei an Wissenschaftler, Journalisten und andere Vertreter der Intelligenz.

Dies alles erlaubt mir zu sagen, dass diese Tage wirklich mit großen und wichtigen gemeinsamen Überlegungen über die Gegenwart und Zukunft angefüllt waren. Ich möchte noch einmal besonders hervorheben: Der zwar kurze, aber direkte und lebendige Kontakt mit den Bürgern der BRD hat uns davon überzeugt, dass sich Änderungen bei den Ansichten und Stimmungen, was unser gegenseitiges Verhältnis betrifft, nicht nur in unserem Volk vollziehen. Sie geschehen auch hier. Und vielleicht können wir heute mit Recht davon sprechen, dass unsere beiden Völker aufeinander zugehen, sich einander annähern und über Pläne einer Zusammenarbeit nachdenken. Und dies an sich ist vielleicht das Allerwichtigste, was es heute gilt, festzuhalten und was in bedeutendem Maße die Zukunft bestimmen und dabei auch die Tätigkeit der Regierungen beider Länder beeinflussen wird.

Dies alles zusammen genommen zeugt davon, dass wir durch eine große, nicht einfache und geduldige Arbeit gemeinsam zu neuen Beziehungen gelangen konnten und wirklich begonnen haben, die Seiten eines großen und interessanten Kapitels unserer neuen Geschichte aufzuschlagen.[4]

Aus den Antworten auf Fragen der Journalisten

Frage: Halten Sie es für möglich, dass irgendwann in den beiden deutschen Staaten etwas vor sich geht, derart, dass eine europäische Identität und Gemeinsamkeit in einem Dokument festgeschrieben werden könnte?

M. S. Gorbačev: Ich halte alles für möglich. Aber die Zeit hat uns diese Welt nach den bekannten Ereignissen, nach dem Krieg, hinterlassen. Und die Zeit muss selbst verfügen, was danach sein wird.

(Wegen des Fehlens einer Übersetzung wurde die Antwort wiederholt.)[5]

[2] Gem. Besuch Michail Gorbatschows, S. 32 allg. Danksagung an die Gastgeber.
[3] Vgl. Delegationsgespräch vom 13. 6. 1989, in: Deutsche Einheit, Sonderedition, S. 295–299.
[4] Gem. Besuch Michail Gorbatschows, S. 33–37 folgen Ausführungen zur Gemeinsamen Erklärung, zur Sicherheits- und Abrüstungspolitik, zu den Wirtschaftsbeziehungen, zu Parlamentskontakten und zu anderen Maßnahmen einer regelmäßigen Zusammenarbeit sowie zur Perestrojka.
[5] Einschub gem. Vorlage.

Der Sinn meiner Antwort auf Ihre Frage war wie folgt: Die derzeitige Situation in Europa ist aus einer bestimmten Zeit heraus entstanden. Das sind die Realitäten. Auf ihrer Grundlage entwickeln sich sowohl der Helsinki-Prozess als auch andere Prozesse. Somit verdanken wir die Situation, die wir heute haben, einer bestimmten Zeit. Und wir hoffen, dass die Zeit selbst entscheiden und selbst verfügen wird. Heute stellen wir mit Zufriedenheit fest und begrüßen, dass sowohl in der Bundesrepublik Deutschland als auch in der Deutschen Demokratischen Republik Verständnis für die Notwendigkeit besteht, alles zu tun – und dies wird getan – dass niemals mehr ein Krieg von deutschem Boden ausgeht.

[6]**Frage:** Viele Westdeutsche sind der Meinung, dass die Berliner Mauer eine physische und politische Barriere auf dem Weg der Annäherung, der vollständigen Annäherung unserer beiden Länder ist. Glauben Sie, dass das gemeinsame europäische Haus, das Sie anstreben, möglich ist, solange die Berliner Mauer wie bisher existiert?

M. S. Gorbačev: Es wäre unseriös, es darauf zu reduzieren, dass das einzige Hindernis auf dem Weg zur Errichtung des europäischen Hauses die Berliner Mauer sei. Wir müssen beim Bau des europäischen Hauses viele Probleme im Interesse aller Völker lösen und dabei ihre Wahl, ihre Traditionen und ihre Geschichte respektieren sowie die Bedingungen für eine gleichberechtigte, für beide Seiten vorteilhafte Zusammenarbeit schaffen. Nichts unter dem Mond ist ewig. Wir wollen hoffen, dass wir auf dem richtigen Weg sind. Die Mauer ist in einer konkreten Situation entstanden, und dies war nicht von irgendeiner bösen Absicht diktiert. Die DDR hat damals legitim entschieden, ihre souveränen Rechte anzuwenden. Die Mauer kann verschwinden, wenn die Voraussetzungen wegfallen, die sie hervorgebracht haben. Ich sehe hier kein großes Problem. […].[7]

Vizit General'nogo sekretarja CK KPSS, Predsedatelja Verchovnogo Soveta SSSR M. S. Gorbačeva v FRG, 12–15 ijunja 1989 g. Dokumenty i materialy, Moskau: Politizdat 1989, S. 83–85.

6 Gem. Besuch Michail Gorbatschows, S. 38, zunächst eine Frage zu amerikanisch-sowjetischen Beziehungen. Auslassung in der Vorlage nicht kenntlich gemacht.

7 Gem. Besuch Michail Gorbatschows, S. 39 ff. folgen Detailfragen zu den deutsch-sowjetischen Beziehungen, zu China, zur Europapolitik, zu sowjetisch-britischen Beziehungen und zur Sicherheitspolitik.

Nr. 45
Auszug aus dem Tagebuch Černjaevs vom 5. Oktober 1989[1]

Aus dem Tagebuch A. S. Černjaevs

5. Oktober 1989

[2]M. S. [Gorbačev] fliegt morgen in die DDR, zum 40. Jahrestag.* Er mag überhaupt nicht. Hat heute[3] zweimal angerufen: sagt, er sei den Text (der Rede) bis zum letzten Buchstaben durchgegangen,[4] – man wird nämlich bei allem durchs Mikroskop schauen ... Zur Unterstützung Honeckers werde ich nicht ein Wort sagen. Die Republik und die Revolution werde ich unterstützen.[5]

Heute in Dresden – Demonstration mit 20000.[6] Gestern[7] in Leipzig [noch mehr].[8]

Es kursiert die Information, dass man in Anwesenheit Gorbačevs beginnen wird, „die Mauer" zu stürmen. Beängstigende Szenen bei der Durchfahrt eines Sonderzugs *(mit Flüchtlingen aus der DDR in den Westen)*[9] aus Prag in die BRD über Dresden.[10] Das westdeutsche Fernsehen hat das alles aufgenommen und zeigt es in der gesamten[11] DDR.

Die ganze westliche Presse ist voll mit Artikeln über eine Wiedervereinigung Deutschlands.[12]

* Am 6. Oktober 1989 reiste M. S. Gorbačev in die DDR zur Feier des 40. Jahrestags der DDR und traf mit den führenden Funktionären der Republik zusammen. Die Bevölkerung, die grundlegende Reformen – ähnlich der Perestrojka in der Sowjetunion – forderte, bereitete dem sowjetischen Führer einen beispiellos enthusiastischen Empfang.

Archiv der Gorbačev-Stiftung. Bestand 2, Verzeichnis 2.

[1] Auch in Černjaev, Sovmestnyj ischod, S. 805 f.; Chernyaev, Diary; mit z.T. abweichender Übersetzung in Tschernjaew, Mein deutsches Tagebuch, S. 239.
[2] Davor Ausführungen zum Kaukasus und zum Baltikum, vgl. Parallelüberlieferungen gem. Anm. 1.
[3] Keine Zeitangabe in Parallelüberlieferungen (wie Anm. 1).
[4] Teilsatz mit abweichendem Wortlaut, aber identischem Sinn in Černjaev, Sovmestnyj ischod, S. 805.
[5] Gorbačev hielt sich vom 6.–7. 10. 1989 in der DDR auf. Die Festansprache u. a. in ND vom 9. 10. 1989.
[6] Abweichender Wortlaut gem. Parallelüberlieferungen (wie Anm. 1): „gingen 20000 Menschen zur Demonstration".
[7] Montagsdemonstration in Leipzig am 2. 10. 1989.
[8] Zusatz gem. Parallelüberlieferungen (Anm. 1).
[9] Einschub gem. Vorlage, in Parallelüberlieferungen (wie Anm. 1) ohne Klammer.
[10] Während erste Fahrten ab dem 30. 9. 1989 ruhig verliefen, kam es am 4. 10. 1989 zu Tumulten am Dresdner Hauptbahnhof.
[11] Wort fehlt in Parallelüberlieferungen (wie Anm. 1).
[12] Danach gem. Parallelüberlieferungen (wie Anm. 1) Ausführungen zu Ungarn, zur Bedeutung Gorbačevs und zu Afghanistan.

Nr. 46
Gespräch Gorbačevs mit dem Staatsratsvorsitzenden Honecker am 7. Oktober 1989 [Auszug][1]

Aus dem Gespräch M. S. Gorbačevs mit E. Honecker[2]

7. Oktober 1989

[...].[3] **M. S. Gorbačev:** Ich wiederhole, was ich bereits im Auto gesagt habe: Für uns ist die DDR ein vorrangiger Verbündeter; davon ist auszugehen. Die vergangenen Jahrzehnte waren vom Standpunkt der Entwicklung unserer Länder und der internationalen Lage nicht ungetrübt. Wir haben stets in einem bestimmten Kontext gehandelt. Und dies waren die Bedingungen des „Kalten Krieges"; es war erforderlich, ihnen Rechnung zu tragen. Das, was uns heute eint, ist nicht zufällig: Unsere Beziehungen reichen zurück in die Geschichte. Und auf dieser soliden Grundlage kann man beliebige innere und äußere Einzelfragen lösen. Ich denke, dass wir heute sowohl unsere eigene Rolle als auch die eigene Verantwortlichkeit besser verstehen und einander in nichts verdächtigen. Es gibt allen Grund, von reifen Beziehungen zwischen zwei Völkern, Parteien und Ländern zu sprechen.

[...].[4] Aber dafür ist es nötig, zusammenzustehen; unerlässlich sind ein hohes Niveau der gegenseitigen Verständigung und eine neue Qualität der Zusammenarbeit in allen Bereichen. Dies ist die Überzeugung unserer gesamten Führung. Wir müssen bei der Umgestaltung der internationalen Beziehungen entschlossen und unerschütterlich sein. Und natürlich muss unsere Zusammenarbeit das Besondere des Wendepunktes in der Entwicklung der sozialistischen Zivilisation in Betracht ziehen.

Wir haben auf den ersten Etappen der Perestrojka gespürt, dass die radikalen Umgestaltungen in unserem Lande mit einer großen Verwirrung in den Köpfen verbunden waren, auch bei den Kommunisten.

[...].[5] Wozu spreche ich darüber? Die Partei kann nicht anders handeln, als sämtliche Impulse in sich aufzunehmen, die die Gesellschaft liefert.

Ich habe gestern gesagt, dass in deiner Rede die Errungenschaften der Republik überzeugend dargelegt wurden.[6] Es war gut, dass du auch einen Blick in die Zukunft geworfen hast. An einem solchen Tag und in einer solchen Rede bestand

[1] Deutsches Protokoll in Küchenmeister (Hg.), Honecker Gorbatschow, S. 240–251. Vgl. Gorbatschow, Erinnerungen, S. 934f.; Falin, Politische Erinnerungen, S. 485f.; Schachnasarow, Der Preis, S. 146–148; Kotschemassow, Meine letzte Mission, S. 110; Maximytschew/Hertle, Maueröffnung, S. 1137f. Zur Unterrichtung des Politbüro durch Gorbačev vgl. Vorotnikov, A bylo, S. 343, 347, 350f. Vgl. Dokumente Nr. 48 und 49.

[2] Lt. Mittag, Um jeden Preis, S. 18, 158, Krenz, Wenn Mauern, S. 86, Falin, Politische Erinnerungen, S. 485 u.a. nahm Mittag an dem Gespräch teil, lt. Schabowski, Der Absturz, S. 240f. nicht. Von sowjetischer Seite dabei Kvicinskij, ggf. Falin und Šachnazarov.

[3] Gem. deutschem Protokoll Begrüßungsworte Honeckers (wie Anm. 1, S. 240).

[4] Gem. deutschem Protokoll Plädoyer für Anstrengungen, um dem „Sozialismus einen zweiten Atem zu verleihen" (wie Anm. 1, S. 240f.).

[5] Gem. deutschem Protokoll Ausführungen über Aufgaben der Partei und über die Nationalitätenpolitik (wie Anm. 1, S. 241f.).

[6] Honeckers Rede am 6. 10. 1989 im Palast der Republik „Durch das Volk und für das Volk wurde Großes vollbracht", in: ND vom 9. 10. 1989.

augenscheinlich keine Notwendigkeit, dieses Thema weiter zu vertiefen. Wie ich es verstehe, werdet ihr euch sowohl gleich nach dem Feiertag als auch im Zuge der Vorbereitung des Parteitags[7] damit befassen müssen. Die Probleme, die uns beide beunruhigen, erfordern dies. Die Initiative muss bei der Partei liegen, bei der Führung; man darf nicht zu spät kommen.[8]

E. Honecker: Ich möchte noch einmal meine Dankbarkeit dafür aussprechen, dass du an den Festlichkeiten zum Jubiläum der DDR hast teilnehmen können. Ich hatte dich schon auf dem Weg nach Magnitogorsk darum gebeten,[9] weil ich davon ausging, dass der 40. Jahrestag der Republik unsere gemeinsame Sache ist. Die brüderliche Zusammenarbeit von DDR und Sowjetunion ist bei der Mehrheit der Bevölkerung in Fleisch und Blut übergegangen. Und obwohl es in unseren Beziehungen Höhen und Tiefen gab – die Zusammenarbeit zwischen der KPdSU und der SED war stets von entscheidender Bedeutung.

Wir haben bereits einige Gespräche über das Thema Perestrojka geführt. Ihr habt große Erfolge in der Außenpolitik erzielt. Was die inneren Prozesse in der Sowjetunion betrifft, so berichten wir darüber in unseren Massenmedien.

Jetzt fordern unsere Gegner Reformen.[10] Die Partei muss ihre Aufklärungsarbeit hinsichtlich einiger ideologischer Fragen verstärken, denen sie nicht genügend Aufmerksamkeit geschenkt hatte. Im Zuge der Vorbereitung auf den Parteitag werden wir diese Probleme lösen. Wir haben eine Reihe von Kommissionen ins Leben gerufen; eine davon beschäftigt sich mit der Analyse, wie der Sozialismus im 21. Jahrhundert aussehen wird.

Über unsere Probleme habe ich in meiner gestrigen Rede gesprochen. Wir befinden uns an der Grenze zwischen Warschauer Pakt und NATO, und es gibt eine Spaltung Deutschlands. Dies ist der Ursprung eines wachsenden Klassenkampfes in allen Bereichen. Kohl hat in einem Interview gesagt, wenn die DDR einen Weg der Reformen einschlägt, werde ihr die BRD Hilfe erweisen. Aber wir lassen uns keine Verhaltensregeln diktieren.

Am Vorabend der Ereignisse in Ungarn,[11] die ich bedauere, war Németh Gast der SPD. Es wurde vereinbart, dass die BRD einen Kredit über 550[12] Millionen Mark zur Verfügung stellt, wenn die Ungarn die Grenze öffnen.[13] Die Ungarn sind darauf eingegangen. Und bei uns reisen jährlich bis zu drei Millionen Touris-

[7] Der 12. Parteitag der SED war ursprünglich für Mai 1990 geplant.

[8] Gem. deutschem Protokoll folgen weitere Ausführungen zur Perestrojka, zur Rolle der KPdSU sowie zur Personal- und Wirtschaftspolitik (wie Anm. 1, S. 242–244).

[9] Honecker besuchte die UdSSR vom 27. 6.–1. 7. 1989 und nahm an den Jubiläumsfeiern der Stadt teil. Vgl. Niederschrift des Arbeitstreffens Honeckers mit Gorbačev am 28. 6. 1989 in Moskau, in: Küchenmeister (Hg.), Honecker Gorbatschow, S. 208–239.

[10] Gem. deutschem Protokoll geht es um die Forderungen der Evangelischen Kirche nach „inneren Reformen" (wie Anm. 1, S. 245).

[11] Ungarn öffnete DDR-Bürgern zum 11. 9. 1989 die Grenze nach Österreich. Zu den westdeutsch-ungarischen Gesprächen vgl. Vermerk Genscher über das Gespräch Kohls mit Németh am 25. 8. 1989, in: Deutsche Einheit, Sonderedition, S. 377–380 sowie das Schreiben Kohls vom 4. 10. 1989, ebd., S. 442.

[12] Gem. deutschem Protokoll 500 Mio (wie Anm. 1, S. 246). Die bundesdeutsche Kreditgarantie wurde schließlich um 500 Mio DM erhöht, vgl. Schreiben Kohl an Németh vom 4. 10. 1989, in: Deutsche Einheit, Sonderedition, S. 442.

[13] Gem. deutschem Protokoll habe die SPD Németh „an Kohl weitergereicht", so dass die Kreditzusage von der Regierung erfolgte (ebd., S. 246).

ten nach Ungarn. Im Zusammenhang mit diesen Ereignissen sind wir gezwungen, den visafreien Verkehr mit der UVR außer Kraft zu setzen.[14]

Heute werden in Budapest offensichtlich Beschlüsse gefasst, die gegen den Sozialismus gerichtet sind.[15] Ich erhielt ein alarmierendes Telegramm von Grósz, aber wir können ihnen von hier aus in keiner Weise helfen. Ungarn als sozialistisches Land zu verlieren, ist schwer. Dies alles ruft bei uns Besorgnis hervor: Wohin bewegt sich der Sozialismus?

Den Zerfall einiger Länder – Ungarn, Polen – betrachtet man im Westen als Anlass, dem Sozialismus einen Schlag zu versetzen. Derzeit sammelt man die Kräfte gegen die DDR. Kohl sprach schöne Worte gegen den Nazismus, als er sich mit mir traf;[16] aber auf dem Parteitag der CDU begann er zu behaupten, dass der Sozialismus angeblich gescheitert sei und die westliche Demokratie gesiegt habe.[17] Man demonstriert auch militärische Macht. In der BRD bereitet man sich auf Manöver vor, an denen 250 000 teilnehmen werden.[18]

M. S. Gorbačev: Ich teile die Meinung über die Komplexität der Prozesse, die jetzt in den Ländern des Sozialismus ablaufen. Der Westen verspricht große Gnadengeschenke für die Aufgabe der Positionen. Auch wir werden dazu angestachelt, mehr Kredite aufzunehmen. Wir haben schwierige Prozesse in der Gesellschaft, aber es ist nicht so leicht, sich an uns heranzumachen. Eine andere Sache sind Ungarn und Polen. Dort hat man über mehrere Jahre Wohlstand auf einer künstlichen Basis geschaffen, und dies hat sie jetzt in eine Position der Abhängigkeit gebracht.[19]

E. Honecker: Was die Ereignisse bei euch betreffen, so begrüßen wir das September-Plenum des ZK.[20] Dort wurde mit Recht gesagt, dass man Demagogen keinen Raum lassen darf. Jedoch steht viel Inakzeptables in sowjetischen Zeitschriften, die bei uns verbreitet werden. Ich hoffe, ihr verzeiht uns, dass wir den Artikel über den Aufenthalt El'cins in den USA abgedruckt haben?*

M. S. Gorbačev: Ihr musstet irgendwie auf diese Tatsache reagieren. Wir waren nur enttäuscht, dass die „Pravda" den Artikel aus der bürgerlichen Presse[21] nachgedruckt hat, als ob sie keine eigene Meinung äußern könnte.

E. Honecker: Die bei uns entstandene Lage haben wir bereits besprochen und werden die Diskussion am Dienstag fortsetzen. Es ist klar, dass wir die gesellschaftliche Struktur dadurch festigen müssen, dass wir die Bevölkerung in breiterem Umfange in die Verwirklichung überfälliger Maßnahmen einbeziehen. Ich

[14] Gem. deutschem Protokoll verweist Honecker hier auf die Aufhebung der Visafreiheit im Reiseverkehr mit der Tschechoslovakei am 3. 10. 1989 (wie Anm. 1, S. 247).

[15] Auf dem Parteitag am 6./7. 10. 1989 benannte sich die Sozialistische Arbeiterpartei in Sozialistische Partei um.

[16] Vgl. die Gespräche Kohls mit Honecker am 7. und 8. 9. 1987, in: Potthoff, Koalition, S. 582–606.

[17] CDU-Bundesparteitag 11.–13. 9. 1989 in Bremen. Vgl. Kohl, Erinnerungen 1982–1990, S. 935–940, zur sowjetischen Perzeption Kwizinskij, Vor dem Sturm, S. 14.

[18] Herbstmanöver der NATO u. a. in Europa. Diese Ausführungen erfolgen im dt. Protokoll erst am Ende des Gesprächs (wie Anm. 1, S. 249f.).

[19] Dieser Punkt gem. dt. Protokoll erst am Schluss der Besprechung thematisiert (wie Anm. 1, S. 250).

[20] 19.–20. 9. 1989 mit Vorverlegung des 28. Parteitags und Umstrukturierung der UdSSR. Vgl. Dokumente und Materialien. Plenum des ZK der KPdSU, 19.–20. September 1989, Moskau 1989.

[21] Gem. dt. Protokoll Nachdruck eines diffamierenden Artikels aus der italienischen Zeitung La Repubblica (wie Anm. 1, S. 247). Vgl. Pravda vom 19. 9. 1989 und 22. 9. 1989.

habe ein Treffen mit den Führern der [Nationalen Front][22] vereinbart. Es ist unerlässlich, dass sowohl die SED als auch die anderen Parteien und die Gewerkschaften in die gleiche Richtung wirken.

Auf dem Weg zum 12. Parteitag ist die ideologische Arbeit von besonderer Bedeutung. Insgesamt ist die Arbeiterklasse und besonders die Bauernschaft in guter Verfassung. Die Werktätigen unterstützen die Linie der Partei. Fragen gibt es natürlich, aber es ist unser Glück, dass wir uns rechtzeitig der sozialen Probleme angenommen haben und vor allem die Wohnungsfrage gelöst haben. Wir setzen die Aneignung der Errungenschaften der Wissenschaftlich-Technischen Revolution fort: Zum 40. Jahrestag hat ein Teil der Betriebe neue automatisierte Ausrüstungen erhalten und zum 12. Parteitag der SED wird ihre weitere Umstrukturierung auf elektronischer Basis erfolgen. Das Wachstum der Arbeitsproduktivität in diesen Betrieben beträgt zwischen 300 und 700%. Die Form der Kombinate hat sich voll und ganz bewährt. Sie gehen jetzt auf den Weltmarkt hinaus und arbeiten immer enger mit den sowjetischen Betrieben zusammen. Generell erlangen unsere Verbindungen jetzt eine neue Qualität: In den Betrieben, die Erzeugnisse in die UdSSR liefern, sind zwischen 40 und 50%[23] der Werktätigen beschäftigt.

Nur eine Anmerkung. Die von uns mit großer Mühe gemeinsam geschaffene Fährverbindung nach Klaipeda[24] ist nicht voll ausgelastet – 3,5 Millionen jährlich.

Zusammenfassend möchte ich betonen, dass wir das tun, was wir bereits beim ersten Treffen vereinbart haben. Im Vergleich zur Sowjetunion ist die DDR ein kleiner Staat, aber eine Macht mit großem Potential in Industrie, Wissenschaft und Technik.[25] Und es ist sehr wichtig, dass zwischen uns jetzt Einigkeit bei allen grundlegenden Fragen herrscht.[26]

* Die Rede ist vom Abdruck eines Artikels, der in der amerikanischen Presse erschienen war, über den Aufenthalt Jelzins in den USA. Darin wurden insbesondere seine Alkoholeskapaden geschildert.[27]

Archiv der Gorbačev-Stiftung. Bestand 1, Verzeichnis 1.

[22] In der Vorlage anstelle „nacional'nogo fronta“ „narodnogo fronta“, „Volksfront“.
[23] Gem. dt. Protokoll „fast 50%“ (wie Anm. 1, S. 248).
[24] Vgl. Dokument Nr. 14, Anm. 8.
[25] Gem. dt. Protokoll folgen Ausführungen Honeckers über die Rolle der Partei, über seinen Besuch in Magnitogorsk, das bereits zitierte NATO-Manöver und die Außenpolitik (wie Anm. 1, S. 249f.).
[26] Gem. dt. Protokoll folgen erst hier die Ausführungen Gorbačevs über westliche Beeinflussungsversuche, danach Gedankenaustausch über Maxwell (wie Anm. 1, S. 250f.).
[27] Kommentar des ND vom 19. 9. 1989, „Herr Jelzin auf dem Holzweg“.

Nr. 47
Gespräch Gorbačevs mit Mitgliedern des Politbüros des ZK der SED am 7. Oktober 1989 [Auszug][1]

Aus dem Gespräch M. S. Gorbačevs mit Mitgliedern des Politbüros des ZK der SED

Berlin, 7. Oktober 1989

(Von deutscher Seite nahmen an dem Gespräch teil: die Mitglieder des Politbüros des ZK der SED, die Sekretäre des ZK H. Axen, J. Herrmann, H. Dohlus, E. Krenz, W. Krolikowski, G. Mittag, K. Hager, G. Schabowski, W. Jarowinsky, die Mitglieder des Politbüros H.-J. Böhme, H. Sindermann, H. Keßler, G. Kleiber, S. Lorenz, E. Mielke, E. Mückenberger, A. Neumann, H. Tisch, W. Stoph, W. Eberlein, die Kandidaten für die Mitgliedschaft im Politbüro W. Walde, I. Lange, G. Müller, M. Müller, G. Schürer, sowie die Mitglieder des ZK der SED G. Sieber, [F.-]J. Herrmann, H. Ott, H. König.

Von sowjetischer Seite nahmen V. M. Falin, G. Ch. Šachnazarov, I. P. Aboimov, V. I. Kočemasov, G. I. Gerasimov und V. A. Koptel'cev teil.)

[…].[2] **M. S. Gorbačev:** Die Errungenschaften der DDR bezeugen, dass das Leben all derer, die ihr Schicksal mit ihr verknüpft haben, nicht vergeblich ist. Das, was ihr in den vier Jahrzehnten erreicht habt, übersteigt auch die überstandenen Schwierigkeiten und Verluste, die unvermeidlich waren. Nur in schematischen Darstellungen sieht alles glatt aus, aber nicht im wirklichen Leben. Ihr alle, Genossen, könnt sehr große Genugtuung empfinden.

Das bemerkenswerte Jubiläum der DDR und ihre Erfolge können natürlich niemanden von den Mühen und der Verantwortung für die weitere Entwicklung des Landes befreien.

[…].[3] In den Gesprächen mit den offiziellen Vertretern des Landes und bei den kurzen Begegnungen in den Straßen Berlins habe ich mich noch einmal davon überzeugt, dass die Menschen der Brüderlichkeit und Zusammenarbeit mit der Sowjetunion verbunden sind. Wir schätzen dies hoch.

Wir waren im Gespräch mit dem Genossen Honecker in der Tat einer Meinung darüber, dass es bei der Bewertung der gegenwärtigen Prozesse in unseren Ländern und in der sozialistischen Welt insgesamt wichtig ist, die neuen Impulse aufzugreifen, die der aktuellen gesellschaftlichen Entwicklung verliehen werden.

Dies hat einen direkten Bezug auch zu unserer Perestrojka. Dort wo die Partei in theoretischer und praktischer Hinsicht zurückbleibt, ernten wir bittere

[1] Auszüge in CWIHP, Document readers, The end of the cold war, http://www.wilsoncenter.org/cwihp/documentreaders/eotcw/891007.pdf sowie NSAEBB Nr. 290, http://www.gwu.edu/~nsarchiv/NSAEBB/NSAEBB290/index.htm. Dt. Protokoll abgedr. in Küchenmeister (Hg.), Honecker Gorbatschow, S. 252–266 sowie Mittag, Um jeden Preis, S. 359–384. Vgl. Gorbatschow, Erinnerungen, S. 935; Falin, Politische Erinnerungen, S. 486f.; Kotschemassow, Meine letzte Mission, S. 110f.; Schabowski, Absturz, S. 241f.; Krenz, Wenn Mauern, S. 86–93; Krenz, Herbst, S. 77f.; Hager, Erinnerungen, S. 426–429; Eberlein, Geboren, S. 469f.; von Plato, Vereinigung, S. 59–61; Maximytschew/Hertle, Maueröffnung, S. 1137f. Zur Unterrichtung des Politbüro durch Gorbačev vgl. Vorotnikov, A bylo, S. 343, 347, 350f. Vgl. Dokumente Nr. 48 und 49.

[2] Gem. dt. Protokoll Einleitung von Honecker (wie Anm. 1, S. 252f.).

[3] Gem. dt. Protokoll allg. Resümee und Bekräftigung der Bedeutung der DDR für die UdSSR (wie Anm. 1, S. 253).

Früchte. Ihr alle wisst, wie bei uns in letzter Zeit die Nationalitätenkonflikte und Leidenschaften aufgebrochen sind. Die Nationalitätenprobleme sind außerordentlich kompliziert. In ihnen ist vieles miteinander verknüpft: Wirtschaft, Demographie, Probleme der Souveränität, der Geschichte und der Traditionen der einzelnen Völker. Wir hätten der Gesellschaft gründlich erarbeitete Herangehensweisen an diese Probleme präsentieren müssen. Doch bislang haben wir eine intensive Arbeit betrieben, was natürlich eine bestimmte Zeit erforderte und andere Kräfte haben giftige Samen auf den Boden der Nationalitätenprobleme gesät.

Und erst als wir auf dem September-Plenum die Plattform für die Nationalitätenpolitik der KPdSU verabschiedet hatten, brachte dies eine gewisse Beruhigung in die Gesellschaft.[4] Die Menschen erhielten klare, bestimmte Orientierungen, die eine Konsolidierung der gesellschaftlichen Kräfte erlaubten.

Wenn ich in diesen Jubiläumstagen über unsere gemeinsamen Probleme nachdenke, komme ich zu dem Schluss, dass im Vortrag von Genossen Honecker derjenige Teil äußerst wichtig ist, der das Thema eurer Zukunftspläne behandelt.

[...].[5] Aber Kommunisten geben sich bekanntlich mit dem Erreichten nicht zufrieden. Für uns alle ist wichtig – was nun weiter? Natürlich konnten im Jubiläumsvortrag die Leitlinien, die die Entwicklungsperspektiven betreffen, nicht ausreichend dargelegt werden. Aber allein der Gedanke hinsichtlich der Notwendigkeit von Veränderungen in der Gesellschaft ist außerordentlich wichtig, sowohl an der Basis als auch im Überbau – besonders im Bereich der Demokratie mit Schwerpunkt auf der vollständigeren und tatsächlichen Einbeziehung der Werktätigen in die Umgestaltungsprozesse. Offenbar hat bei euch bereits die Arbeit zur Vorbereitung des Parteitags begonnen, der die Wende hin zu einer neuen Etappe in der Entwicklung des Landes bedeuten soll.

Ihr wisst, dass es für mich wichtig war, hier etwas darüber zu hören. Denn unsere Perestrojka ist auch eine Antwort auf die Herausforderung der Zeit. Letztendlich denken wir Kommunisten darüber nach, was nach uns bleiben wird, was wir den nachfolgenden Generationen hinterlassen.

Ich habe allerdings zu Erich gesagt, dass es für euch offenbar in vielem einfacher ist als für uns. Ihr habt nicht diese Spannungen in der sozioökonomischen Sphäre. Aber eine Entscheidung über politische Veränderungen zu treffen, ist auch keine sehr einfache Sache. Euch stehen Zeiten bevor, die mutige Entscheidungen erfordern. Ich spreche aus unserer Erfahrung. Denkt daran, Lenin hat festgestellt, dass in stürmischen revolutionären Jahren die Menschen in Wochen und Monaten mehr Erfahrung erwerben als in manchen Jahrzehnten.

Unsere Perestrojka hat uns zu der Schlussfolgerung gebracht, dass die Sache der Revolution nicht die Unterstützung der Werktätigen erhält, wenn sich ihre Lebensbedingungen nicht verbessern. Aber es hat sich herausgestellt, dass das Problem von Wurst und Brot noch nicht alles ist. Die Menschen fordern eine neue gesellschaftliche Atmosphäre, mehr Sauerstoff in der Gesellschaft, zumal die Rede

[4] Vgl. Dokument Nr. 46, Anm. 20. Zur Nationalitätendebatte vgl. Altrichter, Russland, S. 291–297.
[5] Gem. CWIHP (wie Anm. 1) und dt. Protokoll (wie Anm. 1, S. 253 f.) längere Ausführungen Gorbačevs über frühere Entwicklungen in der DDR und über innenpolitische Probleme der UdSSR.

von einer sozialistischen Ordnung ist. Ich sage das, um an die Probleme zu erinnern, mit denen wir bei uns konfrontiert sind.

Bildlich gesprochen verlangen die Menschen nicht nur Brot, sondern auch Spiele. Wenn man dies im weiten Sinne versteht, dann handelt es sich um die Notwendigkeit, nicht nur eine materielle, sondern auch eine sozial-geistige Atmosphäre für die Entwicklung der Gesellschaft zu schaffen. Ich glaube, dies ist eine Lehrstunde für uns. Hier ist es wichtig, nicht die Chance zu verpassen. Die Partei muss auch hier ihre Meinung zu diesen Problemen haben, ihre klare Politik in dieser Hinsicht. Wenn wir zu spät kommen, bestraft uns das Leben. Nebenbei gesagt, wir haben in diesem Zusammenhang den 28. Parteitag der KPdSU vorverlegt.[6]

In der Gesellschaft begreift man jetzt: So wie die Dinge in der Partei stehen, so wird auch die Perestrojka verlaufen. Die Stimmungen sowohl in der Arbeiterklasse als auch in der Gesellschaft und in der Partei sind nicht identisch. Ich würde sagen, die Idee der Perestrojka wird in der Partei von niemandem in Zweifel gezogen. Niemand hat in den vier Jahren eine reale Alternative vorgeschlagen. Einzelne Grüppchen – keine gesellschaftlichen Strömungen, sondern eben Grüppchen – bewegen sich in der größtmöglichen Bandbreite – vom Monarchismus bis hin zum Anarchismus. Dies muss man kaum ernstlich in Betracht ziehen. Die grundlegenden gesellschaftlichen Kräfte – alle – sind für die Perestrojka. Es gibt Konflikte über ihr Tempo, ihre Tiefe und ihre Taktik. Aber alles läuft darauf hinaus, dass die Perestrojka von der Lage in der Partei abhängt.

[…].[7] Die Fragen der Partei werden dermaßen scharf diskutiert, dass viele Organisationen sich sogar für einen außerordentlichen Parteitag ausgesprochen haben. Die Argumente waren folgende: Viele Kader nehmen die Perestrojka nicht an, deshalb muss man die Parteistrukturen erneuern.

Wir haben die Initiative ergriffen, eine Tagesordnung für den Parteitag und eine Erneuerung der Satzung vorgeschlagen, damit sie die Demokratisierungsprozesse innerhalb der Partei befördern kann. Das Programm der KPdSU werden wir zunächst nicht anrühren; vieles muss sich noch besser herauskristallisieren. Aber wir brauchen unbedingt ein Aktionsprogramm für die nächste Zukunft. Es scheint, dass wir es im März bereits haben und von Grund auf – ohne irgendwelches Chaos zuzulassen – im Rahmen der Parteiendemokratie eine Erneuerung der Parteiorgane vornehmen werden. Sobald auf dem September-Plenum die Entscheidung über das Vorziehen des Parteitags getroffen worden war, war sofort klar, dass die Initiative bei uns lag. Wenn man in Betracht zieht, dass gleichzeitig der Oberste Sowjet der UdSSR und der Kongress der Sowjets über die Fragen des Eigentums, der Pacht, des sozialistischen Unternehmens und von Grund und Boden entscheiden werden, dann heißt das, dass praktisch in den nächsten Monaten gewaltige juristische Vorleistungen für die weitere Entwicklung erbracht werden.

Ich spreche hier darüber, weil ihr großes Interesse an unseren Angelegenheiten zeigt. Euer Interesse ist umso verständlicher, als ihr, wie Erich mir sagte, in nächster Zeit vor der Ausarbeitung zukunftsweisender Fragen zum Parteitag der SED

[6] Der 28. Parteitag der KPdSU fand schließlich vom 2.–13. 7. 1990 statt. Das ZK-Plenum vom 19.–20. 9. 1989 hatte noch einen Termin im Oktober 1990 anvisiert.

[7] Gem. CWIHP (wie Anm. 1) und dt. Protokoll (wie Anm. 1, S. 256f.) Ausführungen über die Streikbewegung in der UdSSR.

steht. Ich bin überzeugt, dass ihr unter Berücksichtigung der wichtigsten Impulse der Zeit weiter vorangehen werdet. Und dies bringt uns einander noch näher. In diesem Zusammenhang müssen wir voll und ganz die Vereinbarung über die gemeinsame Arbeit unserer Gesellschaftswissenschaftler nutzen. Es ist lebensnotwendig, sich zu allen Fragen auszutauschen, die mit den dynamischen Anforderungen der Zeit verbunden sind. Wir sind an einer Etappe angelangt, wo sehr große und wohlüberlegte neue Schritte nach vorn gefordert werden.

Aus unserer eigenen Erfahrung, aus der Erfahrung Polens und besonders Ungarns haben wir und ihr uns überzeugen können: Wenn eine Partei so tut, als ob nichts Besonderes vor sich geht und nicht auf die Erfordernisse des Lebens reagiert, dann ist sie verloren. Wir machen uns Sorgen um die gesunden Kräfte in Polen und Ungarn, aber ihnen zu helfen, ist sehr schwierig. Immerhin sind dort Positionen aufgegeben worden. Sie sind aufgegeben worden, weil dort nicht rechtzeitig eine Antwort auf die Anforderungen des Lebens gegeben wurde und die Prozesse einen schmerzlichen Charakter angenommen haben. Die polnischen Genossen haben die Möglichkeiten nicht genutzt, die sich vor ihnen Anfang der 80er Jahre eröffneten. Und in Ungarn hat es Kádár – schon am Ende seines Lebens – tief bedauert, dass er nicht rechtzeitig das getan hat, was er tun musste und tun konnte. So bleibt uns und euch nur eine Wahl: entschlossen vorwärts zu gehen, sonst werden wir besiegt.[8]

[...].[9] **E. Honecker:** Liebe Genossen! Ich denke in eurem Namen können wir Michail Sergeevič Gorbačev herzlich für seine Worte danken. Er hat hier vieles von dem gesagt, worüber wir beide schon im ersten Gespräch gesprochen haben.

Für uns ist der Leitsatz sehr wichtig, den ich gestern im Vortrag „Vorwärts immer, rückwärts nimmer!“ ausgeführt habe. Das Volk versteht diese Losung gut. Wenn Worte und Taten im Einklang stehen, dann wird die Verbindung mit den Massen, die buchstäblich jeden Tag unser Leben aufbauen, umso enger. Michail Sergeevič begrüßt die Ergebnisse unserer Arbeit und unsere Ausrichtung auf die Zukunft. Wir haben in der Tat skizziert, in welche Richtung wir in Zukunft gehen werden, obgleich bereits jetzt ein breiter Dialog mit den gesellschaftlichen Organisationen, den Gewerkschaften und den Parteiorganisationen geführt wird. Übrigens, wir haben 9,6 Millionen Gewerkschaftsmitglieder.

Wir beabsichtigen der Vorbereitung des 12. Parteitags entscheidende Aufmerksamkeit zu widmen. Hier helfen individuelle Aussprachen. Zur Erarbeitung der Unterlagen und Vorschläge wurden Kommissionen, bestehend aus wissenschaftlichen Mitarbeitern der Akademie der Wissenschaften und anderer Einrichtungen, geschaffen. Sie haben bereits eine Vielzahl von Materialien ausgearbeitet, die studiert werden.[10]

Ich kann den sowjetischen Genossen versichern, dass wir uns ihre Ratschläge sehr zu Herzen nehmen, den Sozialismus auf deutschem Boden noch mehr zu fes-

[8] Gem. dt. Protokoll (wie Anm. 1, S. 258): „entschieden voranzugehen, sonst werden wir vom Leben selbst geschlagen“.

[9] Gem. dt. Protokoll Schlussappell Gorbačevs zur Zusammenarbeit und Tätigkeit auf „der Grundlage der Erneuerung und der Realität, auf der Grundlage der Ideale und der Ideen, die vom Oktober proklamiert wurden“ (wie Anm. 1, S. 258 f.).

[10] Vgl. Arbeitstreffen Honeckers mit Gorbačev am 28. 6. 1989 in Moskau, in: Küchenmeister (Hg.), Honecker Gorbatschow, S. 208 ff., hier S. 226 mit Anm. 347.

tigen. Michail Sergeevič hat uns hier an die Forderung der alten Römer „Brot und Spiele!" erinnert. Ich möchte in diesem Zusammenhang einen Gedanken von Engels in Erinnerung rufen, den er bei der Beerdigung von Marx ausgesprochen hat. Er sagte, die Menschen müssten vor allem Nahrung, Kleidung und ein Dach über dem Kopf haben.[11] Wir unterschätzen die geistigen Probleme nicht, wir folgen dem Vermächtnis von Marx und Engels, die den Sozialismus in eine wissenschaftliche Theorie verwandelt und diese eng mit der Arbeiterklasse verknüpft haben. Marx hat in der „Kritik des Gothaer Programms" die Bedeutung dessen hervorgehoben, dass im Sozialismus die Verteilung nur nach der Leistung, aber nicht nach den Bedürfnissen, wie im Kommunismus, erfolgen kann.[12] Dies ist eines der Schlüsselprobleme, das in Zukunft in vollem Umfange zu berücksichtigen ist.

Durch die persönlichen Aussprachen mit den Parteimitgliedern im Zusammenhang mit dem Austausch der Mitgliedsbücher erhalten wir wertvolle Impulse für die Arbeit der zentralen Organe.[13] Wir bereiten auch die Wahlen zur Volkskammer der DDR vor, die im Juni 1990 stattfinden werden. Dies erhöht die Bedeutung des Parteitags. Er wird das Programm skizzieren, mit dem die SED in die Wahlen geht. In der Volkskammer der DDR agieren im Unterschied zu anderen sozialistischen Ländern zehn Fraktionen. Umso größer ist die Verantwortung der SED. Sie wird nicht nur deklariert. Es ist wichtig, dass die Kandidaten der anderen Parteien mit reinem Gewissen und aus innerer Überzeugung mit uns gehen. Dies erfordert, dass zu allen zukunftsweisenden Fragen der inneren Entwicklung und der Außenpolitik klare Positionen und Vorschläge erarbeitet wurden.

Auf dem ZK-Plenum sind wir für eine Politik der Kontinuität und der Erneuerung eingetreten.[14] Damit wird unterstrichen, dass unsere Partei eine Partei der Neuerer ist. Wir wissen, dass man nicht stehen bleiben darf. Sonst bleibt man zurück. Es ist unerlässlich, die neuen Fragen zu erkennen und sie zu lösen.

Ein herzliches Dankeschön, Michail Sergeevič, für die guten Worte über die DDR, für den Beitrag zur Entwicklung der Beziehungen zwischen unseren Ländern und Parteien. Wir stimmen darin überein, dass die KPdSU und die SED starke Parteien sind. Aber natürlich verstehen wir die besondere Rolle der KPdSU bei der Entwicklung aller Angelegenheiten von globaler Bedeutung.

Michail Sergeevič hat zwei Beispiele angeführt, die die Herangehensweise an die Herausforderungen der Zeit betreffen. Ich möchte mich noch zu einer Frage äußern. Bei unserer ersten Begegnung mit Michail Sergeevič unmittelbar nach dem 27. Parteitag der KPdSU sagte er, meine Vorstellungen von der Entwicklung der wissenschaftlich-technischen Revolution seien richtig, aber zu ihrer Verwirklichung brauche man die entsprechende gesellschaftliche Atmosphäre.[15] Ich habe damals diesen Gedanken in seinem vollen Umfang nicht verstanden. Aber das

11 Friedrich Engels, Das Begräbnis von Karl Marx, in: Karl Marx/Friedrich Engels, Werke, Band 19, 4. Aufl. Berlin 1973, S. 335–339.

12 Ebd., S. 13–32.

13 Der Umtausch der Dokumente wurde gem. Beschluss der 7. ZK-Tagung (1.–2. 12. 1988) ab 1. 9. 1989 durchgeführt und sollte am 31. 12. 1989 beendet sein.

14 8. ZK-Tagung am 22.–23. 6. 1989. Vgl. Aus den Diskussionsreden: 8. Tagung des ZK der SED, Berlin 1989.

15 Vgl. Information über das Treffen Honeckers mit Gorbačev am 20. 4. 1986 in Berlin, in: Küchenmeister (Hg.), Honecker Gorbatschow, S. 78–105.

Leben hat gezeigt, dass dies ein bedeutender Gedanke war. Ohne die entsprechende Atmosphäre, ohne die interessierte Beteiligung der Werktätigen ist es unmöglich, die Errungenschaften der wissenschaftlichen-technischen Revolution mit den Vorzügen des Sozialismus zu verbinden.

Es ist richtig, dass unsere Partei sich den Problemen der wissenschaftlich-technischen Revolution schon vor langer Zeit zugewandt hat, schon damals, als Michail Sergeevič in den 60er Jahren bei uns war.[16] Im Zusammenhang mit dem neuen Durchbruch der imperialistischen Staaten auf dem Gebiet der Hochtechnologien haben wir in den 70er Jahren einen Beschluss des ZK über die Entwicklung der Mikroelektronik angenommen.[17] Und es ist uns gelungen, was einige unterschätzt haben. Wir haben eine starke mikroelektronische Grundlage geschaffen.[18]

Dafür waren mehr als 15 Milliarden Mark an Investitionen erforderlich, nicht nur in den Kombinaten, sondern in allen Zweigen der Industrie. Überall erfolgte ihre möglichst breite Elektronisierung.

Ich habe bereits gesagt, dass wir bei der Vorbereitung auf den Parteitag beabsichtigen, mehr als sechstausend Unternehmen zu modernisieren. Im Zuge der Vorbereitung auf den 40. Jahrestag der DDR wurden in mehr als 100 Unternehmen flexible automatisierte Systeme eingeführt. Dies ist ein Schritt zur Schaffung von Fabriken der Zukunft, die wir kürzlich auf der Ausstellung in Moskau gezeigt haben. In diesen Unternehmen ist ein Zuwachs an Arbeitsproduktivität von 300–700% gewährleistet. Dies ist eine große Aktion mit zukunftsweisender Bedeutung, obwohl eine Reihe neuer konkreter Probleme entsteht, da viele Menschen aus dem Arbeitsprozess freigesetzt werden. Mit Hilfe der gewerkschaftlichen Organisationen richten wir für sie eine dritte Schicht ein und lösen die damit verbundenen sozialen Probleme. All das läuft nicht ohne Reibungen ab. Man muss einfühlsam an die Probleme herangehen.

Als ich in Magnitogorsk war, sah ich dort den Bau neuer Konverterstahlwerke mit einer Kapazität von 9 Millionen Tonnen Edelstahl.[19] Die Sowjetunion unternimmt ebenfalls große Anstrengungen in entscheidenden Produktionszweigen für den Durchbruch nach vorn. Ich spreche darüber, weil dies für unsere Zusammenarbeit sehr wichtig ist. Gemeinsam entwickeln wir die Opto-Elektronik, die Sensortechnik, die Lasertechnik, schaffen neue Materialien und arbeiten im Bereich der Eroberung des Kosmos. Wir freuen uns, dass die Zusammenarbeit unserer Wissenschaftler auf diesen Gebieten eine neue Qualität erreicht. Eine neue Qualität verleiht unseren Beziehungen auch der Austausch von Arbeitern. Auf diese Weise wird durch gemeinsame Anstrengungen die Grundlage für eine neue Zukunft unserer Länder gelegt.

[16] Anfang Juni 1966, vgl. Küchenmeister (Hg.), Honecker Gorbatschow, S. 82 mit Anm. 109 sowie das dt. Protokoll der aktuellen Unterredung (wie Anm. 1, S. 254 f.).

[17] Beschluss der ZK-Tagung vom 23.–24. 6. 1977 „Zur weiteren Verwirklichung der Beschlüsse des 9. Parteitages der SED auf dem Gebiet der Elektrotechnik und Elektronik“, in: Die Durchführung der Beschlüsse des 9. Parteitages der SED auf dem Gebiet der Elektrotechnik und Elektronik. 6. Tagung des ZK der SED, 23.–24. Juni 1977, Berlin 1977.

[18] Vgl. Dokument Nr. 26, Anm. 8.

[19] Vgl. Dokument Nr. 46, Anm. 9.

Eure Überlegungen, Michail Sergeevič, sind für unsere Zukunft sehr wertvoll und ohne Zweifel hat ihre Verwirklichung große internationale Bedeutung. [...].[20]

Archiv der Gorbačev-Stiftung. Bestand 1[21]*, Verzeichnis 1.*

Nr. 48
Bericht Zagladins über Gespräche mit einer FDP-Delegation und dem deutschen Botschafter am 9. Oktober 1989

V. V. Zagladin über ein Gespräch mit Vertretern der BRD am 9. Oktober 1989

Am 9. Oktober hatte ich eine Begegnung mit der im Rahmen des Sowjetischen Komitees für Europäische Sicherheit und Zusammenarbeit hier eingetroffenen Delegation der Fraktion der Freien Demokratischen Partei im Bundestag der BRD unter der Leitung von U. Ronneburger sowie dem neuen Botschafter der BRD K. Blech.

1. Der Leiter der Delegation U. Ronneburger drückte seine tiefe Besorgnis über die Lage aus, die sich im Zusammenhang mit der Ausreise von einigen zehntausend Bürgern der DDR in die BRD ergeben habe. Meine Besorgnis, so sagte er, ist verbunden sowohl mit der Lage in der DDR, die den gesamten europäischen Prozess destabilisieren kann, wie auch mit der Entwicklung der Ereignisse in der BRD, wo eine „unbestimmte Glut an Leidenschaften" wachse.

Die Ereignisse in der DDR erlaubten der CDU/CSU den faktisch beginnenden Wahlkampf[1] in Richtung „ungezügelter Forderungen nach Wiedervereinigung" zu lenken. Die Führer dieser Parteien, fuhr der Gesprächspartner fort, seien sich nicht darüber im Klaren, dass sie durch die Aufstellung offenkundig unrealisierbarer Forderungen den Raum öffnen für Aktionen im Grunde revanchistischer Kräfte und dass sie andererseits die politischen Kräfte im gesamten restlichen Europa gegen die BRD aufbringen.

H.-D. Genscher, sagte Ronneburger, sei überhaupt nicht so eingestellt wie der Kanzler. Er hält es für unerlässlich, sich strikt an die Bestimmungen der von der BRD geschlossenen Verträge und der in Bonn unterzeichneten sowjetisch-westdeutschen Erklärung[2] zu halten. Intern, so der Gesprächspartner, veranlassten die derzeitigen Handlungen von H. Kohl Genscher dazu, über die Möglichkeit eines „Partnerwechsels" in der Koalition nachzudenken. Leider habe dieser Partner, das heißt die SPD, selbst noch keine genaue Linie für sein Verhalten gefunden.

[20] Gem. dt. Protokoll folgen Schlussworte Gorbačevs und eine kurze Diskussionsrunde mit den Politbüromitgliedern (wie Anm. 1, S. 263–266).
[21] Im NSAEBB Nr. 290 (wie Anm. 1) als Fundort: Bestand 2.

[1] Für die Bundestagswahlen, die Anfang 1991 stattfinden mussten.
[2] Dokument Nr. 38a.

Unter diesen Bedingungen hätte die Rede Gorbačevs in Berlin eine große Rolle gespielt.[3] Sie sei zum Anstoß für Überlegungen sowohl für die CDU wie auch für die SPD geworden. Was die Freien Demokraten angehe, so hätten sie diese Rede als einen Appell an die Vernunft verstanden, der ihren eigenen Ansichten entspreche und sich sowohl an den Westen wie an den Osten gerichtet habe.

Jetzt, so schloss Ronneburger, werde viel davon abhängen wie man sich in Berlin verhält, und was Honecker weiterhin tun werde. Leider sei Honecker jedoch nicht allein. In seiner Umgebung gebe es viele Leute, die immer noch glaubten, dass man mit Hilfe von Gewalt alles erreichen könne.

2. Botschafter Blech drückte ebenfalls seine tiefe Zufriedenheit mit der Rede M. S. Gorbačevs in Berlin aus. Dies sei, so sagte er, eine Warnung an alle gewesen, ein Aufruf, „das Boot nicht zu schaukeln". Dieser Aufruf sei in der BRD gehört worden, doch bisher nicht von allen.

Blech räumte ein, dass die Ausreisekampagne von DDR-Bürgern, die insgesamt einen spontanen Charakter trug, dennoch in gewissem Maße von der BRD aus provoziert worden sei. Die ungenaue Interpretation der Ereignisse durch den Kanzler, seine Rede auf dem Parteitag in Bremen, die im Grunde die Öffentlichkeit in die Irre geführt habe und seine Interpretation des sowjetisch-westdeutschen Dokuments hätten eine negative Rolle gespielt.

Der Kanzler, fuhr der Botschafter fort, hätte damit gerechnet, dass er durch sein Handeln rechte Wähler auf die Seite der CDU ziehen werde. Doch dies sei nicht eingetreten. Es sei etwas anderes geschehen – die Republikaner hätten ihren Einfluss vergrößert, die CDU aber (in Nordrhein-Westfalen) an Stimmen verloren.[4] Dabei hätten die Republikaner (besonders in Dortmund und Duisburg) auf Kosten der Sozialdemokraten und der „Grünen" gewonnen. Der Kanzler sei natürlich froh über die Schwächung seiner linken Gegner gewesen, habe sich aber sehr darüber geärgert, dass seine eigene Partei keinen „Kräftezuwachs" erhalten habe. Der Botschafter versprach, später eine statistische Auswertung der letzten Wahlen zu übermitteln. Außerdem setze nach dem ersten „Ausbruch der Freude" über die Flucht der Menschen aus der DDR nun Ernüchterung ein. Niemand bei uns, sagte der Botschafter, hat berücksichtigt, dass die jungen Menschen aus der DDR ihre „sozialen Gewohnheiten" haben. Sie könnten nicht „für sich selbst sorgen", sie wünschten, dass die Bonner Regierung ihnen entsprechend ihrer Ausbildung Arbeit verschaffe und ihre Kinder mit Kinderheimen usw. versorge. Aber die BRD sei „ein Land des freien privaten Unternehmertums". Und viele junge Deutsche aus der DDR würden beginnen, „den Mut zu verlieren". Dies schaffe Unruhe. Einige von uns, sagte der Botschafter, fragen sich: Und was geschieht, wenn diese Deutschen beginnen, in die DDR zurückzukehren? Was, wenn sie anfangen, laut das „soziale Klima" in der BRD anzuprangern? Kurzum, so schloss er, die Lage ist keinesfalls so einfach.

Die Rede Gorbačevs habe natürlich nicht jene Antworten gegeben, die man im Osten wie im Westen hatte erhalten wollen. Aber sie habe alle gezwungen, darüber nachzudenken, dass man die eigenen Probleme selbständig zu lösen habe. Die

[3] Vgl. Dokumente Nr. 46 und 47.
[4] Kommunalwahlen in NRW am 1. 10. 1989.

Formulierung, die deutschen Angelegenheiten müssten nicht in Moskau, sondern in Berlin geklärt werden, habe viele ernüchtert. „Jetzt ist es wichtig, gemeinsam so zu arbeiten, dass eine Abschwächung der entstandenen Spannung erreicht werden kann", sagte der Botschafter.

Der Botschafter bat darum, sich bei Fragen zu „akuten Problemen" melden zu dürfen, wenn diese bei ihm entstünden. Ich habe dies meinerseits nicht abgelehnt, allerdings unter dem Vorbehalt, dass er natürlich kaum von mir sofort Antworten auf diese Fragen erhalten könne, aber dass es mich selbst interessieren würde zu wissen, welche Fragen er als „akut" ansehe.

Wenn man in Betracht zieht, dass Blech bis zu einer Ernennung zum Botschafter einer der Leiter der Behörde des Bundeskanzlers[5] war und dass er über weitreichende Verbindungen in Bonn verfügt, so sind die Informationen, die von ihm kommen, wie mir scheint, von gewissem Interesse.

Archiv der Gorbačev-Stiftung. Bestand 3, Verzeichnis 1.

Nr. 49[1]

Auszüge aus dem Tagebuch Černjaevs vom 9. und 11. Oktober 1989[2]

Aus dem Tagebuch A. S. Černjaevs

9. Oktober 1989

[...].[3] Ganz Europa ist begeistert von M. S. in Berlin. Und viele[4] flüstern uns „ins Öhrchen": Gut, dass die UdSSR sich – wenn auch[5] diskret – jetzt[6] gegen eine „Wiedervereinigung Deutschlands" ausgesprochen hat.

[7]Zagladin ist soeben durch ganz Frankreich gereist. Mit wem hat er sich nicht alles getroffen – von Mitterand bis zu den Bürgermeistern. Er hat Moskau mit verschlüsselten Berichten über seine Gespräche überhäuft. [...].[8] Und alle sagen ein-

[5] Gemeint ist das Bundespräsidialamt.

[1] In der Vorlage sind die Einträge vom 9. und 11. 10. 1989 als ein Dokument vor dem Gespräch Zagladins mit westdeutschen Vertretern (Nr. 48) abgedruckt.

[2] Auch in Černjaev, Sovmestnyj ischod, S. 807–809 (entspricht für den 9. 10. 1989 im Wesentlichen ders., 1991 god, S. 22); Chernyaev, Diary; Tschernjaew, Mein deutsches Tagebuch, S. 241 f., (mit z.T. abweichenden, mitunter ungenauen Übersetzungen) je unter dem 9. und 11. 10. 1989. Für den 11. 10. 1989 zusätzlich CWIHP, Document readers, The end of the cold war, http://www.wilsoncenter.org/cwihp/documentreaders/eotcw/891011.pdf. In den Parallelüberlieferungen unter dem 8. 10. weitere Einträge zum DDR-Besuch, die in der Vorlage nicht enthalten sind: sie konzentrieren sich auf den begeisterten Empfang für Gorbačev, das absehbare Ende der Ära Honecker und den Eindruck des „allgemeinen Zerfalls" seines Regimes.

[3] Gem. Parallelüberlieferungen (wie Anm. 1) zunächst Einträge über ein mögliches Filmprojekt des Regisseurs Uralov über Gorbačev.

[4] Černjaev, Sovmestnyj ischod, S. 808: „Und alle in Europa". Hier wie im Folgenden entspricht Chernyaev, Diary der russischen Fassung in Černajev, Sovmestnyj ischod.

[5] Černjaev, Sovmestnyj ischod, S. 808: „diskret" ohne Zusatz.

[6] Černjaev, Sovmestnyj ischod, S. 808: ohne „jetzt".

[7] Gem. Černjaev, Sovmestnyj ischod, S. 808 der folgende Abschnitt mit abweichendem Satzbau/Wortlaut ohne Änderung des Sinns.

[8] Gem. Černjaev, Sovmestnyj ischod, S. 808 hier noch eine knappe Bewertung Zagladins.

stimmig: Ein ungeteiltes Deutschland braucht niemand. Und Attali [(der Berater Mitterrands)][9] hat mit ihm über die Wiederherstellung eines ernsthaften sowjetisch-französischen Bündnisses gesprochen (einschließlich einer militärischen Integration – unter einer Tarnung – Einsatz der Armee im Kampf gegen Naturkatastrophen).[10]

… NB![11] Thatcher … im Gespräch mit M. S. … bat plötzlich „nicht mitzuschreiben".[12] Entschieden gegen ein „vereinigtes Deutschland". Aber ich, sagt sie, kann das nicht sagen, weder bei mir daheim noch in der NATO.

Generell wollen sie dies mit unseren Händen verhindern.

11. Oktober 1989

[…].[13] [14]Habe die Aufzeichnung des Gesprächs von M. S. mit Honecker in Berlin gelesen.[15]. Habe mit ihm darüber gesprochen. Šachnazarov war dabei. M. S. nannte Honecker ein A[rsch]loch.[16] Er könnte zu seinen Leuten sagen: Habe vier Operationen überstanden, bin 78, eine so stürmische Zeit fordert viel Kraft, lasst mich gehen, ich habe meine Sache gemacht. Dann würde er vielleicht in der Geschichte bleiben.

Šach* und ich bezweifelten, dass er, würde er das jetzt tun, in der Geschichte bleiben wird. Vor zwei, drei Jahren: meinetwegen![17] Jetzt ist er schon vom Volk verflucht.

In Berlin tagt das Politbüro den zweiten Tag. Krenz hat (gegenüber unserem Botschafter – zur Weiterleitung an M. S.) versprochen „die Frage" nach Veränderungen „zu stellen".[18] [19] Honecker hat ihn gewarnt: Du wirst zu meinem Feind. Aber er, so scheint es, hat es doch getan. Womit wird das enden?[20]

* So wurde G. Ch. Šachnazarov von engen Bekannten genannt.

Archiv der Gorbačev-Stiftung. Bestand 2, Verzeichnis 2.

9 Zusatz gem. Černjaev, Sovmestnyj ischod, S. 808.
10 Gem. Černjaev, Sovmestnyj ischod, S. 808 ohne Klammern, und mit leicht abgewandeltem Wortlaut ohne Änderung des Sinns.
11 NB in lateinischen Buchstaben, fehlt in Černjaev, Sovmestnyj ischod, S. 808; im Absatz Zeichensetzung gem. Vorlage. Der Absatz in Černjaev, Sovmestnyj ischod, S. 808 mit Abweichungen in Wortwahl und Satzbau ohne Änderung des Sinns.
12 Gesprächsprotokoll vom 23. 9. 1989 auszugsweise in CWIHP, Document readers, The end of the cold war, http://www.wilsoncenter.org/cwihp/documentreaders/eotcw/890923.pdf sowie NSAEBB Nr. 293, http://www.gwu.edu/~nsarchiv/NSAEBB/NSAEBB293/index.htm.
13 Gem. der Parallelüberlieferungen zunächst kurze Anmerkungen zu Treffen mit polnischen Vertretern. Auslassung in der Vorlage nicht kenntlich gemacht.
14 Der folgende Absatz in den Parallelüberlieferungen mit kleineren Abweichungen in Wortlaut und Satzbau, ohne Änderung des Sinns.
15 Vgl. Dokumente Nr. 46 und Nr. 47.
16 In den Parallelüberlieferungen vollständig: „mudak".
17 In Černjaev, Sovmestnyj ischod, S. 808 an dieser Stelle zusätzlich: „Jetzt ist er schon in der Situation Kádárs."
18 Satz gegenüber Černjaev, Sovmestnyj ischod, S. 808 umgestellt, mit identischer/-m Wortwahl/Sinn.
19 In der Sitzung vom 10./11. 10. 1989 ging es zunächst um eine Neubewertung der Massenfluchten von DDR-Bürgern und partielle Reformen. Der Beschluss über die Absetzung Honeckers wurde in der Politbüro-Sitzung vom 17. 10. 1989 gefasst, der offizielle Rücktritt und Neuwahlen erfolg-

Nr. 50
Telefonat Gorbačevs mit Bundeskanzler Kohl am 11. Oktober 1989[1]
Telefongespräch M. S. Gorbačevs mit H. Kohl
M. S. Gorbaev: 11. Oktober 1989

(Auf Bitte Kohls zustande gekommen)

H. Kohl: Ich begrüße Sie, Herr Generalsekretär, ich freue mich, erneut Ihre Stimme zu hören und hoffe, bei Ihnen ist alles in Ordnung.

Ich habe mich entschlossen, Sie anzurufen und die Möglichkeit zu nutzen, wie wir in Bonn vereinbart hatten, für einen raschen informellen Kontakt, um unsere Meinungen zu einigen aktuellen Fragen auszutauschen.[2]

M. S. Gorbačev: Ich begrüße Sie, Herr Bundeskanzler. Ich denke an unsere Begegnungen in Bonn zurück und bin bereit, den Dialog fortzusetzen.

H. Kohl: Vor allem möchte ich in aller Klarheit bekräftigen, dass alles, was wir im Verlaufe Ihres Aufenthalts in Bonn im Sommer dieses Jahres vereinbart haben, seine Kraft behält und für uns uneingeschränkt auch weiterhin gilt.[3] Als Kanzler der BRD versichere ich Sie dessen noch einmal mit aller Klarheit. Gestatten Sie mir jetzt, zu einigen Fragen überzugehen, die mich veranlasst haben, Sie anzurufen.

Wir glauben, dass die Entwicklung in Ungarn in eine Richtung geht, die wir als progressiv einschätzen und als positive Erscheinung betrachten. Die BRD beabsichtigt, unter den entstandenen Bedingungen ihre Kontakte mit Ungarn zu aktivieren, vor allem auf wirtschaftlichem Gebiet. Wir beabsichtigen, im Rahmen unserer Kräfte und ohne irgendwelche Einmischung in die inneren Angelegenheiten dieses Staates, Ungarn die erforderliche Hilfe zu erweisen, damit es den Lebensstandard seiner Bevölkerung erhöhen und seine Lage insgesamt festigen kann.[4]

M. S. Gorbačev: Ich nehme zur Kenntnis, was Sie gesagt haben, Herr Bundeskanzler. Für mich und die gesamte sowjetische Führung sind Ihre Zusicherungen

ten auf der 9. ZK-Tagung am 18. 10. 1989. Vgl. persönliche Aufzeichnungen Schürers über die Sitzung am 10./11. 10. 1989, in: Hertle, Fall, S. 409–426; Notiz über Gespräch Medvedev mit Hager am 13. 10. 1989 und Sitzungsprotokoll vom 17. 10. 1989 in: Stephan (Hg.), Vorwärts immer, S. 162–165, hier S. 166, dazu die persönlichen Aufzeichnungen Schürers, in: Hertle, Fall, S. 430–437; Protokoll der 9. ZK-Tagung vom 18. 10. 1989 in: Hertle/Stephan (Hg.), Das Ende, S. 103ff., hier S. 103f.

[20] Gem. Parallelüberlieferungen (wie Anm. 1) folgen Notizen vom selben Tag über ein 17minütiges Telefonat mit Kohl v. a. über die bundesdeutsche Politik gegenüber der DDR, Polen und Ungarn (vgl. Dokument Nr. 50). Danach folgen gem. Černjaev, Sovmestnyj ischod, S. 808f. und Chernyaev, Diary, Ausführungen über interne Diskussionen über die sowjetischen Beziehungen zu sozialistischen Ländern allgemein, zu Israel und über die Vorbereitung des Besuchs von Brandt in Moskau (vgl. Dokument Nr. 51).

[1] Das insges. kürzere deutsche Protokoll mit z.T. anderer Abfolge in Deutsche Einheit, Sonderedition, S. 449f. Auszüge in Tschernjaew, Die letzten Jahre, S. 266f. sowie Gorbatschow, Wie es war, S. 87f. sowie von Plato, Vereinigung, S. 74f. Zusammenfassung in Černjaev, Sovmestnyj ischod, S. 808, Chernyaev, Diary, sowie Tschernjaew, Mein deutsches Tagebuch, S. 242 (alle unter dem 11. 10. 1989). Vgl. Kohl, Erinnerungen 1982–1990, S. 949f.

[2] Dokument Nr. 34.

[3] Vgl. Dokumente Nr. 33–44.

[4] Vgl. Dokument Nr. 46, Anm. 12.

sehr wichtig, dass die Haltung zu dem von uns gemeinsam skizzierten Kurs und zu dem, was wir im Laufe der Begegnungen auf höchster Ebene in Bonn vereinbart haben, unverändert ist. Ihre Aussage entspricht auch unserer Einstellung. Auch wir sind dafür, das, was vereinbart wurde, in vollem Umfang zu erfüllen.

Ihre Absichten hinsichtlich eines Ausbaus der Zusammenarbeit mit Ungarn, wie sie von Ihnen formuliert wurden, erscheinen interessant.

H. Kohl: In Polen verläuft die Entwicklung, unserer Ansicht nach, ebenfalls positiv. Bei unserem letzten Gespräch in Bonn haben wir die sich dort herausbildende Lage und die Möglichkeiten erörtert, die sich für ein Einwirken im positiven Sinn eröffnen können, um sowohl dem Staat als auch dem polnischen Volk zu helfen. Die BRD beabsichtigt, den Polen in Anbetracht der kritischen Lage, in der sich das Land befindet, wirtschaftliche Hilfe zu erweisen. Sie wissen, dass die Deutschen gegenüber den Polen ein besonderes Gefühl haben; wir sind gewissermaßen ihre Schuldner.

Unsere Absicht, Polen zu helfen, wird, so denke ich, in der Sowjetunion mit Verständnis aufgenommen werden. Die Lage gestaltet sich so, dass ich wahrscheinlich Mitte November der PVR einen Staatsbesuch abstatten kann. Ich möchte Ihnen sogleich versichern, dass wir uns bei unseren Kontakten mit der polnischen Führung fest an die Bestimmungen des Vertrags zwischen der BRD und der PVR halten und ihn nach Buchstaben und Geist erfüllen werden.[5]

Vor meiner Reise nach Warschau wird sich bei mir wahrscheinlich noch einmal das Bedürfnis ergeben, mit Ihnen zu telefonieren. Ich hoffe, dass Sie nichts dagegen haben werden.

M. S. Gorbačev: Selbstverständlich, rufen Sie an. Ich würde mich nur freuen.

Heute hatte ich ein Gespräch mit Rakowski, der sich in Moskau aufhält. Die Lage in Polen ist nicht einfach, die Führung sucht einen Ausweg aus der kritischen Situation. Aus dem Gespräch bekam ich den Eindruck, dass die Polen auf die Hilfe des Westens hoffen, darunter aus der BRD, auf unsere Unterstützung und auch auf die Hilfe Amerikas. Ich habe Rakowski gesagt, dass sie sich in erster Linie auf sich selbst verlassen müssen.

H. Kohl: Selbstverständlich, richtig. So denken wir auch.

M. S. Gorbačev: Wenn dies alles ist, Herr Bundeskanzler, dann möchte ich Ihnen nochmals für den Anruf danken.

H. Kohl: Ich habe noch einen letzten Punkt für unser Gespräch. Er betrifft die DDR.

Ich möchte Ihnen versichern, dass die BRD in keiner Weise an einer Destabilisierung der DDR interessiert ist und ihr nichts Schlechtes wünscht. Wir hoffen, dass die Entwicklung dort nicht außer Kontrolle gerät, dass die Emotionen der letzten Zeit sich legen.

Das Einzige, was wir möchten, ist, dass die DDR sich Ihrem Kurs anschließt, einem Kurs fortschrittlicher Reformen und Umgestaltungen. Die Ereignisse der letzten Zeit bestätigen, dass die DDR reif dafür ist. Was die Bevölkerung angeht, so sind wir dafür, dass die Bewohner der DDR bei sich daheim bleiben. Wir haben

[5] Zu den Verhandlungsrunden in Polen vom 9.–13. 11. 1989 vgl. die Dokumente in Deutsche Einheit, Sonderedition, S. 492–500, 519–529, 531–537.

nicht die Absicht, sie aufzubringen und sie zu irgendwelchen Handlungen zu veranlassen, die man uns zum Vorwurf machen würde.

M. S. Gorbačev: Es ist sehr wichtig, solche Aussagen aus dem Munde des Bundeskanzlers der BRD zu hören. Ich hoffe, dass diese Worte nicht von den Taten abweichen werden.

H. Kohl: Daran müssen Sie nicht zweifeln.

M. S. Gorbačev: Wir müssen uns behutsam auf das beziehen, was wir in unseren bilateralen Beziehungen erreicht haben, die bestehenden Vereinbarungen mit Leben erfüllen und wenn nötig, sie auch gegen negative Einwirkungen von außen verteidigen.

Ich habe die Anweisung an die leitenden Vertreter unserer Regierung gegeben, aufmerksam die Verwirklichung dessen zu verfolgen, was wir während unseres Besuchs in Bonn vereinbart haben. Alle Fragen haben wir in unserem Blickfeld und machen Anstrengungen, sie in dynamischer Weise umzusetzen.

H. Kohl: Auch ich behalte den Fragenkomplex der bilateralen Beziehungen mit der UdSSR unter Kontrolle, darunter auch ihren wirtschaftlichen Aspekt.

Ich denke, dass wir bis zum Frühjahr kommenden Jahres Übersichtsmaterial brauchen werden, eine Art zusammenfassende Auskunft darüber, wie die Dinge insgesamt laufen, was erfüllt worden ist, was kurz vor der Realisierung steht, aber auch darüber, wo es Verzögerungen gibt und wo noch ungenutzte Reserven existieren.

Ich glaube, wir hatten ein gutes Gespräch. Ich bitte Sie, Herr Generalsekretär, wenn ich für irgendetwas gebraucht werde, unverzüglich mit mir in telefonischen oder sonstigen Kontakt zu treten. Ich stehe Ihnen immer zur Verfügung. Wir müssen öfter miteinander telefonieren und darauf achten, dass die Abstände zwischen unseren Gesprächen nicht sehr groß werden.

M. S. Gorbačev: Dafür bin ich auch. Wir müssen die spezielle Verbindung zwischen Moskau und Bonn möglichst bald einrichten. Die darüber bestehende Vereinbarung muss vorangetrieben werden.[6]

H. Kohl: Ich gehe der Sache nach, wie diese Frage bei uns gelöst wird.

Erlauben Sie mir zum Schluss, Sie noch einmal herzlich im Namen meiner Frau und von mir persönlich zu grüßen. Übermitteln Sie unsere herzlichen Grüße Ihrer Gattin.

M. S. Gorbačev: Ich bitte Sie, Ihre Gattin von mir und von meiner Frau ebenfalls zu grüßen. Ich wünsche Ihnen alles Gute, auf Wiedersehen.

Archiv der Gorbačev-Stiftung. Bestand 1, Verzeichnis 1.

[6] Vgl. Dokument Nr. 34, Anm. 27.

Nr. 51
Gespräch Gorbačevs mit dem Vorsitzenden der Sozialistischen Internationale, Brandt, am 17. Oktober 1989[1]

Gespräch M. S. Gorbačevs mit Willy Brandt[2]

Moskau, 17. Oktober 1989

M. S. Gorbačev: Herzlich begrüße ich Herrn Brandt und seine Kollegen in Moskau. Unsere Begegnungen sind bereits Tradition geworden und bilden ein wichtiges Element unserer außenpolitischen Aktivitäten. Mit Genugtuung spreche ich von unserem gegenseitigen Verständnis. Dies ist wichtig nicht nur für die bilateralen Beziehungen sondern auch für Europa.

W. Brandt: Ich stimme Ihnen zu. Ich glaube, dass diese Begegnungen sehr wichtig für beide Seiten sind. Ich möchte Grüße von meinen Kollegen im Präsidium der Sozialistischen Internationale überbringen, aber auch aus der BRD, darunter nicht nur von meiner Partei, sondern auch von Herrn Kohl. Ein paar Tage vor meiner Abreise nach Moskau habe ich den Kanzler gesehen. Auf Ihre lobenden Äußerungen in Berlin hat er mehr geachtet als auf die kritischen Bemerkungen. Wir haben noch frische Erinnerungen an Ihren Besuch im Juni in der BRD.[3] Er ist zu einem bedeutenden Ereignis geworden. Nicht nur ich allein habe mit Interesse und großem Respekt Ihre Reise auch in die DDR verfolgt. Sehr aufmerksam haben wir Ihre Äußerungen dort gehört.[4]

Gestatten Sie mir, meine Kollegen vorzustellen. Egon Bahr ist häufig in Moskau …

M. S. Gorbačev: Ist das eine Kritik an ihm? Für uns ist ein Treffen mit Bahr eine normale Sache.

W. Brandt: Hans Koschnick – Vorsitzender der außenpolitischen Kommission beim Vorstand der SPD, Gerhard Schröder aus Niedersachsen, übrigens, ein ehemaliger „Komsomolze“,[5] jetzt erwachsen. *(Heiterkeit)*

M. S. Gorbačev: Aus eigener Erfahrung weiß ich, dass auch Komsomolzen erwachsen werden.

W. Brandt: Morgen wird Schröder nach Kazachstan fliegen. Sie wissen, dass uns Fragen interessieren, die mit den Sowjetbürgern deutscher Nationalität zusammenhängen. Ich möchte gleich sagen, dass unser Interesse darin besteht, dass sie in der Sowjetunion bleiben und ihre kulturelle Eigenart bewahren. Es wäre

[1] Auch in M. S. Gorbačev – V. Brandt; Zusammenfassung in Tschernjaew, Die letzten Jahre, S. 260f. sowie V Politbjuro, S. 444. Eine gekürzte deutsche Übersetzung des russischen Protokolls mit Vermerk der Abweichungen vom eigenen Protokoll der SI-Delegation auch in Brandt, Berliner Ausgabe, Band 10, S. 369–379. Vgl. Bahr, Zu meiner Zeit, S. 558f. Eine englische Übersetzung des russischen Protokolls in NSAEBB Nr. 293, Dokument Nr. 6, http://www.gwu.edu/~nsarchiv/NSAEBB/NSAEBB293/doc06.pdf.

[2] An dem Gespräch nahmen von dt. Seite Bahr, Koschnick, Lindenberg und Schröder, von sowjetischer Seite aus Jakovlev, Medvedev, Falin und Černjaev teil. An die Unterredung in diesem größeren Kreis schloss sich ein Vieraugengespräch mit Teilnahme von Černjaev und Lindenberg an, vgl. Brandt, Berliner Ausgabe, Band 10, S. 628, Anm. 1 sowie das Folgende.

[3] Dokumente Nr. 33–44.

[4] Dokumente Nr. 46 und Nr. 47.

[5] Von Komsomolec, Mitglied des sowjetischen Jugendverbands Komsomol.

gut, wenn ein Teil derer, die bereits in die BRD gekommen sind, zurückkehren würden.

M. S. Gorbačev: Für uns ist es sowohl leicht als auch schwer, mit Ihnen zu sprechen. Leicht, weil der Grad des gegenseitigen Verständnisses es erlaubt, sich kameradschaftlich miteinander zu unterhalten und beliebige Themen zu erörtern. Schwer, weil wir nicht mit allgemeinen Phrasen davonkommen. [...].[6]

Ich habe den Eindruck, stärker gesagt: die Überzeugung, dass im Ergebnis der tiefgreifenden Veränderungen, die in den sozialistischen Ländern vor sich gehen, aber auch jener Prozesse, die in den sozialdemokratischen Parteien ablaufen, wir einander näher kommen. Wenn wir sagen, dass wir in unserer gegenseitig abhängigen Welt Mittel und Wege finden müssen, um in Eintracht mit jedwedem Land zu leben, einerlei, welche Wahl es getroffen hat, dann ist es erforderlich, die Zusammenarbeit und neue Formen der Verbindungen mit den Sozialdemokraten nicht nur in Fragen des Friedens, sondern auch im Hinblick auf die Lösung verschiedener sozialer Aufgaben, zu suchen. Sie und selbstverständlich wir müssen in erster Linie daran interessiert sein, dass die Perestrojka bei uns im Land gelingt. Im Grunde genommen betrifft das alle, die sich zu den Ideen des Sozialismus bekennen.[7] Wir spüren die Solidarität und das Verständnis von Ihrer Seite. [...].[8]

Zwischen uns gibt es viel Gemeinsames, und es wird immer mehr. Wir müssen jetzt einander gegenüber besonders aufmerksam sein im Zusammenhang mit jener Suche, die im Rahmen der sozialistischen Perspektive[9] sowohl in den sozialistischen Ländern als auch bei den Sozialdemokraten vor sich geht. Auf diesem Wege können wir der Welt und der Zivilisation sehr wichtige Aussagen, Vorschläge und unsere Sicht dessen präsentieren, wie die Zivilisation im 21. Jahrhundert aussehen wird.

Das sind einleitende Bemerkungen.

W. Brandt: Ich möchte besonders den letzten Gedanken unterstützen: Es ist sehr wichtig, dass die Perestrojka zum Erfolg führt. Ich wäre Ihnen dankbar, wenn Sie sagen könnten, was Sie vom sogenannten Westen und von uns, den Sozialdemokraten, die im Großen und Ganzen zum Westen gehören, in puncto Hilfe für die Perestrojka erwarten. Es gibt viel Gerede darüber, dass der Sozialismus „am Ende" sei, sich überlebt habe. Aber ich glaube, dass wir – aus historischer Sicht – es zu tun haben mit einem neuen Beginn, mit einer neuen Qualität des Sozialismus in einem sehr bedeutenden Teil der Welt.

Gestern haben wir uns mit sowjetischen Wissenschaftlern getroffen, die die Sozialdemokratie untersuchen. Das Gespräch drehte sich um Programme. Wenn man die entwickelte Gesellschaft nimmt, so kann sich deren Wirtschaft den Elementen des Marktes nicht verweigern. Andererseits stoßen die Prozesse der Internationalisierung Entscheidungen an, die keineswegs einen liberalen Charakter tragen.[10]

6 Gem. M. S. Gorbačev – V. Brandt, S. 23, folgen hier zunächst „philosophische" Ausführungen Gorbačevs zur sozialistischen Idee.
7 Dieser Satz fehlt in M. S. Gorbačev – V. Brandt, S. 23.
8 Gem. M. S. Gorbačev – V. Brandt, S. 23 Ausführungen über Aufgaben in der UdSSR.
9 Gem. M. S. Gorbačev – V. Brandt, S. 23 endet der Satz an dieser Stelle.
10 M. S. Gorbačev – V. Brandt, S. 24 folgen Ausführungen Brandts über das neue Programm der SI vom XVIII. Kongress in Stockholm, Juni 1989.

Wir haben versucht, einen gemeinsamen Nenner für die verschiedenen Parteien aus Westeuropa, Lateinamerika und aus anderen Teilen der Welt zu finden. Nicht alles ist gelungen, wie wir wollten. Aber die Hauptsache bestand darin, die neue Entwicklung im programmatischen Bereich und im Bereich der Grundwerte zu skizzieren.

Wir möchten nicht den Eindruck erwecken, dass alles, was in der Vergangenheit zwischen uns war, geklärt und „verdaut" ist. Neben einer möglichst engen Nachbarschaft im Geiste des Neuen Denkens sollten wir die praktische, pragmatische Zusammenarbeit stärken. Ich stimme mit Ihnen überein, dass es neben den Fragen von Krieg und Frieden – und sie bleiben vorrangig – unerlässlich ist, auch in anderen Bereichen zusammenzuwirken und durch eine solche Zusammenarbeit eine neue Qualität der Beziehungen zu erreichen.[11]

Die Anbahnung einer praktischen Zusammenarbeit schließt einen weiteren Austausch zu Fragen der Grundwerte selbstverständlich nicht aus. [...].[12]

M. S. Gorbačev: Von unserer Zusammenarbeit kann man sagen, dass sie einen sachlichen Charakter erlangt. Und nicht nur bei internationalen Fragen. Davon sind wir ausgegangen, als wir unser Einverständnis zur Eröffnung einer Vertretung der Friedrich-Ebert-Stiftung in Moskau gaben.[13]

Wir halten es für nützlich, sich intensiv über die Probleme des Sozialismus auszutauschen, die heute Sorgen bereiten, über Probleme der wissenschaftlich-technischen Revolution, der Ökologie, der Information u. dgl. Ihren Vorschlag, sich über diese Probleme auszutauschen, auch über den Besuch einer Delegation des Stellvertretenden Vorsitzenden der Sozialistischen Internationale, begrüßen wir.[14]

Nicht alles haben wir geklärt. Vieles muss noch geklärt werden. Dies umso mehr, als wir uns tatsächlich in einem Prozess befinden, die Erfahrung der Vergangenheit zu verarbeiten und Ansätze für den Übergang zu einer neuen Qualität zu suchen. In der Partei nehmen sowohl die politischen als auch die theoretischen Aktivitäten in dieser Richtung zu. [...].[15]

Indem wir zusammenarbeiten,[16] bleiben wir als Parteien wir selbst, bereichern uns jedoch dabei gegenseitig. Der Prozess eines besseren gegenseitigen Verständnisses ist im Gange. Vielleicht ist die Zeit gekommen, darüber nachzudenken, was man unternehmen muss, um die Spaltung von 1914 zu überwinden. Herr Brandt, ich erinnere mich an Ihre positive Reaktion auf diesen Gedanken bei einer unserer früheren Begegnungen.[17]

[11] Nach M. S. Gorbačev – V. Brandt, S. 24 folgen Detailvorschläge für Besuche und Diskussionsthemen.

[12] Gem. M. S. Gorbačev – V. Brandt, S. 24 Erläuterung einer neuen Zeitschrift der spanischen Sozialisten zu Problemen des Sozialismus.

[13] Vgl. Dokumente Nr. 22 und Nr. 31.

[14] Vgl. Anm. 12: Gemeint ist Pierre Mauroy.

[15] Gem. M. S. Gorbačev – V. Brandt, S. 25 Ausführungen über den nächsten Kongress und über Programmänderungen der KPdSU sowie über eine mögliche Einladung der SI zum Parteitag der KPdSU.

[16] Satz redaktionell an die vorangegangene Kürzung angepasst. Gem. M. S. Gorbačev – V. Brandt, S. 25 heißt es: „Weil wir zusammenarbeiten, schämen wir uns dessen schon nicht mehr."

[17] Vgl. neben Dokument Nr. 21 v. a. Dokument Nr. 31, Anm. 14.

Was den Artikel für die Zeitschrift angeht,[18] so ist das eine interessante Idee. Man wird darüber nachdenken müssen.

Was wir vom Westen im Zusammenhang mit der Perestrojka erwarten? Verständnis. Damit in dieser Umbruchszeit nicht das geschieht, was sich in den vorangegangenen Jahrzehnten ereignet hat – jeder handelte nach dem Prinzip: Je schlechter, desto besser für den anderen.

Es vollzieht sich eine zu wichtige Wende: Zu Mitterand, Kohl, Thatcher habe ich gesagt: Es darf nicht passieren, dass sich jetzt irgendwer wie der Elefant im Porzellanladen verhält. Das hätte verhängnisvolle Konsequenzen.

Und doch versteht die Mehrheit in der Welt die positive Bedeutung der Perestrojka. Und die Sozialdemokraten und die Sozialistische Internationale handeln verantwortungsbewusst, wenn sie Solidarität mit uns bekunden. Wir schätzen das Bemühen, unsere Probleme zu verstehen. Wir haben Ihre Stellungnahme, Herr Brandt, zu einzelnen Aspekten unserer Nationalitätenpolitik gebührend aufgenommen. Wir sprechen vom Entstehen eines neuen Vertrauens. Aber die Perestrojka müssen wir selbst schaffen. […].[19]

Was die Lieferung irgendwelcher Waren an uns angeht – obgleich ein besonderes Verlangen nicht erkennbar ist – so schafft Unselbständigkeit noch mehr Unselbständigkeit. Und wozu brauchen wir diese Gnadengeschenke? Eine andere Sache ist eine normale Zusammenarbeit im Bereich der Wirtschaft, der Ökologie und der Kultur. Kurz gesagt, eine normale äußere Umgebung für unsere Arbeit im Innern.

Den größten Engpass haben wir derzeit hinsichtlich einer aktiven, adäquaten Politik in allen Belangen. Wir geraten oft ins Hintertreffen. Gleichzeitig wollen wir keine unreifen Früchte in die Gesellschaft einbringen. Aber zur Reifung braucht es Zeit. So war es mit unserer Plattform zur Nationalitätenfrage. Während wir darüber nachdachten, wuchsen die Probleme weiter an. Und jetzt spüren wir immer noch die „restlichen" Erschütterungen dieses „Erdbebens". Nach Verabschiedung der Plattform laufen die Prozesse in mehr oder weniger normalen Bahnen.[20] Und dennoch gibt es Leute, die zu sehr einfachen Lösungen neigen. Das ist ein sehr gefährliches Publikum. Von außen schieben sie uns verschiedene Ideen unter und tragen Verwirrung hinein. Ich würde dies das „Elend der Philosophie" nennen. Sie schlagen entweder vor, dahin zurückzukehren, wo wir begonnen haben und die Perestrojka abzuschließen oder mit einem Schlag alles kaputtzumachen. Das ist ihr ganzes intellektuelles Potential! Dies, würde ich sagen, ist sowohl das „Elend der Politik" als auch Verantwortungslosigkeit.

Arbeit unter extremen Bedingungen führt auch zu Fehlern und einem Mangel an systematischen Ansätzen. Nachdem wir den Unternehmen wirtschaftliche Selbständigkeit gegeben hatten, haben wir nicht über Mechanismen nachgedacht, die diesen Prozess in bestimmten Grenzen halten würden. Der Monopolismus ist bei uns noch stärker als bei Ihnen. Man zwingt dem Verbraucher die Preise auf

[18] Artikel für die in Anm. 12 angesprochene Zeitschrift. Die erste Ausgabe von „Sozialismus der Zukunft" mit Beiträgen Brandts und Gorbačevs erschien in spanischer bzw. russischer Sprache 1990, vgl. V Politbjuro, S. 444.

[19] Gem. M. S. Gorbačev – V. Brandt, S. 25 keine weiteren Ausführungen.

[20] Dieser Satz fehlt in M. S. Gorbačev – V. Brandt, S. 25.

und er kann nichts machen. Die Geldeinnahmen wachsen, aber es gibt keinen Zuwachs bei den Waren. Früher haben die Unternehmen ein Sortiment produziert: der Plan hat ihnen das aufgezwungen. Jetzt ist das für sie unrentabel und die Gesellschaft erhält weniger Waren. Nicht alles haben wir hier bis zum Ende durchdacht. Wir haben keine Steuerpolitik.

Eine komplizierte Lage besteht auch auf dem Verbrauchermarkt. Es gibt viel „schlechtes" Geld. Wenn früher ein jährlicher Zuwachs des Warenumschlags von 10–12 Milliarden Rubel als normal galt, so betrug er im vergangenen Jahr 24 Milliarden, und jetzt werden wir 29 Milliarden erreichen. Und dennoch sind die Regale in den Läden leer. Wir müssen die Spannungen in der Gesellschaft beseitigen. Sonst wird die kritische Haltung gegenüber der Perestrojka selbst zunehmen. Diese Haltung ist aufgekommen und man kann sie nicht verscheuchen.

Und trotzdem verlieren wir nicht die Hauptrichtung. Derzeit wird im Land ein ganzer Komplex von Gesetzen beraten – über Eigentum, Grund und Boden, Pacht, Genossenschaft. Sie werden die Situation an der Basis verändern und die Lage der Menschen verändern. Hier sind wir bereit, die Erfahrungen auch anderer Länder zu nutzen. Aber jene, die vorschlagen, fremde Erfahrungen einfach zu kopieren, begehen die nächste Dummheit. Wir müssen stets die reale Gesellschaft sehen und in ihr Prozesse auslösen, die sie verändern könnten. Genau da ist eine Suche im Gange.

[...].[21] Das eine geht weg, aber das andere ist noch nicht da. Wichtig ist, nicht die Orientierung zu verlieren, nicht ins Schwanken zu geraten. Wir durchleben einen Augenblick, wo sich in der Gesellschaft das Verständnis dafür herauskristallisiert, dass die Hauptsache jetzt die konstruktive Arbeit ist. [22]Allmählich und mit Mühe kommen wir aus der Phase der Meetings heraus. Sie hat so Vieles ausgestaubt! Aber sie war unerlässlich. Ohne sie gäbe es keine Perestrojka. Alle erhielten die Möglichkeit, ihre Meinung zu äußern. Dies erlaubte es den Menschen, sich selbst zu verstehen.

Unsere Gesellschaft ist sehr schwierig hinsichtlich tiefgreifender Veränderungen, sie ist stark belastet mit Gewohnheiten und Vorstellungen aus der Vergangenheit. Die Gewohnheit, auf die Anweisungen aus dem Zentrum zu warten, ist in Fleisch und Blut übergegangen; man ist der Verantwortung entwöhnt. Verbreitet sind nivellierende Tendenzen, in deren Geist die soziale Gerechtigkeit interpretiert wird. Es vollzieht sich eine umfassende Umwälzung all dieser Dinge. [...].[23]

Wir haben jetzt mehr Vertrauen in den Erfolg, weil wir mehr Kenntnisse haben und weil wir bis zu den fundamentalen Fragen vorgestoßen sind: Eigentum, Macht, Kultur. All dies gewinnt einen qualitativ neuen Inhalt. Das war mein Bericht über die Perestrojka.

(Im Weiteren wurde das Gespräch unter vier Augen fortgesetzt.)

21 Gem. M. S. Gorbačev – V. Brandt, S. 26 ein Satz mit der Ankündigung der „zweiten Etappe der politischen Reform", der Schaffung von „Machtorganen" in den Republiken und Regionen.

22 Der Rest dieses Absatzes fehlt in M. S. Gorbačev – V. Brandt, S. 26.

23 Dto. Gem. M. S. Gorbačev – V. Brandt, S. 26 folgt der Satz: „Das ist wirklich eine Revolution in der Revolution!"

M. S. Gorbačev: […].[24] Wenn wir etwas schneller die Spannungen aus dem Verbrauchermarkt nehmen könnten, würde sich vieles klären. Zurzeit macht die Perestrojka ihre akuteste Phase durch. Ein riesiges Land und eine riesige Vielfalt an Bedingungen. Es haben sich die schwierigsten Probleme aufgetürmt. Ein Bewusstsein, in dem sich Dogmatismus und Konservativismus vermischen. Dies alles sind umfangreiche Hindernisse. Und gleichzeitig der erste Schritt auf einem neuen Weg der Entwicklung – in der Wirtschaft, der Politik, bei den sozialen Prozessen – dies wird eine kolossale Bedeutung für das Land, für den Sozialismus und für die Welt haben.

W. Brandt: Ich unterstütze diesen Gedanken.

M. S. Gorbačev: Ich möchte vertraulich unsere Einschätzung der Lage vortragen. Das Wichtigste ist, dass es keine Alternative zur Perestrojka gibt. Alle äußern sich jetzt zu verschiedenen Problemen, aber niemand kann eine Alternative zum jetzigen Kurs vorschlagen. Das bedeutet: die Strategie ist richtig. Die Frage ist die Taktik, sind die Prioritäten, die Geschwindigkeit der Veränderungen. Hier gibt es eine große Divergenz bei den Meinungen.

Wenn die soziale Spannung weiter wächst und sich die Lebensbedingungen weiter verschlechtern, dann kann jedes Streichholz ausreichen. Darum hängt das Schicksal der Perestrojka davon ab, wie es gelingt, diese Knoten zu lösen: Markt und Finanzen. Man unternimmt bereits eine Reihe von Maßnahmen, überlegt und erarbeitet strenge Maßnahmen, um die negativen Prozesse zu bändigen und die Lage unter Kontrolle zu bringen.

Wenn man die Ansichten, die heute geäußert werden, vom philosophischen Standpunkt aus zusammenfasst, dann finden Sie alles vom Anarchismus bis hin zum Monarchismus. Aber wir haben gelernt, dies alles mit Ruhe zu betrachten.

W. Brandt: Es erinnert an den Gedanken des französischen Schriftstellers Camus, dass der Mensch imstande sein muss, Sisyphus als glücklichen Menschen zu sehen.

M. S. Gorbačev: Jemand hat mir ein Souvenir geschickt, das hundert Herkulesse verkörpert.

W. Brandt: Das ist fast derselbe Gedanke.

M. S. Gorbačev: Ich bin aus der DDR beunruhigt und alarmiert zurückgekommen. Dort verliert man Zeit. In dem Land ist viel für den Menschen getan worden. Es geht anscheinend darum, dass die Leute nicht nur die materiellen und sozialen Annehmlichkeiten nutzen können, sondern auch die Möglichkeit haben, sich als Persönlichkeit zu verwirklichen. Ich habe im Gespräch mit den deutschen Genossen gesagt: Eure Probleme möchten wir haben! Das Leben selbst gibt euch die Signale, und ihr müsst sie in der Politik umsetzen.

[25]In Berlin hielt ich es für erforderlich, auf einige Passagen in der Bremer Rede von Kohl zu reagieren.[26] Er versteht eigentlich die Realitäten. Aber seine Rede

[24] Gem. M. S. Gorbačev – V. Brandt, S. 26 erkundigt sich Brandt zunächst nach Gesundheit und Arbeitslast Gorbačevs. Dieser informiert Brandt über ein Telefonat mit Ryžkov über Debatten des Obersten Sowjets über das Gesetz über Eigentum.

[25] Die nächsten beiden Absätze fehlen in M. S. Gorbačev – V. Brandt, S. 27.

[26] Vgl. Dokument Nr. 46, Anm. 17.

war davon bestimmt, auf dem nationalistischen Ross Positionen in den Wahlen zu erobern und der SPD einen Schlag zu versetzen.

Der Nationalismus ist jedoch eine gefährliche Sache. Wir sehen das bei uns. Deshalb habe ich in meiner Rede in Berlin gesagt, der Kanzler sei von der in Bonn beschlossenen Gemeinsamen Erklärung abgerückt. Er hat das verstanden, und mich vor Kurzem angerufen.[27] Das Gespräch war nicht einfach; wir haben verschiedene Themen erörtert. Doch der Kanzler konnte sich nicht dazu entschließen, darüber zu sprechen, weshalb er angerufen hatte. Und erst als ich anfing, mich für seinen Anruf zu bedanken, begann er über die DDR zu sprechen. Er bekräftigte, dass alles in Kraft bleibe, so wie es in der Bonner Erklärung festgelegt worden sei. Er gehe von den bestehenden Vereinbarungen aus und wünsche keine Destabilisierung der Lage in der DDR. Ich sagte, dass ich das Gesagte zur Kenntnis nähme.

Ich komme noch einmal auf das Thema zurück, dass in dieser Zeit tiefer Veränderungen jedwede Einmischung unzulässig ist. Ich habe das dem Kanzler nicht gesagt,[28] aber ich sage es Ihnen, denn ich sehe, dass wir beide ein tiefgehendes Verständnis für das Problem haben. Das, was in der Führung der CDU vor sich geht, ruft so oder so Unruhe sowohl bei Mitterand wie auch bei Thatcher hervor. Dies habe ich bei den letzten Gesprächen gespürt.[29] Auch bei den Amerikanern – obgleich hier keine Gewissheit besteht – geht etwas vor sich. Es scheint mir, dass die USA denken: Das, was sich zwischen der BRD und der UdSSR abspielt, kann dazu führen, dass die Sowjetunion der „Taufpate" der Wiedervereinigung Deutschlands wird. Und sie könnten beschließen, dass man dem zuvorkommen muss. Aber das sind meine Vermutungen, die auf Beobachtungen basieren. Sie korrigieren ihre Linie auch.

Sie und ich nehmen seit langem realistische Positionen ein, die den Prozessen in Europa starke Impulse verliehen und eine neue Phase der Zusammenarbeit eingeleitet haben.

W. Brandt: Kürzlich war meine Frau – sie ist Historikerin von Beruf – in den USA.[30] Dort traf sie mit einer hochrangigen Beamtin des Außenministeriums zusammen, der Tochter des Botschafters Charles Bohlen, bekannt aus den sowjetisch-amerikanischen Beziehungen der Nachkriegszeit.[31] Sie äußerte sich in dem Sinne, dass der Schlüssel zur Lösung der deutschen Frage in Moskau liege. Und man wisse in den USA vorerst nicht, was in der nächsten Runde vor sich gehen werde und wie darauf zu reagieren sei. So die Botschaft aus Amerika.

Es gefällt uns nicht, dass aus der DDR junge Menschen ausreisen. Es geht bei Weitem nicht der schlechteste Teil der Gesellschaft weg, eher jene, die besser leben als andere. Folglich übersiedeln sie in die BRD nicht aus materiellen Erwägungen! Der Grund liegt darin, dass die Führung des Landes sie nicht als Bürger mit Stimmrecht betrachtet. Man sagt, die Zahl derer, die fliehen, wächst. In der DDR

[27] Dokument Nr. 50.
[28] Dieser Teilsatz fehlt in M. S. Gorbačev – V. Brandt, S. 27.
[29] Gem. M. S. Gorbačev – V. Brandt, S. 27 verweist Gorbačev hier nur auf sein Gespräch mit Thatcher.
[30] Brigitte Seebacher-Brandt.
[31] Avis Bohlen.

entsteht ein neues Selbstbewusstsein. Es ist unerlässlich, dort kurzfristig etwas zu entscheiden. Die Führung muss in einen Dialog mit der breiten Öffentlichkeit eintreten und nicht nur mit den Blockparteien.

Ich möchte die Frage der Lage der beiden Deutschland in der neuen europäischen Friedensordnung anschneiden. [32]Während Ihres Aufenthalts in Berlin haben wir unsere Aufmerksamkeit auf eine sehr wichtige Erklärung von Gerasimov gerichtet, der auf einen strategischen Faktor im Zusammenhang mit der Anwesenheit sowjetischer Streitkräfte in der DDR hingewiesen hat.[33] Dies ist ein wichtiges Faktum, und wir müssen offen darüber sprechen. Das bedeutet nicht, dass dort weniger Streitkräfte sein werden. Aber in den Beziehungen zwischen den beiden bedeutendsten Mächten bleibt das ein wichtiger Faktor.

Seit langem wollte ich Ihnen folgenden Gedanken näherbringen. Man kann die deutschen Angelegenheiten nicht von den europäischen trennen. Wenn das so ist, wenn das restliche Europa weiterhin den Weg der Annäherung und des Zusammenwachsens beschreitet, dann können die beiden deutschen Staaten auf verschiedenen Gebieten eine größere Gemeinsamkeit miteinander finden als mit anderen Ländern. Vielleicht macht es Sinn, diesen Ländern langfristig die Möglichkeit einer Art „gemeinsamen Daches" für das Zusammenwirken auf diesen Gebieten aufzuzeigen?[34] Wobei dies nichts mit einer Wiedervereinigung zu tun hat. Ich spreche mich generell seit langem gegen diesen Ausdruck aus. Wiedervereinigung bedeutet Rückkehr zur Vergangenheit, was erstens nicht möglich ist und zweitens nicht unser Ziel sein kann.

M. S. Gorbačev: Lassen Sie uns nachdenken. Dies umso mehr, als wir beide verstehen, wie ich annehme, dass diese Frage heute nicht auf der Tagesordnung steht.[35] In Europa laufen Integrationsprozesse ab. Und die Zukunft wird zeigen, wie ein vereintes Europa aussehen wird. Die Geschichte hat genügend Phantasie. [36]Vor nicht zu langer Zeit erhielt ich einen Brief von einem gewissen Todenhöfer aus der CDU – geradezu ein Ultimatum. Eine analoge Botschaft hat er an Bush, Thatcher und Mitterand gerichtet.

W. Brandt: Ihn muss man nicht ernst nehmen.

Noch eine Frage. Ich glaube nicht, dass sie ernsthafte Bedeutung erlangen wird, aber ich spreche sie an, weil wir offen miteinander reden. In der DDR hat sich eine Gruppe von Sozialdemokraten gebildet.[37] Sie betrachten sich nicht als Partei, sondern als Vereinigung. Ich kenne sie nicht persönlich, aber ich habe gehört, dass sie kein Anhängsel der SPD sein möchten. Kürzlich erhielt ich von ihnen einen an den Vorsitzenden der Sozialistischen Internationale gerichteten Brief und befand mich in einer nicht einfachen Lage. Einerseits kann von einer Aufnahme dieser Vereinigung in die Internationale keine Rede sein. Gleichzeitig muss ich auf ein solches Schreiben reagieren. Einstweilen habe ich beschlossen, meinen schwedi-

[32] Der folgende Rest des Absatzes fehlt in M. S. Gorbačev – V. Brandt, S. 28.
[33] Vgl. Süddeutsche Zeitung vom 6. 10. 1989, „SED lobt hohes internationales Ansehen der DDR". Verteidigungsminister Jazov hatte auf den Abzug sowjetischer Einheiten aus der DDR und die defensive Organisationsstruktur der verbleibenden Truppen hingewiesen.
[34] Der folgende Rest des Absatzes fehlt in M. S. Gorbačev – V. Brandt, S. 28.
[35] Dieser Satz fehlt in M. S. Gorbačev – V. Brandt, S. 28.
[36] Der folgende Austausch über Todenhöfer fehlt in M. S. Gorbačev – V. Brandt, S. 28.
[37] SDP, Gründung am 7. 10. 1989.

schen Freund zu ihnen zu schicken und ihnen dadurch zu verstehen zu geben, dass ihr Adressat nicht die SPD ist.

M. S. Gorbačev: Was würde ich sagen ... Meiner Meinung nach beginnen dort ernste Veränderungen. Heute findet eine Sitzung des Politbüros statt, darauf folgt offenbar ein Plenum des ZK.[38] Es wird die Rede von einem breiten Dialog der Partei mit der Öffentlichkeit, mit der Bevölkerung, sein. Ich würde empfehlen, einige Zeit zu warten, um nicht die dort vor sich gehenden Prozesse zu stören, um gerade jetzt Vorsicht und Zurückhaltung an den Tag zu legen. Danach könnte man nach Einschätzung der Lage und der ablaufenden Prozesse auch eine Reaktion darauf ausarbeiten.

W. Brandt: Ich stimme Ihnen zu.

Für die DDR wäre es sehr wichtig, die Lage bei den Massenmedien zu ändern.

M. S. Gorbačev: Einverstanden.

W. Brandt: Mich beschäftigt die Lage in den baltischen Republiken.[39] Ich stehe im Kontakt mit unseren Freunden im Norden. Kürzlich waren Koivisto und Paasio in Bonn. Beim Gespräch über die wechselseitigen Beziehungen zwischen Finnland und Estland erklärten sie, dass sie beabsichtigten, diese auf den Gebieten Wirtschaft und Kultur zu entwickeln – da ihre Sprachen sehr ähnlich sind – und sich jedweder Einmischung und Störungen zu enthalten.

Der schwedische Führer Carlsson versicherte mir, dass sie beim Ausbau der traditionellen, noch aus der Zeit Livlands stammenden schwedisch-lettischen Verbindungen auf verschiedenen Gebieten nicht beabsichtigten, die Sowjetunion zu behindern. Ich glaube, dass Sie wegen der Haltung dieser Länder nicht beunruhigt zu sein brauchen.

Komplizierter verhält es sich mit Litauen. Es hat im Norden Europas keinen festen Partner. In Dänemark entbrannte tatsächlich ein demagogischer Wettbewerb zwischen Konservativen und Sozialdemokraten um die Vorherrschaft bei den Kontakten mit Litauen. Unseren Genossen in Kopenhagen habe ich empfohlen, diese Sache sein zu lassen. Ich hoffe, man wird auf mich hören.

Der sozialdemokratische Oberbürgermeister der Ruhrstadt Duisburg,[40] die eine Partnerschaft mit Vilnius unterhält, wird wahrscheinlich mit meinem Auftrag dorthin reisen, die Lage zu beurteilen. Unser Einfluss in dieser Region ist gering. Aber ich versichere Ihnen, dass, wenn wir ihn nutzen, dann nur im Interesse einer Beruhigung. Wenn es nötig ist, sagen wir gewissen Leuten: Die Föderation mit der UdSSR in Zweifel zu ziehen, heißt schlicht, mit dem Feuer zu spielen. Der Erhalt der Föderation eröffnet breite Möglichkeiten für die Zusammenarbeit zwischen den Republiken.

M. S. Gorbačev: So ist es wirklich. Ich spreche viel mit Abgeordneten aus dem Baltikum. Wenn ich mich mit ihnen treffe, bemühe ich mich, ihnen einen einfachen Gedanken näherzubringen: Wir haben noch nie unter den Bedingungen einer echten Föderation zusammengelebt. Das, was existiert, nannte man Föderation, aber es war ein Einheitsstaat. Jetzt wird den Republiken wirtschaftliche Selb-

[38] Vgl. Dokument Nr. 49, Anm. 19.
[39] Vgl. Dokument Nr. 25, Anm. 12.
[40] Josef Krings.

ständigkeit gewährt, ihre Souveränität wird mit realem Inhalt gefüllt, und wir geben ihnen die volle Freiheit zur Entwicklung ihrer Kultur, Sprache und Eigenart.[41]

W. Brandt: Unsere Zeit läuft ab. Ich wollte noch eine Reihe von Fragen anschneiden, die mit europäischen Angelegenheiten und mit der globalen Problematik zu tun haben. Ich glaube, es ist besser, sie schriftlich zu formulieren, in Form eines Memorandums. Ich werde es Ihnen über Falin übermitteln.

M. S. Gorbačev: Einverstanden. Das wird sehr interessant für uns sein. Ich bedanke mich für das inhaltsreiche Gespräch und – das Wichtigste – für das Vertrauen und die menschliche Sympathie, die sich in unseren Beziehungen entwickelt haben. Übermitteln Sie den Mitgliedern der Führung der Sozialistischen Internationale meine Grüße.

W. Brandt: Ich danke Ihnen.[42]

Archiv der Gorbačev-Stiftung. Bestand 1, Verzeichnis 1.

Nr. 52
Gespräch Gorbačevs mit dem Staatsratsvorsitzenden Krenz am 1. November 1989[1]

Gespräch M. S. Gorbačevs mit E. Krenz* [2]
1. November 1989

M. S. Gorbačev: Die sowjetischen Menschen sind stark interessiert an allem, was jetzt in der DDR vor sich geht. Wir hoffen, von euch die allerneuesten Informationen zu erhalten, obwohl wir natürlich vieles wissen. Die Lage in der DDR entwickelt sich allem Anschein nach in hohem Tempo. Gibt es keine Gefahr, dass man mit den Veränderungen nicht Schritt halten kann? Erinnert euch, wir haben schon in Berlin gesagt, dass man stets verliert, wenn man zurückbleibt.[3] Wir wissen das aus eigener Erfahrung.

[41] Gem. M. S. Gorbačev – V. Brandt, S. 29 folgen hier noch kurze Ausführungen über die Wirtschaftsbeziehungen zwischen den sowjetischen Republiken. Auslassung in der Vorlage nicht kenntlich gemacht.

[42] Der Schlusssatz Brandts fehlt in M. S. Gorbačev – V. Brandt, S. 29.

[1] Der Arbeitsbesuch fand am 31. 10./1. 11. 1989 statt. Auszüge in von Plato, Vereinigung, S. 83–88, Zusammenfassung des russ. Protokolls auch bei Zelikow/Rice, Sternstunde, S. 133–140; eine englische Übersetzung der Vorlage mit einzelnen Ergänzungen als Dok. Nr. 9 des NSAEBB Nr. 293, http://www.gwu.edu/~nsarchiv/NSAEBB/NSAEBB293/doc09.pdf. Das dt. Protokoll in Hertle (Hg.), Fall, S. 462–482, mit Erläuterung der Unterschiede zur bereinigten Version in Stephan (Hg.), Vorwärts immer, S. 199–224. Russ. und dt. Protokoll auszugsweise auch in CWIHP, Document readers, The end of the cold war, http://www.wilsoncenter.org/cwihp/documentreaders/eotcw/891101a.pdf sowie http://www.wilsoncenter.org/cwihp/documentreaders/eotcw/891101b.pdf (aus dem Archiv der Gorbačev-Stiftung, Bestand 2, Verzeichnis 2); Krenz, Anmerkungen. Vgl. dazu Bericht für das SED-Politbüro vom 1. 11. 1989, in: Nakath (Hg.), Im Kreml, S. 60–62, dazu Diskussion des Politbüro der KPdSU am 3. 11. 1989, in: V Politbjuro, S. 450f. Vgl. Vorotnikov, A bylo, S. 354; Krenz, Wenn Mauern, S. 149f.; Krenz, Herbst, S. 189–202; Kuhn, Gorbatschow, S. 56–60. Ferner Maximytschew/Hertle, Maueröffnung, S. 1143f.

[2] Von sowjetischer Seite war auch Šachnazarov anwesend.

[3] Dokumente Nr. 46 und Nr. 47.

Es ist gut, dass ihr die Notwendigkeit des Dialogs erkannt habt, sonst kann eine ernsthafte Partei nicht handeln. Die Menschen bei euch äußern jetzt die verschiedensten Ansichten. Es ist wichtig, diese Prozesse geschickt zu steuern und keine Angst vor ihnen zu haben. Ich sage dies auch aus eigener Erfahrung. Manchmal mussten wir einige unserer Genossen in einem Zustand der Niedergeschlagenheit antreffen, der seine Ursache in den plötzlichen Veränderungen hatte, die über unser Leben hereingebrochen waren. Ich sage immer solchen Fällen: Wir selbst haben doch danach gestrebt, Veränderungen herbeizuführen und nun haben sie begonnen. Dann soll eben nicht alles so laufen, wie wir uns das zuvor vorgestellt haben, aber wir dürfen uns doch nicht vor dem eigenen Volk fürchten.

Ich sage nicht, dass wir bereits „das Pferd der Perestrojka gesattelt" haben, das sich als ziemlich feurig erwiesen hat. Jedenfalls haben wir es bei Weitem noch nicht zugeritten. Von Zeit zu Zeit versucht es auch, den Reiter abzuwerfen. Aber die Erfahrung, die wir gewonnen haben, ist außerordentlich wichtig.

Ich begrüße deine Reise zu uns und wünsche dir von Herzen Erfolg im neuen Wirkungskreis. Euer Land, euer Volk und eure Partei stehen vor tiefgreifenden Veränderungen, und wir werden in dieser schwierigen Zeit mit euch sein. Alles was in der DDR vor sich geht, findet bei den sowjetischen Menschen das lebhafteste Echo. Nach euch selbst ist es wahrscheinlich unser Volk, das euch am meisten Erfolg wünscht. Davon könnt ihr fest ausgehen.

E. Krenz: Vielen Dank für den aufrichtigen und herzlichen Empfang. Sämtliche Mitglieder des Politbüros haben mich gebeten, Grüße zu übermitteln. Ich bin sehr dankbar, dass man mich sogleich nach unserer Bitte in Moskau empfängt. In der Folge deines Besuchs in der DDR zur Feier des 40. Jahrestags ist es uns gelungen, bei vielen, für uns akuten Fragen voranzukommen. Alle haben insbesondere deinen Gedanken aufgegriffen, dass den, der zu spät kommt, das Leben unweigerlich bestraft. Alles, was du gesagt hast, hat ein großes Echo gefunden und dem Kampf um die Festlegung unserer zukünftigen Politik einen Anstoß gegeben.

Es ist unbestritten, dass wir in den vergangenen Jahrzehnten große Erfolge erzielt haben und mit den Feiern zum 40. Jahrestag die unvergänglichen Ergebnisse des Wirkens der Partei und des ganzen Volkes zu Recht gewürdigt haben. Auf dem soliden Fundament all dessen, was geleistet worden ist, können wir auch die weiteren Pläne aufbauen. Aber die Menschen bei uns waren sehr unzufrieden darüber, dass die Massenmedien eine illusorische Welt geschaffen haben, die nicht den Realitäten des Lebens entsprach. Propaganda und Praxis klafften auseinander. Die Partei begann das Vertrauen des Volkes zu verlieren, und dies ist das Schlimmste, was einer herrschenden Partei passieren kann.

Einige sagen, der hauptsächliche Grund für die Zuspitzung der Lage seien die Ereignisse der letzten drei Monate gewesen, der Umstand, dass die Parteiführung schwieg, als Tausende von Menschen das Land verließen. Dies ist eine ernstzunehmende Kritik; sie darf nicht unberücksichtigt bleiben. Es wurde auch ein schwerer psychologischer Fehler begangen: In unserer Presse war erklärt worden, dass wir nicht anfangen werden, denen, die weggegangen sind, eine Träne nachzuweinen.[4]

[4] Leitartikel in Neues Deutschland vom 2. 10. 1989, S. 2.

Aber diese Menschen haben Mütter, Väter, andere Angehörige und Freunde, und menschlich muss man einfach bedauern, dass wir unsere Bürger verloren haben.

Im Politbüro sind wir zu dem Schluss gekommen, dass die politische Krise nicht nur während dieser wenigen Monate entstanden ist. Viele Probleme haben sich über Jahre angehäuft. Die Ausgangspositionen des 11. Parteitags waren unrealistisch und in vielem fehlerhaft.[5] Seine wirtschaftlichen Beschlüsse gründeten auf subjektiven Anschauungen. Praktisch unberücksichtigt blieb die breite Skala der Meinungen, die zu jener Zeit in der Partei und im Volk geäußert wurden.

Aber der Kardinalfehler bestand wahrscheinlich darin, dass keine ernsthaften Schlussfolgerungen aus den neuen Prozessen der gesellschaftlichen Entwicklung gezogen wurden, die in der UdSSR und anderen sozialistischen Ländern begonnen hatten und in der DDR selbst überfällig waren. Denn wenn du einen wichtigen Verbündeten hast, dann musst du seine Probleme und Schwierigkeiten verstehen und teilen. Man kann nicht verbal Freundschaft und Verbundenheit erklären, aber de facto abseits stehen, wenn er versucht, seine schwierigen Probleme zu lösen. Denkende Menschen haben gespürt, dass es plötzlich keine Einheit mehr mit der Sowjetunion gab, und diese Barriere haben wir selbst errichtet.

M. S. Gorbačev: Jetzt erhalten die Menschen Informationen von überall her, darunter aus dem Westen, analysieren sie selbst und sind selbst imstande, ihre Schlussfolgerungen zu ziehen.

E. Krenz: Ja, leider haben wir die Probleme der Perestrojka den westlichen Massenmedien überlassen, nicht unsere eigenen Bewertungen abgegeben und keinen Dialog mit unserer Öffentlichkeit geführt. Ein schwerer Schlag gegen das politische Bewusstsein der Menschen war das Verbot der sowjetischen Zeitschrift „Sputnik".[6] Und da geht es natürlich nicht um die Zeitschrift selbst – man hat den Bürger der DDR spüren lassen, dass er im Umgang mit sowjetischen Informationsquellen nicht frei ist, obwohl er gleichzeitig frei Westfernsehen sehen konnte. Es kam zu einem tiefen Einschnitt im politischen Bewusstsein, dessen negative Folgen ziemlich ernst waren. Deshalb war nicht zufällig einer unserer ersten Schritte die Aufhebung des Verbots von „Sputnik".[7]

M. S. Gorbačev: Dies nimmt euch übrigens nicht das Recht, in euren Publikationen diejenigen Materialien des „Sputnik" zu kritisieren, mit denen ihr nicht einverstanden seid. In unseren Massenmedien druckt man heute alles Mögliche.

E. Krenz: Jetzt, nachdem wir in unseren Massenmedien einen echten Dialog begonnen haben, hat unsere „Aktuelle Kamera" (eine Fernsehsendung in der Art eurer „Vremja"[8]) begonnen, mehr Aufmerksamkeit auf sich zu ziehen als die Sendungen des Westfernsehens. Und obgleich es bislang bei uns noch kein geschlossenes Konzept für die Lösung der Probleme gibt, die sich vor dem Land auftun, ist es bereits ein Erfolg, dass sie jetzt in der DDR selbst und nicht nur im Westen erörtert werden.

[5] Vgl. Protokoll der Verhandlungen des 11. Parteitages der Sozialistischen Einheitspartei Deutschlands im Palast der Republik in Berlin. 17. bis 21. April 1986, Berlin 1986.
[6] Vgl. Dokumente Nr. 25, Anm. 10 und Nr. 34, Anm. 20.
[7] Am 20. 10. 1989, vgl. Stephan (Hg.), Vorwärts immer, S. 202 mit Anm. 287 (wie Anm. 1).
[8] Aktuelle Kamera war die tägliche Nachrichtensendung des Fernsehens der DDR, Vremja die tägliche Nachrichtensendung des Zentralen Sowjetischen Fernsehens.

Ich möchte sagen, dass der Weg zum 9. Plenum des ZK der SED sehr schwierig war.[9] Nach Absprache mit Genossen Stoph hatte ich den Entwurf einer Erklärung zu den aktuellen politischen Fragen vorbereitet. Er hatte Kompromisscharakter; er ging davon aus, dass Honecker an der Spitze der Partei bleibt. Wir hofften noch, dass wir gemeinsam mit ihm aus der entstandenen Situation herauskommen könnten. Als Erich den Entwurf jedoch erhielt, war er der Meinung, dass dieser sich gegen ihn persönlich richte. Das hat er mir selbst gesagt und dazu bemerkt, er habe weder gegen Pieck noch gegen Ulbricht jemals etwas unternommen. Dies entspricht nicht den Tatsachen, aber Honecker hat es so gesagt. Wenn du diesen Entwurf einbringst, erklärte er, dann wird es eine Spaltung in der Führung geben, und außerdem werden personelle Veränderungen, die unter bestimmten Bedingungen geplant gewesen wären, unmöglich.

Ungeachtet dieser Drohungen habe ich den Entwurf trotzdem zur Erörterung in das Politbüro eingebracht. Auf der Sitzung hat Honecker dies sofort hervorgehoben. Aber alle, außer einem, haben den Entwurf der Erklärung unterstützt. Allerdings wurde der Versuch unternommen, ihn abzuschwächen, indem man ihn Mittag und Herrmann zur Fertigstellung übergab. Ich meinerseits zog Schabowski hinzu.

M. S. Gorbačev: Vom politischen Standpunkt aus ist die Lage klar, aber rein menschlich ist sie dramatisch. Ich habe mir deswegen auch Sorgen gemacht. Ich hatte im Großen und Ganzen kein schlechtes Verhältnis zu Honecker, aber in letzter Zeit schien es, als sei er blind. Denn wenn er sich vor zwei, drei Jahren aus eigener Initiative auf die unerlässlichen Veränderungen in der Politik eingelassen hätte, wäre alles in vielerlei Hinsicht anders. Aber augenscheinlich hat sich bei ihm eine Art Wandel vollzogen, und er hörte auf, die realen Prozesse in der Welt und im eigenen Land zu sehen. Das ist ein menschliches Drama, aber da Honecker eine sehr hohe Position bekleidete, hat es sich in ein politisches Drama verwandelt.

E. Krenz: Ja, du hast recht, das ist ein Drama auch für mich: Erich Honecker hat mich großgezogen, er war mein politischer Lehrmeister.

M. S. Gorbačev: Darauf wird jetzt manch einer spekulieren, aber ich glaube, das sollte dich nicht kümmern.

E. Krenz: Der Umschwung bei Honecker vollzog sich wahrscheinlich genau ab 1985, mit deiner Wahl zum Generalsekretär des ZK der KPdSU. Er erblickte darin eine Bedrohung seiner Autorität, weil er sich selbst für den dynamischsten politischen Führer hielt. Der Sinn für die Realität hat ihn verlassen, er stützte sich überhaupt nicht auf das Kollektiv des Politbüros. Und einen sehr schlechten Dienst haben ihm in dieser Hinsicht Mittag und Herrmann erwiesen.[10] Ersterer als Stratege, der zweite als Ausführender.

Gestern haben wir im Politbüro die wirtschaftliche Lage erörtert. Wahrscheinlich wurde zum ersten Mal ein ungeschminktes Bild vorgelegt. Eine derartig offene und vollständige Analyse hatte es bei uns noch nicht gegeben. Und es stellte sich heraus, dass die Finanzlage äußerst schwierig ist.

[9] Zum folgenden vgl. Dokument Nr. 49, Anm. 19.
[10] Im deutschen Protokoll (wie Anm. 1, S. 466) fragt Gorbačev nach der Rolle Herrmanns.

M. S. Gorbačev: Das ist ein bekanntes Bild. Seinerzeit, als ich bereits Mitglied des Politbüros war, habe ich unser Budget praktisch nicht gekannt. Irgendwie führten Ryžkov und ich einen Auftrag Andropovs aus, der mit Angelegenheiten des Budgets verbunden war und entschieden, dass wir uns besser damit vertraut machen sollten. Andropov sagte: Mischt euch da nicht ein, das ist nicht eure Sache. Jetzt wissen wir, warum er das gesagt hat. Denn das war kein Budget, sondern weiß der Teufel was.

E. Krenz: Als Motto unseres Plenums haben wir gewählt: „Der Wahrheit direkt ins Auge sehen". Aber wenn man die ganze Wahrheit so darlegen würde, wie sie ist, dann wäre das ein Schock.

M. S. Gorbačev: Wir kannten die Lage bei euch, eure wirtschaftlichen und finanziellen Beziehungen mit der BRD und haben verstanden, wie sich das alles entwickeln könnte. Unsererseits haben wir die Verpflichtungen gegenüber der DDR gewissenhaft erfüllt, einschließlich jener über die Öllieferungen, obwohl es seinerzeit nötig wurde, sie um eine gewisse Menge zu verringern. Honecker war in diesen Dingen nicht ganz aufrichtig mit uns. Wir wussten das, aber – geleitet von allerhöchsten politischen Erwägungen – zeigten wir Selbstbeherrschung und Geduld. [...].[11]

E. Krenz: Viele unserer Genossen wussten seit langem davon, haben aber geschwiegen, weil sie der Ansicht waren, dass man die Einheit der Partei nicht verletzen dürfe. Jedoch ist gestern im Politbüro häufig der Gedanke angeklungen, dass die Bewahrung der Einheit um jeden Preis sich als schlechter Dienst erweisen kann, wenn es keine Aufrichtigkeit und Ehrlichkeit gibt und wenn die Menschen nicht wagen, die eigene Meinung auszusprechen.[12]

M. S. Gorbačev: Wenn Honecker nicht nur Mittag zugehört hätte, sondern auch dir, Stoph, Krolikowski und anderen vernünftigen Genossen und daraus objektive Schlussfolgerungen gezogen hätte, dann wäre das eine ganz andere Sache gewesen. Aber er hat, soweit uns bekannt ist, Stoph gedemütigt. Und wie er mit Modrow umgesprungen ist – er hat diesen Menschen sozusagen einfach „zermürbt".

E. Krenz: Vor zwei Jahren wurde ich beauftragt, ihn abzusetzen. Die Schauspieler des Dresdner Theaters hatten zwei Briefe zur Unterstützung der Perestrojka geschickt: einen nach Berlin, den anderen an dich nach Moskau. Daraufhin hat Honecker mich beauftragt, nach Dresden zu fahren, um Modrow abzusetzen. Ich fuhr hin; wir sprachen offen miteinander und wandten folgende Taktik an: ihn zu kritisieren, aber an Ort und Stelle zu belassen.[13]

M. S. Gorbačev: Die Frage der Einheit ist sehr wichtig. Aber man braucht keine formale Einheit, sondern eine Einheit, die auf der Achtung der Ansichten der anderen Genossen beruht, auf dem Austausch unterschiedlicher Standpunkte,

[11] Gem. der englischen Übersetzung in NSAEBB Nr. 293 sowie in der CWIHP-Fassung (wie Anm. 1) folgt hier ein Austausch über die notwendige Ausrichtung der Arbeitsteilung auf Effektivität und gegenseitigen Nutzen. Gorbačev verweist auf entsprechende Forderungen der Republiken und im Obersten Sowjet sowie auf frühere Diskussionen mit Honecker.

[12] Vgl. Schürer u. a., Analyse der ökonomischen Lage der DDR mit Schlussfolgerungen, Vorlage vom 30. 10. 1989 für die Politbüro-Sitzung am 31. 10. 1989, in: Hertle, Fall, S. 448–460 sowie Schreiben Schürer an Krenz vom 27. 10. 1989, ebd., S. 460–462.

[13] Hintergründe zusammengefasst in Stephan (Hg.), Vorwärts immer, S. 206, Anm. 291.

auf einer objektiven Synthese verschiedener Meinungen. Dort nämlich, wo ein Führer seine Positionen verliert, klammert er sich an eine formale Einheit. Ihr habt, wie ich mich erinnere, das Politbüro stark erweitert. Das hat man offenbar deshalb getan, um es zu verwässern.

In unserem Politbüro sagt man jetzt alles, was man denkt; man äußert sich frei und ausführlich. Darum muss man manchmal tagelang Sitzungen abhalten oder aber wir nehmen auch die Nacht hinzu. Eine allseitige, objektive Vorgehensweise schafft eine völlig andere Lage.

E. Krenz: Gestern hatten wir wahrscheinlich zum ersten Mal eine solch emotionale Sitzung des Politbüros. Sie dauerte drei Stunden länger als vorgesehen. Die Wirtschaftslage ist so kompliziert, dass uns bei den notwendigen politischen Entscheidungen die Hände gebunden sind.[14]

M. S. Gorbačev: Nach unseren Daten beträgt der Produktionszuwachs bei euch nicht 4–5%, sondern ist 2% geringer.

E. Krenz: Das hat jemand noch sehr großzügig gerechnet. Außerdem ist der in Geld ausgedrückte Zuwachs das eine, aber der reale Zuwachs etwas völlig anderes. Die zu hohen Ausgaben für die Mikroelektronik lösen Unruhe aus. Sie sind um ein Mehrfaches höher als der internationale Standard; die jährlichen Subventionen betragen drei Milliarden Mark. Natürlich ist es nötig, Schlüsseltechnologien weiter zu entwickeln, aber man muss die Kosten in Betracht ziehen. Und die Bevölkerung sieht dies alles. Man sagt uns: Gut, wir haben den Schaltkreis für ein Megabit erreicht, aber auf den Ladentischen fehlen die erforderlichen Konsumgüter.

Eine der Schlüsselfragen ist die Rückzahlung der Schulden. Du kennst unsere Zahlungsbilanz. Ende 1989 werden sich die Schulden auf 26,5 Mrd. Dollar oder 49 Mrd. Valutamark belaufen. Die Deviseneinnahmen betragen 5,9 Mrd. Dollar (Exporterlöse und andere Zahlungen) und die Ausgaben 18 Mrd. Dollar, einschließlich der Zahlungen der Darlehenszinsen. Somit beläuft sich das Defizit auf 12,1 Mrd. Dollar. Dies zwingt zur Aufnahme neuer Kredite. Allein die Zinszahlungen machen 4,5 Mrd. Dollar jährlich aus, das sind 62% aller Exporterlöse.

Generell haben wir mehr verbraucht als erzeugt. Das Volk verlangt eine Verbesserung seiner materiellen Lage, aber es weiß nicht, wie begrenzt unsere Möglichkeiten sind. Um unsere Zahlungsbilanz auszugleichen, müssten wir den Lebensstandard um ca. 30% senken.

M. S. Gorbačev: Eine solche Situation ist uns bekannt.[15] Ich würde raten, einen Weg zu finden, um in allgemeiner Form den Menschen zu verstehen zu geben, dass sie über ihre Verhältnisse leben und dann mit der Zeit die Lage genauer zu beleuchten.

E. Krenz: Ich denke, ich werde bereits auf dem nächsten Plenum in allgemeiner Form darüber sprechen.[16] Es ist für uns sehr wichtig, die wirtschaftliche Stabilität zu bewahren und die erforderlichen Rückzahlungen der Schulden zu gewährleis-

[14] Gem. dt. Protokoll (wie Anm. 1, S. 468) hier noch allgemeine Ausführungen von Krenz über die wirtschaftspolitische Situation.

[15] Gem. dt. Protokoll (wie Anm. 1, S. 469) zeigte sich Gorbačev „erstaunt. So prekär habe er sich die Lage nicht vorgestellt." Den folgenden Rat erteilte er „aus eigener Erfahrung".

[16] Gem. dt. Protokoll (wie Anm. 1, S. 470) hier noch Ausführungen Krenz' über Äußerungen von Alfred Neumann sowie Erinnerungen Gorbačevs an die wirtschaftliche Situation in der UdSSR in den 1960er Jahren.

ten. Sollten wir gezwungen sein, uns an den Internationalen Währungsfond zu wenden, dann kann die Lage sich als äußerst kompliziert erweisen.

M. S. Gorbačev: Wir bemühen uns, unsere Verpflichtungen gegenüber der DDR zu erfüllen. Unsere Rohstofflieferungen sind eine große Erleichterung für euch.

E. Krenz: Wir sind der Sowjetunion für diese Lieferungen sehr dankbar. Leider wissen im Volke viele nicht sehr gut, was sie für die DDR bedeuten. Vor kurzem hat Schürer vorgetragen, welche Unmenge Geld wir auf dem kapitalistischen Markt für diese Waren zahlen müssten. Hinzu kommt, dass es sehr fraglich ist, ob es gelingen würde, sie dort zu bekommen. Ende der 70er, Anfang der 80er Jahre hat man bei uns viel darüber geschrieben, wie lebenswichtig für uns die sowjetischen Lieferungen sind. Man muss das auch jetzt tun.

M. S. Gorbačev: Ja, natürlich, es auf ruhige Weise tun, ohne Geschrei, aber die Menschen müssen die Tatsachen kennen ...[17] Was die wirtschaftlichen Beziehungen betrifft, so möchte ich auch von der Notwendigkeit sprechen, einen prinzipiellen und gleichzeitig flexiblen Kurs gegenüber der BRD einzuhalten. Von dort wird man offenbar Druck auf euch ausüben. Man muss so handeln, dass die Entscheidungen, die die DDR betreffen, in Berlin, und nicht in Bonn getroffen werden. Aber, ich wiederhole, man muss hinreichend flexibel sein, weil ein starker Schlag erfolgen kann.[18]

E. Krenz: Einverstanden. Allgemein wäre ich sehr dankbar für Ratschläge in Bezug auf die Beziehungen mit der BRD. Ich möchte mir ein klareres Bild davon machen, welchen Platz die Sowjetunion der BRD und der DDR in einem gemeinsamen europäischen Haus zuweist. Das ist sehr wichtig für uns. Wir gehen davon aus, dass die DDR das Kind der Sowjetunion ist, und anständige Menschen anerkennen stets ihre Kinder und gestatten zumindest, ihnen ihren Vatersnamen zu geben. *(Heiterkeit)*[19]

M. S. Gorbačev: Jakovlev hat gestern Brzeziński empfangen und der ist, wie ihr wisst, ein „global denkender Kopf". Er sagte: Wenn sich die Ereignisse heute so umkehren würden, dass die Vereinigung Deutschlands Realität würde, dann wäre dies der Zusammenbruch für vieles. Ich denke, dass wir bis heute die richtige Linie verfolgt haben: Wir sind fest für die Koexistenz zweier deutschen Staaten eingetreten und im Ergebnis zu einer breiten internationalen Anerkennung der DDR gelangt, haben den Moskauer Vertrag erreicht und den Anstoß zum Helsinki-Prozess gegeben.[20] Deshalb muss man genau diese Linie voller Zuversicht fortsetzen.

Du solltest wissen: Alle ernsthaften politischen Akteure – sowohl Thatcher als auch Mitterand, ebenso wie Andreotti und Jaruzelski, aber auch die Amerikaner – obgleich in der Haltung letzterer derzeit einige Nuancen erkennbar sind – streben keine Vereinigung Deutschlands an. Mehr noch, unter den derzeitigen Bedingungen hätte sie einen explosiven Charakter. Die Mehrheit der westlichen Führer wünscht weder eine Auflösung der NATO noch des Warschauer Paktes. Ernst-

[17] Zeichensetzung gem. Vorlage.
[18] Gem. dt. Protokoll (wie Anm. 1, S. 470f.) hier der Austausch über die wirtschaftliche Arbeitsteilung zwischen der UdSSR und der DDR, vgl. Anm. 11.
[19] Zusatz gem. Vorlage.
[20] Vgl. Dokumente Nr. 5, Anm. 3, 4 und Nr. 16, Anm. 21.

hafte Politiker begreifen, dass dies alles Faktoren eines notwendigen Gleichgewichts sind. Obgleich zum Beispiel Mitterand es für nötig hält, auch seine Sympathie für die Idee einer Vereinigung Deutschlands zu erwähnen. Von einer ähnlichen Sympathie für den Drang der Deutschen, sich zu vereinigen, sprechen hie und da auch die Amerikaner. Doch ich glaube, sie tun dies Bonn zu Gefallen und in einem gewissen Maße, weil sie eine zu starke Annäherung zwischen der BRD und der UdSSR befürchten. Somit, ich sage es noch einmal, ist es jetzt am richtigsten, die Linie in den deutschen Angelegenheiten fortzusetzen, die wir bis heute erfolgreich verfolgt haben.

Übrigens, auch Brandt ist dieser Meinung.[21] Er glaubt, dass die DDR eine große Errungenschaft des Sozialismus sei, obgleich er natürlich sein eigenes Verständnis vom Sozialismus hat. Eine Liquidation der Republik wäre seiner Meinung nach eine Pleite für die Sozialdemokraten. Deshalb, so denke ich, sollten wir alle von der Formel ausgehen: Die Geschichte hat so entschieden, dass es zwei deutsche Staaten gibt. Aber natürlich kommt ihr um die BRD nicht herum. Die Forderung nach menschlichen Kontakten setzt normale Beziehungen mit ihr voraus. Ihr könnt die Verbindungen mit der BRD nicht abbrechen, obwohl sie natürlich unter Kontrolle sein müssen.

Ich bin überzeugt, dass es sich für uns auszahlen würde, die Verbindungen mit der BRD besser zu koordinieren, wovor sich Honecker in gewissem Maße gedrückt hat. Wir wissen Bescheid über eure Beziehungen zur BRD, ihr wisst über unsere Bescheid. Also, was gibt es hier zu verdunkeln und voreinander geheim zu halten! Es wäre lohnenswert, über Möglichkeiten einer trilateralen Zusammenarbeit zwischen UdSSR, DDR und BRD nachzudenken, insbesondere im Bereich der Wirtschaft. Immerhin hat es seinerzeit sogar eine spezielle UdSSR-DDR-Koordinierungskommission gegeben. Formal ist sie bis heute nicht aufgelöst, obwohl sie seit langem nicht mehr tätig ist. Mir scheint, dass ihr seitens der DDR Mittag angehört.[22]

E. Krenz: Offenbar war er auch daran beteiligt, dass die Kommission ihre Tätigkeit eingestellt hat.

M. S. Gorbačev: Die Arbeit einer derartigen Kommission sollte wiederaufgenommen werden, selbstverständlich unter Berücksichtigung der laufenden Veränderungen. Ich glaube, es wäre für uns von Vorteil, das Potential der BRD zu nutzen, sich zu bemühen, sie an uns heranzuziehen, zumal auch dort bei manchen entgegenkommende Stimmungen zutage treten. Tatsächlich ist die BRD in vielem bereit, der Sowjetunion entgegenzukommen, im Austausch für unsere Mitwirkung bei einer Vereinigung Deutschlands. Die Amerikaner sagen direkt, dass der Schlüssel dafür in Moskau liegt. Sie sind nicht abgeneigt, uns mit den Westdeutschen aneinandergeraten zu lassen. Ich wiederhole, der Annäherungsprozess zwischen UdSSR und BRD gefällt ihnen gar nicht.

[...].[23] Mit einem Wort, wir müssen mit euch gut über alles nachdenken, was die Beziehungen mit der BRD betrifft. Um so mehr, als in eurer Lage die Sache eine

[21] Dokument Nr. 51.
[22] Für die UdSSR Tichonov.
[23] Gem. dt. Protokoll (wie Anm. 1, S. 473) Hinweis, dass die BRD bei der Annäherung an die UdSSR Zeit brauche.

solche Wendung nehmen kann, dass euch nicht nach Ideologie zumute sein wird. Man muss sehr umsichtig sein. Ihr würdet euch anscheinend sicherer fühlen, wenn wir an trilateralen Beziehungen teilnehmen. Das wäre für alle von Vorteil, würde gleichzeitig euren politischen Beziehungen mit der BRD helfen und zur Festigung der Positionen der DDR insgesamt beitragen. Außerdem wäre es für euch lohnenswert, sich mutiger auf Beziehungen mit anderen westlichen Staaten einzulassen und nicht nur mit der BRD. Dies wird eure Positionen im Hinblick auf Bonn ebenfalls stärken.

In Ungarn und Polen ist jetzt die Lage so, dass ihnen, wie man sagt, gar nichts anderes übrig bleibt, dermaßen tief stecken sie in einer finanziellen Abhängigkeit vom Westen. Jetzt machen uns manche den Vorwurf: Wohin schaut die Sowjetunion, sagen sie, warum erlaubt sie Polen und Ungarn gen Westen „davonzuschwimmen". Wir können doch nicht Polens Unterhalt bestreiten. Gierek hat Schulden angehäuft ...[24] Polen hat bereits 49 Mrd. Dollar zurückgezahlt und muss noch fast 50 Mrd. zahlen.[25] Und was Ungarn betrifft, so hat noch unter Kádár 1987 der Internationale Währungsfonds ihm ein hartes Ultimatum diktiert.

E. Krenz: Das ist nicht unser Weg.

M. S. Gorbačev: Man muss das auch bei den Beziehungen zur BRD in Betracht ziehen.

Was das angeht, wie am Ende die deutsche Frage gelöst wird, so brauchen wir jetzt kaum darüber Vermutungen anzustellen. Man muss von der Lage ausgehen, die die Geschichte „beschert" hat. Sich nicht nach dieser Realität zu richten, wäre die schlechteste Variante der Politik. Vielleicht wird in einigen Jahrzehnten, wenn die Integrationsprozesse in Europa sich normal entwickeln, auch die deutsche Frage anders aussehen. Obwohl man auch heute, wenn man über westeuropäische Integration spricht, im Westen von der Bewahrung einer bestimmten politischen, kulturellen und sonstigen Eigenart der einzelnen Länder redet.

Mit einem Wort: Heute ist die Frage einer Vereinigung Deutschlands nicht aktuell. Ich bitte darum, diese unsere feste Überzeugung dem Politbüro der SED zu übermitteln. Ich wiederhole: Diese Auffassung besteht auch bei unseren Partnern in der Anti-Hitler-Koalition, was natürlich nicht unwichtig ist. Jetzt steht an erster Stelle die Verbesserung der Beziehungen in Europa, sonst kann alles auseinanderfliegen.

E. Krenz: Ich stimme deiner Problemstellung zu. Sie erfordert eine ideologische Absicherung. Anfang der 80er Jahre hat Honecker gegenüber Bonn die fünf bekannten Forderungen erhoben – Anerkennung der DDR-Staatsbürgerschaft u. dgl.[26] Seither haben wir eine Reihe von Verträgen mit der BRD abgeschlossen,

[24] Gem. der Übersetzung in NSAEBB 293 sowie in der CWIHP-Fassung (wie Anm. 1) nennt heißt es: „Gierek hat 48 Milliarden Dollar Schulden aufgehäuft".

[25] Gem. dt. Protokoll (wie Anm. 1, S. 473) geleistete Zahlungen in Höhe von 52 Mrd., Schulden bei 49 Mrd., die CWIHP-Fassung (wie Anm. 1) nennt zweimal 49 Mrd.

[26] Gemeint sind die „Geraer Forderungen". Vgl. Erich Honecker, Zu aktuellen Fragen der Innen- und Außenpolitik der DDR. Aus der Rede auf der Aktivtagung zur Eröffnung des Parteilehrjahres 1980/1981 in Gera am 13. 10. 1980, in: Erich Honecker, Reden und Aufsätze, Band 7, Berlin 1982, S. 415–452, hier 430–433. Allgemein wiederholte Honecker die Forderung nach Nichteinmischung und Anerkennung von zwei souveränen deutschen Staaten, konkret forderte er hierfür die Anerkennung der DDR-Staatsbürgerschaft, die Umwandlung der Ständigen Vertretungen in Bot-

aber im Grunde ist nicht eine einzige unserer Forderungen erfüllt worden. Mehr noch, es entstand ein falscher Zustand: Die Menschen sehen, dass Honecker, Mittag und Krenz in die BRD reisen, aber warum ist es ihnen verboten?

Eine nicht einfache Frage für uns. Du sprichst oft von allgemein menschlichen Werten. Ich trete auch für sie ein. Aber es gibt auch noch allgemein deutsche Probleme. In diesem Zusammenhang ist eine Entideologisierung der Beziehungen zwischen DDR und BRD für uns mit großen Komplikationen belastet und würde einen Verzicht auf die Verteidigung des Sozialismus in der DDR bedeuten. Komplizierte Probleme sind mit der Berliner Mauer und dem Grenzregime verbunden.

M. S. Gorbačev: Das muss man alles durchdenken und Formeln finden, die den Leuten erlauben, ihre menschlichen Bestrebungen zu verwirklichen ... [Sonst werden wir gezwungen, alle Arten von Ultimaten zu akzeptieren. Vielleicht können wir unsere Internationalen Abteilungen und Außenministerien anweisen, gemeinsam über mögliche Initiativen nachzudenken. Natürlich sollen eure konstruktiven Schritte von Forderungen nach bestimmten Verpflichtungen der anderen Seite begleitet werden. Kanzler Helmut Kohl hält mit mir und mit euch Kontakt. Wir müssen ihn beeinflussen. Einmal, unter dem Druck der Opposition, fand er sich selbst auf dem Ross des Nationalismus wieder. Der rechte Flügel beginnt, seine Forderungen nach einer Vereinigung Deutschlands an die Sowjetunion und Appelle an die USA zu richten. Die Logik ist einfach – wenn alle Völker vereint sind, warum haben wir Deutschen dieses Recht nicht?][27]

E. Krenz: Wir haben bereits eine Reihe von Schritten unternommen. Erstens, wir haben den Soldaten die Anweisung erteilt, die Schusswaffe an der Grenze nicht anzuwenden, ausgenommen in Fällen eines direkten Angriffs auf Grenzsoldaten.[28] Zweitens haben wir im Politbüro den Entwurf eines Gesetzes über Reisen ins Ausland angenommen.[29] Wir werden ihn zur öffentlichen Diskussion vorlegen und rechnen damit, ihn noch vor Weihnachten in der Volkskammer anzunehmen. In dem Gesetzesentwurf ist vorgesehen, dass jeder Bürger gegen eine bestimmte Gebühr einen Reisepass erwerben und ein Ausreisevisum erhalten kann. Ausnahmen wird es nur aus Sicherheitserwägungen geben. Eine andere Einschränkung wird die große Devisenknappheit für den Umtausch in Mark sein. Man wird uns dafür natürlich kritisieren, aber man muss sagen, dass wir die Realitäten nicht außer Acht lassen können. [...].[30] Am Mittwoch, dem 8. November, werden wir auf dem 10. Plenum des ZK der SED die Wege der weiteren Entwicklung der DDR

schaften, die Auflösung der Zentralen Erfassungsstelle Salzgitter und die Elbgrenze in der Strommitte.

27 Zusatz gem. NSAEBB Nr. 293 und der CWIHP-Fassung (wie Anm. 1). Die Ausführungen sinngemäß im dt. Protokoll (wie Anm. 1, S. 474), dort mit explizitem Hinweis auf den Reiseverkehr.

28 Am 3. 4. 1989 hatte der amtierende Minister für Nationale Verteidigung den Waffengebrauch „zur Verhinderung von Grenzdurchbrüchen" verboten, „nur bei Bedrohung des eigenen Lebens" durfte geschossen werden. Niederschrift der HA I beim Kommando Grenztruppen vom 12. 4. 1989 sowie Niederschrift über die Rücksprache beim Minister für Nationale Verteidigung, i.V. Generaloberst Streletz, am 03. 04. 1989, 4. April 1989, BPB/ZZF, Chronik der Mauer, April 1989, http://www.chronik-der-mauer.de/index.php/de/Chronical/Detail/month/April/year/1989; gedr. Auszug vom 12. 4. 1989 in: Jürgen Ritter/Peter Joachim Lapp, Die Grenze. Ein deutsches Bollwerk, 5. Aufl. Berlin 2006, S. 150.

29 Vgl. Grundsätze für den Gesetzentwurf vom 23. 10. 1989, in: Vorwärts immer, S. 173 f.

30 Gem. dt. Protokoll (wie Anm. 1, S. 474) Vorschlag Gorbačevs über die „allmähliche Konvertierbarkeit der Mark der DDR".

erörtern. Dort steht mir bevor, auf die Frage zu antworten, wie und warum wir in die Lage gelangt sind, wie sie sich heute darstellt. Wenn wir darauf keine ernsthafte Antwort haben, werden die Mitglieder des ZK das Politbüro scharf kritisieren.[31]

M. S. Gorbačev: Meiner Ansicht nach war deine Rede vor der Volkskammer sehr positiv.[32] Auf die erste Rede war die Reaktion bekanntlich zurückhaltend.[33] Man muss die Position vertiefen, weiter gehen. Übrigens, wir haben die führenden Politiker einiger Länder über unsere Unterstützung für die Veränderungen in der Führung der DDR informiert, darunter Bush, Thatcher und Mitterand. Alle haben positiv geantwortet.

E. Krenz: Ich habe von allen Glückwunschtelegramme erhalten. Vielen Dank für diese Unterstützung. Es gab ein Telefongespräch mit Kohl.[34] Er sagte, er habe eine ständige Verbindung zu Gorbačev und schlug vor, sie auch mit mir einzurichten. Ich habe zugestimmt und gesagt, es sei besser, miteinander als übereinander zu sprechen.

M. S. Gorbačev: Nicht schlecht.

E. Krenz: Er schlug sofort vor, die Fragen der Reisen, der Umwelt und Westberlins zu erörtern. Ich sagte, wir könnten über alle Fragen sprechen, aber es sei besser, damit zu beginnen, worüber man sich verständigen könne. Ich habe zu verstehen gegeben, dass wir gegenläufige[35] Interessen haben.

M. S. Gorbačev: Kohl war erkennbar aufgeregt, als ich in meiner Rede in Berlin die fälschliche Auslegung einiger unserer Vereinbarungen mit der BRD erwähnt habe. Er hat mich sogleich in diesem Zusammenhang angerufen.[36]

[**E. Krenz:** Ja, er ist besorgt; ich habe es in meinem Gespräch mit ihm bemerkt.[37] Er vergaß sogar, Sätze zu beenden.

M. S. Gorbačev: Kohl ist scheinbar kein großer Intellektueller, aber er genießt eine gewissen Popularität in seinem Land, besonders bei der kleinbürgerlichen Öffentlichkeit.] [38]

E. Krenz: Mit ihm muss man rechnen, er ist eine reale Figur[39] ... Ich glaube, wir werden ein stürmisches ZK-Plenum haben.

Es werden viele sprechen wollen und natürlich werden sie die Frage nach der Verantwortung des Politbüros als Kollektiv stellen, aber auch nach meiner persönlichen Verantwortung. Man wird eine kluge Antwort finden müssen, doch das Wichtigste ist die Annahme eines Aktionsprogramms. Die Partei ist jetzt in einer sehr komplizierten Lage, weil das Leben im Grunde die Beschlüsse der 7. und

31 Vgl. zum Verlauf der 10. Tagung Hertle/Stephan (Hg.), Das Ende, S. 135ff.
32 Am 24. 10. 1989 auf der 10. Tagung der 9. Volkskammer: Volkskammer der Deutschen Demokratischen Republik. 9. Wahlperiode. Protokolle, Bd. 25, S. 223–227.
33 Rede auf der 9. ZK-Tagung am 18. 10. 1989, in: Hertle/Stephan (Hg.), Das Ende, S. 106–119.
34 Protokolle resp. Aufzeichnungen in Deutsche Einheit, Sonderedition, S. 468f. und Hertle, Fall, S. 443–447.
35 Im dt. Protokoll (wie Anm. 1, S. 475) spricht Krenz von je „eigenen Interessen" von DDR und Bundesrepublik.
36 Dokument Nr. 50.
37 Telefonat Kohl mit Krenz am 26. 10. 1989 in: Deutsche Einheit, Sonderedition, S. 468f.
38 Passage gem. NSAEBB Nr. 293 und der CWIHP-Fassung (wie Anm. 1), analog – dazu mit Anmerkungen zu Reagan – das deutsche Protokoll (wie Anm. 1, S. 475)
39 Diese Einschätzung im dt. Protokoll (wie Anm. 1, S. 475) noch von Gorbačev.

8. Plenarsitzungen des ZK umgestoßen hat. Jetzt haben wir gesagt, wir wollen eine Erneuerung, aber wie und was erneuern – darüber müssen wir alle erst einmal nachdenken. Die Hauptsache: Wir müssen sagen, was wir unter besserem, attraktiverem und modernerem Sozialismus verstehen und für welche Werte wir kämpfen.

Eine bedeutende Frage ist die nach einer radikalen Wirtschaftsreform. Es scheint, dass wir die wichtigsten Richtungen aufzeigen und die Regierung beauftragen werden, entsprechende Ausarbeitungen vorzubereiten. Wir werden betonen, dass sich die Reform im Rahmen des Sozialismus bewegen muss.

Es ist klar, dass eine breite Entwicklung der Demokratie unerlässlich ist. In diesem Zusammenhang gibt es ein großes Problem – Wahlen. Hier muss man sämtliche Stellungnahmen, die bis dato abgegeben wurden, in Betracht ziehen. Es steht bevor, die Fragen der Pressefreiheit, der Transparenz sowie der Bewahrung der Würde und Freiheit der Persönlichkeit in der Verfassung widerzuspiegeln. Man wird die führende Rolle der Partei unter den neuen Bedingungen in vielerlei Hinsicht neu interpretieren und Überlegungen in Bezug auf ihre Satzung anstellen müssen. Man braucht Garantien, die Subjektivismus ausschließen. In diesem Zusammenhang wird die Rede von einer Begrenzung der Amtsperiode des Generalsekretärs des ZK und anderer Führungspersönlichkeiten der Partei sein.

Es steht die Lösung einiger Kaderfragen bevor. Um Pensionierung haben gebeten: Mielke, obwohl ich ihn überredet habe noch zu warten, denn er ist mein Freund, sozusagen mein Vater;[40] Neumann, Mückenberger, Hager (übrigens, sein Ausspruch, die Perestrojka sei ein „Neutapezieren“ ist lediglich die Wiederholung einer von jemand anders gebrauchten Formulierung, die er auf Grund seiner hohen Diszipliniertheit verwendet hatte)[41] und Axen. Sie alle sind erfahrene Leute, ihr Abgang ist keine einfache Angelegenheit. Bis zum Parteitag möchte Sindermann auf seinem Posten bleiben, aber in der Partei spricht man sich weitgehend für einen Rücktritt der Alten aus. Selbst Stoph steht in der Kritik.[42] Ich werde ihn verteidigen.

M. S. Gorbačev: Meines Erachtens kann man nicht alle in einen Topf werfen. Nehmen wir zum Beispiel Stoph, er hat sich immer ehrenhaft und prinzipientreu verhalten.

E. Krenz: Derzeit wird Tisch sehr kritisiert. Er hat einen sehr schweren Fehler gemacht: Er ist im Fernsehen aufgetreten, hat die gesamte Verantwortung für die kritische Lage den unteren Funktionären zugeschrieben und gesagt, sie seien an allem schuld, weil sie zu sehr auf die Sekretäre der Parteiorganisationen gehört hätten. Dies hat Massenproteste ausgelöst. Viele forderten seinen Rücktritt vom Posten des Vorsitzenden des Gewerkschaftsrats. Im Politbüro haben wir uns mit Empfehlungen zurückgehalten und den Gewerkschaften geraten, die Frage selbst zu lösen. Gestern hat Tisch erklärt, dass er zurücktreten wird.

Eine schwierige Situation ergibt sich im Zusammenhang mit den Massendemonstrationen. Daran beteiligen sich verschiedene Gruppen, vertreten sind auch

[40] Die Äußerung zum Verhältnis Krenz-Mielke fehlt im deutschen Protokoll (wie Anm. 1, S. 475 f.).
[41] Zusatz gem. Vorlage; vgl. Dokument Nr. 31, Anm. 21.
[42] Im deutschen Protokoll erwähnt Krenz Stoph nicht namentlich (wie Anm. 1, S. 476).

unsere ausgesprochenen Gegner, aber in der Mehrheit sind es die mit der herrschenden Lage Unzufriedenen. In meiner Rede in der Volkskammer habe ich hervorgehoben, dass politische Probleme nur mit politischen Mitteln gelöst werden können. Wir sind bestrebt, nach Möglichkeit nicht zu Polizeieinsätzen Zuflucht zu nehmen. Das bevorstehende Wochenende wird für uns sehr ernst: Für den 4. November, das ist der Samstag, zeichnet sich eine riesige Demonstration in Berlin ab. 17 Verbände von Geistesschaffenden beabsichtigen daran teilzunehmen: Künstler, Schriftsteller u. dgl. Es können bis zu einer halben Million Menschen werden.[43]

M. S. Gorbačev: Am Vorabend meiner Reise nach Berlin wurde mir ein Brief übergeben, in dem im Namen des „Kulturbunds"** klar gesagt wurde, wenn in der DDR keine positiven Veränderungen erfolgten, werde sich der „Kulturbund" mit einem direkten Appell an das Volk wenden.[44]

E. Krenz: Wenn Honecker auf der Festveranstaltung zum 40. Jahrestag anders aufgetreten wäre und über die Notwendigkeit von Veränderungen gesprochen hätte, dann könnte die ganze Lage etwas anders aussehen. Jetzt rufen wir die Kommunisten auf, an den Demonstrationen teilzunehmen. Unter den voraussichtlichen Rednern wird auch Schabowski sein. Das ist für uns eine Art Experiment.

M. S. Gorbačev: Die Partei muss dort sein, wo die Massen sind.

E. Krenz: Wir gehen davon aus, dass bei Weitem nicht alle Demonstranten unsere Gegner sind. Gleichzeitig treffen wir Maßnahmen gegen einen Massenansturm hin zur Berliner Mauer. Dort wird Polizei stehen. Wenn es Versuche geben sollte, nach Westberlin durchzubrechen, entsteht eine äußerst schwierige Situation: Wir wären gezwungen, den Ausnahmezustand zu verhängen. Aber ich denke, dazu wird es nicht kommen.[45]

M. S. Gorbačev: Man muss alles tun, um dies auszuschließen, wenngleich es richtig ist, auch die schlimmste Variante als möglich in Betracht zu ziehen.

E. Krenz: Im Verlaufe der Demonstration werden folgende Losungen vorgebracht: Benennung der Verantwortlichen für die entstandene kritische Lage; Rücktritt der Alten; personelle Veränderungen in der Regierung; Reisefreiheit; Veränderungen in den Gewerkschaften und in der FDJ;[46] ein neues Wahlgesetz; Legalisierung einer Opposition; Beseitigung der Privilegien; Pressefreiheit; Verbesserung der Versorgung; Sicherstellung einer gleichmäßigen Produktion.

M. S. Gorbačev: Das sind ernstzunehmende Forderungen. Ein ernsthaftes Plenum ist unerlässlich.

E. Krenz: Als vor einigen Tagen Michnik bei uns war, fragten die westlichen Korrespondenten, was ich von einer Opposition hielte. Ich sagte, dass jene, die in

[43] Gemeint ist die Demonstration auf dem Alexanderplatz in Berlin am 4. 11. 1989. Vgl. die Information für das Politbüro vom 31. 10. 1989, in: Stephan (Hg.), Vorwärts immer, S. 196–198.

[44] Vgl. Gorbatschow, Erinnerungen, S. 933: die Information erreichte ihn über seine Frau am 1. 10. 1989.

[45] Hierzu neben Hertle, Chronik, S. 214 v.a. Krenz, Herbst, S. 208f.: Gem. Befehl des Nationalen Verteidigungsrats 11/89 vom 3. 11. 1989 war „durch Anwendung körperlicher Gewalt und geeigneter Mittel zu [ver]hindern, dass es zu Grenzdurchbrüchen kommt". „Die Anwendung der Schusswaffe im Zusammenhang mit möglichen Demonstrationen ist grundsätzlich verboten."

[46] Nach dem deutschen Protokoll (wie Anm. 1, S. 477) geht es um die Stellung der Gewerkschaften und der FDJ.

den Straßen einen besseren Sozialismus fordern, meine Kampfgefährten und nicht meine Opponenten seien; wir seien dagegen, sie zu Verbrechern zu machen. Sehr vorsichtig muss man sich der Frage der Anerkennung solcher Organisationen wie des „Neuen Forums" nähern.[47] Es besteht die Gefahr, dass sie sich in das Ebenbild der polnischen „Solidarność" verwandeln.

[...].[48] Ich möchte einige prinzipielle Vorgehensweisen, von denen wir uns leiten lassen, besonders hervorheben.

Die Hauptsache ist, dass wir zu einer Einigkeit in unseren Gedanken und Herzen gelangen. Wir empfinden einen aufrichtigen, offenen Zugang von eurer und von unserer Seite; wir wollen unbedingt zu offenen, ehrlichen Beziehungen mit euch zurückkehren.

Als du in Berlin warst, hast du natürlich gespürt, wie herzlich dich die gesamte Jugend begrüßt hat, in der ganzen Stadt ertönte es „Gorbi, Gorbi!" Mir hat sogar jemand vorgeworfen: „Was hast du denn da für eine Festveranstaltung vorbereitet?" Aber eine solche Begegnung hätte man nicht künstlich vorbereiten können. Sie zeugt nur davon, dass es niemandem gelungen ist, das Verhältnis der Jugend der DDR zur Sowjetunion und zur Perestrojka zu verderben.

M. S. Gorbačev: Offen gesagt, das hat für mich eine peinliche Situation geschaffen, besonders während des Fackelzugs, als ich neben Honecker stand.

Die heutige Begegnung ist für unsere Parteien und unsere Länder sehr wichtig.

In dieser entscheidenden Zeit stehen wir zusammen, Seite an Seite. Dies müssen alle wissen; das ist sehr wichtig für die sozialistischen Länder, für die ganze Welt. Jetzt sind die Westdeutschen besonders stark daran interessiert, was Krenz mit Gorbačev verabredet.

Ich teile deine Überlegungen, die du uns hier dargelegt hast ... Wenn ich darüber spreche, erinnere ich mich auch an unsere bitteren Lektionen. Da und dort haben wir uns ernstlich verrechnet, vor allem in der Wirtschaft ...[49]

Wir alle müssen an einem tieferen Verständnis des Sozialismus und seiner Entwicklungsperspektiven in eine wahrhaft humanistische Richtung arbeiten. Das ist ein komplizierter und langer Prozess.

Manch einer wird sich unserer Suche gegenüber sehr wachsam verhalten. Schmerzlich erlebt zum Beispiel Fidel *(Castro – Red.)* das, was bei uns vor sich geht. Aber als ich ihm bei unserem letzten Gespräch direkt zu verstehen gab, dass wir niemandem unsere Methoden, Verfahren und konkreten Vorgehensweisen aufdrängen, schien er sich etwas zu beruhigen. Ich werde auch jetzt nicht müde zu betonen, dass man die Revolution und die Perestrojka niemandem aufdrängen kann, sie muss reifen. So ist sie auch in der DDR gereift. Und ihr habt den besseren Blick dafür, wie man sie konkret steuert. Das liegt im Bereich eurer Kompetenz und eurer Verantwortung. Wir haben unsererseits, wie du weißt, Selbstbe-

[47] Am 21. 9. 1989 hatte das Innenministerium den Antrag auf Anerkennung zur Bildung der Vereinigung Neues Forum abgelehnt, am 8.11. wurde dann die Anmeldung bestätigt, vgl. Kukutz, Chronik, S. 224, 252, der Gründungsaufruf vom 10. 9. 1989 ebd., S. 338f.

[48] Gem. dt. Protokoll (wie Anm. 1, S. 477f.) folgen Ausführungen Gorbačevs über entsprechende sowjetische Erfahrungen sowie ein Fragenkatalog Krenz' zur wirtschaftlichen Zusammenarbeit und zu deutsch-sowjetischen Beziehungen.

[49] Gem. dt. Protokoll (wie Anm. 1, S. 478–480) ausführliche Stellungnahme Gorbačevs zum ZK-Plenum der SED, Kaderfragen, Vergangenheitspolitik.

herrschung gezeigt und uns nicht gestattet, irgendwelche Verärgerung zu äußern, obwohl Anlässe dafür vorhanden waren.

Jetzt „entlädt" sich auch bei euch die Gesellschaft, wie es scheint, ziemlich bedrohlich. Und wiederum will ich betonen: Unter diesen neuen Bedingungen müsst ihr mit Rücksicht auf eure konkrete Situation agieren. Natürlich gibt es allgemeine Kriterien, bestimmte Komponenten der sozialistischen Idee, der sozialistischen Politik, der sozialistischen Entwicklung. Aber es gibt keine Schemata, die für alle Bedingungen und Zeiten passen. Umso mehr als sich jetzt eine Polemik auch zu prinzipiellen Fragen entfaltet, die das Sozialismusverständnis an sich betreffen. [...].[50]

Ich glaube, die Situation eines kreativen Suchens wird auch für die DDR zunehmend charakteristisch sein; zumal die wirtschaftliche Lage bei euch, wie ich bereits sagen musste, besser als die unsere ist. Obgleich, wie das Leben gezeigt hat, genug Wurst noch bei Weitem nicht alles ist, was die Menschen jetzt brauchen. Schon Aristoteles hat gesagt: „Wir leben nicht, um zu essen, sondern wir essen, um zu leben." Das war es auch, was ich gemeint habe, als ich in Berlin über die heutige Bedeutung des Wortes der alten Römer „Brot und Spiele" sprach.[51]

E. Krenz: Das haben alle gut verstanden, außer Honecker.

M. S. Gorbačev: Man hat mir berichtet, dass er auch unsere Gespräche im Politbüro nicht adäquat aufgefasst hat. Aber wir wollen ihm natürlich keineswegs übel. Wenn er vor zwei, drei Jahren die richtigen Schlussfolgerungen gezogen hätte, hätte das große Bedeutung sowohl für die DDR als auch für ihn persönlich gehabt. Auf jeden Fall darf man nicht alles negieren, was bei euch von der Partei und vom Volk in der Vergangenheit geleistet worden ist. Darin sind wir uns beide völlig einig. [...].[52]

* Am 18. Oktober 1989 wurde Egon Krenz zum neuen Generalsekretär der SED und am 24. Oktober zum Vorsitzenden des Staatsrats und des Nationalen Verteidigungsrats der DDR gewählt. Am 1. November kam Krenz nach Moskau.

** Vereinigung der Kulturschaffenden der DDR [offizielle Bezeichnung: Kulturbund der DDR].

Archiv der Gorbačev-Stiftung. Bestand 1, Verzeichnis 2.

50 Gem. dt. Protokoll (wie Anm. 1, S. 480f.) Ausführungen über die innenpolitische Situation in der UdSSR.

51 Vgl. Dokument Nr. 47.

52 Gem. NSAEBB Nr. 293 und der CWIHP-Fassung (wie Anm. 1) folgen noch protokollarische Abschlussbemerkungen von Krenz.

Nr. 53
Auszug aus dem Tagebuch Černjaevs vom 10. November 1989[1]

Aus dem Tagebuch A. S. Černjaevs

10. November 1989

Die Berliner Mauer ist gefallen. Eine ganze Epoche in der Geschichte des „sozialistischen Systems" ist zu Ende gegangen.

Nach der PORP und der VSRP stürzte Honecker. Heute kam die Nachricht vom „Rücktritt" Deng Xiaopings[2] und Živkovs.[3] Geblieben sind „unsere besten Freunde": Castro, Ceauşescu, Kim Il Sung, die uns leidenschaftlich hassen.

Aber die DDR, die Berliner Mauer – das ist die Hauptsache. Denn hier geht es schon nicht mehr um den „Sozialismus", sondern um eine Veränderung des Kräfteverhältnisses in der Welt; hier ist das Ende von Jalta,[4] das Finale für das Stalin'sche Erbe und für die Zerschlagung von Hitler-Deutschland [im großen Krieg].[5]

Das ist, was Gorbačev „angerichtet" hat. Er hat sich wahrhaft als groß erwiesen, weil er den Gang der Geschichte gespürt und ihr geholfen hat, einen „natürlichen Lauf" zu nehmen. [...].[6]

Archiv der Gorbačev-Stiftung. Bestand 2, Verzeichnis 2.

[1] Auch in Černjaev, Sovmestnyj ischod, S. 816f. (mit z.T. abweichender Zeichensetzung und geringfügigen Änderungen in der Wortwahl/im Satzbau); Tschernjaew, Mein deutsches Tagebuch, S. 242f.; engl. Übersetzung in Chernyaev, Diary sowie CWIHP Document reader, The end of the cold war, http://www.wilsoncenter.org/cwihp/documentreaders/eotcw/891110d.pdf.

[2] In den russischen Parallelüberlieferungen ist nur von Živkov die Rede, während die engl. Übersetzung des CWIHP (wie Anm. 1) Deng Xiaoping ebenfalls nennt.

[3] Rücktritt Deng Xiapoings vom Vorsitz der Zentralen Militärkommission am 10. 11. 1989; Rücktritt Živkovs von Staats- und Parteiämtern am 10. 11. 1989.

[4] Vgl. Dokument Nr. 16, Anm. 22.

[5] Zusatz gem. Černjaev, Sovmestnyj ischod, S. 816f.

[6] In den Parallelüberlieferungen (wie Anm. 1) folgen Überlegungen über das bevorstehende Treffen mit Bush (Dokumente Nr. 59 und Nr. 60) sowie (bis auf Tschernjaew, Mein deutsches Tagebuch) über eine Geburtstagsfeier.

Nr. 54
Telefonat Gorbačevs mit Bundeskanzler Kohl am 11. November 1989[1]

Aus dem Telefongespräch M. S. Gorbačevs mit H. Kohl

11. November 1989

(Das Gespräch kam auf Ersuchen H. Kohls zustande)

H. Kohl: Ich freue mich sehr, Sie begrüßen zu können, Herr Generalsekretär. Ich möchte meine Dankbarkeit hinsichtlich Ihrer gestrigen Botschaft zum Ausdruck bringen.[1] Das ist ein sehr guter Schritt. Im Zusammenhang mit den jüngsten Ereignissen war ich gezwungen, meinen sehr wichtigen Besuch in Polen abzubrechen, ich werde aber in zwei Stunden erneut nach Warschau fliegen. Morgen steht mir ein sehr ausführliches Gespräch mit Herrn Jaruzelski bevor.[2] Ich denke, es wäre sehr gut, wenn ich ihm unter Bezug auf unser heutiges Gespräch Grüße von Ihnen übermitteln könnte.

M. S. Gorbačev: Ich bin meinerseits froh, Sie begrüßen zu können, Herr Bundeskanzler. Ein hoher Grad an gegenseitigem Verständnis und Vertrauen, die die sowjetisch-westdeutsche Zusammenarbeit in der gegenwärtigen Etappe auszeichnen, kennzeichnet auch die zwischen uns entstandenen persönlichen Beziehungen. Unser jetziges Gespräch spiegelt diese neue Qualität in den Beziehungen wider und ich denke, diese Form des Meinungsaustausches sollten wir umfassender praktizieren. Bei dieser Gelegenheit wünsche ich Ihnen eine erfolgreiche Fortsetzung Ihres Besuchs in Polen und lasse natürlich gerne einen Gruß an Präsident W. Jaruzelski bestellen.

H. Kohl: Ich werde dies mit Vergnügen tun. Ich möchte Ihnen im Zusammenhang mit Ihrer Botschaft eine Antwort geben. Vor einer Stunde hatte ich ein Telefongespräch mit Herrn Krenz.[3] Wie Sie wissen, ist in der kommenden Woche in der DDR die Bildung einer neuen Regierung zu erwarten.

Direkt danach, am Montag in einer Woche, werde ich meinen Repräsentanten in die DDR schicken, wo er Fragen zur Vorbereitung meines Treffens mit Krenz erörtern wird.[4] Wahrscheinlich findet es Ende November statt.

[1] Auszüge in Tschernjaew, Die letzten Jahre, S. 266 sowie Cherniaev, Gorbachev, S. 164 f.; Galkin/Černjaev, Pravdu, S. 23; Gorbatschow, Wie es war, S. 89 f.; CWIHP Document readers, The end of the Cold war, http://www.wilsoncenter.org/cwihp/documentreaders/eotcw/891111a.pdf. Dt. Protokoll in Deutsche Einheit, Sonderedition, S. 515–517. Daneben Information der sowjetischen Botschaft für Krenz über die sowjetischen Telefonate mit Kohl und Genscher am 11. 11. 1989 vom 13. 11. 1989, in: Stephan/Küchenmeister (Hg.), Vorwärts immer, S. 249 f. und 251–253 sowie (Kohl) Hertle, Fall, S. 546 f. Vgl. Kohl, Erinnerungen 1982–1990, S. 976–978 sowie Diekmann/Reuth, Helmut Kohl, S. 141–143; Teltschik, 329 Tage, S. 27 f.; Gorbatschow, Erinnerungen, S. 713.

[1] Mündliche Botschaft Gorbačevs an Kohl, in: Deutsche Einheit, Sonderedition, S. 504 f. Die Botschaften Gorbačevs an Bush, Mitterand und Thatcher vom 10. 11. 1989 in Hertle, Fall, S. 539 sowie CWIHP Document readers, The end of the cold war, http://www.wilsoncenter.org/cwihp/documentreaders/eotcw/891110b.pdf. Die mündliche Botschaft an Brandt in Brandt, Berliner Ausgabe, Band 10, S. 391 f.

[2] Vgl. Gesprächsprotokoll in: Deutsche Einheit, Sonderedition, S. 519–529.

[3] Deutsche Einheit, Sonderedition, S. 513–515.

[4] Vgl. Gespräch Seiters mit Modrow am 20. 11. 1989, in: Deutsche Einheit, Sonderedition, S. 550–559.

Ich möchte unterstreichen, dass wir den Beginn von Reformen in der DDR begrüßen. Dabei möchten wir, dass sie sich unter ruhigen Bedingungen vollziehen. Insbesondere lehne ich jede Form einer Radikalisierung ab. Ich habe darüber im Laufe der letzten Tage und auch gestern in Berlin gesprochen. Wir möchten, dass die Menschen zu Hause in der DDR bleiben und streben nicht danach, dass alle Bewohner der DDR in die BRD ausreisen. Und dies keineswegs deshalb, wie einige Leute behaupten, weil wir nicht in der Lage wären, die in diesem Fall entstehenden Probleme zu lösen. So sind in diesem Jahr aus der DDR in die BRD bereits 230000 Menschen übergesiedelt und alle sind untergebracht worden. Aber eine massenweise Übersiedlung in die BRD wäre eine absurde Entwicklung – wir möchten, dass die Deutschen bei sich zu Hause ihre Zukunft gestalten.

Ich möchte Sie unter Hinweis auf den vorläufigen Charakter dieser Angaben auch darüber informieren, dass schätzungsweise um 12 Uhr des heutigen Tages Hunderttausende Menschen die Grenze der DDR überschritten haben. Es besteht jedoch der Eindruck, dass die Mehrzahl von ihnen einfach Besucher sind und nicht den Wunsch haben, in der BRD zu bleiben. Die Zahl derer, die in die BRD als ständigem Wohnsitz übersiedeln wollen, ist nämlich bei Weitem geringer, als zu befürchten war. Ich habe kürzlich gesagt, dass wir keine Destabilisierung der Lage in der DDR wollen. Ich stehe nach wie vor auf diesem Standpunkt. Ich weiß nicht, in welchem Umfang Herr Krenz tatsächlich eine Verwirklichung von Reformen plant. Aber die Führung der DDR sollte unter den gegebenen Bedingungen dynamisch handeln.

Erneut möchte ich sagen, dass ich Ihre Botschaft an mich im Zusammenhang mit diesen Ereignissen sehr schätze. Wenn Sie nichts dagegen haben, möchte ich Sie in der kommenden Woche sogleich nach meiner Rückkehr aus Polen noch einmal anrufen, um die aktuelle Entwicklung zu besprechen.

Ganz kurz zu meinem Besuch in Polen: Wir unterstützen den Kurs zur wirtschaftlichen Stabilisierung in diesem Land sehr stark. Ich hoffe, dass die Entwicklung dort auf diesem Wege verläuft.

Schließlich möchte ich – als ein sehr positives Element – Ihre bevorstehende Begegnung mit Präsident Bush hervorheben.[5] Ich habe ihm bereits gesagt, dass wir ein erneutes sowjetisch-amerikanisches Gipfeltreffen begrüßen und davon bedeutende Impulse für die Abrüstungsgespräche erwarten.

Und ein Letztes, Herr Generalsekretär. Ich bitte Sie, mich wissen zu lassen, was man im Hinblick auf die Entwicklung in Ihrem Land verbessern könnte im Kontext der zwischen der UdSSR und der BRD getroffenen Vereinbarungen über die Zusammenarbeit auf dem Gebiet der Wirtschaft.

M. S. Gorbačev: Gut. Ich erinnere mich, wie wir auf allgemein philosophischer Ebene die Probleme der Beziehungen zwischen unseren Ländern und der europäischen Entwicklung insgesamt erörtert haben. Wie Sie sehen, Herr Kanzler, war diese Erörterung nicht nur eine rhetorische Übung. In der Welt vollziehen sich tiefgreifende Veränderungen. Dies bezieht sich auch auf die osteuropäischen Länder. Ein weiteres Beispiel ist der Beginn des Veränderungsprozesses in Bulgarien.[6]

[5] Dokumente Nr. 59 und Nr. 60.
[6] Vgl. Dokument Nr. 53, Anm. 3.

Dabei verlaufen die Umgestaltungen sogar schneller, als man vor kurzem noch vermuten konnte.

Natürlich können sich in den verschiedenen Ländern die Veränderungen auf unterschiedliche Weise vollziehen, sich in verschiedenen Formen verwirklichen und unterschiedlich tief gehen. Dabei ist es jedoch notwendig, dass die Stabilität gewahrt wird und alle Seiten überlegt handeln.

Insgesamt, so glaube ich, verbessert sich die Grundlage für das gegenseitige Verständnis. Wir kommen einander näher. Und das ist sehr wichtig.

Und von diesem Standpunkt aus betrachte ich das, was Sie gestern getan und worüber Sie heute gesprochen haben, als sehr wichtige Schritte. Ich glaube, dass das Programm der jetzigen Führung der DDR ein sehr weitgehendes sein wird. Sie durchdenken es jetzt auch im Hinblick auf die Gewährleistung von Demokratie, Freiheit und bezüglich der Formen des Wirtschaftslebens des Landes. Aber all diese Fragen erfordern eine umfassende Analyse und dafür braucht man Zeit.

Ich habe Krenz insbesondere geraten, dass die Führung der Republik die Reformen vorbereiten und dabei die Stimmungen in der Öffentlichkeit aufmerksam in Betracht ziehen solle, auf der Grundlage eines breiten Dialogs mit den gesellschaftlichen Kräften und den gesellschaftlichen Bewegungen im Lande.[7]

Mir ist klar, dass jetzt alle Europäer – und nicht nur die Europäer – die Ereignisse in der DDR verfolgen. Dies ist ein sehr wichtiger Punkt der Weltpolitik. Aber es ist auch eine Tatsache, dass Sie und uns – die BRD und die Sowjetunion – die Entwicklung hier in größerem Maß interessiert, sowohl aufgrund der Geschichte als auch kraft des Charakters unserer heutigen Beziehungen.

Allgemein könnte man sagen, dass sich eine Art Dreieck bildet, in dem alles durchdacht und ausbalanciert sein muss. Ich glaube, dass unsere derzeitigen Beziehungen es erlauben, dies so zu tun, wie es erforderlich ist.

Natürlich, jede Art von Veränderung bedeutet eine gewisse Instabilität. Wenn ich daher von der Bewahrung der Stabilität spreche, so meine ich damit, dass wir alle durchdachte Schritte in Bezug auf unser gegenseitiges Verhältnis tun sollen. Ich glaube, Herr Kanzler, derzeit vollzieht sich eine historische Wende hin zu anderen Beziehungen, zu einer anderen Welt. Und wir dürfen dieser Wende durch ungeschickte Handlungen keinen Schaden zufügen; und schon gar nicht durch ein Forcieren der Ereignisse die Entwicklung in einen unvorhersehbaren Ablauf, ins Chaos, stürzen. Dies wäre in jeder Hinsicht unerwünscht. Deshalb nehme ich sehr ernst, was Sie mir in diesem, unseren Gespräch gesagt haben. Und ich hoffe, Sie nutzen Ihre Autorität, Ihr politisches Gewicht und Ihren Einfluss dafür, um auch andere in den Schranken zu halten, die der Zeit und ihren Erfordernissen angemessen sind.

H. Kohl: Herr Generalsekretär, soeben ist eine Sitzung der Regierung der BRD zu Ende gegangen. Wären Sie dabei gewesen, hätten Sie sich möglicherweise darüber gewundert, wie sehr unsere Einschätzungen übereinstimmen. Diese historische Stunde erfordert eine entsprechende Reaktion, erfordert historische Entscheidungen. In der deutschen Sprache existiert ein sehr wichtiger Begriff: „Augenmaß". Er bezeichnet sowohl das Gefühl für das rechte Maß als auch die Fähig-

[7] Dokument Nr. 52.

keit, bei der Planung von Handlungen ihre möglichen Folgen in Betracht zu ziehen, sowie das Gefühl der persönlichen Verantwortung. Ich möchte Ihnen versichern, dass ich mir meiner Verantwortung besonders tief bewusst bin. In den 40 Jahren des Bestehens der BRD hat auf keinem anderen Kanzler unseres Landes eine solche Verantwortung gelegen wie auf mir in dieser Situation.

Ich halte es für eine glückliche Fügung, dass die Beziehungen zwischen der UdSSR und der BRD einen so hohen Entwicklungsstand erreicht haben, wie es jetzt der Fall ist. Ich schätze ganz besonders die guten persönlichen Kontakte, die sich zwischen uns entwickelt haben. Meiner Ansicht nach haben unsere Beziehungen die rein offizielle Ebene überschritten und eine persönliche Note angenommen. Ich glaube, dass sie sich auch weiterhin in dieser Weise entwickeln können. Ich bin dazu bereit. Ich weiß, dass persönliche Beziehungen nicht das Wesen der Probleme verändern, aber sie können ihre Lösung erleichtern.

Um zur Einschätzung der Lage in der DDR zurückzukehren, möchte ich bemerken, dass meiner Ansicht nach das Hauptproblem jetzt im Bereich der Psychologie liegt. Der Kurs Honeckers, der bis zum Schluss jegliche Reformen verweigerte, hat die neue Führung der DDR in eine äußerst schwierige Lage gebracht. Die „Mannschaft" von Krenz ist gezwungen unter einem wahrhaft ungeheuren Zeitdruck zu agieren und darin scheint mir das größte Problem zu liegen. Sie haben recht, für die Ausarbeitung und die Verwirklichung der Reformen braucht man Zeit. Aber wie ist das den Bewohnern der DDR klar zu machen?

M. S. Gorbačev: Ich glaube, dass die Gründlichkeit, die den Deutschen in dem einen wie dem anderen Lande eigen ist, helfen wird, alle entstehenden Fragen eingehend durchzuarbeiten und zu weitreichenden Prozessen und Reformen zu gelangen.

Ich möchte Ihnen noch einmal Erfolg bei der Fortsetzung Ihres Besuchs in Polen wünschen. Ich hoffe, dass wir eine Form finden werden, um unverzüglich in Kontakt treten zu können, sollte die Lage es erfordern, etwas kurzfristig erörtern zu müssen.

H. Kohl: Zweifellos. Es wäre jedoch besser, wenn wir bei unseren künftigen Gesprächen der Erörterung irgendwelcher dramatischer Ereignisse keine so große Beachtung schenken müssten.

M. S. Gorbačev: Ich hoffe, dass gerade dank unseres Dialogs, unseres Meinungsaustausches und der Abwägung unserer Schritte es weniger dramatische Ereignisse und Umbrüche geben wird.

Archiv der Gorbačev-Stiftung. Bestand 1, Verzeichnis 1.

Nr. 55
Bericht Zagladins über ein Gespräch mit dem bundesdeutschen Botschafter in der UdSSR, Blech, am 16. November 1989

V. V. Zagladin über ein Gespräch mit dem Botschafter der BRD in der UdSSR K. Blech

16. November 1989

Am 16. November empfing ich auf seine Bitte hin den Botschafter der BRD in der UdSSR, K. Blech.

Anlass für seinen Besuch war die Überbringung der folgenden Mitteilung: Im Mai oder Anfang Juni 1990 werde in der BRD in der „Villa Hügel“, die dem Krupp-Konzern gehört, eine Ausstellung von Kunstschätzen des Moskauer Kreml eröffnet.[1] Bundespräsident R. von Weizsäcker sei bereit, die Schirmherrschaft dieser Ausstellung, der große Bedeutung zukommt, zu übernehmen. Allerdings hoffe er, dass in diesem Falle M. S. Gorbačev die entsprechende Schirmherrschaft von sowjetischer Seite übernehmen werde. Dies würde für die Präsidenten keinerlei Verpflichtungen nach sich ziehen (eventuell die Übermittlung einer Grußbotschaft), würde aber das Prestige der Ausstellung deutlich erhöhen und das Niveau der sowjetisch-westdeutschen kulturellen Kontakte anheben.

Im Auftrag R. von Weizsäckers wolle der Botschafter inoffiziell nachfragen, ob man die Angelegenheit in dieser Weise organisieren könne. Nur im Falle der Zustimmung M. S. Gorbačevs werde die Sache den offiziellen Gang erhalten.

Ich habe dem Botschafter versichert, dass ich die Anfrage an die zuständigen Stellen weiterleiten werde.

Danach fand ein kurzes Gespräch über die „deutsche Frage“ statt.

Die Überlegungen des Botschafters liefen auf Folgendes hinaus: Im Ergebnis der spontanen und unerwartet raschen Entwicklung der Ereignisse sei die „nationale deutsche Frage“ als Problem mit hochaktuellem Charakter entstanden. Er, der Botschafter, sei ebenso wie seine Regierung nicht der Ansicht, dass von der Möglichkeit – geschweige denn von der Notwendigkeit – einer unverzüglichen Wiedervereinigung Deutschlands die Rede sein könne. So werde die Frage von „gewissen Kreisen“ in der BRD gestellt, die dabei „unüberlegt starke Ausdrücke“ verwendeten. Aber die Führung des Landes stimme mit diesen Kreisen nicht überein.

Der feste Standpunkt der führenden Kreise der BRD bestehe darin, dass eine künftige Lösung des „deutschen Problems“ nur im Rahmen einer „europäischen Architektur“ möglich sei. Auf meine Bemerkung, dass die „gewissen Kreise“, von denen Blech gesprochen hatte, eben gerade danach strebten, die gesamte „europäische Architektur“ zu zerstören, wodurch unvorhersehbare Folgen drohen könnten, reagierte der Botschafter mit der Wiederholung seiner Bemerkung, die Führung des Landes stimme mit diesen Kreisen nicht überein. Sie beabsichtige, von

[1] Nachweisbar der Ausstellungskatalog St. Petersburg um 1800. Ein goldenes Zeitalter des russischen Zarenreichs. Meisterwerke und authentische Zeugnisse der Zeit aus der Staatlichen Eremitage, Leningrad, 9. 6.–4. 11. 1990, Recklinghausen 1990.

Geist und Buchstaben der in Bonn unterzeichneten sowjetisch-westdeutschen Erklärung auszugehen.[2]

Daraufhin sagte ich dem Botschafter, dass Kohl in einigen Reden, insbesondere auf dem Parteitag der CDU in Bremen, aber nicht nur dort, die Erklärung sehr frei interpretiert habe.[3] Blech stimmte zu, sagte aber, dass sich der Kanzler danach „korrigiert" habe. Als Beispiel führte er die Äußerungen des Kanzlers in Polen an.

Ich entgegnete ihm, dass diese Äußerungen, obgleich sie in die richtige Richtung gingen, den jeweils aktuellen Zeitpunkt betreffen würden. Inzwischen hätte eben dieser Kanzler in anderen Stellungnahmen die Möglichkeit angedeutet, die Frage einer Revision der Grenzen (mit eben diesem Polen im Falle einer Wiedervereinigung Deutschlands) aufzuwerfen. Blech versicherte, dass dies „einfach ein Tribut an die Verfassung der BRD" sei, die Führung des Landes aber wisse: sie kann ihre internationalen Verpflichtungen nicht verletzen.[4]

Im Weiteren stellte der Botschafter seinerseits die Frage, wie man in der UdSSR die konstruktiven Beziehungen zwischen den beiden deutschen Staaten unter den neuen Bedingungen sehe – unter den Bedingungen der in der DDR durchgeführten Reformen. Ich sagte dem Botschafter, dass die Antwort auf diese Frage in Berlin und Bonn gegeben werden müsse, aber selbstverständlich unter Berücksichtigung dessen, dass konstruktive Beziehungen nicht als Pseudonym für Wiedervereinigung ausgelegt werden könnten. Blech sagte, es gehe nicht darum, sondern um den Ausbau der Zusammenarbeit bei fortgesetzter Existenz zweier deutscher Staaten. Der Antwort auf die Frage, ob die BRD beabsichtige, die Rechte der DDR als souveräner Staat endlich in vollem Umfang anzuerkennen, entzog sich der Botschafter mit unklaren Formulierungen.

Danach kehrte er zu dem von ihm angesprochenen Thema zurück und sagte: Wir sind nicht der Ansicht, dass unter den Bedingungen der Aktivierung und Anwendung neuer Formen der Zusammenarbeit mit der BRD, die DDR sich von der UdSSR „abkoppeln" müsse. Dies sei für sie unmöglich und würde auch den Ideen der „gesamteuropäischen Architektur" widersprechen. Er spielte dabei auf die sich eröffnenden neuen Möglichkeiten der Anbahnung einer trilateralen Zusammenarbeit oder sogar Kooperation zwischen UdSSR, DDR und BRD in einer Reihe von Fällen an. Ich sagte dem Botschafter, dass man diese Idee sorgfältig durchdenken müsse.

Blech äußerte sich mit Enthusiasmus über die von der Regierung der DDR ergriffenen Maßnahmen, die auf eine Erleichterung der Reisen der Bürger der DDR in die BRD und nach Westberlin gerichtet sind. Diese Entscheidung hätte seiner Meinung nach die Lage sofort entschärft. Jene „gewissen Kreise", die er erwähnt hätte, seien verstummt. Generell habe sich die gesamte Lage verändert.

Der Botschafter sprach die Überzeugung aus, dass – obgleich viele Bürger der DDR möglicherweise die Ausreise in die BRD wünschten – die absolute Mehrheit

[2] Dokument Nr. 38a.

[3] Vgl. Dokument Nr. 46, Anm. 17.

[4] Zum Kernproblem der endgültigen völkerrechtlichen Anerkennung der polnischen Westgrenze durch die Bundesrepublik vgl. die Positionen in den Gesprächen Kohls mit Jaruzelski am 12. 11. 1989 sowie mit Mazowiecki am 14. 11. 1989, in: Deutsche Einheit, Sonderedition, S. 519 ff., hier S. 527 f., S. 532 ff., hier S. 532 f.

dennoch in ihrem Lande bleiben werde und dass sogar einige von den Ausgereisten dann zurückkehren würden.

Hier machte er eine interessante Äußerung: „Abgesehen davon, dass die Bürger der DDR Deutsche sind, sind sie trotzdem Patrioten ihres Landes. Und dieses Land ist in vieler Hinsicht anziehender für jedweden Deutschen als die BRD. Natürlich gibt es in der BRD viele Waren, aber das Leben dort ist kompliziert, unruhig, es ist kein Leben, sondern ein ständiger Kampf. Das Leben in der DDR hingegen, obgleich sie bisher ein Polizeistaat war, ist ruhiger. Es verläuft dort bedächtig. Dies ist die alte preußische Lebensart, die dem deutschen Charakter so lieb und wert ist, auch dem meinen."

Ich bin überzeugt, sagte Blech, dass die Deutschen sowohl im Osten wie auch im Westen in Zukunft andere sein werden, sich verändern. Aber da wie dort werden sie Vernunft zeigen. Sie werden sich nicht den Boden unter den Füßen abgraben.

Die westlichen Politiker, fuhr der Botschafter fort, seien jetzt gewissermaßen bereit, die „Rechtmäßigkeit" des Problems einer Wiedervereinigung anzuerkennen. Ich fragte ihn, ob er diese Erklärungen für aufrichtig halte. Der Botschafter sagte lachend: „Nicht immer. Offenbar wollen sie in der derzeitigen Lage einfach nicht mit dem erwachenden deutschen Geist in Konflikt kommen." Aber, so fügte er hinzu, praktische Bedeutung hätten diese Erklärungen nicht, sie übten keinerlei Einfluss auf die Entwicklung der Ereignisse aus. Vielleicht führten gerade umgekehrt die Äußerungen Thatchers, die öffentlich ihre missbilligende Haltung zur Wiedervereinigung zu verstehen gebe und zur Geduld aufrufe,[5] bei „gewissen Kreisen in der BRD" zu einer „explosiven" Reaktion.

Abschließend wiederholte der Botschafter noch einmal die These vom Bekenntnis seiner Führung zum „europäischen Prozess und zu europäischen Lösungen" und drückte den Wunsch aus, im Zuge der Entwicklung der Ereignisse die Eindrücke auszutauschen. Dies werde sowohl für ihn als auch für die Sache von Nutzen sein. Ich habe gegen derartige Diskussionen keinerlei Einwände erhoben.

Archiv der Gorbačev-Stiftung. Bestand 3, Verzeichnis 1.

[5] Zusammenstellung kritischer Äußerungen Thatchers ab 10. 11. 1989 bei Himmler, Zwischen Macht, S. 97, 99; Weidenfeld, Außenpolitik, S. 73 f., 675 mit Anm. 133 f.; Jackisch, Eisern, S. 18 f.

Nr. 56
Zehn-Punkte-Programm von Bundeskanzler Kohl vom 28. November 1989[1]
„Von konföderativen Strukturen zur Föderation"
Rede des Bundeskanzlers H. Kohl am 28. November 1989 im Bundestag*

Herr Präsident, meine sehr verehrten Damen und Herren!

[...].[2]

Seit Öffnung der innerdeutschen Grenze und der Sektorengrenze am 9. November ist die Deutschlandpolitik in eine neue Phase eingetreten – mit neuen Chancen und neuen Herausforderungen.

Wir alle empfinden zu Recht große Freude über die neugewonnene Reisefreiheit für die Menschen im geteilten Deutschland. Mit unseren Landsleuten in der DDR sind wir glücklich, dass nach Jahrzehnten Mauer und Grenzsperren endlich friedlich überwunden werden konnten.

Wir empfinden [– hier stimme ich dem Kollegen Vogel zu –][3] auch Stolz darüber, dass die Deutschen in der DDR mit ihrem friedlichen Eintreten für Freiheit, für Menschenrechte und Selbstbestimmung vor aller Welt ein Beispiel ihres Mutes und ihrer Freiheitsliebe gegeben haben, das übrigens auch überall in der Welt entsprechend gewürdigt wurde.

Wir sind beeindruckt vom lebendigen und vom ungebrochenen Freiheitswillen, der die Menschen in Leipzig und in vielen, vielen anderen Städten bewegt. Sie wissen, was sie wollen: Sie wollen ihre Zukunft selbst bestimmen, im ursprünglichen Sinne des Wortes. Wir werden dabei jede Entscheidung, die die Menschen in der DDR in freier Selbstbestimmung treffen, selbstverständlich respektieren. Wir im freien Teil Deutschlands stehen gerade in diesen Tagen unseren Landsleuten solidarisch zur Seite.

Bundesminister Seiters hat Anfang letzter Woche mit dem Staatsratsvorsitzenden Krenz und mit Ministerpräsident Modrow über die Vorstellungen der neuen DDR-Führung gesprochen. Es ging uns darum zu erfahren, wie das öffentlich angekündigte Reformprogramm vollzogen werden soll und in welchem Zeitraum konkrete, für die Menschen wirksame Schritte zu erwarten sind. Es wurde verabredet, dass diese Gespräche Anfang Dezember fortgesetzt werden. Wenn sich, wie wir [– und vor allem ich –][4] hoffen, in diesen Gesprächen erste praktische Ergebnisse abzeichnen, möchte ich selbst noch vor Weihnachten mit den Verantwortlichen in der DDR zusammentreffen.

Bundesminister Seiters hat in Ost-Berlin auch mit Vertretern der Opposition

[1] Die russische Ausgabe beruht auf einer Übersetzung der deutschen Veröffentlichung vom 29. 11. 1989 in der FAZ. Anstelle der Rückübersetzung ins Deutsche hier der Abdruck gem. des Bulletin der Bundesregierung vom 29. 11. 1989, u. a. in: Europa-Archiv, 44 (1989), S. D 728–D 734.

[2] In der Ausgabe beginnt die russische Übersetzung mit „Sehr geehrte Damen und Herren!", dann folgt übergangslos die im folgenden abgedr. Passage. In der Originalrede zunächst einleitende Bemerkungen und Ausführungen zur Wirtschaftsentwicklung.

[3] Der Einschub nur in der deutschen Fassung (wie Anm. 1).

[4] Dto.

und der Kirchen gesprochen. Ich selbst habe [– wie viele andere hier im Hohen Hause –][5] in den letzten Wochen Vertreter der Opposition empfangen.

Wir halten es für geboten, bei allem, was wir jetzt tun und entscheiden, die Auffassungen, Meinungen und Empfehlungen der oppositionellen Gruppen in der DDR zu berücksichtigen. Auf diesen Kontakt legen wir weiterhin größten Wert. Wir alle sollten ihn auch in Zukunft intensiv pflegen.

Es eröffnen sich Chancen für die Überwindung der Teilung Europas und damit auch unseres Vaterlandes. Die Deutschen, die jetzt im Geist der Freiheit wieder zusammenfinden, werden niemals eine Bedrohung sein. Vielmehr werden sie [– davon bin ich überzeugt –][6] ein Gewinn für das immer mehr zusammenwachsende Europa sein.

Der Aufbruch, den wir heute erleben, ist zunächst das Verdienst der Menschen, die ihren Freiheitswillen so eindrucksvoll demonstrieren. Er ist aber auch das Ergebnis von politischen Entwicklungen der vergangenen Jahre. Auch wir [in der Bundesrepublik][7] haben mit unserer Politik dazu ganz maßgeblich beigetragen.

- Entscheidend war dafür zunächst, dass wir diese Politik auf dem festen Fundament unserer Einbindung in die Gemeinschaft freiheitlicher Demokratien betrieben haben. Geschlossenheit und Standfestigkeit des Bündnisses in der schweren Bewährungsprobe des Jahres 1983[8] haben sich ausgezahlt. Mit unserem klaren Kurs in der Atlantischen Allianz und in der Europäischen Gemeinschaft haben wir den Reformbewegungen in Mittel-, Ost- und Südosteuropa den Rücken gestärkt.
- Mit dem Übergang zu neuen Stufen der wirtschaftlichen und politischen Integration in der Europäischen Gemeinschaft haben wir erfolgreich das Modell des freien Zusammenschlusses europäischer Völker fortentwickelt, eines Zusammenschlusses – das kann doch jeder erkennen[9] –, der weit über die Gemeinschaft hinaus größte Anziehungskraft ausübt.
- Auf der anderen Seite waren eine entscheidende Voraussetzung die Reformpolitik von Generalsekretär Michail Gorbačev im Innern der Sowjetunion und das von ihm eingeleitete neue Denken in der sowjetischen Außenpolitik. Ohne die Anerkennung des Rechtes der Völker und Staaten auf den eigenen Weg wären die Reformbewegungen in anderen Staaten des Warschauer Pakts nicht erfolgreich gewesen.
- Zu der dramatischen Entwicklung in der DDR wäre es nicht gekommen, wenn nicht Polen und Ungarn mit tiefgreifenden Reformen in Politik, Wirtschaft und Gesellschaft vorangegangen wären. [Der Erfolg der Reformbewegungen in Polen und Ungarn ist eine Voraussetzung für den Erfolg der Reformbewegung in der DDR. Das bedeutet auch, dass wir im Rahmen unserer Möglichkeiten alles tun müssen, dass diese beiden Länder die von ihnen gesteckten Ziele auch erreichen.][10] Wir begrüßen es, dass sich jetzt auch in Bulgarien und in der ČSSR ein

[5] Dto.
[6] Dto.
[7] Dto.
[8] Gemeint ist die Umsetzung der Nachrüstung gem. NATO-Doppelbeschluss, vgl. Dokument Nr. 1, Anm. 12.
[9] Der Einschub nur in der deutschen Fassung (wie Anm. 1).
[10] Dto.

Wandel abzeichnet. Ich freue mich ganz besonders, dass der diesjährige Friedenspreisträger des Deutschen Buchhandels, Václav Havel, jetzt endlich die Früchte seines langjährigen Kampfes für die Freiheit ernten kann. Seine ebenso großartige wie unvergessliche Dankesrede in der Frankfurter Paulskirche, die er selber nicht vortragen durfte, war eine beeindruckende Abrechnung mit dem „realsozialistischen" System.

- Eine bedeutende Rolle hat nicht zuletzt der KSZE-Prozess gespielt, in dem wir gemeinsam mit unseren Partnern auf einen Abbau von Spannungsursachen, auf Dialog und Zusammenarbeit und vor allem auf die Achtung der Menschenrechte gedrängt haben.
- Ein neues Vertrauen in den West-Ost-Beziehungen konnte auch dank der kontinuierlichen Gipfeldiplomatie der Großmächte und der zahlreichen Begegnungen wachsen, die in diesem Zusammenhang möglich waren – Begegnungen zwischen Staats- und Regierungschefs aus West und Ost. Der historische Durchbruch bei der Abrüstung und Rüstungskontrolle ist ein sichtbarer Ausdruck dieses Vertrauens.
- Die breit angelegte Vertragspolitik der Bundesregierung gegenüber der Sowjetunion und allen anderen Warschauer-Pakt-Staaten hat dieser Entwicklung wichtige Impulse gegeben.[11]
- Aber zu den Ursachen der jüngsten Veränderungen gehört vor allem auch die konsequente Politik für den Zusammenhalt unserer Nation. [Wenn wir etwa den Aufforderungen – auch aus Ihren Kreisen – gefolgt wären, die Geraer Forderungen[12] von Herrn Honecker zu akzeptieren, wären wir längst nicht dort, wo wir heute – Gott sei Dank – stehen.][13] Seit 1987 haben uns jährlich viele Millionen Landsleute aus der DDR besucht, darunter zahlreiche junge Leute. Diese „Politik der kleinen Schritte" hat in schwierigen Zeiten das Bewusstsein für die Einheit der Nation wach gehalten und das Zusammengehörigkeitsgefühl der Deutschen vertieft.

  Heute erscheint das besonders stark.[14]

[Die Entwicklungen der letzten Jahre, die Besuchszahl von weit über 10 Millionen bis zum Sommer dieses Jahres seit 1987, widerlegen alle düsteren Prognosen aus dem Jahr 1983, die wir hier hörten und die immer wieder vorgetragen wurden, dass mit dieser Bundesregierung und dieser Koalition eine „neue Eiszeit" in den West-Ost-Beziehungen kommen würde. Ich darf hier noch einmal die besonders infame Unterstellung erwähnen, wir seien „nicht friedensfähig".][15]

Genau das Gegenteil von all dem, was Sie vorausgesagt haben, ist eingetreten: Heute haben wir – und wir sind glücklich darüber – mehr Verständigung und Gemeinsamkeit in Deutschland und in Europa als jemals zuvor seit dem Ende des Zweiten Weltkrieges.

[11] In der russischen Ausgabe: „hat einen wichtigen Beitrag zu dieser Entwicklung zwischen West und Ost geleistet und dieser Entwicklung wichtige Impulse gegeben."
[12] Vgl. Dokument Nr. 52, Anm. 26.
[13] Der Einschub nur in der deutschen Fassung (wie Anm. 1).
[14] Dieser Satz nicht in der offiziösen deutschen Version, vgl. Anm. 1.
[15] Diese Passage in der russischen Ausgabe deutlich kürzer, ohne Änderung der Stoßrichtung.

Heute stehen wir, für jedermann erkennbar – am Beginn eines neuen Abschnitts der europäischen und der deutschen Geschichte – eines Abschnitts, der über den Status quo, über die bisherigen politischen Strukturen in Europa hinausweist.

Diese Wandel ist zuallererst ein Werk der Menschen, die auf der Gewährung von Freiheit bestehen, auf der Achtung ihrer Menschenrechte und auf dem Recht, über ihre Zukunft selbst zu bestimmen.

Alle, die in und für Europa Verantwortung tragen, müssen diesem Willen der Menschen und Völker Rechnung tragen. Wir alle sind jetzt aufgerufen, eine neue Architektur für das Europäische Haus, für eine dauerhafte und für eine gerechte Friedensordnung auf unserem Kontinent zu gestalten, wie es ja auch Generalsekretär Gorbačev und ich in unserer gemeinsamen Erklärung hier in Bonn am 13. Juni bekräftigt haben.[16] Dabei müssen die legitimen Interessen aller Beteiligten gewahrt werden. Das gilt selbstverständlich [– ich betone dies –][17] auch für die deutschen Interessen.

Wir nähern uns damit dem Ziel, das sich das Atlantische Bündnis bereits im Dezember 1967 gesetzt hatte.[18] [...].[19] Dort heißt es – ich zitiere –: Eine endgültige und stabile Regelung in Europa ist ... nicht möglich ohne eine Lösung der Deutschlandfrage, die den Kern der gegenwärtigen Spannungen in Europa bildet. Jede derartige Regelung muss die unnatürlichen Schranken zwischen Ost- und Westeuropa beseitigen, die sich in der Teilung Deutschlands am deutlichsten und grausamsten offenbaren.

[Wenn das unsere gemeinsame Grundlage ist, dann können Sie, wie ich hoffe, auch dem Folgenden zustimmen:][20]

Der Weg zur deutschen Einheit [, das wissen wir alle,][21] ist nicht vom „grünen Tisch" oder mit einem Terminkalender in der Hand zu planen. Abstrakte Modelle [kann man vielleicht polemisch verwenden, aber sie][22] helfen nicht weiter. Aber wir können[, wenn wir nur wollen,][23] schon heute jene Etappen vorbereiten, die zu diesem Ziel hinführen.

Ich möchte diese Ziele an Hand eines Zehn-Punkte-Programms erläutern:

Erstens: Zunächst sind Sofortmaßnahmen erforderlich, die sich aus den Ereignissen der letzten Wochen ergeben, insbesondere durch die Fluchtbewegung und die neue Dimension des Reiseverkehrs. Die Bundesregierung ist zu sofortiger konkreter Hilfe dort bereit, wo diese Hilfe jetzt benötigt wird. Wir werden im humanitären Bereich und auch bei der medizinischen Versorgung helfen, soweit dies gewünscht wird [und auch nützlich ist][24]. Wir wissen auch, dass das Begrüßungsgeld, das wir für jeden Besucher aus der DDR einmal jährlich zahlen, keine Lösung für die Finanzierung von Reisen sein kann. Letztlich muss die DDR selbst

16 Dokument Nr. 38 a.
17 Der Einschub nur in der deutschen Fassung (wie Anm. 1).
18 Vgl. Dokument Nr. 34, Anm. 29.
19 Replik auf einen Zwischenruf, der Einschub fehlt in der russischen Ausgabe.
20 Dieser Satz nur in der deutschen Ausgabe.
21 Der Einschub nur in der deutschen Fassung (wie Anm. 1).
22 Dto.
23 Dto.
24 Dto.

ihre Reisenden mit den nötigen Devisen ausstatten. Wir sind aber bereit, für eine Übergangszeit einen Beitrag zu einem Devisenfonds zu leisten. Voraussetzung dafür ist allerdings, dass der Mindestumtausch bei Reisen in die DDR entfällt, Einreisen dorthin erheblich erleichtert werden und die DDR einen eigenen substantiellen Beitrag zu einem solchen Fonds leistet. Unser Ziel ist und bleibt ein möglichst ungehinderter Reiseverkehr in beiden Richtungen.

Zweitens: Die Bundesregierung wird wie bisher die Zusammenarbeit mit der DDR in allen Bereichen fortsetzen, die den Menschen auf beiden Seiten unmittelbar zugute kommt. Das gilt insbesondere für die wirtschaftliche, wissenschaftlich-technologische und kulturelle Zusammenarbeit. Besonders wichtig ist eine Intensivierung der Zusammenarbeit im Bereich des Umweltschutzes. Hier kann schon in aller Kürze, wie immer sonst die Entwicklung sein mag, über neue Projekte entschieden werden. [Das gleich gilt – der Bundespostminister hat die entsprechenden Gespräche eingeleitet – für einen möglichst baldigen umfassenden Ausbau der Fernsprechverbindungen mit der DDR und des Telefonnetzes der DDR.][25] Über den Ausbau der Eisenbahnstrecke Hannover-Berlin wird weiter verhandelt. Daneben sind Verhandlungen über prinzipielle Fragen der Neuplanung des Transportwesens in einem Europa der offenen Grenzen und über den Anschluss des Transportnetzes der DDR daran zu führen, vor allem unter Berücksichtigung der modernen Hochgeschwindigkeitszüge.[26]

Drittens: Ich habe angeboten, unsere Hilfe und unsere Zusammenarbeit umfassend auszuweiten, wenn ein grundlegender Wandel des politischen und wirtschaftlichen Systems in der DDR verbindlich beschlossen und unumkehrbar in Gang gesetzt wird. „Unumkehrbar“ heißt für uns und vor allem für mich, dass sich die DDR-Staatsführung mit den Oppositionsgruppen auf eine Verfassungsänderung und auf ein neues Wahlgesetz verständigt. Wir unterstützen die Forderung nach freien, gleichen und geheimen Wahlen in der DDR unter Beteiligung unabhängiger, das heißt selbstverständlich auch nichtsozialistischer, Parteien. Das Machtmonopol der SED muss aufgehoben werden.

Die geforderte Einführung rechtsstaatlicher Verhältnisse bedeutet vor allem die Abschaffung des politischen Strafrechts [und als Konsequenz die sofortige Freilassung aller politischen Gefangenen][27].

[25] In der russ. Ausgabe heißt es nur: „Wir wollen außerdem Hilfe für den schnellsten Ausbau des Telefonnetzes der DDR erweisen.“

[26] Diese Passage aus der russischen Ausgabe im Bulletin (wie Anm. 1) ausführlicher: „Ich bin allerdings der Auffassung, dass dies zu wenig ist und dass wir angesichts der jetzt eingetretenen Entwicklung uns einmal sehr grundsätzlich über die Verkehrs- und Eisenbahnlinien in der DDR und in der Bundesrepublik Deutschland unterhalten müssen. Vierzig Jahre Trennung bedeuten ja auch, dass sich die Verkehrswege zum Teil erheblich auseinander entwickelt haben. Das gilt nicht nur für die Grenzübergänge, sondern beispielsweise auch für die traditionelle Linienführung der Verkehrswege in Mitteleuropa, für die Ost-West-Verbindungen. Es ist nicht einzusehen, weshalb die klassische Route Moskau–Warschau–Berlin–Paris, die ja immer über Köln führte und zu allen Zeiten große Bedeutung hatte, im Zeitalter schneller Züge und am Vorabend des Ausbaus eines entsprechenden europäischen Verkehrswesens nicht mit eingebracht werden sollte.“

[27] Der Einschub nur in der deutschen Fassung (wie Anm. 1).

Wirtschaftliche Hilfe kann nur dann wirksam werden, wenn grundlegende Reformen des Wirtschaftssystems erfolgen. Dies zeigen die Erfahrungen mit allen RGW-Staaten [– mit Belehrungen von unserer Seite hat das nichts zu tun][28]. Die bürokratische Planwirtschaft muss abgebaut werden.

Wir wollen nicht unhaltbar gewordene Zustände stabilisieren. Wir wissen: Wirtschaftlichen Aufschwung kann es nur geben, wenn sich die DDR für westliche Investitionen öffnet, wenn sie marktwirtschaftliche Bedingungen schafft und privatwirtschaftliche Betätigungen ermöglicht. [Wer in diesem Zusammenhang den Vorwurf der Bevormundung erhebt, den verstehe ich nicht.][29]

In Ungarn und Polen gibt es jeden Tag Beispiele dafür, an denen sich doch die DDR [– ebenfalls Mitgliedstaat des RGW –] ohne weiteres orientieren kann. Unter diesen Bedingungen würden schnell Möglichkeiten zur Gründung gemeinsamer Unternehmen entstehen. Schon heute besteht dazu bei vielen Unternehmen innerhalb des Landes und im Ausland eine große Bereitschaft.[30]

[Ich will noch einmal klar unterstreichen:][31] Dies sind keine Vorbedingungen, sondern das ist schlicht und einfach die sachliche Voraussetzung, damit Hilfe überhaupt greifen kann. Im Übrigen kann kein Zweifel daran bestehen, dass dies auch die Menschen in der DDR wollen. Sie wollen wirtschaftliche Freiheit und sie wollen damit die Früchte ihrer Arbeit endlich ernten und mehr Wohlstand gewinnen. [...].[32]

Viertens: Ministerpräsident Modrow hat in seiner Regierungserklärung von einer Vertragsgemeinschaft gesprochen. Wir sind bereit, diesen Gedanken aufzugreifen. Denn die Nähe und der besondere Charakter der Beziehungen zwischen den beiden Staaten in Deutschland erfordern ein immer dichteres Netz von Vereinbarungen in allen Bereichen und auf allen Ebenen. Diese Zusammenarbeit wird zunehmend auch gemeinsame Institutionen erfordern. Bereits bestehende Kommissionen könnten neue Aufgaben erhalten, weitere könnten gebildet werden. Ich denke dabei insbesondere an die Bereiche Wirtschaft, Verkehr, Umweltschutz, Wissenschaft und Technik, Gesundheit und Kultur. Ich brauche nicht zu betonen, dass bei all dem, was jetzt zu geschehen hat, für uns Berlin voll einbezogen bleiben muss. [Das war, ist und bleibt unsere Politik.][33] Ich rufe alle gesellschaftlichen Gruppen und Institutionen auf, an der Ausarbeitung einer solchen Vertragsgemeinschaft mitzuwirken.[34]

Fünftens: Wir sind aber auch bereit, noch einen entscheidenden Schritt weiterzugehen, nämlich konföderative Strukturen zwischen beiden Staaten in Deutschland zu entwickeln mit dem Ziel, eine Föderation, das heißt eine bundesstaatliche Ord-

[28] Dto.
[29] Dto.
[30] Im Bulletin (wie Anm. 1) keine Ausführungen zu joint ventures, dafür ausführlicher zu Perspektiven westlicher Investitionen.
[31] Der Einschub nur in der deutschen Fassung (wie Anm. 1).
[32] In der deutschen Fassung (wie Anm. 1) setzt sich Kohl hier noch einmal mit Vorwürfen der Einmischung auseinander.
[33] Dieser Satz nur in der deutschen Ausgabe.
[34] Dieser Satz nicht in der deutschen Fassung (wie Anm. 1).

nung, in Deutschland zu schaffen. Das setzt aber eine demokratisch legitimierte Regierung in der DDR zwingend voraus.

Dabei könnten wir uns nach schon bald freien Wahlen folgende Institutionen vorstellen:

– einen gemeinsamen Regierungsausschuss zur ständigen Konsultation und politischen Abstimmung,
– gemeinsame Fachausschüsse,
– ein gemeinsames parlamentarisches Gremium
[– und manches andere mehr angesichts einer völlig neuen Entwicklung.][35]

Die bisherige Politik gegenüber der DDR musste sich angesichts der Verhältnisse im Wesentlichen auf kleine Schritte beschränken, mit denen wir vor allem versuchten, die Folgen der Teilung für die Menschen zu mildern und das Bewusstsein für die Einheit der Nation wachzuhalten und zu schärfen. Wenn uns künftig eine demokratisch legitimierte, das heißt frei gewählte Regierung als Partner gegenübersteht, eröffnen sich völlig neue Perspektiven.

Stufenweise können neue Formen institutioneller Zusammenarbeit entstehen und ausgeweitet werden. Ein solches Zusammenwachsen liegt in der Kontinuität der deutschen Geschichte. Staatliche Organisation in Deutschland hieß in unserer Geschichte fast immer auch Konföderation und Föderation. Wir können doch auf diese historischen Erfahrungen zurückgreifen.

Wie ein wiedervereinigtes Deutschland schließlich aussehen wird, das weiß heute niemand. Dass aber die Einheit kommen wird, wenn die Menschen in Deutschland sie wollen, dessen bin ich sicher.

Sechstens: Die Entwicklung der innerdeutschen Beziehungen bleibt eingebettet in den gesamteuropäischen Prozess und[36] in die West-Ost-Beziehungen. Die künftige Architektur Deutschlands muss sich einfügen in die künftige Architektur Gesamteuropas. Hierfür hat der Westen mit seinem Konzept der dauerhaften und gerechten europäischen Friedensordnung Schrittmacherdienste geleistet.

Generalsekretär Gorbačev und ich sprechen in der Gemeinsamen Erklärung vom Juni dieses Jahres[, die ich bereits zitiert habe,][37] von den Bauelementen eines „gemeinsamen europäischen Hauses“. Ich nenne beispielhaft dafür:

– Die uneingeschränkte Achtung der Integrität und der Sicherheit jedes Staates. Jeder Staat hat das Recht, das eigene politische und soziale System frei zu wählen.
– Die uneingeschränkte Achtung der Grundsätze und Normen des Völkerrechts, insbesondere Achtung des Selbstbestimmungsrechts der Völker.
– Die Verwirklichung der Menschenrechte.
– Die Achtung und Pflege der geschichtlich gewachsenen Kulturen der Völker Europas.
– Mit alledem wollen wir – so haben es Generalsekretär Gorbačev und ich festgeschrieben – an die geschichtlich gewachsenen europäischen Traditionen anknüpfen und zur Überwindung der Trennung Europas beitragen.

[35] Dieser Punkt nur in der deutschen Ausgabe.
[36] In der deutschen Fassung (wie Anm. 1): „das heißt“.
[37] Der Einschub nur in der deutschen Fassung (wie Anm. 1).

Siebtens: Die Anziehungs- und Ausstrahlungskraft der Europäischen Gemeinschaft ist jetzt aufgefordert, mit Offenheit und Flexibilität auf die reformorientierten Staaten Mittel-, Ost- und Südosteuropas zuzugehen.[38] Dies haben die Staats- und Regierungschefs der EG-Mitgliedstaaten kürzlich bei ihrem Treffen in Paris ja auch so festgestellt.[39] Hierbei ist die DDR selbstverständlich eingeschlossen: Die Bundesregierung befürwortet deshalb den baldigen Abschluss eines Handels- und Kooperationsabkommens mit der DDR, das den Zugang der DDR zum Gemeinsamen Markt erweitert, auch was die Perspektive 1992 betrifft.

Wir können uns für die Zukunft bestimmte Formen der Assoziierung vorstellen, die die Volkswirtschaften der reformorientierten Staaten Mittel- und Südosteuropas an die EG heranführen und damit das wirtschaftliche und soziale Gefälle auf unserem Kontinent abbauen helfen. [Das ist eine der ganz wichtigen Fragen, wenn das Europa von morgen ein gemeinsames Europa sein soll.][40]

Den Prozess der Wiedergewinnung der deutschen Einheit verstehen wir immer auch als europäisches Anliegen. Er muss deshalb auch im Zusammenhang mit der europäischen Integration gesehen werden. In diesem Sinn muss die EG hinsichtlich einer demokratischen DDR und mit Bezug auf alle anderen demokratischen Staaten Mittel- und Südosteuropas offen bleiben.[41] Die EG hat nicht das Recht an der Elbe zu enden, sondern muss in östliche Richtung hin offen bleiben.

Nur in diesem Sinne [– wir haben das Europa der Zwölf immer nur als einen Teil und nicht als das Ganze verstanden –] kann die Europäische Gemeinschaft Grundlage einer wirklich umfassenden europäischen Einigung werden. Nur in diesem Sinne wahrt, behauptet und entwickelt sie die Identität aller Europäer. Diese Identität ist nicht nur in der kulturellen Vielfalt Europas, sondern auch vor allem in den Grundwerten von Freiheit, Demokratie, Menschenrechten und Selbstbestimmung begründet.

Soweit die Staaten Mittel- und Südosteuropas die erforderlichen Voraussetzungen erfüllen, würden wir es auch begrüßen, wenn sie dem Europarat und insbesondere auch der Konvention zum Schutze der Menschenrechte und Grundfreiheiten beiträten.[42]

Achtens: Der KSZE-Prozess ist ein Herzstück dieser gesamteuropäischen Architektur. Wir wollen ihn vorantreiben und die bevorstehenden Foren nutzen:
- die Menschenrechtskonferenzen in Kopenhagen 1990 und in Moskau 1991,
- die Konferenz über wirtschaftliche Zusammenarbeit in Bonn 1990,
- das Symposion über das kulturelle Erbe in Krakau 1991 und
- nicht zuletzt das nächste Folgetreffen in Helsinki.

Dort sollten wir auch über neue institutionelle Formen der gesamteuropäischen Zusammenarbeit nachdenken. Wir könnten uns eine gemeinsame Institution zur

[38] In der russischen Ausgabe der Satz geteilt, ohne inhaltliche Änderung.
[39] Vgl. Dokument Nr. 94, Anm. 6.
[40] Der Satz nur in der deutschen Ausgabe (wie Anm. 1).
[41] Dieser Satz nicht in der deutschen Fassung (wie Anm. 1), der nächste Satz im Bulletin: „Die EG darf nicht an der Elbe enden, sondern muss die Offenheit auch nach Osten wahren."
[42] Europäische Menschenrechtskonvention vom 4. 11. 1950 mit Änderungen und Zusatzprotokollen unter http://conventions.coe.int/Treaty/ger/Treaties/Html/005.htm (Zugriff am 13. 3. 2010).

Koordinierung der West-Ost-Wirtschaftszusammenarbeit sowie die Einrichtung eines gemeinsamen Umweltrats aber gut vorstellen.

Neuntens: Die Überwindung der Trennung Europas und der Teilung Deutschlands erfordern weitreichende und zügige Schritte in der Abrüstung und Rüstungskontrolle. Abrüstung und Rüstungskontrolle müssen mit der politischen Entwicklung Schritt halten und, wenn notwendig, beschleunigt werden.

Dies gilt im Besonderen für die Wiener Verhandlungen über den Abbau konventioneller Streitkräfte in Europa und für die Vereinbarungen vertrauensbildender Maßnahmen ebenso wie für das weltweite Verbot chemischer Waffen[, das, wie ich hoffe, 1990 kommen wird][43]. Dies erfordert auch, dass auch die Nuklearpotentiale der Großmächte auf das strategisch erforderliche Minimum reduziert werden können.

Das bevorstehende Treffen zwischen Präsident Bush und Generalsekretär Gorbačev bietet eine gute Gelegenheit, den jetzt laufenden Verhandlungsrunden neue Schubkraft zu geben.[44] Wir bemühen uns – auch in zweiseitigen Gesprächen mit den Staaten des Warschauer Pakts einschließlich der DDR –, diesen Prozess zu unterstützen.

Zehntens: Mit dieser umfassenden Politik wirken wir auf einen Zustand des Friedens in Europa hin, in dem das deutsche Volk in freier Selbstbestimmung seine Einheit wiedererlangen kann. Die Wiedervereinigung, das heißt die Wiedergewinnung der staatlichen Einheit Deutschlands, bleibt das politische Ziel der Bundesregierung.

Wir sind dankbar, dass wir in der Erklärung des Brüsseler NATO-Gipfels vom Mai dieses Jahres dafür erneut die Unterstützung unserer Freunde und Partner gefunden haben.[45]

Wir sind uns bewusst, dass sich auf dem Weg zur deutschen Einheit viele schwierige Fragen stellen, auf die korrekterweise heute niemand eine abschließende Antwort geben kann. Dazu gehört vor allem auch – [– ich betone das –][46] die ebenso schwierige wie entscheidende Frage übergreifender Sicherheitsstrukturen in Europa.

Die Verknüpfung der deutschen Frage mit der gesamteuropäischen Entwicklung und den West-Ost-Beziehungen – wie ich sie eben in zehn Punkten erläuterte – ermöglicht eine organische Entwicklung, die den Interessen aller Beteiligten Rechnung trägt und das friedliche Zusammenleben in Europa garantiert.[47]

Nur miteinander und im Klima des wechselseitigen Vertrauens können wir die Teilung Europas und Deutschlands überwinden.[48] Das heißt, wir brauchen auf

[43] Dieser Einschub nur in der deutschen Veröffentlichung (wie Anm. 1). Zu Wien vgl. Dokument Nr. 24, Anm. 27, zur Frage Chemischer Waffen Dokument Nr. 101, Anm. 4.

[44] Dokumente Nr. 59 und Nr. 60.

[45] Vgl. Dokument Nr. 33, Anm. 4.

[46] Einschub gem. der deutschen Fassung (wie Anm. 1).

[47] In der deutschen Fassung heißt es (wie Anm. 1): „Rechnung trägt und – dies ist unser Ziel – einer friedlichen und freiheitlichen Entwicklung in Europa den Weg bahnt."

[48] In der deutschen Fassung spricht Kohl von der „Teilung Europas, die immer auch die Teilung Deutschlands ist".

allen Seiten Besonnenheit, Vernunft und Augenmaß, damit die jetzt begonnene [– so hoffnungsvolle –][49] Entwicklung stetig und friedlich weiterläuft. Was diesen Prozess stören könnte, sind nicht Reformen, sondern deren Verweigerung. Nicht Freiheit schafft Instabilität, sondern deren Unterdrückung. Jeder gelungene Reformschritt bedeutet für ganz Europa ein Mehr an Stabilität und einen Zugewinn an Freiheit und Sicherheit. […].[50]

Übersetzung APN[51]

* Die hier im weiteren eingeführte Rede Helmut Kohls stand im Zusammenhang mit dem Anwachsen der Krise in der DDR. Da die Rede bezeugte, dass der Kanzler von der Vereinbarung abgerückt war, die Ereignisse nicht zu forcieren, rief sie eine ernsthafte Verärgerung Gorbačevs hervor.

Nr. 57
Gespräch Gorbačevs mit dem italienischen Ministerpräsidenten Andreotti am 29. November 1989 [Auszug][1]
Aus dem Gespräch M. S. Gorbačevs mit G. Andreotti*
Rom, 29. November 1989

M. S. Gorbačev: […].[2] Jetzt zur deutschen Frage. Sie in Westeuropa sind in dieser Hinsicht sehr feinfühlig. Sogar Mitterrand sagte, als man ihn im Anschluss an ein Gespräch mit Kohl danach fragte, dass er die Aussicht auf eine Wiedervereinigung Deutschlands insgesamt positiv sehe.[3] Und erst danach begann er zu präzisieren, zu korrigieren und zu nuancieren. Keiner der Westeuropäer wollte sich direkt zu dieser Frage äußern. Sie haben abgewartet: Soll doch Gorbačev etwas dazu sagen. Und ich sagte, dass zwei Deutschland Realität seien und dass wir sie genau so sehen. Diese beiden Staaten sind Mitglieder der UNO; sie sind in einer bestimmten Phase der Geschichte in Erscheinung getreten, nach den bekannten Ereignissen, und dem muss man Rechnung tragen. Übrigens, Herr Andreotti, Ihre Position in dieser Frage kenne und schätze ich.

Wenn wir anfangen, die Ergebnisse des Krieges zu revidieren, erhebt sich sogleich die Frage: Wie machen wir es mit den Grenzen? Das ist ein sehr gefährlicher Weg. Möge sich Europa weiterentwickeln und die Welt sich vorwärtsbewegen – die zukünftige Welt wird auf diese Frage eine Antwort geben. Ich habe ohne Umschweife gesagt: Die Wiedervereinigung von BRD und DDR ist keine aktuelle Frage.

[49] Der Einschub nur in der deutschen Fassung (wie Anm. 1).
[50] Gem. dt. Fassung Abschlusssätze.
[51] Vgl. Anm. 1.

[1] Vgl. Gorbatschow, Erinnerungen, S. 659–661; Tschernajew, Die letzten Jahre, S. 263.
[2] Zunächst ging es um allg. außen- und sicherheitspolitische Fragen, vgl. Anm. 1.
[3] Vgl. das Telefonat Gorbačevs mit Mitterrand am 14. 11. 1989, in: NSAEBB 293, Dok. Nr. 18, http://www.gwu.edu/~nsarchiv/NSAEBB/NSAEBB293/index.htm.

G. Andreotti: Das ist absolut richtig.

M. S. Gorbačev: Wenn wir derartigen Stimmungen nachgeben, geraten wir alle in eine Falle. Unser Freund Kohl soll es also nicht so eilig haben, denn ich sehe, dass am Vorabend der Wahlen bei ihm die Versuchung aufkommt, einen revanchistischen Unterton anzuschlagen.

G. Andreotti: Vor allem möchte ich hervorheben, dass ich völlig mit Ihrem Gedanken übereinstimme, weder der Osten noch der Westen seien im Besitze der absoluten Wahrheit, an die sich die andere Seite anzupassen hat. Übrigens ist jetzt eine neue Manie aufgetaucht: Aufforderungen, sich an die Gesetze des Marktes anzupassen. Das ist genau der Fall, wenn man eine Sache sagt und ein gutes Hundert anderer Dinge darunter versteht. Ich glaube nicht, dass die Entwicklung unseres Landes in allem richtig war; vieles – sowohl im sozialen als auch im politischen Bereich – hätte man anders machen können. Es ist eine Sache, wenn man von einem Markt mit Korrektiven in Form einer Antitrustgesetzgebung und eines entsprechenden Steuersystems spricht – einem solchen Ansatz kann man zustimmen. Aber wenn die besagten Korrektive fehlen, dann ist das kein Markt, sondern das Diktat des Kapitals, wobei dieses in wenigen Händen konzentriert ist.

Deshalb verstehen wir sehr gut, wenn wir das bewerten, was sich in den sozialistischen Ländern abspielt, dass es nicht darum geht, dass sie zum „westlichen Glauben" übertreten. Sollen sie doch den Weg wählen, der ihnen die besten Ergebnisse bringt. Streng vertraulich möchte ich Ihnen Folgendes erzählen: Als in Polen die bekannten Entwicklungen begannen, sagte der Papst[4] zu mir: Ihr schwerster Fehler wäre es, wenn Sie beschließen würden, dass dies eine Konterrevolution ist, die alles hinwegfegen wird, was bereits geschaffen wurde. Und dies war ein sehr berechtigter Gedanke.

Jetzt zu Deutschland. Ich habe wiederholt gesagt, darunter auch kürzlich im Parlament, dies ist eine Nation, aber es sind zwei Staaten. Das ist unsere feste, sogar sehr feste Haltung. Ich stimme völlig mit Ihrer berechtigten Bemerkung überein, dass niemand von uns voraussehen kann, was letztlich in der Zukunft geschehen wird. Ende dieser Woche werden sich die Regierungschefs und Führer der christdemokratischen Parteien aus jenen der zwölf europäischen Länder treffen, in denen sie an der Macht sind.[5] Und wir haben vor, sehr offen mit Kohl in dieser Hinsicht zu sprechen. Wenn man ganz genau ist, dann hat auch Mitterrand niemals direkt über eine Wiedervereinigung Deutschlands gesprochen.

In der BRD gibt es jetzt natürlich auch Wahlkalküle. Die Regierung befürchtet eine Stärkung der Republikaner – einer sehr weit rechts stehenden Partei. Daher auch die verschiedensten Improvisationen in der Art der gestrigen Kohl-Rede im Bundestag.[6] Aber wir werden natürlich nicht der Entwicklung der Beziehungen, auch nicht der Wirtschaftsbeziehungen, zwischen den beiden deutschen Staaten im Wege stehen. Sie existieren übrigens schon seit langem.

Ich möchte Ihnen eine Frage stellen. Wo liegt die Ursache für eine so rasche Entwicklung der Ereignisse in der DDR? Zuerst die Demonstrationen in Leipzig

4 Johannes Paul II.
5 Im Umfeld des NATO-Gipfels am 4. 12. in Brüssel.
6 Dokument Nr. 56.

und Dresden und danach plötzlich diese schnellen Veränderungen, diese ganze Geschichte mit der „Mauer". Ich sage offen: Wir waren auf eine solche Entwicklung der Ereignisse nicht vorbereitet. [...]

M. S. Gorbačev: Ich habe lange über folgendes Thema nachgedacht: Wenn man nur die entwickelten Länder des Westens nimmt, dann unterscheiden auch sie sich sehr voneinander, sogar innerhalb der EWG. Und auch bei uns – ungeachtet des Sozialismus-Modells, das früher angewandt wurde – sind die Länder sehr verschieden. Und sie verändern sich in unterschiedlicher Weise. Einige sind bereits zum Mehrparteiensystem und zu gemischten Eigentumsformen übergegangen. Deshalb gibt es heutzutage eine Vielzahl von Varianten bei der Entwicklung eines jeden Systems – das ist eine Tatsache ...

G. Andreotti: Ich mache von dem Umstand Gebrauch, dass unsere Unterredung vorläufig noch im engen Kreis stattfindet und möchte noch einmal auf die Frage zurückkommen, ob es irgendeinen konkreten Grund für eine so rasche Entwicklung der Ereignisse in der DDR gab.

M. S. Gorbačev: Möglicherweise existiert ein solcher Grund. Die Führung der DDR hat aufgrund der Konfrontation mit der BRD die Gesellschaft über viele Jahre im Zustand der Mobilmachung gehalten. Und das funktionierte auch. Als bei uns die Veränderungen begannen, hätten sie genau dasselbe tun müssen: Möglichkeiten eröffnen, damit die Menschen sich verwirklichen können und der Zeit entsprechende Formen finden, auch was die Kontakte mit der BRD betrifft. Aber Honecker hielt sich für den Hüter des heiligen Feuers. Und das, was die anderen taten, betrachtete er beinahe als Verrat, als Aufgabe von Positionen unter dem Druck des Westens. Das gesellschaftliche Bewusstsein verlangte nach Veränderungen, aber die politische Führung hat nicht reagierte.

Auf die sehr nachdrückliche Bitte Honeckers hin war ich bei den Feiern zum 40. Jahrestag der DDR und war überrascht, wie stark die Forderungen nach Veränderungen in den verschiedensten Schichten der Gesellschaft waren ...[7] Es fand dort ein zweistündiger Fackelzug statt, an dem Menschen aus verschiedenen Bezirken teilnahmen. Doch im Wesentlichen war es ein Parteiaktiv. Als sie an der Tribüne vorbeizogen, riefen sie: „Gorbačev, bleib bei uns!" Und ich stand zu dieser Zeit neben Honecker. Das war schlicht ein Drama. Die Rede, die ich dort hielt, war zurückhaltend, es gab darin keine Loblieder. Aber es wurden die Erfolge der DDR konstatiert, schließlich ist es ein fortschrittlicher Staat, der sich unter den zehn industriell entwickelten Ländern der Welt befindet. Ich habe damals gesagt, dass Partei und Volk gemeinsam nach Wegen zur Lösung der Probleme suchen müssten. Aber dies sei in jedem Fall ihre Sache.

In der Tat, die Veränderungen, die jetzt in den verschiedenen Ländern vor sich gehen, sind durch inneren Prozess und Impulse entstanden und da es so ist, garantiert dies die Lebensfähigkeit der Veränderungen. Der Versuch, von der einen oder der anderen Seite anzuschieben, bedeutet nur, die Sache zum Scheitern zu bringen. In der DDR ist die politische Führung hinter den Prozessen, die sich in der Gesellschaft abgespielt haben, zurückgeblieben; und als die Veränderungen begannen, kam dies ans Tageslicht. Und wahrscheinlich ist dies erst der Anfang.

[7] Vgl. Dokumente Nr. 46 und Nr. 47.

G. Andreotti: Ich habe Honecker nicht gut gekannt, kannte aber einige Mitglieder der DDR-Führung. So mancher von ihnen hielt sich für einen modern denkenden Funktionär, aber das war nur der äußere Schein. Ein Beispiel dafür ist Axen.

M. S. Gorbačev: Sie alle waren Funktionäre von gestern. [...].

* Das Gespräch fand während des Staatsbesuchs M. S. Gorbačevs in Italien (29. November bis 1. Dezember 1989) statt.

Archiv der Gorbačev-Stiftung. Bestand 1, Verzeichnis 1.

Nr. 58
Gemeinsame Pressekonferenz Gorbačevs mit dem italienischen Ministerpräsidenten, Andreotti, am 1. Dezember 1989 [Auszug]

Aus der gemeinsamen Pressekonferenz von M. S. Gorbačev und G. Andreotti in Mailand[1]

1. Dezember 1989

Frage des „Messaggero": *Ich würde gerne erfahren, was Präsident Gorbačev zu diesem Zeitpunkt, wo in Europa gewaltige Veränderungen vor sich gehen, über das Streben nach der Wiedervereinigung Deutschlands denkt.*

M. S. Gorbačev: Die Geschichte hat so entschieden, dass das heutige Europa sich so darstellt, wie wir es kennen und wie es in vielen völkerrechtlichen Dokumenten, darunter auch in der Schlussakte von Helsinki,[2] festgelegt ist, inklusive der Tatsache, dass es zwei deutsche Mitgliedsstaaten der Vereinten Nationen gibt. Sie unterhalten umfassende zwischenstaatliche Verbindungen und das Volk eines jeden der beiden kann souverän über sein Schicksal verfügen.

Somit ist das heutige Europa, einschließlich seiner Grenzen sowie auch der Existenz zweier deutscher Staaten, das Ergebnis einer bestimmten historischen Periode. Wie es mit dem Schicksal dieser Staaten weitergeht, interessiert uns alle ebenso wie das, was mit der Welt, mit unserer Zivilisation, mit Europa und mit uns wird. Ich denke, die Zeit wird es zeigen. Lassen wir die Geschichte selbst darüber entscheiden. Heute die Frage der Wiedervereinigung als eine aktuelle Frage der internationalen Politik zu stellen, wäre unberechtigt. Mehr noch, dies würde die Lage nur komplizierter machen. Es steht aber nicht dazu im Widerspruch, dass die Veränderungen, die in der BRD und in der DDR vor sich gehen, große Möglichkeiten eröffnen für die Zusammenarbeit zwischen ihnen, für die Entwicklung von Verbindungen, für menschliche Kontakte, damit dies einen normalen Charakter tragen kann. Also, lassen wir die Geschichte entscheiden. Es ist nicht nötig, etwas anzustoßen und unausgereifte Prozesse zu forcieren.

Vestnik Ministerstva inostrannych del SSSR, 31 dekabrja 1989, Nr. 24 (58), S. 22.

[1] Vgl. Dokument Nr. 57.
[2] Vgl. Dokument Nr. 5, Anm. 4.

Nr. 59
Gespräch Gorbačevs mit US-Präsident Bush am 2. Dezember 1989 [Auszug][1]

Aus dem Gespräch M. S. Gorbačevs mit G. Bush*

Malta, 2. Dezember 1989

(Das Gespräch fand „unter vier Augen" statt. An dem Treffen nahmen der Berater G. Bushs, B Scowcroft, und der Berater M. S. Gorbačevs, A. S. Černjaev, teil.)

[...].[2] *Im Zusammenhang mit der Einmischung der USA in die inneren Angelegenheiten der Philippinen bemerkte M. S. Gorbačev ironisch: „Es geht bereits das Gerücht, an die Stelle der „Breznev-Doktrin" sei die „Bush-Doktrin" getreten.*

G. Bush: Wirklich in Verbindung mit den Philippinen? Ich möchte nur wissen, warum man das sagt.[3] Es handelt sich doch um die rechtmäßig gewählte Führung. Sie erbittet Hilfe im Kampf gegen einen unverschämten Oberst.[4]

M. S. Gorbačev: Einverstanden. Ich glaube jedoch, dass eine solche Reaktion im Zusammenhang mit der gegenwärtigen Lage erklärbar ist. Doch schauen Sie: In Europa vollziehen sich Veränderungen und Regierungen werden abgesetzt, die ebenfalls auf gesetzlicher Grundlage gewählt wurden. Und es erhebt sich die Frage: Wenn in diesem Kampf um die Macht jemand die Sowjetunion bittet, sich einzumischen, wie sollen wir uns dann verhalten? So wie sich Präsident Bush verhält?

G. Bush: Ich verstehe.

M. S. Gorbačev: Manchmal bekommt man zu hören, dass wir in der gegenwärtigen Lage unseren Auftrag gegenüber unseren Freunden nicht erfüllt ha-

[1] Ausführlicher Bericht über den Gipfel mit z.T. wörtl., z.T. indirekter Wiedergabe der Gespräche einschließlich der Vier-Augen-Unterredungen unter dem 10. 12. 1989 bei Černjaev, Sovmestnyj ischod, S. 817–828, hier v. a. S. 819–821 sowie ders., Gorbačev – Buš, S. 117–130. Daraus Auszüge/Paraphrasen in Tschernjaew, Mein deutsches Tagebuch, S. 243–245; von Plato, Vereinigung, S. 125 f.; Tschernjaew, Die letzten Jahre, S. 263–265, 267 f.; Cherniaev, Gorbachev, S. 165; Gorbatschow, Wie es war, S. 92 f.; Zelikow/Rice, Sternstunde, S. 188–192, dazu Beschloss/Talbott, At the highest levels, S. 153–165. Auszugsweise engl. Übersetzung der Vieraugen-Gespräche in NSAEBB 296, ausführlicher in NSAEBB 298, http://www.gwu.edu/~nsarchiv/NSAEBB/NSAEBB296/index.htm sowie http://www.gwu.edu/~nsarchiv/NSAEBB/NSAEBB298/index.htm. Russische Delegationsprotokolle des Malta-Gipfels in CWIHP, Document readers, The end of the Cold war, http://www.wilsoncenter.org/cwihp/documentreaders/eotcw/891202.pdf., als Übers. des Abdrucks in: Gorbačev, Gody, S. 173–197; deutsch in Gorbatschow, Gipfelgespräche, S. 93–129 (je mit Kürzungen); wiederum in NSAEBB 298, http://www.gwu.edu/~nsarchiv/NSAEBB/NSAEBB298/index.htm. Vgl. ferner Gespräch Kohls mit Bush am 3. 12. 1989, in: Deutsche Einheit, Sonderedition, S. 600–609. Zum Umfeld vgl. das Gespräch Jakovlevs mit Brzeziński am 31. 10. 1989, in: Jakovlev (Hg.), Aleksandr Jakovlev, S. 372–387. An Erinnerungen zum Gipfel insges. Gorbatschow, Erinnerungen, S. 693–699; Bush/Scowcroft, A world, S. 160–174; Palazchenko, My years, S. 154–158; Baker, Drei Jahre, S. 162–164; Matlock, Autopsy, S. 271–274; Achromeev/Kornienko, Glazami, S. 246–254. Vgl. schließlich die Diskussionsrunde ehemaliger Teilnehmer in Wohlforth (Hg.), Cold War endgame, S. 39–43, 46 f.

[2] Gem. Parallelüberlieferungen (wie Anm. 1) zunächst zu Kuba, Nicaragua u. a. zentralamerikanischen Staaten, dann zu den Philippinen.

[3] In NSAEBB 298 (wie Anm. 1) heißt dieser Satz: „Ich kann es einfach nicht verstehen."

[4] Hilfsbitte von Präsidentin Aquino gegen Oberst Honasan, der am 1. 12. 1989 einen Umsturzversuch gestartet hatte und u. a. dank amerikanischer Hilfe scheiterte, vgl. Bush/Scowcroft, A world, S. 161, 166.

ben.[5] In solchen Fällen antworte ich: Erstens hat man sich nicht an uns gewandt, und zweitens laufen die Prozesse in verfassungsgemäßer Form ab.

G. Bush: Ich würde noch mehr sagen: Gerade dank Ihnen sind sie in friedlicher Weise verlaufen ... [Aber es besteht ein großer Unterschied zwischen diesem und einem Oberst, der Aquino stürzen will. Insgesamt geht es darum, dass der Wandel friedlich stattfinden sollte. Präsident Aquino ist das Symbol des friedvollen Wandels auf den Philippinen. Aber ich verstehe, wie einige Menschen in der Sowjetunion eine andere Reaktion zeigen können.][6]

M. S. Gorbačev: Ich verstehe Sie. Wir sind für friedliche Veränderungen, wir möchten uns nicht einmischen und mischen uns auch nicht in laufende Prozesse ein. Sollen die Völker selbst, ohne Einmischung von außen entscheiden, was sie tun. Aber, verstehen Sie, solche philippinischen Obersten kann man in jedem Land finden.

G. Bush: Wenn sowohl wir wie auch Sie für Demokratie und friedliche Veränderungen eintreten, dann ist dies ein wichtiger Faktor für die Sanierung und Verbesserung der sowjetisch-amerikanischen Beziehungen ...

Übrigens, ich freue mich, dass Sie sich in dieser Hinsicht geäußert haben; Offenheit ist nützlich. Aber wenn Sie diese Kritik öffentlich ausbreiten, dann könnte dies der Sache schaden.

[7]Ich möchte nicht wie eine ausgeleierte Schallplatte klingen, aber erlauben Sie mir, nochmals zu wiederholen: Die öffentliche Meinung in den USA unterstützt Sie, unterstützt entschieden die Perestrojka und auch Ihre Rolle bei der Entwicklung pluralistischer Prozesse in Osteuropa, eine Rolle, die nicht auf Zurückhaltung hinausläuft, sondern als Impuls für Veränderungen dient ... [...].[8]

M. S. Gorbačev: Ich möchte ein paar Worte über die Reaktion und das Verhalten im Zusammenhang mit den Ereignissen in Osteuropa sagen.[9]

Der Kurs der Veränderungen in Osteuropa und in der Sowjetunion bringt uns einander näher, und dies ist die Hauptsache ... [Aber es gibt einen wichtigen Punkt. Ich kann nicht akzeptieren, wenn einige amerikanische Politiker sagen, dass der Prozess der Überwindung der Spaltung in Europa auf westlichen Werten basieren soll. Anscheinend wurden wir früher wegen des „Exports der Revolution" beschuldigt, und jetzt sprechen sie vom Export amerikanischer Werte. Ich glaube, dass das gegen den Geist des heutigen Wandels gerichtet ist; es kann die Prozesse, die ablaufen, verkomplizieren. Ich wollte das mit Ihnen teilen, obwohl ich weiß, dass Ihre Haltung anders ist.][10] In diesem Zusammenhang zur „deutschen Frage": Wir haben den Eindruck, dass Herr Kohl es eilig hat, hektisch ist, nicht seriös und verantwortungsvoll agiert. Es könnte so laufen, dass das Thema Wiedervereinigung für den Wahlkampf instrumentalisiert wird und dass nicht den

[5] In NSAEBB 298 (wie Anm. 1) im Präsens.
[6] Passage gem. NSAEBB 298 (wie Anm. 1).
[7] In der Übersetzung in NSAEBB Nr. 298 (wie Anm. 1) setzen Bushs Ausführungen erst an dieser Stelle ein.
[8] Gem. NSAEBB 298 (wie Anm. 1) hier noch einmal die nachdrückliche Aufforderung Bushs, Castro und Nicaragua nicht weiter zu helfen, und ausweichende Antwort Gorbačevs.
[9] Der folgende Abschnitt in Černjaev, Gorbačev – Buš, S. 120, mit inhaltlich irrelevanten Änderungen des Satzbaus.
[10] Passage gem. NSAEBB Nr. 298 (wie Anm. 1).

strategischen Faktoren, sondern dem Einfluss des Augenblicks Rechnung getragen wird. Übrigens gibt es in der BRD eine gewisse Meinungsvielfalt in dieser Frage – sowohl innerhalb der Regierungskoalition wie auch zwischen der Koalition und den Sozialdemokraten. Aber es ist uns beiden sehr wichtig, allen zur Kenntnis zu bringen, dass bestimmte Aktivitäten den positiven Prozessen Schaden zufügen und darüber hinaus sehr wichtige und ernste Angelegenheiten, unter anderem das Vertrauen zur Regierung der BRD, in Frage stellen könnten.

Was wird geschehen? Wird ein geeintes Deutschland neutral sein, keinem militärisch-politischen Bündnis angehören oder Mitglied der NATO sein? Ich denke, wir müssen zu verstehen geben, dass es verfrüht wäre, sowohl das eine wie auch das andere jetzt zu erörtern. Soll der Prozess laufen; es ist nicht nötig, ihn künstlich voranzutreiben

Weder Sie noch ich sind verantwortlich für die Teilung Deutschlands. Die Geschichte hat es so verfügt. Möge die Geschichte diese Frage auch in Zukunft entscheiden. Mir scheint, zwischen uns herrscht in dieser Hinsicht Einvernehmen.

G. Bush: Ich glaube, dass bei den Handlungen Helmut Kohls die emotionale Reaktion auf die sich entfaltenden Ereignisse eine große Rolle spielt. Dasselbe kann man auch von Genscher sagen. Ja, im Zehn-Punkte-Programm ist ein gewisser Einfluss politischer Wahlkampferwägungen spürbar. Aber man muss die Welle der Emotionen, die jetzt entstanden ist, berücksichtigen.

Kohl weiß, dass einige westliche Bündnispartner, die mit Lippenbekenntnissen die Wiedervereinigung unterstützen, wenn das deutsche Volk sie möchte, über diese Aussicht beunruhigt sind.

M. S. Gorbačev: Ja, ich weiß das. Und dieser Standpunkt ist ihm mitgeteilt worden. Aber im Unterschied zu Ihren Bündnispartnern und Ihnen sage ich offen: Es gibt zwei deutsche Staaten; so hat es die Geschichte verfügt. Und die Geschichte soll entscheiden, wie der Prozess verlaufen wird und wohin er im Kontext eines neuen Europa und einer neuen Welt führt.

Kohl hat wiederholt erklärt, dass er um seine Verantwortung weiß und die Auffassungen respektieren wird, die wir beide in Bonn abgesprochen haben. Generell ist dies jene Frage, bei der wir mit maximaler Rücksicht vorgehen müssen, damit den Veränderungen, die jetzt begonnen haben, kein Schlag versetzt wird.

G. Bush: Einverstanden. Wir werden keinerlei übereilte Handlungen vornehmen, keine Versuche, die Entscheidung der Frage der Wiedervereinigung zu beschleunigen.

Wenn Sie mit Kohl sprechen, werden Sie feststellen, dass er mit meiner Sichtweise einverstanden ist. Und wenn irgendwelche öffentlichen Erklärungen seinerseits dies nicht immer bestätigen, dann muss man sowohl die Besonderheiten des politischen Ausgleichs als auch die emotionale Seite in Betracht ziehen. Insbesondere Letzteres. Sie sprechen über dieses Thema mit Tränen in den Augen.

M. S. Gorbačev: Ich möchte hervorheben, dass die Veränderung der Lage, die die Möglichkeit normaler Kontakte geschaffen hat, sowie die Ausweitung der Zusammenarbeit und des Handels zwischen beiden deutschen Staaten von uns positiv bewertet wird.

G. Bush: So seltsam es auch klingen mag, in dieser Frage sitzen Sie mit unseren Bündnispartnern in der NATO in einem Boot. Die Konservativen unter ihnen begrüßen Ihr Vorgehen. Und gleichzeitig müssen sie an die Zeit denken, da die Begriffe BRD und DDR in die Geschichte eingegangen sein werden. Ich werde in dieser Frage vorsichtig agieren. Unsere Demokraten sollen mich ruhig der Zaghaftigkeit bezichtigen. Ich schicke mich nicht an, auf die Mauer zu springen, weil in dieser Frage zu viel auf dem Spiele steht.

M. S. Gorbačev: Ja, auf die Mauer springen ist keine Beschäftigung für einen Präsidenten. *(Gelächter)*

G. Bush: Wenn Bush und Gorbačev ihre Genugtuung über die ablaufenden Veränderungen zum Ausdruck bringen können, dann ist das gut. Aber ich werde nicht der Verlockung zu Handlungen nachgeben, die schön aussehen, aber gefährliche Folgen haben können.[11]

M. S. Gorbačev: Richtig. Denn die Zeit, in der wir leben, ist nicht nur vielversprechend, sondern auch mit sehr viel Verantwortung verbunden. [...][12]

* Anfang Dezember 1989 trafen sich M. S. Gorbačev und der Präsident der USA, George Bush (sen.), auf Malta. Diese Begegnung bedeutete das Ende des „Kalten Krieges“. Im Verlauf des Treffens wurde auch die Lage in Osteuropa, unter anderem in Deutschland, erörtert.

Archiv der Gorbačev-Stiftung. Bestand 1, Verzeichnis 1.

Nr. 60
Gespräch Gorbačevs mit US-Präsident Bush am 3. Dezember 1989 [Auszug][1]

Aus dem Gespräch M. S. Gorbačevs mit G. Bush

3. Dezember 1989

(In erweiterter Zusammensetzung. An dem Gespräch nahmen von amerikanischer Seite der Berater des Präsidenten, B. Scowcroft, der Stabschef des Weißen Hauses D. Sununu u. a. teil, von sowjetischer Seite Ė. A. Ševardnadze, A. N. Jakovlev und A. S. Černjaev.)

[...].[2] **M. S. Gorbačev:** [3]Möchten Sie sich als Erster zu europäischen Angelegenheiten äußern?

G. Bush: Sie sind näher an Europa, aber ich möchte unserem Gespräch einige Bemerkungen vorausschicken.

[11] Der letzte Satz gem. Černjaev, Sovmestnyj ischod, S. 821 sowie ders., Gorbačev – Buš, S. 122 bereits am Ende der vorangegangenen Ausführungen Bushs, im Anschluss an seine Thematisierung der Mauer.

[12] Gem. NSAEBB Nr. 298 (wie Anm. 1) noch kurze Ausführungen zu Afghanistan und Abschlussbemerkungen.

[1] Zu Parallelüberlieferungen und Erinnerungen vgl. Anm. 1 zu Dokument Nr. 59.

[2] Gem. Parallelüberlieferungen hier Ausführungen Gorbačevs und Bushs über die sowjetisch-amerikanischen Beziehungen, dann Diskussion über Abrüstungsfragen.

[3] Gem. Gorbačev, Gody, S. 190 hier zunächst ein Satz, der die Vordiskussion abschließt.

Zunächst gebe ich zu, dass wir von der Geschwindigkeit der ablaufenden Veränderungen geschockt waren. Ihre persönliche Reaktion und die Reaktion der Sowjetunion insgesamt auf diese dynamischen und zugleich fundamentalen Veränderungen haben uns Achtung abgenötigt.

In unserem gestrigen Vieraugengespräch haben wir, wenn auch nicht im Detail, das Problem der Wiedervereinigung Deutschlands erörtert.[4] Sie verstehen hoffentlich, dass man von uns nicht verlangen kann, die deutsche Wiedervereinigung nicht gutzuheißen. Zugleich ist uns bewusst, wie heikel und sensibel dieses Problem ist. Wir bemühen uns um eine gewisse Zurückhaltung. Ich möchte diesen Gedanken etwas anders formulieren: Weder ich noch andere Vertreter meiner Administration möchten in eine Position geraten, die provozierend wirken könnte. Diesen Aspekt möchte ich hervorheben. [...].[5]

J. Baker: Die Frage der Vereinigung Deutschlands ...[6] ruft sowohl bei uns als auch bei Ihnen und auch bei vielen Europäern Nervosität hervor. Wofür treten wir hier ein? Dafür, dass die Vereinigung auf den Prinzipien der Transparenz, des Pluralismus und des freien Marktes erfolgt. Wir wollen durchaus nicht, dass im vereinigten Deutschland das Modell der Jahre 1937–1945 wiederersteht, das Sie offenbar beunruhigt. Das Deutschland jener Zeit hatte mit den westlichen Werten überhaupt nichts zu tun.

M. S. Gorbačev: [7]Wieso sind Demokratie, Transparenz und Markt „westliche Werte"?

[8]**G. Bush:** Weil die USA und Westeuropa sie seit vielen Jahren teilen.

M. S. Gorbačev: Auch wir teilen sie. Das sind doch Werte, die der gesamten Menschheit gehören.

G. Bush: Das war aber nicht immer so. Sie persönlich haben diese Veränderungen und die Bewegung hin zu Demokratie und Offenheit in Gang gesetzt. Heute ist tatsächlich wesentlich klarer als, sagen wir, vor zwanzig Jahren, dass wir diese Werte teilen.

[**M. S. Gorbačev:** Es macht keinen Sinn, Propagandakriege anzufangen.

A. N. Jakovlev: Wenn Sie auf „Westlichen Werten" bestehen, dann erscheinen zwangsläufig „Östliche Werte", und „Südliche Werte" ...

M. S. Gorbačev: Genau, und wenn das geschieht, dann flammt die ideologische Konfrontation wieder auf.

G. Bush: Ich verstehe und bin einverstanden. Lassen Sie uns versuchen, unvorsichtige Worte zu vermeiden und mehr über den Inhalt dieser Werte sprechen. Aus tiefstem Herzen begrüßen wir die Wandlungen, die stattfinden.][9]

[4] Dokument Nr. 59.

[5] Gem. Parallelüberlieferungen Diskussion (mit Teilnahme Baker, Ševardnadze) über Europa, chemische Waffen, und „westliche Werte".

[6] Gem. Paralellüberlieferungen dieser Satz als Anschluss an die vorangegangene Gesprächsführung mit anderem Satzbau, aber identischer Aussage formuliert. Der restliche Absatz dann wieder in wörtlicher Übereinstimmung.

[7] Gorbačev leitet seinen Einwurf gem. der Parallelüberlieferungen ein mit: „Hier, A. N. Jakovlev fragt:"

[8] Dieser Antwortsatz Bushs und der nächste Einwurf Gorbačevs fehlen in Gorbačev, Gody, S. 196 und NSAEBB Nr. 298.

[9] Passage gem. Gorbačev, Gody, S. 196 f. sowie NSAEBB Nr. 298.

M. S. Gorbačev: Das ist sehr wichtig ...[10] Man muss das objektive Leben klar sehen, wie es ist, die positiven Prozesse hervorheben und sie fördern. [...].[11]

Archiv der Gorbačev-Stiftung. Bestand 1, Verzeichnis 1.

Nr. 61
Gespräch Gorbačevs mit Bundesaußenminister Genscher am 5. Dezember 1989 [Auszug][1]

Aus dem Gespräch M. S. Gorbačevs mit H.-D. Genscher*

5. Dezember 1989

(An dem Gespräch nahmen Ė. A. Ševardnadze und A. S. Černjaev teil.)[2]

M. S. Gorbačev: Wir begrüßen Ihren Besuch in Moskau; er hat aktuellen Charakter. Sie sind für uns ein bevorzugter Gesprächspartner, weil wir Sie seit langem kennen und schätzen. Neue, wenig bekannte Leute schont man üblicherweise, aber mit alten Bekannten kann man direkt und offen sprechen. Über sie darf man gleich mit schwierigen Angelegenheiten herfallen.

H.-D. Genscher: Ich danke Ihnen für die Begrüßung. Ich bin zu einem ehrlichen und offenen Gespräch bereit.

Zunächst möchte ich Ihnen die Grüße des Bundespräsidenten und des Bundeskanzlers überbringen. Sie denken, dass mein jetziger Besuch in Moskau von aktueller Bedeutung ist. Derzeit hat sich eine neue Phase in den Beziehungen zwischen Ost und West aufgetan, deshalb ist ein direkter, offener Meinungsaustausch sehr wichtig. Ich bin bereit, ihn im Geiste der zwischen uns geltenden Vereinbarungen zu führen. Genau deshalb bin ich nach Moskau gekommen.

M. S. Gorbačev: Wie schätzen Sie den derzeitigen Moment ein?

H.-D. Genscher: Dies ist ein Moment, der große, neue Chancen für Europa bietet. In den Beziehungen zwischen Ost und West vollziehen sich bedeutende

[10] Gem. Gorbačev, Gody, S. 197 betont Gorbačev hier die Bedeutung gegenseitigen Verständnisses sowie der Vermeidung von „Religionskriegen".

[11] U. a. gem. Gorbačev, Gody, S. 197 folgt eine Kompromissformel Bakers („demokratische Werte"). Gem. Gorbatschow, Gipfelgespräche, S. 129, NSAEBB Nr. 298 bzw. Černjaev, Gorbačev – Buš, S. 127 ff., äußert sich Gorbačev nach Baker noch einmal abschließend zur Werte-Frage, danach folgen Diskussionen über Afghanistan, schließlich kurze Abschlussbemerkungen Bushs und Gorbačevs und eine protokollarische Abschlussnotiz.

[1] Auszüge in von Plato, Vereinigung, S. 126–134; Galkin/Černjaev, Pravdu, S. 23–25; CWIHP Document Reader, The end of the cold war, http://www.wilsoncenter.org/cwihp/documentreaders/eotcw/891205b.pdf sowie NSAEBB 296, http://www.gwu.edu/~nsarchiv/NSAEBB/NSAEBB296/index.htm. Ausführlich paraphrasiert in Weidenfeld, Außenpolitik, S. 120–125 sowie Zelikow/Rice, Sternstunde, S. 199 f., dazu Černjaev, Šest' let, S. 305–309 (nicht in Tschernajew, Die letzten Jahre, S. 266 f.). Vgl. Genscher, Erinnerungen, S. 683–688; Gorbatschow, Erinnerungen, S. 713–714; Gorbatschow, Wie es war, S. 90–92; Vorotnikov, A bylo, S. 364 f.

[2] Den Erinnerungen Genschers (S. 684) zufolge begleiteten Ševardnadze und Zagladin Gorbačev. Von deutscher Seite nahmen Blech und Kastrup teil.

Veränderungen. Wie mir scheint, sind sie unumkehrbar. Jedoch ist das, was erreicht wurde, noch sehr fragil und dies darf nicht unterschätzt werden. Es ist unerlässlich, verantwortungsbewusst und vorsichtig vorzugehen, aber auch mit Aufmerksamkeit, Weitblick und Einfühlungsvermögen.

Die BRD lässt sich in den von ihr unternommenen Schritten von der Schlussakte von Helsinki ebenso leiten wie von den Verträgen, die sie mit der UdSSR, mit Polen und der Tschechoslowakei geschlossen hat sowie auch vom Grundlagenvertrag mit der DDR.[3] In vollem Umfange richten wir uns auch nach der Gemeinsamen Erklärung, die in Bonn während des Gipfeltreffens im Sommer dieses Jahres angenommen wurde.[4]

Jetzt entsteht eine neue Qualität in den Beziehungen zwischen West und Ost. Wir waren uns einig, dass man danach streben müsse. Insbesondere darüber haben wir bei unserem ersten Treffen im Sommer 1986[5] gesprochen. Damals haben Sie mir die Ziele und Absichten der sowjetischen Führung hinsichtlich der Aufgaben für die innenpolitische Entwicklung aber auch für die Außenpolitik dargelegt. Von Anfang an war ich von Sympathie dafür durchdrungen und habe, wie Sie wissen, die von der Sowjetunion betriebene Reformpolitik allenthalben unterstützt. Ihre Perestrojka hat eine weitreichende Bedeutung nicht nur für Ihr Land, sondern auch für die Völker Europas und der ganzen Welt. Dies ist ein Beitrag zur europäischen Friedensordnung und zur Errichtung des gesamteuropäischen Hauses.

An die derzeitige Entwicklung müssen wir alle, wie ich schon gesagt habe, mit Verantwortungsbewusstsein herangehen. Gefragt sind gezielte Anstrengungen, um stabile Rahmenbedingungen für Reformen in Mittel- und Osteuropa zu schaffen. Besondere Verantwortung liegt dabei auf den Schultern der Deutschen kraft ihrer historischen Vergangenheit und geographischen Lage. Wir wissen, dass die europäischen Völker auf uns schauen, darum habe ich nicht zufällig die Verträge der BRD mit der Sowjetunion und mit den sozialistischen Ländern, aber auch die Gemeinsame Erklärung erwähnt. Dadurch ist es uns gelungen, Klarheit in eine ganze Reihe wichtiger Punkte zu bringen, wie es zum Beispiel die Westgrenze Polens ist, und möglichen Missverständnissen aus dem Wege zu gehen.

Dieses Thema habe ich in meiner Rede in der UNO angesprochen, die im Bundestag Zustimmung erhielt.[6] Ich habe darin insbesondere gesagt, dass das polnische Volk vor 50 Jahren das erste Opfer des von Hitler entfesselten Krieges geworden ist. Wir stellen die Grenzen des polnischen Staates nicht in Frage, wir wollen keine rückwärts gewandte Entwicklung, sondern streben nach Zusammenarbeit. Gemeinsam mit Polen möchten wir ein besseres Europa der Zukunft errichten. Stabilität – das ist die Grundlage allen Lebens in Europa. In diesem

[3] Zu den Vertragswerken und der KSZE-Schlussakte vgl. Dokumente Nr. 5, Anm. 3 und 4 und Nr. 16, Anm. 21. Der Vertrag über die Grundlagen der Beziehungen zwischen der Bundesrepublik Deutschland und der Deutschen Demokratischen Republik vom 21. 12. 1972 abgedr. in: Bulletin der Bundesregierung vom 8. November 1972, S. 1842–1844.

[4] Dokument Nr. 38 a.

[5] Dokumente Nr. 5 und Nr. 6.

[6] Entschließung des Deutschen Bundestags vom 8. 11. 1989, abgedr. in: Europa-Archiv, 44 (1989), S. D 672.

Geiste erfolgten die Äußerungen auf dem gestrigen NATO-Treffen in Brüssel.[7] Ende der Woche werden im Rahmen des Europarats in Straßburg ebenfalls diese Überlegungen dargelegt werden.[8] Mitterand wird Ihnen morgen dasselbe sagen.[9]

Wir wollen aus den in Osteuropa ablaufenden Prozessen, die Probleme schaffen, wie sie bei der Durchführung großer Reformen unvermeidlich sind, keinerlei einseitige Vorteile für uns ziehen. Unser Ziel ist die Stabilisierung der Lage mittels der Entwicklung der Beziehungen mit der Sowjetunion, mit Polen, Ungarn und der DDR. Das ist uns eine Herzensangelegenheit.

Wir streben keinen Alleingang, keinen deutschen Sonderweg an. Unser Land ist in die EWG integriert, wenngleich das nicht ganz Europa ist. Wir haben auch die Absicht, die Entwicklung des Helsinki-Prozesses zu fördern, weil er eine Garantie für die Stabilität auf dem Kontinent darstellt.

Man sollte von den Deutschen keine Schritte erwarten, die die europäische Entwicklung schädigen könnten. Wir treten für Stabilität in Europa ein, für eine Annäherung seiner Staaten und Völker.

Die Entwicklung in Europa kann die Deutschen nicht am Straßenrand lassen und sie umgehen. Gleichzeitig aber kann die europäische Annäherung nicht nur mit den Händen allein der Deutschen und um Deutschland herum erfolgen.

Heute im Verlauf des Gesprächs mit Schewardnadse haben wir die Übereinstimmung unserer Meinungen im Hinblick auf die Notwendigkeit eines Fortschritts im Bereich der Abrüstung festgestellt, weil dies die wichtigste Aufgabe der gesamten Menschheit ist. Es ist unerlässlich, auf eine Verringerung der Rolle der militärischen Komponenten hinzuarbeiten, die Zusammenarbeit auszubauen und den Dialog über globale Probleme zu stärken. Dies würde den Hoffnungen und Erwartungen der Völker entsprechen. Unter den derzeitigen Bedingungen haben die bestehenden Bündnisse eine stabilisierende Bedeutung, sie werden noch lange bestehen bleiben. Aber sie müssen sich politisieren und eine größere Rolle im Abrüstungsprozess spielen. Die BRD ist bemüht und wird auch weiterhin bemüht sein, Fortschritte bei den Gesprächen in Wien[10] und Genf zu erzielen.[11] Darüber haben Sie auch mit den USA gesprochen.[12]

Uns imponiert die dynamische, positive Entwicklung der Beziehungen zwischen der Sowjetunion und den USA. Wir schauen auf diesen Prozess nicht mit Argwohn, sondern mit wachsendem Vertrauen. Wir sehen und verstehen die Bedeutung dieser Beziehungen gut. Natürlich, Europa hat sein eigenes Gewicht und

[7] Vgl. Zelikow/Rice, Sternstunde, S. 194–196; vgl. daneben das Abschlusskommuniqué der NATO-Außenminister vom 15. 12. 1989 mit Anhang, „Open Skies – basic elements“, http://www.nato.int/cps/en/natolive/official_texts_23540.htm und http://www.nato.int/cps/en/natolive/official_texts_23541.htm.

[8] Vgl. Schlussfolgerungen der Tagung des Europäischen Rats der Staats- und Regierungschefs mit Erklärung zu Mittel- und Osteuropa vom 9. 12. 1989, in: Europa-Archiv 45 (1990), S. D 5–D 18, hier S. D 13 f.

[9] Dokumente Nr. 62 und Nr. 63.

[10] In Wien wurden seit dem 9. 3. 1989 nach Abbruch der MBFR-Verhandlungen die Verhandlungen über Konventionelle Streitkräfte in Europa (KSE) geführt. Der KSE-Vertrag vom 19. 11. 1990 in Schweisfurth (Hg.), Dokumente, S. 307–431.

[11] Genfer Rüstungskontrollverhandlungen (START I).

[12] Dokumente Nr. 59 und Nr. 60.

spielt seine Rolle, aber die USA tragen Verantwortung für die Sicherheit des Kontinents und sind aktiv am KSZE-Prozess beteiligt.

Ich möchte hervorheben, dass ich voll und ganz für jedes Wort einstehe, das meine Position kennzeichnet. Alles was ich sage, basiert auf meiner Überzeugung. Dies betrifft auch die Überzeugung, dass die BRD eine verantwortliche Politik betreibt.

Ich sage das nicht als Privatperson, sondern als Außenminister der BRD. Die Politik unserer Regierung ist nicht die Politik einer Minderheit, sondern der Kurs, der von der Mehrheit der Bevölkerung unterstützt wird und breiteste Zustimmung im Bundestag erworben hat. All das garantiert uns einen großen Vertrauensvorschuss von all jenen, die mit uns zusammenwirken und natürlich seitens der UdSSR. Wir beabsichtigen, diesen Vorschuss zu vermehren.

M. S. Gorbačev: Ich habe Ihre Ausführungen mit Aufmerksamkeit und Vertrauen aufgenommen. Wenn alles, was Sie gesagt haben, der Wirklichkeit entsprechen würde, dann könnte man dies nur begrüßen und wir könnten unser Gespräch mit dem Gefühl der Genugtuung und des Optimismus beenden. Aber es gibt einige Anmerkungen.

Es existieren zwei Ebenen. Die eine ist die philosophisch-konzeptionelle, und genau auf dieser beruhen Ihre Äußerungen. Die andere Ebene betrifft die realen, praktischen Schritte und darauf schauen wir sehr aufmerksam.

In Europa und in der ganzen Welt vollzieht sich jetzt eine bedeutende Umwälzung. Dies ist eine Wende zum Besseren. Die Konfrontationen und das Wettrüsten gehen zu Ende, es wächst das gegenseitige Vertrauen. Und es wäre sehr gefährlich, wenn bei dieser Wende irgendwelche provinzielle, regionale, egoistische und utilitaristische Vorgehensweisen dominieren würden.

Wir alle, denen es als Politiker gelungen ist, gemeinsame Vorgehensweisen zu erarbeiten, unterziehen uns einer Prüfung, einer Prüfung durch die Geschichte, durch den geschichtlichen Prozess. Und hier tauchen wichtige Aspekte auf, die uns beunruhigen müssen.

Ich sage ohne Umschweife, dass ich Bundeskanzler Kohl nicht verstehen kann, der seine bekannten zehn Punkte vorgelegt hat, die die Absichten der BRD hinsichtlich der DDR betreffen.[13] Man muss ganz offen erklären, dass dies ultimative Forderungen sind, die in Bezug auf einen selbständigen und souveränen deutschen Staat erhoben wurden. Obwohl dabei von der DDR die Rede ist, gehen die Aussagen des Kanzlers uns alle an.

Erstens, diese zehn Punkte sind aufgetaucht nachdem wir einen konstruktiven, positiven Meinungsaustausch geführt und Vereinbarungen in einer Reihe grundlegender Fragen erzielt hatten.[14] Von der Idee her hätte man ein solches Dokument nach entsprechenden Konsultationen mit den Partnern vorlegen müssen. Oder hat der Bundeskanzler all das bereits nicht mehr nötig? Er glaubt offenbar schon, dass seine Musik ertönt – ein Marsch – und er selbst hat begonnen, nach ihr zu marschieren. Ich glaube nicht, dass diese Schritte die Festigung des Vertrauens und des gegenseitigen Verständnisses unterstützen und einen Beitrag dazu leisten,

[13] Dokument Nr. 56.
[14] Dokumente Nr. 33–44.

die zwischen uns erzielten Vereinbarungen mit Leben zu erfüllen. Von welchem „europäischen Gebäude" kann man sprechen, wenn man so agiert?

Sie wissen, dass wir mit Kanzler Kohl telefoniert haben.[15] Ich habe ihm gesagt, dass die DDR ein Faktor sei nicht nur der europäischen, sondern auch der Weltpolitik und dass Ost und West aufmerksam alles verfolgen werden, was vor sich geht. Kohl pflichtete dem bei und versicherte, dass die BRD keine Destabilisierung der Lage der DDR wolle und ausgewogen handeln werde. Jedoch stimmen die praktischen Handlungen des Kanzlers nicht mit seinen Beteuerungen überein.

Ich habe Kohl gesagt, dass die DDR für die Sowjetunion ein wichtiger Partner und Verbündeter sei. Wir seien auch an der Entwicklung unserer Beziehungen mit der BRD interessiert. Dies wäre das Dreieck, das eine besondere Rolle in der Entwicklung Europas und der Welt spiele. In ihm müsste alles sorgfältig ausgewogen sein. Und jetzt werden ultimative Forderungen gestellt. Es werden Weisungen erteilt, welchen Weg die DDR einschlagen soll, welche Strukturen zu schaffen sind. Die Führung der BRD platzt geradezu vor Begierde, zu kommandieren. Und dies, versichere ich Ihnen, empfinden alle so.

Vielleicht heizt Bush die Lage an?[16] Man muss doch bei seinen Schachzügen zwei, drei, fünf Schritte vorausdenken und ihre Folgen vorhersehen.

Die Realität besteht darin, dass beide deutsche Staaten souverän und selbständig sind. So hat es die Geschichte verfügt. In der Tat, um Realisten zu bleiben, müssen wir davon ausgehen, dass die Geschichte auch das Schicksal und die Prozesse entscheiden wird, die insgesamt auf dem Kontinent ablaufen und dabei auch den Platz und die Rolle dieser beiden Staaten festlegt.

Es ist ein gesamteuropäischer Prozess im Gange, wir wollen ein neues Europa errichten, ein gesamteuropäisches Haus. Dafür ist Vertrauen erforderlich. In diesem Rahmen müssen sich auch die Beziehungen zwischen den beiden deutschen Staaten entwickeln. Sie werden offenbar noch enger werden. Aber alle diese Prozesse müssen normal verlaufen. Jegliche künstliche Forcierung dieser Prozesse würde nur die gesamte, ungeheuer bedeutungsvolle Wende erschweren, die in der Entwicklung der europäischen Staaten vor sich geht, also an einem zentralen Punkt der Weltpolitik.

Und ich glaube, eine künstliche Forcierung wäre nicht im Interesse der beiden deutschen Staaten. Gerade im Bemühen um Stabilität auf der Grundlage von Ausgewogenheit und gegenseitigem Respekt, gerade in diesem Kontext, müssen beide deutsche Staaten ihre Beziehungen anpassen.

Jedoch das, was tatsächlich vor sich geht, zeugt vom Gegenteil. Gestern erklärte Kanzler Kohl ohne die geringsten Bedenken, dass Präsident Bush die Idee der Konföderation unterstütze.[17] Und was weiter? Was bedeutet Konföderation? Eine Konföderation setzt doch eine einheitliche Verteidigung voraus, eine einheitliche Außenpolitik. Wo wird sich denn dann die BRD befinden? In der NATO,

[15] Dokument Nr. 54. Vgl. auch Telefongespräch Ševardnadze – Genscher am 11. 11. 1989, in: Stephan (Hg.), Vorwärts immer, S. 251–253.

[16] Vgl. Dokument Nr. 59, Anm. 1.

[17] Vgl. das Gespräch Kohl mit Bush am 3. 12. 1989, Deutsche Einheit, Sonderedition, S. 600–609. Zur amerikanischen Reaktion auch Zelikow/Rice, Sternstunde, S. 180–196; Rödder, Deutschland, S. 149–152.

im Warschauer Pakt? Oder wird sie vielleicht neutral? Und was bedeutet die NATO ohne BRD? Und überhaupt, was wird weiter? Haben Sie alles durchdacht? Wo bleiben die zwischen uns geltenden Vereinbarungen? [Nennen Sie das Politik?][18]

Ė. A. Ševardnadze: Heute wendet man diesen Stil auf die DDR an, morgen vielleicht auf Polen und die Tschechoslowakei und dann auf Österreich.

M. S. Gorbačev: Mit aller Verantwortung erkläre ich Ihnen, dass Sie nicht den besten Politikstil demonstrieren, denn Sie distanzieren sich nicht von H. Kohl. Auf keinen Fall kann man ihn verantwortungsbewusst und berechenbar nennen.

H.-D. Genscher: Die philosophische Konzeption unserer Politik bezeugt eben genau ihre Berechenbarkeit. Wir wissen, wohin wir gehen. Ich sage dies als ein Mensch, der eine prinzipielle Haltung einnimmt. Der politische Kurs der BRD war stets verständlich und klar, andernfalls hätte ich nicht zugestimmt, ihn zu vertreten.

Der Moskauer Vertrag und unsere Gemeinsame Erklärung sind Bestandteil unserer Politik, sind Faktoren für den Frieden in Europa. Wir lassen diese Elemente niemals aus dem Blickfeld geraten. Ich habe heute bereits Ė. A. Ševardnadze gesagt: Sollte sich herausstellen, dass die BRD nicht diese Politik verfolgt, kann ich für sie nicht mehr einstehen.

Wenn man über die Erklärung des Bundeskanzlers im Bundestag spricht, dann demonstriert sie die Langfristigkeit der Politik der BRD und zeigt, dass sie Bestandteil des gesamteuropäischen Integrationsprozesses ist. An die DDR gewandt wollte der Bundeskanzler vor allem bekräftigen, dass wir in der jetzigen Phase zu Hilfe und Zusammenarbeit bereit sind, aber auch Möglichkeiten für eine Annäherung in der Zukunft aufzeigen. Was er gesagt hat, ist kein Diktat oder Ultimatum, sondern lediglich ein Vorschlag. Die DDR selbst wird auf freier, unabhängiger Basis entscheiden, wie sie auf diesen Vorschlag reagieren soll. Genau davon gehen wir auch aus. Die DDR weiß natürlich ebenfalls um ihre Verantwortung für die europäische Entwicklung.

Am Vorabend meines Abflugs nach Moskau habe ich in Brüssel mit Kanzler Kohl gesprochen. Seine Zehn-Punkte-Erklärung ist kein Kalender dringlicher Maßnahmen, sondern legt eine langfristige Perspektive fest. Die DDR wird selbst ihre Entscheidung treffen, wird selbst auf seinen Vorschlag antworten – mit Ja oder Nein.[19]

Wir sind an der inneren Stabilität der DDR interessiert. Mit seiner Erklärung hat der Bundeskanzler, wie uns scheint, einen Beitrag zur Festigung dieser Stabilität geleistet. Hier gibt es weder ein Diktat noch ultimative Forderungen. Es ist uns bekannt, dass weder Polen noch Ungarn einen derartigen Eindruck haben.[20] Alle im Bundestag vertretenen Parteien, einschließlich der SPD, unterstützen diese zehn Punkte und unsere Politik.[21]

[18] Satz gem. NSAEBB 296 (wie Anm. 1).

[19] Die Ausgabe NSAEBB 296 (wie Anm. 1) – in der Auslassungen grundsätzlich kenntlich gemacht sind – enthält diesen letzten Teilsatz nicht.

[20] Vgl. das Gespräch Kohls mit Németh am 16. 12. 1989, in: Deutsche Einheit, Sonderedition, S. 651–657, hier S. 654–657.

[21] Zur gemischten Reaktion der Bundestagsfraktionen auf das Zehn-Punkte-Programm zusammenfassend Rödder, Deutschland, S. 167–173; Weidenfeld, Außenpolitik, S. 111–114.

Gleichzeitig distanzieren wir uns von den inneren Problemen der DDR, für die die BRD nicht verantwortlich ist.

M. S. Gorbačev: Ich hatte überhaupt nicht erwartet, dass Sie als Anwalt von Bundeskanzler Kohl auftreten würden. Nehmen Sie den dritten Punkt seiner Erklärung. Er sprach sich aus für eine umfassende Ausweitung unserer Hilfe und unserer Zusammenarbeit, wenn die DDR verbindlich einen grundlegenden Wandel des politischen und wirtschaftlichen Systems vollzieht,[22] wenn sich die DDR-Staatsführung mit den „Oppositionsgruppen" verständigt und die DDR unumkehrbar diesen Kurs verfolgt. Was ist das anderes, als die rücksichtsloseste Einmischung in die inneren Angelegenheiten eines souveränen Staates?

[**Ė. A. Ševardnadze:** Selbst Hitler hat sich so etwas nicht erlaubt!".

M. S. Gorbačev:][23] Darüber hinaus fordert Kanzler Kohl die Abschaffung des Machtmonopols der SED. Er spricht von der Notwendigkeit der Beseitigung der „bürokratischen Planwirtschaft". Ein wirtschaftlicher Aufschwung könne, nach seinen Worten, nur erfolgen, wenn die DDR ihre Türen für westliche Investitionen öffne, marktwirtschaftliche Bedingungen schaffe und privates Unternehmertum ermögliche.

Ich glaube, dass man in der DDR um grundlegende Veränderungen nicht herumkommt. Aber das ist ihre innere Angelegenheit. Kanzler Kohl behandelt die Bürger der DDR wie seine eigenen Staatsbürger. [Dies ist einfach reiner Revanchismus, der nichts von seinen positiven Versicherungen übrig lässt, der alle Vereinbarungen, die wir erreicht haben, in Frage stellt.][24]

H.-D. Genscher: Ich möchte Ihre Aufmerksamkeit auf den zweiten Punkt lenken, wo von dem Wunsch der Bundesregierung die Rede ist, die Zusammenarbeit mit der DDR in allen Bereichen auf gleichberechtigter Basis auszuweiten.

M. S. Gorbačev: Hören Sie auf, den Anwalt zu spielen, Herr Genscher. Punkt zwei dieser Erklärung wird völlig durch Punkt drei entwertet. Im zaristischen Russland sagte man seinerzeit einem politischen Häftling, wenn man ihn freiließ, er könne leben, wo er wolle, ausgenommen in achtzehn Gouvernements; aber in Russland gab es insgesamt achtzehn Gouvernements. Also wo sollte er Ihrer Meinung nach leben? Ebenso verhält es sich mit dieser Erklärung.

H.-D. Genscher: Aber das stimmt nicht ...

M. S. Gorbačev: Die Erklärung des Kanzlers ist ein politischer Fehler. Wir können sie nicht unbeachtet lassen. Wir haben nicht die Absicht, diplomatische Spielchen zu spielen. Wenn Sie mit uns zusammenarbeiten wollen, so sind wir bereit. Wenn nicht, werden wir politische Schlussfolgerungen daraus ziehen. Ich bitte Sie, diese Äußerungen sehr ernst zu nehmen.

H.-D. Genscher: Auch ich spreche ernst. Die zehn Punkte enthalten keinerlei Bedingungen. Es handelt sich lediglich um Vorschläge und die DDR muss entscheiden, ob sie ihr zusagen oder nicht.

M. S. Gorbačev: Dann ist es umso mehr ein Ultimatum. Allem Anschein nach

22 Dieser Teilsatz in der Vorlage in Anführungszeichen; es handelt sich aber nicht um eine wörtliche Wiedergabe der 10 Punkte.

23 Ševardnadzes Ausruf gem. der Parallelüberlieferungen (Anm. 1).

24 Passage gem. NSAEBB 296 (wie Anm. 1).

haben Sie die Beerdigung der europäischen Prozesse vorbereitet und auch noch in einer solchen Form.

H.-D. Genscher: Das stimmt nicht. Ich bin dafür, offen zu sprechen. Sie sollten die Punkte zwei und drei so nicht interpretieren. Ich möchte nicht, dass man uns fehlenden guten Willen vorwirft. Die BRD möchte sich in niemandes innere Angelegenheiten einmischen.

M. S. Gorbačev: Auch wir haben nicht vor, uns in die inneren Angelegenheiten weder der BRD noch der DDR einzumischen. Aber ich möchte Sie bitten, im Auge zu behalten, dass wir wissen, was wir dem Volk und der Welt sagen. Hier sollte alles klar sein.

H.-D. Genscher: Es ist völlig klar, dass wir für politische Zusammenarbeit und verantwortungsvolle Schritte eintreten. Etwas anderes gibt es nicht.

Eine andere Frage ist, wo der Grund für die Geschehnisse in der DDR liegt. Dies ruft sowohl Ihre als auch unsere Besorgnis hervor. Die DDR befindet sich außerhalb des Kompetenzbereichs des Außenministeriums der BRD. Allerdings hatte ich in diesem Jahr zweimal die Gelegenheit, unsere Besorgnis Erich Honecker gegenüber zu äußern.[25] Dasselbe habe ich Herrn Ševardnadze während seines Aufenthalts in Bonn gesagt.[26] Wir sehen, wie Reformen in der Sowjetunion, in Polen, in Ungarn und in der DDR laufen und wie die Menschen neue Rechte für sich einfordern. Wir betrachten dies nicht als Sieg des einen Systems über das andere, sind weit davon entfernt zu behaupten, dass die früher existierenden Systeme zusammenbrechen und haben überhaupt nicht vor, in diesem Zusammenhang zu triumphieren. Es handelt sich um demokratische Transformationen, um die Herausbildung neuer Werte.

Das, was heute in der DDR vor sich geht, haben nicht wir organisiert. Die Krise dort kann überwunden werden. Das hängt davon ab, welchen Weg die neue Führung der DDR einschlägt und wie der außerordentliche Parteitag der SED verlaufen wird.[27]

Mir ist der Inhalt Ihres gestrigen Gesprächs mit Herrn Modrow nicht bekannt.[28] Aber hätte ich ihn gestern auf dem Flughafen getroffen, hätte ich ihm gesagt, dass die Eroberung des Vertrauens der Bevölkerung der DDR in den Händen ihrer Führung liegt. Dies sage ich Ihnen aus voller Überzeugung und reinen Herzens.

Man braucht mich nicht irgendjemandes Anwalt zu nennen. Ich spreche im Namen aller Parteien, im Namen des Bundeskanzlers und der Bundesregierung.

[25] Genscher hatte bei Honecker über den Rechtsanwalt Dr. Vogel Reformschritte angemahnt, vgl. Genscher, Erinnerungen, S. 688.

[26] Ebd. Ševardnadze war bereits am 12.–13. 5. 1989 zur Vorbereitung des Gorbačev-Besuchs in Bonn.

[27] Sonderparteitag vom 8.–9. und 16.–17. 12. 1989. Die SED benannte sich in SED–PDS um und wählte Gregor Gysi zum Vorsitzenden des Parteivorstands. Vgl. Außerordentlicher Parteitag der SED–PDS. Protokoll der Beratungen am 8./9. und 16./17.12. Dezember 1989 in Berlin, hg. von Lothar Hornbogen u. a., Berlin 1999.

[28] Hierzu die Niederschrift der DDR-Delegation über das Gipfeltreffen des Warschauer Vertrags am 4. 12. 1989 in Moskau (Auszug), in: Nakath (Hg.), Im Kreml, S. 74–82; Aktennotiz über ein Gespräch Modrows mit Ryžkov am 4. 12. 1989, in: Nakath/Stephan (Hg.), Countdown, S. 255–259; Gespräch Seiters mit Modrow am 5. 12. 1989, in: Deutsche Einheit, Sonderedition, S. 609–613, hier S. 611, dazu Biermann, Zwischen Kreml, S. 338–340. Vgl. Modrow, Aufbruch, S. 92; ders., Ich wollte, S. 375–378 sowie ders., In historischer Mission, S. 96 f. und ders., Perestrojka, S. 104.

M. S. Gorbačev: Die Veränderungen in der DDR halten wir für gut, nur ist es nicht nötig, sich mit allen möglichen Unterweisungen und Belehrungen einzumischen.

H.-D. Genscher: Wir respektieren diese Veränderungen.

M. S. Gorbačev: Aber ich spreche jetzt von der BRD. Dort gibt es ein Durcheinander in den Köpfen, einen Wirrwarr. Man hat das Gefühl, dass sich dort jemand aufgrund der Geschehnisse gar nicht mehr halten kann. Irgendwer beginnt bereits, den Kopf zu verlieren und sieht nichts mehr um sich herum. Aber eine kopflose Politik, das ist keine Politik. So kann man alles kaputt machen, was wir gemeinsam geschaffen haben. Die Deutschen sind ein emotionales Volk, aber Sie sind auch Philosophen. Und Sie sollten sich daran erinnern, wohin eine kopflose Politik in der Vergangenheit geführt hat.

H.-D. Genscher: Wir kennen unsere historischen Fehler und haben nicht die Absicht, sie zu wiederholen. Das, was jetzt in der BRD und der DDR vor sich geht, verdient kein so scharfes Urteil. Die Menschen in der DDR fordern ohne jegliche Aggression und absolut friedfertig ihre gesetzlichen Rechte. Sie wissen, dass die DDR meine Heimat ist und ich stehe diesen Forderungen ihrer Bevölkerung mit Genugtuung und Sympathie gegenüber. Die gesamte Bevölkerung der BRD schaut auf die Ereignisse in der DDR mit Sympathie und Anteilnahme. Alle verantwortlichen Politiker bei uns sagen, dass die Menschen in der DDR selbst darüber entscheiden werden, was sie brauchen. Wir respektieren ihren Weg.

Bei allen Bewertungen ist Gerechtigkeit unerlässlich. In Bonn kritisiert man mich häufig für meine Einschätzungen der sowjetischen Politik in Europa. Aber gerade sie ist die Ursache dessen, was in der DDR, in Ungarn und in den anderen sozialistischen Ländern vor sich geht.

Ich verschließe meine Augen nicht davor, was Ihre Politik für die Zukunft Europas bedeutet. Aber wir wollen auch unseren Beitrag nicht vergessen und den Beitrag der Bevölkerung der DDR. Wir möchten nicht, dass die sowjetische Seite den Beitrag der Bundesregierung zur Stabilisierung des politischen Lebens unterschätzt. Ich weiß nicht, was Ihnen Herr Modrow gesagt hat, aber ich weiß, dass er sich positiv zur Rede des Bundeskanzlers geäußert hat und sich mit einer Reihe von Punkten einverstanden gezeigt hat. Natürlich konnten wir nicht erwarten, dass er allen Punkten zustimmt, und das ist auch nicht geschehen.[29]

M. S. Gorbačev: Mit einem Wort, Sie wollen sagen, dass Sie richtig und verantwortungsbewusst gehandelt haben. Das ist mein Resümee. Ich möchte noch einmal hervorheben, dass wir allem außerordentlich große Bedeutung beimessen und alles aufmerksam verfolgen werden.

H.-D. Genscher: Ja, die Politik der Bundesregierung ist verantwortungsbewusst und vorhersagbar; andernfalls hätte ich nichts zu sagen.

M. S. Gorbačev: Ich spreche jetzt nicht über die gesamte Politik, sondern über die zehn Punkte. Sie vergessen die Vergangenheit. Es kann doch jeder sehen, dass der Kanzler es eilig hat, die Ereignisse künstlich forciert und den so mühsam in die Wege geleiteten gesamteuropäischen Prozess untergräbt. Glaubt er wirklich, dass

[29] Zu den Positionen der Regierung Modrow vgl. v.a. das Gespräch Kohls mit Modrow am 19. 12. 1989, in: Deutsche Einheit, Sonderedition, S. 668–673.

wir außerstande sind, eine unvoreingenommene Bewertung seines Verhaltens vorzunehmen.

H.-D. Genscher: Ich habe bereits gesagt, dass man nicht alle Geschehnisse dramatisieren sollte.

M. S. Gorbačev: Sie haben jetzt die Meinung der Führung der Sowjetunion gehört. Sie war direkt und offen. Andere sagen Ihnen vielleicht nicht alles so direkt und ohne Umschweife, aber ich wage Ihnen zu versichern, in der Tiefe ihres Herzens denken sie genau so wie wir.

H.-D. Genscher: Wer sind diese anderen?

M. S. Gorbačev: Ihre und unsere wichtigsten Partner in West und Ost.[30]

H.-D. Genscher: Mir scheint, die BRD verdient eine derartige Bewertung nicht. Niemand bestreitet, dass sich die Ereignisse dynamisch entwickeln. Aber wahr ist auch, dass kein anderes Land in den letzten Wochen und Monaten einen derartigen Beitrag zur Stabilisierung geleistet hat wie die BRD. Wir sind für demokratische, fortschrittliche Reformen und für Stabilität.

Es ist überhaupt nicht in unserem Interesse, irgendetwas in den Beziehungen zwischen den beiden deutschen Staaten zu forcieren. Aber wir wollen, dass unsere Motive verständlich sind, weil es unsere Absicht ist, in Europa gemeinsam mit allen Staaten zu handeln und nicht auf eigenmächtige Weise und egoistisch.

M. S. Gorbačev: Wir kennen Sie persönlich und schätzen Sie; deshalb sprechen wir mit Ihnen ohne Umschweife. Hätte sich die BRD von diesen Motiven leiten lassen, dann wäre sie anders vorgegangen. Es würde die zehn Punkte nicht geben. Bei Ihnen hat man nicht alles verstanden. Es laufen komplizierte Prozesse ab – man kann sie als äußerst angespannt bezeichnen – und Sie werfen nicht Holz ins Feuer, sondern Sprengstoff.

Offen gesagt, uns verblüfft eine solche Unüberlegtheit. Wir und Sie haben doch lange an der der heutigen Situation gearbeitet. Sie hatten eine direkte Beziehung zur Ausarbeitung der „Ostpolitik". Aber jetzt bringen Sie sehr viel in Gefahr. Ich befürchte, dass Sie beabsichtigen, alles was sich ereignet hat, zum Gegenstand Ihres Wahlkampfes[31] zu machen. Natürlich kann die BRD so handeln, wie sie es für nötig hält. Aber wir müssen unsere Schlussfolgerungen ziehen. Und wir sehen, dass Sie unsere so schwierig angebahnten Beziehungen gefährden.

H.-D. Genscher: An so etwas würden wir nicht einmal denken. Die Geschehnisse haben nichts mit den Wahlen zu tun. Selbst wenn die Wahlen nicht im nächsten Jahr, sondern in drei Jahren wären, würde ich Ihnen gegenüber jetzt dasselbe wiederholen. Bei uns hat kein einziger Politiker die Absicht, wegen eines kurzfristigen Nutzens auf irgendetwas verzichten. Die Meinung darüber mag in verschiedenen Ländern verschieden sein. Das ist unvermeidlich.

M. S. Gorbačev: Ich habe Ihre Aufmerksamkeit auf konkrete Tatsachen gelenkt und diese bewertet.

H.-D. Genscher: Wir sind keine Abenteurer, wir kennen das Ausmaß unserer Verantwortung. Niemand kann daran zweifeln, dass wir an alles ernsthaft heran-

30 Vgl. u. a. Dokumente Nr. 57 und Nr. 62.
31 Der 11. Bundestag war am 25. 1. 1987 gewählt worden, so dass die nächsten Wahlen unabhängig von der deutschlandpolitischen Entwicklung um die Jahreswende 1990/91 anstanden.

gehen. Davon zeugt insbesondere unsere Beteiligung am KSZE-Prozess. Was sich in der DDR ereignet, ist eine innere Angelegenheit dieses Landes, die Wahl ihrer Bürger. Wir werden diese Wahl respektieren und beabsichtigen nicht, ihnen etwas aufzudrängen.

Wir wissen um unsere Verantwortung für die Sache der Stabilität in Europa und auf der ganzen Welt. Uns ist bewusst, was Blöcke und Bündnisse bedeuten. Die BRD nimmt kein einziges Wort von dem zurück, was in der Gemeinsamen Erklärung festgelegt wurde. Ich bitte Sie, an der Aufrichtigkeit unserer Ziele und Absichten nicht zu zweifeln. Wir sind uns über alles im Klaren. Die Deutschen wären die Ersten, die unter einer Destabilisierung in Europa zu leiden hätten. Sie würde alle betreffen.

M. S. Gorbačev: Meiner Meinung nach beginnen wir uns zu wiederholen. Ich ziehe Ihre Aufrichtigkeit und Ihre Aussagen über die zwischen uns bestehenden Vereinbarungen nicht in Zweifel. Jedoch hat das, was in der Praxis vor sich geht, mit großer, verantwortlicher Politik wenig gemein. Ich sage ohne Umschweife, dass Improvisationen in der Politik außerordentlich gefährlich sind.

Wir müssen zusammenarbeiten und unsere Beziehungen entwickeln; die Völker unserer Länder erwarten dies von uns. Ich lade Sie nochmals zu dieser Zusammenarbeit ein. Jedoch ich möchte bitten, künftig auf Überraschungen zu verzichten und uns und anderen keine derartigen Geschenke zu bereiten. Man sollte es unterlassen, hemmende Elemente in die beginnende Annäherung zwischen Ost und West einzuführen. Wenn man sich wie ein Elefant im Porzellanladen aufführt, dann verpassen wir wirklich eine Chance.

H.-D. Genscher: Ich versichere Ihnen, dass der Wahlkampf in der BRD ihrem außenpolitischen Kurs keinen Stempel aufdrückt und ihn in keiner Weise verändert. Die Politik, für die ich eintrete, genießt die Unterstützung des ganzen Landes und der wichtigsten politischen Parteien. Der Wahlkampf hat darauf keinerlei Einfluss.

Ihre Einladung zur Zusammenarbeit nehme ich mit Freuden an. Ich trete für ein verantwortungsbewusstes und behutsames Verhältnis zur Politik ein. In genau diesem Sinne und unter diesem Gesichtspunkt betrachte und bewerte ich unser Gespräch.

Ich möchte Sie fragen: Was sagen wir der Öffentlichkeit über unsere heutige Unterhaltung? Wie Sie wissen, steht mir eine Pressekonferenz bevor und auch zu Hause wird man mich in dieser Hinsicht quälen.

M. S. Gorbačev: Unser Gespräch war freimütig und inhaltsreich; wir haben über alles offen und direkt gesprochen. Worüber wir gesprochen haben, sollte in erster Linie Bedeutung für politische Schlussfolgerungen haben. Wenn wir die Beziehungen zur BRD stören oder beschädigen wollten, dann könnte man wahrscheinlich den Inhalt unseres Gesprächs veröffentlichen. Aber wir blicken hoffnungsvoll in die Zukunft unserer Beziehungen zur BRD.

Gerade deshalb wäre es zweckmäßig, für die Öffentlichkeit mitzuteilen, dass wir äußerst wichtige Fragen der europäischen und der Weltpolitik im Hinblick auf die Prozesse erörtert haben, die sich in Europa und in der Welt entfalten.

In diesem Zusammenhang erwähnen wir auch die Tatsache, dass Fragen der Beziehungen zwischen den beiden souveränen deutschen Staaten erörtert wurden –

der DDR und der BRD. Wir werden sagen, dass die Sowjetunion in der DDR ihren treuen Bündnispartner sieht – einen wichtigen Garanten von Frieden und Stabilität in Europa – und ihr gegenüber Solidarität und Unterstützung bekunden wird. Ferner sagen wir, dass der Vertreter des Bundeskanzlers in diesem Zusammenhang davon gesprochen hat, dass es unerlässlich sei, die Stabilität auf dem Kontinent zu erhalten und den gesamteuropäischen Prozess, der diese Stabilität gewährleiste, weiter zu entwickeln und zu vertiefen.

H.-D. Genscher: Auch wir gehen von diesen Voraussetzungen aus, teilen Ihre Thesen und werden uns in unseren Antworten gegenüber der Presse von ihnen leiten lassen.

M. S. Gorbačev: Abschließend möchte ich Ihnen sagen: Vergessen Sie nicht, dass man im Kreml aufmerksam alle Nuancen und Wendungen in der Politik verfolgt. In Europa, in der BRD und in der DDR sollten normale Prozesse ablaufen. Es ist nicht nötig, es so eilig zu haben und sich als Feuerwehr aufzuführen, wie dies Kanzler Kohl getan hat.

Übrigens, es scheint mir, Herr Genscher, dass Sie von seinen zehn Punkte erst aus der entsprechenden Rede im Bundestag erfahren haben.[32]

H.-D. Genscher: Ja, das stimmt. Aber das ist unsere innere Angelegenheit. Wir werden das selbst klären.

M. S. Gorbačev: Sie sehen selbst, dass Ihre innere Angelegenheit alle verstimmt. Die Hauptsache ist, dass wir uns verstanden haben.

Wie ich sehe, ist Ihnen das recht, was wir der Presse mitteilen wollen. Heute sprechen wir noch in dieser Weise. Aber, denken Sie daran, wenn man bei Ihnen nicht zur Vernunft kommt, dann werden wir morgen eine andere Mitteilung herausgeben.

H.-D. Genscher. Ich versichere Ihnen, dass wir höchst verantwortungsvoll vorgehen werden. Bitte denken Sie nicht, dass ich nicht meine, was ich sage.

M. S. Gorbačev. Beziehen Sie nicht alles, was ich gesagt habe, auf sich persönlich, Herr Genscher. Sie wissen, dass wir zu Ihnen ein anderes Verhältnis haben als zu anderen. Ich hoffe, dass Sie alles richtig aufgenommen haben. Ich danke Ihnen für das Gespräch.

* M. S. Gorbačev empfing Genscher in Moskau.
** [Verweis auf Anm. * in Dokument Nr. 56.]

Archiv der Gorbačev-Stiftung. Bestand 1, Verzeichnis 1.

32 Überzogen die Darstellung von Jakovlev im Gespräch mit Gysi am 14. 12. 1989, in: Nakath (Hg.), Im Kreml, S. 115.

Nr. 62
Gespräch Gorbačevs mit dem französischen Staatspräsidenten Mitterrand am 6. Dezember 1989 [Auszug][1 2]

Aus dem Gespräch M. S. Gorbačevs mit F. Mitterrand in Kiev

6. Dezember 1989

(An dem Gespräch nahm der Erste Stellvertreter des Leiters der Internationalen Abteilung des ZK der KPdSU, V. V. Zagladin, teil.)[3]

M. S. Gorbačev: Ich begrüße Sie, Herr Präsident, und ich begrüße auch die von Ihnen ausgehende Initiative zu einem Treffen hier in Kiev.[4] Ein Dialog, der zwischen dem Präsidenten Frankreichs und der Führung der Sowjetunion stattfindet, ist sehr wertvoll. Vielleicht ist dieser Dialog heute noch notwendiger, als er es in der jüngsten Vergangenheit war. Im derzeitigen Kontext ist eine noch weitreichendere Zusammenarbeit zwischen uns erforderlich.

Gerade deshalb sage ich noch einmal: Ich begrüße Ihre Initiative, zu uns zu kommen.

F. Mitterrand: Danke. Ich bin auch deshalb hierhergekommen, weil ich mir der Verantwortung des Augenblicks, den wir derzeit erleben, bewusst bin.

Ich bin froh, dass wir eine große historische Tradition wiederbeleben konnten – den ständigen Dialog, einer Art zuverlässiger Brücke zwischen unseren Ländern. Das ist sehr wichtig.

Andererseits stellen uns die derzeitigen Ereignisse vor ernste Fragen. Ich möchte die schwierige Phase, die jetzt begonnen hat, in einem Klima der engen Beziehungen zwischen unseren Ländern überwinden – Beziehungen im Geiste absoluten Vertrauens.

Ich glaube, dass wir alles dafür tun müssen, um Brücken nicht nur zwischen uns, sondern zwischen den beiden Teilen Europas zu schlagen Bislang muss man noch vor allem über die Brücken sprechen. Aber später, so hoffe ich, wird Europa ein geeintes Gebiet sein.

M. S. Gorbačev: Ich pflichte Ihnen bei. Das, was Sie gesagt haben, ist die bestimmende Idee unseres Treffens. Ich glaube nicht, dass wir die Bedeutung unserer Mission übertreiben. Ich bin zutiefst davon überzeugt, dass in der jetzigen Zeit – einer Zeit tiefgreifender Veränderungen in Europa, in der UdSSR und auch in der

[1] Auszüge des russischen Protokolls in CWIHP, Document readers, The end of the cold war, http://www.wilsoncenter.org/cwihp/documentreaders/eotcw/891206b.pdf. Paraphrasiert in Weidenfeld, Außenpolitik, S. 153–156, kürzere Auszüge in von Plato, Vereinigung, S. 137–139. Aus französischer Perspektive Aufzeichnung (mit z.T. anderer Gesprächsabfolge und ausführlicher zu Mitterrand) in Attali, Verbatim, S. 360–367, dazu Favier/Martin-Roland, La Décennie Mitterrand, S. 195–199, Bozo, Mitterrand, S. 156–160, Schabert, Wie Weltgeschichte, S. 426, 433f. sowie Védrine, Les mondes, S. 486–488. Die problematische französische Überlieferungslage diskutiert Bozo, Mitterrand, S. 416f., Anm. 131. Vgl. Gorbatschow, Erinnerungen, S. 742; Mitterrand, Über Deutschland, S. 76–82; Vorotnikov, A bylo, S. 365 zur Information des Politbüro durch Gorbačev.

[2] In der Originalausgabe ist das Gespräch Zagladins mit Attali (Dokument Nr. 63) vor diesem Gespräch abgedruckt.

[3] Von frz. Seite Attali.

[4] Mitterrand hatte in einem Telefonat vom 14. 11. 1989 auf ein Treffen gedrängt. Vgl. die Mitschrift in NSAEBB Nr. 293, http://www.gwu.edu/~nsarchiv/NSAEBB/NSAEBB293/doc18.pdf.

gesamten Welt – die Neuheit der entstehenden Probleme von uns gründliche Überlegungen erfordert, die zu einer adäquaten Grundlage für eine neue Politik werden könnten, die Europa und die Welt so sehr brauchen.

F. Mitterrand: Ein reales Problem ist heute Deutschland. Die Lage hier ist widersprüchlich. Natürlich, wenn ein Volk seinen starken Willen bekundet, ihn zum Ausdruck bringt, dann ist es schwierig, dies nicht zu beachten. Ebenso schwierig ist es, außer Acht zu lassen, dass zwischen den beiden Deutschland eine Grenze existiert; und dies ist nicht dasselbe wie eine Grenze, die verschiedene Völker trennt.

Andererseits möchte niemand in Europa, dass im Ergebnis einer Vereinigung Deutschlands – von der nicht bekannt ist, was sie bringen wird – tiefgreifende Störungen auf dem Kontinent auftreten. Wir müssen unsere Gemeinschaft im Westen des Kontinents vervollkommnen. Sie müssen sehen, wie es in den Ländern weitergeht, die zum Warschauer Pakt gehören. Und natürlich gilt es, gemeinsam an der Vertiefung des gesamteuropäischen Prozesses zu arbeiten. Grundlage der europäischen Entwicklung sind die Beschlüsse von Beratungen gesamteuropäischen Charakters. Und es muss erreicht werden, dass der gesamteuropäische Prozess sich rascher entwickelt als die deutsche Frage und die deutsche Bewegung überholt. Es gilt, gesamteuropäische Strukturen zu schaffen. Und die deutsche Komponente sollte nur eines der Elemente der europäischen Politik sein, aber keineswegs ein dominierendes, führendes Element.

Dies ist nicht nur meine Ansicht. So denken praktisch alle Europäer. Sie meinen, dass wir gemeinsam vorangehen müssen, um das deutsche Problem zu minimieren.

Ich fürchte die Wiedervereinigung Deutschlands nicht. Aber sie muss demokratisch und friedlich ablaufen. Wenn ich dabei „friedlich" sage, so denke ich nicht an Krieg, sondern daran, dass wir und Sie, gemeinsam mit Großbritannien und den Vereinigten Staaten, für die europäische Sicherheit einstehen. Und wir können nicht dem deutschen Gleichgewicht den Vorzug gegenüber dem europäischen geben.

Ich gestehe, ich habe gegenüber unseren deutschen Freunden eine Bemerkung gemacht und meine Verwunderung darüber ausgedrückt, dass sie bei der Darlegung ihrer Überlegungen die Grenzen mit Polen unerwähnt gelassen haben.[5] Dies ist ein ernstes Problem. Und bei allen Ländern der Europäischen Gemeinschaft ist die Haltung gegenüber dieser Frage die gleiche, auch wenn sie sie mit unterschiedlicher Schärfe ausdrücken.

[6]**M. S. Gorbačev:** Bei mir ist das Gefühl entstanden, dass die USA nicht ganz offen über ihre Haltung sprechen, sie nicht bis zum Ende darlegen.

[5] Vgl. etwa zum Pariser Sondergipfel der EG am 18. 11. 1989 Attali, Verbatim, S. 342–344 sowie Vorlage Teltschik vom 17. 11. 1989, Gesprächsführungsvorschlag und Aufzeichnung über Haltung der Westmächte, in: Deutsche Einheit, Sonderedition, S. 541–548.

[6] Hier setzt die Hauptüberlieferung von CWIHP (wie Anm. 1) ein. Davor eine Bemerkung Gorbačevs, wonach er hinsichtlich der Reaktionen auf die europäische Entwicklung mit dem Malta-Gipfel nicht zufrieden sei (Dokumente Nr. 59 und Nr. 60). Gem. von Plato, Vereinigung, S. 137f. hier ein längerer Austausch über die US-Politik und Weltsicht, gem. Attali, Verbatim, S. 360–363, 365 insges. eine ausführliche Information über den Malta-Gipfel.

F. Mitterrand: Das ist wahr. Ich habe über dieses Thema mit den Führern Englands, Italiens, Belgiens, Hollands und Dänemarks gesprochen. Spanien habe ich nicht erreicht; dort läuft der Prozess der Regierungsbildung. Aber bei allen, mit denen ich gesprochen habe gibt es eine gemeinsame Linie. Alle sind der Meinung, dass das deutsche Problem sich viel zu ungestüm entwickelt. Alle stimmen darin überein, dass der europäische Prozess sich rascher entwickeln muss und dass die Prinzipien der Schlussakte von Helsinki,[7] die die Grenzen garantiert, eingehalten werden müssen.

Was Bush betrifft, wiederhole ich noch einmal, dass ich Ihre Einschätzung teile. Die Amerikaner sprechen nicht alles aus, auch nicht hinsichtlich der deutschen Frage.[8] Dennoch denke ich nicht, dass sie zu einer Haltung bereit sind, die auf einen Bruch der europäischen Grenzen hinausläuft.

Am vergangenen Montag, dem 4. Dezember, waren wir alle in Brüssel.[9] Bush sprach nicht von der Unverletzbarkeit der Grenzen, sondern von der Beständigkeit der Grenzen in Europa. Besteht hier ein Unterschied? Ich habe ihm diese Frage gestellt, aber keine Antwort erhalten. Nichtsdestoweniger gehen Bushs Gedanken in die richtige Richtung. Doch er deckt sie nicht bis zum Schluss auf.

Ich spreche mit Ihnen absolut freimütig. Wir haben mit der BRD besondere Beziehungen. De Gaulle und Adenauer haben 1963 ein Bündnis geschlossen.[10] Ich handle in Übereinstimmung mit diesem Vertrag. Deshalb fällt es mir vielleicht schwerer als anderen, den Deutschen das Recht auf Fehler abzusprechen. Aber ich bleibe meiner Pflicht treu, das Gleichgewicht in Europa zu erhalten und den Frieden[11] zu bewahren.

Die Reihenfolge der Prozesse darf man nicht ändern. An erster Stelle muss bei uns, ich wiederhole, die europäische Integration, die Evolution in Osteuropa und der gesamteuropäische Prozess sowie die Schaffung einer Friedensordnung in Europa stehen. Wenn die USA sich an diesen Prozessen beteiligen, wird dies zusätzliche Garantien für uns alle schaffen. Die Rede Kohls, seine zehn Punkte, hat alles von den Füßen auf den Kopf gestellt.[12] Er hat sämtliche Faktoren vermischt, er hat es sehr eilig. Ich habe Genscher das gesagt und er hat sich nicht sehr gegen meine Schlussfolgerungen zur Wehr gesetzt.[13]

M. S. Gorbačev: Das ist interessant! Aber darüber werde ich noch sprechen.

F. Mitterrand: Genscher ist ein Politiker von Format, er sieht die Probleme im großen Zusammenhang.

Also möchte ich, dass unsere Freunde und Bündnispartner und vor allem wir beide ständige Kontakte unterhalten und diesem Problem ernsthaft begegnen.

M. S. Gorbačev: Ich stimme mit Ihnen darin überein, wie wir verfahren sollen. Unser Ansatz ist der gleiche – bezüglich der Veränderungen im Osten wie im

[7] Vgl. Dokument Nr. 5, Anm. 4.

[8] Gem. CWIHP (wie Anm. 1) heißt es hier: „Die Amerikaner sagen nicht die ganze Wahrheit, einschließlich hinsichtlich der deutschen Frage."

[9] Vgl. Dokument Nr. 61, Anm. 8.

[10] Vertrag über die deutsch-französische Zusammenarbeit vom 22. 1. 1963 (Élysée-Vertrag), abgedr. in: BGBl. 1963 II, S. 705–710.

[11] „den Frieden" fehlt in der Überlieferung in CWIHP (wie Anm. 1).

[12] Dokument Nr. 56.

[13] Am 30. 11. 1989. Vgl. Genscher, Erinnerungen, S. 677–680 sowie Attali, Verbatim, S. 353 f.

Westen und auch, was die neue Lage in der deutschen Frage angeht. Mir scheint, dass sich bei uns gegenseitiges Verständnis und eine neue Zusammenarbeit unter Berücksichtigung der Ereignisse in Europa herausbilden. Auf dieser Grundlage können wir eine normale Entwicklung all dieser Prozesse gewährleisten, obgleich sie stürmisch verlaufen. Unser gegenseitiges Verständnis müssen wir erhalten. An diesem Wendepunkt in der Entwicklung Europas sind Spekulationen von jeglicher Seite gefährlich.

F. Mitterrand: Was wollen Sie konkret tun?

M. S. Gorbačev: Vor allem den Kurs friedlicher Veränderungen fortsetzen. Soll jedes Land doch selbst deren Ausrichtung festlegen. Wir sind davon überzeugt, dass man eine Einmischung von außen und eine Verfälschung des Willens der Völker nicht zulassen darf.

In diesem Zusammenhang möchte ich Ihre Aufmerksamkeit auf unsere Erklärung vom 4. Dezember lenken.[14] Alle Staaten des Warschauer Paktes, die an der Unternehmung von 1968 beteiligt waren,* haben ihre Bewertung dieser Aktion vorgenommen und erklärt, dass eine Einmischung in die inneren Angelegenheiten von Staaten unzulässig sei. Sie haben recht damit, dass man nicht nur beobachten, sondern auch handeln muss. Dabei muss jedem Land Vertrauen entgegengebracht und die Zusammenarbeit erweitert werden.

F. Mitterrand: Ich erlaube mir die Frage: Was kann im Inneren der DDR geschehen?

M. S. Gorbačev: Bisher habe ich über Osteuropa gesprochen. Und nun zur DDR. Ich teile völlig Ihre Meinung, dass man die deutsche Frage im Kontext eines gesamteuropäischen Prozesses betrachten und sie dort ihren Platz finden muss. Dies wird Europa Sicherheit vor jeglichen Katastrophen und vor Unstabilität gewähren. Genau auf diese Weise kann man eine richtigere Lösung auch der deutschen Frage finden. Ein künstliches Forcieren des Wiedervereinigungsprozesses muss ausgeschlossen sein.

Gestern habe ich zu Genscher sehr scharf gesagt, dass sich die zehn Punkte Kohls nicht in die gegenwärtige Lage einfügten, dass sie dem von uns mit der BRD erreichten, gegenseitigen Verständnis widersprächen und dass sie auch den Prinzipien des gesamteuropäischen Prozesses entgegenstünden.[15] Erstens, Kohl prescht nach vorne, hat es sehr eilig. Zweitens, er formuliert seine Thesen in einer solchen Form, dass dies faktisch ein Diktat bedeutet.

F. Mitterrand: Das haben Sie so direkt gesagt? Diktat – das ist ein deutsches Wort.

M. S. Gorbačev: Ich habe sogar noch schärfer gesprochen.[16] Im dritten Punkt seiner Thesen redet Kohl davon, was die DDR tun müsse, diktiert unverhohlen und erhebt Forderungen hinsichtlich einer Veränderung der Gesellschaftsordnung und des Wirtschaftssystems. [...].

[14] Zajavlenie rukovoditelej Bolgarii, Vengrii, GDR, Pol'ši i Sovetskogo Sojuza, in: Pravda vom 5. 12. 1989, S. 2; Auszug in Umbach, Das rote Bündnis, S. 481.

[15] Dokument Nr. 61.

[16] In der Aufzeichnung Attalis, Verbatim, S. 366 hier auch Verweis auf die Hitler-Anspielung Ševardnadzes.

Ich hatte mit Genscher ein umfassendes Gespräch. Aber anders war es nicht möglich; für uns ist die deutsche Frage eine empfindliche Frage. Unsere Öffentlichkeit reagiert scharf auf die Handlungen des Kanzlers. Und ich habe direkt gesagt: Wenn Sie alles sprengen und alles Erreichte liquidieren wollen, dann handeln Sie so, wie Sie handeln. Aber alle Verantwortung fällt auf Sie. Vergessen Sie nicht, selbst Politiker mittleren Formats müssen ihre Handlungen zwei, drei Schritte vorausberechnen.

Der Kanzler sprach von einer Konföderation zwischen BRD und DDR. Übrigens, in Brüssel sagte er, Bush habe diese Idee unterstützt. Und ich habe Genscher gefragt: Was bedeutet Konföderation? Ihre wichtigsten Merkmale sind doch eine gemeinsame Außenpolitik und eine gemeinsame Verteidigungspolitik. So steht es in allen Lehrbüchern. Aber wie können die beiden deutschen Staaten eine solche gemeinsame Politik ausarbeiten? Ich habe gesagt: Wem wird diese Konföderation angehören – der NATO oder dem Warschauer Pakt? Oder wird sie neutral sein? Was bleibt dann von der NATO? Ich fragte: Haben Sie das alles durchdacht?

Dann stellte ich Genscher die Frage, ob er von den zehn Punkten Kohls vor ihrer Bekanntgabe gewusst habe. Genscher gestand ein, dass er sie erstmals im Bundestag gehört habe. Dann habe ich ihn gefragt, ob er sich auch weiterhin so verhalten würde.

F. Mitterrand: Sie wissen, wir waren ebenso wie Genscher nicht im Voraus über Kohls Vorschläge informiert.

M. S. Gorbačev: Ich fragte ihn: Aber konnten Sie nicht mit uns sprechen?[17] Was sind alle unsere Vereinbarungen über Konsultationen wert? [Wissen Sie, wie man Ihr Verhalten nennt? Provinzielle Politik!][18] In einer für alle so sensiblen Frage haben Sie derartig grob gehandelt.

[Genscher war sehr verlegen.][19] Genscher versicherte seine Treue zum gesamteuropäischen Prozess und erinnerte daran, was er persönlich für seinen Erfolg getan habe ... [Ich sagte ihm, dass wir ihn kennen und wertschätzen. Aber zwei Fragen bleiben: warum er die Rolle von Kohls Anwalt spielte, und ob er, Genscher, bereit sei, alles, was in den letzten Jahren mit seiner Hilfe erreicht wurde, abzulehnen.][20] Ich sagte: Es ist Ihre Sache zu entscheiden, wie Sie verfahren. Das ist Ihre Kompetenz. Aber in unsere Kompetenz fällt es, Schlussfolgerungen zu ziehen. Ich bat ihn, alles dem Kanzler zu übermitteln.

Genscher versuchte mich lange davon zu überzeugen, dass wir die zehn Punkte Kohls nicht richtig verstünden. Und dann fragte er: Wie werden wir unser Gespräch der Presse gegenüber darstellen? Ich sagte ihm: Schreiben wir, dass wir ein direktes und offenes Gespräch hatten. Vorläufig wollen wir nicht das, was wir über Jahre geschaffen haben, in Zweifel ziehen. Und ich hob dabei hervor: vorläufig. Aber wir würden sehr aufmerksam verfolgen, was weiter geschehe, weil das Verhalten der BRD an den Auftritt eines Elefanten im Porzellanladen erinnere.

F. Mitterrand: Sie wissen, dass die Partei Genschers, die Freien Demokraten,

[17] Gem. CWIHP (wie Anm. 1) heißt dieser Satz: „Ich fragte: Konnten Sie mit ihm sprechen?"
[18] Einschub gem. der CWIHP-Fassung (wie Anm. 1).
[19] Dto.
[20] Dto.

auf ihrem Parteitag von den Ideen Kohls abgerückt sind?[21] Widersprüche gibt es überall, auch in der BRD.

M. S. Gorbačev: Ich habe gestern mit Modrow gesprochen.[22] Nachdem sie alle Parteiinstitutionen aufgelöst haben, wurde eine Organisationsgruppe gebildet. Modrow steht an ihrer Spitze. Diese Gruppe bereitet einen außerordentlichen Parteitag vor.

F. Mitterrand: Ja, die Lage ist kompliziert. Und ich beabsichtige ja, am 20. Dezember in die DDR zu fahren.

M. S. Gorbačev: Man muss alles abwägen. Vielleicht sollte ich auch hinfahren?

F. Mitterrand: Na gut, fahren wir zusammen. Die Besonderheit der Lage besteht darin, dass ich auf Einladung Honeckers in die DDR fahre. Im Grunde ist es ein Gegenbesuch. Aber ich will ihn nicht aufschieben, ungeachtet der Komplexität der Lage. Dies hätte eine politische Bedeutung.[23]

M. S. Gorbačev: Ja, unsere Zeit bringt ständig Überraschungen. Die Lage in der DDR ist kompliziert. Aber nicht katastrophal. Die Menschen arbeiten, die Versammlungen sind seltener geworden.

F. Mitterrand: Gibt es im Volk der DDR irgendeine ernstzunehmende Resonanz auf die Idee der Wiedervereinigung?

M. S. Gorbačev: Eine Resonanz gibt es. Aber, wissen Sie, mehr als die Hälfte der Bewohner der DDR wollen die jetzige Gestalt ihres Landes erhalten, natürlich unter Abänderung seiner politischen Struktur, Vertiefung der Demokratie[24] u. dgl.[25] Sie stellen sich die Beziehungen zwischen DDR und BRD als Beziehungen zwischen zwei souveränen Staaten vor. Modrow spricht von einer neuen Vertragsgemeinschaft.

F. Mitterrand: Ich werde unabhängig vom Gang der Ereignisse in die DDR reisen. Aber ich werde hervorheben, dass dies ein Staatsbesuch ist.

M. S. Gorbačev: Mir scheint, dass dies den natürlichen Charakter der in der DDR ablaufenden Prozesse unterstreichen wird. […].[26]

* Gemeint ist der Einmarsch von Streitkräften der Länder des Warschauer Paktes in die Tschechoslowakei im August 1968.

Archiv der Gorbačev-Stiftung. Bestand 1, Verzeichnis 1.

[21] Am 2. 12. 1989 verabschiedeten Bundesvorstand und Bundeshauptausschuss der FDP einen Leitantrag, der Reformen in der DDR, aber ohne Aufgabe der Zweistaatlichkeit, anmahnte. Lambsdorff hatte bereits am 1. 12. 1989 in der SZ den „Alleingang" Kohls am 28. 11. kritisiert; das Wahlprogramm des FDP-Bundesvorstands vom 15. 1. 1990 betonte die Notwendigkeit, die deutsche Frage im gesamteuropäischen Rahmen und u. a. mit Anerkennung der polnischen Westgrenze zu lösen, vgl. Michael Schmidt, Die FDP und die deutsche Frage, 1949–1990, Hamburg 1995, hier S. 186–194.

[22] Vgl. Dokument Nr. 61, Anm. 28.

[23] Gem. von Plato, Vereinigung, S. 139 begründete Gorbačev, dass er nicht in die DDR fahre, mit innenpolitischen Verpflichtungen. Vgl. auch Attali, Verbatim, S. 365.

[24] Gem. CWIHP (wie Anm. 1) hier anstelle „Vertiefung der Demokratie": „Demokratisierung".

[25] Pond, Beyond the wall, zitiert S. 134 f. Meinungsumfragen von ZDF und Spiegel von Anfang Dezember, in denen sich 71% der Ostdeutschen für eine souveräne DDR ausgesprochen hatten.

[26] Gem. CWIHP (wie Anm. 1) folgt ein kurzer grundsätzlicher Austausch über Gorbačevs allgemeine Reformpolitik. Vgl. ähnlich Attali, Verbatim, S. 365 f. Dort zudem weitere Ausführungen über die zukünftige EBWE (gegründet mit Übereinkommen vom 29. 5. 1990, BGBl. 1991 II, S. 184–255).

Nr. 63
Vermerk über ein Gespräch Zagladins mit dem Berater Mitterrands, Attali, am 6. Dezember 1989 [Auszug][1]

Aus dem Gespräch V. V. Zagladins mit J. Attali in Kiev*

6. Dezember 1989

Im Laufe eines kurzen Gesprächs erklärte Jacques Attali, der Berater des französischen Präsidenten F. Mitterrand, Folgendes:

Die klare Haltung der UdSSR zugunsten der Nichteinmischung in die inneren Angelegenheiten von Bruderländern, wie sie auch in unserem Verhältnis zu den Ereignissen in der DDR zutage getreten sei, habe die französische Führung verblüfft. Einerseits habe sie die Tatsache, dass die „Breženv-Doktrin“ endlich in Vergessenheit geraten sei, aufrichtig begrüßt, doch auf der anderen Seite habe sie sich unwillkürlich die Frage gestellt: Bedeutet diese Linie nicht, dass die UdSSR sich quasi schon mit einer Wiedervereinigung Deutschlands abgefunden hat und nichts unternehmen wird, um sie zu vermeiden? Dies habe Furcht hervorgerufen, nahezu Panik.

Frankreich wolle auf keinen Fall eine Wiedervereinigung Deutschlands, obwohl es sich bewusst sei: letzten Endes werde sie erfolgen. Und als F. Mitterrand im Laufe seines Gesprächs mit M. S. Gorbačev sich überzeugt habe, dass die UdSSR diese Haltung teile, sei er beruhigt und „ermutigt“ gewesen.[2]

Ferner wiederholte J. Attali die von ihm schon früher dargelegte Position: Es sei unerlässlich, möglichst rasch damit zu beginnen, „Strukturen über die Blockgrenzen hinweg, über die Demarkationslinie Ost-West“ zu schaffen. Derartige Strukturen würden es Deutschland nicht erlauben, im Alleingang zu handeln und es sogar im Falle einer Wiedervereinigung daran hindern, seine hegemonialen Ansprüche zu verwirklichen.

Schließlich erinnerte er an den besonderen Status der UdSSR und Frankreichs: Erstens, als zwei der vier Siegermächte, die eine besondere Verantwortung dafür trügen, die Bedrohung eines neuen, vom Territorium Deutschlands ausgehenden Krieges abzuwenden und zweitens, als traditionelle Verbündete, die am meisten unter der deutschen Aggression gelitten hätten und am stärksten an ihrer Verhinderung interessiert seien. [...].

* Das Gespräch mit Jacques Attali wurde im Rahmen der Vorbereitung des Treffens M. S. Gorbačevs mit dem nach Kiev gereisten französischen Präsidenten F. Mitterrand geführt.

Archiv der Gorbačev-Stiftung. Bestand 3, Verzeichnis 1.

[1] Paraphrasiert in Weidenfeld, Außenpolitik, S. 156f. Attali erwähnt das Treffen nicht, vgl. aber ders., Verbatim, S. 347f. zu einem Gespräch mit Zagladin am 24. 11. 1989.
[2] Dokument Nr. 62.

Nr. 64
Gespräch Zagladins mit dem Mitarbeiter von Senator Kennedy, Horowitz, am 11. Dezember 1989 [Auszug]

Aus dem Gespräch V. V. Zagladins mit L. Horowitz

11. Dezember 1989

Ich habe mich auf Bitte von Senator E. Kennedy mit seinem engsten Mitarbeiter, Larry Horowitz, getroffen. [...].[1] Der Senator hatte einen Brief an Genossen Gorbačev geschickt. Darin unterbreitet er eine Reihe von Ideen für die Zukunft. In Ergänzung zu diesem Brief (er wurde dem Adressaten über die entsprechenden Kanäle zugeleitet)[2] sagte L. Horowitz Folgendes ...[3]

Nach den Worten des Senators (übermittelt von L. Horowitz) messe G. Bush aus der Zahl der europäischen Probleme derzeit dem deutschen Problem besondere Bedeutung bei. Er wolle auf keinen Fall eine Wiedervereinigung Deutschlands zulassen; aber einerseits glaube er nicht, dass es für ihn möglich sei, offen diese Haltung zu vertreten, andererseits wisse er nicht, was man real unternehmen könne. Nach den Worten von L. Horowitz habe der Präsident nach seiner Rückkehr mit seinen Beratern die Möglichkeit erörtert, den Viermächtemechanismus zu nutzen, sei jedoch zu keiner Schlussfolgerung gelangt.

Auf jeden Fall sei es, nach Meinung des Präsidenten, unter den derzeitigen Bedingungen unerlässlich, die beiden Militärbündnisse zu erhalten und engere Kontakte zwischen ihnen herzustellen, aber auch die europäische Integration zu beschleunigen (sogar ungeachtet des Widerstands von M. Thatcher); denn diese beiden Instrumente sind seiner Meinung nach imstande, die Deutschen „zurückzuhalten". Anscheinend könnte sich der Präsident (nach Ansicht E. Kennedys) in Abhängigkeit vom Gang der Ereignisse (die seiner Meinung nach unkontrollierbar werden könnten) an uns wenden und Konsultationen vorschlagen. [...].[4]

Archiv der Gorbačev-Stiftung. Bestand 3, Verzeichnis 1.

Nr. 65
Vermerk über Gespräche Zagladins mit dem Sprecher für Abrüstungsfragen der CDU/CSU-Bundestagsfraktion, Lamers, am 20. und 21. Dezember 1989

Aus dem Gespräch V. V. Zagladins mit K. Lamers

20.–21. Dezember 1989

Im Verlaufe der Gespräche mit dem Sprecher für Abrüstungsfragen der CDU/CSU-Fraktion im Bundestag der BRD, Karl Lamers, wurden folgende Fragen berührt: die deutsche Frage, die Lage in der DDR, Probleme des europäischen Pro-

1 Auslassung gem. Vorlage.
2 Alle Einschübe im Dokument gem. Vorlage.
3 Zeichensetzung gem. Vorlage.
4 Auslassung gem. Vorlage.

zesses und die Veränderungen im Bereich der internationalen Beziehungen, insbesondere der Beziehungen zwischen Europa und den USA. Der Gesprächspartner, der im Grundsatz die Positionen der Führung seiner Partei teilte (andernfalls wäre er nicht ihr Sprecher im Bundestag) äußerte unter anderem auch eigene, häufig nicht mit den offiziellen Positionen übereinstimmende Auffassungen. Am interessantesten waren folgende Aspekte der Unterredungen:

1. Die deutsche Frage

Im Laufe der Gespräche zu diesem Thema bezog sich K. Lamers auf das aus zehn Punkten bestehende „Programm H. Kohls".[1] Anscheinend hatte er den Auftrag, es so zu erläutern, dass unsere Reaktion abgemildert würde und andererseits zu demonstrieren, dass H. Kohl ein wenig von seinen anfänglichen, nicht durchdachten Positionen „abweicht". Nicht zufällig verheimlichte K. Lamers nicht, dass man in Bonn „die negative Haltung zum Programm des Kanzlers nicht nur in der UdSSR und in den Ländern Osteuropas (insbesondere in Polen), sondern auch praktisch in allen Ländern des Westens" sehe.

In seiner Erläuterung des Programms H. Kohls sagte K. Lamers, dass dessen ausländische Kommentatoren, auch in der UdSSR, sich nur auf einen Teil des betreffenden Dokuments konzentrierten, und zwar auf den, der („vielleicht in unglücklichen Formulierungen") Fragen künftiger unausweichlicher Reformen in der DDR behandle. Indessen enthalte die Rede H. Kohls auch andere Abschnitte.

K. Lamers machte vor allem auf den einleitenden Teil der Rede H. Kohls aufmerksam, der „den Rahmen, in dem sich die Veränderungen vollziehen sowie die Bedingungen, unter denen der Kanzler gezwungen war, seinen Kurs zu formulieren" beschreibe. Zu diesem „Rahmen" und den „Bedingungen" zählte K. Lamers in erster Linie die Reformen in der UdSSR und in den Ländern Osteuropas, die die Veränderungen in der DDR angeregt hätten; die Prozesse der westeuropäischen Integration, als deren aktiver Teilnehmer die BRD auftrete und die „ein Modell für eine freie Vereinigung der europäischen Völker geschaffen haben, das für alle Europäer Anziehungskraft besitzt"; die Entwicklung und Politisierung der NATO, deren Mitglied die BRD sei und bleiben werde und die als Garant nicht nur der Sicherheit, sondern auch der Zusammenarbeit des westlichen Teiles des Kontinents in Erscheinung trete. Lamers führte die Worte aus der Rede Kohls an, dass „die Deutschen niemals eine Bedrohung sein werden".

In Beantwortung meiner Bemerkung, dass alle diese und auch andere „Bedingungen" in der Tat in Europa einen neuen politischen Hintergrund geschaffen, jedoch überhaupt keine Schritte erforderlich gemacht hätten, die übereilt, schlecht durchdacht und darüber hinaus in inakzeptabler Form präsentiert worden seien und dass die derzeitigen Veränderungen eine andere – weitere – Vertiefung der Entspannung für eine Annäherung zwischen Ost und West auf gesamteuropäischen Prinzipien [sic!] erforderten, bemerkte Lamers – mit meiner grundlegenden Prämisse einverstanden – der Kanzler „habe sich selbst unter dem Druck der Verhältnisse befunden", dass die Ereignisse in der DDR sich unerwartet schnell ent-

[1] Dokument Nr. 56. Vgl. zur folgenden Argumentation auch den Brief Kohls an Gorbačev vom 14. 12. 1989, in: Deutsche Einheit, Sonderedition, S. 645–650, sowie das undat. Schreiben Gorbačevs an Kohl, ebd., S. 658f.

falteten und H. Kohl „gezwungen hatten", ein „gewisses Programm" vorzulegen, um die „heftige Diskussion, die sich in der BRD entwickelt hatte, in normale Bahnen zu lenken".

K. Lamers bemerkte ferner, dass die in Moskau gegenüber Genscher vorgebrachten Überlegungen zum Wahlkampfcharakter der Aktivitäten des Kanzlers insgesamt nicht zutreffend seien,[2] nichtsdestoweniger räumte er ein, dass Kohl in gewissem Maße auch die Perspektive der Wahlen in Betracht gezogen habe, aber nicht in dem Sinne, wie „man in Moskau glaubt". Er sagte, wenn der Kanzler nicht selbst ein klares Programm formuliert hätte, dann hätten dies in einer viel schärferen und absolut inakzeptablen Form die Republikaner* getan, die im Ergebnis in den Bundestag gekommen wären. „Wir jedoch", so mein Gesprächspartner, „können im Parlament die Anwesenheit republikanischer Abgeordneter entschieden nicht zulassen. Das wäre äußerst gefährlich, sowohl für die Zukunft der BRD als auch für ihre Nachbarn im Osten wie im Westen."

Ferner machte K. Lamers darauf aufmerksam, dass außer den ersten fünf Punkten H. Kohls, die sich mit den Beziehungen zur DDR befassten, eine zweite Gruppe existiere, wo sich der Kanzler eindeutig in dem Sinne äußere, dass eine Lösung des deutschen Problems außerhalb des europäischen Prozesses nicht möglich sei und wo er im Kern die sowjetischen Ideen über dessen Beschleunigung unterstütze. Der Kanzler, so Lamers, habe von der „Überwindung der Teilung Europas und auf diese Weise unseres Vaterlandes" gesprochen und nicht umgekehrt (wie dies die Republikaner und andere Extremisten forderten). Im Endeffekt sei H. Kohl nun, so behauptete K. Lamers, zur von H. Modrow vorgeschlagenen Position einer „Vertragsgemeinschaft"[3] übergewechselt und werde dementsprechend handeln. Ich antwortete meinem Gesprächspartner, erstens hänge alles davon ab, wie man den Vorschlag des Ministerpräsidenten der DDR interpretiere und zweitens, wenn H. Kohl sich wirklich von seinen anfänglichen Positionen losgesagt habe, warum er dann fortfahre, sie zu propagieren.

In seiner Reaktion auf diese Aussagen bemerkte K. Lamers: Auf dem „Kleinen Parteitag der CDU"[4] in Westberlin habe der Kanzler eigens erklärt, dass er keine Ideen hinsichtlich der Schaffung einer Konföderation vorbringe und dass in den „Zehn Punkten" davon angeblich überhaupt nicht die Rede sei. Ich entgegnete Lamers, dies sei einfach nicht richtig, denn im fünften Punkt spreche H. Kohl direkt von „konföderativen Strukturen". Lamers behauptete mit schwacher Verteidigung, dies sei „absolut nicht dasselbe wie eine Konföderation" und wiederholte, Kohl sei für eine „Vertragsgemeinschaft".

Zum Abschluss der Diskussion über die „Zehn Punkte" sagte K. Lamers erneut (im Vieraugengespräch), dass es sich um ein „missglücktes" Dokument handle, dass sich der Kanzler jedoch in Zeitnot befunden und es sogar nicht geschafft habe, seine Vorschläge „mit allen in Bonn", einschließlich H.-D. Genscher, durchzusprechen. Er hob noch einmal hervor, dass der Kanzler einer „chaotischen Diskussion" habe aus dem Wege gehen wollen und dass er bedingungslos für Stabili-

2 Dokument Nr. 61.
3 Vgl. Regierungserklärung Modrows vom 17. 11. 1989, in: Volkskammer. 9. Wahlperiode, Protokolle, Bd. 25, S. 272–281.
4 Zur Tagung des Bundesausschuss der CDU am 11. 12. 1989 vgl. Teltschik, 329 Tage, S. 74f.

tät sowohl in der DDR als auch in der BRD (die, wie er sagte, ebenfalls bedroht sein könnte, wenn eine Million Deutsche aus dem Osten ins Land strömten) wie auch in Europa insgesamt eintrete. Er wiederholte: Es habe sich nicht um den Versuch eines Diktates gehandelt, sondern um das Bemühen, ein „Chaos" zu vermeiden, um den Versuch, „eine Plattform für eine Diskussion" vorzulegen.

Nachdem ich K. Lamers gesagt hatte, dass er, ein vernünftiger Mensch, vergeblich versuche, unvernünftige Handlungen und Dokumente zu verteidigen, schlug ich ihm vor, sich Fragen zuzuwenden, die in den „Zehn Punkten" nicht erwähnt seien, aber prinzipielle Bedeutung hätten. Die erste davon sei die Anerkennung der polnischen Grenze und ganz allgemein des Prinzips der Unverletzbarkeit der Grenzen. Die zweite – die Ansprüche auf die Wiedererrichtung eines „Deutschland von 1937".

K. Lamers versicherte unter Bezugnahme nicht nur auf H. Teltschik, sondern auch auf H.-D. Genscher in sehr klaren Formulierungen, die polnische Westgrenze werde in keiner Weise revidiert werden – weder jetzt noch später. Obwohl in der Schlussakte von Helsinki[5] die Möglichkeit einer „friedlichen Änderung von Grenzen" vorgesehen sei, werde dies im gegebenen Fall nicht angewendet werden.

Daneben zog eine Replik des Botschafters der BRD (der bei einem Teil des Gesprächs am 21. Dezember anwesend war) die Aufmerksamkeit auf sich: „Aber Polen hat nicht ein Grenzproblem sondern zwei – das zweite Problem sind seine östlichen Grenzen". Ich wies diese „Parallele" scharf zurück. Es muss jedoch berücksichtigt werden, dass ein solcher Trick seitens der BRD offenbar auch in Zukunft verwendet werden kann.

Auf meine Frage, warum, wenn man die Oder-Neiße-Grenze nicht zu revidieren beabsichtige, dies dann nicht laut sage, berief sich K. Lamers darauf, dass in Abwesenheit eines Friedensvertrags, der die Grenzen abschließend werde festlegen müssen, es für den Kanzler „unangenehm" sei, sich in dieser Angelegenheit zu äußern. Analog rechtfertigte er auch den Umstand, dass die BRD nicht mit hinreichender Klarheit die Losung „Deutschland in den Grenzen von 1937" zurückweise. Außerdem berief sich mein Gesprächspartner (unterstützt von Botschafter K. Blech) auf die Verfassung der BRD und die bekannte Entscheidung des Bundesverfassungsgerichts.[6]

Ich widersprach dem und sagte: Was auch immer in innerdeutschen Dokumenten stehen mag, die internationalen Verpflichtungen der BRD – auch wenn sie nur in den von ihr abgeschlossenen Verträgen enthalten sind – haben, gemäß den Prinzipien des Völkerrechts, Priorität. K. Lamers stimmte dem im Gespräch am 20. Dezember zu. Am 21. Dezember aber, als die betreffende Frage erneut auftauchte, schwieg er, aber Botschafter K. Blech bemerkte: „Ja, wenn man von der BRD spricht, so hat sie die derzeitigen Grenzen anerkannt. Doch wenn ein vereinigtes Deutschland entstehen sollte, muss dieses seine Haltung aufs Neue definieren". Ich hob meinerseits in scharfer Form die Zweideutigkeit einer derartigen Darstellung hervor. Später – bereits ohne den Botschafter – versicherte K. Lamers:

[5] Vgl. Dokument Nr. 5, Anm. 4.

[6] Vgl. Der Grundlagenvertrag vor dem Bundesverfassungsgericht. Dokumentation zum Urteil vom 31. Juli 1973 über die Vereinbarkeit des Grundlagenvertrags mit dem Grundgesetz, Karlsruhe 1973.

Selbst ein vereinigtes Deutschland werde die Frage der Grenzen weder mit Polen noch mit irgendwelchen anderen Staaten aufwerfen. Beide deutsche Staaten, sagte er, hätten ja die bestehenden Grenzen anerkannt. Auf der anderen Seite habe auch H. Kohl angeblich mehrfach in seinem Kreis dazu gesagt: Jetzt sei „nicht das 19. Jahrhundert, und man kann nicht für nationale Interessen in egoistischer Form kämpfen; man muss die Interessen der anderen, vor allem der Nachbarn, in Betracht ziehen".

In Fortsetzung dieses Gedankens stellte K. Lamers selbst die Überlegung an, dass es – wenn man an die mehr allzu weit entfernte Zukunft denke – überhaupt an der Zeit sei, ernsthaft die Frage der Perspektiven der Nationalstaaten und ihrer Grenzen in Europa zu durchdenken, in einem Europa, das eine Phase rascher Annäherung an eine „allgemeine Integration" erlebe, auch wenn seine einzelnen Teile sich in verschiedenen Formen an ihr beteiligen würden.

Und in diesem künftigen Europa würden alle Fragen beiseitetreten, die heute akuten Charakter hätten und dafür würden andere auftauchen. Diese müsse man „berechnen" und frühzeitig Varianten zu ihrer Lösung durchdenken.

Zum Abschluss der Diskussion über die deutsche Frage wiederholte K. Lamers noch einmal: Die BRD werde nicht nach einer „Forcierung des Prozesses" der Wiedervereinigung streben; „das Wiedererstehen eines gesamtdeutschen Staates ist nur auf der Grundlage und im Rahmen des gesamteuropäischen Prozesses möglich"; die Frage der Grenzen „muss niemanden in Aufregung versetzen".

Ich stellte K. Lamers die Frage, wie seiner Meinung nach die westlichen Bündnispartner der BRD die Vorschläge des Kanzlers und überhaupt die ganze Situation beurteilten, die (nicht ohne aktive Beteiligung der BRD) um das deutsche Problem herum entstanden sei. K. Lamers kam zweimal auf dieses Thema zurück. Zunächst, im Vieraugengespräch sagte er klar: Wir wissen, dass „die Beschleunigung der Bewegung hin zu einer Lösung des deutschen Problems" niemandem gefallen hat; selbst diejenigen, die sich scheinbar in dem Sinne äußerten, dass sie die Rechtmäßigkeit der Forderungen nach Wiedervereinigung anerkennen würden, wären in Wirklichkeit keinesfalls bereit, ihre Möglichkeit, insbesondere in nächster Zeit, zuzulassen.

Ferner bemerkte Lamers, dass man in Bonn die Äußerungen nicht nur Gorbačevs, sondern auch seiner Gesprächspartner in Italien, auf Malta und in Kiev „unter der Lupe" genommen habe und zur Feststellung gelangt sei, der Kanzler sei „voreilig gewesen", man müsse „bremsen".[7]

Im Gespräch in Anwesenheit des Botschafters der BRD, sagte Lamers, als dieses Thema erneut berührt wurde, in etwas abgeschwächter Form, dass man in Bonn die Reaktion der Bündnispartner kenne, aber „keine kategorische Ablehnung" der Möglichkeit einer Wiedervereinigung sehe – man wolle sie lediglich in einen bestimmten Rahmen stellen. Er berief sich in diesem Zusammenhang auf die fünf [sic!] Punkte von G. Bush.[8]

[7] Dokumente Nr. 57–60, Nr. 62 und Nr. 63.
[8] Baker hatte die amerikanischen Vier Prinzipien bereits am 29. 11. 1989 vor der Presse bekannt gegeben, Bush nahm sie in seine Rede zur Eröffnung des NATO-Gipfels am 4. 12. 1989 auf, vgl. Zelikow/Rice, Sternstunde, S. 194 f. (offener Prozess der Selbstbestimmung, unverändertes Bekennt-

Der Botschafter bekräftigte hier, dass die BRD nicht so handeln werde, dass sie „in Widerspruch zu allen" gerate, aber niemand stelle die Abnormität der Existenz zweier Staaten einer Nation in Abrede. Und hier fragte der Botschafter interessanterweise, wie das Treffen der Botschafter der Vier Mächte in Westberlin zu bewerten sei.[9] Beabsichtige man die Kontakte fortzusetzen? Wenn es sich um ein Routinetreffen zur Erörterung von Berlin-Angelegenheiten handle, sagte der Botschafter, dann sei dies eine Sache. Aber wenn man sich vorstelle, dass es um den Versuch „einer Kontrolle über Deutschland" gehe, dann werde man damit weder in der BRD noch in der DDR unter den derzeitigen Umständen einverstanden sein. Anscheinend hat dieses Treffen Bonn ernsthaft beunruhigt.

Ich antwortete dem Botschafter in unbestimmter Form, habe aber deutlich unterstrichen: Die Vier Mächte tragen die Verantwortung für den Bestand des Friedens in Europa und werden sich ihr nicht entziehen.

Die Spaltung Deutschlands und Europas, fuhr K. Lamers danach fort, sei erstens das Ergebnis des von Hitler entfesselten und verlorenen Krieges – seine Folge; zweitens, das Resultat der sowjetischen Politik in den ersten Nachkriegsjahren (auf diese These reagierte ich entsprechend). Daher die Schlussfolgerung, dass für den Gang der Entwicklung der deutschen Frage und ihre möglichen Folgen in erster Linie die Deutschen – angefangen bei der BRD – und dann die Sowjetunion die Verantwortung trügen. Und letzten Endes werde alles oder sehr viel davon abhängen, wie erfolgreich sich die sowjetisch-westdeutsche Zusammenarbeit entwickle. Prinzipiell stimmte ich der These von der Bedeutung der Zusammenarbeit zwischen Moskau und Bonn zu, jedoch unter dem Vorbehalt, es sei wichtig, dass Bonn genau jene Vereinbarungen befolge, die bereits getroffen worden seien und in Zukunft getroffen werden könnten.

2. Zur Lage in der DDR und zu den Perspektiven ihrer Entwicklung

Die „Explosion" in der DDR sei, so Lamers, für die BRD nicht weniger unerwartet gewesen als für alle anderen. Vielleicht sei sie für Bonn sogar in größerem Maße unerwartet gewesen, da man dort im Prinzip der Meinung gewesen sei, man kenne die Lage in der DDR gut und Veränderungen erwartet habe, allerdings nicht derart „lawinenartige" und nicht so schnell.

K. Lamers hob mehrfach hervor, dass die BRD nichts getan habe, um die Ereignisse „anzustoßen" und jetzt sogar bemüht sei, ihr Tempo zu drosseln. Im Vieraugengespräch sagte ich ihm in aller Deutlichkeit, dass eine derartige Erklärung nicht der Realität entspreche. Ich nannte konkrete Fakten hinsichtlich der anfänglichen Ermutigung zur massenhaften Ausreise aus der DDR im Sommer und Herbst dieses Jahres und danach der Verbreitung der Losung einer Konföderation und der Aufrufe zu Angriffen auf Einrichtungen der Staatssicherheit u. dgl. Lamers behauptete, dass er diese Fakten nicht kenne und dass – wenn diese Ereignisse auch stattgefunden hätten – dies nicht das Ergebnis von Handlungen der Regierung sei, sondern „willkürliche Operationen" extremistisch eingestellter Per-

nis Deutschlands zu NATO und europäischer Einigung, friedlicher, allmählicher und schrittweiser Prozess der Vereinigung, Anerkennung der Grenzen).

[9] Das Treffen fand auf sowjetische Initiative hin am 11. 12. 1989 statt. Vgl. Gespräch Seiters mit den Botschaftern der drei Mächte am 13. 12. 1989, Deutsche Einheit, Sonderedition, S. 641 f. sowie Information Kočemasov an Modrow, in: Nakath (Hg.), Im Kreml, S. 93–97.

sonen u. dgl. Es war jedoch erkennbar, dass ihm das Aufwerfen der genannten Frage äußerst unangenehm war. Er erbat die Erlaubnis, H. Teltschik über diesen Teil des Gesprächs zu berichten. Ich habe natürlich nicht nur keineswegs widersprochen, sondern im Gegenteil Lamers gebeten, Teltschik auf die erwähnten Fakten aufmerksam zu machen.

Bezüglich der inneren Lage in der DDR sprach Lamers ferner davon, dass nach seiner Einschätzung die Republik in den nächsten Monaten „am Rande einer Explosion balancieren" werde. Er nannte in diesem Zusammenhang zwei wichtige Faktoren. Der erste – politischer Natur. Wenn es, so mein Gesprächspartner, der neuen Führung des Landes (damit meinte er die Regierung) gelingen würde, rasch einige neue Gesetze zu verabschieden und sie der Bevölkerung zeige, dass der Reformkurs Realität sei, dann werde „die Straße" sich beruhigen und die Staatsorgane könnten, wenn auch nicht aufatmen, so doch Atem schöpfen und Handlungsspielraum gewinnen.

Ich habe dieser Darstellung nicht widersprochen, jedoch eingewendet, die Führung des Landes zeige bereits ihre Bemühung um tiefgreifende demokratische Reformen, wenn man jedoch von der BRD aus die Menschen „anheize" (es sei doch kein Zufall, dass alle führenden Parteien der BRD Dutzende ihrer Vertreter dorthin schicken – doch nicht etwa wegen des Tourismus?), dann würde sich „die Straße" nicht beruhigen. Noch einmal erinnerte ich Lamers daran, woher und wie die Losung von der Konföderation aufgetaucht sei.

Mein Gesprächspartner wiederholte in seiner Antwort noch einmal, dass die BRD die Ereignisse nicht forcieren werde und dass sogar über eine Konföderation niemand mehr aus der Führung des Landes spreche u. dgl. Doch dann sagte er selbst: „Natürlich müssen wir (d. h. Bonn) zusätzliche Vorsicht an den Tag legen."

Der zweite Faktor für das „Balancieren am Rande einer Explosion" ist nach Meinung von K. Lamers wirtschaftlicher Natur. Die Bevölkerung der DDR müsse spüren, dass sich die Lage zu verbessern beginne. Wenn dies nicht erfolge, tue sich eine reale Alternative auf: Entweder werden einige Millionen Bewohner der Republik in die BRD gehen, um dort anständige Lebensbedingungen zu finden (was für die BRD eine echte Katastrophe wäre, bemerkte mein Gesprächspartner) oder die Mehrheit der Bevölkerung der DDR werde ein Referendum über die unverzügliche Wiedervereinigung mit der BRD fordern (was höchst unerwünschte politisch-psychologische Folgen hätte).

K. Lamers berichtete, dass kürzlich bei einer Sitzung in der Friedrich-Ebert-Stiftung, an der Vertreter der Sozialdemokraten der DDR teilnahmen (die, wie er bemerkte, überhaupt nicht auf eine unverzügliche Wiedervereinigung eingestellt gewesen seien), diese gesagt hätten: Wenn die BRD schon fast an die Grenze ihrer Möglichkeiten gelangt sei, Flüchtlinge aufzunehmen, so sei die DDR zweifellos an die Grenze ihrer Möglichkeiten gelangt, Flüchtlinge „hinauszulassen", denn der Republik gehe aufgrund des Fehlens der notwendigen Kader ohnehin bereits die Luft aus.

Folglich, wiederholte Lamers, hänge alles vom Tempo und dem Charakter der inneren Umgestaltungen in der DDR ab. Und hier brauche sie Hilfe, die den Anreiz zu Veränderungen gebe, die geeignet seien, eine Krise, einen Ausbruch von

Emotionen, zu verhüten. Diese Hilfe zu erweisen, seien sowohl die BRD als auch die UdSSR aufgerufen, jede gemäß „ihrer Linie".

Im Verlaufe der weiteren Erörterungen unterstrich K. Lamers wieder und wieder das Interesse der BRD am Erfolg der Reformen in der DDR und verfolgte dabei hartnäckig den Gedanken: Erfolgreich könnten nur Reformen sein, die auf die eine oder andere Weise kapitalistische Marktverhältnisse wiederherstellen würden (einen sozialistischen Markt gäbe es nirgends; es hätte den Versuch der NĖP gegeben,[10] dieser sei jedoch erstickt worden), aber ein leistungsfähiger Markt, ergänzt durch eine pluralistische Demokratie, sei der schnellste und realste Weg zu einem Wirtschaftsaufschwung und zum Füllen der Ladentheken.

Natürlich, so Lamers, ist mir klar: Viele in der DDR wollen die „sozialistischen Experimente" fortsetzen. Aber dazu haben sie keine Zeit: dieser Weg ist lang und ineffizient. Man braucht den Markt.

Ich will nicht sagen, fuhr er fort, dass der Markt ein reiner Segen ist. Nein, der Markt hat zum Beispiel in der BRD eine Vielzahl von Problemen, von schwierigen Problemen (Arbeitslosigkeit, Ungleichheit, Kriminalität u.dgl.) hervorgebracht und bringt diese auch weiterhin hervor. Und eine Lösung dieser Probleme haben wir bis jetzt noch nicht gefunden. Der Markt wird ähnliche Probleme sowohl in der DDR als auch bei Ihnen in der Sowjetunion schaffen. Sie werden, dessen bin ich sicher, sowohl mit der Arbeitslosigkeit als auch mit einer noch tiefgreifenderen sozialen Differenzierung Bekanntschaft machen. Wir werden mit Interesse verfolgen, wie Sie ein System notwendiger sozialer Garantien gegen die vom Markt hervorgerufenen negativen Erscheinungen schaffen werden.

In der DDR, so fuhr mein Gesprächspartner fort, hegen unsere Landsleute Illusionen (was wir auch am Beispiel jener DDR-Bürger bemerken, die in die BRD kommen). Sie wollen den Markt bekommen, aber die kostenlose Gesundheitsfürsorge, den billigen Urlaub, die billige Wohnung u. dgl. behalten. Dies ist wirklich eine Illusion. Kein Staat kann die Ausgaben für diese Ziele unter den Bedingungen marktwirtschaftlicher Regulierung in den Griff bekommen. Ich wiederhole, der Markt ist mit schmerzhaften Problemen gekoppelt.

Nichtsdestoweniger hat bisher niemand irgendeinen besseren Mechanismus für die vergleichsweise rasche Gewährleistung von Wohlstand erfunden, als es der Markt ist. Churchill hat einmal gesagt: „Die Demokratie ist die schlechteste Staatsform, ausgenommen alle anderen, die noch schlechter sind".[11] Dasselbe kann man über den Markt sagen.

Danach wandte sich K. Lamers dem Problem er künftigen politischen Struktur der DDR zu. Es sei klar, dass die SED, selbst in ihrer modifizierten Form, bei Wahlen keine bedeutende Mehrheit erhalten werde. Sie werde zur Minderheit werden. Vielleicht werde es ihr gelingen, gute Partner zu finden und eine Koalition zu bilden. Nach den Prognosen von Lamers (anscheinend nicht nur seinen eigenen) hätten die Sozialdemokraten die größten Chancen auf ein rasches Wachstum, wenn auch nur aufgrund nachhaltiger sozialdemokratischer Traditionen in

[10] Neue Ökonomische Politik in Russland resp. der Sowjetunion, 1921–1927.

[11] „Indeed, it has been said that democracy is the worst form of government except all those other forms that have been tried from time to time." Rede im House of Commons am 11. 11. 1947, in: The Official Report, House of Commons (5th Series), 11 November 1947, Vol. 444, S. 206 f.

der deutschen Arbeiterbewegung. Es werde eine „verhältnismäßig linke" Sozialdemokratie sein, die Partner einer neuen SED sein könnte, allerdings vielleicht nicht in allen Fragen. Es sei nicht ausgeschlossen, dass die Bauernorganisation[12] ebenfalls [in Frage käme].[13]

Die Christlich Demokratische Union hat nach Einschätzung von Lamers derzeit noch ungewisse Aussichten. Sie nehme anscheinend Kurs darauf, alle Gläubigen bei sich aufzunehmen. Die Praxis in der BRD zeige jedoch, dass viele Gläubige weder in die CDU noch in die CSU, sondern in die Sozialdemokratische und die Liberale Partei eintreten würden. Besonders die Lutheraner, die Anhänger der reformierten Kirche und die Protestanten. Genau diese seien aber in der DDR in der Mehrheit. Aber anscheinend werde die CDU in der DDR nach rechts schwenken.

Beunruhigung rufen bei Lamers die neofaschistischen Gruppen hervor. Nach seinen Angaben zähle man in der DDR davon insgesamt 25–35. Sie seien bislang klein und vereinzelt. Aber sie könnten sich vereinigen. Lamers interessierte sich dafür, ob in der DDR eine Gesetzgebung existiere, die es gestatte, neofaschistische Gruppen zu verbieten. Interessant, dass er dabei an den Gesetzesakt der Vier Mächte von 1945 über die Entnazifizierung Deutschlands[14] erinnerte. Er räumte dabei ein, dass ihn persönlich auch die Aktivitäten ähnlicher Gruppen in der BRD beunruhigten, die jedoch nach seiner Meinung von der Mehrheit der Bevölkerung abgelehnt würden, die „durch die Erfahrungen der Geschichte klüger geworden ist".

Die generelle Schlussfolgerung von K. Lamers: Die Entwicklung der DDR werde kompliziert werden. Sie werde sowohl von der „Beweglichkeit" der Regierung bei der Durchführung von Reformen in der Wirtschaft als auch von den Aktivitäten der Nachbarn der DDR abhängen. Nochmals wiederholte er, dass „die BRD und die UdSSR eine besondere Verantwortung tragen". In meiner Antwort wiederholte ich – sollte er hinsichtlich der Verhinderung negativer Wendungen im Innenleben der DDR beunruhigt sein, dann sei hier die Hauptsache, sich seitens der BRD nicht mit Aufhetzung zu beschäftigen.

3. Neue Prozesse in Europa. Europa und die USA

Betont hohe Aufmerksamkeit widmete K. Lamers im Laufe der Gespräche den Problemen der gesamteuropäischen Entwicklung, wobei er dieses Thema auch mit der Zukunft der beiden deutschen Staaten verknüpfte. Insgesamt war seine Position: Die gesamteuropäischen Prozesse müssen beschleunigt werden, denn sie sollen die Grundlage für die Lösung der deutschen Frage bilden und nicht umgekehrt.

Unter Bezugnahme auf eine Bitte des Fraktionsvorsitzenden der CDU/CSU, A. Dregger, teilte mir Lamers dessen Standpunkt mit. A. Dregger trete für eine schnellstmögliche Lösung der deutschen Frage ein, glaube jedoch, dass „der Rahmen" für diese Lösung die gesamteuropäische Annäherung sei. Er halte Folgendes für besonders wichtig: Beschleunigung der Wiener Gespräche und Lösung der

12 DBD.
13 Ergänzung durch den Übersetzer, der Satz im Russischen unvollständig.
14 KRG Nr. 4 vom 30. 10. 1945, in: Amtsblatt des Kontrollrats, Berlin 1945, S. 26f.

Probleme bei der Reduzierung der Streitkräfte und der Waffenarsenale auf dem Kontinent;[15] Entwicklung der Zusammenarbeit zwischen den Europäischen Gemeinschaften und der UdSSR, aber auch mit den anderen Ländern Osteuropas; Schaffung neuer gesamteuropäischer Strukturen unter Mitwirkung aller KSZE-Teilnehmerstaaten.

Wir, so hatte Dregger übermittelt, können selbst nicht das Tempo bei der Lösung des deutschen Problems bestimmen, aber, wenn wir zu seiner Lösung gelangen wollen, sind wir verpflichtet, ein Maximum für die Ausweitung der Entspannung in Europa zu leisten. Andernfalls wird niemand damit einverstanden sein, „Deutschland die Freiheit zu geben". Dregger möchte, dass möglichst in nächster Zeit ein Treffen zur Erörterung „des europäischen Problembündels" stattfindet. Er habe sich darüber beklagt, dass es bis jetzt nicht gelungen sei, die Reise einer Delegation seiner Fraktion in die UdSSR zu organisieren.

K. Lamers, der zu eigenen Überlegungen überging, blieb insgesamt im Bereich der Ideen von Dregger. Er war jedoch energischer. So betonte er bezüglich der Wiener Gespräche: Wenn dort irgendetwas geschehen ist, dann nur infolge besonderer Anstrengungen der UdSSR, aber auch der USA und der BRD. Er versicherte, dass jetzt der günstigste Moment dafür sei, um durch Konsultationen ein noch größeres Maß an Zusammenwirken zwischen der UdSSR und der BRD im Wiener Forum zu gewährleisten. Er klagte darüber, dass Schwierigkeiten aufgrund mangelnder Koordination der Aktivitäten der Westmächte entstünden. Er äußerte die Vermutung, dass mit einer Vergrößerung der Rolle des „deutschen Faktors" die Schwierigkeiten im westlichen Bündnis wachsen könnten: Die westlichen Verbündeten der BRD würden noch vorsichtiger auf Bonn schauen.

Ich fragte Lamers, ob die Vorschläge zur Reduzierung der Bundeswehr, die derzeit in der BRD erörtert würden,[16] nicht zum Teil durch diese Überlegungen ausgelöst worden seien, K. Lamers unterstrich besonders die innenpolitischen Überlegungen und den demografischen Faktor, räumte aber trotzdem ein, dass das Bemühen, die Nachbarn und Verbündeten der BRD „zu beruhigen", auch eine Rolle spiele.

Ferner sprach K. Lamers, der zur Logik A. Dreggers zurückkehrte, von der Notwendigkeit, die Arbeit zur Schaffung „gesamteuropäischer Strukturen" und von „Strukturen, die die Länder über die Grenzen der sozialen Systeme und der militärischen Bündnisse hinweg vereinen" aktiver zu gestalten. Er denke dabei auch an unseren Vorschlag, ein Zentrum zur Verhinderung der Kriegsgefahr zu schaffen und an die in Helsinki formulierte Idee einer „trilateralen Kommission" aus EWG, RGW und EFTA** sowie an die von M. S. Gorbačev in Italien geäußerte Idee, eine Kommission von Juristen aus 35 Länder zu schaffen. Nach seiner Meinung wäre Bonn jetzt bereit, alle diese Probleme praktisch zu erörtern (sowie auch andere Fragen ähnlicher Art – eines Umweltorgans, einer Informationskommission u. dgl.).

Besondere Aufmerksamkeit widmete er der Frage des Ausbaus der Zusammenarbeit der UdSSR sowie der Länder Ost- und Zentraleuropas mit der EWG. Diese

[15] Vgl. Dokument Nr. 61, Anm. 10.
[16] Gerade FDP-Vertreter forderten früh eine Reduzierung, vgl. Biermann, Zwischen Kreml, S. 664.

Länder, sagte er, wollten an der Weltwirtschaft teilnehmen und ihre aktiven Partner werden. Sie würden natürlich individuell vorgehen. Trotzdem führe der effektivste Weg über ihre Zusammenarbeit mit der EWG.

Die demokratischen Umgestaltungen in Osteuropa würden neue Möglichkeiten für eine derartige Zusammenarbeit eröffnen. Es entstünden in diesem Zusammenhang natürlich auch militärpolitische Fragen. Nach Lamers' Worten werde „in bestimmten Kreisen" der BRD folgende langfristige Möglichkeit erörtert: Sollte nicht eine Art Gürtel von neutralen Staaten geschaffen werden, der ganz Europa durchqueren würde – von Schweden über Polen, Deutschland, die Tschechoslowakei, Ungarn bis zum neutralen Balkan? Sollten nicht alle diese Staaten in Zukunft „finnlandisiert" werden?***

K. Lamers' Argument ist dabei Folgendes: Letzten Endes waren in der Vergangenheit alle Probleme – sagen wir Polens und der Tschechoslowakei – mit der Politik Deutschlands und Russlands verbunden. Wenn man ganz Zentraleuropa in derartige „finnlandisierte" Staaten umwandelt, könne dies für sie ein guter Ausweg sein, eine Garantie für die Zukunft, die die UdSSR und die USA unterstützen könnten. Dies würde auch der UdSSR eine Sicherheitsgarantie bieten.

Werde die BRD (oder ein künftig vereinigtes Deutschland) bereit sein, neutral zu werden? Was würde in diesem Fall aus den Bündnissen? Und wie würden die Westmächte auf diese Idee reagieren? Habe Lammers nicht den Eindruck, dass seine Idee im Grunde die Beseitigung des Warschauer Paktes bei gleichzeitiger Erhaltung der NATO in der einen oder anderen Weise voraussetze? Auf diese Fragen antwortete K. Lamers: Nein, alle diese Ideen betreffen die Zukunft, die Zeit „nach der Überwindung der Blöcke", wenn ein gesamteuropäisches Sicherheitssystem geschaffen worden ist. Nichtsdestoweniger liefen faktisch alle seine Erwägungen letzten Endes objektiv darauf hinaus, dass Europa „von Brest bis Brest"**** in der einen oder anderen Form geeint sein würde und die UdSSR und die USA – ohne dass sie aus Europa ausgeschlossen wären – darin „eine besondere Stellung" einnähmen, gleichsam als externe Garanten von Stabilität und Sicherheit. Seiner Überzeugung nach würde eine solche „Konfiguration" den Interessen sowohl der UdSSR wie der USA entsprechen.

Auf die Frage, wie er, Lamers, sich eine solche Konstruktion vorstelle, wenn er gleichzeitig die aktive Beteiligung der UdSSR an allen gesamteuropäischen Einrichtungen voraussetze, antwortete Lamers nicht. Er begann sich darüber zu verbreiten, dass er jetzt über ein Sicherheitssystem spreche, das notwendige Garantien für alle 35 Länder der KSZE vorsehen müsse. Natürlich, so sagte er, dürfe keine der Konstruktionen, die man sich „ausdenken" könne, die UdSSR ohne die entsprechenden Sicherheitsgarantien lassen. Eine gesamteuropäische politische, wirtschaftliche und sonstige Zusammenarbeit könne alle 35 Länder umfassen.

In diesem Zusammenhang legte K. Lamers seine nicht uninteressante Sicht der Entwicklungsperspektiven der „Konfiguration der Kräfte" in Europa dar. Nach seinen Worten würden sich hier drei „Ellipsen" ergeben.

Die erste „Ellipse" – Moskau–Brüssel (d. h. die Europäischen Gemeinschaften). Hier werde eine enge Zusammenarbeit zunächst auf der Grundlage der KSZE angebahnt, anschließend mehr und mehr auf der Grundlage eines Zusammenwirkens zwischen UdSSR und EWG, in die andere ost- und westeuropäische Länder einbezogen würden.

Diese Zusammenarbeit werde unter anderem auch Probleme der Sicherheit in „ihrer gesamteuropäischen Dimension" umfassen. Hier prognostiziert Lamers die Möglichkeit nicht nur eines Dialogs, sondern auch einer Zusammenarbeit der UdSSR mit der Westeuropäischen Union (in jedem Fall dann, wenn modifizierte Europäische Gemeinschaften[17] nicht „die Sorge um die Verteidigung" auf sich nehmen würden). Natürlich werde es hier auch Schwierigkeiten geben, aber insgesamt sieht Lamers die Perspektiven des Zusammenwirkens in der „Ellipse" Moskau–Brüssel optimistisch.

Die zweite „Ellipse" – Brüssel–Washington. Hier sei die Erhaltung der Bündnisbeziehungen erkennbar, jedoch mit großen Schwierigkeiten, da Europa erstens auf dem Gebiet der Verteidigung selbständiger sein und nicht von Entscheidungen des Pentagon abhängen möchte, und zweitens weil sich nach Schaffung eines „gemeinsamen Marktes" die wirtschaftlichen Gegensätze zwischen den USA und Westeuropa „keinesfalls abschwächen werden".

Die dritte „Ellipse" – Moskau–Washington. Hier war Lamers sehr vorsichtig in seinen Formulierungen. Einerseits sprach er davon, dass diese beiden Hauptstädte „Garanten der Stabilität" auf dem Kontinent sein müssten (obgleich sie natürlich zahlreiche „Sorgen" auch in anderen Regionen der Welt hätten). Andererseits klang bei ihm die Befürchtung durch (in noch größerem Maße war dies in den Repliken des Botschafters der BRD, K. Blech, zu bemerken), die beiden „großen Hauptstädte" könnten sich auf Kosten der Interessen Europas und zu seinem Nachteil miteinander verständigen.

In allen drei „Ellipsen" werde es, so mein Gesprächspartner, sowohl Zusammenarbeit als auch Rivalität geben. Wichtig sei jedoch „Harmonie in der Wechselbeziehung und in den Beziehungen untereinander" zu finden. Der einzige Weg sei hier die Entwicklung des gesamteuropäischen Prozesses.

Im Laufe der Gespräche und an deren Schluss kehrte K. Lamers wiederholt zu dem Thema zurück, dass man mit „Helsinki-2" im Blick bereits jetzt unverzüglich damit beginnen müsse, dieses Forum vorzubereiten und sein Format und eine Tagesordnung festzulegen (er gab dabei zu verstehen, dass er dort eine Erörterung des deutschen Problems vermeiden möchte).

Nach dem Verlauf der Gespräche zu urteilen, hat sich K. Lamers sehr gründlich und anscheinend auch nicht allein auf sie vorbereitet. Dieser Mann ist ein guter Kanal, um die Absichten Bonns zu sondieren und um Informationen hinsichtlich unserer Positionen (und Bedenken) dorthin gelangen zu lassen. Umso mehr als seine persönlichen Ansichten eher gemäßigt (näher an den Positionen von H.-D. Genscher) und folglich für uns akzeptabler sind.

* Die Republikanische Partei – eine äußerst rechts stehende, nationalistische Partei, die begonnen hat, in der politischen Arena der BRD Punkte zu sammeln.[18]
** Europäische Freihandelsassoziation (EFTA)

17 Bestehend aus EGKS, EWG und Euratom.
18 Die Republikaner (REP), gegründet Ende November 1983, 1989 Einzug in das Europaparlament (Juni 1989) und in das Berliner Abgeordnetenhaus (Januar 1989).

*** „Finnlandisierung" – ein Ausdruck, der sich in der westlichen Propaganda für die Bezeichnung des Einflusses der UdSSR auf Länder außerhalb der Grenzen des sozialistischen Systems eingebürgert hatte.
**** „Von Brest bis Brest" – damit ist der Bereich zwischen dem französischen Hafen Brest an der Atlantikküste und der sowjetischen Stadt Brest (Brest-Litovsk) an der polnisch-sowjetischen Grenze gemeint.

Archiv der Gorbačev-Stiftung. Bestand 3, Verzeichnis 1.

1990

Nr. 66
Diskussion der deutschen Frage im Beraterstab von Generalsekretär Gorbačev am 26. Januar 1990[1] [2]

Erörterung der deutschen Frage im kleinen Kreis im Arbeitszimmer des Generalsekretärs des ZK der KPdSU

26. Januar 1990

(Anwesende: Gorbačev, Ryžkov, Ševardnadze, Krjučkov, Achromeev, Černjaev, Šachnazarov, Jakovlev, Falin, Fedorov)[3]

Gorbačev: Mit der DDR geht es uns jetzt so wie mit unserem Aserbeidschan: Auf niemanden kann man sich stützen, mit keinem gibt es vertrauliche Beziehungen. Und wenn man mit jemandem etwas vereinbaren kann, hat das keine entscheidenden Auswirkungen.[4] Sogar Modrow haut aus der SED ab.[5] Es hat nichts zu sagen, dass er unser aufrichtiger Freund ist. Es gibt keine wirklichen Kräfte in der DDR.

Folglich können wir auf den Prozess nur über die BRD einwirken. Und hier stehen wir vor der Wahl: Kohl oder die SPD. Bei allen beschwichtigenden Erklärungen und Beteuerungen von Brandt und seinen Kollegen – die Sozialdemokraten haben sich darauf gestürzt, die DDR im Wahlkampf zu instrumentalisieren.

[1] Von Plato, Vereinigung, S. 188 datiert die Sitzung auf den 25. 1. 1990, da der 26. 1. entgegen der Aufzeichnung ein Freitag war. Die vorliegende Originalausgabe und die in der folgenden Anm. genannten relevanten Zusatz- und Parallelüberlieferungen, die allesamt nach der mit Černjaev abgestimmten Darstellung von Platos erschienen sind, lösen diesen Widerspruch nicht auf. Sarotte, 1989, S. 253, Anm. 60 führt an, dass sich das Datum im handschriftlichen Exemplar als 27. 1. 1990 lesen lässt, ohne dass klar wird, ob dies den Tag der Aufzeichnung oder den der Diskussion bezeichnet. Datierung auf den 27. 1. 90 auch bei Zubok, German unification, S. 262 sowie durch Černjaev während der Diskussion in: Wohlforth (Hg.), Cold War endgame, S. 55. Gorbačev spricht in seinem Gespräch mit Modrow am 30. 1. 1990 (Dokument Nr. 67) allerdings von einem Freitag als Diskussionstermin. Daher hier die Datierung auf Freitag, den 26. 1. 1990.
Datierungen auf den 29. 1. verwechseln das Beratergespräch mit einer Politbürositzung, in der es um Finanz-, Wirtschafts- und nationale Fragen innerhalb der UdSSR ging. Vgl. Weidenfeld, Außenpolitik, S. 718, Anm. 37 sowie V Politbjuro, S. 477–483.

[2] Auch in V Politbjuro, S. 473–477; Tschernjaew, Mein deutsches Tagebuch, S. 246–253. Die wesentlichen Aussagen zusammengefasst in von Plato, Vereinigung, S. 187–199, kürzere Aufzeichnungen in Černjaev, Sovmestnyj ischod, S. 840; Černjaev, Die letzten Jahre, S. 296f.; Cherniaev, Gorbachev, S. 166. Vgl. Gorbatschow, Erinnerungen, S. 714f.; Gorbatschow, Wie es war, S. 95–97; Gorbatschow/Sagladin/Tschernjajew, Das Neue Denken, S. 68; Kuhn, Gorbatschow, S. 94; Schachnasarow, Preis, S. 150; Falin, Politische Erinnerungen, S. 489f. (die letzten beiden mit fehlerhafter Teilnehmerliste).

[3] In V Politbjuro, S. 473, wird Jakovlev an 4. Stelle aufgeführt. Jazov war entgegen anderer Darstellungen (Weidenfeld, Außenpolitik, S. 718, Anm. 37) kein Teilnehmer der Runde. Er war aber an der Beschlussfassung über die Direktive für Ševardnadze für das erste 2+4 Ministertreffen beteiligt. Vgl. Dokument Nr. 89.

[4] In Azerbajdžan gewann die im Juli 1989 gegründete Volksfront schnell an Einfluss, litt aber ihrerseits unter Fraktionskämpfen. Am 20. 1. 1990 war die Sowjetische Armee gewaltsam gegen Demonstrationen in Baku vorgegangen. Vgl. Dokument Nr. 25, Anm. 12.

[5] Modrow war zu diesem Zeitpunkt Stellv. Vors. der SED–PDS, die sich am 4. 2. 1990 in PDS umbenannte; am 15. 1. 1990 hatte Modrow Oppositionsparteien am Runden Tisch zur Mitarbeit in der Regierung aufgefordert.

Brandt ist bereits Vorsitzender der vereinigten SPD. Prominente Mitglieder dieser Partei sind bereit, für die Volkskammer zu kandidieren, ihre Mitgliedschaft im Bundestag aufzugeben und in ihre Heimat zurückzukehren – nach Ostdeutschland, wo die meisten von ihnen geboren wurden.[6] Sie sind bestrebt, der CDU diesbezüglich voraus zu sein.

Wir können das für uns nutzen. Man muss Kohl einladen und ihm sagen: Schau, was sich tut, und auch du spielst in diesem Spiel mit und kannst verlieren. Die Sozialdemokraten haben in der DDR mehr Chancen als du. Wir betrachten das deutsche Problem nämlich nicht durch eure Wahlkampfbrille, wir betrachten es im Kontext Europas und der Welt. Auch deine Bündnispartner in der NATO sehen das so. Und du kennst den Unterschied zwischen dem, was sie öffentlich sagen und was sie denken.

Also. Wir schlagen dir, lieber Helmut, vor, dich in den deutschen Angelegenheiten ebenfalls ernsthaft auf einen europäischen Standpunkt zu stellen – mit Taten und nicht nur mit Worten.

Was bedeutet das konkret: In der DDR stehen unsere Streitkräfte, in der BRD die NATO-Streitkräfte. Dies ist eine reale Tatsache, die aus den juristischen, von den Siegern festgelegten Ergebnissen des Krieges hervorgegangen ist. Und dies legitimiert das Recht der Vier Mächte, sich am deutschen Prozess zu beteiligen. Dir und besonders Brandt gefällt es nicht, dass unter den Siegern Frankreich ist („Ehrensieger", wie ihr es ironisch nennt). Gut. Aber jetzt herrscht eine andere Wirklichkeit als 1945. Lass uns nicht „4" sondern „5" versammeln, unter deiner Beteiligung, Kohl. Und klären wir die Rechte der Deutschen und die Rechte der Übrigen.

Černjaev: Michail Sergeevič, meiner Meinung nach muss man nicht „5" sondern „6" versammeln – vier Sieger und zwei deutsche Staaten.

Gorbačev: Lasst uns das besprechen. Ich fahre fort. Das Wichtigste ist, dass niemand damit rechnen sollte, dass ein vereinigtes Deutschland in die NATO eintritt. Die Anwesenheit unserer Streitkräfte wird das nicht zulassen. Und abziehen können wir sie, wenn die Amerikaner ihre Streitkräfte ebenfalls abziehen. Dies aber werden sie noch lange Zeit nicht tun. Und damit muss Kohl rechnen, ebenso wie damit, dass es einige Jahre dauern wird, die DDR wirtschaftlich zu schlucken. Also. Diese Jahre haben sowohl wir als auch ihr zur Verfügung. Lasst sie uns vernünftig nutzen. Und bereiten wir uns auf ein Gesamteuropäischen Treffen auf höchster Ebene 1990 vor.

Eine Aktion mit „5" oder „6" auf unsere Initiative hin bringt uns zurück in die Rolle aktiver und nicht wegzudenkender Beteiligter an der deutschen Regelung. Dies ist eine vorteilhafte Entwicklung.

Ševardnadze: Michail Sergeevič, für Kohl ist die Hauptfrage jetzt die „Vertragsgemeinschaft", die zu einer Konföderation BRD–DDR führt. Wir brauchen uns nicht in die Diskussion über die Wiedervereinigung einzuschalten. Das ist nicht unsere Sache. Soll doch die DDR Initiativen vorlegen. Aber über die Streit-

[6] Gemeint ist hier u.a. Egon Bahr, vgl. das Gespräch Gysi–Gorbačev am 2. 2. 1990, in: Nakath (Hg.), Im Kreml, S. 134–159, hier S. 149. Das sowjetische Unbehagen deutlich greifbar auch im Schreiben Gorbačevs an Brandt vom 7. 2. 1990, in: Brandt, Berliner Ausgabe, Band 10, S. 431–434; die Antwort Brandts vom 13. 2. 1990 ebd., S. 443–446.

kräfte sollten wir das Gespräch nur mit den Vereinigten Staaten führen. Ich bin gegen eine „Einrichtung“, in der die vier Sieger sitzen. Das bedeutet, dass die NATO-Leute die Herren der Lage sein werden.

Krjučkov: Die Tage der SED sind gezählt. Für uns ist sie weder Hebel noch Stütze. Modrow ist eine Figur des Übergangs, er hält sich auf Kosten von Zugeständnissen, aber es wird bald nichts mehr zuzugestehen sein. Wir sollten unsere Aufmerksamkeit auf die SDP[7] der DDR richten.

Unser Volk befürchtet, dass Deutschland wieder zu einer Bedrohung wird. [Deutschland][8] wird niemals mit den jetzigen Grenzen einverstanden sein.

Allmählich muss man beginnen, unser Volk an eine Wiedervereinigung Deutschlands zu gewöhnen. Unsere Streitkräfte in der DDR sind ein Faktor des gesamteuropäischen Prozesses. Es ist notwendig, aktiv für die Unterstützung unserer Freunde, der ehemaligen Mitarbeiter von KGB und MfS in der DDR, einzutreten.

Jakovlev: Nötig wäre, dass Modrow sich in die SDP eingliedern und ihren Ostteil leiten würde. Amerika braucht unsere Streitkräfte in der DDR mehr als wir selbst. Gut wäre es, wenn Modrow ein Wiedervereinigungsprogramm vorlegen würde, ohne Vorurteile, ausgehend von der Realität, und wir würden ihn aktiv unterstützen. Damit werden wir die Sympathien des deutschen Volkes erobern. Dabei muss man sich darauf berufen, dass wir seit 1946 für ein geeintes Deutschland eingetreten sind. Und die Bedingungen? Neutralisierung, Entmilitarisierung. Es wird Widerstand vonseiten Englands, Frankreichs und der kleineren europäischen Staaten geben. Wir bringen die Vereinigten Staaten in die Lage, nachzudenken. Und wir können auf dem Berge sitzen und von oben zuschauen, wie sie sich streiten. Was die Einstellung unseres Volkes angeht, so ist immerhin Stalin selbst direkt nach dem Krieg für die Erhaltung eines geeinten Deutschland eingetreten. Jedenfalls dürfen wir nicht einfach weiter zusehen.

Fedorov: Das kommt den revanchistischen Kräften zustatten. Nach meinen Informationen will man in Westdeutschland die Vereinigung nicht jetzt. Modrow hat die Idee eines Referendums in der DDR ins Spiel gebracht, aber nach dem 6. Mai.[9]

Ryžkov: Man muss realistisch auf den Prozess blicken. Man kann ihn nicht aufhalten. Nun kommt alles auf die Taktik an, weil wir die DDR nicht erhalten können. Alle Barrieren sind bereits niedergerissen. Ihre Wirtschaft macht sie kaputt. Sämtliche staatlichen Institutionen sind aufgelöst. Die DDR zu erhalten, ist unrealistisch. Eine Konföderation – ja. Aber wir müssen die Bedingung für eine Konföderation vorbringen. Es ist falsch, alles an Kohl abzutreten. Wenn das geschieht, dann wird Deutschland in 20–30 Jahren den dritten Weltkrieg entfesseln.

[*(Es äußerten sich auch Černjaev, Falin, Achromeev, Šachnazarov.)*][10]

[7] In V Politbjuro, S. 474 Einschub: „*(Sozial-Demokratische Partei)*“. Die SDP hatte sich bereits am 13. 1. 1990 in SPD umbenannt.

[8] Im Text: Es. Im Russischen ist durch das Pronomen eindeutig Deutschland gemeint, um eine Unklarheit im Deutschen auszuschließen, wurde hier Deutschland eingefügt.

[9] Die Volkskammerwahlen waren ursprünglich für den 6. 5. 1990 angesetzt und wurden am 28. 1. 1990 auf den 18. 3. 1990 vorgezogen.

[10] Zusatz gem. V Politbjuro, S. 475.

Gorbačev: Der Prozess bei uns wie auch in Osteuropa ist ein objektiver Prozess. Und er ist bereits sehr überhitzt. Dort wo dieser Prozess die festeren Kettenglieder erreicht hat – die DDR, die Tschechoslowakei, Rumänien – dort hat es stärker gekracht. Die Lektion für uns: Schritt halten, nicht zurückbleiben, die ganze Zeit über die Realität vor Augen haben.

Das Volk – selbst bei der sehr starken Kritik, die es hört – greift die Perestrojka nicht an. Eher kann es die Gegner der Perestrojka nicht ausstehen. Unsere Gesellschaft ist die am stärksten verfaulte von allen ihr ähnlichen Gesellschaften. Und nichts wird sie retten. Wir selbst haben begonnen, sie umzugestalten. Und es ist nötig, weiterhin daran festzuhalten, vorwärts zu gehen und nicht die Initiative zu verlieren. Auf der Stelle zu treten, ist verhängnisvoll.

Es gab den Frieden von Brest Nr. 1,[11] jetzt sind wir in der Situation des „Friedens von Brest" Nr. 2. Wenn wir das nicht in den Griff bekommen, dann droht uns ...[,][12] dass man uns wieder das halbe Land absäbelt. Es ist sehr wichtig, dies zu begreifen. Die Gesellschaft ist stark ideologisiert, deshalb werden wir von den realen Prozessen überholt. Und die Partei kann sich auf keinerlei Weise erneuern.

Natürlich muss man die DDR hervorheben. Sie ist ein besonderer Fall. Das ist nicht Rumänien. [In der DDR ist die kommunistische Partei eine ernste Sache.][13] Die Tschechoslowakei, Bulgarien und Ungarn sind an uns interessiert. Sie machen eine Krankheit durch, aber weit können sie nicht weglaufen. [Und][14] Polen ist ein besonderer Fall. Und ein ganz besonderer Fall ist die DDR.[15] In Polen ist ein starker privater Sektor erhalten geblieben. Die Landwirtschaft ist im Grunde genommen privat. Aber Polen hängt weder wirtschaftlich noch politisch oder historisch von uns ab. Wir brauchen vor Mazowiecki *(der damalige Premierminister der VRP)* und seinen Ambitionen keine Angst zu haben. Wir haben doch den Polen nichts umsonst gegeben. Und wir haben doch Schulden bei ihnen.[16] Bislang haben sich im Verlaufe der Perestrojka unsere Beziehungen zum polnischen Volk nicht verschlechtert.

Es bleibt der schwierigste Punkt – die DDR. Denn sie kann weglaufen: Es gibt die BRD und es gibt die Europäische Gemeinschaft, mit der sie seit langem verbunden ist.[17] Für uns gibt es auch noch einen moralischen Faktor – die Reaktion des sowjetischen Volkes. Ich würde darauf setzen, möglichst viel Zeit zu gewinnen. Das Wichtigste ist jetzt, den Prozess in die Länge zu ziehen, wie immer auch das endgültige Ziel (Wiedervereinigung) aussehen mag. Es ist notwendig, dass sich sowohl die Deutschen als auch Europa und die UdSSR an dieses Ziel gewöhnen.

Die Strategie ist folgende: Ganz Westdeutschland ist doch daran interessiert, die Verbindung zu uns nicht zu verlieren. Sie brauchen uns, und wir brauchen sie. Aber nicht unbedingt. Brauchen wir etwa nicht auch Frankreich und England? So zu denken, wäre ein großer Fehler. Die Deutschen brauchen uns. Dies zwingt uns

[11] Der Friedensvertrag vom 3. 3. 1918 zwischen den Mittelmächten und Sowjetrussland sah u.a. umfangreiche Gebietsabtretungen der neuen Moskauer Machthaber vor.
[12] Zeichensetzung auch in V Politbjuro, S. 475.
[13] Satz gem. V Politbjuro, S. 475.
[14] Wort gem. V Politbjuro, S. 475.
[15] Dieser Satz fehlt in V Politbjuro, S. 475.
[16] Dieser Satz fehlt in V Politbjuro, S. 475.
[17] Gemeint ist die Sonderstellung über den innerdeutschen Handel.

im Gegenzug, dieser Abhängigkeit Rechnung zu tragen. Die Geschäftswelt will keine Kostgänger. In der BRD leben 58 Millionen, in der DDR 16 Millionen. Frankreich will keine Vereinigung. England fürchtet, auf dem Hinterhof zu landen. Alle diese Aspekte müssen wir in Betracht ziehen.

Somit sind die grundlegenden Punkte unserer Strategie:

(1) Beziehungen mit den Großmächten bezüglich dieses Problems;

(2) der Wiener Prozess *(Gespräche über konventionelle Waffen und Streitkräfte in Europa);*

(3) wir und die SED;

(4) wir und die BRD;

(5) wir und die DDR.

Position der Sieger nicht aufgeben. Idee „4+2" vorbringen.[18] Aber zuerst mit Frankreich absprechen. Vielleicht sollte ich nach Paris reisen?

Die deutsche Frage in den Wiener Prozess einbringen. Zum Problem der Streitkräfte in Europa sich so verhalten, dass es nicht so erscheint, als zögen wir einfach zum 50. Jahrestag des Sieges ab. Die Anwesenheit der Streitkräfte in Deutschland ist eng mit dem Wiener Prozess verbunden.

Und Kohl sagen: nicht einmischen. In dieser Hinsicht können wir uns mit allen verständigen. Mit der BRD bleibt ein Potential besonderer Beziehungen erhalten, sowohl mit ihr als auch mit der DDR. Darauf müssen wir bestehen. Es gibt gegenseitige Interessen und es existiert eine Grundlage für eine gegenseitige Verständigung.

Wir und die SED. Dort gibt es jetzt eine Euphorie[19] in Bezug auf die SPD. Aber man hat vergessen, dass es eine Menge Probleme gibt, sowohl europäische als auch deutsche. Man sollte nicht das Kreuz über die SED schlagen. Es gibt dort immerhin zwei Millionen Mitglieder. Lassen wir es 700000 sein.[20] Sie völlig abzuschreiben, wäre unvernünftig. Es wird sich irgendeine linke Kraft herauskristallisieren. Hören wir, was Gysi sagt.

Die anderen sozialistischen Länder. Man muss mit ihnen arbeiten. Sie sind immerhin Verbündete. Wenn wir sie im Stich lassen, wird man sie auflesen.

Der Idee des Zeitgewinns entspricht der Vorschlag einer „Vertragsgemeinschaft" mit konföderativen Eigenschaften.

Wir werden jene zurückhalten, die es sehr eilig haben.

Welche nächsten Schritte?

1. Modrow am 2. Februar in Moskau empfangen und danach Gysi.[21] Hier haben wir moralische Verpflichtungen.
2. Kohl nach Baker und unmittelbar nach Modrow empfangen.[22] Und danach Modrow über das Gespräch mit Kohl informieren.[23]

[18] In V Politbjuro, S. 476 heisst es anstelle des letzten Satzes: „Ich unterstütze die Idee Černjaevs – eine „Sechsergruppe" im Sinne von „4+2" *(vier Sieger und zwei deutsche Staaten)."*

[19] Begriff in V Politbjuro, S. 476 in Anführungsstrichen.

[20] Gysi nannte zum 15. 2. 1990 700000 anstelle der früheren 2,3 Millionen Mitglieder der PDS, zit. nach Rödder, Deutschland, S. 185.

[21] Dokumente Nr. 67, 70 und Nr. 74.

[22] Dokumente Nr. 71 und Nr. 72.

[23] Dokument Nr. 74.

3. Ideen für das Gespräch mit Kohl auf der Grundlage der Gespräche mit Baker und Modrow entwickeln.
4. Thatcher unmittelbar nach dem Treffen mit Modrow informieren.
5. Brief an Mitterand. Frage: Wann die Botschafter austauschen?[24]

Ševardnadze: Das ist eine zentrale Frage.

Gorbačev: Anweisungen:

- propagandistische Absicherung der Prozesse in Osteuropa (Jakovlev, Falin, Fedorov)
- Interview Gorbačevs über die Wiedervereinigung Deutschlands nach den Treffen mit Modrow und Kohl;[25]
- meinen Kurzbesuch nicht ausschließen – einen Tag in London, einen Tag in Paris;
- Für Achromeev: Abzug der Streitkräfte aus Deutschland vorbereiten.[26] Kohl und Modrow die „ökonomische Schutzlosigkeit" der DDR verdeutlichen.

Im Verlaufe der Erörterung äußerten sich auch ausführlich Falin, Šachnazarov, Fedorov, Achromeev und Černjaev. Die Aufzeichnung wurde unmittelbar nach der Sitzung angefertigt, bei der kein Stenogramm (und selbst kein Protokoll) geführt wurde. Die Aufzeichnung ist unvollständig. Jedoch verbürgt sich ihr Verfasser für die Authentizität des in der Aufzeichnung Festgehaltenen.[27]

Aufzeichnung A. S.Černjajev, Archiv der Gorbačev-Stiftung. Bestand 2, Verzeichnis 1.

24 Dieser Satz in V Politbjuro, S. 476 auf neuem Absatz. Gemeint sind hier möglicherweise die beiden sowjetischen Botschafter in Deutschland, von denen Kvicinskij im Mai 1990 zum Stellv. Außenminister aufstieg.

25 Die folgenden Unterpunkte in V Politbjuro, S. 477 als Sätze auf je neuem Absatz.

26 In der Kurzfassung (Tschernjaew, Mein deutsches Tagebuch, S. 247 sowie Černjaev, Sovmestnyj ischod, S. 840) spricht Černjaev von 300000 betroffenen Personen.

27 Eine ausführlichere, nachträgliche, in der Aussage aber identische Fußnote referiert Plato, Vereinigung, S. 187.

Nr. 67
Gespräch Gorbačevs mit dem Ministerpräsidenten der DDR, Modrow, am 30. Januar 1990 [Auszug][1]

Aus dem Gespräch M. S. Gorbačevs mit H. Modrow*

30. Januar 1990

(An der Begegnung nahmen N. I. Ryžkov, Ė. A. Ševardnadze, V. M. Falin, R. P. Fedorov, der Stellvertretende Außenminister der DDR, H. Ott, und der Botschafter der DDR in der UdSSR, G. König, teil.)[2]

M. S. Gorbačev: Ich begrüße Sie, Genosse Modrow, und Ihre Begleiter. Wir treffen uns in einer besonderen Zeit, in einer Zeit großer Überlegungen, Unruhen und Hoffnungen. All denen, die jetzt am politischen Ruder sind, insbesondere in Europa, ist eine sehr schwierige Aufgabe zugefallen. Sind wir doch alle Kinder unserer Zeit, aber wir müssen uns mit Prozessen befassen und Entscheidungen treffen, deren Bedeutung weit über die Grenzen der Zeit hinausreicht, in der wir leben. Aber man soll sich über niemanden beschweren. Alles hätte bei euch früher getan werden müssen und auch in unserem Lande. Das ist die wichtigste Lektion. Die Vulkanologen arbeiten jedoch auch dann, wenn ihnen die Asche an den Kopf fliegt. Nun, auch wir dürfen den neuen Herausforderungen des Lebens nicht ausweichen, nicht den Kopf vor ihnen einziehen. Dies war sozusagen ein lyrischer Auftakt.

Wir erwarten ein offenes, kameradschaftliches Gespräch mit Ihnen. Die DDR ist Gegenstand unserer besonderen Sorgen, und zwar nicht nur in der Außen-, sondern auch in der Innenpolitik. In der deutschen Problematik greifen Geschichte, Gegenwart und Zukunft ineinander.

Jetzt stellen viele die Sache so dar, als ob sich nur die Sowjetunion reserviert gegenüber einer Forcierung der Vereinigung Deutschlands verhalten würde. Aber in Wirklichkeit beunruhigt dies sowohl Frankreich wie auch England, und auch viele andere Staaten. Was die westdeutschen Akteure angeht, so drängen sie immer nachdrücklicher auf eine Vereinigung, obwohl sie offiziell erklären, dass sie nicht die Absicht haben, sie durchzupeitschen.

In letzter Zeit sieht es so aus, als ob Kohl es vorziehen würde, die Bildung einer neuen Regierung bei Ihnen abzuwarten, um mit ihr praktische Dinge in die Tat umzusetzen, aber einstweilen begünstigt er faktisch die Destabilisierung der Lage in der DDR. Anscheinend rechnet man in dieser Atmosphäre damit, der SED, den staatlichen Strukturen und den Kadern in der Republik, die mit der Partei verbunden sind, den Todesstoß zu versetzen …

[1] Auszüge des russischen Protokolls (mit Umstellungen) in von Plato, Vereinigung, S. 226–236; Gorbatschow, Wie es war, S. 97–101, knapper Auszug in Gorbatschow, Erinnerungen, S. 714. Das – weniger detaillierte – dt. Protokoll in Nakath/Stephan (Hg.), Countdown, S. 288–298. Vgl. Modrow, Aufbruch, S. 119–124; ders., Ich wollte, S. 414–416; ders., In historischer Mission, S. 97; ders., Von Schwerin, S. 134f.; ders., Perestrojka, S. 109f.; Kuhn, Gorbatschow, S. 100–103; Arnold, Die ersten hundert Tage, S. 96–99. Aus BND-Quellen Klaus Wiegrefe, Volten im Wendejahr, in: Spiegel Nr. 42/2009, S. 44–50, hier S. 45.

[2] Von deutscher Seite nahm Arnold teil.

Kohl beunruhigt anscheinend, dass die SPD ihm in der DDR quasi zuvorkommen könnte, was sich gegen die CDU auswirken würde. Und dies berührt bereits direkt die Machtfrage, die sich bei den bevorstehenden Wahlen in der BRD entscheiden wird. Der Wahlkampf dort übt unverkennbar eine destabilisierende Wirkung auf die DDR aus. Mit einem Wort, die Kluft zwischen den Beteuerungen der westlichen Akteure und ihrer praktischen Politik ist offensichtlich.

Wir möchten gern Ihre Beurteilung der Lage hören, obwohl uns natürlich bekannt ist, dass sie sich zuspitzt. Umso wichtiger ist in dieser Situation ein Meinungsaustausch darüber, wie man auf die komplizierteste und schwierigste Frage Einfluss nehmen kann: Wie ist der Extremismus zu stoppen, der es der Regierung nicht erlaubt, normal zu arbeiten. Ich denke, es ist jetzt sehr wichtig, den Menschen begreiflich zu machen, dass es derzeit das Wichtigste ist, den Wirtschaftsablauf zu normalisieren und dass derjenige, der dies behindert, gegen die Interessen der Nation handelt.

H. Modrow: Die Lage bei uns ist sehr kompliziert. Die Zeit ist für die DDR buchstäblich schicksalhaft. Sowohl das Ausmaß der Krise im Land als auch die Schuld der ehemaligen Führung werden immer offensichtlicher. Gestern wurde beschlossen, Honecker, Mittag, Mielke und Herrmann des Hochverrats anzuklagen. Insgesamt werden 29 ehemalige Funktionäre der zentralen und 290 Personen der lokalen Ebene dieses Vergehens angeklagt. Sie werden beschuldigt, die Rechte und verfassungsmäßigen Freiheiten der Menschen verletzt, die Wirtschaft zerstört und die Macht missbraucht zu haben.

Die Entwicklung tritt in der DDR in eine neue Phase ein. Diese erste Phase (Oktober–November) war sehr kurz. Ihr revolutionärer Charakter wird durch den gewaltigen negativen Einfluss solcher Faktoren wie der Öffnung der Grenze mit der BRD und deren massiver Einwirkung in Frage gestellt. Jetzt hat sich der Zorn der Massen, die von den Pflichtverletzungen früherer Funktionäre der obersten Führungsetage erfahren haben, gegen die Sicherheits- und Parteiorgane insgesamt gewendet.

Unsere Koalitionsregierung war das einzige Organ, das die Autorität des Staates aufrechterhalten hat. Aber sie hat begonnen, stark abzubauen.

Die Partei hat nach dem Oktober zwei Phasen durchlaufen. Als Krenz zum Ersten Sekretär und Vorsitzenden des Staatsrats gewählt worden war, wurde der Versuch unternommen, die alte Führung in Schutz zu nehmen. Man zeigte große Inkonsequenz bei der Erneuerung der Partei. Diese Phase dauerte praktisch nur bis zum außerordentlichen Parteitag der SED.[3] Auf ihm gelang es, eine Spaltung der Partei zu verhindern, ihre strikte Erneuerung wurde jedoch nicht erreicht. Jetzt gibt es in der Partei viele unterschiedliche Plattformen, aber die einfachen Parteimitglieder sehen bis jetzt noch nicht ihr Profil.

Auf Initiative von Kirchenvertretern wurde ein „Runder Tisch“ ins Leben gerufen.[4] Wir ziehen auch oppositionelle Gruppen zur Arbeit heran. Ihre Anzahl wächst. Auch die Regierung beteiligt sich am „Runden Tisch“. Am 15. Januar zwang auch mich die Lage, nach intensivem Nachdenken auf einer Sitzung des „Runden Tisches“ zu sprechen.

[3] Vgl. Dokument Nr. 61, Anm. 27.
[4] Ab 7. 12. 1989. Vgl. auch zum Folgenden Thaysen (Hg.), Der Zentrale Runde Tisch.

Am 19. Januar stellte sich auf der Sitzung des Parteivorstands die Frage der Auflösung der Partei. Ich war dagegen und erreichte die Ablehnung des Auflösungsvorschlags. Am 26. Januar sprach sich eine Versammlung aller örtlichen Parteileitungen ebenfalls für ihren Erhalt aus. Am 4. Februar werden wir auf der nächsten Sitzung des Parteivorstands die Änderung des Parteinamens vornehmen und sie künftig „Partei des Demokratischen Sozialismus" nennen. Es handelt sich natürlich nicht nur um eine Namensänderung. Wichtig sind vor allem praktische Veränderungen, sonst verlieren wir die Basis.

Um die Dramatik der Lage ein wenig abzuschwächen, habe ich am 22. Januar der Opposition vorgeschlagen, sich an der Regierung zu beteiligen. Am vergangenen Sonntag haben wir eine umfassende Beratung des „Runden Tisches" unter Beteiligung neuer oppositioneller Parteien und Gruppen durchgeführt. Ich habe offen die Lage in der Regierungskoalition als immer fragiler bewertet. Einige Parteien beabsichtigten, die Koalition zu verlassen. Nur mit gewaltigen Anstrengungen ist es gelungen, die Handlungsfähigkeit zu erhalten.

Aber die wirtschaftliche und soziale Spannung wächst weiter und berührt das tägliche Leben der Menschen. Überall werden Forderungen nach Erhöhung der Löhne und Renten und nach Urlaubsverlängerung laut. Dies würde zusätzliche Ausgaben von ungefähr 40 Mrd. Mark erfordern, was die realen Möglichkeiten der DDR weit übersteigt.

M. S. Gorbačev: Und wie sieht jetzt Ihr Staatshaushalt aus?

H. Modrow: Das gesamte Budget beträgt 230 Mrd. Mark. Die innere Verschuldung beläuft sich auf 170 Mrd. Mark, die äußere auf 20 Mrd. Dollar.

Wir können unsere Probleme nur durch eine effektivere Wirtschaftsführung lösen. Die wirtschaftliche Lage verschlechtert sich jedoch immer weiter. Es haben bereits Streiks begonnen. An vielen Orten wird zeitweilig die Arbeit unterbrochen und man nimmt Zuflucht zu einer Verlangsamung des Arbeitstempos. Hier gibt es eine gefährliche Kettenreaktion. Es gibt Schwierigkeiten in der Versorgung mit Waren des täglichen Bedarfs. Negativ äußert sich die Öffnung der Grenzen. Die Menschen befürchten eine Instabilität unserer Währung. Daher kommt es zu einem Kaufboom. Es wird immer schwieriger, die wachsenden sozialen Spannungen zu kontrollieren. Auf lokaler Ebene spielt sich ein Zerfall der örtlichen Machtorgane ab. Viele Volksvertretungen haben kein Quorum mehr. Und dort, wo sie noch bestehen, erkennt man sie nicht an. Die Autorität der örtlichen Machtorgane wird auch durch den Prozess untergraben, der in Sachen Fälschung der Kommunalwahlen vom 7. Mai 1989 begonnen hat. Die Rechtsordnung im Land steht unter einem großen Fragezeichen. Die Rechtsnormen werden grob verletzt. Der Schutz der Bürgerrechte wird bei Weitem nicht vollständig gewährleistet. In Unternehmen und Behörden werden Sabotagedrohungen laut. Selbst Krankenhäuser werden bedroht. Dies alles ruft bei den Menschen Furcht hervor. Angst erfasst nicht nur die alten Parteien, sondern auch die neuen.

Kürzlich erzählte mir der Vorsitzende der neuen Sozialdemokratischen Partei,[5] er wechsle ständig seinen Wohnsitz und schlafe in Westberlin.

[5] Stephan Hilsberg (Erster Sprecher der SDP).

Es wächst die Radikalisierung sowohl der rechten wie der linken Gruppierungen. Es gibt Fälle von Selbstmord unter den Mitarbeitern der Staatssicherheit. Sie befinden sich, sagen wir es offen, in einer schwierigen Lage. Ihre Gesamtzahl beträgt 85 000. Es gibt Fälle von Unruhe in den Reihen der nationalen Armee [sic!], obgleich sie insgesamt ihre Pflicht im Rahmen des Warschauer Paktes erfüllt. Die Vereinigung der Offiziere fordert die Durchführung von militärischen Reformen und eine Erhöhung des Solds. Die Möglichkeiten, die Armee für die Aufrechterhaltung der Ordnung im Innern des Landes einzusetzen, sind begrenzt. Etwas stabiler ist die Lage bei der Volkspolizei. Sie erfüllt alle Aufgaben zum Schutze der Ordnung, aber sie kann nicht mit allem zuverlässig genug fertig werden.

Es wachsen die negativen Stimmen gegenüber den sowjetischen Streitkräften. Auch hier können Probleme entstehen. Dies betrifft vor allem jene Fälle, bei denen Übungen auf den Schießplätzen durchgeführt werden. In einer Reihe von Orten werden die sowjetischen Verbände von der Bevölkerung aufmerksam beobachtet.

Die intensive Ausreisewelle aus der Republik kommt nicht zum Stillstand. Im Januar dieses Jahres haben ungefähr 50 000 Personen das Land verlassen. Wenn dieses Tempo anhält, verlieren wir bis zum Jahresende weitere 500 000 Bürger. Leider wächst unter den Ausreisenden der Anteil der Intelligenz und der jungen qualifizierten Arbeiter.

Die DDR ist einem massivem Einfluss seitens der BRD ausgesetzt. Kohl hat die Absicht, persönlich am Wahlkampf auf dem Territorium der Republik teilzunehmen. Zu diesem Zweck hat er sogar seine Reisen nach Chile und Brasilien abgesagt und unterhält aktive Kontakte mit der Christlich Demokratischen Union in der DDR.[6] In gleicher Weise verfährt die SPD. Brandt spricht in unseren Städten vor Versammlungen mit mehreren Tausend Menschen und seine wesentliche Forderung lautet: Vereinigung Deutschlands. Er erklärt direkt, dass Kohl und Modrow diesen Prozess, den man beschleunigen müsse, bremsen würden. Unter der Losung „Deutschland – einig Vaterland“ finden in vielen unserer Städte Demonstrationen statt. Gestern zum Beispiel haben sich in Leipzig und Dresden dazu bis zu 100 000 Menschen versammelt.

Aus all dem folgt, dass ein wachsender Teil der Bevölkerung der DDR die Idee von der Existenz zweier deutscher Staaten nicht mehr unterstützt. Und es scheint, dass es bereits unmöglich ist, diese Idee aufrechtzuerhalten. Die Tendenz zu einer Vereinigung manifestiert sich besonders stark in den grenznahen Regionen, z.B. in Thüringen. Diese Tendenzen können nicht nur die alten, sondern auch diejenigen neuen Parteien, die dies möchten, nicht aufhalten. Der Prozess der Destabilisierung verstärkt sich aufgrund der Tatsache, dass sowohl in der BRD wie auch in der DDR Wahlen bevorstehen. Die BRD hat faktisch ihren Wahlkampf in die DDR verlegt. Sowohl für Kohl als auch für die Sozialdemokraten ist sie bereits zum Feld ihres Wahlkampfes geworden.

Eine höchst kritische Lage entsteht als Folge der wachsenden scharfen Angriffe auf die SED. Dies führt zum Zerfall sowohl des Staatsrats als auch der Wirtschaftsorgane. Derzeit ist es sogar schwer zu sagen, wie viele Mitglieder in der

6 Zum Kontext vgl. Teltschik, 329 Tage, S. 117f.

Partei geblieben sind – 500–600000? Einige sagen, es seien 800000 oder sogar eine Million. Aber ich bin davon nicht überzeugt. Bis Oktober zählte man in der Partei 2200000 Mitglieder. Leider treten nicht wenige wichtige Leute aus: Generaldirektoren von Kombinaten und andere Spitzenfunktionäre. Als negativ erwies sich der direkte Verrat von Berghofer;[7] immerhin war er stellvertretender Vorsitzender.

Meine scharfe Beurteilung der Lage im Land hat bei der Sitzung des „Runden Tisches" am vergangenen Sonntag keinen Widerspruch hervorgerufen. Alle, darunter auch die Vertreter der neuen Parteien, bestätigten, dass die Lage sehr ernst sei. Im Ergebnis wurde auf der Sitzung ein Konsens erreicht. Seine Hauptpunkte sind:

- die Wahlen zur Volkskammer vorverlegen, sie am 18. März d.J. durchführen und am 6. Mai die örtlichen Volksvertretungen wählen;
- eine Regierung der nationalen Verantwortung schaffen, der je ein Vertreter aller am „Runden Tisch" teilnehmenden Parteien und Gruppen als Minister ohne Geschäftsbereich, aber mit Stimmrecht für die Verabschiedung von Regierungsbeschlüssen angehören würde;
- die Regierung bestimmt die Vertreter für die Teilnahme am „Runden Tisch".

Dies war erforderlich, weil die Opposition die Tätigkeit der Regierung und der Volkskammer lahmlegen könnte.

Bisher lässt sich nicht mit Sicherheit sagen, ob die neue Regierung handlungsfähig sein wird, und als wie schwer sich die Last der neuen Koalition erweisen wird. Der Strom der Beiträge von innen und außen, die auf eine Aushöhlung der Idee von der Erhaltung der DDR als selbständiger Staat gerichtet sind, reißt nicht ab. Das, was derzeit in dieser Richtung hinsichtlich unserer Republik unternommen wird, ist im Grunde der Versuch, die gesamte Nachkriegsordnung in Europa zu demontieren. Bei den Demonstrationen, wie das zum Beispiel kürzlich in Leipzig geschehen ist, wurden jene terrorisiert, die die Fahne der DDR trugen. Die Straße ist jetzt bedauerlicherweise völlig in den Händen des Gegners. Deshalb ist das Verhalten derjenigen, die sich nicht an den Straßenunruhen beteiligen, bei den bevorstehenden Wahlen nicht vorherzusagen.

Ich halte es für äußerst wichtig, das gesamte Problem, das beide Staaten auf deutschem Boden angeht sowie die damit verbundenen konkreten Schritte zu erörtern. Es geht darum, dass die Ideen und Formulierungen, deren wir uns bisher bedient haben, bereits nicht mehr wirken. Der Großteil der gesellschaftlichen Kräfte, ausgenommen kleine linke Sekten, gruppiert sich in der einen oder anderen Weise um die Idee der Vereinigung. Wir haben unsere Vorstellungen in dieser Hinsicht vorbereitet, und ich würde Sie bitten, sich nach Möglichkeit gleich hier und jetzt damit bekannt zu machen *(überreicht das Dokument).***

Wenn wir nicht jetzt nicht initiativ werden, dann wird sich der in Gang gekommene Prozess spontan und rasant sowie bereits gänzlich ohne irgendeine Einwirkung unsererseits fortsetzen. Nur unsere Initiative kann ihn in verantwortliche Bahnen leiten, über deren außerordentliche Wichtigkeit Michail Sergeevič heute gegenüber Journalisten der DDR gesprochen hat.

[7] Berghofer trat am 20. 1. 1990 mit mehreren Kollegen aus der PDS aus; Erklärung von insgesamt 39 Erstunterzeichnern in: Berghofer, Meine Dresdner Jahre, S. 202f.

Ich stimme völlig mit Ihnen darin überein, dass Kohl von den Vereinbarungen abweicht, die mit ihm in Dresden erzielt worden sind.[8] Erstens, er hat gespürt, dass in der DDR eine Situation entstanden ist, die er ausnutzen kann, indem er als Initiator des Vereinigungsprozesses auftritt. Zweitens, die Vereinigung ist zur zentralen Frage des Wahlkampfes in der BRD geworden. Und deshalb bemüht sich jeder der Teilnehmer an diesem Kampf, die Entscheidung über die Vereinigung zu beschleunigen, um für sich mehr Punkte zu sammeln.

Wie können wir auf den Gang der Ereignisse Einfluss nehmen? Wichtig ist, den Prozess abzubremsen und ihn in eine gesamteuropäische Bahn zu lenken; anderenfalls wird der Einfluss der anderen Seite wachsen und unser Einfluss sinken.

Ich glaube, die Sowjetunion sollte zusammen mit den anderen drei Mächten an ihre Rechte in Deutschland erinnern. Man sollte sich rasch über eine Partnerschaft der Vier Mächte zugunsten einer Stabilisierung der Lage verständigen.

Für uns ist Ihre Meinung bezüglich unserer neuen Vorschläge sehr wichtig. Ich denke, es ist zweckmäßig, die Frage zu untersuchen, auf welcher internationalen Ebene man die gegenwärtige Lage in Europa und vor allem in Zentraleuropa erörtern sollte. Die Prozesse, die jetzt auf deutschem Boden ablaufen, berühren doch auch unsere Nachbarn, besonders Polen.

Uns könnten entsprechende Erklärungen der Außenminister der Sowjetunion und der USA helfen, deren Treffen bekanntlich in nächster Zeit in Moskau bevorsteht.[9]

Eine enorme Hilfe wäre für uns ein Besuch von Michail Sergeevič und Nikolaj Ivanovič [Ryžkov] in der DDR, insbesondere im Lichte der Tatsache, dass in letzter Zeit höchste Führungspersönlichkeiten aus dem Westen uns sehr aktiv besuchen.

Was die Fragen der Wirtschaft angeht, so haben wir sie kürzlich mit Genossen Silaev besprochen. Deshalb möchte ich hier nur über das Allerwichtigste reden. Sehr ernst ist für uns das Problem der Öllieferungen aus der Sowjetunion. Im Januar erhielten wir 508 000 Tonnen weniger als in der Vereinbarung vorgesehen. Im ersten Quartal werden sich die Lieferungen um 1 127 000 Tonnen verringern. Dies wird zu gewaltigen negativen Konsequenzen in unserer Chemieindustrie führen, sich auf den Transport und die Versorgung der Bevölkerung mit Kraftstoff sowie auf die Sicherstellung der Frühjahrsaussaat auswirken. Im Januar ist es uns gelungen, die Lage etwas auszugleichen, aber künftig wird das kaum möglich sein, da wir wegen der hohen Auslandsverschuldung praktisch keinen Bewegungsspielraum haben. Ich bitte noch einmal darum, die Möglichkeit einer Lösung dieses für uns massiven Problems auf höchster Ebene zu prüfen, da im Gespräch mit Genossen Silaev eine Vereinbarung nicht erzielt werden konnte.

Und noch ein Punkt. Sehr ernst ist die Lage beim Unternehmen „Wismut".[10] Dort sind 40 000 Menschen beschäftigt. Mit Genossen Belousov ist es ebenfalls

[8] Vgl. das Gespräch Kohls mit Modrow am 19. 12. 1989, in: Deutsche Einheit, Sonderedition, S. 668–673, dort auch zur Absichtserklärung über die Vertragsgemeinschaft. Die Gemeinsame Mitteilung u. a. in Bulletin der Bundesregierung, Nr. 148, 20. 12. 1989, S. 1249–1252. Vgl. ferner den DDR-Ministerratsbeschluss zum Treffen, in: Nakath/Stephan (Hg.), Countdown, S. 260–268.

[9] Vgl. Dokument Nr. 71.

[10] Vgl. Dokument Nr. 14, Anm. 17.

nicht gelungen, das Problem zu lösen; doch das Problem ist akut und liegt nicht nur auf wirtschaftlichem Gebiet.

Eine sehr schwierige Lage ist wegen der offenen Grenzen im Devisenbereich entstanden. Derzeit steht der Wechselkurs bei einer DDR-Mark zu drei BRD-Mark, und der Handelskurs steht bei eins zu acht. In den bevorstehenden Wochen und Monaten wird dies große Probleme bei der Versorgung der Bevölkerung schaffen. Unsere gesamte Sozialpolitik war nur wirksam unter den Bedingungen geschlossener Grenzen. Jetzt aber wenden sich alle unsere sozialen Errungenschaften gegen uns, weil die von uns festgelegten niedrigen Warenpreise derzeit ausschließlich den Spekulanten nützen. Mit Westmark kaufen sie bei uns spottbillig die Waren auf. Und die DDR-Bürger, die jetzt sowohl in Westberlin als auch in der BRD arbeiten können, lassen sich ebenfalls auf Devisenspekulationen ein.

Unter den derzeitigen Bedingungen behält für uns das Bündnis mit der Sowjetunion seine strategische Bedeutung. Und die Beziehungen mit der UdSSR haben für uns nach wie vor Priorität. Darüber hinaus ist es jetzt notwendig, alle denkbaren Möglichkeiten, die es in unserer Zusammenarbeit gibt, zu aktivieren. Besonders vordringlich ist ein stabiles Zusammenwirken in der Wirtschaft. Außerordentlich wichtig ist die Tätigkeit der bilateralen Regierungskommission.[11] Davon hängt jetzt die wirtschaftliche Lage in der DDR in vielerlei Hinsicht ab.

Im Geiste der Diskussionen, die kürzlich bei der Sitzung des RGW in Sofia geführt wurden, sind wir bestrebt, an unserer Mitwirkung an der internationalen Arbeitsteilung mit der BRD und Westeuropa insgesamt zu arbeiten.[12] Sie kommen uns jetzt in ziemlich breitem Umfange entgegen. Es scheint, dass wir auf diesem Gebiet enger zusammenarbeiten könnten.

Im Zusammenhang mit den in der ČSSR und in Ungarn in Gang gekommenen Kampagnen für einen Abzug der sowjetischen Streitkräfte haben sich ähnliche Fragen auch der Regierung der DDR zu stellen begonnen.[13] Aber die wichtigste Frage in unserer internationalen Zusammenarbeit ist das Problem der Beziehungen zwischen den beiden deutschen Staaten.

Am Samstag werde ich ein kurzes Treffen mit Kohl in der Schweiz haben und ein etwas ausführlicheres am 13./14. Februar in Bonn.[14] Damit diese Begegnungen hinreichend effektiv werden, sind Ihre Ratschläge für mich sehr wichtig.

Ich glaube, ein solches Treffen wie das heutige hat es – was seinen Inhalt und seine Bedeutung angeht – noch nie gegeben. Ich habe alles dargelegt, wie es ist. Leider kann ich nichts anderes sagen.

M. S. Gorbačev: Ich möchte die Offenheit Ihrer Informationen hervorheben. Wir halten uns ebenfalls an das Prinzip: die Dinge realistisch betrachten und sie realistisch bewerten, ob sie angenehm sind oder nicht. Ohne dieses gibt es keine

[11] Sowjetisch-ostdeutsche Wirtschaftskommission.

[12] 45. Ratstagung des RGW am 9. 1. 1990. Hier wurde u.a. die Umstellung des RGW-Handels auf Valuta beschlossen.

[13] Zum tschechisch-sowjetischen Abkommen über den Truppenabzug vom 26. 2. 1990 und zum Abzug der Südgruppe aus Ungarn in der ersten Hälfte 1990 vgl. New York Times vom 25. 2. 1990 bzw. vom 4. 7. 1990, S. 1,1, sowie Abkommen über den sowjetischen Truppenabzug aus Ungarn vom 11. 3. 1990, in: Freedman (Hg.), Europe, S. 510–513; dazu Kramer, Myth.

[14] Gespräche Modrows mit Kohl am 3. 2. 1990 in Davos sowie am 13. 2. 1990 in Bonn, in: Deutsche Einheit, Sonderedition, S. 753–756, 814–819, 821–826.

realistische Politik. Niemand hat das Recht, vor dem Leben auszuweichen. Mehr noch, Verzögerung schafft ein Vakuum, das andere Kräfte füllen, die andere politische Ziele verfolgen. Dies kann nur Verwirrung schaffen und die Gesellschaft desorientieren.

Wir verstehen die Gespanntheit der Lage in der DDR. Die Nachbarschaft zur BRD drückt ihr einen besonderen Stempel auf. So war es schon immer, und deshalb haben wir vor langer Zeit der Führung der DDR zu verstehen gegeben, dass Veränderungen nötig seien, die den Erfordernisse der Zeit Rechnung tragen. Und unter Bedingungen, als die Lage der Republik hinreichend stabil war, hätten solche Veränderungen am ehesten verhältnismäßig schmerzlos erfolgen können. Jetzt aber ist das Land in vielerlei Hinsicht von der Euphorie der Wiedervereinigung erfasst. Aber selbst in der BRD verstehen die rational denkenden Kreise, dass, sollten die derzeitigen Prozesse einen unkontrollierbaren Charakter annehmen, dies sich schwerwiegend sowohl auf die BRD als auch auf ganz Europa auswirken wird. Die Geschäftswelt ist sich bewusst, dass, wenn der Strom der Übersiedler aus der DDR nicht aufhört, gerade sie am Ende die „Suppe auslöffeln" muss und auch das Volk der BRD, deren Politiker jetzt im Wahlkampf beim Anheizen des nationalistischen Rummels in der DDR miteinander konkurrieren.

Ich stimme Ihnen zu, dass sich die DDR derzeit in einer schicksalhaften Phase befindet. Und deshalb möchte ich Ihnen sagen, Genosse Modrow: verlieren Sie nicht den Kopf, verhalten Sie sich konsequent. Sowohl in der Regierung also auch beim „Runden Tisch" und überall sonst soll man spüren, dass in der Politik, die Modrow verfolgt, ein Inhalt vorhanden ist. Und ich denke, dass das Volk dies ebenfalls spüren kann. Ich meine, Ihre Überlegungen hinsichtlich der herannahenden Wahlen sind richtig. Kohl und die anderen schaukeln die Situation nämlich jetzt verstärkt auf, wollen die SED und die Regierung Modrow völlig diskreditieren und auf diese Weise eine günstigeres Umfeld zur Erreichung ihrer politischen Ziele schaffen.

Wir werden unsererseits Kohl direkt sagen, dass dies eine kurzsichtige Politik ist. Wenn sie fortfahren, die Regierung Modrows zu destabilisieren, dann wird dies weitreichende negative Folgen für alle haben, auch für Kohl und für die BRD insgesamt. Heute ist doch alles so eng miteinander verflochten. Wir beabsichtigen, ihm dies bei unserer persönlichen Begegnung zu sagen, denn er möchte sich mit uns unbedingt in Moskau treffen.[15] Ich denke, dass wir auch jetzt nach unserem Treffen ihm unsere Überlegungen in schriftlicher Form senden werden. Ich bin der Meinung, dass der Gedanke von der besonderen Verantwortung unserer drei Staaten für die derzeit im Zentrum Europas ablaufenden Prozesse äußerst konstruktiv sein kann. Diese Formel erlaubt uns, sowohl die Interessen der DDR zu verteidigen als auch den Prozess ihrer Annäherung an die BRD zu beeinflussen. Sie unterstreicht die Notwendigkeit, unsere Interessen zu berücksichtigen. Wir werden einen Weg finden, Kohl den Gedanken nahezubringen, dass eine Vertrauenskrise aufgrund von Handlungen, die die erzielten politischen Vereinbarungen in Zweifel ziehen, unerwünscht ist.

[15] Dokumente Nr. 72 und Nr. 73.

Wir haben nicht wenige Möglichkeiten – und wir nutzen sie sowohl in London als auch in Paris und in den USA – in diesem Sinne zu handeln. Obgleich es, offen gesagt, immer mehr Anzeichnen dafür gibt, dass die USA die deutsche Karte spielen möchten. Die Perspektiven der eigenen Position im künftigen Europa beunruhigen sie. Ihnen passt die westeuropäische Integration nicht und schon gar nicht die Integration ganz Europas. Sie erwägen anscheinend auch die Möglichkeit einer Vereinigung und Neutralisierung Deutschlands, selbst wenn das mit dem vollständigen Abzug der amerikanischen Streitkräfte aus Westeuropa enden sollte.

All das müssen auch Sie in Betracht ziehen und die nicht unbedeutenden Reserven für eine initiative Politik zu nutzen.

Was die Sowjetunion angeht, so verstehen wir das Bedürfnis des deutschen Volkes in BRD und DDR nach verstärkten Kontakten, sein Streben nach Zusammenarbeit und Zusammenwirken. Ich denke, Sie skizzieren in Ihren Vorschlägen die Etappen richtig. Augenscheinlich muss man sich jetzt auf den Abschluss eines Vertrags über Zusammenarbeit und gute Nachbarschaft mit Elementen einer Konföderation einstellen. Auf diese Weise werden bereits in der ersten Phase neue Elemente eingebracht. Die folgende Etappe – der Übergang zu konföderativen Strukturen und auf lange Sicht – zum Zusammenwachsen der beiden Staaten zu einem Ganzen. Es scheint, dass dies keine schlechte Grundlage für eine initiative Handlungsweise ist.

Natürlich werden wir unverzüglich diese Ihre Vorstellungen unserer gesamten Führung unterbreiten. Aber schon jetzt kann man sagen, dass Sie richtigerweise die Notwendigkeit solcher Voraussetzungen für die Entwicklung des Prozesses wie die Aufrechterhaltung der Stabilität und der Rechtsordnung hervorheben. Nur die innere Normalisierung in der DDR kann eine gesunde Entwicklung in Richtung künftiger Etappen in die Wege leiten. Ich denke, zweifellos richtig ist auch der Gedanke, dass der Annäherungsprozess nicht erfolgen kann, wenn die Rechte der Vier Mächte ignoriert werden.

Offen gesagt, die große Übereinstimmung unserer Gedanken und Herangehensweisen erklärt sich damit, dass wir buchstäblich vor wenigen Tagen, am Freitag,[16] an genau diesem Tisch mit einigen unserer kompetenten Genossen aus der Führung und mit Spezialisten detailliert Fragen erörtert haben, die mit den Entwicklungen in der DDR verbunden sind. Deshalb reagiere ich jetzt so auf Ihre Überlegungen.

Ich denke, es ist auch ein Treffen der Vier Mächte zu diesen Fragen möglich, vielleicht sogar auf höchster Ebene. Erklärungen hinsichtlich ihrer Absichten könnten die Prozesse in gesündere Bahnen lenken. Einig sind wir uns darin, dass die deutschen Angelegenheiten im Kontext der gesamteuropäischen Entwicklung geklärt werden müssen. Die allerwichtigste Frage ist die militärische Neutralität der DDR und der BRD. Dies erfordert konkretes Nachdenken. Aber eines ist unzweifelhaft und sehr wichtig: Dieser Prozess muss von beiden Seiten erfolgen. Wenn die militärpolitische Struktur im Osten zerstört wird, entsteht eine starke Schieflage im Kräftegleichgewicht, was natürlich die allgemeine Besorgnis aller Europäer hervorrufen muss. Es stellt sich nicht die Frage der Neutralität über-

[16] Vgl. Dokument Nr. 66, Anm. 1.

haupt, sondern der militärischen Neutralität als Etappe. Unsere Minister müssen das gut durcharbeiten.

Das Wichtigste ist der Erhalt der staatlichen Souveränität der DDR, die Nichteinmischung in ihre inneren Angelegenheiten.

Mit einem Wort, es scheint, dass Ihre Vorschläge von einer aktiven Position ausgehen und es ist nötig, diese Position voranzutreiben, um nicht die Initiative abzugeben. Wie gedenken Sie diese Initiative zu verwirklichen?

H. Modrow: Man sieht sofort, dass die von uns aufgeworfenen Fragen bereits früher von Ihnen durchgearbeitet worden sind. Und das, was Sie jetzt gesagt haben, ist für uns eine große Unterstützung. Wir müssen uns behaupten. Wir haben einfach keine andere Wahl. Ich habe den SED-Mitgliedern zugeredet, die Regierung nicht zu verlassen. Wir handeln jetzt nach dem Prinzip, das einst auf unsere Fahnen geschrieben war: „Die Proletarier haben nichts zu verlieren ...“[17] Derzeit haben wir ein Ziel: Unseren Namen in Reinheit zu erhalten und ordentliche Menschen zu bleiben, denen niemand sagen könnte, dass sie feige und kopflos waren, als gehandelt werden musste.

Meine eigene Situation wird immer schwieriger. Ich bin das einzige Mitglied des Politbüros des ZK der SED, das auf seinem Posten geblieben ist. Und jetzt beginnen bereits die Angriffe gegen mich. Damit beschäftigt man sich sowohl innerhalb der Republik wie auch im Westen. Erst gestern behauptete „Die Welt“, dass ich das Ministerium für Staatssicherheit, dessen Agenten weiterhin in der BRD tätig seien, nicht vollständig aufgelöst hätte.[18] Am Sonntagabend [28. 1.] habe ich praktisch die Vertrauensfrage gestellt ...

Jetzt dazu, wie wir glauben, unsere neuen Vorstellungen realisieren zu können. Erstens, wir werden darüber heute auf der Pressekonferenz hier in Moskau sprechen. Wir werden sagen, dass wir unsere Vorstellungen der sowjetischen Seite übermittelt haben, die sie prüft.

M. S. Gorbačev: Man muss gut überlegen, wie man zweckmäßiger vorgeht. Vielleicht noch vor Ihrem Treffen mit Kohl mit diesen neuen Vorschlägen an die breite Öffentlichkeit gehen, nachdem man geprüft hat, wie man es am besten machen sollte – durch Sie persönlich oder im Namen der Koalitionsregierung oder des „Runden Tisches“. Wenn Modrow auftritt und sagt, dies sei die Position der gesamten Regierung, dann wäre dies ein starker Schachzug, würde die Position der Regierung stärken, ihre Fragilität verringern und zugleich alle ihre Mitglieder einbinden. Aber die Frage ist, wird man Sie in der Koalitionsregierung unterstützen oder nicht, wird man nicht blockieren und lange Debatten beginnen, was zu Zeitverlust führt. Ist nicht die Variante besser: persönlicher Auftritt als Regierungschef? Vielleicht sollte man sich mit jemandem aus der Regierungsmannschaft beraten und den Boden bereiten, damit es nicht eine Überraschung für alle wird und eine konfrontative Reaktion hervorruft.

17 Zitat aus dem „Manifest der Kommunistischen Partei“, u.a. in: Karl Marx/Friedrich Engels, Manifest der kommunistischen Partei, Berlin 1946, hier S. 36 „Die Proletarier haben nichts in ihr [der kommunistischen Revolution] zu verlieren als ihre Ketten. Sie haben eine Welt zu gewinnen.“

18 Am 17. 11. 1989 hatte das Amt für Nationale Sicherheit die Nachfolge des MfS angetreten. Am 14. 12. 1989 beschloss der Ministerrat die Auflösung des neuen AfNS und die Schaffung eines Verfassungsschutzes und eines Nachrichtendienstes, am 8. 2. 1990 setzte die Regierung ein Komitee zur Auflösung des ehemaligen MfS/AfNS ein.

N. I. Ryžkov: Vielleicht sollte man die neuen Vorschläge in einer Rede vor dem Parlament ausführlich darlegen, damit das Parlament nicht abseits steht.

Ė. A. Ševardnadze: Sind Sie sicher, dass Sie die Unterstützung der Regierung erhalten werden?

H. Modrow: Ich glaube, dass wir sie im Wesentlichen erhalten werden. Vielleicht wird es irgendwelche Ergänzungen geben. Noch heute Abend kann ich mich mit Vertretern der Kirchen und einigen anderen Teilnehmern des „Runden Tisches" beraten.

Ė. A. Ševardnadze: Wahrscheinlich wird sich ein Kampf um die Frage der Neutralität entwickeln.

M. S. Gorbačev: In der Tat, es ist wichtig, weder die Regierung noch das Parlament zu übergehen. Vielleicht sollte man gerade Ihren Auftritt mit den neuen Vorschlägen vor der Regierung groß herausstellen, um bereits eine große Vorarbeit zu Ihrem Treffen mit Kohl zu leisten. Was unsere Position betrifft, so könnte man sicherlich sagen, dass die neuen Vorschläge der Regierung der DDR von der sowjetischen Seite insgesamt mit der gebührenden Aufmerksamkeit aufgenommen wurden in dem Sinne, dass sie eine Erörterung durch alle interessierten Staaten verdienen …

H. Modrow: Ich möchte die Frage hinsichtlich des Öls präzisieren. Können wir auf Hilfe rechnen?

N. I. Ryžkov: Dies ist ein sehr schwieriges Problem für uns. Die Ölförderung ist um 17 Millionen Tonnen gesunken. Wir sind in einer schwierigen Lage. Wir werden noch schauen, ob es auch nur die geringste Möglichkeit gibt, zu helfen. Aber, ich wiederhole, die Lage ist sehr kompliziert.

M. S. Gorbačev: Im Allgemeinen werden wir alles tun, um eine Zerstörung der bilateralen Wirtschaftsbeziehungen nicht zuzulassen. Ich denke, ihre Notwendigkeit muss man auch in der BRD verstehen. Es ist wichtig, die Westdeutschen in eine trilaterale wirtschaftliche Zusammenarbeit und in die Schaffung trilateraler Gemeinschaftsunternehmen einzubeziehen. Sowohl mit der BRD als auch mit der DDR haben wir doch die stärksten Verbindungen. Übrigens, die Westdeutschen müssen sich auch dessen bewusst sein, dass sie allein kaum in der Lage sind, die wirtschaftlichen Probleme der DDR auf sich zu nehmen. Können sie etwa die DDR zum Beispiel mit Kraftstoff und Rohstoffen versorgen? Mit einem Wort, wir sind prinzipiell dafür, dass die gegenseitig nutzbringenden bilateralen Verbindungen erhalten bleiben. Diese Fragen muss man auch mit der BRD erörtern.

H. Modrow: Wir sind bemüht, von der BRD eine gewisse wirtschaftliche Unterstützung zu erhalten; wir rechnen mit 15 Mrd. Westmark. Außerdem Konsumgüter für 4–5 Mrd.. Bisher sind sie noch knauserig.

[…]. **M. S. Gorbačev:** Wie gedenkt ihr, Mitglieder der SED vor unbegründeten Angriffen zu schützen? Man darf doch nicht der Mehrheit der Parteimitglieder die Verantwortung für die Verbrechen Stalins und die Fehler Brežnevs aufbürden. Die Arbeiterklasse, die Bauern, die werktätige Intelligenz können nicht die Verantwortung für die gesamte Tätigkeit der früheren SED-Führung übernehmen. Hier ist auch die moralische Seite wichtig. Ganze Generationen von Werktätigen haben doch fürwahr ihr Leben nicht unnütz gelebt.

H. Modrow: Wir versuchen das zu tun, Michail Sergeevič, aber das nötige Echo fehlt sogar in den Unternehmen.

M. S. Gorbačev: Was, auch unten werden so viele Auswüchse und Pflichtverletzungen aufgedeckt?

H. Modrow: Das ist vielleicht gar nicht der Punkt. Derzeit erstreckt sich der Hass, der gegenüber der obersten Führung aufgeflammt ist, leider auf alle Mitglieder der Partei. Es werden Forderungen laut, die gesamte Partei zur verbrecherischen Organisation zu erklären.

M. S. Gorbačev: Das darf man nicht zulassen, man muss kämpfen.

H. Modrow: Selbst vom Präsidenten der BRD, Weizsäcker, habe ich ein Schreiben erhalten, in dem er vom unmenschlichen Umgang mit den ehemaligen Führern der DDR spricht. Ich sah mich gezwungen, ihm zu antworten, dass es nicht in der Kompetenz der Regierung liege, in Gang gekommenen Prozessen Einhalt zu gebieten. Aber ich möchte in diesem Zusammenhang mit kirchlichen Amtsträgern, vielleicht auch mit prominenten Rechtsanwälten, Rücksprache halten.

M. S. Gorbačev: Ich denke, es darf hier nur ein Kriterium geben – das Gesetz. Wenn jemand auf ungesetzliche Weise Geld erhalten hat, die eigene Datscha auf Staatskosten gebaut und die Macht missbraucht hat, muss er dafür in voller Übereinstimmung mit dem Gesetz zur Verantwortung gezogen werden. Aber wenn es um politische Fehleinschätzungen, um Fehler geht, so ist das eine andere Ebene. Gibt es auch nur einen einzigen Politiker, der keine Fehler gemacht hat? Natürlich nicht. Dann muss man also buchstäblich alle und jeden, der sich mit Politik befasst, verurteilen?

H. Modrow: Ich glaube, interessant und wichtig ist die Frage der trilateralen wirtschaftlichen Zusammenarbeit UdSSR–DDR–BRD. Wichtig wäre, sich schneller über konkrete Dinge zu verständigen. Wir haben zum Beispiel kürzlich der BRD unsere Vorschläge für 30 Projekte übergeben. Sie beabsichtigen, uns dafür einen besonderen Kredit zur Verfügung zu stellen. Es geht um eine Art Marshall-Plan. Es scheint, dass dafür sechs Mrd. Mark bereitgestellt werden, hauptsächlich für den Ausbau des kleinen privaten Unternehmertums. Außerdem entwickeln sich die direkten Kontakte zwischen den Ländern der BRD und den Bezirken der DDR derzeit rasant.

Für uns wäre sehr wichtig, wenn schon in nächster Zeit Gorbačev und Ryžkov, die wir offiziell zu Besuchen einladen, in die DDR kommen könnten. Dies ist sehr aktuell angesichts der Tatsache, dass derzeit die Führer der BRD und anderer westlicher Staaten sehr aktiv die DDR besuchen.

M. S. Gorbačev: Ich denke, wir können Ihre Einladung mit Dank annehmen. Ich war allerdings erst kürzlich bei Ihnen. Vielleicht könnte jetzt Nikolaj Ivanovič [Ryžkov] den Gegenbesuch in Berlin abstatten. Obgleich es derzeit sehr schwierig ist, wegzufahren. Der Prozess der Perestrojka ist bei uns in eine stürmische Phase eingetreten. Die Ereignisse in Ihren Ländern beginnen bereits auf uns Einfluss zu nehmen. Manch einer erklärt sogar, man müsse es auch in der UdSSR so machen wie in der DDR oder in Rumänien.

H. Modrow: In Anbetracht der Lage, die in der SED und im Lande entstanden war, musste ich meine Stellung in der Partei neu definieren. Ich habe folgende Formel gefunden: Der Regierungschef ist vor dem Volk verantwortlich und nicht allein vor der Partei. Entsprechend habe ich den Posten des Stellvertretenden Parteivorsitzenden abgegeben, umso mehr, als ich diese Funktion faktisch nicht wahrgenommen habe. Der Chef der Koalitionsregierung muss den Konsens unterstützen, der weit über die Parteigrenzen hinausgeht. So hat sich bei mir zum Beispiel eine sehr gute gegenseitige Verständigung mit der Kirche entwickelt.

M. S. Gorbačev: Es versteht sich, dass es unerlässlich ist, der speziellen Situation im Lande Rechnung zu tragen und entsprechende neue Formen für die politischen Institutionen und die gesamte politischen Arbeit zu finden.[19]

* Das Gespräch M. S. Gorbačevs mit H. Modrow fand in Moskau statt.
** Entwurf eines Aufrufs an die Bürger der DDR und der BRD sowie an alle europäischen Völker, übergeben von H. Modrow an Gorbačev am 30. Januar 1990.[20]

Archiv der Gorbačev-Stiftung. Bestand 1, Verzeichnis 1.

Nr. 68
Konzeption des DDR-Ministerpräsidenten, Modrow, „Für Deutschland, einig Vaterland", vom 30. Januar 1990[1]

Für Deutschland, einig Vaterland

(Konzeption für die Diskussion über den Weg zur deutschen Einheit)*

Ausgehend vom Willen der Bürger der DDR und der BRD und in Ausübung des Rechts des deutschen Volkes auf Selbstbestimmung streben wir nach der Vereinigung der beiden deutschen Staaten. Bedingt durch die historischen, gesellschaftspolitischen, aber auch wirtschaftlichen Realitäten kann dieses Ziel nur schrittweise und im Zuge eines mehrjährigen Prozesses erreicht werden.

Notwendige und mögliche Schritte auf diesem Wege könnten sein:

- Abschluss eines Vertrags über Zusammenarbeit und gute Nachbarschaft (Vertragsgemeinschaft), der bereits wesentliche konföderativen Elemente, wie eine Wirtschafts-, Währungs- und Verkehrsunion sowie die Annäherung der Rechtssysteme enthalten würde;
- Schaffung einer Konföderation zwischen der DDR und der BRD mit gemeinsamen Organen und Institutionen wie zum Beispiel eines parlamentarischen Ausschusses, einer Länderkammer und gemeinsamer Exekutivorgane;
- in weiterer Perspektive stellt sich das Ziel der Vereinigung zu einem einheitlichen deutschen Staat in Gestalt einer „Deutschen Föderation" oder „Deutschen Union" mittels der Durchführung von Wahlen in beiden Teilen der Konföderation, der Schaffung eines einheitlichen Parlaments, einer einheitlichen Verfassung und einer einheitlichen Regierung mit Sitz in der Hauptstadt Berlin.

[19] Gem. dt. Protokoll (wie Anm. 1, S. 297 f.) am Gesprächsende noch Informationen über die Situation in der UdSSR.
[20] Dokument Nr. 68.
[1] Dt. Wortlaut der Endfassung der Konzeption „Für Deutschland, einig Vaterland" u. a. in Modrow, Aufbruch, S. 186–188.

Notwendige Voraussetzungen für diese Entwicklung sind:

- Fortsetzung des Prozesses der demokratischen Erneuerung bei Wahrung der Stabilität, der Rechtsordnung und Gesetzlichkeit; Handlungsfähigkeit der Staatsorgane der DDR; Übergang zur Länderstruktur;
- Beachtung der Interessen und Rechte der vier Mächte, aber auch des Interesses aller Völker Europas an Frieden und Stabilität, Unabhängigkeit, Souveränität und an sicheren Grenzen. Absichtserklärung der vier Mächte darüber, dass nach Bildung eines einheitlichen deutschen Staates abschließend alle Fragen geregelt werden, die im Ergebnis des Zweiten Weltkrieges und der Nachkriegszeit entstanden sind, einschließlich der Anwesenheit ausländischer Truppen auf deutschem Boden und der Zugehörigkeit zu Militärbündnissen;
- Einbindung des Prozesses der deutschen Einheit in den europäischen Prozess unter Berücksichtigung des Vorschlags der Schaffung eines „europäischen Hauses" und einer „europäischen Konföderation";[2]
- militärische Neutralität der DDR und der BRD auf dem Wege zur Konföderation;
- Achtung der staatlichen Souveränität und der Prinzipien der Nichteinmischung und der Unabhängigkeit.[3]

Dieser Prozess der Vereinigung der Deutschen wird sich auf der Grundlage der Vereinbarungen zwischen den Regierungen und den Parlamenten der DDR und der BRD verwirklichen. Alle Seiten erklären ihr Bekenntnis zu den demokratischen und gewaltfreien Formen der politischen Auseinandersetzung und schaffen die dafür notwendigen Garantien. Sie tragen zu einem zivilisierten und kultivierten Dialog über diese Frage auf nationaler und internationaler Ebene bei, einschließlich der Durchführung von Volksbefragungen. Eine konstruktive Rolle in diesem Prozess könnte das für Ende 1990 in Aussicht genommene Gipfeltreffen der Teilnehmerländer der KSZE übernehmen.[4]

Diese Konzeption zeichnet sich aus durch ihr Bekenntnis zu den demokratischen, patriotischen und fortschrittlichen Ideen und Bewegungen der gemeinsamen Geschichte und der jüngsten Vergangenheit zu Gunsten der Einheit der deutschen Nation, aber auch zu den humanistischen und antifaschistischen Traditionen des deutschen Volkes. Ihre Verwirklichung soll den Wünschen und Interessen des deutschen Volkes entsprechen, aber auch einer der Faktoren für dauerhaften Frieden, Stabilität, Zusammenarbeit und Wohlstand auf dem europäischen Kontinent werden.

Diese Konzeption wendet sich an die Bürger der DDR und der BRD, an alle europäischen Völker und Staaten sowie an die Weltöffentlichkeit mit der Bitte, ihre Meinungen, Ideen und Vorschläge zu äußern.

* S. Anm. 16 zu Dokument Nr. 67.

Archiv der Gorbačev-Stiftung. Bestand Nr. 1, Verzeichnis Nr. 1.

2 Dieser Punkt fehlt im Abdruck bei Modrow (wie Anm. 1), S. 188.
3 In der veröffentlichten Fassung Unterpunkt der ersten Voraussetzung.
4 Vgl. die Charta von Paris vom 21. 11. 1990, in: Schweisfurth (Hg.), Dokumente, S. 441–469.

Nr. 69
Vermerk Zagladins, über ein Gespräch mit dem bundesdeutschen Botschafter in Moskau, Blech, am 1. Februar 1990

V. V. Zagladin über ein Gespräch mit dem Botschafter der BRD in der UdSSR K. Blech

1. Februar 1990

1. K. Blech sagte unter Bezugnahme auf sein Gespräch mit dem Berater von H. Kohl in außenpolitischen Fragen, H. Teltschik, letzterer habe ihn beauftragt, Folgendes zu übermitteln.

In ihrer auf Annäherung und Vorbereitung zur Wiedervereinigung zwischen BRD und DDR ausgerichteten Politik sei die Regierung der BRD bestrebt, ausgewogen zu handeln (was man, so Teltschik, von einigen Vertretern der politischen Kräfte in der BRD, einschließlich der regierenden Parteien, nicht sagen könne). Dabei gehe der Kanzler von der Berücksichtigung zweier wesentlicher Momente aus.

Das erste sei die Verantwortung der BRD auf internationaler Ebene. Uns ist klar, lässt Teltschik übermitteln, dass der Prozess der Wiedervereinigung bei den Nachbarn der BRD, und nicht nur bei den Nachbarn, Unruhe hervorruft. Und wir wollen nichts unternehmen, was diese Unruhe auch nur im Geringsten rechtfertigen würde.

Das zweite Moment sei die nationale Verantwortung der Regierung der BRD. Diese nationale Verantwortung erfordere auf der einen Seite, dem Streben der Deutschen im Osten wie im Westen nach Einheit Rechnung zu tragen und ihre Emotionen zu berücksichtigen. Auf der anderen Seite erfordere eben diese nationale Verantwortung, nicht zu hastig vorzugehen und den Prozess nicht künstlich zu beschleunigen. Denn eine solche Beschleunigung und besonders ihre Folgen würden schwerwiegendste Probleme in wirtschaftlicher, sozialer und politischer Hinsicht für die BRD selbst schaffen. Der Kanzler wisse dies sehr gut.

Teltschik habe ferner gebeten zu übermitteln, dass es für die Regierung sehr schwierig sei, „Emotionen mit besonnenen Handlungen in Einklang zu bringen", dies umso mehr, als die Emotionen jetzt immer stärker aus der DDR geschürt würden. In der BRD jedoch wachse bei den Bürgern ein Gefühl der Besorgnis (mit Bewusstwerdung der komplexen Probleme, die eine Wiedervereinigung für die BRD unausweichlich mit sich bringen würde, insbesondere eine beschleunigte Wiedervereinigung, was unerwünscht sei.)

2. Ferner sagte Blech, dass man in Bonn mit großem Interesse die Mitteilung über das Treffen zwischen M. S. Gorbačev und H. Modrow zur Kenntnis genommen habe.[1] „Wer lesen kann, kann dort viel Interessantes und Positives finden". Es handle sich dabei um einen neuen Schritt in der europäischen Politik. Nicht eine einzige der Bemerkungen des sowjetischen Führers, sagte Blech, hat bei mir persönlich oder bei Teltschik Widerspruch hervorgerufen.

[1] Zur TASS-Meldung vom 31. 1. 1990 vgl. u. a. Teltschik, 329 Tage, S. 120 f. Vgl. Dokument Nr. 67, Anm. 1.

K. Blech erklärte, er habe mit H. Teltschik das Problem der Einmischung der politischen Parteien der BRD in den Wahlkampf in der DDR erörtert. Teltschik habe eingeräumt, dass die politischen Parteien der BRD „ein Übermaß" zuließen und dass sie allzu aktiv seien. Blech sagte, dass die Aktivität der Parteien der BRD in der Tat übermäßig groß sei. Dies sei jedoch erstens das Resultat des Drucks aus der DDR – sämtliche „verwandten" Parteien verlangten Hilfe, und es sei schwer, sie zu versagen. Zweitens komme die durch die Wahlen bedingte Rivalität zwischen CDU/CSU und SPD zum Ausdruck. Die allergrößte Aktivität entfalteten die Sozialdemokraten und die CDU/CSU „kann vor ihrem Druck nicht zurückweichen". „Sprechen Sie mit Brandt", sagte der Botschafter.

3. Danach wurde die Frage der Folgen des Wiederherstellungsprozesses der Einheit Deutschlands, das heißt, die Frage der Sicherheit und der Grenzen angesprochen …

Blech verneinte, dass auch nur die geringste Gefahr des Wiedererstehens aggressiver Tendenzen in einem vereinten Deutschland bestehe. Ferner sagte er, dass man darüber, welcher Art die juristischen Garantien sein könnten, gemeinsam nachdenken müsse, unter Mitwirkung der betroffenen Länder.

In diesem Zusammenhang stellte ich dem Botschafter die Frage hinsichtlich der Grenzen, insbesondere der polnischen Grenze. Obwohl sich der Kanzler in Paris zu diesem Thema expliziter als früher geäußert habe, hätte es dennoch Elemente der Ungenauigkeit in seinen Ausführungen gegeben.[2] Und bereits nach diesem Auftritt habe der Präsident des Bundesverfassungsgerichts, Herzog, erneut wiederholt: Das Deutsche Reich existiert juristisch immer noch.[3] Wie sei das eine mit dem anderen in Einklang zu bringen?

K. Blech sagte in seiner Antwort, dass in keinem einzigen Dokument des Bundesverfassungsgerichts von den Grenzen von 1937 gesprochen werde; dass in der Verfassung von der Vereinigung des „deutschen Volkes" die Rede sei, nicht aber der Territorien, wo irgendwann Deutsche gelebt hätten; dass wenn von Vereinigung gesprochen werde, man in der BRD nur an eine Vereinigung von DDR und BRD denke und niemand meine, dass darauf der „Anschluss" irgendwelcher anderer Territorien folge, die jetzt zu Polen oder der UdSSR gehörten.

Weiter sagte K. Blech, dass, welche Kalkulationen man auch immer in Moskau oder Bonn anstelle, die Ereignisse ihren eigenen Lauf nehmen würden. Die Zeit dränge. Der Kanzler, so schloss der Botschafter, hoffe auf ein *persönliches* Arbeitstreffen mit M. S. Gorbačev und meine damit, dass ein Teil der Begegnung unbedingt unter vier Augen stattfinden solle. Denn er habe „etwas, unter anderem die DDR Betreffendes, worüber nur er und nur persönlich mit M. S. Gorbačev sprechen könne".[4]

Archiv der Gorbačev-Stiftung. Bestand 3, Verzeichnis 1.

[2] Rede am 17. 1. 1990, in: Bulletin Nr. 9 vom 19. 1. 1990, S. 61–66, relevante Passagen in Weidenfeld, Außenpolitik, S. 482 f.
[3] Die Argumentation Herzogs zusammengefasst in Weidenfeld, Außenpolitik, S. 482.
[4] Dokumente Nr. 72 und Nr. 73.

Nr. 70
Meldung der Pravda vom 3. Februar 1990 über das Gespräch Gorbačevs mit dem Vorsitzenden der SED–PDS, Gysi, am 2. Februar 1990[1]

Begegnung M. S. Gorbačevs mit G. Gysi[2]

2. Februar 1990

Bei dem Gespräch wurde ein großer Kreis von Fragen behandelt, die mit den in der Sowjetunion und in der DDR ablaufenden Prozessen demokratischer Umgestaltungen, der Erneuerung der beiden Parteien und der Entwicklung der Lage in der europäischen Region verbunden sind.

Gysi berichtete über die fundamentalen Veränderungen bei Inhalt und Methoden der Tätigkeit von SED–PDS, über das Bemühen der Partei, aktiv zur Stabilität im Lande beizutragen, deren Zerstörung die grundlegenden Interessen der Festigung des Friedens in Europa sowie vor allem diejenigen der Deutschen selbst bedroht.

Die KPdSU, sagte Gorbačev, sei mit den Gleichgesinnten in der DDR solidarisch. Befreit von der Last der Vergangenheit und im Bewusstsein ihrer Verantwortung für das Schicksal des Landes und des Volkes, sei die SED–PDS in der Lage, einen umfangreichen, konstruktiven Beitrag zu der für die DDR so notwendigen Konsolidierung aller progressiven und demokratischen Kräfte zu leisten.

Erwähnt wurden der Mut und die geistige Stärke der Genossen, die der Hetzkampagne gegenüber der Masse ehrlicher Parteimitglieder, die ehrenwert für das Wohl der Gesellschaft gearbeitet hätten, beherzt entgegengetreten seien. In einer Atmosphäre, in der antikommunistische Stimmungen angeheizt würden, gebärdeten sich neonazistische und profaschistische Gruppen in der DDR, mit deren Hilfe von außen kommende rechtsradikale Kräfte offensichtlich ihre Positionen ausdehnen und festigen möchten, noch unverschämter.

Die Gesprächspartner waren sich einig über die Wichtigkeit demokratischer Veränderungen in der DDR und auch darüber, dass sie das unbedingte Recht habe, die Fragen ihrer Zukunft selbst zu lösen. Sie erklärten, dass eine Einmischung von außen in das innenpolitische Leben der Republik unzulässig sei, eine Einmischung, die man nur als den Versuch bezeichnen könne, einen souveränen Staat zu unterminieren, der sich im Zuge des derzeitigen historischen Umschwungs in seiner Entwicklung als einer der wichtigsten Garanten der Stabilität in Europa erweise.

In der Sowjetunion, betonte M. S. Gorbačev, stehe man dem Bestreben der Deutschen in der DDR und in der BRD nach Annäherung und Zusammenarbeit verständnisvoll gegenüber. Dies sei eine natürliche Tatsache. Davon sei unlängst

[1] Dt. Gesprächsprotokoll in: Nakath (Hg.), Im Kreml, S. 134–159. Vgl. dazu das Gespräch Gysis mit Jakovlev am 2. 2. 1990, ebd., S. 160–162 und den Bericht über die Reise nach Moskau, ebd., S. 163 f. Vgl. Gysi, Das war's, S. 127–130; nur kurze Charakteristik bei Gorbatschow, Erinnerungen, S. 937.

[2] Auf dt. Seite nahmen Botschafter König, Willerding und Ettinger, auf sowjetischer Seite Falin teil. Vgl. Modrow, Perestrojka, S. 135.

auch im Gespräch mit H. Modrow die Rede gewesen.[3] Er wolle noch einmal die Schädlichkeit des Drucks der Leidenschaften, der rund um diese Frage entstanden sei sowie des simplifizierten Herangehens an dieses Problem hervorheben.

Wir sind überzeugt, sagte der sowjetische Führer, dass im Rahmen des europäischen Prozesses und bei der Konstruktion des gemeinsamen Hauses in Europa auch die Frage der deutschen nationalen Einheit ihre Lösung finden kann. Ob dies unter den Bedingungen einer gesamteuropäischen Konföderation – einer von Präsident F. Mitterand vorgestellten Idee[4] – oder in irgendeiner anderen Form geschieht, bleibt der Geschichte überlassen. Wir hoffen, dass man bei der Suche nach Wegen und Formen einer möglichen Einigung, die den Interessen aller europäischen Staaten und den Interessen des Friedens in der gesamten Welt nicht entgegenstehen, in beiden deutschen Staaten ein hohes Maß an Verantwortung an den Tag legen wird. Die Haltung der SED–PDS zu diesen Fragen ist, soweit uns bekannt, in der Erklärung des Präsidiums ihres Parteivorstands am 1. Februar d.J. recht explizit zum Ausdruck gekommen.[5]

Unter den Bedingungen einer aktiven Entwicklung der deutschen Probleme ist es für alle Länder, für alle Parteien und Bewegungen, deren Interessen dies akut berührt, für die Menschen auf den Straßen und in den Arbeitszimmern – für alle notwendig, umsichtig und in höchstem Maße vernünftig zu handeln. Andernfalls kann man Europa, das sich gerade erst auf den Weg gegenseitigen Vertrauens und gemeinsamer Kreativität gemacht hat, ins Verderben führen.

In Beantwortung von Fragen der Journalisten sagte G. Gysi, dass der Vereinigungsprozess der beiden deutschen Staaten mittels einer Konföderation im Rahmen des gesamteuropäischen Prozesses unter Berücksichtigung der Interessen der vier Mächte erfolgen werde. In einer ersten Phase werde eine Vertragsgemeinschaft unter Anerkennung der Souveränität und Unabhängigkeit geschaffen werden. Dieser Prozess werde seiner Meinung nach die Stabilisierung in Europa begünstigen, da er sich im Rahmen eines gesamteuropäischen Einigungsprozesses abspiele. Andernfalls, hob der Führer der SED–PDS hervor, wäre dies ein Weg in die Destabilisierung.

Bei der Lösung der deutschen Frage, so merkte er an, sei es notwendig, die richtige Abfolge der Handlungen zu finden, damit dieser Prozess den Interessen der Deutschen und der anderen europäischen Völker keinen Schaden zufüge.

Bei der Bewertung der Perspektiven der innenpolitischen Entwicklung in der DDR, insbesondere des möglichen Ausgangs der Wahlen zur Volkskammer der Republik, hob G. Gysi hervor, dass seine Partei jedes Wahlergebnis akzeptieren werde.

Pravda, 3. 2. 1990 (TASS).

[3] Dokument Nr. 67.

[4] Neujahrsbotschaft vom 1. 1. 1990, vgl. Gespräch Kohls mit Mitterand, in: Deutsche Einheit, Sonderedition, S. 690 mit Anm. 8.

[5] Gem. Nakath (Hg.), Im Kreml, S. 156, Anm. 56: „Eine sofortige Vereinigung ist nicht möglich", in: ND vom 2. 2. 1990, zusammen mit der Veröffentlichung der Konzeption Modrows (Dokument Nr. 68).

Nr. 71
Gespräch Gorbačevs mit dem amerikanischen Außenminister, Baker, am 9. Februar 1990 [Auszug][1]

Aus dem Gespräch M. S. Gorbačevs mit J. Baker*

9. Februar 1990

(An dem Treffen nahmen Ė. A. Ševardnadze und A. S. Černjaev teil.)[2]

M. S. Gorbačev: [...].[3] Zu Beginn dieses Teils unseres Gesprächs möchte ich das in Bezug auf das gesamteuropäische Treffen im Jahre 1990 Gesagte ergänzen.**

Nach zahlreichen Kriterien zu urteilen, gleitet uns die Lage in Europa aus den Händen. Deshalb wird uns dieses Gipfeltreffen helfen, die Prozesse zu kanalisieren. Die Richtung der Entwicklung, wenn diese in demokratischer, evolutionärer Form abläuft, kann Ergebnisse zeitigen, die sowohl für den Westen wie für den Osten vorteilhaft sind.

Ich dachte: Unsere Prognose, die Welt werde sich verändern – und sich dabei in vielen ihrer Teile dramatisch verändern – hat sich als richtig erwiesen. Und es trifft sich sehr gut, dass sich die Beziehungen zwischen den beiden mächtigsten und einflussreichsten Ländern der Welt in dieser Zeit in einer günstigen Phase befinden. Das ist wichtig für die Gegenwart und es ist eine Vorleistung auf die Zukunft.

Jetzt können wir noch vieles tun. Nachher wird es komplizierter. Ich habe gesagt, dass unsere Länder dazu „verurteilt" sind, zusammenzuarbeiten. Wir müssen diese Zusammenarbeit stabil machen. Zwischen uns gibt es keine unüberwindlichen Gegensätze. Aber die Gegensätze, die existieren, muss man verstehen und sich bemühen, sie in einen Rahmen des Zusammenwirkens zu stellen ...

J. Baker: Heute Morgen habe ich mit Minister Ševardnadze die deutsche Frage eingehend erörtert. Ich möchte auch Ihre Überlegungen zu diesem Thema hören.[4]

M. S. Gorbačev: Ich würde gerne Sie hören.

J. Baker: Erstens, dieser Prozess verläuft bei Weitem schneller, als irgendjemand im vergangenen Jahr, selbst noch im Dezember vergangenen Jahres, hätte erwarten können. Im Verlaufe der vergangenen Woche habe ich die Außenminis-

[1] Gorbačev traf sich zweimal mit Baker, davon einmal in erweiterter Runde. Das vorliegende Gespräch ist das Vieraugentreffen. Auszüge beider Gespräche in von Plato, Vereinigung, S. 236–252; die Passage zur NATO-Osterweiterung auch in Primakov, Minnoe pole, S. 167; aus amerikanischen Protokollen Zelikow/Rice, Sternstunde, S. 259–263, mit Abgrenzung zu Beschloss/Talbott, At the highest levels, S. 182–186, dazu Kramer, Myth, S. 48 f. Das größere Delegationsgespräch in CWIHP, Document readers, The end of the cold war, http://www.wilsoncenter.org/cwihp/documentreaders/eotcw/900209.pdf. Vgl. ferner auf der Basis zusätzlicher US-Akten Sarotte, 1989, S. 110 f. Vgl. Baker, Drei Jahre, S. 183 f., 203 f.; Gorbatschow, Erinnerungen, S. 715 f.; Gorbatschow, Wie es war, S. 101–105; Gates, From the shadows, S. 489–491; mit Fokus auf die Abrüstungsproblematik Achromeev/Kornienko, Glazami, S. 266–271. Die Unterrichtung Bakers für Kohl vom 10. 2. in Deutsche Einheit, Sonderedition, S. 793 f.

[2] Von amerikanischer Seite nahmen Ross, Bartholomew und ein Dolmetscher teil, vgl. Zelikow/Rice, Sternstunde, S. 565, Anm. 58 sowie von Plato, Vereinigung, S. 238.

[3] Auslassung gem. Vorlage. Nach von Plato, Vereinigung, S. 238 f., geht es zunächst um Abrüstungsfragen, dann erläutert Baker die amerikanische Position zum europäischen Gipfel.

[4] Vgl. zu diesem Gespräch aus Gesprächsprotokollen Zelikow/Rice, Sternstunde, S. 256–259, dazu von Plato, Vereinigung, S. 236 f.

ter Großbritanniens, Frankreichs und der BRD getroffen. Alle vertreten die gleiche Meinung. Am 18. März wird das Volk der DDR seine Stimme bei den Wahlen abgeben. Mit überwältigender Mehrheit wird es sich für die Vereinigung aussprechen und Führer wählen, die die Idee der Vereinigung Deutschlands vertreten. In Kürze werden beide deutsche Staaten beginnen, die inneren Aspekte der Vereinigung zu erörtern, Fragen wie die Vereinigung der Regierungen, der Parlamente, einer gemeinsamen Hauptstadt, einer gemeinsamen Währung und einer Wirtschaftsunion. De facto geschieht dies alles bereits.

Mir ist die Besorgnis der Sowjetunion, über die wir mit dem Minister im Einzelnen gesprochen haben, wohlbekannt. Dabei werten wir Ihre jüngsten Äußerungen und die Rede von Herrn Ševardnadze in Brüssel im Dezember vergangenen Jahres als Ausdruck Ihres Verständnisses dafür, dass die Vereinigung unausweichlich ist.[5] Die Hauptsache ist, dass dieser Prozess unter stabilen Bedingungen abläuft und auf lange Sicht Stabilität gewährleistet. Wir sind der Auffassung, dass dafür ein Rahmen oder Mechanismus zur Klärung der Fragen notwendig ist, die die äußeren Aspekte der Vereinigung betreffen. Gleichzeitig muss an die Schaffung eines derartigen Mechanismus äußerst vorsichtig herangegangen werden, um nicht ein Aufflammen des deutschen Nationalismus zu verursachen. Man kann den Mechanismus erst schaffen, wenn die beiden Deutschland mit der Erörterung der inneren Aspekte der Einheit beginnen.

Wir haben begonnen, mit Franzosen und Deutschen – vorläufig, ohne bislang eine Vereinbarung anzuvisieren – die Möglichkeit der Schaffung eines Mechanismus „2+4" zu erörtern.

M. S. Gorbačev: Ich möchte Sie fragen, was Sie von einem Mechanismus „4+2" halten?

J. Baker: Ich glaube, es ist besser, gerade einen Mechanismus „2+4" zu haben. Ich habe Herrn Ševardnadze auseinandergesetzt, warum unserer Ansicht nach ein vierseitiges Vorgehen nicht funktioniert. Ich glaube, dass die Idee, den Prozess der KSZE zu nutzen, ebenfalls schwer zu verwirklichen ist, weil dies viel zu sperrig wäre. Ich möchte auch hervorheben, dass ich keine Zusicherungen seitens der BRD habe, dass die Deutschen dem Ansatz „2+4" zustimmen werden.

Selbstverständlich ist es unumgänglich, bei der Erarbeitung einer Herangehensweise an die äußeren Aspekte der Vereinigung in gewissem Maße auch die Besorgnisse der Nachbarn Deutschlands zu berücksichtigen. Deshalb ist es durchaus möglich, dass das KSZE-Forum zur Ratifizierung der Vereinbarungen, die im Rahmen des „2+4"-Mechanismus ausgearbeitet wurden, genutzt werden könnte.

Wir haben mit Ihnen gemeinsam gekämpft und gemeinsam Frieden nach Europa gebracht. Bedauerlicherweise haben wir dann den Frieden schlecht genutzt und dies führte zum „Kalten Krieg". Wir konnten damals nicht zusammenwirken. Jetzt, da in Europa schnelle und fundamentale Veränderungen vor sich gehen, haben wir günstigere Möglichkeiten, im Interesse der Erhaltung des Friedens zusammenzuarbeiten. Ich möchte unbedingt, dass Sie wissen: Weder der Präsident

[5] Rede Ševardnadzes am 19. 12. 1989 vor dem Politischen Ausschuss des Europäischen Parlaments, in: Europa-Archiv, 45 (1990), S. D 127–D 136; vgl. die Vorlage von Ministerialdirigent Hartmann für Kohl vom 20. 12. 1989, in: Deutsche Einheit, Sonderedition, S. 676–679.

noch ich beabsichtigen, aus den ablaufenden Prozessen einseitige Vorteile zu ziehen.

Noch einige Punkte. Wir treten in der Tat nicht dafür ein, dass Deutschland neutral wird. Die Westdeutschen haben uns ebenfalls gesagt, dass sie eine solche Lösung nicht für befriedigend halten würden. Ich möchte darlegen, warum.

Wenn Deutschland neutral wird, wird es nicht unbedingt nicht militaristisch sein. Im Gegenteil, es kann durchaus die Entscheidung treffen, sein eigenes atomares Potential zu schaffen, statt sich auf die amerikanische nukleare Abschreckung zu verlassen. Alle unsere westeuropäischen Bündnispartner und eine Reihe osteuropäischer Länder haben uns zur Kenntnis gebracht, dass die militärische Präsenz der Vereinigten Staaten in Europa erhalten bleiben soll. Ich weiß nicht, ob Sie eine solche Perspektive unterstützen. Aber ich will Ihnen versichern: Falls unsere Verbündeten uns sagen, dass sie gegen unsere Anwesenheit sind, werden wir unsere Streitkräfte nach Hause holen.

Ė. A. Ševardnadze: Hinsichtlich Ihrer anderen Verbündeten weiß ich es nicht. Aber ein vereintes Deutschland könnte dies durchaus fordern.

J. Baker: Wenn es so kommt, kehren unsere Streitkräfte nach Hause zurück. Wir ziehen uns aus jedem Land zurück, das unsere Anwesenheit nicht wünscht. Die Stimmung zugunsten dieser Haltung war im amerikanischen Volk immer stark. Wenn jedoch an der Spitze des vereinigten Deutschland die jetzige westdeutsche Führung stehen wird, so hat uns diese Führung gesagt, sie sei dagegen, dass wir abziehen.

Und ein Letztes. Der Mechanismus, der die Anwesenheit der USA in Europa gewährleistet, ist die NATO. Wenn die NATO aufgelöst wird, dann wird es diesen Mechanismus für die Präsenz der USA in Europa nicht mehr geben. Wir verstehen, dass es nicht nur für die Sowjetunion, sondern auch für die anderen europäischen Länder wichtig ist, Garantien dafür zu haben, dass – wenn die Vereinigten Staaten ihre Anwesenheit in Deutschland im Rahmen der NATO aufrechterhalten – die Jurisdiktion oder militärische Präsenz der NATO in östlicher Richtung um keinen einzigen Zoll ausgedehnt wird. Wir sind der Meinung, dass die Konsultationen und Beratungen im Rahmen des „2+4"-Mechanismus Garantien dafür geben müssen, dass die Vereinigung Deutschlands nicht zu einer Ausdehnung der militärischen Organisation der NATO nach Osten führt.

Dies sind unsere Überlegungen. Vielleicht kann man einen besseren Ansatz finden. Wir haben bisher keine Zustimmung der Deutschen zu dieser Vorgehensweise. Ich habe sie Genscher dargelegt, und er sagte lediglich, dass er darüber nachdenken werde. Was Dumas (*den französischen Außenminister*) angeht, so hat ihm diese Idee gefallen. Jetzt habe ich diese Vorgehensweise Ihnen vorgetragen. Ich wiederhole, es kann sein, dass man sich etwas sehr viel Besseres ausdenken kann, aber uns ist dies bisher nicht gelungen.

M. S. Gorbačev: Ich möchte sagen, dass wir im Großen und Ganzen diese Art von Überlegungen teilen. In der Tat, der Prozess hat begonnen und läuft. Und wir müssen versuchen, uns den neuen Realitäten anzupassen. Wir brauchen einen Mechanismus, der dazu beiträgt, dass die Stabilität in Europa – in diesem sehr wichtigen Zentrum der Weltpolitik – nicht zerstört wird. Natürlich gibt es zwischen uns ein paar Unterschiede im Blick auf die Lage. Ich glaube, dass das überhaupt nicht schlimm ist. Die Hauptsache ist, die Situation nicht zu vereinfacht anzugehen.

Erstens, wir möchten, dass sich die Lage in Europa verbessert. Man darf nicht zulassen, dass sich infolge der Ereignisse die Lage verschlechtert. Man muss darüber nachdenken, wie unter den Bedingungen einer neuen Realität zu handeln ist. Es erhebt sich die Frage: Was für ein Deutschland wird das sein? Wie wird es sich entschließen, in Europa und in der Welt zu agieren? Dies sind prinzipielle Fragen. Und, wie wir sehen, werden sie etwa in Paris, in London, Warschau, Prag und Budapest auf unterschiedliche Weise wahrgenommen.

J. Baker: Das habe ich verstanden.

M. S. Gorbačev: Gestern habe ich mit Jaruzelski telefoniert. Er weiß, dass Sie derzeit in Moskau sind und er weiß auch, dass morgen Kohl und Genscher nach Moskau kommen. In Hinblick darauf äußerte Jaruzelski seine Meinung zu einer Reihe von Fragen, insbesondere zu Deutschland. Und für einen Polen ist Deutschland eine Frage! Er meint, man müsse in dieser Angelegenheit Kontakt halten und sich beraten. Er äußerte die Meinung, dass die Anwesenheit der amerikanischen und sowjetischen Streitkräfte in Europa ein Element der Stabilität sei.

Wenn man die Tschechoslowakei und Österreich nimmt, dann existiert dort die Befürchtung, dass in einem geeinten Deutschland Kräfte aufbrechen könnten, die Ansprüche auf die Grenzen von 1938, auf das Sudetenland und Österreich, erheben könnten. Natürlich werden diese Ansprüche heute nicht geäußert. Aber was wird morgen sein? Wenn man Frankreich und Großbritannien nimmt, dann stellt sich bei ihnen die Frage: Werden sie starke Mitspieler in Europa bleiben? Kurz gesagt, in dieser Lage haben wir beide es kraft der Masse und des Gewichts unserer Länder leichter. Kohl und seine Mannschaft führen Gespräche mit uns, wohl wissend, was das bedeutet.

J. Baker: Ich stimme Ihnen zu.

M. S. Gorbačev: Somit ist es notwendig, taktisch und wohlüberlegt zu handeln sowie dabei die nationalen Gefühle des Volkes zu verstehen, sie nicht zu behindern, sich aber zu bemühen, diesen Prozess zu kanalisieren. Was den Mechanismus „4+2“ oder „2+4“ angeht, einen Mechanismus, der sich auf die Grundlage des Völkerrechts stützen und die Möglichkeit bieten würde, sich zu beraten und die Lage zu bewerten, so sollten wir vielleicht nach unserem Meinungsaustausch – Sie, wie Sie es für erforderlich halten und wir in entsprechender Weise – die Konsultationen mit unseren Partnern im Westen wie im Osten fortsetzen. Das bedeutet zunächst nicht, dass Einvernehmen zwischen uns herrscht, aber man muss danach suchen. Sie sagten, dass die BRD nicht ihre Zustimmung zu diesem Ansatz ausgedrückt habe. Was Modrow betrifft, so unterstützt er, nach unseren Gesprächen mit ihm zu urteilen, diese Vorgehensweise. Morgen können wir Kohl fragen, was er darüber denkt.

J. Baker: Das wäre gut. Aber ich möchte eine Warnung anbringen. Wenn wir eine Chance haben, die Deutschen davon zu überzeugen, den Ansatz „2+4“ zu unterstützen, dann nur nach dem 18. März, nur nachdem die Position der DDR geklärt sein wird, nachdem man begonnen hat, die inneren Aspekte der Vereinigung zu erörtern. Andernfalls werden sie sagen: Der Druck der Vier Mächte ist inakzeptabel, die Vereinigung ist eine rein deutsche Frage. Unser Ansatz sieht vor, dass die inneren Aspekte der Vereinigung tatsächlich eine Angelegenheit der beiden Deutschland sind. Allerdings müssen die äußeren Aspekte unter Berücksichtigung der Sicherheitsinteressen der Nachbarn Deutschlands erörtert werden und müssen für diese akzeptabel sein. Außerdem müssen wir den Status Berlins erörtern. Wenn wir auf diese Weise an die Sache herangehen, dann besteht die Chance, dass die Deutschen dem vorgeschlagenen Mechanismus zustimmen werden.

Ich muss noch einmal eingestehen, dass ich dies mit dem Kanzler überhaupt nicht besprochen habe, und Genscher hat mir keine Antwort gegeben. Er sagte lediglich, er werde die Vorgehensweise prüfen. Ich denke, dass er ihr zustimmen wird. Aber der Kanzler – das ist eine andere Sache. Er ist Kandidat in den bevorstehenden Wahlen.

M. S. Gorbačev: Das ist ein sehr wichtiger Faktor, der der Situation seinen Stempel aufdrückt.

J. Baker: So sind die Launen der Demokratie. Kohl ist gezwungen, sehr vorsichtig zu agieren, damit er in Deutschland nicht den Eindruck erweckt, er lege die Frage der Vereinigung des Landes in die Hände anderer.

M. S. Gorbačev: Ich möchte Ihnen von einem Symposium erzählen, das kürzlich von der Evangelischen Akademie organisiert wurde und bei dem die Vertreter aller Parteien und Gruppierungen der BRD und der DDR anwesend waren, mit Ausnahme von Modrows Partei.[6] Im Ergebnis der Erörterung sprach sich die Mehrheit der Teilnehmer für eine Konföderation aus. Die Vertreter der DDR hoben hervor, dass die wirtschaftliche Annäherung der beiden Deutschland nicht den Ausverkauf oder die Kolonisierung der DDR bedeuten dürfe. Sie sagten, sie wollten nicht, dass man mit ihnen spreche wie mit kleinen Kindern.

Zweite Schlussfolgerung: Die Vereinigung dürfe nur auf dem Territorium der jetzigen BRD und der DDR sowie unter Respektierung der bestehenden Grenzen und Beibehaltung der Zugehörigkeit der beiden Teile Deutschlands zur NATO und zum Warschauer Pakt erfolgen.

Unterdessen gab es auch Meinungsverschiedenheiten. Einige Vertreter sowohl der BRD als auch der DDR sprachen sich für eine Neutralisierung des künftigen Deutschland aus. Jedoch war die Mehrheit der Vertreter beider Länder dafür, die Zugehörigkeit zu den beiden Bündnissen beizubehalten, bei denen eine Umgestaltung der militärischen Strukturen in neue, politische Strukturen erfolgen würde.

Das Erstaunlichste war die Rede Brandts. Er behauptete, niemand dürfe die Selbstbestimmung Deutschlands behindern. Er sagte, die Deutschen dürften nicht abwarten, wie der KSZE-Prozess verlaufe; nicht die gesamteuropäische Annäherung dürfe der Vereinigung Deutschlands vorausgehen, sondern umgekehrt, die Vereinigung Deutschlands müsse vorher stattfinden. Er lehnte eine Konföderation ab und trat für einen föderativen deutschen Staat ein. Dabei müsse der westdeutsche Teil dieser Föderation in der NATO bleiben, und was die frühere DDR betreffe, sagte er, so müsse man darüber nachdenken.

[6] Kongress „Neue Antworten auf die deutsche Frage“ am 2. 2. 1990 in der Evangelischen Akademie Tutzing. Vgl. Grass, Kurze Rede eines vaterlandslosen Gesellen, in: ders., Ein Schnäppchen namens DDR. Letzte Reden vorm Glockengeläut, München 1993, S. 7–14.

Viele Vertreter der BRD kritisierten Brandt für das Anfachen des deutschen Nationalismus und dafür, dass er versuche, sogar Kohl zu überhohlen.

Interessant war die Rede des bekannten Gelehrten Weizsäcker, des Bruders des derzeitigen Präsidenten der BRD. Er sagte, es sei aus vielen Gründen notwendig, eine Verschärfung des deutschen Nationalismus zu vermeiden, unter anderem auch deshalb, weil dies zu einer Welle des Nationalismus in der Sowjetunion führen könne. Ihm ist bewusst, was die Erinnerung an den vergangenen Krieg für das sowjetische Volk bedeutet. Er hob auch hervor, dass ein Aufflammen des Nationalismus in der UdSSR eine Bedrohung für die Perestrojka bedeuten könnte. Je mehr Geschrei die Deutschen um die Vereinigung machten, umso mehr werde das die Nachbarn ängstigen. In Europa, hob Weizsäcker hervor, habe man Auschwitz nicht vergessen.

Der Schriftsteller Günter Grass betonte, dass ein vereinigtes Deutschland in der Geschichte stets eine Brutstätte für Chauvinismus und Antisemitismus gewesen sei. Gesprochen wurde auch über die wirtschaftlichen Kosten einer Vereinigung. Es wurde eine Zahl genannt: In den nächsten acht bis zehn Jahren werde sich der ökonomische Preis der Vereinigung auf 50 Milliarden Mark belaufen. Wenn die Deutschen die Wahrheit darüber erführen, unterstrichen die Redner, würden sie dreimal überlegen, ob sich eine Vereinigung lohne.

Was für ein interessantes Mosaik an Meinungen. Ich habe Ihnen so ausführlich darüber berichtet, weil ich glaube, man sollte bei alledem nicht der Welle der Emotionen, dem Druck nachgeben und nicht von den Überlegungen und Prognosen darüber abgehen, was dies alles bedeuten könnte und wie man diesen Prozess kanalisiert. In beiden deutschen Staaten gibt es Kräfte, die die Gefahr erkennen. Und das ist wichtig. Ich würde Sie bitten, dem Präsidenten zu sagen, dass wir mit Ihnen Kontakt halten sowie Informationen und, wenn erforderlich, Ideen zu diesem Problem austauschen wollen.

J. Baker: Das werde ich unbedingt tun. Ich möchte, dass Sie verstehen: Ich sage nicht, dass wir der Welle der Emotionen nachgeben sollen. Aber ich glaube, dass die innere Integration Deutschlands bald eine Tatsache sein wird. Unter diesen Bedingungen ist es unsere Pflicht vor den Völkern, unsere Pflicht um des Friedens in der Welt willen, alles Mögliche zu tun, um solche äußeren Mechanismen zu schaffen, die die Stabilität in Europa gewährleisten. Deshalb habe ich den genannten Mechanismus vorgeschlagen.

Was den ökonomischen Preis der Vereinigung angeht, so wird diese Frage wahrscheinlich im Verlaufe des Wahlkampfs erörtert werden. Aber ich denke, sie wird vom emotionalen Überschwang, vom Drang der Menschen, sich zu vereinigen und zusammen zu sein, überspült werden.

Ich möchte Ihnen eine Frage stellen, auf die Sie jetzt nicht unbedingt eine Antwort geben müssen. Vorausgesetzt, die Vereinigung findet statt, was ist für Sie vorzuziehen: Ein vereinigtes Deutschland außerhalb der NATO, vollkommen selbstständig und ohne amerikanische Streitkräfte oder ein vereinigtes Deutschland, das seine Verbindungen zur NATO aufrechterhält, aber unter der Garantie, dass die Jurisdiktion oder die Streitkräfte der NATO sich nicht über die derzeitige Linie nach Osten ausbreiten?

M. S. Gorbačev: Wir werden dies alles durchdenken. Wir beabsichtigen, alle diese Fragen auf der Führungsebene gründlich zu erörtern. Selbstverständlich ist es klar, dass eine Ausdehnung der NATO-Zone inakzeptabel ist.

J. Baker: Wir stimmen dem zu.

M. S. Gorbačev: Es ist durchaus möglich, dass in der Lage, wie sie sich jetzt gestaltet, die Anwesenheit der amerikanischen Streitkräfte eine mäßigende Rolle spielen kann. Es ist möglich, dass wir mit Ihnen gemeinsam darüber nachdenken müssen, wie Sie gesagt haben, dass ein geeintes Deutschland vielleicht Wege zur Aufrüstung, wie das nach Versailles der Fall war, zur Schaffung einer neuen Wehrmacht, suchen wird. In der Tat, wenn es sich außerhalb der europäischen Strukturen befindet, dann kann sich die Geschichte wiederholen. Das technische und industrielle Potential gestattet es Deutschland, dies zu tun. Wenn es im Rahmen der europäischen Strukturen existiert, dann kann man diesen Prozess verhindern. Über alles dies muss man nachdenken.

Vieles von dem, was Sie gesagt haben, erscheint realistisch. Lassen Sie uns nachdenken. Man kann derzeit kein Fazit ziehen. Sie wissen, dass die DDR eng mit uns verbunden ist und dass die BRD unser wichtigster Handelspartner im Westen ist. Historisch war Deutschland stets ein starker Partner Russlands. Sowohl wir als auch Sie haben die Möglichkeit, auf die Lage einzuwirken. Und diese Möglichkeiten könnte man nutzen, wenn wir eine rationale Vorgehensweise erarbeiten, die den Interessen unserer und anderer Länder Rechnung trägt und wenn wir einen entsprechenden Mechanismus ausarbeiten. Man sollte diese Möglichkeiten nicht unterschätzen. Natürlich wird die Sache derzeit sehr durch den Wahlkampf erschwert, durch die Glut der Leidenschaften, die die Gesellschaft erhitzen. Wir werden die Situation beobachten und darüber nachdenken, wie man vorgehen kann. […].

* Die Begegnung fand während des Aufenthalts von US-Außenminister James Baker in Moskau statt.
** Gemeint ist die geplante Gesamteuropäische Konferenz auf höchster Ebene [KSZE].[7]

Archiv der Gorbačev-Stiftung. Bestand 1, Verzeichnis 1.

[7] Vgl. Dokument Nr. 68, Anm. 4.

Nr. 72
Gespräch Gorbačevs mit Bundeskanzler Kohl am 10. Februar 1990 [Auszug][1]

Aus dem Vieraugengespräch M. S. Gorbačevs mit H. Kohl
10. Februar 1990*

(An dem Gespräch nahm von deutscher Seite H. Teltschik, von sowjetischer A. S. Černjaev teil.)

M. S. Gorbačev: Ich freue mich, Sie zu begrüßen, Herr Bundeskanzler. Es ist sehr schön, dass Sie nach Moskau gekommen sind. Die Zeit ist jetzt derart, dass wir ständig in Kontakt sein müssen. Die Ereignisse entwickeln sich dynamisch, deshalb gibt es genügend zu besprechen.

Ich erinnere mich oft an die Gespräche in Bonn im Sommer vergangenen Jahres.[2] Als wir damals einzelne Fragen erörterten, konnten wir überhaupt nicht ahnen, dass sie innerhalb so kurzer Zeit eine Lösung erfordern würden. Das, was damals für uns irgendwo in den Wolken schwebte, ist nun auf die Erde herabgekommen und objektive Realität geworden, hat sich aktualisiert. Es ist sehr gut, dass wir in der Zeit, die seit unserer letzten Begegnung vergangen ist, lebhaften Kontakt gehalten, Botschaften ausgetauscht und miteinander telefoniert haben. Dies hat uns geholfen, ein besseres Gespür füreinander zu bekommen und einander zu verstehen.

Die Zeit ist in der Tat nicht einfach. Wir in der Sowjetunion halten uns ständig unter Spannung, um, wie man bei uns sagt, keine Dummheiten zu machen. Zurückhaltung und Umsicht sind selbstverständlich nötig, nicht nur in inneren Angelegenheiten, sondern auch in der Außenpolitik.

Sie sind der Gast, Sie haben das Wort.

H. Kohl: Vielen Dank für den warmen Empfang, für die Begrüßung. Unser heutiges Treffen ist überfällig. Das Gespräch ist sehr wichtig.

M. S. Gorbačev: Ich stimme Ihnen zu.

H. Kohl: Auch ich erinnere mich mit Befriedigung an unsere Begegnungen und Gespräche in Bonn und knüpfe mit unserem heutigen Gespräch daran an. Im Sommer vergangenen Jahres haben wir uns wirklich sehr eingehend und ernsthaft unterhalten. Und ich möchte von jenen Gesprächen ausgehen und mit Ihnen genauso aufrichtig und offen sprechen.

Wir haben während Ihres Aufenthalts in der BRD viel erreicht. Es wurde eine Gemeinsame Erklärung unterzeichnet, die in allen Punkten wirksam ist.[3] Die jetzige Entwicklung verläuft, wie ich glaube, im Geiste dieser Gemeinsamen Erklä-

[1] Auszüge in von Plato, Vereinigung, S. 258–272, der zugleich die Unterschiede zum dt. Protokoll diskutiert; Gorbatschow, Wie es war, S. 105–112; die Passage zur NATO-Osterweiterung auch in Primakov, Minnoe pole, S. 168. Das dt. Protokoll in Deutsche Einheit, Sonderedition, S. 795–807; vgl. ferner Gorbačevs Zusammenfassung in Dokument Nr. 76. Vgl. Teltschik, 329 Tage, S. 138–141; Gorbatschow, Erinnerungen, S. 716f.; Kohl, Erinnerungen 1982–1990, S. 1063–1067; Diekmann/Reuth, Helmut Kohl, S. 270–274; Kuhn, Gorbatschow, 108–110; Cherniaev, Gorbachev, S. 167 bezieht sich auf ein Telefonat vom 11. 2. 1990.

[2] Dokumente Nr. 33–44.

[3] Dokument Nr. 38a.

rung. In der Zwischenzeit hat sich vieles verändert, vieles ist in Bewegung geraten. Nicht zuletzt, versteht sich, dank der von Ihnen durchgeführten Politik, dank Ihrer Aktivitäten. Ich möchte meine Befriedigung über die Ergebnisse ausdrücken, die Sie bei der Durchführung der Perestrojka erzielt haben. Mir ist bewusst, dass es für Sie und Ihre Gleichgesinnten nicht leicht ist und wünsche Ihnen von ganzem Herzen neue Kraft und Erfolg.

Ich verstehe die Lage sehr gut, in der Sie sich befinden. Meine Sympathien sind auf Ihrer Seite. Ich habe die Arbeit des jüngsten Plenums des ZK der KPdSU aufmerksam verfolgt.[4] Es ist gut, dass das Plenum seine Vorgeschichte hatte und dass eine solide Vorbereitungsarbeit geleistet worden war. Deshalb hat es sich als eine so beeindruckende, hervorragende und nicht alltägliche Veranstaltung erwiesen. Ich gratuliere Ihnen nochmals zu diesem Erfolg.

Das, was in der Sowjetunion vor sich geht, ruft große Sympathie bei uns im Lande hervor. Ich habe einen Test bestanden, und das überaus leicht. Ich spreche vom Erhalt der Zustimmung der Regierung zur Bereitstellung einer Finanzhilfe an die Sowjetunion für Lebensmittellieferungen.[5] Es gab keinerlei Widerspruch. Alle haben sich dafür ausgesprochen, zu helfen, die Politik der Perestrojka zu unterstützen.

M. S. Gorbačev: Ich möchte die Gelegenheit benutzen, um Ihnen für diese Initiative zu danken, die über den Rahmen üblicher Beziehungen hinausgeht und einen edelmütigen politischen Ton erhält. Wir wissen die Initiative des Bundeskanzlers, die Unterstützung durch die Bundesregierung, das Verständnis seitens der Geschäftsleute und das Verhältnis der Bevölkerung der BRD uns gegenüber zu schätzen.

H. Kohl: Wir wollen, dass die Perestrojka vorankommt und dass sie von Erfolg begleitet wird. Was die genannte konkrete Aktion angeht, so ist das zweifellos grundsätzlich eine neue Maßnahme. Nachdem wir ein neues Kapitel in unseren Beziehungen aufgeschlagen haben, müssen wir eben auch Neuerer sein.

Auf dem Wege vom Flughafen habe ich im Auto Ševardnadze gesagt, dass diese Aktion völlig den Zusicherungen entspricht, die ich im Sommer vergangenen Jahres gemacht habe.

Herr Generalsekretär, ich möchte in aller Offenheit sagen: Wenn eine Lage entstehen sollte, in der Sie Hilfe oder Unterstützung brauchen und Sie entscheiden, dass ich helfen kann, bitte ich Sie, sich unverzüglich an mich zu wenden. Sie können versichert sein, dass Sie in meiner Person erneut einen aufmerksamen und verständnisvollen Adressaten finden werden.

M. S. Gorbačev: Ich danke Ihnen im Voraus. Ich weiß die politische Bedeutung dieser Aktion zu würdigen.

H. Kohl: Gestatten Sie mir, zur Analyse der Lage überzugehen. Seit unserer Begegnung in Bonn haben sich dramatische Veränderungen vollzogen. Niemand war imstande, sie vorauszusehen. Während der letzten vier, fünf Wochen ist die Lage noch dramatischer geworden. Wir wollen ein Zusammenwirken mit der Sowjet-

[4] 5.–7. 2. 1990, mit Einführung der Präsidialverfassung und Verzicht der KPdSU auf das in der Verfassung verankerte Machtmonopol (Artikel 6).

[5] Deutsch-sowjetische Vereinbarung über den Bezug von Nahrungsmitteln vom 8. 2. 1990, in: BGBl. 1990 II, S. 297. Zum Hintergrund vgl. Deutsche Einheit, Sonderedition, S. 747 mit Anm. 4.

union, mit Ihnen, Herr Generalsekretär. Außer zwischen uns beiden ist auch eine Zusammenarbeit mit den USA notwendig. All dies wird helfen, eine chaotische Entwicklung der Ereignisse, die keiner der Beteiligten braucht, zu verhindern.

Meine Sicht der Lage ist folgende: Die Bewegung erfolgt auf zwei Schienen. Die eine Schiene verläuft durch Deutschland, mitten durch die Deutschen und berührt ihre Interessen. Die andere Schiene betrifft unsere Nachbarn, vor allem die Sowjetunion und berührt die Interessen ihrer Sicherheit. Beide Schienen sind miteinander verbunden. Ich habe meine Bemerkungen mit der deutschen Schiene begonnen. Die andere Schiene ist europäischer Natur. Die Reihenfolge spielt keinerlei Rolle, weil eine Bewegung auf der einen Schiene ohne eine Bewegung auf der anderen nicht möglich ist.

Im Oktober vergangenen Jahres habe ich mit Krenz telefoniert, als er zum Vorsitzenden des Staatsrats der DDR gewählt worden war.[6] Ich habe ihm direkt und offen gesagt, dass ich nicht glaubte, es werde ihm gelingen, die Lage zu beherrschen. Und genau so ist es gekommen.

An die Stelle von Krenz trat Modrow. Ich halte ihn für einen aufrichtigen Menschen. Ich glaubte, dass er im Dezember die Lage in den Griff bekommen, den Prozess in die eigenen Hände nehmen und dessen Tempo beeinflussen könnte. Am 19. Dezember habe ich ihn in Dresden getroffen und eine ganze Reihe von Fragen mit ihm besprochen.[7] Ich dachte, dass der Anfang für Gespräche über die Vertragsgemeinschaft, über föderative Strukturen und andere Entwürfe gelegt werden würde. Modrow hat jedoch seine Konzeption geändert und konzentrierte sich auf die ökonomische Seite der Angelegenheit und auf das Wahlrecht.

Am 1./2. Januar war die Lage schwierig, aber stabil. Jedoch im Verlaufe der zwei folgenden Wochen brach alles zusammen. Katastrophale Folgen, vor allem psychologischer Art, hatte die Auseinandersetzung über die Rechtsschutzorgane, die in die Verwüstung des Ministeriums für Staatssicherheit mündete.[8] Man kann festhalten, dass etwa am 20. Januar die Staatsautorität der DDR zusammenbrach. Man findet keine anderen Worte und die Folgen waren katastrophal.

Im vergangenen Jahr sind aus der DDR 380000 Menschen in die BRD gekommen. Davon waren 200000 jünger als 30 Jahre. Dies ist die intellektuelle Elite, die Zukunft des Staates: Elektronikspezialisten, Ärzte und Vertreter anderer intellektueller Berufe.

Es wäre falsch, anzunehmen, dass sie zu uns des Geldes wegen kommen, wegen der konvertierbaren Mark. Wir empfangen die Übersiedler ohne jeglichen Luxus: Bei der Ankunft erhalten sie 200 Mark pro Person plus einen zinslosen Kredit von 4000 Mark für die Einrichtung einer Wohnung. Das Geld ist für sie also kein Selbstzweck, wie mancher in der Sowjetunion vermutet, Sie kommen ihrer Zukunft wegen.

Anfang Januar ist die Zahl der Übersiedler zurückgegangen, aber danach ist sie erneut stark angestiegen. Im Laufe des Januars sind aus der DDR 55000 Men-

[6] Deutsche Protokolle des Telefonat Kohls mit Krenz am 26. 10. 1989 in: Deutsche Einheit, Sonderedition, S. 468f. sowie Hertle, Fall, S. 443–447.

[7] Dt. Protokoll in Deutsche Einheit, Sonderedition, S. 668–673.

[8] Zur Besetzung des MfS am 15. 1. 1990 vgl. u. a. die Zeitzeugenberichte der BPB, http://www.bpb.de/veranstaltungen/XQAF44,0,0,Die_Besetzung_der_StasiZentrale_%96_Ein_Mythos.html.

schen zu uns gekommen. Wenn das Tempo der Übersiedlung anhält, dann werden im Februar 65 000–70 000 Menschen zu uns kommen.

Eben deshalb wurden die Wahlen in der DDR vom 6. Mai auf den 18. März vorverlegt. Ob diese Verlegung auf die Situation bei der Übersiedlung einen Einfluss haben wird, ist momentan schwer zu sagen. Vor einer Woche sagte mir Modrow in Davos, dass die staatliche Autorität zusammengebrochen sei.[9] Für uns ist die entstandene Lage unbegreiflich. Ich will ein paar Beispiele anführen.

In der DDR liefert ein Staatsbetrieb einem anderen Staatsbetrieb seine Erzeugnisse und verlangt dafür die Bezahlung in BRD-Mark. Einzelne Bezirke der DDR erklären ihre völlige Unabhängigkeit und ordnen sich nicht mehr der Regierung in Berlin unter.

Sehr schlecht ist, dass sich die Rachegefühle und Aufrufe zur Vergeltung verstärken. Jetzt werden mit aller Kraft Prozesse gegen die früheren Führer der DDR vorbereitet. Ich habe Modrow empfohlen, zurückhaltender zu sein, zu versuchen, die negativen Emotionen zu dämpfen und nicht alle Aufmerksamkeit auf die Entlarvung und Verurteilung früherer Führer zu konzentrieren. Er selbst treibt diese Entwicklung nicht voran, sondern versucht sie zu bremsen.

Aber diejenigen, die niedrigere Positionen einnehmen, handeln völlig anders. Mitarbeiter von Staatsanwaltschaften, Bürgermeister – sie alle wollen sich, wie man so sagt, eine weiße Weste verschaffen. Derzeit laufen etwa hundert Verfahren. Für ein Land wie die DDR ist das sehr viel. Umso mehr als dort nicht jene drei Stufen existieren wie in der BRD – Bund, Land, Kommune. Von der Führungsebene tritt man in der DDR unmittelbar in die Ungewissheit.

Ein anderes Beispiel, das bisher noch nicht öffentlich bekannt ist. Gestern früh hat sich der Magistrat von Ost-Berlin an den Senat von West-Berlin mit dem Vorschlag gewandt, Krankenhäuser, Polizei, das städtische Eisenbahnnetz und die kommunalen Dienste der Hauptstadt der DDR in seine Zuständigkeit zu übernehmen.[10]

In die BRD kommen Offiziere der Nationalen Volksarmee der DDR und erklären ihre Bereitschaft, in den Dienst der Bundeswehr einzutreten. Wenn ich früher gesagt hätte, dass dies möglich ist, hätte man mich für nicht normal gehalten. Jedoch all dies ist Realität geworden.

In den letzten zehn Tagen übt man auf mich besonderen Druck aus. Man müsse sich etwas einfallen lassen, müsse die Menschen irgendwie davon abhalten, von der DDR in die BRD zu wechseln. Wenn die Spezialisten weggehen, dann wird es unmöglich, die Wirtschaft zu stabilisieren. Aber es sind bereits zwei Drittel der Ärzte, viele Elektronikspezialisten und Wissenschaftler unterschiedlicher Disziplinen weggegangen. Derzeit befindet sich die Bevölkerung der DDR in einem Zustand der Depression.

Bisher ist alles ziemlich friedlich abgelaufen. Sogar eine Demonstration mit

[9] Gespräch am 3. 2. 1990, in: Deutsche Einheit, Sonderedition, S. 753–756.

[10] Momper hatte am 15. 2. 1990 gegenüber Seiters die Erwartung geäußert, dass West-Berlin bald öffentliche Aufgaben für Ost-Berlin wahrnehmen müsse, vgl. Deutsche Einheit, Sonderedition, S. 797, Anm. 8. Zu entsprechenden Ost-West-Berliner Gesprächen ab Anfang Februar vgl. Momper, Grenzfall, S. 301–307.

500 000 Menschen verlief friedlich.[11] Bisher gibt es keine Radikalisierung, aber dies alles gilt nur für den Augenblick. Die Bevölkerung der DDR setzt alle Hoffnungen auf uns, auf die BRD. Man darf sie nicht enttäuschen, sonst wird eine Radikalisierung einsetzen.

In der DDR sind sowjetische Streitkräfte mit einer Stärke von ca. 400 000 Mann stationiert. Dort leben auch die Ehefrauen und Kinder der sowjetischen Offiziere. Ihr Schutz ist die Pflicht der sowjetischen Führung. Dies ist eine elementare Logik, ein legitimes Interesse und ich unterstütze das.

Bisher habe ich von der Realität gesprochen, von dem, was sich bereits ereignet hat. Jetzt werde ich versuchen zu sagen, was sich ereignen kann, wie die Lage übermorgen aussehen wird. Ich versuche eine Prognose abzugeben.

Am 18. März finden in der DDR Wahlen statt. Ich und meine Regierung bemühen uns, alles zu tun, dass dort bis zu den Wahlen kein Zusammenbruch erfolgt. Nach den Wahlen wird ein neues Parlament zusammengestellt und es wird eine neue Regierung geben. Unabhängig vom Ausgang der Wahlen wird das Streben nach der Vereinigung Deutschlands wachsen. Derzeit gibt es in der DDR keine einzige Partei, die gegen die Vereinigung wäre. Sogar die frühere SED tritt für die Einheit Deutschlands ein. Wir haben keinen Zweifel daran, dass die Parteien der DDR und die neue Regierung ihr Streben nach der Einheit Deutschlands äußern werden.

Man braucht eine vernünftige Reaktion. Genau deshalb habe ich den Vorschlag gemacht, eine Währungsunion zu schaffen und die wirtschaftliche Zusammenarbeit zu erweitern.[12] Das Ziel dabei ist, die Wirtschaft der DDR wiederherzustellen und dem Weggang der Menschen Einhalt zu gebieten. Für die BRD sind das alles Probleme, aber lösbare Probleme.

So oder so, wenn der Vorschlag erfolgt, die Einheit Deutschlands zu erlangen, dann zwingt mich das, zu handeln. Und ich möchte in engem Kontakt mit Ihnen handeln, Herr Generalsekretär. Die vor sich gehenden Veränderungen sind nicht zuletzt ein Ergebnis der Politik der Perestrojka, darum wollen wir Seite an Seite stehen.

Noch ein negativer Punkt. Derzeit entwickelt sich eine stürmische Diskussion über die Kernkraftwerke in der DDR. Diese Frage berührt nicht nur uns, sondern auch die Sowjetunion. Bundesminister Töpfer, zuständig für Umweltfragen, darunter auch für die Sicherheit von AKW's, wurde während eines kürzlichen Aufenthalts in der DDR von der Führung gebeten, die Sicherheitsvorsorge für die Kernreaktoren in der DDR zu übernehmen. Töpfer antwortete, dass dies im Augenblick nicht möglich sei. Nach Besichtigung des AKW's in Greifswald hat er allerdings vorgeschlagen, es unverzüglich stillzulegen. Die Lage dort sei bedrohlich. Die Ausstattung dieses AKW's ist noch älter als die von Černobyl'. Die Menschen verlassen diese Gegend. Sie wissen, dass es nach Černobyl' bei uns eine richtiggehende Hysterie gab. Jetzt ist die Lage weit schlimmer. Die Beunruhigung ist weit stärker. Die Presse gießt Öl ins Feuer. Das Thema der AKW's in der DDR steht

[11] Am 4. 11. 1989 auf dem Alexanderplatz, Berlin.
[12] Vgl. Beschlussvorlage für das Kabinett am 7. 2., Vermerk vom 6. 2. 1990 sowie das Angebot zur Schaffung eines gemeinsamen Wirtschafts- und Währungsgebiets, 9. Februar 1990, in: Deutsche Einheit, Sonderedition, S. 759, 761, 782f.

auf der Tagesordnung. In allernächster Zeit müssen irgendwelche Entscheidungen getroffen werden.[13]

Man muss sich darauf vorbereiten, angemessen auf die kommenden Ereignisse reagieren zu können. Ich will nicht, dass sie sich beschleunigen. Aber ich sehe, dass sich eine Welle auf mich zubewegt und ich werde ihr nicht standhalten können. Das ist eine Realität und ich muss mit ihr rechnen.

Wir müssen einander vernünftig und vertrauensvoll begegnen und die gegenseitigen Sicherheitsinteressen in Betracht ziehen. Sie setzen sich aus realen Interessen und psychologischen Faktoren zusammen. Es gab Hitler; die deutsche Wehrmacht ist durch die Sowjetunion marschiert, durch Frankreich, Holland und Polen.

Für die Deutschen war dies eine schwere Geschichte und sie haben aus ihr gelernt. Herr Generalsekretär, ich persönlich will gemeinsam mit Ihnen an der Gestaltung des beginnenden Jahrzehnts der 90er Jahre mitwirken. Die Lektionen der Geschichte müssen uns dabei ständig vor Augen sein. Ich bin davon überzeugt, dass wir bald unser Gespräch über dieses Thema fortsetzen werden. Vieles muss in nächster Zeit durchdacht, erörtert und neu interpretiert werden.

Wenn ein geeintes Deutschland bestehend aus DDR, BRD und Berlin entsteht, wird es unerlässlich sein, zum Abschluss entsprechender Verträge zu kommen. In diesen gilt es vor allem, einen Schlussstrich unter die Grenzfrage zu ziehen. Ich weiß, dass es in der Sowjetunion Zweifel in Bezug auf die bewusste Entscheidung des Bundesverfassungsgerichts gibt.[14] Diese Entscheidung wird kein Problem sein. Wenn die Entwicklung so verläuft, wie sie sich jetzt abzeichnet, dann werden die neue geeinte Regierung Deutschlands und das geeinte deutsche Parlament einen endgültigen Beschluss fassen. Hier darf es nicht den Schatten eines Zweifels oder Gründe für Misstrauen geben.

Anders stellt sich die Frage von NATO und Warschauer Pakt dar. Ich habe gehört, dass Sie ein fruchtbares Gespräch mit Außenminister Baker hatten.[15] Ohne auf Einzelheiten einzugehen, möchte ich nur sagen, dass wir für weitere Fortschritte in Fragen der Abrüstung eintreten und auf jede Weise dabei mitwirken werden. Wir sind für einen Fortschritt in Wien, für einen Erfolg bei den START-Gesprächen und vor allem bei den Chemiewaffen. Natürlich darf man dabei nicht die Raketen kürzerer Reichweite vergessen, die Sie taktische Raketen nennen.[16] Darüber muss auch gesprochen werden.

Was wir nicht wollen, ist Neutralität. Dies wäre eine historische Dummheit. Ein solcher Fehler wurde bereits nach 1918 gemacht. Für die Deutschen wurde damals ein Sonderstatus festgelegt. Der Sinn von Rapallo bestand darin, aus diesem Sonderstatus herauszukommen.[17] Man sollte Fehler nicht wiederholen.

Wir sind der Meinung, dass die NATO ihren Wirkungsbereich nicht ausdehnen sollte. Man muss hier eine vernünftige Regelung finden. Ich kann die Sicherheits-

[13] In Greifswald (Lubmin) wurden die einzelnen Blöcke ab November 1989 abgeschaltet, das Werk wurde 1995 endgültig still gelegt.

[14] Vgl. Dokument Nr. 65, Anm. 6.

[15] Neben Dokument Nr. 71 vgl. die Schreiben Bushs und Bakers vom 9. bzw. 10. 2. 1990 an Kohl, Deutsche Einheit, Sonderedition, S. 784f., 793.

[16] Vgl. Dokument Nr. 31, Anm. ** und 20.

[17] Vgl. Dokument Nr. 17, Anm. 27.

interessen der Sowjetunion richtig einschätzen und bin mir darüber im Klaren, dass Sie, Herr Generalsekretär, und die sowjetische Führung das, was vor sich geht, der Bevölkerung der UdSSR werden verständlich erklären müssen.

Es ist eine Sache, wenn wir reden und es ist eine andere Sache, wenn einfache Menschen reden. Sie erinnern sich an das Schicksal ihrer Väter und Brüder. Und das ist eine ganz normale Erscheinung. Allerdings, wenn wir nicht handeln, wird die Lage kritisch werden. Dies muss man vermeiden. Und wir sind bereit, gemeinsam mit unseren Partnern, Nachbarn und Freunden zu handeln. Bei uns ist Ihr Ausspruch, wer zu spät kommt, den bestraft die Geschichte, sehr populär. Wir sind bereit, uns davon leiten zu lassen.

M. S. Gorbačev: Ich danke Ihnen für Ihre Überlegungen. Bei mir sind einige Fragen aufgetaucht. Im Augenblick stellt sich offenbar auf praktischer Ebene die Frage der wirtschaftlichen Stabilisierung der DDR.

H. Kohl: Dort ist ein anderes Wirtschaftssystem erforderlich.

M. S. Gorbačev: Wenn von einer Währungsunion gesprochen wird, sind dabei irgendwelche zeitliche Fristen vorgesehen?

H. Kohl: Ich kann diese Frage aus folgendem Grund nicht beantworten. Hätte man mich Ende Dezember danach gefragt, hätte ich geantwortet, dass ein solcher Übergang mehrere Jahre erfordern wird. Das wäre vernünftig gewesen; so schätzen es die Ökonomen ein. Aber jetzt werde ich nicht gefragt. Die Menschen entscheiden alles mit ihren Füßen. Es beginnt ein Chaos. Wahrscheinlich kann die Reaktion darauf in einigen Wochen, vielleicht in einigen Monaten erfolgen.

M. S. Gorbačev: Das heißt unmittelbar nach den Wahlen?

H. Kohl: Das ist gut möglich. Auch ich will keinerlei Eile. Ich habe allerdings bereits über das Ersuchen des Magistrats von Ostberlin an den Senat von Westberlin gesprochen. Nächste Woche wird der Bürgermeister von Westberlin zu mir kommen und erklären, dass wir werden bezahlen müssen. Und ich kann ihm keine Absage erteilen. Die Lage ist jetzt so, dass jeder nach Gutdünken handelt. Aber was wir brauchen, ist eine Wirtschaftsordnung. Genau darin lag der Sinn meiner bekannten Zehn Punkte.[18] Sie sehen Punkt für Punkt die Klärung der Fragen vor, die die Schaffung einer Vertragsgemeinschaft betreffen.

M. S. Gorbačev: Ich habe Ihre Ausführungen über den Abschluss eines neuen Vertrags nicht verstanden, in dem die Frage der Grenzen abschließend reguliert werden sollte. Sind sie denn nicht festgelegt? Oder ist hier die Übersetzung ungenau?

H. Kohl: Doch, die Frage ist in den Verträgen von Moskau und Warschau reguliert.[19] Aber diese Verträge wurden mit der BRD abgeschlossen. Deshalb geht es um die Bestätigung dessen, was in ihnen gesagt worden ist. Wenn DDR und BRD sich vereinigen, dann muss das neue deutsche Parlament die Bestimmungen dieser Verträge bestätigen. Hinsichtlich ihres Wesens kann es nicht die geringsten Zweifel geben. Und der Beschluss des Bundesverfassungsgerichts betrifft den Moskauer Vertrag, der zwischen der Sowjetunion und der BRD geschlossen worden ist.

[18] Dokument Nr. 56.
[19] Vgl. Dokumente Nr. 5, Anm. 3 und Nr. 16, Anm. 21.

M. S. Gorbačev: Und dies schreckt Sie nicht? Sie werden doch die BRD beerdigen?

H. Kohl: Ich habe keine Angst davor. Ich kann mir vorstellen, dass das neue Staatsgebilde – das geeinte Deutschland – möglicherweise gar keine neuen Verträge schließen wird. Der neue Staat kann in die Rechte der alten Verträge eintreten, selbstverständlich mit Zustimmung Moskaus und Warschaus. Das ist bereits eine technische und keine politische Frage. Ihre Klärung erscheint mir nicht besonders schwierig.

M. S. Gorbačev: Die zentrale Frage ist der Status des geeinten Deutschland in Hinblick auf die militärische Sicherheit.

H. Kohl: Hier kann man eine Lösung finden. Die Sowjetunion hat ein Recht, nach der Gewährleistung ihrer Sicherheitsinteressen zu streben. Wir sind an der Wahrung der Souveränität interessiert. Man muss Wege finden, um von beiden Seiten das Vertrauen zu stärken. Das betrifft nicht nur uns, sondern auch die USA, Frankreich und Großbritannien. Ich bin davon überzeugt, dass man vieles machen kann. Ich glaube, zum Beispiel, dass es sehr wichtig sein wird, dass der neue deutsche Staat genau dieselbe Position einnimmt und dieselben Verpflichtungen übernimmt, die auch die BRD hinsichtlich der atomaren, biologischen und chemischen Waffen übernommen hat.[20] Dies wird sowohl für die Sowjetunion als auch für die USA, für Großbritannien und Frankreich wichtig sein. Die Franzosen und die Engländer sind im Grunde ihres Herzens sehr froh darüber, dass sie über Waffen verfügen, die die Deutschen nicht besitzen. Sie freuen sich darüber nicht, weil sie damit die Deutschen bedrohen können. Für sie hat diese Freude einen spezifisch psychologischen Grund.

M. S. Gorbačev: Ist es nicht so, dass das pluralistische System in der Bundesrepublik und der Wahlkampf Mechanismen in Gang gesetzt haben, die das Problem der Vereinigung zum Gegenstand eines Wettkampfes zwischen den verschiedenen Kräften machten? Und dies hat dazu geführt, dass die Gesellschaft der DDR gespalten wurde. Und wird es nicht schlimmer, wenn dieser Wettbewerb in die Gesellschaft der DDR hineingetragen wird?

H. Kohl: Dies geschieht nicht.

M. S. Gorbačev: Aber ist nicht die DDR zur Geisel des Wahlkampfes geworden?

H. Kohl: Nein. In der DDR hat alles wesentlich früher begonnen, als der Beschluss über die Wahlen erfolgte. Generell wäre dort alles weit ruhiger verlaufen, wenn Honecker im Frühjahr 1989 Reformen in Angriff genommen hätte.

M. S. Gorbačev: Das habe ich ihm auch gesagt.

H. Kohl: Das ist mir bekannt. Ich sage Ihnen offen, weil wir einen sehr guten, vertrauensvollen Kontakt haben: Wie stünde es um die Sowjetunion ohne Sie? Jene, die gegen Sie auftreten, verstehen weder etwas von der Zeit noch von der Politik. Wir aber sehen, dass Sie die Zukunft gestalten, dass die Wahrheit auf Ihrer Seite ist. Jeder politische Akteur muss die Geschichte gut kennen und sich von ihr leiten lassen, sonst wird ihn niemand verstehen. Wir haben doch Kinder, die wir

[20] Gründungsprotokolle der WEU vom 23. 10. 1954, in: Bundesgesetzblatt Teil II. 1955 S. 258–274.

erziehen und denen wir eine Ausbildung geben. Das bedeutet, wir gestalten die Zukunft.

Honecker hat sich so verhalten, als gebe es keinen Gorbačev, kein Ungarn, kein Polen. Ihm ist nichts Besseres eingefallen, als nach Rumänien zu reisen.[21] Heute wissen wir, wohin das alles geführt hat, wie kläglich alles geendet hat.

Was die Wahlen betrifft, so haben wir nicht vor, sie von der BRD aus zu leiten oder irgendwie zu steuern. Als ich vor Weihnachten nach Dresden flog, hatte ich noch nicht den Boden betreten, als ich mich zu dem begleitenden Minister umwandte und ihm sagte, dass die Reise gelaufen sei. Auf dem Wege vom Flughafen in die Stadt begrüßten mich Zehntausende Menschen, und in der Stadt hatten sich Hunderttausende versammelt. Ich sage offen, dass ich in meinem Leben noch nie so schwer bei einer Rede getan habe wie damals in Dresden. Sie haben wahrscheinlich die Bilder gesehen und die Rede gehört.[22] Ich habe darin speziell gesagt, dass wir einen gemeinsamen Weg mit der Sowjetunion gehen werden.

Bei den Wahlen in der DDR sind Regionen wie Thüringen und Sachsen Hochburgen historischer Parteien. Seinerzeit wirkten dort aktiv und erfolgreich Marx, Engels, Bebel und Lassalle. Sehr große Parteitage von historischer Bedeutung fanden in Eisenach und Gera statt. 1932, noch vor der Machtübernahme durch die Nazis, erhielten die Kommunisten in Sachsen die meisten Stimmen. Und nach ihnen kamen erst die Sozialdemokraten.[23] Bei den Sozialdemokraten ist die Ausgangslage generell besser als bei den anderen. 1945 erfolgte mit Hilfe von Marschall Žukov ihre Vereinigung mit den Kommunisten.[24] Jetzt hat sich diese Partei erneut gebildet. Willy Brandt, den Sie gut kennen, reist jetzt wie ein Bischof oder Metropolit durch das Land und erteilt allen seinen Segen. Man hat ihn sogar zum Ehrenvorsitzenden der SPD in der DDR gewählt.

M. S. Gorbačev: Sie sitzen auch nicht nur zu Hause. Als Sie in Davos diskutierten, haben Sie das Thema der Nichteinmischung behandelt.[25] Und Sie haben es in den Zusammenhang mit dem inneren Zerfall der DDR gestellt.

H. Kohl: Ja, so ist es auch.

M. S. Gorbačev: Gut, wenn das so wäre. Aber verschiedene Kräfte in der DDR bitten die BRD, von ihr nicht wie kleine Kinder behandelt zu werden.

H. Kohl: Das tun wir nicht.

M. S. Gorbačev: Ich kenne die Äußerungen des bekannten Gelehrten Carl Friedrich von Weizsäcker, der dazu aufruft, sich einer Einmischung zu enthalten. Und noch eine Frage. Stimmt es, dass die Führung der BRD die Vereinigung Deutschlands nicht im Rahmen des gesamteuropäischen Prozesses, sondern außerhalb desselben sieht?

H. Kohl: Sowohl das eine wie das andere. Dies betrifft doch alle. Und ich sehe keine Unterschiede.

[21] Zur 23. Sitzung des PBA des Warschauer Pakts in Bukarest am 7.–8. 7. 1989. Vgl. Dokumentation des PHP unter http://www.php.isn.ethz.ch/collections/colltopic.cfm?lng=en&id=17114&navinfo=14465.

[22] Abgedr. in Texte zur Deutschlandpolitik, Reihe III, Band 7, Bonn 1990, S. 466–469.

[23] Bei den beiden Reichstagswahlen des Jahres 1932 erhielt die SPD 28,41 bzw. 27,60 Prozent der Wählerstimmen, die KPD 17,40 bzw. 19,63 Prozent.

[24] Die Zwangsvereinigung wurde auf dem „Vereinigungsparteitag" am 22. 4. 1946 formal besiegelt.

[25] Vgl. Dokument Nr. 67, Anm. 14.

M. S. Gorbačev: Wahrscheinlich kann man sagen, dass zwischen der Sowjetunion, der BRD und der DDR keine Meinungsverschiedenheiten in der Frage der Einheit der deutschen Nation bestehen und dass die Deutschen diese Frage selbst entscheiden. Kurzum, im wichtigsten Ausgangspunkt besteht Einvernehmen: Die Deutschen selbst müssen ihre Wahl treffen. Und sie sollen diese unsere Position kennen.

H. Kohl: Die Deutschen wissen das. Sie wollen sagen, dass die Frage der Einheit die Wahl der Deutschen selbst ist.

M. S. Gorbačev: Aber im Kontext der Realitäten.

H. Kohl: Damit bin ich einverstanden.

M. S. Gorbačev: Es gibt Realitäten. Es gab einen Krieg, der uns ein schweres Erbe hinterlassen hat. Wir überprüfen jetzt dieses Erbe und wollen es verändern: Abkehr von Konfrontation und Feindschaft. Wir sind in einen gesamteuropäischen Prozess und in ein neues Denken in der Weltpolitik eingetreten. Unter diesen Bedingungen hat sich auch die Möglichkeit eröffnet, die „deutsche Frage" in eine andere Phase zu überführen. Dies muss mit gemeinsamen Anstrengungen getan werden, unter Berücksichtigung nicht nur der eigenen Interessen sondern auch der Interessen der Nachbarn.

H. Kohl: Ich schließe mich dieser Darstellung an.

M. S. Gorbačev: Die Deutschen haben bewiesen, dass sie ihre Lehren aus der Vergangenheit gezogen haben. Und dies wird in Europa und in der Welt geschätzt. Und die Bestätigung dafür liegt in den Veränderungen, die sich in West und Ost herauskristallisiert haben und in den Erklärungen, dass von deutschem Boden nie wieder ein Krieg ausgehen dürfe.

H. Kohl: Ich interpretiere es umgekehrt: „Von deutschem Boden darf nur Frieden ausgehen". Und dies ist keine Phrase; dies ist ganz ernst gemeint.

M. S. Gorbačev: Dies ist eine sehr wichtige Feststellung. Es geht noch um eine andere Wahl der Deutschen – für den Frieden. Das vereinigte Deutschland muss auf fundamentalen Dingen aufgebaut werden. Darum habe ich auch die Frage nach den Grenzen angesprochen. Dies ist eine fundamentale Sache. Denn manche bringen in diesem kritischen Augenblick andere Ansichten auf. Doch der Augenblick ist sehr schwerwiegend, weil sich am Horizont das vereinigte Deutschland abzeichnet.

H. Kohl: Mir bereitet diese Frage innenpolitische Schwierigkeiten. Aber ich halte mich genau an das, was ich Ihnen gesagt habe.

Ich habe Landsleute, die ihre Heimat verloren haben. Am Ende des Zweiten Weltkrieges hat das Reich ein Drittel seines Territoriums verloren. 13 Millionen Menschen wurden aus ihrer historischen Heimat vertrieben, zwei Millionen sind auf der Flucht umgekommen. Jetzt sind von den 13 Millionen Umsiedlern noch 4–5 Millionen am Leben. Sie haben Kinder und Enkel. Ihnen sagt die Vernunft, dass die früheren Gebiete eine Sache von gestern sind. Würde man eine Meinungsumfrage durchführen, dann würden sich 88–89% dafür aussprechen, dass alles Vergangenheit ist.

Würde ein Referendum darüber durchgeführt, dass die Wiedervereinigung der DDR und der BRD bei gleichzeitiger Anerkennung der endgültigen Grenze von Oder und Neiße stattfinden solle, dann würden sich 92–93% dafür aussprechen.

Aber ehrlich gesagt, bei vielen Menschen kommt der Schmerz in ihrer Seele nicht zur Ruhe. Dieses Problem ist Teil der inneren Situation der BRD. Man übt auf mich Druck aus, ruft mich auf, auf einen bestimmten Teil der Wähler einzuwirken und ihre Stimmen zu erobern. Aber ich halte mich an das, worüber Vereinbarungen existieren.

Ich habe an Sie, Herr Generalsekretär, eine große persönliche Bitte. Es wäre sehr gut, wenn das Thema der Grenzen im Zusammenhang mit dem Schicksal der Vertriebenen nicht aufkommen würde, solange darüber nicht völlige Klarheit herrscht. Für mich ist es nicht wichtig, wann dieser Tag kommt – morgen, in vier Monaten oder in vier Jahren. Dies ist mein innenpolitisches Problem und ich möchte nicht, dass sich der Druck auf mich verstärkt.

M. S. Gorbačev: Aber Sie müssen zugeben, dass ich, dass Jaruzelski, Modrow, die Führung der Tschechoslowakei, dass alle ebenfalls ihre innere Situation haben. Sie haben die Aufmerksamkeit auf das letzte ZK-Plenum gelenkt. Dort war dieses Thema bereits gegenwärtig: Wird denn diese Politik auch durchgeführt werden? Haben wir nicht die Opfer des Volkes vergessen? Dies ist aufgekommen und ist stark bei uns präsent. Der Kanzler muss dies im Auge behalten. Denn bei der Errichtung eines geeinten Deutschland ist es wichtig, seinen Platz in der Gemeinschaft der Völker zu kennen. Diesem Zusammenhang müssen wir alle Rechnung tragen. Wir sind dafür, zusammenzuleben und zum wechselseitigen Wohl zusammenzuarbeiten.

H. Kohl: Ich habe bereits gesagt, dass von deutschem Boden nur Frieden ausgehen müsse. Wenn es keinen inneren Frieden gibt, dann wird es auch keinen äußeren geben. Aber kurzsichtige Menschen und Narren gibt es überall.

Was die Grenzen angeht, so ist es für meinen Frieden im Innern notwendig, sich auf die Oder-Neiße-Linie festzulegen. Mit der Tschechoslowakei haben wir keine Probleme: Vor 14 Tagen hat der Bund der Vertriebenen aus dem Sudentenland und aus Böhmen [sic!] erklärt, er habe kein Problem bezüglich der Grenzen mit der Tschechoslowakei.[26] Der Geist der Vergeltung verflüchtigt sich, an seine Stelle tritt der Wunsch, gemeinsam zu leben und zusammenzuarbeiten. Was die Oder-Neiße-Grenze angeht, so sollte ich hier die innere Unterstützung der Mehrheit der Deutschen im Lande haben. Dafür stehen meine Chancen gut. Was ich kürzlich in Warschau gesagt habe, wurde, so scheint mir, positiv aufgenommen.[27]

M. S. Gorbačev: Vor zwei Tagen habe ich mit Jaruzelski telefoniert. Er ist darüber im Bilde, dass wir zusammentreffen.

H. Kohl: Jaruzelski ist einer unserer Adressaten in Polen. Aber es gibt dort auch andere, mit einem anderen Standpunkt.

M. S. Gorbačev: Jaruzelski hat eine gute Einstellung. Er tritt dafür ein, dass die realen Prozesse unter Berücksichtigung der inneren Interessen der Völker ablaufen, mit denen die Deutschen historisch verbunden sind.

H. Kohl: Herr Generalsekretär, die Deutschen in der DDR und in der BRD treffen eine Entscheidung im Kontext der gesamteuropäischen Entwicklung. Es

[26] Erklärung des Präsidiums des Sudetendeutschen Rates vom 26. 1. 1990, in: Sudetendeutsche Zeitung vom 2. 2. 1990, S. 1, zit. nach Deutsche Einheit, Sonderedition, S. 802, Anm. 14.

[27] Vgl. Dokument Nr. 55, Anm. 4 und Nr. 69, Anm. 2.

ist unnötig, sich über das Schicksal der Grenzen Sorgen zu machen. Hier ist alles klar, und am Tage „X" wird diese Frage als abschließend geklärt von der Tagesordnung genommen. Aber die Frage heute hervorzuholen, wäre verfrüht. Ich habe Ihnen gesagt, dass bei mir mit dieser Frage innenpolitische Probleme verbunden sind. Diese Frage soll Sie nicht weiter beunruhigen. Aber ich bitte um Ihr Verständnis: Ich kann dies derzeit nicht tun. Doch ich werde mein Wort halten.

M. S. Gorbačev: Es ist sehr wichtig, dass wir von einer vertraulichen Ebene unserer Beziehungen sprechen können, dass wir so miteinander reden können.

Das ist unsere prinzipielle Position. Es hat sich bereits so ergeben, dass die „deutsche Frage" einen starken Einfluss auf die europäische und auf die Weltpolitik ausübt. Deshalb müssen wir mit der Situation entsprechend den historischen Kriterien umgehen. Es gibt Emotionen, Bestrebungen, aber es existiert auch ein realer Kontext.

Wir sind bereit, so zusammenzuarbeiten, dass das gegenseitige Verständnis, die neuen guten Beziehungen zwischen unseren Völkern, zwischen UdSSR, DDR und BRD nicht gestört werden, dass diese Beziehungen in der Zukunft nicht unterminiert, sondern bereichert werden. Realität ist auch, dass wir innerhalb der sozialistischen Länder die umfassendsten Beziehungen mit der DDR unterhalten.

H. Kohl: Ich bin überzeugt, dass die Handels- und Wirtschaftsbeziehungen ein besonderes Kapitel, eine besondere Problematik darstellen.

Ich sage in aller Klarheit, dass, wenn der Prozess sich so weiter entwickelt, wie er jetzt läuft, wir alle jene Verpflichtungen, die die DDR in Verträgen und Abkommen mit Ihnen auf sich genommen hat, übernehmen werden.

M. S. Gorbačev: Ich nehme das zur Kenntnis.

H. Kohl: Damit leisten wir einen großen Beitrag zur Festigung des gegenseitigen Vertrauens.

M. S. Gorbačev: Unter den kapitalistischen Ländern steht die BRD für die UdSSR an erster Stelle. Also sind die Deutschen für uns die wichtigsten Partner. Und das heißt, uns verbinden starke Interessen.

H. Kohl: Ich möchte Folgendes vorschlagen. Wenn sich nach den Wahlen der Einigungsprozess zu beschleunigen beginnt, dann wird es für uns notwendig werden, operativ und in vertraulicher Atmosphäre die Problematik der wirtschaftlichen Zusammenarbeit zu erörtern. Wir wollen nicht, dass auf sowjetischer Seite Misstrauen entsteht in dem Sinne, dass die gegenüber der Sowjetunion übernommenen Verpflichtungen nicht erfüllt werden. Wenn die Sache so läuft wie erwartet, dann wird für Sie ein Teil der Partner in der DDR verschwinden. Das kann Missverständnisse hervorrufen, was vermieden werden sollte. Deshalb schlage ich vor, in ruhiger, vertraulicher Atmosphäre ohne jegliche Öffentlichkeit darüber zu sprechen, was getan werden soll.

M. S. Gorbačev: Ich habe zu Modrow gesagt und sage auch zu Ihnen: Wenn die Prozesse rasch verlaufen bis zu dem Punkt, an dem sich die Frage einer Föderation oder Konföderation erhebt, werden sich ökonomische Probleme ergeben. Sie sagen ganz richtig: Was ist eine Wirtschaft ohne Währung?! Zu diesem Zeitpunkt, da der große Umbau der Wirtschaftsbeziehungen von BRD und DDR vor sich geht, so habe ich Modrow gesagt, ist es wichtig, unsere Zusammenarbeit nicht zu zerstören, sondern reicher zu gestalten.[28] Aber ich verstehe, dass die Last der Probleme der DDR auf dem Bundeskanzler liegt. Wir sind bereit, uns an der Schaffung von Vereinigungen und Gemeinschaftsunternehmen, die auf dem Territorium der DDR entstehen, zu beteiligen.

Dieser Fragenkomplex fügt sich ein in die historischen Beziehungen zwischen Deutschland und Russland. Und wir können das, was existiert nicht verlieren, sondern bereichern. Aber ich komme zur Hauptsache. Und hier muss man alles abwägen und bedenken. Kernpunkt bleibt die militärische Komponente. Sie spielt die entscheidende Rolle bei der Bestimmung des europäischen und globalen Gleichgewichts. Sie haben dieses Thema angesprochen. Unsere Formel umfasst: Von deutschem Boden darf keine Kriegsgefahr ausgehen; die Nachkriegsgrenzen müssen unverletzlich sein. Und der dritte Punkt: Das Territorium Deutschlands darf nicht von äußeren Kräften genutzt werden.

Es erhebt sich die Frage: Wie soll der Status eines vereinten Deutschland sein? Ich weiß, dass der Kanzler eine Neutralisierung nicht akzeptiert. Es heißt, dies würde das deutsche Volk erniedrigen. In Bezug auf die jetzige Generation sieht dies vielleicht ungerecht aus, wenn man den Beitrag dieser Generation zur europäischen und globalen Entwicklung in Betracht zieht. Als würden wir diese Generation gleichsam ausstreichen. Das ist nicht normal, das geht in der Politik nicht.

Und dennoch sehe ich ein vereintes Deutschland außerhalb der militärischen Strukturen, mit eigenen nationalen Streitkräften, die für eine ausreichende Verteidigung unerlässlich sind. Ich weiß nicht, was für ein Status das ist – „Unabhängigkeit", „Blockfreiheit". Indien, China – das sind die Staaten, die einen solchen Status haben! Und dies erniedrigt sie nicht. Warum sollte ein solcher Status die Deutschen erniedrigen? Das ist keine Neutralität. Dies ist eine Kraft, und zwar nicht nur eine europäische, sondern auch eine globale. Man muss diesen Gedanken „verfolgen", ihn von verschiedenen Standpunkten aus abwägen.

Es wäre unseriös, wenn ein Teil des Staates zur NATO, der andere zum Warschauer Pakt gehören würde. Irgendwo stehen am Fluss die einen Streitkräfte und am anderen Ufer sind bereits die anderen. Lassen Sie uns diesen Gedanken „verfolgen", Herr Bundeskanzler. Man sagt: Was ist die NATO ohne BRD? Aber es ist auch angebracht zu fragen: Was ist der Warschauer Pakt ohne DDR? Das ist eine schwerwiegende Frage. In militärischen Fragen darf es keine Divergenzen geben. Es heißt, die NATO werde ohne BRD zusammenbrechen. Aber auch für den Warschauer Pakt ist es ohne DDR das Ende. Wenn wir uns über die Hauptsache verständigen, dann ist es wichtig, dass wir auch hier nicht verschiedener Meinung sind.

H. Kohl: Das ist nicht ein und dasselbe. Es genügt ein Blick auf die Landkarte.

M. S. Gorbačev: Wenn wir einseitig sämtliche Streitkräfte aus der DDR abziehen, dann werden Sie die NATO ebenfalls nicht halten. Notwendig sind vernünftige Entscheidungen, die nicht die Atmosphäre in unseren Beziehungen vergiften.

So oder so, dieser Teil unserer Unterhaltung sollte nicht an die Öffentlichkeit dringen. Wir werden sagen, dass wir ein fruchtbares Gespräch über ein breites

[28] Dokument Nr. 67.

Spektrum an Fragen zur europäischen und globalen Entwicklung hatten und dass dieser Meinungsaustausch fortgesetzt werden wird.

H. Kohl: Das ist sehr wichtig. Natürlich ist es nötig, zu irgendeinem Konsens zu gelangen. Die USA dürfen dabei nicht beiseite gelassen werden.

M. S. Gorbačev: Unbedingt. Ich habe gestern mit Staatssekretär Baker gesprochen.[29] Er sagte, dass die Vertreter der beiden deutschen Staaten und der Vier Mächte sich nach den Wahlen zusammensetzen und miteinander sprechen könnten, um dem Prozess Stichhaltigkeit zu verleihen, ohne zunächst andere einzubeziehen.

H. Kohl: Diese Idee gefällt mir sehr. Jedoch, um der Klarheit willen möchte ich in aller Deutlichkeit sagen, dass wir eine separate Konferenz der Vier Mächte nicht akzeptieren.

M. S. Gorbačev: Ohne Sie wird nichts entschieden.

H. Kohl: Am Tisch mit den Vier Mächten müssen die beiden deutschen Staaten sitzen oder, falls die Entwicklung schnell verläuft, ein deutscher Staat. Sehr gut wäre es, wenn dieser Tisch in Deutschland stünde.

M. S. Gorbačev: Das ist durchaus möglich.

H. Kohl: Für uns ist dies aus psychologischen Gründen wichtig.

M. S. Gorbačev: Aber wo nur? Zwei Beine des Tisches auf der einen Seite der Grenze und zwei auf der anderen?

H. Kohl: Ein solches Treffen wird sehr wichtig sein; die dabei getroffenen Entscheidungen müssen die UdSSR, die USA und die BRD zufriedenstellen. Es muss auch die Psychologie von London und Paris berücksichtigt werden. Von den Teilnehmern des Treffens wird außerordentliches politisches Können verlangt.

M. S. Gorbačev: Uns und die Amerikaner werden Sie nicht los. In den USA sind doch Ihre besten Freunde.

H. Kohl: Wenn hier am Tisch Präsident Bush säße, würde er die Idee eines solchen Treffens unterstützen. Er wünscht dies. Für ihn ist es leichter, weil hinter ihm die amerikanische Öffentlichkeit steht. Bei uns daheim ist die Lage im psychologischen Sinne eine andere als in Frankreich oder Großbritannien. Aber auch deren Meinung muss man berücksichtigen.

Erlauben Sie mir, jetzt ein kurzes Resümee zu ziehen. Wenn ich Sie richtig verstanden habe, dann haben Sie gesagt, dass die Entscheidung über die Vereinigung der Deutschen eine Frage der Deutschen selbst ist. Den Deutschen muss die Möglichkeit überlassen bleiben, den Kontext zu überdenken. Dazu gehören: keine von deutschem Territorium ausgehende Kriegsgefahr, das Ziehen der Lehren aus der Vergangenheit und die Berücksichtigung der Sicherheitsinteressen unserer Nachbarn.

Ferner: Parallel zum Prozess der Vereinigung Deutschlands ist es unabdingbar, nach für alle Seiten befriedigenden Lösungen in Bezug auf die Existenz von NATO und Warschauer Pakt zu suchen. Entsprechende Gespräche mit den Partnern müssen unverzüglich beginnen. Dies, denke ich, wird man öffentlich sagen können.

[29] Dokument Nr. 71.

Nicht für die Öffentlichkeit bestimmt ist unsere Absprache darüber, eine Inventarisierung der Wirtschaftsbeziehungen zwischen DDR und Sowjetunion vorzunehmen, um die Erfüllung der Ihnen gegenüber übernommen Verpflichtungen zu gewährleisten, damit ein vereintes Deutschland diese Verpflichtungen übernimmt und ihre Erfüllung garantiert.

Mit unseren Partnern – den USA, Frankreich und Großbritannien – muss vereinbart werden, dass beide deutsche Staaten oder ein deutscher Staat und die Vier Mächte zusammentreten werden, um einen entsprechenden Beschluss auszuarbeiten.

M. S. Gorbačev: Sie haben ziemlich genau das wiedergegeben, was ich gesagt habe. Ich möchte nur noch einmal zum Anfang unseres Gesprächs zurückkehren: Die Sowjetunion und die BRD stellen unter Berücksichtigung der Meinung Modrows fest, dass keine Meinungsverschiedenheiten in Bezug auf die Probleme der Einheit Deutschlands sowie des Rechtes der Deutschen, ihre Wahl zu treffen, existieren. Ebenfalls bestehen Verständnis und Übereinstimmung darüber, dass sich das deutsche Problem nicht nur auf die Vereinigung und Erfüllung der Sehnsüchte der Deutschen reduzieren lässt. Es berührt die Interessen der Nachbarstaaten und die Lage in Europa und in der Welt.

H. Kohl: Hier stimmen wir überein.

M. S. Gorbačev: Es ist auch anzumerken, dass dies ein sehr wichtiger Bestandteil des gesamteuropäischen Prozesses ist und einen Beitrag zu ihm leistet.

H. Kohl: In letzter Zeit zitiere ich oft einen Ausspruch, den Adenauer vor 35 Jahren getan hat: „Die deutsche Frage ist nur unter einem europäischen Dach lösbar.“[30]

M. S. Gorbačev: Wir werden die Hand am Puls halten. Es ist sehr wichtig, dass die Lage nicht aus den Händen gleitet.

H. Kohl: Ich habe zu Ševardnadze im Auto gesagt, dass die sowjetische Führung in jeder Situation, wie schwierig sie auch sei, auf mich zählen könne. Vor fünf Wochen hätte ich anders gesprochen. Vor fünf Wochen gab es noch nicht einmal die Idee einer Währungsunion. Wenn bei Ihnen irgendwelche Schwierigkeiten auftreten, bin ich bereit, beim ersten Signal binnen weniger Stunden mit Ihnen zusammenzutreffen. Wir haben keinen leichten Weg vor uns, und ich möchte ihn mit Ihnen zusammen gehen. Wir haben ein neues Kapitel in unseren Beziehungen begonnen und wir sollten es gemeinsam schreiben.

M. S. Gorbačev: Gut.

H. Kohl: Ich muss noch sagen, dass mich die Lage der Sowjetdeutschen beunruhigt. Die Zahl der Ausreisen in die BRD steigt rasch. Wir möchten nicht, dass sie ausreisen. Man muss so handeln, dass sie hier glücklich leben.[31]

[30] Ausführlich zur Konzeption Adenauers: Guanghui Peng, Die europäische Einigung im politischen Weltbild von Konrad Adenauer 1945–1967, Diss. Essen 1996, hier S. 48–52.

[31] Während 1955–1986 rund 104000 Russlanddeutsche aus der UdSSR ausreisten, stieg die Zahl ab Anfang 1987 deutlich an: 1987 zählten deutsche Behörden rd. 14500 Umsiedler, 1988 rd. 47600, 1989 9000, 1990 50000 und 1991 147300. Ab dem 1. 7. 1990 forderte das Bundesaufnahmegesetz den Nachweis der deutschen Abstammung vom Herkunftsland aus, das Kriegsfolgenbereinigungsgesetz legte ab 1. 1. 1993 ein jährliches Kontingent von 225000 Personen aus Osteuropa und den Nachfolgestaaten der UdSSR fest. Vgl. Barbara Dietz, Zwischen Anpassung und Autonomie.

M. S. Gorbačev: Dieses Problem haben wir im Blick. Man ist dabei, die sowjetischen Bürger deutscher Nationalität überall dort, wo sie leben – in Kazachstan, im Altaj und in anderen Regionen – zu überzeugen, nicht auszureisen. Man schätzt sie sehr. Man muss für sie neue Formen des Gemeinschaftslebens suchen, insbesondere in einer autonomen Struktur. Ideen für einen praktischen Plan hat es gegeben und gibt es noch. Aber man muss bedenken, dass seit der Abschaffung der deutschen Autonomie Jahrzehnte vergangen sind. Deshalb ist die Frage ihrer Wiederherstellung nicht leicht zu lösen. Der Oberste Sowjet befasst sich damit. Wir bemühen uns, rasch eine positive Lösung zu finden. Wir werden Sie informieren.[32]

H. Kohl: Gelingt es Ihnen, mit den Konflikten zwischen den Nationalitäten fertig zu werden?

M. S. Gorbačev: Wir müssen einfach damit fertig werden. In unserem Staat spricht man 120 Sprachen. Ohne Lösung der nationalen Probleme gibt es keine Perestrojka. Aber das ist nicht einfach; es ist schwieriger, als die ökonomischen Probleme zu lösen.

H. Kohl: Die ungelösten nationalen Probleme bremsen auch die Klärung der wirtschaftlichen Fragen.

M. S. Gorbačev: Und der politischen. Dies gibt meinen Kritikern Nahrung. Aber die Öffentlichkeit hat verstanden, dass man so nicht weiterleben kann. Wenn wir vor fünf Jahren nicht die Perestrojka begonnen hätten, dann hätte bei uns alles mit der rumänischen Variante oder mit der DDR-Variante geendet, aber natürlich in den Dimensionen der Sowjetunion ...[33]

H. Kohl: Wir hatten ein sehr gutes Gespräch. Ich habe mich gefreut, mit Ihnen zusammenzutreffen.

M. S. Gorbačev: Wir wollen hoffen, dass wir in diesem verantwortungsvollen Abschnitt der europäischen und globalen Entwicklung, in dem sich die Schicksale der Staaten entscheiden, unsere Zusammenarbeit bewahren. Wir werden die Beziehungen zwischen uns und den anderen nicht beschädigen.

H. Kohl: Wir werden unseren Dialog vertiefen. Im Sommer haben wir uns bei mir daheim sehr gut unterhalten. Heute haben wir unser Gespräch fortgesetzt. Ich glaube, dass unsere nächste Begegnung schon bald stattfinden wird. Ich werde Sie in allen Dingen auf dem Laufenden halten. Ich sage noch einmal: Wenn nötig, bin ich bereit, mich kurzfristig mit Ihnen zu treffen, innerhalb weniger Stunden.

Russlanddeutsche in der vormaligen Sowjetunion und in der Bundesrepublik Deutschland, Berlin 1995, S. 98–104.

[32] Anfang 1990 lag der Bericht einer Kommission der Nationalitätenkammer des Obersten Sowjets zu den Problemen der Sowjetdeutschen vor, der sich u.a. für Autonomieregelungen aussprach. Vgl. Hans Hecker, Die Deutschen im Russischen Reich, in der Sowjetunion und ihren Nachfolgestaaten, 2. Aufl. Köln 1998, S. 41–43, Kommissionsbericht nach Meldung der FAZ vom 5. 1. 1990 ebd., S. 134–137. Vgl. schließlich das Deutsch-Russische Protokoll über die Zusammenarbeit zur stufenweisen Wiederherstellung der Staatlichkeit der Russlanddeutschen vom 23. 4. 1992, ebd., S. 137–140. Eine ausführliche Diskussion und Dokumentation von Verfolgung und Rehabilitierung der so genannten „Volgadeutschen“ bietet N. F. Bugaj, Reabilitacija repressirovannych graždan Rossii (XX – načalo XXI veka), Moskau 2006, S. 138 ff., 392–458.

[33] Zeichensetzung gem. Vorlage. Gem. von Plato, Vereinigung, S. 272 sowie dem dt. Protokoll (wie Anm. 1, S. 807) hier noch Ausführungen Kohls zur guten Wirtschaftssituation der Bundesrepublik sowie kurzer Austausch über die Herausforderung durch Japan.

M. S. Gorbačev: Wir werden einiges zu besprechen haben. Der Katalog der Fragen ist ziemlich umfangreich. Sie haben ja vor, in der DDR die D-Mark einzuführen. Aber wir haben unsere Streitkräfte dort, und ihr Sold ist an die andere Mark gebunden. Hier haben wir etwas zum Nachdenken.

H. Kohl: Wir werden keinen Fragen ausweichen.

* Das Gespräch fand während des Aufenthalts H. Kohls in Moskau [10.–11. 2. 1990] statt.

Archiv der Gorbačev-Stiftung. Bestand 1, Verzeichnis 1.

Nr. 73
Zweites Gespräch Gorbačevs mit Bundeskanzler Kohl am 10. Februar 1990 [Auszug][1]

Aus dem Gespräch M. S. Gorbačevs mit H. Kohl
(Fortsetzung)

10. Februar 1990

(An dem Gespräch nahmen von deutscher Seite H.-D. Genscher und H. Teltschik, von sowjetischer Seite Ė. A. Ševardnadze und A. S. Černjaev teil.)

M. S. Gorbačev: Vor allem möchte ich in der großen Runde den Bundeskanzler, den Außenminister der BRD und alle Ihre Kollegen hier in Moskau im Kreml begrüßen.

Es scheint mir, dass wir uns vor erst vor kurzer Zeit mit Ihnen in Bonn und mit Herrn Genscher auch in Moskau getroffen haben. Aber damals waren es bestimmte Umstände und eine bestimmte Lage. Wir haben über viele Aspekte unserer Beziehungen gesprochen, darunter auch über solche, die heute aktuell sind.

Ich bin der Meinung, dass wir damals nicht nur die laufenden Angelegenheiten erörtern, sondern auch die kommenden Veränderungen erfassen konnten. Besonders wichtig ist, dass wir rechtzeitig begonnen haben, über dieses Thema zu sprechen und übereingekommen sind, in dieser kritischen und entscheidenden Zeit im Geiste der Zusammenarbeit und im Bewusstsein der Verantwortung zu handeln. Dies hat seinen Niederschlag in unserer Gemeinsamen Erklärung gefunden.

Dies hat uns auch jetzt geholfen, bei der derzeitigen Wende der Ereignisse in Osteuropa und in der Sowjetunion jene Vorgehensweise zu entwickeln, die unter den gegenwärtigen Bedingungen die einzig richtige ist. Dies ist der beste Beweis dafür, dass unsere Beziehungen wirklich in eine neue Phase eingetreten sind.

Aus diesem Blickwinkel betrachten wir auch die deutsche Frage, die uns heute in erster Linie beschäftigt. Ich bin mit dem Bundeskanzler zur gemeinsamen Auffassung gelangt, dass die Frage nach der Zukunft des deutschen Volkes – und diese

[1] Knapper Auszug in von Plato, Vereinigung, S. 272f. Das ausführlichere dt. Protokoll in Deutsche Einheit, Sonderedition, S. 808–811. Vgl. Genscher, Erinnerungen, S. 723f.; Teltschik, 329 Tage, S. 140. Vgl. allg. Dokument Nr. 72 mit Anm. 1 und den Nachweisen zu Einzelthemen.

Zukunft rückt näher – über seine Staatlichkeit und über die Wahl, die es treffen will, dass dies natürlich die Wahl der Deutschen ist. Aber – und auch darin waren wir uns einig – ein derartiges Problem, wie es die deutsche Frage ist, betrifft nicht nur die Deutschen, sondern auch ihre Nachbarn, ganz Europa und nicht nur Europa – es ist ein zentraler Punkt der globalen Politik. Dies ist eine sehr wichtige Einsicht und eine politische Feststellung sowie gleichzeitig ein wichtiger Orientierungspunkt, um keinen Irrtum zu begehen und in dieser sehr schwierigen Zeit verantwortlich zu handeln.

Natürlich sind Beziehungen zwischen der Sowjetunion und den beiden deutschen Staaten besonderer Natur. Dies spüren wir und auch Sie. Und es ist ausnehmend wichtig, dass volle Klarheit darüber herrscht, dass jetzt in dieser Zeit stürmischer Veränderungen all das, was in den Beziehungen zwischen unseren Staaten entstanden ist, nicht zerstört, sondern durch einen neuen Inhalt und durch Zusammenarbeit bereichert wurde, sich gefestigt und entwickelt hat.

Es gibt zwei wesentliche Punkte: die legitimen Interessen der Deutschen und die legitimen Interessen der Sowjetunion und anderer Staaten. Wir haben mit dem Bundeskanzler sehr detailliert und ausführlich den militärischen Aspekt der Lage erörtert. Hier ist verantwortungsvolles Handeln besonders wichtig. Wir haben auch in dieser Frage gegenseitiges Einvernehmen erzielt.

H. Kohl: Ich möchte ein paar Bemerkungen vor allem prinzipieller Natur machen.

Wir hatten ein außerordentlich gutes Gespräch. Wir sehen es als eine konsequente Fortsetzung und Vertiefung jener Gespräche an, die wir in Bonn geführt haben. In der Tat, es stimmt, dass niemand die Dramatik der Entwicklung der Lage voraussehen konnte. Sehr wichtig war es, dass wir uns damals darauf geeinigt haben, ständig engen Kontakt miteinander zu halten, weil es zu jener Zeit unmöglich war, vorherzusehen, wie dynamisch der Gang der Ereignisse sein würde. Wir sind in keiner Weise daran interessiert, dass in Europa eine chaotische Lage entsteht.

Wenn jemand beabsichtigt hätte, auf eine Destabilisierung der Lage zu setzen, hätte dies unter allen Umständen schweren Schaden angerichtet. Die Ereignisse entwickeln sich wirklich sehr dramatisch. Wir haben darüber lange und im Detail gesprochen.

Herr Generalsekretär, ich begrüße sehr Ihre Bemerkung, dass der Wunsch der Deutschen, in Einheit zu leben, eine Frage ist, die die Deutschen selbst entscheiden müssen. Man muss sie jedoch auch im Kontext, in Abstimmung mit den Interessen unserer Nachbarn, im europäischen und globalen Maßstab sehen. Diese Frage hat nämlich eine unmittelbare Beziehung zu den Realitäten, die im Ergebnis des Krieges und der Nachkriegsentwicklung entstanden sind. Dies ist auch eine Frage der Sicherheit unserer Nachbarn, nicht zuletzt der Sowjetunion. Hier muss man sowohl diesen Aspekt der Sicherheit als auch die mit ihm verbundenen psychologischen Faktoren in Betracht ziehen. Hier sind Warschauer Pakt und NATO direkt betroffen.

Aber gleichzeitig haben wir auch gesagt, dass UdSSR und BRD nicht alleine auf der Welt sind. Wenn wir über die BRD sprechen, so ist klar, dass Fragen, die mit der DDR und mit Berlin zusammenhängen, tangiert werden. Wenn Fragen der

Sicherheit erörtert werden, hat man in erster Linie die Abrüstung im Blick. Gott sei Dank sind wir hier auf einem guten Weg, und das, was jetzt in Deutschland vor sich geht, kann diesen Weg erweitern. Man muss natürlich auch an die Interessen Englands und Frankreichs denken, die von der deutschen Frage ebenfalls unmittelbar berührt werden. Dies alles setzt voraus, dass wir eine konsequente Kleinarbeit betreiben müssen, um die vor uns liegenden Aufgaben zu bewältigen.

Bildlich gesprochen, verläuft die Entwicklung gleichsam auf zwei Schienen: auf der ersten – der Gang der Ereignisse in Deutschland, auf der zweiten – dessen internationaler Zusammenhang.

M. S. Gorbačev: Nur auf zwei Schienen kann man sich fortbewegen. Auf einer Schiene, obwohl sie derzeit bereits besteht, kommt man nicht weit.

H. Kohl: Wir gehen davon aus, dass die Bewegung parallel verlaufen muss. Wichtig ist, dass das Tempo der Bewegung auf der einen Schiene, auf das wir unmittelbaren Einfluss ausüben können, mit dem Tempo auf der zweiten Schiene zusammenfällt. Wenn von beiden Seiten guter Wille gezeigt wird, dann wird auch unter den Bedingungen eines vereinigten Deutschland die These, dass von deutschem Boden Frieden ausgehen muss, in vollem Umfang gültig sein.

M. S. Gorbačev: Wir beide, Herr Bundeskanzler, haben somit Bericht erstattet. Jetzt wäre es interessant zu erfahren, was die Minister denken, worüber sie miteinander gesprochen haben und auf die Durchführung welcher weiteren Politik sie sich geeinigt haben.

Ė. A. Ševardnadze: Die Minister denken in derselben Richtung wie auch die Führer. Anders geht es nicht.[2]

Wir haben sehr detailliert die Perspektiven der geplanten gesamteuropäischen Konferenz auf höchster Ebene erörtert und meinen, dass wir mit ihrer Hilfe zu einer Lösung der drängenden Probleme – einschließlich der Situation bei der deutschen Frage und in Osteuropa – gelangen können. Wir haben uns darauf geeinigt, gründliche Vorbereitungsarbeiten in Hinblick auf dieses Treffen zu leisten und eingehende Diskussionen mit allen unseren Partnern zu führen.

Zu diesem Zweck werden wir Arbeitsgruppen ins Leben rufen, um dann in einer etwas späteren Phase ein Treffen der Außenminister zur Vorbereitung auf das Gipfeltreffen durchzuführen.

Wir haben über vieles gesprochen und glauben, dass die Entwicklung zu einer Garantie der Stabilität in Europa hinführen muss. Hier existieren große Reserven, die es in vollem Umfange zu mobilisieren gilt.

Ebenfalls recht sachlich haben wir die Frage der Transformation von Warschauer Pakt und NATO erörtert, damit sie in Anbetracht der Veränderungen, die sich in Europa vollzogen haben, zu Garanten der Stabilität werden können. Wir waren uns einig, dass es notwendig ist, einander ständig zu treffen und auf verschiedenen Ebenen Konsultationen zwischen der UdSSR und der BRD durchzuführen, da die Ereignisse sich dynamisch entwickeln und ein Dialog vor diesem Hintergrund besonders erforderlich ist. Es wurde auch eine weitere interessante

2 Knappe Passagen aus den Gesprächen Genschers mit Ševardnadzes zur NATO-Osterweiterung in Uwe Klussmann, Matthias Schepp und Klaus Wiegrefe, „Absurde Vorstellung“, in: Spiegel Nr. 48/2009, S. 46–49, hier S. 47.

Möglichkeit angesprochen: die Schaffung von Einrichtungen der Vier Mächte im Interesse Europas und der deutschen Nation. Hier ist jedoch noch eine konkrete Ausarbeitung erforderlich.

H.-D. Genscher: Bei unserem Gespräch mit Herrn Ševardnadze haben wir zunächst unsere Einschätzung der Lage in der DDR abgegeben und darüber berichtet, was wir zur Stabilisierung der wirtschaftlichen Situation dort zu unternehmen gedenken. Danach haben wir über die Notwendigkeit intensiver Vorbereitungsarbeiten für das gesamteuropäische Gipfeltreffen gesprochen, um dort zu substantiellen Ergebnissen zu gelangen. Wir werden in Ottawa die Möglichkeit haben, eingehend darüber zu sprechen.[3] Damit sich die Konferenz nicht nur mit dem „Offenen Himmel" beschäftigt, sondern auch mit den Problemen am Boden.

M. S. Gorbačev: Manchmal muss man vom Himmel auf die Erde herabsteigen.

H.-D. Genscher: Und auf ihr bleiben, wenn man nicht die Absicht hat, Kosmonaut zu werden. Ich habe mit Herrn Ševardnadze die Frage erörtert, auf welche Weise beide deutsche Staaten sich über ihre eigene Zukunft einigen werden, wie sie über dieses Thema mit den Vier Mächten sprechen werden – mit einem Wort: den gemeinsamen Weg zur Vereinigung festlegen. Dann könnten beide deutsche Staaten im Rahmen der bestehenden Verfahren zu Konsultationen mit der sowjetischen Seite übergehen. Es ist unerlässlich, dass Klarheit bezüglich aller dieser Fragen herrscht, damit wir die Teilnehmer der KSZE auf der bevorstehenden Konferenz in dieser Hinsicht entsprechend informieren können.

H. Kohl: Ich möchte noch besonders die Reihenfolge der Behandlung dieser Fragen unterstreichen. Man kann nicht auf ein gesamteuropäisches Gipfeltreffen gehen, ohne sie geregelt zu haben. Es muss alles vorher festgelegt sein und sollte nicht in der großen Runde entschieden werden.

M. S. Gorbačev: Wir haben uns zu Helsinki-1 zusammengesetzt, als die BRD bereits ein großes Paket von Vereinbarungen mit der UdSSR, mit der [Volksrepublik Polen][4] und anderen sozialistischen Ländern hatte. Daran sollte man denken.[5]

H.-D. Genscher: Ich habe in unserem Gespräch gesagt, dass wir nicht die Absicht haben, Verhandlungen dieser Art hinter dem Rücken der Vier Mächte zu führen.

M. S. Gorbačev: In dem Fall würden auch wir beginnen, etwas hinter Ihrem Rücken zu unternehmen.

H. Kohl: Im 20. Jahrhundert haben unsere beiden Länder bereits versucht, auf diese Weise zu agieren, aber bekanntlich dabei nicht gewonnen.

M. S. Gorbačev: In der Tat, der Geist der Diskussionen zwischen den Ministern stimmt mit der Tendenz und dem Charakter unserer Gespräche mit dem Kanzler überein. Ich will nicht auf die einzelnen Punkte unseres Gesprächs mit dem Bundeskanzler zurückkommen, betone aber, dass wir im Ergebnis dieser sehr wichtigen Unterhaltung übereingekommen sind, zusammenzuwirken, um die Gefahr eines Missverstehens zu vermeiden, die Atmosphäre des Vertrauens

[3] Treffen der Außenminister von NATO und Warschauer Pakt vom 12.–14. 2. 1990 in Ottawa zur Eröffnung einer Konferenz über „Open Skies", s. Kommuniqué der Außenminister der 2+4 u.a. in: Kuhn, Gorbatschow, S. 124f.

[4] Auflösung der russischen Abkürzung durch den Übersetzer.

[5] Vgl. Dokument Nr. 5, Anm. 4 und Nr. 16, Anm. 21.

aufrecht zu erhalten, die derzeitigen Probleme verantwortlich und wohlüberlegt zu lösen und den Weg für die zukünftige Zusammenarbeit zu bahnen. Wir sind darin übereingekommen, unsere Kontakte zu intensivieren.

H. Kohl: Wir haben uns darauf geeinigt, dass, sollten sich die Ereignisse besonders dramatisch entwickeln, wir unverzüglich in Kontakt miteinander treten werden. Ich war stets der Meinung, es ist besser, einmal zuviel miteinander zu reden. Wenn es uns gelingt, uns in der jetzigen Phase vorwärts zu bewegen, dann wird die Sache auch weiterhin gut laufen. Bei einer solchen Entwicklung können wir im Geiste unserer Bonner Erklärung einen bedeutenden Schritt tun, auch auf dem Gebiet der Wirtschaft und darin, was die besonderen Wirtschaftsbeziehungen zwischen der UdSSR und der DDR angeht. Wir werden hier durchdachte Lösungen finden.

Und da das Gespräch nun einmal auf die Wirtschaft gekommen ist, teile ich mit – ich denke zur Freude der hier anwesenden Botschafter – dass die Vereinbarung über einen gemeinsamen Flug der Kosmonauten bald unterzeichnet werden wird.[6]

M. S. Gorbačev: Und dies sagt etwas über das Niveau der Zusammenarbeit aus, denn Zusammenarbeit im Kosmos – das ist ein Gradmesser des Vertrauens.

Archiv der Gorbačev-Stiftung. Bestand 1, Verzeichnis 1.

Nr. 74
Telefonat Gorbačevs mit dem DDR-Ministerpräsidenten Modrow am 12. Februar 1990[1]

Telefongespräch M. S. Gorbačevs mit H. Modrow

12. Februar 1990

M. S. Gorbačev: Ich habe den Eindruck gewonnen, dass es für Kohl das Wichtigste war, uns davon zu überzeugen, dass sich die Lage in der DDR in Richtung eines unausweichlichen Zusammenbruchs entwickelt.[2] Nach seinen Worten habe er sich die Lage in der DDR bis zum 20. Januar d.J. stabiler vorgestellt, aber nach dem 20. Januar d.J. hätten sich diese Vorstellungen verändert. Die Sache bewege sich auf einen Kollaps zu. Der Weggang der Bewohner der DDR in die BRD setze sich fort. Die Koalitionsregierung verliere die Kontrolle über die Unternehmen und sogar über ganze Kreise. Stark sei die Stimmung für die Schaffung einer Währungsunion zwischen den beiden deutschen Staaten, die Einführung der westdeutschen Mark als Verrechnungseinheit in der DDR. Der Magistrat der Hauptstadt

[6] Vgl. zu diesen Plänen bereits das deutsch-sowjetische Abkommen über die wissenschaftlich-technische Zusammenarbeit auf dem Gebiet der Erforschung und Nutzung des Weltraums zu friedlichen Zwecken vom 25. 10. 1988, in: BGBl. 1990 II, S. 801 f.

[1] Auszüge in von Plato, Vereinigung, S. 277 f., Paraphrase in Weidenfeld, Außenpolitik, S. 248. Vgl. Gorbatschow, Erinnerungen, S. 718; Gorbatschow, Wie es war, S. 112 f.; Modrow, Perestrojka, S. 114.

[2] Dokumente Nr. 72 und Nr. 73.

der DDR, berichtete Kohl, habe sich an den Senat von Westberlin mit dem Vorschlag gewandt, den städtischen Bahntransport, die kommunale Wirtschaft, die medizinischen Einrichtungen und auch die Polizei Berlins – der Hauptstadt der DDR – in seine Obhut zu nehmen.[3] Kohl bemühte sich, uns den Gedanken nahezubringen, dass die Lage in der DDR schwer beherrschbar sei und die Bewegung für eine Vereinigung mit der BRD wachse. Dabei bezog er sich auf Ihr Gespräch mit ihm in Davos.[4]

Ich habe Kohl geantwortet, dass die Handlungen und Äußerungen westdeutscher Politiker, die im Wahlkampf um die Führung kämpften, den Prozess der Vereinigung anstacheln würden. Dies laufe doch der Vereinbarung über ein verantwortliches, wohlüberlegtes Vorgehen bei der Annäherung der beiden deutschen Staaten zuwider.

Kohl äußerte sich in dem Sinne, dass nach den Wahlen zur Volkskammer am 18. März in der DDR eine Regierung gebildet werde, die den Prozess der Vereinigung beschleunigen werde. Dies umso mehr, als alle Schichten der Bevölkerung der DDR für diese Vereinigung einträten. Man müsse handeln, um die Lage in der DDR zu stabilisieren. Der Kanzler versuchte in Moskau unverkennbar, sich als „Retter" der Deutschen, als Vater der deutschen Vereinigung, zu präsentieren. Die Menschen liefen aus der DDR weg, so sagte er, man brauche aktive Schritte, vor allem den Übergang zu einer Währungs- und Wirtschaftsunion.

Ich bin geneigt anzunehmen, dass Kohl sich dafür den Beistand der amerikanischen Administration gesichert hat. Dies konnte man auch im Gespräch mit dem US-Staatssekretär Baker spüren.[5] Kohl zieht auch die Positionen von Großbritannien und Frankreich in Betracht, jedoch in geringerem Maße.

Ich habe dem Bundeskanzler gesagt, dass in den deutschen Angelegenheiten unsere Position die bisherige sei. In einer bestimmten Phase seien zwei deutsche Staaten entstanden. Die Frage, wie sie weiterleben werden, müsse im historischen Kontext entschieden werden. Die Geschichte hätte jetzt ihren Gang beschleunigt. Welche Staatsform gewählt würde und das Tempo der Annäherung zwischen DDR und BRD würden letzten Endes die Deutschen selbst bestimmen. Jedoch betreffe der Prozess der Vereinigung auch die UdSSR und andere Staaten, vor allem die Nachbarn der DDR und der BRD. Es stellten sich die Fragen der Sicherheit der Sowjetunion und Europas insgesamt, der Unverletzbarkeit der Grenzen und der territorialpolitischen Realitäten der Nachkriegszeit. Im Prozess der Vereinigung müssten als verhandelnde Parteien nicht nur die DDR und die BRD auftreten, sondern auch die Sowjetunion. Wir würden nicht von einem Tandem ausgehen, sondern von einem Dreieck.

Kohl hat unsere Argumente aufgenommen und versprochen, darüber nachzudenken. Gleichzeitig versuchte er in Bezug auf den militärpolitischen Status eines vereinten Deutschland zu manövrieren und berief sich dabei auf die öffentliche Meinung in der BRD, in der nach seinen Worten die Stimmung für ein Beibehalten der NATO-Mitgliedschaft stark sei.

[3] Vgl. Dokument Nr. 72, Anm. 9.
[4] Gesprächsprotokoll vom 3. 2. 1990 in Deutsche Einheit, Sonderedition, S. 753–756.
[5] Dokument Nr. 71.

Ich habe ihm darauf geantwortet, dass der Verbleib eines vereinigten Deutschland in der NATO für uns unannehmbar sei. Es sei bekannt, was die BRD für die NATO bedeute. Aber es sei doch auch bekannt, was die DDR für den Warschauer Pakt bedeute. Was den militärischen Status betreffe, so gebe es interessante Präzedenzfälle: Ein Staat könne neutral sein, vielleicht auch blockfrei. Ich habe hervorgehoben, dass in Bezug auf die militärpolitischen Aspekte zwischen der UdSSR und der BRD völlige Klarheit herrschen müsse ...

Insgesamt hatte ich den Eindruck, dass Kohl sich arrogant verhielt.

H. Modrow: Ich danke Ihnen, Michail Sergeevič, für diese wertvolle Information. Ich möchte ein paar Kommentare anbringen. Kohl hat nach Moskau ein paar Ideen mitgebracht, die von Späth geäußert worden waren, insbesondere die der Schaffung einer Währungsunion zwischen DDR und BRD. Er hatte ohne Umschweife gesagt, es sei nutzlos, Geldmittel für Konsumzwecke in die DDR hineinzupumpen.[6]

Im Zusammenhang mit der Währungsunion möchte ich anmerken, dass ich über die Vorschläge der Regierung der BRD in dieser Frage aus den Berichten der Massenmedien erfahren habe. Davor, bei unserer Begegnung in Davos, hatte ich mit Kohl vereinbart, eine Experten-Arbeitsgruppe, bestehend aus acht Personen (je vier aus der DDR und der BRD) zur Erörterung von Fragen der Zusammenarbeit im Wirtschafts- und Finanzbereich zu bilden. Ich habe unsere Vertreter für diese Gruppe nominiert, aber sie wurden nicht in die BRD eingeladen und irgendwelche Erörterungen zur Währungsunion haben nicht stattgefunden. Dafür erschien plötzlich eine Erklärung der Regierung der BRD zur Währungsunion. Die Information Kohls im Gespräch mit Ihnen entstellt den realen Sachverhalt.

Was die innenpolitische Lage in der DDR betrifft, so ist diese natürlich kompliziert. Späth hat sich fünf Tage lang in der DDR aufgehalten, hat Dresden, Leipzig und Karl-Marx-Stadt besucht und entsprechende Eindrücke mitgenommen.[7] Natürlich haben sich im Vorfeld seiner Ankunft manche Leute bemüht, die Stimmung rund um die Vereinigung und einen bevorstehenden „Zusammenbruch" der Republik zu verschärfen.

Ich habe mit dem Oberbürgermeister von Ostberlin[8] gesprochen. Er hat sich mit keinerlei Vorschlägen, von denen Kohl Ihnen berichtet hat, an den Regierenden Bürgermeister von Westberlin, Momper, gewandt.[9] Das ist eine reine Provokation. Obgleich mir bekannt ist, dass einige dieser Ideen im Westberliner Senat geäußert worden sind. In der BRD wurde vor Kohls Moskau-Reise – nicht ohne Beteiligung von Späth – ein ganzes Konzept derartiger provokanter Maßnahmen ausgearbeitet. Dies wurde auch in einem Gespräch bestätigt, das Gysi kürzlich mit Vertretern der Partei „Die Grünen" der BRD geführt hat.

Die Stimmung in der DDR für eine Vereinigung mit der BRD ist stark. Doch gleichzeitig wächst auch die Besorgnis der Werktätigen über die sozialen Folgen

6 Zu Späths Forderungen nach einer Wirtschafts- und Währungsunion und zu seiner Bewertung der Situation in der DDR vgl. Teltschik, 329 Tage, S. 129f., 136.

7 8.–11.[?] 12. 1989. Späth und Modrow vereinbarten eine Kooperation des Bezirks Dresden mit Baden-Württemberg, vgl. Mengele, Wer zu Späth kommt, S. 183–190.

8 Erhard Krack (1974–1990), Rücktritt am 12. Februar 1990.

9 Vgl. Dokument Nr. 72, Anm. 10.

einer Vereinigung. Die Mehrheit der maßgeblichen politischen Parteien der BRD steht auf der Seite Kohls. Die Position der Sozialdemokraten ist bislang nicht eindeutig klar. Auch ich bin nicht gewillt, eine definitive Einschätzung diesbezüglich abzugeben, die SPD äußert sich in sehr verschleierter Form. Ich werde diese Differenzierung bei meinen Gesprächen mit Kohl berücksichtigen, aber nicht so, wie er dies plant.

Heute wird bei der Sitzung des „Runden Tisches" in Berlin das Konzept für mein bevorstehenden Treffens mit Kohl erörtert werden.[10] Wie das Ergebnis dieser Beratung sein wird, kann ich nicht sagen; die ersten Resultate werden gegen Abend bekannt sein.

Insgesamt denke ich, dass vor dem 18. März keinerlei grundlegende Entscheidungen zwischen der DDR und der BRD getroffen werden.

Die Wirtschaftslage der DDR ist schwierig; die Industrieproduktion stagniert nicht nur, sie sinkt. Im Januar ist die Produktion im Vergleich zum Vorjahr um sechs Prozent gesunken.

Wir versuchen, die Machtorgane vor Ort zu stärken, die Kreis- und Bezirksräte zu stützen. Doch hier gibt es Probleme. Derzeit ermittelt der Generalstaatsanwalt der DDR in ca. hundert Fällen, die mit der Fälschung der Ergebnisse der Kommunalwahlen im Mai 1989 in Verbindung stehen. Zu denen, gegen die Ermittlungsverfahren laufen, gehören auch Vorsitzende der Kreis- und Bezirksräte. Dies schwächt die Macht vor Ort. Ich werde versuchen, Maßnahmen zur Einstellung dieser Ermittlungen zu ergreifen. Krenz ist bereit, auf der Sitzung der Volkskammer eine Erklärung zur Vorbereitung und Durchführung dieser Wahlen abzugeben. Man muss eine politische Bewertung dieses Problems abgeben.

Ich stimme Ihnen zu, dass Kohl sich arrogant verhält; er will als „Vater" der Vereinigung der Deutschen in die Geschichte eingehen.

M. S. Gorbačev: Ich halte unseren Informationsaustausch für sehr nützlich.

H. Modrow: Die BRD will auf den Wahlkampf in der DDR Einfluss nehmen sowie ein für Bonn vorteilhaftes Ergebnis und die Bildung einer DDR-Regierung erreichen, die den Prozess der Vereinigung vorantreibt.

M. S. Gorbačev: Ich glaube, dass unter diesen Bedingungen Ihre und meine Aufgabe darin besteht, an der prinzipiellen politischen Linie festzuhalten, wohlüberlegt und verantwortlich zu handeln. Beim Prozess der Annäherung der beiden deutschen Staaten dürfen die legitimen Rechte und Interessen der europäischen Staaten nicht unberücksichtigt bleiben und die Lektionen der Geschichte nicht missachtet werden. Dies ist eine sehr ernste Frage. Eine Bewegung nach vorn und unser Beitrag zu dieser Entwicklung sind nur auf der Grundlage dieser Formel möglich.

Archiv der Gorbačev-Stiftung. Bestand 1, Verzeichnis 1.

[10] Vgl. Protokoll der 12. Sitzung vom 12. 2. 1990, Top 3, in: Thaysen (Hg.), Der Zentrale Runde Tisch, Bd. 3, S. 703–720.

Nr. 75
Vermerk Zagladins über ein Gespräch mit US-Beraterin C. Rice am 12. Februar 1990 [Auszug]

V. V. Zagladin über sein Gespräch mit C. Rice

12. Februar 1990

[...]. In der deutschen Frage, sagte Rice, gingen die USA zunächst davon aus, dass, erstens, die Deutschen ein Recht auf Wiedervereinigung hätten; zweitens, dass diese Wiedervereinigung niemandem in Europa oder außerhalb seiner Grenzen Schaden zufügen dürfe; und drittens, dass die BRD vierzig Jahre lang ein zuverlässiger und treuer Verbündeter der USA gewesen seien.

Rice bemerkte, dass es gemäß einer Analyse amerikanischer Spezialisten schwerfallen würde, die neuen Generationen der Deutschen, die nach dem Krieg aufgewachsen und im Geiste der Demokratie erzogen worden seien, für eine aggressive Politik zu gewinnen, selbst dann, wenn manche dies wollten. In Beantwortung der Bemerkung, dass es in der BRD und jetzt auch in der DDR nicht wenige Elemente revanchistischer Art gebe, sagte Rice, solche Elemente „können auch in den demokratischsten Ländern in Erscheinung treten", man müsse sie beobachten und über entsprechende strenge Gesetze verfügen.

Ferner hob Rice als wichtigsten Gedanken hervor, dass die hauptsächliche Garantie einer „normalen" Entwicklung des vereinigten Deutschland dessen Mitgliedschaft in der NATO sei. Dabei verhehlte sie nicht, dass die USA die NATO zum einen als Grundlage ihrer Präsenz in Europa (und „wir haben nicht vor, aus Europa wegzugehen") und zum anderen als Instrument zur Kontrolle der Situation und zur Gewährleistung der Sicherheit betrachten würden. Von diesem Standpunkt aus müsse auch die UdSSR am Fortbestand der NATO interessiert sein, jedenfalls in der derzeitigen komplizierten und anscheinend ziemlich langen Übergangszeit. Dies alles, so fuhr sie fort, sei umso zutreffender, als die NATO sich jetzt verändere und weiterhin verändern werde und sich von einem Instrument rein „militärischer Kontrolle" zu einem politischen Instrument wandle. „Die NATO ist unser Anker in Europa, ihn aus dem europäischen Boden herauszuholen, wäre für uns unmöglich", schloss Rice.

Rice gab deutlich genug zu verstehen, dass jegliche Form eines Rückzugs der BRD aus der NATO für die USA inakzeptabel sei und dass, wenn wir darauf bestünden, dies die Beziehungen zwischen der UdSSR und den USA beschädigen würde. „Wir müssen eine Variante finden, die unsere beiden Länder zufriedenstellt", wiederholte sie mehrfach.

Ferner entwickelte sie den Gedanken, dass ein vereinigtes Deutschland gleichzeitig Mitglied einer integrierten Gruppierung in Westeuropa bleiben müsse. Dies sei ebenfalls ein Instrument der Kontrolle über Deutschland. Dieses Instrument sei nötig, weil Deutschland, nachdem es vereinigt wäre, wirtschaftlich noch mächtiger werde. Unter diesen Bedingungen müsse es erst recht all jene Verpflichtungen einhalten, die es im Rahmen der EG übernommen habe.

Ein wirtschaftlich starkes Deutschland werde natürlich „nicht allen gefallen", sagte Rice, aber ich glaube, dass es für Osteuropa und für die UdSSR keine Gefahr darstellen wird. Sogar im Gegenteil, ein solches Deutschland könne für sie zu einem guten Partner werden (insbesondere in Anbetracht der bereits bestehenden Beziehungen der UdSSR zur BRD und vor allem zur DDR). Die Zusammenarbeit mit dem vereinigten Deutschland würde zu jener Marschrichtung werden, die eine Integration von Ost- und Westeuropa erleichtern könnte. [...].

(V. Zagladin)

Archiv der Gorbačev-Stiftung. Bestand 3, Verzeichnis 1.

Nr. 76
Protokoll einer Besprechung Gorbačevs mit Beratern am 13. Februar 1990 über den außerordentlichen Kongress der Volksdeputierten der UdSSR und über die Vorbereitung des 28. Parteitags der KPdSU [Auszug][1]

Auszüge aus Diskussionsbeiträgen bei einer Besprechung zu Fragen des außerordentlichen Kongresses der Volksdeputierten der UdSSR und der Vorbereitung auf den 28. Parteitag der KPdSU im Saal des ZK-Sekretariats[2]

13. Februar 1990

Gorbačev: Warum ist Helmut Kohl zu uns gekommen?[3] Hauptsächlich um uns davon zu überzeugen, dass die DDR jeden Moment zusammenbricht.[4] Bis zum 20. Januar glaubte er, alles könne schrittweise gehen. Jetzt, so meint er, läuft die Sache unverkennbar auf einen Kollaps zu.

Sie (die Deutschen) haben sich mit den Amerikanern abgesprochen. Die USA fürchten die Integration Westeuropas und wollen Deutschland als einen ihrer Hauptverbündeten ergattern. Deshalb muss man jetzt eng im Dreieck UdSSR–Deutschland–USA agieren.

Das Wichtigste für uns: die Positionen bei der Sicherheit, den Grenzen und beim europäischen Prozess halten.

Die Formel „4+2“ wird große Bedeutung haben. Das Kräfteverhältnis dort wird zu unseren Gunsten sein: Thatcher, Mitterand und Modrow stehen unserer Position näher.

Aber wir haben in der Person von Modrow und Co. bereits keine Freunde mehr. Sie sind mit der BRD verflochten.

Unter Honecker hat sich die DDR mit zig Milliarden Dollar verschuldet.

[1] Auch in V Politbjuro, S. 483 f., hier S. 484.

[2] Der Außerordentliche Dritte Kongress der Volksdeputierten fand vom 12.–15. 3. 1990, der 28. Parteitag der KPdSU vom 2.–13. 7. 1990 statt. Vgl. Vneočerednoj tretij s-ezd narodnych deputatov SSSR. Stenografičeskij otčet, 3 Bände, Moskau 1990; XXVIII s-ezd KPSS. Stenografičeskij otčet, 2 Bände, Moskau 1991.

[3] In V Politbjuro, S. 484 wird der Abschnitt mit der Überschrift „Über den Besuch Helmut Kohls“ eingeleitet, dafür im ersten Satz keine Namensnennung. Vgl. Dokumente Nr. 72 und Nr. 73.

[4] Russ. „krachnet“; in V Politbjuro, S. 484, „ruchnet“.

Wir müssen weiterhin vertrauliche Kontakte zu allen aufrechterhalten – im Rahmen der jüngsten Realitäten, insbesondere in Fragen der Sicherheit und der Grenze.

Langfristig – Vereinigung Deutschlands.[5] Es ist notwendig, dass die europäische und globale Balance im Verlaufe dieses Prozesses nicht gestört wird.

Und die zweite Linie – die Wirtschaftsbeziehungen mit der BRD: 6,5 Mrd. Rubel jährlicher Warenumsatz, aber mit der DDR fast 14 Mrd.

Und auch mit Frankreich und England bis zu dem Zeitpunkt arbeiten, an dem die Institution „4+2“ anzulaufen beginnt;[6] An Masljukov – alle Währungsfragen mit BRD und DDR bearbeiten. Dabei Silaev und Sitarjan einbeziehen.

[7]**Primakov:** Man sollte die Pluspunkte der Vereinigung Deutschlands für unsere Politik gegenüber Polen und der Tschechoslowakei ausnutzen.

Ligačov: Die deutsche Frage ins Parlament bringen?

Gorbačev: Aber dann muss man die Dinge ansprechen, über die bisher nichts gedruckt worden ist.[8]

Wenn beide Blöcke (NATO und OVD) umgewandelt werden, bildet sich ein neues Sicherheitssystem heraus. [9]Vielleicht damit in den Obersten Sowjet gehen? Darüber soll unsere Kommission nachdenken: Jakovlev, Jazov, Ševardnadze, Krjučkov.

[10]**Primakov:** Deutschland ist eines der Themen für die Rede des Präsidenten, wenn wir ihn wählen werden.[11]

Gorbačev: Prognosen sind sehr schwierig, aber vorläufig haben wir einen Standpunkt: Es hat den Krieg gegeben, es sind zwei deutschen Staaten entstanden, es gibt die Interessen der Deutschen und es gibt die Interessen aller ringsum. Diese Konstellation bleibt vorerst erhalten.[12]

Die Verbündeten informieren? Aber wen, außer den Polen?

Lukjanov: Ist das nötig?

Ševardnadze: In Ottawa werden wir darüber sprechen, das reicht einstweilen.[13]

Manaenkov: Vielleicht die Partei informieren? […].

Aufzeichnung von A. S. Černjaev, Archiv der Gorbačev-Stiftung. Bestand 2, Verzeichnis 2.

[5] In V Politbjuro, S. 484 hier bei gleichem Wortlaut kein neuer Satz.
[6] Dieser Satz in V Politbjuro, S. 484 später, vgl. Anm. 8.
[7] Äußerungen Primakovs, Ligačovs sowie der anschließende erste Satz Gorbačevs nicht in V Politbjuro, S. 484.
[8] Dieser Satz fehlt in V Politbjuro, S. 484. An dieser Stelle die Bemerkung Gorbačevs über die Zusammenarbeit mit England und Frankreich, vgl. Anm. 6.
[9] Der Restabsatz nicht mehr in V Politbjuro, S. 484.
[10] Die Äußerung Primakovs nicht in V Politbjuro, S. 484.
[11] Wahl Gorbačevs zum Präsidenten auf dem 3. Volksdeputiertenkongress am 15. 3. 1990.
[12] Hier bricht die Überlieferung in V Politbjuro, S. 484 ab.
[13] Vgl. Dokument Nr. 73, Anm. 3.

Nr. 77
Telefonat Gorbačevs mit Bundeskanzler Kohl am 20. Februar 1990

Gespräch M. S. Gorbačevs mit H. Kohl per Telefon

20. Februar 1990

M. S. Gorbačev: Wir haben uns hier eingelebt – in den Stürmen der Perestrojka. Alles ist normal, alles fügt sich in den Prozess der politischen Rivalität.

Der jüngste Streich El'cins hat in der Öffentlichkeit Verwunderung und Empörung hervorgerufen, sogar in seiner unmittelbaren Umgebung.*

Ja, das war eine Art Verzweiflungstat oder eine Aktion, um sich selbst Mut zu machen. Die Wurzeln seines Verhaltens liegen offenbar darin, dass er an Autorität verliert. Das ist ein zerstörerischer Mensch. Im Obersten Sowjet (RSFSR) war er isoliert. Und er denkt: was tun? Da hat er sich dann entschlossen, die angespannte Lage noch stärker auszunutzen.

Generell ist die Lage im russischen Obersten Sowjet kritisch. Die Abgeordneten forderten die Einberufung eines Kongresses der RSFSR.[1] El'cin hat versucht, aus der Isolation herauszukommen, sich auf die gesellschaftlichen Kräfte zu stützen und die Unzufriedenheit mit dem Anstieg der Preise auszunützen.

Ich muss sagen, dass der Oberste Sowjet der UdSSR entschieden erklärt hat: Der Auftritt El'cins ist einer derart hochgestellten Persönlichkeit unwürdig. Er erfordert eine Reaktion. Er muss er seine Worte zurücknehmen oder es stellt sich Frage nach seinem weiteren Schicksal.

H. Kohl: *(sagt etwas)*

M. S. Gorbačev: In der Gesellschaft werden konkrete Taten im Bereich der Finanzen, des Marktes und der Preise erwartet. Ich bin bereit, mit allen denkbaren gesellschaftlichen Kräften zusammenzuarbeiten, darunter mit der russischen Regierung (d.h. der RSFSR). Aber dieser Mensch hat keine konstruktiven Ressourcen. Er ist von Natur aus ein Zerstörer. Viele haben sich öffentlich von ihm distanziert – Nazarbaev, Kravčuk u. a.

H. Kohl: *(??)*

M. S. Gorbačev: Es ist betrüblich, dass Elemente der Konfrontation vorhanden sind. Aber ich glaube, alles Schlechte hat sein Gutes.

H. Kohl: *(Erkundigt sich nach dem Gespräch Gorbačevs mit Modrow, das am 12. Februar stattgefunden hatte.)*[2]

M. S. Gorbačev: Bisher keine Antwort. Aber ich muss dir sagen: Das Gespräch war schroff.

H. Kohl: *(??)*

M. S. Gorbačev: Wissen wir nicht. Wir warten auf eine Antwort. Ich verspreche dir, dich rasch zu informieren.

(Austausch kurzer Repliken.)

[1] Der im März 1990 gewählte Volksdeputiertenkongress der RSFSR trat am 17. 5. 1990 zusammen; El'cin wurde am 29. 5. 1990 zum Präsidenten der RSFSR gewählt, am 12. 6. 1990 nahm der Kongress die Souveränitätserklärung der RSFSR an, vgl. Altrichter, Russland, S. 397f.

[2] Dokument Nr. 74.

M. S. Gorbačev: Ja, ja ... Wir treten dafür ein, den Beziehungen zu Osteuropa, besonders zu Ungarn, auf neuer Grundlage den erforderlichen Charakter zu verleihen. Derzeit läuft dort die Bildung eines neuen Kabinetts *(der Minister).*

Es gab eine Situation, in der wir wie auch sie *(die Osteuropäer)* darüber nachdenken mussten, wie die Beziehungen weiterhin zu gestalten seien. Aber jetzt beginnt ein Prozess des Entgegenkommens.

Ich wünsche alles Gute – auch daheim. Viele Grüße.

* Im Februar 1990 hielt B. N. El'cin im Moskauer „Haus des Kinos“ eine Rede vor einem großen Auditorium, in der er die Politik Gorbačevs einer scharfen Kritik unterzog und dessen Rücktritt forderte.

Aufzeichnung von A. S. Černjaev, Archiv der Gorbačev-Stiftung. Bestand 2, Verzeichnis 2.

Nr. 78
Interview Gorbačevs mit der Pravda am 21. Februar 1990[1]
Antworten M. S. Gorbačevs auf Fragen des Korrespondenten der „Pravda“
21. Februar 1990

Frage: In der Redaktion gehen laufend Briefe ein, in denen die Leser um Erläuterungen zur Frage der Vereinigung Deutschlands bitten. Es ist bekannt, dass auch im Westen in dieser Hinsicht nicht wenige unterschiedliche Ansichten geäußert werden, unter anderem bezüglich der Ergebnisse Ihres Treffens mit Kanzlers Kohl.[2] Was können Sie dazu sagen?

Antwort: Die Frage ist in der Tat sehr wichtig; sie ist eine der wichtigsten in der gegenwärtigen internationalen Politik. Ich möchte hier zwei Aspekte hervorheben.

Der erste ist das Recht der Deutschen auf Einheit. Wir haben dieses Recht niemals verneint. Und ich will daran erinnern, dass selbst unmittelbar nach dem Krieg, der unserem Volke sowohl legitimen Stolz auf den Sieg als auch unermessliches Leid und verständlichen Hass auf seine Verursacher gebracht hat, die Sowjetunion gegen eine Teilung Deutschlands aufgetreten ist. Das war nicht unsere Idee und nicht wir tragen die Verantwortung dafür, wie sich danach unter den Bedingungen des „Kalten Krieges“ die Ereignisse zu entwickeln begannen.

Ich füge hinzu: Selbst nachdem zwei deutsche Staaten entstanden waren, hat die sowjetische Regierung gemeinsam mit der DDR weiterhin am Prinzip der Einheit Deutschlands festgehalten. 1950 unterstützte die UdSSR den Vorschlag der DDR zur Wiederherstellung der gesamtdeutschen Staatlichkeit.[3] Am 10. März 1952

[1] Deutsch unter dem 20. 2. 1990 auch in Gorbatschow, Das gemeinsame Haus, S. 182–188. Vgl. hierzu die Vorlage Teltschiks vom 22. 2. 1990 für Kohl, in: Deutsche Einheit, Sonderedition, S. 857–859.

[2] Dokumente Nr. 72 und Nr. 73.

[3] Schreiben Grotewohl an die Bundesregierung vom 30. 11. 1950, in: Dokumente zur Deutschlandpolitik, Reihe II, Bd. 3, München 1997, S. 452 f.

legte die sowjetische Regierung einen Plan zur Vereinigung Deutschlands zu einem einheitlichen demokratischen und neutralen Staat vor.[4] Der Westen wies auch diesen Vorschlag zurück. 1954 schlugen wir auf einer Außenministerkonferenz in Berlin erneut die Schaffung eines geeinten entmilitarisierten Deutschland vor.[5] Und wieder erhielten wir eine Ablehnung. Ein Jahr später, am 15. Januar 1955, legte die sowjetische Regierung den Vorschlag vor, ein einheitliches Deutschland zu schaffen mit einer in freien Wahlen gewählten Regierung, mit der ein Friedensvertrag unterzeichnet werden sollte.[6] Auch dieser Vorschlag blieb ohne Antwort. In den Jahren 1957/1958 wurde der von der DDR vorgelegte und von uns aktiv unterstützte Vorschlag, eine deutsche Konföderation zu schaffen nicht einmal diskutiert.[7] 1959 folgte auf der Außenministerkonferenz der Vier Mächte ein erneuter sowjetischer Vorschlag: Abschluss eines Friedensvertrags mit einem einheitlichen vereinten Deutschland, das keiner militärpolitischen Gruppierung angehören, aber über ein bestimmtes militärisches Potential verfügen würde.[8] Das Resultat war das gleiche.

Und auch beim Abschluss des Moskauer Vertrags hat die UdSSR die Überwindung der Spaltung Deutschlands auf lange Sicht nicht ausgeschlossen. Die Bestätigung dafür ist die Tatsache, dass unsere Regierung den „Brief zur deutschen Einheit“ entgegengenommen hat, mit dem Brandt und Scheel die durch sie erfolgte Unterzeichnung dieses Vertrags begleitet haben.[9]

Das sind die Fakten.

Sie sehen, diese Frage ist für uns nicht neu. Wir gehen davon aus – und darüber habe ich wiederholt sowohl öffentlich als auch bei Kontakten mit den deutschen Politikern sprechen müssen – dass die Geschichte so entschieden hat: Es sind zwei deutsche Staaten entstanden und es ist an der Geschichte, darüber zu befinden, in welcher Staatsform die deutsche Nation letztendlich existieren wird. Und die Geschichte ist unterwartet schnell in Gang gekommen. Unter diesen Bedingungen haben wir noch einmal bekräftigt, dass die Deutschen selbst entscheiden müssen, wie, in welcher Frist und in welcher Form ihre Vereinigung verlaufen soll. Davon war die Rede in den Gesprächen mit Modrow und kurz danach mit Kohl.[10]

Aber dies ist nur die eine Seite des Problems; in diesen Gesprächen wurde nicht nur darüber gesprochen.

[4] Vgl. Dokument Nr. 19, Anm. 43.

[5] Vgl. u. a. Zusammenfassung der Rede Molotovs vom 1. 2. 1954, des sowjetischen Entwurfs eines Friedensvertrags sowie des Entwurfs eines Gesamteuropäischen Vertrags über kollektive Sicherheit in Europa vom 10. 2. 1954 in: Reden und Dokumente. Viererkonferenz in Berlin 1954, hg. vom Presse- und Informationsamt der Bundesregierung, Berlin 1954, hier S. 82–99, 183–192.

[6] Erklärung zur Deutschlandpolitik (TASS), abgedr. u. a. in: Ost-Probleme, 1955, Nr. 5, S. 202 f.

[7] Artikel Ulbrichts im ND vom 30. 12. 1956, Rede Ulbrichts auf dem ZK-Plenum am 30. 1. 1957 sowie Erklärung der Regierung der DDR vom 27. 7. 1957, in: Dokumente zur Deutschlandpolitik, Reihe III, Bd. 2/2, S. 1002–1012; Bd. 3/1, S. 80–94 und Bd. 3/3, S. 1299–1304; zur sowjetischen Haltung vgl. die Erklärung Chruščevs vom 8. 8. 1957 sowie Gemeinsame Erklärung der Partei- und Regierungsdelegationen der DDR und UdSSR vom 13. 8. 1957, ebd., S. 1381–1405 und S. 1459–1480. Vgl. insgesamt hierzu Küsters, Der Integrationsfriede, S. 761–765.

[8] Sowjetische Note und Entwurf eines Friedensvertrags vom 10. 1. 1959 in: Dokumente zur Deutschlandpolitik, Reihe IV, Bd. 1/1, S. 545–573 (dt. und russ.).

[9] Vgl. Dokument Nr. 5, Anm. 3. Brief vom 12. 8. 1970, in: Bulletin der Bundesregierung, Nr. 107 (1970), S. 1057–1058.

[10] Dokumente Nr. 67 und Nr. 72.

Frage: Was meinen Sie damit?

Antwort: Vor allem die Tatsache, dass die Vereinigung Deutschlands nicht nur die Deutschen betrifft. Bei allem Respekt vor diesem ihrem nationalen Recht ist die Lage so, dass man sich unmöglich vorstellen kann, dass die Deutschen sich untereinander einigen und dann den Übrigen vorschlagen, die von ihnen getroffenen Entscheidungen gutzuheißen. Es gibt grundlegende Dinge, die zu wissen die internationale Gemeinschaft ein Recht hat und bei denen es keinen Platz für Zweideutigkeit geben darf.

Ferner muss von Anfang an klar sein, dass weder der Annäherungsprozess zwischen BRD und DDR an sich, noch ein geeintes Deutschland eine Bedrohung oder Beeinträchtigung der nationalen Interessen der Nachbarn oder generell von irgendjemand außerhalb bringen darf. Und natürlich ist jeglicher Anschlag auf die Grenzen anderer Staaten ausgeschlossen.

Neben der Unverletzbarkeit der im Ergebnis des Zweiten Weltkrieges entstandenen Grenzen, was das Wesentlichste ist, gibt es auch noch andere Auswirkungen. Niemand hat die Verantwortung der Vier Mächte aufgehoben. Nur sie selbst können sich ihrer entledigen. Noch gibt es keinen Friedensvertrag mit Deutschland. Und nur dieser kann den Status Deutschlands innerhalb der europäischen Struktur in völkerrechtlicher Hinsicht endgültig festlegen.

Lange Zeit wurde die Sicherheit, wie auch immer, durch die Existenz zweier militärpolitischer Bündnisse – OVD und NATO – aufrechterhalten. Bislang zeichnen sich erst die Voraussetzungen für die Herausbildung eines prinzipiell neuen Systems der Sicherheit in Europa ab. Deshalb bleibt die Rolle dieser Bündnisse auch erhalten, obgleich sie nach Maßgabe des Abbaus der militärischen Konfrontation, der Abschwächung der militärischen Komponente der Sicherheit und der Verstärkung der politischen Aspekte ihrer Tätigkeit wesentlich modifiziert wird. Folglich muss auch die Vereinigung Deutschlands unter Berücksichtigung dieser Umstände erfolgen, nämlich der Unzulässigkeit einer Störung des militärstrategischen Gleichgewichts dieser beiden internationalen Organisationen. Hierüber muss völlige Klarheit herrschen.

Und ein Letztes. Aus dem Gesagten ergibt sich, dass der Prozess der Vereinigung Deutschlands mit dem gesamteuropäischen Prozess und mit seiner Grundlinie – der Herausbildung einer prinzipiell neuen, auf die Ablösung der blockgebundenen Sicherheit hinauslaufenden Struktur der europäischen Sicherheit – organisch verbunden ist und mit diesem synchron verlaufen muss.

Frage: Bekanntlich haben sich die Außenminister in Ottawa über einen Mechanismus zur Erörterung der deutschen Frage unter Beteiligung der UdSSR, der USA, Großbritanniens, Frankreichs, der BRD und der DDR verständigt.[11] Könnten Sie erklären, wie die Rolle dieses Mechanismus gedacht ist?

Antwort: Es handelt sich in der Tat um eine bestimmte Form der Erörterung der deutschen Frage zwischen den erwähnten sechs Staaten. Übrigens ist die Idee für ein solches Verfahren in Moskau und in den westlichen Hauptstädten gleichzeitig und unabhängig voneinander entstanden. Wir haben darüber mit Modrow

[11] Vgl. das gemeinsame Kommuniqué vom 13. 2. 1990, in: Bulletin Nr. 27 vom 20. 2. 1990.

und dann mit Kohl gesprochen. Und jeglicher Hinweis auf „Patentrechte" ist kaum angebracht.

Die rechtliche Grundlage der Idee hängt mit den Ergebnissen des Krieges und mit der Verantwortung der Vier Mächte für die künftige Rolle Deutschlands in der Welt zusammen. Zugleich trägt sie den gewaltigen Veränderungen Rechnung, die seit jener Zeit in Europa und in der Welt und in den beiden deutschen Staaten selbst vor sich gegangen sind, weshalb man sie in die Formel dieses Mechanismus einbezieht, der provisorisch „2+4" genannt wurde.

Die Aufgabe besteht darin, alle äußeren Aspekte der deutschen Wiedervereinigung umfassend und stufenweise zu erörtern und die Frage auf die Einbeziehung in den gesamteuropäischen Prozess und die Prüfung der Grundlagen eines künftigen Friedensvertrags mit Deutschland vorzubereiten. Dabei hängen Effektivität und Autorität dieser Konsultationen vom Grad des Vertrauens und der Offenheit zwischen allen Teilnehmern ab. Selbstverständlich können souveräne Staaten beliebige Kontakte, darunter zur deutschen Frage, auf bilateraler und jeder anderen Grundlage unterhalten. Wir schließen aber eine Vorgehensweise aus, bei der sich drei oder vier zuerst untereinander absprechen und den übrigen Teilnehmern die bereits vereinbarte Position unterbreiten. Dies ist inakzeptabel.

Frage: Aber enthält dieses Verfahren nicht ein Element der Diskriminierung gegenüber den anderen Ländern, die ebenfalls am Krieg teilgenommen haben?

Antwort: Die Frage ist berechtigt. Genau deshalb verbinden wir – ohne das historisch bedingte Recht der Vier Mächte zu schmälern – den Mechanismus „2+4" mit dem gesamteuropäischen Prozess, haben also zugleich Verständnis für das besondere Interesse anderer Staaten, die in dieser Formel nicht berücksichtigt sind und folglich auch für ihr legitimes Recht, ihre nationalen Interessen zu schützen. Vor allem denke ich da an Polen – die Unverletzbarkeit seiner Nachkriegsgrenzen wie auch der Grenzen der anderen Staaten muss garantiert sein. Eine solche Garantie kann nur ein völkerrechtlicher Akt sein.

Frage: Wie bewerten Sie eine gewisse Besorgnis bei den sowjetischen Menschen, aber auch seitens anderer europäischer Völker angesichts der Perspektive, dass im Zentrum Europas ein geeinter deutscher Staat entsteht?[12]

Antwort: Sowohl historisch wie auch psychologisch ist diese Unruhe verständlich. Obgleich man nicht leugnen kann, dass das deutsche Volk seine Lehren aus der Erfahrung der Hitler-Herrschaft und des Zweiten Weltkrieges gezogen hat. In beiden deutschen Staaten sind neue Generationen herangewachsen, die die Rolle Deutschlands in der Welt anders sehen als, sagen wir, während der letzten mehr als hundert Jahre und besonders in der Zeit des Nazismus.

Natürlich ist es wichtig, dass nicht nur seitens der Öffentlichkeit der BRD und DDR, sondern auch auf offizieller, staatlicher Ebene vor der gesamten Welt wiederholt erklärt worden ist: Von deutschem Boden darf niemals mehr ein Krieg ausgehen. Und im Gespräch mit mir hat Kohl eine noch verpflichtendere Interpretation dieser Formel gegeben: Von deutschem Boden darf nur Frieden ausgehen.

[12] Meinungsumfragen spiegelten indes positivere Einstellungen in der UdSSR wider, vgl. von Plato, Vereinigung, S. 173.

All das ist so. Jedoch darf niemand das negative Potential ignorieren, das sich im früheren Deutschland gebildet hat. Erst recht nicht ist es möglich, die Erinnerung des Volkes an den Krieg, an seine Gräuel und seine Verluste außer Acht zu lassen. Deshalb ist es sehr wichtig, dass die Deutschen bei der Klärung der Frage ihrer Vereinigung sich ihrer Verantwortung erinnern und auch daran, dass es notwendig ist, nicht nur die eigenen Interessen zu respektieren, sondern auch die Gefühle anderer Völker.

Dies betrifft insbesondere unser Land, das sowjetische Volk. Es hat das unveräußerliche Recht, darauf zu bauen und darauf hinzuwirken, dass unser Land durch die Vereinigung der Deutschen weder moralischen, noch politischen oder wirtschaftlichen Schaden erfährt und dass am Ende die alte „Idee" der Geschichte verwirklicht wird, die uns bestimmt hat, nebeneinander zu leben, zwischen unseren Völkern Fäden der Verbindung und des tiefen gegenseitigen Interesses gespannt hat und unsere Geschicke sich hat kreuzen lassen – manchmal in tragischen Zusammenstößen – und die uns unter den Bedingungen einer neuen Epoche die Chance gibt, einander zu vertrauen und zusammenzuarbeiten. […].

(Der zweite Teil des Interviews betraf die sowjetisch-deutschen Vereinbarungen über eine Reduzierung der Streitkräfte der UdSSR und der USA in Zentraleuropa.)

Pravda, 21. 2. 1990.

Nr. 79

Telefonat Gorbačevs mit US-Präsident Bush am 28. Februar 1990 [Auszug][1]

Aus dem Telefongespräch M. S. Gorbačevs mit G. Bush

28. Februar 1990

G. Bush: […]. Ein paar Worte über den jüngsten Besuch von Kanzler Kohl. Ich denke, dass er nützlich war.[1] Wie auch Kohl halten wir die deutsche Einheit für eine positive Entwicklung der Ereignisse. Wir haben ein gemeinsames Ziel: die Bildung eines demokratischen geeinten Deutschland, das zusammen mit seinen traditionellen Verbündeten und im Rahmen eines immer stärker integrierten Europas zu Stabilität und dauerhaftem Frieden in Europa beiträgt.

Wir waren uns einig darin, dass ein vereintes Deutschland in der NATO und die amerikanischen Streitkräfte in Europa bleiben müssen, solange die Europäer dies wünschen und nicht einen Tag länger. Wir stimmen auch dem relativen Sonderstatus für das ehemalige Territorium der DDR zu.

[1] Auf Basis des amerikanischen Protokolls die Darstellung von Zelikow/Rice, Sternstunde, S. 305. Vgl. auch Niederschrift über ein Gespräch Modrows mit Gorbačev am 6. 3. 1990, in: Nakath (Hg.), Im Kreml, S. 179–183, hier S. 183, ähnlich der Gesprächsvermerk in Nakath/Stephan (Hg.), Countdown, S. 320–325, hier S. 325; vgl. Gorbatschow, Wie es war, S. 119f. Bush/Scowcroft, A world, S. 257.

[1] Die Gespräche Kohls mit Bush am 24. und 25. 2. 1990 in Camp David in: Deutsche Einheit, Sonderedition, S. 860–877.

In letzter Zeit wächst sowohl im Westen wie auch im Osten die Besorgnis über die Folgen einer Vereinigung Deutschlands. Wir sind jedoch der Auffassung, dass jetzt, nachdem seit dem Zweiten Weltkrieg viele Jahre vergangen sind, ein geeintes Deutschland keine Befürchtungen hervorrufen sollte und den legitimen Sicherheitsinteressen welches Staates auch immer keinen Schaden zufügen wird. Die BRD ist bereit, mit ihren Nachbarn, der UdSSR und ihren Verbündeten im Interesse der Stabilität und des Friedens in einem sich rasch wandelnden Europa zusammenzuarbeiten. Nach meinen ausführlichen Gesprächen mit Helmut Kohl bin ich davon überzeugt, dass dies so ist.

Ihnen ist offenbar bekannt, dass wir auch die Rolle der Sowjetunion und Ihre persönliche Rolle im Prozess der europäischen Aussöhnung sowie den von Ihnen gezeigten Respekt gegenüber den friedlichen Veränderungen in Osteuropa erörtert haben. In diesem Zusammenhang hat Kohl mich gebeten, mich aktiv mit Ihnen zu beraten und so rasch wie möglich zu Vereinbarungen über eine Verringerung und Beschränkung der Streitkräfte zu gelangen. Ich habe ihm versichert, dass genau darin meine Absicht besteht.

Und ein Letztes. Ich möchte Ihnen dafür danken, dass Sie ungeachtet Ihrer außerordentlichen Inanspruchnahme J. Baker bei seinem jüngsten Besuch in Moskau so viel Zeit geschenkt haben.[2] Wir alle haben dankbar diese Ihre Großzügigkeit zur Kenntnis genommen.

M. S. Gorbačev: Ich danke Ihnen, Herr Präsident, und will darauf Folgendes sagen.

Ich glaube, für uns wie für Sie ist der Ausgangspunkt die Notwendigkeit, im Ergebnis jener Veränderungen, die im Zusammenhang mit der Vereinigung Deutschlands in Europa vor sich gehen, die gemeinsame Sicherheit aller Staaten aufrechtzuerhalten. Offenbar ist uns beiden bewusst, dass dieses wichtige Problem im Kontext der Realitäten der Nachkriegszeit und des gesamteuropäischen Prozesses gesehen werden muss.

In diesem Zusammenhang ist die Haltung von Kanzler Kohl nicht ganz eindeutig. Bei den Europäern erheben sich viele Fragen, darunter auch bei uns. Ebenso machen in der BRD viele Kohl auf die Notwendigkeit aufmerksam, die Realitäten der Nachkriegszeit zu respektieren und insbesondere darauf, dass eine deutliche Erklärung zur Unverletzbarkeit der Grenzen erforderlich ist. Ich musste dazu auch im Interview mit der „Pravda" etwas sagen.[3] Hier ist Klarheit unerlässlich.

Klarheit ist auch unerlässlich in der Frage über die Zukunft eines geeinten Deutschland im Kontext der europäischen Sicherheit unter Berücksichtigung der besonderen Bedeutung für die gesamte Welt. Sie haben gesagt, dass in dieser Hinsicht zwischen Ihnen und dem Kanzler Einvernehmen herrscht. Ich muss Sie enttäuschen: Zwischen mir und ihm besteht dieses Einvernehmen bisher nicht.

Sie sagten, dass die Ereignisse bei niemandem Sorge hervorrufen sollten und dass ein vereinigtes Deutschland keine Bedrohung darstellen würde. Aber dann erhebt sich die Frage: Wenn dies so ist, wenn es keine Bedrohung gibt, wenn das Gleichgewicht nicht gestört wird, warum sind dann die westlichen Länder so be-

[2] Dokument Nr. 71.
[3] Dokument Nr. 78.

strebt, Deutschland in eine militärpolitische Organisation zu integrieren? Wird dies das Gleichgewicht etwa nicht verändern? Wenn wir zu dem Schluss kommen, dass dies die Sicherheit der Sowjetunion und ihrer Verbündeten berührt, dann müssen wir ernsthaft darüber nachdenken.

Deshalb möchte ich Sie dazu einladen, die Konsultationen in dieser wichtigen Frage fortzusetzen. Ich möchte Ihnen versichern, dass wir die Konsultationen auch mit Kanzler Kohl fortsetzen werden. Ich hoffe, dass Sie unserem besonderen Interesse an dieser Frage mit Verständnis begegnen werden. Ich glaube, dass wir im Laufe der Konsultationen und der Zusammenarbeit eine für alle Seiten annehmbare Lösung finden werden.

Selbstverständlich bin ich mit den Eindrücken, die Herr Baker von seiner Reise nach Moskau mitgebracht hat und mit der im Verlaufe seines Besuches gemeinsam geleisteten Arbeit zufrieden. Sie verdient entsprechende Erwähnung. Es ist jetzt sehr wichtig, all das zu bewahren, was sich in unseren Beziehungen angesammelt hat; dies ist zum gegenwärtigen Zeitpunkt vielleicht das Wertvollste in der globalen Politik …

G. Bush: Ich weiß alles, was Sie gesagt haben, zu schätzen und nehme es zur Kenntnis. Vielleicht werden wir in allernächster Zukunft die Möglichkeit haben, über eine geheime Telefonverbindung noch offener zu sprechen.

M. S. Gorbačev: Darauf hoffe ich ebenfalls.

G. Bush: Ich möchte Ihnen versichern, dass mir Folgendes bewusst ist: Die Vorbehalte, die Sie in der deutschen Frage geäußert haben, gehen nicht nur von der Sowjetunion aus, die sich ihrer Geschichte erinnert, sondern auch von vielen Westeuropäern. Sie haben das Recht, Ihren Standpunkt ohne Zögern und mit voller Offenheit darzulegen.

Auch wir haben in dem Krieg, der vor fünfundvierzig Jahren zu Ende gegangen ist, Opfer gebracht. Aber nun sind wir überzeugt, dass ein geeintes Deutschland keine aggressive Macht werden wird. Was Ihre Frage betrifft, warum wir dann Deutschland in das westliche Bündnis einbeziehen wollen, so ist meine Antwort: als Garantie, für alle Fälle.

M. S. Gorbačev: Zur Fortsetzung unseres Dialogs: Ich hoffe, wir können unsere Kontakte mit den verschiedenen Mitteln, die uns zur Verfügung stehen, in allernächster Zukunft fortsetzen. Ich hoffe, dass wir zusammen alles abwägen und eine Vorgehensweise finden können, die unseren Interessen, den Interessen eines neuen vereinten Deutschland und aller Europäer entspricht.

G. Bush: Das ist sehr gut gesagt. Alles ist abzuwägen. Auch ich hoffe auf eine Fortsetzung unseres Meinungsaustausches in dieser sehr wichtigen Frage.

Archiv der Gorbačev-Stiftung. Bestand 1, Verzeichnis 1.

Nr. 80
Bericht der Pravda vom 7. März 1990 über das Treffen Gorbačevs mit einer Regierungsdelegation der DDR unter Führung von Ministerpräsident Modrow am 6. März 1990[1]

Begegnung M. S. Gorbačevs mit einer Regierungsdelegation der DDR

6. März 1990

Ich möchte erneut bekräftigen, erklärte M. S. Gorbačev, dass die Sowjetunion das Recht der Deutschen der DDR und der BRD auf Selbstbestimmung respektiert.[2] Es sei verständlich, dass es der Sowjetunion ebenso wie offensichtlich auch anderen – vor allem europäischen – Staaten bei Weitem nicht gleichgültig sei, auf welche Weise die Annäherung der beiden deutschen Staaten erfolgen werde und wie ihre internationalen Verpflichtungen erfüllt würden. Die deutsche Frage berühre die fundamentalen Interessen der internationalen Gemeinschaft und die Sowjetunion habe gemeinsam mit anderen Ländern das Recht, unbedingte Garantien dafür zu erlangen, dass von deutschem Boden niemals mehr ein Krieg ausgeht.

Wir sind fest davon überzeugt, sagte M. S. Gorbačev, dass die Annäherung der DDR und der BRD nur dann das Gleichgewicht der Interessen auf dem Kontinent nicht zerstört, wenn garantiert wird, dass diese Annäherung schrittweise, kontrolliert und in Verbindung mit der Gewährleistung der Sicherheit aller interessierter Staaten auf dem Wege des gesamteuropäischen Prozesses erfolgt. Ein Anheizen der Aufregung, Bestrebungen, die DDR zu annektieren und eine Politik „vollendeter Tatsachen" entsprechen nicht einem verantwortlichen Herangehen an die Lösung einer für das Schicksal Europas und der Welt so sensiblen Frage, wie der deutschen. Dies kommt unserer Meinung nach auch nicht den Interessen der Deutschen selbst entgegen, die an konstruktiven, fruchtbaren Beziehungen mit allen Völkern Europas auf der Grundlage beständigen gegenseitigen Vertrauens interessiert sein müssen.

Unerlässliche Voraussetzungen für die Entwicklung hin zu einem geeinten Deutschland seien die volle Berücksichtigung der Rechte und Interessen der Vier Mächte, der anderen Staaten, insbesondere der Nachbarländer und die bedingungslose Anerkennung der derzeit existierenden europäischen Grenzen sowie der Verzicht auf wie immer geartete revanchistische Territorialansprüche.

Mit aller Bestimmtheit wurde erklärt, dass die Einbeziehung eines künftigen Deutschland in die NATO unannehmbar sei, welche Vorbehalte auch immer dabei gemacht würden. Man dürfe keine Handlungen zulassen, die zur Zerstörung des in Europa bestehenden Gleichgewichts führen würden – der Grundlage von Stabilität und Sicherheit, von gegenseitigem Vertrauen und Zusammenarbeit.

[1] Die vorliegende Pressemeldung fasst verschiedene Gesprächsrunden zusammen, fokussiert auf die sowjetische Gesprächsführung und vermengt mitunter Redebeiträge verschiedener Seiten. Vgl. die Niederschrift über das Gespräch Modrow – Gorbačev am 6. 3. 1990 in: Nakath (Hg.), Im Kreml, S. 179–183; Vermerk über die Begegnung einer DDR-Regierungsdelegation mit Gorbačev, in: Nakath/Stephan (Hg.), Countdown, S. 320–325. Vgl. Gorbatschow, Wie es war, S. 121 f.; Modrow, Aufbruch, S. 138–141; ders., Ich wollte, S. 430–433; ders., Perestrojka, S. 111 f., 136 f.; Eppelmann, Gottes, S. 195–197; Platzeck, Zukunft, S. 57 f.

[2] In dieser Formulierung nicht in den deutschen Niederschriften enthalten (wie Anm. 1).

Die prinzipiellen Aspekte der deutschen Vereinigung – einschließlich des militärpolitischen Status Deutschlands – könnten, bemerkte der sowjetische Führer, eine abschließende Lösung im Rahmen einer Friedensregelung finden, die ein wichtiges Element der neuen Sicherheitsstrukturen auf dem Kontinent bilden und Deutschland aus Sicht des Völkerrechts den anderen Mitgliedern der Weltgemeinschaft gleichstellen werde.

Der lebhafte Meinungsaustausch zeigte die Nähe, wenn nicht sogar die Übereinstimmung der grundlegenden Herangehensweisen der Führungen der DDR und der Sowjetunion an die unterschiedlichen Aspekte der innerdeutschen Annäherung.

H. Modrow sprach sich dafür aus, bei der schrittweisen Entwicklung hin zur deutschen Vereinigung der sozialwirtschaftlichen, geistigen und kulturellen Eigenartt der DDR sowie dem Charakter ihrer internationalen Verbindungen und Verpflichtungen gegenüber anderen Staaten Rechnung zu tragen.

Niemand dürfe daran zweifeln, dass die DDR und die überwältigende Mehrheit ihrer Bürger die Oder-Neiße-Grenze als endgültig ansehe, als feste Voraussetzung für eine friedliche Zukunft des deutschen und des polnischen Volkes sowie der anderen Völker Europas.

Der Prozess der Annäherung erfordere gegenseitige Verantwortung und sorgfältig abgewogene Schritte. Er dürfe nicht dazu führen, dass die soziale Sicherheit der Bewohner der DDR abnehme und den legitimen Rechten, dem Besitz und dem gesamten Volkseigentum der Republik, das durch die jahrzehntelange Arbeit mehrerer Generationen geschaffen worden sei, Schaden zugefügt werde. Natürlich dürften auch nicht die Lebensinteressen der Bevölkerung der BRD ignoriert werden.

Beide Seiten bewerteten die vielschichtige Zusammenarbeit der Sowjetunion und der DDR und den neuen Charakter ihrer Beziehungen zueinander positiv. Hervorgehoben wurde das wechselseitige Interesse an der Bewahrung und Mehrung all des Wertvollen, das in den wirtschaftlichen, wissenschaftlich-technischen, politischen und kulturellen Verbindungen der beiden Staaten bestanden hat und weiterhin besteht, aber auch an der Festigung des gegenseitigen Vertrauens zum Wohle ihrer Völker.

Pravda, 7. 3. 1990.

Nr. 81
Interview Gorbačevs mit der Pravda am 7. März 1990[1]

Interview M. S. Gorbačevs mit der Zeitung „Pravda"

7. März 1990

Frage: Wie steht die Sowjetunion zu einer wie auch immer gearteten Beteiligung des vereinigten Deutschland an der NATO?

Antwort: Dem können wir nicht zustimmen. Dies ist absolut ausgeschlossen. Wir sind der Auffassung, dass der Prozess der Vereinigung der beiden deutschen Staaten ein natürlicher Prozess ist, der sich in die Konzeption einfügt, die ich schon früher dargelegt habe: Über jene Realität, die uns die Geschichte als Erbe hinterlassen hat, wird sie auch selbst entscheiden. Derzeit hat die Geschichte einen Zahn zugelegt, wie man so sagt. Und mir scheint, dass man in diesem Fall zweifellos die Interessen der Deutschen in Betracht ziehen muss. Dazu sind wir bereit. Aber auch die Deutschen und alle, die an diesem Prozess beteiligt sind, müssen den selbstverständlichen Interessen der Nachbarn Rechnung tragen – der beiden deutschen Staaten und aller Europäer. Wenn man bedenkt, dass die deutsche Frage eine der bedeutendsten in der globalen Politik ist, so sind es auch die Interessen der gesamten Weltgemeinschaft. Und dieses Problem darf man nicht vereinfachen.

In wichtigen, schicksalhaften Fragen, die so fundamentale Dinge betreffen wie die Interessen der Völker, der Deutschen selbst, der Europäer und der gesamten Welt, ist es unzulässig, übereilt zu handeln, sozusagen „rabiat". Eine solche Methode ist ungeeignet für die große Politik. Notwendig ist ein schrittweises Vorgehen, und, ich glaube, daran ist auch das Volk der DDR interessiert. Es will wissen, was mit ihm geschehen wird, was sein Schicksal ist, das Schicksal all der Generationen, die in der Republik gelebt und gearbeitet haben. Dies ist auch im Interesse der Deutschen in der BRD. Sie wollen wissen, was die Vereinigung von ihnen fordert. Darüber, glaube ich, denken die Unternehmer und alle Geschäftsleute dort ernsthaft nach. Dies ist nämlich ein sehr großes Problem. Deshalb, so glaube ich, ist es sowohl aus innenpolitischer wie außenpolitischer Sicht und aus der Sicht des realen Lebens der beiden deutschen Staaten von Nutzen, sich schrittweise auf die Vereinigung zuzubewegen und überlegt vorzugehen, wenn dieser Prozess mit dem Prozess der europäischen Annäherung verknüpft ist, den wir, nebenbei gesagt, vielleicht schneller vorantreiben sollten. Dies bedeutet, dass beide Prozesse synchronisiert würden und die Besorgnis wegfiele, die entstehen könnte, wenn man dies nicht tut. Und es gibt sie bereits. Derzeit spricht man schon viel über die Grenzen.

Der Herr Kanzler hat in den letzten Tagen einige Korrekturen an seiner Haltung zu dieser Frage angebracht; ich registriere das und begrüße es; denn „Manöver" und Unklarheit in solch fundamentalen Dingen eignen sich nicht für eine seriöse Politik. Die Menschen müssen von allem einen klaren Begriff haben und Bescheid wissen. Das ist das Erste. Zweitens, wo soll das vereinte Deutschland

[1] Deutsch unter dem 6. 3. 1990 als Interview mit Fernsehanstalten der DDR und BRD in Gorbatschow, Das gemeinsame Haus Europa, S. 191–195.

stehen? Ich glaube, wenn der europäische und der Wiener Prozess vorankommen, werden wir zu Helsinki-2 gelangen und dann werden NATO und Warschauer Pakt von militärpolitischen Organisationen in politische Organisationen umgewandelt. Dies ist die eine Situation. Und dann wird dieser Handel gar nicht mehr notwendig sein – wo soll das vereinigte Deutschland stehen. Kürzlich sagte einer der Repräsentanten der Führung einer westlichen Macht mir im Gespräch: Warum regt Sie eigentlich diese Frage so auf, Herr Gorbačev, die Deutschen sind doch nicht mehr die, die sie waren, sondern andere! Ja, die Deutschen in Ost und West sind Anhänger des Friedens, sie haben viel getan. Das stimmt alles. Aber in diesem Fall, so habe ich ihm geantwortet, einigen wir uns doch auf Folgendes: Warum sollen sie in die NATO gehen, lassen wir sie doch in den Warschauer Pakt gehen, wenn dies keinerlei Bedeutung hat. Sofort folgte der Widerspruch: Aber nein, warum denn ...[2] Somit hat mein Gegenvorschlag vieles klar gemacht. Lassen Sie uns alles gründlich abwägen, kalkulieren, mit einem Wort, die Sache ernsthaft betreiben.

Und derzeit, wenn Sie sich erinnern, betone ich die ganze Zeit: Wir erleben diesen Wandel in der Welt, in Europa, diesen Wandel, der uns große Veränderungen bringt: ein neues Europa, neue Beziehungen zwischen den Menschen, den Staaten, den Völkern. Das bedeutet, dass man diese Chance nicht verpassen darf. Aber dies erfordert gleichzeitig auch eine große Verantwortung. Man darf nicht das zerstören, in das wir alle so viel Kraft investiert haben. Alles was vor sich geht, ist das Ergebnis gemeinsamer jahrzehntelanger Anstrengungen, nicht nur positiver, sondern auch negativer, aus denen wir Lehren gezogen haben. Und jetzt, da sich eine historische Chance eröffnet, muss man sehr verantwortungsbewusst sein. Deshalb wollte ich so ausführlich auf Ihre kurze Frage antworten. Denn dies alles ist für uns alle wichtig. Wir werden uns aktiv und konstruktiv an den laufenden Prozessen beteiligen, aber wir werden nicht zulassen, dass die entstandenen und sich verstärkenden positiven Tendenzen in Europa zerstört werden und der Prozess der Erneuerung der Beziehungen zwischen den europäischen Ländern zum Stillstand kommt. Das ist unser Ausgangspunkt.

Frage: Sie haben gesagt, dass die in Deutschland ablaufenden Prozesse sehr kompliziert seien und von allen ein verantwortungsvolles Vorgehen erforderten. Was denken Sie, ist in Deutschland derzeit genügend Verantwortungsbewusstsein im Vorfeld der Wahlen vorhanden?

Antwort: Wissen Sie, es gibt heikle Bereiche; in innere Angelegenheiten darf man sich nicht einmischen. Wir haben uns fest auf den Standpunkt gestellt: keine Einmischung in die inneren Angelegenheiten. Das bedeutet natürlich nicht, dass uns alles gleichgültig ist; im Gegenteil, mit den einen Vorgängen sympathisieren wir, sind mit ihnen solidarisch, die anderen bewerten wir negativ. Doch letztlich trifft jedes Volk selbst seine Wahl. Daher sehe ich, wenn ich von hier, von Moskau aus, den Wahlkampf beobachte, dass mancher es eilig hat, mancher seine Anschauungen, seine Bewertungen aufdrängen möchte. Ich sehe, dass es Versuche gibt, auf die Deutschen in der DDR im Interesse der eigenen Partei, der eigenen politischen Kalkulationen, Druck auszuüben.

[2] Dokument Nr. 79.

Sie haben mir diese Frage gestellt und meine Antwort provoziert. Ich hoffe, dass man es weder in der BRD noch in der DDR so empfindet, als würde ich mich damit in den Wahlkampf einmischen. Im Gegenteil, ich sehe, wie viele Besucher aus der BRD es jetzt in der DDR gibt und wie sie sich in deren Angelegenheiten einmischen, als ob die DDR bereits ihre Souveränität verloren hätte, als ob sie kein unabhängiger Staat mehr wäre, der von der Weltgemeinschaft anerkannt wird. Dort existiert dies alles, ist dies vorhanden. Aber sollen die Deutschen selbst damit zurechtkommen. Ich meine, das Volk selbst muss gut nachdenken und entscheiden, wem es Priorität einräumt, denn in dieser Phase ist es besonders wichtig, dass sich im Parlament, in der Regierung und in allen Machtorganen Menschen finden, die in der Lage sind, die Dinge verantwortlich zu führen und mit allen interessierten Regierungen zusammenzuarbeiten.

Frage: Wie stellen Sie sich die künftigen Beziehungen der Sowjetunion mit dem vereinten Deutschland vor? Können qualitativ andere Verbindungen entstehen als früher mit der BRD und der DDR?

Antwort: Ich denke, dass sich die Beziehungen natürlich verändern werden. Soeben habe ich mich vor den Mitgliedern der Regierung Modrow zu diesem Thema geäußert.[3] Ich meine, dass diese Beziehungen eine gute Perspektive haben. Aber dies hängt wiederum davon ab, wie wir jetzt zusammenarbeiten. Bei der einen Vorgehensweise kann man die Zusammenarbeit vermehren, sogar festigen und erweitern, bei der anderen jedoch Argwohn und Negatives säen.

Im Interesse unserer bilateralen Beziehungen und unserer Zusammenarbeit müssen wir, so denke ich, auf beiden Seiten verantwortungsbewusst handeln. Unter den sozialistischen Staaten haben wir die größten und umfassendsten Kontakte mit der DDR. Unter den westeuropäischen Staaten haben wir die umfangreichsten Verbindungen mit der BRD. Das ist für sich selbst genommen sehr wichtig. Wir wollen, dass – wenn der Prozess der Vereinigung weitergeht, und er berührt alle Bereiche, darunter auch die Wirtschaft – diese Interessen nicht in Mitleidenschaft gezogen werden, weder was das geeinte Deutschland, noch die Deutschen, noch uns betrifft.

Wenn wir uns den Beziehungen zwischen Deutschland und Russland zuwenden, so haben diese, wie Sie wissen, eine große Geschichte. Darunter waren auch Dinge, aus denen man Lehren ziehen muss. Wir können nicht vergessen, was sich ereignet hat, als in Deutschland der Faschismus an die Macht kam und welche Wendung dies für unsere Völker – für das sowjetische Volk und für die Deutschen – genommen hat. Und es ist eine sehr wichtige Errungenschaft unserer Völker und Staaten, dass wir die Konsequenzen gezogen haben, einen friedlichen Weg gegangen sind sowie begonnen haben, die Beziehungen auf einer neue Grundlage umzugestalten und sowohl im bilateralen als auch im globalen Interesse zusammenzuarbeiten. Dies muss man erhalten. Wir werden von unserer Seite alles tun, dass dies so bleibt. Aber, wie man so sagt, hier gibt es gegenseitige Interessen und es ist Gegenseitigkeit erforderlich. Ich glaube, die Perspektiven sind groß. Ich sehe, welches Interesse die Deutschen aus der BRD, die Unternehmer, an der Vereinigung der intellektuellen und wissenschaftlichen Anstrengungen, der technischen

[3] Dokument Nr. 80.

Grundlagen, der Ressourcen unserer Staaten zeigen. Dies könnte auch unseren Völkern und Europa zugute kommen. In diesem Sinne bin ich Optimist.

Pravda, 7. [3].[4] *1990.*

Nr. 82
Erklärung des sowjetischen Außenministeriums vom 14. März 1990 zum Prozess der deutschen Wiedervereinigung

Erklärung des Außenministeriums der UdSSR

14. März 1990

Der Prozess der Annäherung von BRD und DDR, der in letzter Zeit begonnen hat, sowie die im Zusammenhang damit entstandene reale Perspektive einer Vereinigung Deutschlands haben erneut die deutsche Frage ins Zentrum der Weltpolitik gerückt. Die Aufmerksamkeit der Öffentlichkeit konzentriert sich jetzt neuerlich auf so zentrale Elemente wie den Abschluss eines Friedensvertrags, den militärpolitischen Status des künftigen Deutschland, seine Grenzen, die Wahrung der Stabilität und des Gleichgewichts der Kräfte, die sich auf dem Kontinent herausgebildet haben sowie die weitere Entwicklung des gesamteuropäischen Prozesses einschließlich der Schaffung neuer Strukturen der kollektiven Sicherheit. Die Lösung dieser Aufgaben, einzeln genommen wie auch in ihrer Gesamtheit, ist schon kraft ihres Ausmaßes nur auf einer abgestimmten Grundlage denkbar.

In Anbetracht dieser Tatsache wurde in Ottawa beschlossen, dass die beiden deutschen Staaten, die UdSSR, Großbritannien, die USA und Frankreich einen entsprechenden Verhandlungsmechanismus schaffen, in dessen Rahmen alle beteiligten Seiten gemäß dem Charakter und Umfang der ihnen zukommenden Rechte und Verantwortung, agieren werden.[1] Dies schließt selbstverständlich nicht die Beteiligung eines jeglichen anderen europäischen Staates an der Erörterung von ihn interessierenden Fragen zur deutschen Friedensregelung in der einen oder anderen Form aus. Besondere Aufmerksamkeit muss der Lösung der Aufgabe zuteilwerden, die Annäherung und mögliche Vereinigung der beiden deutschen Staaten mit dem gesamteuropäischen Prozess zu synchronisieren. Eine so umfangreiche Arbeit kann selbst durch die Bemühungen vieler Beteiligter nicht in einem Zug ausgeführt werden, wenn man, wie sich versteht, mit der entsprechenden Verantwortung an sie herangeht. Deshalb kann die Rede nur von einer schrittweisen Entwicklung sein, ohne sie künstlich zu forcieren oder irgendeinen Zeitdruck bei der Herstellung der deutschen Einheit zu schaffen. Davon geht die überwältigende Mehrheit der beteiligten Staaten strenggenommen auch aus.

In Bonn scheint man ebenfalls damit einverstanden zu sein. In der Praxis jedoch verfolgen gewisse Kreise in der BRD weiterhin die Absicht, eine Reihe potentiel-

[4] In der Vorlage: 7. 8. 1990.

[1] Deutsch auch in Europa-Archiv, 45 (1990), S. D 492f. Vgl. Dokument Nr. 73, Anm. 3.

ler Beteiligter von der deutschen Regelung im Grunde fernzuhalten und die internationale Gemeinschaft einschließlich der Vier Mächte vor vollendete Tatsachen zu stellen.

Den Schlüssel zur Erreichung dieses Zieles sehen einige Politiker der CDU/CSU darin, Artikel 23 des Grundgesetzes der BRD heranzuziehen, der die Möglichkeit des automatischen Beitritts der DDR zur BRD durch Teile, einzelne Länder oder die Republik als Ganzes vorsieht.[2] Mit anderen Worten, man setzt im Grunde genommen auf die Usurpation des einen deutschen Staates durch den anderen.

In diesem Fall rechnet man in Bonn offenbar damit, der DDR ihre souveränen Prärogative zu nehmen, in ihrer Eigenschaft als gleichberechtigter Partner die Rechte und Interessen der DDR-Bürger, ihre sozialen Errungenschaften und jene Werte zu verteidigen, die in der Zeit der Existenz der Republik durch beharrliche Arbeit geschaffen worden sind. Entsprechend dieser Vorgabe wird jetzt die praktische Linie der BRD gegenüber der DDR entwickelt. Mittels massiver Einmischung in die inneren Angelegenheiten der Republik und eines Anschlags auf die volkswirtschaftlichen, vermögensrechtlichen und gesellschaftlichen Strukturen möchte man die DDR der Gefahr eines wirtschaftlichen Chaos aussetzen. In der DDR – und nicht nur dort – weist man darauf hin, dass eine solche Variante den Lebensinteressen der Bürger der Republik einen Schlag versetzen würde und ihnen die elementaren Lasten und Ausgaben der Anpassung an andere sozioökonomische und politische Verhältnisse und Ordnungen auferlegen würde. Diese Variante würde auch von den westdeutschen Steuerzahlern nicht wenige Opfer fordern.

Und wie soll mit den Verpflichtungen aus den internationalen Abkommen der BRD verfahren werden? Wenn man die Absicht hat, sie auf die DDR zu übertragen, dann wäre damit der militärpolitische Status des vereinigten Deutschland vorbestimmt, nämlich seine Einbeziehung in die NATO. Artikel 23 des Grundgesetzes der BRD gestattet ferner die Möglichkeit, territoriale Ansprüche gegenüber anderen Staaten zu erheben. All dies berührt direkt die äußeren Aspekte.

Von welcher Seite man auch immer an die Anwendung von Artikel 23 herangeht, ein derartiges Vorgehen wäre unrechtmäßig und inakzeptabel. Fragen, die wahrlich eine schicksalhafte Bedeutung für ganz Europa haben, können nicht auf der Grundlage der Verfassung oder anderer interner Akte der BRD gelöst werden und nicht Sache allein der Deutschen sein.

Man darf nicht vergessen, dass die Sowjetunion, Frankreich, Großbritannien und die USA entsprechend dem Potsdamer Abkommen weiterhin ihre Rechte und ihre Verantwortung für Deutschland insgesamt sowie dafür haben, dass von deutschem Boden niemals mehr eine Bedrohung für den Frieden ausgeht. Ihre direkte Verpflichtung ist es, gemeinsam mit BRD und DDR diese grundlegende

[2] Artikel 23 regelte den Geltungsbereich des Grundgesetzes: es galt zunächst in den westdeutschen Ländern. „In anderen Teilen Deutschlands ist es nach deren Beitritt in Kraft zu setzen.“ Grundgesetz, S. 28. Zur bundesdeutschen Regierungsposition vgl. etwa die Konstituierende Sitzung der Arbeitsgruppe Außen- und Sicherheitspolitik des Kabinettsausschusses Deutsche Einheit am 14. 2. 1990, in: Deutsche Einheit, Sonderedition, S. 830f. Zur Positionierung im Wahlkampf vgl. Winkler, Der lange Weg, S. 553–555 sowie Zelikow/Rice, Sternstunde, S. 321f. mit Einzelbelegen.

Bestimmung in Form verlässlicher völkerrechtlicher Garantien in die Tat umzusetzen.

Es ist auch daran zu erinnern, dass das Potsdamer Abkommen eindeutig davon ausgeht, dass die Wiederherstellung der deutschen Staatlichkeit in einem geordneten, demokratischen Rahmen erfolgen müsse und dass Modus und Bedingungen der Vereinigung der beiden deutschen Staaten auf der Grundlage einer Vereinbarung zwischen den besonders betroffenen Parteien und vor allem den Vier Mächten zu entscheiden seien. Später ist diese prinzipielle Bestimmung auch in entsprechenden Verträgen der BRD mit den drei Westmächten sowie der DDR mit der Sowjetunion verankert worden. Gemäß diesen Verträgen behalten die Vier Mächte in vollem Umfange ihre Rechte und ihre Verantwortung in Bezug auf Deutschland insgesamt. Dies betrifft auch West-Berlin und seinen besonderen Status, der im Viermächteabkommen geregelt ist.[3]

Somit können weder die Übernahme des einen deutschen Staates durch den anderen noch übereilte und einseitige, von konjunkturellen Überlegungen diktierte Aktionen, sondern nur die vereinten Anstrengungen aller betroffenen Parteien eine wechselseitig akzeptable und auf lange Sicht angelegte Lösung der überaus komplizierten Probleme der deutschen Regelung gewährleisten. Unbestritten ist auch, dass sich die überwältigende Mehrheit der europäischen Staaten dabei hauptsächlich an der Erhaltung und Festigung der auf den Bestimmungen der Schlussakte von Helsinki[4] basierenden Stabilität auf dem Kontinent orientiert.

An einem solchen Ansatz zeigen auch viele Deutsche sowohl in der DDR wie auch in der BRD lebhaftes Interesse. Sie sind sich dessen bewusst, dass ein künftiges Deutschland nur dann einen würdigen Platz in der internationalen Gemeinschaft einnehmen und deren Vertrauen erlangen kann, wenn es sein gesamtes Potential in den Dienst des Friedens und der Zusammenarbeit in Europa stellt. Die Lehren des Zweiten Weltkrieges verpflichten alle, die diese Tragödie betroffen hat, alles dafür zu tun, dass sie sich in Zukunft nie mehr wiederholt.

Die Haltung der Sowjetunion in den deutschen Angelegenheiten wird vor allem vom aufrichtigen Wunsch diktiert, in Frieden und Eintracht mit dem deutschen Volk und den anderen europäischen Völkern zu leben und einen gewichtigen, konstruktiven Beitrag zur gesamteuropäischen Friedensarchitektur und zur Gewährleistung einer verlässlichen Sicherheit auf kollektiver Basis zu leisten.

Pravda, 14. 3. 1990.

[3] Vgl. Dokumente Nr. 5, Anm. 3 und Nr. 16, Anm. 21.
[4] Ebd.

Nr. 83
Erklärung der sowjetischen Regierung vom 28. März 1990 über die Gültigkeit besatzungspolitischer Maßnahmen der Jahre 1945 bis 1949[1]

Erklärung der Sowjetischen Regierung

28. März 1990

Im Zusammenhang mit der Erklärung der Regierung der DDR vom 1. März 1990 zur Frage des Eigentums in der DDR[2] hält es die sowjetische Regierung für geboten, Folgendes festzustellen.

Die Deklaration über die Niederlage Deutschlands vom 5. Juni 1945 und das Potsdamer Abkommen vom 2. August 1945 sahen die Annahme eines Maßnahmenprogramms vor, das auf die Ausrottung des deutschen Militarismus und Nazismus und auf die Demokratisierung des politischen Lebens gerichtet war, damit Deutschland niemals mehr seine Nachbarn oder den Frieden in der Welt bedroht.[3] Es wurde beschlossen, die gesamte deutsche Kriegsindustrie den vier alliierten Mächten zur Verfügung zu stellen, die Kriegsverbrecher zu bestrafen sowie die Wirtschaft mit dem Ziel zu dezentralisieren, die in der Vergangenheit existierende außerordentliche Konzentration der Wirtschaftskraft zu beseitigen.

Auf der Grundlage dieser Beschlüsse verabschiedete der Alliierte Kontrollrat in Deutschland im Laufe der Jahre 1945/1946 eine Reihe von Beschlüssen, darunter das Gesetz Nr. 9 vom [3]0.[4] November 1945 „Über die Konfiszierung des Eigentums der IG Farben AG und seine Kontrolle“ und das Gesetz Nr. 10 vom 20. Dezember 1945 „Über die Bestrafung von Personen, die sich Kriegsverbrechen, Verbrechen gegen den Frieden und gegen die Menschlichkeit schuldig gemacht haben“, das unter anderem die Konfiszierung des Eigentums der erwähnten Personen vorsah.[5]

Zur Umsetzung dieser Beschlüsse beschlagnahmte die Sowjetische Militäradministration in Deutschland (SMAD) das Eigentum der nazistischen Verbrecher, des faschistischen Staates sowie der deutschen Militäreinrichtungen und konfiszierte das Vermögen der nationalsozialistischen Partei.[6]

Im Frühjahr 1946 wurden auf Befehl der SMAD dieses Vermögen und die Unternehmen den örtlichen Organen der deutschen Selbstverwaltung übergeben.[7]

Am 30. Juni 1946 wurde im Land Sachsen durch Volksabstimmung ein Gesetz angenommen, das das Vermögen von Nazis und Kriegsverbrechern als enteignet und seine Überführung in Volkseigentum erklärte.[8] An der Abstimmung beteilig-

[1] Vgl. Gorbatschow, Wie es war, S. 122f.

[2] Regierungserklärung des Ministerrats der DDR vom 1. 3. 1990 mit Übermittlungsschreiben Modrows an Kohl vom 2. 3. 1990 in Deutsche Einheit, Sonderedition, S. 906–908.

[3] Deklaration abgedr. in Amtsblatt des Kontrollrats in Deutschland, Berlin 1945, S. 7–9; zum Potsdamer Abkommen vgl. Dokument Nr. 16, Anm. 22.

[4] In der Vorlage: 20. November.

[5] Amtsblatt, S. 6, 50–52.

[6] Relevante Passagen der Befehle 124 und 126 der SMAD vom 30. und 31. 10. 1945 in: Bestimmungen der DDR zu Eigentumsfragen und Enteignungen, Bonn 1971, S. 50–53.

[7] Befehle SMAD Nr. 57 und 154/181 vom 29. 3. 1946 und 21. 5. 1946, ebd., S. 53f.

[8] Gesetz über die Übergabe von Betrieben von Kriegs- und Naziverbrechern in das Eigentum des Volkes und Durchführungsverordnung vom 18. 7. 1946, ebd., S. 55f.

ten sich 93,7% der erwachsenen Bevölkerung; für die Annahme des Gesetzes sprachen sich 82,42% aus. Diese Beschlüsse der Jahre 1946/1947 wurden von der Bevölkerung der gesamten sowjetischen Besatzungszone unterstützt; die Verwaltungen der übrigen Länder und Provinzen gaben ähnliche Beschlüsse heraus.[9] Bis August 1946 wurden insgesamt 9281 Unternehmen in Volkseigentum übergeben.

Dieses Vermögen bildete die Grundlage des volkseigenen staatlichen Sektors Ostdeutschlands. In der Folge wurde bis Ende 1953 eine große Zahl von Unternehmen in das Eigentum des Volkes der DDR übergeben, die auf Anordnung der damaligen Besatzungsmächte sowjetisches Eigentum waren, darunter auch eine Reihe von Industriebetrieben, die als Reparationszahlung auf der Grundlage der Beschlüsse der Potsdamer Konferenz auf die UdSSR übergegangen waren.[10]

Gemäß den Zielen des Potsdamer Abkommens, mit Zustimmung der Sowjetischen Militäradministration und auf Wunsch der werktätigen bäuerlichen Massen wurde von den Länderbehörden in Ostdeutschland eine Agrarreform durchgeführt.[11] In ihrem Verlauf wurde die Grundlage des reaktionären preußischen Junkertums beseitigt und (in den Jahren 1945–1946) 2852000 Hektar Land konfisziert – alles Besitzungen von Kriegsverbrechern, aber auch Besitzungen von Großgrundbesitzern mit mehr als 100 Hektar. Dies schuf die Möglichkeit, Bauern mit wenig oder ohne Land, Umsiedlern und Volksgütern Land zur Verfügung zu stellen.

Es muss betont werden, dass die sowjetische Seite den Alliierten Kontrollrat – solange dieser noch existierte – über die Durchführung aller Maßnahmen zur Demokratisierung des Eigentums in Ostdeutschland informierte und dass der Kontrollrat diese Informationen zur Kenntnis nahm.

Da diese Maßnahmen im Rahmen des Programms zur Entmilitarisierung und Entnazifizierung Deutschlands sowie zur Dekartellisierung seiner Wirtschaft vorgenommen wurden, waren sie für die Schaffung antifaschistischer, demokratischer Strukturen auf dem Territorium der heutigen DDR von prinzipieller Bedeutung.

In Anbetracht ihrer Rechte und ihrer Verantwortung in den deutschen Angelegenheiten tritt die Sowjetunion dafür ein, die Rechtmäßigkeit der Eigentumsverhältnisse in der DDR zu respektieren und wendet sich gegen Versuche, im Falle der Schaffung einer Währungs- und Wirtschaftsunion mit der BRD und auch im Falle der Entstehung eines geeinten Deutschland, die Vermögensverhältnisse in der DDR in Frage zu stellen. Dies setzt voraus, dass beide deutsche Staaten im Prozess ihrer Annäherung und Vereinigung davon ausgehen, dass die Maßnahmen, die in den Jahren 1945–1949 von der Sowjetischen Militäradministration in Deutschland im Bereich der Wirtschaft verwirklicht wurden, rechtmäßig waren. Völlig inakzeptabel wären Versuche einer Anfechtung – sollten sie stattfinden – der Rechte der derzeitigen Eigentümer von Grund und Boden sowie anderer Ver-

[9] Einzelbestimmungen der Länder ebd., S. 54f., 57–65.

[10] Am 22. 8. 1953 erließ die UdSSR der DDR die restlichen Reparationszahlungen, am 1. 12. 1953 wurde das entsprechende Protokoll über die Rückgabe der 33 letzten SAG-Betriebe in das Eigentum der DDR unterzeichnet (die Wismut wurde in eine SDAG umgewandelt), vgl. Tägliche Rundschau vom 25. 8. 1953 und ND vom 2. 12. 1953, zit. in Rainer Karlsch, Allein bezahlt? Die Reparationsleistungen der SBZ/DDR 1945–1953, Berlin 1993, S. 131f.

[11] Die Länderbestimmungen von September 1945 in: Bestimmunen der DDR (wie Anm. 6), S. 101–118; abgesichert mit Artikel 24 der Verfassung der DDR vom 7. 10. 1949, in GBl. 1949, S. 5–16.

mögenswerte in der DDR, die seinerzeit mit Zustimmung oder auf Beschluss der sowjetischen Seite erworben wurden, die sich dabei von der Kapitulationserklärung Deutschlands, dem Potsdamer Abkommen und anderen Bestimmungen und Beschlüssen der Vier Mächte leiten ließ.

Die sowjetische Regierung teilt in dieser Frage die Haltung der Regierung der DDR hinsichtlich der Notwendigkeit der unbedingten strengen Respektierung der Rechtsordnung sowie des Schutzes der sozioökonomischen Rechte und Interessen von Millionen von Menschen in der DDR.

Pravda, 28. 3. 1990.

Nr. 84
Gespräch Gorbačevs mit dem britischen Außenminister Hurd am 10. April 1990 [Auszug][1]

Aus dem Gespräch M. S. Gorbačevs mit D. Hurd

10. April 1990

(An dem Gespräch nahmen Ė. A. Ševardnadze und A. S. Černjaev teil.)[2]

[3]M. S. Gorbačev: Ich begrüße Sie, Herr Minister. Ich möchte sogleich sagen, dass unsere Beziehungen mit Großbritannien in jeder Hinsicht Fortschritte machen. Dies erlaubt uns, jegliche Fragen zu klären. Unser Botschafter ist aktiv und der Ihrige lässt uns auch keine Ruhe.[4] Wir wissen unsere Beziehungen zu schätzen, die sich durch die gemeinsamen Anstrengungen der Politiker und Diplomaten erfolgreich entwickeln. Dieses Maß an gegenseitigem Verständnis und Vertrauen gestattet es, keine Zeit mit Schachzügen, Tricks und Prozeduren zu verlieren. Und dies ist ein besonderer, eigenständiger Wert. Die Zeit ist heute so, dass man ohne Verständnis, ohne Vertrauen und persönliche Kontakte nichts machen und stattdessen Dummheiten begehen kann. Bisher haben wir überlegt und verantwortlich gehandelt, obwohl man sich manchmal auch untereinander „verständlich machen" muss. Alle unsere Handlungen sind voll und ganz der Zeit angemessen. In Europa und auch in der ganzen Welt vollziehen sich derzeit globale Veränderungen. Sie verlaufen ganz natürlich, ohne Anarchie. Herausgelöst hat sich die deutsche Frage, die uns alle zum Nachdenken gezwungen hat. Und wir müssen alle sehr achtsam sein …

Ich habe einen Brief von Frau Thatcher erhalten. Sie hat ihr Versprechen eingelöst, uns über ihr Treffen mit Kanzler Kohl zu informieren, darüber, was man

[1] Teil I der britischen Aufzeichnung (Braithwaite) in: German unification, S. 373–375, Teil II nicht publiziert. Vgl. Hurd, Memoirs, S. 387; unklare Datierung bei Gorbatschow, Erinnerungen, S. 746; knapp Braithwaite, Across, S. 290f.

[2] Daneben Zamjatin, vgl. Hurd, Memoirs, S. 387.

[3] Gem. der britischen Aufzeichnung und Hurds Memoiren auch noch Ausführungen zu Litauen (wie Anm. 1).

[4] Braithwaite und Zamjatin.

erörtern konnte und zu welchen Schlussfolgerungen man gelangt ist.[5] Ich bin ihr für diese Mitteilung dankbar. Ich kenne auch Ihre Äußerungen zu dieser Frage und sehe, dass die Positionen der UdSSR und Großbritanniens sehr eng beieinander liegen. Ich hoffe, dass Sie dieses Thema bereits mit Ševardnadze erörtert haben. Ich denke, dass wohl kaum Übereinstimmung darüber erzielt wurde, wo das vereinigte Deutschland einzugliedern ist.

Ė. A. Ševardnadze: Ich schlage vor, es in den Warschauer Pakt einzugliedern, aber bisher gibt es keine Übereinstimmung.

D. Hurd: Wir haben diese Frage bisher nicht erörtert, aber offenbar wird es keine hundertprozentige Übereinstimmung geben. Ich meine, dass man an diese Frage von dem Standpunkt herangehen muss, Stabilität für ganz Europa zu gewährleisten. Es wäre besser, wenn diese bedeutende Macht im Falle einer Vereinigung nicht sich selbst überlassen bliebe unter Bedingungen, bei denen möglicherweise die amerikanischen Streitkräfte von dort abgezogen würden. Wenn Deutschland aus der NATO austreten würde, dann bliebe von diesem Bündnis wenig übrig.

Es wäre dennoch besser, wenn das vereinte Deutschland im Rahmen des derzeitigen Bündnisses verbliebe, das im Hinblick auf die Reduzierung von Streitkräften und Waffen Veränderungen durchmacht. In diesem Falle werden jedoch die amerikanischen Streitkräfte dort bleiben, wenn auch in geringerer Stärke. Bleiben würden auch die britischen Streitkräfte, ebenso wie die Streitkräfte der anderen NATO-Mitgliedsstaaten. Dies ist kein schlechter Rahmen für das vereinte Deutschland sowohl aus Sicht der Sowjetunion als auch Großbritanniens, aber unter der Bedingung, dass nichts unternommen wird, was die gegenseitigen[6] Interessen und das Ansehen beschädigen könnte und dass die Frage der Anwesenheit Ihrer Streitkräfte in Ostdeutschland geklärt wird. Demgemäß steht uns die Erörterung dieser beiden Fragen bevor.

M. S. Gorbačev: Als das Gespräch auf die Einbeziehung des vereinten Deutschland in die NATO kam, hat mir Präsident Bush versichert, dass dies überhaupt nichts zu bedeuten habe. Denn die NATO existiere bereits, sagte er, und die Lage sei dort klar. Ich antwortete ihm, vielleicht wäre es besser, das geeinte Deutschland in den Warschauer Pakt einzugliedern. Dies brachte ihn in Verlegenheit.[7]

Ich habe Ihre Worte so verstanden, dass dieses Problem so gelöst werden muss, dass nicht Misstrauen gesät wird, welches das Kapital, das wir gemeinsam angesammelt haben, zerstören würde, ein Kapital, dank dessen sich jetzt zwischen uns Beziehungen der Zusammenarbeit herausgebildet haben und dank dessen wir zuversichtlich in die Zukunft blicken können. Und dies ist vielleicht noch wertvoller als das Kapital.

Wahrscheinlich müssen wir in unseren Dialog die Frage der Schaffung von Sicherheitsstrukturen im neuen Europa – einem Europa vom Atlantik bis zum Ural – einbeziehen. Dann kann man auch dieses Problem auf andere Weise lösen.

[5] Text in Schreiben Hurd an Braithwaite vom 4. 4. 1990, in: Geman unification, S. 367f. Gespräch Kohls mit Thatcher am 30. 3. 1990 in: Deutsche Einheit, Sonderedition, S. 996–1001.

[6] Gem. britischer Aufzeichnung (vgl. Anm. 1, hier S. 374) hebt Hurd hier einseitig auf die Interessen der Sowjetunion und deren Ansehen ab.

[7] Dokumente Nr. 79 und Nr. 81.

Möglich ist eine Übergangsphase bis zu dem Zeitpunkt, an dem in Europa die Sicherheitsstrukturen festgelegt sind. Wenn die Einsicht besteht, dass ein Sicherheitssystem geschaffen werden muss, dann sollte man den Prozess der Schaffung neuer Strukturen beschleunigen und mit dem Prozess der Vereinigung Deutschlands synchronisieren. Dann können wir auch die Vereinigung selbst mit anderen Augen betrachten.

Wenn es eine solche Verknüpfung nicht gibt, wenn wir[8] heute nur vom Gesichtspunkt der Einbeziehung des vereinten Deutschland in die NATO auf diese Frage blicken, dann ist dies sehr ernst. Ich denke, dass in Anbetracht des politischen Prozesses, der im Lande abläuft, der Oberste Sowjet dies nicht zulassen wird. Davon bin ich überzeugt. Schon jetzt erreichen mich Signale – ich denke dabei an politische, militärische und diplomatische Kreise – es sei nicht nötig, sich mit dem Wiener Prozess zu beeilen.[9] Wenn die NATO schon das vereinte Deutschland aufnehmen und die Sicherheitsbalance zerstören will, warum sollen wir uns dann mit erhöhtem Tempo auf eine Verringerung der Streitkräfte und Waffen in Europa zubewegen. Die Einbeziehung Deutschlands in die NATO ist für uns inakzeptabel.[10]

Die Verbündeten in der Koalition müssen überlegt und verantwortungsvoll handeln. Sie können keine Unruhe in die sowjetische Gesellschaft hineintragen. Sie dürfen so nicht vorgehen. Wenn jemand Instabilität in Europa hervorrufen und der UdSSR Schaden zufügen will, dann werden wir die Schlussfolgerungen daraus ziehen.[11]

In diesem Kontext arbeiten wir Vorgehensweisen aus und werden verantwortlich und konstruktiv handeln. Man kann nicht sagen, dass die entstandenen Barrieren unüberwindlich sind. Sie sind einfach schwierig und wir alle müssen achtsam sein.

D. Hurd: Die Sowjetunion und Großbritannien könnten ihre Anstrengungen in drei wesentlichen Punkten bündeln: Handlungen im Rahmen der Formel „2+4“, Wiener Gespräche sowie Perspektiven für die Durchführung des Gipfeltreffens der KSZE-Mitglieder Ende des Jahres.[12]

M. S. Gorbačev: Ich bin überzeugt, so können wir verfahren. Wir sind damit einverstanden, bei diesen Punkten zu handeln.

D. Hurd: Ja, sie alle sind miteinander verknüpft. Ich glaube nicht, dass die Amerikaner oder wir zu einem Gipfeltreffen kommen werden, wenn es in Wien kein Abkommen gibt. Sie sind Ihrerseits ebenfalls beunruhigt darüber, dass die Vereinigung Deutschlands zum Hindernis werden kann, wenn es in anderen Bereichen keinen Fortschritt gibt. Das heißt, es geht darum, was Sie als Synchronisierung bezeichnen.

M. S. Gorbačev: Unsere amerikanischen Freunde und Partner haben irgendwelche Absichten. Sie haben ein wenig Angst vor einem einmütigen Europa. Da-

[8] Gem. britischer Aufzeichnung (vgl. Anm. 1, hier S. 374) spricht Gorbačev explizit vom „Westen“.
[9] Vgl. Dokument Nr. 61, Anm. 10.
[10] Die britische Aufzeichnung hier zurückhaltender formuliert (wie Anm. 1, S. 374).
[11] In der britischen Aufzeichnung heißt es hier: „Some people were not taking a responsible approach. For its part, the Soviet Union would be constructive and responsible.“ (ebd., S. 375).
[12] Am 19.–21. 11. 1990 in Paris. Vgl. Charta von Paris vom 21. 11. 1990, in: Schweisfurth (Hg.), Dokumente, S. 441–469.

rüber hinaus gibt es noch die UdSSR. Und sie agieren so, dass alle diese Prozesse verlangsamt werden.

Was ist die Schlussfolgerung? Wir müssen ihnen diese Sorge nehmen. Wir dürfen die Dinge nicht so gestalten, dass Amerika abseits steht oder seine Sorgen behält. Dies wäre eine unrealistische Politik. Die USA müssen an diesen Prozessen teilnehmen, in Europa präsent sein. Man muss ihre Interessen berücksichtigen, ebenso wie die Ihrigen und unsere. Anders geht es nicht. Ich denke also, mit gemeinsamen Anstrengungen müssen wir ihnen helfen, diesen Komplex zu überwinden. […].[13]

Archiv der Gorbačev-Stiftung. Bestand 1, Verzeichnis 1.

Nr. 85
Gespräch Gorbačevs mit dem polnischen Staatspräsidenten Jaruzelski am 13. April 1990 [Auszug][1]

Aus dem Gespräch M. S. Gorbačevs mit W. Jaruzelski[2]

13. April 1990

[…].[3] **W. Jaruzelski:** Vor kurzem haben Giscard d'Estaing und Schmidt mir ihre Artikel geschickt, die sie später in amerikanischen Zeitungen veröffentlichten. Darin war die Rede von Wegen zur Gewährleistung der europäischen Sicherheit. Ich habe ihnen mit einem Artikel zum gleichen Thema geantwortet, in dem ich hervorgehoben habe, wie wichtig es ist, keine Störung des europäischen Gleichgewichts zuzulassen. Ich habe dort unter anderem vorgeschlagen – da im Westen des vereinten Deutschland neben den amerikanischen noch britische, französische, belgische und holländische Einheiten verbleiben werden – im Osten des Landes, auf dem Territorium der jetzigen DDR, außer den sowjetischen noch polnische und tschechoslowakische Einheiten zu stationieren.[4]

M. S. Gorbačev: Dies ist ein sehr ernstzunehmender und, wie ich denke, richtiger Vorschlag. Vielleicht sollte man ihn noch nicht in der Pressemitteilung wiedergeben, aber man muss dort unbedingt das deutsche Problem und die Notwendigkeit der Garantie der Nachkriegsgrenzen erwähnen. […].

Archiv der Gorbačev-Stiftung. Bestand 1, Verzeichnis 1.

[13] Gem. der britischen Aufzeichnung folgen noch einige Ausführungen zu Abrüstungsfragen.

[1] Vgl. Gorbatschow, Erinnerungen, S. 874–877.

[2] Zu den Teilnehmern des Gesprächs im erweiterten Kreis vgl. Gorbatschow, Erinnerungen, S. 877.

[3] Gem. der Erinnerungen Gorbačevs (wie Anm. 1) stellten Katyn' sowie innenpolitische Entwicklungen beider Länder Schwerpunkte der Gespräche dar.

[4] Die Süddeutsche Zeitung berichtete am 6. 4. 1990 über die entsprechenden Ausführungen von Jaruzelski in Polityka vom 5. 4. 1990, als Antwort auf einen Brief Schmidts/d'Estaings in der Los Angeles Times, zitiert nach 2+4 Chronik, http://www.2plus4.de/chronik.php3?date_value=05.04.90&sort=002–000. Vgl. daneben Helmut Schmidt/Giscard d'Estaing, The Franco-German axis. Core of the New Europe, in: New perspectives quarterly 7 (1990), S. 14–16.

Nr. 86
Gespräch Gorbačevs mit dem italienischen Außenminister De Michelis am 17. April 1990 [Auszug]

Aus dem Gespräch M. S. Gorbačevs mit G. De Michelis

17. April 1990

[...]. **M. S. Gorbačev:** Vor Kurzem bin ich mit dem amerikanischen Senator Mitchell zusammengetroffen ...[1] Die Amerikaner sind mit den starken Integrationsprozessen in Europa nicht zufrieden; sie möchten nicht, dass die Sowjetunion einbezogen wird. Sie glauben, dass dies für sie gefährlich sei. Deshalb klammern sie sich an die Vereinigung Deutschlands. In Osteuropa laufen komplizierte Prozesse ab und in Westeuropa wirken sich die deutschen Angelegenheiten auf die Integrationsprozesse aus. Das bedeutet, dass die Aussichten für eine sowjetische Beteiligung daran schwieriger werden. Die Amerikaner glauben, dass eine solche Entwicklung ihnen entgegenkommt.

Ich habe Senator Mitchell und auch dem Präsidenten der USA gesagt, als wir uns auf Malta trafen,[2] dass dies nicht der Fall sei. Das muss man den Amerikanern sagen. Sie hingegen verstehen die Bedeutung der Perestrojka für unsere künftigen Beziehungen sehr gut.

Wir beobachten, was zum Beispiel in Bezug auf Kanzler Kohl vor sich geht. Die Lage hat sich aufgrund der rasanten und stürmischen Prozesse in Osteuropa verändert. Die deutsche Frage hat sich neu gestellt und es begann ein Hin und Her. Es ist jedoch notwendig, dass alle Prozesse, auch die Vereinigung Deutschlands, mit dem gesamteuropäischen Prozess synchron verlaufen. Natürlich kann die Synchronisation nicht absolut sein, es handelt sich ja um Politik und nicht um Technik, wo man Zahnräder antreibt.

Aber diese Prozesse müssen parallel ablaufen, und genau so kann man zur richtigen Lösung des deutschen Problems gelangen. Damit man einerseits keine Besorgnis in Europa hervorruft und andererseits die Atmosphäre konstruktiver Zusammenarbeit beibehält, die wir gemeinsam mit solcher Mühe erfolgreich geschaffen haben, wobei wir durch schwere Prüfungen, unter anderem den „Kalten Krieg", gegangen sind.

Mir scheint, bei den Europäern besteht diese Einsicht. Möglicherweise ist sie jetzt auch bei Kanzler Kohl größer geworden. Offensichtlich ist bei Genscher der Prozentsatz der Einsicht, des Realismus, höher als beim Kanzler.

In diesem Zusammenhang kommen wir zu der Frage des Platzes eines vereinten Deutschland in Europa. Ich denke, man muss die Antworten darauf durch bestimmte Schritte suchen, vielleicht indem man der Schaffung eines neuen europäischen Sicherheitsgefüges, das sich auf andere Mechanismen, andere Strukturen stützt, eine größere Geschwindigkeit verleiht. Wenn der Prozess läuft, wenn die Parameter einer gesamteuropäischen Sicherheitsstruktur erkennbar werden, dann können Stellung und Platz des vereinten Deutschland für eine gewisse Übergangszeit so oder anders sein. Auf Einzelheiten werde ich jetzt nicht eingehen.

1 Treffen am 13. 4. 1990, vgl. V Politbjuro, S. 849.
2 Dokumente Nr. 59 und Nr. 60.

Aber eine Vereinigung Deutschlands, bei der man nicht über den Gesamtprozess nachdenkt, wird viele Fragen und ernste Besorgnis hervorrufen. Dies kann sich auch auf den Wiener Prozess auswirken.[3] Warum sollen wir uns in Wien auf diese oder jene Schritte einlassen, wenn die NATO nicht unsere Sicherheitsinteressen berücksichtigt? Wir werden zehnmal darüber nachdenken, bevor wir diese Schritte machen. Dies wird auch die Gespräche in Genf[4] beeinflussen. Geht es doch um die Frage des Gleichgewichts auf dem wichtigsten Gebiet, das die Sicherheit der Staaten betrifft.

Unsere deutschen Partner sind emotionale Menschen. Sie sind „außer sich geraten" und können überhaupt nicht mehr aus dieser euphorischen Phase herauskommen. So wie übrigens auch bei uns einige nicht aus der Meeting-Phase herauskommen und sich in die konkreten Dinge hineinknien können.

Mich irritiert die Tatsache, dass Washington nicht sonderlich bemüht ist, sich mit der Lage auseinanderzusetzen, sie gründlich zu analysieren und zu durchdenken. Für die Amerikaner scheint die Möglichkeit einer Achse Washington–Bonn (natürlich nicht im früheren Sinne dieses Begriffs) sichtbar zu werden, und es entsteht die Versuchung, damit zu spielen. Sie hindern auch Kohl daran, eine realistische Position einzunehmen und spornen zu allzu großer Hast bei diesen Dingen an. Ich sage offen, uns gefällt diese Hektik in Washington nicht. Auch sie sollten ihre Aufmerksamkeit auf eine ausgewogenere Haltung der Europäer richten.

Ich begrüße Ihre Trias: Phantasie, Realismus, guter Wille. Dies bedeutet, dass man in Rom die antike Tradition des tiefen Nachdenkens über bedeutende Fragen nicht eingebüßt hat. Ich teile die Feststellung, dass Italien in Anbetracht seiner derzeitigen Lage – auch angesichts der innenpolitischen Aspekte – und der Führung, die es hat, in der derzeitigen Entwicklungsphase der europäischen und globalen Prozesse einen konstruktiven Beitrag leisten kann …

G. de Michelis: Vielen Dank für die äußerst interessante und umfassende Darlegung.

Ich habe Verständnis für Ihre Haltung in der deutschen Frage. Wie ich es verstehe, ist sie durch zwei Momente gekennzeichnet: durch die Notwendigkeit einer Synchronisierung zwischen den Prozessen der deutschen Vereinigung und der Schaffung eines gesamteuropäischen Sicherheitssystems sowie durch den Wunsch, die Übergangsphase gut zu nutzen. Diese Phase, die zwischen 18 und 24 Monate betragen wird, wird äußerst wichtig und heikel sein. Deshalb müssen wir hier zusammenarbeiten.

M. S. Gorbačev: Ich begrüße diese Vorgehensweise.

G. de Michelis: Ich verstehe sehr gut, dass Sie – wenn nicht etwas Neues entsteht – am Alten, an Potsdam, festhalten werden. Das ist besser als nichts. Deshalb ist es wichtig, die Arbeit an der Schaffung einer gesamteuropäischen Sicherheitsstruktur voranzutreiben.

M. S. Gorbačev: Wir sind bereit, einen konstruktiven Beitrag zur Schaffung eines neuen Europa zu leisten. […].

Archiv der Gorbačev-Stiftung. Bestand 1, Verzeichnis 1.

[3] Vgl. Dokument Nr. 61, Anm. 10.
[4] Dto.

Nr. 87
Aufzeichnung Falins vom 18. April 1990 für Gorbačev zu Fragen der Deutschlandpolitik[1]

Aufzeichnung V. M. Falins für M. S. Gorbačev

18. April 1990

Die USA und die BRD wirken – wobei England und Frankreich eine etwas passive Haltung einnehmen – beharrlich und zielstrebig darauf hin, die inneren und äußeren Aspekte der Vereinigung Deutschlands außerhalb des Verhandlungsprozesses der „2+4" zu klären und die Sowjetunion vor vollendete Tatsachen zu stellen. Die öffentliche Meinung wird allmählich an die These gewöhnt, dass bei den „Sechs" kein einzelner Staat ein Vetorecht besitzen darf, insbesondere bei Fragen, bei denen die Meinung der „demokratischen Mehrheit" auf der Hand liegt. Indem sie sich in ihrem Kreis im Vorhinein absprechen, verletzen die westlichen Mächte im Grunde genommen bereits das Konsensprinzip, und – verglichen mit der Situation bei den Begegnungen mit Bush auf Malta, aber auch mit Baker in Moskau und Ottawa[2] – laufen die Positionen der UdSSR und der USA bei Kernproblemen immer weiter auseinander.

Das eigentliche Motiv für das Verhalten sowohl Washingtons als auch Bonns ist äußerst simpel: Der Handlungsspielraum der Sowjetunion ist derzeit aufs Höchste eingeschränkt, und der Westen ist in der Lage, ohne das Risiko einer ernsthaften Konfrontation seine alten Ansprüche maximal zu verwirklichen. Die Verfechter einer ausgewogeneren Vorgehensweise, die – um eine lang anhaltende konstruktive Entwicklung zu gewährleisten – eine angemessene Beachtung der Interessen der UdSSR nicht ausgeschlossen haben, sind fast nicht zu vernehmen.

Ein wesentliches Element der westlichen Taktik ist die intensive Bearbeitung nicht nur der Mitglieder des NATO-Blocks, sondern auch unserer Verbündeten im Warschauer Pakt. Das Ziel ist mit bloßem Auge erkennbar: die UdSSR zu isolieren, sie sowohl bei den „Sechs" wie auch beim Treffen der „35"[3] ins Abseits zu stellen.

Es erscheint dringend geboten, mit aller Entschiedenheit die sowjetische Position vor allem in den folgenden Fragen zum Ausdruck zu bringen:

1. Friedensvertrag. Es muss aufgezeigt werden, warum die Sowjetunion rechtswidrige Varianten, um einen Schlussstrich unter den Zweiten Weltkrieg zu ziehen, für sich für inakzeptabel hält (Deklarationen, Memoranden usw.); dies betrifft auch die Versuche, die Hauptbestandteile einer Friedensakte (Nachkriegsgrenzen, militärische Verpflichtungen Deutschlands; das Schicksal der Beschlüsse der Vier Alliierten und der daraus abzuleitenden Rechte usw.) in qualitativ unterschiedliche Regelungen zu zerstückeln.

Es ist festzuhalten, dass eine Verjährungsfrist auf die fundamentalen Probleme von Krieg und Frieden nicht anwendbar ist. Das beharrliche Bestreben einiger

[1] Dt. Übersetzung – im Wortlaut, nicht aber sinngemäß abweichend – auch in Falin, Konflikte, S. 164–178.
[2] Dokumente Nr. 59, 60, 71, zu Ottawa vgl. Dokument Nr. 73, Anm. 3.
[3] KSZE-Gipfeltreffen von Paris, vgl. Dokument Nr. 84, Anm. 12.

Kreise, dem Abschluss eines Friedensvertrags auszuweichen, kann nur stutzig machen und ist für sich allein genommen bereits ein zusätzliches Argument für eine Friedensregelung.

In jedem Fall wird die UdSSR künftig bis zur Unterzeichnung eines entsprechenden Dokuments, das hinsichtlich seiner Rechtserheblichkeit und seines realen Inhalts einem Friedensvertrag gleichkommt, die Rechte und die Verantwortung nicht niederliegen, die sie übernahm, als sie ihre Unterschrift unter die Abkommen von Jalta und Potsdam, den Akt über die bedingungslose Kapitulation und die Deklaration über die Niederlage Deutschlands gesetzt hat.[4] Diese bleiben ein Teil des geltenden Völkerrechts und werden in der Charta der Vereinten Nationen widergespiegelt.

Was Form und Substanz einer Friedensregelung angeht, so ist die UdSSR offen für einen konstruktiven Dialog, in dem die Vertreter von BRD und DDR gleichrangig mit den anderen an dem Prozess Beteiligten auftreten würden. Da es in erster Linie darum geht, die Verpflichtungen Deutschlands gegenüber der internationalen Gemeinschaft, das heißt, die äußeren Aspekte der deutschen Vereinigung, festzulegen, so ist es vollkommen logisch, dass das Thema der Friedensregelung Gegenstand der „2+4"-Gespräche wird.

Man könnte sich dafür aussprechen, dass die „Sechs" sich der Arbeit unterziehen – in engem Kontakt mit Polen, Jugoslawien, der Tschechoslowakei und den anderen Staaten, die der hitlerschen Aggression und Okkupation ausgesetzt waren – den Text eines Dokuments vorzubereiten, der anschließend für eine Unterzeichnung durch die Regierungen aller Staaten offen wäre, deren Streitkräfte am Krieg gegen Deutschland teilgenommen haben.

Um dem klassischen Dilemma „Sieger–Besiegte" auszuweichen, könnte man statt über einen Friedensvertrag über eine „Friedensakte" sprechen und auch Wörter und Begriffe sparsam verwenden, die den Statusunterschied zwischen den vertragschließenden Seiten betonen. Die erarbeitete Praxis (der Moskauer Vertrag und andere „Ostverträge", eine Reihe von Abkommen, die die BRD insbesondere mit Frankreich abgeschlossen hat)[5] erlaubt es, ohne der Sache zu schaden, die angestrebte Situation in einem für die Deutschen nicht diskriminierenden Stil entsprechend zu beschreiben und festzuhalten und damit das „Versailles-Syndrom" zu vermeiden.

So könnte dem Dokument das Prinzip des Gewaltverzichts als Mittel nationaler Politik zugrunde gelegt werden. Ergänzt werden könnte es durch die Verpflichtung, die Nutzung deutschen Territoriums durch Drittländer oder Ländergruppen zur Verfolgung einer Politik der Stärke gegenüber wem auch immer in Europa und außerhalb der Grenzen Europas, nicht zuzulassen. Durch eine derartige Konstruktion würden die sowjetischen Interessen den notwendigen rechtlichen Schutz erhalten.

Ferner ist als erster Schritt zur Verwirklichung der Verpflichtung zum Gewaltverzicht und zur Nichtnutzung deutschen Territoriums zum Zwecke einer militärischen Drohung gegenüber anderen ein Ausgleich des Militarisierungsgrades

[4] Vgl. Dokumente Nr. 16, Anm. 22, Nr. 5, Anm. 3 und Nr. 16, Anm. 21.
[5] Vgl. Dokumente Nr. 5, Anm. 3 und Nr. 62, Anm. 10.

Deutschlands vorzusehen, zumindest auf ein mitteleuropäisches Niveau (derzeit liegt es mehrfach höher); dabei ist zu bedenken, dass in den nachfolgenden Phasen – sowohl was das Tempo als auch die Nachhaltigkeit der Maßnahmen auf dem Gebiet der Abrüstung und Rüstungskontrolle betrifft – namentlich Deutschland den Ton bei der Schaffung eines gesamteuropäischen Sicherheitssystems angeben würde.

Es wäre wünschenswert, wenn die derzeitigen Verpflichtungen von BRD und DDR zum Verzicht auf Herstellung und Besitz von Massenvernichtungswaffen (nuklear, biologisch und chemisch – „ABC") in umfassenderer Weise wiederholt würden (nach japanischem Muster: keine Herstellung, kein Erwerb, kein Import).[6] Außerdem: die Unterzeichnung eines Verzichts auf die Schaffung oder den Erwerb von Systemen zur Massenvernichtung, die auf neuartigen physikalischen Prinzipien beruhen.

An die einseitigen militärischen Verpflichtungen Deutschlands, die bei einer Friedensregelung der Festlegung unterliegen, schließt sich auf das engste das Problem des eigentlichen militärischen Status Deutschlands an. Überlegungen dazu werden in Punkt 2 dargelegt. Hier ist es angebracht zu bemerken, dass ein Friedensvertrag für uns die einzige Chance ist, die Vereinigung Deutschlands an den gesamteuropäischen Prozess zu koppeln, obgleich beides zeitlich auseinanderläuft und zwar, wie es aussieht, beträchtlich.

Die Frage der Grenzen erfordert eine strenge juristische Vorschrift. Auf gar keinen Fall dürfen die Verpflichtungen Deutschlands die Form einer einseitigen Erklärung annehmen oder Verweise auf früher zustande gekommene oder mögliche künftige Regulierungen enthalten. Es ist angebracht, Vorsicht dabei walten zu lassen, den Deutschen das Recht auf „friedliche territoriale Veränderungen" zuzugestehen.[7] Die aktuelle Erfahrung mit der DDR zeigt, was alles dabei herauskommen kann. Nicht auszuschließen sind „Käufe" und „Rückkäufe" ihrer „früheren" Territorien oder Teilen davon durch die Deutschen von den Polen und nicht nur von ihnen, insbesondere wenn im Rahmen integrierter ökonomischer und anderer Strukturen das Problem der staatlichen („nationalen") Grenzen aus dem öffentlichen Bewusstsein verschwindet.

Die übrigen, insbesondere die ökonomischen Aspekte einer Friedensregelung sind leichter zu klären. Ein Streit wird hier eher darüber aufkommen, wie und in welchem Umfange Vorkommnisse aus der Zeit des Krieges gesühnt werden können und müssen. Gesondert bleibt das Thema der wirtschaftlichen Interessen der UdSSR aus multilateralen und bilateralen Verträgen mit der DDR. Sie werden unter Punkt 4 behandelt.

Noch ein Argument für eine vollwertige Friedensregelung: Angenommen die Wiederherstellung der Einheit Deutschlands erfolgt auf dem Wege einer wirklichen Vereinigung der beiden Staaten und nicht dadurch, dass der Größere den

[6] Vgl. die Basic Policy on National Defense des japanischen Nationalen Verteidigungsrats und des Kabinetts vom 20. 5. 1957 mit den drei nicht-nuklearen Prinzipien: kein Besitz, keine Produktion, kein Import, publ. auf der Homepage des japanischen Verteidigungsministeriums, http://www.mod.go.jp/e/d_policy/dp02.html.

[7] Gem. der Akte von Helsinki, Punkt 1a) I. hinsichtlich des Rechts, dass „ihre Grenzen, in Übereinstimmung mit dem Völkerrecht, durch friedliche Mittel und durch Vereinbarung verändert werden können", Schweisfurth (Hg.), Dokumente, hier S. 7.

Kleineren schluckt. Selbst in diesem Fall würden Asymmetrien hinsichtlich der Berücksichtigung der Interessen der Vier Mächte auftreten, wenn wir – versteht sich – nicht die Forderung erheben, dass Deutschland nicht am „Gemeinsamen Markt" teilnehmen darf u. ä.

Die Realität jedoch ist so, dass ein Abrücken der drei Mächte und der BRD von einer Friedensregelung gleichbedeutend mit der Absicht ist, die Rechte der Sowjetunion als Siegermacht und als Architekt und Verbündeter der DDR auszulöschen, wobei die USA, England und Frankreich das gewichtige Paket an „originären Rechten" behalten würden, da diese auf den Bonner Vertrag von 1952 (mit Abänderungen von 1954)[8] und auf ihre anderen Vereinbarungen mit der BRD übergegangen sind.

Es ist sehr wahrscheinlich, dass Washington, London und Paris imstande sind, ihre Bereitschaft zur Beendigung der Wirksamkeit ihrer Sonderrechte und zahlreichen Souveränitätsvorbehalte gegenüber der BRD zu erklären, in der Absicht, vor dem Hintergrund des „Starrsinns" der UdSSR ihren „Großmut" zu demonstrieren. In diesem Fall würde eine juristische Fiktion entstehen, da die Souveränitätseinschränkungen der Deutschen seit langem in den Strukturen der NATO, des „Gemeinsamen Marktes" und der militärpolitischen Organisationen Westeuropas verankert sind. Die Überprüfung der Gesamtheit der in mehr als 40 Jahren entstandenen wechselseitigen Verknüpfungen ist eine Aufgabe, die in ihrer Komplexität die Wiederherstellung des geeinten Deutschland wohl etwas übersteigt.

Womit könnte die Sowjetunion auf den formalen „Großmut" des Westens antworten? Offenbar durch die Einbringung des Entwurfs eines Friedensvertrags („Friedensakte"), der für die breite Masse der Deutschen und der Geschäftsleute in einer höchst vorteilhaften Weise gehalten ist und durch den Vorschlag, diesen Vertrag (diese Akte) um der vollständigen und endgültigen Aussöhnung unserer Völker willen nur mit uns zu schließen. Wenn im Jahre 1952 die Idee eines Friedensvertrags mit einem geeinten Deutschland in den Herzen und Köpfen der Deutschen breiteste Resonanz gefunden hat,[9] dann – so muss man annehmen – wäre es jetzt für diejenigen, die dagegen sind, provisorische Lösungen in Europa durch dauerhafte zu ersetzen, bedeutend schwieriger, sich vor dieser Idee zu drücken.

2. Der militärische Status eines geeinten Deutschland. Allem Anschein nach hat der Westen beschlossen, in dieser Hinsicht eine Entscheidungsschlacht zu führen. Nach einer anfänglichen Verwirrung, während der einzelne, nicht unattraktive Ideen geäußert wurden (Rückzug der BRD aus der militärischen Organisation der NATO; gleichzeitige Beteiligung Deutschlands an der NATO und am Warschauer Pakt; Schritte zur Rüstungsbegrenzung auf deutschem Territorium, die das gesamteuropäische Tempo überschreiten sollten; eine mögliche, teilweise Entnuklearisierung Deutschlands u. a.) lässt sich von Woche zu Woche eine Verschärfung des Vorgehens von USA und BRD, aber auch der Führung des Atlantischen Blocks beobachten.

[8] Vertrag über die Beziehungen der Bundesrepublik Deutschland und den drei Mächten vom 26. 5. 1952 (Deutschlandvertrag), in: BGBl. 1954 II, S. 59–67, Änderungen vom 23. 10. 1954 in BGBl. 1955 II, S. 305–311.

[9] Zur Stalin-Note vgl. Dokument Nr. 19, Anm. 43.

Genscher denkt weiterhin ab und an über ein Forcieren der Entwicklung in Richtung einer europäischen kollektiven Sicherheit nach, in der „NATO und Warschauer Pakt aufgehen" würden.[10] Von ihm stammen auch Äußerungen darüber, dass die Abrüstung zum „Kern" des gesamteuropäischen Prozesses werden müsse. Aber auf Genscher hört außer den westdeutschen Sozialdemokraten und linken Parteien in einigen Ländern des „Gemeinsamen Marktes" kaum jemand.

Es stellt sich die Frage der Beteiligung Deutschlands an der NATO „in vollem Umfange". Allein der Gedanke an einen Ausschluss des deutschen Territoriums aus der Infrastruktur des Blocks wird abgelehnt. Wenn früher in der Propaganda die Betonung auf eine „Kontrolle" über ein künftiges vereintes Deutschland gelegt wurde, so bezieht man sich jetzt darauf, dass die Erhaltung der Effizienz des Bündnisses als „Faktor der Stabilität" in Europa wichtig sei. Vor Kurzem wurde die Beteiligung Deutschlands an der NATO als „zwischenzeitliche Variante" bezeichnet. Seit einiger Zeit jedoch präsentiert man sie als langfristige Lösung. Während sie bis März dieses Jahres den Preis für das „Zugeständnis" – keine Ausdehnung des Wirkungsbereichs der NATO auf die DDR – angehoben haben, so begannen sie vor ungefähr einem Monat in ihrem Umfeld zu äußern, dass diese Verpflichtung in „Krisensituationen" nicht anwendbar sei.

Beim Treffen von G. Bush und M. Thatcher auf den Bermudas wurde die Beteiligung Deutschlands an der NATO als Voraussetzung für den Erhalt der Atlantischen Allianz bezeichnet.[11] Die Idee einer militärischen Neutralisierung Deutschlands wird aus äußerst utilitaristischen Erwägungen heraus abgelehnt: Der Nordatlantische Block sei von Anfang an auf der Nutzung deutschen Territoriums gemäß der amerikanischen Militärdoktrin der „vorgeschobenen Linien" und auf der Beteiligung der BRD bei der Umsetzung dieser Doktrin aufgebaut gewesen. Wie aus einem einst geheimen britischen Regierungsdokument aus dem Jahre 1953 hervorgeht, hätte die Annahme des Vorschlags der Neutralisierung Deutschlands eine Rückkehr zur Politik von Potsdam, von der sich die drei Mächte 1947 (also vor den tschechoslowakischen Ereignissen vom Februar 1948 und vor der Berlinblockade) offiziell gelöst hatten, und eben zur gemeinsam mit der UdSSR ausgeübten Kontrolle über ein entmilitarisiertes Deutschland bedeutet.

Entscheidend für den Ausgleich ist nicht die Neutralisierung, sondern die Entmilitarisierung. Darüber hinaus kann die negative Reaktion der USA und der BRD auf die Hypothese eines gleichzeitigen Eintritts des vereinten Deutschland in die NATO und in den Warschauer Pakt als Nachweis dafür gelten, dass man geneigt ist, den Einsatz in dem vom Westen betriebenen Spiel zu erhöhen. Bei der Begegnung von Bush und Thatcher auf den Bermudas wurde erklärt, dass ein vereinigtes Deutschland „die volle Kontrolle über sein Territorium ohne irgendwelche diskriminierende Einschränkungen der deutschen Souveränität" besitzen müsse. Nach den Worten Fitzwaters käme der gleichzeitige Eintritt eines geeinten

[10] Vgl. Genschers Rede auf einer Sondersitzung der Westeuropäischen Union in Luxemburg am 23. 3. 1990, in: Genscher, Unterwegs zur Einheit, S. 265–267, relevante Passagen in Weidenfeld, Außenpolitik, S. 312–314.

[11] Gesprächsprotokoll vom 13. 4. 1990 im Bestand der Margaret Thatcher Foundation, http://www.margaretthatcher.org/document/730D5CD499EC40638669FAAE9B00BC49.pdf. Vgl. Zelikow/Rice, Sternstunde, S. 330f. sowie Teltschik, 329 Tage, S. 196, 203.

Deutschland in zwei Gruppierungen einer „Neutralisierung" gleich. Heute verhält sich die Sache aber genau so. Also trübt die Verlockung, das Gleichgewicht zum eigenen Vorteil zu stören, den Horizont und regt dazu an, eher platonisch auf gesamteuropäische Projekte zu blicken.

Was die Stationierung der sowjetischen Streitkräfte auf dem Territorium der DDR angeht, so möchte man die ihre Verweildauer auf die Zeit reduzieren, die technisch für eine Umdislozierung erforderlich ist.

Mit aller Kraft wird daran gearbeitet, nicht nur den Boden für die Pläne der NATO in Bezug auf die DDR und den Warschauer Pakt zu bereiten, sondern eigenmächtig bereits jetzt die Lage zu verändern und die Möglichkeiten der UdSSR zu beschränken, dagegen Widerstand zu leisten. Signale dafür sind die Erklärung der neu gewählten Volkskammer der DDR für eine Beteiligung Deutschlands an der NATO und früher erfolgte analoge Erklärungen der Polen, Ungarn und der Tschechoslowaken.[12] Ab 1. Januar 1990 begann eine staatliche Behörde der DDR zur Nutzung des Luftraums der Republik ohne Absprache mit uns ihre Arbeit aufzunehmen. Die Westgruppe der Streitkräfte wurde eingeladen, in dieser Behörde einen „Beobachter" zu stellen. Vor Kurzem hat die NVA der DDR die Kampfbereitschaft der Luftabwehr im Interesse des Warschauer Paktes praktisch eingestellt.

Es läuft eine Intrige gegen die sowjetisch-amerikanische Vereinbarung über die Höchstgrenze der Streitkräfte der UdSSR und der USA, die in Zentraleuropa stationiert sind (plus amerikanische Truppen in anderen europäischen Regionen).[13] Kreise, die dazu neigen, den Druck auf die UdSSR zu verstärken, sehen den „Fehler" in der Vereinbarung darin, dass beide Mächte bei der Dislozierung ihrer Streitkräfte in Deutschland gleichberechtigt sind. Es existiert die Meinung, dass die USA unvorsichtigerweise eine für sie „ungünstige" Interdependenz geschaffen haben und es besser wäre, sich möglichst rasch aus ihr zu lösen.

Ihre größten Pläne verknüpfen die BRD und ihre Partner mit der Anwendung von Art. 23 des Grundgesetzes auf die DDR,[14] was bedeuten würde, dass auf der europäischen politischen Landkarte eine neue, erweiterte Ausgabe der BRD mit der gesamten Erbschaft des „Kalten Krieges" erscheint.

Verfügen wir über Reserven, um den Kampf um die gesamteuropäische Variante einer langfristigen Lösung zu intensivieren? Seit dem Zusammenbruch des SED-Regimes in der DDR ist die Europapolitik der UdSSR in eine Phase des Grübelns und der Selbstanalyse, um nicht zu sagen, der Depression gestürzt. Der Westen spielt uns aus, indem er Versprechungen macht, die Interessen der UdSSR

[12] Zum Sondertreffen der Außenminister des Warschauer Pakts am 17. 3. 1990 mit Offenlegung der unterschiedlichen Positionen vgl. die Vorlage Teltschiks vom 23. 3. 1990 für Kohl, in: Deutsche Einheit, Sonderedition, S. 970–975, hier v. a. S. 972 mit Anm. 5 und 7, dazu mit weiteren Belegen Weidenfeld, Außenpolitik, S. 308 f.; Umbach, Das rote Bündnis, S. 504 f.; Biermann, Zwischen Kreml, S. 453–455. Zur DDR vgl. Vorlage Duisberg an Kohl vom 17. 4. 1990 über die Koalitionsvereinbarung vom 12. 4. 1990 zwischen Allianz, SPD und Liberalen, die Vorlage Duisberg für Kohl vom 19. 4. 1990 über die Regierungserklärung von de Maizière am 19. 4. 1990 sowie die Vorlage Hartmanns an Kohl vom 19. 4. 1990 über die außen- und sicherheitspolitischen Aussagen der Regierungserklärung, in: Deutsche Einheit, Sonderedition, S. 1012–1014, 1018–1020 und S. 1021–1023.

[13] Zu den Truppenberechnungen im Rahmen der VKSE vgl. Zelikow/Rice, Sternstunde, S. 243–247.

[14] Vgl. Dokument Nr. 82, Anm. 2.

zu respektieren, in der Praxis jedoch unser Land Schritt für Schritt vom „traditionellen Europa“ abtrennt. Zieht man eine Zwischenbilanz für das vergangene Halbjahr, dann muss man feststellen, dass sich das „gesamteuropäische Haus“ von einer konkreten Aufgabe, mit deren Verwirklichung die Länder des Kontinents schon fast beschäftigt waren, in eine Fata Morgana verwandelt.

Die Schlussfolgerung scheint sich von selbst aufzudrängen: Man muss alle Kräfte einsetzen, um den Europäern und besonders den Deutschen zu zeigen, dass ihre Hoffnungen ein weiteres Mal verraten werden können. Anstelle eines stabilen Europa mit einer garantierten friedlichen Zukunft und gegenseitig nutzbringender Zusammenarbeit auf den verschiedensten Gebieten drängen uns die Apologeten des „Kalten Krieges“ eine Umgruppierung der Kräfte auf, um das Zeitalter der politischen Konfrontation zu verlängern. Damit man uns glaubt und uns versteht, ist es erforderlich, einige Klammern aufzulösen und die USA kritisch zu bewerten – ihre Linie bei den Gesprächen in Genf und Wien, ihre hartnäckige Weigerung, gleiche Standards anzuerkennen und ihre Versuche, die Materie künstlich zu zerstückeln, um keine Verpflichtungen übernehmen zu müssen, die das Gleichgewicht der Interessen beider Mächte nicht stören würden.[15] Die sowjetische Seite hat Washington mit ihrer Flexibilität, ihrem guten Willen und ihrer Nachgiebigkeit verwöhnt. Die Amerikaner ziehen meistens aus unserer konstruktiven Haltung Schlüsse, die denen entgegengesetzt sind, die die UdSSR, geleitet von gesundem Menschenverstand und elementarer Anständigkeit, berechtigterweise erwartet.

Die daraus folgende unbedingte Voraussetzung für den Erfolg ist Festigkeit. Bei all unserer Flexibilität in den Gesprächen muss die westliche Seite stets spüren, wo und wie die Grenzen sind, an denen die UdSSR auch dann unbedingt festhalten wird, wenn versucht wird, massiven Druck auf sie auszuüben.

Die wirksamste Form eines solchen Drucks ist es, Demonstrationen des „Volkswillens“ zu inspirieren und ein unerträgliches psychologisches Klima rund um die sowjetischen Streitkräfte in der DDR zu schaffen. In Anbetracht dessen ist es notwendig, der Bevölkerung der beiden Deutschland und ganz Europas unverzüglich das Wesen unserer Konzeption einer europäischen Friedensordnung, der Befreiung des Kontinents von den operativ-taktischen Kernwaffen jeder Art und der Entmilitarisierung der Region zu erläutern. Natürlich müssen parallel dazu die Vorteile zu aufgezeigt werden, die sich aus einer Überwindung der Spaltung Europas in feindliche militärische und einander entfremdete ökonomische Lager ergeben. Mit anderen Worten, man sollte die Arbeit für das „europäische Haus“ nach allen Richtungen hin stark intensivieren und dabei den Gedanken hervorheben, dass die Überwindung der Spaltung Deutschlands und der Spaltung Europas miteinander verknüpft sind.

Abhängig von der Reaktion der Öffentlichkeit ist abzuwägen, ob es zweckmäßig ist, in Deutschland ein Referendum zur Frage „Zugehörigkeit zu einem gesamteuropäischen Sicherheitssystem oder Mitgliedschaft in der NATO?“ durchzuführen. Sollte die vorausgehende Analyse ergeben, dass der für uns nötige Ausgang des Referendums wenig wahrscheinlich ist, dann ist alles auf einen Friedens-

[15] Vgl. Dokument Nr. 61, Anm. 10 und 11.

vertrag zu konzentrieren, eingedenk der Tatsache, dass bis zu seinem Abschluss die Deutschen nur ein begrenztes Recht auf Selbstbestimmung haben und dass die Festlegung des künftigen militärischen Status Deutschlands das Vorrecht der Mächte bleibt, die die bedingungslose Kapitulation entgegengenommen haben.

Im äußersten Fall und wohl eher, um das Pharisäertum des Westens aufzuzeigen, weil er dieses Modell nicht akzeptiert, ist zuzulassen, dass sich das vereinigte Deutschland für eine Übergangsphase bis zur Schaffung eines europäischen Sicherheitssystems an militärischen Bündnissen beteiligen kann. Dabei ist jedoch strikt zu beachten:

a) die Bedingungen des Friedensvertrags;
b) Deutschland wird den integrierten Strukturen dieser Bündnisse nicht beitreten und gewährt den Bündnissen nicht die Möglichkeit, sein Territorium für Handlungen zu nutzen, die nicht unmittelbar mit der Verteidigung Deutschlands selbst zu tun haben;
c) auf dem Territorium Deutschlands werden weder Massenvernichtungswaffen stationiert, noch werden Technik und Kampfeinheiten jeglicher Nationalität betreut, die Aufgaben des gesamten Blocks und von regionalem oder globalem Charakter erfüllen;
d) die Beteiligung an einem der Bündnisse schließt nicht die parallele Beteiligung an einem anderen Bündnis aus, dessen Mitglied einer der deutschen Staaten vor der Vereinigung war. Wenn Deutschland die Mitgliedschaft in einem der Bündnisse vorzieht, dann kann das Territorium (und auch der Luftraum), auf das sich früher die Kompetenz des anderen Bündnisses erstreckte, unter keinen, auch nicht krisenbedingten Umständen, für die Stationierung von Streitkräften oder andere Interessen des Bündnisses genutzt werden, dessen Mitglied Deutschland wird;
e) die sowjetischen Streitkräfte würden auf dem jetzigen Territorium der DDR solange stationiert bleiben, wie die UdSSR dies für sich unter den Bedingungen der Stationierung ausländischer Streitkräfte auf dem jetzigen Territorium der BRD und dem Fehlen einer gesamteuropäischen Sicherheitsstruktur für unumgänglich erachtet. Wenn die UdSSR annimmt, dass das Erfordernis einer Dislozierung seiner Streitkräfte in der besagten Region weggefallen ist, behält sie nach ihrem Abzug das Recht, dort Personal dafür zu unterhalten, um die Erfüllung der Bestimmungen, wie sie unter Punkt [d][16] vorgesehen sind, zu beobachten.

3. Vereinigung der beiden deutschen Staaten oder Anschluss des einen an den anderen. Die Verhandlungsformel „2+4“ hat ihre Dynamik nicht gewonnen und zeigt bisher keine Auswirkung auf den Prozess des praktischen Zusammenwachsens von DDR und BRD. Die Westdeutschen waren häufig erfolgreich darin, ihre Auffassungen der neuen Regierung der DDR aufzudrängen, die sich zuweilen so aufführt, als ob die Republik von den völkerrechtlichen Verpflichtungen gegenüber der UdSSR frei wäre.

Es ist paradox: Nicht mehr nur der Westen, sondern auch unser Verbündeter will die Sowjetunion davon überzeugen, dass ein vereinigtes Deutschland in die

[16] Zählung gem. Falin, Konflikte, S. 175; in der Vorlage: „2“.

NATO eintreten müsse, dass ein Friedensvertrag unnötig sei und dass Artikel 23 der Verfassung der BRD nahezu das logischste Mittel für die Überwindung der Spaltung des Landes sei.[17] Man kaut uns vor, der Pragmatismus empfehle, sich nicht gegen die von Bonn erhobenen und von der NATO unterstützten Forderungen zu stellen, sondern deren für die UdSSR „akzeptable" Verwirklichung zu erreichen.

Die sowjetische Seite hat dadurch ziemlich verloren, dass sie nicht aufgedeckt hat, wozu das Ignorieren unserer legitimen Bedenken gegenüber den einen oder anderen Regelungen für die Deutschen und die internationalen Beziehungen insgesamt geführt hat. Wenn die Sowjetunion zum Beispiel gewarnt hätte, dass die Eingliederung der DDR in die BRD gemäß Artikel 23 der Bonner Verfassung als Aggression eines NATO-Mitgliedslandes gegenüber einem Mitgliedsland des Warschauer Paktes und als Verletzung der grundlegenden Rechte der Sowjetunion qualifiziert würde, dann hätte man in Bonn, und nicht nur dort, darüber nachgedacht, ob es sich lohnt, den Bogen zu überspannen. Hätten wir erklärt, dass ohne einen Friedensvertrag alle unsere Rechte als Siegermacht in vollem Umfange erhalten bleiben, hätte das viele zur Vernunft gebracht und die Deutschen angeregt, Entscheidungen nicht unter Umgehung der UdSSR, sondern gemeinsam mit ihr zu suchen.

Unsere Freunde in beiden Deutschland sind desorientiert durch die, wie sie finden, sowjetische Nachgiebigkeit oder nicht vorhandene Bereitschaft, rechtlich einwandfreie Positionen zu verteidigen. Die UdSSR hätte längst Flagge zeigen können, wenigstens in Berlin, wo die Rechtschutzorgane der DDR die Kontrolle über die Ereignisse verloren haben. Die drei Westmächte denken darüber nach, wie sie ihre Anwesenheit in Westberlin für die Zeit nach der Vereinigung Deutschlands verlängern können und erwägen, ob sie nicht als Vorwand dafür die „zeitweilige" Stationierung der sowjetischen Streitkräfte auf dem Territorium der DDR benutzen könnten. Vielleicht sollte man in Ostberlin unter Berücksichtigung der Lähmung der Staatsorgane der DDR und der Tatsache, dass die Nachfolger der früheren Macht das Mandat vergessen haben, auf dessen Grundlage vor 40 Jahren die Republik gegründet wurde, eine (natürlich „zeitweilige") sowjetische Militäradministration wiedereinsetzen unter ähnlichen Bedingungen, unter denen solche in den Westsektoren existieren? Wiedereinsetzen, um davor zu warnen, mit Artikel 23 zu spielen und um zu verstehen zu geben, dass die sowjetischen Rechte unerschütterliche Realität sind.

Die Sowjetunion kann die Verfassung der BRD nicht als rechtliche Grundlage für dauerhafte oder vorübergehende Regelungen in Bezug auf Deutschland akzeptieren. Diese Verfassung ist aufgebaut auf den Ansprüchen des Pangermanismus (das Reich „in den Grenzen von 1937", das Recht, im Namen „aller Deutschen" zu sprechen, auch der außerhalb Deutschlands lebenden), auf der Verneinung der gesellschaftlichen Wahl (dies wurde als Vorwand für das Verbot der KPD benutzt), auf der Ablehnung der Anordnungen von Potsdam, die die Demokratisierung, Entnazifizierung und Entmilitarisierung Deutschlands betreffen.

[17] Vgl. Regierungserklärung de Maizières am 19. 4. 1990, in: Volkskammer. 10 Wahlperiode, Protokolle, Band 27, S. 41–51.

Folglich, um diskutabel zu werden, müsste die Verfassung der BRD rechtzeitig von allen Ablagerungen des „Kalten Krieges" und des Revanchismus gereinigt werden. Aber dann würde eigentlich eine neue Verfassung entstehen.

Es ist anzumerken, dass die grundlegenden wirtschaftlichen, finanziellen, sozialen und anderen Maßnahmen, auf deren rascher Durchführung die Führung von BRD und DDR nach deren Erklärungen Wert legt, keine direkte und starre Verbindung zu einer Vereinigung nach Artikel 23 haben. Ihre Verwirklichung ist unter der Regierung Modrow nicht behindert worden und wird auch unter der Regierung de Maizière nicht behindert werden.* H. Kohl manövriert mit dem Blick darauf, die schwierige wirtschaftliche Lage der DDR auszunützen, die weitgehend künstlich nicht ohne den Einfluss Bonns erzeugt wurde, um Entscheidungen durchzusetzen, die über den Rahmen der Vereinigung der beiden Deutschland im eigentlichen Sinne hinausgehen.

4. Zu den wirtschaftlichen Interessen der UdSSR im Kontext der Vereinigung Deutschlands. Diese Frage ist hauptsächlich mit den bilateralen Beziehungen zwischen der Sowjetunion und dem künftigen vereinten Deutschland verbunden und wird kaum eine zentrale Rolle bei den „2+4"-Gesprächen spielen. Nichtsdestoweniger kann ihre Bedeutung für uns nicht hoch genug eingeschätzt werden. Viele tausend Verträge verbinden die UdSSR mit der DDR. Die Gültigkeit einiger erstreckt sich bis ins 21. Jahrhundert.

Die Vereinigung nach Artikel 23 würde die DDR formal von diesen Verpflichtungen entbinden. In Bonn schließt man nicht aus, dass ohne eine annehmbare Lösung die UdSSR überhaupt eine Erörterung der Außenaspekte der Vereinigung Deutschlands ablehnen kann. Zudem beeilt sich die BRD nicht, zu garantieren, dass die Worte Kohls beim Treffen in Moskau – „alles wird in Ordnung gehen" – nicht Worte bleiben.[18]

Das Eindringen privaten westdeutschen Kapitals in die Wirtschaft der DDR hat schon jetzt zu radikalen Veränderungen geführt. Ein Teil der Unternehmen, unsere Hauptlieferanten, sind für die Schließung vorgesehen, andere werden auf neue Produkte umgestellt. Die Versprechen des Kanzlers verpflichten sie zu nichts. Auf der Tagesordnung steht die Änderung der Bedingungen und Verfahren bei der Verrechnung.

Der neue Ministerpräsident der DDR de Maizière spricht sich für die weitgehende Aufrechterhaltung der geltenden Regeln aus. Seine Hauptsorge besteht darin, dass der Strom an Energie und Rohstoffen aus der UdSSR nicht abbricht, solange die DDR mit dem Gefeilsche mit der BRD beschäftigt ist. Die Westdeutschen sind ebenfalls nicht an einer jähen Umstellung der Mechanismen unseres Wirtschaftsaustausches mit der DDR interessiert, dies umso weniger als die Deutschen bei der Verrechnung des Warenaustauschs in frei konvertierbarer Währung nicht gerade Verluste machen.

Der Objektivität wegen muss angemerkt werden, dass Bonn die sowjetische Seite wiederholt darum gebeten hat, ihm „zu Studienzwecken" eine detaillierte Zusammenstellung unserer entsprechenden Wünsche und Absichten bezüglich der Wirtschaft im Falle der Vereinigung Deutschlands zu übermitteln. Bisher ist

[18] Dokument Nr. 72.

das nicht geschehen, und bei Komplikationen in nächster Zukunft werden die Deutschen nicht anstehen, uns auf diese Langsamkeit hinzuweisen.

Schließlich wäre es zweckmäßig, frühzeitig, das heißt schon jetzt, in vertrauliche Kontakte mit der BRD zu treten hinsichtlich der Fragen die mit der Finanzierung unserer Ausgaben für den Unterhalt der sowjetischen Streitkräfte in der DDR zusammenhängen, nachdem dort die westdeutsche Währung in Umlauf gesetzt worden ist. Nach einigen Informationen ist Bonn bereit, uns entgegenzukommen, jedoch „in kaschierter Form". Eine direkte Kompensierung der sowjetischen Ausgaben würde den Unmut der Amerikaner hervorrufen, die in der BRD derartige Vergünstigungen nicht nutzen können.

* Am 1[8]. März 1990 fanden in der DDR Wahlen zur Volkskammer (Parlament) statt. Die große Mehrheit der Stimmen wurde für die CDU (40,[5]9%) und für die SPD (21,[76]%) abgegeben. Die Sieger bildeten die Regierungskoalition „Union für Deutschland". Premierminister der neuen Regierung wurde der Vorsitzende der Christlich Demokratischen Union der DDR Lothar de Maizière.

Archiv der Gorbačev-Stiftung. Bestand 2, Verzeichnis 2.

Nr. 88
Gespräch Gorbačevs mit dem DDR-Ministerpräsidenten de Maizière am 29. April 1990[1]

Aus dem Gespräch M. S. Gorbačevs mit L. de Maizière

29. April 1990

M. S. Gorbačev: Ich begrüße Sie als Regierungschef der DDR, auf dessen Schultern in dieser historischen Umbruchsphase so große Verantwortung gegenüber seinem eigenen Volk und allen europäischen Völkern gefallen ist.

L. de Maizière: Ich kann Ihnen versichern, dass ich die Last des Jochs spüre, das ich auf mich genommen habe. Ich möchte vor allem Ihnen, Herr Präsident, Worte der Dankbarkeit dafür aussprechen, dass es möglich ist, mit Ihnen zusammenzutreffen. Als Sie im Oktober vergangenen Jahres in Berlin waren, haben Sie natürlich gespürt, mit welch großer Hoffnung unser Volk Sie empfangen hat. Der Gedanke, den Sie im Gespräch mit Journalisten geäußert haben, dass derjenige, der nicht auf die Herausforderungen der Zeit hört, schwer dafür büßen und verlieren muss, dieser Gedanke ist dank der Massenmedien buchstäblich durch das ganze Land geflogen.

M. S. Gorbačev: In jenen Tagen in Berlin habe ich klar gefühlt, dass große Ereignisse auf Sie warten.

[1] Auszüge (mit Umstellungen und z.T. abweichenden Übersetzungen) in von Plato, Vereinigung, S. 317–327 sowie (ebenfalls mit Umstellungen) in Gorbatschow, Erinnerungen, S. 719–721. Vgl. ferner die knappe Gesamteinschätzung in Černjaev, Sovmestnyj ischod, S. 853 unter dem 30. 4. 1990, dt. in Tschernjaew, Mein deutsches Tagebuch, S. 254. Vgl. Kuhrt, Gorbatschow, S. 134–136; Gorbatschow, Wie es war, S. 120f.; Stuhler, Die letzten Monate, S. 123–129, v. a. S. 125–127.

L. de Maizière: Dies hat das ganze Volk gespürt. Aber bedauerlicherweise hat die damals an der Macht befindliche Führung es nicht begriffen.

M. S. Gorbačev: Riesige Delegationen aus allen Regionen der Republik haben faktisch ihre Meinungsverschiedenheit mit dem Regime demonstriert. Ich habe mich auf anschauliche Weise davon überzeugt, dass Honecker und seine engsten Kollegen nicht mehr erfassen, was im Lande vor sich geht.[2]

L. de Maizière: Bedauerlicherweise haben viele über Jahre die Signale zur Erneuerung nicht verstanden, die das April-Plenum Ihrer Partei 1985 gegeben hat.[3] Und dass sich die Ereignisse im Herbst vergangenen Jahres bei uns so stürmisch entwickelten, zeugt davon, dass zu viel Zeit versäumt worden ist.

M. S. Gorbačev: Ja, so ist es. Wir müssen zugeben, dass wir alle in vielem zu spät gekommen sind.

L. de Maizière: Erlauben Sie mir, Ihnen ein kleines Andenken zu überreichen. Dies ist ein kleines Stück aus der Berliner Mauer.

M. S. Gorbačev: Lange Zeit schien sie unüberwindbar. Aber, objektiv gesagt, sie hat ihre Rolle gespielt. Als man mich gefragt hat, wie ich zu dieser Mauer stehe, habe ich gesagt: Die Mauer ist durch die Zeit geschaffen worden. Ihre Existenz wurde gerechtfertigt durch eine Situation des gegenseitigen Misstrauens und der Konfrontation. Die neue Zeit entscheidet anders. Sie erlaubt es, den Weg frei zu machen für gegenseitige Verständigung und Zusammenarbeit. Sehr wichtig ist jedoch, dass dieser Prozess weniger schmerzlich verläuft. Es scheint, dass jetzt in beiden Teilen Deutschlands der Realismus im Vergleich zu der Zeit des Wahlkampfes ein wenig gewachsen ist.

Dies war eine schwere Zeit. Sie fiel auf die Schultern der Regierung Modrow. Ich denke, die Geschichte wird demjenigen ihre Achtung erweisen, der in dieser Phase standgehalten hat. Zum Glück ist es trotzdem gelungen, die schlimmsten, tragischsten Wendungen zu vermeiden. Und auch Sie haben jetzt keine einfache Mission. Vielleicht hat auch Kanzler Kohl begonnen, bei der Einschätzung der Lage mehr Realismus zu zeigen, obgleich nicht in allem.

Ich musste ihm mehrfach sagen, dass man sowohl bei den innerdeutschen als auch bei den internationalen Überlegungen mit höchstem Verantwortungsbewusstsein vorgehen müsse. Am Anfang hat man die Angelegenheit doch so gesehen, dass es nur darauf ankomme, die DDR in die Tasche zu stecken und man hat nur ausprobiert, in welche – in die rechte oder in die linke. Aber dies ist erstens unrealistisch und zweitens, so macht man keine Politik. Ich sage[4] ihm das bei allen Gelegenheiten und nehme ihn beim Wort, das er mir in Bonn gegeben hat.[5] Und wir haben uns darauf geeinigt, dass in einer Zeit, in der Osteuropa und der gesamte Kontinent in eine Phase der Veränderungen eintreten und in der sich auch Instabilität bemerkbar machen wird, man sich besonders verantwortungsbewusst verhalten und in Anbetracht der großen Bedeutung der in Europa beginnenden positiven Prozesse, Egoismus und außergewöhnlichen Appetit unterdrücken

2 Dokumente Nr. 46 und Nr. 47.
3 Vgl. die Rede Gorbačevs auf dem ZK-Plenum am 23. 4. 1985, in: ders., Sobranie 2, S. 189–212.
4 In von Plato, Vereinigung, S. 318 in Vergangenheitsform.
5 Dokumente Nr. 33–44.

muss. Es geht immerhin darum, dass sich jetzt die Zukunft Europas für die kommenden hundert Jahre herausbildet.

Aber dem Kanzler fehlte es an Konsequenz. Nicht selten erklärte er das eine und tat etwas anderes.

Was uns angeht, so ist die Vereinigung Deutschlands für uns kein neues Problem. Selbst damals, als am Ende des Zweiten Weltkrieges die Rede von einer Nachkriegsordnung war, sind wir für die Einheit Deutschlands eingetreten, obwohl, wie Sie wissen, auch ganz andere Pläne existierten. Manche wollten Deutschland zerstückeln, um seinem gewaltigen Potential im Herzen Europas für immer ein Ende zu bereiten.

Wir sind auch jetzt der Meinung, dass das Streben nach einer Vereinigung von DDR und BRD ein natürlicher, organischer Prozess ist. Wir respektieren dabei die Interessen der DDR, mit der uns Jahrzehnte einer engen fruchtbaren Zusammenarbeit verbinden. Niemand darf vergessen, dass die DDR ein souveränes Subjekt des Völkerrechts und vollberechtigtes Mitglied der UNO ist. Mit einem Wort – die DDR ist nicht der Hinterhof der BRD. Dies sind Millionen Menschen mit ihren Interessen und Schicksalen. Dies ist eine Realität, die niemand unbeachtet lassen kann.

Im Verständnis für die Hoffnungen der Deutschen und unter Respektierung ihres Rechts auf Selbstbestimmung verhalten wir uns auch entsprechend zum Prozess der Vereinigung Deutschlands und beabsichtigen, ihn in keiner Weise zu behindern. Doch dieser vielschichtige Prozess, der wichtige und recht scharfe internationale Facetten besitzt, muss würdig und seriös ablaufen.

L. de Maizière: Sie haben recht, Herr Präsident, dass die Phase, die im November begonnen hat und der gesamte Wahlkampf eine Zeit großer Leidenschaften war. Ich bin zu jener Zeit in das Kabinett Modrow eingetreten und wir hatten damals drei Hauptziele: unser Möglichstes zu tun, damit im anbrechenden Winter die Menschen nicht erfrieren, dass sie nicht verhungern und dass kein Blut vergossen wird. Die gesamte Tätigkeit der Regierung war eine Reaktion auf diese realen Gefahren jener Zeit. Und es ist gelungen, sie zu vermeiden. Für irgendeine andere Aktivität fehlte uns die Kraft.

Jetzt bemüht sich unsere Regierung, die Initiative zu behalten und an der Spitze der gesellschaftlichen Bewegungen zu stehen. Aber dies gelingt nur in dem Maße, in dem wir die Wünsche der Menschen richtig verstehen. Die überwältigende Mehrheit des Volkes wünscht so schnell wie möglich die Vereinigung Deutschlands. Wichtig ist, dass in letzter Zeit das Verständnis für die Notwendigkeit gewachsen ist, dass dieser Prozess geordnet verläuft. Dies wird nicht gelingen, wenn der Einigungsprozess nicht in den Kontext des Aufbaus eines neuen europäischen Sicherheitssystems integriert ist.

Im Zusammenhang mit Ihren Bemerkungen über die Positionen von Kanzler Kohl kann man wohl sagen, dass er die Veränderungen der Zeit versteht. Die Prozesse verlaufen komplexer. In der programmatischen Erklärung der Regierung habe ich betont, dass der Einigungsprozess unter Beibehaltung und Respektierung der Würde und Eigenart der DDR verlaufen muss.[6] Ein Bestandteil unserer

[6] Vgl. Dokument Nr. 87, Anm. 17.

Eigenart ist auch die gesamte Geschichte unserer engen Beziehungen mit der Sowjetunion.

Leider verläuft der Einigungsprozess der beiden deutschen Staaten derzeit bedeutend schneller als der gesamteuropäische Prozess. Offensichtlich müssen wir gemeinsam mit Ihnen darüber nachdenken, wie man mit vereinten Kräften diese beiden Prozesse harmonisiert.

Unsere Regierung drückt ihren festen Willen aus, ein zuverlässiger und berechenbarer Partner zu sein.

Wir fühlen uns etwas unsicher, weil die Interessen der Sowjetunion auf verschiedene Weise dargestellt werden. Deshalb wäre es für uns sehr interessant, in diesem Gespräch Wege des Zusammenwirkens festzulegen und klar zu vereinbaren, wie die gegenseitigen Positionen zu berücksichtigen sind.

Für uns ist die Erhaltung und Erweiterung der Wirtschaftsbeziehungen mit der Sowjetunion von sehr großem Interesse. Der Übergang zu neuen Formen der Wirtschaftsführung ist mit großen Schwierigkeiten verbunden. Für uns ist sehr wichtig, zuverlässige Partner und Kunden auf sowjetischer Seite zu haben.

Derzeit stellen 35% aller im Produktionsbereich Beschäftigten Erzeugnisse für die Sowjetunion her. Sie sehen, welch ein großer Anteil das ist. Wir brauchen Unterstützung von Ihrer Seite, da unter den Bedingungen eines vereinten Deutschland sein westlicher Teil ein sehr starker Konkurrent für uns sein wird, was sich auf die soziale Stabilität Ostdeutschlands auswirken könnte.

Es erhebt sich auch die Frage der rechtlichen Garantien der wirtschaftlichen und anderer Interessen bei der Vereinigung der beiden deutschen Staaten.

Wir gehen davon aus, dass mit der Bildung von fünf Ländern auf dem jetzigen Territorium die Interessen der Bevölkerung besser geschützt werden.[7]

Wichtig ist es, schon jetzt die Möglichkeit trilateraler Gespräche, das heißt unter Berücksichtigung der BRD, insbesondere zu Wirtschaftsfragen zu vereinbaren.

M. S. Gorbačev: Auch ich bin dafür, dass sich unsere Beziehungen normal und zum gegenseitigen großen Nutzen entwickeln mit realen Vorteilen sowohl für Deutschland als auch für die Sowjetunion.

Über alles dies habe ich mehrfach mit Kanzler Kohl gesprochen. Und er stimmt so schnell zu, drückt sein volles Verständnis dafür aus und erklärt sich zu äußerst konstruktiver Zusammenarbeit bereit, dass ich sogar beginne, an seinen Worten zu zweifeln, um so mehr, als diese Worte häufig mit den realen Taten nicht übereinstimmen.[8]

Ihre Bemerkungen über die Zweckmäßigkeit einer Zusammenarbeit im Dreieck BRD–DDR–UdSSR verdient auf allen Ebenen Aufmerksamkeit. Es ist besonders wichtig, dies jetzt im Prozess der „2+4“-Gespräche nicht zu vergessen.

[7] Wiedergründung der ostdeutschen Länder zum 3. (ursprünglich 14.) 10. 1990 mit dem Verfassungsgesetz zur Bildung von Ländern in der DDR vom 22. 7. 1990, GBl. 1990 I, S. 955.

[8] Bei von Plato, Vereinigung, S. 319 heißt es hier ohne genaue Zuordnung der Passage zum Gesprächsverlauf: „Ein solches Dreieck habe ich bereits bei meinem ersten Gespräch mit Kohl am Telefon erwähnt. Ich unterstrich, dass die Einigung Deutschlands eine wichtige Konstante in der Weltpolitik ist. Das muss man möglichst gut und genau verstehen. Bei solchen Fragen darf man sich nicht wie der Elefant im Porzellanladen aufführen.“

Mit der Zeit wird dieses Dreieck wahrscheinlich seine Ecken verlieren und sich in eine Linie – mag sie auch ein klein wenig krumm sein –[,] in einen breiten Weg verwandeln, einen Weg der fruchtbaren sowjetisch-deutschen Zusammenarbeit zum beiderseitigen Nutzen. Auf diese Weise haben wir etwas, was im Rahmen des Dreiecks zu erörtern ist.

Jetzt, da Sie die Idee einer deutschen Währungs- und Sozialunion erörtern,[9] ist es Ihnen natürlich wichtig, die sozialen Interessen der Bevölkerung der DDR zu schützen und sich darum zu kümmern, dass die Menschen nicht anfangen, schlechter zu leben.[10]

Ich denke, es wird im Interesse eines vereinten Deutschland sein, auch jene gewaltigen realen Verbindungen in Wirtschaft, Wissenschaft und Technik zu erhalten, die in den Jahrzehnten der Zusammenarbeit zwischen Sowjetunion und DDR entstanden sind. Dies ist einer der wichtigen Gründe dafür, warum es unerlässlich ist, sich gut um die Verrechnung unter den neuen Bedingungen zu kümmern, wenn die Währungsunion zu wirken beginnt. Es ist wichtig in ökonomischer Hinsicht auch über die Frage der Versorgung der Gruppe der sowjetischen Streitkräfte in der DDR nachzudenken. Ich spreche jetzt nicht die politische Seite dieser Frage an.

Aus den Gesprächen mit Helmut Kohl geht hervor, dass er versteht, wie wichtig es ist, den Markt zu erhalten, der durch die Wirtschaftsbeziehungen zwischen der Sowjetunion und der DDR entstanden ist. Aber es geht natürlich nicht nur darum, dass er diese Frage versteht. Die Erhaltung dieses Marktes ist vor allem ein Erfordernis der Wirtschaft, die selbst den Politikern diktiert, was sie will. Und hier muss man Realist sein. Bei der Beschäftigung mit der Wirtschaft darf man nicht in die ideologische Falle geraten. Sonst kann man viel verlieren.

Bereits in den nächsten Monaten muss man die prinzipiellen und praktischen wirtschaftlichen Fragen im Rahmen des Dreiecks entscheiden. Das ist eine dringende Angelegenheit.

Wir werden dauerhaft mit Ihnen zusammenarbeiten. Und im Verlaufe der Gespräche der „Sechs“ werden wir keinerlei Vernachlässigung weder der Interessen der Sowjetunion noch derjenigen der DDR, von welcher Seite auch immer, zulassen. Familiarität ist generell unerwünscht, aber in solchen Fragen wie den Beziehungen zwischen den Staaten, den Völkern, ist sie einfach unzulässig. Ich glaube, dass Kanzler Kohl sich verständnisvoll gegenüber unserer Zusammenarbeit mit Ihnen verhalten muss. Er hofft auf die volle Unterstützung seitens der drei Westmächte. Aber er weiß nicht alles über deren Positionen. Die Unterstützung von deren Seite ist nicht so eindeutig, wie es ihm scheint. Ich weiß darüber Bescheid.

Nichtsdestoweniger, die wesentliche Unterstützung wird vonseiten der Amerikaner kommen. Sie wollen die BRD enger an sich binden, weil sie eine westeuro-

[9] Vgl. in diesem Kontext auch sowjetische non-paper vom 18./19. 4. 1990, in: Texte zur Deutschlandpolitik, Reihe III, Band 8a, S. 161 ff.; Deutsche Einheit, Sonderedition, S. 1023 f., dazu Analyse Duisberg, S. 1024 f. sowie das Gespräch Kohls mit Kvicinskij am 23. 4. 1990, ebd., S. 1026–1030.

[10] Vgl. Vertrag über die Schaffung einer Währungs-, Wirtschafts- und Sozialunion zwischen der Bundesrepublik Deutschland und der Deutschen Demokratischen Republik vom 18. 5. 1990, u. a. in: Texte zur Deutschlandpolitik, Reihe III, Band 8a, S. 215–287.

päische und noch mehr eine gesamteuropäische Integration – vom Atlantik bis zum Ural – befürchten.

Unsere Perestrojka hat in gewissem Maße die Besorgnis der Westeuropäer um ihre Sicherheit abgeschwächt und ihnen im Gegenteil eine reale und hinreichend attraktive Perspektive für eine gesamteuropäische Zusammenarbeit aufgezeigt. Die Amerikaner sind besonders wachsam gegenüber der Möglichkeit einer deutsch-sowjetischen Annäherung, gegenüber der Aussicht, dass neue wirtschaftliche Konkurrenten auftauchen könnten. Sie sind bestrebt, ihre Präsenz in Europa zu festigen und geben zu verstehen, dass diese unbedingt nötig sei, weil es auf dem Kontinent unruhig ist. Auf diese Weise werden politische, militärische und wirtschaftliche Spitzen geklöppelt.

Auch die Westeuropäer möchten die Vereinigung der Potentiale Deutschlands und der Sowjetunion nicht allzu sehr. Aber selbstverständlich wollen wir ihnen keine Angst einflößen. Wir haben die Absicht, uns immer mehr so zu fühlen und zu verhalten, wie es Europäern geziemt.

L. de Maizière: Ich teile in vielem Ihre Ansichten. Das Ziel, ein gesamteuropäisches Haus zu errichten, schließt nicht aus, dass zwei Länder darin besondere Beziehungen zueinander unterhalten. Wenn man sich die Geschichte Deutschlands anschaut, dann besagt sie, dass es den Deutschen stets dann gut ging, wenn sie gute Beziehungen zu Russland unterhielten.

M. S. Gorbačev: Und im Prinzip hat auch Europa davon profitiert.

L. de Maizière: Natürlich, wenn ich von der Wichtigkeit der Beziehungen zwischen Deutschland und Russland spreche, muss man auch die Interessen Polens und anderer Länder in Betracht ziehen. Es hat auch Zeiten gegeben, in denen die Beziehungen zwischen unseren beiden Ländern gut waren, es den anderen Ländern aber ziemlich schlecht ging.

Ich bin überzeugt von der Notwendigkeit eines europäischen Sicherheitssystems, aus dem man natürlich die Amerikaner nicht ausschließen darf, denn ohne ihre Beteiligung gäbe es keine internationale Stabilität. Ich spreche noch nicht einmal davon, dass es ohne sowjetisch-amerikanische Zusammenarbeit unmöglich ist, ein so wichtiges Problem wie die Reduzierung der Kernwaffen zu lösen. Deshalb erwarten wir mit großem Interesse und mit Hoffnung Ihr Treffen im Mai in den USA.[11]

Was unsere Gespräche mit der BRD über die Währungs- und Sozialunion angeht, so wird der Rahmen der möglichen gemeinsamen Aktionen von zwei Momenten bestimmt. Einerseits ist die BRD bereit, unsere Interessen in Betracht zu ziehen, obwohl die westdeutschen Bürger dafür nicht zu viel zahlen möchten. Andererseits erwarten die Bürger der DDR, schnell die westdeutsche Mark zu bekommen. Und wenn sich ihre Erwartungen nicht erfüllen, dann wird sich die Flucht in den Westen erneut verstärken. Wir hatten Tage, an denen mehr als 3000 unserer Bürger weggegangen sind, hauptsächlich junge, qualifizierte Arbeiter. Derzeit beträgt der Weggang ungefähr 1000 Personen pro Woche. Im Ergebnis verschlechtert sich die Alterspyramide unserer Bevölkerung. Dies schafft Spannungen. Die Menschen bei uns sehen jetzt in erster Linie die westdeutsche Mark

[11] Dokument Nr. 96.

und nehmen die sich dahinter verbergenden Gefahren für die Lage unserer Unternehmen und für ihre eigene soziale Situation gar nicht wahr.

Wir empfinden allerdings auch einen gewissen Optimismus dadurch, dass wir wissen: In der BRD ist man nicht an einer krassen Verschlechterung der Lage in der DDR interessiert, da sich dies sofort negativ auch auf die BRD selbst auswirken würde.

M. S. Gorbačev: Dies alles spricht dafür, dass man realistisch an alle Aspekte des Vereinigungsprozesses herangehen muss.

L. de Maizière: Auf der Sitzung des RGW in Sofia im Januar dieses Jahres schlug die Sowjetunion vor, zur Verrechnung in SKV bei Weltmarktpreisen überzugehen.[12] Die DDR hat bekanntlich darum gebeten, das derzeitige Verrechnungsverfahren beizubehalten. Gestern im Gespräch mit Herrn Ryžkov haben wir über die Formen gesprochen, mit denen wir den Übergang zur Verrechnung in SKV vorbereiten können. Ich meine, dass es nötig ist, sich auch über die Aufwendungen für die sowjetische Gruppe der Streitkräfte zu verständigen. Derartige Ausgaben werden im Laufe der Gespräche mit der BRD über eine Währungs- und Sozialunion in Betracht gezogen. Sie finden in unseren Erwägungen dazu Gehör.

M. S. Gorbačev: Ich habe Kohl darauf aufmerksam gemacht. Der Kanzler sagte, er sei an der Aufrechterhaltung der Wirtschaftsbeziehungen, die derzeit zwischen DDR und Sowjetunion bestehen, interessiert und dass diese Beziehungen sogar dynamischer sein werden. Die gute Kenntnis des sowjetischen Marktes durch die Vertreter der DDR sei ebenfalls ein Plus, das ganz Deutschland helfen würde, auf dem sowjetischen Markt erfolgreicher zu sein .

L. de Maizière: Ja, die guten Beziehungen zur Sowjetunion sind unser Vorteil.

M. S. Gorbačev: Als ich vor Kurzem in Sverdlovsk[13] in einem der Rüstungsbetriebe war, erfuhr ich, dass dort bereits eine Zusammenarbeit mit der westdeutschen Gesellschaft „Philips"[14] angebahnt wurde. Ungefähr vor einem Jahr gab es das nämlich noch nicht. Jetzt, da die Westdeutschen unsere Möglichkeiten erkannt und schätzen gelernt haben, geht es mit der Zusammenarbeit schneller. Bereits in zwei Jahren wird die gemeinsame Produktion auf allen Märkten der Welt konkurrieren können. Aber die Spezialisten der DDR kennen ja nicht ein oder zwei unserer Betriebe, sondern praktisch das ganze Land.

Ich denke, die Probleme, die unsere bilateralen Beziehungen betreffen, haben Sie bereits mit Ryžkov erörtert und werden Sie noch mit ihm erörtern.

Ich möchte Ihre Aufmerksamkeit auf einige außenpolitische Aspekte lenken, die von prinzipieller Bedeutung sind. In der Tat, wie Sie angemerkt haben, entwickeln sich der gesamteuropäische Prozess und die Vereinigung Deutschlands mit unterschiedlicher Geschwindigkeit. Und wir müssen gemeinsam überlegen, wie dies zu korrigieren ist. Die Vereinigung muss gut in den gesamteuropäischen Prozess eingefügt werden. Dies muss Gegenstand eines ernsthaften Gesprächs auch bei den Begegnungen der „Sechs" werden. Es ist unerlässlich, sich auf neue Sicherheitsstrukturen in Europa zuzubewegen. Wenn dies nicht in Dokumenten fest-

[12] Vgl. Dokument Nr. 67, Anm. 12.
[13] Seit 1991 wieder Ekaterinburg.
[14] Die (bis 1991) N. V. Philips' Gloeilampenfabrieken ist ein niederländisches Unternehmen mit Sitz (bis 1997) in Eindhoven, mit div. Tochterunternehmen in Deutschland.

gehalten wird, können viele unterschiedliche Lesarten und praktische Widersprüche entstehen.

An unsere westlichen Partner tragen wir diesen Gedanken bereits heran. Bei allen Fragen der Vereinigung Deutschlands, die die Sicherheit berühren, werden wir sehr anspruchsvoll sein, so wie alle: nicht mehr und nicht weniger.

Sie haben recht, ohne eine Beteiligung der USA in wichtigen internationalen Angelegenheiten kommt nichts zustande. Das ist seit langem unsere Forderung. Deshalb schenken wir den Beziehungen mit den Amerikanern so viel Aufmerksamkeit. Wir arbeiten mit ihnen bei der Erörterung der regionalen Konflikte zusammen. Und versuchen, bei ihrer Beilegung zu kooperieren. Umso mehr ist eine aktive Beteiligung der USA in der neuen Phase der gesamteuropäischen Zusammenarbeit und bei der Schaffung eines neuen gesamteuropäischen Sicherheitssystems unerlässlich. Ohne die Amerikaner in diese Angelegenheit einzubeziehen, können wir kein gesamteuropäisches Haus und noch nicht einmal eine gesamteuropäische Garage errichten. Wenn wir anfangen, sie zu isolieren, dann würden alle wieder Schutzbunker bauen müssen. Die Amerikaner spüren das. Deshalb muss man mit ihnen auch in der Frage der Vereinigung Deutschlands zusammenarbeiten. In einem meiner Telefongespräche mit Bush versuchte er, mich zu überzeugen, dass die Sowjetunion sich über eine Einbeziehung des vereinten Deutschland in die NATO insofern keine Sorgen machen müsse, als die Deutschen in West und Ost sich geändert hätten. Mit den gleichen Argumenten machte ich als Antwort darauf einen Alternativvorschlag – die Aufnahme des vereinten Deutschland in den Warschauer Pakt. Dieser Vorschlag brachte Bush in Verlegenheit.[15] Die Vereinigung Deutschlands schafft reale, komplizierte Probleme, die im Hinblick auf die Sicherheitsinteressen vor allem sämtlicher Nachbarn Deutschlands und aller am gesamteuropäischen Prozess beteiligten Staaten, gelöst werden müssen.

Wenn man versucht, uns davon zu überzeugen, dass die Einbeziehung des vereinten Deutschland in die NATO uns angeblich in keiner Weise bedroht, dann möchte ich sagen: Es ist nicht nötig, uns zu überzeugen; dies ist kein Kindergarten und wir reden nicht über Spielsachen, sondern über eine so ernste Angelegenheit wie Sicherheit. Wir denken viel darüber nach, wie die Vereinigung Deutschlands mit soliden Sicherheitsgarantien zu vereinbaren ist. Wir kommen zu dem Schluss, dass man rascher eine europäische Sicherheitsstruktur schaffen muss. Und es ist gründlich zu überlegen, wie die Übergangsphase bis zu ihrer Schaffung aussehen soll. Vielleicht sollte man in diesem Zusammenhang mit der Möglichkeit einer doppelten Mitgliedschaft des vereinten Deutschland sowohl in der NATO als auch im Warschauer Pakt rechnen. Einige lehnen von vornherein eine solche Symbiose oder Mischstruktur ab, aber, ich wiederhole, man muss in Ruhe alle Möglichkeiten und Varianten abwägen. Bisher ist für uns das Folgende völlig klar: Die in der DDR befindlichen sowjetischen Streitkräfte müssen dort bleiben und normale Bedingungen für ihren Aufenthalt haben.

Versuche, einseitige militärstrategische Vorteile auf unsere Kosten zu erlangen, werden wir entschieden zurückweisen. Sämtliche unausgewogenen, einseitigen Schritte, die zu einer Beeinträchtigung unserer Interessen führen, stellen uns vor

[15] Dokument Nr. 79.

die Notwendigkeit, die gesamte strategische Lage aus diesem Blickwinkel heraus zu überprüfen. Natürlich erhebt sich auch die Frage des Fortgangs der Wiener und aller übrigen Abrüstungsgespräche. Ich möchte jetzt dieses Thema nicht vertiefen; ich will nur seine Ernsthaftigkeit hervorheben.

L. de Maizière: Ich stimme zu, dass sich in der Tat eine Reihe sehr ernster Fragen erhebt. Wenn das vereinte Deutschland als Ganzes in die NATO integriert wird, dann würde dies die Verneinung dessen bedeuten, dass die DDR ein Faktor der Stabilität und der Sicherheit im Zentrum Europas war. Andererseits könnte eine reine Fixierung der derzeitigen Lage ohne Berücksichtigung der Veränderungen, die mit der Vereinigung Deutschlands verbunden sind, zu einer Instabilität bei uns führen. Und dies würde gleichfalls nicht zur Lösung des Problems führen.

Unsere Position besteht darin, dass wir es nicht als obligatorisch ansehen, die Mitgliedschaft des vereinten Deutschland in der NATO zu verankern. Wir sind für eine Politik, die sich auf eine Auflösung der Blöcke, natürlich auch der NATO, zubewegt.

Ich möchte drei Aspekte einer solchen Entwicklung hervorheben. Erstens, eine Institutionalisierung des gesamteuropäischen Prozesses ist unumgänglich. Es könnte sich dabei um regelmäßige Treffen der Außenminister, der Verteidigungsminister und der Befehlshaber der Streitkräfte aller Teilnehmerstaaten handeln. Die Schaffung eines multilateralen Organs zur Beilegung strittiger Fragen stellt sich als zweckmäßig dar. Es sind Modelle zur Überprüfung der die Abrüstung und militärische Entspannung betreffenden Vereinbarungen vorzusehen. Zweitens ist es erforderlich, den Wiener Gesprächen neuen Impuls zu verleihen. Es beunruhigt uns, dass sie nicht vom Fleck kommen. Auf Wien-1 müssen Wien-2 und ein Gipfeltreffen folgen.[16]

Drittens, wir sind für eine Veränderung der Struktur und Strategie der NATO. Und derartige Veränderungen dürfen nicht nur angekündigt, sondern müssen auch in die Praxis umgesetzt werden. Der Charakter der NATO selbst muss sich zugunsten der politischen gegenüber der militärischen Zusammenarbeit verändern.

Die Koalitionsvereinbarung zwischen den Parteien, die unserer Regierung angehören, sieht die Möglichkeit des Beitritts des vereinten Deutschland zur NATO in einer Weise vor, die für die Nachbarn und die anderen europäischen Staaten akzeptabel wäre.[17]

Man hat dabei im Sinn, dass die NATO ihren Charakter ändern würde. Außerdem sind besondere militärische Verhältnisse für das Territorium vorgesehen, das heute die DDR bildet. Auf diesem Territorium dürfen sich keine Streitkräfte der NATO befinden und die Streitkräfte, die heute die Volksarmee der DDR darstellen, müssen in technischer Hinsicht mit den militärischen Strukturen des Warschauer Paktes verbunden sein, in keinem Fall aber werden sie mit den militärischen Strukturen der NATO verknüpft sein. Andernfalls würde sich der östliche Teil Deutschlands in ein Angriffsziel verwandeln. Und da das Territorium der

[16] Vgl. Dokumente Nr. 61, Anm. 10 und Nr. 84, Anm. 12.
[17] Vgl. Dokument Nr. 87, Anm. 12.

DDR sehr dicht besiedelt und dort zahlreiche Industrieobjekte vorhanden sind, ist seine Verteidigung äußerst schwierig.

Ich kehre zum Ausgangspunkt unseres Gesprächs zurück und möchte hervorheben, dass eine genaue Festlegung Ihrer Haltung in Bezug auf den Prozess der Vereinigung Deutschlands sowohl mein Verständnis als auch meine Handlungen im Zusammenhang mit diesem Prozess erleichtern würde. Und gerade Letzteres ist für uns sehr wichtig, weil wir jetzt verpflichtet sind, sehr aktiv und zielstrebig zu handeln. Andernfalls wird die Geschichte uns bestrafen.

M. S. Gorbačev: Wir spielen bei uns hier viele Varianten möglicher Positionen durch, deren Einnahme bei der ersten Sitzung der „Sechs“ zweckmäßig wäre.[18] Doch das Wesentliche unseres Vorgehens ist generell so, wie ich es Ihnen beschrieben habe.

Der Verlauf des deutschen Einigungsprozesses wirft die Frage nach einer beschleunigten Schaffung gesamteuropäischer Sicherheitsstrukturen auf. Das ist das Erste. Zweitens: Wir können uns nicht vorstellen, dass ein vereintes Deutschland vollständig in die NATO integriert wird.

L. de Maizière: Wir können uns das auch nicht vorstellen.

M. S. Gorbačev: Drittens. Wir treten dafür ein, dass die Inhalte der Tätigkeit sowohl des Warschauer Paktes als auch der NATO sich entsprechend den Veränderungen, die sich in Osteuropa bereits vollzogen haben und noch vollziehen, ändern.

Wir sind berechtigt, der NATO jene Fragen vorzulegen, über die wir gesprochen haben: sowohl über die Annahme der Verteidigungsdoktrin als auch über eine Veränderung der Struktur und Ausrichtung dieses Bündnisses. Dies umso mehr, als sich im Warschauer Pakt diese Veränderungen bereits vollziehen. In diesem Zusammenhang musste ich bereits Kritik an den Amerikanern und den Westeuropäern üben, die im Wesentlichen die Militärdoktrin der NATO ohne Veränderungen aufrecht erhalten, wovon, trotz allerlei Erklärungen, der Charakter der Manöver zeugt, die sie durchführen.

Wir erörtern ebenfalls die Zweckmäßigkeit von Kontakten zwischen NATO und Warschauer Pakt und der Schaffung gesamteuropäischer Mechanismen, die die Ereignisse in Europa kalkulierbar machen würden, das heißt ungefähr jenen Komplex an Maßnahmen, über den auch Sie gesprochen haben. Demgemäß kann man die Übergangsphase zur Schaffung neuer europäischer Sicherheitsstrukturen in Umrissen etwa folgendermaßen beschreiben: Veränderung der Doktrin, Struktur und Ausrichtung der Tätigkeit von Warschauer Pakt und NATO mit Betonung nicht der militärischen, sondern der politischen Aspekte ihrer Aktivitäten.

[**L. De Maizière:** Herr Präsident, wir sind einverstanden damit, dass die Veränderungen in der NATO nicht nur verbal bleiben sollen, sondern real und dementsprechend zu fixieren sind. Das jetzige Modell der NATO ist nicht das einzig mögliche, gerade in dem Licht, dass die Organisation des Warschauer Paktes als Resultat der letzten Ereignisse in Osteuropa ihren eigentlichen Charakter verändert hat. Wir wissen, wie man sich zum Warschauer Pakt in Ungarn und in der

[18] Sitzung am 5. 5. 1990 in Bonn, Verlauf zusammengefasst in der Unterrichtung von Hartmann, in Deutsche Einheit, Sonderedition, S. 1090–1094.

Tschechoslowakei verhält.[19] Man muss realistisch die Veränderungen beurteilen, und alle sollten daraus eine Lehre ziehen. Unsere Jugend will lieber überhaupt nicht in der Armee dienen oder nur unter dem Vorbehalt einer Reihe von Bedingungen und Forderungen. Unsere Grenze ist faktisch offen, und es gibt keine Möglichkeit sie zu schließen.

M. S. Gorbačev: Dann sind also Ihre jungen Leute schon bereit, in der Bundeswehr zu dienen?

L. de Maizière: Nein, das ist nicht so.

M. S. Gorbačev: Ich denke, es wäre Ausdruck eines ungemeinen Optimismus, die reale Möglichkeit zuzulassen, dass im vereinten Deutschland zwei verschieden orientierte Armeen existieren, eine nach dem NATO-Prinzip und eine nach dem Prinzip des Warschauer Paktes. Umso mehr, da die jetzigen Regierungen der BRD und DDR von einer neuen abgelöst werden, einer einzigen Regierung, und diese wird sich natürlich auf einen einzigen Staatsapparat stützen und auch auf eine einzige Armee. Etwas anderes kann man sich auch nur schwer vorstellen.][20]

Es ist bezeichnend, dass die Gespräche über eine Einbeziehung eines vereinten Deutschland in die NATO ergänzt werden durch allerlei Vorschläge über den Verbleib der sowjetischen Streitkräfte für eine gewisse Zeit auf dem derzeitigen Territorium der DDR. Derartige Vorschläge bezeugen die Befürchtungen, dass die Sowjetunion die Einbeziehung eines vereinten Deutschland in die NATO nicht akzeptieren werde.

Unsere westlichen Gesprächspartner können offenbar nicht umhin zu berücksichtigen, dass ein zu offenkundiges Beharren auf einseitigen Vorteilen uns dazu bringen kann, den Warschauer Pakt aufzulösen und die sowjetischen Streitkräfte vollständig an die Grenzen unseres eigenen Territoriums zurückzuziehen. Dann sehen sich die Führer der NATO gezwungen, der Bevölkerung ihrer Länder zu erklären, warum dieser Block überhaupt nötig ist.

Es ist wichtig, dass unsere Positionen in prinzipiellen Fragen mit den Ihren nah beieinander liegen. Ich denke, dass es in der ersten Phase der Gespräche der „Sechs" nicht nötig ist, in alle Details der Probleme zu gehen. Man sollte sich anschauen, wie die Prozesse verlaufen. Wichtig aber ist, in vollem Umfange die vorhandenen Möglichkeiten zu nutzen, um unsere Positionen in allen Fragen zu verstärken und koordiniert voranzubringen. Natürlich muss man insgesamt konstruktiv handeln und jene extremen Schritte, die ich erwähnt habe, werden nur dann erforderlich, wenn unsere Sicherheitsinteressen offensichtlich berührt werden.

Ich glaube, der Gesprächsverlauf wird nicht einfach sein. Für uns ist die Berufung auf Artikel 23 des Grundgesetzes der BRD als Grundlage für eine deutsche Vereinigung unannehmbar.[21] Wir sind der Meinung, dass diesem Ziel ein Friedensvertrag entsprechen würde.

Eine realistische Vorgehensweise könnte nur darin bestehen, bestimmte Grenzen bei den Militärausgaben, der Zahl der Streitkräfte und der Art ihrer Aktivitä-

[19] Vgl. Dokument Nr. 67, Anm. 13.
[20] Die gesamte Passage nach von Plato, Vereinigung, S. 324 f. Auslassung in der Vorlage nicht kenntlich gemacht.
[21] Vgl. Dokument Nr. 82, Anm. 2.

ten im Ostteil Deutschlands festzusetzen. Ich spreche derzeit noch nicht die Frage des Schicksals der sowjetischen Streitkräfte an; dies ist eine besondere Frage, die in anderen Zusammenhängen erörtert werden muss. Aber ich wiederhole: Wir beide können als sehr große Optimisten gelten, wenn wir davon ausgehen, dass in einem vereinigten Deutschland sozusagen zwei Typen von unterschiedlich orientierten Streitkräften koexistieren werden. Allein die Logik der politischen Entwicklung im vereinten Deutschland wird ja bereits nicht mehr so sein wie heute.

L. de Maizière: Bis zum gegenwärtigen Augenblick haben wir keinerlei endgültige Vorschläge vorgelegt. Wir sind bis jetzt bestrebt, Kompromisslösungen zu finden und gehen davon aus, dass man über diese Lösungen gemeinsam nachdenken muss.

M. S. Gorbačev: Ich halte Ihre Überlegung für sehr wichtig. Ich glaube, dass der heutige Meinungsaustausch mit Ihnen bereits ausreichend Material für die erste Sitzungsrunde der „Sechs" ergibt. Was die Einzelheiten angeht, so kann man später auf sie zurückkommen.

L. de Maizière: Ich möchte noch zwei Aspekte des Problems ansprechen.

Sie, Herr Präsident, haben sich kritisch hinsichtlich der Möglichkeit einer Vereinigung Deutschlands auf der Grundlage des Artikels 23 des Grundgesetzes der BRD geäußert. Wir beurteilen diese Lage anders. In unserem Wahlkampf haben wir diesen Weg zur Vereinigung offen bevorzugt und haben dafür das Mandat unserer Wähler erhalten. Wir halten diesen Weg für möglich und gerechtfertigt, da er nach unserer Meinung zu einer Veränderung des Grundgesetzes und im Endeffekt zum Wegfall von Artikel 23 führen muss. Dies wird zeigen, dass das vereinte Deutschland keinerlei territoriale Ansprüche hat.

Überhaupt glaube ich, dass die Diskussion darüber, welchem Artikel – Artikel 23 oder 146 – wir bei der Vereinigung den Vorzug geben, eher ein Streit ist, der die Juristen beschäftigt, als dass er das Wesen der Sache bestimmt.[22] Wir meinen, die Hauptsache ist, wie das vereinte Deutschland aussehen wird und nicht, auf welchem Wege es zustande kommt. Wir denken auch an die Möglichkeit von Gesprächen zwischen der DDR und der BRD, wie dies zum Beispiel jetzt beim Abschluss der Währungs- und Sozialunion erfolgt. Somit glauben wir, dass die Möglichkeit für paritätische Gespräche zwischen den Regierungen weiterhin offen bleibt.

M. S. Gorbačev: Ich möchte, dass Sie unsere Kritik an Artikel 23 des Grundgesetzes nicht als Versuch auffassen, den Prozess der Vereinigung Deutschlands zu verlangsamen. So ist es nicht. Wir gehen von prinzipiellen Vorstellungen aus.

L. de Maizière: Unser Vorgehen zieht den Umstand in Betracht, dass, sagen wir, bei Durchführung eines Referendums die Chancen der DDR – in der 16 Millionen Bürger leben – einen Erfolg zu erreichen, nicht sehr groß sind. Es ist für uns schwierig, 60 Millionen westdeutsche Bürger davon zu überzeugen, dass sie

[22] Art. 23 fiel mit dem Einigungsvertragsgesetz vom 23. 09. 1990 weg, die Neufassung seit 1992 betrifft die Europäische Union. Art. 146 GG sah vor, dass das GG „seine Gültigkeit an dem Tage, an dem eine Verfassung in Kraft tritt, die von dem deutschen Volke in freier Entscheidung beschlossen worden ist", verliert; der Artikel wurde mit demselben Gesetz geändert in: „Dieses Grundgesetz, das nach Vollendung der Einheit und Freiheit Deutschlands für das gesamte deutsche Volk gilt, verliert seine Gültigkeit an dem Tage, an dem eine Verfassung in Kraft tritt, die von dem deutschen Volke in freier Entscheidung beschlossen worden ist."

ihr Grundgesetz ändern müssen, unter dem sie, generell gesagt, recht gut gelebt haben.

M. S. Gorbačev: Ich glaube, es ist sehr wichtig, jegliche Doppeldeutigkeiten und Ungenauigkeiten in allem zu vermeiden, was die Interessen der Nachbarn Deutschlands und der anderen europäischen Staaten berührt. Schauen Sie, mit welcher Schärfe die Versuche Kohls aufgenommen werden, klaren Antworten auf die Forderung zum Beispiel der Polen hinsichtlich der endgültigen Anerkennung der Oder-Neiße-Grenze auszuweichen.

L. de Maizière: Wir wären naiv, wenn wir diese Schwierigkeiten nicht bemerken würden. Sie wissen, unsere Haltung ist in dieser Hinsicht ziemlich eindeutig. Die Volkskammer hat sich klar zur endgültigen Anerkennung dieser Grenze geäußert.[23] Ich glaube nicht, dass Kanzler Kohl sich aus außenpolitischen Gründen auf Artikel 23 des Grundgesetzes beruft. Eher erklärt sich sein Verhalten im gegebenen Fall mit innenpolitischen Ursachen, mit dem Druck des „Bundes der Vertriebenen" u. dgl.

M. S. Gorbačev: Wir haben nicht vor, uns in die innenpolitischen Probleme einzumischen. Dies ist selbstverständlich gänzlich eine Angelegenheit allein der deutschen Seiten. Was die außenpolitischen Aspekte der Vereinigung angeht, so werden wir streng darauf achten, dass die Rechte der Sowjetunion als einer der vier Siegermächte im Vergleich zu den Rechten der anderen drei nicht im Geringsten geschmälert werden.

Ich möchte daran erinnern, dass die Sowjetunion bei der Gründung der DDR zur Kenntnis genommen hat, dass die Bildung dieses Staates sämtliche Forderungen der Vereinbarungen von Potsdam berücksichtigt. Dies kann man vom Grundgesetz der BRD nicht sagen. Somit hat unsere kritische Haltung gegenüber Artikel 23 des Grundgesetzes der BRD eine reale Geschichte. Daran möchten wir erinnern. Ich glaube jedoch, dass es hier keine unüberwindbaren Hindernisse gibt. Ich hoffe, dass wir uns gemeinsam auf eine neue Lage zubewegen und in konstruktiver Weise handeln werden. Aber Sie müssen unsere Positionen kennen und verstehen. Wir waren niemals mit den Ansprüchen auf eine Anerkennung der Grenzen Deutschlands von 1937 einverstanden und werden es niemals sein, da dies allen politischen Ergebnissen des Zweiten Weltkrieges klar widerspricht.

L. de Maizière: Die Sache ist die, dass der Bezug auf die Grenzen von 1937 eine Bedeutung nur für die Bestimmung der Staatsbürgerschaft der BRD, aber nicht für territoriale Ansprüche hat. Ich musste mich speziell mit dem Studium dieses Problems befassen.

Im strengen juristischen Sinne erlaubt der Bezug auf die Grenzen von 1937 jenen Deutschen, die auf deutschem Territorium in den Grenzen jener Zeit lebten, Anspruch auf die deutsche Staatbürgerschaft zu erheben.

M. S. Gorbačev: Bei den unterschiedlichsten Auslegungen ruft der Bezug auf die Grenzen des Reiches von 1937 die Besorgnis der Nachbarn Deutschlands hervor. Und auch offizielle Vertreter der BRD erklären, dass eine endgültige Festlegung der Grenzen Deutschlands noch ausstehe.

[23] Gemeinsame Erklärung der Fraktionen der Volkskammer vom 12. 4. 1990 zur Verantwortung der Deutschen in der DDR gegenüber der Geschichte, hier Punkt 4, in: Europa-Archiv 45 (1990), S. D 242f.

L. de Maizière: Ich meine, dass die Juristen sich noch einmal den Dokumenten zuwenden und sie richtig interpretieren und erläutern müssen.[24]

M. S. Gorbačev: Sehen Sie, wenn man alles auf die verschiedenen Möglichkeiten der Auslegung reduziert, dann kommt ja auch eine solche Argumentation zustande. Die Führer der BRD treten für eine Vereinigung auf der Grundlage des Artikels 23 des Grundgesetzes ein. Dafür spricht sich auch die derzeitige Regierung der DDR aus. Aber wo ist die Garantie dafür, dass Deutschland nach erfolgter Vereinigung den Artikel aufgibt?

Eine der Garantien für eine gerechte Lösung des deutschen Problems sehen wir in der Anwendung der entsprechenden Prärogative der Vier Mächte.

L. de Maizière: Wir gehen davon aus, dass eine völkerrechtliche Lösung gefunden werden muss. Dazu kann man im Ergebnis der Gespräche der „Sechs" gelangen. Die entsprechenden Verträge könnte man bei der UNO deponieren, was ihnen große Stabilität verleihen würde.

Unser Block, der den Sieg bei den Wahlen in der DDR errungen hat, hat deshalb gewonnen, weil der Vorschlag der Vereinigung Deutschlands mittels Anwendung des Artikels 23 des Grundgesetzes der BRD dem Willen der Mehrheit der Bürger der DDR entsprach. Unter denen, die sich gegen die Anwendung von Artikel 23 ausgesprochen haben, waren hauptsächlich jene, die generell gegen eine Vereinigung Deutschlands sind.

Ich möchte Sie auf die Idee aufmerksam machen, in das System der Verträge, die mit der Vereinigung Deutschlands verbunden sind, auch einen Vertrag über Freundschaft und Zusammenarbeit mit der UdSSR aufzunehmen. Dies würde die Fortsetzung und Erweiterung unserer Zusammenarbeit mit der Sowjetunion garantieren.

M. S. Gorbačev: Sie denken an den Abschluss eines solchen Vertrags zwischen dem vereinten Deutschland und der UdSSR?

L. De Maizière: Ja, eine solche Überlegung besteht auch in der BRD und soweit mir bekannt ist, steht der Bundeskanzler dem positiv gegenüber. Auf diese Weise könnte man sehr viele Fragen beseitigen.[25]

M. S. Gorbačev: Ich glaube, dass der Abschluss einer Friedensregelung des deutschen Problems mit fundierten Dokumenten den vernünftigen und gerechten Ausgleich der Interessen festigen und auch alle Besorgnisse, einschließlich der mit Artikel 23 des Grundgesetzes verbundenen, beseitigen würde. Ein Dokument zur Friedensregelung, das auch die vier Siegermächte unterzeichnen und garantieren könnten, würde voll und ganz alle noch bestehenden Fragen beenden.

Ich möchte hervorheben, dass es unerlässlich ist, solche abschließenden Lösungen zu erreichen, die bei niemandem irgendwelche emotionalen Besorgnisse hervorrufen; im Gegenteil, sie würden die positiven Ergebnisse der gewaltigen gemeinsamen Arbeit zur Verbesserung der internationalen Beziehungen festigen und voranbringen, die über eine Reihe von Jahrzehnten alle europäischen Völker, darunter auch die Deutschen selbst, vollbracht haben. Dies gilt besonders für de-

[24] Vgl. Dokument Nr. 69, Anm. 3.
[25] Vgl. Dokument Nr. 102, Anm. 5.

ren neue Generation, die einen großen Beitrag zur Festigung des Friedens geleistet hat.

Das, was ich Ihnen zu Artikel 23 des Grundgesetzes gesagt habe, wird hoffentlich Ihren zusätzlichen Überlegungen dienlich sein. Sie denken darüber nach und wir denken noch weiter nach.

L. de Maizière: Die Hauptsache ist, sich nicht an diesem Artikel zu stoßen.

M. S. Gorbačev: Sie und ich tauschen jetzt offen unsere Meinungen aus und legen einander unsere Vorgehensweisen und Zweifel dar. Das ist sozusagen unser inneres Laboratorium, die Suche nach einem umfassenderen und tieferen Verständnis.

Ich glaube, wir brauchen so etwas wie eine Inventarisierung der Verträge und anderer gegenseitiger Verpflichtungen, die zwischen der UdSSR und der DDR wirksam sind, um festzulegen, welche davon im Zuge der Rechtsnachfolge vom vereinigten Deutschland übernommen werden könnten.

Ich denke, wir hatten heute ein gutes Gespräch zum beiderseitigen Nutzen. Es ist offenkundig, dass diese unsere Zusammenarbeit auf allen Ebenen fortgesetzt werden muss.

L. de Maizière: Ich danke Ihnen, Herr Präsident, für das heutige Gespräch. Es ist sehr wichtig für uns. Ich möchte diesen Dialog so bald wie möglich fortsetzen.

M. S. Gorbačev: Ich denke, jetzt müssen unsere Spezialisten in allen Fragen, die von gegenseitigem Interesse sind, sehr aktiv und sorgfältig zusammenarbeiten. Besonders wichtig sind die Fragen, die mit dem Problem der Währungsunion zusammenhängen. Ich wiederhole, dies sind unaufschiebbare Fragen. Und natürlich alle Bereiche, die mit den außenpolitischen Aspekten der Vereinigung Deutschlands zu tun haben.

Ich möchte Ihnen versichern, dass unsere Vertreter bereit sein werden, bei den bevorstehenden Treffen der „Sechs", ständig mit Ihnen zusammenzuarbeiten.

L. de Maizière: Ich glaube nicht, dass es erforderlich ist, alle Probleme, die wir heute mit Ihnen besprochen haben, im Rahmen der „Sechs" zu erörtern.

M. S. Gorbačev: Selbstverständlich. Heute hatten wir einen vertraulichen, bilateralen Dialog, der vor allen Dingen die Interessen unserer Beziehungen betroffen hat. Auf einer Sitzung der „Sechs", denke ich, muss über die Suche nach konstruktiven Lösungen gesprochen werden. Die Hauptsache ist: Die „Sechs" sollten ihre Arbeit so beenden, dass das Positive, das in Jahrzehnten geschaffen worden ist, nicht kaputt gemacht und nicht beschädigt wird, obgleich es natürlich nicht einfach sein wird, ein solches Ergebnis zu erreichen.

Es hat mich gefreut, Sie, Herr de Maizière, kennenzulernen. Sind wir uns nicht schon früher irgendwo begegnet?

L. de Maizière: Nein, leider nicht. Dies ist unsere erste Begegnung und ich bin mir ihr zufrieden.

M. S. Gorbačev: Wir sind für eine Fortsetzung und Ausweitung unserer Kontakte nach allen Richtungen, darunter auch mit den gesellschaftspolitischen Organisationen der DDR, mit der Christlich Demokratischen Partei, der Sie vorstehen, mit den Sozialdemokraten und mit der Partei des Demokratischen Sozialismus, an deren Spitze Gysi steht. Es scheint, Sie haben mit ihm im Anwaltskollegium zusammengearbeitet?

L. de Maizière: Er war Vorsitzender des Kollegiums, und ich stellvertretender Vorsitzender.

Eppelmann, mit dem Sie in Moskau zusammengetroffen sind, als Sie die Minister des Kabinetts von Hans Modrow empfangen haben,[26] hat mich gebeten, Ihnen, Herr Präsident, herzliche Grüße zu übermitteln.

M. S. Gorbačev: Ja, ich erinnere mich an ihn. Ich bitte Sie, meine Grüße und gute Wünsche allen unseren Freunden in der DDR zu übermitteln. Ich wünsche Ihnen Erfolg bei Ihrer Tätigkeit zum Wohle der Bürger der DDR an diesem außerordentlich verantwortungsvollen Wendepunkt in der deutschen und europäischen Geschichte.

Archiv der Gorbačev-Stiftung. Bestand 1, Verzeichnis 1.

Nr. 89
Memorandum Černjaevs vom 4. Mai 1990 für Gorbačev zur Deutschlandpolitik [Auszug][1]

Aus dem Memorandum A. S. Černjaevs für M. S. Gorbačev*

4. Mai 1990

Michail Sergeevič!

[...].[2] Wie Sie uns lehren, darf man nichts simplifizieren. Und dennoch unterscheidet sich die Politik dadurch von der Expertise, dass sie ein Problem auf das Wichtigste reduziert, das stets, in der Regel jedenfalls, einfach ist.

Es ist völlig offenkundig, dass Deutschland in der NATO sein wird. Und wir haben keinerlei wirkliche Hebel, um das zu verhindern. Dies ist genauso unausweichlich, wie zum Beispiel die Bildung der Russischen Kommunistischen Partei. Und wozu sollen wir auch in diesem Fall einen abfahrenden Zug einholen, zumal es schon offensichtlich ist, dass wir keine Möglichkeit haben, auf die Lokomotive aufzuspringen, aber, geb's Gott, irgendwo auf die Mitte des Zuges?

[26] Vgl. Dokument Nr. 80, Anm. 1.

[1] Zusammengefasst in Černjaev, Sovmestnyj ischod, S. 855, dt. vollständig in Tschernjaew, Mein deutsches Tagebuch, S. 255–258, je unter dem 5.5. Vgl. Tschernjaew, Die letzten Jahre, S. 297f., knappe Auszüge auch in Zelikow/Rice, Sternstunde, S. 342f. Zur Politbürositzung vgl. Černjaev, Sovmestnyj ischod, S. 854f.; Gorbatschow, Erinnerungen, S. 721; Tschernjaew, Die letzten Jahre, S. 297f. sowie Zelikow/Rice, Sternstunde, S. 341f.; Vorotnikov, A bylo, S. 426f. zitiert aus der Information Ševardnadzes: „Nach den Märzwahlen in der DDR ändert sich die Lage. Man muss mit der Realität rechnen. Das MID bereitet unsere Vorschläge vor, die auf der Sitzung der Minister der „Sechs" (4+2), eher schon (5+1) dargelegt werden." Zum Außenministertreffen vom 5. 5. 1990 die dt. interne Unterrichtung, Deutsche Einheit, Sonderedition, S. 1090–1094. Die Rede Ševardnadzes u.a. in Izvestija vom 7. 5. 1990, dt. Auszüge in Kaiser, Deutschlands, S. 212–217; Tschernjaew, Mein deutsches Tagebuch, S. 258.

[2] Gem. Tschernjaew, Mein deutsches Tagebuch, S. 255f. hier Resümee des Verlaufs der Politbürositzung am 3. 5. und Kritik an der mangelhaften Sachkenntnis der vier Beschlussfassenden, vgl. Anm. 3.

Wir müssen uns sowieso mit der Tatsache abfinden, dass Deutschland in der NATO verbleibt. Aber wenn wir jetzt „eisern stehen", dann wird das wie eine gewaltige Konzession, wie ein Rückzug aussehen. [...].[3]

Überlegungen darüber, dass im Ergebnis der Vereinigung Deutschlands und danach eines möglichen Beitritts Polens zur NATO die Grenzen des Blocks an die sowjetischen Grenzen heranrücken würden – dies stammt von gestern, dies ist die Strategie aus den Zeiten des Zweiten Weltkrieges und des „Kalten Krieges", als unsere eigene Sicherheit nicht nur in militärischer, sondern auch in sozialpolitischer Hinsicht gemessen wurde – über die Gemeinschaft. Und ob die Schützenpanzer und Haubitzen der Bundeswehr an der Oder-Neiße oder an der Elbe oder sonst wo stehen, dies ändert nicht die Situation in der globalen Militärstrategie. Diese Situation wird bestimmt durch das nukleare Gleichgewicht zwischen der UdSSR und den USA. Es ist nicht wichtig, ob es um 50%, 80% oder 90% gesenkt wird, aber es bleibt ein Gleichgewicht. Mehr noch: Die Sicherheit ist verbunden mit dem Prinzip der Unzulässigkeit der Vergeltung. Im Grunde wurde unsere nukleare Strategie auf diesem Prinzip errichtet, bis wir die Parität mit den USA erreicht hatten. Auf diesem Prinzip beruht die Nukleardoktrin Englands, Frankreichs und Chinas. Wie viele Streitkräfte von West und Ost und diverse übrige Waffen es in Europa derzeit gibt, beeinflusst nicht die tatsächliche Sicherheit der Sowjetunion (obwohl sich die internationale politische Lage bedeutend verändert). Unsere wirkliche Sicherheit wird in den sowjetisch-amerikanischen Gesprächen determiniert.

Sie sagen: Wenn man ganz Deutschland in die NATO aufnimmt, dann stoppen wir sowohl den Wiener Prozess als auch die Gespräche über die SNV.[4] Aber das wird beinahe der Todesstoß für unsere gesamte Politik des Neuen Denkens sein, zumindest aber ein ernsthafter Tiefschlag für sie. Ich sage gar nicht, dass es ein großes Geschenk für die Amerikaner ist, denen wir freie Hand geben für die Vervollständigung und die Verstärkung ihres Nuklearpotentials. Werte und Prioritäten, so scheint mir, sind hier einfach nicht vergleichbar. Selbst wenn das eine in der Politik unvermeidliche Erpressung ist, so ist sie doch sehr riskant, vor allem aus ökonomischer Sicht und vom Standpunkt der Bewahrung von Reserven für unsere innere Perestrojka.

Ich habe das Gefühl, dass es Ševardnadze nicht gelingen wird, sich auf dem Niveau der Direktiven zu halten, die er gestern bekommen hat. Und auch für die NATO-Leute wird es sehr schwierig sein, ihn zu verstehen. Es scheint, dass die UdSSR derzeit an der Unterstützung der Perestrojka seitens des Westens so interessiert ist wie nie zuvor. Es scheint, dass der Westen ihre relative Zurückhaltung in der litauischen Angelegenheit würdigen musste.[5] Es scheint, dass die Sowjetunion daran interessiert ist, ihren Glauben an die Realität des europäischen Prozesses zu bekräftigen, ihren Glauben daran, dass eine neue Ära anbricht, eine Ära des Ver-

[3] Gem. Tschernjaew, Mein deutsches Tagebuch, S. 256f. hier Befürwortung des „schweigenden Einverständnisses" zur Mitgliedschaft in der NATO.

[4] Vgl. Dokument Nr. 61, Anm. 10–11.

[5] Der Oberste Sowjet Litauens hatte am 11. 3. 1990 die litauische Unabhängigkeit erklärt, Moskau mit einer Wirtschaftsblockade reagiert. Nach Vermittlung u. a. von Kohl und Mitterand setzte Litauen am 29. 6. 1990 die Unabhängigkeit aus; vgl. deutsch-französische Konsultationen vom 26. 4. 1990, in: Deutsche Einheit, Sonderedition, S. 1056ff., hier S. 1056.

trauens, in der die Ängste vor einstigen Überfällen, Aggressionen, militärischen Eroberungen u. dgl. verschwinden. Und dafür gibt es objektive Voraussetzungen, über die Sie wiederholt öffentlich gesprochen haben.

Und plötzlich, ausgerechnet in diesem Moment, demonstrieren wir eiserne Unversöhnlichkeit auf der Grundlage von Argumenten, die vom Standpunkt des Neuen Denkens und einer neuen Militärdoktrin seltsam anmuten. Wozu müssen wir jetzt, in diesem schwierigen Moment der Perestrojka, die Beziehungen mit dem Westen komplizierter machen und zusätzliche Verdächtigungen und Spekulationen auslösen? ...[6]

P.S. Ich lege eine m. E. sehr ernsthafte Analyse der Perspektiven Europas und unserer möglichen dortigen Politik bei, die bei Žurkin im Europa-Institut angefertigt wurde.[7]

Hochachtungsvoll, als Berater in internationalen Angelegenheiten
A. Černjaev

* Das Memorandum wurde im Zusammenhang mit der Erörterung der deutschen Frage im Politbüro des ZK der KPdSU am 3. Mai 1990 verfasst.

Archiv der Gorbačev-Stiftung. Bestand 2, Verzeichnis 1.

Nr. 90
Gespräch Gorbačevs mit Kanzler-Berater Teltschik und den Vorsitzenden der Deutschen und Dresdner Bank, Kopper und Röller, am 14. Mai 1990 [Auszug][1]

Aus dem Gespräch M. S. Gorbačevs mit H. Teltschik

14. Mai 1990

(An dem Gespräch nahmen N. I. Ryžkov sowie die Vorstandsvorsitzenden der „Dresdner Bank", W. Röller, und der „Deutschen Bank", H. Kopper, teil.)[2]

M. S. Gorbačev: Ich begrüße Ihre Mission in Moskau, der wir eine besonders große Bedeutung beimessen. Sie hatten bereits ein ausführliches Gespräch mit Ryžkov und Ševardnadze.[3] Ich bin darüber informiert. Ich möchte ebenfalls ein paar Überlegungen äußern.

Die Situation ist klar. Aber wenn man sich in den allgemeinen Aspekten nicht zurechtfindet, kann man sich im Konkreten verheddern. Einige Bemerkungen zur

6 Zeichensetzung gem. Vorlage. Gem. Tschernjaew, Mein deutsches Tagebuch, S. 258 hier keine Auslassung.
7 Weder in der Vorlage noch in einer der in Anm. 1 genannten Überlieferungen enthalten.

1 Auszüge in von Plato, Vereinigung, S. 337–340 (einschließlich Erinnerungen); dt. Protokoll in Deutsche Einheit, Sonderedition, S. 1114–1118. Vgl. Teltschik, 329 Tage, S. 232–235; Kwizinskij, Vor dem Sturm, S. 29–31.
2 Gem. den Überlieferungen von Anm. 1 nahm auch Kvicinskij teil.
3 Hierzu Teltschik, 329 Tage, S. 230–232 sowie Kwizinskij, Vor dem Sturm, S. 25–29.

Lage bei uns im Land, darüber, was wir an der eigenen Erfahrung erproben, was wir, wie man so sagt, am Hals haben.

Vor allen Dingen muss man davon ausgehen, dass wir gewaltige Reserven haben, ein beeindruckendes materielles und intellektuelles Potential. Zweitens: Unsere Perestrojka – sie ist keine Propaganda, sondern Leben, das Kampf erfordert. Ihre neuen Formen überreicht uns niemand in einem Schälchen mit blauem Rand. Man muss sie mit Mühe einführen, unter Anspannung aller Kräfte, aller Ressourcen. Dabei sollte man natürlich auch die Möglichkeiten der Partner im Blick haben.

Zusammenarbeiten bedeutet nicht, in Abhängigkeit zu geraten, insbesondere in politischer Hinsicht. Für die Sowjetunion ist eine solche Abhängigkeit moralisch inakzeptabel. Entscheidungen treffen wir unabhängig, aber wir ziehen dabei in Betracht, dass alle Länder, alle Staaten in der Welt heute auf die eine oder andere Weise miteinander verbunden sind.

In diesem Bewusstsein verschließt sich die Sowjetunion nicht in sich selbst, schmort nicht im eigenen Saft, sondern tritt in Kontakt mit der sie umgebenden Welt und schließt Vereinbarungen, in erster Linie mit den entwickelten Staaten.

Wenn wir etwas nehmen, dann bezahlen wir dafür. Dies ist die Gewähr dafür, dass wir unsere Selbstständigkeit und Unabhängigkeit behalten. In der Welt müssen alle einander helfen, wir Ihnen, Sie uns. Man muss die Vorteile der internationalen Arbeitsteilung maximal nutzen.

Unsere heutige Lage ist gekennzeichnet durch den Eintritt der Perestrojka in eine entscheidende Phase ihrer Entwicklung. 1985 haben wir unsere Wahl getroffen. Seither sind fünf Jahre vergangen; wir haben es in dieser Zeit fertig gebracht, uns Beulen zu holen, aber wir haben viel gelernt. Glasnost' und Demokratie schlagen in unserer Gesellschaft immer tiefere Wurzeln. Zu einem unumkehrbaren Prozess wurde der Abbau des administrativen Kommandosystems. Wir führen diesen Prozess nicht instinktiv, sondern auf der Grundlage sorgfältig überprüfter politischer Prognosen.

Die vergangenen fünf Jahre waren eine Vorbereitungsphase, aber jetzt beginnt die Zeit entschlossener Maßnahmen. Die Regierung hat sie ausgearbeitet und in Kürze werden sie der Gesellschaft vorgestellt werden. Sie ist dafür reif. Ich denke dabei in erster Linie an die Einführung von marktwirtschaftlichen Verhältnissen bei uns im Lande. Das alte System haben wir von unten weggeschlagen, die Zahnräder haben sich getrennt, die Kupplung wurde unterbrochen, die Räder jedoch drehen sich weiter. Dies ist es, was uns bisher hindert, neue Mechanismen einzuführen, uns auf einem neuen Gleis zu bewegen; deshalb schlingert unsere Gesellschaft jetzt, gibt es den Faktor der Beunruhigung, Unentschlossenheit und Unsicherheit. Aber wir haben nicht die Absicht, auf halbem Wege stehen zu bleiben; wir werden alle Kräfte daransetzen, um diese äußerst schwierige Phase zu überwinden.

Ein neuer Vorstoß mit den für den Westen gewohnten, traditionellen Formen der Zusammenarbeit zeichnet sich ab. Dies ist unsere Wahl. Die Deutschen, die dafür berühmt sind, alles abzuwägen und zu berechnen, sollten dies im Auge behalten. Russland und Deutschland haben jahrhundertlange Erfahrung mit einer sehr weitreichenden Zusammenarbeit. Diese beiden Elemente könnte man vereinigen. So ist die Logik des Lebens.

Was macht die Übergangsperiode kompliziert? In erster Linie handelt es sich um einen Rückstand bei der Einführung neuer Formen der Wirtschaftsführung. Das Alte hält einfach stand, klebt, umrankt alles Neue, stört es bei Wachsen. Infolgedessen ist bei uns eine schwierige Lage in der Wirtschaft entstanden: der Markt ist uns eigentlich aus den Händen geglitten; die Aufgabe besteht darin, die „wilden" Gelder zu binden, die das Land überschwemmen.

Wir treten für Augenmaß ein, für eine Kürzung der Ausgaben, und wir führen ein neues Steuersystem ein. Aber schauen Sie, welche Rauferei sich im Obersten Sowjet der UdSSR bei der Erörterung des Gesetzentwurfs zur Besteuerung von Unternehmen abspielt. Auch das Bankensystem verlangt nach einer Veränderung. In den entwickelten Ländern beträgt sogar der Vorzugszins 6–7%, bei uns aber 1,5%. Schauen Sie, um wie viel großzügiger, edelmütiger wir sind als Sie. Dies alles muss sich ändern und eine breite und zugleich weitverzweigte Grundlage für die Herstellung von materiellen Gütern geschaffen werden, von Waren, auf die unsere Bevölkerung wartet.

Genau darauf zielt die von uns durchgeführte Wirtschaftsreform ab. Früher lag in unserer Wirtschaft der Fokus auf der Schwerindustrie und auf dem Verteidigungssektor. Jetzt öffnen wir die Wirtschaft in Richtung Lösung der sozialen Fragen und Herstellung von Waren des Massenkonsums. Natürlich wollen wir dies alles mit einem möglichst geringen Risiko tun. Und dafür brauchen wir Versicherungsmaßnahmen, eine Art Versicherungsfonds. Darunter verstehen wir einen Vorzugskredit von unseren westlichen Partnern. Er wird selbstverständlich zurückgezahlt; es besteht eine Grundlage, um die Verpflichtungen zu erfüllen, die wir auf uns genommen haben.

Ich nenne ein Beispiel. Unlängst war ich im Ural und besuchte dort unter anderem ein auf dem Gebiet des Gerätebaus tätiges Rüstungsunternehmen, das für die Raumfahrt arbeitet. Seinerzeit hat die Firma „Philips" es ignoriert. Aber es kam eine Zeit und wir haben das Unternehmen geöffnet. Es kamen Spezialisten von „Philips" angereist, schauten sich um, verhandelten und tätigten einen Abschluss über ein auf zweieinhalb Jahre angelegtes Programm zur gemeinsamen Herstellung von Erzeugnissen, die man auf dem Weltmarkt sehr gut wird verkaufen können. Sowohl unser Werk als auch „Philips" haben daran keinen Zweifel.[4]

Uns beunruhigt besonders, dass die finanzielle Lage uns nicht erlaubt, in vollem Umfange Sozialprogramme zu entwickeln. Für eine Verbesserung der Lage sind Kredite erforderlich. Der Vorsitzende des Staatlichen Planungskomitees der UdSSR hat eine Liste von einigen Dutzend Unternehmen mit sehr effizienter Ausrichtung. Eine Investition von 50–100 Mio. Rubel ergibt einen Rückfluss von 1–6 Milliarden. Dies eröffnet große Perspektiven unter anderem auch dafür, dass man die Marktpreise nicht aus der Kontrolle lässt.

Vor nicht wenige Probleme stellt uns auch die Leicht- und Nahrungsmittelindustrie. Mit dem von Ihnen seinerzeit erhaltenen Kredit gehen wir nicht genügend vernünftig um, rufen ihn nur langsam ab.[5] Und das zusätzlich dazu, dass wir 25–30% der erzeugten Landwirtschaftsproduktion verlieren.

[4] Vgl. Dokument Nr. 88, Anm. 14.
[5] Vgl. Dokument Nr. 22, Anm. 24.

Wir wissen, dass die „Deutsche Bank“ 200–300 Unternehmen für eine Rekonstruktion vorgesehen hat. Wir begrüßen dies und werden es unterstützen. Natürlich sind die Deutschen wie alle um ihre Gelder besorgt. Wir antworten darauf mit einer Beschleunigung unseres Übergangs zur Markwirtschaft, mit einer Annäherung an Weltmarktpreise und der Einführung der Konvertierbarkeit des Rubels. Natürlich müssen wir das alles umsichtig und schrittweise tun. Wenn wir uns sofort und vollständig öffnen, dann plündert man uns einfach aus. Der Klarheit wegen drücke ich mich vereinfacht aus.

Wir haben gute Perspektiven für eine Erweiterung der Integration, für die Verflechtung unseres Produktions- und wissenschaftlich-technischen Potentials, für eine effektivere Ausnutzung der Ressourcen, für die Einführung neuer Technologien und die Ausbildung hochqualifizierten Personals.

Gerade jetzt müssen wir einander besonders gut verstehen. Wenn es um die Gewährung von Krediten zu Vorzugsbedingungen auf staatlicher Ebene geht, dann muss man natürlich schauen, mit wem man es zu tun hat und wer vor einem steht: Polen, Bulgarien, Indien oder eine Großmacht wie die Sowjetunion.

Wir brauchen Sauerstoff, um zwei, drei Jahre zu überleben. Das ist die anstrengendste und verantwortungsvollste Zeit. Aber nach den optimistischsten Prognosen brauchen wir fünf bis sieben Jahre, um fest auf unseren Beinen zu stehen. Wir haben errechnet, dass wir einen Kredit von mindestens 15–20 Mrd. Rubel benötigen, den über sieben bis acht Jahre zurückzuzahlen wir uns verpflichten. Die Möglichkeiten dafür sind vorhanden. Übrigens werden auch die Gemeinschaftsunternehmen Gewinne erwirtschaften und ihren Anteil zur Festigung unserer finanziellen Lage beitragen. Wir wenden uns dem Markt zu, beschreiten einen neuen Weg und brauchen eine Schulter als Stütze.

Es gibt auch aktuelle Probleme, deren Lösung unaufschiebbar ist. Ryžkov hat mit Ihnen darüber gesprochen. Dafür brauchen wir möglichst schnell 1,5–2 Mrd. Rubel. Sie sind im Bilde. Man versteht unsere Lage: Kürzlich rief jemand an und sagte, dass 6–10 Mrd. beisammen seien.

Aber in den USA will man sich nicht in unsere Lage versetzen. Für mich ist dies eine prinzipielle Frage, und dies soll man auch in der Führung der BRD wissen. Wir haben eine Kehrtwende mit allen sich daraus ergebenden komplizierten Konsequenzen begonnen, und es wäre unethisch, zu versuchen, sich Erscheinungen der Instabilität zunutze zu machen. So agieren nicht Politiker, sondern engstirnige Pragmatiker, die in den alten Kategorien von Wahl zu Wahl denken.

Man muss begreifen, dass ohne eine Veränderung der Sowjetunion sich nichts in der Welt verändern wird. In unserem Volk ist das Verständnis für die Notwendigkeit dieser Veränderungen gereift. Es war mit Komplexen behaftet, lebte jahrzehntelang in Fesseln und jetzt will es ein anderes Leben, möchte Demokratie atmen und Bürger eines zivilisierten Staates werden.

Der Umdenkprozess kommt schnell voran. Noch vor einem Monat erhob sich bei einer Erwähnung der Marktwirtschaft ein Geschrei über eine Rückkehr zum Kapitalismus, über Konterrevolution u.dgl. Und heute wird alles als „normal“ wahrgenommen; es hat sich ein psychologischer Umschwung vollzogen, und sogar diejenigen, die uns gestern noch vierteilen wollten, treten für eine Unterstützung der fortschrittlichen Initiativen ein. Wenn wir einander nicht verstehen, dann versäumen wir das allerwichtigste: den Reformkurs, die Perspektive für die Zukunft.

Ich stelle mich auf ein offenes und grundsätzliches Gespräch mit Präsident Bush ein.[6] Derzeit kommt weltweit eine Art amerikanischer Revanchismus zum Vorschein, ist eine Verstärkung der Großmachtambitionen spürbar. Bald wird Staatssekretär Baker wieder nach Moskau kommen;[7] ich werde mit ihm ein Gespräch haben, das eine Vorbereitung auf das Treffen mit Bush sein wird. Ich werde Baker einige Überlegungen für den Präsidenten mitgeben, damit er sie vor meiner Ankunft in Washington durchdenken kann.

H. Teltschik: Am Mittwoch, dem 17. Mai, wird Bundeskanzler Kohl mit Bush zusammentreffen.[8]

M. S. Gorbačev: Es geht um ernsthafte Dinge, nicht um ein politisches Spielchen. Einige meinen, dass es reicht, Körbe aufzustellen und – ohne etwas zu tun – zu warten, bis die reifen Früchte hineinfallen. Das ist keine weitsichtige Politik.

Wenn man fragt, ob wir den eingeschlagenen Weg ohne Unterstützung durch den Westen gehen oder nicht, dann gibt es darauf nur eine Antwort: Wir werden ihn gehen, und niemand wird uns aufhalten. Das ist jedoch nicht leicht; ein solcher Kurs ist mit Gefahren verbunden. Wenn unser Volk Veränderungen zum Besseren spürt, dann wird es bereit sein, sich zu gedulden und seine Ressourcen zu mobilisieren.

Jedoch ohne die Unterstützung durch den Westen kann eine gewisse Sabotierung eintreten. Man muss daran denken, dass unsere Opposition, die linke wie die rechte, nicht schläft. Sie warten auf Fehler von unserer Seite, auf Fehlschläge, mit dem Ziel, die Spannungen in der Gesellschaft und die Unzufriedenheit unter den Werktätigen zu verstärken. Der politische Pluralismus hat alle möglichen Strömungen ins Leben gerufen.[9] Die Lage ist ernst und wir erlauben uns nicht, davor die Augen zu verschließen oder auch die Lage in den Augen unserer westlichen Partner zu beschönigen und sie in die Irre zu führen.

Im Laufe der letzten zwanzig Tage hatte ich im Grunde ständig Begegnungen mit Werktätigen und einen sehr lebendigen und offenen Meinungsaustausch. Es ist zu spüren, dass die Menschen sich von den Rechten und den Linken distanzieren und sich zu jemandem hingezogen fühlen, der realistische, durchdachte Lösungen vorschlägt. Die Soziologen haben festgestellt, dass unter den sowjetischen Politikern Gorbačev und Ryžkov die höchsten persönlichen Umfragewerte haben. Das ist zwar angenehm, erlegt aber in dieser Zeit eine besondere Verantwortung auf.

Ich habe mich bemüht, Ihnen die Lage so zu skizzieren, wie sie ist. Wir können nichts auf morgen verschieben; in allem ist völlige Klarheit erforderlich. Ryžkov wird am 25. Mai im Obersten Sowjet über die Hauptfragen der wirtschaftlichen Umgestaltung sprechen. Deshalb ist es für uns gerade jetzt sehr wichtig zu wissen,

[6] Dokument Nr. 96.
[7] Dokument Nr. 91.
[8] Vgl. das Delegationsgespräch in Deutsche Einheit, Sonderedition, S. 1126–1132.
[9] Nach dem dt. Protokoll (wie Anm. 1, S. 1116) hier Verweis Gorbačevs auf „Stimmungen und Bewegungen, die Hitler den Weg bereitet hätten".

auf wen wir ernsthaft zählen können, wer für uns im Westen der zuverlässigste Partner ist.

H. Teltschik: Gestatten Sie mir, Herr Präsident, Ihnen für Ihre durchweg interessanten und spannenden Ausführungen zu danken. Von Ihnen empfangen zu werden, ist für mich und die mit mir angereisten Vorstandsvorsitzenden der „Dresdner Bank", Wolfgang Röller, und der „Deutschen Bank", Hilmar Kopper, eine große Ehre.

Vor allem möchte ich Ihnen die wärmsten und herzlichsten Grüße von Bundeskanzler Kohl übermitteln. Unsere Mission in Moskau erfolgt in seinem Namen und in seinem Auftrag. Damit unterstreicht er seinen Wunsch, den Dialog mit Ihnen zu intensivieren und zu gewährleisten, dass unsere beiden Staaten zu einem qualitativ neuen Niveau in ihren gegenseitigen Beziehungen gelangen können.

M. S. Gorbačev: Dies deckt sich mit unseren Absichten.

H. Teltschik: Die Tatsache, dass wir so schnell nach Moskau gekommen sind, demonstriert die Bereitschaft des Bundeskanzlers, seinen persönlichen Beitrag zu leisten, um das neue Kapitel in den sowjetisch-deutschen Beziehungen auszufüllen und zu zeigen, dass er persönlich darin engagiert ist.

Ich bin sehr froh, dass Sie uns so ausführlich und ohne etwas zu verschleiern über die Lage im Lande und darüber, wie die Reformen verlaufen, berichtet haben. Der Wille zur Zusammenarbeit zwischen unseren Ländern ist wiederholt bekräftigt worden. Dies ist ein bilateraler Prozess. Ob die Perestrojka morgen erfolgreich sein wird, hängt von den Anstrengungen der Sowjetunion heute ab, von ihren Beziehungen mit ihren Partnern. Wir glauben an die entschlossenen Schritte auf dem Wege zur Festigung der Perestrojka und Intensivierung der Glasnost', die Sie in diesem riesigen Land unternehmen. Der Bundeskanzler wünscht Ihnen Erfolg auf diesem Wege und erklärt erneut seine Sympathie und Unterstützung. Ich bitte Sie, davon auszugehen, Herr Präsident, dass Kanzler Kohl sich absolut bewusst ist, dass die in der Sowjetunion begonnenen Umgestaltungen ein gigantisches Arbeitsfeld sind, bei dessen Bewältigung die sowjetische Führung eine rechtzeitige Unterstützung benötigt. Natürlich kommen Sie auch allein zurecht, aber dies kostet unnötig viel Kraft.

Wir verfolgen keine einseitigen Interessen. Wie Sie richtig gesagt haben, hängen alle Staaten voneinander ab und in diese Kette wechselseitiger Abhängigkeit ist die BRD einbezogen. Wir sind dafür, die Interessen aller Staaten zu harmonisieren und sie zu ihrem gegenseitigen Nutzen zusammenzuführen, indem man sich an der weiteren Vervollständigung des wirtschaftlichen Zusammenwirkens orientiert.

Deutschland arbeitet mit der ganzen Welt zusammen; seine Wirtschaft hängt vom Export ab, von der Erschließung der Märkte anderer Staaten. Wir koppeln uns nicht ab, da wir wissen, dass der Zustand der Wirtschaft unserer Nachbarn auch den Gang unserer Entwicklung bestimmt. Ihre politischen und wirtschaftlichen Erfolge sind auch unsere Erfolge.

In seinem Gespräch mit Ševardnadze hat Kanzler Kohl die Aufmerksamkeit darauf gelenkt, dass wir jetzt in eine historische Phase der Entwicklung nicht nur der bilateralen Beziehungen, sondern auch der gesamteuropäischen und der globalen Prozesse eingetreten sind.[10] In allen seinen Reden verweist er beständig auf Ihren persönlichen Beitrag, Herr Präsident, die positiven Veränderungen auf unserem Planeten zu vermehren.

M. S. Gorbačev: Wir möchten, dass alle spüren, dass wir unsere Partner in erster Linie in Europa suchen. Wir orientieren uns an ihnen im Kontext des gesamteuropäischen Prozesses, der Vertiefung der Zusammenarbeit zum beiderseitigen Nutzen und der Entwicklung auf dem Weg zur Schaffung eines gesamteuropäischen Hauses. Europa ist uns am nächsten. Das bedeutet jedoch nicht, dass wir uns von den anderen abwenden. Zu uns streben jetzt viele. Südkorea klopft immer lauter an unsere Tür; aus dem Nahen Osten kommen immer intensivere Signale. Alle wollen die Beziehungen auf der Grundlage neuer Formen der wirtschaftlichen Zusammenarbeit ausbauen.

N. I. Ryžkov: Hier erweist sich die Reinvestition als eine sehr wichtige Form. Das betrifft in erster Linie die Tätigkeit der Gemeinschaftsunternehmen. Wenn man eine langfristige Grundlage geschaffen hat, dann eröffnen sich auch günstige Perspektiven.

M. S. Gorbačev: Wir möchten, dass uns die Europäer besser verstehen und werden ungewöhnliche Schritte von westlicher Seite nicht zurückweisen. Nötig ist eine Synchronisierung von Politik und Wirtschaft, die Unterstützung der Politik durch ein zuverlässiges wirtschaftliches Fundament. Ohne Wirtschaft keine Zukunft.

H. Teltschik: Kanzler Kohl sieht dies genauso. Im Gespräch mit Ševardnadze hat er hervorgehoben, dass es jetzt nötig sei, die Vorarbeit zur Erreichung einer qualitativ neuen Ebene in den Beziehungen zwischen der Sowjetunion und dem vereinten Deutschland zu leisten.[11] Es ist unerlässlich, diese Beziehungen rechtzeitig mit einer soliden und langfristigen völkerrechtliche Grundlage zu unterlegen. Sie wissen, dass der Bundeskanzler vorgeschlagen hat, sich in diesem Sinne am Abschluss eines breit angelegten, umfassenden Vertrags zwischen der Sowjetunion und Deutschland zu orientieren.[12]

M. S. Gorbačev: Diesen Vertrag muss man schon heute vorzubereiten beginnen. Außerdem müssen Russland und Deutschland bei der Neugestaltung ihrer Beziehungen daran denken, sich nicht gegenseitig Angst einzujagen. Hier muss man in gesamteuropäischen Kategorien denken, damit das sowjetisch-deutsche Zusammenwirken eine der Stützkonstruktionen des gesamteuropäischen Prozesses wird.

H. Teltschik: Der Bundeskanzler hat mich gebeten, Ihnen, Herr Präsident, mitzuteilen, dass er bereit ist, möglichst bald zu einem Arbeitstreffen mit Ihnen zusammenzukommen. Er schlägt nach Ihrem Ermessen den Zeitraum zwischen dem 16. und 20. Juli oder zwischen dem 27. und 31. August vor. Gedacht ist dabei an

[10] Gespräch Kohls mit Ševardnadze am 4. 5. 1990 in Bonn, in: Deutsche Einheit, Sonderedition, S. 1084–1090.

[11] Im dt. Protokoll (wie Anm. 1, S. 1117) ist hier die Rede von einem „Gesamtpaket", „das sich aus bilateralen und aus multilateralen Ergebnissen zusammensetzen müsse"; vgl. ebd., S. 1118. Vgl. schließlich den Brief Kohls an Gorbačev vom 22. 5. 1990, ebd., S. 1136f.

[12] Der dt. Vorschlag ausführlicher im dt. Protokoll (wie Anm. 1, S. 1117). Vgl. Dokument Nr. 102, Anm. 5.

einen informellen Meinungsaustausch über einen sehr umfangreichen Fragenkatalog von beiderseitigem Interesse.

Im Zusammenhang mit dem Treffen bat der Kanzler mich, Ihnen zu übermitteln, dass Ihre Erzählungen über Ihre Heimat bei ihm einen tiefen Eindruck hinterlassen haben. Er träumt davon, die Steppe und Stavropol' zu sehen und hat nicht vergessen, mit welcher Begeisterung Sie ihm die Schönheiten dieser Gegend geschildert haben.

M. S. Gorbačev: Wir denken über den Vorschlag von Kanzler Kohl nach. Anfang Juli findet der 28. Parteitag der KPdSU statt.[13] Er wird insgesamt zehn Tage dauern. Deshalb würde für unser Treffen mit Kanzler Kohl am besten die Zeit ab dem 20. Juli passen.

H. Teltschik: Ich werde dies dem Bundeskanzler mitteilen. Er betrachtet den Dialog mit Ihnen als einen Bestandteil des gesamteuropäischen und globalen Prozesses. Dieser Prozess umfasst den bilateralen Fragenkomplex sowie die Gespräche im Rahmen des Mechanismus der „Sechs", der KSZE und Wiens. Nach unserer Meinung gibt es auf eine ganze Reihe von Fragen nicht eine alleinige Antwort und kann sie auch nicht geben. Manchmal ist eine Summe von Antworten nötig, um völlige Klarheit zu erhalten und die Interessen aller zu berücksichtigen.[14]

Im bilateralen Komplex unserer Beziehungen steht jetzt an erster Stelle der Vertrag zwischen der Sowjetunion und dem vereinten Deutschland, neben dem sich der Komplex der wirtschaftlichen Zusammenarbeit entwickelt. Zum multilateralen Bereich der Beziehungen gehören Fragen der Sicherheit, der Abrüstung und des Zusammenwirkens zur Lösung interregionaler Probleme.

M. S. Gorbačev: Übermitteln Sie bitte dem Bundeskanzler, dass wir dafür sind zu handeln, ohne die eigene Sicherheit oder die eines anderen zu verletzen. Wenn sich bei der Erörterung der Sicherheitsfragen die Waagschale mit einem Mal heftig nach der einen Seite zu neigen beginnt, dann erfordert dies eine entsprechende Reaktion. Insbesondere für die Sowjetunion entsteht die Notwendigkeit, Zeit dafür zu reservieren, die sich verändernde strategische Situation gründlich zu analysieren und alle ihre Komponenten abzuwägen, darunter auch die sowjetisch-amerikanischen Beziehungen, Wien usw.

Jetzt ist es wichtig, einen Konsens auf strategischer Ebene zu finden, ein Gleichgewicht, das sowohl für den Westen wie für den Osten genehm ist. Die wichtigste Schlussfolgerung lautet: Die Beziehungen sind in einer Weise umzugestalten, dass niemandes Sicherheitsinteressen geschmälert werden.

H. Teltschik: Der Bundeskanzler ist davon überzeugt, dass ein solcher Konsens gefunden werden wird. Dies wird ein Erfolg für alle sein. Die Entwicklung in dieser Richtung hat bereits begonnen … Kohl war übrigens der Initiator des an den amerikanischen Präsidenten herangetragenen Vorschlags, über die Frage einer bestimmten Kategorie von amerikanischen Nuklearraketen nachzudenken. Die positive Reaktion der Washingtoner Administration darauf ist bekannt.[15]

[13] Vgl. Dokument Nr. 76, Anm. 2.

[14] Vgl. Anm. 11.

[15] Zu den Gesprächen Kohls mit Bush am 24. und 25. 2. 1990 in Camp David u. a. über die Abrüstung von nuklearen Kurzstreckensystemen s. Deutsche Einheit, Sonderedition, S. 860–873, 873 f., 874–877. Zur Debatte der Lance vgl. Dokument Nr. 31, Anm. 20.

M. S. Gorbačev: Es kann nicht schaden, auf Bush manchmal Druck auszuüben. Wir denken nicht schlecht über die USA, wollen uns jedoch nicht gemeinsam mit den Amerikanern in einer Falle wiederfinden – unter dem Druck von Kreisen, die, höflich ausgedrückt, nicht besonders an positiven Entwicklungen in den internationalen Beziehungen interessiert sind. Kürzlich habe ich mit Bush telefoniert und er sagte mir, es sei nicht nötig, Misstrauen gegenüber einem vereinten Deutschland zu nähren. Nur in der NATO würde es ein Land sein, das sich aufrichtig zum Frieden bekenne.

Ich sagte ihm, dass uns genau ein solches Land derzeit im Warschauer Pakt fehle. Der Warschauer Pakt sei derzeit geschwächt, weil eine ganze Reihe der ihm angehörenden Staaten gezwungen sei, sich mit den eigenen inneren Angelegenheiten zu beschäftigen. Deshalb wäre es nicht schlecht, wenn das vereinte Deutschland den Warschauer Pakt durch seinen Beitritt stärken würde.

Bush hatte einen solchen Vorschlag nicht erwartet, er hatte nicht damit gerechnet, dass die Frage unter diesem Aspekt aufgeworfen würde.[16] Wenn es darum geht, den Deutschen zu vertrauen oder nicht zu vertrauen, warum sollte man sie dann nicht zu einem selbständigen blockfreien Staat machen, der mit seinen Nachbarn und mit aller Welt multilaterale wirtschaftliche, wissenschaftlich-technische, kulturelle und andere Beziehungen unterhält. Aber die USA sind aus irgendeinem Grund der Meinung, dass die Deutschen am besten unter westlicher Kontrolle sein und sich zu diesem Zweck in der NATO befinden sollten.

Eine klassische Lösung wäre natürlich die Auflösung beider Blöcke. Dann könnte man unter den Bedingungen neuer Sicherheitsstrukturen leben. Dies ist das Ziel, über das ich auch mit dem Bundeskanzler gesprochen habe.

H. Teltschik: Wir denken intensiv über die damit zusammenhängende Problematik nach.

M. S. Gorbačev: Vieles ist sowohl für Sie als auch für uns nicht einfach. Als ich meinen Vortrag im Zusammenhang mit dem 45. Jahrestag des Sieges hielt, konnte ich mich nicht dazu entschließen, alles zu sagen.[17] Wir sind jetzt auf dem zentralen Gleis der Entwicklung der sowjetisch-deutschen Beziehungen angekommen. Aber in unserem Rücken haben wir 27 Millionen getöteter Sowjetmenschen, 18,5 Millionen[18] Verwundete, Versehrte, zig Millionen Waisen und Menschen, die ihre Gesundheit verloren haben. Die gesamte Nation war in ihren Grundfesten erschüttert. Dasselbe kann man auch von den Deutschen sagen.

Deshalb sind unsere beiden Nationen aufgerufen, ihre Beziehungen in der Zukunft so zu gestalten, dass nichts sie trüben kann. Meiner Meinung nach ist die heutige Situation seit vielen Jahrhunderten die günstigste für einen Start in eine neue Zukunft der Beziehungen zwischen Deutschland und Russland.

H. Teltschik: Ich habe noch eine kleine Frage. Am Freitag hatte der Bundeskanzler ein Gespräch mit der Premierministerin von Litauen Prunskiene.[19] Sie war höflich, aber reserviert.

[16] Dokument Nr. 79.
[17] Rede am 8. 5. 1990, Auszüge u. a. in ND vom 10. 5. 1990.
[18] Lt. dt. Protokoll (wie Anm. 1, S. 1117) „17–18 Millionen".
[19] Gespräch am 11. 5. 1990, in: Deutsche Einheit, Sonderedition, S. 1103–1105. Vgl. Dokument Nr. 89, Anm. 5.

M. S. Gorbačev: Sie hat uns telefonisch gebeten, sie in Moskau zu empfangen. Wir sind der Meinung, dass sie zunächst bei sich in Litauen die Dinge klären sollen und dann werden wir sehen, ob wir sie empfangen oder nicht.

H. Teltschik: Der Bundeskanzler bat mich, Ihnen mitzuteilen, Herr Präsident, dass er seine Aufgabe nicht darin sieht, Ihnen Ratschläge oder Empfehlungen zu geben. Er möchte auch kein Vermittler sein. Gemeinsam mit Mitterand hat er Schritte zur Verhütung eines Konflikts unternommen.

In Europa ist niemand an einer Destabilisierung interessiert, die wegen Litauen entstehen kann.* Deshalb hat der Kanzler Frau Prunskiene offen gesagt, dass er an der Stelle der litauischen Führung die Entscheidungen, die bei ihnen getroffen worden sind, nicht getroffen hätte. Es muss einen Dialog ohne irgendwelche Vorbedingungen geben und der beste Ausgangspunkt für einen solchen Dialog wäre es, die bewusste Erklärung des litauischen Parlaments vom 10. März einzufrieren.

M. S. Gorbačev: Völlig richtig. Alles muss auf den Zustand vor dem 10. März zurückgesetzt werden. Dann könnte man im Rahmen eines Verfassungsprozesses mit dem Scheidungsverfahren beginnen. Unter denen, die in Litauen an die Macht gekommen sind, gibt es zahlreiche unseriöse Menschen, darunter sogar Abenteurer. Das sollte auch im Westen erkennbar sein. Wir haben begrenzte Wirtschaftssanktionen vorgenommen, damit sie spüren, was es bedeutet, mit dem übrigen Teil der Föderation zu brechen.

N. I. Ryžkov: Es handelt sich hier keineswegs um eine Wirtschaftsblockade. Dies sind sowjetische Menschen und wir wünschen ihnen das Beste. Wir haben lediglich die Öllieferungen und einen Teil der Gaslieferungen eingestellt. Aber die Schwätzer und Politikaster schreien in der ganzen Welt herum, dass man sie aushungern will. Das alles ist eine Lüge.

M. S. Gorbačev: Der Konflikt hat natürlich noch nicht seine Schärfe verloren. Jedoch das Ziel ist die Wiederherstellung der verfassungsmäßigen Ordnung. Daran zweifeln wir nicht.

Ich habe mich mit dem bekannten amerikanischen Politiker Mitchell unterhalten. Wenn sich in den USA eine Geschichte ähnlich der litauischen ereignen würde, wären alle innerhalb von 24 Stunden zermalmt. Sehen Sie, die Amerikaner können sich sogar außerhalb ihres Landes irgendwelche Aktionen erlauben, aber wir sollen im eigenen Land mit Bedacht handeln und daran denken, was man außerhalb seiner Grenzen sagt.

Diese ganze Geschichte verstärkt die Unzufriedenheit des sowjetischen Volkes. Der Vorrat an gutem Willen ist bei uns nicht unendlich. Die Menschen in Litauen warten auf die Führung durch den Präsidenten.

Ihre Information über das Gespräch mit Prunskiene war interessant. Übermitteln Sie dem Kanzler, dass wir ausschließlich den Weg politischer Lösungen gehen werden.

H. Teltschik: Der Kanzler ist der Ansicht, dass es Eindruck auf Prunskiene gemacht hat, dass bis jetzt mit ihr im Westen niemand in klarer und offener Sprache gesprochen hat. Wie er meint, seien seine Worte auf fruchtbaren Boden gefallen und dies werde man bald spüren.

M. S. Gorbačev: In Litauen leben viele Polen, aber sie wollen bei einem Austritt der Republik aus der UdSSR den Litauern nicht folgen. Nach dem Krieg hat

Weißrussland an Litauen fünf Bezirke abgetreten. Weißrussland hat durch Černobyl' gelitten; aber diese fünf Bezirke sind sauber und jetzt bitten sie um ihre Rückgabe. Mit einem Wort, es steht uns bevor, eine schwierige Frage zu lösen, aber sie wird gelöst werden.[20]

Und, was denken die deutschen Banken?

W. Röller: Ich erinnere mich daran, wie Sie, Herr Präsident, mich gefragt haben, warum meine Bank „Dresdner Bank" heißt. So heißt sie bereits seit 100 Jahren. Und seit 100 Jahren arbeitet sie mit Ihnen zusammen. Wir beabsichtigen, unsere Verbindung auch in Zukunft zu stärken. Dazu wird auch unsere jetzige Reise nach Moskau beitragen.

H. Kopper: Ich bin Ihnen außerordentlich dankbar für das interessante Gespräch. Wir Bankiers beschäftigen uns hauptsächlich mit Finanzfragen. Aber sie schließen auch die wirtschaftliche und politische Dimension ein. Die Welt hat sich seit dem Anbruch der Veränderungen in der Sowjetunion sehr im positiven Sinne verändert. In diesem Sinne sind wir uns der besonderen Verantwortung und besonderen Verpflichtungen der BRD in Bezug auf die Sowjetunion bewusst.

W. Röller: Mir selbst, aber auch vielen im Westen gefällt die von Ihnen vorgebrachte Idee eines gesamteuropäischen Hauses sehr. Europa – das ist eine riesige Baustelle. Westeuropa integriert sich, Osteuropa reformiert sich. Unter dem gesamteuropäischen Dach steht uns bevor, Aufgaben von historischer Bedeutung zu lösen.

Die BRD sollte als eine Art Antriebsriemen zwischen Ost- und Westeuropa dienen. Gerade darin sollte die historische Bestimmung eines künftigen geeinten Deutschland liegen. Hier rechnen wir auf eine aktive Zusammenarbeit mit der Sowjetunion. Gerade unter diesem Gesichtspunkt steht uns bevor, ein Kreditpaket – einschließlich Sofortmaßnahmen von 1,5–2 Milliarden Rubel – zu schnüren.

H. Teltschik: Ich danke Ihnen aufrichtig für das Gespräch, Herr Präsident. Wir fahren mit dem Gefühl der Gewissheit nach Hause, dass die Sowjetunion beabsichtigt, den Kurs der Perestrojka und der Demokratisierung konsequent zu verfolgen. Hier können Sie auf unsere Unterstützung zählen.

M. S. Gorbačev: Ich bitte Sie, dem Bundeskanzler meine Grüße zu bestellen.

* Im März 1990 verabschiedete der Oberste Sowjet Litauens ein Gesetz zur Wiederherstellung der Unabhängigkeit des litauischen Staates und Außerkraftsetzung der Verfassung der UdSSR auf dem Territorium Litauens.

Archiv der Gorbačev-Stiftung. Bestand 1, Verzeichnis 1.

[20] Gem. dt. Protokoll (wie Anm. 1, S. 1117) auch Austausch über Panama.

Nr. 91
Gespräch Gorbačevs mit dem amerikanischen Außenminister Baker am 18. Mai 1990 [Auszug][1]

Aus dem Gespräch M. S. Gorbačevs mit J. Baker

18. Mai 1990

(Bei dem Treffen waren Ė. A. Ševardnadze und A. S. Černjaev anwesend.)

[...].[2] **M. S. Gorbačev:** Nehmen Sie die Frage der Vereinigung Deutschlands. Ihre Position ist in dieser Beziehung widersprüchlich. Ich weiß nicht, woraus sie sich speist. Vielleicht fürchten Sie eine Vereinigung Europas? Ich habe mehrfach gesagt, sowohl hier als auch in Europa und kann auch jetzt bekräftigen: Wir verstehen die Notwendigkeit der – nicht zwangsläufig militärischen – Präsenz der Vereinigten Staaten in allen europäischen Prozessen. Davon können Sie ausgehen.

Aber nun sagen Sie: Beide Deutschland sind friedliebende, demokratische Länder und es gibt keine Ursache, irgendeine Gefahr darin zu sehen, was vor sich geht. Sie sagen, dass wir die Gefahr aufbauschen. Aber ich habe Präsident Bush gesagt: Wenn das so ist, wenn Sie das nicht als wichtigen Faktor ansehen, warum sind Sie dann nicht damit einverstanden, dass das vereinte Deutschland Mitglied des Warschauer Paktes wird?[3]

Oder etwas anderes: Sie sagen, man könne den Deutschen trauen, sie hätten das bewiesen. Aber wenn das so ist, warum dann Deutschland in die NATO eingliedern? Sie antworten, dass, wenn Deutschland nicht in der NATO ist, dies Probleme in Europa schaffen könne. Daraus folgt, dass Sie Deutschland nicht trauen.

Ich würde Sie verstehen, wenn Sie irgendwelche anderen, realistischen Argumente vorbrächten. Ich werde offen zu Ihnen sein. Wenn Sie sagen würden, das Fehlen Deutschlands in der NATO würde die in Europa bestehenden Sicherheitsstrukturen beschädigen, dann würde ich Sie vielleicht verstehen. Aber dann lassen Sie uns nachdenken, lassen Sie uns eine Vorgehensweise suchen, wie man die jetzige Sicherheitsstruktur, die auf der Existenz zweier militärpolitischer Blöcke beruht, durch eine neue Struktur ersetzt, wie wir uns zu dieser Struktur hinbewegen können. Sie hingegen sagen, dass die NATO derzeit notwendig sei und womöglich für immer unverzichtbar sein werde und fügen hinzu, dass die Sowjetunion nach wie vor über eine große Armee verfüge, stark bewaffnet sei und die NATO daher stets erforderlich sein werde.

[1] Ausführliche Auszüge in Tschernjaew, Mein deutsches Tagebuch, S. 258–267 (unter dem 19. 5. 1990 und mit z.T. abweichender Übersetzung resp. Umstellungen und Auslassungen; nicht in Černjaev, Sovmestnyj ischod), sowie in Gorbatschow, Wie es war, S. 127–130. Zusammengefasst in von Plato, Vereinigung, S. 346f. Aus amerikanischen Akten und Erinnerungen Zelikow/Rice, Sternstunde, S. 367f.; Beschloss/Talbott, At the highest levels, S. 211–213. Vgl. Baker, Drei Jahre, S. 220–225; Matlock, Autopsy, S. 378f., 385.

[2] Gem. der Überlieferungen aus Anm. 1 ging es in dem Gespräch auch um Litauen sowie um sowjetische Kreditwünsche. Die Überlieferung von Tschernjaew, Mein deutsches Tagebuch, S. 258ff. setzt ebenfalls erst an dieser Stelle ein.

[3] Dokument Nr. 79.

Generell – ich wiederhole – ist Ihre Position, sind Ihre Argumente widersprüchlich. Sie stimmen nicht mit den hauptsächlichen Vorgehensweisen überein, die wir beschlossen haben unseren Beziehungen zugrunde zu legen.

Worauf will ich hinaus? Wieder werde ich offen zu Ihnen sein. Wenn das vereinte Deutschland der NATO angehört, dann ist dies eine ernste Veränderung des Kräfteverhältnisses, des gesamten strategischen Gleichgewichts. Für uns erhebt sich die Frage: Was muss unser nächster Schritt sein? Ich meine, dass Sie als logisch denkender Mensch das verstehen werden. Offensichtlich wären wir gezwungen, alle Beratungen im Bereich der Abrüstung einzustellen und zu analysieren, welche Veränderungen wir bei unserer Doktrin, unserer Position bei den Gesprächen in Wien und bei unseren Plänen zur Reduzierung der Streitkräfte vornehmen müssten. Es wird sich die Frage erheben, warum tun Sie dies alles? Und das ist eine sehr ernste Frage.

Wir möchten auf ein ernsthaftes Vorgehen Ihrerseits zählen. Aber wenn wir Elemente eines Spieles mit uns erkennen, sind wir beunruhigt. Ist das etwa nötig? Soll man etwa zulassen, dass sich unsere Beziehungen womöglich zu einem Tauziehen entwickeln? In der Sowjetunion gehen gewaltige Veränderungen vor sich, läuft ein Prozess der Erneuerung und dies ist unvermeidlich ein schwieriger Prozess. Wir sehen, dass ab und zu bei Ihnen die Versuchung aufkommt, diese Lage auszunutzen.

Ich meine, dass es ein sehr großer Irrtum wäre, so zu handeln …[4]

J. Baker: Herr Präsident, es ist sehr gut, dass Sie sich entschlossen haben, diese Fragen im engen Kreis aufzuwerfen. Und es ist generell gut, dass Sie sie gestellt haben …[5]

Bevor ich einige Worte zum deutschen Problem sage, möchte ich betonen, dass unsere Politik nicht darauf gerichtet ist, Osteuropa von der Sowjetunion loszureißen. Früher haben wir eine solche Linie verfolgt. Aber heute sind wir daran interessiert, ein stabiles Europa zu errichten und dies mit Ihnen zu tun.

Sie sagen: Wenn die USA Deutschland vertrauen, warum es dann in die NATO eingliedern? Meine Antwort: Wenn Sie vertrauen, warum dann den Deutschen nicht die Möglichkeit geben, ihre eigene Wahl zu treffen? Wir zwingen sie nicht, in die NATO einzutreten. Wir wollen, dass ein vereintes Deutschland Mitglied der NATO wird, nicht weil wir die Sowjetunion fürchten, sondern weil wir folgender Auffassung sind: Wenn Deutschland nicht fest in den europäischen Institutionen verwurzelt sein wird, könnten Bedingungen für eine Wiederholung der Vergangenheit entstehen.

Sie haben ebenso wie ich die Geschichte studiert, erinnern sich an den Völkerbund. Natürlich ist es gut, über gesamteuropäische Sicherheitsstrukturen zu reden, über die Rolle der KSZE. Das ist ein herrlicher Traum, jedoch nur ein Traum. Die NATO aber existiert.

[4] Gem. Tschernjaew, Mein deutsches Tagebuch, S. 260f. folgen Ausführungen über die Perestrojka, Appell an westliche Solidarität in einer schwierigen Phase mit Kritik an der westlichen Haltung gegenüber Nagornyj Karabach und Litauen.

[5] Gem. Tschernjaew, Mein deutsches Tagebuch, S. 261 äußert sich Baker ausführlicher über die US-Politik, die die Perestrojka unterstütze und keine Instabilität in der UdSSR wolle.

Mitwirkung in der NATO bedeutet, dass Deutschland sich auch in Zukunft bei der Gewährleistung seiner Sicherheit auf dieses Bündnis verlassen wird.

M. S. Gorbačev: Und dennoch: wofür die NATO? Die NATO wurde doch in einer anderen Situation geschaffen; warum dies jetzt?

J. Baker: Wenn Deutschland nicht fest in der bestehenden Sicherheitsstruktur verankert wird, entsteht im Zentrum Europas ein Gebilde, das sich um die Gewährleistung seiner Sicherheit auf anderem Wege kümmern wird. Es wird nukleare Sicherheit erlangen wollen, während in der NATO diese Sicherheit derzeit durch den amerikanischen Nuklearschirm garantiert wird. Beim Verbleib im Verbund der NATO wird Deutschland viel leichter auf ein nukleares, biologisches oder chemisches Potential verzichten können.

Zugleich möchte ich sagen, dass wir wissen, warum eine Mitgliedschaft Deutschlands in der NATO für die Sowjetunion ein psychologisches Problem darstellt.

M. S. Gorbačev: Betrachten wir die Frage vom militärischen Standpunkt aus. Jetzt, da der Warschauer Pakt sich immer schneller in eine rein politische Organisation verwandelt, verstärkt die Mitgliedschaft des vereinten Deutschland in der NATO Ihr militärisches Bündnis.

J. Baker: In allernächster, kurzfristiger Perspektive vielleicht. Wir sprechen jetzt jedoch über eine Veränderung, über eine Anpassung der NATO und darüber, ihr einen politischeren Charakter zu verleihen.[6]

Wir erkennen die Wichtigkeit einer Verkleinerung der Bundeswehr an. Wir haben jedoch mit Ihnen Meinungsverschiedenheiten darüber, wo man sich darauf verständigen sollte.[7] Doch wir verstehen und berücksichtigen Ihre Besorgnis. Ich denke nicht, dass wir nach einseitigen Vorteilen trachten.

Wir wollen Stabilität in Europa und wir wünschen der Perestrojka Erfolg. So wie Sie haben auch wir zwei Kriege erlebt, die das Resultat von Instabilität in Europa waren. Und wir wollen nicht, dass sich dies wiederholt.

Gestatten Sie mir, einige Beispiele dafür anzuführen, wie wir darum bemüht sind, bei der Formulierung unserer Deutschland-Politik Ihren völlig legitimen Sorgen Rechnung zu tragen.

Erstens: Wir haben vorgeschlagen, dass in der zweiten Etappe der Wiener Gespräche, die sogleich nach der Unterzeichnung des ersten Abkommens über die konventionellen Streitkräfte beginnen soll, die Frage der Verringerung und zahlenmäßigen Begrenzung der Bundeswehr erörtert wird. Wir haben mit den Deutschen darüber gesprochen und ich glaube, dass sie damit einverstanden sein werden.

Zweitens: Präsident Bush hat vorgeschlagen, den Termin für den Beginn der Gespräche über die taktischen Nuklearwaffen vorzuziehen.

Drittens: Wir haben vorgeschlagen – und die Deutschen sind damit einverstanden – dass Deutschland die Verpflichtung auf sich nimmt, nukleare, chemische oder biologische Waffen weder herzustellen noch zu entwickeln oder zu erwerben.

[6] Vgl. Dokument Nr. 96, Anm. 7.

[7] Im Rahmen der VKSE oder im Rahmen der 2+4-Gespräche. Vgl. das Folgende.

Viertens: Wir haben vorgeschlagen, dass für eine bestimmte vereinbarte Übergangszeit die Streitkräfte der NATO sich nicht auf dem Territorium der jetzigen DDR befinden sollten.

Fünftens: Wir haben ebenfalls vorgeschlagen, dass für eine bestimmte Übergangszeit die sowjetischen Streitkräfte auf dem Territorium der jetzigen DDR verbleiben sollten.

Sechstens: Die NATO wird einen Wandel durchmachen und zu einer mehr politischen Organisation werden. Außerdem wird im Hinblick auf die von Ihnen erwähnte Verringerung der Effektivität des Warschauer Paktes und auf die Notwendigkeit einer Stärkung der politischen Rolle der Bündnisse eine umfassende Revision der Militärstrategie vorgenommen werden.

Siebtens: Wir haben große Anstrengungen unternommen, um eine Vereinbarung über die Frage der Grenzen Deutschlands zu erreichen. Derzeit besteht die feste Auffassung, dass ein geeintes Deutschland nur das Territorium der DDR, der BRD und Berlins umfassen wird. Dies ist wichtig für die Polen, aber auch für einige Länder Westeuropas. Offenkundig ist dies auch wichtig für die Sowjetunion.

Achtens: Wir bemühen uns in den verschiedenen Foren, die KSZE letztlich in eine dauerhafte Institution zu verwandeln, die ein wichtiger Grundpfeiler des neuen Europa werden würde …

Dieser Institution würden alle Staaten Europas, die Sowjetunion und die Vereinigten Staaten angehören. Ich habe vorgeschlagen, im September dieses Jahres in New York eine Konferenz der Außenminister der 35 Länder zur Vorbereitung eines Gipfeltreffens der KSZE durchzuführen.[8]

Und schließlich neuntens. Wir streben aktiv danach, im Laufe der Vereinigung die ökonomischen Interessen der Sowjetunion gebührend zu berücksichtigen.

Wir sind uns voll und ganz bewusst, dass die Eingliederung des vereinten Deutschland in die NATO für Sie ein politisches Problem darstellt. Nichtsdestoweniger meinen wir, dass, wenn das vereinte Deutschland fest im Rahmen dieser bewährten Sicherheitsinstitution verankert ist, es niemals ein eigenes nukleares Potential oder eine eigene unabhängige militärische Führung wird haben wollen.

In militärischer Hinsicht wird die NATO im Ergebnis der Veränderungen, die jetzt in Zentral- und Osteuropa ablaufen, völlig anders aussehen.

Wenn Deutschland nicht Mitglied der NATO bleiben möchte, dann wird es selbstverständlich auch keines sein. Die Vereinigten Staaten können Deutschland nicht zwingen, der NATO anzugehören. Dies ist keine Frage des Vertrauens gegenüber den Deutschen. Wir sind einfach aufrichtig der Auffassung, dass dies diejenige Struktur ist, die eine größere Stabilität in Europa garantiert; nicht nur im Hinblick auf die Beziehungen zwischen Ost und West. In Europa gibt es nicht wenige Herde der Instabilität, die infolge zwischennationaler Rivalitäten, ethnischer Spannungen u. dgl. auftreten. Dabei spielt sich dies nicht selten in europäischen Ländern ab, die mit den Spannungen zwischen Ost und West nichts zu tun haben.

Die Tatsache, dass Polen, die Tschechoslowakei und Ungarn unser Vorgehen unterstützt haben, ist nicht das Ergebnis der Bemühungen der amerikanischen

[8] Vgl. Dokument Nr. 84, Anm. 12.

Diplomatie.[9] Wir begrüßen ihre Haltung, obwohl wir darauf nicht aktiv hingearbeitet haben. Wir haben übrigens die Meinung geäußert, dass die Errichtung der einen oder anderen regionalen Vereinigung durch einige dieser Länder erwünscht wäre.

Ich verstehe also Ihre Besorgnis, sie ist vollkommen legitim. Aber ich hoffe, dass meine Erläuterungen für Sie nützlich waren.

M. S. Gorbačev: Aber was, wenn Sie sich als Prophet erweisen und das vereinte Deutschland nicht in der NATO bleiben will? Sie sagen, dass Sie es nicht zwingen können. Doch was wird dann geschehen?

J. Baker: Und ich möchte Sie fragen: Wenn Deutschland nicht in der NATO sein wird, was schlagen Sie dann vor?

M. S. Gorbačev: Ich möchte, dass wir im Stadium der Verhandlungen, bis zur Vereinigung, etwas tun. Derzeit haben wir diese Möglichkeit. Wenn dieser Prozess jedoch abgeschlossen sein wird, haben wir keinerlei Möglichkeit, irgendetwas vorzuschlagen. Das ist das Wesentliche.

Ihre Ausführungen bauen nur darauf auf, dass das vereinte Deutschland Mitglied der NATO sein muss. Etwas anderes schlagen Sie nicht vor. Gleichzeitig sagen Sie selbst, dass Deutschland irgendwann vielleicht nicht in der NATO sein möchte. Stellen wir uns vor, was passiert, wenn der Gesprächsprozess abgeschlossen ist. Deutschland hat das Recht, aus der NATO auszutreten, aber dann werden wir keinerlei Möglichkeit haben, einen Vorschlag zu machen. Aber derzeit haben wir diese Möglichkeit; es gibt Rechte und Pflichten der vier Siegermächte; der Prozess der Vereinigung ist noch nicht abgeschlossen.

Wenn wir entscheiden, dass das vereinte Deutschland kein Mitglied irgendeiner militärischen Organisation sein soll, dann erhebt sich natürlich die Frage nach seinem Status. Ich denke es muss ein demokratisches, entmilitarisiertes Land mit klar definierten Grenzen usw. sein. Dies wäre eine neue Lage und man müsste sie in einer abschließenden Friedensregelung festhalten. In das Dokument über die Friedensregelung könnte man Ihre neun Punkte aufnehmen. Das würden alle verstehen. Das wäre mehr oder weniger ein symmetrisches Vorgehen, obwohl Deutschland Ihnen natürlich ohnehin näher wäre, aber das Gleichgewicht wäre besser.

J. Baker: Sie schlagen vor, dass in dem Dokument darauf hingewiesen wird, dass Deutschland nicht das Recht haben solle, in der NATO zu verbleiben?

M. S. Gorbačev: Deutschland bliebe außerhalb der militärischen Gruppierungen ebenso wie viele andere Länder.

J. Baker: Das heißt, Sie sprechen von einem neutralen Deutschland?

M. S. Gorbačev: Ich weiß nicht. Vielleicht über ein blockfreies. Vielleicht irgendein Sonderstatus. Zum Beispiel gibt es den Sonderstatus Frankreichs.[10]

Zum Abschluss dieses Gesprächsabschnitts möchte ich vorschlagen: Lassen Sie uns noch einmal gründlich nachdenken. Wir denken nach und Sie denken nach. Und lassen Sie uns dieses Gespräch in Washington fortsetzen.[11] Nun, und wenn

[9] Vgl. Dokument Nr. 87, Anm. 12.

[10] Zum Rückzug Frankreichs aus der NATO-Kommando- und -truppenstruktur unter de Gaulle (März 1966) vgl. u. a. James Ellison, The United States, Britain and the transatlantic crisis. Rising to the Gaullist challenge, 1963–1968, New York 2007, S. 37f.

[11] Vgl. Dokumente Nr. 96 und Nr. 98.

Sie keines meiner Argumente überzeugt, dann werde ich dem Präsidenten vorschlagen und öffentlich sagen, dass wir in die NATO eintreten wollen. Sie sagen ja, dass die NATO nicht gegen uns gerichtet sei, dass dies einfach eine Sicherheitsstruktur sei, die sich den neuen Realitäten anpasst. Also schlagen wir vor, der NATO beizutreten.

J. Baker: Ševardnadze wurde auf der Pressekonferenz in Bonn danach gefragt.

Ė. A. Ševardnadze: Und ich habe damals gesagt, wir hätten bisher keinen Antrag auf Aufnahme in die NATO gestellt.

M. S. Gorbačev: Jedenfalls ist diese Frage nicht rein hypothetisch. Dies ist nicht irgendwelcher Unsinn.

J. Baker: Das ist interessant. Sie sagten, es gebe viele neutrale und blockfreie Länder. Das stimmt. Aber sie sind das aus freier Wahl und nicht, weil irgendjemand sie zu diesem Status gezwungen hat.

M. S. Gorbačev: Nun, vielleicht werden auch die Deutschen diesen Status selbst wählen. Auf jeden Fall sollte es irgendeine Ersatzvariante geben. Sie hingegen gehen nur von einer Variante aus. Die wollen Sie. Aber wir wollen eine andere. Man kann nicht nur davon ausgehen, was Sie wollen.

J. Baker: Wir wollen diese nur deshalb, weil die Deutschen selbst darum bitten. Sie sagen, dies sei für Sie inakzeptabel. Aber Neutralität kann man nicht aufzwingen. Man kann sie nicht als Bedingung für die Außerkraftsetzung der Verpflichtungen der Vier Mächte fordern. Dies würde den Prinzipien der Schlussakte von Helsinki widersprechen.[12] Darin wird klar gesagt, dass die Länder das Recht haben, sich an Bündnissen zu beteiligen. Außerdem würde dieses Vorgehen Deutschland einer Sonderkategorie zuteilen und große Unzufriedenheit und Feindseligkeit vonseiten der Deutschen hervorrufen. Das heißt, es würde den Samen für künftige Instabilität säen und genau dies wollen wir nicht.

M. S. Gorbačev: Und warum glauben Sie, dass Unzufriedenheit nur dann auftreten wird, wenn Deutschland nicht Teil des westlichen Bündnisses bleibt?

J. Baker: Unzufriedenheit wird es nur dann geben, wenn Deutschland einer Sonderkategorie zugeteilt wird, wenn ihm etwas gegen seinen Willen aufgezwungen wird. Wenn Deutschland selbst Mitglied des Warschauer Paktes werden will, dann ist das eine andere Sache.

M. S. Gorbačev: Wenn sie in den Warschauer Pakt eintreten wollen, was sagen Sie dann?

J. Baker: Wir werden keine Einwände erheben, wenn dies wirklich ihre freie Wahl ist.

M. S. Gorbačev: Wir können also festhalten, dass Sie einem solchen Wunsch mit Verständnis begegnen würden.

J. Baker: In der Schlussakte von Helsinki heißt es: Jedes Land kann Mitglied jeglicher Organisation, jeglichen Bündnisses werden.

M. S. Gorbačev: Kann ich den Schluss ziehen, dass, wenn das vereinte Deutschland Mitglied des Warschauer Paktes werden möchte, die Vereinigten Staaten dem mit Verständnis begegnen würden?

[12] Vgl. Dokument Nr. 5, Anm. 4.

J. Baker: Wir sagen, nach unserer Ansicht soll Deutschland vollwertiges Mitglied der NATO sein, jedoch nur aufgrund eigener Wahl.

M. S. Gorbačev: Und dennoch, prinzipiell: Wenn das vereinte Deutschland, ausgehend vom Prinzip der Wahlfreiheit, sein Recht wahrnimmt, die Organisation zu wählen, der es angehören will und Mitglied des Warschauer Paktes sein will, werden Sie dem zustimmen können oder nicht?

J. Baker: Wir sagen, dass wir dies aus Sicht der Interessen künftiger Stabilität für eine falsche Entscheidung halten. Wir erkennen jedoch die Prinzipien von Helsinki an.

M. S. Gorbačev: Klar. Nun, ich bin zufrieden: Sie haben faktisch Argumente zugunsten meiner Position geliefert. Denn auch wir sagen, dass die Mitgliedschaft des vereinten Deutschland in der NATO das Verhältnis verändern wird, das über einen Zeitraum von 45 Jahren Stabilität in Europa garantiert hat. Somit ist unser Argument das Spiegelbild des Ihren.

J. Baker: Nein, dem kann ich nicht zustimmen.

M. S. Gorbačev: Wir müssen danach suchen, wie wir unsere Herangehensweisen zusammenführen können. Die Vereinigung Deutschlands ist eine neue Wirklichkeit und dieses neue Phänomen unterzieht unsere Fähigkeit, Lösungen zu finden, die auf einem Ausgleich der Interessen beruhen, einer Prüfung. Wir haben ja gesagt, dass wir genau darum bemüht sind. Und jetzt, wo dieses Vorgehen einer ersten ernsten Prüfung unterliegt, muss man nach einer für beide Seiten akzeptablen Lösung suchen.

J. Baker: Ich möchte Sie fragen: Sind Sie einverstanden mit der freien Wahl Deutschlands, Mitglied der NATO zu bleiben?

M. S. Gorbačev: Ich bin offen mit Ihnen und habe Ihnen gesagt: Wenn das geeinte Deutschland nur der NATO oder nur dem Warschauer Pakt angehört, dann führt dies zu einer Veränderung des strategischen Gleichgewichts in Europa und in der ganzen Welt. Ich glaube, Sie sollten uns in der derzeitigen Situation nicht ins Abseits stellen. Das ist ein sehr verantwortungsvoller Augenblick und wir können in diesem Fall völlig unerwartete Schritte unternehmen. Lassen Sie uns also lieber Lösungen suchen, die für beide Seiten akzeptabel sind.

[...]. Und auch unsere mögliche Mitgliedschaft in der NATO ist nicht nur eine wilde Phantasie. Es hat ja seinerzeit bereits eine große Koalition gegeben, warum sollte dies jetzt unmöglich sein?

J. Baker: Ich verstehe Ihr Argument gut, dass man Sie derzeit nicht alleine lassen darf. Offen gesagt, genau deshalb haben wir den Mechanismus „2+4“ vorgeschlagen. Wir erkennen die Notwendigkeit an, dass Sie an der Gestaltung des europäischen Prozesses beteiligt sind, darunter auch am Prozess der Vereinigung Deutschlands.

M. S. Gorbačev: Absolut richtig.

J. Baker: Wir verstehen auch Ihre innenpolitischen Faktoren.

M. S. Gorbačev: Ja, man sagt uns bereits, dass ein Mechanismus „1+4“ entstanden sei. Dabei sei „eins“ die Sowjetunion und Deutschland wäre bei den westlichen Vier.

J. Baker: Und noch eines: Ich habe gesagt, die gesamteuropäische Sicherheit sei ein Traum. Aber ich meinte damit, dass dies derzeit ein Traum sei. Wir haben konkrete Vorschläge dazu gemacht, wie man Strukturen dieser Sicherheit schafft, damit sie Realität wird. Und bis dahin halten wir es für wichtig, dass Deutschland fest in den Sicherheitsinstitutionen verwurzelt ist und nicht der Versuchung unterliegt, eine eigene Struktur zur Gewährleistung seiner Sicherheit zu schaffen. Wir halten die Mitgliedschaft Deutschlands in der EWG für wichtig, obwohl wir selbst darin nicht Mitglied sind. Wir haben gesehen, wohin in der Vergangenheit die Existenz eines isolierten, neutralen Deutschland geführt hat.

Ė. A. Ševardnadze: Zwei Worte zum Problem der zahlenmäßigen Stärke der Bundeswehr. Wir meinen, dass man dies im Rahmen der „Sechs" festlegen sollte und dass es danach erforderlich ist, die gefassten Beschlüsse im Rahmen der KSZE und bei den Wiener Gesprächen über die konventionellen Streitkräfte festzumachen. Denn das Problem des militärischen Potentials des vereinten Deutschland muss einfach zu den äußeren Aspekten der deutschen Vereinigung gehören.

M. S. Gorbačev: Zusammenfassend möchte ich sagen, dass wir uns vor dem Treffen in Washington nicht schlecht „den Kopf zerbrochen" haben.

Unlängst habe ich im Zusammenhang mit dem 45. Jahrestag des Sieges über das faschistische Deutschland einen Vortrag gehalten.[13] Ich sprach von den 27 Millionen sowjetischen Menschen, die in diesem Krieg ums Leben gekommen sind. Aber ich habe nicht alles gesagt. Wir haben den besten Teil unseres Volkes verloren. 18 Millionen Verwundete und Versehrte! Und der Schaden für die Gesundheit derer, die hungrig, in der Kälte und schlecht bekleidet im Hinterland gearbeitet haben. Das war eine kolossale Erschütterung für das gesamte Volk.

Deshalb ist alles sehr schwierig. Also, denken Sie noch einmal darüber nach.

Und zum Schluss möchte ich Ihnen noch einmal sagen: Glauben Sie nicht denen, die behaupten, die Sowjetunion wolle die Vereinigten Staaten aus Europa hinausdrängen. Im Gegenteil, wir sind davon überzeugt, dass es ohne die Vereinigten Staaten unmöglich ist, etwas in Europa zu machen und zu erreichen.

J. Baker: Wir schenken solchen Behauptungen keinen Glauben.

Archiv der Gorbačev-Stiftung. Bestand 1, Verzeichnis 1.

Nr. 92
Gespräch Gorbačevs mit dem Präsidenten des tschechoslowakischen Parlaments, Dubček, am 21. Mai 1990[1]

Aus dem Gespräch M. S. Gorbačevs mit A. Dubček
21. Mai 1990

A. Dubček: [...]. Einige Worte zum Abzug der sowjetischen Streitkräfte. Die darüber erzielte Vereinbarung ist insgesamt mit Verständnis aufgenommen worden.[2] Ich unterstütze, so gut ich kann, eine vernünftige Lösung der damit verbundenen

[13] Vgl. Dokument Nr. 90, Anm. 17.

[1] Vgl. Gorbatschow, Erinnerungen, S. 888–890.
[2] Vgl. Dokument Nr. 67, Anm. 13.

Probleme. In der Öffentlichkeit äußert sich jedoch Besorgnis: Wird sich der Abzug aus der Tschechoslowakei nicht ebenso hinauszögern, wie das in der DDR geschieht?

M. S. Gorbačev: Ursprung und Natur der Präsenz der sowjetischen Streitkräfte in der Tschechoslowakei und in der DDR sind unterschiedlich. Sie können allen sagen, dass der Abzug unserer Streitkräfte aus der Tschechoslowakei in genauer Übereinstimmung mit den Vereinbarungen erfolgt und sich nicht verzögern wird.

A. Dubček: Es erheben sich auch Fragen hinsichtlich des Schadens, der durch die Anwesenheit der sowjetischen Streitkräfte entstanden ist. Aber ich denke, dass wir uns über diese Fragen einigen werden. Auch in dieser Beziehung müssen wir jetzt das in Ordnung bringen, was andere vermasselt haben. Ich glaube, dass die Frage des Truppenabzugs umfassende gesamteuropäische Bedeutung hat. Nicht zufällig wird diese Frage vom Westen ständig aufgeworfen.

M. S. Gorbačev: Im Zusammenhang mit dem derzeitigen Prozess der Vereinigung Deutschlands haben wir sowohl der BRD als auch den USA eine Reihe von Fragen gestellt, über die sie ernsthaft nachdenken müssen. Wir können das Bestreben einiger politischer Kräfte im Westen nicht übersehen, sich an den Schwierigkeiten, die mit der Perestrojka in der UdSSR verbunden sind und an der Komplexität der Umgestaltung in Osteuropa „die Hände zu wärmen". Es läuft ein großes Spiel. Natürlich werden auch Sie da hineingezogen, ebenso wie die Ungarn und die Polen.

A. Dubček: Die Polen, die an die unklare Haltung Kohls zur Frage der Ostgrenze eines vereinten Deutschland denken, verhalten sich ziemlich vorsichtig. Gerade sie erinnern sich ja besonders gut, auf welche Weise von Deutschland zwei Weltkriege ausgingen.

M. S. Gorbačev: Über die Frage der Vereinigung Deutschlands und seinen Beitritt zur NATO musste ich mich kürzlich ausführlich mit Baker unterhalten.[3] Ich habe ihm klar gesagt, dass die internationale Sicherheit im weitesten Sinne nicht gewährleistet sein würde, wenn die Sicherheit der Sowjetunion nicht in vollem Umfange gewährleistet sei. Wir würden gezwungen sein, die gesamte strategische Lage generell anders zu betrachten. Müssten wir dann die Gespräche über die SNV und über die konventionellen Waffen fortsetzen?[4]

Es sei erforderlich, für beide Seiten akzeptable Lösungen unter Berücksichtigung der Interessen aller zu suchen. Wenn das gesamte vereinte Deutschland in die NATO eintrete, sollten vielleicht dann auch wir in dieses Bündnis eintreten? Mit einem Wort, ich habe Präsident Bush eine Art Hausaufgabe gestellt.

A. Dubček: Und wie man sieht, eine ziemlich schwierige.

M. S. Gorbačev: Anders kann es auch nicht sein, denn es geht um eine Wende hin zu einer prinzipiell neuen europäischen und globalen Struktur der internationalen Beziehungen. Genau das ist die Frage. An sie kann man nicht mit engen, konjunkturabhängigen Haltungen herangehen, die einzig und allein von kleinlichen parteipolitischen Überlegungen hinsichtlich des weiteren Verbleibs auf dem Präsidentenposten von Wahl zu Wahl diktiert werden. Wenn wir diese Art

[3] Dokument Nr. 91.
[4] Vgl. Dokument Nr. 61, Anm. 10–11.

von Fragen entscheiden, haben wir nicht das Recht, nur an den heutigen Tag zu denken und die Augen davor zu verschließen, was morgen sein wird. Ich kann doch bei aller Rücksicht auf die täglichen Nöte der Menschen nicht heute alle Mittel auf die Herstellung oder Beschaffung von Wurst lenken, von der wir derzeit nicht genügend haben, und nicht darüber nachdenken, was danach wie zu tun ist.

Hat man es mit den Amerikanern zu tun, muss man ihr äußerst pragmatisches Herangehen an eine ganze Reihe prinzipieller Probleme und die Veränderungen in ihren Positionen in Betracht ziehen. [...].[5]

A. Dubček: Wo immer es möglich ist, sage ich unseren Leuten: „Vorsicht Brüder, man darf die Vereinigung Deutschlands nicht ignorieren und nicht übermäßig auf die Wirtschaftsbeziehungen mit dem Westen bauen. Man kann in eine Knechtschaft geraten. Und dann hilft kein Schwenken der nationalen Fahne, die Souveränität wird dahin sein".

M. S. Gorbačev: Ich denke, dass es für die Tschechoslowakei wichtig ist, gegenüber dem Entstehen des vereinten Deutschland besonders aufmerksam zu sein.

A. Dubček: Für uns ist außerordentlich wichtig, bei der Entwicklung der wirtschaftlichen Beziehungen mit dem Westen nicht die gegenseitig nützlichen Beziehungen mit der Sowjetunion zu verlieren. [...].

Archiv der Gorbačev-Stiftung. Bestand 1, Verzeichnis 1.

Nr. 93

Interview Gorbačevs mit dem „Time-Magazin" am 22. Mai 1990 [Auszug][1]

Aus dem Interview M. S. Gorbačevs mit dem amerikanischen Magazin „Time"

22. Mai 1990

[...].[2] Sie fragen, was meine Vorgehensweise von derjenigen von Präsident Bush unterscheidet. Es gibt Unterschiede. Gemäß dem amerikanischen Szenario, soweit man jetzt beurteilen kann, soll der „Bauleiter" und Garant des europäischen Baues die NATO sein, die außerdem durch das vereinte Deutschland stärker wird.

Ich kann verstehen, dass die Amerikaner und viele Europäer ihre eigene Wahrnehmung dieser Organisation haben. Sie schreiben ihr das Verdienst zu, während des gesamten „Kalten Krieges" den Frieden bewahrt zu haben. Auf dieser Grundlage versucht man uns davon zu überzeugen, dass die Rolle der NATO auch in der neuen Etappe ausschließlich positiv sein und sogar den Interessen der Sowjet-

5 Gem. den Erinnerungen Gorbačevs (wie Anm. 1) ging es in weiten Teilen um innenpolitische Entwicklungen in der UdSSR und in der Tschechoslowakei.

1 Zum Volltext des Exklusivinterviews siehe Time-Magazin, „I am an optimist", vom 4. 6. 1990, S. 24–37 sowie Gosudarstvennyj vizit, S. 3–26. Zum vorangegangenen Gespräch und zu den schriftlichen Antworten vgl. auch USSR–USA: Summit documents and materials, http://gorbachev.booknear.com/.

2 Gem. der veröffentlichten Version (wie Anm. 1) drehte sich das Gespräch zunächst um Wirtschaftspolitik, Nationalitätenprobleme und Perestrojka. Die folgenden Ausführungen basieren auf der allgemeinen Frage nach Unterschieden in der amerikanischen und sowjetischen Europapolitik.

union dienen werde. Aber das ist unseriös.[3] Was man über die NATO derzeit auch sagen mag, für uns ist sie ein Symbol der für die Sache des Friedens gefährlichen, konfrontativen Vergangenheit. Und wir werden niemals damit einverstanden sein, ihr die führende Rolle beim Bau eines neuen Europa anzuvertrauen. Ich möchte, dass man uns richtig versteht.

Wir schlagen eine Alternative vor, nämlich a) die Institutionalisierung der europäischen Entwicklung, die Schaffung völlig neuer Strukturen auf einer gesamteuropäischen Grundlage – natürlich unter aktiver Beteiligung der USA und Kanadas; b) die Synchronisierung der politischen und der Abrüstungsprozesse mit dem Tempo der Vereinigung Deutschlands. Jedenfalls eine maximale Annäherung und Verknüpfung von beidem. Darin sehen wir übrigens auch eine der wichtigsten Funktionen des Mechanismus „2+4".[4]

Dass morgen in Europa ein geeinter deutscher Staat existieren wird, ist die Verwirklichung des naturgemäßen Rechts der deutschen Nation. Aber ich möchte die Deutschen nochmals daran erinnern, insbesondere im Zusammenhang mit einer gewissen Euphorie über die Ergebnisse der jüngsten Bonner Konferenz der „Sechs":[5] Sie dürfen nicht vergessen, dass die Vereinigung der beiden Deutschland nicht nur sie betrifft. Die Vereinigung berührt in der zentralen Dimension des gesamten europäischen Prozesses die Lebensinteressen vieler in Europa, darunter auch der Sowjetunion, die mehr als jeder andere Opfer gebracht hat, [6]damit von deutschem Boden niemals mehr ein Krieg ausgeht. Auch nicht die vielleicht aufrichtigsten Versicherungen, die jetzt in aller Eile gemacht werden, können solide internationale Garantien für eine auf immer friedliche Entwicklung und für ein auf immer friedliches Deutschland ersetzen.

Und noch eine Anmerkung. Mir scheint manchmal, dass nicht alle im Westen über die Vereinigung Deutschlands so maßlos froh sind, wie sie es manchmal zur Schau tragen. Und man hofft sogar, dass es gelingen wird, die Vereinigung durch uns zu stoppen, um uns die Verantwortung aufzuerlegen und uns mit den Deutschen zu entzweien.[7]

Vestnik Ministerstva inostrannych del SSSR, 1990, 30. Juni. Nr. 12 (70), S. 9–10.

[3] Gem. Time Magazine (wie Anm. 1) hier ein zusätzlicher Satz: „For our people too, NATO is associated with the cold war – but as an organization designed from the start to be hostile to the Soviet Union, as a force that whipped up the arms race and the danger of war."

[4] Gem. Time Magazine (wie Anm. 1) folgen hier kritische Anmerkungen zur amerikanischen Truppenpräsenz in Europa. Das Folgende schließt an die Frage an: „Would you elaborate on your view of German unification?"

[5] Zum Treffen am 5. 5. 1990 vgl. die Unterrichtung (Hartmann), in: Deutsche Einheit, Sonderedition, S. 1090–1094. Der Teilsatz über die Euphorie der Deutschen fehlt in Time Magazine (wie Anm. 1).

[6] Der folgende Teilsatz fehlt in Time Magazine (wie Anm. 1).

[7] Gem. Time Magazine (wie Anm. 1) folgen nun Ausführungen über die sowjetische Politik gegenüber Osteuropa.

Nr. 94
Gespräch Gorbačevs mit dem französischen Staatspräsidenten Mitterrand am 25. Mai 1990[1]

Aus dem Gespräch M. S. Gorbačevs mit F. Mitterrand*

25. Mai 1990

(Bei dem Treffen war V. V. Zagladin anwesend. Das Gespräch fand während eines Arbeitsfrühstücks statt.)[2]

[...]. **F. Mitterrand:** In der Tat, die UdSSR und Frankreich gehören unterschiedlichen Militärbündnissen an, haben unterschiedliche Systeme, die sich auf einer Reihe von Gebieten im Zustand der gegenseitigen Konkurrenz oder sogar des Antagonismus befinden. Sowohl wir als auch Sie haben ähnliche Schwierigkeiten in Bezug auf das deutsche Problem. Jedoch wir sind Bündnispartner der Deutschen, Sie aber noch nicht *(lacht)*. In der Tat, unseren Ministern steht keine leichte Arbeit bevor.

M. S. Gorbačev: Ich habe dieser Tage zu Baker gesagt, dass wir alle, auch die deutschen Führungspersönlichkeiten – sowohl die derzeitigen als auch die, die an der Spitze eines künftigen geeinten Deutschland stehen werden – das Problem der Vereinigung äußerst ernsthaft durchdenken müssen.[3] Es ist nämlich unmöglich, zu echten Lösungen zu gelangen, wenn jeder die Bettdecke zu sich hinzieht.

Baker versuchte mich zu überzeugen, dass nichts Schreckliches passiere. Da habe ich ihn gefragt: „Werden Sie Einspruch erheben, wenn das vereinte Deutschland den Wunsch äußert, nicht in die NATO, sondern in den Warschauer Pakt einzutreten?“ Er sagte sofort, dass es freiwillig der NATO beitreten wolle. Ich wiederholte noch einmal meine Frage, wobei ich betonte, dass ich nicht von der künftigen Wahl der Deutschen sprechen würde, sondern von der Einstellung zu Letzterer seitens der USA. Da erklärte Baker, dass die USA mit dieser Variante nicht einverstanden seien. Darauf sagte ich: „Sie haben mir ein gutes Argument geliefert: Die UdSSR ist gegen eine Mitgliedschaft des künftigen vereinten Deutschland in der NATO“. Was aber werden wir weiter tun?

F. Mitterrand: In der derzeitigen Situation bestehen objektive Tatsachen, die man nicht umgehen kann. Ihre Argumentation und Ihre Frage waren aus dialektischer Sicht und von der Kunst der Gesprächsführung her sehr geschickt. Aber Ihr Gesprächspartner hätte Ihnen antworten können, dass er sich nicht mit politischer Phantasterei beschäftige. Tatsächlich ist die BRD Mitglied der NATO und genau sie – wenn man die Dinge beim Namen nennt und die diplomatische Verpackung der Vorgänge beiseitelässt – verschluckt die DDR.

[1] Auszüge bei Gorbatschow, Wie es war, S. 131– 136; zum Vier-Augen-Gespräch vgl. Dokument Nr. 95. Aus französischer Sicht Attali, Verbatim, S. 495–501, der Einzel- und Delegationsgespräche zusammenfügt; kritisch hierzu Bozo, Mitterrand, S. 264–266; vgl. weiterhin Védrine, Les mondes, S. 494 f. Ferner Vorlage für Kohl vom 30. 6. 1990, Unterrichtung durch den Elysée über den Besuch Mitterrands in Moskau, Deutsche Einheit, Sonderedition, S. 1162–1164. Vgl. Gorbatschow, Erinnerungen, S. 742–745.

[2] Von französischer Seite nahm Attali teil, vgl. Anm. 1.

[3] Dokument Nr. 91.

M. S. Gorbačev: Aber wir sprechen doch nicht vom „verschlucken"!

F. Mitterrand: Auch ich spreche niemals von „verschlucken"! Nur jetzt, im Gespräch mit Ihnen nenne ich die Dinge beim Namen.

M. S. Gorbačev: Aber es gibt noch andere Tatsachen, die man nicht vergessen darf ... Die Sowjetunion könnte sich isoliert fühlen und dann wird sie nach Auswegen suchen ...

F. Mitterrand: Isolation – das ist eher ein Problem Ostdeutschlands. Die BRD ist eine starke Wirtschaftsmacht mit einer Bevölkerung von 62 Millionen und mit einer eigenen Armee. Wie werden sich die 17 Millionen Bewohner der DDR verhalten? Das ist natürlich ein sehr wichtiges Problem. Aber es ist nicht zentral, nicht vorherrschend.

Ich habe die folgende Forderung aufgestellt: Bei jeglicher Variante dürfen die vordersten Linien der NATO – und Frankreich ist an ihrer Verteidigung nicht beteiligt – nicht in den östlichen Teil des künftigen geeinten Deutschland vorgeschoben werden.[4]

M. S. Gorbačev: Die Mitgliedschaft des künftigen Deutschland in der NATO kann schwerwiegende Störungen des gesamten strategischen Gleichgewichts nach sich ziehen. Man schlägt uns lediglich einen Lösungsweg des Problems vor, ohne irgendeine Alternative ...

F. Mitterrand: Es kann jedoch noch andere Varianten geben, solche, die wir mit Ihnen erörtern, die Sie mit Bush erörtern und über die bei internationalen Foren gesprochen wird. Das Ergebnis der deutschen Einheit kann nicht die Isolation der Sowjetunion sein. Frankreich wird das nicht akzeptieren. Von daher muss man in dieser Frage ein wenig Phantasie aufbringen.

M. S. Gorbačev: Sie haben mir ein weiteres gutes Argument geliefert: Wir alle müssen Phantasie aufbringen. Aber die Phantasie der Partner, mit denen ich in letzter Zeit gesprochen habe, ist nur auf eine Variante beschränkt ...

F. Mitterrand: Man muss auch das Problem eines Friedensvertrags, einer Friedensregelung untersuchen. Welchen Preis sind die Deutschen bereit, für ein neues System zu bezahlen? Möglicherweise gar keinen.

M. S. Gorbačev: Aber all dies hebt nicht die Rechte unserer Mächte auf, die im Ergebnis des Zweiten Weltkrieges entstanden sind. In unserem Fall stützen sich diese Rechte auf 27 Millionen Tote und 18 Millionen Invaliden.

F. Mitterrand: Das ist unbestreitbar. Aber das ist Geschichte. Heute haben die Deutschen andere Ideen. Sie haben sich verändert.

M. S. Gorbačev: Nun, wenn die Deutschen andere Ideen haben und Sie ihnen voll und ganz vertrauen, warum bestehen Sie dann auf ihrer unbedingten Mitgliedschaft in einem militärpolitischen Block? Dann sollten auch die Nachkriegsvereinbarungen eingehalten werden:[5] Deutschland muss ein entmilitarisierter, demokratischer, entnazifizierter und sich frei entwickelnder Staat werden. Da Sie ihnen so vertrauen, soll Deutschland sich doch autonom entwickeln sowohl gegenüber dem Osten als auch gegenüber dem Westen.

[4] Vgl. Gespräch Kohls mit Mitterrand am 15. 2. 1990, in: Deutsche Einheit, Sonderedition, S. 842–852, hier S. 846f.

[5] Vgl. Dokument Nr. 16, Anm. 22.

F. Mitterrand: Natürlich, die Deutschen sind Deutsche geblieben, aber sie sind bereits nicht mehr die, die sie waren.

M. S. Gorbačev: Aber das klingt wie ein Gegensatz.

F. Mitterrand: Ich sehe hier keinen Gegensatz.

M. S. Gorbačev: Nun, sagen wir, ein dialektischer Gegensatz.

F. Mitterrand: Wenn man heute zum Beispiel in Frankreich eine Meinungsumfrage bei den unter 25-Jährigen durchführen würde, könnte die Hälfte nicht sagen, wer de Gaulle war. Jede Generation lebt um ihrer selbst willen. Deshalb besteht die Hauptaufgabe der hochrangigsten politischen Führer darin, die Kontinuität der Geschichte zu gewährleisten. Aber die jetzige Generation möchte sich nicht mehr an die Last der Vergangenheit gebunden fühlen.

M. S. Gorbačev: Wir sind selbstredend für eine Vorwärtsentwicklung. Aber es gibt Dinge, die nicht zum Gegenstand eines politischen Handels gemacht werden können. Das muss man verstehen.

F. Mitterrand: Man muss auch verstehen, dass die Beschleunigung des Einigungsprozesses Deutschlands, die im November vergangenen Jahres begonnen hat, die in dieser Hinsicht geäußerten Einwände über den Haufen geworfen hat. Bei einem Gipfeltreffen der EG im November 1989 hat Kohl sich nicht einmal getraut, die Rede auf die Vereinigung zu bringen.[6] Seitdem ist nicht viel Zeit vergangen. Aber bereits im April dieses Jahres hätte man meinen können, die Vereinigung habe stattgefunden – zumindest in den Köpfen.

Im Dezember 1989 haben wir beide in Kiev die Perspektive der deutschen Vereinigung erörtert.[7] Unmittelbar nach diesem Treffen fand eine Gipfelkonferenz der EG-Mitgliedsländer in Straßburg statt.[8] Genau dort hat Kohl zum ersten Mal die Frage der deutschen Einheit aufgeworfen. Wir haben dazu unser Einverständnis gegeben, uns jedoch einige Bedingungen vorbehalten. In erster Linie in Bezug auf die Einhaltung der geschlossenen Verträge, die Erreichung einer abschließenden Friedensregelung hinsichtlich der Grenzen und Beachtung der Beschlüsse der KSZE. Es vergingen einige Monate – Januar, März, April – und der Kanzler hat seinen Schritt wesentlich beschleunigt. Die Lage gestaltete sich so, dass selbst seine politischen Gegner schweren Herzens gezwungen waren, mit ihm Schritt zu halten.

Zu dieser Zeit hat sich die gesamte deutsche Presse buchstäblich auf mich geworfen und mich beschuldigt, dass ich angeblich Hindernisse auf dem Weg zur Vereinigung Deutschlands errichten würde. In der Tat habe ich in dieser Hinsicht keinen besonderen Enthusiasmus an den Tag gelegt, aber ich habe lediglich über die Bedingungen einer Vereinigung gesprochen. Ich habe auf die an mich herangetragene Bitte, die Berliner Mauer zu besuchen, nicht reagiert.

Welche Möglichkeiten haben wir, auf einen laufenden Prozess einzuwirken? Was hätte ich damals tun können? Eine Panzerdivision schicken, vielleicht noch

[6] Zum Pariser Gipfel am 18. 11. 1989 vgl. Vorlage Teltschiks vom 17. 11. 1989, in: Deutsche Einheit, Sonderedition, S. 541–546, zum Verlauf Weidenfeld, Außenpolitik, S. 88–95 mit Diskussion der Einzelbelege.

[7] Dokumente Nr. 62 und Nr. 63.

[8] 8.–9. 12. 1989, vgl. Dokument Nr. 61, Anm. 8. Zum Verlauf vgl. Weidenfeld, Außenpolitik, S. 145–152.

ausgestattet mit nuklearen Mitteln? Zumal es sich um ein mit uns verbündetes Land handelt. Ich habe mich damals mit Margaret Thatcher beraten. Ihre Überlegungen gingen in die gleiche Richtung wie meine. Aber dabei war sie die Erste, die den Deutschen ein Glückwunschtelegramm schickte, nachdem sie für die Vereinigung gestimmt hatten.

Welche Mittel der Einflussnahme haben wir also, Drohungen natürlich ausgenommen? Es macht keinen Sinn, einfach in den Wind zu sprechen. Wir müssen eine friedliche Beilegung der Konflikte anstreben und nicht ihre Verschärfung. Ich habe mich stets um eine schrittweise Liquidierung der Militärblöcke bemüht. Aber derzeit zeichnen sich starre Bündnisse ab. So gibt es zwischen den USA und der BRD keinerlei Schwierigkeiten. [...].

* Die Begegnungen zwischen M. S. Gorbačev und François Mitterrand fanden während des Besuchs des französischen Präsidenten in Moskau statt.

Archiv der Gorbačev-Stiftung. Bestand 1, Verzeichnis 1.

Nr. 95
Zweites Gespräch Gorbačevs mit dem französischen Staatspräsidenten Mitterrand am 25. Mai 1990 [Auszug][1]

Aus dem Vieraugengespräch M. S. Gorbačevs mit F. Mitterrand

25. Mai 1990

(An dem Gespräch nahmen von französischer Seite der Berater F. Mitterrands, J. Attali, von sowjetischer Seite V. V. Zagladin teil.)

[...]. **M. S. Gorbačev:** Europa steht derzeit im Zentrum des Weltgeschehens. Wir können also den beim Frühstück begonnenen Meinungsaustausch über die europäischen Angelegenheiten fortsetzen, die Erörterung des deutschen Problems abschließen und uns über die Perspektiven des europäischen Prozesses unterhalten.[2]

F. Mitterrand: Einverstanden. Es wird für mich einfach sein, die Position Frankreichs darzulegen. Wir haben gute Beziehungen mit den Deutschen. Aber wir sind nicht blind. Wir haben nie die Augen davor verschlossen, in welcher Weise sie alle Anstrengungen darauf konzentriert haben, dass die Vereinigung Deutschlands möglichst rasch zustande kommt. Während dieser ganzen Zeit habe ich Folgendes erklärt: Ich stelle keinerlei Vorbedingungen für eine Wiedervereinigung, aber ich bin der Ansicht, dass die Folgen einer Vereinigung Deutschlands Gegenstand von Gesprächen auf der Grundlage entsprechender Garantien sein müssen. Um welche Garantien geht es?

[1] Auszüge in von Plato, Vereinigung, S. 340–345 (mit z.T. leicht abweichenden Übersetzungen und Umstellungen) und Tschernjaew, Mein deutsches Tagebuch, S. 266. Aus französischer Perspektive (mit zahlreichen Umstellungen) Attali, Verbatim, S. 498–501. Vgl. ferner Anm. 1 zu Dokument Nr. 94.

[2] Dokument Nr. 94.

Erstens stellt sich die Frage nach den Grenzen. Eine Vereinbarung über ihre Unantastbarkeit ist unerlässlich. In erster Linie betrifft dieses Problem Polen. In dem Bestreben, in dieser Frage Klarheit zu erlangen, habe ich in Paris Jaruzelski und Mazowiecki empfangen.[3] Wir drei haben in dieser Frage eine abgestimmte Position vorgelegt.

Ich habe Kohl immer gesagt, dass der Prozess der deutschen Vereinigung unbedingt von Garantien in der Grenzfrage begleitet sein müsse und dass er Klarheit in diese Frage bringen solle. Aber er hat dies nicht getan, mit Ausnahme meines letzten Gespräches mit ihm. Damals sagte er, wie immer sich die Ereignisse entwickelten, die beiden deutschen Parlamente würden getrennte Sitzungen abhalten, um sich zu den Grundlagen zu äußern, auf denen nach erfolgter Vereinigung Deutschlands Verhandlungen geführt würden.[4] Bis dahin hatte er nämlich in etwa Folgendes erklärt: Wir können überhaupt nichts sagen, bis die Einheit erreicht sein wird.

Somit ist er ein wenig „zurückgerudert". Das bedeutet, dass im Juni die Parlamente Ostdeutschlands und Westdeutschlands zusammentreten und eine entsprechende Erklärung verabschieden werden.[5] Es ist jedoch klar, dass die Polen etwas Ernsthafteres brauchen. So also sehe ich die jetzige Lage.

Zweitens existiert das Problem der Beziehungen Deutschlands mit den Europäischen Gemeinschaften. Ich habe nicht die Absicht, mich in diese Frage zu vertiefen; ich erwähne sie nur. Ich war stets der Meinung, dass Deutschland Zugeständnisse machen und den Gemeinschaften einen Teil seiner nationalen Kompetenzen abtreten müsse, damit sie vorankommen können. Mit anderen Worten, es ist unerlässlich, über den „rein deutschen Willen" hinauszugehen.

Drittens erhebt sich natürlich die Frage nach den Bündnissen. Ich möchte wissen, was denken Sie derzeit über die Zukunft von NATO und Warschauer Pakt? Wir haben heute beim Frühstück schon kurz darüber gesprochen. Persönlich sehe ich keinerlei Möglichkeiten, Deutschland zu verbieten, seine Wahl zu treffen, wenn es sich vereinigt und seine Souveränität in vollem Umfang erlangt haben wird. Dies würde nicht den Vereinbarungen von Helsinki entsprechen.[6]

Eine andere Sache ist, dass man von ihm unbedingt Garantien verlangen muss, bevor die Einigung erfolgen wird. Ich glaube, dass nach Abschluss des Vereinigungsprozesses niemand Deutschland wird verbieten können, seine Absichten zu verwirklichen.

Und wieder kehren wir zur Erörterung der Frage der Fortdauer der Präsenz der sowjetischen Streitkräfte im Osten Deutschlands und der westlichen Streitkräfte im Westen Deutschlands zurück. Das ist der Kern des Problems, aber wichtig ist auch seine Ausgestaltung.

Ich meine, dass die Entwicklung in diesem Bereich nicht zu rasch erfolgen darf. Bereits heute ist die Stimmung in der Öffentlichkeit innerhalb Deutschlands ge-

3 Vgl. die gemeinsame Pressekonferenz am 9. 3. 1990, in: Mitterrand, Über Deutschland, S. 165–170.

4 Vgl. Telefonat Kohls mit Mitterrand am 14. 3. 1990 sowie den Brief Kohls an Mitterrand vom 23. 5. 1990, in Deutsche Einheit, Sonderedition, S. 943–947 und 1143–1145.

5 Gemeinsame Entschließung des Bundestags und der Volkskammer vom 21. 6. 1990, u. a. in: Die deutsche Vereinigung. Dokumente zu Bürgerbewegung, Annäherung und Beitritt, hg. von Volker Gransow u. a., Köln 1991, S. 190 f.

6 Vgl. Dokument Nr. 5, Anm. 4.

genüber diesen Problemen nicht so, wie sie, sagen wir, am Vorabend der Parlamentswahlen war und wir können nicht sagen, wie sie am Ende dieses Jahres sein wird.

Kohl war von den Wahlergebnissen in zwei Bundesländern enttäuscht: in Niedersachsen und in Rheinland-Pfalz.[7] Deshalb möchte er den Vereinigungsprozess beschleunigen, um sich bei den Wahlen den Zustrom der Stimmen aus der DDR zunutze zu machen. Es wäre klug, ihn daran zu hindern, das heißt, etwas zu unternehmen, um den Prozess zu verlangsamen. Nach einiger Zeit, wenn man neue Wahlen unter Beteiligung bereits aller Deutschen durchführt, wird die Lage klarer und der anfängliche Enthusiasmus wird sich legen. Was passiert dann? Wenn die Führer des zukünftigen Deutschland dieselben Leute sind, die wir kennen, dann wird sich die Lage nicht ändern. Wenn es aber neue Leute sind – nun, dann werden wir schauen, wie wir vorgehen.

Über welche Mittel verfügen wir? Die USA sind voll und ganz auf der Seite der BRD. Sie sind für eine unverzügliche Wiedervereinigung. Großbritannien nimmt eine etwas reserviertere Haltung ein. Ich glaube sogar, dass es im Grunde der Vereinigung Deutschlands feindselig gegenübersteht. Aber die Engländer sprechen sich eindeutig für seine Mitgliedschaft in der NATO aus.

So haben wir wenige Mittel, die Deutschen „geradeheraus“ daran zu hindern, das zu tun wonach sie streben. Ich würde gerne wissen, was Sie in diesem Zusammenhang zu tun beabsichtigen.

Ferner gibt es den Aspekt der verschiedenen Vereinbarungen, die in Europa getroffen worden sind. Erstens ist es notwendig, die Einhaltung der Regeln zu gewährleisten, auf die man sich im Rahmen des Helsinki-Prozesses geeinigt hat. Man muss dem Inhalt der KSZE ein größeres Gewicht verleihen. Unerlässlich ist ein ständiger Mechanismus, um nicht einfach nur ab und zu Treffen der Außenminister durchzuführen, sondern sie auf eine regelmäßige Grundlage zu stellen. Notwendig ist ein ständiges Sekretariat mit konkreten Vollmachten. Übrigens, die USA können sich über ein solches Vorgehen nicht beklagen, da sie selbst Teilnehmer in der KSZE sind.[8]

Wie ich Ihnen bereits beim Frühstück sagte, muss man unbedingt der Versuchung aus dem Weg gehen, die Sowjetunion zu isolieren und alles vermeiden, was ihr auch nur den Eindruck vermitteln könnte, dass irgendjemand dies anstrebt …

Davon lasse ich mich bei meiner Absicht leiten, für einen Dialog zwischen der UdSSR und den „Sieben“ im Laufe ihres Treffens in Houston einzutreten.[9] Trotzdem muss man aus dem Zustand der zwei Blöcke in Europa herauskommen; dabei ist es wichtig, der Sowjetunion die erforderlichen Bedingungen für ihre Sicherheit zu garantieren, auch im Hinblick auf die Interessen ihrer inneren Sicherheit.

Was meine ich damit? Ich weiß sehr gut, dass die Vereinigung Deutschlands und seine Mitgliedschaft in der NATO Ihnen sehr große Probleme bereitet. Auch ich

[7] Kommunal- und Europawahlen am 18. 6. 1989 in Rheinland-Pfalz, Landtagswahlen in Niedersachsen am 13. 5. 1990.

[8] Vgl. Anm. 10.

[9] Treffen der Staats- und Regierungschefs der G-7 und des Präsidenten der EG-Kommission am 9.–11. 7. 1990 in Houston (Texas), vgl. Erklärung vom 10. 7. 1990 in: Europa-Archiv 45 (1990), S. D 422–D 437.

habe in diesem Zusammenhang mit Schwierigkeiten zu kämpfen, aber anderer Art. Deshalb betone ich die Notwendigkeit, Bedingungen für Ihre Sicherheit zu schaffen, aber auch für die europäische Sicherheit insgesamt. Von diesem Ziel habe ich mich leiten lassen, als ich unter anderem meine Idee zur Schaffung einer europäischen Konföderation vorgebracht habe. Sie gleicht Ihrer Konzeption vom Bau eines gemeinsamen europäischen Hauses. [...].[10]

M. S. Gorbačev: Danke für diese detaillierte Darlegung, Herr Präsident. Ich glaube, der Ursprung der heutigen Situation ist der Umstand, dass zwei gewaltige Prozesse zusammengekommen sind. Erstens der Prozess der westeuropäischen Integration mit dem vorrangigen Ziel, bis Ende 1992 einen einheitlichen Markt zu schaffen.

Andererseits sind die Impulse unserer Perestrojka entstanden und es wurde die Idee eines gesamteuropäischen Hauses geboren. Heute sind die Europäer stärker als früher, fühlen sich als Europäer. Und ich sehe – ich habe dies seit langem bemerkt – dass die Amerikaner unruhig zu werden beginnen. Dabei nicht wie früher, das heißt im Wesentlichen in Hinblick auf eine Verschärfung der wirtschaftlichen Konkurrenz, sondern sie fürchten um ihre Position in Europa insgesamt.

Diese Befürchtungen begannen sich bei ihnen zu verstärken, als sie sahen, dass die Europäer – sowohl im Osten als auch im Westen – von Erörterungen über das gesamteuropäische Haus zu realen Schritten in diese Richtung übergehen. Derartige Befürchtungen führen bei den Amerikanern zu einer Komplizierung der Lage. Es entsteht gegenseitiger Argwohn.

Wie mir bekannt ist, verdächtigen sie Frankreich im Westen und die Sowjetunion im Osten, diese Prozesse anzustacheln, um die Amerikaner vom Kontinent zu vertreiben. Aber wir beide haben niemals – auch nicht unter vier Augen – etwas Derartiges gesagt, ganz zu schweigen von öffentlichen Auftritten. Wir sind nicht gegen die Präsenz der Amerikaner in Europa. Ich bin der Meinung, dass sie unverzichtbar ist. Andernfalls kommen bei den Amerikanern Befürchtungen auf und dies ist mit negativen Folgen verbunden. Man muss Realist sein.

Ich denke darüber Folgendes. Wenn sich die Amerikaner beeinträchtigt fühlen und erst recht, wenn sich die reale Bedrohung erhebt, gewissermaßen zur Seite geschoben zu werden, dann setzt dies Kräfte in Bewegung, die Hindernisse auf dem Wege positiver Tendenzen in Europa und in der Welt insgesamt errichten könnten. Dabei fällt mir auf, dass die USA selbst nach Vorgehensweisen suchen, die es ihnen gestatten würden zu verhindern, dass die europäischen Prozesse über den ihnen nützlichen Rahmen hinausgehen und nicht zuzulassen, dass sie sich in eine von den Amerikanern unerwünschte Richtung entwickeln.

F. Mitterrand: Ich stimme Ihnen voll und ganz zu.

[10] Wortlaut der Neujahrsansprache Mitterrands vom 31. 12. 1989 in Le Monde Nr. 13975 vom 2. 1. 1990, S. 5; vgl. ferner die Ansprache Mitterrands auf der Schlusssitzung der Tagung der Europäischen Konföderation am 14. 6. 1991, in: Europa-Archiv 46 (1991), S. D 390–D 394. Gem. von Plato, Vereinigung, S. 343 f. folgen hier noch detaillierte Ausführungen Mitterrands über seine Konföderationspläne: strukturelle Ausgestaltung durch Ministertreffen und Sekretariat, Felder der Zusammenarbeit und Gleichberechtigung aller Mitglieder, zur Übergangsrolle der KSZE, mit Andeutungen über den langfristigen Abzug der USA und Kanadas aus Europa sowie über das langfristige europäische Gewicht in Friedens- und Wirtschaftspolitik. Vgl. hierzu auch Attali, Verbatim, S. 498.

M. S. Gorbačev:[11] Mir scheint, dass unser Freund Kohl, mit dem ich gute Beziehungen unterhalte, es sehr eilig hat und sich bemüht, uns in den laufenden Prozess hineinzuziehen. Er kann Dummheiten machen. Und ich bin mit Ihrer These solidarisch, dass man ohne Eile handeln und die Schritte abstimmen muss.

Ich bin überzeugt, dass man in der Frage der Fristen keine Eile haben darf. Einen Ausweg aus der entstandenen Lage sehe ich in der Synchronisierung des europäischen Prozesses mit dem Prozess der Schaffung der deutschen Einheit. Die Entwicklungsgeschwindigkeiten dieser Prozesse sind de facto bereits unterschiedlich und es ist kaum möglich, ihre absolute Synchronisierung zu erreichen. In den internationalen Beziehungen ist dies überhaupt unmöglich. Doch es ist notwendig, nach einer maximalen Annäherung der Geschwindigkeiten zu streben; ein solches Vorgehen würde den Interessen der europäischen Länder – Polens und sogar Großbritanniens, bei all seiner Spezifik – entsprechen.

Den Amerikanern ist hingegen die Position Kohls näher. Sie stellen sich vor, auf diesem Wege die NATO und ihren Einfluss in der NATO zu erhalten. Früher brauchten die USA die NATO in militärischer Hinsicht als Gegengewicht zum sowjetischen Militärpotential. Nun aber ist es so, dass die NATO das geeinte Deutschland in einem verlässlichen Rahmen verankern wird. Es ist nicht auszuschließen, dass dieses Vorgehen der Amerikaner zum Ziel hat, die NATO unsterblich zu machen.

Die Hartnäckigkeit, mit der die Amerikaner die These von der Notwendigkeit und Nützlichkeit der NATO verteidigen, zwingt mich, die Frage aufzuwerfen: Glauben die USA, auf diese Weise einen Mechanismus, eine Institution, eine Art Direktorium zur Lenkung der globalen Angelegenheiten zu schaffen? Aber dies würde der Politik, der Philosophie und der Denkweise zuwiderlaufen, die bei den Europäern zu überwiegen beginnt. Dies würde den positiven Tendenzen der europäischen Entwicklung widersprechen, an deren Anfängen die UdSSR und Frankreich standen.

Das Problem besteht darin, wie dies alles zu vereinbaren ist. Ich würde die Frage, dass die „Vier" ihre Rechte noch nicht bis zum Ende genutzt haben, noch nicht von der Tagesordnung nehmen.

F. Mitterrand: Kohl hat die Absicht, die Angelegenheit der Vereinigung Deutschlands mit der Unterstützung der USA bis Jahresende abzuschließen.

M. S. Gorbačev: In dieser Frage gibt es einen sehr wichtigen Umstand. Dies sind – ich wiederhole es – die Rechte der Vier Mächte. Soll eben kein Friedensvertrag geschlossen werden, sondern irgendein Dokument über eine abschließende Friedensregelung, das einen Schlussstrich unter die Ergebnisse des Zweiten Weltkrieges zieht, unter anderem hinsichtlich der deutschen Frage. Dies muss ein international verpflichtendes Dokument sein, in dem die wichtigsten Elemente festgehalten werden. Ein solches Abkommen würde Bestandteil des Fundaments der künftigen Sicherheitsstruktur werden.

Mir scheint, dass die Zeit gekommen ist, auch über neue Institutionen nachzudenken. Warum nicht über die Anbahnung einer Zusammenarbeit zwischen War-

[11] Die folgenden Ausführungen sind sinngemäß bei Attali, Verbatim, S. 499 z.T. Mitterrand zugeschrieben.

schauer Pakt und NATO nachdenken? Man muss irgendwelche Formen für Kontakte zwischen diesen beiden Organisationen suchen. Insbesondere existiert bereits ein breites Verständnis dafür, dass ein Zentrum zur Verhütung von Krisensituationen in Europa notwendig ist.

Wir hoffen, dass die NATO zu einer anderen Doktrin übergeht als der derzeitigen. In Anbetracht der im Warschauer Pakt in Bezug auf die Militärdoktrin bereits vorgenommenen Arbeit würde dies eine entsprechende Perspektive für eine Politisierung der beiden Blöcke und für die Schaffung neuer Beziehungen zwischen ihnen eröffnen.[12] Wenn irgendwelche Formen des Zusammenwirkens und der wechselseitigen Verbindungen zwischen den beiden militärpolitischen Gruppierungen skizziert werden, dann könnte vielleicht das geeinte Deutschland einen Raum, ein Feld für eine solche Zusammenarbeit bilden. Dann würde das geeinte Deutschland nicht nur dem Warschauer Pakt oder der NATO angehören, sondern würde von beiden Organisationen überwölbt werden.

Ich habe zu Baker gesagt: Uns ist Ihre wohlwollende Haltung gegenüber der von einigen Vertretern osteuropäischer Länder geäußerten Absicht bekannt, den Warschauer Pakt zu verlassen, um später in die NATO einzutreten.[13] Aber wie wird die Reaktion der USA ausfallen, wenn die UdSSR einen ähnlichen Wunsch äußert? Wichtig ist es, schon jetzt konkrete Formen der wechselseitigen Beziehungen der beiden militärpolitischen Blöcke zu erarbeiten, denn davon wird das politische Gesicht des künftigen Europa abhängen.

Die Suche nach neuen Formen der Beziehungen zwischen den Bündnissen könnte im Zusammenhang mit der Erarbeitung der politischen Organisation eines neuen Europa vorgenommen werden. Dann würden in Verbindung mit Ihren Aussagen zu konkreten Maßnahmen und Garantien im Zusammenhang mit der Vereinigung Deutschlands – zu den Grenzen, zur Präsenz ausländischer Streitkräfte in Deutschland, zum Schicksal der internationalen Abkommen, die die deutschen Staaten mit anderen Ländern geschlossen haben – die Vereinbarungen zwischen den Bündnissen organisch in diesen Prozess eingebunden werden.

Dann würde allen klar werden, dass wir uns verändern, dass Ost und West sich aufeinander zubewegen, besonders in Wien; dass die beiden militärpolitischen Gruppierungen in einer solchen Schlüsselfrage wie der Schaffung der deutschen Einheit zusammenarbeiten. Diesen Aufgaben würden auch neue Formen der wirtschaftlichen Zusammenarbeit entsprechen, darunter eine Europäische Bank.[14] Diese Bank könnte zu einem Kanal werden, der die Länder des Westens und des Ostens miteinander verbindet.

Zu all diesem könnten Vereinbarungen kommen, die den Gipfeltreffen zwischen allen europäischen Ländern einen regelmäßigen Charakter verleihen würden sowie Vereinbarungen über die Schaffung eines ständigen Exekutivorgans, in dem die Außenminister vertreten wären. Darüber haben auch Sie gesprochen. Die Arbeit in dieser Richtung würde als Ansporn zu mehr Integration und Einheit des

[12] Vgl. zum XXIV. Treffen des PBA des Warschauer Pakts in Moskau am 6.–7. 6. 1990 die Sammlung von Reden und Deklarationen des PHP, http://www.php.isn.ethz.ch/collections/colltopic.cfm?lng=en&id=17115&navinfo=14465.

[13] Dokument Nr. 91.

[14] Vgl. Dokument Nr. 62, Anm. 26.

neuen Europa dienen, nicht zu seiner Trennung, würde der Aufgabe entsprechen, den in letzter Zeit aufgetretenen gegenseitigen Argwohn zu überwinden. Dann würden alle Europäer – und nicht nur die größten unter ihnen – sich wirklich als Herren ihres Kontinents fühlen.

Ich würde es für nützlich halten, wenn auf der Ebene der Außenminister unserer Länder ein gemeinsames Nachdenken über ein realistisches Herangehen an diese Probleme beginnen würde. Jetzt werden von verschiedenen Seiten „einfache" Lösungen vorgebracht, die in Wirklichkeit große Gefahren in sich bergen. Immerhin geht es um das Schicksal Europas, das seinerseits das Schicksal der ganzen Welt bestimmen wird. Ich bin überzeugt, wenn man von positiven Impulsen für die globale Entwicklung redet, dann können diese gegenwärtig nur aus Europa kommen. Ich sehe einfach nicht, woher sie sonst noch kommen könnten.

F. Mitterrand: Ich bin einverstanden, dass dies alles Gegenstand konstruktiver Erörterungen zwischen uns werden kann.

Derzeit ist mit der Frage nach der Mitgliedschaft des vereinten Deutschland in der NATO eine tatsächliche Schwierigkeit verbunden. Die USA und auch die Führer der beiden Deutschland möchten sie so schnell wie möglich lösen und natürlich zugunsten einer solchen Mitgliedschaft.

Eine andere Sache ist, was die deutsche Bevölkerung darüber denkt, was die einfachen Deutschen denken. Selbstverständlich werden diese Fragen unter den Deutschen selbst entschieden; aber welche Variante könnten Sie ihnen vorschlagen?

M. S. Gorbačev: Die Präsenz des künftigen geeinten Deutschland in beiden Blöcken gleichzeitig.

F. Mitterrand: Ich glaube nicht, dass dieser Vorschlag, der grundsätzlich klug ist, angenommen werden würde. Dabei erinnere ich daran, dass ich persönlich für eine allmähliche Auflösung der Militärblöcke eintrete.

Es entsteht der Eindruck, dass die Frage der Mitgliedschaft des künftigen Deutschland in der NATO mit dem Verlauf der Abrüstungsgespräche verknüpft wird. Konkret gesprochen: Werden Sie eine solche Verknüpfung in Bezug auf die Wiener Gespräche vornehmen?[15] Sie werden doch nicht auf solche Trümpfe wie die Abrüstungsgespräche verzichten. Zumindest nicht, bis Sie eine Antwort hinsichtlich des besagten Aspekts der deutschen Reglung erhalten haben. Mit anderen Worten, werden Sie den Verlauf der Abrüstungsgespräche in Abhängigkeit vom Gang der deutschen Angelegenheiten bremsen?

M. S. Gorbačev: Das kann eine der Folgen sein, über die ich gesprochen habe.

F. Mitterrand: Ich habe nicht den geringsten Zweifel hinsichtlich der Entschlossenheit der BRD und der sie unterstützenden USA, was die Frage der NATO angeht. Offenbar werden Sie darüber auf dem bevorstehenden Treffen mit Präsident Bush sprechen.[16]

M. S. Gorbačev: Unbedingt. Über dieses Thema haben Baker und ich lange gesprochen.[17] Ich habe ihn gebeten, dem amerikanischen Präsidenten meine Vorstel-

[15] Vgl. Dokument Nr. 61, Anm. 10.
[16] Dokument Nr. 96.
[17] Wie Anm. 13.

lungen in allen Einzelheiten zu übermitteln. Er solle dies – habe ich gesagt – als „Hausaufgabe" im Vorfeld unseres Treffens ansehen. Ich habe im Gespräch mit dem Außenminister hervorgehoben, dass wir uns in einer seltsamen Lage befinden würden, wenn man verlange, in Abhängigkeit davon zu agieren, was Bush oder Kohl wollen oder nicht wollen.

F. Mitterrand: Ich bin kein Pessimist. Aber ich glaube, dass Bush sehr verwundert sein wird, wenn Sie ihm Ihren Vorschlag mitteilen werden. Er ist darauf nicht vorbereitet. Die Idee der Zugehörigkeit Deutschlands zu zwei Blöcken wird ihm ein wenig unsinnig erscheinen. Einerseits verleiht sie Deutschland eine ungewöhnlich starke Position, andererseits werden die Deutschen selbst sie ablehnen.[18]

M. S. Gorbačev: Darauf kann man sagen, dass die Dinge aus Sicht Washingtons so erscheinen, während die Europäer ihre eigenen Ansichten haben. [Um offen zu sprechen, mit gefällt das Streben Kohls und Bushs nicht, die Situation auszunutzen, wenn sich die Sowjetunion auf ihre inneren Angelegenheiten konzentriert und ihre Kräfte den sich bei uns vollziehenden tiefgreifenden Veränderungen widmet ... [...]].[19]

F. Mitterrand: Ich habe darauf geachtet, was Sie in Bezug auf einen Friedensvertrag oder eine Friedensregelung gesagt haben, in der alle unverzichtbaren Bedingungen für die europäische Sicherheit aber auch für die Sicherheit der UdSSR festgelegt wären. Mir scheint, dass dieser Ansatz besser verstanden würde, als der Vorschlag einer gleichzeitigen Mitgliedschaft Deutschlands in zwei Bündnissen.

M. S. Gorbačev: Nun, dies ist eine der Varianten, die man erörtern kann. Die Beziehungen zwischen uns sind so, dass wir Fragen dieser Art in Ruhe besprechen können. Warum sollen wir nicht auch über folgende Variante nachdenken: Das vereinte Deutschland tritt der politischen Organisation der NATO bei, nicht aber ihren militärischen Strukturen, so wie Frankreich.[20]

F. Mitterrand: Ich widerspreche nicht, doch wird dies von den Deutschen selbst abhängen. Persönlich sehe ich dabei für mich keinerlei Unannehmlichkeiten.

M. S. Gorbačev: In unserer Zeit ist es zu wenig, wenn ein Politiker nicht widerspricht, er muss auch Vorschläge machen. Und die Meinung des französischen Präsidenten hat heute großes Gewicht.

F. Mitterrand: Ich denke viel über die Frage nach, wie man die Verpflichtung Deutschlandes, keine Nuklearwaffen zu besitzen, fixieren kann. Alle übrigen Probleme sind von geringerer Bedeutung.

Anfang Juli werde ich an der Sitzung des NATO-Rats teilnehmen.[21] Dort wird man politische Fragen erörtern. Ich nehme nicht an Veranstaltungen teil, bei de-

[18] Anders die Wiedergabe in Tschernjaew, Mein deutsches Tagebuch, S. 266: „Was werden Sie", fragte Mitterrand Gorbatschow, „in diesem Fall machen? Verbal protestieren? Das ist erniedrigend und nutzlos. Würden Sie Ihre Truppen in Deutschland belassen, dann wären Sie Okkupanten. Deshalb, weil die Truppen sich auf dem Territorium eines souveränen Staates nur auf Grund von dessen Bitte und/oder auf der Grundlage eines internationalen Rechtsabkommens aufhalten dürfen. Kürzer gesagt, Sie würden die Konfrontation mit den USA und ganz Westeuropa erneuern."

[19] Ergänzung gem. von Plato, Vereinigung, S. 342.

[20] Vgl. Dokument Nr. 91, Anm. 10.

[21] 5.–6. 7. 1990 in London. Vgl. die Londoner Erklärung, unter http://www.nato.diplo.de/Vertretung/nato/de/06/Gipfelerklaerungen/alt–Gipfelerkl_C3_A4rungen/1990_07_London_DownlDat,property=Daten.pdf.

nen es um die militärische Problematik geht. Dies hängt mit der Ihnen bekannten Nichtteilnahme Frankreichs an der militärischen Organisation der NATO zusammen. Im Verlaufe der gemeinsamen Pressekonferenz mit Bush in Florida am 19. April hielt ich es für angebracht hervorzuheben, dass keine Rede davon sein könne, dass Frankreich sein Engagement in die NATO erhöhen werde.[22]

Also, wie werde ich meinen Auftritt vor den Teilnehmern der NATO-Sitzung gestalten? Zu dieser Zeit werden Sie Bush bereits Ihren Vorschlag über die gleichzeitige Mitgliedschaft Deutschlands in beiden Bündnissen erläutert haben. Wie jeder Mensch kann ich mich irren, aber soweit ich meine Bündnispartner in der NATO kenne, kann es nicht die geringste Chance geben, dass sie diesem Vorschlag zustimmen.

Wissen Sie, von wem Ihr Vorschlag womöglich am besten aufgenommen werden wird? Von den Deutschen selbst. Ich meine die Öffentlichkeit und nicht die „Kommandozentralen". Die Sache ist die, dass die deutsche öffentliche Meinung ein Gefühl der Unsicherheit durchmacht. Sie würde es vorziehen, sich überhaupt nicht an einem Bündnissystem zu beteiligen. Die deutsche Öffentlichkeit hat die Vereinigung bereits bekommen; jetzt steht der Ausgleich der Entwicklungsniveaus der Teile des künftigen Deutschland auf der Tagesordnung. Die Deutschen fürchten generell Atomwaffen und sie wären froh, wenn man sie von ihrem Territorium entfernen würden. Also könnte sich die deutsche öffentliche Meinung Ihrem Vorschlag anschließen, aber wirklich reden kann darüber erst in einem Jahr. Weil man sich bis dahin nicht besonders nach der deutschen öffentlichen Meinung richten wird.

Auf meine Bitte hin ist Attali in die USA gereist, wo er mit amerikanischen Militärs zusammengetroffen ist, vor allem mit Scowcroft.[23]

J. Attali: Es besteht nicht der geringste Zweifel an der Bedeutung, die die USA der Mitgliedschaft Deutschlands in der NATO beimessen. Sie sehen darin eine wichtige Voraussetzung für die Aufrechterhaltung ihrer Präsenz auf dem europäischen Kontinent.

F. Mitterrand: Von daher werden sich die Amerikaner und die Deutschen, die dieses Problems ja auch lösen müssen, Ihrem Vorschlag gegenüber negativ verhalten. Und sobald Deutschland volle Souveränität erlangt haben wird, können wir ihnen überhaupt nichts mehr sagen. Die Deutschen werden erklären: „Wir haben das gleiche Recht, über unser Schicksal zu entscheiden, wie andere auch". Dies wird sehr bald geschehen, in acht Monaten oder einem Jahr. Um diese Zeit wird alles schon gelaufen sein.

M. S. Gorbačev: Wahrscheinlich haben Sie recht.

F. Mitterrand: Man kann sich die Reaktion auch der anderen NATO-Partner im Voraus vorstellen. So hängt zum Beispiel Großbritannien, das eine vorsichtige und im Grunde feindselige Haltung in Bezug auf den deutschen Prozess einnimmt, mehr als alle anderen Europäer der Idee an, Deutschland in der NATO zu halten. Somit kann ich auf England nicht zählen.

[22] In Key Largo (Florida), vgl. Public Papers of the Presidents of the United States, Bush, 1990 I, Washington 1991, S. 523–529; Zelikow/Rice, Sternstunde, S. 331 f.

[23] Vgl. Attali, Verbatim, S. 440–442 zum 8. 3. 1990.

M. S. Gorbačev: Sie können auf mich zählen. Selbst wenn Sie den Vorschlag, gemeinsam zu handeln, nicht annehmen, werde ich gleichwohl meinen Standpunkt zum Ausdruck bringen.

F. Mitterrand: Aber Sie sind kein NATO-Mitglied. Verstehen Sie mich richtig *(lacht)*. Frankreich kann aber nicht zulassen, dass es sich im Atlantischen Bündnis irgendwo am Rand befindet. Ich bin auch nicht mit allem zufrieden, was die Entwicklung der deutschen Angelegenheiten angeht. Ich kann über dieses Thema – jedoch nicht über eine Beteiligung Deutschlands an den Bündnissen – mit Bush reden, zu dem ich ein gutes Verhältnis habe. In der Frage der Allianzen kann man meine Haltung entgegengesetzt nennen.

Ich habe Folgendes gesagt: Man darf nichts unternehmen, was die UdSSR nicht nur isolieren könnte, sondern bei ihr auch nur das Gefühl schafft, man würde versuchen, sie zu isolieren. Ich betone, dass letztlich die Frage der Mitgliedschaft Deutschlands in der NATO nicht überaus eilig ist. Umso mehr als die BRD bereits der NATO angehört. Lassen wir die Prozesse laufen, wie sie laufen. Und in der Zwischenzeit wird die Gruppe „4+2“ [sic!] arbeiten, wird die Frage der Friedensregelung lösen, wird die KSZE stärken und dann wird man sehen. Aber meine Gesprächspartner hören nicht besonders darauf.

M. S. Gorbačev: Die Deutschen klopfen ständig an unsere Tür, geben Signale.

F. Mitterrand: Interessant, was wollen sie bei Ihnen erreichen?

M. S. Gorbačev: Sie wollen, dass ich den Einigungsprozess bis zum Ende unterstütze, auch in der Frage der Fristen. Aber Sie und ich haben doch gesagt, dass wir nicht gegen eine deutsche Vereinigung sind.

F. Mitterrand: Ich bin nicht dafür und nicht dagegen. Diese Frage entscheiden die Deutschen selbst. Es gibt andere Aspekte, die nicht nur von ihnen abhängen, sondern auch von der Gruppe der „4+2“, aber auch von den europäischen Gemeinschaften.

Die Deutschen sind jedoch darum bemüht, hundertprozentig Herren ihrer Politik zu werden. Sie möchten sich von der Zensur durch die „4+2“ befreien. Es kann sich Folgendes ergeben: Sie machen den Polen irgendwelche Versprechungen, entwerfen eine Regelung der Berlinfrage und erklären danach der Gruppe „4+2“: „Hier gibt es nichts mehr zu tun, geht!“. Ein solches Verhalten kann man Reflex der Stärke nennen.

Deshalb stelle ich mir die Frage: Über welche Mittel verfügen wir, um diesen Prozess in anderer Weise zu lenken?

Die Argumentation über die Grenzen wird von allen wahrgenommen. Nicht nur von Polen, sondern auch von Dänemark, Belgien, Großbritannien, Italien, Frankreich usw. Das ist natürlich ein positives Element. Wenn die Rede auf die Rolle der KSZE kommt, dann unterstützen sie alle. Komplizierter steht es um die Frage, keine Isolierung der UdSSR zuzulassen. Als ich die Idee einer europäischen Konföderation vorbrachte, stellte man mir irgendwie die Frage: „Sie schließen selbstverständlich die UdSSR nicht in die Konföderation ein?“ Ich antwortete: „Natürlich schließe ich sie ein“. Mehr noch, gerade darin besteht der Sinn meiner Idee. In dieser Hinsicht habe ich die Unterstützung zum Beispiel jener Länder, die ich erwähnt habe.

Was die Frage der Mitgliedschaft Deutschlands in der NATO angeht, so bin ich bereit zu helfen, aber ich glaube, der Schlüssel liegt bei Ihnen. Was kann ich tun? Divisionen hinschicken?

M. S. Gorbačev: Für uns ist es einfacher: Unsere Divisionen sind bereits dort. *(Gelächter)*

Wobei sie sich auf legaler Basis dort befinden. Und wenn sie von dort abgezogen werden, dann muss gewährleistet sein, dass dies ebenfalls auf legale Weise geschieht.

F. Mitterrand: Sie haben die Frage des Status einer Nichteinbeziehung Deutschlands in die militärischen Strukturen erwähnt. Das ist ein Schlüsselmoment.

M. S. Gorbačev: Ich lasse mir diesen Gedanken ständig „durch den Kopf gehen". Sie sind der Erste, mit dem ich ihn teile.

F. Mitterrand: Ich danke Ihnen. Wir haben beide unterschiedliche Verpflichtungen, aber wir haben gemeinsame Ziele. Wir müssen die europäische Sicherheit gewährleisten, nicht gegen jemanden, sondern gemeinsam mit allen. Selbstverständlich ist nicht davon die Rede, dass wir beide uns gegen die Deutschen vereinigen. Obgleich ich vielleicht unvorsichtig sage: Ich fühle mich mit Ihnen ruhiger, als mit den Deutschen.

M. S. Gorbačev: Kohl klopft an die Tür, drängt sich auf. Das ist verständlich – er will, dass wir ihm keine Hindernisse in den Weg legen. Er weiß, dass wir den laufenden Prozess beeinflussen können, obgleich ihm auch scheint, dass diesen Prozess niemand aufhalten wird.

F. Mitterrand: Natürlich haben Sie bestimmte Möglichkeiten, auf die Entwicklung der Ereignisse einzuwirken in der Einsicht, dass wir diese Entwicklung nicht aufhalten können. In diesem Zusammenhang nimmt die Frage der Fristen eine besondere Bedeutung ein. Sie haben den sehr wichtigen Gedanken hinsichtlich der Synchronisierung ausgesprochen.

M. S. Gorbačev: Natürlich geht es nicht um eine absolute Synchronisierung. Wichtig ist, eine gegenseitige Abhängigkeit der Prozesse zu erreichen …

F. Mitterrand: Die Sache ist die, dass ich nicht „nein" sagen kann. Nicht einmal gegenüber den Deutschen. Wahrscheinlich verrate ich Ihnen kein besonderes Geheimnis, wenn ich sage, dass man mir mehrfach sowohl öffentlich als auch intern den Gedanken nahegebracht hat, den Deutschen eine gewisse partielle Kontrolle über unsere strategischen Nuklearmittel zu übergeben. Wie oft man das auch wiederholt hat, ich habe jedes Mal „nein" gesagt. Ich sage nicht „nein", wenn ich weiß, dass ich in der nächsten Phase gezwungen sein werde, „ja" zu sagen. Wenn ich in der Frage der Zugehörigkeit Deutschlands zur NATO „nein" sage, werde ich bei meinen westlichen Partnern in Isolation geraten.

M. S. Gorbačev: Meine Situation ist komplizierter. In unserer Gesellschaft besteht eine weitverbreitete negative Einstellung zu einer Beteiligung Deutschlands in der NATO.

F. Mitterrand: Ich verstehe Ihre Besorgnis. Auch in unserer Öffentlichkeit gibt es das Gefühl einer schleichenden Unruhe.

Bereits 45 Jahre leben die Menschen im System der unterschiedlichen Bündnisse. Bei ihnen haben sich gewissermaßen konditionierte Reflexe herausgebildet. Deshalb ruft jede Novität Unruhe hervor. Zum Beispiel hat de Gaulle bei vielen Unruhe ausgelöst.

Ich wiederhole ständig: Eine europäische Sicherheit ist ohne die UdSSR unmöglich. Nicht, weil die UdSSR ein Gegner ist, der über eine schlagkräftige Armee verfügt, sondern weil sie unser Partner ist. Dies liegt in unserem Interesse.

M. S. Gorbačev: Einmal haben wir bereits die Chance verpasst, zusammen zu sein. Es ist wichtig, diesbezüglich keine Fehler mehr zuzulassen. Neue Fehler könnten irreparable Folgen haben.

F. Mitterrand. Ich verstehe Sie. Im Jahr 1939 haben die englischen und französischen Diplomaten viele Fehler angehäuft. Sie riefen bei Moskau ein Gefühl der Beunruhigung hervor. Im Ergebnis war Stalin gezwungen, zwischen zwei beunruhigenden Varianten zu wählen, anstatt zwischen der Garantie der Ruhe und Unruhe wählen zu können. Dies hatte dramatische Konsequenzen.

Unabhängig davon, welches System in der UdSSR besteht, müssen wir Freunde sein. Und jetzt, da sich Ihr Land demokratisiert, sehen wir noch einen weiteren Grund, um aufeinander zuzugehen.

M. S. Gorbačev: Ja, wir nähern uns unverkennbar einander an.

F. Mitterrand: Derzeit erscheinen Sie blockiert, weil Sie sich die Aufgabe des Nichteintritts des künftigen Deutschland in die NATO gestellt haben. Wenn kein Gespräch möglich ist, können die Deutschen und ihre NATO-Partner eine einfache Variante wählen: Sie können seine Mitgliedschaft in der NATO beschließen.

Mir ist bewusst, wie delikat dieser Bereich der Interessenkonflikte ist. Deshalb habe ich den NATO-Partnern die ganze Zeit gesagt: Übernehmt die Verpflichtung, die Gefechtsformationen der NATO nicht vom derzeitigen Territorium der BRD nach Ostdeutschland ausdehnen.[24] Geleitet von diesen Erwägungen habe ich eine Reduzierung der Anzahl der Kurzstreckenraketen befürwortet. Anfang 1988, als Frankreich die Regierung Chirac hatte, habe ich mich gegen die Modernisierung der „Lance"-Raketen ausgesprochen. Vor wenigen Wochen trat Bush mit einer Erklärung an die Öffentlichkeit, die im Wesentlichen die Richtigkeit meiner Thesen anerkannte.[25]

Sie sehen, dass ich bereit bin, zur Beilegung der sich herausbildenden Konfliktsituationen beizutragen. Was allerdings die von uns erörterte konkrete Frage angeht, so sehe ich einfach nicht, wie Sie Ihre Vorstellungen durchsetzen könnten. Sie können Ihre Haltung verschärfen. Aber dieses Vorgehen wird zum Ausgangspunkt einer Destabilisierung in Europa werden. Bei allen übrigen Fragen kann man sich irgendwie einigen. Aber die Frage der Mitgliedschaft in der NATO steht gesondert da. Selbst wenn Sie von den Deutschen Zugeständnisse erlangen, werden diese nicht das Wesentliche, sondern nur das Prozedere betreffen. Zum Beispiel wird man Ihren Streitkräften gestatten, dort anderthalb, vielleicht drei, vier Jahre zu bleiben. Aber dann wird man ihnen sagen: Zieht ab. Von daher werden die Deutschen, was das Prinzipielle betrifft, nicht auf Ihren Vorschlag eingehen. [...].

Archiv der Gorbačev-Stiftung. Bestand 1, Verzeichnis 1.

[24] Vgl. Dokument Nr. 94, Anm. 4.
[25] Vgl. Dokument Nr. 31, Anm. 20, dazu das Gespräch Kohls mit Mitterand am 26. 4. 1990, in: Deutsche Einheit, Sonderedition, S. 1056–1059, hier S. 1058.

Nr. 96
Gespräch Gorbačevs mit US-Präsident Bush am 31. Mai 1990 [Auszug][1]
Aus dem zweiten Gespräch M. S. Gorbačevs mit G. Bush
Washington, Weißes Haus, 31. Mai 1990

(An der Begegnung nahmen teil: von sowjetischer Seite S. F. Achromeev, A. F. Dobrynin, V. M. Falin, A. S. Černjaev und Ė. A. Ševardnadze; von amerikanischer Seite: J. Baker, B. Scowcroft und andere offizielle Personen)

[...]. **M. S. Gorbačev:** Hätten wir zuvor keinen persönlichen Kontakt aufgebaut, unsere Minister keine Erfahrung bei der Zusammenarbeit gehabt und – am Wichtigsten – hätte Malta nicht stattgefunden,[2] dann – so bin ich überzeugt – wären unsere Länder nicht auf die Ereignisse in Osteuropa und insbesondere in Deutschland vorbereitet gewesen. Das heißt, es hätten große Fehler gemacht werden können. Ein Streichholz hätte doch genügt, um in spannungsgeladenen Zeiten das trockene Holz zum Lodern zu bringen.

Nun hingegen können wir konstatieren, dass die akute Phase grundlegender Veränderungen im Prinzip ruhig verlaufen ist, obgleich die Veränderungen selbst bisweilen sowohl in Osteuropa als auch in der Sowjetunion sehr scharfe Konturen angenommen haben.

Ich möchte Ihnen in diesem Zusammenhang vorschlagen, das Bild des sich wandelnden Europa und die durch die Vereinigung Deutschlands in Gang gesetzten Prozesse gleich in einem Komplex zu erörtern. Denn dies ist so sehr verknüpft, dass man das eine vom anderen nicht trennen kann ...[3]

Ich halte es für realistisch, nach einer Lösungsvariante für die außenpolitischen Aspekte der Vereinigung Deutschlands zu suchen, die nicht nur nicht die positiven Tendenzen im sowjetisch-amerikanischen Dialog, in Europa und in der gesamten Welt behindert, sondern sie im Gegenteil befördert. Einer Variante, die den gleichen Zeitraum wie die europäischen Prozesse in Anspruch nehmen und synchron mit ihm verlaufen würde. Dann, nach Ablauf einer Übergangsperiode, würden wir in neue Beziehungsstrukturen in Europa eintreten, einschließlich der Beziehungen im Bereich der Sicherheit.

[1] Auszüge von insgesamt 5 Gesprächen während des Besuchs vom 30. 5.–4. 6. 1990 in von Plato, Vereinigung, S. 348–358, dazu zum 31. 5. 1990 Gorbatschow, Wie es war, S. 136–138, Gorbatschow, Erinnerungen, S. 721–723, 729–736 sowie Tschernjaew, Mein deutsches Tagebuch, S. 266 f. (noch unter dem 19. 5. 90; ohne Deutschlandbezug die Einträge in Černjaev, Sovmestnyj ischod, S. 858 f. unter dem 17. und 24. 6. 1990); Tschernjaew, Die letzten Jahre, S. 298. Allgemein gehalten Achromeev/Kornienko, Glazami, S. 279–288. Vgl. ferner die Informationen Jakovlevs für Gysi im Gespräch am 14. 6. 1990, in: Nakath (Hg.), Im Kreml, S. 205–215. Aus amerikanischen Erinnerungen und Materialien Zelikow/Rice, Sternstunde, S. 381–391, daneben auch Beschloss/Talbott, At the highest levels, S. 216–228. Vgl. ferner das Fernschreiben Bushs an Kohl vom 4. 6. 1990, in: Deutsche Einheit, Sonderedition, S. 1178–1180. Vgl. Baker, Drei Jahre, S. 225–227; Dobrynin, In confidence, S. 630 f.; Kuhn, Gorbatschow, S. 138–140; Falin, Konflikte, S. 179–183; Falin, Politische Erinnerungen, S. 492 f.; Bush/Scowcroft, A world, S. 279–291; Gates, From the shadow, S. 493.

[2] Dokumente Nr. 59 und Nr. 60.

[3] Gem. von Plato, Vereinigung, S. 349 f. folgen hier längere Ausführungen Gorbačevs über eine „tiefgreifende Änderung der Formen der Zusammenarbeit" in globalem Maßstab. Gorbačev spricht sich auch für eine „baldige Vereinbarung in Wien" aus.

Im Laufe einer solchen Phase wäre es notwendig, rasch die Natur der einander gegenüberstehenden Blöcke zu verändern, sie in eine Bahn der Zusammenarbeit zu lenken und sie von militärischen in überwiegend politische Organisationen umzuwandeln. Ein Vereinbarung bzw. mehrere Vereinbarungen zwischen Warschauer Pakt und NATO würden solch eine positive Ausrichtung verstärken.

Parallel dazu würden Sie eine Initiative zur Reform der NATO-Doktrin vorlegen und die Sowjetunion würde entsprechend ihrer neuen Verteidigungsdoktrin die militärischen Strukturen konkretisieren. Es würde sich ein Austausch zwischen den Stäben entwickeln und wir würden gemeinsam die Stärke der Streitkräfte des künftigen vereinten Deutschland erörtern. Gleichzeitig würden auch generellere Fragen gestellt werden, die mit der Wechselwirkung der Sicherheitsstrukturen der UdSSR und der USA verbunden sind.

Schließlich würde ein solch kreativer Ansatz auch neue Varianten inspirieren, um die Sicherheit des geeinten Deutschland zu gewährleisten – sagen wir, gestützt auf zwei Pfeiler – nicht nur auf den Westen, sondern auch auf den Osten. Als Hypothese schlage ich vor, dass dies eine bestimmte Form einer assoziierten Mitgliedschaft sein könnte.

Ich muss gestehen, dass die Gedanken, die Ihr Außenminister mit uns in Moskau geteilt hat,[4] uns den Anstoß zu unserer Kreativität gegeben haben, die durch die Suche nach für beide Seiten nützlichen Fortsetzungen gekennzeichnet ist. Ich hoffe, dass Sie unsere Erwartungen nicht enttäuschen und etwas Neues vorschlagen. Denn wenn wir uns mit Ihnen einigen, dann, so bin ich überzeugt, werden die Deutschen uns zustimmen.

G. Bush: Danke für Ihre Darlegungen. Wie ich sehe, haben wir in der deutschen Frage fundamentale Divergenzen. Es ist möglich, dass die Ursachen in dem unterschiedlichen historischen Erbe der UdSSR und der USA wurzeln. Ihre Besorgnis und Ihr Misstrauen gegenüber den Absichten eines vereinigten Deutschland sind zu tief und ignorieren die fünfzigjährige Erfahrung mit der Demokratie auf deutschem Boden.

Dabei kann ich Ihre Befürchtungen verstehen. Wir haben auch gegen Hitler gekämpft, aber die amerikanischen Opfer stehen in keinem Vergleich zu den 27 Millionen russischen Leben, die im Kampf mit dem nazistischen Deutschland geopfert worden sind.

Und dennoch scheint mir, dass unser Herangehen an Deutschland zukunftweisender und besser zeitlich abgestimmt ist. Der Prozess der Vereinigung entwickelt sich doch schneller, als irgendjemand von uns es sich hat vorstellen können und es gibt keine Kraft, die ihn bremsen kann. Deshalb ist rückwärtsgewandtes Misstrauen hier ein besonders schlechter Ratgeber.

Mir scheint, dass unser Herangehen an Deutschland wie an einen engen Freund pragmatischer und konstruktiver ist, obwohl ich offen sage, dass auch im Westen bei Weitem nicht alle diese Haltung teilen. Einige Westeuropäer trauen so wie Sie weder der BRD noch den Deutschen insgesamt. Jedoch wir alle im Westen sind uns in einem einig: Die größte Gefahr besteht darin, Deutschland aus der Gemeinschaft der demokratischen Staaten herauszulösen und ihm einen Sonderstatus und

[4] Dokument Nr. 91.

demütigende Existenzbedingungen aufzuzwingen. Gerade eine solche Entwicklung der Ereignisse könnte zum Wiederaufleben des deutschen Militarismus und Revanchismus führen, was Sie ja befürchten.

Es scheint, dass man – ohne die Verletzungen der Menschenrechte zu vergessen, die im nazistischen Deutschland stattgefunden haben – gleichzeitig auch seine jüngste demokratische Erfahrung in Betracht ziehen und davon ausgehen muss, dass sich die Deutschen in der Familie der demokratischen Staaten einen würdigen und gleichrangigen Platz erworben haben.

So möchte ich zusammenfassend sagen, dass wir von unterschiedlichen Positionen an Deutschland herangehen, obgleich die Veränderungen, wie Sie richtig bemerkt haben, sowohl das Antlitz der Sowjetunion als auch das der Vereinigten Staaten wandeln und mit den festgefahrenen Stereotypen in Zwiespalt geraten.

Natürlich haben wir keine Kristallkugel und können nicht die Zukunft vorhersagen, jedoch soweit man sich die nähere Zukunft vorstellen kann, so wäre es das Schlimmste, das geeinte Deutschland in eine Sonderkategorie einzuteilen. Hier stimmen nicht nur die Westeuropäer sondern auch die Mehrheit der Länder Osteuropas mit uns überein. Dabei darf das vereinte Deutschland niemandes Feind sein und der Prozess seines Einbaus in das neue Europa setzt die äußerst enge Beteiligung der UdSSR und die gerechtfertigte Berücksichtigung der Interessen Ihres Landes voraus.

Und zu einer weiteren Frage. Ich glaube, Sie werden trotzdem zustimmen, dass die amerikanische Präsenz in Europa notwendig ist, obgleich einige Leute in den USA selbst einen anderen Standpunkt einnehmen und sich über die überproportional große Last zur Verteidigung und ökonomischen Sicherung Europas beklagen, die den Amerikanern zugefallen ist. Wenn man also von der bei uns vorherrschenden Überzeugung ausgeht, dann ist die politische, wirtschaftliche und militärische Beteiligung der USA am europäischen Schicksal für die Sicherheit und Stabilität der gesamten Alten Welt unentbehrlich.

Bisweilen fragt man mich – und dies ist eine Frage, die nicht unverfänglich ist – wer ist der Feind Amerikas in dem neuen, bis zur Unkenntlichkeit veränderten Europa? Und ich antworte mit Überzeugung: Unbestimmtheit, Instabilität und Unberechenbarkeit. Wie schwierig es auch sei, aber ich möchte Ihnen versichern, dass die amerikanische Präsenz in Europa in keiner Weise die Interessen der Sowjetunion bedroht. Mehr noch, heute ist unsere Anwesenheit dort eine Garantie für Stabilität.

Natürlich agieren wir unter den Bedingungen einer Demokratie und wenn eine neue Generation von Deutschen so entscheidet, dann werden wir aus Deutschland abziehen. Aber derzeit, ich wiederhole es, ist die Stimmung eine völlig andere. Auf diese Stimmung wirken auch die Traditionen der NATO und viele Artikel des Nordatlantischen Vertrags. Unter Berücksichtigung all dessen, was gesagt wurde, appelliere ich noch einmal an Sie, die Furcht vor einem vereinten Deutschland zu überwinden und das Vergangene hinter sich zu lassen. Auf diesem Weg treffen Sie in uns auf zuverlässige Partner und wir können gemeinsam der restlichen Welt zeigen, dass wir uns über egoistische Interessen erhoben haben und für das allgemeine Wohl arbeiten.

Mir ist bewusst, dass Sie möglicherweise meinen Worten nichts Neues entnehmen. Aber glauben Sie mir, dies ist meine aufrichtige Überzeugung und wenn ich unrecht habe, bitte ich Sie, mich ohne Zögern auf meine Fehler hinzuweisen. Ich füge nur hinzu, dass ich mich bemühe, keine übereilten Schlussfolgerungen zu ziehen und erst recht bei meinen Handlungen keinerlei Eile oder politische Extravaganz an den Tag zu legen. Ich erinnere mich, als die Berliner Mauer fiel, warf mir mein politischer Gegner Zaghaftigkeit vor, weil ich dieses Ereignis nicht energisch genug begrüßt hätte. Aber ich habe auf Ihren Appell Rücksicht genommen, Umsicht an den Tag zu legen, mit Feingefühl zu handeln und die Fragilität der neuen Prozesse in Europa und in der Sowjetunion in Betracht zu ziehen.

Was meinen Kritiker betrifft, so sagte ich, dass ich nicht die Absicht hätte, wie ein kleiner Junge auf den Trümmern der Berliner Mauer zu tanzen.[5]

Glauben Sie mir, wir treiben Deutschland nicht in die Vereinigung hinein und bestimmen auch nicht das Tempo dieses Prozesses. Und natürlich sind wir auch darauf bedacht, der Sowjetunion keinerlei Schaden zuzufügen. Deshalb treten wir für eine Mitgliedschaft des vereinten Deutschland in der NATO ein, ohne den weiteren Kontext der KSZE zu ignorieren und unter Berücksichtigung der traditionellen Wirtschaftsbeziehungen der beiden deutschen Staaten. Diese Variante entspricht unserer Ansicht nach auch dem sowjetischen Interesse. Von daher bitte ich, mich darauf hinzuweisen, wo ich nicht recht habe.

M. S. Gorbačev: Vor allem glaube ich, dass ich die wesentliche Quelle Ihrer Beunruhigung verstanden habe. Sie betrachten die Anwesenheit der USA in Europa als Stabilitätsfaktor und sind hinsichtlich der Perspektiven ihrer Aufrechterhaltung beunruhigt. Nun, ich habe bereits gesagt, dass die amerikanische Präsenz in Europa derzeit sogar unerlässlich ist (und was danach kommt, wird das Leben zeigen). Dabei spreche ich namentlich über die militärische Präsenz der USA, da die wirtschaftliche und politische Teilhabe der USA an den europäischen Angelegenheiten eine unstrittige Konstante ist.

Europa ist ein selbstverständliches Zentrum der Weltpolitik und wenn man hier Verwerfungen zulässt, dann werden sich die Folgen auf der ganzen Welt zeigen. Die sowjetisch-amerikanische Zusammenarbeit wiederum ist einer der Pfeiler, auf denen der europäische politische Raum ruht. Darum sind wir für eine Berücksichtigung Ihrer Interessen, das heißt, für eine amerikanische Präsenz in Europa.[6]

Aber Sie stellen eine methodologische Fehlkalkulation an, wenn Sie Ihre Präsenz nur mit der NATO verbinden und befürchten, dass ein Rückzug der BRD aus dem Nordatlantischen Bündnis der Anfang ihres Endes sei, das heißt auch der Anfang vom Ende Ihrer militärischen Präsenz auf dem Kontinent. Ich stimme dieser Schlussfolgerung nicht zu, aber ich verstehe Ihre Besorgnis. Insbesondere in Bezug auf die heutigen Realitäten, wo man ohne NATO möglicherweise ohnehin nicht auskommt.

5 Vgl. Dokument Nr. 59, Anm. 11.

6 In den Kontext gehört die Aussage Gorbačevs, die von Plato, Vereinigung, S. 350 ohne nähere Zuordnung zitiert: „Und hier ist absolut klar, dass das neue Europa nicht ohne die aktive Beteiligung der USA gebaut wird. Genauso, wie nichts Gutes bei Versuchen, die Sowjetunion zu isolieren, herauskommt, auch wenn sie nicht isoliert und einfach zur Seite gedrängt wird. Falls wir solche Manöver bemerken, so, das sage ich offen, folgt eine entsprechende Antwortreaktion."

Ich sehe auch Ihre Versuche, die Funktionen der NATO zu verändern und zu versuchen, neue Mitglieder in diese Organisation hineinzuziehen.[7] Wenn der Kurs in Richtung einer Transformation des Bündnisses, in Richtung seines politischen Aufgehens im gesamteuropäischen Prozess ernstgemeint ist, dann ist dies natürlich eine ganz andere Sache. Aber dann erhebt sich die Frage der Umwandlung der NATO in eine wahrhaft offene Organisation, zu der die Tür für keinen einzigen Staat verschlossen wäre. Dann könnten meinetwegen auch wir über eine Mitgliedschaft in der NATO nachdenken. Derzeit allerdings gibt es für eine derartig radikale Schlussfolgerung, ehrlich gesagt, etwas zu wenige Fakten.

Jetzt zu einem anderen Thema. Sie beunruhigt außerordentlich die Befindlichkeit des vereinten Deutschland, aufgrund derer Sie auch die Gesundheit der NATO bewerten. Sie beunruhigt Sie dermaßen, dass Sie auch die Befindlichkeit und die Interessen der Sowjetunion vergessen. Und dies trägt seinerseits in keiner Weise zu Stabilität und Berechenbarkeit bei.

Anstatt sich auf die Mitgliedschaft eines künftigen vereinten Deutschland in der NATO zu versteifen, lassen Sie uns lieber darüber nachdenken, wie man die militärpolitischen Blöcke, die Europa immer noch teilen, einander näherbringen könnte. Sagen wir, warum ist die gleichzeitige Mitgliedschaft der BRD in der NATO und im Warschauer Pakt von vorneherein abzulehnen? Eine solche doppelte Mitgliedschaft könnte zu einem verbindenden Element, zu einer Art Vorläufer für neue europäische Strukturen werden und würde zugleich auch die NATO stärken.

Auf praktischer Ebene könnte das vereinte Deutschland erklären, dass es sämtliche Verpflichtungen, die es sowohl von der BRD als auch von der DDR geerbt habe, einhalten werde. Dass die Bundeswehr wie bisher der NATO unterstehen werde, die Streitkräfte in der DDR jedoch der Regierung des neuen Deutschland. Gleichzeitig würden auf dem Territorium der derzeitigen DDR für eine Übergangsperiode sowjetische Streitkräfte bleiben, und dies alles könnte durch ein Abkommen zwischen Warschauer Pakt und NATO ergänzt werden. So nehmen wir vielen Länder die Besorgnis und treiben die Schaffung künftiger Strukturen einer europäischen Sicherheit voran.

Man muss nicht alles unbedingt sofort erreichen. Hier ist auch ein schrittweises Herangehen möglich. Sagen wir, wir würden eine Änderung der Doktrin der NATO schon auf der nächsten Sitzung dieses Blocks begrüßen.

Es erhebt sich die natürliche Frage: Wenn die NATO nicht beabsichtigt, gegen uns zu kämpfen, gegen wen dann? Doch wohl nicht gegen Deutschland?

G. Bush: Ich habe bereits gesagt – gegen die Instabilität.

M. S. Gorbačev: Glauben Sie wirklich, je mehr Waffen, umso fester die Stabilität. Man möchte meinen, die vergangenen Jahrzehnte hätten Sie davon überzeugt, welch schwere Last Wettrüsten und Konfrontation auf die Schultern der Völker legen.

[7] Neben der Londoner Erklärung (vgl. Dokument Nr. 95, Anm. 21) vgl. auch die „Botschaft" der NATO-Außenminister nach ihrem Treffen in Turnberry (7.–8. 6. 1990) vom 8. 6. 1990, in: Bulletin (1990), S. 645–649, schließlich die Erklärung zu Mittel- und Osteuropa der Ministertagung in Kopenhagen, 6./7. 6. 1991, in: Bulletin (1991), S. 527–529; vgl. Dokument Nr. 71.

Nun, wir beide haben uns, wie man so sagt, unsere Gedanken „durch den Kopf gehen lassen“ – sollen unsere Minister jetzt konkrete Varianten zur Klärung der außenpolitischen Fragen der Vereinigung Deutschlands suchen. Sie werden diese unter Berücksichtigung des Fortschritts im Rahmen von „2+4“ und in Wahrung unserer Rechte gemäß den Ergebnissen des Krieges suchen. Ich rate niemandem, mit diesen Rechten zu spaßen; sie enden erst in der Abschlussphase der allumfassenden Regelung.

Einer der aussichtsreichen Bereiche bei dieser Suche ist die Erörterung des Inhalts der Übergangsperiode: womit ist sie auszufüllen, mit welchen Strukturen, wie sind die Bündnisse zu verändern und welche allgemeinen Dokumente sind auszuarbeiten.

In diesem Zusammenhang bin ich bereit, öffentlich folgende Verpflichtungen zu unterschreiben: Wenn zu irgendeinem Zeitpunkt der Übergangsperiode bei den USA das Gefühl entstehen sollte, die Sowjetunion versuche, die Interessen der USA zu beeinträchtigen, dann erhält Washington das uneingeschränkte Recht, sich aus der Vereinbarung zurückzuziehen und entsprechende einseitige Maßnahmen vorzunehmen.

Doch wir werden derartiges niemals zulassen. Das würde doch unseren eigenen Interessen widersprechen.

G. Bush: Sehr gut. Ich nehme Ihre Erklärung zur Kenntnis. Ich möchte jedoch einen falschen Eindruck korrigieren. Ich glaube überhaupt nicht, dass die Stabilität umso größer ist, je mehr Waffen existieren. Im Gegenteil, die USA bemühen sich um eine möglichst schnelle Übereinkunft in Wien und den unverzüglichen Übergang zu einer noch tiefgreifenderen Reduzierung im Rahmen von Wien-2.[8] Dabei sind wir selbstverständlich bereit, die legitimen Interessen der Sowjetunion zu berücksichtigen.

Vielleicht sollte ich das nicht sagen, aber ich glaube, es ist nicht korrekt, Parallelen zu ziehen zwischen dem Abzug der sowjetischen Streitkräfte aus Ländern, in denen sie nicht mehr erforderlich sind und der Aussicht auf eine Reduzierung der amerikanischen Militärpräsenz, die praktisch von allen Europäern begrüßt wird und ein Faktor der Stabilität ist.

M. S. Gorbačev: Hier können wir uns verständigen. Aber man muss sich klar vor Augen halten, dass alle positiven Prozesse in Europa einschließlich der Gespräche in Wien ernstlich bedroht sein werden, wenn bei den Menschen in der Sowjetunion der Eindruck entsteht, dass man auf uns in der deutschen Frage keine Rücksicht nimmt. Das ist kein Bluff. Das Volk zwingt uns einfach, innezuhalten und uns umzusehen. Aber dies möchte ich durchaus nicht. Ich möchte den sowjetisch-amerikanischen Dialog voranbringen und möglichst rasch in Wien und in anderen Foren Vereinbarungen erzielen.

In diesem Zusammenhang ist es sehr wichtig, dass wir hier in Washington eine klare Verständigung erzielen. Andernfalls kompliziert sich alles und dafür gibt es keinerlei objektive Indikationen.

Mehr noch, möglich ist auch eine zusätzliche Flexibilität, natürlich wenn sie von beiden Seiten ausgeht. Sagen wir, ich erinnere mich, wie mir der Außenminis-

[8] Vgl. Dokument Nr. 61, Anm. 10.

ter in Moskau zu verstehen gab, dass er nicht abgeneigt sei, zu unserem alten Vorschlag über eine Begrenzung der Stärke der sowjetischen und amerikanischen Streitkräfte nicht auf 195 000, sondern auf 225 000 zurückzukehren. Nun, darüber kann man nachdenken.[9]

J. Baker: Ich möchte die Gelegenheit nutzen, um den wichtigsten Gedanken zu unterstreichen: Wir bemühen uns, die Interessen der Sowjetunion in vollem Umfange zu berücksichtigen, und davon sprechen anschaulich jene neun Punkte, die ich in Moskau dargelegt habe.[10] Ich rufe kurz ihren Inhalt ins Gedächtnis.

Wir sind darauf eingegangen, die Schaffung gesamteuropäischer Strukturen zu unterstützen, was wir früher vermieden haben.

Wir haben die Anpassung der NATO an die neuen Bedingungen zugunsten einer Stärkung ihrer politischen Komponente verkündet.

Wir sind bemüht, uns möglichst schnell auf eine Begrenzung der Streitkräfte einschließlich der Bundeswehr zuzubewegen. Dafür sind natürlich ein sehr enger Kontakt und das Vertrauen der Deutschen erforderlich.

Wir haben der Sowjetunion versichert, dass sich in der DDR für einen beschränkten Zeitraum keinerlei NATO-Streitkräfte aufhalten werden.

Wir sind bereit, für einen kurzen Zeitraum die Anwesenheit sowjetischer Streitkräfte auf dem Territorium der DDR zuzulassen. Der Präsident beabsichtigt, diese Frage später mit Ihnen etwas detaillierter zu erörtern.

Wir haben der Erörterung des Problems der taktischen Kernwaffen in Europa einen neuen Impuls verliehen.

Bereits jetzt bemühen wir uns, eine abschließende und für alle zufriedenstellende Lösung hinsichtlich der Grenzen zu gewährleisten.

Wir haben mit den Deutschen eine Verständigung bezüglich der Verpflichtung des künftigen Deutschland erreicht, auf den Besitz nuklearer, chemischer und biologischer Waffen zu verzichten.

Die USA bemühen sich, günstige politische Bedingungen für die weitere Entwicklung der deutsch-sowjetischen Wirtschaftsbeziehungen zu schaffen.

Dies alles ist eindeutig darauf gerichtet, die legitimen Interessen der Sowjetunion zu gewährleisten.

Ė. A. Ševardnadze: Der Außenminister und ich sind bereit, alle diese Fragen zu bearbeiten. Die zentrale Frage des militärpolitischen Status des künftigen Deutschland erfordert jedoch eine Entscheidung auf der Ebene der Präsidenten.

Es ist unerlässlich, auch den Inhalt der Übergangsperiode festzulegen, in deren Verlauf die Verantwortung des vereinten Deutschland sowohl gegenüber der NATO als auch gegenüber dem Warschauer Pakt bestehen bliebe. Und dies ist ganz und gar keine Chimäre, denn parallel wird die Annäherung der beiden Blöcke erfolgen, die militärische Konfrontation abgebaut und die Grundlage für die kollektive Sicherheit in Europa gelegt.

G. Bush: Die NATO – das ist ein Anker der Stabilität.

M. S. Gorbačev: Aber zwei Anker sind zuverlässiger. Sie als Seemann sollten dies wissen.

[9] Vgl. Dokument Nr. 87, Anm. 13.
[10] Dokument Nr. 91.

G. Bush: Aber wo finden wir den zweiten Anker?

M. S. Gorbačev: Im Osten. Wie konkret, das sollen sich unsere Minister durch den Kopf gehen lassen.

G. Bush: Ja, sollen sie nachdenken. Aber, man muss das ungewöhnliche Tempo der Vereinigung Deutschlands berücksichtigen. Nach dem erfolgreichen Abschluss der Abstimmung im Rahmen von „2+4“ wird das neue Deutschland zum Greifen nahe sein.[11]

Aber man wird sich in diesem Augenblick nur auf die NATO stützen können. Natürlich lohnt es sich, eine Erweiterung des KSZE-Prozesses zu erörtern, aber ich sage Ihnen ehrlich, dass er viel zu sperrig ist, um mit einem raschen und konkreten Resultat rechnen zu können.

M. S. Gorbačev: Wir schließen keinerlei Varianten aus. Es ist möglich, dass NATO und Warschauer Pakt in irgendeiner Form über einen längeren Zeitraum bestehen bleiben, als man sich das heute vorstellt. Dann könnten sie, wie ich bereits gesagt habe, ein Abkommen schließen, das die Schaffung eines geeinten Deutschland, aber auch die Metamorphosen der eigenen Organisationen berücksichtigt. Wieder würde die Möglichkeit einer kreuzweisen Mitgliedschaft in Warschauer Pakt und NATO existieren. Wenn wir der Spaltung des Kontinents für immer ein Ende machen wollen, müssen wir auch die militärpolitischen Strukturen mit den Vereinigungstendenzen des gesamteuropäischen Prozesses in Einklang bringen.

Heute klingt dies vielleicht überraschend, aber wir treten in eine absolut neue Phase der europäischen Politik ein. Außerdem war schon der Zweite Weltkrieg Zeuge der Geburt einer ungewöhnlichen Koalition, die ein gemeinsames edles Ziel einte. Sind wir etwa dümmer als Stalin und Roosevelt?

G. Bush: Man muss auch aus ihren Fehlern lernen.

M. S. Gorbačev: Lassen Sie uns eine neue freie Koalition schaffen und Doktrinen und Institutionen verändern, indem wir dem Primat der Politik über die militärischen Strukturen zum Durchbruch verhelfen.

J. Baker: Wie stellen Sie sich die Koexistenz einer neuen NATO und eines neuen Warschauer Paktes praktisch vor?

M. S. Gorbačev: Zu Beginn ein konkretes Abkommen zwischen den Blöcken, aus dem sich ein umfangreicher Austausch und die Schaffung gemeinsamer Organe zur Festigung des Vertrauens und zur Vermeidung von Krisensituationen entwickeln.

Diese Prozesse werden ein gutes Hilfsmittel auch für die Wiener Vereinbarungen darstellen und ihre politische Absicherung gewährleisten.

Wenn man aber anders vorgeht und das mächtige vereinte Deutschland in ein einziges Bündnis integriert, dann wird mit einem Mal ein Ungleichgewicht entstehen und vor uns werden sich Fragen erheben, auf die niemand eine Antwort finden kann.

[11] Teilsatz mit anderer Übersetzung bei von Plato, Vereinigung, S. 352: „kann man dem neuen Deutschland die Hand reichen.“ Der Vertrag (mit Gemeinsamen Protokoll über Leitsätze, Anlagen und Protokollerklärungen) über die Schaffung einer Währungs-, Wirtschafts- und Sozialunion (Staatsvertrag) wurde am 18. 5. 1990 unterzeichnet und trat am 1. 7. 1990 in Kraft, vgl. BGBl. 1990 II, S. 537–567.

G. Bush: Sie sind mit unserer Ausgangsthese einverstanden, dass man das vereinte Deutschland nicht in eine Sonderstellung bringen darf?

M. S. Gorbačev: Ich stimme zu, wenn Sie eine assoziierte Teilnahme akzeptieren, das Prinzip der Annäherung der Blöcke unter Vermittlung eines vereinigten Deutschland, das heißt, einen Zustand akzeptieren, der die derzeitigen Verpflichtungen weder der BRD noch der DDR verändert; darauf folgt natürlich die Reform der Blöcke selbst in organischer Verknüpfung mit dem Wiener und dem gesamteuropäischen Prozess.

Die furchtbaren Opfer, die wir im Laufe des Zweiten Weltkrieges gebracht haben – auch dies ist eine psychologische und politische Realität von heute. Und niemand – nicht wir und nicht Sie – kann diese Realität unberücksichtigt lassen.

G. Bush: Und dennoch fällt es mir schwer, Sie zu verstehen. Vielleicht weil ich keine Furcht vor der BRD empfinde; ich sehe in diesem demokratischen Land keine aggressive Macht. Wenn Sie Ihr psychologisches Stereotyp nicht durchbrechen, wird es für uns schwierig, zu einer Übereinkunft zu gelangen. Aber eine Vereinbarung ist möglich, sowohl wir als auch Kohl wollen doch mit Ihnen in allen Bereichen zusammenarbeiten.

M. S. Gorbačev: Hier darf es keine Unklarheiten geben. Wir fürchten niemanden, weder die USA noch die BRD. Wir sehen einfach die Notwendigkeit, die Beziehungen zu verändern, das negative Modell zu zerschlagen und ein konstruktives Modell zu schaffen. Das ist unsere freie Wahl.

Ich hoffe, dass von den hier Anwesenden niemand an den Unsinn glaubt, dass eine der Seiten den Sieg im „Kalten Krieg" davongetragen habe. Solche Gedanken bleiben an der Oberfläche und erfassen nur die Spitze des Eisbergs. Die Schlussfolgerung muss eine ganz andere sein: 50 Jahre Konfrontation haben ihre Absurdität bewiesen und auch, dass sie nur zur Selbstzerstörung führt.

Jetzt zum Vertrauen. Sie behaupten, dass wir den Deutschen nicht trauen. Aber warum haben wir dann ihr Streben nach Wiedervereinigung befürwortet? Wir hätten das rote Licht anschalten können; die Mechanismen dazu hatten wir. Wir haben ihnen jedoch ermöglicht, auf demokratischem Wege ihre Wahl zu treffen. Sie sagen zwar, dass Sie der BRD vertrauen, ziehen sie jedoch in die NATO hinein und gestatten nicht, dass sie nach einer endgültigen Regelung ihr Schicksal selbst bestimmt. Soll sie doch selbst entscheiden, welchem Bündnis sie angehören möchte.

G. Bush: Damit bin ich voll und ganz einverstanden. Aber die Deutschen haben ja bereits ihre Wahl relativ klar getroffen.

M. S. Gorbačev: Nein. Sie sind bestrebt, sie unter Ihre Kontrolle zu stellen.

G. Bush: Wenn Deutschland nicht in der NATO bleiben will, ist es sein Recht, ein anderes Los zu wählen. So heißt es auch in der Schlussakte von Helsinki.[12]

M. S. Gorbačev: Dann lassen Sie uns eine öffentliche Erklärung über die Ergebnisse unsere Gespräche abgeben – dass der Präsident der USA zugestimmt hat, dass ein souveränes vereinigtes Deutschland selbst entscheidet, welchen militärpolitischen Status es wählt: Mitgliedschaft in der NATO, Neutralität oder etwas anderes.

12 Vgl. Dokument Nr. 5, Anm. 4.

G. Bush: Ein Bündnis zu wählen, ist das Recht jedes souveränen Landes. Wenn die Regierung der BRD – ich spreche rein hypothetisch – nicht in der NATO bleiben will und sogar unseren Streitkräften vorschlägt abzuziehen, werden wir diese Wahl akzeptieren.

M. S. Gorbačev: Das heißt, wir formulieren das auch so: Die Vereinigten Staaten und die Sowjetunion sind dafür, dass das vereinigte Deutschland nach Erreichung einer endgültigen Regelung, die die Ergebnisse des Zweiten Weltkrieges berücksichtigt, selbst entscheidet, welchem Bündnis es angehören will.

G. Bush: Ich würde vorschlagen, es ein wenig anders zu formulieren: Die USA treten eindeutig für die Mitgliedschaft des vereinigten Deutschland in der NATO ein; wenn es jedoch eine andere Wahl trifft, werden wir sie nicht anfechten, sondern sie respektieren.

M. S. Gorbačev: Einverstanden. Ich übernehme Ihre Formulierung.

G. Bush: Vielleicht lassen wir trotzdem unsere Minister dieses Problem im Detail erörtern.

M. S. Gorbačev: Ich bin absolut dafür, aber sie sollen auch die Aufnahme einer solchen Formulierung in ein Abschlussdokument und unsere Ideen zur Übergangsphase erörtern.

J. Baker: Was immer Sie sagen mögen, aber gleichzeitige Verpflichtungen ein und desselben Landes gegenüber Warschauer Pakt und NATO erinnern an Schizophrenie.

M. S. Gorbačev: Nur für einen Finanzmann, der Cent auf Cent stapelt. Aber die Politik – das ist manchmal die Suche nach dem Möglichen im Bereich des Ungewohnten.

J. Baker: Aber Verpflichtungen gegenüber Warschauer Pakt und gegenüber der NATO – das sind doch rivalisierende Verpflichtungen.

M. S. Gorbačev: Aha, wir kommen der Sache schon näher. Sie haben von Rivalität gesprochen und diese zieht Konfrontation nach sich. Das heißt, dass sich nichts ändert. Und wenn Sie das vereinigte Deutschland in einen einzigen Block hineinziehen, stören sie empfindlich das Gleichgewicht. Und dann müssen auch wir entscheiden, was in der neuen Situation zu tun ist – ob wir weiterhin in Wien sitzen usw.

Lassen Sie uns doch auf die konfrontative Logik verzichten und einen konstruktiven Ausweg suchen.

W. M. Falin: Ich möchte einen Punkt präzisieren. Wir sprechen über den Ersatz provisorischer Strukturen – obwohl diese etwa 50 Jahre existiert haben – durch permanente Strukturen, auf die sich die Sowjetunion und die USA für die gesamte überschaubare Zukunft einigen könnten. Sie haben selbst gesagt, dass die BRD künftig die Frage auch nach einem Austritt aus der NATO stellen könnte. Darum wäre es für uns beide nicht schlecht, über die Zukunft nachzudenken und eine künftige Sicherheitsstruktur zu definieren. Eine Garantie wird hier nur ein gesamteuropäisches System geben, in das sich auch das vereinigte Deutschland zu für alle gleichen Bedingungen einfügt.

Wenn unsere Auffassungen hinsichtlich des gemeinsamen Endziels übereinstimmen, dann werden wir uns auch über die Übergangsphase verständigen. Das Wichtigste ist die Abkehr von der militärischen Konfrontation und die Einsicht, dass die Sicherheit in Europa unteilbar ist. In diesem Sinne muss die Vereinigung Deutschlands das Ende der Spaltung Europas im Bereich der Sicherheit bedeuten und nicht deren ewige Fortführung.

G. Bush: Wie steht es mit einer öffentlichen Erklärung?

Ė. A. Ševardnadze: Ich würde hier nichts übereilen, würde mich im Hinblick auf die Fragilität auch des derzeitigen Prozesses im Rahmen von „2+4“ vorsichtig verhalten, auch in Bezug auf die Vorbereitung des gesamteuropäischen Gipfeltreffens und unter dem Blickwinkel einer Wiener Vereinbarung.

G. Bush: Was sagen wir trotzdem, wenn man uns nach den Ergebnissen dieser Beratung fragt?

M. S. Gorbačev: Wir antworten, dass wir die gesamte Sitzung im erweiterten Kreis der Erörterung der Lage in Europa gewidmet haben, auch unter dem Blickwinkel einer Regelung der außenpolitischen Aspekte der Vereinigung Deutschlands. Wir sind auf der Grundlage dieses Meinungsaustausches übereingekommen, dass die Außenminister und Experten die aufgeworfenen Fragen weiter bearbeiten.

Und wenn man uns fragt, ob sich unsere Positionen angenähert haben oder nicht, könnten wir sagen, dass der Meinungsaustausch ernsthaft und nützlich war und wir jetzt die gegenseitigen Vorgehensweise und die Positionen besser verstehen. Außerdem könnte man hinzufügen, dass im Verlaufe der Erörterung Ideen vorgebracht wurden, die eine weitere Bearbeitung erfordern. Sollen sie sich den Kopf zerbrechen, was das für Ideen sind.

G. Bush: Einverstanden. So werden wir auch verfahren.

* Ende Mai/Anfang Juni 1990 [30. 5.–4. 6.] stattete M. S. Gorbačev in Begleitung einer Delegation den Vereinigten Staaten einen Besuch ab. Im Verlaufe dieses Besuchs wurde eine Übereinkunft über die außenpolitischen Bedingungen der Vereinigung Deutschlands und über den Eintritt des vereinigten Deutschland in die NATO erzielt.

Archiv der Gorbačev-Stiftung. Bestand 1, Verzeichnis 1.

Nr. 97
Gemeinsame Pressekonferenz von Gorbačev und Bush am 3. Juni 1990 [Auszug]

M. S. Gorbačev auf der gemeinsamen Pressekonferenz mit G. Bush über die Ergebnisse des Besuchs in den USA

[3].[1] Juni 1990

M. S. Gorbačev: […].[2] Wir haben Probleme des europäischen Prozesses insbesondere im Zusammenhang mit den äußeren Aspekten der Vereinigung Deutschlands

[1] Datierung nach dem Abdruck in Gosudarstvennyj vizit, S. 90–110 und Europa-Archiv 45 (1990), S. D 470–D 478; in der Vorlage unter dem 4. 6. 1990. Vgl. Anm. 1 zu Dokument Nr. 96.

[2] Zunächst Begrüßungsworte und Einschätzung der Gespräche durch Bush und Gorbačev; Auslassung in der Vorlage nicht kenntlich gemacht.

erörtert. Ich kann nicht sagen, dass wir zu einer Übereinstimmung gelangt sind. Aber dies bedeutet nicht, dass unsere Bemühungen nutzlos waren. Im Verlauf der Erörterungen sind neue Argumente, neue mögliche Aspekte aufgetaucht, wurden Positionen erläutert. Wir sind auch bereit, die Erörterung fortzuführen, um Lösungen zu finden, die für alle akzeptabel sind. Wir hätten diese Frage jetzt hier in Washington zu zweit mit dem Präsidenten auch gar nicht lösen können. Es gibt die Formel „2+4", es gibt andere europäische Staaten, die gleichfalls ein großes Interesse daran haben, dass eine richtige Lösung gefunden wird, die alle zufriedenstellt.

Wir wollen – und darin besteht die Position der Sowjetunion – dass eben gemeinsam Lösungen gefunden werden, die sich in die gesamte positive Tendenz der Veränderungen in Europa und in der Welt einfügen und die Sicherheit festigen, nicht aber sie untergraben und verringern. [...].[3]

Pravda, 5. 6. 1990.

Nr. 98
Gespräch Gorbačevs mit der britischen Premierministerin Thatcher am 8. Juni 1990 [Auszug][1]

Aus dem Gespräch M. S. Gorbačevs mit M. Thatcher*
8. Juni 1990

(An der Begegnung nahmen von englischer Seite der Berater von M. Thatcher, Sir Powell, von sowjetischer Seite A. S. Černjaev teil.)

[...].[2] **M. S. Gorbačev:** Ich verstehe, warum Präsident Bush an der NATO festhält; denn ohne dieses Bündnis entfällt die Notwendigkeit der amerikanischen Militärpräsenz und der politische Einfluss der USA auf dem Kontinent würde sich entsprechend wesentlich verringern. Deshalb sind die Amerikaner dafür, dass Deutschland in der NATO ist. Es scheint ihnen, dass die NATO ohne Deutschland nicht vollwertig ist und ohne NATO gibt es keine amerikanische Präsenz in Europa.

Persönlich nehme ich dies sehr ernst. Der Ausgangspunkt für mich, für ihn und für Sie ist die prinzipielle These: Es kann keine ungleiche Sicherheit geben. Wenn

3 Weitere Ausführungen zu amerikanisch-sowjetischen Beziehungen und allg. Problemen, des weiteren Einzelfragen; Auslassung in der Vorlage nicht kenntlich gemacht.

1 Knappe Auszüge in Zamjatin, Gorbi, S. 108f.; Zusammenfassung bei von Plato, Vereinigung, S. 358 sowie, ebenfalls aus dem russischen Protokoll, Zelikow/Rice, Sternstunde, S. 400f. und Weidenfeld, Außenpolitik, S. 471 f. Britische Zusammenfassung im Schreiben Powells an Wall vom 8. 6. 1990, in: German unification, S. 411–417. Vgl. Gorbatschow, Erinnerungen, S. 746; Thatcher, Downing Street No. 10, S. 1113–1117, hier S. 1114.

2 Gem. der britischen Aufzeichnung zunächst Austausch über den sowjetisch-amerikanischen Gipfel und Rüstungsfragen (wie Anm. 1, S. 412–414).

einer der Partner unsicher ist, sich mit Argwohn quält und sich selbst und seine Sicherheit eingeschränkt fühlt, dann läuft die Sache nicht.

Und der zweite Aspekt dieses Ausgangspunktes: Nichts in der Welt wird laufen, wenn wir nicht in allen Bereichen mit den Vereinigten Staaten zusammenarbeiten. Das schließt nicht aus, dass wir mit anderen Ländern zusammenarbeiten müssen. Aber wenn kein gegenseitiges Verständnis mit den USA vorhanden ist, dann wird es nichts Gutes geben und dies wird alles behindern ...

M. Thatcher: Die Vereinigten Staaten sind die größte Wirtschaftsmacht in der Welt. Bei ihnen ist das System des freien Unternehmertums großartig entwickelt; und schließlich leben dort bemerkenswerte, großzügige Menschen. In der Tat, die USA haben die Rolle einer Art „Weltpolizisten" auf sich genommen, aber dies hat ihnen nur geholfen, eine Reihe von Konflikten zu beenden. Ich stimme Ihnen zu: Fortschritt ist nur möglich, wenn die Sowjetunion, die Vereinigten Staaten und Europa unter der weiteren Einbeziehung von Japan und China zusammenarbeiten und sich gegenseitig verstehen.

Was die Vereinigung Deutschlands angeht, so hege ich in dieser Hinsicht bestimmte Befürchtungen und habe diese mit Präsident Mitterand geteilt. Allerdings besteht der Unterschied darin, dass ich diese Befürchtungen öffentlich ausspreche, Mitterand aber nicht, was völlig verständlich ist, da er sich darum bemüht, die Position der BRD in der Europäischen Gemeinschaft zu unterstützen.

Ich bin überzeugt davon, dass für die Vereinigung eine lange Übergangsperiode erforderlich ist. Dafür hat mich die Presse in der BRD, in Frankreich und in den USA kritisiert. Aber nun ist bereits klar geworden, dass es keine lange Periode geben wird und dass die DDR der BRD gemäß Artikel 23 des Grundgesetzes dieses Landes beitreten wird. Ganz Europa verfolgt diesen Prozess nicht ohne eine gewisse Furcht und erinnert sich sehr gut daran, wer beide Weltkriege begonnen hat. Die Aufgabe besteht darin, die Möglichkeit eines Konflikts auszuschließen, der erneut von deutschem Boden ausgeht.

Die amerikanische Militärpräsenz in Europa ist ein stabilisierender Faktor. Aber nur an einem Ort ist diese Präsenz am meisten notwendig – auf dem Territorium Deutschlands. Frankreich ist nicht in das System der militärischen Kommandostruktur der NATO integriert, Holland und Belgien sind zu klein, um dort die amerikanischen Truppen stationieren zu können, Spanien ist zu weit entfernt, und auf dem Territorium Großbritanniens befinden sich bereits genügend amerikanische Streitkräfte. Somit bleibt Deutschland. Nebenbei gesagt, im amerikanischen Kongress glauben einige, dass es erforderlich sei, das Ausmaß der militärischen Präsenz der USA in Europa wesentlich zu reduzieren. Ich hoffe, dass die amerikanischen Gesetzgeber darin nicht zu weit gehen. Wenn die amerikanischen Streitkräfte in Deutschland bleiben, dann wird dies ein massiver Sicherheitsfaktor für alle sein, die Sowjetunion eingeschlossen. Und da die DDR die Absicht hat, der BRD beizutreten – und Letztere ist bereits NATO-Mitglied – so glauben wir, dass das gesamte vereinigte Deutschland mitsamt den dort stationierten amerikanischen Streitkräften in der NATO sein muss.

Die Frage besteht darin, wie man nicht nur die Sowjetunion, sondern auch die anderen Länder in Bezug auf eine deutsche Bedrohung beruhigen kann. Sie hatten über dieses Thema Vorverhandlungen geführt. Ich habe gestern Staatssekretär Baker getroffen. Es sind Ideen hinsichtlich einer Reduzierung der deutschen Armee auf eine Stärke von weit unter 400000 Mann geäußert worden.[3] Sie haben vorgeschlagen, über eine gemeinsame Erklärung von NATO und Warschauer Pakt nachzudenken. Es ist unerlässlich, auch an dieser Frage zu arbeiten. Aber, was immer wir auch vereinbaren, die amerikanischen Streitkräfte müssen als Faktor des Friedens und der Stabilität in Europa, in Deutschland, bleiben, wobei sie TKW (*taktische Kernwaffen*)[4] auf einem möglichst niedrigem Niveau einschließen müssen.

Sie haben recht hinsichtlich der europäischen Sicherheitsstruktur. Und hier, so scheint mir, darf man die Rolle des KSZE-Prozesses nicht unterschätzen. Ich habe gestern zu Staatssekretär Baker gesagt, dass in Europa eine Wirtschaftsstruktur in Gestalt der EWG und eine Verteidigungsstruktur in Gestalt der NATO existieren würden; wir müssten stärker mit der KSZE zusammenarbeiten, dort politische Diskussionen führen und Fragen erörtern, die die Sicherheit betreffen. Wir haben es im gegebenen Fall immerhin mit 35 Staaten und mit einem riesigen Territorium zu tun – von der Westküste der USA bis zur Ostküste der Sowjetunion und der Grenze zu China. Lassen wir die Außenminister der Länder der KSZE sich zweimal im Jahr treffen. In diesem Sinn äußert sich auch Herr Ševardnadze.

Wir sind uns beide bewusst, dass in den Ländern Zentraleuropas historisch stets ein Element der Unbeständigkeit und der Ungewissheit hinsichtlich der Zukunft existierte. Diese Länder brauchen ein Forum, an dem sie auf gleicher Augenhöhe mit den führenden Mächten teilnehmen können. Und dieses Forum ist die KSZE. [...].

M. S. Gorbačev: Wir haben weit ausgeholt, um zur Frage der Vereinigung Deutschlands zu gelangen. Vielleicht wird das, was ich sage, derzeit ungewöhnlich erscheinen. Aber man braucht dem nicht mit Argwohn begegnen. Wir werden das finden, was allen recht ist.

Keine Variante darf als über den Rahmen des Üblichen hinausgehend oder illusorisch verworfen werden. Dabei ist nicht wichtig, von wem die Variante gerade kommt – von Thatcher, Bush, Gorbačev oder dem römischen Papst. Das Wichtigste ist, nichts zu streichen, was bereits angesammelt, geschaffen wurde, sondern es zu festigen. Eine großartige Sache hat begonnen – und wir alle sind daran beteiligt. Schauen Sie, was in Europa vor sich geht. Und wenn sich in Europa neue Beziehungen zwischen den Staaten herausbilden, dann geschieht das auch auf der ganzen Welt.

Es liegt mir sehr viel daran, dass sich bei der Erörterung des Status Deutschlands kein einziges Land beeinträchtigt fühlt, dass das Gleichgewicht nicht gestört wird und bei niemandem Ungewissheit aufkommt. Deshalb glaube ich, dass einige Prozesse miteinander verknüpft ablaufen müssen und es für alles eine Übergangsperiode geben sollte. Der Prozess der Vereinigung Deutschlands – und dies ist auch Ihre Meinung – muss ruhig und ausgewogen ablaufen.

Aber nicht alle denken so. Unser Freund Kohl versucht, für den Wahlkampf alles schnell voranzutreiben. Er möchte „der Vater" der Vereinigung Deutschlands

[3] Gem. der britischen Aufzeichnung (wie Anm. 1) verweist Thatcher hier auf Bakers Neun Punkte, s. Dokument Nr. 91 sowie Schreiben Hurds vom 23. 5. 1990, in: German Unification, S. 393–395.

[4] Russ. Abkürzung TJaO.

sein. Doch es gibt Realitäten. Gestern habe ich mit dem Ministerpräsidenten der DDR gesprochen.[5] Und ungeachtet der Tatsache, dass er dieselbe Partei vertritt wie auch Kohl, gefallen mir seine Nüchternheit und seine Besorgnis über die strategische und politische Lage in Europa.

Interessant sind die Ergebnisse der jüngsten Meinungsumfragen in Westdeutschland. Während sich noch vor Kurzem 56% der Befragten gegen eine übermäßig schnelle Vereinigung ausgesprochen haben, ist diese Zahl jetzt auf 60% gestiegen. Alles dies wird jetzt durch innere Zugkräfte bestimmt.

Aber wenn man über die äußeren Aspekte spricht, dann wird vieles von uns abhängen. Niemand hat die Rechte der Vier Mächte außer Kraft gesetzt. Und so zu tun, als hätten sie sich erschöpft, ist voreilig. Wir müssen die Frage endgültig klären und es muss ein Dokument über eine abschließende Regelung vorhanden sein. Ohne dieses kann es keine volle Souveränität des vereinten Deutschland geben. Und dies muss uns selbst klar sein und den Deutschen sowie allen Europäern deutlich gemacht werden.

Ferner hören wir Überlegungen hinsichtlich des Eintritts des vereinigten Deutschland in die NATO. Aber Kohl ist Kanzler der BRD und nicht eines vereinigten Deutschland. Und auch Sie unterstützen den Eintritt Deutschlands in die NATO. Auf welcher Grundlage? Es gibt noch kein vereinigtes Deutschland. Wir können über eine Vorbereitungsphase reden, Varianten prüfen. Und deshalb brauchen wir eine Variante, die dem europäischen Prozess keinen Schaden zufügt. Es gibt einige Probleme, die man lösen muss, um zu neuen Sicherheitsstrukturen zu gelangen. Es geht um eine Veränderung der eigentlichen Natur der beiden Blöcke mit der Absicht, sie in politische Organisationen umzuwandeln.

Nicht wenige Hoffnungen setzen wir auf den bevorstehenden NATO-Gipfel in London.[6] Ich fürchte, dass er Misstrauen bei einigen europäischen Ländern säen wird, wenn er keine spürbaren positiven Resultate erbringt.

In letzter Zeit sprechen wir von einem europäischen Informations-, Kultur-, Rechts- und Wissenschaftsraum. Es ist an der Zeit, auch von einem einheitlichen Sicherheitsraum zu sprechen. Und auf dieser Basis die äußeren Aspekte der Vereinigung Deutschlands zu klären.

Ich lade dazu ein, darüber nachzudenken, ein gemeinsames Dokument von NATO und Warschauer Pakt vorzubereiten, in dem die Annäherung der beiden Bündnisse, das wachsende gegenseitige Verständnis und die sich anbahnende Zusammenarbeit festgehalten werden. Es wäre nicht schlecht, ein blockübergreifendes ständiges Organ ins Leben zu rufen, in dessen Rahmen Militärexperten sich beraten und Konsultationen abhalten könnten. Übrigens, die Verteidigungsminister haben begonnen, sich gegenseitig zu besuchen.

Warum nicht durch ein vereinigtes Deutschland die Verpflichtungen zwischen BRD und NATO und zwischen DDR und Warschauer Pakt bekräftigen? In die-

[5] Auf dem Gipfel der Warschauer Pakt-Staaten am 7. 6. 1990 in Moskau. Vgl. zum Treffen die Rede de Maizières, in: Nakath/Stephan (Hg.), Countdown, S. 342–347 sowie den Bericht der DDR-Delegation vom 8. 6. 1990.

[6] Vgl. Dokument Nr. 95, Anm. 21 sowie das Schreiben Bushs an Kohl vom 21. 6. 1990 mit Anlage und Gesprächsunterlagen Kohls für den Gipfel, in Deutsche Einheit, Sonderedition, S. 1234–1241, 1309–1323.

sem Fall hätten wir zwei Anker, die das vereinigte Deutschland festhalten. Dies ist eine Ergänzung der Vorschläge, über die bei uns eine Verständigung vorhanden ist: Unverletzbarkeit der Grenzen, Unzulässigkeit von Kernwaffen, Umfang der Bewaffnung u. dgl.

Alle diese Vorschläge sind berechtigt. Man darf an den militärpolitischen Status des Vereinigten Deutschlands nicht eindimensional herangehen, wie das der Westen tut. Es gibt doch so viele Formen der Mitgliedschaft bei den verschiedenen NATO-Ländern: das französische Modell, das dänisch-norwegische und das britische Modell.[7]

M. Thatcher: Unsere U-Boote, die mit „Polaris"-Raketen bestückt sind, unterstehen dem vereinigten NATO-Kommando. Ich habe das Vorrecht, sie jederzeit aus dieser Unterstellung herauszunehmen. Was die nuklearen Kräfte der USA auf unserem Territorium oder in unseren Gewässern angeht, so können sie ohne unser Einverständnis nicht eingesetzt werden.

M. S. Gorbačev: Vollkommen richtig. Modelle für eine NATO-Mitgliedschaft gibt es verschiedene, und in dieser Hinsicht ist Flexibilität erforderlich. Ich möchte all dies auch benutzen, um noch ein Modell zu begründen, damit es den Interessen aller entspricht. Die Reform von NATO und Warschauer Pakt und ein Abkommen zwischen ihnen würden dazu führen, dass beliebige Staaten in eine dieser Organisationen eintreten könnten. Vielleicht will noch jemand in die NATO eintreten. Und wenn wir, die UdSSR, beschließen würden, der NATO beizutreten? Generell ist eine Übergangsphase notwendig, damit sich europäische Sicherheitsstrukturen herausbilden können – eine Übergangsphase, während der auf dem Territorium dieses Landes die Streitkräfte der Vier Mächte verbleiben würden. Ich habe Bush dies gesagt.

In nächster Zeit werden wir wohl ein ziemlich stimmiges Konzept zur Klärung dieser Frage ausarbeiten und Ihnen selbstredend zur Kenntnis bringen. Aber inzwischen sollen unsere Außenminister und die ihnen unterstellten Experten sich diese Fragen „durch den Kopf gehen lassen".[8]

M. Thatcher: Der mit wachsender Geschwindigkeit verlaufende Prozess der Vereinigung Deutschlands ist eine Realität, die sich nach dem 1. Juli dieses Jahres noch verstärken wird, wenn das für die Zukunft dieses Landes wichtigste Abkommen über die Wirtschafts- und Währungsunion in Kraft tritt.[9] Beim Umtausch von DDR-Mark in BRD-Mark darf man nicht zögern, da der Wert der DDR-Mark beständig fällt. Verschiedene Finanzinstitute der BRD eröffnen jetzt ihre Filialen in der DDR, da, wenn sie das nicht tun, nach der Meinung Kohls erneut eine Massenabwanderung von DDR-Bürgern in die BRD auf der Suche nach einem höheren Lebensstandard einsetzen würde. Die einzige Maßnahme, die geeignet

7 Zu Frankreich vgl. Dokument Nr. 91, Anm. 10. Mit dem „dänisch-norwegischen Modell" meinte Gorbačev die „Nichtstationierung von ausländischen Stützpunkten und Kernwaffen in Friedenszeiten", mit dem „britischen Modell" die „Teilnahme an der militärischen Organisation ohne Unterordnung der nuklearen Streitkräfte Großbritanniens unter das Vereinte Oberkommando", vgl. Rede Gorbačev auf dem Gipfeltreffen der Warschauer Pakt-Staaten am 7. 6. 1990, in: Nakath/Stephan, Countdown, S. 336–341, hier S. 341.

8 Gemeint sind der amerikanische und der sowjetische Außenminister, vgl. die britische Aufzeichnung (wie Anm. 1).

9 Vgl. Dokument Nr. 96, Anm. 11.

ist, dies abzuwenden, sei eine rasche Vereinigung. Am 1. Oktober werden sich auch die beiden Zweige der CDU vereinigen.[10]

Da die DDR der BRD beitritt, übernimmt sie automatisch alle internationalen Verpflichtungen der Bundesrepublik, einschließlich der Mitgliedschaft in der NATO und in der EWG. Im Rahmen der EWG wird eine Reihe von Übergangsmaßnahmen erforderlich sein, um einen schnelleren Eintritt des östlichen Teiles[11] des vereinigten Deutschland in Marktverhältnisse zu ermöglichen.

Ich habe nicht die geringsten Zweifel daran, dass Kanzler Kohl den Prozess der Vereinigung für Wahlkampfzwecke nutzt. Ich persönlich bin stets für eine lange Übergangsperiode eingetreten. Aber ich gebe zu, dass ich innerhalb der westlichen Länder damit allein war.

Für mich war es interessant zu hören, dass Sie vom NATO-Gipfel im Juli spürbare Resultate erwarten.[12] Derzeit erörtern die Außenminister des Bündnisses in Schottland die künftige Militärstrategie der NATO: Welche Waffen sind für sie erforderlich, soll die Verteidigung einen vorgeschobenen Charakter haben oder die Stationierung vielleicht mehr in der Tiefe erfolgen.[13] In Westdeutschland befinden sich 1,2 Millionen Streitkräfte; sie müssen adäquate Objekte für Ausbildung und Manöver zur Verfügung haben. Übrigens sind die Westdeutschen der Meinung, dass sich auf ihrem Territorium zu viele dieser Objekte befinden. Dies alles muss erörtert werden, aber ich fürchte, wir können es bis Juli nicht schaffen, konkrete Lösungen für alle diese Probleme vorzubereiten.

Wir versuchen auch die Folgen des Abschlusses eines Abkommens über konventionelle Streitkräfte für alle Beteiligten vorherzusagen. Zweifellos wird das spezifische Gewicht der politischen Fragen bei den Aktivitäten der NATO wachsen, obwohl sie ein defensives, strategisches Bündnis bleiben wird. Wir werden die Struktur der NATO insgesamt erhalten, da wir beabsichtigen, die Gespräche zur Rüstungskontrolle fortzusetzen und auf eine Annäherung der beiden Bündnisse hinzuarbeiten.

Was die Räumung des deutschen Territoriums von Massenvernichtungswaffen betrifft, so meine ich, dass das Vorhandensein von taktischen Kernwaffen bei den amerikanischen Streitkräften in Deutschland ein lebenswichtiger Faktor ist. Im gegenteiligen Fall wird die eigentliche Grundlage der amerikanischen Militärpräsenz dort untergraben.[14]

Sie haben Frankreich erwähnt. Seinerzeit hat Präsident de Gaulle es aufgrund seiner Meinungsverschiedenheiten mit den Verbündeten aus der militärischen Struktur der NATO herausgeführt. Das Hauptquartier des Bündnisses wurde aus Paris nach Brüssel verlegt. Manchmal frage ich den Führer Frankreichs, warum er den Schritt nicht rückgängig macht, zumal de Gaulle schon lange nicht mehr da ist. Aber sie halten weiterhin an der von ihnen getroffenen Entscheidung fest.

[10] Hamburger Parteitag 1.–2. 10. 1990. Vgl. die dortige Rede Kohls vom 1. 10. 1990, in: Helmut Kohl, Der Kurs der CDU. Reden und Beiträge des Bundesvorsitzenden 1973–1993, hg. von Peter Hintze u. a., Stuttgart 1993, S. 337–354.

[11] In der Vorlage hier noch ein Komma.

[12] Die Ausführungen Thatchers über Aspekte der Rüstungspolitik fallen in der britischen Aufzeichnung weitaus kürzer aus (wie Anm. 1, S. 417).

[13] Vgl. Dokument Nr. 96, Anm. 7.

[14] Vgl. Dokument Nr. 31, Anm. 20.

M. S. Gorbačev: Laut den Informationen unseres Geheimdiensts sind die französischen Streitkräfte im Falle eines Ausnahmezustands in die Pläne der NATO einbezogen.

M. Thatcher: Ja, natürlich, und außerdem gibt es eine französisch-deutsche Brigade.

An den vordersten Abschnitten der BRD befinden sich 70000 britische Streitkräfte – 55000 Land- und 15000 Luftstreitkräfte. Es gibt auch Kernwaffen, die sich unter dem integrierten Kommando der NATO befinden. Aber, wie ich bereits gesagt habe, können wir sie jederzeit der Kontrolle dieses Kommandos entziehen.

Wir verfügen über spezielle, grundlegende Beziehungen mit den USA, die auf die Geschichte, die Traditionen, die Kultur und die Sprache gegründet sind. Bush unterstützt Kanzler Kohl voll und ganz.

Eine gemeinsame Erklärung von NATO und Warschauer Pakt ist eine gute Idee, aber man muss sie sorgfältig durcharbeiten, damit diese Erklärung überzeugend klingt. Dank Ihnen hat sich in der Welt in vielem eine neue Lage ergeben. Eine solche Erklärung scheint jetzt realistisch zu sein. In diese könnten vertrauensbildende Maßnahmen eingehen, sie könnte zur offiziellen Grundlage für den Austausch von Besuchen der Verteidigungsminister werden sowie die Diskussionen zwischen ihnen und zwischen den Militärexperten formalisieren. Man könnte darin das Bestreben der beiden Bündnisse zum Ausdruck bringen, die Sicherheit auf einem Niveau minimaler Abschreckung aufrechtzuerhalten.

M. S. Gorbačev: In der Erklärung kann man auch die Absicht festhalten, ein ständiges gemeinsames Organ zu schaffen – ein Zentrum für Konfliktverhütung.

M. Thatcher: Unter der Ägide der KSZE laufen bei uns Gespräche über konventionelle Waffen.[15] Vielleicht sollte man in diesem Rahmen eine Begrenzung der Streitkräfte vereinbaren, die in Deutschland stationiert sind. Bestimmt werden auch neue, zusätzliche Überlegungen auftauchen.

Bald nach der Vereinigung wird Deutschland, das dann 80 Millionen Menschen zählen wird, zu einem echten wirtschaftlichen Riesen werden, zur stärksten Wirtschaftsmacht in Westeuropa. Und hier darf man die Frage der Sicherheit nicht aus dem Blick verlieren. Das Einzige, womit man die Ambitionen des neuen Deutschland, sollten solche auftreten, bändigen kann, ist die Anwesenheit amerikanischer Streitkräfte auf seinem Territorium. Ich bin überzeugt, dass Ihre Rolle in Europa unermesslich wachsen wird, wenn Sie den Prozess der Perestrojka beendet haben und in wirtschaftlicher Hinsicht stärker werden.

Aber als Versicherung ist es erforderlich, die amerikanischen Streitkräfte zu erhalten. Wenn wir keine Kriegsschiffe im Persischen Golf gehabt hätten, ist es ungewiss, wie weit der Krieg zwischen Iran und Irak gegangen wäre.

M. S. Gorbačev: Gut, sollen unsere Außenminister diese Frage weiter bearbeiten. Und zur nächsten Sitzung der „Sechs" werden wir wahrscheinlich unser Projekt einer Formel zur Lösung dieses Problems mitbringen.[16]

[15] Vgl. Dokument Nr. 61, Anm. 10.

[16] Ševardnadze legte den sowjetischen Vertragsentwurf in der Sitzung am 22. 6. 1990 in Berlin vor. Text in Kwizinskij, Vor dem Sturm, S. 40–46; Vorlage Teltschik an Kohl vom 26. 6. 1990 betr. Außenminister-Treffen, Deutsche Einheit, Sonderedition, S. 1262–1265.

M. Thatcher: Können Sie jetzt irgendwelche Details dieser Formel mitteilen?

M. S. Gorbačev: Das wäre etwas voreilig, wir stimmen uns bisher noch ab. Unerlässlich ist, dass den Deutschen klar ist: Solange es keine endgültige Regelung auf der Grundlage der „2+4"-Gespräche gibt, kann ein vereinigtes Deutschland nicht als völlig souveräner Staat angesehen werden.

M. Thatcher: Wichtig ist, dass eine endgültige Regelung sich nicht künstlich hinzieht. Die Deutschen sind nicht gegen irgendeine Form der Friedensregelung, würden es aber vorziehen, sie zu erreichen, ohne dass dabei der Kreis der „Sechs" erweitert wird.

Also stehen auf der Tagesordnung folgende Fragen. Erstens: Das Abkommen über konventionelle Waffen muss in diesem Jahr abgeschlossen werden, der Fortschritt ist insgesamt zufriedenstellend. Zweitens: Man muss die Frage der gemeinsamen Erklärung von NATO und Warschauer Pakt und ihren Text sorgfältig durcharbeiten. Drittens: Die Gespräche im Rahmen „2+4" werden fortgesetzt.

M. S. Gorbačev: Wenn die Regelung der äußeren Aspekte des deutschen Problems normal und ruhig verläuft, wird keines der beteiligten Länder Zweifel an ihrer Richtigkeit haben, und es wird keinerlei Misstrauen aufkommen. Wenn jedoch ein Land eine destruktive Haltung einnimmt und auf eine Störung des Gleichgewichts der Kräfte abzielt, dann werden wir zu Recht annehmen, dass unsere Sicherheit bedroht ist. Dann müssen wir die Lage erneut analysieren, um unsere weiteren Aktionen festzulegen zu können. Es ist mein Wunsch, den Weg zu beschreiten, den wir eingeschlagen haben. Er hat uns bereits zu großen Lösungen geführt und verspricht eine lange Periode des Friedens. Dies zu zerstören, bedeutet dem gesamten Fortschritt einen schweren Schlag zu versetzen. Deshalb kann es kein ultimatives Vorgehen geben.

M. Thatcher: Ich verstehe Ihre Position voll und ganz. Auch ich möchte eine dauerhafte Zusammenarbeit zwischen uns sehen. Eine andere Variante würde Ihre Sicherheit schmälern, was nicht in unserem Interesse wäre. Wir haben den Grundstein für diese Zusammenarbeit gelegt, was sehr wichtig ist. Ohne dieses gäbe es keine Vorwärtsentwicklung. Natürlich, die Vereinigung Deutschlands ist mit bestimmten Folgen verbunden und wir dürfen nichts aus dem Blick verlieren. Ich habe gestern darüber mit Staatssekretär Baker und mit meinem Außenminister Hurd gesprochen. Deshalb lassen Sie uns in der Tat alle diese Fragen zur weiteren Bearbeitung an unsere außenpolitischen Ressorts geben. [...].[17]

*Auf dem Rückweg aus Washington nach seinem USA-Besuch unterbrach M. S. Gorbačev seine Reise in Großbritannien für ein Treffen mit Premierministerin Margaret Thatcher.[18]

Archiv der Gorbačev-Stiftung. Bestand 1, Verzeichnis 1.

[17] Die britische Aufzeichnung ist hier ebenfalls gekürzt.

[18] Erratum in der russischen Ausgabe: Thatcher hielt sich vielmehr vom 7.–9. 6. 1990 in der UdSSR auf.

Nr. 99
Gemeinsame Pressekonferenz von Gorbačev und der britischen Premierministerin Thatcher am 8. Juni 1990 [Auszug][1]

Auf der Pressekonferenz von M. S. Gorbačev und M. Thatcher

8. Juni 1990

M. S. Gorbačev: Natürlich wurde dem deutschen Problem große Aufmerksamkeit gewidmet. Ich habe detailliert unsere Argumente und unsere Besorgnisse dargelegt. Frau Thatcher hat bekräftigt, dass sie sich der Notwendigkeit bewusst ist, unsere Auffassungen weitestgehend zu berücksichtigen. Ich habe mehrfach in Amerika – und hier erneut gegenüber Frau Thatcher – unsere Vorstellungen ausführlich dargelegt. Der zentrale Gedanke meiner Ausführungen ist stets der gleiche – man darf sich nicht auf eine einzige Variante beschränken, die unausweichlich einseitig sein wird. Notwendig ist ein intensiver Meinungsaustausch, eine intensive Suche nach Vorschlägen, um zu einer optimalen Variante zu gelangen, die alle zufriedenstellen und die – das ist das Allerwichtigste – eine Entwicklung und Festigung der positiven Prozesse in Europa und in der Welt begünstigen würde. Und die sich auf keinen Fall als Bremse dieses Prozesses erweist.

Wir haben beide unsere Haltung hinsichtlich des Rechts der Deutschen bekräftigt, in einem geeinten Staat zu leben. Jedoch ist es nicht nur eine Angelegenheit allein der Deutschen, einen Schlussstrich unter die Ergebnisse des Krieges zu ziehen. Es existiert bereits der Mechanismus „2+4". Er muss voll und ganz seine Rolle spielen, die sich aus den Ergebnissen des Krieges ergibt und nicht aus der Spaltung Deutschlands. Diese erfolgte später, wie allen bekannt ist. Natürlich haben wir im Zusammenhang mit dem gesamteuropäischen Prozess auch über die Beteiligung aller europäischen Staaten an der Lösung dieses Problems gesprochen. [...].

M. Thatcher: Der Präsident hat bereits einige sehr wichtige Fragen hervorgehoben, die wir erörtert haben. Natürlich haben wir auch die Folgen der Vereinigung Deutschlands besprochen. Und Sie kennen unseren Standpunkt, dass das vereinigte Deutschland in der NATO bleiben muss. Es hat das Recht, seine Bündnisverpflichtungen zu wählen, aber wir verstehen auch, dass die Sowjetunion und der Warschauer Pakt Garantien dafür verlangen, dass ihre Sicherheit gewährleistet ist. Wie ich bereits gesagt habe, unter anderem bei der Begegnung der NATO-Länder, mit deren Vertretern ich gesprochen habe, müssen wir entsprechende Zusicherungen geben.[2]

Pravda, 10. 6. 1990.

[1] Vgl. auch Vermerk über das Gespräch Teltschiks mit Botschafter Terechov am 11. 6. 1990, in: Deutsche Edition, Sonderedition, S. 1200f.

[2] Vgl. Dokumente Nr. 95, Anm. 9 und Nr. 96, Anm. 7.

Nr. 100
Gemeinsame Erklärung der Regierungen der Bundesrepublik Deutschland und der DDR über die Regelung offener Vermögensfragen vom 15. Juni 1990[1]

Gemeinsame Erklärung der Regierungen der Bundesrepublik Deutschland und der Deutschen Demokratischen Republik zur Regelung offener Vermögensfragen

Vom 15. Juni 1990

Die Teilung Deutschlands, die damit verbundene Bevölkerungswanderung von Ost nach West und die unterschiedlichen Rechtsordnungen in beiden deutschen Staaten haben zu zahlreichen vermögensrechtlichen Problemen geführt, die viele Bürger in der Deutschen Demokratischen Republik und in der Bundesrepublik Deutschland betreffen.

Bei der Lösung der anstehenden Vermögensfragen gehen beide Regierungen davon aus, dass ein sozial verträglicher Ausgleich unterschiedlicher Interessen zu schaffen ist. Rechtssicherheit und Rechtseindeutigkeit sowie das Recht auf Eigentum sind Grundsätze, von denen sich die Regierungen der Deutschen Demokratischen Republik und der Bundesrepublik Deutschland bei der Lösung der anstehenden Vermögensfragen leiten lassen. Nur so kann der Rechtsfriede in einem künftigen Deutschland dauerhaft gesichert werden.

Die beiden deutschen Regierungen sind sich über folgende Eckwerte einig:

1. Die Enteignungen auf besatzungsrechtlicher bzw. Besatzungshoheitlicher Grundlage (1945 bis 1949) sind nicht mehr rückgängig zu machen. Die Regierungen der Sowjetunion und der Deutschen Demokratischen Republik sehen keine Möglichkeit, die damals getroffenen Maßnahmen zu revidieren. Die Regierung der Bundesrepublik Deutschland nimmt dies im Hinblick auf die historische Entwicklung zur Kenntnis. Sie ist der Auffassung, dass einem künftigen gesamtdeutschen Parlament eine abschließende Entscheidung über etwaige staatliche Ausgleichsleistungen vorbehalten bleiben muss.

2. Treuhandverwaltungen und ähnliche Maßnahmen mit Verfügungsbeschränkungen über Grundeigentum, Gewerbebetriebe und sonstiges Vermögen sind aufzuheben. Damit wird denjenigen Bürgern, deren Vermögen wegen Flucht aus der DDR oder aus sonstigen Gründen in eine staatliche Verwaltung genommen worden ist, die Verfügungsbefugnis über ihr Eigentum zurückgegeben.

3. Enteignetes Grundvermögen wird grundsätzlich unter Berücksichtigung der unter a) und b) genannten Fallgruppen den ehemaligen Eigentümern oder ihren Erben zurückgegeben.

a) Die Rückübertragung von Eigentumsrechten an Grundstücken und Gebäuden, deren Nutzungsart bzw. Zweckbestimmung insbesondere dadurch verändert

[1] Anstelle der Rückübersetzung aus dem Russischen hier der Abdr. nach BGBl. 1990 II, S. 1237f. Vgl. Materialien des BMJ vom 11. 6. 1990 in Deutsche Einheit, Sonderedition, S. 1201–1206, Entwurf der Erklärung ebd., S. 1203f.

wurden, dass sie dem Gemeingebrauch gewidmet, im komplexen Wohnungs- und Siedlungsbau verwendet, der gewerblichen Nutzung zugeführt oder in eine neue Unternehmenseinheit einbezogen wurden, ist von der Natur der Sache her nicht möglich.

In diesen Fällen wird eine Entschädigung geleistet, soweit nicht bereits nach den für Bürger der Deutschen Demokratischen Republik geltenden Vorschriften entschädigt worden ist.

b) Sofern Bürger der Deutschen Demokratischen Republik an zurück zu übereignenden Immobilien Eigentum oder dringliche Nutzungsrechte in redlicher Weise erworben haben, ist ein sozial verträglicher Ausgleich an die ehemaligen Eigentümer durch Austausch von Grundstücken mit vergleichbarem Wert oder durch Entschädigung herzustellen.

Entsprechendes gilt für Grundvermögen, das durch den staatlichen Treuhänder an Dritte veräußert wurde. Die Einzelheiten bedürfen noch der Klärung.

c) Soweit den ehemaligen Eigentümern oder ihren Erben ein Anspruch auf Rückübertragung zusteht, kann stattdessen Entschädigung gewählt werden.

Die Frage des Ausgleichs von Werteveränderungen wird gesondert geregelt.

4. Die Regelungen unter Ziffer 3 gelten entsprechend für ehemals von Berechtigten selbst oder in ihrem Auftrag verwaltete Hausgrundstücke, die auf Grund ökonomischen Zwangs in Volkseigentum übernommen wurden.

5. Mieterschutz und bestehende Nutzungsrechte von Bürgern der Deutschen Demokratischen Republik an durch diese Erklärung betroffenen Grundstücken und Gebäuden werden wie bisher gewahrt und regeln sich nach dem jeweils geltenden Recht der Deutschen Demokratischen Republik.

6. Bei verwalteten Betrieben werden die bestehenden Verfügungsbeschränkungen aufgehoben; der Eigentümer übernimmt sein Betriebsvermögen.

Für Betriebe und Beteiligungen, die 1972 in Volkseigentum überführt wurden,[2] gilt das Gesetz vom 7. März 1990 über die Gründung und Tätigkeit privater Unternehmen und über Unternehmensbeteiligungen.[3] Hierbei wird § 19 Absatz 2 Satz 4 des Gesetzes so ausgelegt, dass den privaten Gesellschaften der staatliche Anteil auf Antrag zu verkaufen ist; die Entscheidung über den Verkauf steht somit nicht im Ermessen der zuständigen Stelle.

7. Bei Unternehmen und Beteiligungen, die zwischen 1949 und 1972 durch Beschlagnahme in Volkseigentum überführt worden sind, werden dem früheren Eigentümer unter Berücksichtigung der Wertentwicklung des Betriebes das Unternehmen als Ganzes oder Gesellschaftsanteile bzw. Aktien des Unternehmens

[2] Beschluss des Präsidiums des Ministerrats vom 9. 2. 1972, in: Gerhard Fieberg/Harald Reichenbach (Hg.), Enteignung und offene Vermögensfragen in der ehemaligen DDR, Bd. 2, 2. Aufl. Köln 1992, Nr. 3.24.; der entsprechende Politbürobeschluss vom 8. 2. 1972 auszugsweise in Heinz Hoffmann, Die Betriebe mit staatlicher Beteiligung im planwirtschaftlichen System der DDR 1956–1972, Stuttgart 1999, S. 132–136.

[3] GBl. I 1990, S. 141–144.

übertragen, soweit er keine Entschädigung in Anspruch nehmen will. Einzelheiten bedürfen noch der näheren Regelung.

8. Sind Vermögenswerte – einschließlich Nutzungsrechte – auf Grund unlauterer Machenschaften (z.B. durch Machtmissbrauch, Korruption, Nötigung oder Täuschung von Seiten des Erwerbers) erlangt worden, so ist der Rechtserwerb nicht schutzwürdig und rückgängig zu machen. In Fällen des redlichen Erwerbs findet Ziffer 3.b) Anwendung.

9. Soweit es zu Vermögenseinziehungen im Zusammenhang mit rechtswidrigen Strafverfahren gekommen ist, wird die Deutsche Demokratische Republik die gesetzlichen Voraussetzungen für ihre Korrektur in einem justizförmigen Verfahren schaffen.[4]

10. Anteilsrechte an der Altguthaben-Ablösungsanleihe von Bürgern der Bundesrepublik Deutschland werden einschließlich der Zinsen in der zweiten Jahreshälfte 1990 – also nach der Währungsumstellung – bedient.[5]

11. Soweit noch Devisenbeschränkungen im Zahlungsverkehr bestehen, entfallen diese mit dem Inkrafttreten der Währungs-, Wirtschafts- und Sozialunion.

12. Das durch staatliche Stellen der Bundesrepublik Deutschland auf der Grundlage des Rechtsträger-Abwicklungsgesetztes treuhänderisch verwaltete Vermögen von juristischen Personen des öffentlichen Rechts, die auf dem Gebiet der DDR existieren oder existiert haben, wird an die Berechtigten bzw. deren Rechtsnachfolger übergeben.

13. Zur Abwicklung:

a) Die Deutsche Demokratische Republik wird die erforderlichen Rechtsvorschriften und Verfahrensregelungen umgehend schaffen.[6]

b) Sie wird bekanntmachen, wo und innerhalb welcher Frist die betroffenen Bürger ihre Ansprüche anmelden können. Die Antragsfrist wird sechs Monate nicht überschreiten.[7]

c) Zur Befriedigung der Ansprüche auf Entschädigung wird in der Deutschen Demokratischen Republik ein rechtlich selbständiger Entschädigungsfonds getrennt vom Staatshaushalt gebildet.

d) Die Deutsche Demokratische Republik wird dafür Sorge tragen, dass bis zum Ablauf der Frist gemäß Ziffer 13.b) keine Verkäufe von Grundstücken und

[4] Rehabilitierungsgesetz vom 6. 9. 1990, GBl. I 1990, S. 1459–1465.

[5] Das betrifft Konten und Sparguthaben, die vor dem 9. 5. 1945 entstanden waren und in der ehemaligen DDR im Zuge der Währungsreform 1948 im Verhältnis von 10 Reichsmark auf 1 DDR-Mark umgestellt wurden. Vgl. hierzu die Information der jetzt zuständigen KfW-Bankengruppe unter http://www.kfw.de/DE_Home/Die_Bank/Aufgaben/Beratungun54/Altforderungen_Altguthaben/Altguthaben–Abloesungs–Anleihe.jsp.

[6] Vermögensgesetz als Bestandteil des Einigungsvertrags vom 31. 8. 1990, in: GBl. I 1990, S. 1899–1907.

[7] Verordnung über die Anmeldung vermögensrechtlicher Ansprüche vom 11. 7. 1990, in: GBl. I 1990, S. 718f., geändert mit Verordnung vom 21. 8. 1990, ebd., S. 1260.

Gebäuden vorgenommen werden, an denen frühere Eigentumsrechte ungeklärt sind, es sei denn, zwischen den Beteiligten besteht Einvernehmen, dass eine Rückübertragung nicht in Betracht kommt oder nicht geltend gemacht werden wird. Veräußerungen von Grundstücken und Gebäuden, an denen frühere Eigentumsrechte ungeklärt sind und die dennoch nach dem 18. Oktober 1989 erfolgt sind, werden überprüft.

14. Beide Regierungen beauftragen ihre Experten, weitere Einzelheiten abzuklären.

Neues Deutschland, 16.–17. 6. 1990.[8]

Nr. 101
Gespräch Gorbačevs mit NATO-Generalsekretär Wörner am 14. Juli 1990 [Auszug][1]

Aus dem Gespräch M. S. Gorbačevs mit M. Wörner[2]
Moskau, 14. Juli 1990

M. S. Gorbačev: Ich begrüße Sie, Herr Generalsekretär. Allein die Tatsache, dass Sie in diesem Arbeitszimmer sitzen und wir uns unterhalten, zeigt, dass in der Welt etwas vor sich geht.

M. Wörner: In der Tat, mir scheint immer noch, dass dies im Traum geschieht, dass dies ein Trugbild ist.

M. S. Gorbačev: Sie haben sehr gut gesagt: als ob dies im Traum geschieht. Unser Bewusstsein ist sehr konservativ, es bleibt hinter der Wirklichkeit zurück. Als ich 1986 mit meinen Kollegen neue Vorschläge zur Außenpolitik ausgearbeitet habe und wir mit der Erklärung vom 15. Januar herauskamen,[3] haben viele in Europa, in NATO-Kreisen gesagt, dies sei Utopie, Propaganda.

Aber jetzt liegt das Abkommen über die Abschaffung der Mittelstreckenraketen bereits hinter uns und am Horizont stehen ein Vertrag über eine Halbierung der Nuklearwaffen, ein Abkommen über eine Reduzierung der konventionellen Waffen und über die Vernichtung der Chemiewaffen.[4] Und nun befindet sich der Generalsekretär der NATO, Herr Wörner, hier im Kreml. Das ist Utopie! [...].

8 Vgl. Anm. 1.

1 Kurze Erwähnung in Černjaev, Sovmestnyj ischod, S. 864f. (unter dem 15. und 21. 7. 1990), identisch mit Tschernjaew, Mein deutsches Tagebuch, S. 269f. Vgl. Kwizinskij, Vor dem Sturm, S. 52.

2 Von sowjetischer Seite nahm evt. Kwicinskij teil, vgl. Anm. 1.

3 Vgl. Dokument Nr. 4, Anm. 6.

4 Zum KSE-Vertrag vgl. Dokument Nr. 61, Anm. 10; zum INF-Vertrag vgl. Dokument Nr. 19, Anm. 20. Ausführliche Dokumentation zu START I (vom 31. 7. 1991) unter http://www.state.gov/www/global/arms/starthtm/start/toc.html. Zum damals aktuellen Stand der Verhandlungen über Chemische Waffen in Genf vgl. Rolf Peter Wollenweber, Bemühungen um eine Abrüstung chemischer Waffen, Diss. Braunschweig 1991, S. 180ff., v.a. S. 184ff. mit Diskussion des Entwurfs vom 1. 2. 1990 (CD 961); die Gemeinsame Erklärung von Bush und Gorbačev über Nichtverbreitung von nuklearen und chemischen Waffen sowie von Raketen und Raketentechnologie vom 4. 6. 1990, in: Europa-Archiv 45 (1990), S. D 466–D 470; schließlich das Übereinkommen vom 3. 9.

Alles ändert sich jetzt. Ich begrüße jede Bewegung aufeinander zu. Auf Malta habe ich zu Präsident Bush gesagt:[5] die Sowjetunion betrachte die Vereinigten Staaten nicht mehr als ihren Feind. Die heutige Welt, Ideen, Realitäten – all dies ändert sich.

Ich muss sagen, an der Londoner Erklärung gefällt uns vieles,[6] aber nicht alles. Ich verstehe das so, dass man mit einem Schritt nicht alles durchschreiten kann. [...].

Vielleicht möchten Sie jetzt die Deklaration kommentieren? ...

M. Wörner: Sie haben Ihre Erklärung vom 15. Januar 1986 erwähnt. Wir alle haben ihr damals sehr aufmerksam zugehört. Aber einige von uns sagten damals, man müsse sie auf ihre Aufrichtigkeit hin überprüfen.

Und heute, wo auch wir uns ändern, sagen wir, dass Sie uns ebenfalls auf unsere Aufrichtigkeit hin überprüfen können. Dies im Zusammenhang mit unserer Deklaration.

Ich kann Ihnen versichern, dass diese Deklaration keineswegs Propaganda ist, sondern ein sehr ernsthaftes Dokument ... So haben wir zum Beispiel beschlossen, in erster Linie unsere militärische Strategie zu ändern. Ich habe unter meiner Ägide bereits eine aus politischen und militärischen Persönlichkeiten bestehende Spezialgruppe geschaffen, die Details hinsichtlich einer Strategieänderung im militärischen und nuklearen Bereich ausarbeiten wird. Wir suchen Auswege aus der Konfrontation und den Übergang zu einer neuen Ära der Zusammenarbeit ... Wir schlagen Ihnen vor, nicht nur auf politischem, sondern auch auf wirtschaftlichem und sogar auf militärischem Gebiet zusammenzuarbeiten.

Deshalb lade ich Sie im Namen des Nordatlantischen Bündnisses ein, nach Brüssel zu kommen und im NATO-Hauptquartier zu sprechen. Wir würden uns freuen, wenn Sie diese unsere Einladung annehmen würden. [...].

M. S. Gorbačev: Meine jüngsten Erfahrungen überzeugen mich von der Richtigkeit eines altindischen Ausspruchs: Den Weg wird der bewältigen, der ihn beschreitet. Er ist schon vor zweitausend Jahren entstanden, aber er gilt auch noch heute. Und ich möchte ihn nicht nur auf die Beziehungen zwischen West und Ost anwenden, sondern auch zwischen NATO und Warschauer Pakt. Es gibt heute nicht nur ein gegenseitiges Verständnis, sondern auch eine bestimmte Bewegung aufeinander zu. Das ist kein einfacher Prozess. Hier zeigen sowohl Sie wie auch wir bisher noch Vorsicht. Aber wenn wir diesen Weg beschreiten, dann werden wir die auftretenden Probleme bewältigen. [...].

M. Wörner: Wenn man ehrlich ist, muss man gestehen, dass die Umgestaltung, die heute in der NATO erfolgt, nicht ohne die Umgestaltung hier bei Ihnen vor sich gehen würde. Von daher ist die Umgestaltung bei uns eine Reaktion auf Ihre mutigen Initiativen. Wir möchten uns ebenso ändern wie auch Sie, aber das Eis ist nur dank Ihnen in Bewegung gekommen.

1992 (Verabschiedung durch die Genfer Abrüstungskonferenz; Unterzeichnung ab 13.–15. 1. 1993, in Kraft am 29. 4. 1997) über das Verbot der Entwicklung, Herstellung, Lagerung und des Einsatzes chemischer Waffen und über die Vernichtung solcher Waffen unter http://www.auswaertiges-amt.de/diplo/de/Aussenpolitik/Themen/Abruestung/Downloads/CWUE.pdf., Dokumentation unter http://www.opcw.org/chemical-weapons-convention/.

[5] Dokumente Nr. 59 und Nr. 60.

[6] Vgl. Dokument Nr. 95, Anm. 21.

Ich habe auf dem Londoner Gipfeltreffen den Vorsitz geführt. Und ich habe die Überzeugung gewonnen, dass man jetzt handeln muss, noch in diesem Jahr. Dafür existieren heute beiderseits einzigartige Möglichkeiten.

M. S. Gorbačev: Wir sind der Meinung, dass wir jetzt nicht aneinander vorbeigehen können, da sich die Chance eröffnet, in Anerkennung unserer wechselseitigen Interessen zusammenzuarbeiten, um die internationalen Beziehungen in eine normale Bahn zu lenken und eine lange Periode des Friedens innerhalb dieser Beziehungen zu eröffnen. Dazu braucht man die ganze Welt. [...].

Wir müssen mit vereinten Kräften das fortsetzen, was begonnen wurde, das Drama des „Kalten Krieges" und der Konfrontation hinter uns lassen und den Blick in die Zukunft richten. Sonst entsteht eine echte historische Sackgasse. Wir sind uns der Notwendigkeit, gemeinsam zu handeln, wohl bewusst und haben bereits begonnen, mit Ihnen zusammenzuarbeiten. Dem messen wir große Bedeutung bei. Alles Übrige muss dieser Aufgabe untergeordnet werden. Sowohl Warschauer Pakt als auch NATO und die Schaffung künftiger europäischer Sicherheitsstrukturen – alles muss dem untergeordnet sein.

Wir haben begonnen, darüber nachzudenken, was der mögliche Inhalt einer gemeinsamen Erklärung von NATO und Warschauer Pakt sein könnte. Wenn wir zu einer Vereinbarung in dieser Hinsicht gelangen, kann dies möglicherweise ein bedeutsames, gewichtiges Dokument sein, das sich als großer Meilenstein in der globalen Politik erweisen wird. [...].[7]

Ich weiß unsere Begegnung sehr zu schätzen ... Mit Vergnügen nehme ich Ihre Einladung in das NATO-Hauptquartier nach Brüssel an. Ich werde dort etwas zu sagen haben. Wann dies zu tun sein wird, darüber werden wir nachdenken. [...].

Archiv der Gorbačev-Stiftung. Bestand 1, Verzeichnis 1.

[7] Gorbačev übergab Wörner während des Gesprächs einen sowjetischen Entwurf „für Überlegungen für die zukünftige gemeinsame Erklärung" von NATO und Warschauer Pakt, vgl. Deutsche Einheit, Sonderedition, S. 1342, Anm. 6.

Nr. 102
Gespräch Gorbačevs mit Bundeskanzler Kohl am 15. Juli 1990 [Auszug][1]

Aus dem Vieraugengespräch M. S. Gorbačevs mit H. Kohl*

15. Juli 1990

(Bei dem Treffen waren H. Teltschik und A. S. Černjaev anwesend.)

M. S. Gorbačev: Ich begrüße ich Sie herzlich in Moskau, Herr Kohl. Wir werden einen eingehenden Meinungsaustausch über Fragen von beiderseitigem Interesse vornehmen können.

H. Kohl: Ich bin sehr froh, dass wir zwei Tage mit Gesprächen vor uns haben. Es werden gute Gespräche sein.[2] Mir gefällt sehr ein Ausspruch Bismarcks: „Wenn Gott durch die Geschichte schreitet, muss man versuchen, einen Zipfel seines Mantels zu erfassen." Gerade diese Worte sind charakteristisch für unsere Zeit, vor allem für die erste Hälfte der 90er-Jahre.

Unserer Generation, den Menschen unseres Alters, ist eine besondere Verantwortung auferlegt. Wir haben nicht mehr unmittelbar am Krieg teilgenommen, unser Gewissen ist durch nichts belastet, doch wir erinnern uns noch an den Krieg, haben seine Schrecken gesehen. Dies unterscheidet uns von der heutigen Jugend. Ich selbst erlebe das an meinen beiden Söhnen. In Bezug auf die Menschen unserer Generation spreche ich von der „Gnade der späten Geburt". Wir haben Erfahrungen, über die andere nicht verfügen. Und die sollten wir voll und ganz in die Entwicklung der Zivilisation einbringen.

M. S. Gorbačev: Diesen Gedanken möchte ich besonders unterstreichen. Wir haben in der Tat die Möglichkeit, Vergangenheit und Gegenwart miteinander zu vergleichen. Ich war zehn Jahre alt, als der Krieg begann und fünfzehn, als er zu Ende ging. Das ist ein besonders sensibles Alter. Die heutige Generation ist möglicherweise besser, aber wir verfügen über einmalige Erfahrungen. Die Chance, die sich bietet, haben wir wahrgenommen. Unsere Generation kann in der Geschichte noch ein Wort mitreden. Heute wird nicht mehr so viel darüber gesprochen, wer gewonnen und wer verloren hat. Wir haben erkannt, dass wir ein und derselben Zivilisation angehören … […].[3]

[1] Auch in Gorbačev, Gody, S. 223–233, dt. Übersetzung in Gorbatschow, Gipfelgespräche, S. 162–177. Das russische Protokoll in Auszügen bei von Plato, Vereinigung, S. 376–380, dort auch Diskussion der Unterschiede zum dt. Protokoll; ferner Černjaev, Sovmestnyj ischod, S. 864 f. zur Vorbereitung und Bilanz (unter dem 14. und 15. 7. 90, in z.T. ungenauer Übersetzung bei Tschernjaew, Mein deutsches Tagebuch, S. 268 f. (unter dem 15. 7. 1990)). Das deutsche Protokoll in Deutsche Einheit, Sonderedition, S. 1340–1348. Vgl. ferner die mündlichen und schriftlichen Informationen Kohls für Bush sowie Mitterrand, Thatcher und Andreotti in: Deutsche Einheit, Sonderedition, S. 1371–1374, 1374–1376. Die relevanten Erinnerungen zum gesamten Gipfel: Kohl, Erinnerungen 1990–1994, S. 166–180, 319 f.; Diekmann/Reuth, Helmut Kohl, S. 421–441; Genscher, Erinnerungen, S. 831–841; Teltschik, 329 Tage, S. 316–342; Klein, Es begann, v. a. S. 87–103, 109 f., 233–236, 253–268; Waigel, Tage, 28–52, Gorbatschow, Wie es war, S. 140–151 (mit Auszügen aus Gesprächsprotokollen); Gorbatschow, Erinnerungen, S. 724 f.; Tschernjaew, Die letzten Tage, S. 305 f.; Kwizinskij, Vor dem Sturm, S. 47–49; Ševardnadze, Als der eiserne Vorhang, S. 145; Kuhrt, Gorbatschow, S. 148–152, 154–157.

[2] Die einleitenden Worte ausführlicher in Gorbačev, Gody, S. 223. Mit dem folgenden Bismarck-Zitat beginnt die wortgleiche Überlieferung.

[3] Gem. Gorbačev, Gody, S. 224 f. erinnert Kohl hier an die privaten Gespräche von 1989, dann folgt

[4]Ich möchte im Zusammenhang mit unserer Begegnung einen prinzipiell wichtigen Gedanken „fixieren". Es hat sich so ergeben, dass in den 90er-Jahren Russland und Deutschland wieder vieles tun müssen, in gutem Einvernehmen leben, einander bereichern, das gegenseitige Verständnis festigen und die Zusammenarbeit zum beiderseitigen Nutzen ausweiten. Als sich ihre Wege trennten, hatte das schwerwiegende Folgen für unsere Völker. Wir beide können dafür sorgen, dass diese beiden Völker wieder zusammenkommen. Ich stelle unsere Beziehungen mit Deutschland auf eine Stufe mit den sowjetisch-amerikanischen. Sie sind nicht weniger wichtig für das Schicksal unserer Völker und für die Geschichte.

H. Kohl: Ich stimme dem voll und ganz zu. Ich zweifle nicht daran, dass die neue Qualität der Beziehungen zwischen Deutschland und Russland sich günstig auf die sowjetisch-amerikanischen Beziehungen auswirken wird. Der Zweck meines Besuches hier ist folgender: den Beziehungen zwischen unseren Staaten neue Impulse zu verleihen mit dem Ziel, in einem Jahr einen allumfassenden Vertrag zwischen der Sowjetunion und dem vereinigtem Deutschland zu unterzeichnen, der alles Relevante in den bestehenden Verträgen der UdSSR mit den beiden deutschen Staaten berücksichtigt und natürlich auch eine Menge Neues einschließt.[5]

Ich kann sagen, dass, wenn alles normal verläuft, im Dezember dieses Jahres gesamtdeutsche Wahlen stattfinden werden.[6] Ich will das Ergebnis nicht vorwegnehmen, aber ich gehe davon aus, dass ich meine Arbeit fortsetzen werde. Deshalb werden wir in einem Jahr ein neues, für alle sichtbares Kapitel in den sowjetisch-deutschen Beziehungen aufschlagen und in eine neue Ära eintreten.

Der Vertrag muss ohne große Begleitmusik, aber konzentriert, ohne Zeit zu verlieren, ausgearbeitet werden. Nach den gesamtdeutschen Wahlen wird die Frage der Einheit gelöst sein. Uns lenkt dann nichts mehr ab, und wir können sehr rasch zu einem beiderseitigen Erfolg kommen.

Ich bin dafür, alle zwischen uns bestehenden Verträge und Abkommen auf ihre Zukunftsaussichten hin zu prüfen und dabei zu entscheiden, was überholt ist, was in Kraft bleiben kann und was den Erfordernissen der Zeit entsprechend neu formuliert werden muss. Ich möchte, dass dieser Vertrag alle wichtigen Aspekte der politischen, wirtschaftlichen, kulturellen und humanitären Beziehungen umfasst und eine zuverlässige Grundlage für das weitere gegenseitige Verständnis und die Zusammenarbeit zwischen dem sowjetischen und dem deutschen Volk schafft.

Wenn wir dieses Ziel anstreben, dann – davon bin ich überzeugt – werden wir nicht allein sein. Auch Bush wird sich uns anschließen. Ich habe das kürzlich auf dem NATO-Gipfel gespürt.[7] Die Idee eines sowjetisch-deutschen Vertrags wirkt sich günstig auf die anderen Entwicklungen aus, insbesondere auf die Anbahnung einer Zusammenarbeit zwischen der NATO und dem Warschauer Pakt unter dem Dach der KSZE. Von prinzipieller Bedeutung wird die geplante gemeinsame Er-

ein Austausch über den Parteitag der KPdSU und über El'cin. Vgl. das dt. Protokoll (wie Anm. 1), S. 1341.

4 Ab hier wieder wortgleiche Überlieferung in Gorbačev, Gody, S. 225.

5 Vgl. schließlich den deutsch-sowjetischen Vertrag über gute Nachbarschaft, Partnerschaft und Zusammenarbeit vom 9. 11. 1990, in: BGBl. 1991 II, S. 703–709.

6 Am 2. 12. 1990. Zur Diskussion vgl. Vorlagen für Seiters vom 23. 4. und 17. 5. 1990, in Deutsche Einheit, Sonderedition, S. 1030–1032, 1132–1134; Jäger, Überwindung, S. 471–474.

7 Vgl. Dokument Nr. 95, Anm. 21.

klärung der beiden Bündnisse sein. Ich würde mir wünschen, dass sie den Charakter eines Paktes über Nichtangriff und Nichtanwendung von Gewalt trägt. Dann würden alle Völker erleichtert aufatmen. Wie Sie sehen, ist unser allumfassender Vertrag dazu geeignet, eine historische Rolle zu spielen. Hier ist etwas Gutes herangereift und das gilt es zu verwirklichen.

In den letzten vier Wochen hatte ich Gelegenheit, an drei wichtigen Treffen der Staatschefs der westlichen Länder in Dublin,[8] London[9] und Houston[10] teilzunehmen. Bei allen diesen Treffen wurden Orientierungen für die Zukunft gegeben und der Kurs für eine im Wesentlichen einheitliche Entwicklung in eine positive Richtung abgesteckt. Das Tempo wird freilich unterschiedlich sein.

In Houston ist Ihre Botschaft an Bush positiv aufgenommen worden.[11] Auf diesem Treffen zeichnete sich deutlich die Tendenz ab, die in der UdSSR durchgeführten und beabsichtigten Reformen zu unterstützen. Besondere Aufmerksamkeit wird der innenpolitischen Entwicklung in Ihrem Land gewidmet.

Man muss berücksichtigen, dass Bush am 4. November Wahlen hat.[12] Danach wird er wieder freier und sicherer sein. Sie können davon ausgehen, dass er uns zur Seite stehen wird.

Wenn Sie eine genaue Vorstellung haben von der künftigen Reformpolitik und der Erarbeitung eines entsprechenden Konzeptes, was Sie wann verwirklichen wollen, dann würde ich Sie bitten, alles zu unternehmen, damit dieses Konzept bis zum November, spätestens bis zum Dezember, fertig ist. Es stehen nämlich wichtige Treffen auf gesamteuropäischer und globaler Ebene bevor. Und dort wird selbstverständlich wie immer über den Fortgang der Reformpolitik in der Sowjetunion gesprochen. Wenn Sie es wünschen, können wir Ihnen zu Konsultationszwecken unsere Wirtschaftsexperten schicken.

Für uns selbst besteht die Hauptaufgabe in den nächsten Monaten darin, die Abläufe in Deutschland zu bewältigen. Die wirtschaftliche Situation in der DDR hat sich als bedeutend schwieriger herausgestellt, als wir ursprünglich angenommen haben. Und die Tendenz geht dahin, dass sie von Tag zu Tag komplizierter statt einfacher wird. Das gilt es zu berücksichtigen.

Ich will diese Prozesse nicht forcieren. Früher hatten wir andere Vorstellungen; wir waren darauf eingestellt, dass alles seinen eigenen Gang geht, solide und gründlich. Doch die Entwicklung hat eine dramatische Wende genommen, die auch für Sie Folgen hat. Die Lage zwingt uns, mehrere Dinge gleichzeitig in Angriff zu nehmen; deshalb müssen wir uns aufeinander verlassen und einander vertrauen. In diesem Sinne werden die gesamtdeutschen Wahlen am 2. Dezember entscheidende Bedeutung haben.

[8] Zur Sondertagung des Europäischen Rats in Dublin am 28. 4. 1990 vgl. Schlussfolgerungen des Rats der Staats- und Regierungschefs, in: Europa-Archiv 45 (1990), S. D 284–D 288. Die Schlussfolgerungen des Vorsitzes des Rats der Staats- und Regierungschefs des Gipfels vom 25./26. 6. 1990 in Dublin in: Bulletin (1990), S. 717–732.

[9] Wie Anm. 7.

[10] Vgl. Dokument Nr. 95, Anm. 9.

[11] Schreiben Gorbačevs vom 4. 7. 1990 an Bush als Vorsitzenden des Houston-Gipfels, in: Europa-Archiv 45 (1990), S. D 437f.

[12] Midterm-Wahlen am 6. 11. 1990.

M. S. Gorbačev: Man kann sagen, Sie stehen vor Ihrer Perestrojka. Die Aufgaben sind groß und schwierig.

H. Kohl: Wir werden einander helfen. Das haben wir im vergangenen Jahr während Ihres Aufenthalts in der BRD vereinbart.[13]

Hinsichtlich der Kredite und in der Frage des Aufenthalts der sowjetischen Streitkräfte in der DDR haben wir Wort gehalten.[14] Die Lage ist so, dass wir uns auf das Wort des anderen verlassen können.

M. S. Gorbačev: Wir sehen Ihre Probleme. In der gegenwärtigen Phase der Beziehungen muss man den politischen Kontext der Entwicklung unserer Staaten strikt berücksichtigen. Erforderlich sind Ausgewogenheit der Ansichten, Vertrauen sowie gegenseitiges Verständnis und Zusammenarbeit. Allein mit Schriftstücken lässt sich das alles nicht lösen; es bedarf eines lebendigen Dialogs, einer lebendigen Kommunikation. Obwohl auch gute Schriftstücke notwendig sind.

H. Kohl: Einverstanden. Das heißt, dass uns in diesen zwei Tagen ernsthafte Arbeit bevorsteht. Nach meiner Auffassung sind vorrangig Fragen zu klären wie das weitere Schicksal der sowjetischen Streitkräfte in Deutschland, die Mitgliedschaft des vereinigten Deutschland in der NATO und auch die zahlenmäßige Stärke der künftigen gesamtdeutschen Armee. Das sind drei Hürden, die wir meistern müssen. Sie haben auch Bedeutung für den Abschluss der „2+4"-Verhandlungen und die Erlangung der vollen Souveränität Deutschlands, und die zahlenmäßige Obergrenze der deutschen Armee berührt unmittelbar die Sphäre der NATO. Doch an erster Stelle stehen natürlich die Fragen hinsichtlich der Beziehungen zwischen der UdSSR und dem vereinigten Deutschland.

M. S. Gorbačev: [Die alten Griechen sagten, alles fließt, alles ändert sich, und man kann nicht zweimal in denselben Fluss steigen.][15] Die Dynamik der Ereignisse fordert von den Politikern erhöhte Aufmerksamkeit. Man muss alles im Zusammenhang und in der Vorwärtsbewegung sehen.

Wir bemühen uns nach Kräften, George Bush in den Positionen zu stärken, die zu solch einem Fortschritt beitragen würden. Aber der Druck auf ihn war stark; das habe ich gemerkt. Und dennoch hat er sich auf große Schritte eingelassen, um unsere Beziehungen auf einen neuen Stand zu heben. Ich denke, auch unsere konsequente Politik und die Entwicklung der Beziehungen zur BRD helfen den USA, eine konstruktive Haltung einzunehmen. Und das ist gut so.

Ich habe festgestellt – das sage ich ganz offen –, dass die Amerikaner befürchten, wir könnten auf den gemeinsamen Gedanken kommen, die USA aus Europa zu verdrängen. In einem Gespräch mit Bush habe ich ganz entschieden erklärt, dass die Präsenz der amerikanischen Truppen in Europa ein stabilisierendes Moment sei.[16] Für Bush schien diese Offenbarung eine Überraschung zu sein, er fragte sogar noch einmal nach. Ich versicherte ihm, dass ich mir neue Beziehungen ohne die aktive Rolle der USA nicht vorstellen könne.

[13] Dokumente Nr. 33–44.

[14] Zu Kreditverhandlungen vgl. Dokument Nr. 90, dazu Schreiben Kohl an Gorbačev vom 22. 5. 1990 und dessen Antwort vom 9. 6. 1990, Deutsche Einheit, Sonderedition, S. 1136f., 1199f.; zur Finanzierung der sowjetischen Westgruppe vgl. Vorlagen Teltschiks für Kohl vom 19. und 27. 6. 1990, ebd., S. 1232–1234, 1275f.

[15] Gem. Gorbačev, Gody, S. 227.

[16] Dokument Nr. 96.

H. Kohl: Ich habe lange mit ihm über dieses Thema gesprochen.[17] Wissen wir doch, dass die Sowjetunion der Präsenz amerikanischer Truppen auf dem europäischen Kontinent lange Zeit skeptisch gegenüberstand.

M. S. Gorbačev: Unsere Haltung hat sich nach einer Analyse der Realitäten geändert.

H. Kohl: Dies hat ein neues konstruktives Element in die Beziehungen zwischen der UdSSR und den USA gebracht. In London und Houston ist das mit großer Genugtuung aufgenommen worden.

Bush hat das von mir erwähnte Bismarck-Zitat gefallen. Er ist Realist und versteht meine Probleme gut. In Europa aber sehen nicht alle die in Deutschland ablaufenden Prozesse mit Wohlwollen. Die Vergangenheit belastet bis zu einem gewissen Grade bis heute unsere Beziehungen zu Italien, Frankreich und England. Wir wissen, dass es viel Zeit braucht, bis alles vergessen sein wird.

Bush hat ein klares Konzept unter Berücksichtigung der Entwicklung in Europa. Den Deutschen weist er darin eine bedeutende Rolle zu. Er wird die dynamische Entwicklung der Beziehungen zwischen dem deutschen und dem sowjetischen Volk, zwischen der UdSSR und dem vereinigten Deutschland nicht mit Misstrauen zur Kenntnis nehmen. Die USA sind dafür. Scowcroft hat mir viel von einer konstruktiven amerikanischen Haltung zur sowjetisch-deutschen Annäherung erzählt. Sie kennen ihn; er ist ein kluger Mann.

M. S. Gorbačev: Diesen Eindruck hat er während meiner Gespräche mit den Amerikanern auch auf mich gemacht.

H. Kohl: Er ist ein scharfsinniger und klug abwägender Politiker und kein großmäuliger General. Scowcroft kennt Clausewitz und begreift, dass die sowjetisch-amerikanischen Beziehungen auf eine neue Grundlage gestellt werden müssen. Das ist eine Ebene. Deutschland liegt auf einer etwas anderen Ebene. Doch je besser sich die Beziehungen zwischen der UdSSR und den USA gestalten, desto leichter wird es uns fallen, die Atmosphäre in Europa zu verbessern.

M. S. Gorbačev: Der politische Kontext unterscheidet sich heute wesentlich von dem vor zwei, drei Monaten. Die Entwicklung der NATO in Richtung auf eine Verlagerung des Akzentes zum politischen Tätigkeitsspektrum hin ist deutlich zu erkennen. In London wurde ein großer Schritt getan, sich der Fesseln der Vergangenheit zu entledigen. Die Tatsache, dass die Sowjetunion vom Westen heute nicht mehr als Gegner angesehen wird, hat große Bedeutung für die Ausarbeitung der Pläne für die Zukunft.

Wir kennen und schätzen die Rolle, die der Bundeskanzler und die Regierung der BRD bei der Entwicklung der positiven Prozesse in Europa spielen. In der Sowjetunion wird das aufmerksam verfolgt. Unsere Öffentlichkeit zeigt allmählich, Schritt für Schritt, Verständnis für die Wahl, die das deutsche Volk mit dem Beschreiten des Weges der Vereinigung getroffen hat. Die Vergangenheit können wir nicht vergessen. Jede Familie bei uns wurde seinerzeit von Leid heimgesucht. Doch wir müssen uns Europa zuwenden, den Weg der Zusammenarbeit mit der

[17] Vgl. u.a. das Gespräch Kohl mit Bush am 8. 6. 1990, Deutsche Einheit, Sonderedition, S. 1191–1199.

großen deutschen Nation beschreiten. Das ist unser Beitrag zur Erhöhung der Stabilität in Europa und in der Welt.

Hier unterstellen uns einige Militärs kraft ihrer spezifischen Funktion und auch Journalisten, wir verkauften für D-Mark den Sieg, der doch um einen so hohen Preis, mit solch hohen Opfern errungen wurde. Man darf die Situation nicht vereinfachen, aber wir müssen auch diese Realität sehen.

Dennoch wendet sich die Lage zum Besseren. Und wir können konkret und mit Blick auf die Zukunft Überlegungen anstellen, ohne die emotionale Seite berücksichtigen zu müssen, allerdings auch, ohne sie zu vergessen. Sie wie auch wir müssen von der Voraussetzung ausgehen: Wir sehen das Ziel, die Zukunft, und wir sehen die aktuellen Probleme, die wir im Paket lösen müssen. Anders kommen wir nicht voran. Von entscheidender Bedeutung dafür ist es, dass wir unsere Beziehungen auf eine neue vertragliche Grundlage stellen. Deshalb möchte ich Ihnen unsere Überlegungen zum Vertrag zwischen der UdSSR und Deutschland überreichen.[18] Nicht als Entwurf, sondern als Überlegungen. Vielleicht erscheint dieses oder jenes bei Ihnen wieder. Und wir werden es dann vorantreiben. Das ist das Ziel.

H. Kohl: Ich habe ebenfalls entsprechende Gedanken zu Papier gebracht, die ich Ihnen jetzt übergebe.[19] Ich möchte betonen, dass das meine persönlichen Überlegungen sind. Sie sind noch nicht von der Bundesregierung beraten worden. Bei ihrer Zusammenstellung habe ich auch nicht die Hilfe der Minister in Anspruch genommen. Die Minister haben viele Mitarbeiter, einer erzählt dem anderen etwas, und dann wird alles in den Zeitungen breitgetreten. Auch das Auswärtige Amt und das Finanzministerium habe ich noch aus dem Spiel gelassen.

Es handelt sich einstweilen nur um einen Entwurf von Gedanken und Überlegungen. Ich möchte bemerken, dass er vieles mit dem deutsch-französischen Vertrag gemein hat.[20] Ich würde vorschlagen, dass mein engster Mitarbeiter, Teltschik, und ein von Ihnen Bevollmächtigter dieses Dokument in der vorläufigen Fassung durchsehen, und als nächsten Schritt könnte man wohl schon die Außenminister beider Länder einschalten. Bis dahin bin ich für Vertraulichkeit, weil ich nicht möchte, dass dieses Thema bei uns im Wahlkampf diskutiert wird.

M. S. Gorbačev: Ich verstehe Sie gut und werde das Nötige veranlassen.

Bei der Abfassung des Vertrags muss man einander entgegenkommen und die Positionen abklären, damit es keine Missverständnisse gibt. Ein Teil der Positionen hat sich bereits herauskristallisiert, das Übrige kann man dann noch erarbeiten. Klar ist, dass das neue Deutschland die Territorien der BRD, der DDR und Berlins umfassen und dass es keine Ansprüche auf Veränderung der Grenzen erheben wird. Es gibt noch andere Fragen, bei denen wir ähnliche Positionen einnehmen und rasch auf einen gemeinsamen Nenner kommen können.

H. Kohl: Vieles stellt für uns kein Problem dar, und in vielen Dingen sind wir schon sehr weit gekommen. Zu den Grenzen wurden zwei gleichlautende Resolu-

[18] „Überlegungen zum Inhalt eines Vertrags" in Deutsche Einheit, Sonderedition, S. 1348–1352.
[19] Vgl. dt. Protokoll (wie Anm. 1), S. 1345, Anm. 15.
[20] Vgl. Dokument Nr. 62, Anm. 10.

tionen von der Volkskammer der DDR und vom Bundestag verabschiedet.[21] Das ist ein sehr ernsthafter und grundlegender Schritt. […].[22]

M. S. Gorbačev: Wir gehen auch davon aus, dass Deutschland auf nukleare, chemische und biologische Waffen verzichtet.

H. Kohl: Das steht außer Zweifel.

M. S. Gorbačev: Gesprochen werden muss noch über die Nichtausdehnung der militärischen Strukturen der NATO auf das Territorium der DDR und das Verbleiben der sowjetischen Streitkräfte dort für eine gewisse Übergangszeit sowie über die Aufhebung des Viermächtestatus für Berlin.

H. Kohl: Das heißt, über die volle Souveränität Deutschlands.

M. S. Gorbačev: Ja, aber unter der Bedingung, dass unsere Truppen in einer Übergangsperiode reduziert werden.

[23]Es gibt zwei schwerwiegende Themen: die Mitgliedschaft Deutschlands in der NATO – hier ist die Frage klar. De facto dürfen nach der Vereinigung auf dem Territorium der heutigen DDR keine Streitkräfte der NATO stehen. Das betrifft die Übergangsperiode; danach ist das Problem nicht mehr akut. Es entsteht ein Übergangszustand, für den charakteristisch ist, dass trotz juristischer Mitgliedschaft Deutschlands in der NATO sein östlicher Teil im Wirkungsbereich des Warschauer Paktes bleibt. Auf diese Weise lösen wir das Problem der Mitgliedschaft Deutschlands in der NATO.

Zweitens: Sie bestehen darauf, dass mit der Schaffung eines vereinten Deutschland zugleich die Rechte und die Verantwortung der Vier Mächte aufgehoben werden. Diese Forderung ist nicht ganz realistisch, weil das die Ratifizierung eines entsprechenden Dokuments durch die „Sechs" erfordert. Das braucht einige Zeit.

Im Prinzip könnten wir uns darauf einigen, dass in das Dokument über die Grundprinzipien ein Punkt über die Aufhebung der Rechte und der Verantwortung der Vier Mächte aufgenommen wird. Voraussetzung dafür ist der Abschluss eines neuen Vertrags über die Bedingungen für den Aufenthalt unserer Truppen in Deutschland über einen Zeitraum von drei bis vier Jahren oder eine Bestätigung der Gültigkeit aller Verträge mit der DDR, durch die der Aufenthalt der sowjetischen Streitkräfte dort heute geregelt wird.

H. Kohl: Diese Überlegungen werden sorgfältig analysiert. Ich denke, dass wir dem Verbleiben der Gruppe der Sowjetischen Streitkräfte auf dem Territorium der ehemaligen DDR in einer Stärke, über die noch Einigung zu erzielen ist, für einen Zeitraum von drei bis vier Jahren zustimmen können. Vielleicht findet man auch irgendeine andere Variante. So oder so, wir sind daran interessiert, dass die Rechte und die Verantwortung der Vier Mächte aufgehoben werden und Deutschland völlig souverän wird.

M. S. Gorbačev: Das Verbleiben unserer Truppen muss verbindlich geregelt werden. Das darf nicht in der Luft hängen; dafür bedarf es einer Rechtsgrundlage. Andernfalls wird man sie als Okkupanten betrachten.

[21] Vgl. Dokument Nr. 95, Anm. 5.

[22] Gem. Gorbačev, Gody, S. 230 folgen hier Ausführungen Kohls über die polnische Haltung, die er „nicht ganz verstehe". Die Auslassung in der Vorlage nicht kenntlich gemacht. Vgl. auch das dt. Protokoll (wie Anm. 1), S. 1345.

[23] Dieser folgende Absatz fehlt in Gorbačev, Gody, S. 230. Dort folgt direkt die Aufzählung „Zweitens." Vollständig in Gorbatschow, Gipfelgespräche, S. 173.

H. Kohl: Mein Ziel ist klar. Deutschland wird als Ganzes in die NATO eintreten. Darüber sind wir uns wohl beide klar. Wir wissen, was von der NATO künftig zu erwarten ist und ich denke, dass auch Sie jetzt darüber Bescheid wissen. Mein Freund Wörner hat gewiss mit Ihnen darüber gesprochen.[24] NATO-Truppen wird es auf dem Territorium der DDR nicht geben. Wenn ich Sie richtig verstanden habe, wollen Sie nicht, dass der Wirkungsbereich der NATO während der drei bis vier Jahre auf das Territorium der ehemaligen DDR ausgedehnt wird, in denen sich die sowjetischen Truppen noch dort befinden. Das Territorium der DDR soll erst nach dem Abzug der sowjetischen Truppen dem NATO-Bereich eingegliedert werden.

M. S. Gorbačev: Es handelt sich um die Verknüpfung von zwei prinzipiellen Fragen. Das vereinigte Deutschland ist Mitglied der NATO. De facto wird das ehemalige Territorium der DDR, solange sich dort sowjetische Truppen aufhalten, nicht in den Wirkungsbereich der NATO eingegliedert. Die Souveränität des vereinigten Deutschlands wird dabei auf keine Weise in Zweifel gezogen. Nach Ablauf der Übergangsperiode kann man dann mit Verhandlungen über den Abzug der sowjetischen Truppen beginnen.

H. Kohl: Ich glaube, wir müssen einen gesonderten Vertrag über die Bedingungen für den Verbleib der sowjetischen Truppen in Deutschland schließen.[25] Wenn wir an die Verträge denken, die früher zwischen der UdSSR und der DDR abgeschlossen wurden, so ist das für die Deutschen ein psychologisches Problem.[26] Man glaubt schon, das von Ihnen erwähnte Wort „Okkupation" zu hören. Deshalb bin ich für einen neuen, gesonderten Vertrag.

M. S. Gorbačev: Einen Vertrag über die Bedingungen für das Verbleiben sowjetischer Truppen für einen Zeitraum von drei bis vier Jahren.

H. Kohl: Drei bis vier Jahre sind für mich kein Problem. Für Sie aber wird es ein Problem werden, weil sich die wirtschaftliche Situation in dem Gebiet, in dem die sowjetischen Truppen stationiert sind, verändert. Und das wird sich auch entsprechend auf die Truppen auswirken.

Für mich besteht das Problem eher darin, wohin die Soldaten von dort aus gehen und womit sie sich dann beschäftigen werden. Hier könnten wir Hilfe leisten. Auch psychologisch lässt sich das für uns leichter machen, wenn ein neuer Vertrag abgeschlossen wird und auf diese Weise der letzte Anschein von Besatzungszeit verschwindet. Hilfe leisten könnten wir bei der Umschulung von Armeeangehörigen auf zivile Berufe, und zwar auf solche, die speziell für den Übergang zur Marktwirtschaft gebraucht werden.

M. S. Gorbačev: Plus Wohnungen.

[24] Dokument Nr. 101.

[25] Vgl. das deutsch-sowjetische Abkommen über einige überleitende Maßnahmen vom 9. 10. 1990 sowie den Vertrag zwischen der Bundesrepublik Deutschland und der Sowjetunion vom 12. 10. 1990 über die Bedingungen des befristeten Aufenthalts und die Modalitäten des planmäßigen Abzugs der sowjetischen Truppen aus dem Gebiet der Bundesrepublik Deutschland (mit Anlagen), in: BGBl. 1990 II, S. 1655–1659 und BGBl. 1991 II, S. 258–290.

[26] Vertrag über die Beziehungen zwischen der DDR und der Sowjetunion vom 20. September 1955, GBl. 1955 I, S. 918 f.; Abkommen über Fragen, die mit der zeitweiligen Stationierung sowjetischer Streitkräfte auf dem Territorium der DDR zusammenhängen, vom 12. 3. 1957, GBl. 1957 I, S. 237–244.

H. Kohl: Es muss nur betont werden, dass die Wohnungen für Bürger der Sowjetunion und nicht für Angehörige der Sowjetarmee gebaut werden. Es darf nicht im Geringsten den Anschein haben, als handele es sich um eine Art deutsches Hilfsprogramm für die Sowjetarmee.

M. S. Gorbačev: Die zurückkehrenden Armeeangehörigen werden wir auf dem gesamten Territorium der UdSSR ansiedeln, und das ist nun einmal nicht klein. Also ist Ihre Sorge unbegründet.

H. Kohl: Man muss dem Kind den rechten Namen geben, damit bei niemandem Zweifel aufkommen.

Im Großen und Ganzen, so möchte ich sagen, sind die Deutschen mit Verständnis und Hilfsbereitschaft dafür, der Sowjetunion Unterstützung zu gewähren. Wir haben hier einen starken Rückhalt. Das ist vor allem Ihr Verdienst, Herr Gorbačev, und das Ihrer Mitstreiter. Die in Moskau wahrnehmbare Überzeugung, dass der Reformprozess und die positiven Veränderungen in der Sowjetunion unumkehrbar sind, übt eine tiefgehende, wohltuende Wirkung auf die Deutschen aus.

In zehn Jahren stehen wir am Ende des 20. Jahrhunderts. Und wir Deutschen sind fest entschlossen, es gemeinsam mit der großen Sowjetunion würdig abzuschließen, zum Wohle Europas und der ganzen Welt. Die USA werden uns dabei unterstützen. Es ist interessant, dass die Amerikaner Deutschland für sich wiederentdeckt haben. Jeder zweite Senator in Washington behauptet neuerdings, eine deutsche Großmutter gehabt zu haben.

Zu Frankreich unterhalten wir zwar gute Beziehungen, doch gibt es auch gewisse Probleme. Bis jetzt herrscht eine Art Gleichgewicht zwischen uns. Die BRD besitzt keine Atomwaffen und wird auch in Zukunft keine besitzen, doch unsere Wirtschaft ist stärker als die französische und wird nach der Vereinigung noch stärker sein. Da taucht dann schon die Frage nach den Kosten von Atomwaffen auf. Weder beabsichtigt die Sowjetunion, Krieg zu führen, noch bereitet sich die NATO auf einen Krieg vor, aber die Atomwaffen verschlingen beträchtliche Summen aus dem Haushalt. Bei den Franzosen führt das zu psychologischen Komplikationen.

Unter diesen Bedingungen wünschen wir uns in Deutschland Frieden und neue Beziehungen zum großen Russland. Und auch die deutsche Vereinigung vollzieht sich nicht auf der Grundlage einer Konfrontation mit anderen Ländern, sondern im Einvernehmen mit den Nachbarn und allen, die davon berührt werden. Der Friede mit Russland wird uns nicht unter dem Druck irgendwelcher Umstände abgerungen, sondern wird auf der freien souveränen Grundlage zweier gleichberechtigter Partner geschlossen. Ich möchte wiederholen: Die gesamte Geschichte Russlands und Deutschlands beweist, dass es zwischen Russen und Deutschen niemals eine angeborene Feindschaft gegeben hat. Die Kräfte des Bösen, nicht die des Guten haben sie aufeinandergehetzt, und das hatte tragische Folgen. Nicht zufällig sind seinerzeit zwei Millionen Deutsche freiwillig nach Russland gekommen. Sie haben hier Wurzeln geschlagen, und man sollte sich um sie kümmern.

M. S. Gorbačev: In den Pausen des Parteitags bin ich im Kreml spazieren gegangen und dreimal habe ich Deutsche aus München, Stuttgart und anderen Städten getroffen. Jedes Mal ist es zu einem aufrichtigen und herzlichen Gespräch gekommen.

H. Kohl: Mit jedem Tag wird unser Volk optimistischer. Der Fortschritt in den sowjetisch-amerikanischen Beziehungen, die Vereinigung Deutschlands, das neue Kapitel in den Beziehungen zur UdSSR – all das flößt Zuversicht in eine friedliche Zukunft ein. Wir haben die Themen für unsere bevorstehenden Gespräche abgesteckt. Ich und meine Delegation sind zu höchst konstruktiver Arbeit bereit.

[27]M. S. Gorbačev: Wir haben sie in Moskau begonnen und werden sie im Kaukasus fortsetzen. In der klaren Bergluft sieht man vieles klarer.

* Von 15.–16. Juli hielt sich Helmut Kohl zu einem Besuch in der UdSSR auf, zunächst in Moskau, danach im Nordkaukasus – in Archyz (Region Stavropol'). Während des Besuchs wurden die Entwürfe für grundlegende Dokumente zur Vereinigung Deutschlands ausgearbeitet und abgestimmt.

Archiv der Gorbačev-Stiftung. Bestand 1, Verzeichnis 1.

Nr. 103
Zweites Gespräch Gorbačevs mit Bundeskanzler Kohl am 15. Juli 1990 [Auszug][1]

Aus dem Gespräch M. S. Gorbačevs mit H. Kohl
(im Rahmen der Delegation)

15. Juli 1990

[...].[2] **M. S. Gorbačev:** Ich habe den Eindruck, dass wir beide den Problemen, die das Leben selbst stellt, mit Verständnis begegnen. In unseren Gesprächen gibt es sowohl ein philosophisches Moment, das für die Beziehungen zwischen der Sowjetunion und Deutschland wichtig ist, als auch einen pragmatischen Aspekt. Was wir tun, ist darauf gerichtet, diese beiden Ansätze zusammenzuführen und ausgehend von ihnen die Basis unserer Beziehungen zu formulieren.[3]

Zum 28. Parteitag, der soeben zu Ende gegangen ist.[4] Es gab hitzige Wortgefechte. Von John Reed gibt es das Buch „Zehn Tage, die die Welt erschütterten".[5] Nun, wir haben elf Tage durchlebt, die keine geringere Bedeutung hatten als das Jahr 1917.

Der Parteitag sprach sich für eine Fortsetzung der Perestrojka aus und schlug die Angriffe von links wie von rechts zurück. Wir haben Einvernehmen über die

[27] Dieser letzte Satz fehlt in Gorbačev, Gody, S. 233, ist aber in Gorbatschow, Gipfelgespräche, S. 177 enthalten.

[1] Dt. Protokoll in Deutsche Einheit, Sonderedition, S. 1352–1355. Zu Erinnerungen und dt. Informationen vgl. Anm. 1 zu Dokument Nr. 102.

[2] Gem. dt. Protokoll (wie Anm. 1, S. 1351) Begrüßung.

[3] Gem. dt. Protokoll (wie Anm. 1, S. 1353) hier wieder ein Verweis auf die bevorstehende Reise in den Kaukasus.

[4] 2.–13. 7. 1990, vgl. XXVIII s"ezd Kommunističeskoj partii Sovetskogo Sojuza. 2–13 ijulja 1990 g. Stenografičeskij otčet, 2 Bde, Moskau 1991.

[5] John Reed, Ten days that shook the world, New York 1919.

Priorität grundlegender Umgestaltungen erzielt: Entwicklung der Landwirtschaft und Lösung des Nahrungsmittelproblems, Ausarbeitung und Abschluss eines neuen Unionsvertrags,[6] Verbesserung der Lage auf dem Konsumgütermarkt, Verschärfung der Wirtschaftsprogramme mit dem Ziel des Übergangs zur Marktwirtschaft. Bereits in der nächsten Woche werden wir eine Sitzung des Präsidialrats und des Föderationsrats abhalten. Wir werden die Frage erörtern, wie wir das Regierungsprogramm für den Übergang zum Markt weiter voranbringen und auf der Grundlage des Unionsvertrags unseren Staat umgestalten können. Uns stehen tiefgreifende Veränderungen bevor.

Da hier Mitglieder der Regierung der BRD anwesend sind, möchte ich sagen, dass wir die Entwicklung der bilateralen Kontakte in den letzten Wochen und Monaten auf den verschiedensten Gebieten sowie die Wirtschaftsbeziehungen, die auf der Grundlage weitreichender Ideen zustande gekommen sind, zu schätzen wissen. Vor allem ist da die gute Idee, kleine und mittlere Formen [sic!] zu schaffen. Als ich im Ural war, erzählte man, eine der westdeutschen Firmen sei bis zum örtlichen Rüstungsbetrieb vorgedrungen.[7] Man habe sehr interessante Formen der Zusammenarbeit im Bereich der Konversion gefunden.

Ich möchte meine Dankbarkeit für die uns zur Verfügung gestellten Kredite aussprechen, für das Eintreten des Bundeskanzlers auf dem Treffen der G-7 in Houston zugunsten einer Wirtschafts- und Finanzhilfe für die Sowjetunion.[8] Wir führen derzeit eine sehr große Umgestaltung in der Wirtschaft durch. Der Kredit und die Hilfe machen es uns leichter, eine Reihe wichtiger Aufgaben zu lösen.

Ich hoffe, dass das jetzige Treffen das gegenseitige Verständnis in allen Bereichen vertiefen wird und unsere beiden Länder in eine neue Phase der Zusammenarbeit eintreten.

H. Kohl: Ich danke für den freundlichen Empfang, die Gastfreundschaft und das konstruktive Gespräch. Ich bin überzeugt, dass das Ergebnis der zweitägigen Gespräche positiv sein wird.

In der Weltpolitik ist ein historischer Augenblick angebrochen. Der Beginn der 90er Jahre wird eine gewaltige Bedeutung für die Zukunft gewinnen. Einige Prozesse erfordern Entscheidungen, die einen langen und positiven Einfluss auf die nachfolgende Entwicklung haben werden. Wichtig ist, die Chance nicht zu verpassen.

Ich weiß genau, dass die Teilnehmer an den Treffen der Vertreter der westlichen Länder in Dublin, London und Houston sehen, das solch einmalige Chancen vorhanden sind.[9] Wir verfolgen die Entwicklung in der Sowjetunion mit großer Aufmerksamkeit. Der 28. Parteitag der KPdSU hat großes Interesse hervorgerufen. Ich möchte Sie dazu beglückwünschen, dass Sie auf dem Parteitag die Politik der

[6] Der Entwurf eines Unionsvertrags lag schließlich am 23. 7. 1991 vor, in: Pravda vom 15. 8. 1991, abgedr. in: Sojuz možno bylo sochranit'. Belaja kniga: Dokumenty i fakty o politike M. S. Gorbačeva po reformirovaniju i sochraneniju mnogonacional'nogo gosudarstva, hg. von A. Černjaev u. a., 2., überarb. u. erg. Aufl. Moskau 2007, hier S. 268–283.

[7] Vgl. Dokument Nr. 88, Anm. 14 sowie das dt. Protokoll (wie Anm. 1, S. 1353).

[8] Vgl. Dokumente Nr. 90 und Nr. 102, Anm. 14.

[9] Ebd.

Fortsetzung der Perestrojka bekräftigt haben und dass Sie zum Generalsekretär der Partei gewählt worden sind.[10]

Bis zum Jahresende werden die G-7 und die EG Ihr Schreiben an Präsident Bush zur Frage der wirtschaftlichen und finanzpolitischen Zusammenarbeit des Westens mit der Sowjetunion beantworten. Möglicherweise wird die Antwort Anfang Dezember erfolgen, nach den amerikanischen Zwischenwahlen.[11]

Insgesamt haben sich im Westen ernstzunehmende positive Veränderungen hinsichtlich der Zusammenarbeit mit der UdSSR vollzogen. Präsident Bush hat in Houston direkt erklärt: „Wir wollen, dass Gorbačev Erfolg hat".[12]

Was die BRD angeht, so beabsichtigen wir, bereits in nächster Zeit unverzüglich praktische Hilfe zu leisten.

Zu den deutschen Angelegenheiten: Zum Jahresende wird Deutschland wiedervereinigt sein. Es ist prinzipiell wichtig, dass im Unterschied zu 1870 die Wiedervereinigung Deutschlands sich unter völlig anderen Bedingungen vollzieht, nicht auf der Grundlage einer Konfrontation mit anderen Ländern, sondern im Einverständnis mit den Nachbarn und mit allen, die sie betrifft.

Man muss sehen, dass auch Europa anders geworden ist. Dabei vergessen wir die Geschichte nicht. Wer sich ihrer nicht erinnert, kann keine richtige und zukunftsgewandte Politik machen. Zur Zeit des Krieges waren wir zu jung, um zu kämpfen, aber erwachsen genug, um alle seine Gräuel zu begreifen. Es ist von uns nicht wenig getan worden, um nicht zuzulassen, dass sich derart tragische Ereignisse wiederholen. Diese Stafette geben wir an die neuen Generationen weiter, doch müssen wir selbst noch einiges tun.

Eine der nächsten Aufgaben sehen wir darin, dass die Sowjetunion und das vereinigte Deutschland im Verlaufe, sagen wir, eines Jahres einen umfassenden Vertrag schließen, der alles Wertvolle in den bestehenden Verträgen der UdSSR mit den beiden deutschen Staaten enthält und natürlich viel Neues einbringen wird.[13] Diese Möglichkeit ist umso realistischer, als die Unterzeichnung einer gemeinsamen Nichtangriffs-Deklaration zwischen Warschauer Pakt und NATO beabsichtigt ist.[14] Es wäre gut, wenn die Sowjetunion und Deutschland aktiv bei der Verwirklichung dieser Absicht helfen würden.

M. S. Gorbačev: Ich möchte für Ihre Ausführungen danken. Wir müssen noch solide arbeiten, aber ich kann mit Überzeugung sagen, dass wir Wege finden werden, die beiden Ländern entgegenkommen.

Archiv der Gorbačev-Stiftung. Bestand 1, Verzeichnis 1.

[10] Vgl. Anm. 4; die Wiederwahl erfolgte am 10. 7. 1990.
[11] Vgl. Dokument Nr. 102, Anm. 12.
[12] Hierzu das dt. Protokoll (wie Anm. 1, S. 1354, Anm. 9).
[13] Vgl. Dokument Nr. 102, Anm. 5.
[14] Vgl. Ziffer 6 der Londoner Erklärung (wie Dokument Nr. 95), dazu die Gemeinsame Erklärung von 22 Staaten vom 19. 11. 1990, in: Schweisfurth (Hg.), Dokumente, S. 304–306.

Nr. 104
Gespräch Gorbačevs mit Bundeskanzler Kohl am 16. Juli 1990 [Auszug][1]
Aus dem Gespräch M. S. Gorbačevs mit H. Kohl
Archyz, 16. Juli 1990

(An dem Gespräch nahmen von deutscher Seite H.-D. Genscher und Th. Waigel, von sowjetischer Seite E. A. Ševardnadze, Ju. A. Kvicinskij und S. A. Sitarjan teil.)[2]

M. S. Gorbačev: Ich freue mich, Sie, Herr Kohl, und sämtliche Mitglieder Ihrer Delegation hier in Archyz willkommen zu heißen. Hier können wir in Ruhe und frei sprechen. Sie sind mein Gast, und deshalb haben Sie das Wort.

H. Kohl: Gestern in Moskau haben wir uns bereits an die Erörterung der wichtigsten Fragen der Tagesordnung unseres Treffens gemacht. Ich möchte jetzt mit dem umfassenden Vertrag zwischen der Sowjetunion und dem vereinigten Deutschland beginnen. An seine Ausarbeitung muss man bereits jetzt herangehen. Wir sehen die damit verbundenen Probleme, aber sie sind lösbar.

Ich spreche darüber jetzt im Namen der BRD, aber nicht Deutschlands. Die Ausarbeitung des Vertrags erfolgt ebenfalls gemäß der Politik zwischen der BRD und der UdSSR.[3] Um jegliche Missverständnisse und Unklarheiten bei anderen Ländern zu vermeiden, wäre es, so glaube ich, zweckmäßig, bereits auf der heutigen gemeinsamen Pressekonferenz zu sagen, dass wir beabsichtigen, den Vertrag vorzubereiten.[4] Ohne in Details zu gehen, könnten wir mitteilen, dass dieser Vertrag dazu bestimmt ist, alle grundlegenden Aspekte der politischen, wirtschaftlichen, kulturellen und humanitären Beziehungen zu umfassen und eine zuverlässige Grundlage für das weitere gegenseitige Verständnis und die Zusammenarbeit zwischen dem sowjetischen und dem deutschen Volk zu schaffen.

Eine solche Information wird völlig ausreichen, um das Bedürfnis nach Neuigkeiten sowohl in journalistischen als auch in politischen Kreisen zu befriedigen. Und danach könnten sich bereits unsere Vertreter in vertraulicher Atmosphäre mit der konkreten Ausarbeitung des Vertrags beschäftigen.

M. S. Gorbačev: Darin steckt Logik, in Hinblick sowohl auf die Lehren der Geschichte wie auch die gegebenen Realitäten. Unter den westlichen Ländern hat die Sowjetunion die umfassendsten Beziehungen in allen Bereichen mit der BRD, und unter den osteuropäischen Staaten mit der DDR. Von daher muss der Vertrag mit dem vereinigten Deutschland einen entsprechenden Umfang und Charakter aufweisen. Das ist ein ehrlicher, offener Standpunkt. Ich denke, ihn werden alle verstehen, die die Absicht der Sowjetunion und ihres künftigen Partners – des vereinigten Deutschland – im Blick haben, miteinander eine qualitativ neue Ebene der Beziehungen zu erreichen.

[1] Auszüge bei von Plato, Vereinigung, S. 381–391, mit Diskussion der Unterschiede zum dt. Protokoll. Dt. Protokoll in Deutsche Einheit, Sonderedition, S. 1355–1367. Zu Erinnerungen und deutschen Informationen vgl. Anm. 1 zu Dokument Nr. 102; s. allg. Dokumente Nr. 102 und Nr. 103.

[2] Vollständige Teilnehmerliste einschließlich Botschafter und Beamtenebene im dt. Protokoll (wie Anm. 1).

[3] Vgl. Dokument Nr. 102, Anm. 5.

[4] Dokument Nr. 105.

H. Kohl: Mit dem Vertrag werden wir nicht die geringsten Probleme haben. Ich möchte einfach den Eindruck vermeiden, die derzeitige Bundesregierung agiere in der Rolle der Regierung des künftigen vereinigten Deutschland. Dies ist ein wichtiger Punkt, vor allem aus psychologischen Gründen.

Ich möchte wiederholen, dass wir uns darauf einstellen – auf der Grundlage weitreichender Ideen – einen umfassenden Vertrag zwischen der Sowjetunion und dem vereinigten Deutschland abzuschließen, der alles Wertvolle in den existierenden Verträgen zwischen der UdSSR und den beiden deutschen Staaten enthält und natürlich viel Neues einbringt. Wir müssen prüfen, was wir aus den früher geschlossenen Verträgen und Abkommen für die Zukunft übernehmen. Das Dokument soll umfassend und eindrucksvoll sein, es soll sich zweier solcher Staaten wie der Sowjetunion und Deutschlands als würdig erweisen.

M. S. Gorbačev: Die Hauptsache ist, dass der Vertrag langfristig angelegt ist. Für das sowjetische Volk ist es sehr wichtig zu spüren, dass es eine zum beiderseitigen Nutzen wirkende gutnachbarliche Zusammenarbeit und die Anbahnung qualitativ neuer Verbindungen und Kontakte mit dem deutschen Volk zu erwarten hat.

H. Kohl: Das ist ein sehr wichtiger Punkt im Hinblick auf die Zukunft, der garantiert, dass unseren Beziehungen eine neue Qualität verliehen wird.

Ė. A. Ševardnadze: Es wäre wünschenswert, wenn man sich über einige grundlegende Punkte des Vertrags bis November einigen könnte. Es wird schwierig, Dokumente, die mit der Vereinigung Deutschlands zusammenhängen, durch den Obersten Sowjet der UdSSR zu bringen, wenn noch kein Vertrag existiert.[5] Dies ist ein ganz wesentliches Moment.

H. Kohl: Bei uns können, wie mir scheint, einige Probleme mit Polen auftreten. Sie werden die Grenzen betreffen, sind jedoch nicht substantieller, sondern formaler Natur. Was ist für den Obersten Sowjet erforderlich?

M. S. Gorbačev: Ein Briefaustausch.[6]

H.-D. Genscher: Briefe in der Art einer Absichtserklärung.[7]

H. Kohl: Ich sehe hier kein Problem. Wir können vereinbaren, dass ich Ihnen einen Brief schicke, über dessen Inhalt wir uns im Vorhinein abstimmen. Dieser Brief wird eine Liste der Positionen enthalten, die wir gemeinsam erarbeiten.

M. S. Gorbačev: Erforderlich sind wahrscheinlich entsprechende Konsultationen mit der DDR.

H. Kohl: Hier gibt es keinerlei Probleme. Wir werden mit der DDR in Kontakt treten. Der Ministerpräsident der DDR wird Ihnen möglicherweise einen Brief schicken, in dem er die Idee eines Vertragsabschlusses zwischen der Sowjetunion und dem vereinigten Deutschland unterstützt und seine Zustimmung dazu ausdrückt, was in meinem Brief stehen wird.

M. S. Gorbačev: Es ist klar, dass der Vertrag von der Regierung des vereinigten Deutschland unterzeichnet wird, aber sehr wichtig ist, zu einer gewissen Zwischenlösung zu gelangen. Unsere Überlegungen zum Vertragsinhalt haben wir Ihnen übergeben.

[5] Zur Ratifizierung s. Dokument Nr. 132.
[6] Die Äußerung im dt. Protokoll (wie Anm. 1, S. 1356) Ševardnadze zugeschrieben.
[7] Die Äußerung im dt. Protokoll (ebd.) Gorbačev zugeschrieben.

H. Kohl: Damit alles klar ist, sollte die Sache folgendermaßen aussehen. Zwischen der Sowjetunion und der BRD erfolgt eine Erörterung des Rahmens des künftigen Vertrags. Es geht dabei nicht um den Vertrag selbst, sondern um dessen Rahmen. Im Verlauf dieser Gespräche wird der Entwurf für den Brief an die sowjetische Seite vorbereitet. Wir, die BRD, stimmen diesen Brief mit der DDR ab – das ist unsere bilaterale Angelegenheit. Ich denke, dass dieses Vorgehen alle vom künftigen Vertrag betroffenen Seiten zufriedenstellen wird.

M. S. Gorbačev: Gut.

H. Kohl: Sehr wichtig ist die Tätigkeit des „2+4"-Mechanismus. Das wesentlichste Ziel, das dort erreicht werden muss, ist, dass Deutschland nach der Vereinigung volle Souveränität ohne irgendwelche Einschränkungen erhält. In diesem Zusammenhang müssen wir noch eine ganze Reihe sehr wichtiger Punkte erörtern.

Ich habe bereits über die unserer Ansicht nach unnötigen Forderungen Polens in der Grenzfrage gesprochen. Es existiert die bekannte Entschließung der Volkskammer der DDR, und es gibt eine ebensolche Entschließung des Bundestages der BRD, worin alles über die Grenzen klar, einfach und abschließend gesagt worden ist. Den Polen passt dies jedoch nicht. Wir werden mit ihnen Gespräche führen.[8]

Vor drei Wochen sagte ich Mazowiecki, dass es im beiderseitigen Interesse wünschenswert wäre, einen allumfassenden polnisch-deutschen Vertrag zu schließen. Er reagierte ausweichend.[9] Die Polen haben auch früher schon bei einer entsprechenden Sondierung eine klare Antwort auf unseren Vorschlag vermieden. Allem Anschein nach werden wir nach der Vereinigung Deutschlands mit den Polen vor allem einen Vertrag über die Grenzen abschließen, da sie sich nicht auf einen allumfassenden Vertrag einlassen wollen.[10]

M. S. Gorbačev: Wie stellen Sie sich den Abschluss der Arbeit des „2+4"-Mechanismus vor?

H.-D. Genscher: Durch die Verabschiedung eines entsprechenden Abschlussdokuments. Es ist sehr wichtig, es vor dem Gipfeltreffen der KSZE auszuarbeiten und es danach zu unterzeichnen. Das wichtigste Ergebnis der „Sechs" muss ein vollkommen souveränes Deutschland sein, das durch keinerlei offene Fragen belastet ist.[11]

M. S. Gorbačev: Unserer Meinung nach muss das ein Dokument sein, das alle prinzipiellen Fragen umfasst, die sich auf die äußeren Aspekte der deutschen Vereinigung beziehen:
- Schaffung eines neuen Deutschland in den Grenzen der DDR, der BRD und Berlins;
- Verzicht Deutschlands auf nukleare, chemische und biologische Waffen;

[8] Zur Entschließung vgl. Dokument Nr. 95, Anm. 5. Zu Grenzgesprächen vgl. die sechste Gesprächsrunde auf Beamtenebene der 2+4 am 3./4. 7. 1990 sowie das dritte Treffen der 2+4 Außenminister mit Polen am 17. 7. 1990, Deutsche Einheit, Sonderedition, S. 1293 f., 1367 f.

[9] Vgl. Brief Kohls an Mazowiecki vom 13. 7. 1990, Deutsche Einheit, Sonderedition, S. 1339 f. mit Bezug auf die polnische Note vom 3. 7. 1990, ebd., S. 1294, Anm. 7.

[10] Deutsch-Polnischer Vertrag vom 14. 11. 1990 über die Bestätigung der zwischen ihnen bestehenden Grenze, BGBl. 1991 II, S. 1329 f.; Deutsch-polnischer Vertrag über gute Nachbarschaft und freundschaftliche Zusammenarbeit vom 17. 6. 1991, BGBl. 1991 II, S. 1315–1325.

[11] Vertrag über die abschließende Regelung in Bezug auf Deutschland vom 12. 9. 1990, BGBl. 1990 II, S. 1317–1329.

– das Verhältnis zu Rechten und Verantwortung der Vier Mächte.[12]

Ergebnis wird die Wiederherstellung der vollen Souveränität sein. In diesem Zusammenhang ist festzustellen, dass einige Probleme existieren, aus denen noch ein Ausweg gefunden werden muss.

H.-D. Genscher: An welche Probleme denken Sie, Herr Präsident?[13]

M. S. Gorbačev: In erster Linie an die Nichtausdehnung der militärischen Strukturen der NATO auf das Territorium der DDR und den dortigen Verbleib der sowjetischen Truppen für einen vereinbarten Zeitraum. Wir haben gestern mit dem Bundeskanzler die Idee erörtert, einen separaten Vertrag über die Bedingungen des Aufenthalts unserer Streitkräfte in Deutschland zu schließen.[14] Im Abschlussdokument der „Sechs" sollte eine grundsätzliche Feststellung dazu enthalten sein. Mit einem Wort, wir brauchen eine Rechtsgrundlage, andernfalls würde die Präsenz unserer Streitkräfte in der Luft hängen.

H.-D. Genscher: Wir haben die Absicht, das entsprechende Dokument der „Sechs" so zu verstehen, dass das vereinigte Deutschland entsprechend der Schlussakte von Helsinki das Recht haben wird zu wählen, in dieses oder jenes Bündnis einzutreten.[15] Sie wissen, dass wir dafür sind, dass es in die NATO eintritt. Zwischen uns muss in dieser Hinsicht Klarheit herrschen.

H. Kohl: Ich möchte Folgendes vorschlagen, damit es keine Verwirrungen gibt. Lassen Sie uns der Reihe nach alle Fragen durchgehen und am Ende festhalten, was wo verwirklicht werden soll.

Die vollständige Souveränität eines Staates umfasst selbstverständlich die Freiheit der Wahl hinsichtlich des Eintritts in dieses oder jenes Bündnis.

M. S. Gorbačev: Dieser Begriff umfasst alles. Man muss sich jedoch auf Gegenseitigkeit einigen.

H. Kohl: Politische Souveränität bedeutet für Deutschland die Möglichkeit, darüber zu entscheiden, in welchem Bündnis es sein möchte. Zwischen uns könnte eine gegenseitige Verständigung darüber erzielt werden, dies aber niederzuschreiben, wäre nicht obligatorisch.

Über den Verzicht Deutschlands auf nukleare, chemische und biologische Waffen habe ich bereits gesprochen. Hier haben wir keinerlei Probleme.

Es erhebt sich die Frage nach der Formulierung einer entsprechenden Regelung für die sowjetischen Truppen, die sich auf dem Territorium der DDR befinden. Wir verstehen das in der Weise, dass ein entsprechender bilateraler Vertrag zwischen Deutschland und der Sowjetunion ausgearbeitet wird.[16] Es ist notwendig, schon jetzt mit der Vorbereitung zu beginnen. Ich schlage das gleiche Prozedere vor, das wir für den allumfassenden sowjetisch-deutschen Vertrag vorgesehen haben: Die BRD und die UdSSR beginnen Gespräche, und die BRD nimmt über ihre Kanäle die erforderliche Abstimmung mit der DDR vor.

[12] Im deutschen Protokoll (wie Anm. 1, S. 1357) werden hier die Rechte der Vier Mächte nicht thematisiert, die folgende Diskussion der NATO-Zugehörigkeit dort kürzer und mit einigen Umstellungen.

[13] Gem. dem deutschen Protokoll (wie Anm. 1, S. 1357) schneidet zunächst Genscher das Thema der NATO-Mitgliedschaft an.

[14] Vgl. Dokument Nr. 102, Anm. 25.

[15] Vgl. Dokument Nr. 5, Anm. 4.

[16] Wie Anm. 14.

M. S. Gorbačev: Das ist einer der zentralen Punkte. Im Verlaufe unserer Gespräche kommen wir um das Thema der Anwesenheit der sowjetischen Truppen auf dem Territorium des vereinigten Deutschland nicht herum. Dies ist verbunden mit der grundlegenden, prinzipiellen Position hinsichtlich der Nichtausdehnung der NATO-Strukturen auf das Territorium der DDR. Eine solche Situation wird sich ergeben, wenn im östlichen Teil Deutschlands sowjetische Truppen stationiert sind. Selbstverständlich können sich die Strukturen der NATO darauf nicht erstrecken. Dies stellt die souveränen Rechte Deutschlands nicht in Frage. Erforderlich ist natürlich ein separater bilateraler Vertrag über die Bedingungen der Anwesenheit unserer Truppen nach der Vereinigung Deutschlands.

H.-D. Genscher: Das vereinigte Deutschland wird ein souveräner Staat sein, aber für eine bestimmte Zeit werden auf seinem Territorium dort, wo sich früher die DDR befand, sowjetische Streitkräfte stationiert sein. Dies muss in einem separaten Abkommen geregelt werden.

H. Kohl: Das ist offenbar ebenfalls bis November dieses Jahres auszuarbeiten.

H.-D. Genscher: Der Kanzler wird Ihnen seine Überlegungen zum Inhalt dieses Vertrags darlegen.

M. S. Gorbačev: Wir werden ebenfalls unsere Überlegungen darlegen.

H. Kohl: Unsererseits werden wir die erforderlichen Fragen mit der DDR durcharbeiten.

M. S. Gorbačev: Im Grunde handelt es sich gleichsam um die Zusammenführung Ihrer und unserer Positionen. Deutschland ist Mitglied der NATO, aber auf die DDR erstreckt sich der Wirkungsbereich der NATO nicht.

H. Kohl: Solange die sowjetischen Truppen dort bleiben?

M. S. Gorbačev: Schauen wir, wie die Entwicklung verläuft.[17] Wir und Sie müssen alles durchdenken. Die Entwicklung bewegt sich auf die Wiederherstellung der Souveränität des vereinigten Deutschland zu. Ich unterstütze den Vorschlag des Kanzlers, dass es einen neuen Vertrag über die Anwesenheit der sowjetischen Streitkräfte geben muss.

Das neue souveräne Deutschland wird uns davon in Kenntnis setzen, dass es unsere Besorgnis versteht und dass die NATO-Länder mit ihren Kernwaffen nicht auf das Territorium der DDR vorrücken werden.[18]

H. Kohl: Solange sich dort sowjetische Truppen befinden?

M. S. Gorbačev: Wenn wir über den Abzug der Truppen sprechen, werden wir diesen Aspekt erörtern. Zu dieser Zeit kann es Entwicklungen in Wien geben,[19] wird eine neue Qualität in den Beziehungen zwischen Warschauer Pakt und NATO entstanden sein und alles wird anders aussehen. Jetzt interessiert uns die unmittelbare Zukunft.

[17] Im deutschen Protokoll (wie Anm. 1, S. 1358) formuliert Gorbačev ausdrücklich, dass sich die „NATO nicht auf DDR-Gebiet erstreckt […], solange dort sowjetische Truppen stationiert seien".

[18] Nach dem dt. Protokoll (wie Anm. 1, S. 1358) spricht Gorbačev in diesem Zusammenhang von der „Erstreckung der NATO auf das Gebiet der DDR", während Ševardnadze im Laufe der Diskussion die Stationierung von Nuklearwaffen während der Anwesenheit sowjetischer Truppen thematisiert.

[19] Vgl. Dokument Nr. 61, Anm. 10.

Wenn Ihrerseits irgendwelche Erklärungen über eine Ausdehnung des NATO-Bereichs auf das Territorium der DDR erfolgen, dann wird bei uns eine massive Gegenreaktion entstehen. Dies ist zu berücksichtigen.

H.-D. Genscher: Es ist Klarheit nötig, um Zweifel hinsichtlich der Souveränität Deutschlands zu vermeiden. Wenn uns jemand fragt, dann werden wir sagen, dass die Frage im Einklang mit der real entstandenen Lage entschieden wird, die Souveränität Deutschlands davon aber unberührt bleibe.

M. S. Gorbačev: Die Souveränität stellen wir nicht in Frage. Alles andere ist Taktik. Wenn man fragt, was nach dem Abzug der sowjetischen Truppen sein werde, antworten wir, dass wir uns mit einer solchen Lage beschäftigen werden, wenn sie eingetreten ist.

H.-D. Genscher: Im Rahmen der Souveränität?

M. S. Gorbačev: Ja.

Ė. A. Ševardnadze: Die Frage der Streitkräfte ist prinzipieller Natur und erfordert eine Erörterung. Wenn nach Abzug der sowjetischen Truppen die NATO auf das Territorium der DDR vorrückt und dort Kernwaffen auftauchen, dann gibt es eine Explosion, und alles, was wir getan haben, wird beerdigt.

M. S. Gorbačev: Es geht um die Zusammenführung zweier prinzipieller Fragen: die Frage der souveränen Rechte des vereinigten Deutschland und dessen, was in der Zukunft zu tun ist. Das Leben ändert sich sehr schnell und wenn das nächste Stadium eintritt, müssen auch entsprechende Entscheidungen getroffen werden. Hier vorzupreschen würde äußerst gefährliche Folgen nach sich ziehen.

H. Kohl: Zur Selbstkontrolle versuche ich alles, was bisher erörtert worden ist, noch einmal zusammenzufassen.

Die volle Souveränität Deutschlands wird unmittelbar nach[20] der Vereinigung wiederhergestellt. Zwischen dem vereinigten Deutschland und der Sowjetunion wird ein Vertrag über die Bedingungen des Verbleibs der sowjetischen Streitkräfte auf seinem Territorium für einen bestimmten Zeitraum geschlossen. Es wird sich um eine Vereinbarung zur Regelung all dessen handeln, was erforderlich ist und selbstredend ihren künftigen Abzug und die allmähliche Beendigung ihres Aufenthalts zum Ziel hat.

Damit werden sich die sowjetischen Truppen auf der Basis eines neuen Vertrags, den wir jetzt über die Kanäle UdSSR–BRD und BRD–DDR vorbereiten, auf dem Territorium des vereinigten Deutschland befinden.

Das souveräne Deutschland entscheidet selbst, in welches Bündnis es eintritt. Wir sagen, dass es Mitglied der NATO wird. Gleichzeitig halten wir fest, dass für den Zeitraum der Anwesenheit sowjetischer Truppen die Strukturen der NATO nicht nach Osten erweitert werden. Es wird auch das Recht des souveränen Deutschland sein, darüber zu entscheiden, was nach dem Abzug der sowjetischen Truppen von dort, wo sie sich jetzt befinden, zu tun ist.

Über all dieses muss es klare Vereinbarungen geben, damit keinerlei Belastungen für die Zukunft bleiben. Andernfalls könnte der große Vertrag wirklich Schaden nehmen.

[20] Im deutschen Protokoll (wie Anm. 1, S. 1358): „mit“.

Ė. A. Ševardnadze: Am vernünftigsten wäre es, deutlich und klar festzuhalten, dass nach Abzug der sowjetischen Truppen auf dem Territorium der ehemaligen DDR keine fremden Truppen und Kernwaffen auftauchen werden und dieses Territorium nicht gegen die Sowjetunion genutzt wird.

M. S. Gorbačev: Im Vertrag muss der Gedanke vorhanden sein, dass der Abzug der sowjetischen Streitkräfte nicht dafür genutzt wird, die Sicherheit der Sowjetunion zu bedrohen. Wir werden uns darüber verständigen, dass Deutschland NATO-Mitglied ist, der Abzug der sowjetischen Streitkräfte aber nicht die Sicherheit der Sowjetunion untergräbt. Das muss völlig klar vereinbart werden.[21]

H.-D. Genscher: Es darf nicht der Eindruck geschaffen werden, dass Deutschland erst nach Abzug der sowjetischen Truppen souverän wird. Es muss klar sein, dass es souverän sein wird, aber dass vereinbart wird, die Strukturen der NATO nicht nach Osten auszudehnen, obgleich von außen alles so aussehen muss, dass keinerlei Zweifel hinsichtlich der Mitgliedschaft des vereinigten Deutschland in der NATO aufkommen. Das heißt: Wir sagen, dass das souveräne Deutschland seine Entscheidung auf der Grundlage der politischen Souveränität trifft, und Sie sprechen davon, dass die NATO ihre Strukturen nicht auf das Territorium der ehemaligen DDR ausdehnt.

M. S. Gorbačev: Es wird bekräftigt werden, dass die verbleibenden Truppen die Souveränität nicht berühren.[22]

H.-D. Genscher: Es ist erforderlich, die Frage zu klären, ob zu dieser Zeit noch irgendwelche anderen Streitkräfte auf dem Territorium der DDR sein werden. Es könnte sich um deutsche Truppen handeln, die nicht der NATO unterstellt sind.

H. Kohl: Das werden Soldaten der Bundeswehr sein, die nicht der NATO unterstellt sind.[23]

H.-D. Genscher: Derzeit befinden sich in Berlin Streitkräfte der USA, Frankreichs, Großbritanniens und der Sowjetunion. Ihre Anwesenheit dort wird durch die besonderen Vereinbarungen geregelt, die aufgehoben werden, nachdem Deutschland seine volle Souveränität erhalten hat.

Wir sind daran interessiert, dass – solange sich die sowjetischen Streitkräfte auf dem Territorium der DDR befinden – diese Kontingente in Großberlin bleiben, jedoch auf einer neuen vertraglichen Grundlage und nicht gemäß den Viermächterechten. Ihre Zahl sollte nicht größer sein als derzeit.

Ju. A. Kvicinskij: In Berlin werden auch sowjetische Streitkräfte bleiben. Dabei dürfen, laut einer Vereinbarung aus dem Jahr 1945, die alliierten Truppen in Berlin keine Kernwaffen[24] stationieren.

H.-D. Genscher: Ich erlaube mir, eine Zwischenbilanz zu ziehen.

[21] Die Äußerung Gorbačevs im dt. Protokoll (wie Anm. 1, S. 1359) ausführlicher und inhaltlich analog zu dem folgenden Beitrag Genschers, die Ausdehnung der NATO-Strukturen auf die DDR nach sowjetischem Abzug dort Diskussionspunkt.

[22] Im dt. Protokoll (wie Anm. 1, S. 1359) hier Bekräftigung Gorbačevs, dass sich das „NATO-Territorium" nicht auf die DDR erstrecke, „solange sowjetische Truppen dort anwesend seien". „Er gehe davon aus, dass die NATO-Strukturen sich nicht auf dieses Gebiet erstreckten, ohne dass dies in dem Vertrag gesagt werde."

[23] Im dt. Protokoll (wie Anm. 1, S. 1359) bejaht hier Gorbačev die Möglichkeit, deutsche Truppen außerhalb der NATO in der DDR zu stationieren und verweist auf die dt. Souveränität. Damit geänderte Abfolge der Diskussion, vgl. Anm. 21.

[24] Gem. dt. Protokoll (wie Anm. 1, S. 1359), „Massenvernichtungswaffen".

Das vereinigte Deutschland wird souverän sein. Es besteht Einverständnis darüber, dass es in die NATO eintritt; doch dies wird nicht veröffentlicht. Die Strukturen der NATO erstrecken sich nicht auf das Territorium der DDR, solange sich dort sowjetische Streitkräfte befinden. Über ihren Aufenthalt wird ein entsprechender Vertrag geschlossen, der vor der Vereinigung Deutschlands vorbereitet sein muss. Außer den sowjetischen Streitkräften auf dem Territorium der derzeitigen DDR werden Truppen der BRD stationiert sein, die nicht der NATO unterstehen. Diese Truppen werden als Streitkräfte der Territorialverteidigung bezeichnet.

Die Streitkräfte der Vier Mächte auf dem Territorium Großberlins werden dort nach Wiederherstellung der deutschen Souveränität auf der Basis entsprechender bilateraler Vereinbarungen verbleiben, solange die sowjetischen Truppen das Territorium der ehemaligen DDR nicht verlassen. Die Zahl der Streitkräfte darf ihre derzeitige Stärke nicht überschreiten. Ihre Bewaffnung bleibt so wie bisher.

Um keine Missverständnisse aufkommen zu lassen, möchte ich noch einen Punkt zur Sprache bringen. Die Präsenz der Streitkräfte der Vier Mächte auf der Grundlage bilateraler Vereinbarungen wird kein Hindernis dafür darstellen, dass in Berlin Einheiten der Bundeswehr stationiert werden.

M. S. Gorbačev: Noch einmal möchte ich einen für uns sehr wichtigen Punkt ansprechen. Es ist notwendig, eine geeignete Form – eine Verpflichtung, Erklärung oder etwas anderes – zu finden, damit wir sicher sein können, dass nach Abzug der sowjetischen Truppen die NATO mit Kernwaffen und ihren Depots nicht auf das Territorium der früheren DDR vorrückt. Andernfalls werden alle unsere Vereinbarungen torpediert und Ihre Politik in Frage gestellt, umso mehr, als in dieser Zeit der Abrüstungsprozess fortgesetzt wird und nicht nur wir, sondern auch die westlichen Mächte ihre militärischen Kontingente reduzieren werden.

H.-D. Genscher: Wir halten an der Regelung fest, dass in einem Land nicht eine Zone geringerer Sicherheit herrschen darf. In Artikel 5 und 6 des NATO-Vertrags heißt es eindeutig, dass die Verbündeten verpflichtet sind, im Falle eines Angriffs auf sie einander zu verteidigen.[25] Diese Bestimmung erstreckt sich auf das gesamte Territorium aller Mitgliedsstaaten der NATO. Sie erstreckt sich natürlich auch auf das Territorium der DDR.

M. S. Gorbačev: Die Entscheidung über die Zugehörigkeit zur NATO wird das souveräne Recht Deutschlands sein. Aber auch wir haben das Recht auf volle und uneingeschränkte Sicherheit. Deshalb müssen wir darin sicher sein, dass nach unserem Abzug die NATO-Länder nicht mit Kernwaffen auf das Territorium der DDR vorrücken.

H.-D. Genscher: Wenn Deutschland souverän wird, werden sich Artikel 5 und 6 des NATO-Vertrags auf sein gesamtes Territorium erstrecken.

H. Kohl: Diese Aufgaben kann die Bundeswehr lösen. Um der Klarheit willen wiederhole ich noch einmal:

[25] Artikel 5+6 des Vertrags vom 4. 4. 1949 regeln die Beistandspflicht im Falle eines Angriffes auf das Territorium eines Mitgliedslandes, vgl. Deutsche Fassung u.a. unter http://www.nato.int/docu/other/de/treaty–de.htm. Im deutschen Protokoll (wie Anm. 1, S. 1360) insistiert Gorbačev noch einmal auf dem Verbot, nach dem sowjetischen Abzug nicht-deutsche Truppen auf dem Gebiet der ehemaligen DDR zu stationieren.

Wir möchten fair zueinander und davon überzeugt sein, dass sowohl wir als auch Sie zuverlässige Partner sind. Deutschland erhält die volle Souveränität ohne irgendwelche Einschränkungen und wird Mitglied der NATO. Die Artikel 5 und 6 gelten in Bezug auf ganz Deutschland. Während der Anwesenheit der sowjetischen Truppen auf dem Territorium der ehemaligen DDR wird auch die Bundeswehr anwesend sein. Dies aber werden Streitkräfte der Territorialverteidigung, nicht aber in die NATO integrierte Verbände sein. Zugleich wird eine Vereinbarung über den Verbleib französischer, britischer und amerikanischer Truppen in Berlin erzielt, solange sich noch sowjetische Truppen in der DDR aufhalten.[26] Die Truppen der drei Mächte werden über keine Kernwaffen verfügen und ihre Zahl wird nicht höher liegen als jetzt.

Ihre Besorgnis besteht darin, dass der Tag „X" kommt – die sowjetischen Truppen ziehen ab, und was kommt danach? Werden jetzt Kernwaffen auf dem Territorium der ehemaligen DDR auftauchen?

Ich sage offen, dass wir diese Frage bisher nicht erörtert haben. Wir müssen jedoch eine Lösung finden. Wir spüren das. Aber, erstens, die Tatsache, dass wir dann einen Nichtangriffspakt haben werden, ist bereits eine Sicherheitsgarantie. Es darf nicht so sein, dass man einen Vertrag geschlossen hat und nach einigen Jahren tauchen Kernwaffen auf. Wir treten dafür ein, dass wir in unseren Beziehungen zueinander ehrlich sind. Wenn es Widersprüche gibt, dann muss man sie diskutieren und über Wege zu ihrer Überwindung nachdenken. Eine neue Qualität der Beziehungen wird nicht entstehen, wenn wir zu keiner Vereinbarung gelangen. Derzeit kann ich keinerlei Formulierung vorschlagen, aber sie wird ganz bestimmt gefunden werden.

M. S. Gorbačev: Deutschland wird sich vereinigen, wird seine politische Souveränität erhalten, Mitglied der NATO werden und Artikel 5[27] wird gelten.

Vielleicht kann eine entsprechende Formulierung in dem erwähnten Brief des Kanzlers über die Absichten vorgeschlagen werden.

H. Kohl: Im Augenblick weiß ich noch nicht, wie dieser Satz am besten zu formulieren ist. Ich möchte noch einmal präzisieren: Sie gehen davon aus, dass nach Abzug der sowjetischen Truppen auf dem Territorium der ehemaligen DDR beispielsweise weder amerikanische Soldaten noch Kernwaffen sein werden. Oder denken Sie nur an Kernwaffen?

M. S. Gorbačev: Weder ausländische Streitkräfte noch Kernwaffen.

H. Kohl: Truppen der Territorialverteidigung – solange sich noch sowjetische Truppen auf dem Territorium der ehemaligen DDR befinden. Aber deutsche Truppen generell – das ist bereits eine andere Sache. Das sind ja keine ausländischen Truppen.

M. S. Gorbačev: Solange die sowjetischen Streitkräfte anwesend sind, können neben ihnen Truppen der Territorialverteidigung da sein. Dann, nach Abzug unserer Streitkräfte, kann die Bundeswehr in Erscheinung treten, die Verbände, die in die NATO integriert sind, aber ohne Kernwaffen.

[26] Gem. dt. Protokoll (wie Anm. 1, S. 1360), S. 1360 werden die Regelungen für Berlin von deutscher Seite unter dem Stichwort der Vier Mächte diskutiert.

[27] Nach dem dt. Protokoll (wie Anm. 1, S. 1360) Art. 5 und 6. Die Diskussion dort länger.

Ju. A. Kvicinskij: Und ohne Träger für Kernwaffen.[28]

H. Kohl: Sehr gut. Noch einmal versuche ich, alles klar und deutlich zu formulieren.

Volle Souveränität Deutschlands bedeutet, dass nach Abzug der sowjetischen Truppen auf dem Territorium der ehemaligen DDR jegliche deutsche Streitkräfte stationiert werden können, ihre Bewaffnung darf jedoch keine Träger für Kernwaffen enthalten. Auf dem Territorium der ehemaligen DDR werden keine ausländischen Streitkräfte stationiert.

Ė. A. Ševardnadze:[29] Im Abschlussdokument der „Sechs" muss sich in irgendeiner Form die Bestimmung über die sowjetischen Streitkräfte widerspiegeln. Denn dieses Dokument wird veröffentlicht, aber der separate Vertrag zwischen der UdSSR und Deutschland wird noch nicht existieren.

M. S. Gorbačev: Es geht darum, dass wir nach der Unterzeichnung des Abschlussdokuments der „Sechs" dieses ratifizieren müssen. Die Lage ist folgende: Es entsteht ein souveränes Deutschland, die Verbündeten verzichten auf ihre Rechte und Verantwortung, aber ein Vertrag über die Anwesenheit der sowjetischen Streitkräfte existiert noch nicht. Die Westgruppe der sowjetischen Streitkräfte würde sich dann in einer schwierigen Lage befinden. Deshalb müsste vor dem Erscheinen des bilateralen Vertrags im Abschlussdokument eine Zeile über die sowjetischen Streitkräfte stehen im Hinblick darauf, dass die Bedingungen ihres Verbleibs in Deutschland in dem Vertrag zwischen den Regierungen des vereinigten Deutschland und der UdSSR festgelegt werden.

H. Kohl: Keine Frage. Aber es müsste konkretisiert werden, und wahrscheinlich müsste man auf der heutigen Pressekonferenz über den ungefähren Zeitraum ihres Verbleibs sprechen sowie über ihre Stärke.

M. S. Gorbačev: Wenn die Amerikaner sich nicht von der Vereinbarung zurückziehen, ist ihre Stärke bekannt: 195 000. Kürzlich begannen die Amerikaner jedoch von 225 000 zu sprechen.[30]

H.-D. Genscher: In Bezug darauf gelten die Wiener Vereinbarungen.

M. S. Gorbačev: Natürlich braucht es Zeit, um auf 195 000 zu kommen. Die Reduzierung von Streitkräften ist nicht einfach, wie Sie wohl wissen. Nach unseren Einschätzungen braucht man dafür fünf bis sieben Jahre, einige sprachen sogar von zehn Jahren.[31]

H. Kohl: Das ist lange. Gestern war die Rede von drei, vier Jahren. Das ist eine völlig realistische Frist.

Ich sage ganz offen, dass wir keine Komplikationen in unseren Beziehungen wünschen und auch nicht wollen, dass bei Ihnen Probleme entstehen. Eine Verlängerung der Aufenthaltsdauer der Streitkräfte kann Probleme hervorrufen, dabei nicht bei uns, sondern bei Ihnen. In der DDR verändert sich derzeit die wirtschaftliche Lage stark, das Bild wird ein anderes. Ihre Soldaten sehen alles, ziehen daraus entsprechende Schlüsse und treffen irgendwelche Entscheidungen.

[28] Der Beitrag Kvicinskijs nicht im deutschen Protokoll (wie Anm. 1, S. 1360).
[29] Das Folgende im deutschen Protokoll (wie Anm. 1, S. 1361) ebenfalls Gorbačev zugeschrieben.
[30] Vgl. Dokument Nr. 87, Anm. 13.
[31] Im dt. Protokoll (wie Anm. 1, S. 1361) ist von zehn Jahren keine Rede.

Ich sage ganz ehrlich: Wir können uns auf vier Jahre einigen. Aber besser sind drei, gerade für Sie. Drei Jahre würden Ihren Interessen entsprechen.

Wir kennen die Probleme, die bei Ihnen im Zusammenhang mit der Rückkehr der Streitkräfte in die Union entstehen können. Wir haben gestern darüber gesprochen. Ich möchte noch einmal bekräftigen, dass die BRD bereit ist, bei der Umschulung der entlassenen sowjetischen Armeeangehörigen auf zivile Berufe zu helfen.

Mit Verständnis begegnen wir auch Ihrem außerordentlich drängenden Problem, die zurückkehrenden Armeeangehörigen mit Wohnraum zu versorgen. Hier könnten wir helfen. Hauptsache ist, dass wir den Eindruck vermeiden, die BRD würde Wohnungen für sowjetische Soldaten errichten. Es muss alles so aussehen, dass wir Ihnen unionsweit bei der Lösung der Wohnungsfrage helfen. Wen Sie in diesen Behausungen unterbringen, ist Ihre Sache. Es müssen jedoch nur spezielle militärische Siedlungen oder irgendwelche Soldatenghettos geschaffen werden. [sic!]

M. S. Gorbačev: Wir begrüßen diese Überlegungen nicht nur, sondern nehmen sie auch mit großer Befriedigung wahr, Herr Kohl. Man muss ferner bedenken, dass wir bei uns im Inneren die Armee um 500000 Mann reduzieren.[32] Unser Land ist groß und wir können das alles so gestalten, dass Sie keinerlei Befürchtungen haben. Drei, vier Jahre Aufenthalt von Armeeangehörigen im Ausland – das ist eine ganz ordentliche Zeit, und die wirtschaftlichen Rahmenbedingungen verändern sich sehr schnell. Ich möchte Sitarjan und Waigel bitten, diesen ganzen Fragenkomplex zu erörtern.

Th. Waigel: Herr Sitarjan und ich haben die Probleme erörtert, die sich für die sowjetischen Streitkräfte angesichts der Einführung der D-Mark in der DDR ergeben. Für 1990 haben wir bekanntlich eine Sonderregelung gefunden und im Rahmen des Staatsvertrags mit der DDR zwei Milliarden D-Mark bereitgestellt.[33] Derzeit untersuchen wir sorgfältig die Lage in den Betrieben der DDR, die verpflichtet sind, ihre Erzeugnisse in die Sowjetunion zu liefern. Wir denken darüber nach, wie wir diesen Betrieben helfen können, weiterhin tätig zu sein. Wir gehen dabei nicht vom Grad des Risikos für uns aus, sondern von dem Wunsch, einen Beitrag zur Entwicklung der künftigen Beziehungen zwischen dem vereinigten Deutschland und der Sowjetunion zu leisten. Wir geben diesen Unternehmen die erforderlichen Kredite und unterstützen sie auch anderweitig. Es wäre gut, im Herbst, im September alle diese Fragen im Ganzen zu erörtern.

M. S. Gorbačev: Gestern wurde in Moskau vereinbart, dass Ryžkov einen entsprechenden Brief an Kohl schreibt.[34]

H. Kohl: Wichtig ist, dass wir den Dialog auf der Führungsebene fortsetzen. Wir sind bereit, unsere Minister in diese Arbeit einzubeziehen. Was bis jetzt getan worden ist, hat sich unserer Ansicht nach als sehr effektiv erwiesen.

M. S. Gorbačev: Wir müssen versuchen, Möglichkeiten der Integration der DDR-Unternehmen in unsere Beziehungen zu finden. Dies wird sowohl Sie als

[32] Erklärung Gorbačevs vom 7. 12. 1988, vgl. Dokument Nr. 31, Anm. 16.
[33] Vgl. Dokument Nr. 102, Anm. 14.
[34] Brief Ryžkovs an Kohl vom 18. 7. 1990, in: Deutsche Einheit, Sonderedition, S. 1400f.

auch uns zufriedenstellen. In der DDR kennt man die sowjetischen Partner und die sowjetische Industrie gut und unterhält direkte Kontakte zu den Unternehmen. Dies sollte man im Interesse der Sache nutzen.

S. A. Sitarjan: Wir haben vier Fragengruppen skizziert, die zur Erörterung anstehen.

- Finanzierung der sowjetischen Gruppe der Streitkräfte nach Maßgabe ihrer Reduzierung und ihres Abzugs. Wenn diese in Öl umgerechnet früher sechs Millionen Tonnen betrug, dann wird sie morgen nach Einführung der D-Mark 17 Millionen Tonnen betragen. Das ist ein Plus von 11 Mio. Tonnen, was dem Umfang unserer Lieferung in die DDR entspricht. Das bedeutet, es verbleiben keine Mittel für die Lösung anderer Aufgaben.
- Vermögenswerte des Verteidigungsministeriums der UdSSR. Man muss darüber nachdenken, was man damit weiterhin tut. Vielleicht einlösen oder einen anderen Weg finden, um gemeinsame Formen der Bewirtschaftung zu nutzen.
- Verhinderung der Zerstörung der Kooperationsbeziehungen mit der Sowjetunion im Verlaufe der Vereinigung Deutschlands. Diese Frage kann unter Berücksichtigung des Vorschlags von Ryžkov, eine trilaterale Kommission zu schaffen, gelöst werden. Man darf diese Frage nicht bis November aufschieben, weil die Unternehmen Kontrakte für das nächste Jahr abschließen müssen.
- Abschluss eines langfristigen und umfassenden Wirtschafts-, Handels- und wissenschaftlich-technischen Abkommens zwischen der Sowjetunion und dem vereinigten Deutschland.[35]

Th. Waigel: In den letzten Wochen und Monaten ist eine große Arbeit geleistet worden, um die wirtschaftlichen Probleme in Hinblick auf die Schaffung der Währungsunion zwischen BRD und DDR zu lösen. Wir halten es für eine Errungenschaft, dass im entsprechenden Vertrag eine Schutzklausel in Bezug auf die Mitgliedsländer des RGW und den Handel mit den Staaten Osteuropas geschaffen wurde.[36] Es gibt einige Schwierigkeiten, aber wir blicken sehr hoffnungsvoll auf den Handel mit Osteuropa.

M. S. Gorbačev: Sie sind natürlich im Bilde darüber, dass wir die Absicht haben, am 1. Januar 1991 in den Beziehungen mit den Staaten Osteuropas auf Weltmarktpreise und eine frei konvertierbare Währung überzugehen?[37]

Th. Waigel: Die Probleme der Truppenstationierung sind mit den Veränderungen im Transferrubelsystem verbunden. Vieles wird davon abhängen, wie rasch die Sowjetunion ihre wirtschaftlichen Möglichkeiten und die Nomenklatur der lieferbaren Waren erweitern kann. Man könnte die Erdgaslieferungen um drei Mrd. Kubikmeter erhöhen. Das würde übrigens auch helfen, die Umweltprobleme in der DDR zu lösen. Ich denke dabei an die Braunkohle.

Beim Treffen der G-7 in Houston ist es gelungen, die Unterstützung aller Teilnehmer für technische Soforthilfe für die Sowjetunion zu sichern.

[35] Deutsch-sowjetischer Vertrag über die Entwicklung einer umfassenden Zusammenarbeit auf dem Gebiet der Wirtschaft, Industrie, Wissenschaft und Technik vom 9. 11. 1990 (mit Briefwechsel), BGBl. 1991 II, S. 799–809.

[36] Vgl. Dokument Nr. 96, Anm. 11.

[37] Vgl. Dokument Nr. 67, Anm. 12. Gem. dt. Protokoll (wie Anm. 1, S. 1362) „1. 1. 1993".

M. S. Gorbačev: Wir haben das Signal aus Houston verstanden. Wir wissen auch, was der 4. November und Anfang Dezember bedeutet.*

Es geht um ein Paket und es kann sich auf die Positionen auswirken, die wir jetzt erörtern. Ich erinnere mich an den Brief von Kanzler Kohl; dort war alles in ein Paket verpackt. Aber es könnte dazu kommen, dass dieses Paket in Washington oder beim Internationalen Währungsfond zugeklebt wird. [sic!] Ich hoffe, dass der Kanzler nicht von seiner Rolle bei der Bildung des Konsortiums zur Realisierung der mit den Finanzfragen verbundenen großen Ideen abweicht.

Wir haben eine gewaltige Arbeit geleistet, um ein Programm für den Übergang zum Markt vorzubereiten. Für uns ist dies eine nicht weniger aktuelle Frage, als die anderen, die heute zu erörtern sind. Es ist nötig, sie jetzt zu klären und nicht in zwei Jahren.

Wir verstehen auch das zweite Signal, das sich darauf bezieht, dass es wünschenswert wäre, bis zum Herbst über ein Programm für den Übergang zum Markt zu verfügen.

Berücksichtigt wurde auch das dritte Signal, das die Arbeit mit den europäischen Gemeinschaften betrifft. Ich werde mit Delors zusammentreffen. Möglicherweise gelingt es mir auch, in nächster Zeit Andreotti zu treffen.[38]

Ich hoffe sehr, dass alle Kräfte darauf verwendet werden, um das gesamte Paket an Vereinbarungen zu verwirklichen und es nicht auseinanderzureißen …

H. Kohl: Am 15./16. Dezember ist das zweite EWG-Treffen in Rom geplant.[39] Beide Treffen und beide Daten, aber auch die Zeit dazwischen sind außerordentlich wichtig. Es müssen maximale Anstrengungen unternommen werden, damit in diesem Intervall viel getan wird. Herr Gorbačev, ich möchte in dieser Zeit mit Ihnen regelmäßigen Kontakt halten, zum Beispiel per Telefon und durch Briefwechsel. Unsere Außenminister müssen gleichfalls in beständigem Kontakt miteinander stehen.

M. S. Gorbačev: Ich versuche zusammenzufassen.

1. Wir haben uns über den Eintritt in Gespräche bezüglich der neuen Situation für die Gruppe der sowjetischen Streitkräfte in Deutschland geeinigt.[40]

2. Ryžkov schickt einen Brief an Kanzler Kohl zu Finanz- und Wirtschaftsproblemen, die im Zusammenhang mit der Vereinigung Deutschlands auftreten, unter anderem über das Schicksal der Unternehmen der DDR, die enge Kooperationsbeziehungen mit der UdSSR unterhalten.

3. Die Frage der Vermögenswerte des Verteidigungsministeriums der UdSSR nach Abzug der sowjetischen Streitkräfte aus Deutschland.

[38] Andreotti war in der Zeit amtierender Präsident der EG. Vgl. Dokument Nr. 108, zum Treffen mit Delors am 20. [?]7. 1990 Černjaev, Sovmestnyj ischod, S. 865, 866 (unter dem 21. und 29. 7. 1990). Gem. dt. Protokoll (wie Anm. 1, S. 1362 f.) schlägt Kohl das Treffen mit Andreotti vor und spricht von Gesprächen Delors mit Kohl selbst.

[39] Gem. dt. Protokoll (wie Anm. 1, S. 1363) Hinweis Kohls auf den für den 3. 11. 1990 geplanten Sonder-EG-Gipfel in Rom. Der fand schließlich vom 27.–28. 10. 1990 statt, vgl. Schlussfolgerungen des Rats der Staats- und Regierungschefs der EG, in: Europa-Archiv 45 (1990), S. D 9–D 16; zum Ergebnis des EG-Gipfels vom 14.–15. 12. 1990 in Rom vgl. Schlussfolgerungen, in: ebd., S. D 27–D 38. Die EG sprach sich für den wirtschaftspolitischen Reformkurs Moskaus aus und versprach Nahrungsmittellieferungen.

[40] Gem. dt. Protokoll (wie Anm. 1, S. 1363) war man über die „Bedingungen des Aufenthalts“ einig.

4. Das sowjetische Konzept für den Übergang zur Marktwirtschaft.[41]

H.-D. Genscher: Worin bestehen die Vermögenswerte des Verteidigungsministeriums?

M. S. Gorbačev: Diese Frage erfordert ebenso eine Klärung wie auch die äußeren Aspekte.

H. Kohl: Drei, vier Jahre? Klären wir diese Frage jetzt oder später?

M. S. Gorbačev: Vielleicht brauchen wir das nicht direkt jetzt zu tun?

H. Kohl: Wir sollten der Erwähnung eines zeitlichen Rahmens nicht ausweichen. Auf der Pressekonferenz oder irgendwo sonst wird man uns bestimmt fragen.

M. S. Gorbačev: Drei bis vier Jahre und Gespräche über ein entsprechendes Abkommen.

H.-D. Genscher: Die Frage, wann der letzte Soldat geht, ist sehr problematisch. Sie muss geklärt werden.

M. S. Gorbačev: Wer kann das jetzt sagen?

H. Kohl: Für mich ist das nicht einfach. Die Schwierigkeit besteht darin, dass ich im Parlament sagen muss, wann die sowjetischen Truppen abziehen werden, mich aber auch in der Frage herauswinden muss, für wen die Wohnungen gebaut werden.

M. S. Gorbačev: Man muss über das alles im Ganzen sprechen. Es bahnt sich eine Zusammenarbeit an, in der Sowjetunion wird der Weg in die Marktwirtschaft realisiert, wir kümmern uns um die Klärung der Fragen hinsichtlich der Aufnahme unserer Armeeangehörigen, ihrer Umschulung, Unterbringung usw. Dies alles erfordert natürlich Zeit und es muss eine entsprechende Rechtsgrundlage geschaffen werden.

H.-D. Genscher: Wichtig ist nicht der erste Soldat, sondern der, der als Letzter geht.

H. Kohl: Das ist wichtig für diejenigen, die die Gespräche führen, weil sie ein bestimmtes Ziel vor Augen haben müssen.

M. S. Gorbačev: Beide Teile des Komplexes müssen geklärt werden: der Abzug der Truppen und die Zusammenarbeit; auch hier ist Konkretheit erforderlich.

H.-D. Genscher: Erforderlich ist ein Meinungsaustausch über die Stärke der Bundeswehr nach der Vereinigung. Ich habe dazu folgende Überlegungen.

1. Die Teilnehmerländer der Wiener Gespräche müssen sich darauf einigen, bei den anschließenden Verhandlungen nationale Obergrenzen für die Land- und Luftstreitkräfte der 23 Teilnehmer zu vereinbaren.[42]
2. Bis zum Inkrafttreten einer entsprechenden Vereinbarung darf niemand die derzeitige Stärke erhöhen.
3. Wir Deutschen sind bereit, eine Erklärung bezüglich der Stärke der Streitkräfte im vereinigten Deutschland, der Land- und Luftstreitkräfte sowie eine Erklä-

[41] Zu „Richtlinien für die Stabilisierung der Volkswirtschaft und den Übergang zur Marktwirtschaft" vom 19. 10. 1990 und ihrer Umsetzung vgl. Manfred Hildermeier, Geschichte der Sowjetunion 1917–1991, München 1998, S. 1045 f. Zum 500-Tage-Plan Šatalins u. a. vgl. die umfangreiche Dokumentation von „Jabloko, http://www.yabloko.ru/Publ/500/index.html sowie Grigorij Jawlinksij/Stanislaw Schatalin, 500 Tage zur Marktwirtschaft. Die Pläne der Reform-Ökonomen, Düsseldorf 1991.

[42] Vgl. Dokument Nr. 61, Anm. 10 und Nr. 105, Anm. 3.

rung über die deutschen Seestreitkräfte abzugeben, um das Bild zu vervollständigen.[43]

Eine derartige Erklärung wird völkerrechtlich Geltung haben und zusammen mit dem Abkommen über die Truppenreduzierung aller Gesprächsteilnehmer im Rahmen von „Wien-2" wirksam sein.[44] Jetzt geben wir in etwa folgende Erklärung ab: „In der Erwartung, dass es zu „Wien-2" kommt, beginnen wir unmittelbar nach „Wien-1" mit der Reduzierung unserer Streitkräfte".

Die Reduzierung wird so vor sich gehen, dass wir gleichzeitig mit dem vollständigen Abzug der sowjetischen Truppen vom Territorium der ehemaligen DDR unser Reduzierungsziel erreichen. Somit beginnt alles mit „Wien-1", dann beginnt der Abzug der sowjetischen Truppen, und wir beginnen, uns unserem Reduzierungsziel zu nähern.

H. Kohl: Hier liegt die Wechselbeziehung mit der Formel „2+4".[45]

H.-D. Genscher: Wenn die sowjetischen Truppen innerhalb von drei Jahren abziehen, dann werden auch wir unsere Streitkräfte innerhalb von drei Jahren reduzieren. Wenn Sie innerhalb von vier Jahren abziehen, dann werden auch wir unsere Reduzierung in vier Jahren abschließen. Im Unterschied zur Sowjetunion beginnen wir jedoch sofort mit der Reduzierung.

M. S. Gorbačev: Man muss darüber nachdenken, für die Zeit der Anwesenheit unserer Truppen in Deutschland im Laufe von drei, vier Jahren entsprechende finanzielle und wirtschaftliche Bedingungen zu vereinbaren, auf der Grundlage zumindest der gleichen Prinzipien, wie sie auch für 1990 gelten.

H. Kohl: In Bezug auf 1991 wird man sämtliche ökonomischen Aspekte abwägen müssen. So ist es vereinbart.

M. S. Gorbačev: Wir erarbeiten derzeit eine neue Vereinbarung. Wenn wir die Frage unserer Truppen und der Abzugsfrist des letzten Soldaten entscheiden, dann muss mit derselben Klarheit gesagt werden, dass die Bedingungen auf der gleichen Grundlage, wie sie für 1990 gilt, festgelegt werden.

H. Kohl: Ausgehend von letztlich 195 000.

M. S. Gorbačev: Einstweilen ist die Realität eine andere. 195 000 – das ist das Ziel.

H.-D. Genscher: Der Brief des Bundeskanzlers wird Klarheit bringen. Doch die Regelung von 1990 kann nicht automatisch auf 1991 ausgedehnt werden. Der Bundeskanzler hat von der Errichtung von Wohnungen und der Umschulung von Armeeangehörigen auf zivile Berufe gesprochen. Dazu sind Mittel erforderlich.

Wir sehen Ihre finanziellen Probleme, unter anderem hinsichtlich der Wohnungen. Was wir jedoch nicht wollen, ist der Abschluss eines Vertrags, in dem von

[43] Vgl. Vorlage für Teltschik vom 24. 8. 1990 mit Text der Erklärung in Deutsche Einheit, Sonderedition, S. 1494–1496.

[44] Im dt. Protokoll (wie Anm. 1, S. 1363) Koppelung der Gültigkeit an die Gesamtregelung für alle Teilnehmerstaaten. Zu „Wien 2" vgl. das Wiener Dokument 1992 der Verhandlungen über vertrauens- und sicherheitsbildende Maßnahmen vom 4. 3. 1992, das Helsinki-Dokument 1992, Herausforderung des Wandels, vom 10. 7. 1992 und die Abschließende Akte der Verhandlungen über Personalstärke der konventionellen Streitkräfte in Europa vom 10. 7. 1992, in: Schweisfurth (Hg.), Dokumente, S. 572–608, 609–670 und 671–684.

[45] Gem. dt. Protokoll (wie Anm. 1, S. 1363) formuliert Kohl hier einen Zusammenhang mit der Abzugsfrist von 3–4 Jahren.

Stationierungskosten die Rede ist. Hier liegt das Problem nicht in der Summe, sondern in der Bezeichnung. Bei uns stehen auch andere Streitkräfte, bei denen wir keine Stationierungskosten tragen. Wir wollen die Frage der Stationierung lösen – das heißt der Rechte, der Verpflichtungen und der Finanzen – aber vermeiden, dass dies als Stationierungskosten bezeichnet wird.

M. S. Gorbačev: Wir werden eine Bezeichnung finden, sobald wir erfahren, dass die Regierung des vereinigten Deutschland Verständnis dafür aufbringt, dass die Veränderung der Unterhaltsbedingungen der Truppen neue Ausgaben und finanzielle Ressourcen erfordert.

S. A. Sitarjan: Hier erhebt sich die Frage des Kursunterschieds und der Anwendung desselben Koeffizienten wie 1990.

H. Kohl: Wir sind daran interessiert, dass die sowjetischen Truppen innerhalb der vereinbarten Fristen abgezogen werden. Dabei wollen wir jedoch nicht, dass Verärgerung bei Ihnen aufkommt. Wir werden einen Weg finden, um zu helfen. Wir sprechen über den Bau von Wohnungen, über eine Ausbildung in zivilen Berufen. Aber ich will auf keinen Fall, dass in Deutschland eine Diskussion entsteht unter dem Motto „Deutschland ist souverän, aber gleichzeitig trägt es die Ausgaben für den Unterhalt der sowjetischen Truppen".

Als praktisches Beispiel für die Lösung der Frage könnten die Beziehungen zwischen Bund und Ländern bei uns dienen. Die Verfassung gibt nicht zu allen Fragen Erläuterungen und delegiert einen Teil an die Länder. Andernfalls wären alle Länder mit dem Bund verknüpft, was große Schwierigkeiten heraufbeschwören könnte. Dort, wo es möglich ist, helfen wir vom Zentrum aus, aber in vielen Fällen entscheiden die Länder selbst die anstehenden Fragen. Deshalb möchte ich Sie bitten, dies nicht als Kosten für Stationierung oder Dislozierung zu bezeichnen.

Sie können davon ausgehen, dass wir eine befriedigende Lösung finden werden. Wir sind ebenfalls daran interessiert, dass keine Schwierigkeiten aufkommen. Schwierigkeiten für Ihre Truppen in der DDR sind auch unsere Schwierigkeiten.

M. S. Gorbačev: Vom 1. Januar 1991 an wird die Lage eine andere sein. Wir werden natürlich sehen müssen, dass eine zusätzliche Belastung beim Unterhalt der Truppen entstehen wird. Dies wird den Kreis der Probleme vergrößern, die den Abzug, die Rückkehr, die Wiedereingliederung und die Umschulung betreffen. Unter unseren Bedingungen ist dies eine gewaltige zusätzliche Belastung für unsere ohnehin schon überlastete Wirtschaft. Wie man das gestaltet, ist eine Sache der Technik. Es muss Klarheit in der Substanz herrschen. Durch verschiedene Formen der Zusammenarbeit müssen Lösungen erreicht werden, die erträgliche Bedingungen für den Unterhalt der Westgruppe der Streitkräfte gewährleisten.

H. Kohl: Vielleicht ist über den Abschluss eines Übergangsvertrags[46] nachzudenken?

H.-D. Genscher: Ein solcher Vertrag wäre zu schließen, sagen wir, für die Jahre 1991, 1992 und 1993. In der Bezeichnung dürften die Streitkräfte nicht erwähnt werden. Die Bezeichnung könnte etwa so lauten: „Übergangsvertrag zur Regulie-

[46] Gem. dt. Protokoll (wie Anm. 1, S. 1364): „Überleitungsvertrag". Dort auch die Präzisierung Genschers: „Überleitungsvertrag betreffend die finanziellen Auswirkungen der Einführung der DM im Gebiet der DDR". Vgl. das Folgende.

rung der Folgen im Zusammenhang mit der Einführung der D-Mark auf dem Territorium der DDR". Dieser Vertrag würde die Ausgaben einschließen, von denen jetzt die Rede ist, ohne sie konkret zu erwähnen. Dort könnten auch andere Fragen wirtschaftlichen Charakters berührt werden. Es sind neue wirtschaftliche Realitäten aufgetaucht, deshalb ist auch die Notwendigkeit entstanden, sie in einem solchen Vertrag neu zu bewerten.

M. S. Gorbačev: Es scheint, dass ein solcher Vertrag nützlich sein würde. Er muss festlegen, dass diejenigen Ausgaben, die wir bisher getragen haben, auch weiterhin von uns getragen werden und dass Sie die neuen auf sich nehmen.

Th. Waigel: Ja, so ist es.

H.-D. Genscher: Es ist notwendig, einen zeitlichen Rahmen für den Vertrag entsprechend den Aufenthaltsfristen der Truppen festzulegen, das heißt, er wird auf drei, vier Jahre angelegt sein.[47]

M. S. Gorbačev: Somit ergibt sich, dass neben dem Vertrag über die Aufenthaltsbedingungen der sowjetischen Truppen auf dem Territorium der heutigen DDR noch ein weiterer Vertrag existieren wird, der mit der Einführung der D-Mark auf diesem Territorium zusammenhängt. Wir haben hier gleichzeitig in zwei Richtungen zu arbeiten.

H. Kohl: Für uns ist das kein Problem.

M. S. Gorbačev: Wann geben wir die künftige Stärke der Bundeswehr nach der Vereinigung bekannt?[48]

Ė. A. Ševardnadze: Bei Ihrer Erklärung über die Reduzierung der Stärke der Bundeswehr ist nicht alles klar. Sie verknüpfen das mit „Wien-2". Aber diesbezüglich ist noch gar nichts entschieden. Ich glaube nicht, dass man die Reduzierung der Bundeswehr mit dem Abzug der sowjetischen Truppen verknüpfen muss.

H. Kohl: Wir sehen hier keine Probleme. Man kann als Reduzierungszeitraum vier Jahre nennen.[49] Dies könnte heute auf der Pressekonferenz verkündet werden.

Ė. A. Ševardnadze: Diese Entscheidung muss ihren Niederschlag in den „2+4"-Gesprächen finden.

H.-D. Genscher: Wir werden bei den Gesprächen in Wien eine Erklärung abgeben, dass die Streitkräfte des vereinigten Deutschland innerhalb von vier Jahren auf 370 000 Mann reduziert werden. Mit dieser Reduzierung beginnen wir, sobald „Wien-1" in Kraft tritt. Danach werden wir sagen, nach „Wien-1" treten wir dafür ein, dass sich nach „Wien-1A" oder „Wien-2" alle 23 Staaten dazu verpflichten sollen, die Obergrenzen ihrer Streitkräfte nicht zu erhöhen. Unsere Verpflichtung zur Reduzierung der Streitkräfte wird „Wien-2" betreffen, obgleich wir die Reduzierung früher beginnen oder vielleicht beenden können. Unsere Verpflichtung wird völkerrechtliche Geltung haben.

Es wird auch keine Probleme geben, wenn die „2+4" diese Erklärung zur Kenntnis nehmen.

[47] Die konkrete Frist gem. dt. Protokoll (wie Anm. 1, S. 1364) in der Antwort Gorbačevs.
[48] Gem. dt. Protokoll (wie Anm. 1, S. 1364) geht es Gorbačev um die Unterrichtung der Öffentlichkeit über Überleitungsvertrag und Stationierungsregelung.
[49] Gem. dt. Protokoll (wie Anm. 1, S. 1364) nennt Kohl hier schon die Zahl von 370 000 Mann.

M. S. Gorbačev: Wo können für uns noch Schwierigkeiten entstehen?

H.-D. Genscher: Morgen, am 17. Juli findet in Paris das Treffen der Außenminister der „Sechs" statt.[50] Wir beabsichtigen, an der auf früheren Treffen bereits abgestimmten Linie in der Grenzfrage des künftigen Deutschland festzuhalten. Die Polen haben in diesem Zusammenhang drei zusätzliche Forderungen vorgebracht. Gemäß einer dieser Forderungen müssten wir zustimmen, dass Deutschland erst nach Abschluss eines deutsch-polnischen Grenzvertrags souverän wird. Dem können wir nicht zustimmen, da eine entsprechende Erklärung des Bundestages und der Volkskammer der DDR existiert. Aus dem künftigen Abschlussdokument wird ebenfalls klar hervorgehen, wie die Grenzen des vereinigten Deutschlands aussehen werden.

Die Polen haben von uns auch gefordert, dass wir die innerdeutsche Gesetzgebung verändern. Bei den „2+4"-Gesprächen haben wir bereits über eine Änderung der Verfassung der BRD gesprochen und gesagt, welche Bestimmungen nicht in der Verfassung des vereinigten Deutschland enthalten sein werden.[51] Unsere interne Rechtsstruktur ist jedoch eine Angelegenheit des souveränen Deutschland.

Die dritte Forderung Polens läuft darauf hinaus, dass die Grenzen des vereinigten Deutschland und Polens als prinzipielle Elemente einer Friedensregelung in Deutschland bezeichnet werden müssen.

Wir sind bereit, einen Grenzvertrag abzuschließen, aber ohne einen Sonderstatus für die polnisch-deutsche Grenze zu schaffen. Dies wäre ein unerwünschter Präzedenzfall. Wir haben viele Nachbarn, aber keinem von ihnen – weder den Dänen, den Holländern, den Franzosen oder anderen – ist es in den Sinn gekommen, für ihre Grenze mit uns einen Sonderstatus zu fordern. Wenn das so weitergeht, dann können die Polen verlangen, dass auch die polnisch-sowjetische Grenze einen Sonderstatus erhält.

H. Kohl: Mit den Grenzen gibt es keine Probleme. Aber wir haben innenpolitische Probleme. Wenn die deutsch-polnische Grenzproblematik, die aus der Haltung Polens entstanden ist, zum Standard für den Umgang mit den europäischen Grenzen insgesamt wird, dann wird das sehr unerwünschte Folgen haben. Ein solches Vorgehen ist inakzeptabel und wir sprechen das ganz offen aus.

H.-D. Genscher: Einige Präzisierungen zur Armee des vereinigten Deutschland, die allem Anschein nach die Bezeichnung „Bundeswehr" beibehalten wird. In Wien wird über die Land- und Luftstreitkräfte diskutiert. Für uns ist es eine selbstverständliche Sache, dass in die 370 000 auch die Seestreitkräfte des vereinigten Deutschland einbezogen werden, doch soll diese Einbeziehung kein Präjudiz für die Tagesordnung von „Wien-1" schaffen.

M. S. Gorbačev: Wir müssen uns überlegen, was wir den Journalisten sagen werden. Offenbar sollte man davon ausgehen, dass die hier abgehaltenen Gespräche Teil des „2+4"-Prozesses waren und dass sie der Erörterung von Fragen ge-

[50] Vgl. Vorlage für Kohl vom 17. 7. 1990, Deutsche Einheit, Sonderedition, S. 1367 f.
[51] Aufhebung Art. 23 durch Einigungsvertragsgesetz vom 23. 09. 1990 (Art. 4 des Einigungsvertrags vom 31. 8. 1990), in BGBl. 1990 II, S. 885–1245.

widmet waren, die sich im Zusammenhang mit der Vereinigung Deutschlands im breiten internationalen Kontext ergeben.[52]

* Im November/Dezember 1990 verschärfte sich die innenpolitische Lage in der UdSSR. Eine Unions- bzw. autonome Republik nach der anderen beschloss ihre staatliche Souveränität. In Moldavien, Uzbekistan und Südossetien flammten Nationalitätenkonflikte auf. In Čečenien brachen Unruhen aus. Auf Basis der Gruppen, die sich von der KPdSU abgespalten hatten, begannen sich Parteien der unterschiedlichsten politischen Orientierung zu formieren. Ė. A. Ševardnadze trat demonstrativ von seiner Funktion als Außenminister zurück.[53]

Archiv der Gorbačev-Stiftung. Bestand 1, Verzeichnis 1.

Nr. 105
Gemeinsame Pressekonferenz von Gorbačev und Bundeskanzler Kohl am 16. Juli 1990[1]

Pressekonferenz von M. S. Gorbačev und H. Kohl

16. Juli 1990

In seiner Einleitung sagte H. Kohl:

Diese Pressekonferenz beschließt ein zweitägiges Treffen zwischen Präsident Gorbačev und mir, zwischen den Außen- und Finanzministern beider Länder und auch zwischen unseren Delegationen. Ich denke, das Treffen wird ein neuer Höhepunkt in der Geschichte der deutsch-sowjetischen Beziehungen sein, was Dichte und Intensität unserer Gespräche in Moskau, im Flugzeug und hier in der Heimat von Präsident Gorbačev betrifft. Ich verstehe die Einladung in seine Heimat als eine besondere Geste. Das besondere Klima in den Beziehungen zwischen allen Gesprächsteilnehmern förderte eine weitere Vertiefung des gegenseitigen Vertrauens.

Unsere Gespräche zeichneten sich durch ein Höchstmaß an Offenheit, gegenseitigem Verständnis und persönlicher Sympathie aus. Dies wurde auch durch die Bedingungen begünstigt, in denen wir uns befanden, die herzlichen Begegnungen mit den Bewohnern von Stavropol' und auch mit den Bauern auf dem Getreide-

[52] Gem. dt. Protokoll (wie Anm. 1, S. 1366f.) hier detaillierter Austausch über die Verlautbarungen sowie eine Einladung Kohls für Gorbačev nach Deutschland für 1991. Schließlich spricht Kohl die in der UdSSR lebenden Deutschen an: „In unserem Interesse liege es nicht, dass diese Menschen die Sowjetunion verließen." Hierüber werden Gespräche Schäubles in Moskau vereinbart. Vgl. Dokument Nr. 72, Anm. 31.

[53] Gemeint sind hier vielmehr die Midterm-Wahlen in den USA am 6. 11. 1990.

[1] Ausführungen Gorbačevs in deutscher Sprache auch in Gorbatschow, Das gemeinsame Haus Europa, S. 201–212, die Pressekonferenz ebenfalls in: Europa-Archiv, 45 (1990), S. D 480–D 486. Vgl. Anm. 1 zu Dokument Nr. 102. Zu den acht Punkten v. a. Teltschik, 329 Tage, S. 340f., Kuhrt, Gorbatschow, S. 158; Klein, Es begann, S. 269–286, 305–323 und Kohl, Erinnerungen 1990–1994, S. 177–179. In diesen Überlieferungen sowie in der Erklärung des Bundeskanzlers vor der Bundespressekonferenz in Bonn am 17. 7. 1990 (Bulletin (1990), S. 801–804) weicht die Nummerierung, nicht aber Reihenfolge oder Inhalt von der Vorlage ab.

feld, auf dem wir uns während einer Zwischenlandung des Hubschraubers aufhielten. Jedoch die besondere Bedeutung unserer Begegnung besteht in ihren Ergebnissen. Wir stimmen darin überein, dass es gelungen ist, in den zentralen Fragen einen großen Schritt nach vorn zu tun.

Dieser Erfolg war deshalb möglich, weil beide Seiten wissen: Derzeit vollziehen sich in Europa, in Deutschland und in der Sowjetunion historische Veränderungen, die uns eine besondere Verantwortung auferlegen. Das trifft auf die politischen Aktivitäten in jedem dieser Länder zu, aber auch auf die Entwicklung der Beziehungen zwischen unseren beiden Staaten und auf die Zukunft von ganz Europa. Präsident Gorbačev und ich stimmen darin überein, dass wir diese historische Verantwortung auf uns nehmen müssen. Und wir bemühen uns gemeinsam, ihr gerecht zu werden. Wir verstehen diese Aufgabe in erster Linie als eine besondere Verpflichtung unserer eigenen Generation, die ein bewusster Zeuge des Krieges und seiner Folgen war, aber auch die wichtige und vielleicht einzigartige Chance erhalten hat, die Zukunft unserer Länder und unserer Kontinente unter den Bedingungen von Frieden, Sicherheit und Freiheit zu gestalten.

Präsident Gorbačev und ich verstehen gut, dass die deutsch-sowjetischen Beziehungen besondere Bedeutung für die Zukunft unserer Völker, aber auch für das Schicksal Europas gewinnen. Wir wollen dies zum Ausdruck bringen und haben vereinbart, sogleich nach der Vereinigung Deutschlands einen allumfassenden und grundlegenden bilateralen Vertrag zu schließen, der langfristig und auf der Basis guter Nachbarschaft unsere Beziehungen regeln wird. Dieser Vertrag soll alle Bereiche der Beziehungen umfassen, nicht nur die politischen, sondern auch Fragen der wechselseitigen Sicherheit, der Wirtschaft, Kultur, Wissenschaft und Technik, des Jugendaustauschs und vieles andere. Das Ziel besteht darin, unsere Beziehungen auf eine Grundlage von Stabilität, Berechenbarkeit und Vertrauen, aber auch Zusammenwirken, in unserer gemeinsamen Zukunft zu stellen.

Unsere Gespräche dienten der Klärung wichtiger Fragen, die im Rahmen der Zwei-plus-Vier-Gespräche erörtert werden. Wir haben eine Vereinbarung, die auf dem Treffen der sechs Außenminister im Juni in Berlin entschieden bekräftigt wurde und zwar folgende: Die Zwei-plus-Vier-Gespräche müssen termingerecht abgeschlossen werden, damit ihre Ergebnisse auf dem Treffen der Staats- und Regierungschefs der Länder der KSZE vorliegen, das im November in Paris stattfindet.[2] Ich kann heute mit Genugtuung und in Übereinstimmung mit Präsident Gorbačev Folgendes feststellen:

Erstens, die Vereinigung Deutschlands umfasst die BRD, die DDR und Berlin.

Zweitens, wenn die Vereinigung erfolgt, werden Rechte und Verantwortung der Vier Mächte vollständig außer Kraft gesetzt. Somit erhält das geeinte Deutschland im Moment seiner Vereinigung die volle und uneingeschränkte Souveränität.

Drittens, das vereinigte Deutschland kann in Ausübung seiner uneingeschränkten Souveränität frei und selbständig entscheiden, ob es einem Block beitritt und wenn ja, welchem. Dies entspricht der Schlussakte der KSZE. Zur Verdeutlichung des Standpunktes der Regierung der Bundesrepublik Deutschland habe ich erklärt, dass das vereinigte Deutschland Mitglied des Atlantischen Bündnisses sein

[2] Vgl. Dokument Nr. 68, Anm. 4.

möchte und ich bin überzeugt, dass dies auch der Meinung der Regierung der DDR entspricht.

Viertens, das geeinte Deutschland schließt mit der Sowjetunion einen bilateralen Vertrag über den Abzug der Streitkräfte aus der DDR, der in drei, vier Jahren abgeschlossen sein soll. Gleichzeitig wird mit der Sowjetunion ein Militärvertrag über die Folgen der Einführung der westdeutschen Mark in der DDR für diesen Zeitraum abgeschlossen, d.h. über drei, vier Jahre.

Fünftens, solange die sowjetischen Streitkräfte noch auf dem Territorium der ehemaligen DDR stationiert sind, werden sich die Strukturen der NATO nicht auf diesen Teil Deutschlands erstrecken. Dies wird von vornherein nicht die unverzügliche Anwendung der Artikel 5 und 6 des NATO-Vertrags betreffen. Die Streitkräfte der Bundeswehr, die nicht in die militärische Organisation der NATO integriert sind, das heißt, Einheiten der Territorialverteidigung, können unmittelbar nach der Vereinigung Deutschlands auf dem heutigen Territorium der DDR und Berlins stationiert werden. Die Streitkräfte der drei Westmächte sollten nach unserer Meinung nach der Vereinigung für den gesamten Zeitraum der Anwesenheit sowjetischer Truppen auf dem ehemaligen Territorium der DDR in Berlin bleiben. Die Bundesregierung wird die drei Westmächte darum ersuchen und regelt auf der Grundlage eines Vertrags die Frage der Stationierung ihrer Truppen mit den entsprechenden Regierungen.

Sechstens, die Bundesregierung erklärt sich bereit, bereits während der jetzt laufenden Wiener Gespräche eine Erklärung abzugeben, in der sie sich zur Reduzierung der Streitkräfte des vereinigten Deutschland innerhalb von drei, vier Jahren auf 370000 Mann verpflichtet. Diese Reduzierung soll gleichzeitig mit dem Inkrafttreten des ersten Wiener Abkommens beginnen.[3]

Siebtens, das vereinigte Deutschland verzichtet auf die Herstellung und den Besitz von atomaren, biologischen und chemischen Waffen sowie auf deren Disposition und wird Mitglied des Vertrags über die Nichtverbreitung von Kernwaffen bleiben.

Meine Damen und Herren! Diese gemeinsame Vereinbarung bildet eine sehr gute Ausgangslage, um sich jetzt termingerecht und erfolgreich über die äußeren Aspekte der deutschen Vereinigung im Rahmen der Zwei-plus-Vier-Gespräche zu verständigen. Unmittelbar nach meiner Rückkehr werde ich die erforderlichen Kontakte zur Regierung der DDR aufnehmen und ich bin überzeugt, dass sie unsere Einschätzung teilen wird. Gleichzeitig informieren wir die drei Westmächte über die heutigen Ergebnisse. Der Außenminister der BRD Hans-Dietrich Genscher wird schon morgen bei seinem Treffen in Paris die drei westlichen Außenminister informieren.

Wir, vor allem Kollege Waigel und sein Kollege Sitarjan, haben eingehende Gespräche über weitere Möglichkeiten der wirtschaftlichen und finanziellen Zusammenarbeit im Rahmen sowohl der bilateralen als auch der multilateralen Beziehungen geführt. Dabei möchte ich sagen, dass Präsident Gorbačev auf das wärmste auch der BRD für ihre konstruktive Haltung in der Vergangenheit ge-

[3] Erklärung der Bundesregierung vom 30. 8. 1990 in Wien mit Zustimmung der DDR-Regierung, als Bestandteil des „2+4"-Vertrags vom 12. 9. 1990, Artikel 3 (Dokument Nr. 104, Anm. 11).

dankt hat. Wir sind übereingekommen, unsere Gespräche auf allen Ebenen fortzusetzen und noch stärker zu konkretisieren …

M. S. Gorbačev: Ich mache mir zunutze, dass der Herr Kanzler sehr viel über die gemeinsam geleistete Arbeit und über die Ergebnisse dieses – so glauben wir beide – wichtigen Besuches gesagt hat. Bevor ich zur Bewertung einiger konkreter Fragen übergehe, möchte ich zwei Dinge unterstreichen.

Vor allem glaube ich, dass eine derartige Arbeit über einen so großen Komplex von Fragen die grundlegenden Interessen nicht nur unserer beiden Völker, sondern aller Europäer und der gesamten Weltgemeinschaft berührt. Wir konnten fruchtbar arbeiten, weil wir während der letzten Jahre einen großen Weg in der Entwicklung unserer Beziehungen zurückgelegt haben. Heute kennzeichnen diese Beziehungen ein hohes Niveau des politischen Dialogs, ein bestimmter Grad des Vertrauens und ein intensiver Austausch auf höchster Ebene. Mit dem Herrn Kanzler nutzen wir die verschiedensten Formen – persönliche Begegnungen, Besuche, Telefongespräche und den Austausch von Briefen. Dies ist ein sehr aktiver Dialog.

Fruchtbar und intensiv arbeiten auch unsere außenpolitischen Ressorts mit H.-D. Genscher und Ė. A. Ševardnadze an der Spitze, es sind Vertreter der anderen Ressorts und der Regierungen beider Länder eingebunden.

Die Atmosphäre, die diese Beziehungen kennzeichnet, hat uns erlaubt, in dieser schwierigen Phase tiefgreifender Veränderungen bei der Suche nach Antworten auf die brennendsten Fragen effektiv und im Geiste gegenseitigen Verständnisses zu handeln. Und man muss sagen, wir sind während der letzten Monate weit vorangekommen, insbesondere im Verlaufe dieses Treffens, dem eine intensive Arbeit vorausgegangen war. Dies als Erstes.

Mir scheint, dass wir kaum zu den Vereinbarungen gelangt wären, von denen der Herr Kanzler gesprochen hat, wenn es nicht den jetzigen Kontext geben würde, in dem dieser Arbeitsbesuch des Kanzlers hier erfolgt ist. Ich meine damit, dass in den letzten Monaten zig Treffen auf höchster Ebene stattgefunden haben, in deren Mittelpunkt alle wichtigen Probleme standen, die mit den fundamentalen Veränderungen in der europäischen und in der globalen Politik sowie in den Beziehungen zwischen den Ländern verbunden sind. Wir verlassen eine Epoche der internationalen Beziehungen und treten in eine andere ein. Wie wir denken, wird dies eine Epoche langanhaltenden Friedens werden.

Aber von Bedeutung sind nicht nur die Begegnungen. Wir haben erwartet, dass es in einer solchen Organisation wie der NATO entsprechende Veränderungen geben würde. Im Warschauer Pakt vollziehen sich in dieser Hinsicht Veränderungen. Bekanntlich wurde die Doktrin dieses Militärbündnisses schon früher verändert. Und das letzte Treffen des Warschauer Paktes war im Grunde ein Appell zur Gestaltung neuer Beziehungen, zur Transformation der militärischen in militärpolitische Organisationen und zur Anbahnung direkter Beziehungen untereinander.[4]

Und dann haben wir den Impuls aus London vernommen, wo auf der letzten Sitzung der NATO sehr wichtige positive Schritte getan wurden, die eine Reaktion auf die Herausforderungen der Zeit und auf die Einladungen seitens der Län-

[4] Vgl. Dokument Nr. 95, Anm. 12.

der des Warschauer Paktes und anderer europäischer Staaten darstellten.[5] Ich sage nicht, dass wir allem Beifall spenden, das aus London zu hören war, bei Weitem nicht. Aber dennoch würde ich die beginnende Bewegung als eine historische Wende in der Entwicklung der NATO bezeichnen. Somit betonen wir die Bedeutung des Kontexts unseres jetzigen Treffens mit dem Kanzler.

Wir hoffen, dass das in London Gesagte es ermöglichen wird, zur Abfassung und Bestätigung einer Deklaration zu gelangen, die von beiden Bündnissen verabschiedet wird und große Wirkung auf die europäische und die gesamte globale Politik ausübt.[6] Somit wiederhole ich: Ohne all dieses, worüber ich jetzt gesprochen habe, wäre es für uns gestern und heute schwierig geworden, mit dem Herrn Kanzler effektiv zu arbeiten und das zu erreichen, worüber er bereits gesprochen hat.

Wir haben im Geiste des bekannten deutschen Begriffs „Realpolitik" gehandelt. Realpolitik fordert Rechenschaft über den gesamten äußerst komplizierten Komplex der Veränderungen, die in unserer heutigen Wirklichkeit, auf europäischer Ebene und in der Weltpolitik vor sich gehen. Es läuft ein Prozess der Annäherung. Wir fühlen uns – obgleich verschieden – dennoch als organische Teile der menschlichen Zivilisation, empfinden die wechselseitige Abhängigkeit von den globalen Herausforderungen. Wir müssen gemeinsam handeln, ausgewogen, im Geiste des Realismus und der Verantwortung für das Schicksal der europäischen Völker und der gesamten Weltgemeinschaft. Dies war bei unserem Treffen gegenwärtig.

Ich würde es so ausdrücken: Die Ergebnisse des Treffens führen sowohl die Positionen der BRD als auch jene der Sowjetunion zusammen. Wahrscheinlich hat die westdeutsche Seite „in Reinform" nicht das erhalten, was sie sich erhofft hatte. „In Reinform" haben auch wir nicht das erhalten, was wir uns seinerzeit erhofft hatten. Aber wir waren Realisten, haben die Tendenz der Veränderungen bewertet, haben verglichen, uns ständig in den europäischen Zusammenhang eingefügt und versucht, alle diese Prozesse organisch miteinander zu verbinden. Und obgleich der Besuch des Kanzlers ein Arbeitsbesuch genannt wird, würde ich ihn zu den bedeutendsten Besuchen unserer Zeit zählen.

Das Wichtigste, wie ich bereits bemerkt habe, hat der Kanzler gesagt. Wir gehen davon aus, dass wir durch ein Abschlussdokument völkerrechtlicher Natur zur Beendigung der Rechte und Verantwortung der Vier Mächte gelangen, die aus den entsprechenden völkerrechtlichen Beschlüssen aufgrund der Ergebnisse des Krieges hervorgegangen sind. Das bedeutet, das vereinigte Deutschland erhält die volle Souveränität. Es ist berechtigt, über diese Souveränität zu verfügen und seine Wahl zu treffen. Dies betrifft sowohl die gesellschaftliche Entwicklung als auch die Frage, an welchen Bündnissen es sich beteiligen will, welche Beziehungen es unterhalten will, mit wem es Beziehungen aufnehmen oder erneuern wird. Dies alles sind Merkmale der vollen Souveränität, die der Staat erhält.

Wir haben diesen Teil der Frage ausführlich erörtert. Ich erinnere mich, irgendwann bereits gesagt zu haben, dass – ob wir wollen oder nicht – die Zeit kommen wird, da das vereinigte Deutschland der NATO beitreten wird, wenn die Wahl

[5] Ebd.
[6] Vgl. Dokument Nr. 103, Anm. 14.

seines Volkes so ausfällt. Aber selbst wenn seine Wahl so ausfällt, wird es in bestimmtem Maße und in bestimmten wechselseitigen Verbindungen, die in Rechtsform festgehalten wurden, mit der Sowjetunion und somit mit einem bedeutenden Teil des Warschauer Paktes zusammenarbeiten. Es entsteht irgendetwas Assoziatives. Damit erhebt sich ein wichtiges Problem, das wir sorgfältig und konstruktiv erörtert haben – das Problem des Verbleibs, der Fristen, der Rechtslage, der Bedingungen usw. der Gruppe der Streitkräfte, die wir bereits reduzieren und weiterhin reduzieren werden. Es wurde Klarheit hineingebracht, die wechselseitige Beunruhigung ist ausgeräumt worden. Dies alles darf die Souveränität des vereinigten Deutschland nicht berühren, doch müssen zugleich die Interessen der Sowjetunion berücksichtigt werden.

Auf dem Treffen der „Zwei-plus-Vier" werden wir unsere Überlegungen darüber zum Ausdruck bringen, dass die Strukturen der NATO sich nicht auf das Territorium der ehemaligen DDR erstrecken dürfen.

Es stellt sich die Frage: Und was weiter? Wir rechnen damit, dass nach dem planmäßigen Abzug unserer Truppen innerhalb einer gewissen Frist (wir haben mit dem Kanzler von drei, vier Jahren gesprochen und diese Frage wird natürlich noch überarbeitet und abgewogen werden) auf dem Territorium, das natürlich vollständig der Souveränität des vereinigten Deutschland untersteht – und es wird das Recht haben, dort seine Streitkräfte, die Bundeswehr, zu stationieren – dass auf diesem Territorium jedoch keine Kernwaffen und keine fremden Streitkräfte auftauchen werden. Dies ist eine Voraussetzung zur Aufrechterhaltung des Vertrauens, das sich gebildet hat und der Verantwortung, die in unseren Handlungen einander und den Europäern gegenüber vorhanden ist.

Der Herr Kanzler hat sich seinerzeit für die Notwendigkeit ausgesprochen, zu neuen Beziehungen zwischen der Sowjetunion und dem vereinigten Deutschland zu gelangen und hat diese Idee bei unserem Treffen weiterentwickelt. Derzeit sei es nicht möglich, für das vereinigte Deutschland zu sprechen, da es um Gedanken und Aussagen für die Zukunft gehe. Ich begrüße seine Äußerungen und sein entsprechendes Vorgehen. Warum? Heute ist die BRD unser bedeutendster Partner unter den westlichen Ländern und die DDR unser bedeutendster Partner unter den osteuropäischen Ländern. Unsere Völker müssen begreifen, was auf der neuen Ebene bereits vor sich geht und mit Blick auf die neue Epoche den neuen Charakter und die neuen Impulse der sowjetisch-deutschen Beziehungen durch die entsprechenden völkerrechtlichen Dokumente gestalten und festigen. Dies alles war gestern und heute Gegenstand umfassender Erörterungen. An diesem Teil der Gespräche nahm auch unser Regierungschef N. I. Ryžkov teil. Er hat mit dem Herrn Kanzler vereinbart, dazu Gedanken und wichtige Dokumente auszutauschen.

Somit haben wir, wie Sie sehen, bei diesem Treffen konstruktiv und verantwortungsvoll agiert, in erster Linie gegenüber unseren Völkern, im Interesse unserer Länder und im Geiste der Verantwortung gegenüber der gesamten Welt. Meiner Meinung nach gibt es einiges, was wir unseren künftigen Gesprächspartner sagen können.

Aber jetzt werden der Herrn Kanzler und ich versuchen, auf Ihre Fragen zu antworten.

Korrespondent des sowjetischen Radios: Im vorigen Jahr haben Sie während Ihres Staatsbesuches in Bonn gesagt, dass zwischen den Völkern ein Schlussstrich unter die Kriegsvergangenheit gezogen wird.[7] Wie bewerten Sie das, was in dieser Hinsicht im vergangenen Jahr getan worden ist?

M. S. Gorbačev: Ich habe mich bemüht, gerade darüber in meinen einführenden Worten zu sprechen. Wir wären nicht zu den Ergebnissen gelangt, zu denen wir während des derzeitigen Treffens gelangt sind, wenn wir nicht das gesamte vergangene Jahr und besonders in den letzten Monaten intensiv und konstruktiv zusammengearbeitet hätten. Genau in dieser Beziehung, so glaube ich, gibt es Fortschritte und zwar bedeutende.

Wahrscheinlich meinen Sie auch damit, dass nach meinem Besuch in Bonn große Veränderungen auf deutschem Boden stattgefunden haben. Mir scheint dank all diesem hat sich gerade zu Beginn der bekannten Ereignisse, der stürmischen Prozesse auf deutschem Boden, ein Vorrat an Beständigkeit gebildet. Und dies hat uns geholfen, in dieser schwierigen Zeit verantwortlich und konstruktiv zu handeln. Und dies ist sehr wichtig. Mir scheint, das was jetzt mit dem Herrn Kanzler erreicht worden ist, bestätigt diese Schlussfolgerung.

Westdeutscher Korrespondent: Eine Frage an Präsident Gorbačev und an Kanzler Kohl. Sie haben gestern gemeinsam Stavropoler Bauern besucht und mit ihnen gesprochen. Welche gemeinsamen Aktivitäten auf dem Agrarsektor wurden von der Sowjetunion und Deutschland erörtert und was ist geplant?

Ist in erster Linie geplant, ländliche Familienbetriebe zu unterstützen oder fasst man auch eine Zusammenarbeit mit den Kolchosen und Sowchosen ins Auge? Die Regierung der BRD unterstützt die Verwirklichung des Vorhabens, eine gemeinsame deutsch-sowjetische Landwirtschaftsschule in der Nähe von Moskau zu schaffen. Herr Präsident, welche Erwartungen verbinden Sie mit dieser Schule?

H. Kohl: Vor allem möchte ich anmerken, dass das Problem der Agrarpolitik kein zentrales Thema unserer Diskussionen war. Wir haben über die Entwicklung der bilateralen und multilateralen Wirtschaftsbeziehungen gesprochen. Und wie ich bereits sagte, hat Herr Waigel in Bezug auf eine Intensivierung der Wirtschaftsbeziehungen mit den sowjetischen Kollegen hier große Arbeit geleistet. Im Rahmen des Gesamtkonzepts ist es selbstverständlich möglich, dass wir Aktivitäten auch auf dem von Ihnen genannten Gebiet entwickeln. Aber dies war kein eigenes Thema. Und was den zweiten Teil Ihrer Frage angeht, so ist mir die Tatsache, über die Sie sprechen, leider unbekannt.

M. S. Gorbačev: Es war für uns erfreulich, mit den Bauern zusammenzutreffen und den Geruch der Erde zu atmen, die jetzt reiche Ernte verspricht. Dies hat uns Kraft verliehen. Wir müssen an diese Erde denken, an die Menschen, die die Ernte erzielen, an ihre Zukunft. Dies war eine inspirierende Begegnung. Dies als Erstes.

Zweitens: Der Herr Kanzler hat recht: Fragen der wirtschaftlichen Zusammenarbeit, unter anderem im Agrarbereich und in der Leichtindustrie wurden von Herrn Waigel und Gen. Sitarjan erörtert. Heute, als wir uns im Plenum trafen, hat Sitarjan das Agrarproblem als einen der wichtigen Bereiche der Zusammenarbeit hervorgehoben. Es geht um eine mögliche Zusammenarbeit – insbesondere auf

[7] Dokumente 33–44.

technologischem Gebiet – in der verarbeitenden und in der Nahrungsmittelindustrie. Wenn wir heute alles, was wir anbauen, auch ernten, aufbewahren und verarbeiten könnten, gäbe es mindestens 30% mehr an Lebensmitteln. Hier ist ein Bereich für Investitionen und für die Erfahrungen und Technologien, über die die deutsche Wirtschaft verfügt.

Schließlich haben Sie die Frage angesprochen, wen wir unterstützen werden, wenn wir zusammenarbeiten. Bekanntlich arbeitet der Bauer sowohl in der Kolchose, als auch in der Sowchose, auf der Agrofarm und in der individuellen Landwirtschaft. Eine andere Sache ist, dass er sich verschiedener Formen des Wirtschaftens bedient. Wir sind für eine Gleichberechtigung aller Formen des Eigentums und der wirtschaftlichen Tätigkeit im Agrarsektor: Sollen sie konkurrieren und beweisen, welche von ihnen die effizientere ist. Als der Kanzler und ich vom Hubschrauber aus auf die Felder von Stavropol' blickten, ist der Gedanke aufgekommen: Kaum jemandem kann es in den Sinn kommen, diese Felder zu „zerschneiden" und zu verderben, anstatt darüber nachdenken, wie man hier effizient Düngemittel, neue Technologien und hochproduktive Maschinen nutzen, die Ernte maximal aufbewahren und einbringen kann. Darüber muss man nachdenken.

In die Arbeit der Kolchosbauern kann man Anreize einführen. In Stavropol' sind bereits vor einigen Jahren viele Kolchosen zur wirtschaftlichen Rechnungsführung, zur Rentabilität, sowie zur Pacht übergegangen und schaffen kleine Kooperativen innerhalb der großen, um die gesamte Infrastruktur der großen Kolchosen und Sowchosen zu nutzen. Es wäre eine Dummheit, alles zu zerstören, irgendwelche kleinen Betriebe zu schaffen und dann erneut die Infrastruktur aufzubauen. Von daher werden wir – ausgehend von den Realitäten – zusammenarbeiten. Das ist der sicherste Weg.

APN-Korrespondent: Michail Sergeevič, ein bedeutendes Ergebnis der Gespräche ist ohne Zweifel die Entwicklung großen Vertrauens auf beiden Seiten. Es entsteht offenbar eine neue Situation in Fragen, die mit dem künftigen militärpolitischen Status des vereinigten Deutschlands verbunden sind. Könnten Sie noch etwas detaillierter Ihre Haltung zu dieser kritischen Frage kommentieren und dazu, was dies in Zukunft erfordert, damit das gegenseitige Vertrauen wirklich völlig gerechtfertigt ist?

M. S. Gorbačev: Die derzeitige – ich möchte sagen, komplexe – Haltung in dieser Frage integriert und harmonisiert gewissermaßen die Interessen sowohl des vereinigten Deutschland als auch der Sowjetunion. Insoweit das möglich ist. Ich glaube, wenn jemand Widersprüche in dieser Haltung sucht, dann kann er sie finden. Aber Politik ist die Kunst des Möglichen und im vorliegenden Fall, so scheint mir, gehen wir davon aus, dass das vereinigte Deutschland, nachdem es auf der Grundlage der Aufhebung der Rechte der Vier Mächte seine volle Souveränität erlangt haben wird, im Rahmen eines neu gewählten Parlaments und seiner Regierung über alles nachdenken muss und seine Wahl treffen wird, wo sein Platz sein soll. Wir gestehen allen Völkern das Wahlrecht zu und wir können dies dem großen deutschen Volk in der neuen Existenzphase seines Staates nicht verweigern. Aber wir hoffen darauf, dass die Deutschen, hinter denen die Lehren der Vergangenheit liegen – schwerwiegende, tragische Lehren – in dem einem wie in dem anderen Staat daraus ihre Schlüsse gezogen haben. Sie haben durch ihre gesamte Nachkriegsgeschichte gezeigt, dass sie für die Prozesse der Demokratie offen sind, dass sie zur Umsetzung der Politik beitragen, dass von deutschem Boden nie mehr die Gefahr eines Krieges ausgeht und dass sie bereit sind, mit anderen Völkern zusammenzuarbeiten. Dies ist eine wichtige Voraussetzung. Ohne sie hätte nichts stattfinden können.

Zweitens: Es gibt Aspekte des Übergangs. Ich meine damit die Tatsache, dass auf dem Territorium Deutschlands eine große Gruppe der Streitkräfte steht. Und wir müssen uns dazu realistisch verhalten. Daher unsere feste Einstellung: Die Strukturen der NATO erstrecken sich nicht auf das Territorium der ehemaligen DDR. Darüber hinaus schließen wir einen Vertrag mit dem vereinigten Deutschland über die Bedingungen der Präsenz, der Reduzierung und des stufenweisen Abzugs dieser Streitkräfte innerhalb eines bestimmten Zeitraums. Wir arbeiten zusammen, normalisieren dabei unsere Beziehungen und sind uns dessen bewusst, dass wir in einem gewissen Maße – soweit dies möglich ist – die Ausgaben teilen müssen, um alle Knoten aufzulösen. Seitens unserer Partner sind wir hier auf Verständnis sowohl in politischer wie wirtschaftlicher Hinsicht getroffen.

Ferner haben wir vereinbart, dass es – da wir nun auf gegenseitiger Basis die Idee der Beendigung des Aufenthalts der sowjetischen Truppen realisieren und sämtliche mit dem Abzug verbundenen Fragen lösen werden – auf dem Territorium der ehemaligen DDR, das sich in Zukunft natürlich bereits im souveränen, vereinigten Deutschland unter einer einzigen Regierung befindet, keine Kernwaffen und fremden Streitkräfte geben wird. Dies ist ein wichtiges Element. Ein Vorrücken in diesem Sinne „nach Osten" darf es nicht geben.

Und schließlich die Hauptsache: Lassen Sie uns nicht vergessen, in welcher Zeit wir leben. Zu einer anderen Zeit, glaube ich, wären wir nicht zu einer Vereinbarung gelangt, zu all dem, was sich heute ereignet hat und zur Vereinigung Deutschlands führt. Gleichzeitig entwickeln wir ja den europäischen Prozess und gelangen zu den Wiener Vereinbarungen. Die Führung der BRD hat sich dafür ausgesprochen, dass die künftige Bundeswehr generell fast um die Hälfte reduziert werden soll – auf 42–45% der derzeitigen Gesamtstärke der Armeen der beiden deutschen Staaten. Auch dies zeichnet die verantwortungsvolle Haltung der Führung der BRD aus und ich hoffe, dass dies in die Politik derjenigen umgesetzt wird, die im vereinigten Deutschland wirken werden. Dies ist auch ein sehr wichtiges Element. Und schließlich verändert sich der Charakter der NATO. Es wird eine gemeinsame Erklärung der beiden Bündnisse geben. Sie öffnen sich einander, stellen Kontakte her, schaffen entsprechende Institutionen und es wird auch eine Zusammenarbeit bei der Kontrolle anlaufen. Das bedeutet, wir haben bereits eine völlig andere Lage.

Ich würde sagen, dass dies eine Übergangssituation zu künftigen europäischen Sicherheitsstrukturen ist. Ich denke, dass man die gesamte Komplexität und Dialektik der Prozesse nur so verstehen kann. Unter diesen Bedingungen handeln die Partner aus der BRD und wir verantwortlich und überlegt, respektieren die Interessen und berücksichtigen die Besorgnisse beider Seiten.

Daran, was wir gemeinsam erörtern und entscheiden, zeigt das deutsche Volk ein ungeheures Interesse. Das Interesse des sowjetischen Volkes ist enorm. Die

Menschen verfolgen den Gang der Ereignisse und deshalb ist es besonders wichtig, auf der Höhe der Erfordernisse der Zeit zu sein. Man muss hinzufügen, dass wir eine Wende in unseren Beziehungen mit dem bereits vereinigten Deutschland einleiten möchten, die sowohl den Interessen unserer beiden Völker als auch aller europäischen Völker entspricht. Dies spricht auch dafür, dass wir hier nicht nur an den heutigen, sondern auch an den morgigen Tag denken. In eben diesem Kontext muss man auch die von uns eingenommene Position betrachten, die den gesamten Komplex der hier erörterten Fragen einschließt.

Westdeutscher Korrespondent: Sie haben über die wirtschaftlichen und finanziellen Perspektiven der künftigen deutsch-sowjetischen Zusammenarbeit gesprochen. Könnten Sie, Herr Bundeskanzler, in diesem Zusammenhang ein paar grundlegende Ausrichtungen benennen? Und könnten Sie, Herr Präsident, sagen, ob eine verstärkte Unterstützung auf multilateraler Basis für Sie wünschenswert wäre?

H. Kohl: Wie Sie wissen, wurde dieses Thema in den letzten Wochen sehr intensiv auf einer ganzen Reihe internationaler Konferenzen erörtert, unter anderem beim Gipfeltreffen der Staaten der Europäischen Gemeinschaft in Dublin und vor einigen Tagen auf dem Internationalen Wirtschaftstreffen in Houston. Präsident Gorbačev hat Präsident Bush, der den Vorsitz auf dem Treffen in Houston innehatte, einen Brief geschickt, auf den bereits eine Antwort erfolgt ist.[8]

In nächster Zeit werden zwischen der Sowjetunion und verschiedenen internationalen Organisationen Gespräche, aber auch zahlreiche bilaterale Gespräche stattfinden. Im Zusammenhang damit möchte ich darauf hinweisen, dass Anfang November in Rom das erste Gipfeltreffen der Länder der Europäischen Gemeinschaft unter der Präsidentschaft Italiens stattfinden wird,[9] und bereits in Dublin[10] haben wir vereinbart, dann Referate zu dieser Frage zu hören.

Der entscheidende Umstand besteht darin – und darüber haben wir während unseres Treffens hier viel gesprochen – dass die sowjetische Führung und in erster Linie der Präsident selbst Initiativen in Richtung Marktwirtschaft entwickeln wird.[11] Im Zusammenhang damit scheint es möglich, dass in den nächsten Wochen verschiedene Gespräche geführt werden. Wir haben auch unseren Vorschlag erörtert, jede Expertenhilfe zur Verfügung zu stellen. Und sobald uns ein fertiges Projekt der Reformen vorliegt, werden wir unsere Kräfte sowohl auf bilateraler als auch auf multilateraler Grundlage darauf richten, ein gemeinsames Konzept zu entwickeln und dafür die Möglichkeiten der NATO, der G-7 und aller anderen, die daran interessiert sind, nutzen. Unser, genauer gesagt, mein Ziel besteht darin, Michail Gorbačev und seinem Land in dieser Übergangsperiode die nötige Hilfe zu erweisen.

M. S. Gorbačev: Zu dem, was der Herr Kanzler gesagt hat, möchte ich hinzufügen, dass wir diese Fragen erörtert haben. Es mag scheinen, dass es sich um Einzelaktionen handelt, dass man jemandem einen Rettungsring zuwerfen muss usw. Nein, es handelt sich um weitreichende und groß angelegte Veränderungen, im

[8] Vgl. Dokumente Nr. 95, Anm. 9 und 102, Anm. 11.
[9] Vgl. Dokument Nr. 104, Anm 39.
[10] Vgl. Dokument Nr. 102, Anm 8.
[11] Vgl. Dokument Nr. 104, Anm 41.

Grunde um eine Frage höchster Strategie. Das, was in der Sowjetunion vor sich geht, die Tatsache, dass sie sich infolge der Perestrojka, der revolutionären Umgestaltungen, den Interessen der Menschen den Prinzipien von Demokratie und Freiheit zuwendet und neue Formen des wirtschaftlichen, politischen sowie geistigen Lebens sucht – all dies hat nicht nur interne Bedeutung. Gleichzeitig entwickelt sich die Sowjetunion in Richtung der gesamten globalen Zivilisation. Und dies ist schon nicht mehr nur eine Idee, vieles hat sich in dieser Beziehung verändert. Gerade deshalb begegnen wir uns bereits in einer anderen Atmosphäre, führen tiefe und zukunftsorientierte Gespräche und sind zur Lösung vieler aktueller Fragen gelangt.

Das, was wir in der Sowjetunion tun, ist sehr notwendig dafür, dass in diesem Land, das über gewaltige Möglichkeiten verfügt – einem Land, in dem ein viele Millionen zählendes Volk mit einer jahrhunderte-, jahrtausendealten Kultur lebt – Wege zu einer demokratischen, umfassenden, nach vorne gerichteten und fortschrittlichen Entwicklung gefunden werden. Dafür auch die Perestrojka. Aber kraft dieser globalen Rolle, der gewaltigen Dimensionen des Landes und kraft der Verantwortung, die auf ihm liegt sowie für die allgemeine Sicherheit, wäre es für uns und für die restliche Welt wünschenswert, wenn unsere mächtige Wirtschaft organisch in die weltwirtschaftlichen Verbindungen integriert würde. Dies ist nützlich, zweckmäßig und notwendig für die anderen Länder. Im Augenblick einer tiefgreifenden Wende in unseren Reformen und im Zuge struktureller Verschiebungen entstehen natürlich Spannungen und Schwierigkeiten. Wir gehen jetzt intensiv an die sehr nachhaltigen Veränderungen heran. Es ist erforderlich, sich der Möglichkeiten der internationalen Arbeitsteilung zu bedienen und die finanziellen Ressourcen dafür zu nutzen, den derzeitigen Augenblick zu überstehen, zu bewältigen und durch die schwierigste Phase hindurchzukommen. Wir warten jedoch nicht auf Gnadengeschenke, brauchen keine Almosen. Es geht um für beide Seiten nutzbringende Vereinbarungen und Gespräche. Wir brauchen unter anderem eine bestimmte Fristverlängerung bei der Rückzahlung unserer Kredite zu günstigeren Bedingungen. Dies ist ebenfalls ein Grund, warum das, worüber wir hier gesprochen haben, notwendig und wichtig ist.

Wir stellen diese Fragen direkt und offen, als Fragen der großen Politik, die alle betreffen. Der Kanzler und ich haben in dieser Hinsicht auch ganz offen gesagt: Diese Zusammenarbeit entspricht den Interessen nicht nur unserer beiden Länder, sondern auch den Interessen ganz Europas und der gesamten Weltwirtschaft.

Regionalfernsehen Stavropol': Michail Sergeevič, wir sind sehr froh, Sie auf heimatlichem Boden zu sehen, wo man Sie gut kennt und Ihnen vertraut. Ich möchte fragen, was Sie empfunden haben, als Sie Heimaterde betraten?

M. S. Gorbačev: Meines Erachtens befinde ich mich in der Lage jenes berühmten antiken Helden, der, sobald er mit der Heimaterde in Berührung kommt, neue Kräfte erhält.

„Süddeutsche Zeitung", München: Ich habe zwei Fragen: eine an den Herrn Bundeskanzler, die andere an den Herrn Präsidenten.

Herr Bundeskanzler, die Sowjetunion unter Gorbačev hat den Deutschen die volle Souveränität gewährt. Es geht um eine neue Epoche, um neue Sicherheitsstrukturen in Europa, und ich stelle mir schon die morgigen Überschriften einiger westlicher Zeitungen vor, in der Art: „Größte Wirtschaftsmacht Europas für engere Zusammenarbeit mit der Supermacht UdSSR". Wie könnten Sie die mit dem Begriff „Rapallo" verbundenen Befürchtungen zerstreuen?[12]

Und die Frage an den Präsidenten. Herr Gorbačev, in welchem Umfang haben Sie das Problem der Sowjetdeutschen erörtert und wie beabsichtigen Sie, die in Bezug auf diese nationale Gruppe begangene Ungerechtigkeit zu korrigieren, wenn Sie ihnen kein autonomes Territorium zur Verfügung zu stellen?[13]

H. Kohl: Was den ersten Teil Ihrer Frage angeht, so bin ich natürlich nicht imstande, irgendjemanden an der Abfassung törichter Kommentare zu hindern. Aber diejenigen, die eine Vorstellung von der Geschichte haben, wissen, dass ein Vergleich mit Rapallo absolut unangebracht ist. Damals bestand eine völlig andere historische Situation und dies ist am einfachsten zu verstehen, wenn man die Sowjetunion vom Anfang der 20er Jahre mit der Sowjetunion des Jahres 1990 vergleicht. Eine solche Parallele ist einfach in jeder Hinsicht falsch.

Aber es gibt einen wichtigeren Aspekt dieser Frage. Das vereinigte Deutschland – und namentlich von diesem Deutschland ist die Rede – wird als Mitglied der NATO und der Europäischen Gemeinschaft nach meiner tiefen Überzeugung und unter einer gesamtdeutschen Regierung einen Kurs verfolgen, der gemäß einer gemeinsamen Vereinbarung bis zum 31. Dezember 1992 zur Schaffung eines großen gesamteuropäischen Marktes und einer Europäischen Gemeinschaft mit einer Bevölkerung von 336 Millionen Menschen führen wird. Auf dem Gipfeltreffen der EG Ende dieses Jahres in Rom ist die Durchführung zweier Regierungskonferenzen geplant: die eine zu Fragen einer Wirtschafts- und Währungsunion der Europäischen Gemeinschaft, die andere – allgemein formuliert – zur Schaffung der staatlichen Einheit Europas.

Dies bedeutet, dass das vereinigte Deutschland einen Weg einschlägt, der nicht neben der westlichen Gemeinschaft verläuft, sondern zu einem integralen Bestandteil dieser westlichen Gemeinschaft wird. Das ist die eine Seite. Außerdem glaube ich nicht, dass das, was Präsident Gorbačev und ich im vergangenen Jahr in Bonn und besonders hier erörtert haben und das, was wir im Blick haben, wenn wir von diesem zukunftsweisenden Vertrag sprechen, irgendetwas enthalten könnte, das gegen dritte Länder gerichtet wäre. Im Gegenteil, alle Europäer wünschen leidenschaftlich, dass die Deutschen und die Sowjetunion gute Beziehungen, friedliche Beziehungen unterhalten. Wenn die Beziehungen zwischen den Deutschen und der Sowjetunion gut sind, wenn sie sich intensiv entwickeln, und wenn sie bessere Kapitel in der Geschichte ihrer Beziehungen hervorbringen – und wir haben nicht wenige solcher Kapitel – dann werden wir alle Nutzen daraus ziehen.

Die geopolitische Lage Deutschlands ist die Voraussetzung für unsere Position im Zentrum Europas. In Zeiten der Kriege verliefen durch unser Land die Wege der Kriegszüge von Ost nach West, von West nach Ost. Aber gleichzeitig sind wir, wenn Sie so wollen, „eine Brücke der Ideen und Überzeugungen". Die deutsche Kultur ist ohne diese Befruchtung nicht denkbar. Nehmen Sie die Mathematik, die

[12] Vgl. Dokument Nr. 17, Anm 27.
[13] Vgl. Dokument Nr. 72, Anm 31.

Philosophie, die Malerei – ich könnte viele Beispiele anführen. Und das, was uns, den Präsidenten und mich, und unsere beiden Delegationen bei diesen Gesprächen antreibt, ist das Bestreben, diese Kapitel fortzusetzen. Wie ich schon am Beginn meiner Erklärung gesagt habe, in den Vieraugengesprächen haben wir lange darüber gesprochen, welche große Verantwortung wir gegenüber der Generation der heutigen Kinder haben.

Wir waren 14/15 Jahre, als der Krieg endete. Und wir fühlen uns verantwortlich dafür, diese harte Erfahrung zu nutzen, sie auf den Dienst am Guten zu lenken und ein neues vernünftiges Kapitel in unserer Geschichte zu beginnen. Es bleiben noch zehn Jahre bis zum Ende dieses Jahrhunderts; warum sollten wir nicht am Ende dieses Jahrhunderts Lehren aus einigen Fehlern ziehen? Dies ist eigentlich auch die Formel, die unabdingbar ist. Sie bedroht niemanden, sie kommt allen zugute. In erster Linie natürlich den deutschen und den sowjetischen Menschen.

M. S. Gorbačev: Sie haben eine sehr wichtige Frage aufgeworfen. Ich begrüße die ausführliche Antwort von Herrn Kohl und möchte meinerseits Folgendes sagen: Nachdem wir in Stavropol' Kränze an der Ewigen Flamme niedergelegt hatten, hatten Helmut Kohl und ich eine kurze, aber sehr einprägsame Begegnung mit Kriegsveteranen. Das waren Menschen mit Entschlusskraft, unter ihnen waren Helden der Sowjetunion. Das ist, was wir von ihnen hörten: Die generelle Lehre besteht darin, dass wir alles tun müssen, damit unsere Völker zusammenarbeiten, dass unsere Beziehungen freundschaftlich sind, dass wir Partner sind und dass sich etwas Derartiges nie mehr wiederholt. Das ist der Auftrag der Menschen, die durch alle Erfahrungen dieses furchtbaren Krieges gegangen sind, in den uns der Hitlerismus gestürzt hat und der unsere Völker bis auf den Grund erschüttert hat. Der Herr Kanzler hat in den letzten Jahren, besonders in den letzten Monaten stets das Thema Zusammenarbeit und Entwicklung der Beziehungen zwischen unseren Völkern angesprochen und tritt für eine neue Dimension der Zusammenarbeit ein, nicht nur im Bereich der Wirtschaft und des Handels, sondern auch im Bereich der menschlichen Kontakte, des Jugendaustauschs, der Verbindungen mit Wissenschaftlern und Literaten. Ich sehe dahinter eine Verantwortung für die Zukunft der Beziehungen zwischen unseren Völkern, die der Kanzler zum Ausdruck bringt. Und dies ruft bei uns, den sowjetischen Menschen, Verständnis hervor und Genugtuung bei mir persönlich, als dem Führer des Staates.

Ich muss noch einmal unterstreichen, dass der jetzige Besuch und die geführten Gespräche durchdrungen waren von dem Verständnis für die Notwendigkeit, dass sich vor unseren Völkern eine neue, bessere Zukunft auftut. Wir haben die Lektionen dessen, was wir durchlebt haben, gelernt. Und es ist sehr wichtig, dass die Entwicklung unserer jetzigen Beziehungen mit Deutschland in Verknüpfung mit dem europäischen Prozess verläuft. Sie sehen auch, dass die „Zwei-plus-Vier"-Formel funktioniert, an der sechs Staaten beteiligt sind. Und am europäischen Prozess beteiligen sich die Vertreter aller Staaten unseres Kontinents plus USA und Kanada. Von daher kann man nicht sagen, dass wir irgendwelche Geheimnisse zwischen Bonn und dem Kreml aushecken, die potentielle Gefahren für die Europäer und andere Völker in sich bergen. Sie und wir arbeiten jetzt mit allen zusammen und wollen gemeinsam eine neue Zukunft bauen – gerade jenes neue Europa, jene neuen Beziehungen, die für alle von Nutzen wären und dauerhafte

Sicherheit in Europa gewährleisten würden. Und das ist ein zentraler Punkt der Weltpolitik und ein Kernpunkt der Sicherheit in der ganzen Welt.

Was die Frage des Schicksals der Sowjetdeutschen angeht, so haben wir sie im Vieraugengespräch angesprochen. Ich begrüße ihre ruhige, realistische Behandlung. Das Problem existiert. Es ist im Blickfeld unserer höchsten Organe, des Obersten Sowjets der UdSSR. Wir wollen, dass es eine Lösung unter Berücksichtigung der Interessen aller sowjetischen Menschen findet. Übrigens muss ich sagen, dass gegenüber den Wolgadeutschen, den Sowjetdeutschen, wo immer sie auch leben und arbeiten mögen, im Lande eine respektvolle Haltung existiert. Aber es gibt Probleme, die in einer bestimmten Zeit entstanden sind, und ihnen darf man nicht aus dem Wege gehen. Wir möchten auf Grundlage der Initiative der sowjetischen Menschen selbst zu ihrer Lösung gelangen. Und derartige Initiativen tauchen bereits auf. Wir sympathisieren mit diesen Initiativen und werden gemeinsam nachdenken, wie wir zu einer ruhigen, respektvollen und für alle befriedigenden Lösung gelangen. Hier muss es bei uns, so hoffe ich, Verständnis dafür geben, dass wir alle an einer gerechten Lösung interessiert sind.

BRD-Fernsehen: Herr Bundeskanzler und Herr Präsident, gibt es noch Auffassungsunterschiede zwischen Ihnen in der Frage des Status des vereinigten Deutschland im Rahmen der NATO? Sie haben soeben gesagt, dass sich nach Abzug der sowjetischen Truppen die Strukturen der NATO auf den übrigen Teil Deutschlands erstrecken werden, während Präsident Gorbačev entschieden erklärt hat, dass sich auf diesem Territorium keine ausländischen Streitkräfte und Atomwaffen befinden dürfen. Könnten Sie dies erläutern und auch, wie Sie sich in der Zukunft die atomare Bewaffnung Deutschlands insgesamt vorstellen?

H. Kohl: Was den ersten Teil Ihrer Frage betrifft, so gibt es keinerlei Widerspruch. Wir haben vereinbart, dass das vereinigte Deutschland während des Verbleibs sowjetischer Streitkräfte auf dem Territorium der jetzigen DDR dort keine NATO-Formationen der gesamtdeutschen Bundeswehr stationieren wird; dort werden sich nur Territorialeinheiten befinden und dass später, nach Abzug der sowjetischen Streitkräfte, dort selbstverständlich beliebige Formationen der gesamtdeutschen Bundeswehr stationiert sein können. Dies ist eine Frage der souveränen Entscheidung der Deutschen. Eine andere Sache ist, dass ich davon ausgehe, dass auch die gesamtdeutsche Bundeswehr auf dem Territorium der DDR keine Kernwaffen stationieren wird. Außerdem sind wir übereingekommen, dass nach Abzug der sowjetischen Truppen auf diesem Territorium keine nichtdeutschen Einheiten stationiert werden.

Westdeutscher Korrespondent: Herr Präsident, wenn ich den Bundeskanzler richtig verstanden habe, verfügen die sowjetischen Truppen und die Truppen der Verbündeten, die sich zur Zeit und für eine Übergangsfrist in Berlin befinden, über keine Rechte, die die Souveränität Deutschlands berühren oder beeinträchtigen würden. Wie würden Sie dann den Status der sowjetischen Truppen charakterisieren? Was sind sie, Gäste?

H. Kohl: Herr Präsident, ich denke, ich sollte als Erster auf diese Frage antworten. Möglicherweise habe ich nicht ausreichend klar erläutert, dass wir bei voller Souveränität davon ausgehen, dass das vereinigte Deutschland Verträge über das Verbleiben von Streitkräften in Berlin schließt. Dies betrifft sowohl sowjetische, als auch amerikanische, französische und englische Einheiten. Wir haben uns auch darauf geeinigt, dass die Stärke dieser Verbände in keinem Fall über das jetzige Niveau hinausgehen wird und möglicherweise sogar geringer sein wird. Das bedeutet, es handelt sich aus Sicht des Völkerrechts um einen normalen Prozess: Das souveräne Deutschland schließt diese Verträge.[14]

M. S. Gorbačev: Wenn Unklarheiten entstehen, möchte ich etwas ergänzen. Mit der Beendigung der Rechte und Verantung der Vier Mächte entsteht die volle Souveränität des vereinigten Deutschland. Doch im Zusammenhang damit wird bereits der erste – allumfassende – Vertrag einen Hinweis darauf enthalten, dass zwischen den Regierungen der Sowjetunion und dem vereinigten Deutschland ein gesonderter Vertrag über den Aufenthalt und den Rechtsstatus der Gruppe der sowjetischen Streitkräfte im vereinigten Deutschland abgeschlossen wird. Und schließlich gibt es Fragen, die mit dem Übergang auf einen neuen Zahlungsverkehr im Kontext der Veränderungen im Währungsbereich zusammenhängen. Deshalb wird noch ein weiterer Vertrag geschlossen, der sich namentlich auf dieses Feld bezieht. Somit wird dies alles auf der Grundlage zweier Verträge zwischen dem vereinigten Deutschland und der Regierung der Sowjetunion geregelt. Ich denke, dass wir keine Situation zulassen können, in der sich die Gruppe der sowjetischen Streitkräfte im vereinigten Deutschland in einem Schwebezustand befinden würde. Das ist eine sehr wichtige Frage; gut, dass Sie sie gestellt haben.

Allunionsradio, Programm „Majak": Wie Sie gesagt haben, Michail Sergeevič, und wie Herr Kohl gesagt hat, werden die Beziehungen zwischen der UdSSR und der BRD durch die Vertiefung der menschlichen Verbindungen charakterisiert. Wie schätzen Sie den menschlichen Faktor in den internationalen Beziehungen ein?

M. S. Gorbačev: In der Politik gibt es sehr viele wesentliche Elemente, wichtige Bestandteile. Mir scheint, damit eine Politik erfolgreich sein kann, muss sie mit der Wissenschaft zusammenarbeiten. Und die Politik, auch wenn dies paradox erscheinen mag – aber ich sehe darin einen Imperativ der Zeit – muss sich mehr und mehr auf normale „moralische" Grundlagen stützen. Ich sehe ein neues Element – das ist die Demokratisierung der Außenpolitik: Sie ist schon nicht mehr nur die Angelegenheit einzelner Politiker, sondern auch breiter Kreise der Öffentlichkeit.

Schließlich, unter Bedingungen, da wir vor der Lösung entscheidender Aufgaben stehen – im Grunde vor dem Übergang zu einer neuen Phase der internationaler Beziehungen – wächst besonders die Bedeutung der Zusammenarbeit und der persönlichen Beziehungen zwischen den Politikern und des persönlichen gegenseitigen Vertrauens. Das ist ein sehr wichtiger Faktor. Von diesem Standpunkt aus muss ich anmerken, dass meine Beziehungen mit Kanzler Kohl Fortschritte machen und dies ist eines der wichtigen Elemente, das die Lösung großer Probleme zwischen uns begünstigt hat. Das Gleiche kann man über die Beziehungen zwischen unseren Ministern sagen, zwischen Herrn Genscher und Herrn Ševard-

[14] Vgl. das Gesetz über Inkraftsetzung von Vereinbarungen betr. den befristeten Aufenthalt von Streitkräften der Französischen Republik, der UdSSR, des Vereinigten Königreich Großbritannien und Nordirland und der Vereinigten Staaten von Amerika in Berlin und von sowjetischen Streitkräften auf dem Gebiet der DDR vom 24. 9. 1990 mit Notenwechsel vom 25. 9. 1990, in: BGBl. 1990 II, S. 1246–1255.

nadze und zwischen mir und Herrn Genscher, über die Beziehungen zwischen Herrn Ševardnadze und Herrn Kohl und den anderen Vertretern der BRD. Ich messe dem persönlichen Faktor große Bedeutung bei, hier bildet sich das notwendige Maß an Vertrauen, und Vertrauen ist die allerbeste Umgebung, in der man zu Durchbrüchen in den internationalen Beziehungen gelangen kann.

H. Kohl: Ich möchte mich dem Gesagten anschließen. Man kann Probleme nicht nur aufgrund persönlicher Beziehungen beseitigen. Aber es ist eine völlig andere Sache, wenn man die Sprache des Partners versteht, wenn Vertrauen existiert, wenn man von der einfachen Lebenspraxis ausgehen kann, bei der man den anderen nicht einer Sache verdächtigt, dessen er einen selbst nicht verdächtigen darf. Wenn dies als Arbeitsprinzip genommen wird, und wenn darüber hinaus ein Sinn für Humor und ähnliche Interessen vorhanden sind, dann finde ich dies sehr positiv. Ich finde es sehr erfreulich und möchte dies hier unterstreichen, dass wir in den letzten Jahren zu derart persönlichen Beziehungen gekommen sind, die selbst bei Verschiedenheit der Meinungen – was übrigens unvermeidlich ist – nicht nur das Leben erleichtern, sondern es auch erleichtern, Lösungen zu finden.

„Frankfurter Rundschau“: Herr Bundeskanzler, welche Bedeutung messen Sie dem geplanten bilateralen Vertrag bei, und welche Verträge können daraus in Zukunft hervorgehen?

H. Kohl: Dies soll ein allumfassender Vertrag sein und wir beabsichtigen, bald damit zu beginnen, intensiv daran zu arbeiten. Ich habe bereits die grundlegenden Bereiche dieses Vertrags genannt. Der Präsident und ich sind uns dessen bewusst, dass unser Ziel darin bestehen muss, diesen Vertrag allerspätestens in einem Jahr abzuschließen.

M. S. Gorbačev: Nun, wir nähern uns dem Ende unserer Zusammenkunft. Ich danke dem Herrn Kanzler für diese Pressekonferenz. Sie hat unsere gemeinsame Arbeit in diesen Tagen beendet. Ich möchte auf die Einladung des Herrn Kanzlers, Deutschland und seine Heimat zu besuchen, auf menschliche Weise reagieren. Ich denke, das wird zustandekommen. Danke, meine Damen und Herren, Genossen.

Pravda, 18. 7. 1990.

Nr. 106

Telefonat Gorbačevs mit US-Präsident Bush am 17. Juli 1990[1]

Aus dem Telefongespräch zwischen M. S. Gorbačev und G. Bush

17. Juli 1990

G. Bush: Ich beglückwünsche Sie zu den Ergebnissen des Besuchs des Kanzlers der BRD Kohl in Ihrem Lande.[2] Ich habe soeben mit ihm telefoniert, und er ist sehr zufrieden mit den Ergebnissen des Treffens.[3] Meiner Meinung nach werden

[1] Vgl. Bush/Scowcroft, A world, S. 297.
[2] Dokumente Nr. 102–105.
[3] Telefonat Kohls mit Bush am 17. 7. 1990, in: Deutsche Einheit, Sonderedition, S. 1371–1374.

sich die erzielten Vereinbarungen wohltuend auf die Beziehungen der UdSSR mit Deutschland und den USA, aber auch auf die Beziehungen aller westlichen Länder mit der Sowjetunion auswirken. Wir freuen uns über Ihre Erklärung zum Recht des vereinigten Deutschland, die Wahl bezüglich seiner Mitgliedschaft in den Bündnissen selbst zu treffen. Dies zeugt von großer staatsmännischer Weisheit Ihrerseits.

Insgesamt rufen die Ergebnisse dieses Treffens bei uns Genugtuung hervor. Ich hoffe, dass in den vor uns liegenden Monaten ein ähnlicher Fortschritt sowohl bei den Gesprächen über die Reduzierung der konventionellen Waffen in Europa als auch bei den Gesprächen über die Reduzierung der strategischen Kernwaffen erzielt wird.

Der eigentliche Zweck dieses Gesprächs ist, Sie kurz über die Ergebnisse des Treffens der G-7 in Houston zu informieren. Später werde ich Ihnen eine schriftliche Botschaft zu diesem Thema schicken.[4]

Wie Sie offenbar aus dem Kommuniqué des Treffens und auch dadurch wissen, was Ihnen Kanzler Kohl berichtet hat, haben wir alle unsere Bereitschaft betont, der Sowjetunion zu helfen …

Jetzt dazu, was die NATO betrifft. Ich weiß, dass Sie bereits meine Botschaft zu diesem Thema erhalten haben. Bei uns ruft die Bewertung Befriedigung hervor, die Sie und Minister Ševardnadze jenen Maßnahmen gegeben haben, die auf der Sitzung des Nordatlantikrats in London vereinbart wurden.[5] Ich erinnere mich, wie Sie während Ihres Besuchs in den USA sagten, man werde aufmerksam den Verlauf der Sitzung in London verfolgen.[6] Wir haben den Weg einer Umgestaltung des Nordatlantischen Bündnisses eingeschlagen, und somit öffnet sich jetzt eine Ära der Zusammenarbeit zwischen Ost und West. Ich hoffe, dass die Ergebnisse des Treffens in der Sowjetunion in genau dieser Weise aufgenommen worden sind.

Wir haben uns auch bemüht, jenen Besorgnissen Rechnung zu tragen, die Sie in den Gesprächen mit mir und mit anderen angesprochen haben. Wir haben dies auf die folgende Weise getan:

- wir haben den Mitgliedstaaten der Organisation des Warschauer Paktes vorgeschlagen, eine gemeinsame Nichtangriffserklärung zu verabschieden;
- wir haben Sie eingeladen, nach Brüssel zu kommen und im Nordatlantikrat zu sprechen;
- wir haben vereinbart, die NATO für die Aufnahme regulärer diplomatischer Beziehungen mit der UdSSR und anderen Staaten Osteuropas zu öffnen;
- wir haben den aufrichtigen Vorschlag gemacht, Zusicherungen bezüglich der Stärke der Streitkräfte des künftigen vereinigten Deutschland zu geben (wie ich verstehe, haben Sie diese Frage mit Kanzler Kohl erörtert);

[4] Vgl. den Brief Bushs an Kohl vom 20. 7. 1990 sowie die Vorlage für Kohl vom 23. 7. 1990, Deutsche Einheit, Sonderedition, S. 1404, 1405.

[5] Zu den sowjetischen Reaktionen Zelikow/Rice, Sternstunde, S. 453 f., die Information Bushs über den Gipfel an Gorbačev vom 7. 7. 1990 ebd., S. 444 f. Vgl. zur Londoner Erklärung und zur Erklärung der 22 Staaten Dokumente Nr. 95, Anm. 21 und 103, Anm. 14.

[6] Dokument Nr. 96.

- auf militärischem Gebiet haben wir eine radikale Veränderung in unserer Haltung gegenüber den konventionellen wie auch den nuklearen Waffen angekündigt;
- wir haben vorgeschlagen, den Prozess der KSZE zu erweitern und die Schaffung neuer Organisationsstrukturen, in deren Rahmen die UdSSR am Prozess der Erneuerung Europas teilnehmen könnte, vorzusehen;
- wir haben versucht, in dem verabschiedeten Dokument die Akzente so zu setzen, dass auf unsere Bemühungen verwiesen wird, ein Europa zu haben, in dem sich keine Macht isoliert fühlt. Sie wissen, dass ich die NATO als einen stabilisierenden Faktor betrachte, insbesondere wenn sich das vereinigte Deutschland nicht in der Isolation befindet und vollberechtigtes Mitglied dieser Organisation wird …

M. S. Gorbačev: In meinen Gesprächen mit dem Kanzler ist es uns gelungen, unsere Positionen anzunähern. Im Wesentlichen berücksichtigen die Ergebnisse des Treffens unsere allgemeinen Interessen, die Interessen Deutschlands, unsere und Ihre Interessen. Ich möchte sagen, dass es schwierig gewesen wäre, ohne Washington, ohne Camp David, ohne das Gipfeltreffen des Nordatlantischen Bündnisses und die Londoner Erklärung, ohne unsere und Ihre Anstrengungen und die Anstrengungen unserer Außenhandelsorganisationen, zu einer Annäherung der Standpunkte zu gelangen. Aber dank der Verantwortlichkeit und der Berücksichtigung der gegenseitigen Interessen sind wir zu rundum positiven Ergebnissen gelangt.

Ich hoffe, dass Ševardnadze und Baker konkreter und fachbezogen darüber sprechen werden, wie auch darüber, worüber ich mit Ihnen jetzt gesprochen habe, ebenso über einzelne konkrete Fragen, die sich nicht für ein Telefongespräch eignen. Ich glaube, wenn diese Vereinbarungen erfüllt werden, wird das positive Ergebnisse zeitigen.

Ich stimme darin mit Ihnen überein, dass ein solcher Verlauf des Prozesses uns erlaubt, auf eine erfolgreiche Entwicklung der Gespräche in Wien[7] und der Arbeit zum ganzen Komplex der gesamteuropäischen Fragen zu hoffen.

Abschließend möchte ich sagen, dass unser Gespräch mich in meiner Überzeugung bestärkt, dass sich die Zusammenarbeit zwischen uns festigen wird.

G. Bush: Lassen Sie uns diese Art Meinungsaustausch fortsetzen.

In unseren Mitteilungen für die Presse könnte man sagen, dass wir im Verlaufe dieses Gesprächs eine konstruktive Erörterung der Ergebnisse des Treffens in Houston und des Gipfeltreffens des Nordatlantischen Bündnisses vorgenommen haben.

M. S. Gorbačev: Ja, ich denke, so werden wir es sagen. Und hinsichtlich dieser Themen ebenfalls. [sic!]

Archiv der Gorbačev-Stiftung. Bestand 1, Verzeichnis 1.

[7] Zum KSE-Vertrag vgl. Dokument Nr. 61, Anm. 10.

Nr. 107
Schreiben Ševardnadzes an Gorbačev vom 25. Juli 1990 mit dem Entwurf eines Briefs an Bundeskanzler Kohl zum Entwurf des sowjetisch-deutschen Partnerschaftsvertrags[1]

Memorandum von Ė. A. Ševardnadze für M. S. Gorbačev über den Entwurf eines sowjetisch-deutschen Vertrags unter Beifügung eines Entwurfs für einen Brief M. S. Gorbačevs an H. Kohl

25. Juli 1990

Michail Sergeevič,

wir legen den Entwurf eines sowjetisch-deutschen Vertrags über Partnerschaft, gute Nachbarschaft und Zusammenarbeit vor. Darin werden jene Überlegungen berücksichtigt, die Kohl Ihnen in dem Gespräch in Moskau am 15. Juli übergeben hat, mit kleineren Ergänzungen.

Es wäre zweckmäßig, Kohl diesen fertigen Entwurf über den sowjetischen Botschafter in Bonn mit Ihrem Schreiben zu übermitteln, in dem Sie sich für einen möglichst raschen Beginn der Verhandlungen aussprechen, möglichst noch vor dem Treffen der „Sechs“ in Moskau, wo allem Anschein nach sämtliche äußeren Aspekte der deutschen Vereinigung im Wesentlichen entschieden sein müssen.

Außerdem ist es wichtig, das gegenseitige Verständnis zu stärken für die Notwendigkeit einer möglichst raschen Ausarbeitung des Vertrags über die Fristen und Bedingungen des Aufenthalts unserer Truppen in Deutschland in Verbindung mit einem Abkommen über die finanziellen Fragen, sowie auch für die Notwendigkeit der Erneuerung des langfristigen Vertrags über die wirtschaftliche, industrielle und wissenschaftlich-technische Zusammenarbeit mit Deutschland.[2]

Ševardnadze

Begleitschreiben zum Entwurf eines sowjetisch-deutschen Vertrags von M. S. Gorbačev an H. Kohl*

Verehrter Herr Bundeskanzler!

In Fortführung unserer Gespräche übersende ich Ihnen den ergänzten Entwurf eines sowjetisch-deutschen Vertrags über Partnerschaft, gute Nachbarschaft und Zusammenarbeit. Darin sind jene Überlegungen berücksichtigt, die Sie uns während unserer Gespräche in Moskau am 15. Juli übergeben haben.

Ein Vergleich der Überlegungen, die beide Seiten ausgetauscht haben, zeigt, dass wir relativ nahe beieinander liegen. Dies gibt uns die Zuversicht, dass es uns gelingen wird, in knapper Frist und in der gleichen sachlichen Atmosphäre, in der die Fragen während unserer Treffen in Moskau und im nördlichen Kaukasus geklärt wurden, zu einer Vereinbarung zu gelangen. Es ist wohl unnötig, zu erwäh-

[1] Vgl. hierzu den Eintrag in Černjaev, Sovmestnyj ischod, S. 866, unter dem 29. 7. 1990 (nicht in Tschernjaew, Mein deutsches Tagebuch): „Gestern schrieb er [Gorbačev] den Text des Vertrags mit Deutschland nach [dem Besuch von] Kvicinskij und Falin um.“

[2] Vgl. Dokumente Nr. 102, Anm. 25 und Nr. 104, Anm. 35.

nen, dass für uns aus zahlreichen Erwägungen heraus diejenigen Bestimmungen des Vertrags wichtig sind, die die Fragen der Sicherheit regeln, aber auch die, die die realen Voraussetzungen für eine bevorzugte Entwicklung der Wirtschaftsbeziehungen zwischen der UdSSR und Deutschland schaffen. Ich denke, dass sie auch für Ihre Seite wichtig sind, da es sich um eine neue Qualität der Beziehungen handelt.

Da der Vertrag über Partnerschaft, Zusammenarbeit und gute Nachbarschaft den wichtigsten Bestandteil der gesamten Regelungen bildet, die im Zusammenhang mit der deutschen Vereinigung ins Auge gefasst werden, wäre es gut, wenn man noch vor dem Moskauer Treffen der „Sechs“[3] über seinen Inhalt Übereinstimmung erzielen würde, und danach die gegenseitige Verständigung, wie vereinbart, durch Briefwechsel festigt. Dies würde eine Beschleunigung der Arbeit in jeder Hinsicht begünstigen.

Ich möchte Sie bitten, Ihre Vorstellungen in diesem Zusammenhang über unseren Botschafter in Bonn zu übermitteln. Wir sind bereit, die Abstimmung in Bonn oder Moskau – je nach Ihrer Wahl – vorzunehmen.

Wie vereinbart, gehe ich davon aus, dass bezüglich der Fristen und Bedingungen für den weiteren Verbleib unserer Truppen in Deutschland ein gesonderter Vertrag operativ ausgearbeitet und unterzeichnet wird. Er wird intern mit einem Abkommen zur Regelung der Fragen, die sich aus der Herstellung der finanziellen und wirtschaftlichen Einheit Deutschlands ergeben, einschließlich der materiellen und finanziellen Seite des Aufenthalts unserer Streitkräfte, verbunden sein.[4] Es ist wichtig, einen Meinungsaustausch zu diesem Fragenkomplex zu beginnen, selbstverständlich unter Einbeziehung der DDR, um im Laufe der nächsten Monate volle Klarheit zu haben.

Es wird richtig sein, auch die Abfassung eines erneuerten langfristigen Vertrags über die wirtschaftliche, industrielle und wissenschaftlich-technische Zusammenarbeit nicht auf die lange Bank zu schieben.[5]

Mit Vergnügen erinnere ich mich an unsere Gespräche. Großes ist für die Zukunft der sowjetisch-deutschen Beziehungen, für den Bau eines neuen Europa getan worden.

Von der Zusammenarbeit und dem gegenseitigen Verständnis zwischen unseren Ländern hing immer schon vieles ab. Das gilt umso mehr in der derzeitigen Etappe eines wirklichen Umbruchs.

Mit freundschaftlichem Gruß
M. Gorbačev

* Der Brief wurde nach dem 25. Juli 1990 abgeschickt.[6]

Archiv der Gorbačev-Stiftung. Bestand 2, Verzeichnis 1.

[3] Am 12. 9. 1990.
[4] Wie Anm. 2.
[5] Wie Anm. 2.
[6] In Deutsche Einheit, Sonderedition, nicht enthalten.

Nr. 108
Gespräch Gorbačevs mit dem italienischen Ministerpräsidenten Andreotti am 26. Juli 1990 [Auszug][1]

Aus dem Gespräch M. S. Gorbačevs mit G. Andreotti

Moskau, 26. Juli 1990

M. S. Gorbačev: In Europa entwickelt sich vieles so, wie wir es vorhergesehen haben. Offen gesagt, uns war bereits damals bewusst, dass wir mit diesen Prozessen in Europa konfrontiert würden, vor allem mit den mit der Vereinigung Deutschlands verbundenen, die eine große Dynamik erlangen würden.

Es war außerordentlich wichtig, dies – ungeachtet aller Schwierigkeiten – zu kanalisieren. Ich glaube nicht, dass uns alles so gelungen ist, wie wir es wollten, aber die Hauptsache ist, dass bei allen Europäern – sowohl bei Mitterand, als auch bei Thatcher und natürlich auch bei uns beiden – diese Einsicht bestehen bleibt. In der derzeitigen Lage gibt uns das die Möglichkeit, die Ereignisse irgendwie „im Zaum zu halten".

Natürlich befindet sich Herr Kohl in einem gewissen Zustand der Euphorie. Aber dies ist nur ein Teil seiner Haltung. Es gibt noch einen anderen Teil: den Umstand, dass ihm die US-Administration große Avancen gemacht hat. Ich habe das während meines Treffens mit ihm und in Camp David gespürt.[2] Unsere Partner in Washington sind ständig besorgt darüber, dass jemand, so meinen sie, sich anschickt, sie vom europäischen Kontinent zu verdrängen. Wie ich bereits im Verlaufe früherer Gespräche mit Ihnen gesagt habe, wissen wir, dass dies eine unrealistische Politik wäre. Im Laufe meines jüngsten Besuchs in den USA habe ich darüber auch mit den amerikanischen Führern gesprochen und sogar öffentlich erklärt, dass wir die amerikanische Präsenz auf unserem Kontinent – selbst die militärische – als Faktor der Sicherheit ansehen. Diese Formulierung hat sie derart überrascht, dass sie sogar zurückfragten, ob sie korrekt übersetzt worden sei. Ich antwortete: ja, korrekt. Ich formuliere diesen Gedanken absichtlich so markant, damit er richtig verstanden wird. Ich kann mir nicht vorstellen, dass der gesamteuropäische Prozess vorankommen könnte, wenn die USA sich durch irgendetwas eingeengt fühlen würden, aber sie haben trotzdem dieses Gefühl. Sie stehen den Integrationsprozessen in Westeuropa misstrauisch gegenüber. Im Zusammenhang damit versuchen sie die Prozesse der Vereinigung Deutschlands „voranzupeitschen" in der Annahme, dass besondere Beziehungen mit Deutschland ihnen die erforderlichen Einwirkungsmechanismen ermöglichen.

Zusammenfassend kann man sagen, dass bei uns allen eine Beunruhigung besteht. Das ist der Normalzustand von Politikern. Ich erinnere mich, wie viel Zeit Sie und ich der Analyse dessen gewidmet haben, wie der gesamteuropäische Prozess voranzubringen ist, wie man zu neuen europäischen Sicherheitsstrukturen und zur Schaffung eines gesamteuropäischen wirtschaftlichen, rechtlichen und

[1] Vgl. Gorbatschow, Erinnerungen, S. 750f. Kurze Erwähnung in Černjaev, Sovmestnyj ischod, S. 866 unter dem 29. 7. 1990 (entspricht im Wesentlichen ders., 1991 god, S. 39; nicht in Tschernjaew, Mein deutsches Tagebuch); Tschernjaew, Die letzten Jahre, S. 312.

[2] Dokumente Nr. 96, 102–105.

kulturellen Raumes gelangt. All dieses muss man im Zusammenhang sehen, deshalb ist die Beunruhigung gleichzeitig auch ein Zeichen der Verantwortlichkeit.

Man muss sagen, dass sich bei Herrn Kohl mehr Realismus eingestellt hat. Und obwohl er es wie früher eilig hat, muss er der Lage Rechnung tragen. Er selbst hat mir gegenüber ständig ein und dasselbe wiederholt: Er treibe die Ereignisse nicht mehr voran, als er von den sich in der DDR entwickelnden Prozessen getrieben werde. Wenn man, so sagt er, im Währungs- und Finanzbereich keinerlei Maßnahmen unternehme, werde der Strom der Deutschen in den Westteil Deutschlands anwachsen. Ganze Landstriche würden in Zukunft verwaist sein. Was sei danach zu tun? Bevölkerung in diese Gebiete transportieren? Er hat behauptet, dass ein Zerfall der Wirtschaft beginnen werde. Und Sie und ich konnten erkennen, dass nach dem Übergang zum Zahlungsverkehr in D-Mark in der DDR Beunruhigung über das Schicksal der Unternehmen und hinsichtlich der Beschäftigung um sich zu greifen begann.

Aber die Zeit bringt neue Probleme und Aufgaben hervor. Bestimmt wird die Frage nach der Integration des vereinigten Deutschland in den europäischen Markt aufkommen. Ich glaube, dass wir alle uns nach Möglichkeit bemühen müssen, diese Entwicklung mit dem gesamteuropäischen Prozess zu verbinden und die Frage nach der Transformation der NATO und des Warschauer Paktes sowie nach der Übergangszeit stellen sollten. In diesem Zusammenhang stellt sich die Frage nach dem Verbleib unserer Truppen auf dem Territorium der DDR für eine gewisse Zeit, nach der Stärke der Bundeswehr und nach dem Zusammenhang dieses Problems mit den Wiener Verhandlungen – mit Wien-1 und in Zukunft Wien-2 – und mit dem Gipfeltreffen aller Europäer unter Teilnahme der USA und Kanadas. Ich denke, es ist sehr wichtig, dass es uns gelungen ist, diesen Zusammenhang bisher nicht auseinanderzureißen.

Ich sage offen, es wäre bei dem Treffen mit Kohl schwierig gewesen, zu dem Paket der erzielten Abkommen zu gelangen, wenn es nicht drei oder sogar vier Elemente gegeben hätte:

Erstens, aus Dublin kamen vonseiten der EG und dann aus London von der NATO sehr ernste Signale.[3] Ohne die Tatsache, dass alles miteinander verbunden ist, wäre es uns sehr schwer gefallen, eine neue Position zu entwickeln. Ich sage nicht, dass wir mit allem, was dort gesagt wurde, einverstanden sind. Aber die Hauptsache ist: Es begann sich etwas zu bewegen.

Zweitens, wir spüren ein Verständnis für die Verantwortung seitens Deutschlands, eine Bereitschaft, die zwischen uns und der BRD sowie der DDR entstandenen Beziehungen so zu begreifen, dass sie eine Fortsetzung erfahren. Die sowjetische öffentliche Meinung begegnet dem mit großer Emotionalität: Es besteht eine große psychologische Verletzlichkeit.

Drittens, wir versuchen, den neuen Prozess, der mit der Vereinigung Deutschlands verbunden ist, mit dem gesamteuropäischen Prozess in Einklang zu bringen.

Und noch Eines: Große Bedeutung hat die Tatsache, dass die Europäer in Houston erklärt haben, die Perestrojka stark zu unterstützen, obgleich mir auch

[3] Vgl. Dokumente Nr. 95, Anm. 21 und 102, Anm. 8.

alle jähen Wendungen bekannt sind, die dort bei der Erörterung erfolgt sind.[4] Für unsere Gesellschaft ist dies wichtig, und es ist leichter für uns voranzukommen, zu einer Übereinstimmung und einer Annäherung der Positionen zu gelangen. Es war notwendig zu reagieren und das wichtige Positivum zu bewahren, das wir durch gemeinsame Anstrengungen in der globalen und in der europäischen Politik geschaffen haben. Dieses Positivum wiegt viele einzelne Fragen und Probleme auf. Dies ist es, was Zusammenarbeit und Verständnis in der globalen Politik bedeuten. Offen gesagt, ohne diese intensiven Treffen, die Verhandlungen und Diskussionen, die wir mit unseren Partnern geführt haben, wäre es schwierig geworden, mit der neuen Lage fertig zu werden. Ausgehend von all dem betrachte ich auch unsere heutige Begegnung als eine Möglichkeit, die derzeitige Lage zu erörtern, in die nächste Zukunft zu blicken und „die Uhren zu vergleichen".

G. Andreotti: Das deutsche Problem. Wir verstehen die psychologischen Schwierigkeiten, die Sie überwinden mussten, sehr gut. Vor einigen Jahren entwickelte sich eine aktive Polemik im Zusammenhang mit meiner Äußerung, dass zwei Deutschland existierten und dass diese beiden Deutschland in der momentanen Situation weiter erhalten bleiben müssten.[5] In der neuen politischen Lage gibt es auch eine bestimmte neue Logik. Sie erfordert, dass die Akzente sehr genau gesetzt werden. Das geeinte, stärkere Deutschland wird keine Besorgnisse hervorrufen, wenn es in die europäische Gemeinschaft, in eine stark umgewandelte NATO und in den gesamteuropäischen Prozess fest eingebunden wird, der sich aktiv weiter entwickeln muss.

Mein persönlicher Standpunkt ist, dass der Sprung der Sowjetunion in der wirtschaftlichen Entwicklung den gemeinsamen Interessen der europäischen Staaten entspricht und genau damit den Ausgleich der Lage fördert. Wir haben mit großer Genugtuung den Realismus und die Phantasie bemerkt, die Sie bei der Behandlung dieser Fragen gegenüber den Deutschen gezeigt haben. Die Idee einer Übergangszeit, während der auf dem Territorium der jetzigen DDR sowjetische Truppen verbleiben – dies ist eine geniale Formel, die es gestattet, abrupten Veränderungen auszuweichen, und sie schafft die Zeit, die Tätigkeit der NATO zu überprüfen, was zu einer grundlegenden Veränderung der Lage in Europa führen sollte.

M. S. Gorbačev: Ich habe davon gesprochen, dass es nötig ist, das vereinigte Deutschland für eine gewisse Zeit „an zwei Anker" zu legen. Damit entsteht eine neue Situation.

G. Andreotti: Dies ist eine sehr genaue politische, juristische und diplomatische Formel. In der Europäischen Gemeinschaft haben wir mit großer Aufmerksamkeit die deutschen Angelegenheiten verfolgt, die sich mit größerem Tempo entwickelt haben, als Helmut Kohl angenommen hatte. Vielleicht hat hier das

[4] Vgl. Dokumente Nr. 95, Anm. 9 und 102, Anm. 11.

[5] Lt. Presseagenturen sprach sich Andreotti auf einer Podiumsdiskussion anlässlich einer Festveranstaltung der kommunistischen Tageszeitung L'Unità am 13. 9. 1984 für gute deutsch-deutsche Beziehungen aus, fügte aber hinzu: „Es muss aber klar sein, dass man in dieser Richtung nicht übertreiben sollte; das heißt, man muss anerkennen, dass der Pangermanismus überwunden werden muss. Es gibt zwei deutsche Staaten, und zwei müssen es bleiben." Zu deutschen Reaktionen und italienischer Schadensbegrenzung insgesamt vgl. Gian Enrico Rusconi, Deutschland – Italien. Italien – Deutschland, Paderborn 2006, S. 254–257, Zitat S. 254. Daneben die Zeit vom 21. 9. 1984, Lieber zweimal Deutschland als einmal; Achromeev/Kornienko, Glazami, S. 258.

Fernsehen eine Rolle gespielt. Als die Menschen die Kundgebungen mit Tausenden von Teilnehmern in Dresden und Leipzig sahen,[6] hat dies dem Volk die Gewissheit suggeriert, dass es die Entwicklung der Ereignisse selbst beschleunigen kann.

M. S. Gorbačev: Genau so ist es, wir können dies aus eigener Erfahrung bestätigen.

G. Andreotti: Ich möchte die Aufmerksamkeit auch auf folgenden Aspekt der Frage lenken: Wir vertreten in der Europäischen Gemeinschaft die Vorstellung, dass eine festere Einbeziehung Deutschlands in die verschiedenen Institutionen – EG, NATO, gesamteuropäischer Prozess – es auch erlaubt, die „demokratische Reinheit" Deutschlands zu bewahren. Übrigens, zu dem Treffen in Dublin haben wir de Maizière mit der Absicht eingeladen, zu zeigen, dass wir die Sache nicht so behandeln als ob Deutschland bereits vereinigte wäre.

Bei einem Teil unserer öffentlichen Meinung, vor allem bei den Intellektuellen, bestand nicht wenig Besorgnis im Zusammenhang mit der deutschen Vereinigung. Aber ich muss sagen, dass die letzten Abkommen, die Sie abschließen konnten, diese Besorgnisse größtenteils beseitigt haben. [...].

Archiv der Gorbačev-Stiftung. Bestand 1, Verzeichnis 1.

Nr. 109
Gespräch Gorbačevs mit dem französischen Außenminister Dumas am 25. August 1990 [Auszug][1]

Aus dem Gespräch M. S. Gorbačevs mit R. Dumas

25. August 1990

M. S. Gorbačev: Ich bin sehr zufrieden, dass Sie in dieser Zeit zu uns gekommen sind. Dies unterstreicht noch einmal den besonderen Charakter unserer Beziehungen. Ich hoffe, dass es Ihnen gelingen wird, gemeinsam mit Ševardnadze eine Lösung der noch offenen Probleme zu finden. Es wäre nützlich, wenn Sie mit ihm darüber nachdächten, wie die sowjetisch-französischen Beziehungen aussehen werden, was ihre Rolle sein soll. Wie Sie wissen, führen wir mit den Deutschen Gespräche in einer ganzen Reihe von Bereichen, die den gesamten Komplex unserer gegenseitigen Beziehungen betreffen. Sie haben ebenfalls ein reiches Potential an Beziehungen mit der BRD. Man muss diese Potentiale nutzen. Offensichtlich entsteht ein ganzes System, das sich auf solche verlässlichen Grundlagen stützt. Im Interesse der Errichtung eines neuen Europa ist zu gewährleisten, dass sie miteinander verbunden werden ...

[6] Vgl. Dokument Nr. 45, Anm. 6–7.

[1] Vgl. die Zusammenfassung in Černjaev, Sovmestnyj ischod, S. 869 unter dem 26. 8. 1990, identisch mit Tschernjaew, Mein deutsches Tagebuch, S. 271 (entspricht im Wesentlichen ders., 1991 god, S. 43); Tschernjaew, Die letzten Jahre, S. 315f.

R. Dumas: Ich wollte gerade die Deutschlandfrage ansprechen. Ich bin froh, dass wir die Möglichkeit haben, dieses Problem gemeinsam zu erörtern. Wir sollten es auch künftig besprechen. Es hat sowohl historische Wurzeln als auch neue Aspekte. Ich meine jetzt nicht die historischen Besonderheiten, die sich auf die fünf Jahrzehnte zurückliegende Geschichte beziehen.

M. S. Gorbačev: Quantität wandelt sich in Qualität.

R. Dumas: Wenn man von der Gegenwart spricht, so beteiligt sich Deutschland heute aktiv an der Integration im Rahmen der Europäischen Gemeinschaften. Dies ist das Element, das wir gemeinsam mit Ihnen erörtern müssen. Zurzeit erlebt Deutschland eine Vereinigungseuphorie. Aber die Deutschen werden bald mit einer schwierigen Zeit konfrontiert werden. Wir sehen dies am Beispiel der DDR. Sie werden politische, wirtschaftliche und psychologische Probleme haben.

M. S. Gorbačev: Sie haben recht.

R. Dumas: Aber man darf die deutsche Dynamik nicht unterschätzen. In den kommenden drei bis fünf Jahren, wenn sie ihre zahlreichen Probleme lösen, muss man ihnen die Zeit lassen, über die künftige Organisation Europas gründlich nachzudenken.

M. S. Gorbačev: Aber es ist nötig, dass sie nicht nur nachdenken, sondern auch irgendwelche Schritte unternehmen.

R. Dumas: Ja, ich habe mich vorsichtiger ausgedrückt.

Hinsichtlich des Nutzens der sowjetisch-französischen Zusammenarbeit stelle ich fest, dass die UdSSR und Frankreich rechtzeitig ihre Aufmerksamkeit auf zwei Probleme gerichtet haben, ohne eine Frist von fünf Jahren abzuwarten. Ich denke dabei an die Frage der Grenzen, aber auch an die Veränderung des militärpolitischen Status, der noch vom Zweiten Weltkrieg herrührt. Ich glaube, dass wir hier mit Ihnen gut zusammengearbeitet haben. Ich möchte gern, dass es mir mit meinem Freund Ėduard [Ševardnadze] gelingt, diesen Prozess in Moskau abzuschließen. Man kann sagen, dass kein anderes Land diese Problematik besser kennt als wir, und niemand stärker als wir an der Lösung dieser Fragen interessiert ist.

Ich erinnere mich, wie die Amerikaner in der Anfangsphase über den einheitlichen Markt, der sich am Horizont des Jahres 1992 abzeichnete, erschrocken waren. Deshalb haben sie begonnen, Deutschland sehr energisch zur Vereinigung hinzudrängen und die ist rascher gekommen als nötig.

Wie der Umgang mit den Amerikanern zeigt, geben sie kurzfristig stets dem Pragmatismus den Vorzug. Im Ergebnis werden sie bald in der Europapolitik Schwierigkeiten haben. Dabei bin ich jedoch überzeugt, dass es ohne eine Zusammenarbeit mit den Amerikanern im europäischen Bereich keine Fortschritte auf allen anderen Feldern der Weltpolitik geben wird. Die Amerikaner müssen noch über vieles nachdenken und vieles verarbeiten.

Die USA haben schließlich begriffen, dass Europa für sich alleine handeln kann. Dies ist in Houston besonders klar geworden.[2]

M. S. Gorbačev: Sie müssen diese Phase durchleben. Es geht um das Auftauchen neuer Zentren.

Archiv der Gorbačev-Stiftung. Bestand 1, Verzeichnis 1.

[2] Vgl. Dokumente Nr. 95, Anm. 9 und 102, Anm. 11.

Nr. 110
Telefonat Gorbačevs mit Bundeskanzler Kohl am 7. September 1990[1]

Telefongespräch M. S. Gorbačevs mit H. Kohl

7. September 1990

M. S. Gorbačev: Guten Tag, Herr Kanzler!

H. Kohl: Es freut mich, Sie zu begrüßen, Herr Präsident. Soweit ich es beurteilen kann, haben Sie sich seit unserer letzten Begegnung unverändert die für Sie charakteristische Stimmung eines Menschen bewahrt, der mit Überzeugung seinen kämpferischen Weg geht.

M. S. Gorbačev: Danke. Was Veränderungen angeht, so glaube ich, dass wir beide ein Alter erreicht haben, wo es spät ist, seine Überzeugungen zu ändern. Aber natürlich muss man dort, wo es erforderlich ist, die Taktik ändern, die man wählt, um die gestellten Aufgaben zu erfüllen.

H. Kohl: So ist es. Wenn Sie gestatten, komme ich auf unsere Begegnungen in Moskau und Archyz zurück und möchte bemerken, dass sie für mich eine sehr große Bedeutung hatten, nicht nur in politischer, sondern auch in persönlicher Hinsicht.[2]

M. S. Gorbačev: Ich stimme Ihnen zu, dies war das bisher bedeutendste Gespräch zwischen uns. Die uns bei unserem Dialog gestellten Aufgaben haben eine riesige Bedeutung und sind mit sehr großer Verantwortung verbunden.

H. Kohl: Aber auch mit entsprechenden Chancen.

M. S. Gorbačev: Völlig richtig. Und man muss alles tun, um sie in vollem Umfange zu nutzen.

H. Kohl: Unbedingt. In diesem Zusammenhang gestatten Sie mir einige Fragen.

M. S. Gorbačev: Gut, ich höre zu.

H. Kohl: In erster Linie möchte ich hervorheben, dass alles, was wir in Moskau und Archyz vereinbart haben, verbindlich ist und gilt. So bin ich sehr zufrieden mit der Arbeit zur Koordinierung des „großen Vertrags", wie dieses Dokument in Archyz bezeichnet worden ist. Und wenn dies auch Ihrem Wunsch entspricht, könnten wir diesen Vertrag nach der Wiedervereinigung, das heißt nach dem 3. Oktober, noch im laufenden Jahr unterzeichnen.[3]

M. S. Gorbačev: Im Großen und Ganzen teile ich Ihre Einschätzung. Die Sache macht in diesem sehr wichtigen Bereich Fortschritte.

H. Kohl: Ich glaube, wir haben in dieser Beziehung eine gemeinsame Sprache gefunden. Was den Vertrag über die Bedingungen des Verbleibs und Abzugs der sowjetischen Streitkräfte angeht, so laufen die Verhandlungen, und ich denke, dass wir auch hier mit einem baldigen Abschluss rechnen können.[4]

M. S. Gorbačev: Wie man mir berichtet, läuft hier nicht alles glatt.

[1] Zusammengefasst in von Plato, Vereinigung, S. 395f. Dt. Protokoll in Deutsche Einheit, Sonderedition, S. 1527–1530. Vgl. Kohl, Erinnerungen 1990–1994, S. 211–213; Diekmann/Reuth, Helmut Kohl, S. 466–468; Kuhn, Gorbatschow, S. 164; Tschernjaew, Die letzten Jahre, S. 312.

[2] Dokumente Nr. 102–105.

[3] Vgl. Dokument Nr. 102, Anm. 5.

[4] Vgl. Dokument Nr. 102, Anm. 25.

H. Kohl: Gerade die damit verbundenen Fragen wollte ich mit Ihnen besprechen. Ein grundlegendes Problem bildet das Abkommen über die wirtschaftlichen Übergangsmaßnahmen;[5] hier liegt das Problem bei den Ausgaben. Und hier kann man vier Positionen hervorheben: Ausgaben für den Bau von Wohnungen für die Armeeangehörigen in der UdSSR, Ausgaben für den Unterhalt der sowjetischen Truppen in der Zeit bis zu ihrem Abzug, Kosten für die Umschulung (aber dieser Aspekt ist nicht wichtig, weil es sich um keine sehr große Summe handelt) und eine in letzter Zeit neu aufgetretene Position: Rücktransportkosten.

Wie ich gesagt habe, möchten wir der sowjetischen Seite beim Bau von Wohnungen für die Armeeangehörigen der Gruppe der Streitkräfte, die aus Deutschland abgezogen wird, behilflich sein. Meine Meinung dazu ist unverändert. Aber hinsichtlich der Details treten Probleme auf. Wir würden es für richtig halten, den Bau von Wohnungen für die in die UdSSR zurückkehrenden Armeeangehörigen gemeinsam mit sowjetischen Organisationen vorzunehmen. Wir sind bereit, eine bestimmte Summe, Material und alles, was für die Lösung dieser Aufgabe erforderlich ist, zur Verfügung zu stellen. Aber die Verwirklichung dieses Planes wird kaum möglich sein, wenn von sowjetischer Seite keine verantwortlichen Personen benannt werden, die praktisch über diktatorische Vollmachten verfügen, um vor Ort alle aufkommenden Fragen zu entscheiden.

Und, Herr Präsident, für mich erhebt sich die Frage: Wäre es nicht vernünftiger, nachdem wir über die Summe Einverständnis erzielt haben, zur Erörterung der Einzelheiten der Umsetzung dieses Projekts unsere Vertreter zusammenzurufen, die für die Lösung aller Detailfragen wirklich kompetent sind?

Und da wir beide an einem Erfolg in diesem Bereich interessiert sind, möchte ich insgesamt anmerken, dass wir diesen Erfolg nur dann erreichen können, wenn die gesamte Arbeit an dem Projekt mit generalstabsmäßiger Exaktheit organisiert wird.

M. S. Gorbačev: Ich möchte den politischen Aspekt dieser Problematik hervorheben: es ist sehr wichtig, alle Fragen in ihrer Gesamtheit zu lösen. Das ist ein prinzipieller Punkt. Wir sind zu sehr bedeutenden historischen Entscheidungen gelangt, und ich hoffe, dass der Herr Kanzler dabei mitwirken wird, auch in den praktischen Fragen Lösungen zu finden; denn dies ist außerordentlich wichtig, um die Atmosphäre zu erhalten, dank derer die jetzt laufenden Prozesse möglich geworden sind. Die derzeit zu erörternden Fragen praktischer Natur sind nicht so umfangreich wie die Vereinigung Deutschlands. Ich betone auch, dass wir keine Erbsenzähler sind, nicht feilschen und dass alle Berechnungen, die wir vorlegen, einer Überprüfung unterliegen. Die Deutschen können gut rechnen, und warum sollten wir nicht gemeinsam die Richtigkeit dieser Kalkulationen prüfen? Und nach Festlegung einer adäquaten Summe wäre es wahrscheinlich zweckmäßig, so wie Sie vorgeschlagen haben, ein Forum zu bilden, in dessen Rahmen eine Abstimmung der Details vorgenommen werden könnte. Aber in diesem Stadium ist politischer Wille zur ordnungsgemäßen Klärung des gesamten Fragenkomplexes im Zusammenhang mit der deutschen Regelung unerlässlich.

[5] Zum „Überleitungsvertrag" vgl. Vorlage für Teltschik vom 3. 9. 1990 über die deutsch-sowjetischen Verhandlungen am 31. 8./1. 9. 1990, in: Deutsche Einheit, Sonderedition, S. 1518–1520.

H. Kohl: Ein solcher Wille existiert, wie Sie wissen; ich habe ihn bewiesen. Ich möchte auch darüber sprechen, dass bereits bis Ende des Jahres, nachdem Ihr Reformpaket fertig sein wird, die Bundesrepublik nicht nur ihrerseits, sondern auch gemeinsam mit ihren Verbündeten Möglichkeiten zur Unterstützung der Reformen in der UdSSR hinsichtlich der finanziellen Dimension prüfen wird.

Natürlich prüfen wir die finanziellen Fragen sehr genau. Wir wissen, wie politisch wichtig die Lösung des Problems ist, die in die UdSSR zurückkehrenden Armeeangehörigen mit Wohnungen zu versorgen. Aber ich würde vorschlagen, vorläufig die Berechnungen beider Seiten beiseite zu lassen, zunächst eine pauschale Summe festzulegen und danach die Frage zu entscheiden, wie sie aufzuteilen ist. Natürlich ist es in erster Linie eine Sache der sowjetischen Seite, die Prioritäten bei der Verwendung der zu verteilenden Mittel zu bestimmen – Wohnungsbau oder Unterhalt der Streitkräfte. Uns erscheint eine Gesamtsumme von acht Milliarden Mark als realistisch. Und wie mir scheint, wäre es das Beste, den Schwerpunkt auf den Wohnungsbau zu legen.

M. S. Gorbačev: Ich muss sagen, dass die von Ihnen genannte Zahl uns in eine Sackgasse führt. Allein die Ausgaben für den Wohnungsbau mit der erforderlichen Infrastruktur – Kindergärten, Schulen, Polikliniken – betragen 11 Milliarden Mark. Aber es gibt noch andere Summen: die Kosten für den Unterhalt der Truppen und die Ausgaben für ihren Abzug. Wie soll man in diesem Kontext auf die vorgeschlagene Summe von acht Milliarden Mark reagieren? Diese Zahl unterminiert buchstäblich die gesamte von uns geleistete Arbeit und diese wurde doch in einer Atmosphäre guten gegenseitigen Verständnisses und Vertrauens durchgeführt.

Ihre Spezialisten schätzen die Kosten für die Integration der DDR in die neuen Strukturen auf 500 Milliarden Mark und gehen dabei von einem Zeitraum von zehn Jahren aus, das heißt 50 Milliarden Mark pro Jahr. Das bedeutet, dass bei einer Verkürzung des Zeitraums die jährlich bereitgestellte Summe noch weiter wächst. Aber wir dürfen nicht nur von der DDR sprechen, weil alle Bestandteile dieses Prozesses miteinander verbunden sind. Ich wiederhole mich, unsere Berechnungen wurden offen durchgeführt. Ich betone, dass die Summe, von der die Rede ist, auf einen Zeitraum von vier Jahren verteilt, so groß nicht ist.

Dank guten Willens und gegenseitigen Verständnisses ist es möglich geworden, Einvernehmen über ein Abschlussdokument zu erzielen, das die Vereinigung Deutschlands regelt. Dabei wurde beschlossen, dass die praktischen Fragen, die mit dem Verbleib und dem Abzug der Streitkräfte verknüpft sind, nicht in das politische Dokument eingehen, sondern Gegenstand eines selbständigen Dokuments bilden werden. Und jetzt, da dank dieses Dokuments der Weg frei ist für ein politisches Dokument, lassen sich die Fragen nicht lösen, die in einem organischen Zusammenhang mit diesem Dokument stehen und ausschlaggebende Bedeutung für das Schicksal unserer Truppen haben. Was nun? Zieht das nicht die Atmosphäre des Vertrauens und guten Willens in Zweifel, die diesen gesamten Prozess möglich gemacht hat?

H. Kohl: Das glaube ich nicht. Wir beide sind guten Willens. Ich zweifle nicht daran, dass ein Weg zu einer Lösung gefunden wird. Aber ich möchte anmerken, dass die Summen, die jetzt von sowjetischer Seite genannt werden, bedeutend höher sind als jene, über die früher gesprochen wurde. So haben wir über den Bau von Wohnungen gesprochen, aber jetzt taucht auch noch die Frage der Bereitstellung von Infrastruktur auf und dies ist ein völlig neuer Aspekt.

Ich sage offen, dass auch unsere Seite im Zusammenhang mit den verschiedenen, ganz beträchtlichen finanziellen Belastungen, die für uns in letzter Zeit entstanden sind, ihre Probleme hat. Und trotzdem glaube ich, dass diese Fragen lösbar sind. Ich denke, wir beide sollten in nächster Zeit noch einmal die bestehenden Möglichkeiten abwägen und schon jetzt vereinbaren, wann wir erneut unsere Meinungen austauschen könnten. Vielleicht könnte ich Sie am Montag sehr früh am Morgen anrufen?[6]

M. S. Gorbačev: Zu dieser Zeit werde ich noch in Finnland sein.[7]

H. Kohl: Ich wäre bereit, Sie auch in Finnland anzurufen.

M. S. Gorbačev: Am Montag komme ich nach Moskau zurück und werde nicht später als um 14 Uhr Moskauer Zeit hier sein.

H. Kohl: Wenn es Ihnen recht ist, könnten wir um 14:30 mitteleuropäischer Zeit miteinander sprechen.

M. S. Gorbačev: Gut. Ich möchte noch einmal anmerken, dass ich über die Lage, wie sich derzeit gestaltet, sehr besorgt bin.

H. Kohl: Ich stimme Ihnen zu. Wir müssen uns anstrengen, um eine Lösung zu finden.

M. S. Gorbačev: Am 12. September findet in Moskau das Treffen der Außenminister der „Sechs“ statt. Welche Direktiven soll ich dem Außenminister der UdSSR geben? Die Lage ist sehr besorgniserregend. Es sieht so aus, als seien wir in eine politische Falle geraten.

H. Kohl: Überhaupt nicht. Sie wissen, dass ich eine derartige Entwicklung unseres Dialogs nicht will.

M. S. Gorbačev: Aber es gibt Realitäten.

H. Kohl: Ja, und wir werden über die Realitäten sprechen. Aber Realitäten gibt es auf beiden Seiten. Und uns beiden obliegt es, an einer Lösung zu arbeiten.

M. S. Gorbačev: Das ist eine sehr wichtige Frage. Davon, wie wir diesen Knoten lösen, hängt sehr viel ab.

H. Kohl: Wir werden ihn bestimmt lösen. Gestatten Sie mir jetzt, eine andere Frage anzusprechen. Unsere Vertreter führen heute in Moskau Gespräche über die Lieferung von Fleisch und anderen Produkten, darunter Zigaretten. Ich glaube, beide Seiten haben vernünftige Vorschläge gemacht. Es geht um eine Summe von insgesamt fast 600 Millionen Mark. Wir haben den Eindruck, dass sich die Gesprächspositionen angenähert haben und dass unser Vorschlag für die sowjetische Seite von Interesse ist. Aber auf unserer Seite entsteht ein Zeitproblem. Es geht nämlich um die Lieferung von Waren aus der DDR. Derzeit können wir diese Problematik noch frei erörtern. Aber nach dem 3. Oktober entstehen Schwierigkeiten im Zusammenhang mit den Verpflichtungen und Normen, die in der EG und im GATT gelten.* Als Regierung der Bundesrepublik können wir der

[6] Dokument Nr. 113.

[7] Gipfeltreffen in Helsinki mit Bush am 9. 9. 1990 zur Diskussion der Kuwait-Krise, s. Dokument Nr. 111 sowie die Gemeinsame Erklärung Bushs und Gorbačevs vom 9. 9. 1990, in: Blätter für deutsche und internationale Politik, 35 (1990), S. 139 ff.

UdSSR den vorliegenden Vorschlag machen, aber die Regierung des vereinigten Deutschland wird diese Möglichkeit bereits nicht mehr haben; dies wird nämlich mit den Verpflichtungen im Rahmen der EG und des GATT zusammenhängen. Ich bitte Sie, Ihre Mitarbeiter auf diesen Umstand aufmerksam zu machen. Unser Vertreter, der sich hier in Moskau aufhält, Staatssekretär Kittel, hat alle erforderlichen Vollmachten, eine entsprechende Vereinbarung abzuschließen.

M. S. Gorbačev: Gut, ich werde unverzüglich eine entsprechende Anweisung geben.

H. Kohl: Gestern habe ich mit George Bush über eine andere Frage gesprochen.[8] Erlauben Sie mir – völlig außerhalb des Protokolls – Sie zu fragen: Wären Sie daran interessiert, dass die Führer der UdSSR, der USA, Großbritanniens und Frankreichs am 3. Oktober nach Berlin kommen, um an den Feierlichkeiten im Zusammenhang mit der Vereinigung Deutschlands teilzunehmen? Ich werde diese Frage nicht offiziell stellen, ohne Ihre Meinung zu kennen. Ich sage offen, ich möchte mich zunächst mit Ihnen und Bush besprechen und mich erst danach an Paris und London wenden. Wenn Sie mit dieser Idee einverstanden sind, dann könnte man sie wahrscheinlich mit Bush in Helsinki erörtern, und wir beide würden bei unserem nächsten Gespräch darauf zurückkommen.

M. S. Gorbačev: Ich denke, wenn es gelingt, die entstandene Atmosphäre des gegenseitigen Verständnisses und Vertrauens zu erhalten, dank der es möglich geworden ist, zu diesem historischen Prozess zu gelangen, dann sollte man seinen Abschluss auf gebührender Ebene gewährleisten. Dies ist meine vorläufige Meinung. Wichtig ist aber, alle Anstrengungen zu unternehmen, um diesen konstruktiven Geist in unseren Beziehungen zu erhalten.

H. Kohl: Gut. Ich habe Sie verstanden. Ich bin davon überzeugt, dass durch beiderseitige Anstrengungen diese positive Atmosphäre bewahrt werden wird.

M. S. Gorbačev: Gut. Ich betone, dass man alles Notwendige dafür tun muss, um auf der letzten Etappe dieses historischen Prozesses keine Hindernisse zu schaffen, die nicht nur das Positive, das in den letzten Jahren geschaffen worden ist, unterminieren würden, sondern auch unsere langfristigen Pläne.

H. Kohl: Ja, stimme Ihnen voll und ganz zu. Hier gibt es zwischen uns keinerlei Divergenzen. Ich bin Ihnen dankbar für das Gespräch, Herr Präsident.

* GATT, Generalabkommen über Tarife und Handel, ein multilaterales, zwischen den Regierungen getroffenes Abkommen mit dem Ziel, die Zölle und andere Barrieren im internationalen Handel abzubauen. In der Folge [1995] trat an seine Stelle die Welthandelsorganisation (WTO).[9]

Archiv der Gorbačev-Stiftung. Bestand 1, Verzeichnis 1.

8 In Deutsche Einheit, Sonderedition nicht enthalten. Vgl. Teltschik, 329 Tage, S. 358.

9 Vgl. das GATT 1994 der sog. „Uruguay-Runde“ u.a. unter http://www.wto.org/english/docs_e/legal_e/06-gatt_e.htm.

Nr. 111
Gespräch Gorbačevs mit US-Präsident Bush am 9. September 1990 [Auszug][1]

Aus dem Vieraugengespräch Gorbačevs mit G. Bush
Helsinki, 9. September 1990

(An dem Treffen nahmen B. Scowcroft und A. S. Černjaev teil.)

[...].[2] **M. S. Gorbačev:** Die Frage ist die: Werden wir in der Lage sein, auch in der neue Etappe der Weltpolitik in dem nämlichen Geiste handeln, in den wir nach der Beendigung des „Kalten Krieges" eingetreten sind, und die Hauptsache: Wie werden wir konkret handeln? Dies ist eine ernste Frage, über die man viel nachdenken muss. Faktisch stehen wir vor einer globalen Wahl. Sie sprechen von einer neuen Ordnung. In der Tat, wir müssen auf eine neue Weise leben, auf neue Weise Beziehungen aufbauen. Der Preis ist sehr hoch. Wie ich gesagt habe: Wenn es Malta nicht gegeben hätte, wenn es keine neue Ebene der Beziehungen zwischen uns gegeben hätte, dann hätten die Prozesse, die in Osteuropa auch mit der Vereinigung Deutschlands in Gang gekommen sind, eine Lage geschaffen, die drastischer gewesen wäre als die Krise am Persischen Golf.

G. Bush: Sehr richtig.

M. S. Gorbačev: Wenn man das Ausmaß der militärischen Konfrontation, das in Europa existiert, in Betracht zieht, dann könnte eine solche Suppe entstehen, die wir am Ende nicht auslöffeln könnten. Und wir stehen jetzt vor einer nicht weniger schwierigen Prüfung.

Sie werden wahrscheinlich zustimmen, dass die Ereignisse in Osteuropa und die deutschen Angelegenheiten für uns schwieriger waren als für die USA. Ich sage Ihnen offen, dass es kolossaler Anstrengungen bedurfte und einer gewaltigen Anspannung des politischen Willens, um buchstäblich über sich hinauszuwachsen, um alte Vorgehensweisen zu überwinden, die unerschütterlich schienen und um so zu handeln, wie es die veränderten Realitäten erforderten. Bis heute muss ich auf verschiedenen Foren bei uns im Lande diese unsere Position erläutern, die Notwendigkeit des Neuen Denkens, des neuen Herangehens an das, was in der Welt vor sich geht, beweisen und die Leute von der Richtigkeit unserer politischen Schritte im In- und Ausland überzeugen. Dies ist nicht immer leicht, umso mehr als es im Westen Leute gibt, die eine Analyse der Ereignisse aufbringen, die auf dem alten Denken beruht; und dies kompliziert unsere Lage. Nichtsdestoweniger

[1] Russische Protokolle der Einzel- und Delegationsgespräche gekürzt in CWIHP, Document readers, The end of the cold war, http://www.wilsoncenter.org/cwihp/documentreaders/eotcw/900909.pdf. Zusammenfassung in Černjaev, Sovmestnyj ischod, S. 872f. unter dem 13. und 14. 9. 1990 (dies stark verkürzt und ungenau in Tschernjaew, Mein deutsches Tagebuch, S. 271f.). Vgl. Gorbatschow, Erinnerungen, S. 779f.; Bush/Scowcroft, A world, S. 363–368; Tschernjaew, Die letzten Jahre, S. 307f.; aus zweiter Hand auch Matlock, Autopsy, S. 411f.; Beschloss/Talbott, At the highest levels, S. 261–267.

[2] Im Zentrum der Gespräche stand die Kuwait-Krise: Am 2. 8. 1990 hatte der Irak das Emirat Kuwait besetzt und am 25. 8. annektiert. Gorbačev schließt hier an Bush an, der zum Abschluss seiner Ausführungen zur Krise auf die Perspektiven der amerikanisch-sowjetischen Beziehungen nach Ende des Kalten Kriegs abhebt.

versteht unsere Öffentlichkeit in ihrer überwiegenden Mehrheit die Position der sowjetischen Führung. [...].[3]

G. Bush: Kanzler Kohl hat mich eingeladen, nach Deutschland zu kommen, um mit Ihnen am 3. Oktober an der Zeremonie anlässlich der Vereinigung Deutschlands teilzunehmen.[4] Ich habe Kohl ganz ehrlich gesagt, dass es für mich sehr schwierig wäre, seiner Bitte zu entsprechen. Das liegt daran, dass dies nur einen Monat vor den Kongresswahlen ist, und ich musste bereits eine Reise nach Südamerika absagen, die sowohl ich als auch die Südamerikaner für sehr wichtig hielten. Für wie wichtig halten Sie diese Veranstaltung? Ich weiß, dass sie für Kohl wichtig ist. Aber ich selbst werde wohl kaum fahren. Schafft es irgendwelche Probleme für Sie, wenn ich nicht teilnehme?

M. S. Gorbačev: Nein. Ich bin derzeit zu Hause außerordentlich beschäftigt. Es steht ein großer Kampf über Fragen des Übergangs zur Marktwirtschaft bevor. Außerdem muss ich jetzt die Ausarbeitung des Unionsvertrags leiten.[5] Wie Sie sehen, entscheidet sich die Zukunft unseres Landes und es würde mir sehr schwerfallen, mich loszureißen. Als Kohl mich einlud, habe ich ihm gesagt, dass ich dieses Ereignis, das das Ende einer ganzen Etappe der Geschichte kennzeichnet, für sehr wichtig halte. Doch hinsichtlich der Ebene der Teilnahme habe ich gesagt, ich würde mich mit Ihnen und den anderen beraten.

G. Bush: Wenn Sie mich nicht bitten, meine Entscheidung zu ändern, werde ich ihm sagen, dass ich leider nicht kommen kann.

M. S. Gorbačev: Ich werde nicht fahren.

G. Bush: Ich werde mich dieser Entscheidung anschließen.

M. S. Gorbačev: In dieser Frage brauchen wir beide keine Divergenzen zu haben.

Archiv der Gorbačev-Stiftung. Bestand 1, Verzeichnis 1.

Nr. 112
Memorandum Černjaevs für Gorbačev vom 10. September 1990 über einen Besuch in der Bundesrepublik am 3. Oktober

Memorandum A. S. Černjaevs zu einem bevorstehenden Telefongespräch mit H. Kohl und einer möglichen Reise nach Deutschland am 3. Oktober

10. September 1990

Michail Sergeevič!

Heute um 16:30 (Moskauer Zeit) findet Ihr neuerliches Gespräch mit Kohl statt.[1] Wo sollen wir Telefon und Dolmetscher vorbereiten?

[3] Es folgen Ausführungen und Diskussionen zur Situation am Persischen Golf. Die Auslassung in der Vorlage nicht gekennzeichnet.
[4] Dokument Nr. 110.
[5] Zu Unionsvertrag und Wirtschaftspolitik vgl. Dokumente Nr. 103, Anm. 6 und 104, Anm. 41.
[1] Dokument Nr. 113.

Er wird Sie natürlich um eine endgültige Antwort bitten, ob Sie am 3. Oktober kommen. Nach der Logik Ihres vorherigen Gesprächs und wenn Kohl „neue Konzessionen" macht, sollte Ihre Antwort wahrscheinlich positiv sein. Gegenüber Bush haben Sie jedoch gesagt, dass Sie nicht fahren werden, wenn er nicht fährt.[2]

Ich habe Kvicinskij von diesem Gespräch erzählt. Wir haben Überlegungen angestellt. Er glaubt (und ich stimme ihm darin zu), dass die Amerikaner hier ihre eigene Politik haben. Es geht natürlich überhaupt nicht darum, dass Bush wegen der Wahlen, die in einem Monat stattfinden, nicht für einen Tag nach Europa fliegen kann. Er möchte anscheinend nicht unsere Annäherung an Deutschland sanktionieren. Die Amerikaner schauen sehr misstrauisch auf die Perspektive, dass wir mit Deutschland den „Großen Vertrag" abschließen.

Ich bin nicht sicher, dass Thatcher und Mitterrand Bushs Absage unterstützen werden.

Ich denke, dass es für uns in jedem Fall vorteilhafter ist, die Einladung Kohls anzunehmen, selbst dann, wenn von den Westlern niemand kommt. Sie würden sich übrigens in eine sehr dumme Lage bringen und die Deutschen noch stärker auf unsere Seite treiben.

Wenn Sie fahren, dann wird das eine Demonstration unserer konsistenten Politik und der Tatsache sein, dass die Deutschen das geeinte Deutschland namentlich von uns erhalten haben mit allen – wie man so sagt – sich daraus ergebenden Konsequenzen für die Beziehungen zwischen den beiden großen Nationen in Europa für lange, lange Jahre in der Zukunft.

Černjaev

Archiv der Gorbačev-Stiftung. Bestand 2, Verzeichnis 1.

Nr. 113
Telefonat Gorbačevs mit Bundeskanzler Kohl am 10. September 1990 [Auszug][1]

Aus dem Telefongespräch M. S. Gorbačevs mit H. Kohl

10. September 1990

H. Kohl: Ich möchte Sie zu den erfolgreichen Ergebnissen Ihrer Begegnung mit dem amerikanischen Präsidenten Bush in Helsinki beglückwünschen.[2] Ich werde morgen mit Bush telefonieren und er wird mir seine Eindrücke mitteilen.

[2] Dokumente Nr. 110 und 111.

[1] Zusammengefasst in von Plato, Vereinigung, S. 396f. Nicht in Deutsche Einheit, Sonderedition, enthalten (S. 1530 mit Zusammenfassung von Teltschik, 329 Tage, S. 361f.). Vgl. Vorlage Teltschik an Kohl vom 8. 9. 1990 und Schreiben Köhler an Kohl vom 9. 9. 1990, ebd., S. 1532–1534, 1534f. Vgl. ferner Gespräch Teltschik mit Terechov am 15. 9. 1990 und Vorlage Teltschik für Kohl vom 25. 9. 1990, ebd., S. 1541f. und 1549f. Vgl. Kohl, Erinnerungen 1990–1994, S. 213f.; Diekmann/Reuth, Helmut Kohl, S. 468; Tschernjaew, Die letzten Tage, S. 312.

[2] Dokument Nr. 111.

M. S. Gorbačev: Ich bin zufrieden über das Treffen mit Bush. Mir scheint, dass es ihm künftig helfen wird. Er hat einen zusätzlichen Rückhalt bekommen, der es ihm erlaubt, dem auf ihn ausgeübten Druck noch effektiver standzuhalten …

H. Kohl: Seit unserem letzten Gespräch am 7. September habe ich alles gründlich überdacht.[3] Sie helfen mir und ich will Ihnen helfen. Ich möchte Ihnen vorschlagen, dass wir jetzt unsere Meinungen über die Gesamtsumme austauschen, die die sowjetische Seite von uns erwartet. Ich hoffe, dass Sie mit meinen Vorschlägen einverstanden sein werden. Wir wollen Ihnen beim Bau von 36000 Wohnungen helfen. Wir haben alles sorgfältig überlegt und durchgerechnet. Sitarjan hat im Gespräch mit unserem Finanzminister Waigel einen Betrag von 16–18 Milliarden Mark genannt. Unserer Ansicht nach ist dieser Betrag zu großzügig. Unsere Berechnungen zeigen, dass sämtliche Kosten mit einer Summe von 11–12 Milliarden Mark abgedeckt werden können.

M. S. Gorbačev: Sie haben ein sehr wichtiges Problem angesprochen, das unbedingt gelöst werden muss. Ich möchte nicht, dass auf das von uns Erreichte ein Schatten fällt und Hindernisse auftauchen, die unser Vorankommen auf dem Wege der Zusammenarbeit behindern. Sie haben natürlich Schwierigkeiten, aber Sie müssen auch versuchen, sich in unsere Lage zu versetzen. Sie bewegen sich jedoch nicht in den Größenordnungen, die wir gerne hätten. Wir möchten nicht, dass dieses Problem durch irgendein kleinliches Herangehen gelöst wird. Vor uns liegt ein großes Ziel – eine leistungsfähige Zusammenarbeit zu entwickeln, die unserer Staaten würdig ist.

Sie wissen, die Lage bei uns im Land ist sehr schwierig. Es ist dringend nötig, die wirtschaftliche Lage entschlossen zu verbessern. Wir können keine drei, vier, fünf Monate warten. Bereits ab 1. Oktober sollte der Übergang zur Marktwirtschaft begonnen haben. Ich befinde mich in einer ganz schwierigen Lage und kann nicht feilschen. Ich würde Sie bitten, dem Verständnis entgegenzubringen.[4]

Ich denke, dass sich trotzdem 15–16 Milliarden Mark finden werden. Wir sind in unseren Ansprüchen sehr bescheiden. Stellen Sie sich einmal vor, was für einen Koloss wir in Bewegung setzen müssen. Es geht um eine sehr große Gruppierung, deren Schicksal zur gegenseitigen Zufriedenheit entschieden werden muss.

Kürzlich habe ich mit Ryžkov gesprochen und auch er versicherte mir, dass wir in unseren Ansprüchen sehr bescheiden seien. Es muss Gewissheit darüber bestehen, dass in Zukunft alles vielfach zurückgegeben wird. Jetzt aber stellt sich heraus, dass wir uns wie die Krämer aufführen. Die Frage ist sehr schwierig, aber ich bin gezwungen, auf dem Anspruch zu bestehen, der erhoben worden ist.

H. Kohl: Ich will nicht feilschen. Mein Vorschlag ist vernünftig und realistisch.

Man muss auch das Ziel sehen, das wir uns für das Jahresende gesetzt haben. Die Industrieländer des Westens werden bereit sein, die Sowjetunion bei der Überführung ihrer Wirtschaft auf marktwirtschaftliche Gleise zu unterstützen. Im Herbst werden wir über einen großen Kredit sprechen.[5] Ich habe Ihnen seinerzeit gesagt, dass die BRD in diesem Zusammenhang beabsichtigt, einen gewichti-

3 Dokument Nr. 110, dazu Materialien gem. Anm. 1.
4 Zu Wirtschaftsreformen vgl. Dokument Nr. 104, Anm. 41.
5 Zu den EG-Gipfeln vgl. Dokument Nr. 104, Anm. 39.

gen Beitrag zu leisten. Ich habe Ihnen mein Wort gegeben und ich halte es. Für mich ist dies eine verantwortungsvolle Frage. Ich würde Sie bitten zu verstehen, dass ich nicht zweimal ein und dasselbe tun kann. Wenn wir Ihnen jetzt mehr geben, dann sind wir gezwungen, Ihnen im Herbst weniger zu geben. Die BRD möchte jedoch im Herbst einen gebührenden Beitrag leisten.

Deshalb würde ich Sie bitten, meinen Vorschlag anzunehmen. Er ist in vollem Umfange vernünftig und eröffnet die Möglichkeit, unverzüglich mit dem Bau der Wohnungen zu beginnen. Und bis Weihnachten wird noch ein weiterer, ein zweiter Beitrag erfolgen. Ich will Ihnen wirklich helfen. Und ich verstehe gut, wo Ihre Probleme liegen.

M. S. Gorbačev: Ich sage Ihnen offen, dass es nicht um irgendeine einseitige Hilfe geht. Sie helfen sich selbst. Wir wollen, dass Sie Souveränität empfinden. Ich sage Ihnen offen, dass Ihr Vorschlag mich enttäuscht hat.

H. Kohl: Ich möchte nicht, dass Sie enttäuscht sind. Vor zwölf Monaten haben wir in unseren Beziehungen eine neue Zeitrechnung begonnen, sind auf eine neue Ebene gelangt. Deshalb muss alles getan werden, um diesen Prozess nicht abzubremsen. Ich weiß, dass ich Ihnen als Menschen helfen muss. Sie helfen mir auch. Im Juli haben wir alle Probleme erörtert und die dringend erforderlichen Maßnahmen skizziert.[6] Im Herbst werden wir Sie bei der Verwirklichung des Reformprogramms unterstützen.[7] Wir müssen die Atmosphäre der gegenseitigen Hilfe in unseren Beziehungen erhalten.

Unsere Unterstützung wird bald sichtbare Züge annehmen. Wir sind bereit, alle Kräfte für den Wohnungsbau zu nutzen, einschließlich der Bereitstellung der Technik. Die neue Etappe in unseren Beziehungen soll mit gutem materiellem Inhalt ausgefüllt werden.

M. S. Gorbačev: Ich weiß nicht, was ich Ihnen antworten soll. Vielleicht müssen wir darüber nachdenken, zur Ausgangslage zurückzukehren oder die zeitlichen Fristen zu strecken.

Wir stellen jetzt eine Liste der Stabilisierungsmaßnahmen zusammen. Vorgesehen sind unter anderem harte Maßnahmen hinsichtlich der inneren Prozesse. Ich bin in einer schwierigen Lage und Sie müssen sie sehen.

H. Kohl: Gerade hier wollen wir Ihnen auch helfen. Unsere Kalkulationen belegen, dass wir zu wirksamer Hilfe in der Lage sind.

M. S. Gorbačev: Nach den Kämpfen, die wir mit der Regierung, mit den Finanzfachleuten und den Militärs durchstehen mussten, sehe ich keine Möglichkeit, unter 15 Milliarden Mark zu gehen; drei Milliarden müssen unbedingt gefunden werden.

H. Kohl: Vielleicht kann man an Folgendes denken: Wir wären bereit, Ihnen einen zinslosen Kredit mit einer Laufzeit von fünf Jahren zur Verfügung zu stellen. Es ist erforderlich, dass unsere zuständigen Vertreter sich rasch treffen.

M. S. Gorbačev: Wer wird der Vertreter aufseiten der BRD sein?

[6] Dokumente Nr. 102–105.
[7] Wie Anm. 5.

H. Kohl: Ich wäre bereit, den Staatssekretär des Finanzministeriums der BRD nach Moskau zu schicken.[8] Er könnte morgen oder übermorgen abfliegen.

M. S. Gorbačev: Ich habe Sie richtig verstanden, dass zwei Schritte ins Auge gefasst werden. Sie stellen 12 Milliarden Mark über den Zeitraum von vier Jahren für den Unterhalt und die Rückführung der Streitkräfte zur Verfügung und zusätzlich dazu einen nichtgebundenen Kredit.

H. Kohl: Über den zinslosen Kredit auf fünf Jahre im Umfang von drei Milliarden Mark hat es bereits ein Gespräch mit Herrn Sitarjan gegeben.

M. S. Gorbačev: Vielleicht wird dies helfen, den Knoten zu lösen?

H. Kohl: Ich bin dafür, dass wir eine Lösung für alle Fragen finden. Zwischen uns darf es nichts geben, das nicht vereinbart worden ist. Alles muss klar sein. Ich denke dabei an Klarheit gerade zwischen uns persönlich und nicht zwischen den Regierungen. Für mich ist dies außerordentlich wichtig.

M. S. Gorbačev: Ich bin ebenfalls dafür, alles Erreichte zu erhalten, die Zusammenarbeit zu stärken und unsere freundschaftlichen Beziehungen zu festigen.

H. Kohl: Für mich ist äußerst wichtig, eben gerade freundschaftliche Beziehungen zu haben.

M. S. Gorbačev: Ich drücke Ihre Hand, Herr Kanzler. Ich wünsche Ihnen alles Gute.

H. Kohl: Eine letzte Frage. Haben Sie und Präsident Bush sich hinsichtlich einer Reise nach Berlin am 3. Oktober entschieden?

M. S. Gorbačev: Wir sind übereingekommen, darüber nachzudenken.[9]

H. Kohl: Ich warte auf Ihre Antwort. Ich wünsche Ihnen alles Gute.

Archiv der Gorbačev-Stiftung. Bestand 1, Verzeichnis 1.

Nr. 114
Gespräch Gorbačevs mit DDR-Ministerpräsident de Maizière am 12. September 1990 [Auszug]
Aus dem Gespräch M. S. Gorbačevs mit L. de Maizière
12. September 1990

M. S. Gorbačev: Ich freue mich, Sie an diesem bedeutungsvollen Tag zu begrüßen. In Moskau hat heute ein historisches Ereignis stattgefunden; ein langer historischer Prozess hat seinen logischen Abschluss gefunden.* Eine neue Seite der deutsch-sowjetischen Beziehungen wird aufgeschlagen. Und ich glaube, wir haben Grund, mit Optimismus in die Zukunft zu blicken.

[8] Köhler.

[9] Dokumente Nr. 111 und 112. Dazu die Information über ein Gespräch von Vertretern der PDS-Kommission Internationale Politik mit Falin am 14. 9. 1990, in: Nakath (Hg.), Im Kreml, S. 235–243, hier S. 236: „Die Frage der Teilnahme des Gen. Gorbatschow an den Veranstaltungen zum 3. Oktober ist von der Tagesordnung. Weder Bush noch Gorbatschow nehmen teil.“

L. de Maizière: Ich denke, das, was sich ereignet, kann man nur begrüßen. Der Prozess, der hier zu einem Ende kommt, hat im März 1985 seinen Ausgang genommen.[1] Die Menschen in der DDR haben aufmerksam die Entwicklung verfolgt, die mit der Perestrojka begonnen wurde. Dies war keine teilnahmslose Beobachtung, sondern ein analytisches Herangehen. Entsprechende Schlussfolgerungen und Schätzungen wurden angestellt, es bildeten sich unterschiedliche Strömungen und im Ergebnis sind wir zu dem gelangt, was wir heute haben.

Von 1985 bis 1989 waren Sie für uns in der DDR der absolute Hoffnungsträger. Im vereinigten Deutschland werden wir weder Sie noch Ihre Mitstreiter jemals vergessen. Was mich angeht, so werde ich wahrscheinlich in der Politik, in den Führungsetagen des künftigen Deutschland bleiben und nicht in meine Anwaltstätigkeit zurückkehren.

Ich möchte nach wie vor mit Ihnen in Kontakt bleiben. Ich hoffe, dass wir mit dem sowjetischen Botschafter die vertrauensvollen und nutzbringenden Beziehungen fortsetzen können, die zwischen uns entstanden sind.

M. S. Gorbačev: Kontakte erlauben es, einander besser kennenzulernen, und wir begrüßen sie. Dies wird natürlich insbesondere die Führung des künftigen vereinigten Deutschland betreffen.

L. de Maizière: Jetzt sagen viele, dass das vereinigte Deutschland irgendetwas in der Art einer vergrößerten BRD sein werde. Aber so ist es nicht. Es wird etwas anderes werden und nicht alles wird so glatt verlaufen, wie es manchem scheint.

M. S. Gorbačev: Auch ich denke so. Es geht nicht um das Hinzufügen einiger Millionen Menschen, sondern um die Integration bereits existierender Leben und Schicksale. Dies darf man auf keinen Fall vereinfachen.

L. de Maizière: Wir sind weniger und schwächer; und sie sind mehr und stärker. Aber wir wollen nicht einfach der jüngere Bruder sein. Wir haben unsere eigene Psychologie entwickelt und viele Bürger der DDR, wohl ihre Mehrheit, erklären, dass sie nicht ohne die Vergangenheit leben können und leben wollen.

M. S. Gorbačev: Auch wir streichen unsere Vergangenheit nicht aus, sondern überdenken sie kritisch. Wir lehnen die stalinistische Herrschaft und andere Auswüchse des Systems ab, aber wir übertünchen nicht alles mit schwarzer Farbe.

L. de Maizière: Niemand kann und darf sagen, dass sein Leben unnütz verlaufen sei.

Derzeit treten bei uns Schwierigkeiten bei der Einführung der Marktwirtschaft auf. Man muss entschlossene Maßnahmen ergreifen. In den ersten Wochen nach meiner Ernennung zum Ministerpräsidenten habe ich versucht, die Reformen Schritt für Schritt zu verwirklichen. Aber dabei ist nichts herausgekommen. Deshalb muss man bei einigem auf eine radikale Umgestaltung setzen, auf eine grundlegende Abgrenzung von der Vergangenheit.

M. S. Gorbačev: Bei uns ist alles sehr viel komplizierter. Es gehört zum Menschen, das Neue zu fürchten, vor allem, wenn es nicht verstanden wird. Man muss vieles überwinden, vieles aufs Neue lernen. Nicht immer läuft alles glatt.

L. de Maizière: Ich habe in den letzten Monaten sehr oft das Sprichwort wiederholt: Besser ein Ende mit Schrecken als ein Schrecken ohne Ende.

[1] Gemeint ist die Wahl Gorbačevs zum Generalsekretär der KPdSU am 11. 3. 1985.

M. S. Gorbačev: Wie steht es bei Ihnen um den Lebensstandard der Bevölkerung, um Subventionen?

L. de Maizière: Derzeit ist alles schwierig, aber wir hoffen auf eine Stabilisierung; wir subventionieren im Grunde auf persönlicher Basis, nach sozialen Kriterien. Menschen, die ihr Leben gelebt haben oder ins Leben eintreten, dürfen nicht darunter leiden, dass sie in eine Epoche radikaler Umbrüche geraten sind.

Erlauben Sie mir, eine wichtige Frage besonderer Natur anzusprechen. Lange Jahre war ich Anwalt der Vertreter der jüdischen Gemeinde. Als Christ hielt ich es für meine Pflicht, diejenigen zu verteidigen, die Hetze und Verfolgungen ausgesetzt waren. So entstanden bei mir gute Kontakte zur jüdischen Gemeinde in den USA, aber auch zum Führer des Jüdischen Weltkongresses, Bronfman.

M. S. Gorbačev: Wir kennen ihn.

L. de Maizière: Ich habe ihn vor einiger Zeit gesehen. Er bat mich, zu übermitteln, dass er möglichst in nächster Zeit persönlich den Präsidenten der UdSSR treffen möchte.

M. S. Gorbačev: Wir werden über diese Bitte nachdenken. In Kürze werde ich den Finanzminister Israels treffen.[2]

L. de Maizière: Die amerikanischen Juden sehen große Möglichkeiten, der sowjetischen Seite spürbare finanzielle Hilfe zu leisten, parallel zu der Hilfe, die auf staatlicher Ebene erfolgt.

M. S. Gorbačev: Um flexibler manövrieren zu können, brauchen wir unbedingt einen Kredit, den wir selbstverständlich nach einigen Jahren zurückzahlen.

L. de Maizière: Ich bin bereit, in diesem Zusammenhang die Rolle des Postboten zu übernehmen. Sie können auf mich zählen.

M. S. Gorbačev: Wir werden Ihr Ersuchen in Betracht ziehen. Ich wünsche Ihnen alles Gute für die Zukunft.

* Am 12. September 1990 fand in Moskau die Unterzeichnung des Vertrags über die abschließende Regelung in Bezug auf Deutschland statt. Den Vertrag unterzeichneten die Außenminister der BRD, der DDR sowie der USA, der UdSSR, Frankreichs und Großbritanniens (nach der Formel „2+4“).[3]

Archiv der Gorbačev-Stiftung. Bestand 1, Verzeichnis 1.

[2] Treffen mit Modai am 14. 9. 1990, vgl. Černajev, Sovmestnyj ischod, S. 873. Bronfman hielt sich im Januar 1991 in der UdSSR auf, vgl. Černjaev, Sovmestnyj ischod, S. 901 f., 911 f.

[3] Vgl. Dokument Nr. 104, Anm. 11.

Nr. 115
Gespräch Gorbačevs mit Bundesaußenminister Genscher am 12. September 1990 [Auszug][1]

Aus dem Gespräch M. S. Gorbačevs mit H.-D. Genscher

12. September 1990

(An dem Gespräch nahm Ė. A. Ševardnadze teil.)

[...]. **M. S. Gorbačev:** Wir haben einen großen Weg zurückgelegt. Und ich hoffe, dass Sie dies gut verstehen. Es gab Situationen, die bisweilen einen akuten Charakter annahmen und ernste Konsequenzen hätten haben können. Jetzt liegt alles hinter uns und wir müssen in die Zukunft blicken.

Das Erste, was ich sagen möchte: Man muss daran denken, wohin wir gelangt sind. Die Vereinigung Deutschlands hätte ohne den entsprechenden Beitrag der Sowjetunion und der Führung der BRD nicht stattgefunden. Jetzt kann man bereits sehen, wo wir angekommen sind und wer die wichtigsten Akteure sind. Dies sind vor allem die BRD und die Sowjetunion. Dies unterliegt keinem Zweifel.

Seit dem Krieg sind Jahrzehnte vergangen. Beide Seiten haben Geduld und staatsmännische Weisheit an den Tag gelegt. Es ist ganz offenkundig, dass ohne die tiefgreifenden inneren Wandlungen in der Sowjetunion und in der BRD alles beim Alten geblieben wäre und sich nichts getan hätte. Sowohl die BRD als auch die Sowjetunion haben sich im Laufe der Zeit verändert. Ein langer Weg der Suche nach gegenseitigem Verständnis und gegenseitigem Vertrauen ist durchschritten worden. Verträge wurden möglich, unter denen natürlich an erster Stelle der Moskauer Vertrag von 1970 steht.[2] Möglich wurde die Perestrojka in der Sowjetunion. Deshalb hat alles, was sich ereignet hat, seine völlig logische Erklärung.

Ich schließe mich der Meinung von Bundeskanzler Kohl an, dass wir einen schwierigen Weg gegangen sind, der beiden Ländern würdig ist. Was in unseren Beziehungen geleistet wurde und in Zukunft geleistet wird, ist von erstrangiger Bedeutung nicht nur für unsere beiden Staaten, sondern auch für Europa und für die Welt insgesamt.

Ich habe kürzlich mit dem Kanzler telefoniert.[3] Sie sind natürlich auf dem Laufenden. Es ging im Wesentlichen um finanzielle Angelegenheiten. Ich habe meine Enttäuschung darüber zum Ausdruck gebracht, wie diese Frage entschieden wird. Für uns ist diese Frage von erstrangiger Bedeutung. Wir hoffen auf ein entsprechendes Vorgehen und auf Verständnis. Bisweilen entsteht bei uns der Eindruck, dass ein gewisser Schacher vor sich geht. Wir wollen uns nicht in der Rolle eines Krämers oder Erpressers fühlen.

Der Kanzler hat seine Bereitschaft bekräftigt, uns beizustehen und uns entsprechende Hilfe zur Verfügung zu stellen. Aber man muss sehen, dass die BRD damit nicht so sehr uns hilft als vielmehr sich selbst. Schließlich geht es um die Souveränität des künftigen Deutschland. Sonst werden die Truppen bleiben und die Frage

[1] Vgl. Genscher, Erinnerungen, S. 874 f.; Tschernjaew, Die letzten Jahre, S. 312.
[2] Vgl. Dokument Nr. 5, Anm. 3.
[3] Dokumente Nr. 110 und 113.

der Souveränität zieht sich hin. Der Prozess ist sehr kompliziert und man darf davor nicht die Augen verschließen.

Die Menschen in der Sowjetunion und die Öffentlichkeit werden begreifen, dass der politische Prozess der Vereinigung Deutschlands endgültig abgeschlossen ist. Und natürlich wird sich die Frage erheben: Und was geschieht mit den übrigen Vereinbarungen, die in erster Linie den Verbleib und den Abzug unserer Truppen betreffen? Wenn es darauf keine klare Antwort gibt, dann kann eine Lage entstehen, bei der eine Explosion droht.

Es ist klar, dass das alles nicht einfach ist. Aber wenn man weiß, dass die vereinbarte Summe „12+3" ist, dann scheint die Situation den herrschenden Umständen zu entsprechen. Das ist mehr oder weniger akzeptabel – auch für uns – da offenbar ist, dass von den drei Milliarden Mark ein bestimmter, vielleicht auch ein bedeutender Teil für die Bezahlung von Lieferungen an die BRD zurückfließen wird.

Unsere Beziehungen sollten in Zukunft durch ein solides und verantwortungsvolles Vorgehen gekennzeichnet sein. Morgen wird der allumfassende Vertrag paraphiert, der den Kurs in Richtung guter Nachbarschaft, Partnerschaft und Zusammenarbeit in den Beziehungen zwischen der Sowjetunion und dem vereinigten Deutschland festigen wird.[4] Dieser Vertrag hat bereits den Präsidialrat passiert. Wir haben ihn sorgfältig geprüft und für gut befunden. Der Weg für ihn ist offen.

Ė. A. Ševardnadze: Herr Genscher und ich werden morgen den Vertrag paraphieren. Derzeit wird die Arbeit am Vertrag über die wirtschaftliche Zusammenarbeit abgeschlossen. Die Abstimmung der Verträge über den Aufenthalt der Streitkräfte und ihre materielle Sicherstellung kommt voran.[5]

M. S. Gorbačev: Meiner Ansicht nach gestaltet sich alles recht gut. Nochmals gratuliere ich Ihnen, Herr Genscher. In dem Erreichten sehen wir auch Ihren großen persönlichen Beitrag.

Die Sowjetunion möchte in der BRD, im künftigen Deutschland, einen zuverlässigen Partner sehen. Auf Ihrer Seite spüren wir ein ähnliches Bestreben.

Aber das gefällt nicht allen. In dem Maße, in dem unsere Beziehungen mehr und mehr in eine neue Phase eintreten, häufen sich die Meinungen, denen ein spezifischer Geruch anhaftet. „Sympathisanten" hat es zu allen Zeiten – sowohl im Innern wie auch außerhalb – genug gegeben. Die wirksamste Antwort in solchen Fällen war jedoch die Bekräftigung der eigenen Verantwortlichkeit, der eigenen historischen Rolle. Und vom Gerede darf man sich nicht irritieren lassen.

H.-D. Genscher: Unsere gesamte Führung und ich selbst danken Ihnen herzlich für alles, was getan worden ist. Ohne jegliches Pathos möchte ich sagen, dass das deutsche Volk weiß und niemals vergessen wird, dass es die Erlangung seiner Einheit in erster Linie Ihrem persönlichen Beitrag und dem Beitrag von Herrn Ševardnadze verdankt. Ihre Kühnheit und Ihr Weitblick spielten eine entscheidende Rolle im Prozess der Vereinigung. Allen ist klar, dass alles dank Ihrer Politik der letzten Jahre geschehen ist.

[4] Vgl. Dokument Nr. 102, Anm. 5.
[5] Vgl. ebd. und Dokument Nr. 102, Anm. 25.

Jetzt geht es darum, wie wir am besten unsere Zukunft organisieren. Es läuft die Abstimmung verschiedener Standpunkte und Meinungen, die sich jedoch in eine positive und konstruktive Richtung bewegt.

Haupt- und Ausgangspunkt ist die umfassende Entwicklung der europäischen Prozesse, die eine allseitige Zusammenarbeit zwischen der Sowjetunion und der BRD erfordert. Von uns hängt viel ab, das wissen alle. Und dies erlegt uns eine große Verantwortung auf, der wir gerecht werden müssen.

Das, was heute getan worden ist, hat sich für die sowjetische Seite als die allerschwierigste Frage erwiesen. Glauben Sie nicht, dass uns nicht bewusst ist, wie schwer Ihnen dies gefallen ist. Das Vertrauen, das Sie gegenüber den Deutschen gezeigt haben, wird gerechtfertigt sein. Das sowjetische Volk wird niemals enttäuscht werden. Die Zeiten haben sich geändert, wir erinnern uns der Lehren der Geschichte und sehen die Zukunft nur in guter Nachbarschaft und Zusammenarbeit. Die Sowjetunion und das geeinte Deutschland – dies ist eine bei Weitem zukunftsweisendere Gleichung als die Sowjetunion und zwei verschiedene Deutschland.

Ich bin kein sentimentaler Mensch, aber ich sage offen: Heute hat sich mein Lebenstraum erfüllt. Meine Heimat ist vereinigt und meine Heimatstadt wird jetzt zu dem Staat gehören, den ich vertrete. Viele sagen, die Deutschen waren 45 Jahre geteilt, das heißt seit 1945. In Wirklichkeit haben wir einen geeinten, demokratischen Staat nach 57 Jahren erreicht, denn man muss eigentlich von 1933 an rechnen.

Es ist sehr gut, dass wir morgen den Großen Vertrag paraphieren. Das liefert uns jedoch keinen Vorwand, die Hände in den Schoß zu legen. Die gesamte Arbeit liegt noch vor uns. Wir haben eine Etappe durchlaufen, ein Kapitel beendet und schlagen jetzt ein anderes Kapitel unserer Beziehungen auf. Wir müssen uns natürlich unserer Verantwortung bewusst sein. Der Große Vertrag und die anderen sich abzeichnenden Vereinbarungen werden uns vereinen; wir werden unter den Bedingungen einer wachsenden wechselseitigen Abhängigkeit leben und zusammenarbeiten. Dies kann man nur begrüßen. Ein einzelner Staat kann nicht glücklich und zufrieden sein, wenn er weiß, dass andere Staaten mit Schwierigkeiten konfrontiert sind und die Herausforderung annehmen, die ihnen vom Schicksal auferlegt wurde. Man muss einander helfen. Es gibt viele gemeinsame Probleme, die die wirtschaftliche Zusammenarbeit betreffen, den Schutz der Umwelt und andere Fragen. Diese Probleme vereinen uns.

Viel Zeit, Herr Gorbačev, ist seit unserer ersten Begegnung vor vier Jahren, im Sommer 1986, vergangen.[6] Damals haben wir in der Tat anders miteinander gesprochen und die Zukunft auf unterschiedliche Weise gesehen. Jetzt sind viele Probleme verschwunden und dies kann man nur begrüßen.

Ich freue mich und bin stolz darauf, dass zwischen uns ehrliche und vertrauensvolle Beziehungen entstanden sind. Sie und Herr Ševardnadze können stets auf mich zählen.

M. S. Gorbačev: Gehen Sie davon aus, dass wir Ihnen mit Gegenseitigkeit antworten werden. Dies stellt an uns und an Sie sehr hohe Anforderungen.

[6] Dokumente Nr. 5 und 6.

H.-D. Genscher: Ich hoffe sehr, dass Sie mit der Zeit und in nicht allzu ferner Zukunft meine Heimatstadt Halle besuchen können. Dort gibt es viele Freunde Ihres Landes, dabei aufrichtige und treue Freunde.

Je mehr Freunde, umso beruhigter lebt es sich. In diesem Sinne bewegt mich das Schicksal Ihrer Soldaten in Deutschland sehr. Wir wollen, dass sie in den verbleibenden drei, vier Jahren unsere Freunde werden und mit guten Gefühlen in die Sowjetunion zurückkehren, sodass das sowjetische Volk weiß, dass man in Deutschland Freunde zurückgelassen hat.

Ich bin bereit, meinen Wunsch zu wiederholen, gemeinsam mit Herrn Ševardnadze einige Garnisonen der sowjetischen Truppen in Deutschland zu besuchen.[7] Die Soldaten sollen sehen, dass wir Freunde sein können. Sie sollen bei ihrer Heimkehr zu Boten der deutsch-sowjetischen Freundschaft werden.

M. S. Gorbačev: Ich würde die Verwirklichung dieser Idee begrüßen. Die Frage der Streitkräfte ist sehr kompliziert und man muss sie mit allen möglichen Mitteln leichter machen.

Man muss darüber nachdenken, wie man die aufwieglerische und provozierende Kampagne beenden kann, die sich in den Beziehungen zu unseren Armeeangehörigen entwickelt. Man muss dies irgendwie in verdeckter Form an die Leitung der Massenmedien herantragen. Ich habe heute ein Telegramm gelesen, in dem es heißt, dass die Presse, aber auch das Fernsehen, insbesondere das Programm des ZDF, Adressen und Telefonnummern veröffentlicht, an die sich Armeeangehörige wenden können, falls sie desertieren wollen.[8]

H.-D. Genscher: Ich glaube, wir werden auf Ihre Bitte reagieren können. Zwischenfälle können wir nicht gebrauchen.

M. S. Gorbačev: Ich wünsche Ihnen alles Gute. Ich bitte Sie, meine Grüße und besten Wünsche an Kanzler Kohl zu übermitteln.

Archiv der Gorbačev-Stiftung. Bestand 1, Verzeichnis 1.

[7] Vgl. Dokument Nr. 123, Anm. 16 zu gemeinsamen Auftritten von Genscher und Bessmertnych.

[8] Bis Ende 1990 lagen rd. 50 Anträge sowjetischer Soldaten auf Asyl in Deutschland vor, bis April 1991 waren es bereits rd. 150; die Gesamtschätzungen liegen bei etwa 600 Gesuchen, die bis 1997 abgelehnt wurden. Vgl. Fred Oldenburg, Moskau und die Wiedervereinigung Deutschlands, Köln 1991, S. 41 f.; Ilko-Sascha Kowalczuk/Stefan Wolle, Roter Stern über Deutschland. Sowjetische Truppen in der DDR, Berlin 2001, S. 220 f.; Silke Satjukow, Besatzer. „Die Russen“ in Deutschland 1945–1994, Göttingen 2008, S. 23–25.

Nr. 116
Gespräch Gorbačevs mit dem britischen Außenminister Hurd am 14. September 1990 [Auszug][1]

Aus dem Gespräch M. S. Gorbačevs mit D. Hurd

14. September 1990

(An dem Treffen nahm A. S. Černjaev teil.)

M. S. Gorbačev: Wir betrachten den Dialog mit Großbritannien, mit Frau Thatcher, als einen Dialog privilegierter Partner. Es besteht kein Grund, diesen Dialog nicht fortzusetzen oder ihm keine neuen Impulse zur Entwicklung der Zusammenarbeit zwischen uns sowie zur Lösung der zahlreichen Probleme zu verleihen, mit denen wir uns gemeinsam beschäftigen.

Ich weiß das, was in unseren Beziehungen mit Großbritannien entstanden ist und die Kontakte mit Frau Thatcher und ihren Kollegen sehr zu schätzen. In diesem Sinne betrachte ich Ihren heutigen Besuch.

Um diesen Gedanken zu Ende zu führen, sage ich, dass ich eine besondere Notwendigkeit darin sehe, unter Berücksichtigung der Ereignisse in Europa die Möglichkeiten für unseren Dialog und für die Zusammenarbeit zu erweitern. [...].

Ich meine auch, dass man in dieses neue Beziehungsgeflecht auch das vereinigte Deutschland einbeziehen sollte und zwar mittels gemeinsamer Anstrengungen und Zusammenarbeit. Wir tun dies, verlieren dabei aber nicht die Notwendigkeit und Bedeutung unserer Zusammenarbeit mit Ihnen aus den Augen. [...].

Ich bin zutiefst davon überzeugt, dass sich auch die Amerikaner als aktive Teilnehmer am europäischen Prozess fühlen müssen. Dies ist eine wichtige Konstante, die ohne Zweifel die Entwicklung und Erweiterung des europäischen Prozesses begünstigen wird. Wenn dies in Europa gelingt, dann – so denke ich – wird es gelingen, die positiven Prozesse in den internationalen Beziehungen insgesamt zu erhalten. [...].

Archiv der Gorbačev-Stiftung. Bestand 1, Verzeichnis 1.

[1] Vgl. Černjaev, Sovmestnyj ischod, S. 873; Tschernjaew, Die letzten Jahre, S. 311 f.

Nr. 117
Rede Ševardnadzes vor dem Komitee für Internationale Angelegenheiten des Obersten Sowjets der UdSSR am 20. September 1990

Rede Ė. A. Ševardnadzes auf der Sitzung des Komitees für internationale Angelegenheiten des Obersten Sowjets der UdSSR

20. September 1990

Verehrter Herr Vorsitzender! Verehrte Abgeordnete!

Ich halte es für unbedingt erforderlich, den Obersten Sowjet der UdSSR über Charakter und Bedeutung des Vertrags über die abschließende Regelung in Bezug auf Deutschland, der am 12. September in Moskau von den Außenministern der UdSSR, der USA, Großbritanniens und Frankreichs unterzeichnet worden ist, zu informieren.[1]

Sämtliche Dokumente, die in diesem Zusammenhang auf multilateraler und bilateraler Grundlage unterzeichnet worden sind, werden dem Obersten Sowjet des Landes zur Prüfung und Ratifizierung vorgelegt werden.[2]

Ich halte es für meine Aufgabe, diese Vorlage vorzustellen und den Standpunkt des Außenministeriums der UdSSR dazu darzulegen, was dieser Vertrag unserem Land bringt und inwiefern er unseren staatlichen und politischen Interessen entspricht.

Uns trennen weniger als zwei Wochen von dem Tag, da die Schaffung des geeinten Deutschland zur vollendeten Tatsache wird. Die politische Landkarte Europas verändert sich grundlegend. Ich möchte hervorheben, dass der in Moskau unterzeichnete Vertrag zwei für unsere Politik strategisch wichtige Aufgaben löst, und zwar rechtzeitig löst. Er bestimmt die Stellung des neuen Deutschland in Europa mit gebührender Berücksichtigung der Interessen aller Seiten, darunter selbstverständlich auch unserer Interessen. Er öffnet den Weg für eine äußerst aktive Zusammenarbeit zwischen unserem Land und dieser führenden europäischen Macht für die gesamte absehbare Zeit.

Das geeinte Deutschland entstand buchstäblich vor unseren Augen infolge stürmischer und ungestümer Prozesse. Was sich ereignet hat, ist für viele immer noch ungewohnt, erfordert Nachdenken und eine Neubewertung vieler etablierter Vorstellungen. Aber mit jedem Tag erkennen wir klarer, dass es andere Entwicklungsvarianten nicht gab.

Und heute ist es mehr denn je angebracht, noch einmal daran zu erinnern, dass die Teilung der Deutschen kein natürlicher Zustand war. Es ist kein Zufall, dass wir weder in den 40er, noch in den 50er Jahren, ja auch später – bis in unsere Tage hinein – den Weg zur deutschen Einheit nicht versperrt haben, wenngleich wir uns die Wege und Fristen ihrer Erreichung in den verschiedenen Phasen auf unterschiedliche Weise vorgestellt haben. Deshalb sind wir von Anfang an, als die Ereignisse des Herbstes 1989 auf uns einstürmten, in unserer Haltung festgeblieben, das Recht der Deutschen auf die eigene Wahl des Weges anzuerkennen. Diese Ent-

[1] Vgl. Dokument Nr. 104, Anm 11.
[2] Dokument Nr. 132.

scheidung zu treffen, war nicht einfach. Aber sie war die einzig richtige und weitblickende.

Im Verlaufe aller Nachkriegsjahrzehnte ist die „deutsche Frage“, ist die Notwendigkeit ihrer abschließenden Regelung ein zentrales Problem der Welt- und Europapolitik geblieben.

Unter den Bedingungen des „Kalten Krieges“ und der Konfrontation war seine Lösung unmöglich. Darüber hinaus war gerade Deutschland der Brennpunkt des „Kalten Krieges“ und der Konfrontation. Genau hier standen und stehen die gewaltigen Gruppierungen der Streitkräfte beider Seiten einander gegenüber.

Mehrmals kam es hier zu höchst angespannte Situationen, die die Welt an den Rand eines Krieges brachten. So konnte und durfte es nicht ewig weitergehen. Das sowjetische Volk hat nicht dafür unglaubliche Opfer gebracht und einen unvorstellbar hohen Preis für den Sieg bezahlt, um unter der ständigen Bedrohung zu leben, dass es notwendig sein könnte, eine von deutschem Boden ausgehende neue militärische Gefahr abzuwehren. Man muss der Wahrheit ins Gesicht sehen: Diese Gefahr war real und beträchtlich, solange ein geteiltes Deutschland existierte, solange es im Zentrum Europas eine massive militärische Präsenz und Konfrontation gab.

In voller Verantwortung kann ich sagen, dass diese Bedrohung seit dem 12. September 1990, als in Moskau ein Schlussstrich unter den Zweiten Weltkrieg gezogen wurde und die äußeren Aspekte der deutschen Einheit abschließend geregelt wurden, nicht mehr besteht.

Darin liegt der wesentliche Sinn des Vertrags in Bezug auf Deutschland.

Man kann mir Naivität vorwerfen. Aber hadern darf man nicht mit mir, sondern mit den Bestimmungen des Vertrags, mit den Realitäten, die er schafft.

Dies sind folgende:
- Die Parteien ziehen ihre Streitkräfte aus dem unmittelbaren Kontakt zurück und in drei bis vier Jahren werden unsere Soldaten nicht mehr in Deutschland sein.
- Deutschland hat sich verpflichtet, seine Streitkräfte auf eine Stärke von 370000 Mann zu reduzieren.
- Deutschland hat auf atomare, chemische und biologische Waffen verzichtet.
- Der östliche Teil Deutschlands erhält einen militärpolitischen Sonderstatus. Es werden dort keinerlei ausländische Streitkräfte und keine fremden atomaren Waffen stationiert, und die deutschen Streitkräfte werden nicht über Träger für nukleare Waffen verfügen.
- Die Grenzen Deutschlands werden als endgültig anerkannt; diese sind die derzeitigen Außengrenzen der BRD und der DDR; Deutschland wird keinerlei Territorialansprüche an wen auch immer stellen.
- Die Vorbereitung zur Führung eines Angriffskrieges wird als verfassungswidrige und strafbare Handlung angesehen.

Es sind Garantien gegeben worden, dass das vereinigte Deutschland ein Wiedererstehen des Nazismus und seiner Ideologie nicht zulassen werde. Es wird die Rechtmäßigkeit der Entscheidungen der Vier Mächte über die Fragen von Eigentum sowie Grund und Boden nicht in Zweifel ziehen. Gewährleistet werden der Erhalt von Gedenkstätten und anderen Denkmälern, die auf deutschem Boden errichtet worden sind, um der Opfer zu gedenken, die von den Völkern zur Zerschlagung des Faschismus erbracht worden sind, aber auch der Erhalt der Soldatengräber unserer Staatsbürger und die entsprechende Pflege dieser Objekte.

Das neue Deutschland bekräftigt auch den Vertrauensschutz bezüglich der Verträge und Abkommen, die von der DDR und der BRD in den vergangenen Jahren geschlossen wurden, d.h. die Frage der Rechtsnachfolge wird entschieden.

Ich denke, dass allein schon diese Elemente der Vereinbarungen eine klare Antwort auf die Frage geben, ob die Garantien, die wir erhalten haben, ausreichend sind.

Ich hebe dies hervor, weil in letzter Zeit in der einen oder anderen Form die Frage aufgeworfen wird, inwieweit die in Bezug auf Deutschland unterzeichneten Dokumente die Interessen und vor allem die Sicherheit der Sowjetunion garantieren.

Mit aller Verantwortlichkeit wiederhole ich, dass die von uns unterzeichneten Dokumente in vollem Umfange den Interessen der Sowjetunion, den Interessen aller Länder und Republiken entsprechen. Sie sind im Sinne der Festigung der europäischen und internationalen Sicherheit.

In diesem Zusammenhang kann ich nicht umhin, einen Exkurs zu unternehmen: Keine noch so guten Vereinbarungen können die Sicherheit eines Staates garantieren, wenn diese Sicherheit nicht von innen heraus unterstützt wird. Wenn die negativen, zerstörerischen Tendenzen in unserem Lande bestehen bleiben und wenn die Aufgliederung der wirtschaftlichen, finanziellen und anderen staatlichen Strukturen sich fortsetzt, dann können uns keinerlei internationale Abkommen eine zuverlässige Sicherheit und ein ruhiges Leben gewährleisten. Die Außenpolitik ist eine Fortsetzung der Innenpolitik, und daran müssen wir stets denken.

Was hat es uns ermöglicht, in so kurzer Zeit und verhältnismäßig reibungslos so gewaltige, prinzipielle Entscheidungen zu treffen? Hier spielte ein ganzer Komplex von Faktoren eine Rolle, unter denen ich in erster Linie die dauerhafte und sich beständig vertiefende Verbesserung der sowjetisch-amerikanischen Beziehungen hervorheben möchte. Dies schafft jene Basis, jenen in allen Angelegenheiten sichtbar und unsichtbar vorhandenen Hintergrund, der es erlaubt, sich Schritt für Schritt von der Periode der Auseinandersetzung zu entfernen und in eine Epoche immer umfassenderer und intensiverer Zusammenarbeit in allen Dimensionen des internationalen Lebens einzutreten.

Die deutsche Vereinigung und die Ausarbeitung der damit verbundenen multilateralen und bilateralen Regelungen erfolgte nicht in einem Vakuum, sondern in enger politischer und logischer Wechselbeziehung mit einer ganzen Reihe äußerst wichtiger Ereignisse, die auf radikale Weise die Lage in Europa und den Charakter der Beziehungen zwischen den existierenden Blöcken veränderten und eine andere Sicht der Prozesse der Gegenwart und der Zukunftsperspektiven geschaffen haben. Im Verlaufe der Gespräche hat unsere Position sensibel auf die ablaufenden Veränderungen reagiert, ihnen Rechnung getragen und sich den neuen Bedingungen angepasst.

Urteilen Sie selbst. Bei den Gesprächen der Dreiundzwanzig in Wien befindet man sich in der Endphase der Erarbeitung eines Abkommens über eine bedeutende Reduzierung der konventionellen Streitkräfte – Panzer, Schützenpanzerwagen, Kampffahrzeuge der Infanterie, der Artillerie und anderer Waffengattungen. Ebenfalls dort arbeitet man bei den Gesprächen der Fünfunddreißig an neuen vertrauensbildenden Maßnahmen im militärischen Bereich, die die Transparenz der gesamten militärischen Aktivitäten auf dem Kontinent deutlich vergrößern werden.[3]

In der nächsten Etappe der Wiener Gespräche werden die Reduzierungen der Personalbestände der Armee und der Luftstreitkräfte aller europäischer Staaten und der Streitkräfte der USA und Kanadas in Europa erörtert werden.[4]

Das neue Deutschland entsteht bereits in einem veränderten politischen und militärischen Koordinatensystem. Es wäre uns schwergefallen, unser Verhältnis zur NATO-Mitgliedschaft Deutschlands zu ändern, wenn der Westen nicht seine Bereitschaft erklärt hätte, neue wechselseitige Beziehungen zwischen den beiden militärpolitischen Bündnissen aufzubauen.

Es wird eine Deklaration vorbereitet, in der die Mitglieder der Bündnisse erklären, dass sie einander nicht als Gegner betrachten und nicht als Erste Gewalt anwenden werden.[5]

Es vollzieht sich eine tiefe Transformation des Warschauer Paktes. Die NATO revidiert ihre Doktrin und Strategie, darunter solche Konzepte wie „Vorwärtsverteidigung“, und „Strategie der Flexible Response“. Die Kampfbereitschaft der Streitkräfte des Blocks wird herabgesetzt und Zahl und Umfang der Manöver werden verringert.

In Zukunft werden NATO und Warschauer Pakt zu Bestandteilen, zu Elementen gesamteuropäischer Sicherheitsstrukturen und werden dann wahrscheinlich in ihnen aufgehen. Die politischen Institutionen der KSZE nehmen in wachsendem Maße die Lösung von Aufgaben auf sich, die mit der Festigung der Stabilität und Berechenbarkeit sowie mit der Verhütung und Regelung krisenhafter Situationen und Konflikte verbunden sind. Mit diesem Ziel wird ein spezielles gesamteuropäisches Zentrum seine Tätigkeit aufnehmen. Eine Entscheidung über seine Errichtung wird auf dem Treffen der Führer der europäischen Staaten in Paris bereits im Herbst dieses Jahres erwartet.[6] Man darf auch nicht außer Acht lassen, dass auf dem gesamten europäischen Territorium weitgehende Inspektions- und Verifikationsaktivitäten erlaubt sind. Weder in Deutschland noch irgendwo sonst auf dem Kontinent wird man irgendeine verdeckte militärische Aktivität von bedeutendem Umfang durchführen können. Die Bedeutung dieser Maßnahmen kann nicht hoch genug eingeschätzt werden. Durch gemeinsame Anstrengungen ist eine objektive Grundlage für gegenseitiges Vertrauen und Partnerschaft in Fragen der Gewährleistung von Sicherheit und zuverlässigem Frieden geschaffen worden.

Unter diesen neuen Bedingungen kann man an die deutsche Frage, darunter ihre militärischen Aspekte, nicht mehr mit den alten Maßstäben herangehen. Die Umstände haben sich gewandelt. Und die Deutschen selbst haben sich verändert. Sie haben sich nach all dem, was sich in den Jahren seit dem Krieg ereignet hat, ein

[3] Vgl. Dokumente Nr. 61, Anm. 10, Nr. 68, Anm. 4, Nr. 104, Anm. 44 und Nr. 105, Anm. 3.
[4] Ebd.
[5] Vgl. Dokument Nr. 103, Anm. 14.
[6] Wie Anm. 3.

anderes Verhältnis und Vertrauen verdient. Es ist möglich, dass es Kritiker des Vertrags in Bezug auf Deutschland geben wird. Ich bezweifle dies auch gar nicht. Wenn sich bedeutende Umbrüche ereignen, dann sind sie mit großen Aufregungen und Sorgen verbunden. Ich bin jedoch überzeugt davon, dass wir ein optimales Ergebnis erreicht haben.

Außerdem, wenn man von einem allgemeinen Interessenausgleich spricht, der im Zusammenhang mit der Vereinigung Deutschlands erreicht wurde, dann erschöpft sich dieses natürlich nicht in den Bestimmungen des Abschlussdokuments der „Sechs". Viele wesentliche Elemente dieses Gleichgewichts befinden sich gleichsam außerhalb der Klammern dieses Dokuments. Sie bilden jedoch jenes Gesamtpaket an Vereinbarungen, das im Verlaufe der Gespräche des Präsidenten der UdSSR M. S. Gorbačev mit dem Kanzler der BRD, Kohl, im Juli während der Treffen in Moskau und im Nordkaukasus geschaffen wurde.[7]

Dies ist vor allem der in diesen Tagen in Moskau paraphierte große Vertrag über gute Nachbarschaft, Partnerschaft und Zusammenarbeit der Sowjetunion mit dem vereinigten Deutschland, der uns auf eine qualitativ neue Stufe der Beziehungen und der Zusammenarbeit mit diesem nach der UdSSR zweitgrößten und zweitwichtigsten europäischen Staat führt.[8]

Im Vertrag sind neben den Bestimmungen über regelmäßige politische Konsultationen und Zusammenarbeit auf den Gebieten der Wirtschaft, Wissenschaft, Kultur und Ökologie sowie im humanitären und in anderen Bereichen prinzipiell wichtige Bestimmungen zur militärpolitischen Ordnung enthalten: Nichtangriff, Verzicht auf die Anwendung militärischer Gewalt gegeneinander oder gegen Drittstaaten, Verweigerung von Unterstützung für einen Aggressor, falls eine der beiden Parteien Objekt eines Angriffes wird. Diese Bestimmungen sind eine wesentliche Ergänzung der Vereinbarungen zum militärpolitischen Status des vereinigten Deutschland.

Die Wiederherstellung der Glaubwürdigkeit bei den Deutschen gestattet es, unsere Beziehungen zu Deutschland auf eine langfristige, keinen konjunkturellen Schwankungen unterworfene Grundlage zu stellen. Vor uns liegt mehr als nur die Summe der Beziehungen der UdSSR mit der BRD und der DDR. Vor uns liegt das Entstehen einer neuen Kategorie des zwischenstaatlichen Kontakts in Europa, die sich auf eine vollständigere Vertragsgrundlage stützt, vor allem auf gesamtpolitischem und wirtschaftlichem Gebiet.

Es verändern sich nicht nur Charakter und Ausmaß des gegenseitigen Austauschs und der Zusammenarbeit. Bedeutend erweitert sich auch der Kreis der Beteiligten, der praktisch sämtliche Spektren der sowjetischen und deutschen politischen und gesellschaftlichen Kräfte umfasst, beginnend mit verstärkten interparlamentarischen Kontakten. Das Ziel besteht darin, dass nicht eine einzige politische, gesellschaftliche, Gewerkschafts-, Umwelt- oder Frauenorganisation bei diesem wichtigen Prozess im Abseits bleibt.

In dieser Zusammenarbeit finden sowohl die Medien als auch das Gesundheitswesen und der Sozialbereich wie auch die Vertreter der Kirche ihren Platz. Eine

[7] Dokumente Nr. 102–105.
[8] Vgl. Dokument Nr. 102, Anm. 5.

besondere Rolle weisen beide Parteien der Vertiefung des gegenseitigen Verständnisses, der Kontakte und der Zusammenarbeit der Jugend beider Länder zu, der Schüler und Studenten, die bereits morgen selbst direkte Verantwortung tragen werden dafür, dass die erzielten Vereinbarungen mit Leben erfüllt werden und dass ein wirkliches Vorankommen auf dem Weg zu einem vereinigten Europa erfolgt.

Die Zusammenarbeit mit Deutschland wird rasch an Kraft und Tempo gewinnen. Das Ganze ist nicht auf den Vertrag über gute Nachbarschaft, Partnerschaft und Zusammenarbeit beschränkt. Im Anmarsch – er ist praktisch bereits vereinbart – ist ein neuer wichtiger Vertrag über die Entwicklung einer breit angelegten Zusammenarbeit auf dem Gebiet der Wirtschaft, der Industrie, der Wissenschaft und Technik.[9] Es ist offensichtlich, dass der künftige geeinte deutsche Staat mit einem voraussichtlichen Bruttosozialprodukt von 1,5 Trillionen Dollar ein leistungsstarker, sicherer Partner für unser Land sein wird. Beide Seiten sind bereit, alles dafür zu tun, in dieser Sache ein neues Niveau und eine neue Qualität der Zusammenarbeit zu erreichen.

Abgeschlossen ist die Erarbeitung eines Abkommens, das die Bedingungen für den Verbleib und den planmäßigen Abzug unserer Streitkräfte, aber auch die damit verbundenen Regelungen sowie einige Übergangsmaßnahmen festlegt.[10] Ich halte es für notwendig, die Bereitschaft zu erwähnen, die in diesem Zusammenhang von deutscher Seite, darunter von Kanzler Kohl und Außenminister Genscher, an den Tag gelegt wurde – die Bereitschaft, Anstrengungen zu unternehmen, damit unsere Armeeangehörigen für die verbleibende Zeit ihres Aufenthalts über normale Bedingungen verfügen – auch in materieller und finanzieller Hinsicht – und den deutschen Boden mit guten Gefühlen als Freunde des deutschen Volkes verlassen können. Die deutsche Seite leistet ihren Beitrag bei der Verwirklichung eines speziellen Programms für den Bau ziviler Wohnungen auf dem Territorium des europäischen Teils der UdSSR in einem Umfang von vier Millionen m^2 Wohnfläche. Geschaffen werden auch vier Kombinate für den Hausbau mit einer Kapazität von 100 000 m^2 pro Jahr. Auch andere Maßnahmen zur technischen Hilfe und Zusammenarbeit, zur Schaffung von Transportdiensten und zur Umschulung unserer Armeeangehörigen mit dem Ziel ihrer Eingliederung in eine zivile Arbeitstätigkeit werden in die Tat umgesetzt. Ich glaube, dass an sich schon eine solche Herangehensweise der deutschen Seite an Fragen, die mit unseren Streitkräften zu tun haben, viel aussagt. Sie verdient Hochachtung nicht nur in zwischenstaatlicher, sondern auch in moralischer und ethischer Hinsicht.

Insgesamt treten wir in eine Phase wirklich neuer Beziehungen mit Deutschland ein. Und wir müssen lernen, die sich eröffnenden Möglichkeiten der Zusammenarbeit mit diesem großen europäischen Volk in vollem Umfange und mutig auszuschöpfen. Wir hatten schwarze Seiten in unserer Geschichte. Aber jetzt ist die Zeit gekommen, um sich den belebenden und mächtigen Quellen der Traditionen friedlichen, wechselseitig nützlichen Zusammenwirkens zuzuwenden, die viele Jahrhunderte gemeinsamer Geschichte gekennzeichnet haben. Ich bin über-

[9] Vgl. Dokument Nr. 104, Anm. 35.
[10] Vgl. Dokument Nr. 102, Anm. 25.

zeugt, dass namentlich diese Traditionen unsere Zukunft bestimmen werden, ja, auch die Zukunft in ganz Europa.

Die sowjetisch-deutsche Zusammenarbeit richtet sich gegen niemanden. Die Zeit der Allianzen und der Intrigen der einen europäischen Staaten gegen die anderen muss der Vergangenheit angehören. Unser Ziel ist ein Europa des Vertrauens, der Einigkeit und der Zusammenarbeit. Am Horizont der sowjetisch-deutschen Verträge erscheinen nicht weniger gewichtige und bedeutende Verträge über gegenseitiges Verständnis und Zusammenarbeit mit Frankreich, über Freundschaft und Zusammenarbeit mit Italien und neue Dokumente, die den Charakter der sowjetisch-englischen Beziehungen festlegen. Es reift ein Paket bedeutender Abkommen mit Spanien und mit anderen westeuropäischen Staaten heran.[11] Die Perestrojka beginnt, nicht nur einzelne außenpolitische Erfolge zu zeitigen. Es ist eine allgemeine Verschiebung festzustellen, von – bildlich gesprochen – nahezu tektonischem Charakter.

Die Erfahrung bei der Lösung eines der kompliziertesten und akutesten außenpolitischen Probleme der Nachkriegszeit – der deutschen Frage – demonstriert auf anschaulichste Weise, dass es realistisch ist, ein Europa zu schaffen, in dem die Sowjetunion als einer der Architekten des gesamteuropäischen Hauses und als aktives Mitglied der Gemeinschaft friedliebender, demokratischer Staaten den ihr gebührenden Platz einnehmen wird.

Vestnik Ministerstva inostrannych del SSSR, Nr. 20 vom 31. 10. 1990, S. 32–35.

Nr. 118
Resolution des Komitees für internationale Angelegenheiten des Obersten Sowjets der UdSSR vom 20. September 1990

Resolution des Komitees des Obersten Sowjets der UdSSR für internationale Angelegenheiten
20. September 1990

Das Referat von Gen. Ė. A. Ševardnadze und die erste Durchsicht des am 12. September 1990 in Moskau von den Außenministern der UdSSR, der USA, Großbritanniens, Frankreichs, der BRD und der DDR unterzeichneten Vertrags über die abschließende Regelung in Bezug auf Deutschland erlauben die Schlussfolgerung, dass der Vertrag zuverlässig und vollständig die äußeren Aspekte der Vereinigung der beiden deutschen Staaten regelt.[1] Dem Vertrag liegt ein Interessenausgleich

[11] Die verschiedenen Vertragswerke mit Fundstellen sind zusammengefasst in George Ginsburgs, The Soviet Union and international cooperation in legal matters, Vol. 3, Dordrecht 1994, S. 185 f. (u. a. sowjetisch-französischer Vertrag über gegenseitige Verständigung und Zusammenarbeit vom 29. 10. 1990, sowjetisch-italienischer Vertrag über Freundschaft und Zusammenarbeit vom 18. 11. 1990, sowjetisch-spanische Politische Deklaration vom 27. 10. 1990 und der sowjetisch-spanische Freundschafts- und Kooperationsvertrag vom 9. 7. 1991).

[1] Vgl. Dokument Nr. 117 mit Angabe der relevanten Vertragstexte.

der an ihm beteiligten Parteien zugrunde. Aufgrund seines Inhalts und des Umfangs der durch den Vertrag geklärten Fragen stellt er einen gewaltigen Schritt auf dem Wege zum Aufbau eines Europas des Friedens und der Zusammenarbeit dar.

Wichtig ist, dass der Vertrag genau und klar die Grenzen des vereinigten Deutschland festlegt, ihren endgültigen Charakter festlegt und den Verzicht Deutschlands fixiert, territoriale Ansprüche zu erheben.

Neben den Feststellungen zu den Grenzen haben für die Sowjetunion die Bestimmungen des Vertrags zu Fragen der Sicherheit besondere Bedeutung. In dem Dokument wird die Verpflichtung der BRD und der DDR feierlich bekräftigt, nach der von deutschem Boden nur Frieden ausgehen werde. Diese Verpflichtung wird bestätigt durch den Verzicht Deutschlands auf Herstellung, Besitz und Verbreitung von Massenvernichtungswaffen, durch die vertraglich festgelegte Begrenzung der Stärke der deutschen Streitkräfte auf 370000 Mann und durch die Schaffung eines militärpolitischen Sonderstatus des Territoriums der derzeitigen DDR.

Der Vertrag über eine abschließende Regelung in Bezug auf Deutschland, aber auch die mit ihm zusammenhängenden Dokumente enthalten die unerlässlichen Garantien und Verpflichtungen, die die Interessen unseres Landes gewährleisten und der realen Lage in Europa entsprechen. Dies gestattet der Sowjetunion, gemeinsam mit den USA, England und Frankreich Rechte und Verantwortung der Vier Mächte in Bezug auf Deutschland außer Kraft zu setzen.

Das Komitee des Obersten Sowjets der UdSSR für internationale Angelegenheiten nimmt die Information von Ė. A. Ševardnadze über den Inhalt des am 13. September 1990 paraphierten Vertrags über gute Nachbarschaft, Partnerschaft und Zusammenarbeit zwischen der UdSSR und der BRD zur Kenntnis. Das Komitee stellt fest, dass der Vertrag günstige Möglichkeiten eröffnet, um eine neue Qualität der Zusammenarbeit und des Zusammenwirkens beider Staaten in den Bereichen Politik, Wirtschaft, aber auch auf anderen Gebieten zu erlangen.

Das Komitee des Obersten Sowjets der UdSSR für internationale Angelegenheiten hält es für dringend notwendig:

- der Regierung der UdSSR zu empfehlen, den Vertrag über die abschließende Regelung in Bezug auf Deutschland zur Ratifizierung vorzulegen;
- den Abschlussbericht des Vertragskomitees unter Beiziehung entsprechender Spezialisten vorzubereiten;
- dem Außenministerium der UdSSR und dem Verteidigungsministerium der UdSSR in nächster Zeit den Auftrag zu erteilen, die mit der Tatsache verbundenen Fragen zu regeln, dass eingedenk der Vereinigung Deutschlands die vorhandenen Systeme der diplomatischen und konsularischen Vertretungen in diesem Land revidiert werden müssen und auch die erforderlichen Schritte zu unternehmen, die mit der Beendigung der Gültigkeit der Abkommen, der Entscheidungen und der Praxis der Vier Mächte zusammenhängen;
- dass die entsprechenden Behörden der UdSSR im Kontakt mit den Unionsrepubliken alle notwendigen Maßnahmen ergreifen, um einen planmäßigen Abzug der sowjetischen Streitkräfte vom Territorium Deutschlands, ihre Eingliederung in der Sowjetunion und die Lösung der sozialen Fragen der Armeeangehörigen und ihrer Familienmitglieder zu gewährleisten. Auf den Sitzungen

des Komitees des Obersten Sowjets der UdSSR sind regelmäßig Informationen zum Sachstand in dieser Frage anzuhören.

Vestnik Ministerstva inostrannych del SSSR, Nr. 20 vom 31. 10. 1990, S. 35–36.

Nr. 119
Gespräch Gorbačevs mit dem SPD-Kanzlerkandidaten und Ministerpräsidenten des Saarlandes, Lafontaine, am 21. September 1990[1]
Aus dem Gespräch M. S. Gorbačevs mit O. Lafontaine
Moskau, 21. September 1990

(An dem Gespräch nahmen von sowjetischer Seite V. M. Falin, von deutscher Seite E. Bahr, H. Ehmke und K.-H. Hiersemann teil.)

M. S. Gorbačev: Die heutige Begegnung betrachte ich als die Fortsetzung der einzigartigen Beziehungen zwischen unseren Parteien. Ich glaube nicht, dass ihre Bedeutung mit der Zeit abnehmen wird. Im Kontext der Ereignisse liegt auf uns die gemeinsame Verantwortung, die sozialistische Idee zu erhalten, aber nicht irgendwo „im Keller", sondern dahingehend, sie mit Leben zu erfüllen.

Viele möchten das, was sich jetzt in Osteuropa und in der Sowjetunion ereignet hat, als Bankrott der sozialistischen Idee ausgeben. Ich habe eine andere Meinung: Zusammengebrochen ist die utopische, voluntaristische, aufgezwungene Version der Verwirklichung dieser Idee. Wir begreifen die Perspektive der Bewegung im Rahmen der sozialistischen Wahl und im Kontext der Weltzivilisation, indem wir vom Modell einer aus zwei Lagern bestehenden Welt ausgehen.

Ich begrüße Ihre Mission sowohl im Zusammenhang mit den Ereignissen, die sich in Deutschland abspielen als auch im Hinblick auf die sowjetisch-deutschen Beziehungen. Die zentrale Idee bei allen Gesprächen mit der deutschen Führung bestand darin, dass unsere beiden Völker, die beiden Länder, nicht im Gegensatz zueinander stehen, sondern zusammenarbeiten sollten. Ich bin überzeugt, dass dies die Auffassung aller politischen Kräfte sowohl in Deutschland wie auch in unserem Lande ist.

Derzeit geschieht eine gewaltige Umwälzung. Nicht alles läuft in der Praxis so, wie man sich das vorgestellt hatte. Es ist wichtig, dass die Nachkriegsjahrzehnte nicht umsonst gelebt worden sind. Es vollzieht sich ein schwieriger Prozess der Erneuerung der sowjetisch-deutschen Beziehungen, ausgehend von jenen historischen Wurzeln, die diese Beziehungen seit eh und je genährt haben. Mit einem Wort, ich sehe die Logik und die Perspektiven Ihrer Mission in Moskau.

[1] Aus dem sowjetischen Protokoll Auszüge in Kohl, Die Erinnerungen 1994–1998, S. 227f. Vgl. die kritischen Vorbemerkungen im Tagebuch von Černjaev, Sovmestnyj ischod, S. 874f. (20. 9. 1990), zum 22. 9. 1990 dort nur ein knapper Gesprächsvermerk (S. 875), davon gekürzte Wiedergabe in Tschernjaew, Mein deutsches Tagebuch, S. 272 (unter dem 20. 9. 1990).

Vor der derzeitigen sowjetischen Führung und vor Gorbačev persönlich steht keine einfache Aufgabe. Soeben hat man von der Tribüne herab aufgezählt, dass es Gorbačev gelungen ist, die KPdSU, den Sozialismus, die Union der SSR, Osteuropa und den Marxismus–Leninismus zu zerstören. Und was noch?

V. M. Falin: Den proletarischen Internationalismus. Sie nannten auch noch die Armee.

M. S. Gorbačev: Man braucht nichts zu bagatellisieren. Wir treten von einer Epoche in eine andere über. Das Schicksal hat es so gefügt, dass im Zentrum der Perestrojka die derzeitige Führungsriege zu ihren Initiatoren geworden ist. Ich bleibe ein Anhänger der sozialistischen Idee. Das ist meine innere Überzeugung, mein Wesen. Als Demokrat trete ich für soziale Gerechtigkeit ein, für eine Macht, die sich nicht vom Menschen der Arbeit entfremdet, für eine friedliebende Politik und für internationale Zusammenarbeit.

Der gesamte Reformprozess verläuft in der Gesellschaft unter dem Einfluss gerade dieser Anschauungen. Ich glaube, keine Nation, kein Volk hat eine derart schwierige Geschichte durchgemacht. Wenn all das, was sich ereignet, von Gorbačev und seinen Kollegen nur ausgedacht worden wäre, dann wäre dies eine regelrechte Vergewaltigung der Realität im eigenen Land und über seine Grenzen hinaus.

Wir alle – die UdSSR, Europa, die Welt – gelangen zu dem Verständnis, dass das Leben reformiert werden muss. In unserer Geschichte war es immer folgendermaßen: Wenn es einen politischen Gegner gibt, dann muss man ihn vernichten, nicht politisch, sondern physisch. Nun, wir bewegen uns in diesem Land bereits sechs Jahre im Rahmen eines demokratischen politischen Prozesses voran.

Übrigens, auch die Deutschen können politische Probleme lösen. Es scheint, als habe bei Ihnen in letzter Zeit die Demokratie gründlich zugenommen.

O. Lafontaine: Ich danke Ihnen, dass Sie ungeachtet Ihrer starken Arbeitsbelastung eine Möglichkeit gefunden haben, uns zu empfangen. Ich möchte auch dafür danken, was Sie für die deutsche Einheit getan haben. Es ist kein Geheimnis, dass dank Ihrer Politik die entscheidenden Voraussetzungen dafür geschaffen wurden. Ich danke Ihnen auch für den ermutigenden Brief, den Sie mir nach dem Attentat geschickt haben.[2] Derartige Gesten helfen sehr in schwierigen Zeiten.

M. S. Gorbačev: Wir alle waren durch die Nachricht erschüttert.

O. Lafontaine: Ich möchte den Dialog über die sozialistische Idee fortsetzen. Im Laufe der Zeit verändert sie sich, jedoch der Grundgedanke und die Ziele bleiben die gleichen. Als wir auf dem letzten Parteitag der SPD ein neues Programm verabschiedeten – ich leitete die Redaktionskommission – haben wir vieles verändert, aber die Ziele haben wir nicht aufgegeben.[3]

M. S. Gorbačev: Ich kenne dieses Programm, ich habe es noch im Entwurf gelesen.

O. Lafontaine: Darin wurde ein neues Verständnis der Arbeit aufgenommen. Es wird neu beleuchtet, breiter, indem man nicht nur die Industriearbeiter einbe-

[2] Am 25. 4. 1990 bei einem Wahlkampfauftritt in Köln.
[3] Grundsatzprogramm der Sozialdemokratischen Partei Deutschlands. Beschlossen vom Programm-Parteitag der SPD am 20. 12. 1989 in Berlin, Bonn 1990.

zieht, sondern die Lohnarbeit insgesamt. Dafür wurden wir von unseren Gewerkschaften gründlich kritisiert.

M. S. Gorbačev: Wahrscheinlich von den Hütten- und Bergarbeitern. Aber, natürlich, wenn man die Informatik nimmt, die Hochtechnologie, dann kann man nur schwer eine Grenze ziehen zwischen dem Arbeiter, Monteur, Ingenieur und dem Techniker.

O. Lafontaine: Hier ist das zu beobachten, was man als Widerstand des Denkens bezeichnen könnte. Marx bemerkte, dass die Traditionen der vergangenen Generationen auf den nachfolgenden lasten. Der kürzlich verstorbene Soziologe Norbert Elias hat die Idee entwickelt, dass die Wirklichkeit stets die Entwicklung des Bewusstseins überholt.[4]

Es sind jetzt besonders starke Impulse, Anstöße in Richtung Integration zu beobachten, und die Nationen müssen lernen, auf neue Weise zu denken. Auch in Deutschland vollzieht sich eine Perestrojka, obwohl anderer Natur als bei Ihnen. In ihrem Verlauf stoßen wir auf große Probleme. Wichtig ist, nicht die Fehler der Vergangenheit zu wiederholen. Der Prozess der europäischen Integration muss im Rahmen der KSZE gemeinsam mit der Sowjetunion vor sich gehen.

M. S. Gorbačev: Ich bin voll und ganz einverstanden. Wahrscheinlich hegen Sie den Verdacht, dass ich das in einer bestimmten Etappe vergessen habe. Ich werde es Ihnen erklären: Ich war Verfechter einer allmählichen Vereinigung. Aber Sie haben das – intern – nicht in den Griff bekommen. Es gab viel Spontanes. Wir mussten eine Wahl treffen und die Wahl war nicht einfach. Da es nicht gelang, alles zu kanalisieren, wurde es notwendig, die Entscheidung zu treffen, den gesamten Prozess in einen internationalen Rahmen zu umzulenken. Ich glaube, wir sind richtig vorgegangen und haben keine negative Haltung eingenommen. Bei allen jähen Wendungen verläuft der Prozess der deutschen Vereinigung doch in einem Hauptkanal, stößt in gewisser Weise den europäischen Prozess an und führt die Beziehungen zwischen unseren Völkern in eine neue Phase. Unsere Politik bleibt, was den europäischen Kontext betrifft, im Großen und Ganzen die alte.

Auf der ersten Etappe ist viel getan worden, aber während des Wachstums möchte ein Organismus vielleicht nicht nur den Kopf sondern auch die Muskeln bewegen. Ich hoffe wirklich, dass sowohl die Deutschen als auch die internationalen Rahmenbedingungen andere geworden sind. Sie verstehen doch, dass man in unserer Gesellschaft sehr aufmerksam darauf schaut, wie es den Deutschen geht und wovon sie leben.

O. Lafontaine: Seinerzeit erschien ein Buch mit dem Titel „Die verspätete Nation":[5] Die Deutschen, heißt es da, werden einen geeinten Nationalstaat dann erreichen, wenn die Europäische Gemeinschaft alle größeren Kompetenzen übernimmt und die nationalen Abgrenzungen in gewissem Sinne auflöst. Wir setzen unsere Hoffnung auf die europäische Einheit und auf die Schaffung einer europäischen Gemeinschaft unter Beteiligung Osteuropas und der Sowjetunion. Widersprüchliche Gedanken stellen sich ein. Zum Beispiel wurde unlängst der Vor-

[4] Vgl. v. a. ders., Über den Prozess der Zivilisation, 2 Bände, Basel 1939, sowie Die Gesellschaft der Individuen, Frankfurt/Main 1987.

[5] Helmuth Plessner, Die verspätete Nation. Über die politische Verführbarkeit bürgerlichen Geistes, Stuttgart 1959.

schlag gemacht, dass Deutschland ständiges Mitglied des Sicherheitsrats der Vereinten Nationen werden solle.[6] Aber wäre es vielleicht nicht besser, wenn die Europäische Gemeinschaft diesen Status erhielte?

M. S. Gorbačev: Und was werden Frankreich und Großbritannien dazu sagen?

O. Lafontaine: Man soll ruhig auch dort die eigene Rolle neu interpretieren. Das wird insbesondere den Engländern nicht leicht fallen, und auch nicht den Franzosen.

H. Ehmke: Es ist interessant, dass Genscher Andreotti als Antwort auf einen diesbezüglichen Vorschlag ebenfalls vorgeschlagen hat, zunächst in Paris und London darüber zu sprechen.

O. Lafontaine: Ungeachtet des Widerstands kommt der europäische Einigungsprozess voran. Offenbar ist das auch eine Frage des Generationswechsels.

M. S. Gorbačev: Unsere Wahl ist getroffen – wir bewegen uns in Richtung einer europäischen Gemeinschaft. Die Welt ändert sich stark und es ist gut, dass der Prozess des Umdenkens sich auch in den USA beschleunigt hat. Stellen Sie sich vor, die persische Krise[7] wäre vor sieben Jahren ausgebrochen. Die Amerikaner hätten rasch dafür gesorgt, die Ordnung in dem bekannten imperialen, gendarmenhaften Stil wiederherzustellen wie sie Panama und Grenada „zu Boden gedrückt“ haben.

Und solche Stimmungen existieren in Amerika. Bei solchen Schwerpunkten innerhalb der öffentlichen Meinung der USA ist es für Präsident Bush nicht einfach, die derzeitige Linie zu verfolgen. Der Allerhöchste hat es so gefügt, dass die neuen sowjetisch-amerikanischen Beziehungen in ihrer allerersten Etappe einer ernsthaften Prüfung unterzogen wurden.

Die beinahe schon wie eine Routineorganisation erscheinenden Vereinten Nationen sind plötzlich aktiv geworden.[8] Als ob diese Institution auf ihre Stunde gewartet hätte. Ich habe den Amerikanern gesagt, dass nicht nur wir selbst die Perestrojka in der UdSSR brauchen würden, sondern auch sie, und keineswegs in geringerem Maße. Veränderungen sind auch in den USA vor sich gegangen; man hat dort begonnen von seiner eigenen Perestrojka zu sprechen. Das was jetzt in Europa vor sich geht, in Ost wie West, wird in vielem die weitere Entwicklung auch außerhalb unseres Kontinents bestimmen. Die Erfahrungen, das intellektuelle Potential, die historischen Wurzeln und die politische Kultur Europas können positive Impulse vermitteln. Besonders, wenn es gelingt, unsere Ressourcen zu vereinigen. Ich, als Russe, als Sowjetmensch, fühle mich immer stärker als Europäer.

O. Lafontaine: Ohne Zweifel hat Ihre Politik in Europa und Amerika viel verändert. Man braucht nur an den Abzug der Streitkräfte zu denken, die Reduzierung der Militärpotentiale durch die westliche Seite, was in früheren Zeiten un-

[6] So Portugalov in einem Interview mit der Bild am Sonntag vom 16. 9. 1990, zit. nach: Lisette Andreae, Reform in der Warteschleife. Ein deutscher Sitz im UN-Sicherheitsrat?, München 2002, S. 40.

[7] Vgl. Dokument Nr. 111, Anm. 2.

[8] Gemeint sind die Resolutionen des UN-Sicherheitsrats im Zusammenhang mit der Invasion des Irak in Kuwait, beginnend mit Resolution Nr. 660 (1990) vom 2. 8. 1990 mit der Verurteilung des Einmarsches, http://www.un.org/depts/german/sr/sr_90/sr660–90.pdf. Zusammenstellung der Resolutionen unter http://www.un.org/depts/german/sr/sr_them/irak.htm#1990.

denkbar gewesen wäre. Es hat sich eine Persönlichkeit gefunden, die imstande war, den Knoten der Widersprüche durchzuschlagen, die auf der Logik des „paritätischen" Denkens gründeten. Bush weiß, dass er vor der öffentlichen Meinung nicht bestehen kann und sucht deshalb die internationale Zusammenarbeit.

M. S. Gorbačev: Waren Sie vor kurzem in den USA?

O. Lafontaine: Ja, am Vorabend von Helsinki.[9]

M. S. Gorbačev: Das heißt, Sie haben Helsinki vorbereitet? Zumindest haben Sie daran teilgenommen.

O. Lafontaine: Hier besteht auch ein ökonomischer Zusammenhang. Die von Reagan betriebene Politik im Rüstungsbereich hat die amerikanische Wirtschaft stark geschädigt. Das Staatsdefizit ist noch immer sehr hoch. Ich möchte betonen, dass auch die Regierung der BRD im Vereinigungsprozess einen fundamentalen Fehler begangen hat. Entgegen den Empfehlungen der Experten hat sie auf dem Territorium der DDR sofort die D-Mark eingeführt.

M. S. Gorbačev: Hier gab es auch politische Erwägungen.

O. Lafontaine: Wie im Schach garantiert in der Politik die Richtigkeit der ersten beiden Züge nicht, dass auch der letzte Zug richtig sein wird. Die mit der Vereinigung Deutschlands verbundenen Ausgaben sind im Vergleich mit den anfänglichen Schätzungen bereits jetzt zehnmal so hoch. Jährlich werden mehr als 150 Mrd. Mark oder die Hälfte unseres Haushalts erforderlich sein. Dabei sind private Kapitalinvestitionen nicht berücksichtigt. Den finanziellen Möglichkeiten der BRD ist schwerer Schaden zugefügt worden.

Als ich in Amerika war, habe ich gesagt, dass uns die Vereinigung mit der DDR um ein Vielfaches teurer zu stehen komme als den Amerikanern die Ausgaben im Zusammenhang mit den Ereignissen im Umkreis des Persischen Golfs.

M. S. Gorbačev: Zudem werden dort andere zahlen.

O. Lafontaine: Es wurde ein falscher Umrechnungskurs der Mark festgelegt. Dies wirkt sich unter anderem auch auf unsere Beziehungen mit Osteuropa und mit Ihnen aus. Der Warenstrom nach Osten beruht zu drei Vierteln auf Subventionen. Zum Beispiel ist der Verkauf eines Busses aus DDR-Produktion nach Ungarn für die Ungarn infolgedessen viermal so teuer als früher. Der reale Kurs von West- gegenüber Ostmark von 1:4 ergibt diesen Subventionsumfang.

H. Ehmke: Zum Vergleich: Genau dasselbe würde geschehen, wenn Sie Rohöl zu Weltmarktpreisen verkaufen würden.

M. S. Gorbačev: Es ist wichtig, dass wir in der derzeitigen Übergangsphase, die für unsere beiden Länder charakteristisch ist, enger miteinander zusammenarbeiten. Dies wird sich positiv auf die Dynamik und das Ausmaß der Veränderungen auswirken.

In der Sowjetunion haben wir uns dicht dem Markt angenähert. Dies ist auch an den stürmischen Diskussionen zu erkennen.[10] Es fehlt nur noch, dass der Premier[11] eine andere Meinung hat als der Präsident. Wir werden Marktmechanismen einführen und zur Privatisierung übergehen. Letzteres bedeutet für uns nicht

[9] Vor den Gesprächen Gorbačevs mit Bush, s. Dokument Nr. 111.
[10] Vgl. Dokument Nr. 104, Anm. 41.
[11] Ryžkov.

einen Wechsel von einer totalen Herrschaft des Staatseigentums zu einer totalen Herrschaft des Privateigentums, sondern einen Austausch des Eigentümers. Wir planen das Entstehen freier Zusammenschlüsse der Produzenten. Es kann verschiedene Formen geben: Aktiengesellschaften, Kooperativen und Pachtstrukturen. Wir vereinigen auf diese Weise die sozialistische Idee mit dem privaten Interesse des Produzenten. Uns stehen Maßnahmen zur Entmonopolisierung und Schaffung neuer Infrastrukturen bevor und wir beabsichtigen, die Gesetzgebung für ausländische Kapitalinvestitionen zu verbessern. Es wird bald ein Gesetz über das Unternehmertum herauskommen. Offenbar kommen wir auch einer Lösung des Problems der Konvertierbarkeit des Rubels näher, um die Zusammenarbeit auf eine gesunde Grundlage zu stellen. Ihre Unternehmer können rechnen.

O. Lafontaine: Nicht alle!

M. S. Gorbačev: Die DDR und die BRD sind unsere beiden größten Außenhandelspartner.

H. Ehmke: Große Bedeutung für die künftigen sowjetisch-deutschen Beziehungen wird das Verhältnis der deutschen Bevölkerung zu den sowjetischen Armeeangehörigen in Deutschland in der Übergangszeit haben.

M. S. Gorbačev: Genscher hat erklärt, dass unsere Streitkräfte als Vertreter eines befreundeten Landes angesehen werden. Ich hoffe, dass die Einstellung der Sozialdemokraten zumindest nicht schlechter ist. Ich unterstütze Herrn Ehmke in seiner Haltung zu dieser äußerst wichtigen Frage. Vieles wird davon abhängen, ob unsere Streitkräfte nicht als Besatzungstruppen angesehen werden.

H. Ehmke: Nötig sind direkte Kontakte der Bevölkerung mit den Armeeangehörigen und ihren Familienmitgliedern. Wir bitten Sie, Ihre Armeeführung über unsere Absichten zu informieren, da die Reaktion sehr uneinheitlich zu sein pflegt.

M. S. Gorbačev: Das wird geschehen. Darüber hinaus haben wir vereinbart, dass sich Ševardnadze während seiner bevorstehenden Reise zu Ihnen gemeinsam mit Genscher zu den Streitkräften begibt und ein Signal setzt.[12]

Ich möchte Ihre Aufmerksamkeit noch auf Folgendes lenken: Wie ich schon Genscher gesagt habe, hat sich die westdeutsche Fernsehgesellschaft ZDF bei Aufnahmen und Interviews mit unseren Soldaten in der DDR und mit den Mitgliedern ihrer Familien provozierende Dinge gestattet. Ich denke dabei daran, unsere Armeeangehörigen dazu zu ermutigen, um politisches Asyl zu ersuchen. Natürlich gibt es verschiedene Fälle. Aber wenn sie auch vorkommen, so darf man keinerlei Spekulationen zulassen.[13]

O. Lafontaine: Ich glaube, dass die allgemeine Atmosphäre in unserem Land im Zusammenhang mit den Flüchtlingen dergleichen Aktivitäten blockieren werden. Die CDU fürchtet sehr, dass sich der Flüchtlingsstrom verstärkt. Im vergangenen Jahr sind ca. eine Millionen Menschen in die Bundesrepublik gekommen, und in diesem Jahr erwartet man ungefähr 600 000. Die Probleme mit dem Wohnraum und den Arbeitsplätzen üben einen starken Druck auf den Wahlkampf aus. Niemand kann sich erlauben, die Menschen anzulocken.

[12] Vgl. Dokument Nr. 123, Anm. 16.
[13] Vgl. Dokument Nr. 115, Anm. 8.

K.-H. Hiersemann: Im vorliegenden Fall ärgern wir uns gemeinsam über das ZDF.

O. Lafontaine: Die rechtliche Lage in unserem Land ist so, dass im Falle eines Antrags, politisches Asyl zu gewähren, die Möglichkeiten einer Ablehnung sehr begrenzt sind. Wir denken jetzt darüber nach, wie wir jenen Bürgern die Asylgewährung verweigern können, die aus Ländern kommen, in denen es keine politische Verfolgung gibt.

E. Bahr: Wir könnten unsererseits für Ihre Armeeangehörigen und für andere Sowjetbürger Ausbildungsprogramme für zivile Berufe vorschlagen, die bei Ihnen benötigt werden.

M. S. Gorbačev: Ich unterstütze diese Idee. Im Rahmen des in Vorbereitung befindlichen Vertrags über die Bedingungen des Verbleibs der sowjetischen Streitkräfte in Deutschland ist eine Lösung vieler konkreter Fragen vorgesehen.[14]

H. Ehmke: Hier kann man auf die Hilfe der deutschen Unternehmer zählen.

O. Lafontaine: Ich möchte auch die Frage der Umsiedler deutscher Nationalität aus der UdSSR ansprechen.[15]

M. S. Gorbačev: Die Frage der Sowjetdeutschen ist in unserem Blickfeld. Das Verhältnis zu ihnen ist in der Gesellschaft nicht schlecht. Man muss nur das Problem der Autonomie für beide Seiten akzeptabel lösen. „Von oben" funktioniert es nicht. Das Territorium des früheren deutschen Autonomiegebiets ist jetzt dicht besiedelt,[16] obgleich im Gebiet Ul'janovsk zwei Bezirke deutsche Umsiedler bereits zu sich eingeladen haben. Wir ziehen eine Initiative „von unten" in Betracht, sozusagen mit gegenseitigem Einverständnis. Eine spezielle Kommission des Nationalitätenrats beim Obersten Sowjet beschäftigt sich laufend mit diesem Problem.

O. Lafontaine: Übrigens, Ihr Ameeangehöriger deutscher Herkunft kann im Falle eines Antrags automatisch unsere Staatsangehörigkeit und die entsprechende finanzielle und sonstige Unterstützung erhalten.

M. S. Gorbačev: Mir ist Ihr „imperiales" Gesetz bekannt *(Heiterkeit)*. Ist bei Ihnen noch die Verordnung über das Berufsverbot in Kraft?[17]

O. Lafontaine: Wenn in den Bundesländern Sozialdemokraten an die Macht kommen, schaffen sie diese Verordnung ab. So war es im Saarland und in Niedersachsen. Die SPD hat jetzt die Mehrheit im Bundesrat und Kohl kann nicht alles machen, was er will.

M. S. Gorbačev: Im Vertrauen sage ich Ihnen, dass ich an Kanzler Kohl einen Brief geschrieben habe. Ich habe ihn darauf aufmerksam gemacht, dass man eine Verfolgung ehemaliger SED-Mitglieder in Deutschland nicht zulassen darf.[18] Wenn dies beginnt, dann entstehen Verdächtigungen und der Beigeschmack der Vergangenheit. Auf der Hand liegt auch eine antisowjetische Ausrichtung solcher Tendenzen. Wenn wir in die Zukunft blicken, dann darf das nicht sein.

[14] Vgl. Dokument Nr. 102, Anm. 25.
[15] Vgl. Dokument Nr. 72, Anm. 31.
[16] Das betraf die Gebiete Samara und Saratov.
[17] Erlass der Ministerpräsidenten der Länder zur Beschäftigung von rechts- und linksradikalen Personen im öffentlichen Dienst vom 28. 1. 1972, u. a. in: Ministerialblatt Nordrhein-Westfalen 1972, S. 342.
[18] Dokument Nr. 120.

E. Bahr: Sehr gut! Sollen die „Freunde“ in der CDU sich Gedanken machen. Bis heute können bei uns Mitglieder der Kommunistischen Partei nicht Briefträger werden. Bald werden die Mitglieder der PDS Offiziere der Bundeswehr werden können.

V. M. Falin: Das ist sehr zweifelhaft. Unter den Offizieren der Nationalen Volksarmee verteilt man Fragebögen, in denen nicht nur nach der Mitgliedschaft in der Partei gefragt wird, sondern auch danach, ob der Befragte gemeinsam mit den Mitgliedern der SED Sport getrieben hat.

O. Lafontaine: Die Ost-CDU war unter Honecker in der Regierung der DDR, doch jetzt ist sie nach Ansicht der Führung der BRD „würdig“, sich an einer neuen Regierung zu beteiligen. Mit dieser Partei vereinigt sich die CDU Kohls.[19] Es ist kein Geheimnis, dass die Bedingung für eine berufliche Karriere in der DDR die Mitgliedschaft in der SED oder in einer der Blockparteien war. Soll Kohl sich doch gegenüber anderen Parteien halb so herzlich verhalten wie gegenüber der Ost-CDU.

M. S. Gorbačev: Würden wir in dieser Frage eine neutrale Haltung einnehmen, dann hätte das gefährliche Konsequenzen im Zusammenhang damit, dass in unserem Land im Verlauf der Pluralisierung der Gesellschaft ebenfalls bei irgendjemandem der Wunsch aufkommt, politische Revanche zu nehmen.

O. Lafontaine: Es gibt auch ein historisches Argument. Nach dem Zusammenbruch des Hitler-Reiches konnte ein ehemaliges Mitglieder der Nazi-Partei sogar Bundeskanzler werden.[20] Warum haben in diesem Fall ehemalige Mitglieder der SED nicht das Recht, Staatsbeamte zu werden? Ich habe über dieses Thema mit Gonzáles gesprochen. Nach dem Sturz Francos in Spanien hat man nur nach vorn geschaut.

M. S. Gorbačev: Das ist ein lobenswertes Vorgehen. Sie haben mit dem einen Schluss gemacht und sind vorwärts gegangen. Und die Denkmäler Francos haben niemanden gestört.

O. Lafontaine: Bringen Sie diese Ihre Meinung Kohl zur Kenntnis.

K.-H. Hiersemann: Es wäre wichtig, sich damit an den Kanzler zu wenden, dass er entsprechend dem Geist des Neuen Denkens die Berufsverbote im Land insgesamt beseitigt. Dies streben die Sozialdemokraten an. Ich weiß, dass dies eine innenpolitische Frage ist, aber Ihr Appell hat ein besonderes Gewicht.

M. S. Gorbačev: Wir waren mit vielen Menschen in der DDR eng verbunden. Wenn man in dieser Frage, milde gesagt, eine Deformation spürt und eine „Hexenjagd“ beginnt, dann wird das bei uns im Lande, in der Gesellschaft, einen sehr ungünstigen Eindruck hervorrufen. Ich glaube nicht, dass Honecker tatsächlich in Machtmissbrauch verwickelt war. Er war nicht aus diesem Holz. Ich war immerhin Zeuge der gesamten Tragödie. Politische Fehlkalkulationen sind eine Sache, Übergriffe eine andere.

O. Lafontaine: Er war einfach sehr alt. Ich bin mit ihm auch oft zusammengetroffen.[21] Hervorgegangen aus dem antifaschistischen Widerstand, konnte Hone-

[19] Vgl. Dokument Nr. 98, Anm. 10.
[20] Kiesinger.
[21] Vgl. u.a. Dokumente Nr. 9, Anm. 18 und Nr. 26, Anm. 23.

cker im Laufe der Zeit die früheren Ansichten nicht revidieren und neue Ideen aufgreifen. Sprechen Sie mit Kohl über ihn. Wenn wir das tun, fallen alle über uns her.

E. Bahr: Michail Sergeevič, was geschieht mit den Kernwaffen, die sich auf dem Territorium der BRD befinden? Es scheint, dass diese Frage außerhalb des Gesprächsrahmens mit Kohl geblieben ist. Wir wollen auf dem Territorium Gesamtdeutschlands die erste kernwaffenfreie Zone schaffen.

M. S. Gorbačev: Diese Frage wurde erörtert. Übrigens, es scheint, dass der Verteidigungsminister der DDR, Eppelmann – einer von „Euch" – dies fast vergessen hat.

E. Bahr: Ich kann nicht für alles Verantwortung tragen, was er tut.[22] Wir werden darauf bestehen, dass gleichzeitig mit dem Abzug der letzten Einheit sowjetischer Kernwaffen aus Deutschland auch die letzten amerikanischen Kernwaffen abgezogen werden. Bisher sind die Westmächte bereit, nur über die bodengestützten Kernwaffen zu sprechen und nicht über die luftgestützten. Dies wäre eine Unterminierung des Abkommens über die Raketen mittlerer Reichweite.[23]

M. S. Gorbačev: Es ist gegenseitiges Einvernehmen darüber erzielt worden, dass sich mit dem Abschluss von Wien-1[24] die Frage der atomaren Rüstung stellt. Wir haben hier mit Ihnen eine weitreichende Übereinstimmung der Positionen. Ich habe eine Fernsehreportage über den Abzug der amerikanischen Chemiewaffen aus der BRD gesehen.[25] Wahrhaftig, nachdem du ins Haus hineingekommen bist, denke nach, wie du wieder herauskommst!

O. Lafontaine: Wir möchten Ihre Zeit nicht in einem Augenblick missbrauchen, in dem Sie wichtige politische Entscheidungen treffen müssen. Wir hoffen auf eine Fortsetzung der Kontakte, vielleicht bei uns. Wann werden Sie nach Deutschland kommen?

H. Ehmke: Zu Weihnachten?

M. S. Gorbačev: Vieles wird davon abhängen, wie die Dinge bei uns laufen. Wir haben die Absicht, den sowjetisch-deutschen „Großen" Vertrag zu unterzeichnen.[26] Ich weiß wirklich nicht, wie ich mein Wort einlösen kann. Viele Versprechen sind gegeben worden, insbesondere Frankreich, mit dem wir vorhaben, einen bedeutenden Vertrag zu unterzeichnen.[27]

Ich habe mich gefreut, Sie alle hier zu sehen. Ich schätze den Dialog sehr, den wir sowohl persönlich als auch auf Parteiebene führen. Wir werden das fortsetzen. Übermitteln Sie meine Grüße meinem alten Freund Willy Brandt und dem Vorsitzenden Hans-Jochen Vogel. Ich wünsche Ihnen Erfolg. Grüßen Sie auch Kanzler Kohl.

O. Lafontaine: Mit Vergnügen. Nochmals vielen Dank für die Begegnung. Viele Grüße und Wünsche von Brandt und Vogel.

Archiv der Gorbačev-Stiftung. Bestand 1, Verzeichnis 1.

22 Bahr fungierte als Berater Eppelmanns im Ministerium für Abrüstung und Verteidigung der DDR.
23 Zum INF-Vertrag vgl. Dokument Nr. 19, Anm. 20.
24 Vgl. Dokument Nr. 61, Anm. 10.
25 Zum Abtransport am 14. 9. 1990 vgl. Walters, Die Vereinigung, S. 104 f.
26 Vgl. Dokument Nr. 102, Anm. 5.
27 Vgl. Dokument Nr. 117, Anm. 11.

Nr. 120
Entwurf Černjaevs für einen Brief Gorbačevs an Bundeskanzler Kohl vom 24. September 1990[1]

Memorandum A. S. Černjaevs und Entwurf eines Briefes an H. Kohl

24. September 1990

Michail Sergeevič!

Ich lege Ihnen den Entwurf eines Briefes an Kohl bezüglich der Verfolgungen in der DDR vor, worüber Sie auch mit Lafontaine gesprochen haben.[2]

Die Grundlage hat Falin vorbereitet.

Ich habe ihn redigiert, alle sprachlichen Spitzfindigkeiten weggenommen und um mehr als das Doppelte gekürzt.

Hochachtungsvoll, A. Černjaev

Sehr geehrter Herr Bundeskanzler!

Offen gesagt habe ich nach Archyz nicht angenommen, dass sich so bald die Notwendigkeit ergeben würde, mich in einer Frage an Sie zu wenden, die – so hätte man meinen können – allein durch die Folgerichtigkeit des Schlussstrichziehens unter die Vergangenheit hätte abgeschlossen sein sollen. Doch ist der Schlussstrich unter die Vergangenheit überhaupt möglich, wenn damit begonnen wird, wegen des Verhaltens und der Politik in dem anderen Staat, der nach eigenen Gesetzen lebte, abzurechnen?

Sie haben sicherlich schon erraten, dass ich die Anschuldigungen und die bereits begonnene Verfolgung von Mitgliedern der SED und ihrer Führung im Geiste eines primitiven Antikommunismus meine.[3]

[1] Die Endfassung des Brief wurde am 26. 9. 1990 von Botschafter Terechov in Bonn übergeben, in: Deutsche Einheit, Sonderedition, S. 1550f. Vgl. Kohl, Erinnerungen 1990–1994, S. 229–231, 319f. sowie Diekmann/Reuth, Helmut Kohl, S. 470–472.

[2] Dokument Nr. 119.

[3] Vgl. hierzu die Information über ein Gespräch von Vertretern der PDS-Kommission Internationale Politik mit Falin am 14. 9. 1990, in: Nakath (Hg.), Im Kreml, S. 235–243, hier S. 237: Falin stimmte dem Anliegen zu, „dass seitens der KPdSU mit größerem Hochdruck (auch bei der Öffentlichkeit) bekräftigt wird, dass die Sowjetunion ihre bewährten Freunde nicht fallen lässt". Die PDS-Vertreter übergaben u.a. eine Kopie des Haftbefehls gegen Wolf, und Falin „stimmte [...] voll der politischen Wertung dieses Schrittes und der inhaltlichen Auslegung der Formulierung „im Interesse einer fremden Macht" zu". Die UdSSR bleibe an der Übermittlung „weiterer konkreter Fakten von Verfolgungen demokratischer Kräfte interessiert". Honecker wurde trotz vorliegenden deutschen Haftbefehls im März 1991 nach Moskau geflogen, vgl. die Erklärung von Staatssekretär Vogel am 14. 3. 1991, in: Bulletin (1991), S. 227. Zu Äußerungen Gorbačevs im Umfeld des Verfahrens gegen Krenz vgl. Krenz, Gefängnis-Notizen, S. 65.
Bis zur Vereinigung erfolgten DDR-Ermittlungen v.a. wegen Fälschung der Kommunalwahlen und Amtsmissbrauch, es kam zu insgesamt 40 (12) Anklagen (Strafbefehlsanträgen) gegen 91 (12) Personen, von denen 15 (12) bis zum Oktober 1990 verurteilt wurden. Bis Ende 1992 ergingen in der Bundesrepublik 130 weitere Anklagen/Strafbefehlsanträge wegen „Gewalttaten Grenze", Rechtsbeugung, Wahlfälschung, MfS-Straftaten, Denunziationen, Misshandlungen, Amtsmissbrauch/Korruption, Wirtschaftsstraftaten, Doping oder Sonstigem (ohne Spionage), bis 15. 7. 1998 insgesamt 670. Wegen Spionage wurden bis 31. 7. 1997 5636 Ermittlungsverfahren gegen 7099 Personen (davon 4171 DDR-Bürger) eingeleitet. 82 DDR-Bürger wurden in diesem Zeitraum angeklagt, 22 verurteilt. Vgl. Klaus Marxen/Gerhard Werle, Die strafrechtliche Aufarbeitung

Ich kann nicht beurteilen, inwieweit die Zahl von achttausend Personen, die man, so heißt es, wegen „Landesverrats“, „Verbrechen gegen die Menschlichkeit“ und nicht zuletzt wegen „subversiver Tätigkeit zugunsten eines fremden Staates“ vor Bundesgerichte stellen will, richtig ist. Hat man erst einen Täter, so wird sich ein passender Paragraph finden lassen, und aus Archiven lässt sich auf Wunsch alles Mögliche herausziehen.

Als Kinder des „Kalten Krieges“ wissen wir beide ja, wie viel Unrecht ihn auf beiden Seiten begleitete. Die Bundesrepublik und die DDR bildeten hier natürlich keine Ausnahme.

Anstelle von zwei Lebensordnungen, zwei Souveränitäten entsteht nun eine Ordnung. Doch manch einem ist dies offenbar nicht genug. Man will den ehemaligen Gegner zwingen, den bitteren Kelch bis zur Neige zu leeren.

Was den „Dienst für einen fremden Staat“ angeht – wir wollen nicht Verstecken spielen – so zielt man auf die Sowjetunion ab und übersieht dabei ihren Beitrag zur Wiederherstellung der Einheit Deutschlands. Die sowjetische Öffentlichkeit und der Oberste Sowjet, dem noch die Ratifizierung bevorsteht,[4] verfolgen aufmerksam den Einigungsprozess. Auf sie werden die Versuche, das, was sich bis vor Kurzem in der DDR aus den Bündnisverpflichtungen ergab, als Verbrechen hinzustellen, ganz gewiss nicht ohne Wirkung bleiben. Die offene oder gar verborgene Propagierung von Antisowjetismus und Antikommunismus passt nicht mit den Prinzipien der guten Nachbarschaft zusammen, denen wir beide uns verpflichtet haben.

Dies ist der Grund, Herr Bundeskanzler, weshalb ich Ihnen die Anregung geben möchte, einen Weg zu finden, um den Eifer derjenigen zu dämpfen, die nicht abgeneigt sind, den „Kalten Krieg“ an der innerdeutschen Front zu verlängern. Die große historische Wende, die wir gemeinsam eingeleitet haben, muss auch bei Ihnen zu Hause von einem Frieden unter den Bürgern gekrönt werden und darf nicht von einer „Hexenjagd“ getrübt werden. Dies würde Ihnen nur noch mehr Sympathien und mehr Vertrauen einbringen.

Mit vorzüglicher Hochachtung
M. Gorbačev

Archiv der Gorbačev-Stiftung. Bestand 2, Verzeichnis 1.

von DDR-Unrecht. Eine Bilanz, Berlin 1999, Statistiken ebd., S. 155, 200–202, 217–221; Gesamtdokumentation in Strafjustiz und DDR-Unrecht. Dokumentation, hg. von Klaus Marxen u.a., 7 Bände, Berlin 2000–2009.

[4] Dokumente Nr. 117 und 132.

Nr. 121
Beschluss des Obersten Sowjets der UdSSR vom 2. Oktober 1990 über den sowjetischen Freundschafts- und Beistandsvertrag mit der DDR vom 7. Oktober 1975[1]

Beschluss des Obersten Sowjets der UdSSR über den Vertrag über Freundschaft, Zusammenarbeit und gegenseitigen Beistand zwischen der UdSSR und der DDR

2. Oktober 1990

Im Zusammenhang mit der bevorstehenden Vereinigung der Deutschen Demokratischen Republik und der Bundesrepublik Deutschland und in Anbetracht eines entsprechenden Ersuchens der DDR beschließt der Oberste Sowjet der UdSSR:

1. Das Ersuchen der Regierung der DDR, in dem gemäß Artikel 62 der Wiener Vertragsrechtskonvention[2] der Wunsch ausgedrückt wird, zum Zeitpunkt der Schaffung des vereinten Deutschland die Gültigkeit des Vertrags über Freundschaft, Zusammenarbeit und gegenseitigen Beistand zwischen der Union der Sozialistischen Sowjetrepubliken und der Deutschen Demokratischen Republik vom 7. Oktober 1975 zu beenden, zur Kenntnis zu nehmen.
2. Den Ministerrat der UdSSR zu beauftragen, im Zusammenhang mit der Vereinigung Deutschlands die erforderliche Tätigkeit für eine allseitige Gewährleistung der Interessen der Sowjetunion bezüglich vor allem des Bereichs der Sicherheit bis zum Inkrafttreten neuer Regelungen fortzusetzen.
3. Das Komitee des Obersten Sowjets der UdSSR für internationale Angelegenheiten und das Komitee des Obersten Sowjets der UdSSR für Verteidigungsfragen und Staatssicherheit gemeinsam mit den Mitgliedern anderer Komitees des Obersten Sowjets der UdSSR und ständiger Kommissionen der Kammern zu beauftragen, eine Anhörung zu den Fragen durchzuführen, die von den Volksdeputierten im Verlaufe der Erörterung des vorliegenden Beschlusses gestellt worden sind.

Der Vorsitzende des Obersten Sowjets der UdSSR A. Luk'janov
Moskau, Kreml. 2. Oktober 1990

Vestnik Ministerstva inostrannych del SSSR, Nr. 20 vom 31. 10. 1990, S. 36.

[1] Vgl. die Bewertung bei Černjaev, Sovmestnyj ischod, S. 877, unter dem 2. 10. 1990, dt. in Tschernjaew, Mein deutsches Tagebuch, S. 273. Vgl. Tschernjaew, Die letzten Jahre, S. 317f.

[2] Vertrag in: GBl. 1975 2, S. 238–243. Art. 62 des Wiener Übereinkommens über das Recht der Verträge (WÜV) vom 23. Mai 1969 regelt Beendigung und Suspendierung von Verträgen bei grundlegender Änderung der bei Vertragsabschluss vorgelegenen Umstände, Text u.a. unter http://treaties.un.org/doc/Treaties/1980/01/19800127%2000-52%20AM/Ch_XXIII_01p.pdf.

Nr. 122
Gespräch Gorbačevs mit Bundespräsident von Weizsäcker am 9. November 1990 [Auszug][1]

Aus dem Gespräch M. S. Gorbačevs mit R. von Weizsäcker*

Bonn, 9. November 1990

(An dem Treffen nahm A. S. Černjaev teil.)

R. von Weizsäcker: Ich freue mich sehr, Sie erneut hier in Bonn zu begrüßen. In den Beziehungen zwischen der Sowjetunion und der BRD geht ein Jahr zu Ende, das in ihrer ganzen Geschichte nichts Vergleichbares hat. Dies alles ist dank der sowjetischen Politik des „Neuen Denkens" möglich geworden. Ohne diese Politik hätte vor einem Jahr die Vereinigung der beiden Teile Berlins nicht stattgefunden. Ohne den konstruktiven Kurs der Sowjetunion wäre der Prozess der Regelung der außenpolitischen Aspekte der Vereinigung Deutschlands nicht mit derart positiven und zukunftsorientierten Ergebnissen beendet worden.

Der Vertrag, den Sie und der Bundeskanzler heute unterzeichnen, wird zum wichtigsten Ereignis in unseren Beziehungen werden.[2] Wir wollen ihn so konkret wie möglich in die Praxis umsetzen.

Die Menschen in der BRD verfolgen mit gespannter Aufmerksamkeit und großer Teilnahme die innere Entwicklung in der Sowjetunion. Sie wünschen der Perestrojka und der Politik der Reformen Erfolg.

M. S. Gorbačev: Der Anlass meines gegenwärtigen Besuchs geht über den Rahmen des Üblichen hinaus. Unsere beiden großen Länder, unsere beiden Völker treten in ihren Beziehungen in eine Phase des Wandels ein. Sie beinhaltet eine besondere Chance sowohl für unsere Länder als auch für alle Europäer. Dazu gibt es jetzt viele Erwägungen und Betrachtungen, welche Auswirkungen dies haben wird. Wir sind überzeugt, dass die Auswirkungen äußerst positiv sein werden. Es ändern sich nicht nur unsere Beziehungen, sondern es ändert sich die Welt insgesamt.

Heute sind wir in dieser Hinsicht sehr weit vorangekommen. Die Ereignisse im Persischen Golf hätten in einer anderen Zeit zum Krieg führen können.[3] Jetzt ist die Lage eine andere.

Wir hoffen darauf, dass die Zukunft unserer Beziehungen auf dem Wege eines aktiven, zielstrebigen Zusammenwirkens im Geiste guter Nachbarschaft, Partnerschaft und Zusammenarbeit liegt, so wie es im Großen Vertrag dargelegt ist. Vor uns liegen gewaltige Ziele, und wir dürfen sie nicht aus den Augen verlieren, selbst wenn es irgendwelche vorübergehenden Schwierigkeiten gibt.

Wenn man Überlegungen darüber anzustellen beginnt, ob es sich lohnt oder nicht, der Sowjetunion Kredite zu gewähren – und es geht um 10 bis 20 Milliarden

1 Zusammenfassung in Vizit M. S. Gorbačeva v FRG, S. 5f. Vgl. zur Vorbereitung des Besuchs Černjaev, Sovmestnyj ischod, S. 886 (9. 11. 1990), davon ungenaue Übers. in Tschernjaew, Mein deutsches Tagebuch, S. 277f.

2 Vgl. Dokument Nr. 102, Anm. 5.

3 Vgl. Dokument Nr. 111, Anm. 2.

– dann ist dies ein zu pragmatischer Ansatz. Die Zusammenarbeit von UdSSR und BRD birgt eine gewaltige Chance. Die Sowjetunion bewegt sich in Richtung Markt.[4] Wenn wir auf dieser Grundlage eine Zusammenarbeit in die Wege leiten, dann wird dies sowohl der Sowjetunion als auch der BRD großen beiderseitigen Nutzen bringen, umso mehr in einer Phase, in der sich in der wirtschaftlichen Entwicklung in der Welt eine gewisse Rezession bemerkbar macht. Wir haben das Gefühl, dass auch die Amerikaner diese Tendenz spüren und mit großem Interesse begonnen haben, sich gewaltigen Projekten der wirtschaftlichen Zusammenarbeit zuzuwenden. Es zeichnet sich eine Zusammenarbeit mit den USA im Umfang von vielen Milliarden bei solchen Projekten wie dem Bau eines neuen Passagierflugzeugs und der Erschließung der Erdölvorkommen von Tengiz ab.[5]

Mit einem Wort, wir treten dafür ein, dass man jetzt beim Ausbau der sowjetisch-deutschen Beziehungen einen höheren Gang einlegt. Eine besondere Bedeutung hat dabei, dass im Prozess der Eingliederung der früheren DDR in das vereinigte Deutschland nicht die vielfältigen Verbindungen verloren gehen und zerstört werden – das große Potential der Zusammenarbeit, das von uns und von Ostdeutschland in den vergangenen Jahrzehnten angesammelt wurde.

Ein großes Feld für die Zusammenarbeit bilden unsere Programme zur Konversion der Rüstungsproduktion. Hier verfügen wir über gute Ressourcen, über hochqualifizierte Spezialisten. Eine gute Perspektive sehen wir in solchen Bereichen wie der Heranbildung von Führungspersonal für die Marktwirtschaft, der Ausbildung von Managern und Spezialisten. Wenn der Große Vertrag gewissermaßen die Philosophie der Beziehungen widerspiegelt, so wird der zweite Vertrag, der noch zu unterzeichnen ist – über eine umfassende wirtschaftliche Zusammenarbeit – den Weg der praktischen Ausfüllung dieser Beziehungen festlegen.[6]

Ich möchte die Haltung der Führung der BRD in einer so wichtigen Frage wie der zeitweiligen Anwesenheit der sowjetischen Streitkräfte in Deutschland besonders würdigen. Für unsere Öffentlichkeit ist dies eine außerordentlich wichtige und sensible Frage. Wir hoffen, dass dieser konstruktive Kurs gestärkt und fortgesetzt werden wird. Das gewichtige Wort der Führer der BRD in dieser Frage wird eine große Bedeutung für unsere Beziehungen insgesamt und dabei auch für die Behandlung des gesamten Komplexes der Dokumente zur abschließenden Regelung in Bezug auf Deutschland durch den Obersten Sowjet haben.[7]

R. von Weizsäcker: Kürzlich hielt ich eine Rede in Leipzig und sprach über die sowjetischen Truppen in der DDR. Ich habe betont, dass sie die Vertreter eines befreundeten Volkes auf deutschem Boden seien. Es ändere sich das politische Klima, und es änderten sich die Aufgaben der sowjetischen Streitkräfte hier. Es sei kein Geheimnis, dass in der Vergangenheit das Verhältnis zu den sowjetischen Truppen nicht immer ein herzliches gewesen sei, aber jetzt bestehe Anlass, sich ihnen mit Offenheit und guten Gefühlen zuzuwenden.

Diese Worte wurden vom Auditorium mit anhaltendem Beifall aufgenommen.

[4] Vgl. Dokument 104, Anm. 41.
[5] Gebiet Atyrau, Kazachstan.
[6] Vgl. Dokument Nr. 104, Anm. 35.
[7] Dokument Nr. 132.

M. S. Gorbačev: In 30–40 Jahren haben unsere Beziehungen mit Ostdeutschland ein sehr hohes Niveau erreicht. Im Rahmen dieser Beziehungen hat sich vieles verändert, auch im Sinne einer Überwindung der Folgen des so schweren Krieges. Ohne diese Phase der Entwicklung ist es schwer zu sagen, wie die Lage heute wäre. Die derzeitige Entwicklungsstufe ist durch eine lange Annäherung der Menschen und durch einen engen Umgang miteinander in vielen Bereichen vorbereitet worden. Dies alles darf man nicht aus der Nachkriegsgeschichte streichen.[8]

R. von Weizsäcker: Ich stimme Ihnen zu. 16 Millionen Deutsche aus der früheren DDR denken ganz genau so. Sie wollen nicht, dass jene tiefen menschlichen Bindungen, die bei ihnen mit der Sowjetunion entstanden sind, jegliche Bedeutung verlieren. Im Gegenteil, sie möchten dieses Potential in die Politik des neuen Deutschland einbringen.

Am Tage der Vereinigung Deutschlands habe ich erklärt, dass die Westgrenze der Sowjetunion nicht zur Ostgrenze Europas werden darf.[9] Damit sind in der BRD alle einverstanden. Heute haben wir zum ersten Mal in der Geschichte die Chance, in Europa eine solide, freie und friedliche Ordnung zu schaffen und sie mit neuen gesamteuropäischen Institutionen zu festigen. Einen großen Beitrag dazu muss das bevorstehende Gipfeltreffen in Paris leisten.[10] Die UdSSR und die BRD haben sich gemeinsam nicht wenig bemüht, um dies zu ermöglichen.

M. S. Gorbačev: Ich pflichte Ihnen bei. In der Sowjetunion weiß man die konstruktive Rolle, die Außenminister Genscher bei der Entwicklung unserer Beziehungen und der europäischen Zusammenarbeit spielt, sehr zu würdigen. Seine guten, in vieler Hinsicht auch freundschaftlichen Beziehungen mit Ėduard Ševardnadze tragen zur Festigung des Vertrauens zwischen unseren Ländern bei.

Derzeit findet ein historischer Umschwung seinen Abschluss. Derartige Umbrüche fallen nicht leicht. Daher ist es wichtig, dass an der Spitze der Außenpolitik mutige Menschen stehen, die befähigt sind, mit den Herausforderungen der Zeit fertig zu werden. [...].

* Am 9./10. November 1990 besuchte M. S. Gorbačev auf Einladung des Bundeskanzlers der BRD die Bundesrepublik Deutschland. Im Verlaufe des Besuches in Bonn wurde der Vertrag über gute Nachbarschaft, Partnerschaft und Zusammenarbeit zwischen der UdSSR und der BRD unterzeichnet, der am 13. September 1990 in Moskau paraphiert worden war. Es fanden Begegnungen M. S. Gorbačevs mit Richard von Weizsäcker, Helmut Kohl und anderen Vertretern der BRD statt.

Archiv der Gorbačev-Stiftung. Bestand 1, Verzeichnis 1.

8 Hierzu die Anmerkungen im Tagebuch Černjaevs (wie Anm. 1).
9 Publiziert als: Richard von Weizsäcker, Rede anlässlich des Staatsaktes zum Tag der Deutschen Einheit am 3. 10. 1990, Bonn 1990.
10 Vgl. zur Pariser Charta Dokument Nr. 68, Anm. 4.

Nr. 123
Gespräch Gorbačevs mit Bundeskanzler Kohl am 9. November 1990 [Auszug][1]

Aus dem Vieraugengespräch M. S. Gorbačevs mit H. Kohl[2]

Bonn, 9. November 1990

H. Kohl: Ich freue mich, Sie in Bonn zu begrüßen, Herr Präsident. Dies ist bereits unser drittes Treffen in diesem Jahr.[3] Die Dinge laufen dynamisch. Wir haben einiges zu erörtern.

Wir haben heute klares, sonniges Wetter, selbst der Himmel heißt Sie in Deutschland willkommen, dessen Menschen Ihnen für all das, was Sie persönlich für sie getan haben, dankbar sind.

M. S. Gorbačev: Gutes Wetter stimmt optimistisch. Wir müssen tüchtig arbeiten und ich bin überzeugt, dass wir das umfangreiche Programm schaffen werden, das für unseren Aufenthalt auf Ihrem Boden vorgesehen ist.

H. Kohl: Vor allem möchte ich wissen, wie es bei Ihnen zu Hause in der Sowjetunion läuft. Wir erhalten Informationen, aber die sind offensichtlich nicht ausreichend, wir möchten gern gründlicher auf dem Laufenden sein. Ich sage offen, dass uns die Ereignisse am 7. November auf dem Roten Platz erschreckt haben.[4] Vor einem Monat wurde bei uns ein Attentat auf Innenminister Schäuble verübt.[5] Ein psychisch Kranker, ein Drogensüchtiger hat auf ihn geschossen. Jetzt ist Schäuble gelähmt.

M. S. Gorbačev: Bei uns gab es Massenkundgebungen im Zusammenhang mit den Oktoberfeierlichkeiten. Im Unterschied zu den vergangenen Jahren kam die Initiative nicht von oben, sondern von unten. Es gab viele Diskussionen über die Zweckmäßigkeit, den Jahrestag der Oktoberrevolution zu feiern. Wenn früher die Losungen in den Parteikomitees bestätigt wurden, so schreibt jetzt jeder seine eigene Losung. Das ist sehr interessant.

Was gab es doch für Losungen! Uferloser Pluralismus. Viele Appelle an den Präsidenten: „Präsident – wir sind für Sozialismus“, „Präsident – wir sind für den Markt, aber gegen den Basar“, „Präsident – wir sind für Demokratie, aber ohne Demagogie“.

Neben mir auf der Tribüne stand Ryžkov. Ich fragte ihn: Haben wir eine Regierung? Warum wenden sie sich nicht an die Regierung, sondern an den Präsidenten?

Es gab viele Losungen für den Erhalt der Union, gegen eine Destabilisierung der Gesellschaft. Die Menschen riefen direkt: Gorbačev und El'cin, denkt an das

[1] Zusammenfassung in Vizit M. S. Gorbačeva v FRG, S. 39–41. Vgl. Tschernjaew, Die letzten Jahre, S. 326–328. Vgl. auch Anm. 1 zu Dokument Nr. 122. Vgl. Kohl, Erinnerungen 1990–1994, S. 260–263.

[2] Neben zwei Dolmetschern nahmen auch Černjaev und Teltschik teil.

[3] Dokumente Nr. 72, 73, und Nr. 102–105.

[4] Bei der Parade anlässlich des 73. Jahrestags der Oktoberrevolution waren von einem Zuschauer 2 Schüsse abgegeben worden, die niemanden verletzten; zudem waren Rufe nach dem Rücktritt Gorbačevs laut geworden, vgl. u. a. Washington Post vom 8. 11. 1990.

[5] Am 12. 10. 1990 auf einer Wahlkampfveranstaltung in Oppenau.

Land! Sie warnten vor Konfrontation, die dem Vorankommen der Gesellschaft auf dem Weg der Perestrojka Schaden zufügt.

Der Festakt anlässlich des Feiertags, der am Vorabend stattfand, war ebenfalls ungewöhnlich. Ein Arbeiter aus Pavlovo-Posad, der eine Ansprache hielt, forderte direkt ein konstruktives Zusammenwirken von El'cin und Gorbačev. Am Ende des Festakts wollten die Teilnehmer nicht auseinandergehen, man wartete, bis ich Seite an Seite mit El'cin erschien.

Die Gesellschaft ist bei uns jetzt erheblich angespannt. Sie wissen, dass bei den Vorbereitungen zum Feiertag der Moskauer Sowjet eine Diskussion darüber in Gang brachte, ob man den Feiertag überhaupt begehen solle. Als ich aus Spanien zurückkam, hatte die Diskussion bereits das ganze Land erfasst. Wir erhielten ein Signal aus der Gesellschaft, dass die Menschen auf diesen wichtigsten staatlichen Feiertag nicht verzichten wollten. Man kann sagen, dass am 7. November das ganze Land freiwillig und entschlossen zu den Kundgebungen gegangen ist.

Natürlich gab es auch die, die sich den Festveranstaltungen nicht anschlossen. Anscheinend vor allem im Baltikum.

Aber, wenn man Riga nimmt, so haben dort an der Kundgebung 120000 Menschen teilgenommen, fast genau so viele wie in Moskau. Das waren Letten, Russen und Vertreter anderer Nationalitäten. Es fand eine festliche Parade statt und man überschüttete die Soldaten buchstäblich mit Blumen.

Die Basis der Bevölkerung ist in Bewegung geraten. Bis in die letzte Zeit hinein hat sie eine abwartende Haltung eingenommen und alle Prozesse von ferne beobachtet. Jetzt erhalten wir klare Signale, dass die sowjetischen Menschen eine Stabilisierung und Konsolidierung wünschen. Sie sind für Demokratie, doch gleichzeitig für Ordnung und Disziplin und kategorisch gegen Separatismus und Nationalismus.

H. Kohl: Was will eigentlich El'cin, Ihren Platz einnehmen?

M. S. Gorbačev: Das weiß ich nicht. Er ist zum Spielzeug in den Händen bestimmter Kräfte geworden. Seiner Natur, seinen Überzeugungen nach ist er ein Zerstörer. Wie man zu schöpferischer Arbeit gelangt, weiß er nicht. Er ist der geborene Oppositionelle. Er hat eine sehr eigenartige Umgebung, die destruktiv auf ihn einwirkt. Er kann sich nicht von denen lossagen, die ihn nach oben gebracht haben.

Eigentlich kann man mit ihm arbeiten, aber man muss auf ihn aufpassen. Wir haben vereinbart, uns am 11. November zu treffen und die weiteren Angelegenheiten zu besprechen. In seiner politischen Linie gibt es zahlreiche Ankündigungen sowie Demagogie und Konfrontation. Aber die Gesellschaft beginnt, dies abzulehnen. Die Menschen haben es satt. El'cin spürt dieses Drama und sucht nach taktischen Schritten. Seine Rede am 16. Oktober[6] hat ihm und uns allen geschadet. Viele haben seinen gefährlichen, demagogischen Charakter durchschaut.

Insgesamt festigt sich in der Gesellschaft die Einstellung zugunsten des raschen Abschlusses eines neuen Unionsvertrags. Der Entwurf ist fast fertig. In nächster Zeit wird er veröffentlicht und zur Erörterung vorgelegt.[7]

[6] In der Rede vor dem Obersten Sowjet der RSFSR, die im Fernsehen übertragen wurde, übte El'cin harsche Kritik v.a. an der Wirtschaftspolitik der Zentralregierung, vgl. Černjaev, Sovmestnyj ischod, S. 880f.; ausführlich Sojuz (wie Dokument Nr. 103, Anm. 6), S. 177–180.

[7] Vgl. Dokument Nr. 103, Anm. 6.

H. Kohl: Das Zentrum muss sich offenbar von einigen traditionellen Rechten und Vollmachten trennen. Sonst wird, wie uns scheint, die föderative Entwicklung ins Stocken geraten.

M. S. Gorbačev: Vom Zentrum geht alles aus, was regionalen Charakter trägt und was vor allem den Regionen nutzt. Wir haben von „Föderation" gesprochen, aber in Wirklichkeit hatten wir einen Einheitsstaat. Im Grunde genommen hat man alles in Moskau entschieden – vom Nagel bis zur Rakete. Natürlich muss man eine so absurde Situation radikal verändern. Man muss den Menschen und der Region wirtschaftliche Selbständigkeit gewähren …

H. Kohl: Mein Wunsch, detaillierte Information aus erster Hand über die Lage in der Sowjetunion zu erhalten, ist aus der Notwendigkeit entstanden, genau zu erfahren, was ich wann tun soll, um den Erfolg der Perestrojka zu unterstützen, mit der der Fortgang der positiven Veränderungen in Europa und in der Welt verbunden ist, deren Erfolg vor allem für die Deutschen und für Deutschland wichtig ist.

Wir begeben uns auf eine qualitativ neue Ebene der Zusammenarbeit, deshalb brauchen wir, wenn man es so ausdrücken kann, ein Dach, um ungeachtet einzelner atmosphärischer Erscheinungen ruhig arbeiten zu können. Ich bin dafür, Schulter an Schulter eng zusammenzuarbeiten und einander Vertrauen in den morgigen Tag zu vermitteln.

M. S. Gorbačev: In der Gesellschaft herrscht eine entschlossene Stimmung. Jegliche Maßnahmen des Präsidenten werden in der derzeitigen Situation unterstützt. Aber ich will die Probleme anders lösen, auf dem Wege der Erneuerung.

H. Kohl: Derzeit ist für eine Gesellschaft – und nicht nur für die Ihre – die Föderation die modernste demokratische Struktur. Zentralismus – das ist bereits vergangenes Jahrhundert.

M. S. Gorbačev: Wir sind ein multinationaler Staat und das bedingt nationale Interessen. Innerhalb einer einzigen Nation ist es hingegen um vieles einfacher, eine Föderation zu schaffen.

H. Kohl: Wie steht es mit der Wirtschaftsreform?[8] Wir sehen, dass Sie einen für Sie völlig neuen Weg eingeschlagen haben und dass es Ihnen an neuzeitlichem Wissen und an Erfahrung mangelt. Im Dunkeln tappen und sich Beulen holen, wäre eine unvertretbare Zeitverschwendung. Wir sind bereit zu helfen und ich greife meinen Vorschlag wieder auf, der Sowjetunion hochqualifizierte Experten zu schicken, die bei der Auswahl moderner – und genau auf Sie zugeschnittener – Methoden und Verfahren für den Übergang zur Marktwirtschaft behilflich sein könnten.

M. S. Gorbačev: Wenn es jemandem so vorkommt, wir würden manövrieren, um die Reform zu verzögern, dann ist dies ein Irrtum. Wir streben eine Reform des Eigentums an und lassen uns auf eine gemischte Wirtschaft ein, in der staatliches Eigentum, Aktiengesellschaften, private Unternehmer, Kooperativen, Pächter usw. nebeneinander existieren. Die Hauptsache ist, dass sie Selbständigkeit, Verantwortung und das Recht erhalten, über die Ergebnisse ihrer Tätigkeit zu verfügen.

[8] Vgl. Dokument Nr. 104, Anm. 41.

Wir tun alles, damit der Übergang zum Markt möglichst schmerzlos erfolgt und bemühen uns, grobe Fehlkalkulationen und Fehler zu vermeiden. Man fragt: Warum hat sich Gorbačev im Frühjahr dieses Jahres nicht dem Markt zugewendet? Aber im Frühjahr waren laut Umfragen 85% der Bevölkerung gegen den Markt. Nun hat sich die Lage geändert. Derzeit sind etwa ebenso viele für den Markt. Das Land dem Markt zuzuwenden, ist nicht einfach. Hier gibt es sowohl die Wirtschaftsreformen als auch die Sanierung des Rubels und des gesamten Finanzsystems sowie eine Vervollkommnung der Preispolitik. Dies alles sind Voraussetzungen für eine wirtschaftliche Stabilisierung. Gleichzeitig nehmen wir Kurs auf eine Entstaatlichung der Unternehmen und den Ausbau des Unternehmertums. Jetzt werden jede Woche bedeutende Entscheidungen getroffen.

Devisenfragen: Bis vor kurzem war die Lage so, dass die Republiken weder Dollar noch Mark oder andere Währungen hatten. Die Ukraine konnte beispielsweise keine 40–60 000 Dollar auftreiben, um einige Kapazitäten in der Leicht- und Nahrungsmittelindustrie zu modernisieren, die danach in der Lage gewesen wären, eine Produktion im Werte von fünf Milliarden Rubel herzustellen.

Wir haben jetzt begonnen, uns ernsthaft mit der Devisenpolitik zu beschäftigen und ein Devisenkomitee mit Ryžkov an der Spitze geschaffen, dem sämtliche Vorsitzende der Ministerräte der Republiken angehören. Ihnen steht eine ernsthafte Arbeit bevor.

Jetzt stelle ich Ihnen die wichtigste Frage! Im Westen wird viel darüber gesprochen, dass die Sowjetunion immer mehr ins Chaos stürzt. Deshalb, so sagt man, mache es Sinn, sich zunächst einer materiellen Unterstützung zu enthalten. Es ist die Rede von einem Fass ohne Boden. Dies bezieht sich nicht auf Kanzler Kohl; seine Haltung ist bekannt.

Solche Urteile rufen bei mir ein Lächeln hervor. Urteilen Sie selbst: Es geht darum, für eine Manövrierphase von 10 bis 12 Monaten einem Staat, dessen Bruttosozialprodukt eine Trillion Rubel übersteigt, die erforderlichen finanziellen Ressourcen zur Verfügung zu stellen. Was sind vor diesem Hintergrund 10–12 Milliarden Dollar? Nicht sie retten uns, sondern wir retten uns selbst. Wir nehmen die gesamte Last auf uns, aber wir sagen Ihnen offen als Partner: Die nächsten 10 bis 12 Monate, eineinhalb Jahre werden für uns die allerschwierigsten. Und in dieser Zeit ist die Unterstützung des Übergangsprozesses zum Markt wünschenswert, vor allem aus Sicht der Versorgung der Bevölkerung mit den notwendigen Waren sowie der Anpassung der Wirtschaft an die Gesetze der Weltwirtschaft.

Einen Engpass bilden die Lebensmittel und die Gruppe der Waren des täglichen Bedarfs. Wir beabsichtigen, die Preise für gewisse Dinge freizugeben. Und in diesem Augenblick ist es für uns wichtig, zu manövrieren, die Lage nicht außer Kontrolle geraten zu lassen und nicht zuzulassen, dass der Markt sich als leer erweist. Hier ist es wünschenswert, entsprechende Unterstützung zu erhalten.

Wir können nicht zulassen, dass mit dem Übergang zum Markt die Menschen auf die Straße gehen. Dies bringt uns allen eine Niederlage ein und bedroht die Erreichung der gemeinsam festgelegten Ziele. Ich wiederhole: Den größten Engpass bilden die Waren der Leicht- und Nahrungsmittelindustrie.

Spricht man von den deutschen Geschäftsleuten, so haben sie sich stets durch ihr zukunftsorientiertes Denken ausgezeichnet. Ihre Geschäftsleute gehören zu den Ersten, die durchschaut haben, was die Konversion der Rüstungsproduktion bedeutet. Hier sind bereits sehr interessante und vielversprechende gemeinsame Projekte ins Auge gefasst geworden. Wir sind bereit, sie in jeder Hinsicht zu unterstützen.

H. Kohl: Ich verstehe Sie sehr gut und ich verspreche Ihnen, entsprechende Maßnahmen zu ergreifen. Ich bin sehr froh, dass unsere Gespräche sich bereits ein ganzes Jahr lang durch einen offenen und freundschaftlichen Ton auszeichnen. Besonders schätze ich, dass sich zwischen uns ein zuverlässiger persönlicher Kontakt, freundschaftliche persönliche Beziehungen und gegenseitige familiäre Sympathien eingestellt haben.

M. S. Gorbačev: Auch mir gibt das große Befriedigung.

H. Kohl: Ich wünsche Ihnen persönlich für die Zukunft Erfolg, aber gleichzeitig auch dem ganzen sowjetischen Land, dem ganzen Volk.

Man fragt mich die ganze Zeit, was geschieht, wenn die Perestrojka nicht erfolgreich ist. Ich antworte, dass dann Chaos entstehen wird mit Konsequenzen nicht nur für die Sowjetunion, sondern auch für Europa und die gesamte Welt. Dabei betone ich, dass, auch wenn es jetzt dort keinen Marschall Žukov gibt, dies noch nichts heißt. Es gibt andere und sie haben bereits skrupellos auf ihre Existenz aufmerksam gemacht. Der Begriff „Bonapartismus“ ist überall gut bekannt und bedarf keiner Erläuterungen.

Wenn ich Gelegenheit habe, an Diskussionen über Themen der Perestrojka in der Sowjetunion teilzunehmen, dann hebe ich beständig hervor, dass wirkliche Politik nicht bedeutet, in der Loge eines Operntheaters zu sitzen und von der Seite den Ereignissen auf der Bühne zu folgen. Der wahre Politiker unserer Zeit darf nicht Zuschauer der Ereignisse sein, sondern er muss an ihnen teilnehmen. Nur dann kann man einen Fortschritt in der historischen Entwicklung gewährleisten. Gemütlich und satt herumzusitzen, ist unanständig, und zu glauben, dass der Strudel der Geschichte einen verschont, ist zumindest naiv.

Ganz offiziell erkläre ich Ihnen, dass ich als deutscher Bundeskanzler und schlicht als Bürger Helmut Kohl auf Sie setze, Herr Gorbačev. Namentlich auf Sie und nicht auf alle, die Sie umgeben.

Deshalb halte ich mich für berufen und verpflichtet, Ihnen bei der Ausführung der guten Vorhaben zu helfen, die Sie in Angriff genommen haben. Sie können darauf vertrauen, dass ich auf dieser schwierigen Wegstrecke an Ihrer Seite sein werde.

Wie ich bereits gesagt habe, brauchen Sie jetzt neben allem anderen in erster Linie kompetente und qualifizierte Hilfe von Experten. Diese Experten müssen nicht unbedingt Deutsche sein. Unter ihnen können sich auch Vertreter aus anderen Ländern befinden. Aber Sie sollten deren Urteil hören, um nicht im Dunkeln zu tappen.

Ich bin der Meinung, dass die Zeit drängt, sowohl kurz-, mittel- als auch langfristig. Man muss unbedingt handeln. Welchen Sinn haben Reformen, wenn keine Luft da ist? Wir sehen dies und ergreifen entsprechende Maßnahmen.

Am 27. Oktober habe ich in Rom gesagt, dass das bevorstehende Treffen im Rahmen der Sitzung des Europarates im Dezember als Hauptthema der Tagesordnung, als Hauptpunkt, den Gang der Reformen in der Sowjetunion erörtern muss.[9] Wir müssen gut vorbereitet in diese Sitzung gehen.

Deshalb denke ich, dass ich Ihnen in zwei, drei Wochen meinen engsten Mitarbeiter Teltschik schicke und mit ihm zwei, drei angesehene Wirtschaftsfachleute. So sind auch Delors und Gonzáles eingestellt.

Vieles hat sich in diesem Sinne auch in Washington geändert. Dort beginnt man, in einer Reihe von Fragen sich dem europäischen Denkmuster zuzuneigen. Kürzlich habe ich mit Präsident Bush telefoniert und ihm gesagt, dass man in Europa mit Befriedigung die sich festigende Einheit und Zusammenarbeit zwischen den USA und der UdSSR in Bezug auf die Lage im Nahen Osten und besonders am Persischen Golf wahrnimmt. Man kann sich vorstellen, habe ich zu Bush gesagt, was wäre, wenn jetzt der sowjetische Verteidigungsminister ein Marschall Ustinov wäre.

Heute früh habe ich den früheren Außenminister Shultz empfangen. Wir waren uns einig darin, dass man Gorbačev helfen müsse, und zwar gerade jetzt, wo der Winter vor der Tür steht, mit Lebensmitteln und Konsumgütern.

M. S. Gorbačev: Ich habe bereits gesagt, dass die entscheidende Phase beginnt. Wir werden zum Markt übergehen. Gerade in den nächsten 10 bis 12 Monaten oder anderthalb Jahren brauchen wir Unterstützung.

H. Kohl: Lieber Freund, Sie können sich auf mich verlassen. Ich habe Sie bewusst als Freund bezeichnet, weil wir vieles zusammen getan haben und vieles zu tun uns noch bevorsteht.

Ich halte mich für berechtigt Folgendes zu sagen. Ich habe den Eindruck, dass die Japaner ihre Haltung ändern wollen, dass sie beabsichtigen, enger mit den G-7 zusammenzuarbeiten und positive Ansätze zu finden.

Mir scheint, wenn eine Gesprächsbasis mit den Japanern entstünde, würden die Dinge anders verlaufen. Sie verstehen natürlich, was ich meine.

M. S. Gorbačev: Und ob. Die Frage ist für uns heikel und sensibel. El'cin brauchte die Frage nur anzusprechen und das Volk hat sofort gefragt: Stimmt es, dass er sich anschickt, unseren Grund und Boden wegzugeben?[10] Generell müssen wir mit der Territorialfrage sehr vorsichtig umgehen. Die Aufteilung der Welt ist eine äußerst gefährliche Angelegenheit und man weiß nicht, wo sie endet. Es ist besser, den Weg der Zusammenarbeit zu beschreiten, das wirtschaftliche Zusammenwirken zu steigern und die Wirtschaftsbeziehungen allseitig auszuweiten. Wenn in diesem Kontext die Rede davon ist, den Fernen Osten für die Japaner zu öffnen, dann können die Verbindungen ganz unterschiedlich sein.

H. Kohl: Ich will einmal laut denken. Die Geschichte entwickelt sich sehr schnell und die Ergebnisse sind augenfällig. Ich würde den Japanern sagen, dass es für den Anfang das Wichtigste ist, die Türen in wirtschaftlicher Hinsicht zu öffnen und den Akzent auf die Lösung der Dinge genau auf diesem Gebiet zu legen.

[9] Vgl. Dokument Nr. 104, Anm. 39.

[10] Im Januar 1990 entwickelte El'cin als Mitglied einer Besuchsdelegation des Obersten Sowjets nach Japan einen Fünf-Stufen-Plan, der u.a. die zwischen der UdSSR und Japan umstrittenen Inseln mittelfristig zu einer demilitarisierten und freien Wirtschaftszone umgestalten wollte, vgl. Brad Williams, Resolving the Russo-Japanese territorial dispute. Hokkaido-Sakhalin relations, London 2007, S. 42 sowie Hiroshi Kimura, Japanese-Russian relations under Gorbachev and Yeltsin, New York 2000, S. 138ff.

Sie würden sich natürlich dafür interessieren, ob in Moskau dafür eine günstige Einstellung existiert. Ich würde ihnen antworten, dass wir seinerzeit die deutsche Frage und die Problematik der Vereinigung beiseitegelassen haben und unsere ganze Aufmerksamkeit auf die wirtschaftliche Zusammenarbeit konzentriert haben. Die historischen Prozesse haben ihren Gang genommen, bisweilen für uns unerwartet. Aber wir haben sie unter Kontrolle gehalten, sind auf dem Boden der Realitäten geblieben und deshalb zu den Ergebnissen gelangt, die von allen Seiten begrüßt und gutgeheißen werden.

M. S. Gorbačev: Ich bin bereit, im Frühjahr nach Japan zu reisen.[11] Wir haben das Gefühl, dass dort etwas Neues auftaucht. Wir müssen durch eine bestimmte Periode hindurch. Das ist ganz offenkundig. Wir sagen: Lasst uns keine Bedingungen stellen, lasst uns zusammenarbeiten.

H. Kohl: Richtig, ich habe Sie verstanden. Man muss die Japaner in diesen Prozess einbeziehen. Davon werden alle Nutzen haben. Aber es steht noch eine anstrengende Arbeit bevor, denn es gibt dort isolationistisch eingestellte Gruppen und es gilt, ihren Widerstand zu überwinden.

Jetzt noch eine Frage, die uns beunruhigt. Ich möchte Sie bitten, sie unter Ihre direkte Kontrolle zu nehmen. Es handelt sich um den Bau der Wohnungen für die heimkehrenden Armeeangehörigen. Ich möchte Sie sehr bitten, für die Leitung der Dinge auf diesem Gebiet einige Leute zu ernennen, die mit großer Autorität und mit Vollmachten ausgestattet sind – eine Art von „Wohnungsbaudiktatoren". Wir sind dafür, dass wir uns genau an diese wenden und nicht mit Kontakten und fruchtlosen Diskussionen mit Hunderten von Leuten umsonst Zeit vertun.

Das Wohnungsprogramm muss dringend begonnen werden. Was ich jetzt in dieser Hinsicht zu hören bekomme, stimmt nicht optimistisch. Unser Wirtschaftsminister wird dem mit Ihnen reisenden Herrn Sitarjan ein entsprechendes Memorandum übergeben. Die Frage muss man entschlossen durchziehen, weil man Sie und mich in einem Jahr fragen wird, was getan worden ist, und wir eine konkrete Antwort geben müssen.

Ich möchte ferner nochmals unterstreichen, dass wir der Umsetzung des Programms, die Qualifizierung führender Wirtschaftskader zu erhöhen, große Bedeutung beimessen. Dieser Prozess bringt einen ganz offenkundigen Nutzen.[12] Deshalb schlagen wir vor, das Programm zu verlängern, weil es auf drei Jahre berechnet ist. Hier haben wir Erfahrungen gesammelt und wir wissen, was jetzt vervollkommnet und verbessert werden muss.

M. S. Gorbačev: Gut. Ich werde auf Ihre Äußerungen reagieren. Vor allem betone ich – und ich denke, Sie werden mir zustimmen – dass sich jetzt eine einmalige Chance aufgetan hat, um im Grunde genommen in eine neue Epoche unserer Beziehungen einzutreten. Wenn wir sie jetzt nicht nutzen, dann weiß ich einfach nicht, wann das Schicksal sich uns noch einmal so geneigt zeigen wird.

Ich fürchte, dass die Politiker zu Opfern kleinlicher wirtschaftlicher Kalkulationen werden. Ich wiederhole: Die Perestrojka ist unsere Last und wir ertragen

[11] Zu diesem Besuch vgl.: Besuch Michail Gorbatschows in Japan. 16.–19. April 1991. Dokumente und Materialien, Moskau 1991.

[12] Vgl. Dokument Nr. 35, Anm. 4.

alle Qualen, die mit der Übergangsperiode verbunden sind. Wir wollen Möglichkeiten zum Manövrieren erhalten. Wir beabsichtigen, unsere Wirtschaft weiter für ausländisches Kapital zu öffnen. Und dort wird ein natürlicher Prozess ablaufen. In den USA, im Westen, gibt es Anzeichen für einen wirtschaftlichen Abschwung. Deshalb könnten sich unsere Absichten als angebracht erweisen.

H. Kohl: Den Abschwung spürt man vor allem in England und den USA. Wir bemerken ihn zurzeit noch nicht.

M. S. Gorbačev: In Japan sind seine Anzeichen auch erkennbar, dort trennt man sich von Wertpapieren. Deshalb und aus diesem Blickwinkel würde die sowjetisch-deutsche Zusammenarbeit nicht nur für uns, sondern auch für Deutschland eine Perspektive eröffnen. Für die Sowjetunion sind die Beziehungen mit Deutschland die organischsten, obgleich auch die USA mit großen Projekten an unsere Türen klopfen.

H. Kohl: Übrigens wollen die Amerikaner gemeinsam mit den Deutschen in der UdSSR einige große Projekte verwirklichen.

M. S. Gorbačev: Natürlich kann vieles stattfinden. Schicken Sie mir Herrn Teltschik mit den Spezialisten, wie Sie vorgeschlagen haben. Man muss sich gebührend auf das Treffen in Rom am 14. Dezember vorbereiten.[13]

Ich wäre Ihnen sehr dankbar, Herr Bundeskanzler, wenn Sie im Rahmen der EWG eine Initiative in Gang setzen würden, der Sowjetunion Überschüsse an Nahrungsmitteln und Industriegütern zur Verfügung zu stellen, die sich in den Ländern der europäischen Gemeinschaft angesammelt haben. Das ist genau das, was wir zum Manövrieren in der Übergangsperiode dringend brauchen. In der Regierung der UdSSR ist für diese Fragen eine spezielle Gruppe ins Leben gerufen worden, an deren Spitze Voronin steht. Diese Gruppe wird alle Aktivitäten innerhalb und außerhalb des Landes koordinieren. Das, was von außen zufließen wird, muss dem Zentrum zur Verfügung stehen, da es um die Aufrechterhaltung der Versorgung der großen industriellen Zentren des Landes geht.

Ich akzeptiere Ihren Vorschlag über die Schaffung einer kompetenten Gruppe zur Errichtung der Wohnungen für die Armeeangehörigen. Sie können davon ausgehen, dass für die Umsetzung der Pläne sehr weitgehend die Möglichkeiten des Verteidigungsministeriums der UdSSR genutzt werden.

H. Kohl: Hier sind absolut kompetente Spezialisten erforderlich, keine Beamten. Sie müssen sich hinsetzen, alles erörtern und den Baumechanismus in Gang bringen.

M. S. Gorbačev: Selbstverständlich begrüße ich Ihren Vorschlag, das Programm zur Verbesserung der Qualifikation sowjetischer Wirtschaftskader zu verlängern. Wir haben uns davon überzeugt, dass wir einen großen Mangel an Managern westlichen Zuschnitts haben. Früher hat man sich irgendwie beholfen, aber jetzt geht das nicht mehr. Wie man bei uns sagt: Solange es nicht donnert, bekreuzigt sich der Bauer nicht.

H. Kohl: Es gibt noch zwei Fragen aus dem Bereich der bilateralen Beziehungen. Polen, Ungarn und die Tschechoslowakei bitten uns, ihnen Waffen aus den Arsenalen der ehemaligen Nationalen Volksarmee der DDR zu überlassen. Wir

[13] Wie Anm. 9.

brauchen diese Waffen nicht und ich würde sie weggeben. Es handelt sich um Berge von Waffen. Allein an Maschinenpistolen vom Typ Kalaschnikow gibt es in den Magazinen 1200000 Stück. Das ist idiotisch. Wir können ohnehin nicht verstehen, wofür so viele nötig waren.

Gleichzeitig meine ich, dürfen diese Waffen auf keinen Fall in Länder der „Dritten Welt" gelangen. Deshalb wäre ich Ihnen dankbar, wenn Sie operativ und positiv die Frage des Schicksals dieser Waffen entscheiden würden, sonst sind wir gezwungen, sie zu verschrotten.

Polen, Ungarn und die Tschechoslowakei werden uns kaum Probleme bereiten, wenn sie die Waffen erhalten, um die sie bitten. Ich bin bereit, sie ihnen umsonst zu geben und nicht zu verkaufen. Mazowiecki sagte mir freilich, die Polen möchten, dass die Deutschen den Transport dieser Waffen von unserem Territorium nach Polen auch noch bezahlen. Das geht natürlich zu weit. Aber die Waffen wollen wir loswerden, da ihre Aufbewahrung in den Magazinen, ihre Bewachung usw. Geld kostet.

M. S. Gorbačev: Gut, wir werden darüber nachdenken. Man muss sich darüber Klarheit verschaffen. Dazu braucht es einige Tage, wir werden Ihnen die Entscheidung mitteilen.

H. Kohl: Wir hoffen auf eine positive Antwort.

Die zweite Frage betrifft die Probleme der Sowjetdeutschen.[14] Die Lage ist trostlos, die Zahl der Ausreisenden steigt. 1990 werden 125000 ausreisen. Wir locken sie nicht weg, das ist nicht unsere Politik. Wir treten dafür ein, dass sie bleiben und ihre nationale Identität, ihre Sprache und kulturellen Traditionen bewahren. Übrigens wird in dem Vertrag, den wir heute unterzeichnen werden, den Sowjetdeutschen ebenfalls Beachtung geschenkt. Wir müssen darauf vorbereitet sein, dass diese Frage uns auf der heutigen Pressekonferenz gestellt werden wird.

M. S. Gorbačev: Die Sowjetdeutschen – das ist in der Tat ein reales Problem, das gelöst werden muss. Wir sind dafür, dass die Initiative hinsichtlich ihres weiteren Schicksals von den Regionen ausgehen muss und nicht von oben. Darüber habe ich mit dem Akademiemitglied Raušenbach gesprochen, als ich ihm einen Orden überreichte.

H. Kohl: Zu den bilateralen Fragen ist das alles. Ich möchte gern Ihre Meinung zur Lage am Persischen Golf hören. Ich habe das Gefühl, dass die Situation dort immer ernster wird.

M. S. Gorbačev: Ich habe einige Anmerkungen zu den bilateralen Beziehungen. Es ist sehr wichtig, dass der Abschluss des zweiten Vertrages – über die wirtschaftliche Zusammenarbeit – als Fortführung der Kontinuität in den Beziehungen der Sowjetunion mit der DDR verstanden wird. Hier muss man sich einigen, um nicht alles der Macht der Privatisierung zu überlassen.

H. Kohl: Es ist klar, dass man das nicht so schnell machen kann.

M. S. Gorbačev: Die Zusammenarbeit muss fortgesetzt werden. Wir haben die Entscheidung getroffen, zehn Millionen Tonnen Öl aufzutreiben und zu liefern. Das bedeutet, dass sämtliche Erdöl verarbeitenden Unternehmen in Ostdeutschland ausgelastet sein werden.

[14] Vgl. Dokument Nr. 72, Anm. 31.

H. Kohl: Sehr gut.

M. S. Gorbačev: Einige Worte zu unserer Armeegruppierung, die sich auf dem Territorium Deutschlands befindet. Es ist sehr wichtig, dass der Präsident, der Bundeskanzler und auch Herr Genscher eine Erklärung abgeben, in der sie an das deutsche Volk appellieren, die sowjetischen Soldaten, die sich hier kraft bestimmter Entscheidungen und Verträge aufhalten, als Vertreter einer befreundeten Armee anzusehen. Wir begrüßen Erklärungen darüber, dass die heimkehrenden Soldaten als Freunde gehen und gute Gefühle gegenüber dem deutschen Volk mitnehmen.

Dies ist für uns eine sehr sensible Frage. Ich bitte Sie persönlich sehr, dies im Auge zu behalten. Wenn aus irgendeiner Ecke unerwünschte Äußerungen ertönen, werden die Folgen negativ sein. Sie müssen wissen, dass die Abgeordneten im Obersten Sowjet der UdSSR dies sehr beobachten.

H. Kohl: Wir sehen ein Problem darin, dass bei den sowjetischen Soldaten die Disziplin untergraben ist. Sie sind nicht mehr die, die sie vor einigen Jahren waren. Die Vorkommnisse mit ihnen tragen einen Charakter, der früher undenkbar war.[15] Ich denke, dass das alles mit der Übergangszeit zusammenhängt.

Ich habe mich mit den verantwortlichen Politikern der neuen Länder auf dem Territorium der früheren DDR getroffen und sie gebeten, die kommunalen Organe anzuweisen, freundschaftliche Beziehungen mit den auf ihrem Territorium befindlichen Einheiten der Sowjetarmee zu unterhalten. Ich selbst beabsichtige, mich im Frühjahr kommenden Jahres demonstrativ bei den sowjetischen Armeeeinheiten aufzuhalten und mit den Armeeangehörigen zusammenzutreffen.[16]

Ich wäre auch jetzt bereit, dorthin zu fahren, aber ich will nicht, dass man mir vorwirft, ich würde die Sowjetarmee für meinen Wahlkampf benutzen. Doch generell unterhalte ich mich gerne mit Soldaten. Ich bin immer zu den Amerikanern gefahren, die sich auf dem Gebiet der BRD befinden. Ich weiß, dass überall dort, wo Soldaten sind, es auch Probleme gibt, die man lösen muss.

M. S. Gorbačev: Sie können hier mit unserem vollen Einverständnis rechnen. Wir begrüßen das gegenseitige Verständnis und die wohlwollenden Kontakte zwischen der Sowjetarmee und der Bundeswehr.

H. Kohl: Man darf sich aber nicht um Kontakte ausschließlich auf der Generalsebene bemühen. Sollen die Kompanie- und Bataillonschefs, aber auch die einfachen Soldaten zusammentreffen. Das sind junge Leute, ihnen gehört die Zukunft.

Wahrscheinlich macht es Sinn, eine gemischte Kommission zur Lösung der Fragen zu bilden, die mit dem Aufenthalt der sowjetischen Truppen zusammenhängen. Unter anderem sind wir bereit, bei Ihnen in den Kasernen Kurse zur Umschulung der Armeeangehörigen einzurichten, um sie in aussichtsreichen zivilen Berufen auszubilden, zum Beispiel für die Computerarbeit. Dafür sind bei uns 200 Millionen Mark vorgesehen.

M. S. Gorbačev: Wir werden die Frage einer gemischten Kommission prüfen. In diesem Zusammenhang erhebt sich die Frage nach dem Schicksal des Vermögens, das den sowjetischen militärischen Organisationen gehört. Wir wissen, dass

[15] Vgl. Dokumente Nr. 115, Anm. 8 und 130, Anm. 2.

[16] Zum gemeinsamen Auftreten der Außenminister Genscher und Bessmertnych am 20. 6. 1991 in Potsdam vgl. Kwizinskij, Vor dem Sturm, S. 112.

Ihre Geschäftsleute, die entweder etwas erwerben oder Gemeinschaftsunternehmen schaffen möchten, daran Interesse zeigen. Das ist eine sehr aussichtsreiche Sache.

H. Kohl: Ich habe gehört, dass Interesse an Ihren Flugplätzen besteht. Ich denke, auch andere Objekte haben Perspektiven für eine Zusammenarbeit. Wir werden in dieser Richtung arbeiten. [...].

(Im weiteren Verlauf wurde die Lage am Persischen Golf erörtert.)

Archiv der Gorbačev-Stiftung. Bestand 1, Verzeichnis 1.

Nr. 124
Delegationsgespräch Gorbačevs mit Bundeskanzler Kohl am 9. November 1990 [Auszug][1]

Aus dem Gespräch M. S. Gorbačevs mit H. Kohl
(im Rahmen der Delegation)

Bonn, 9. November 1990

(An dem Treffen nahmen von sowjetischer Seite: Ė. A. Ševardnadze, V. M. Falin, S. A. Sitarjan, M. A. Moiseev, A. S. Černjaev, Ju. A. Kvicinskij und V. P. Terechov, von deutscher Seite: H.-D. Genscher, G. Stoltenberg, H. Haussmann, Th. Waigel und N. Blüm teil.)

H. Kohl: Ich begrüße herzlich die Mitglieder der sowjetischen Delegation. Unsere heutigen Gespräche sind ein historisches Ereignis, sie legen den Grundstein für eine qualitativ neue Basis in den sowjetisch-deutschen Beziehungen. Sie zeugen davon, dass wir aus der Geschichte Lehren gezogen haben.

Vor dieser Sitzung habe ich mit Herrn Gorbačev zwei Stunden lang diskutiert.[2] Wir sind in allen Fragen zu breitem Einverständnis gelangt. Parallel trafen sich die Minister. Ich möchte sie bitten, den hier Versammelten kurz über den Inhalt und die wichtigsten Ergebnisse dieser Gespräche zu berichten. Ich schlage den Außenministern vor, zu beginnen.

H.-D. Genscher: Der Gang der Vorbereitungen auf das gesamteuropäische Gipfeltreffen der Staats- und Regierungschefs in Paris – das war das Thema, dem die Leiter der außenpolitischen Behörden Deutschlands und der Sowjetunion hauptsächlich ihre Aufmerksamkeit gewidmet haben. Herr Ševardnadze und ich sind zu der übereinstimmenden Meinung gelangt, dass man alles tun müsse, um eine Übereinkunft über ein Zentrum zur Verhütung und Beilegung von Konflikten zu erlangen, selbst wenn es nicht gelingt, sofort sämtliche Forderungen in Betracht zu ziehen, die die Funktionen des Zentrums betreffen. Für den Anfang ist wichtig, es einzurichten.

1 Zusammenfassung in: Vizit M. S. Gorbačeva v FRG, S. 39–41. Vgl. Kwizinskij, Vor dem Sturm, S. 64.

2 Dokument Nr. 123.

Erörtert wurde der Stand der Wiener Gespräche über die konventionellen Streitkräfte in Europa. Es freut uns, dass am Vortag bei dem Gespräch mit Herrn Baker in Moskau positive Ergebnisse erzielt worden sind.[3]

Die Schaffung neuer Strukturen in Europa, der Bau eines gesamteuropäischen Hauses erfordert nach unserer gemeinsamen Überzeugung die Festigung der inneren Stabilität der Staaten. Ohne Übertreibung sind daran alle interessiert – sowohl jene Länder, in denen sich Konflikte und Zusammenstöße ereignen, als auch jene, die davon verschont sind, aber ihre Konsequenzen spüren.

Ė. A. Ševardnadze: Dies ist mein dreizehntes Treffen mit Herrn Genscher in diesem Jahr.

M. S. Gorbačev: Das ist keine besonders glückliche Zahl. Aber jetzt wird sich in der Welt ein positives Verhältnis zu ihr etablieren. (*Heiterkeit*)

Ė. A. Ševardnadze: Wir haben die Lage am Persischen Golf über eine Stunde lang eingehend erörtert. Die Schlussfolgerung: Die Lage ist äußerst kompliziert und erfordert die vereinten Anstrengungen unserer beiden Staaten mit dem Ziel, die unbedingte Umsetzung der Irak-Resolution des Sicherheitsrates der Vereinten Nationen zu gewährleisten.[4] Es besteht die Bereitschaft, genau in diesem Sinne zu handeln.

Es gab keine Divergenzen hinsichtlich der Vorbereitung des Pariser „Summit". Wir sind zuversichtlich, dass wir die verbleibenden Fragen zum Vertrag über die konventionellen Streitkräfte werden lösen können. Dafür ist noch nachträgliche Arbeit mit den Türken und den Norwegern erforderlich.

Es stellte sich noch eine wichtige Frage – die Rechtsnachfolge des vereinigten Deutschland bezüglich der Verträge, die zwischen der UdSSR und der DDR geschlossen worden sind. Es steht eine umfangreiche Arbeit bevor: Im Laufe von anderthalb Jahren sind ca. 400 Verträge und Abkommen zu überprüfen. Wir sind übereingekommen, das Tempo der Verhandlungsführung zu beschleunigen. Außerdem muss man auch die Verträge zwischen der UdSSR und der BRD inventarisieren. Einige davon sind veraltet und erfordern eine Berichtigung.

Th. Waigel: Die Minister, die für Wirtschaft und Finanzen verantwortlich sind, haben Budgetfragen behandelt. Erörtert wurde der Konsultationsprozess im Zusammenhang mit dem in Houston angenommenen Beschluss über die Bankentätigkeit.[5] Herr Sitarjan hat über die Bemühungen der sowjetischen Regierung bezüglich des Übergangs zum Markt informiert und über konkrete Vorschläge der sowjetischen Seite über die Zusammenarbeit auf dem Gebiet der Energiewirtschaft.[6]

H. Haussmann: Was die Energiewirtschaft betrifft, so handelte es sich um Ein- und Ausfuhr von Energieträgern im Jahre 1991 auf der Grundlage von Weltmarktpreisen und mit Verrechnung in konvertierbarer Währung. Am kommenden Montag werden in Moskau Expertengespräche über die Realisierung des Wohnungsbauprogramms gemäß dem Abkommen über einige Übergangsmaßnahmen stattfinden, auch unter Beteiligung von Baufirmen aus anderen europäi-

[3] Vgl. Dokumente Nr. 61, Anm. 10 und 68, Anm. 4.
[4] Vgl. Dokumente Nr. 110, Anm. 7 und 119, Anm. 8.
[5] Vgl. Dokumente Nr. 95, Anm. 9 und 102, Anm. 11.
[6] Vgl. Dokument Nr. 104, Anm. 35.

schen Ländern. Beabsichtigt ist, Fragen der Preise, der Qualität und der Fristen zu erörtern. Es fand ein Meinungsaustausch über die Schaffung einer sowjetisch-deutschen Expertenkommission statt, um den Stand der Dinge zu analysieren und Empfehlungen für den Übergang zu Marktbeziehungen vorzubereiten.

S. A. Sitarjan: Ich möchte zwei Punkte aus unseren gestrigen Gesprächen hervorheben.

Erstens, neben den strategischen Aufgaben handelte es sich um den Abschluss der Arbeiten zur Kontrahierung des Handels sowohl mit Firmen und Vereinigungen auf dem Territorium der BRD als auch mit Warenproduzenten aus der ehemaligen DDR. Die prinzipielle Frage besteht darin, die Lieferung von Ersatzteilen und Halbfertigprodukten auf einem unbedingten Niveau festzulegen, andernfalls entstehen im kommenden Jahr ernste negative Folgen für die sowjetische Industrie.

Zweitens, große Aufmerksamkeit wurde der Ölförderung und der Lieferung von sowjetischem Rohöl nach Deutschland gewidmet. In die DDR haben wir jährlich 17 Millionen Tonnen und in die BRD acht Millionen Tonnen verkauft. Im Zusammenhang mit den in der Sowjetunion aufgetretenen Schwierigkeiten wird es nicht gelingen, dieses Lieferniveau aufrechtzuerhalten. Heute ist die sowjetische Seite nicht in der Lage, mehr als zehn Millionen Tonnen im Jahr zu liefern. Wenn die BRD mit Ausrüstung helfen und zur Modernisierung dieses Bereichs beitragen würde, könnten wir in der Folge den Umfang der Lieferungen vergrößern. Zu diesem Thema haben beide Seiten vereinbart, die Gespräche auf Expertenebene fortzusetzen.

Was die Erdgasindustrie betrifft, so haben am 6. November die Gespräche in Jamburg[7] begonnen. Wir laden die BRD ein, sich am Projekt zur Erdgasförderung in der Barentssee zu beteiligen, das sehr aussichtsreich ist. Die deutsche Seite hat Interesse gezeigt. Wir hoffen auch darauf, dass eine Beteiligung der sowjetischen Gazprom auf Aktionärsbasis am System der Erdgas-Konzerne in Deutschland die sowjetisch-deutsche Zusammenarbeit auf diesem Gebiet stimulieren wird. Nikolai Ivanovič Ryžkov hat in dieser Angelegenheit an Kanzler Kohl geschrieben und ich habe mich an Herrn Haussmann gewandt.

N. Blüm: Das Abkommen über eine Zusammenarbeit in sozialen und Arbeitsfragen, das wir heute unterzeichnen, setzt die Tradition des „Abkommens über ein Zusammenwirken zur Verbesserung der Qualifizierung von Spezialisten auf dem Gebiet des Arbeitsschutzes und der beruflichen Rehabilitierung von Behinderten“ vom 13. Juni 1989 fort und ist voll und ganz gerechtfertigt.[8] Das neue Abkommen wird nicht nur den Arbeitsschutz und die Rehabilitierung, sondern auch die Arbeitsbeziehungen regeln. Insbesondere ist darin die Schaffung eines Beschäftigungszentrums vorgesehen. In Kürze werden zu uns die Minister für Arbeit und Soziales aus den 15 Republiken der UdSSR kommen.

[7] Rayon Nadym, Russland.

[8] Abkommen über die Zusammenarbeit auf dem Gebiet des Arbeits- und Sozialwesens vom 9. 11. 1990, in: BGBl. 1990 II, S. 710f., mit Hinweis auf das o.a. Abkommen über die Förderung der Fortbildung von Fachkräften auf den Gebieten des Arbeitsschutzes und der beruflichen Rehabilitierung Behinderter vom 13. 6. 1989.

G. Stoltenberg: General Moiseev und ich hatten ein gutes Gespräch. Generell sind die Kontakte zwischen den Militärs intensiver geworden. Fast das gesamte heutige Gespräch drehte sich um die Situation in der Westgruppe der Streitkräfte und in ihrem Umfeld. Zweifellos schafft der Vertrag über den zeitweiligen Verbleib und den planmäßigen Abzug der Streitkräfte eine zuverlässige Grundlage für die Regelung aller aufkommenden Fragen in einem konstruktiven Geist.[9] Es ist bekannt, dass in einigen Gebieten in der Bevölkerung Unmut über die militärischen Übungsaktivitäten verbreitet ist. Das Kommando der WGS trifft Maßnahmen zur Begrenzung und Reduzierung dieser Aktivitäten, und dies wird positiv aufgenommen.

M. A. Moiseev: Unsere Begegnungen mit der Führung der Bundeswehr sind, so kann man sagen, auf eine planmäßige Grundlage übergegangen. Außer dem, worüber Herr Stoltenberg gesprochen hat, haben wir Maßnahmen der Vertrauensbildung und Fragen des Truppenabzugs erörtert sowie die Fristen für den Abzug konkretisiert und uns über den Ablauf eines Informationsaustausches verständigt.

H. Kohl: Eine kurze Anmerkung. Ich habe den heißen Wunsch, dass zwischen der Bundeswehr und der Westgruppe der sowjetischen Streitkräfte enge Beziehungen etabliert werden, und zwar nicht nur zwischen den Befehlshabern und der Generalität, sondern auch in erster Linie zwischen den Soldaten. Ich plane, einen Standort der sowjetischen Einheiten in Deutschland zu besuchen und mit den Soldaten zu sprechen. Ich werde dazu auch andere Mitglieder des Kabinetts auffordern.

M. S. Gorbačev: Wir haben alle angehört. Das waren interessante Informationen. Zu meinem Verhältnis zur geleisteten Arbeit:

Man kann sagen, dass der Charakter der Beziehungen es erlaubt, sich rasch in die Sache einzuschalten. Die Sachlichkeit der Begegnungen ruft eine positive Einstellung hervor und kennzeichnet das hohe Niveau des gegenseitigen Vertrauens. Ich hoffe, dass alle Fragen, die nach unserer heutigen Zusammenkunft noch ungelöst bleiben, aufgearbeitet werden.

Ich betone, dass mit dem Kanzler die grundsätzlichen Probleme erörtert wurden, das Herangehen an die Entwicklung in Europa und in der Welt und an die Rolle der beiden Staaten im Zusammenhang mit den laufenden Veränderungen. Es besteht eine solide Ausgangsbasis dafür, dass unser gemeinsamer Beitrag zur Gestaltung neuer internationaler Beziehungen wächst.

Die zentrale Frage unseres Besuchs: Wie werden die Beziehungen aussehen? Im vergangenen Jahr haben sich in Deutschland und in der Sowjetunion historische Veränderungen vollzogen. Es liegt auf der Hand, dass die neue Zusammenarbeit und Partnerschaft den grundlegenden Interessen der beiden Völker entsprechen und nicht gegen andere gerichtet sind.

Ich bin mit dem Kanzler darin einig, dass es nach der von beiden Seiten geleisteten Arbeit zur Regelung der prinzipiellen Fragen der bilateralen Beziehungen unerlässlich ist, den Akzent auf die Koordination der praktischen Zusammenarbeit zu legen. Wir sind in eine neue Phase der Beziehungen eingetreten und ihre Früchte müssen in der UdSSR und in Deutschland sichtbar sein.

[9] Vgl. Dokument Nr. 102, Anm. 25.

Wir haben über den Persischen Golf gesprochen. Im Grunde ist die dort entstandene Lage ein Test, ob wir wirksam handeln können, wenn wir uns bemühen, von der Anwendung des militärischen Instrumentariums abzusehen.

Wir sprachen über die Perestrojka. Ich habe über die Ereignisse in der Sowjetunion informiert, einschließlich der Vorgänge in den allerletzten Tagen. Ich habe bekräftigt, dass die Perestrojka in der UdSSR eine Angelegenheit der UdSSR ist und dass wir sie vor allem brauchen, um uns organisch in die globale Entwicklung einzufügen. Aber selbstverständlich ist am Erfolg der Perestrojka die gesamte Weltgemeinschaft interessiert.

Kurzum, wir haben gut gearbeitet. Allen Teilnehmern vielen Dank.

Archiv der Gorbačev-Stiftung. Bestand 1, Verzeichnis 1.

Nr. 125
Festansprachen von Gorbačev und Bundeskanzler Kohl am 9. November 1990 anlässlich der Unterzeichnung des deutsch-sowjetischen Partnerschaftsvertrags [Auszug][1]

Reden anlässlich der feierlichen Unterzeichnung des Vertrags über gute Nachbarschaft, Partnerschaft und Zusammenarbeit zwischen der BRD und der UdSSR

9. November 1990

Rede H. Kohls

Herr Präsident, meine Herren Minister, meine Damen und Herren!

Herr Präsident, wir sind hier im Palais Schaumburg zusammengekommen, um gemeinsam Zeugen des Höhepunktes Ihres Besuches zu werden: Wir unterzeichnen den ersten politischen Grundlagenvertrag, den das vereinigte Deutschland abschließt – den Vertrag über gute Nachbarschaft, Partnerschaft und Zusammenarbeit zwischen der Bundesrepublik Deutschland und der Union der Sozialistischen Sowjetrepubliken.[2]

Wir haben dafür einen würdigen Rahmen gewählt, der die Kontinuität unserer Beziehungen widerspiegelt. Hier in diesem Saal stand bis Mitte der 70er Jahre der Tisch, an dem das Bundeskabinett saß. Hier hat im Jahre 1955 unser erster Bundeskanzler Konrad Adenauer die Entscheidung getroffen, die diplomatischen Beziehungen mit der Sowjetunion aufzunehmen, und 1970 wurde unter Bundeskanzler Brandt der Moskauer Vertrag gebilligt.

Der umfassende Vertrag, den wir jetzt unterzeichnen, verkörpert in dreifacher Hinsicht unseren gemeinsamen politischen Willen.

Erstens, wir ziehen einen Schlussstrich unter ein schmerzvolles Kapitel der Vergangenheit und machen den Weg frei für einen Neuanfang. Dabei setzen wir die

[1] Dt. Fassung auszugsweise u. a. in: Gorbatschow, Gipfelgespräche, S. 266–270.
[2] Vgl. Dokument Nr. 102, Anm. 5.

guten Traditionen einer viele Jahrhunderte währenden gemeinsamen Geschichte unserer Völker fort.

Zweitens öffnen wir den Weg für eine umfassende Zusammenarbeit zwischen unseren Staaten und geben damit den Beziehungen zwischen ihnen eine neue Qualität – im Interesse unserer Völker und im Interesse des Friedens in Europa.

Drittens, wir sind darin übereingekommen, gemeinsam die wichtigen Aufgaben zu lösen, die sich heute, aber auch an der Schwelle zum dritten Jahrtausend, stellen.

- Wir werden jegliche Kriege, atomare wie konventionelle, verhüten und den Frieden bewahren und festigen.
- Wir werden die Herrschaft des Völkerrechts in der inneren und der internationalen Politik gewährleisten.
- Wir werden unseren Beitrag zur Bewahrung des Lebens der Menschheit leisten und für den Schutz der Umwelt sorgen.
- Nicht zuletzt stellen wir den Menschen, seine Würde und seine Rechte, in den Mittelpunkt unserer Politik.

Unser Vertrag setzt diese hohen Ziele in konkrete Verpflichtungen um in Bezug auf:

- die Beachtung der territorialen Unversehrtheit aller Staaten in Europa;
- den Verzicht auf Gewaltandrohung oder die Anwendung von Gewalt;
- die friedliche Lösung von Konflikten und den Nichtangriff;
- die Abrüstung und die Rüstungskontrolle;
- intensive und umfassende Konsultationen.

In Anbetracht der Reformprozesse in Ihrem Land gewinnt die wirtschaftliche und wissenschaftliche Zusammenarbeit eine große Bedeutung. Dies wird unterstrichen im Vertrag über die Entwicklung einer umfassenden Zusammenarbeit in den Bereichen Wirtschaft, Industrie, Wissenschaft und Technik, der ebenfalls heute unterzeichnet wird.[3]

Dieser Vertrag dient als völkerrechtliche Grundlage für die Tatsache, dass das vereinigte Deutschland – als Mitglied der Europäischen Gemeinschaft – der bedeutendste Wirtschaftspartner der Sowjetunion sein wird.

Heute werden auch neue vertragliche Grundlagen gelegt für eine Zusammenarbeit in Fragen der Arbeit und der sozialen Sicherheit.[4]

Herr Präsident! Ich empfinde besondere Genugtuung darüber, dass unser umfassender Vertrag sich auch an die Menschen, an jeden einzelnen unserer Bürger wendet:

- er öffnet den Weg für umfassende Kontakte, insbesondere für Kontakte der Jugend und für die Entwicklung eines kulturellen Austauschs;
- er gibt den sowjetischen Bürgern deutscher Nationalität die Möglichkeit, ihre Sprache, ihre Kultur und ihre Traditionen zu bewahren und bietet uns die Chance, ihnen dabei zu helfen;
- und nicht zuletzt erlaubt unser Vertrag, den zutiefst menschlichen Wunsch zu verwirklichen, die Gräber der Gefallenen zu besuchen und zu pflegen, wo immer sie sich auch befinden.

[3] Vgl. Dokument Nr. 104, Anm. 35.
[4] Vgl. Dokument Nr. 124, Anm. 8.

Auf diese Weise ist dieser Vertrag nicht nur Ausdruck der umfassenden gegenseitigen Verständigung zwischen unseren Staaten und Regierungen, sondern auch ein Appell an alle unsere Bürger, ihren Beitrag zur Versöhnung zwischen unseren Völkern zu leisten.

Aber, Herr Präsident, in diesem Vertrag geht es nicht nur um unsere Länder und Völker. In Übereinstimmung mit der abschließenden Regelung in Bezug auf Deutschland legen wir auch einen neuen mächtigen Grundstein zur Errichtung einer Friedensordnung in Europa. Wir freuen uns, dass die Sowjetunion einen vergleichbaren Vertrag soeben mit Frankreich unterzeichnet hat und auch über nachfolgende Verträge mit anderen westeuropäischen Partnern.[5]

In zehn Tagen werden wir beim Pariser Treffen der Staats- und Regierungschefs der Mitgliedsländer der Konferenz über Sicherheit und Zusammenarbeit in Europa neue historische Dokumente unterzeichnen, die die Abrüstung und Maßnahmen zur Festigung des Vertrauens in Europa voranbringen und allumfassende Sicherheitsstrukturen schaffen werden.[6]

Kurz gesagt, wir sind auf dem richtigen Weg hin nach Europa und zum Frieden, zu guter Nachbarschaft, zu Partnerschaft und Zusammenarbeit.

In diesem Geist, Herr Präsident, wollen wir auch diesen Vertrag unterzeichnen.

Rede M. S. Gorbačevs

Verehrter Herr Bundeskanzler! Meine Damen und Herren! Genossen!

Heute ist ein besonderer Tag in der viele Jahrhunderte währenden Geschichte unserer Länder, und ich glaube auch in der europäischen Geschichte.

Wenn wir ein Dokument unterzeichnen, an das auch nur zu denken noch vor sehr kurzer Zeit schwerfiel, so haben wir offiziell die Bilanz eines ganzen historischen Prozesses gezogen und eine uns beiden gemeinsame, sehr tiefgreifende Perspektive aufgezeigt.

Der Weg zu diesem Vertrag lässt sich nicht an den Wochen der Vorbereitung seines Textes messen, sondern an den Jahren und Jahrzehnten der gemeinsamen Überwindung der Vergangenheit und der Suche nach einer neuen Qualität der Beziehungen zwischen der Sowjetunion und Deutschland.

Mit tiefer Befriedigung hebe ich den großen Beitrag von Herrn Bundeskanzler Kohl zu diesem großen Werk hervor; bei den ersten Kontakten mit ihm kamen wir zu dem Schluss, dass die Beziehungen zwischen unseren Völkern reif für einen grundlegenden Wandel seien.

In diesem Augenblick möchte ich die Initiatoren und Schöpfer der „Ostpolitik“ gebührend würdigen, in erster Linie Herrn Willy Brandt und Herrn Hans-Dietrich Genscher.

Wir haben dem Ruf der Zeit Folge geleistet und ihn am Vorabend eines neuen Jahrhunderts als Pflicht gegenüber den eigenen Nationen und gegenüber ganz Europa empfunden.

[5] Vgl. Dokument Nr. 117, Anm. 11.
[6] Vgl. Dokumente Nr. 61, Anm. 10 und 68, Anm. 4.

Wir hätten jedoch nicht an die Sache herangehen können, wenn wir nicht überzeugt gewesen wären, dass man aus der tragischen Geschichte der Vergangenheit im zwanzigsten Jahrhundert Lehren gezogen hat und dass dies bereits tief in das Bewusstsein und in das politische Leben eingedrungen ist.

Ich muss auch sagen: Wir wären nicht erfolgreich gewesen, wenn sich in dieser Zeit nicht eine wesentliche Verbesserung der sowjetisch-amerikanischen Beziehungen vollzogen hätte.

Und wir müssen auch Frankreich und Großbritannien, ihren Völkern und Regierungen, für ihren Beitrag Tribut zollen.

Die Entwicklung wurde durch den stürmischen Prozess der inneren Veränderungen in Ostdeutschland beschleunigt, die die Mauer niederrissen, die die deutsche Nation gespalten hatte. In der Zeit, die zwischen der Verwirklichung des Willens der Deutschen zur Vereinigung und dem Übergang zu einem neuen Niveau der sowjetisch-deutschen Beziehungen lag, durfte es keine Phase der Unklarheit und Ungewissheit geben.

Dies haben die verantwortlichen Politiker aller drei Seiten rechtzeitig begriffen, denen es von Anfang an oblag, diesen Prozess gemäß den Prinzipien des Friedens und der Übereinstimmung zu steuern.

Und es ist sehr wichtig, dass der Vertrag über gute Nachbarschaft, Partnerschaft und Zusammenarbeit zwischen der Sowjetunion und der Bundesrepublik Deutschland zusammen mit dem Vertrag über die abschließende Regelung in Bezug auf Deutschland entstanden ist, der vor zwei Monaten in Moskau paraphiert wurde.

Ich bin überzeugt, dass wir die einzig richtige Wahl getroffen haben. Wir haben eine gründlich durchdachte, dauerhafte Entscheidung getroffen, die den Lebensinteressen und den althergebrachten Traditionen beider Völker und Staaten entspricht.

Ich bin ebenfalls davon überzeugt, dass der Große sowjetisch-deutsche Vertrag, wie man ihn bereits nennt, keine Episode, sondern eine Konstante einer neuen Friedensordnung sein wird, die durch die Anstrengungen aller am gesamteuropäischen Prozess Beteiligten geschaffen wird.

Der sowjetisch-deutsche Vertrag richtet sich gegen niemanden. Unser Einvernehmen und unsere Zusammenarbeit sind Teil der tragenden Konstruktionen des gesamteuropäischen Hauses, in dem die Sicherheit jedes einzelnen die Sicherheit aller sein wird und allgemeinmenschliche Werte, der Geist des Respekts, der Solidarität und der guten Nachbarschaft triumphieren. [...].[7]

Vizit M. S. Gorbačeva v FRG, S. 8–13.

[7] Gem. Vizit M. S. Gorbačeva v FRG, S. 12 f., Ausführungen über die Einbettung des deutsch-sowjetischen Vertrags in andere Verträge der UdSSR mit westeuropäischen Staaten zum Aufbau einer „allgemein-europäischen Struktur“ sowie abschließende Würdigung des Vertrags.

Nr. 126
Gespräch Gorbačevs mit dem SPD-Vorsitzenden Vogel und dem SPD-Kanzlerkandidaten und Ministerpräsidenten des Saarlands, Lafontaine, am 10. November 1990 [Auszug][1]

Aus dem Gespräch M. S. Gorbačevs mit H.-J. Vogel und O. Lafontaine

Bonn, 10. November 1990

(An dem Gespräch nahm V. M. Falin teil.)

M. S. Gorbačev: Es freut mich, die Führer der deutschen Sozialdemokratie zu begrüßen. Ich weiß den Beitrag der SPD zur Entwicklung der Beziehungen zwischen unseren Ländern sehr zu schätzen. Wir erinnern uns an jene, die am Anfang der „Ostpolitik" der BRD standen, erinnern uns an die Tätigkeit der Sozialdemokraten in der Regierungskoalition und verfolgen aufmerksam Ihre Arbeit in der Opposition …

H.-J. Vogel: Vor allen Dingen erlauben Sie mir, Herr Präsident, Ihnen im Namen der SPD für die Vereinigung Deutschlands zu danken. Auf allen Wahlkampfveranstaltungen[2] beginnen jetzt die Menschen sofort zu applaudieren, sobald Ihr Name erwähnt wird. Sie sind jetzt im Westen der populärste Politiker. Und wir freuen uns darüber.

Die Sozialdemokraten begrüßen den gestern unterzeichneten Großen Vertrag. Dies ist ein Kompass, der den Weg in die Zukunft weist. Aber dieser Vertrag ist nicht aus dem Nichts entstanden. Der hier anwesende Herr Falin, seinerzeit Botschafter in der BRD, erinnert sich daran, wie die Sozialdemokraten den historischen Moskauer Vertrag schufen und verteidigten, darunter auch gegen die Angriffe der CDU. Der KSZE-Prozess entstand ausschließlich dank dem Beitrag der SPD und der FDP.[3] Doch in der Geschichte kommt es vor, dass die Ernte nicht diejenigen einbringen, die gesät haben. Aber da kann man nichts machen …

M. S. Gorbačev: Wir treten jetzt in die schwierigste Phase der Perestrojka ein – in den Übergang zu marktwirtschaftlichen Verhältnissen. Hier brauchen wir Verständnis und Solidarität. Für uns ist dies die Frage Nummer eins.

H.-J. Vogel: Für uns ist die Antwort völlig klar. Wir stehen an Ihrer Seite.

M. S. Gorbačev: Die Geschichte hat uns eine einmalige Chance geboten und es wäre eine Sünde gewesen, sie nicht zu nutzen. Die sowjetisch-deutschen Beziehungen haben tiefe Wurzeln. In der derzeitigen Phase könnten sie zu einer Achse der europäischen Zusammenarbeit werden.

W. M. Falin: Wenn es uns gelänge, sowjetische und deutsche technologische Normen zu vereinen, dann könnten wir weit voraus sein und für solche Konkurrenten wie zum Beispiel die Japaner unerreichbar werden.

[1] Aus sowjetischen Protokollen zusammengefasst auch Kohl, Erinnerungen 1990–1994, S. 263 f. Vgl. Vogel, Nachsichten, S. 265.
[2] Erste gesamtdeutsche Bundestagswahl am 2. 12. 1990.
[3] Vgl. Dokumente Nr. 5, Anm. 3 und 102, Anm. 5.

M. S. Gorbačev: Wir beabsichtigen, der Fortsetzung der Zusammenarbeit mit den ostdeutschen Ländern Beachtung zu schenken. Die DDR war unser wichtigster Wirtschaftspartner.

O. Lafontaine: Das Saarland, an dessen Spitze ich stehe, unterhält engste Beziehungen zu Georgien. Wir werden auch künftig unsere Beziehungen ausbauen. In diesem Sinne legt man in Georgien, wie ich gehört habe, Wert auf die Fortführung der benötigten Lieferungen aus Betrieben der früheren DDR.

M. S. Gorbačev: Es eröffnet sich eine gewaltige Chance für eine umfassende und auf lange Jahrzehnte angelegte sowjetisch-deutsche Zusammenarbeit. Und die „Investitionen" in die Perestrojka, die jetzt vorgenommen werden, werden sich für jene vielfach bezahlt machen, die Mut und Weitblick zeigen. [...].

Archiv der Gorbačev-Stiftung. Bestand 1, Verzeichnis 1.

Nr. 127
Gespräch Gorbačevs mit Bundesfinanzminister Waigel am 10. November 1990 [Auszug]

Aus dem Gespräch M. S. Gorbačevs mit Th. Waigel

Bonn, 10. November 1990

M. S. Gorbačev: Ich freue mich, die Vertreter Bayerns und Sie, Herr Waigel, zu begrüßen. Wir sind uns 1987 begegnet, als Sie zusammen mit Herrn Strauß in Moskau waren.[1] Das war eine unvergessliche Begegnung, ein großes inhaltsreiches Gespräch, eine späte, aber nichtsdestoweniger tiefgründige Bekanntschaft mit einem großen deutschen Politiker und Bürger. Er schaute weit voraus und hat nicht wenig dafür getan, Ansätze für eine sowjetisch-deutsche Zusammenarbeit zu erarbeiten und die Erbschaft des Krieges zu überwinden. Das, woran er dachte, nachdem er von seiner eigenen Voreingenommenheit abgerückt war, wird jetzt Wirklichkeit. Das war kein sturer Kopf, er konnte erstarrte Konzeptionen überschreiten. Sowohl ein Denker als auch ein willensstarker Mensch. Das ist nicht jedem gegeben.

Th. Waigel: Auf mich haben Sie, Herr Gorbačev, damals einen unvergesslichen Eindruck gemacht. Ich habe von dem Gespräch eine sehr genaue Aufzeichnung angefertigt, und Strauß hat sie nur zwei Menschen lesen lassen: Präsident Weizsäcker und Henry Kissinger.

M. S. Gorbačev: Nun, Weizsäcker ist ein zuverlässiger Mensch. Aber Kissinger ... *(Gelächter)* Trotzdem ist er ein interessanter Mensch. Er und ich haben viel gestritten und sind im Allgemeinen sehr offen miteinander ...

Th. Waigel: Unsere Partei ist in der BRD eine der stärksten Volksparteien. Bei den letzten Wahlen haben wir fast 55% der Stimmen erhalten.[2] Wie Sie sehen, vertraut uns das Volk und folgt uns.

[1] Dokument Nr. 19.
[2] Landtagswahlen am 14. 10. 1990, Anteil an Erst- und Zweitstimmen.

Sie haben gestern eine große Rede gehalten, Herr Präsident.[3] Ich habe sie in der Nacht einige Male gelesen und bin davon überzeugt, dass Ihre Ausführungen einen gewaltigen Widerhall nicht nur in Deutschland sondern in der ganzen Welt finden werden. Das ist eine bewegende und aufwühlende Rede.

Erlauben Sie mir, die Gelegenheit zu nutzen, um Sie, obwohl verspätet, zu beglückwünschen, dass Ihnen der Friedensnobelpreis verliehen wurde.[4]

Im Namen der Partei möchte ich Ihnen dafür danken, was Sie hinsichtlich unseres langjährigen Vorsitzenden Franz Josef Strauß getan haben. Viele haben über Strauß gesprochen und sich dabei in der grammatischen Kategorie des „Plusquamperfekts" ausgedrückt. Sie aber haben gesagt, dass er auch dann sein wird, wenn andere nicht mehr sind.

M. S. Gorbačev: Dem jetzigen schnellen Tempo der historischen Entwicklung ist eine lange Periode der Ansammlung von Kenntnissen übereinander und über die uns umgebende Welt vorausgegangen. Und es hat sich erneut bestätigt: Nicht nur wir machen Geschichte, sondern auch sie verändert uns. Im Ergebnis hat sich ein Faktor herausgebildet wie das Vertrauen, das in der Lage ist, eine wirklich umfassende Entwicklung der sowjetisch-deutschen Beziehungen zu gewährleisten. Die Zusammenarbeit zwischen Deutschland und der Sowjetunion hat eine große Zukunft, wenn sie sich nicht von konjunkturellen Vorstellungen beeinflussen lässt und sich beständig der kolossalen Ressourcen besinnt, über die beide Nationen, beide Länder, verfügen.

Th. Waigel: Ich bin stolz darauf, dass ich als Finanzminister das erste Abkommen des souveränen Deutschland mit der Sowjetunion über die Übergangsmaßnahmen unterzeichnet habe. Allein dieses Dokument ist ein unerlässlicher Beitrag zur Aussöhnung zwischen unseren Völkern.

Als Vorbild für die Arbeit kann Archyz[5] dienen, die von ihm gegebenen Impulse. Danach haben wir buchstäblich während einiger Tage und Wochen eine ganze Reihe äußerst wichtiger konkrete Vereinbarungen ausgearbeitet. Dies bezeugt, wie effektiv der praktische Wirkungsgrad sein kann, wenn gegenseitiges Vertrauen vorhanden ist.

M. S. Gorbačev: Sie sind über uns auf dem Laufenden, Herr Minister. Sie können sich das Ausmaß unserer möglichen Zusammenarbeit wirklich vorstellen. Aus Sicht des großes Reichtums, der im Verlaufe dieser Zusammenarbeit zum Wohle beider Völker und des internationalen Fortschritts geschaffen werden kann, stellt sich die Summe, die die Sowjetunion zur Überwindung bestimmter Schwierigkeiten beim Übergang zu neuen Wirtschaftsformen braucht, unvergleichlich gering dar. Wenn man die 700 Milliarden Dollar in Betracht zieht, die man aufzuwenden plant, um die ehemalige DDR auf das Niveau der BRD hochzuziehen, dann ist der Kredit von 15–20 Milliarden, den wir in vier bis fünf Jahren zurückzahlen würden, einfach unbedeutend.

Man sollte im Blick haben, dass derjenige, der in die Perestrojka in ihrer derzeit wichtigsten Etappe investiert, wirklich in historischen Kategorien denkt. Dies ist

[3] Dokument Nr. 125.
[4] Am 15. 10. 1990 bekannt gegeben.
[5] Dokumente Nr. 102–105.

es, warum ich die Haltung des Bundeskanzlers und Ihre Position als Finanzminister der BRD schätze. Obgleich ich bestens verstehe, dass allein die Stellung des Finanzministers verpflichtet, äußerst achtsam zu sein.

Th. Waigel: Dass mich der Präsident der UdSSR versteht, ist für mich äußerst wichtig.

M. S. Gorbačev: Man muss die historische Chance nutzen, die uns jetzt gewährt wird. Der Knauserige zahlt doppelt.

Auf uns, die Sowjetunion und Deutschland warten große Erfolge, denn es wird schwer sein eine erfolgreichere Verbindung unterschiedlicher Elemente zu finden – wirtschaftlicher, intellektueller, historischer, geographischer und anderer Elemente, die im Zusammenwirken ungewöhnlich große Ergebnisse liefern können.

Es geht darum, dass wir in einer schwierigen Phase zu neuen Lebensformen übergehen, die für unser Volk ungewohnt sind. Der Prozess verläuft schmerzhaft. Wer jetzt investiert, denkt weit voraus. Ich hoffe auf ein umfassendes Herangehen.

Th. Waigel: Wir sind über alle Ihre Problemen auf dem Laufenden und erweisen Ihnen Hilfe, weil wir wissen, dass die Wahrheit auf Ihrer Seite ist. In dieser Hinsicht gibt es zwischen mir und dem Bundeskanzler keinerlei Divergenzen.

Obwohl ich Finanzminister bin, bin ich bereit, in diesem und im nächsten Jahr in den Angelegenheiten mit der Sowjetunion ein Risiko einzugehen. Wir glauben Ihnen, Herr Präsident und darum sind wir bereit, etwas zu riskieren. Alles was wir im Zusammenhang mit dem Übergang Ihrer Wirtschaft zum Markt hin tun können, werden wir tun.

Gemeinsam mit dem Landwirtschaftsminister organisieren wir jetzt Lieferungen landwirtschaftlicher Erzeugnisse aus dem Gebiet der ehemaligen DDR in die Sowjetunion. Wir glauben, dass dies für Sie eine gute Unterstützung sein wird.

Allein in diesem Jahr habe ich im deutschen Namen finanzielle Verpflichtungen in Bezug auf die Sowjetunion über einen Betrag von 24 Milliarden Mark unterzeichnet. Wir betrachten dies als deutschen Beitrag zur Solidarität mit der Sowjetunion im Rahmen internationaler Verantwortung.

Ich wünsche Ihnen, Herr Präsident alles Gute. Als Bayer und Führer der bedeutendsten bayerischen Partei möchte ich Sie bitten, während Ihres nächsten Besuchs in der BRD unbedingt nach München zu kommen. Man erwartet Sie dort mit Ungeduld und Sie werden nicht enttäuscht sein. [...].

Archiv der Gorbačev-Stiftung. Bestand 1, Verzeichnis 1.

Nr. 128
Gespräch Gorbačevs mit Bundesaußenminister Genscher am 10. November 1990

Aus dem Gespräch M. S. Gorbačevs mit Hans-Dietrich Genscher

Bonn, 10. November 1990

(An dem Gespräch nahm O. Lambsdorff teil.)

M. S. Gorbačev: Ich freue mich, Sie – unseren alten gemeinsamen Bekannten – zu begrüßen. Gestern war ein großer Tag. Wir haben den Großen Vertrag unterzeichnet.[1] Es ist erfreulich, dass es gelungen ist, ihn in relativ kurzer Zeit in einer Atmosphäre der Konstruktivität und des gegenseitigen Interesses auszuarbeiten.

Darin liegt Ihr großes Verdienst, Herr Genscher. Wir schätzen Ihren Beitrag zur Festigung der gegenseitigen Beziehungen zwischen unseren Staaten und hoffen auch künftig auf eine gute Zusammenarbeit.

Vor uns liegen schwierige politische und militärpolitische Fragen und es steht eine ganze Reihe wichtiger und verantwortungsvoller Maßnahmen bevor. Wir sind dafür, dass die Sowjetunion und Deutschland in allen Bereichen zusammenarbeiten, weil die Welt jetzt genauer auf sie blickt als früher.

H.-D. Genscher: In den Kontakten mit Ihnen, Herr Präsident, haben wir stets Zuverlässigkeit und Perspektive gespürt. Wir wissen sehr zu schätzen, dass sich dank Ihnen in Europa positive Veränderungen vollzogen haben und die Spaltung meines Landes und meines Volkes überwunden wurde. Die westdeutschen Politiker und ich haben sich vor allem in den Fragen der Vereinigung bemüht, dass dieser Prozess nicht isoliert, sondern in Verknüpfung mit der gesamteuropäischen Entwicklung verläuft.

Wie wir hoffen, hat die deutsche Vereinigung eine gedeihliche Wirkung auf den KSZE-Prozess ausgeübt und wird dies auch weiterhin tun, auf einen Prozess, der in der europäischen und weltweiten Entwicklung einen Umschwung zum Besseren bewirkt hat.

Ich freue mich, dass ich heute mit meinem Freund Ševardnadze meine Heimatstadt Halle besuchen kann. Unsere Reise wurde nur dank der Vereinigung möglich, nur dank Ihrer Bemühungen, Herr Präsident.

O. Lambsdorff: Sie wissen natürlich, dass ich aus derselben Partei komme wie mein Freund Genscher. Früher hat er sie geführt, jetzt bin ich ihr Vorsitzender. Voll und ganz schließe ich mich den Worten an, die Genscher an Sie, Herr Präsident gerichtet hat. Wie Sie wissen, haben wir jetzt bei uns Wahlkampf.[2] Man muss durchs ganze Land fahren und vor verschiedenen Auditorien auftreten. Man muss die Sympathien der Wähler gewinnen, und ich habe mir dafür meine eigene Methode erarbeitet. Ich brauche in meiner Rede nur zwei Namen zu erwähnen – Gorbačev und Genscher – und der Saal bricht sofort in Beifall aus.

Großen Eindruck hat auf mich Ihre gestrige Rede während des Mittagessens beim Kanzler gemacht. Ich habe jetzt auch die Gelegenheit, mich im östlichen Teil

1 Dokument Nr. 125.
2 Bundestagswahlen am 2. 12. 1990.

Deutschlands aufzuhalten und vor den Menschen zu sprechen. Und bei allen Veranstaltungen wiederhole ich ständig, dass man sich gegenüber den sowjetischen Soldaten, die sich noch einige Zeit auf unserem Territorium befinden werden, wohlwollend verhalten solle, wie gegenüber Freunden und Gästen, die mit guten Gefühlen nach Hause zurückkehren sollen. Ich sage offen, dass diese Appelle ebenfalls mit Beifall aufgenommen werden.

M. S. Gorbačev: Ihr Name ist uns gut bekannt, Herr Lambsdorff. Ihre Vorfahren lebten in Russland.[3] Ich kenne Ihren Beitrag zur Entwicklung der wirtschaftlichen Zusammenarbeit zwischen unseren Ländern in den 70er Jahren, als Sie Wirtschaftsminister der BRD waren. Jetzt treten wir in eine neue Phase der Beziehungen ein und hoffen, dass Sie sich aktiv an der Verwirklichung der angedachten Pläne beteiligen.

Ich möchte zwei Punkte ansprechen, die das heutige Europa betreffen.

Bisweilen bekommt man zu hören, unter anderem auch bei uns, dass die Veränderungen in den osteuropäischen Ländern eine politische Niederlage bedeuteten, eine Demonstration politischen Unvermögens.

Uns überrascht diese Einstellung, da es in Wirklichkeit um den Aufbruch in eine neue historische Epoche geht. Wir haben nichts verloren – im Gegenteil, wir haben ein neues Europa gewonnen, ein souveränes, behagliches und in die Zukunft strebendes Europa.

Die zweite Bemerkung bezieht sich darauf, dass die ablaufenden Prozesse einen fundamentalen Charakter tragen und vor allem zur Schaffung neuer Strukturen der europäischen Sicherheit führen. Die Zeit hohler Deklarationen ist vorüber. Der Warschauer Pakt und die NATO verändern sich, und wir haben ihr weiteres Schicksal zu bestimmen.[4]

H.-D. Genscher: Wir haben gestern diese Fragen erörtert, über die Stabilisierung in Europa gesprochen und darüber, dass die dramatischen Prozesse nicht zum Entstehen explosiver Situationen geführt haben. Die vorrangige Sorge muss für das heutige Europa nicht die Veränderung der bestehenden Grenzen sein, sondern ihre Festigung und Bekräftigung. In dieser Hinsicht ruft Südosteuropa unsere große Besorgnis hervor, vor allem das, was sich in Jugoslawien abspielt.[5]

M. S. Gorbačev: Es gibt Ausdrücke wie Balkanisierung und Libanonisierung. In Europa darf es weder das eine noch das andere geben. Wir haben an der eigenen Haut erfahren, was das bedeutet. Nationalismus und Separatismus dürfen auf keinen Fall ermutigt werden. Sie werfen die gesellschaftliche Entwicklung zurück.

[3] Adelsgeschlecht von der Wenge gen. Lambsdorff, mit Besitztümern im Baltikum; Vladimir Nikolaevič Lambsdorff war 1900–1906 Außenminister des russischen Reichs.

[4] Der Warschauer Pakt löste sich zum 31. 3. 1991 auf, vgl. die Erklärung der Außen- und Verteidigungsminister des Warschauer Pakts vom 25. 2. 1991, in: Deutsche Außenpolitik 1990/91. Auf dem Weg zu einer europäischen Friedensordnung. Eine Dokumentation, hg. vom Auswärtigen Amt, Bonn 1991, S. 351 f.

[5] In Kroatien und Slowenien hatten sich in Wahlen im April/Mai 1990 nicht-kommunistische Kräfte durchgesetzt. In Ljubljana forderte das Parlament in einer Deklaration am 2. 7. 1990 die Souveränität Sloweniens. Die Unabhängigkeitserklärungen Kroatiens und Sloweniens erfolgten am 25. 6. 1991. Einen konzisen Überblick vermittelt Johannes Grotzky, Balkankrieg. Der Zerfall Jugoslawiens und die Folgen für Europa, München, 1993, S. 61 ff.

H.-D. Genscher: Die Geschichte hat bestätigt, dass die für Europa akzeptabelsten demokratischen Gebilde Föderationen oder Konföderationen sind, aber keinesfalls Separatismus.

Derzeit ist die Lage so, dass sich in Westeuropa die Länder immer stärker einander annähern und sich darauf vorbereiten, Teile ihrer Rechte an westeuropäische Organe zu delegieren. Osteuropa aber redet von neuen Grenzen.

M. S. Gorbačev: Wir haben es mit einer Parade der Souveränitäten zu tun. Die Geschichte entwickelt sich, 40 Jahre sind vergangen, und die Länder sind aus der Vormundschaft herausgetreten, die vielleicht auch gerechtfertigt war. Wir haben zu unseren osteuropäischen Nachbarn gesagt, sie könnten tun, was sie wollten, wir würden uns nicht einmischen. Man möchte hoffen, dass sich dort alles beruhigt, dass alles an seinem Platz bleibt.

H.-D. Genscher: Am Mittwoch werde ich nach Warschau reisen, um dort den künftigen polnisch-deutschen Vertrag über die Grenzen zu erörtern.[6] Ich möchte den gesamten Fragenkomplex vor dem Gipfeltreffen in Paris klären,[7] damit er dort nicht mehr auftaucht.

M. S. Gorbačev: Das ist ein vernünftiges Vorgehen. Wir sind auch dafür, dass das Treffen in Paris auf die Zukunft gerichtet ist und nicht mit Fragen belastet wird, die separat gelöst werden können.

H.-D. Genscher: Die Hauptsache ist, dass das Treffen in Paris neue Qualitäten in den Beziehungen der europäischen Völker und Staaten erschließt. Es zeichnen sich neue Strukturen ab, und man muss die Sache voranbringen, indem man sich in erster Linie davon leiten lässt, dass der Fortschritt gesichert sein muss und kein Bremsmanöver erfolgen darf.

Es gibt verschiedene Standpunkte. Nicht alle wollen solch elegante Strukturen, wie wir sie beide wünschen, zum Beispiel ein Zentrum zur Konfliktverhütung. Aber, wie es heißt, alles zu seiner Zeit. Es ist wichtig, die Dynamik der Entwicklung zu erhalten und sich vorwärts zu bewegen.

M. S. Gorbačev: Die Stabilität in Europa muss erhalten bleiben. Wir wissen, wie wichtig dies ist. Wir arbeiten derzeit an einem Unionsvertrag, dessen Entwurf in Kürze zu allgemeiner Erörterung vorgelegt werden wird.[8] Unsere innere Entwicklung ist mit der gesamteuropäischen Entwicklung auf das Engste verbunden. Deshalb gehen wir hier mit aller Verantwortlichkeit vor.

H.-D. Genscher: Ich weiß, dass ich mit den Polen werde schwitzen müssen. Aber einen anderen Ausweg gibt es nicht. Ich bin dafür, alle Anstrengungen zu unternehmen und den mit den Grenzen zusammenhängenden Teufelskreis zu durchbrechen, in dem wir alle uns bewegen. Grenzen sollte man generell in etwas Überflüssiges verwandeln. Ich bin überzeugt, dass eine solche Etappe in der Menschheitsgeschichte kommen wird. Die Menschen werden ihre nationale und kulturelle Eigenart bewahren, aber die Grenzen zwischen ihnen werden rein symbolischen Charakter tragen.

Gott verhüte, dass wir anfangen, Grenzen umzuändern: Wir werden dann alles beerdigen. Warum sollen wir nicht alle Möglichkeiten der Zusammenarbeit nut-

[6] Vgl. Dokument Nr. 104, Anm. 8–10.
[7] Vgl. Dokument Nr. 68, Anm. 4.
[8] Vgl. Dokument Nr. 103, Anm. 6.

zen, um einen gesamteuropäischen Raum zu schaffen, und uns gemeinsam diesem Ziel nähern. Dies ist eine langfristige Perspektive, aber sie gewährt eine sichere Entwicklung für alle.

Archiv der Gorbačev-Stiftung. Bestand 1, Verzeichnis 1.

Nr. 129
Direktiven Gorbačevs über den Umgang mit deutschen Hilfen, die Rückführung sowjetischer Truppen und über die Wirtschaftsbeziehungen mit der Bundesrepublik Deutschland vom 10. November 1990[1]

Anweisungen M. S. Gorbačevs an Černjaev
(im Flugzeug[2] bei der Rückkehr aus Bonn)

10. November 1990

Gorbačev: Welche praktischen Schlussfolgerungen aus den Gesprächen mit Kohl und den anderen?[3]

I. Kohl hat vorgeschlagen, Teltschik mit einer Expertengruppe nach Moskau zu schicken, um genau zu klären, was wir im Sinne einer Hilfe[4] brauchen. Unsererseits werden Sitarjan und Masljukov mit ihnen zusammenarbeiten.

Genau festzulegen sind:
- dringende Maßnahmen bezüglich Lebensmitteln und Massenbedarfsgütern zur Auffüllung des Marktes;
- sämtliche Wege für ein „Wegleiten" der Lieferungen von den industriellen Zentren abriegeln;
- ebenso hinsichtlich der militärischen Objekte (hier besonders sorgfältig das Sortiment der dringendsten Waren benennen);
- den Liefermechanismus in Abstimmung mit den Objekten und ihren Erfordernissen genau beschreiben;
- den Überschuss an Waren und Lebensmitteln bei der EG einsammeln, dort hat sich davon mehr[5] als genug angehäuft. Diese Frage auch den Deutschen vorlegen und sie um Hilfe bitten.

Bereits in einer Woche Teltschik in Moskau empfangen.

II. Es ist eine Sondergruppe hinsichtlich der Wohnungsfragen für die Streitkräfte, die aus Deutschland zurückgeführt werden, zu bilden. Aber keine ressortgebundene Gruppe, nicht aus dem Verteidigungsministerium, sondern eine staatliche; Leiter: Belousov.[6] Die Gruppe soll die bauindustrielle Grundlage für die Verwertung der deutschen Geldmittel für diese Zwecke vorbereiten.

[1] Auch in V Politbjuro, S. 538f., davon z.T. ungenaue Übers. in Tschernjaew, Mein deutsches Tagebuch, S. 278–280.
[2] In V Politbjuro, S. 538 kein Hinweis auf den Ort.
[3] Dokumente Nr. 122 und 126.
[4] In V Politbjuro, S. 538 heißt der Ausdruck: „welche Hilfe notwendig ist".
[5] Russ. „bol'še", in V Politbjuro „bolee", identischer Sinn.
[6] In diesem Satz abweichende(r) Zeichensetzung/Satzbau in V Politbjuro, S. 538, ohne Änderung des Sinns.

III. Lieferungen aus den Unternehmen der ehemaligen DDR realisieren. Waigel übernimmt die Organisation in dieser Angelegenheit.

IV. Zur Umschulung der zur Entlassung anstehenden Armeeangehörigen in zivile Berufe: Kohl ist ein besonderer Anhänger dieser Idee.

Unsere begründeten Gegenvorschläge machen.

V. Unterstützung der Sowjetdeutschen: Deutschland ist bereit, Geld dafür zu geben.

VI. Auf große Transportprojekte von gesamteuropäischer Bedeutung eingehen. Die Deutschen übernehmen die „Führungsrolle" in dieser Sache. Für uns ist dies äußerst nützlich.

VII. Militärisches Vermögen der WGS. Was ist an wen zu verkaufen und was soll in den Betrieb von Gemeinschaftsunternehmen überführt werden, was machen wir mit den Flugplätzen und mit anderen Objekten [der Militärs][7]: alles genau aufschreiben und mit Waigel und Teltschik abstimmen.

Die Kriterien für das Vorgehen und konkrete Vorschläge muss das Verteidigungsministerium zusammen mit Katušev festlegen.

VIII. Entschädigung für Sowjetbürger, die von den Nazis zur Arbeit nach Deutschland verschleppt wurden. Die Deutschen sind bereit, einen speziellen Fonds zu schaffen.[8] Mit ihm Kontakt aufnehmen, bestimmen, an wen Entschädigung geht.[9]

IX. Späth (Baden-Württemberg) ist bereit, die Ausbildung von Führungskräften[10] für uns zu organisieren. Aus anderen deutschen Bundesländern gibt es ebensolche Vorschläge. Masljukov, Sitarjan und andere sollen konkrete Vorschläge unterbreiten.

X. Am 14. Dezember findet in Rom ein Gipfeltreffen der EG statt.[11] Kohl bittet, ihm einen „Tipp" vorzubereiten, wie er in unserem Interesse, im Interesse unserer Zusammenarbeit mit ihm und unserer Zusammenarbeit mit der EG vorgehen soll.

Übernimm das.[12] Was ich gesagt habe, ist die Grundlage für Anordnungen des Präsidenten der UdSSR.

Und noch Eines: Ergänzung zu Abschnitt I – die Frage der Konversion. Die Deutschen sind bereit zu helfen, man muss auch die Amerikaner da hineinziehen.

Kohl fragte, ob man den Tschechen, Ungarn usw. Waffen und andere militärische Ausrüstung, die der Nationalen Volksarmee der DDR gehörte,[13] verkaufen

[7] Einschub gem. V Politbjuro, S. 538.

[8] Verhandlungen liefen ab 1991, nahmen aber erst nach dem Ende der UdSSR konkretere Formen an: Eine gemeinsame Erklärung von Kohl und El'cin vom 16. 12. 1992 legte 1 Milliarde DM als freiwillige Entschädigungszahlung der Bundesrepublik fest, die dann auf Russland, die Ukraine und Weißrussland verteilt wurde. Die zuständige russische Stiftung „Verständigung und Aussöhnung" wurde im November 1993 gegründet. Vgl. zusammenfassend u.a. Herbert Küpper, Die Wiedergutmachgung nationalsozialistischen Unrechts in den Nachfolgestaaten der Sowjetunion, in: Osteuropa 46 (1996), S. 639–656.

[9] Der Teilsatz lautet dagegen in V Politbjuro, S. 539: „bestimmen, wer von unserer Seite".

[10] Russ. „kadrov-menedžerov", in V Politbjuro, S. 539: „menedžerov".

[11] Vgl. Dokument Nr. 104, Anm. 39.

[12] Dieser Satz fehlt in V Politbjuro, S. 539.

[13] In V Politbjuro, S. 539 Satzbau umgestellt, ohne Änderung des Sinns; dazu heißt es „Ausrüstung der Nationalen Volksarmee der DDR".

könne.[14] Verteidigungsministerium soll zusammen mit Außenministerium diese Frage entscheiden. Jedoch: ohne das Recht eines Weiterverkaufs der Waffen (durch die Tschechen u.a.) an andere Länder.

Zu Sendungen aus Deutschland an unsere Bevölkerung im Rahmen humanitärer Hilfe. Alle Türen öffnen. Und Anweisung an unser Zollamt: keine Zollgebühren nehmen.

Aufzeichnung von A. S. Černjaev, Archiv der Gorbačev-Stiftung. Bestand 2, Verzeichnis 1.

Nr. 130
Vermerk Zagladins über ein Gespräch mit dem Stellvertretenden Leiter des Presse- und Informationsamtes der Bundesregierung, Schäfer, am 14. November 1990

V. V. Zagladin über ein Gespräch mit N. Schäfer 14. November 1990

Am 14. November traf ich mit dem stellvertretenden Leiter des Presse- und Informationsamtes der Bundesregierung der BRD, N. Schäfer (CSU), zusammen.

1. Unter Bezug auf den Führer seiner Partei, den Finanzminister der BRD Th. Waigel, schätzte N. Schäfer den Besuch von M. S. Gorbačev in Bonn außerordentlich hoch ein und bat, bei Gelegenheit dem sowjetischen Führer noch einmal für alles zu danken, was er für Deutschland getan hat und ihm zu versichern: Die Deutschen werden dies nicht vergessen.

2. Außerdem bat Schäfer unter Bezug auf die Führung der BRD die Frage der Situation unserer Streitkräfte auf dem Territorium der ehemaligen DDR nicht aus den Augen zu verlieren.

Die Führung der BRD, sagte er, tue alles, damit man sich ihnen gegenüber wie gegenüber den Truppen eines befreundeten Landes verhalte. H. Kohl werde Anfang des Jahres zu den Stationierungsorten der Streitkräfte der UdSSR reisen und auch Begegnungen mit der Bevölkerung zu diesem Thema durchführen. Jedoch die Lage in den sowjetischen Truppenteilen selbst, der Zustand der Disziplin (eigenmächtige Abwesenheit, Desertion, Waffenhandel) sei derart, dass selbst diese Reise kaum eine entscheidende Wende im Verhältnis zu unseren Armeeangehörigen gewährleiste.

Immer häufiger, sagte Schäfer, entstünden Konflikte mit der örtlichen Bevölkerung. Mehrfach ereigneten sich Fälle von Diebstahl durch Angehörige der [Sowjetischen Armee].[1] Dabei habe sich im Verlaufe der Untersuchungen nach den Worten meines Gesprächspartners in mehreren Fällen herausgestellt: Die Diebstähle wurden auf Verlangen der Offiziere durchgeführt, quasi als Bestechung für außerplanmäßigen Urlaub u.dgl.

[14] Dokument Nr. 123.

[1] Auflösung der russischen Abkürzung im Text.

Auch die soziale Seite der Angelegenheit rufe eine negative Reaktion der Bevölkerung hervor: die soziale Lage der sowjetischen Soldaten und Offiziere und die Lebensbedingungen ihrer Familien. Wie der Gesprächspartner sagte, sei das Verhältnis gegenüber den sowjetischen Armeeangehörigen zwiespältig: Sympathie, Mitgefühl und zugleich Misstrauen und Bitterkeit.

N. Schäfer sagte dies alles völlig aufrichtig, doch konnte man auch einen Unterton heraushören: Es sei nötig, dass unsere Armee schneller nach Hause zurückkehrt.[2]

3. Schäfer machte noch auf eine andere Frage aufmerksam. In dem Maße, in dem sich die Beziehungen zwischen der UdSSR und der BRD verbesserten, insbesondere in Verbindung mit der Unterzeichnung des inhaltsreichen Vertrags zwischen beiden, würden bei den „Nachbarn" (genannt wurden Frankreich, Großbritannien, Italien) Befürchtungen und Beunruhigung wachsen. Gleichzeitig, sagte der Gesprächspartner, verringere sich auch ihre Bereitschaft, die Perestrojka zu unterstützen.

Natürlich sei Letzteres offenbar mit den dort existierenden Zweifeln auch bezüglich der Perspektiven der inneren Entwicklung unseres Landes verbunden. Aber auch der „deutsche Faktor" spiele eine Rolle.

(V. Zagladin)

Archiv der Gorbačev-Stiftung. Bestand 3, Verzeichnis 1.

[2] Vgl. hierzu v. a. Satjukow, Besatzer, S. 9–27 (wie Dokument Nr. 115, Anm. 8).

1991

Nr. 131
Telefonat Gorbačevs mit Bundeskanzler Kohl am 18. Januar 1991[1]
Telefongespräch M. S. Gorbačevs mit H. Kohl

18. Januar 1991

M. S. Gorbačev: Guten Tag, lieber Helmut. Ich habe im Fernsehen die Zeremonie anlässlich deiner Wahl zum Kanzler des vereinten Deutschland gesehen.[2] Als Mensch und Politiker möchte ich dir zu diesem bedeutenden Ereignis gratulieren. Der erste Kanzler des vereinten Deutschland ist gewählt. Leider ist es so gekommen, dass diese Zeremonie mit einigen tragischen Ereignissen zusammenfiel, was gemischte Gefühle hervorrufen kann.* Und dennoch möchte ich dich noch einmal zur Wahl beglückwünschen.

H. Kohl: Vielen Dank für die Glückwünsche. In diesen Worten ist ein großes Gefühl der Freundschaft spürbar. Es freut mich sehr, dass du gestern die Fernsehübertragung über die Wahl des Kanzlers im Bundestag hast sehen können. Und ich bin mir bewusst, dass ich mit meiner Wahl in vielem auch der gemeinsamen Politik verpflichtet bin, die wir zusammen begonnen haben und durchführen.

M. S. Gorbačev: Auch ich gehe davon aus, dass die von uns gemeinsam begonnene Politik die Veränderungen von historischem Ausmaß sowohl in den Beziehungen zwischen unseren Völkern als auch in Bezug auf Europa und die ganze Welt prädestiniert hat. Lieber Helmut, ich möchte besonders hervorheben, dass ich es in deiner Person mit einem Menschen zu tun habe, der sein Wort halten kann. Dies ist besonders wichtig in der jähen Umbruchsphase der Entwicklung, die die Sowjetunion heute durchmacht. Wir schätzen es besonders, dass wir von deutscher Seite nicht nur mit partnerschaftlichen Beziehungen rechnen können, sondern auch auf eine Teilhabe an der von uns durchgeführten Politik.

Die inneren Prozesse in unserem Lande sind heute in die entscheidende Phase getreten. Wir müssen viele Diskussionen, Debatten und einen richtiggehenden politischen Kampf führen, um einerseits die Linie zur Erreichung der gesteckten Ziele fortzusetzen und andererseits die Menschen vor möglichen negativen Folgen zu bewahren und ihnen soziale Sicherheit zu gewährleisten. Man muss offen sagen, dass es hier ohne grausame Maßnahmen wirtschaftlicher, finanzieller und administrativer Natur nicht geht. Und in diesem Zusammenhang beginnen sofort Fragen aufzukommen: Entfernt sich Gorbačev nicht von dem von ihm entworfenen Kurs, ist der neue Gorbačev nicht am Ende, hat er sich nicht in den alten verwandelt und wieder dem administrativen Kommandosystem den Vorzug gegeben,

[1] Knappe Zusammenfassung bei Černjaev, Sovmestnyj ischod, S. 908, übers. in Tschernjaew, Mein deutsches Tagebuch, S. 287. Vgl. Kohl, Erinnerungen 1990–1994, S. 301–303; Tschernjaew, Die letzten Jahre, S. 357.

[2] Am 17. 1. 1991, Vereidigung 18. 1. 1991.

sich nicht nach rechts bewegt? Mit aller Offenheit möchte ich sagen, dass unsere Wahl getroffen ist und wir nicht die Absicht haben, unsere Politik zu ändern.[3]

H. Kohl: In meiner öffentlichen Rede habe ich vor Kurzem mit aller Deutlichkeit erklärt, dass ich nicht den geringsten Zweifel daran habe, dass sich Michail Gorbačev nicht verändert hat. Als Politiker verstehe ich, dass es zuweilen Augenblicke gibt, in denen man zur Verwirklichung bestimmter politischer Ziele nicht ohne Umgehungsmanöver auskommt. Oft sind Geduld und Ausdauer erforderlich. Und dies trägt seine Früchte.

M. S. Gorbačev: Helmut, mir ist deine Bewertung der Entwicklung der Lage bekannt und ich weiß sie sehr zu schätzen …

(In der Folge ging es um die Lage im Nahen Osten im Zusammenhang mit den Militäraktionen der USA gegen den Irak („Operation Wüstensturm").)

H. Kohl: Ich glaube, dass wir unsere Anstrengungen verstärken müssen, um zu einer ganz schnellen Lösung des Konflikts zu gelangen.

M. S. Gorbačev: Ich werde dich sofort informieren, wenn ich Informationen aus Bagdad erhalte. Vielleicht wird das heute sein und dann können wir erneut telefonisch in Verbindung treten …

H. Kohl: Ich denke, dass wir engen Kontakt halten müssen und spätestens am Montag in der zweiten Tageshälfte wieder telefonisch in Kontakt treten und unsere Meinungen austauschen sollten.

M. S. Gorbačev: Einverstanden. Helmut, ich möchte dir erneut meinen persönlichen Glückwunsch, dem sich Raisa anschließt, zu deiner Wahl in dieses hohe Amt übermitteln. […].

* Gemeint sind die Ereignisse am 13. Januar 1991 in Vilnius, in deren Verlauf es zu Zusammenstößen von Angehörigen der sowjetischen Armee mit Einwohnern der Stadt kam, was menschliche Opfer zur Folge hatte.[4]

Aufzeichnung von A. S. Černjaev, Archiv der Gorbačev-Stiftung. Bestand 2, Verzeichnis 1.

[3] Zur konservativen Personalpolitik Gorbačevs Ende 1990 und dem brutalen Vorgehen gegen die litauische Unabhängigkeitsbewegung am 13. 1. 1991 vgl. zusammenfassend Manfred Hildermeier, Geschichte der Sowjetunion 1917–1991. Entstehung und Untergang des ersten sozialistischen Staates, München 1998, S. 1054 f.; Archie Brown, Aufstieg und Fall des Kommunismus, Berlin 2009, S. 740–749, 752–754.

[4] Kohl, Erinnerungen 1990–1994, S. 301 f., bezieht den Hinweis Gorbačaevs zu Recht auf den Beginn des Golfkriegs am 17. 1. 1991.

Nr. 132
Erklärung des Obersten Sowjets der UdSSR vom 4. März 1991 über die Ratifizierung der deutsch-sowjetischen Verträge[1]

Erklärung des Obersten Sowjets der UdSSR[2]

4. März 1991

Heute hat der Oberste Sowjet der UdSSR die drei wichtigsten Verträge ratifiziert, die die deutsche Regelung und die künftigen sowjetisch-deutschen Beziehungen betreffen. Dies sind der Vertrag über die abschließende Regelung in Bezug auf Deutschland, der Vertrag über gute Nachbarschaft, Partnerschaft und Zusammenarbeit zwischen der UdSSR und der BRD und der Vertrag zwischen der UdSSR und der BRD über die Entwicklung einer umfassenden Zusammenarbeit in den Bereichen Wirtschaft, Industrie, Wissenschaft und Technik.[3]

Für den Obersten Sowjet der UdSSR ist dieser Dokumentenkomplex von historischer Bedeutung. Er zieht einen Schlussstrich unter den Zweiten Weltkrieg, berücksichtigt die neuen Realitäten in Europa und in der Welt und eröffnet eine neue Epoche des Friedens und umfassender Zusammenarbeit zwischen dem sowjetischen und dem deutschen Volk.

Die Volksdeputierten der UdSSR und die Mitglieder des Obersten Sowjets der UdSSR bringen ihre Hoffnung zum Ausdruck, dass die von Deutschland übernommene Verpflichtung, von deutschem Boden werde Frieden – und nur Frieden – ausgehen, strikt eingehalten und organisch in die neuen Strukturen der Sicherheit und Zusammenarbeit in Europa eingefügt werde. Das sowjetische Volk, das bei der Abwehr der nazistischen Aggression unzählige Opfer erlitten hat, kann mit Recht erwarten, dass das vereinte Deutschland unter Berücksichtigung der Lehren der Vergangenheit und der Verantwortung, die in Gegenwart und Zukunft auf ihm liegt, agieren wird. Auf diesem Wege kann das deutsche Volk stets auf die Unterstützung und Solidarität der Sowjetunion rechnen. Davon, wie sich die sowjetisch-deutschen Beziehungen gestalten werden, hängt in vielem das Antlitz des künftigen Europa und die Lage in der Welt ab.

Prinzipiell wichtige Bedeutung haben die Bestimmungen der Verträge über den endgültigen Charakter der derzeitigen Grenzen Deutschlands und sein Verzicht auf irgendwelche territorialen Ansprüche, aber auch die ganze Summe seiner militärpolitischen Verpflichtungen, darunter die Verpflichtung, keine atomaren, biologischen und chemischen Waffen herzustellen und zu erwerben. Der Oberste Sowjet der UdSSR geht davon aus, dass im vereinten Deutschland konsequent die Menschrechte beachtet werden und insbesondere eine Diskriminierung der Bürger der ehemaligen DDR aus politischen oder anderen Motiven ausgeschlossen wird.

[1] Vgl. Kwizinskij, Vor dem Sturm, S. 85–99, 100–102; Falin, Politische Erinnerungen, S. 497–499. Die Verträge über die WGS wurden am 2. 4. 1991 ratifiziert. Botschafter Terechov übergab die Ratifikationsurkunde vom 12. 3. 1991 am 15. 3. 1991 im Auswärtigen Amt, vgl. Ansprache und Urkunde in: Deutsche Außenpolitik 1990/91. Auf dem Weg zu einer europäischen Friedensordnung, Eine Dokumentation, hg. vom Auswärtigen Amt, Bonn 1991, S. 364–366.
[2] Dokumente Nr. 117 und 118.
[3] Vgl. Dokumente Nr. 102, Anm. 5 und 104, Anm. 35.

Der Oberste Sowjet der UdSSR ist zu dem Schluss gelangt, dass die ratifizierten Verträge den nationalen und staatlichen Interessen der Sowjetunion entsprechen.

Die sich aus diesen Verträgen ergebenden praktischen Verpflichtungen beider Parteien gewährleisten auch die Klärung von Fragen, die mit der Entwicklung umfassender, dem gegenseitigem Nutzen dienender wirtschaftlicher und wissenschaftlich-technischer Zusammenarbeit verbunden sind.

Der Oberste Sowjet beauftragt das Kabinett der Minister der UdSSR sowie die entsprechenden Behörden und Organisationen, die erforderlichen Maßnahmen zur Verwirklichung der Bestimmungen der ratifizierten Verträge und dafür zu treffen, dass die aus den Verträgen hervorgehenden Verpflichtungen von den Parteien streng beachtet werden. All diese Fragen, die für das sowjetische Volk lebenswichtige Bedeutung haben, wird der Oberste Sowjet der UdSSR unter seiner fortwährenden Kontrolle halten.

Moskau, Kreml. OBERSTER SOWJET DER UdSSR

Pravda, 6. 3. 1991.

Nr. 133
Telefonat Gorbačevs mit Bundeskanzler Kohl am 5. März 1991[1]

Telefongespräch M. S. Gorbačevs mit H. Kohl

5. März 1991

Gorbačev: Ich begrüße dich, Helmut. Wie geht's?

Kohl: Guten Tag, Michail. Hörst du mich gut?

Gorbačev: Ich höre sogar alle Nuancen deiner Stimme gut. Ich glaube, dass wir nach der gestrigen Ratifizierung der sowjetisch-deutschen Dokumente einander näher gekommen sind und einander noch besser hören.[2]

Kohl: Ich bin dir von Herzen dankbar, dass du Wort gehalten hast. Die gestrige Ratifizierung hat bei uns einen sehr großen Eindruck hervorgerufen, obgleich bis dahin nicht wenig Unsinn gesagt und gedruckt worden ist. Ein sehr gutes Ergebnis ist erreicht und ich danke dir herzlich.

Gorbačev: Man muss sagen, dass der Ratifizierung eine große Arbeit zur Erläuterung der Bedeutung dieser Dokumente vorausgegangen ist. Was die gestrige Sitzung des Obersten Sowjets betrifft, so waren die Erörterung und die Atmosphäre gut und die Ergebnisse der Abstimmung sehr gut.

Kohl: Übermittle bitte auch allen deinen Mitarbeitern meinen herzlichen Dank für die sehr große Arbeit, die sie geleistet haben.

[1] Knapper Eintrag in Černjaev, Sovmestnyj ischod, S. 926, identisch mit Tschernjaew, Mein deutsches Tagebuch, S. 284 sowie Černjaev, 1991 god, S. 113. Vgl. Kohl, Erinnerungen 1990–1994, S. 309f.

[2] Dokument Nr. 132.

Gorbačev: Ich denke, letzten Endes hat der gesunde Menschenverstand gesiegt. Die Menschen haben daran geglaubt, dass eine neue Seite in den sowjetisch-deutschen Beziehungen aufgeschlagen wird, und unsere Zusammenarbeit, die auch schon früher gut war, hat eine neue Qualität gewonnen. Diese Erkenntnis bildete nach meiner Ansicht ebenfalls einen entscheidenden Faktor.

Kohl: Gott sei Dank ist alles erfolgreich verlaufen.

Gorbačev: Ich denke, die übrigen Fragen werden wir ebenfalls bald klären.

Kohl: Ich danke dir nochmals. War heute Major bei dir?

Gorbačev: Ja, und ich habe von dir gegrüßt. Ich hatte einen sehr angenehmen Eindruck von unserem Gespräch.

Kohl: Glaub' mir, das ist ein guter Mensch, und ich möchte sehr, dass eure Kontakte genauso erfolgreich sind wie mit Bush. Das wäre wertvoll für unsere Beziehungen. Er ist noch jung und hat alles vor sich.

Gorbačev: Jawohl. Ich bin zufrieden mit dem Inhalt und der Atmosphäre des Gesprächs mit ihm, das ziemlich offen verlief. Ich habe den Eindruck, dass er dir wohlgesinnt ist.

Kohl: Ich wiederhole nochmals, er ist ein sehr guter Mensch. Sag' bitte, hast du irgendwelche Nachrichten über die Lage am Persischen Golf, eine zuverlässige Information über die Situation im Irak selbst?

Gorbačev: Die Lage im Irak ist nicht einfach. Dort entwickeln sich und reifen unterschwellig verschiedene Prozesse. Mehr kann ich nicht sagen.

Kohl: Weißt du, wo Saddam Hussein jetzt ist?

Gorbačev: Ich weiß es nicht genau. Aber es verdichtet sich der Eindruck, dass er vor Ort ist. Ich verfolge die Entwicklung der Lage aufmerksam und werde Dich informieren.

Kohl: (lachend): Versteckst du Hussein irgendwo auf der Krim?

Gorbačev: Nun, für ihn wäre es besser, sich im Norden Deutschlands zu verstecken.

Kohl: Ist nicht mehr nötig. Wir haben ohnedies genügend Verrückte.

Gorbačev: Übrigens, zur Lage im Golf. Mir scheint, es wäre nützlich, die Reaktion von George [Bush] ein wenig ins Gleichgewicht zu bringen. Meiner Meinung nach ist dort bei ihm ein Problem aufgetaucht. Natürlich wird er auch selbst mit der Lage zurechtkommen, aber es wäre besser, ihm dabei zu helfen. Er hat sich ja auf einer Rasierklinge bewegt, und wir waren unter denen, die ihm aus der Patsche geholfen haben. Wenn er denkt, dass diejenigen, die ihm in allem nur nach dem Munde reden, seine wirklichen Freunde und Partner sind, dann stimmt das nicht. Ich lasse es bei diesen Worten.

Kohl: Ich verstehe dich gut. Vielleicht telefonieren wir noch einmal Anfang nächster Woche und ich spreche inzwischen mit George.[3]

Gorbačev: Es gibt noch eine Frage, über die ich mit dir meine Meinung austauschen möchte. Aber das ist kein Gespräch fürs Telefon. Es ist besser, dir zu schreiben.[4]

[3] Zu Telefonaten vom 24. 4. und 30. 4. 1991 vgl. Kohl, Erinnerungen 1990–1994, S. 333–339; Tschernjaew, Die letzten Jahre, S. 370 f.

[4] Hierzu Černjaev, Sovmestnyj ischod, S. 927 unter dem 10. 3. 1991, übers. in Tschernjaew, Mein deutsches Tagebuch, S. 284 f.: „Abends setzte ich mich hin und schrieb einen Brief Gorbačevs an

Kohl: Natürlich, ich warte und gebe dir Antwort. Wie hast du deinen Geburtstag verbracht?[5]

Gorbačev: Daheim. Wir haben derzeit bei uns eine komplizierte Situation und da ist einem nicht dazu zumute, Jubiläen zu feiern. Ich habe mich auf den Kreis der Familie beschränkt. Ich danke dir für deine Glückwünsche. Auf Wiedersehen. Ich drücke fest deine Hand.

Aufzeichnung von A .S. Černjaev, Archiv der Gorbačev-Stiftung. Bestand 2, Verzeichnis 1.

Nr. 134
Vorbereitungsmaterial für ein Gespräch Gorbačevs mit Bundeskanzler Kohl vom 18. Juni 1991[1]

Stichpunkte zum Gespräch M. S. Gorbačevs mit H. Kohl

18. Juni 1991

Fragen zur Vorbereitung der Materialien

1. Die Lage im Lande, insbesondere unter dem Gesichtspunkt der Wahlen in Russland.[2] Einschätzung der unmittelbaren politischen Folgen der Wahlen.
2. Über den 22. Juni 1941, über den wesentlichen Inhalt der Botschaften, die ausgetauscht werden sollen und andere Maßnahmen.[3]
3. Kohl über den Stand der Beziehungen mit Bush informieren, über den Briefaustausch zu SNV, zum Kredit für Getreide, zur Verwirklichung eines Handelsabkommens usw., über den Charakter des bevorstehenden sowjetisch-amerikanischen Gipfels.[4]

Kohl. Am Telefon hatte er nicht über seine Bitte gesprochen, aber es ist ein „SOS", weil in einigen Gebieten Hunger ausbricht, der Kuzbass streikt, dazu „Nieder mit dem Präsidenten!" In den Geschäften der Großstädte leeren sich die Regale buchstäblich völlig. M. S. bittet Kohl um schnelle Hilfe – die Banken zu zwingen, den Kredit zu eröffnen, sowie Geld im Voraus unter Pfand des militärischen Eigentums, das von unseren aus Deutschland abziehenden Truppen zurückgelassen wird, zu geben. Der Brief wurde abgeschickt." Die deutsche Übersetzung des Briefs vom 11. 3. 1991 in: Spiegel, Nr. 25 vom 17. 6. 1991, S. 134; Hinweise bereits im Spiegel Nr. 23 vom 3. 6. 1991, S. 162, 164f. In Tschernjaew, Mein deutsches Tagebuch, S. 289 dessen Reaktion auf die Veröffentlichung: „Das ist gemein!"

[5] Am 2. 3. 1991.

[1] Das für den 18. 6. 1991 geplante Treffen fand am 5. 7. bei Kiev statt. Zur Vorbereitung vgl. Černjaev, Sovmestnyj ischod, S. 948, 955, zum Treffen selbst ebd., S. 957–959 (unter dem 12., 23. und 24. 6., 6. 7. 1991), davon Übers. in Tschernjaew, Mein deutsches Tagebuch, S. 288–292. Vgl. Kohl, Erinnerungen 1990–1994, S. 344–350; Kwizinskij, Vor dem Sturm, S. 116–118; Tschernjaew, Die letzten Jahre, S. 373f.

[2] El'cin wurde am 12. 6. 1991 zum russischen Präsidenten gewählt.

[3] Zu den Grußbotschaften vgl. Černjaev, Sovmestnyj ischod, S. 947f., übers. in Tschernjaew, Mein deutsches Tagebuch, S. 288f. (12. 6. 1991).

[4] Am 30.–31. 7. 1991 in Moskau mit Unterzeichnung des START I-Abkommens (31. 7. 1991), vgl. Beschloss/Talbot, At the highest, S. 400–420. Das Abkommen und Protokolle u.a. unter http://www.state.gov/www/global/arms/starthtm/start/toc.html.

4. Über die wesentlichen Elemente unseres Programms der Wirtschaftsreformen, das bei den „Sieben" vorgestellt werden soll.[5]
5. Meinungsaustausch über die Lage in Osteuropa, insbesondere:
   - unsere Einschätzung der Lage und der Perspektiven der bilateralen Beziehungen der Sowjetunion mit den Ländern Osteuropas; unsere Haltung zum „Stein des Anstoßes";[6]
   - unsere Absichten zur Aktivierung der Politik in Richtung Osteuropa; Prinzipien der Beziehungen mit den ehemaligen Verbündeten;
   - gesamteuropäischer Aspekt der Lage in Osteuropa und Möglichkeiten einer Zusammenarbeit unserer beiden Länder in Fragen der Aufrechterhaltung der Stabilität und Sicherheit in dieser für die UdSSR, die BRD, für ganz Europa und das Mittelmeer strategisch wichtigen Region.
6. Gesamteuropäischer Prozess:
   - über das in Berlin bevorstehende Treffen der Außenminister der KSZE;[7] was bringen wir dorthin mit (A. A. Bessmertnych hat wahrscheinlich Genscher informiert; nichtsdestoweniger sollte auch zu Kohl etwas im Hinblick auf das Treffen Bessmertnych-Genscher gesagt werden)[;] Beziehungen UdSSR–EG. Was denkt Kohl über Möglichkeiten zu diesem Thema. Westeuropäische Integration und sowjetische Perestrojka;
   sowjetisch-deutsche Annäherung im Kontext unserer Beziehungen mit anderen wichtigen Ländern Westeuropas;[8]
   - über Rolle und Ansprüche der NATO nach der Pariser Charta;* NATO und WEU** im Kontext des europäischen Prozesses und der europäisch-amerikanischen Beziehungen;
   - Probleme der Koordinierung verschiedener europäischer Strukturen mit dem Ziel der Institutionalisierung der KSZE.
7. Lage in der Zone des Persischen Golfes, Perspektiven einer Nahost-Regelung (im Hinblick auf Beteiligung der EG).
8. Einzelfragen zu den sowjetisch-deutschen Beziehungen:
   - kürzlicher Beschluss zur Bildung eines NATO-Korps zur schnellen Reaktion und die ab 1991 geplante Stationierung multinationaler Einheiten in den östlichen Gebieten Deutschlands, die sich auf die eine oder andere Form der nuklearen Präsenz der USA auf deutschem Boden stützen, was dem Vertrag widerspricht;[9]

[5] Vgl. die persönliche Botschaft Gorbačevs an die Teilnehmer des G-7-Gipfels in London vom 11. 7. 1991, in: V Politbjuro, S. 583–593, sowie das Gesprächsprotokoll des Treffens Gorbačevs mit Bush am 17. 7. 1991, ebd., S. 594–597. Gorbačev war am 17. 7. 1991 Gast des Londoner Treffens.

[6] Kroatien und Slowenien erklärten am 25. 6. 1991 ihre Unabhängigkeit, vgl. Dokument Nr. 128, Anm. 5.

[7] Erstes Treffen des Rats der Außenminister der KSZE vom 19.–20. 6. 1991, vgl. Schweisfurth (Hg.), Dokumente, S. 507–513.

[8] Vgl. Dokument Nr. 117, Anm. 11.

[9] Das „Neue Strategische Konzept", verabschiedet auf dem NATO-Gipfel in Rom (7.–8. 11. 1991), definierte Aufgaben und Strategien der NATO neu und sah u. a. die Bildung „Schneller Eingreiftruppen" vor, in: Europa-Archiv, 47 (1992), S. D 52–D 64. Zu den multinationalen Truppenstrukturen in Europa vgl. bereits das Gemeinsame Kommuniqué der Ministertagung des Planungsausschusses und der Nuklearen Planungsgruppe vom 28./29. 5. 1991 sowie die Erklärung der Ministertragung in Kopenhagen, 6./7. 6. 1991, Die sicherheitspolitischen Kernfunktionen der NATO im neuen Europa, in: Bulletin (1991), S. 486–488, 527–529. Vgl. daneben die NATO-Erklärung von

- Fragen in Verbindung mit der Erfüllung der Vereinbarungen über den Abzug der Westgruppe der Streitkräfte aus Deutschland (Vorbereitung durch Sitarjan);
- Fragen der Beziehungen Deutschlands mit den Republiken sowie das Thema Kaliningrad.

9. Regelung zur Wiederherstellung der Autonomie der Sowjetdeutschen.[10]
10. Unsere Besorgnis im Zusammenhang mit Fakten der Diskriminierung oder Verfolgung von Funktionären der DDR.[11]

* Pariser Charta für ein neues Europa – Abschlussdokument, das am 21. November 1990 von den Teilnehmern der Konferenz für Sicherheit und Zusammenarbeit in Europa (gesamteuropäisches Gipfeltreffen) angenommen wurde. Die Charta verkündete die Beendigung der Ära der Konfrontation und der Spaltung und legte fest, dass die unterzeichnenden Parteien ihre Beziehungen auf gegenseitige Achtung und Zusammenarbeit zu bauen beabsichtigten.[12]
** Westeuropäische Union (WEU) – Vertragsgemeinschaft einer Reihe westeuropäischer Länder.

Aufzeichnung von A. S. Černjaev, Archiv der Gorbačev-Stiftung. Bestand 2, Verzeichnis 1.

Nr. 135
Brief Gorbačevs an Bundespräsident von Weizsäcker vom 12. Juli 1991 über den Umgang mit „Beutekunst"

Brief M. S. Gorbačevs an R. von Weizsäcker über den Austausch von Kulturschätzen

12. Juli 1991

Verehrter Herr Präsident!

Der Vertrag über gute Nachbarschaft, Partnerschaft und Zusammenarbeit zwischen der UdSSR und der BRD hat die Tür für eine endgültige Aussöhnung und Annäherung unserer beiden großen Völker geöffnet. Er wird auf ein prinzipiell anderes Niveau der Zusammenarbeit führen. Er gestattet es uns, uns auch mit Aspekten der Vergangenheit zu beschäftigen, die beide Seiten aus einer Reihe von Gründen vorgezogen haben, auszuklammern. Ich denke dabei an den Ausgleich, soweit das möglich ist, des kolossalen Verlustes, der der Kultur und Kunst und dem historischen Erbe unserer Völker durch den Krieg zugefügt worden ist.

Die Aufnahme einer besonderen Bestimmung diesbezüglich in den Vertrag bezeugt, dass wir es nicht mehr für richtig halten, den Verlust von Kulturschätzen

Rom über Frieden und Zusammenarbeit vom 8.11. sowie die Erklärung zu den Entwicklungen in der Sowjetunion vom 8. 11. 1991, in: ebd., S. D 64–D 70, D 70f. Zu Nachbarschaftsvertrag und 2+4-Vertrag vgl. Dokumente Nr. 102, Anm. 5 und 104, Anm. 11.

[10] Vgl. Dokument Nr. 72, Anm. 31.
[11] Vgl. Dokument Nr. 120.
[12] Vgl. Dokument Nr. 68, Anm. 4.

dem allgemeinen Unglück zuzuschreiben.[1] Dazu schreiben mir sowjetische Bürger, Kulturschaffende und Künstler.

Während der Jahre des Krieges und der Besetzung hat die Sowjetunion eine große Anzahl einzigartiger Denkmäler der Kultur, der Kunst und der nationalen Geschichte verloren. Unersetzlich sind die Verluste unserer Archive, Bibliotheken und Museen. Es ist nicht sehr passend, diesen Verlust in Mark oder Rubel auszudrücken, da viele Werke und Denkmäler von unschätzbarem Wert sind. Aber wenn man die Bewertungen des Jahres 1914 anwendet, dann beträgt der dem Kulturbesitz des Landes zugefügte Gesamtschaden 140 Milliarden Goldrubel, darunter Kunstwerke im Wert von 23 Milliarden Rubel, die geraubt oder vernichtet wurden.

Dabei habe ich in diese Rechnung nicht die Verluste von Privatpersonen einbezogen, die Sammlungen, Bibliotheken und Kunstgegenstände besaßen.

Leider ist uns in den vergangenen Jahren außer der Schatzkammer des Klosters Pskovsko-Pečorskij fast nichts von den Kunstwerken und historischen Denkmälern zurückgegeben worden. Wo befindet sich all das, was von sowjetischem Boden abtransportiert wurde und für die „Sammlungen“ Hitlers, Görings, Kochs ... bestimmt war? Wie soll ich auf die Fragen antworten, die mir die sowjetischen Bürger stellen?

Im Gewahrsam unserer Truppen, die 1945 nach Deutschland einmarschiert waren, fanden sich nicht wenige Kulturschätze, die an Orten ständiger oder vorübergehender Lagerung untergebracht waren, aber auch zurückgelassen oder in feuchte und außerdem verminte Stollen geworfen worden waren.[2] In der Folge wurde dem deutschen Volk vieles von diesem seinem nationalen Eigentum übergeben. Es wurden 763 Meisterwerke der Dresdener Galerie, 1610 andere Gemälde, 18383 Standbilder der antiken Kultur, 166646 Graphiken und über hunderttausend Münzen, darunter 4187 Goldmünzen zurückgegeben. Und wenn man die Meißener Kollektion, die Sammlung des ethnographischen Museums, die Notenbibliothek u.a. rechnet, dann ist die Anzahl der Bestandseinheiten noch weit höher.[3]

Es versteht sich, dass auf beiden Seiten eine mühselige Arbeit zur Systematisierung der Fakten bevorsteht, die die Verlagerung und das Schicksal der kulturellen und historischen Schätze und auch die Feststellung ihres derzeitigen Standortes betreffen. Offenbar müssen Spezialisten und Bevollmächtigte unserer Regierungen eingesetzt werden, auf denen diese mühsame Arbeit lasten wird.

Ich hege keinen Zweifel, dass es uns bei beiderseitigem Wunsch gelingen wird, nicht wenige Geheimnisse zu lüften, viele Verluste aufzuklären und die entstandenen Lücken zu füllen. Die sowjetische Seite hat sich stets auf diese Perspektive

[1] Artikel 16 Absatz 2 mit der Rückgabevereinbarung für verschollenes oder gestohlenes Kulturgut, vgl. Dokument Nr. 102, Anm. 5.

[2] Ein Schlaglicht auf den frühen sowjetischen Umgang mit beschlagnahmter Literatur werfen die Dokumente in: A. V. Bljum (Hg.), Cenzura v Sovetskom Sojuze 1917–1991. Dokumenty, Moskau 2004, S. 327–334.

[3] Vgl. hierzu u.a. Susanne Schoen, Der rechtliche Status von Beutekunst. Eine Untersuchung am Beispiel der aufgrund des Zweiten Weltkrieges nach Russland verbrachten deutschen Kulturgüter, Berlin 2004, S. 56–59.

eingestellt und sich darum bemüht, dass die unter ihrer Kontrolle befindlichen Objekte nicht über die Welt verstreut werden.

Ohne aktive Mitwirkung der Regierung des vereinigten Deutschland und seiner entsprechenden Behörden ist es einfach unmöglich, eine solche Arbeit durchzuführen, weil die sich darauf beziehende Dokumentation der sowjetischen Kultureinrichtungen, ja manchmal die Kultureinrichtungen selbst, im besetzten sowjetischen Territorium zerstört worden sind und viele Bewahrer von Kulturschätzen oder ihre Besitzer umgekommen sind.

Ich möchte Ihre Vorstellungen hören, wie man all diese Arbeit am besten organisiert und wie man die Rückgabe des widerrechtlich Ausgeführten auf wirklich gegenseitiger Grundlage gewährleistet.

Mir ist bekannt, dass der Staatssekretär im Innenministerium der BRD, Herr Horst Waffenschmidt, mit dem Institut für wissenschaftliche Information der Akademie der Wissenschaften der UdSSR hinsichtlich der Bücher der Gotha'schen Bibliothek, die sich im Gewahrsam dieses Instituts befanden, Kontakt aufgenommen hat. Sie verständigen sich über die Art und Weise ihrer Rückführung nach Deutschland und über eine Zusammenarbeit im Rahmen ihrer Zuständigkeit.[4] Mir scheint, dass dies ein guter Beginn im Kontext dessen ist, womit ich mich an Sie, Herr Präsident, wende.

Und zu noch einem Punkt möchte ich Ihre Meinung erfahren.

Persönlichkeiten des Theaters und städtische Behörden wollen in Moskau ein internationales Zentrum für Kultur, Business und Handel errichten. Die deutschen Firmen „Dublin" und „Rolf Deyhle" (Stuttgart), sowie „Corona" (Mainz) haben eine Zeit lang beabsichtigt, mit den Moskauern das Gemeinschaftsunternehmen „Rote Hügel" für die Errichtung dieses Zentrums zu bilden. Die „Bayerische Vereinsbank" (München) hat sich bereit erklärt, ein Konsortium westlicher Banken zur Finanzierung des Projekts zu leiten.

Ich glaube, dass dies eine gute Initiative im Sinne der sowjetisch-deutschen Partnerschaft ist. Aber soviel ich weiß, brauchen die genannten Firmen eine Art Billigung ihrer Absicht durch die höchsten Instanzen Deutschlands.

Ich versichere Sie, Herr Präsident, des Ausdrucks meiner größten Hochachtung.

M. GORBAČEV, Präsident der UdSSR

Archiv der Gorbačev-Stiftung. Bestand 2, Verzeichnis 1.

[4] Die Bundesrepublik richtete zunächst 1991 eine Dokumentationsstelle für die Rückführung „kriegsbedingt verbrachter Kulturgüter" ein, vgl. Schoen, Der rechtliche Status (wie Anm. 3), S. 150. Die Gothaer Schlossbibliothek wurde noch zu DDR-Zeiten größtenteils zurückgegeben. Vgl. zu den relevanten Bestimmungen und Verhandlungen, die dann mit der Russischen Föderation auf der Basis des Abkommens vom 16. 12. 1992 über kulturelle Zusammenarbeit geführt wurden, Schoen, Der rechtliche Status, S. 150ff., sowie den knappen Überblick von Kristiane Burchardi/Christof Kalb, „Beutekunst" als Chance. Perspektiven der deutsch-russischen Verständigung, München 1998.

Nr. 136
Vorbereitungsmaterial vom 2. Oktober 1991 für ein Telefonat Gorbačevs mit Bundeskanzler Kohl anlässlich des ersten Jahrestags der Wiedervereinigung

Stichpunkte für ein Telefongespräch mit H. Kohl

2. Oktober 1991

Verehrter Herr Bundeskanzler!

Ich beglückwünsche Sie, die Bundesregierung und alle Deutschen.

Jetzt hat die stürmische Geschichte dieses Jahres bereits selbst bestätigt, dass du und ich damals vor einem Jahr richtig und zur rechten Zeit handelten und den Augenblick erfasst haben, in dem der Lauf der Geschichte nur eine einzige Entscheidung diktierte.

Die Einheit der deutschen Nation wurde zum Wohle ihrer selbst wieder hergestellt und hat eindeutig positive Resultate für die Sache des Friedens und der Freiheit und für eine gesunde und vollwertige Entwicklung der Beziehungen zwischen den beiden größten europäischen Völkern gebracht.

Dieses Jahr hat noch einmal bestätigt, dass das deutsche Volk aus den Lektionen der Geschichte seine Schlussfolgerungen gezogen hat. Wir glauben, dass von deutschem Territorium niemals mehr ein Krieg ausgehen wird. Es hat eine historische Aussöhnung unserer beiden Völker stattgefunden. Und sie ist der beste Garant für Frieden und Stabilität, zumindest in Europa.

Deutschland hat ein wichtiges, aber nicht leichtes Jahr erlebt. Wir freuen uns, dass die komplizierten Probleme, sowohl die wirtschaftlichen als auch die rein menschlichen, die mit der Integration der östlichen und westlichen Bundesländer verbunden sind, allmählich gelöst werden.

Bei uns war diese Phase bekanntlich sehr schwierig, sie ist sogar als Tragödie verbucht worden. Ich möchte dir, Helmut, der Bundesregierung und dem deutschen Volk Worte der Anerkennung sagen für die Solidarität, für das Mitgefühl und die reale Unterstützung sowohl in bilateraler als auch in internationaler Hinsicht auf unserem schwierigen Weg.

Das Wort, das die beiden großen Völker am historischen Tag eurer Vereinigung einander gegeben haben, ist durch die Fakten bekräftigt worden und wurde durch die Heimsuchungen dieses einzigartigen Jahres einer harten Prüfung unterzogen.

Wir in der Union wissen gute, gesunde Beziehungen mit Deutschland sehr zu schätzen. Ich bin überzeugt, dass wir auch in Zukunft zuverlässige, ehrliche Partner und Freunde bleiben werden, die eingedenk der großen Verantwortung, die das Schicksal unseren Völkern auferlegt hat, bereit sind, aufeinander zuzugehen und gemeinsam zu handeln.

Man sagt, dass im Leben eines Menschen das erste Jahr ein kritisches sei. Im Leben eines Staates ist es offenbar ebenso. Ich glaube, wir können feststellen, dass sich das geeinte Deutschland voller Zuversicht auf den Weg nach vorne gemacht hat. Und da dies so ist, werden die Deutschen noch mehr Respekt und Sympathie ihrer Nachbarn und aller anderen Völker hervorrufen.

Archiv der Gorbačev-Stiftung. Bestand 2, Verzeichnis 1.

Nr. 137
Telefonat Gorbačevs mit Bundesaußenminister Genscher am 25. Dezember 1991[1]

Telefongespräch M. S. Gorbačevs mit H.-D. Genscher

25. Dezember 1991

Genscher: Ich rufe mit den besten Gefühlen an und begrüße Sie von ganzem Herzen. Ich wäre froh, wenn ich persönlich mit meinem alten Freund sprechen könnte.

Gorbačev: Alte Freundschaft rostet nicht. Ich bin dankbar, dass Sie mich an einem solchen Tag anrufen.[2] Dies versinnbildlicht die große Bedeutung, die Sie unseren Beziehungen beimessen, den Beziehungen zwischen unseren Völkern.

Übermitteln Sie von mir und von Raisa Maksimovna Ihren Lieben herzliche Wünsche zum Weihnachtsfest und die Versicherung guter Gefühle für Sie. Was bleibt, ist die Erinnerung an das Gute und Bedeutende, das wir in diesen Jahren gemeinsam tun konnten.

Ich habe versucht, mich in die Lage meiner ausländischen Partner zu versetzen, wenn sie meine Abschiedserklärung hören werden. Deshalb bin ich damit nicht am Weihnachtstag an die Öffentlichkeit gegangen: Sie sollen in Ruhe zu Hause feiern.

Ich werde eine Ansprache halten und CNN wird sie in die ganze Welt übertragen ...[3] Sie werden es hören.

Ich möchte Ihnen für die Zusammenarbeit in diesen Jahren danken. Ich habe Ihren Brief, der mir vom Botschafter übergeben wurde, erhalten. Mit Freude habe ich festgestellt, dass Sie das, was wir gemeinsam getan haben, genau so wahrnehmen wie ich.

Ich habe bereits zu George Bush gesagt,[4] dass ich mich nicht in der Taiga verstecken werde, ich werde in der Welt der Politik bleiben, um an der Fortsetzung dessen mitzuwirken, was wir gemeinsam getan haben.

Das Gleiche kann ich auch Ihnen sagen. Ich weiß die Freundschaft mit Ihnen und mit Helmut sehr zu schätzen. Ich hoffe, die Kontakte, den Meinungsaustausch mit Ihnen fortzusetzen.

Ich danke Ihnen für den Wunsch, mit mir persönlich zu sprechen. Für mich ist wichtig, Überlegungen darüber zu teilen, wie das Schicksal entschieden hat. Ich bin froh, mit einem Freund zu sprechen.

Genscher: Danke für alles, was Sie getan haben. Ich habe Ihnen noch gestern einen Brief geschickt, um Ihnen zu sagen, was ich an diesem Tag empfinde. Er ist ein besonderer Tag in Ihrem Leben. Aber auch für die ganze Welt. Er ist wichtig für uns, die Deutschen. Sie haben sich nicht nur die Dankbarkeit der Deutschen

[1] Vermerk in Černjaev, Sovmestnyj ischod, S. 1042 (unter dem 27. 12. 1991, identisch mit ders., 1991 god, S. 303; nicht in Tschernjaew, Mein deutsches Tagebuch). Vgl. Gorbatschow, Erinnerungen, S. 1129; Genscher, Erinnerungen, S. 977 f.

[2] Gorbačev trat am 25. 12. 1991 als Präsident der UdSSR zurück.

[3] Text der Rücktrittserklärung in V Politbjuro, S. 637–639.

[4] In einem Telefonat am 25. 12. 1991, vgl. Gorbatschow, Erinnerungen, S. 1127 f. sowie Černjaev, Sovmestnyj ischod, S. 1041 f. (27. 12. 1991). Anders im Gespräch mit Kohl am 20. 12. 1991, vgl. Černjaev, Sovmestnyj ischod, S. 1039, übers. in Tschernjaew, Mein deutsches Tagebuch, S. 296.

erworben, sondern Sie haben ihre Herzen erobert. Und dies wird auf ewig so bleiben. Das, was Sie für Ihr Land getan haben, für die Völker seiner Nachbarn, dies geht für immer in die Geschichte ein.

Sie können gewiss sein, dass man Ihnen nicht nur in Deutschland, sondern in vielen Ländern der Welt dankbar ist.

Ich freue mich, dass Sie sich entschlossen haben, weiterhin im politischen und öffentlichen Leben eine Rolle zu spielen. Dies wird von Ihnen erwartet.

Ich erinnere mich an unsere erste Begegnung mit Sommer 1986.[5] Wir hatten damals ein schwieriges Gespräch. Aber ich wusste, ich sah, dass der Mensch, mit dem ich sprach, aufrichtig war. Und in vielem hatten wir den gleichen Standpunkt.

Die Gespräche mit Raisa Maksimovna hatten damals für mich eine besondere Bedeutung.

Ich erinnere mich auch an ein Gespräch mit ihr im Kaukasus im Sommer 1990. Sie sagte mir, es sei wichtig, dass die Verpflichtungen, die hier jeder auf sich genommen habe, eingehalten würden. Ich versicherte ihr damals, dass wir unser Wort unbeirrt halten werden.

Ich versichere Sie – auch im Namen meiner Frau – unserer innigsten Zuneigung Ihnen und auch Raisa Maksimovna gegenüber.

Gorbačev: Danke, auch Ihnen alles Gute.

Genscher: Mein aufrichtiger Wunsch ist, Sie wiederzusehen.

Sie sollen wissen: Ein Wort von Hans-Dietrich Genscher ist ein zuverlässiges, sicheres Wort!

Ich hoffe, dass wir uns noch bei vielen Gelegenheiten treffen und weiter zusammenarbeiten können. Seien Sie gewiss, dass Gorbačev hier feste, gute Freunde hat.

Gorbačev: Ich drücke Ihre Hand in Freundschaft.

Aufzeichnung A. S. Černjaev, Archiv der Gorbačev-Stiftung. Bestand 2, Verzeichnis 1.

[5] Dokumente Nr. 5 und 6.

Nr. 138
Brief Gorbačevs an Bundeskanzler Kohl vom 25. Dezember 1991

Abschiedsbrief M. S. Gorbačevs an H. Kohl

25. Dezember 1991

SEINER EXZELLENZ HERRN HELMUT KOHL, BUNDESKANZLER DER BUNDESREPUBLIK DEUTSCHLAND, UND FRAU KOHL

Lieber Helmut!

Ich verlasse das Amt des Präsidenten der UdSSR.[1]

Obgleich die Ereignisse nicht so verlaufen sind, wie ich sie für richtig und am zweckmäßigsten gehalten habe, verliere ich nicht die Hoffnung auf einen abschließenden Erfolg der Sache, die ich vor sechs Jahren begonnen habe – darauf, dass Russland und die anderen Staaten, die einer neuen Gemeinschaft angehören, sich zu modernen und demokratischen Ländern wandeln.

In diesem für mich nicht leichten Augenblick wende ich mich in meinen Gedanken dem zu, was wir beide gemeinsam geschafft haben. Die Vereinigung Deutschlands – dies ist ein sehr bedeutendes Ereignis der Weltgeschichte und der neuen Weltpolitik. Und die Tatsache, dass wir mehr als irgendjemand sonst dazu beigetragen haben, wird, so hoffe ich, im Gedächtnis der Völker bleiben.

Ich möchte, dass sich die russisch-deutschen Beziehungen erfolgreich auf dem Fundament entwickeln, das wir mit dem Großen Vertrag[2] gemeinsam gelegt haben.

Von ganzem Herzen wünschen Raisa und ich Hannelore und Deiner ganzen Familie Gesundheit, Wohlergehen und Glück.

Dein Michail

Archiv der Gorbačev-Stiftung. Bestand 2, Verzeichnis 1.

[1] Vgl. Dokument Nr. 137, Anm. 2.
[2] Vgl. Dokument Nr. 102, Anm. 5.

Verzeichnis der Dokumente

1986

1987

1988

1989

1990

1991

Abkürzungsverzeichnis

ABM	Anti-ballistic missiles, Raketenabwehrsysteme
AĖS	Atomnaja Ėlektrostancija = AKW
AG	Aktiengesellschaft
AKMB	Arbeitsgemeinschaft der Kunst- und Museumsbibliotheken
AKW	Atomkraftwerk
APN	Agenstvo pečati Novosti, sowjetische Nachrichtenagentur „Presseagentur Nachrichten"
ASTĖS	Amerikano-Sovetskij torgovo-Ėkonomičeskij sovet, Amerikanisch-sojwetischer Handels- und Wirtschaftsrat
BGBl.	Bundesgesetzblatt
BKP	Balgarska komunističeska partija, Bulgarische Kommunistische Partei
BPB	Bundeszentrale für politische Bildung
BRD	Bundesrepublik Deutschland
CIA	Central Intelligence Agency
CoCom	Coordinating Committee on Multilateral Export Controls (ehem. Coordinating Committee for East West Trade Policy)
CRU	Central'noe razvedyvatel'noe upravlenie = CIA
CSP	Christlich-Soziale Partei (Belgiens)
ČSSR	Československá socialistická republika, Tschechoslowakische Sozialistische Republik
DBD	Deutsche Bauernpartei Deutschlands
DC	Democrazia Cristiana, Christliche Demokratie (Italiens)
DDR	Deutsche Demokratische Republik
EBRD	s. EBWE
EBWE	Europäische Bank für Wiederaufbau und Entwicklung
ECU	European Currency Unit
EFTA	European Free Trade Association
EG	Europäische Gemeinschaft(en)
EGKS	Europäische Gemeinschaft für Kohle und Stahl
Euratom	Europäische Atomgemeinschaft
EWG	Europäische Wirtschaftsgemeinschaft
FDGB	Freier Deutscher Gewerkschaftsbund
FN	Front National, Nationale Front (Frankreichs)
FRG	Federativnaja Respublika Germanii Federal Republic of Germany
GATT	General agreement on tariffs and trade, Allgemeines Zoll- und Handelsabkommen
GBl.	Gesetzblatt

IAEO	Internationale Atomenergieorganisation, Wien
IHK	Industrie- und Handelskammer
IML	Institut Marksizma-Leninizma, Institut für Marxismus-Leninismus
INF	Intermediate range nuclear forces
KfW	Kreditanstalt für Wiederaufbau
KNR	Kitajskaja Narodnaja Respublika, Chinesische Volksrepublik
KoKom	s. CoCom
Komintern	Kommunističeskij internacional, Kommunistische Internationale
KPC	Kommunistische Partei Chinas
KRG	Kontrollratsgesetz
KRMB	Krylatye rakety morskogo bazirovanija, Seegestützte Marschflugkörper
KRVB	Krylatye rakety vozdušnogo bazirovanija, Luftgestützte Marschflugkörper
KSČ	Komunistická strana Československa, Kommunistische Partei der Čechoslovakei
KSE	Konventionelle Streitkräfte in Europa
KVAE	Konferenz über Vertrauensbildung und Abrüstung in Europa
KSZE	Konferenz über Sicherheit und Zusammenarbeit in Europa
MAGATĖ	Meždunarodnoe Agentstvo po Atomnoj Ėnergii = IAEO
MBFR	Mutual and Balanced Force Reductions,
Mio	Million
MKD	Meždunarodnoe kommunističeskoe dviženie, Internationale Kommunistische Bewegung
Mrd.	Milliarde
MSZMP	Magyar Szocialista Munkáspárt, Ungarische Sozialistische Arbeiterpartei
MSZP	Magyar Szocialista Párt, Ungarische Sozialistische Partei
NSA	The National Security Archive
NSAEBB	The National Security Archive Electronic Briefing Book
NATO	North Atlantic Treaty Organization
NĖP	Novaja Ėkonomičeskaja politika, Neue Ökonomische Politik
NRW	Nordrhein-Westfalen
NSA	National Security Archive
NVA	Nationale Volksarmee
OVD	Organizacija Varšavskogo Dogovora, Warschauer Pakt
OSV	Oboronitel'nyje strategičeskie vooruženija = SALT
PASOK	Panellinio Sosialistikó Kínima, Panhellenische Sozialistische Bewegung
PBA	Politischer Beratender Ausschuss (des Warschauer Pakts)
PCC	Partido Comunista de Cuba, Kommunistische Partei Kubas
PCI	Partito Comunista Italiano, Italienische Kommunistische Partei
PCR	Partidul Comunist Român, Rumänische Kommunistische Partei
PdAK	Partei der Arbeit Koreas
PDS	Partei des Demokratischen Sozialismus
PHP	Parallel History Project
PKK	Političeskij konsultativnyj komitet, Politischer Beratender Ausschuss (des Warschauer Pakts)
PNR	Pol'skaja Narodnaja Respublika = PVR
PORP	Pol'skaja Ob"edinennaja rabočaja partija = PZPR
PRO	Protivoraketnaja oborona, s. ABM
PS	Parti socialiste, Sozialistische Partei (Frankreichs)

PSI	Partito Socialista Italiano, Sozialistische Partei Italiens
PSOE	Partido Socialista Obrero Español, Spanische Sozialistische Arbeiterpartei
PVAP	s. PZPR
PvdA	Partij van de Arbeid, Arbeiterpartei der Niederlande
PVR	Polnische Volksrepublik
PZPR	Polska Zjednoczona Partia Robotnicza, Polnische Vereinigte Arbeiterpartei
RFE	Radio „Free Europe"
RGW	Rat für Gegenseitige Wirtschaftshilfe
RGBl	Reichsgesetzblatt
RL	Radio Liberty
RMD	raketa men'šej dal'nosti, Kurzstreckenrakete
RPR	Rassemblement Pour la République, Zusammenschluss für die Republik
RSD	raketa srednej dal'nosti, Mittelstreckenrakete
RSDSP	Rossijskaja social-demokratičeskaja rabočaja partija, Russische Sozialdemokratische Arbeiterpartei
RSFSR	Rossijskaja Sovetskaja Federativnaja Socialističeskaja Respublika, Russische Sozialistische Föderative Sowjetrepublik
SACEUR	Supreme Allied Commander, Europe, Oberbefehlshaber der NATO in Europa
SAG	Sowjetische Aktiengesellschaft
SALT	Strategic Arms Limitation Talks
SA	Sovetskaja Armija, Sowjetische Armee
SAP	Sveriges socialdemokratiska arbetareparti, Sozialdemokratische Arbeiterpartei Schwedens
SBSE	Soveščanie po beziopasnosti i sotrudničestvo v Evrope, = KSZE
SDAG	Sowjetisch-deutsche Aktiengesellschaft
SDI	Strategic Defense Initiative, Strategische Verteidigungsinitiative
SDP	Suomen sosialidemokraattinen puolue, Sozialdemokratische Partei Finnlands
SĖV	Sovet Ėkonomičeskoj vzaimopomošči = RGW
SEW	Sozialistische Einheitspartei Westberlins
SI	Sozialistische Internationale
SKV	Svobodno konvertiruemaja valuta, Frei konvertierbare Währung
SMAD	Sowjetische Militäradministration in Deutschland
SNF	Short range nuclear forces, Nuklearwaffen kurzer Reichweite
SNV	strategičeskie nastupatel'nye vooruženija, Strategische Offensivwaffen
SOI	strategičeskaja oboronnaja iniciativa = SDI
SPB	sredstva perodovogo bazirovanija, „vorne" stationierte Systeme
START	Strategic Arms Reduction Treaty
TJaO	taktičeskoe jadernoe oružie, taktische Kernwaffe
UD	Unia Demokratycza, Demokratische Union (Polens)
UDF	Union pour la Démocratie Française, Union für die französische Demokratie
UDR	Union des Démocrates pour la Ve République, Union der Demokraten für die Fünfte Republik (Frankreich)
UMP	Union pour un mouvement populaire, Volksbewegungsunion
UN	United Nations, Vereinte Nationen
UNO	s. UN
UNR	Union pour la Nouvelle République, Union für eine Neue Republik (Frankreich)

USAP	= MSZMP
UVR	Ungarische Volksrepublik
Uralmaš	Ural'skij Mašinostroitel'nyj zavod, Fabrik für Maschinenbau Ural
VEB	Volkseigener Betrieb
VNR	= UVR
VPN	Verejnose proti násiliu, Öffentlichkeit gegen Gewalt
VSRP	s. u. MSZMP
WEU	Westeuropäische Union
WGS	Westgruppe der Streitkräfte (der UdSSR)
WJC	World Jewish Congress, Jüdischer Weltkongress
WTO	World Trade Organization, Welthandelsorganisation
ZGV	Zapadnaja gruppa vojsk = WGS

Auswahlbibliographie

Quellensammlungen und Dokumentationen

Das Atlantische Bündnis. Tatsachen und Dokumente, 7. Aufl. Brüssel 1990
Außerordentlicher Parteitag der SED–PDS: Protokoll der Beratungen am 8./9. und 16./17. Dezember 1989 in Berlin, von Lothar Hornbogen u. a., Berlin 1999

Bestimmungen der DDR zu Eigentumsfragen und Enteignungen, Bonn 1971
Besuch des Generalsekretärs des ZK der KPdSU und Vorsitzenden des Obersten Sowjets der UdSSR, Michail Gorbatschow, in der BRD, 12.–15. Juni 1989. Dokumente und Materialien, Moskau 1989
Besuch Michail Gorbatschows in Japan. 16.–19. April 1991. Dokumente und Materialien, Moskau 1991
Brandt, Willy: Berliner Ausgabe, Band 10: Gemeinsame Sicherheit, Internationale Beziehungen und deutsche Frage, bearb. von Uwe Mai u. a., Bonn 2009
Bulletin des Presse- und Informationsamtes der Bundesregierung, Bonn 1951 ff. (ab Oktober 1990 unter dem Titel: Bulletin)
Bundesgesetzblatt, Teil I und II, Bonn 1951 ff. (ab 1990 Verlagsort Köln)
Bundesministerium für innerdeutsche Beziehungen (Hg.): Zehn Jahre Deutschlandpolitik. Die Entwicklung der Beziehungen zwischen der Bundesrepublik Deutschland und der Deutschen Demokratischen Republik. Bericht und Dokumentation, Bonn 1980

A cardboard castle? An inside history of the Warsaw Pact, 1955–1991, hg von Vojtech Mastny u. a., Budapest 2005

Deutsche Einheit. Sonderedition aus den Akten des Bundeskanzleramtes 1989/90, bearb. Von Hanns Jürgen Küsters und Daniel Hofmann, München 1998
Documents on British Policy Overseas, Series III, Vol. VI, Berlin in the Cold War, 1948–1990, London 2009
Documents on British Policy Overseas, Series III, Vol. VI, German unification, 1989–1990, London 2010

Europa-Archiv. Zeitschrift für internationale Politik. Dokumente, Bonn 1961 ff.

Fischer, Alexander (Hg.): Teheran, Jalta, Potsdam. Die sowjetischen Protokolle von den Kriegskonferenzen der „Großen Drei", 3. Aufl. Köln 1985
Freedman, Lawrence (Hg.): Europe transformed. Documents on the end of the Cold War, London 1990

Gesetzblatt der Deutschen Demokratischen Republik, Teil I und II, Berlin 1955–1990
[Gorbačev, Michail S. =] Gorbatschow, Michail: Für eine kernwaffenfreie Welt. Der Generalsekretär des ZK der KPdSU zu Problemen der nuklearen Abrüstung. Januar 1986 – Januar 1987, Moskau 1987
[Gorbačev, Michail S. =] Gorbatschow, Michail S. (Hg.): Das gemeinsame Haus Europa und die Zukunft der Deutschen. Mit Beiträgen sowjetischer Wissenschaftlicher und Politiker, Düsseldorf 1990

[Gorbačev, Michail S. =] Gorbatschow, Michail: Gipfelgespräche. Geheime Protokolle aus meiner Amtszeit, Berlin 1993
[Gorbačev, Michail S. =] Gorbatschow, Michail: Glasnost. Das neue Denken, Moskau 1989
Gorbačev, Michail S.: Gody trudnych rešenij, Moskau 1993
Gorbačev, Michail S.: Izbrannye reči i stat'i, 7 Bde, Moskau 1987–1990
[Gorbačev, Michail S. =] Gorbatschow, Michail; Sagladin, Vadim; Tschernjajew, Anatoli: Das neue Denken. Politik im Zeitalter der Globalisierung, München 1997
[Gorbačev, Michail S. =] Gorbatschow, Michail: Perestroika. Die zweite russische Revolution. Eine neue Politik für Europa und die Welt, München 1987
[Gorbačev, Michail S. =] Gorbatschow, Michail: Perestroika. Die zweite russische Revolution. Eine neue Politik für Europa und die Welt, erw. Taschenbuchausg. München 1989
Gorbačev, Michail S.: Sobranie sočinenij, Band 1 ff., Moskau 2008 ff.
[Gorbačev, Michail S. =] Gorbatschow, Michail: Umgestaltung und neues Denken für unser Land und für die ganze Welt, Berlin 1988
Gosudarstvennyj vizit Prezidenta SSSR M. S. Gorbačeva v Soedinennye Štaty Ameriki. 30 maja–4 ijunja 1990 goda, Moskau 1990
Grundgesetz für die Bundesrepublik Deutschland. Textausg. Stand: März 1987, Bonn 1987
Der Grundlagenvertrag vor dem Bundesverfassungsgericht. Dokumentation zum Urteil vom 31. Juli 1973 über die Vereinbarkeit des Grundlagenvertrages mit dem Grundgesetz, Karlsruhe 1973

Hertle, Hans-Hermann; Stephan, Gerd-Rüdiger (Hg.): Das Ende der SED. Die letzten Tage des Zentralkomitees, Berlin 1997
Hertle, Hans-Hermann (Hg.): Der Fall der Mauer. Die unbeabsichtigte Selbstauflösung des SED-Staates, 2. durchges. Aufl. Opladen 1999

Jakovlev, Aleksandr A. (Hg.): Aleksandr Jakovlev. Perestrojka: 1985–1991. Neizdannoe, maloizvestnoe, zabytoe, Moskau 2008

Kukutz, Irena: Chronik der Bürgerbewegung Neues Forum 1989–1990, Berlin 2009

M. S. Gorbačev – V. Brandt. 17 oktjabrja 1989 goda, in: Svobodnaja mysl', (1992), Nr. 17, S. 22–29
Munteanu, Mircea (Hg.): The End of the Cold War. A CWIHP Document Reader compiled for the International Conference „The End of the Cold War", Paris, 15–17 June 2006, http://www.wilsoncenter.org/index.cfm?topic_id=1409&fuseaction=topics.documents&doc_id=188014&group_id=187963

Nakath, Detlef; Stephan, Gerd-Rüdiger (Hg.), Countdown zur deutschen Einheit. Eine dokumentierte Geschichte der deutsch-deutschen Beziehungen 1987–1990, Berlin 1996
Nakath, Detlef (Hg.): „Im Kreml brennt noch Licht". Die Spitzenkontakte zwischen SED/PDS und KPdSU 1989–1991, Berlin 1998

Potthoff, Heinrich: Die „Koalition der Vernunft", München 1995

Schweisfuhrt, Theodor; Oellers-Frahm, Karin (Hg.): Dokumente der KSZE. Textausgabe mit ausführlichem Sachverzeichnis und einer Einführung. Stand 1. Juli 1993, Sonderausgabe München 1993
Seiffert, Wolfgang; Treutwein, Norbert: Die Schalck-Papiere. DDR-Mafia zwischen Ost und West. Die Beweise, Rastatt 1991
Sojuza možno bylo sochranit'. Belaja kniga: Dokumenty i fakty o politike M. S. Gorbačeva po reformirovaniju i sochraneniju mnogonacional'nogo gosudarstva, 2. überarb. u. erg. Aufl., hg. von A. S. Černjaev u. a., Moskau 2007

Stalin, Josef: Über den Großen Vaterländischen Krieg der Sowjetunion, 3. Ausg. Moskau 1946
Stephan, Gerd-Rüdiger (Hg.): „Vorwärts immer, rückwärts nimmer!" Interne Dokumente zum Zerfall von SED und DDR 1988/89, Berlin 1994

Thaysen, Uwe (Hg.): Der Zentrale Runde Tisch der DDR: Wortprotokoll und Dokumente, 5 Bände Wiesbaden 2000

V Politbjuro CK KPSS ... Po zapisjam Anatolija Černjaeva, Vadima Medvedeva, Georgija Šachnazarova, Moskau 2006
Vizit M. S. Gorbačeva v FRG. 9–10 nojabrja 1990 goda. Dokumenty i materialy, Moskau 1990
Vizit v Sovetskij Sojuz Federal'nogo Kanclera Federativnoj Respubliki Germanii Gel'muta Kolja. 24–27 oktjabrja 1988 goda. Dokumenty i materialy, Moskau 1988

Wahlparteitag der Sozialdemokratischen Partei Deutschlands, 25. Oktober 1986, Offenburg, Oberrheinhalle. Protokoll der Verhandlungen, Bonn 1986

Zwei-plus-Vier-Vertrag: Partnerschaftsverträge, EG-Maßnahmenpaket, München 1991

Memoiren, Tagebücher, Darstellungen von Zeitzeugen

Achromeev, S. F.; Kornienko, G. M.: Glazami maršala i diplomata. Kritičeskij vzgljad na venšnjuju politiku SSSR do i posle 1985 goda, Moskau 1992
Ackermann, Eduard: Politiker. Vom richtigen und falschen Handeln, Bergisch Gladbach 1996
Ackermann, Eduard: Mit feinem Gehör. Vierzig Jahre in der Bonner Politik, Bergisch Gladbach 1994
Albrecht, Ulrich: Die Abwicklung der DDR. Die „2+4-Verhandlungen". Ein Insider-Bericht, Opladen 1992
Arnold, Karl-Heinz: Die ersten hundert Tage des Hans Modrow, Berlin 1990
Arnold, Karl-Heinz: Zeitung. Ein Journalist berichtet, Berlin 2000
Attali, Jacques: Verbatim. Tome 3: Chronique des années 1988–1991, Paris 1995
Axen, Hermann: Ich war ein Diener der Partei. Autobiographische Gespräche mit Harald Neubert, Berlin 1996

Bahr, Egon: Zu meiner Zeit, 2. Aufl. München 1996
Baker, James A.: Drei Jahre, die die Welt veränderten. Erinnerungen, Berlin 1996
Baker, James A. III, with Steve Fiffer, „Work hard, study ... and keep out of politics!" Adventures and lessons from an unexpected public life, New York 2006
Berghofer, Wolfgang: Meine Dresdner Jahre, Berlin 2001
Bettzuege, Reinhard: Hans-Dietrich Genscher – Eduard Schewardnadse. Das Prinzip Menschlichkeit, Bergisch-Gladbach 1994
Blüm, Norbert: Das Sommerloch. Links und rechts der Politik, 2. Aufl. Köln 2001
Boldin, Valerij I.: Krušenie p'edestala. Štrichi k portretu M. S. Gorbačeva, Moskau 1995
Boldin, Valery [= Valerij I.]: Ten years that shook the world. The Gorbachev era as witnessed by his chief of staff, New York 1994
Braithwaite, Rodric: Across the Moscow river. The world turned upside down, New Haven 2002
Brandt, Willy: Erinerungen. Mit den „Notizen zum Fall G", ungekürzte Lizenzausg. der Ausg. 1989, Hamburg 2006
Brutenc, Karen N.: Nesbyvšeesja. Neravnodušnye zametki o perestrojke, Moskau 2005
Bush, George; Scowcroft, Brent: A world transformed, New York 1999 (Originalausg. 1998)

[Černjaev, Anatolij S. =] Chernyaev, Antoly S.: Diary, Installment 1 ff., 1985–1990, National Security Archive, http://www.gwu.edu/~nsarchiv/NSAEBB/NSAEBB275/index.htm
[Černjaev, Anatolij S. =] Chernyaev, Antoly S.: Gorbachev and the reunification of Germany: personal recollections, in: Gabriel Gorodetsky (Hg.), Soviet foreign policy 1917–1991. A retrospective, London 1994, S. 158–169
[Černjaev, Anatolij S. =] Tschernjaew, A.: Mein deutsches Tagebuch. Die deutsche Frage im ZK der KPdSU (1972–1991), Klitzschen 2005
[Černjaev, Anatolij S. =] Tschernjaew, Anatoli: Die letzten Jahre einer Weltmacht. Der Kreml von innen, Stuttgart 1993 (engl. Fassung: Chernyaev, Anatoly S.: My six years with Gorbachev, University Park 2000; russ. Fassung: Černjaev, Anatolij S.: Šest' let s Gorbačevym. Po dnevnikovym zapisjam, Moskau 1993)
Černjaev, Anatolij S.: 1991 god. Dnevnik pomoščnika prezidenta SSSR, Moskau 1997
Černjaev, Anatolij S.: Gorbačev – Buš: vstreča na Mal'te v 1989 g., in: Novaja i novejšaja istorija, (2001), Nr. 3, S. 117–130
Černjaev, Anatolij S.: M. S. Gorbačev i Germanskij vopros, in: Novaja i novejšaja istorija, (2000), Nr. 2, S. 106–117
Černjaev, Anatolij S.: Na staroj ploščadi. Iz dnevnikovych zapisej, in: Novaja i novejšaja istorija, (2006), Nr. 3, S. 73–107
Černjaev, Anatolij S.: Ob-edinenie Germanii. Političeskie mechanizmy i psichologičeskie stereotipy, in: Svobodnaja mysl' (1997), Nr. 1465, S. 25–34
Černjaev, Anatolij S.: Sovmestnyj ischod. Dnevnik dvuch epoch. 1972–1991 gody, Moskau 2008
Christians, F. Wilhelm: Wege nach Russland. Bankier im Spannungsfeld zwischen Ost und West, 2. erw. u. aktual. Aufl. Hamburg 1990
Clark, Alan: Diaries, London 1993

De Maizière, Lothar: Anwalt der Einheit. Ein Geprä̈ch mit Christine de Maizière, Berlin 1996 Diekmann, Kai; Reuth, Ralf Georg: Helmut Kohl: „Ich wollte Deutschlands Einheit", Berlin 1996
Dobrynin, Anatoly: In confidence. Moscow's ambassador to America's six Cold War Presidents (1962–1986), New York 1995
Dubček, Alexander: Leben für die Freiheit, München 1993
Dumas, Roland: Le fil et la pelote. Mémoires, Paris 1996

Eberlein, Werner: Geboren am 9. November. Erinnerungen, 3. korrigierte und um ein Personenregister erg. Aufl. Berlin 2001
Ehmke, Horst: Mittendrin. Von der Großen Koalition zur Deutschen Einheit, Reinbek 1996 (= Berlin 1994)
Eppelmann, Rainer: Fremd im eigenen Haus. Mein Leben im anderen Deutschland, Köln 1993
Eppelmann, Rainer: Gottes doppelte Spur. Vom Staatsfeind zum Parlamentarier, Holzgerlingen 2007

Falin, Valentin: Konflikte im Kreml. Zur Vorgeschichte der deutschen Einheit und Auflösung der Sowjetunion, München 1997
Falin, Valentin: Politische Erinnerungen, München 1993

Galkin, Aleksandr; Černjaev, Anatolij S.: Pravdu, i tol'ko pravdu. Razmyšlenija po povodu vospominanij, in: Svobodnaja mysl', (1994), Nr. 2–3, S. 19–29
Gates, Robert M.: From the shadows. The ultimate insider's story of five presidents and how they won the cold war, New York 1996
Genscher, Hans-Dietrich: Erinnerungen. Vollständige Taschenbuchausg. München 1997
Gorbatschow, Michail: Erinnerungen. Genehmigte Taschenbuchausg. München 1996
Gorbatschow, Michail: Wie es war. Die deutsche Wiedervereinigung, Berlin 1999

Gysi, Gregor: Das war's. Noch lange nicht! Autobiographische Notizen, Düsseldorf 1995

Hager, Kurt: Erinnerungen, Leipzig 1996
Herrmann, Frank-Joachim: Der Sekretär des Generalsekretärs. Honeckers persönlicher Mitarbeiter über seinen Chef. Ein Gespräch mit Brigitte Zimmermann und Reiner Oschmann, Berlin 1996
Honecker, Erich: Moabiter Notizen. Letztes schriftliches Zeugnis und Gesprächsprotokolle vom BRD-Besuch 1987 aus dem persönlichen Besitz Erich Honeckers, Berlin 1994
Hurd, Douglas: Memoirs, London 2003
Hutchings, Robert L.: American diplomacy and the end of the Cold War, Washington 1997

Jakowlew, Aleksander: Die Abgründe meines Jahrhunderts. Eine Autobiographie, Leipzig 2003
Jakowlew, Aleksander: Offener Schluß. Ein Reformer zieht Bilanz, Leipzig 1992
Jaruzelski, Wojciech: Hinter den Türen der Macht. Der Anfang vom Ende einer Herrschaft, Leipzig 1996
Jaruzelski, Wojciech: Mein Leben für Polen. Erinnerungen, München 1993

Keworkow, Wjatscheslaw: Der geheime Kanal. Moskau, der KGB und die Bonner Ostpolitik, 9.–11. Tsd. Berlin 1995
Kiessler, Richard; Elbe, Frank: Ein runder Tisch mit scharfen Ecken. Der diplomatische Weg zur deutschen Einheit, Baden-Baden 1993
Klein, Hans: Es begann im Kaukasus. Der entscheidende Schritt in die Einheit Deutschlands, 2. Aufl. Berlin 1991
Kohl, Helmut: Erinnerungen 1982–1990, München 2005
Kohl, Helmut: Erinnerungen 1990–1994, München 2007
Kornienko, Georgij: Cholodnaja vojna. Svidetel'stvo ee učastnika, Moskau 2001
Kotschemassow, Wjatscheslaw: Meine letzte Mission. Fakten, Erinnerungen, Überlegungen, Berlin 1994
Krenz, Egon: Anmerkungen zur Öffnung der Berliner Mauer im Herbst 1989, in: Osteuropa, 42 (1992), S. 365–369
Krenz, Egon: Gefängnis-Notizen, Berlin 2009
Krenz, Egon: Herbst '89, Berlin 1999
Krenz, Egon, unter Mitarbeit von Hartmut König und Gunter Rettner: Wenn Mauern fallen. Die friedliche Revolution: Vorgeschichte, Ablauf, Auswirkungen, Wien 1990
Krjučkov, Vladimir: Ličnoe delo, 2 Bände Moskau 1996
Kuhn, Ekkehard (Hg.): Gorbatschow und die deutsche Einheit. Aussagen der wichtigsten russischen und deutschen Beteiligten, Bonn 1993
Kuz'min, I. N.: Krušenie GDR. Zametki očevidca, Moskau 1993
Kwizinskij, Julij A.: Vor dem Sturm. Erinnerungen eines Diplomaten, Berlin 1993

Ligachev, Yegor: Inside Gorbachev's Kremlin, new ed. Boulder 1996

de Maizière, Lothar: Ich will, dass meine Kinder nicht lügen müssen. Meine Geschichte der deutschen Einheit, Freiburg 2010
Matlock, Jack F.: Autopsy of an empire. The American ambassador's account of the collapse of the Soviet Union, New York 1995
Matlock, Jack F.: Reagan and Gorbachev. How the cold war ended, New York 2004
Medvedev, Vadim: V komande Gorbačeva. Vzgljad iznutri, Moskau 1994
Maksimyčev, Igor': Krušenie. Rekviem po GDR, in: Poslednij god GDR, Moskau 1993, S. 9–156
[Maksimyčev, Igor' =] Maximytschew, Igor F./Hertle, Hans-Hermann: Die Maueröffnung. Eine russisch-deutsche Trilogie, in: DA 27 (1994), S. 1137–1158, 1241–1251

Meckel, Markus: Selbstbewußt in die deutsche Einheit. Rückblicke und Reflexionen, Berlin 2001
Medvedev, Vadim: V komande Gorbačeva. Vzgljad iznutri, Moskau 1994 – erl, irrelev.
Mengele, Hans-Peter: Wer zu Späth kommt … Baden-Württembergs außenpolitische Rolle in den Umbruch-Jahren, Tübingen 1995
Meyer-Landrut, Andreas: Mit Gott und langen Unterhosen. Erlebnisse eines Diplomaten in der Zeit des Kalten Krieges, Berlin 2003
Mittag, Günter: Um jeden Preis. Im Spannungsfeld zweier Systeme, Berlin 1991
Mitterand, François: Über Deutschland, Frankfurt/Main 1996
Modrow, Hans: Aufbruch und Ende Hamburg 1991
Modrow, Hans: Ich wollte ein neues Deutschland, Lizenzausg. München 1999
Modrow, Hans: In historischer Mission. Als deutscher Politiker unterwegs, Berlin 2007
Modrow, Hans: Die Perestroika. Wie ich sie sehe. Persönliche Erinnerungen und Analysen eines Jahrzehntes, das die Welt veränderte, 2. korrig. Aufl. Berlin 1998
Modrow, Hans: Von Schwerin bis Strasbourg. Erinnerungen an ein halbes Jahrhundert Parlamentsarbeit, Berlin 2001
Modrow, Hans (Hg.): Das Große Haus. Insider berichten aus dem ZK der SED, 2. Aufl. Berlin 1995
Momper, Walter: Grenzfall. Berlin im Brennpunkt deutscher Geschichte, München 1991

Palazchenko, Pavel: My years with Gorbachev and Shevardnadze. The memoir of a Soviet interpreter, University Park 1997
Platzeck, Matthias: Zukunft braucht Herkunft. Deutsche Fragen, ostdeutsche Antworten, Hamburg 2009
[Primakov, Evgenij =] Primakow, Jewgenij: Im Schatten der Macht. Politik für Russland, Moskau 2001
Primakov, Evgenij: Minnoe pole politiki, Moskau 2007

Ryžkov, Nikolaj I.: Tragedija velikoj strany, Moskau 2007

Sagladin, Vadim V.: Und jetzt Weltinnenpolitik. Die Außenpolitik der Perestrojka, Rosenheim 1990
Schachnasarow, Georgi: Preis der Freiheit. Eine Bilanz von Gorbatschows Berater, Bonn 1996
Schabowski, Günter: Der Absturz, Reinbek 1992
Schabowski, Günter im Gespräch mit Frank Sieren: Wir haben fast alles falsch gemacht. Die letzten Tage der DDR, Berlin 2009
Schalck-Golodkowski, Alexander: Deutsch-deutsche Erinnerungen, Reinbek 2000
Schürer, Gerhard: Gewagt und verloren. Eine deutsche Biographie, 4., bearb. Aufl. Frankfurt (Oder) 1998
[Ševardnadze, Ėduard =] Schewardnadse, Eduard: Als der Eiserne Vorhang zerriss. Begegnungen und Erinnerungen, aktual., neu konzipierte und erg. Ausg. von ders., Pikri Tsarsulsa da Momawalze, Tiflis 2006, Duisburg 2007
Ševardnadze, Ėduard: Moj vybor. V zaščitu demokratii i svobody, Moskau 1991
[Ševardnadze, Ėduard =] Schewardnadse, Eduard: Die Zukunft gehört der Freiheit, Reinbek bei Hamburg 1991
Staadt, Jochen (Hg.): Auf höchster Stufe. Gespräche mit Erich Honecker, Berlin 1995
Stolpe, Manfred: Schwieriger Aufbruch, Berlin 1992
Stoltenberg, Gerhard: Wendepunkte. Stationen deutscher Politik 1947–1990, Berlin 1997
Strauß, Franz Josef: Die Erinnerungen, Berlin 1989

Teltschik, Horst: 329 Tage. Innenansichten der Einigung, Berlin 1991
Terekhov, Vladislav: How the German problem was solved: postscript, in: International Affairs, 44 (1998), Nr. 5, S. 191–229.

Thatcher, Margaret: Downing Street No. 10. Die Erinnerungen, 3. Aufl. Düsseldorf 1993
Tschernjaew s. Černjaev

Védrine, Hubert: Les mondes de François Mitterrand. À l'Élysée 1981–1995, Paris 1996
Vogel, Hans-Jochen: Nachsichten. Meine Bonner und Berliner Jahre, München 1996
Vogel, Bernhard; Vogel, Hans-Jochen: Deutschland aus der Vogel-Perspektive, 2. Aufl. Freiburg 2007
Vorotnikov, V. I.: A bylo Ėto tak … Iz dnevnika člena Politbjuro CK KPSS, 2., erg. Aufl. Moskau 2003

Waigel, Theo; Schell, Manfred: Tage, die Deutschland und die Welt veränderten. Vom Mauerfall zum Kaukasus. Die deutsche Währungsunion, München 1994
Walters, Vernon A.: Die Vereinigung war voraussehbar. Hinter den Kulissen eines entscheidenden Jahres, Berlin 1994
Weizsäcker, Richard von: Vier Zeiten. Erinnerungen, Berlin 1997
Weizsäcker, Richard von: Der Weg zur Einheit, München 2009
Wolff von Amerongen, Otto: Der Weg nach Osten. Vierzig Jahre Brückenbau für die deutsche Wirtschaft, München 1992

Zamjatin, L. M.: Gorbi i Meggi. Zapiski posla o dvuch izvestnych politikach – Michaile Gorbačeve i Margaret Tetčer, Moskau 1995

Sekundärliteratur

Achmamzjan, A. A.: Ob-edinenie Germanii. Obstojatel'stva i posledstvija. Očerki, Moskau 2008.
Adomeit, Hannes: Imperial overstretch: Germany in Soviet policy from Stalin to Gorbachev. An analysis based on new archival evidence, memoirs, and interview, Baden-Baden 1998
Altricher, Helmut: Russland 1989. Der Untergang des sowjetischen Imperiums, München 2009

Biermann, Rafael: Zwischen Kreml und Kanzleramt. Wie Moskau mit der deutschen Einheit rang, Paderborn 1997
Bortfeldt, Heinrich: Washington Bonn – Berlin. Die USA und die deutsche Einheit, Bonn 1993
Bozo, Frédéric: Mitterrand, la fin de la guerre froide et l'unification allemande. De Yalta à Maastricht, Paris 2005
Bozo, Frédéric (Hg.): Europe and the end of the Cold War. A reappraisal, London 2008
Bruck, Elke: Francois Mitterands Deutschlandbild. Rezeption und Politik im Spannungsfeld deutschland-, europa- und sicherheitspolitischer Entscheidungen 1989–1992, Frankfurt/Main 2003

The Cambridge History of the Cold War, Band 3: Endings, hg. von Melvyn P. Leffler u. a., Cambridge 2010.
Conze, Eckart: Die Suche nach Sicherheit. Eine Geschichte der Bundesrepublik Deutschland von 1949 bis in die Gegenwart, München 2009

Dalos, György: Der Vorhang geht auf. Das Ende der Diktaturen in Osteuropa, München 2009
Daschitschew, Wjatscheslaw: Moskaus Griff nach der Weltmacht. Die bitteren Früchte hegemonialer Politik, Hamburg 2002

Deutscher Bundestag (Hg.): Materialien der Enquete-Kommission „Überwindung der Folgen der SED-Diktatur im Prozeß der deutschen Einheit" (13. Wahlperiode des Deutschen Bundestages), Band VIII/1–3: Das geteilte Deutschland im geteilten Europa, Baden-Baden 1999

Dowe, Dieter (Hg.): Die Ost- und Deutschlandpolitik der SPD in der Opposition 1982–1989. Papiere eines Kongresses der Friedrich-Ebert-Stiftung am 14. und 15. September 1993 in Bonn, Bonn 1993

English, Robert D.: Russia and the idea of the West. Gorbachev, intellectuals & the end of the Cold War, New York 2000.

Fuchs, Stephan: „Dreiecksverhältnisse sind immer kompliziert". Kissinger, Bahr und die Ostpolitik, Hamburg 1999

Fülberth, Georg: KPD und DKP 1945–1990. Zwei kommunistische Parteien in der vierten Periode kapitalistischer Entwicklung, 2., überarb. Aufl. Heilbronn 1992

Gorjačev, Ju. V. (Hg.): Central'nyj komitet KPSS, VKP (b), RKP (b), RSDRP (b) 1917–1991. Istoriko-biografičeskich spravočnik, Moskau 2005

Grachev, Andrei: Gorbachev's gamble. Soviet foreign policy and the end of the cold war, Cambridge 2008

Hertle, Hans-Hermann: Chronik des Mauerfalls. Die dramatischen Ereignisse um den 9. November 1989, 11., erw. Aufl. Berlin 2009

Himmler, Norbert: Zwischen Macht und Mittelmaß. Großbritanniens Außenpolitik und das Ende des Kalten Krieges. Akteure, Interessen und Entscheidungsprozesse der britischen Regierung 1989/90, Berlin 1999

Hönig, Günter: Möglichkeiten und Grenzen der deutsch-sowjetischen wirtschaftlichen Zusammenarbeit. Eine Analyse unter besonderer Berücksichtigung der ökonomischen Basis der UdSSR, Diss. München 1992

Hosking, Geoffrey; Aves, Jonathan; Duncan, Peter J. S.: The road to post-communism. Independent political movements in the Soviet Union, 1985–1991, London 1992

Ivkin, V. I. (Hg.): Gosudarstvennaja vlast' SSSR. Vysšie organy vlasti i upravlenija i ich rukovoditeli 1923–1991. Istoriko-biografičeskij spravočnik, Moskau 1999

Jäger, Wolfgang; Walter, Michael: Die Überwindung der Teilung. Der innerdeutsche Prozess der Vereinigung 1989/90, Stuttgart 1998

Jackisch, Klaus-Rainer: Eisern gegen die Einheit. Margaret Thatcher und die deutsche Wiedervereinigung, Frankfurt/Main 2004

Janson, Carl-Heinz: Totengräber der DDR. Wie Günter Mittag den SED-Staat ruinierte, Düsseldorf 1991

Kaiser, Karl: Deutschlands Vereinigung. Die internationalen Aspekte. Mit den wichtigen Dokumenten, Bergisch Gladbach 1991

Kotkin, Stephen: Armageddon averted. The Soviet collapse 1970–2000, akt. Aufl. Oxford 2008

Kramer, Mark: The myth of a no-NATO enlargement pledge to Russia, in: The Washington Quarterly 32 (2009), Nr. 2, S. 39–61

Kuhrt, Eberhard (Hg.): Die SED-Herrschaft und ihr Zusammenbruch, Opladen 1996

Küsters, Hanns Jürgen: Der Integrationsfriede. Viermächte-Verhandlungen über die Friedensregelung mit Deutschland 1945–1990, München 2000

Maddux, Thomas/Labrosse, Diane (Hg.): H-Diplo Roundtable Review von Frédéric Bozo.

Mitterrand, the End of the Cold War, and German Unification. New York: Berghahn Books, 2009, http://www.h–net.org/~diplo/roundtables/PDF/Roundtable–XI–23.pdf
Maier, Charles S.: Das Verschwinden der DDR und der Untergang des Kommunismus, Lizenzausg. Frankfurt/Main 2000
Mlečin, Leonid: MID. Ministry inostrannych del. Romantiki i ciniki, Moskau 2001
Musatov, V. L.: Metamorfozy politiki Gorbačeva v otnošeniji stran socialističeskogo sodružestva, in: Novaja i novejšaja istorija, (2009), Nr. 3, S. 3–18

Narinskij, M. M.: M. S. Gorbačev i ob-edinenie Germanii. Po novym materialam, in: Novaja i novejšaja istorija, (2004), Nr. 1, S. 14–30
Nepit, Alexandra: Die SED unter dem Druck der Reformen Gorbatschows. Der Versuch der Parteiführung, das SED-Regime durch konservatives Systemmanagement zu stabilisieren, Baden-Baden 2004

Oberdorfer, Don: The turn. How the cold war came to an end. The United States and the Soviet Union, 1983–1990, London 1992
Oldenburg, Fred: Die Deutschlandpolitik Gorbatschows 1985–1991, Köln 1992
Oldenburg, Fred: Die Erneuerung der sowjetischen Deutschlandpolitik in der Phase der Wiedervereinigung, Köln 1998
Oldenburg, Fred: Moskau und die Wiedervereinigung Deutschlands, Köln 1991

Pavlov, Nikolaj V.: Ob-edinenie ili Rasskaz o rešenii Germanskogo voprosa s kommentarijami i otstuplenijami, Moskau 1992
Plato, Alexander von: Die Vereinigung Deutschlands – ein weltpolitisches Machtspiel. Bush, Kohl, Gorbatschow und die geheimen Moskauer Protokolle, 2. durchgeseh. Aufl., Lizenzausg. Berlin 2003
Pond, Elizabeth: Beyond the wall. Germany's road to unification, Washington 1993
Potthoff, Heinrich: Im Schatten der Mauer. Deutschlandpolitik 1961 bis 1990, Berlin 1999
Przybylski, Peter: Tatort Politbüro. Die Akte Honecker, 56.–115. Tsd. Berlin 1991

Reißig, Rolf: Dialog durch die Mauer. Die umstrittene Annäherung von SPD und SED, Frankfurt/Main 2002
Reuth, Ralf Georg; Bönte, Andreas: Das Komplott. Wie es wirklich zur deutschen Einheit kam, 3. Aufl. der Neuausg. München 1995
Ritter, Jürgen; Lapp, Peter Joachim: Die Grenze. Ein deutsches Bauwerk, 5. aktualisierte u. erw. Aufl. Berlin 2006
Rödder, Andreas: Deutschland einig Vaterland. Die Geschichte der Wiedervereinigung, München 2009

Sarotte, Mary Elise: Not one inch eastward? Bush, Baker, Kohl, Genscher, Gorbachev, and the origin of Russian resentment toward NATO enlargement in February 1990, in: Diplomatic History, 34 (2010), S. 119–140
Sarotte, Mary Elise: 1989. The struggle to create post-cold war Europe, Princeton 2009
Schabert, Tilo: Wie Weltgeschichte gemacht wird. Frankreich und die deutsche Einheit, Stuttgart 2002
Schlotter, Peter: Die KSZE im Ost-West-Konflikt. Wirkung einer internationalen Institution, Frankfurt/Main 1997
Schöllgen, Gregor: Geschichte der Weltpolitik von Hitler bis Gorbatschow 1941–1991, Darmstadt 1996
Scholtyseck, Joachim: Die Aussenpolitik der DDR, München 2003
Sebestyen, Victor: Revolution 1989. The fall of the Soviet empire, London 2009
Shumaker, David H.: Gorbachev and the German question. Soviet-West German relations, 1985–1990, London 1995

Simon, Gerhard; Simon, Nadja: Verfall und Untergang des sowjetischen Imperiums, München 1993
Die Sowjetunion und Deutschlands Vereinigung. Beiträge des internationalen Kolloqiums der Kommission, Moskau 2003, in: Mitteilungen der Gemeinsamen Kommission für die Erforschung der jüngeren Geschichte der deutsch-russischen Beziehungen, 3 (2008), S. 2–149
Stent, Angela: Rivalen des Jahrhunderts. Deutschland und Russland im neuen Europa, Berlin 2000
Stuhler, Ed: Die letzten Monate der DDR. Die Regierung de Maizière und ihr Weg zur deutschen Einheit, Berlin 2010
Sturm, Daniel F.: Uneinig in die Einheit. Die Sozialdemokratie und die Vereinigung Deutschlands 1989/90, Bonn 2006

Umbach, Frank: Das rote Bündnis. Entwicklung und Zerfall des Warschauer Paktes 1955–1991, Berlin 2005

Vogtmeier, Andreas: Egon Bahr und die deutsche Frage. Zur Entwicklung der sozialdemokratischen Ost- und Deutschlandpolitik vom Kriegsende bis zur Vereinigung, Bonn 1996

Weber, Hermann: Die DDR 1945–1990, 3., überarb. und erw. Aufl. München 2000
Weidenfeld, Werner: Außenpolitik für die deutsche Einheit. Die Entscheidungsjahre 1989/90. Mit Peter M. Wagner und Elke Bruck, Stuttgart 1998
Winkler, Heinrich A.: Der lange Weg nach Westen II: Deutsche Geschichte 1933–1990, Lizenzausg. Bonn 2004
Wohlforth, William C. (Hg.): Cold War endgame. Oral history, analysis, debates, University Park 2003

Zelikow, Philip/Rice, Condoleezza: Sternstunde der Diplomatie. Die deutsche Einheit und das Ende der Spaltung Europas, Berlin 1997
Zubok, Vladislav: German unification from the Soviet (Russian) perspective, in: Kiron K. Skinner (Hg.), Turning points in ending the Cold War, Stanford 2008, S. 255–272

Annotiertes Personenregister

Die Zahlen verweisen auf die Nummern der Dokumente.

Orts- und Sachregister

Die Zahlen verweisen auf die Nummern der Dokumente.